BENEDIKTINER
Benediktiner
Weissbier
BENEDIKTINER
Benediktiner
Weissbier
NATURTRÜB
BENEDIKTINER
Benediktiner
Weissbier
NATURTRÜB

DER KLEINE JOHNSON
WEINFÜHRER 2019

Gesamtredaktion: Margaret Rand

Hallwag

Die englische Originalausgabe ist unter dem Titel »Hugh Johnson's Pocket Wine Book 2019« beim Verlag Mitchell Beazley, einem Imprint von Octopus Publishing Group Ltd., Carmelite House, 50 Victoria Embankment, London EC 4Y 0DZ, erschienen.
www.octopusbooks.co.uk

First edition published 1977
Revised editions published 1978, 1979, 1980, 1981, 1982, 1983, 1984, 1985, 1986, 1987, 1988, 1989, 1990, 1991, 1992, 1993, 1994, 1995, 1996, 1997, 1998, 1999, 2000, 2001, 2002, 2003, 2004, 2005, 2006, 2007, 2008, 2009, 2010, 2011, 2012, 2013, 2014, 2015, 2016, 2017, 2018

40., neu überarbeitete, ergänzte und aktualisierte Ausgabe, 2018, auf der Grundlage der 42. Originalausgabe, 2018

Übersetzung aus dem Englischen: Renate Haen, Britta Nord, Martin Waller, Christine Weiland
Projektleitung: Florian Fischer
Herstellung: Markus Plötz
Redaktion: Werkstatt München · Buchproduktion
Satz: Anja Dengler, Werkstatt München
Umschlaggestaltung: Martina Baldauf, München
Umschlagfoto: © Fotolia / Artem Shadrin

Printed and bound in China

HALLWAG ist ein Unternehmen des GRÄFE UND UNZER VERLAGS, München, GANSKE VERLAGSGRUPPE
www.hallwag.de

ISBN 978-3-8338-6527-5

GRÄFE UND UNZER

Hallwag

Ein Unternehmen der
GANSKE VERLAGSGRUPPE

Inhalt

Zum richtigen Gebrauch

Bei den meisten Stichwörtern besteht die erste Zeile aus folgenden Kurzinformationen:

① ③

Aglianico del Vulture Bas DOC(G) | r; tr | ★→★★★ | **06 07 08 10** 11 12 13 15

② ④

① **Weinname** und Gegend des betreffenden Landes, aus der der Wein stammt (Hinweise auf Landkarten im Buch).

② Welche Farbe der Wein hat; ob er trocken, lieblich oder süß ist; schäumend, in verschiedenen Formen vorkommt (und welcher die größte Bedeutung zukommt).

r	rot	**tr**	trocken*
rs	rosé	**lbl**	lieblich
w	weiß	**s**	süß
br	braun/bernsteingelb	**sch**	schäumend
( )	in Klammern gesetzte Angaben bedeuten relativ bescheidene Produktionsmengen		
*	steht hier keine Angabe, wird von einem trockenen Wein ausgegangen		

③ Allgemeiner Qualitätsstand; eine freilich nur grobe Einstufung aufgrund des derzeitigen Ansehens, wie es sich aus dem Preis ergibt.

★	einfache Qualität für jeden Tag
★★	überdurchschnittlich
★★★	bekannt, berühmt
★★★★	erstklassig, anspruchsvoll, teuer
★ usw.	farbige Sterne erhalten Weine, die nach meiner Erfahrung in der jeweiligen Preisklasse besonders gut sind; das gilt für gute Alltagsweine ebenso wie Luxuskreszenzen.

③ Der Jahrgang: Angegeben sind die empfehlenswerten neueren Jahrgänge, zusammen mit einer Einschätzung, ob sie bereits trinkreif sind (Ziffer in **fetter** Schrift) oder ob sie sich bei weiterer Lagerung noch entfalten (normale Schrift). Bitte beachten Sie aber, dass die Entwicklung eines Weins vielen Faktoren unterliegt und auch anders verlaufen kann als erwartet. Sind sowohl rote als auch weiße Weine angegeben, so ist der Rotwein gemeint, wenn nicht ausdrücklich anders erwähnt.

08 usw.	allgemein erhältliche, empfohlene Jahrgänge, die sich für weitere Lagerung eignen
09' usw.	nach Angaben der jeweiligen Erzeuger besonders gut ausgefallener Jahrgang
06 usw.	genussreifer Jahrgang
04 usw.	2019 bevorzugt zu genießender Jahrgang
(15) usw.	vorläufige Bewertung

Deutsche Weinjahrgänge werden nach einem anderen System geführt. Näheres siehe S. 209.

Sonstige Abkürzungen

BV	baldiger Verbrauch, d. h. möglichst jung zu trinken
oJ	ohne Jahrgangsangabe auf dem Etikett. Bei Champagner eine einheitlichen Geschmack garantierende Mischung mehrerer Jahrgänge

Weitere, länderspezifische Abkürzungen befinden sich am Anfang des jeweiligen Kapitels.

Erzeuger- oder Weinnamen in Farbe kennzeichnen Hugh Johnsons persönliche Favoriten.

KAPITÄLCHEN verweisen auf eigene Einträge im selben Kapitel oder im Abschnitt »Rebsorten«, S. 13–26.

Zur Ausgabe 2019

Zuerst sprach ich davon, Engel auf einer Nadelspitze zu versammeln. Später bemühte ich die Metapher einer Volkszählung im Kaninchengehege. Gemeint war natürlich jedes Mal die Verdichtung, die nötig ist, um dieses Buch noch einen »Taschenführer« nennen zu können. Taschen kann man nun mal nicht einfach immer größer machen, so wie SUVs. Aber die Zahl der erwähnenswerten Weine steigt, nicht nur unaufhaltsam, sondern auch exponentiell. Und nicht nur die Zahl (der Weine, Erzeuger, Weinbaugebiete ...), sondern auch die Komplexität des Angebots. Ich habe schon einmal das Bild des Webens gebraucht – der Weinberg als Kette, die Rebsorte als Schuss. Aber es ist viel eher eine Stickarbeit: Millionen kleiner Stiche, die einen Wandteppich ergeben.

Bei Wandteppichen immerhin fügen sich die vielen Muster zu einem großen Bild zusammen. Beim Wein? Gibt es da ein großes Bild? Nur, wenn es darum geht, ihn zu trinken. Weintrinker teilen sich auf (wie Sportfans oder Fans jeglicher Couleur) in Geeks, Nerds oder wie immer man die superschlauen Alleswisser auch nennen mag, und diejenigen, die mal mehr, mal weniger enthusiastisch sind. Mindestens zweimal die Woche sagt jemand zu mir: »Von Wein verstehe nichts, aber ich weiß, was ich mag.« »Aber ich habe den Namen vergessen«, kommt oft gleich danach. Ich verstehe das. Ich habe auch Verständnis für die vielen Leute, die auf einer Weinkarte zuerst in die rechte Spalte schauen – auf die Preise. Man kommt dieser Tage aus dem Kopfschütteln gar nicht mehr heraus. Aber ich will Ihnen nicht schon wieder eine Tirade über Preisaufschläge in Restaurants zumuten. Auch Auktionspreise können den Blutdruck hochtreiben.

Wonach alle suchen: Was schmeckt vertraut, ist aber besser als in der Erinnerung? Vorzugsweise mit einem Namen, den man sich merken kann. Ich habe natürlich die Antwort. Sie steht auf jeder Seite dieses Buchs. Wo Sie anfangen nachzusehen, können Sie sich aussuchen.

Kommentatoren (ich bin einer) haben zuweilen übertriebenen Respekt vor ihrem Gegenstand (sogar Zuneigung) – die armen leidenden Seelen, die in einem vom Hagel verwüsteten Weinberg stehen oder die die ganze Nacht im Keller verbringen, weil die Gärung danebengeht. Am schlimmsten sind manchmal die Sommeliers, die ihre persönlichen Entdeckungen hätscheln und pflegen. Persönliche Gefühle können leicht die Meinung beeinflussen – und natürlich kann man einwenden, dass Gefühle, die nicht persönlich sind, gar keine Gefühle sind. Ist es möglich, Wein objektiv zu bewerten? Vielleicht in Bezug auf seine »Qualität«. Wenn man den Durchschnittswert von genügend vielen Expertenmeinungen einholt, kommt man dem sicherlich nahe, egal wie einseitig manche Meinungen sind. Den meisten Menschen aber ist der subjektive Blick wichtiger. Ich liebe bestimmte Weine/Leute/Orte, weil ich sie eben liebe. Und übrigens: Ich versuche Sie dazu zu bringen, sie auch zu lieben.

Lassen Sie mich Ihnen versichern: Es ist alles besser, als es jemals war. Natürlich gibt es eine gewisse Schwankungsbreite, z. B. unterschiedliche Jahrgänge (zu viel Regen, zu wenig). Sogar einzelne Flaschen können unterschiedlich sein. Ein Winzer kann einen schlechten Jahrgang haben, wenn er Fehler macht oder sich falsch entscheidet. Viele engagieren önologische Berater als eine Art Versicherung. Aber auch die können es versauen.

Erfahrung, Forschung und Rivalität sind die Motoren, die die Standards stetig nach oben treiben. »Agenda«: Das bedeutet, dass Dinge zu tun sind. Von Ihnen: diesem Weinführer zu folgen. Von Weinerzeugern: probieren, probieren, probieren. Finden Sie den Dreh, um Ihre Weine ganz zu Ihren eigenen zu machen. Suchen Sie das Alleinstellungsmerkmal Ihrer ganz spezifischen Ecke dieser Welt, und was Sie daraus machen können. Es ist nicht leicht, sich unter 50 Malbecs aus Mendoza oder Sauvignons aus Neuseeland abzuheben. Es ist kein Betrug, ein bisschen Merlot bzw. Semillon zuzumischen, um den Wein »zu Ihrem eigenen zu machen«. Manche haben eine genaue Vorstellung von dem Wein, den sie hervorbringen wollen. (Manche holen sich diese Idee leider aus der Marketingabteilung.) Andere strengen ihre Sinne an, um herauszufinden, was Mutter Natur ihnen zugemessen hat. »Sense of place« ist das Zauberwort, das die Kritiker im Munde führen (selbst wenn sie es nicht definieren können). Nicht nur ein »Gefühl für den Ort«, würde ich allerdings sagen, sondern für den Zweck.

Der Spaß liegt dieser Tage in der Entdeckung – Selbstentdeckung (siehe oben), wenn Sie ein Weinmacher sind. Sind Sie dagegen ein reiner Weingenießer, heißt es, Vorurteile abzubauen. Ich gebe zu, dass ich bei aller Neugier (und, wie ich hoffe, Aufgeschlossenheit) erst kürzlich angefangen habe, die orangefarbenen Weine zu trinken, die seit ein paar Jahren in Mode sind. Aber wenn man sich mit den merkwürdigen Aromenkombinationen eines Starkochs anfreunden kann, der gerade schwer in Mode ist (die Alternative wäre Verhungern), gibt es keinen Grund, Weine zu verschmähen, die in einem eingegrabenen Tongefäß oder einem Betonei bereitet wurden. Sie möchten, dass Ihr Wein glanzklar, harmonisch und strahlend ist, nicht prickelt, Tannine und Säure poliert sind, gemäßigt, unter Kontrolle? Sie wissen ja nicht, welchen Nervenkitzel Sie verpassen.

Neuerdings stelle ich einen Trend zur Selbstzufriedenheit fest. Wir haben doch die unglückselige Phase überwunden, als Eichenholz und hoher Alkoholgehalt als Qualität missverstanden wurden, oder? Wir haben uns alle dem Terroir verschrieben, finden den Weinberg wichtiger als den Keller. Wir fahren Auto und trinken deshalb alkoholreduziert. All die griechischen und italienischen Trauben, von denen wir noch nie gehört haben? Wir probieren sie. Kanada? Warum nicht? Türkei, klar. Brasilien, kein Problem. Und jetzt kommt China, das plötzlich, wie man mir sagt, das größte Weinland von allen ist. Wir erleben gerade eben erst den Anfang.

Seit Jahren bin ich Schiedsrichter beim jährlichen Verkostungsduell zwischen Oxford und Cambridge. Heute kann ich Ihnen einen Tipp für die Wette geben: Das Team mit den meisten Chinesen gewinnt. Schlau? Ich habe noch nie Leute erlebt, die so schnell die Regeln gelernt haben.

Stück für Stück habe ich über die Jahre die Themen in meiner Agenda abgehakt. Ich habe mich mit der 100-Punkte-Bewertung beschäftigt (sie ist angeschlagen, aber noch nicht besiegt), mit Farbstoff aufgehübschten und in Eiche ersäuften Rotweinen, mit übermäßigem Alkoholgehalt. Zu viele Weine haben immer noch über 15%, selbst wenn auf dem Etikett nur 14% steht. Über Betrug habe ich noch kaum gesprochen. Im Sektor der Luxusweine ist er weiter verbreitet denn je. Wenn Sie sich nicht ganz sicher sind, lassen Sie die Finger von Super-Raritäten (obwohl auch jede internationale Marke gefälscht werden kann).

Das letztendliche »Zuviel« ist das Geld. Der Zweitmarkt ist (wie, so steht zu befürchten, alle Märkte) außer Kontrolle. Es herrscht eine globale Gier nach etwa hundert berühmten Etiketten. Deren Preise toppen regelmäßig alle Aktienmärkte – bei unversteuerten Profiten. Die meisten Weine sind extrem knapp; das Wort »Kult« passt sehr gut auf sie. Ich habe erwogen, für diese Spekulantenweine ein Symbol einzuführen, zusätzlich zu den vier Sternen, die sie schon deswegen bekommen, weil sie berühmt und teuer sind. Aber sie brauchen meine Hilfe nicht. »Feine Weine«, sagte mir ein Weinweiser aus

San Francisco vor ein paar Jahren, »waren einmal für die bestimmt, die ihrer würdig sind«. Er meinte damit Leute, die sich die Zeit und Mühe nahmen, um die Weine zu studieren und zu schätzen. »Heute«, fügte er traurig hinzu, »sind sie für die, die das Geld haben«. Preise sind leichter zu verstehen.

Was mich sonst noch umtreibt: die Größe der Weingläser. Es gibt Argumente (und es ist auch das Credo von Riedel) für sehr große, dünnwandige Kelche, in die man bei prestigeträchtigen Verkostungen nur eine Winzigkeit als Probe eingießt. Sie verleihen dem Ereignis – und dem Wein – Glanz. Aber wenn man sie im normalen Gebrauch fast halbvoll macht, ist die Portion einfach zu groß. 175 ml Wein ist fast eine Viertelflasche – und mehr, als Sie trinken können, wenn Sie nachher noch am Steuer sitzen.

Und noch etwas: Korken. Wozu brauchen wir die? Ich kann den Tag nicht erwarten, an dem ich meinen Korkenzieher endlich wegwerfen darf. Ästhetisch mögen Schraubverschlüsse nicht perfekt sein, aber sie funktionieren. Ich habe schon häufiger Weißweine mit Schraubverschluss geöffnet, die zehn oder mehr Jahre alt waren, und noch nie fand ich einen vorzeitig gealtert. Korken dagegen können Sie bei allen Vorsichtsmaßnahmen immer noch im Stich lassen. Vielleicht braucht es noch eine Generation, bis die Grands crus ihre Meinung ändern. Ich habe meine bereits geändert. Ich möchte jeden Wein auch in einer Version mit Schraubverschluss kaufen können, und wenn es überhaupt möglich ist, diese Verschlüsse gut aussehen zu lassen, dann wird das auch bald der Fall sein.

Um ein paar Missverständnisse in Bezug auf das Sternesystem in diesem Buch zu klären, möchte ich Sie bitten, noch einmal »Zum richtigen Gebrauch« auf Seite 4 zu lesen. Beachten Sie, dass es sich nicht um Qualitätsurteile handelt, höchstens indirekt, insofern als ein guter Ruf auf einem Konsens in puncto Qualität beruht. Ein paar Kellereien fordern hohe Preise, um Aufmerksamkeit zu bekommen; verdienen sie dann auch vier Sterne? Die Farbe der Sterne sagt auch etwas aus: rot bedeutet besonders gut in der jeweiligen Preisklasse, also ein gutes Preis-Leistungs-Verhältnis – in welcher Relation auch immer.

Hugh Johnson

Der Jahrgang 2017

Für Europa war 2017 das Jahr des Frosts. Für Kalifornien war es das Jahr der Waldbrände. Für die, die es traf, waren beides Katastrophen. Aber wie es so ist beim Wein: Für die, die verschont blieben, war es ein guter Jahrgang – wenn auch kein großer. Nirgendwo.

Europa zuerst. Am frühen Morgen des 27. April schlug der Frost auf breiter Front zu, und weil der Frühling bis dahin warm gewesen war, hatten sich die Reben schon weit entwickelt. Es hätte kaum einen schlechteren Moment geben können.

In **Bordeaux** war es umso schlimmer, je weiter die Reben vom Fluss entfernt standen und je tiefer der Weinberg lag. Langoa-Barton, Léoville-Barton und Léoville-Poyferré auf ihren Kiesdünen blieben verschont, aber Camensac verlor 90 Prozent und Chasse-Spleen die Hälfte. Crus classés leiden oft weniger unter Frost als weniger begünstigte Lagen. In der Domaine de Chevalier in Pessac-Léognan ruinierte der Frost einige Parzellen vollständig, während andere, die nur drei Meter höher lagen, unversehrt blieben. Im Château Brown standen erfrorene und nicht erfrorene Reben zum Teil direkt nebeneinander – es war unüberschaubar. In Pomerol blieb das Plateau verschont, aber die tiefer gelegenen Teile (und der Höhenunterschied erscheint trivial) verloren 75–80 Prozent.

Die Reben brachten dann einen zweiten Satz Trauben hervor, manchmal sogar einen dritten; und weil es noch früh im Jahr war, reiften diese so weit, dass sie zur Erntezeit von den ersten Trauben kaum zu unterscheiden waren. Doch da sie aromatisch keinesfalls reif genug sein konnten, mussten sie ausgelesen werden – keine einfache Aufgabe. In diesem Jahr konnten die teuren optischen Sortiermaschinen, die 10.000 Beeren pro Minute prüfen können, endlich ihren Wert beweisen.

In der **Champagne** gedieh der Chardonnay nach dem frostigen Start überall recht gut; die Qualität des Pinot noir war durchwachsen, aber mit guten Ergebnissen in der Montagne de Reims. Weniger gut ging es dem Pinot Meunier. Bei Drappier betrug der Verlust 70 Prozent, nachdem das Gut schon im Jahr zuvor getroffen worden war. Das letzte Mal, dass sie in zwei Jahren hintereinander vom Frost erwischt wurden, sagt Hugo Drappier, war 1956 und 1957.

In **Burgund** feiern sie paradoxerweise den (nach Menge) größten Jahrgang seit etlichen Jahren – sie hatten ihn aber auch bitter nötig. Einige Berichte sprechen sogar von ungewöhnlich hohen Erträgen, als ob die Reben das vergangene Jahr hätten kompensieren wollen. Die Winzer konnten den Frost in Schach halten, indem sie Strohballen zwischen den Reben verbrannten. Chablis, wo der Frost 15 Tage andauerte, hatte weniger Glück. Nach fünf Tagen ging schlicht der Brennstoff aus. Nicht alle Gebiete waren betroffen, aber viel Chablis wird es nicht geben. Auf den Frost folgte Hitze und manchmal Hagel. In Morey-St-Denis hagelte es und überall war es heiß, was hier und da zu Traubenschrumpfung und Problemen mit der physiologischen Reife führte. Der Regen Ende August war eine Erlösung. Zur Lese gab es dann mehr Regen, das heißt, die uneinheitliche Reife verband sich mit einiger Verdünnung. Kein großes Jahr – aber zumindest große Mengen.

An der **Rhône** verhinderte der Frost in Crozes-Hermitage und St-Joseph brillante Ergebnisse, doch insgesamt hatte der Norden ein gutes Jahr. Im Süden setzte eine Hitzewelle dem Fruchtansatz der dort so überaus wichtigen Grenache nach der Blüte zu – sprich, weniger Wein. Was produziert wurde, ist sehr konzentriert, aber es gibt etwa 40 Prozent weniger.

Deutschland hatte Frost, **Österreich** nicht so sehr, doch in beiden Ländern waren anschließend Hitze und Regen das Thema – manchmal zu viel Hitze und zu wenig Regen, doch immer gerade genug, dass die Reben es überstanden. Im August hagelte es an verschiedenen Orten: in Baden-Württemberg, teilweise an der Mosel, im Rheingau und in Rheinhessen sowie in der **Schweiz**. Regen zur Lesezeit stellte beide Länder vor Probleme. Bei Meyer-Näkel an der Ahr sah es drei Wochen vor der Lese noch nach dem besten Jahrgang aller Zeiten aus, dann öffneten sich die Schleusen des Himmels. In vielen Gebieten Österreichs besiegelte der Regen ein uneinheitliches Jahr, und so wird auch die Qualität uneinheitlich sein. Sorgfältige Auslese im Weinberg dürfte der Schlüssel für gute Weine sein.

Italien erlebte ein gemischtes Jahr. Im Friaul schlugen sich die Weißen am besten, doch 20 Tage Regen zur Lesezeit stellten für die Roten ein Problem dar. Im Piemont war es heißer; der Barbera kommt auf gleichmäßige 15% Alkohol. **Spanien** durchlitt Frost, Trockenheit und manchmal auch Hagel: Ribera del Duero hatte alle drei, Rioja Alta die ersten beiden. Regionen in Meeresnähe (Priorat und Galicien) kamen am besten über die Runden, auch wenn nach der Ernte in Teilen von Rías Baixas Waldbrände ausbrachen. **Portugal** entging dem Frost, hatte aber mit Trockenheit und hohen Temperaturen sowie Waldbränden im Norden zu kämpfen. Man sollte vielleicht eher auf die Roten als die Weißen setzen.

Und dann gab es noch **Kalifornien**. Die ganze Welt sah die furchtbaren Aufnahmen der außer Kontrolle geratenen Feuer – die Ironie des Schicksals wollte es, dass der Sommer bis dahin fast perfekt gewesen war. Im Moment ist noch nicht klar, wie viel Schaden der Rauch den neuen Weinen zugefügt hat, doch glücklicherweise waren etwa 90 Prozent der Trauben schon geerntet. Auch in Teilen **Oregons** gab es großflächige Brände, doch das Willamette Valley blieb unversehrt und scheint guten Pinot noir und Chardonnay hervorgebracht zu haben. In **Washington** war es relativ kühl; der Bundesstaat war einer der wenigen Orte, in dem das Jahr 2017 ruhig und ereignislos verlief.

2016 unter der Lupe

Das Jahr 2016 stand unter dem Zeichen der Rückkehr zur Frische nach der Opulenz von 2015: jede Menge schöne Weine in Bordeaux, nicht genug dagegen in Burgund.

In keiner Region haben sich echte Überraschungen bei der Entwicklung der Weine ergeben. Italiens Winzer sind happy; Spanier/Deutsche/Österreicher/Kalifornier: alle happy (Letzere so happy wie eben möglich, wenn man die Trockenheit sowie die Brände und Schlammlawinen jüngst bedenkt.) In ganz Europa wird 2016 als eine Art Heimkehr gesehen; ein beruhigender Erfolg angesichts oft schwieriger Bedingungen und ein Paradebeispiel für moderne Weinbereitung in Bestform: ausgewogene, frische Gewächse, die den Charakter des Jahres ausdrücken.

Bordeaux, zum Zeitpunkt des Verfassens dieses Textes noch nicht auf Flaschen abgefüllt, sieht wirklich sehr gut aus: ein Jahrgang zum Kaufen. Weine aus dem nördlichen Médoc sind in der Regel sowohl reif als auch frisch, mit Tanninen von echter Finesse und zuverlässiger als 2015. Margaux zeigt sich etwas durchwachsener. Pessac-Léognan hat einige wirkliche Stars, und auch St-Émilion und Pomerol sehen sehr gut aus. St-Émilion lässt den überholzten Stil weiter hinter sich, in Pomerol trugen die Tonböden dazu bei, die Trockenheit im Sommer zu überstehen. Der Alkoholgehalt ist generell niedriger als 2015. Weinmacher (und Autoren) lieben es, Parallelen zu anderen Jahrgängen in der Vergangenheit zu ziehen, doch mit 2016 wird das schwierig. Diese Kombination von wirklich seidigen Tanninen mit intensiver, reifer Frucht und großer Frische hat alle verblüfft. Vielleicht kommt 2010 am nächsten, nur dass die 2016er nicht so mächtig sind. Der Jahrgang ist ein moderner Klassiker und wird deshalb Zeit brauchen, um all seine Facetten zu zeigen. Interessanterweise hat der Frost, der die Menge des Jahrgangs 2017 so geschmälert hat, dazu beigetragen, die En-Primeur-Preise des 2016ers zu steigern – und auch die Menge zu begrenzen, die en primeur angeboten wird. Der Frost 2017 kam am 26./27. April, zu Beginn des En-Primeur-Verkaufs des 2016ers. Die Preise stiegen im Handumdrehen (zu diesem Zeitpunkt werden die Preise nicht vom Markt, sondern von den Châteaux bestimmt, auch wenn die Châteaux sich etwas darauf einbilden, den Markt lesen zu können. Hier hat's geklappt). Die Châteaux begannen auch, mehr Reserven für die Zukunft zurückzubehalten. Wenn Sie also en primeur nichts gekauft haben, nehmen Sie's leicht – es wird keinen Mangel geben, sobald die Weine erst einmal in der Flasche sind.

Burgund brachte 2016 nur winzige Mengen hervor, diese Weine aber sind oft köstlich. Die Weißen haben die richtige Spannung, kombiniert mit reifer Frucht; die Roten sind aromatisch und frisch mit feinen Tanninen. Einige Rotweine wirken jung noch etwas verschlossen, werden sich aber entwickeln. Rot- wie Weißweine dürften sich am besten auf mittlere Sicht entfalten: weniger opulent als die 2015er, dafür eher klassische Burgunder. Übrigens: Es ist ein sehr gutes Jahr, um Bourgogne Blanc oder Bourgogne Rouge zu kaufen.

Alternativen gefällig?

Sie mögen Champagner – probieren Sie Champagner mit etwas Eichenholzeinfluss
Nein, wir sind nicht zum Vanillegeschmack übergelaufen. Eiche wird in der Champagne eingesetzt, um dem Wein Cremigkeit und Gewicht zu verleihen, keine Eichenaromen und ganz sicher kein Tannin. Tannin im Champagner wäre einfach furchtbar. »Cremig« lautet das übliche Adjektiv für die zusätzliche Dimension, die durch kundig eingesetzte Eiche erreicht wird. Krug und Bollinger sind die bekanntesten Beispiele, aber auch Erzeuger vom Kaliber eines Vilmart, Jacques Selosses, Jacquesson, Claude Giraud, Jérôme Prevost, Lenoble und Larmandier-Bernier vergären in Eiche. Der fertige Wein sollte nicht weniger Präzision und Frische besitzen, aber Reichhaltigkeit und die Fähigkeit gewonnen haben, zum Essen getrunken zu werden.

Sie mögen weißen Burgunder – probieren Sie Chardonnay von der Sonoma Coast
Der Reiz des weißen Burgunders liegt – für die, die ihn mögen – darin, nicht so sehr nach Chardonnay zu schmecken. Vielmehr soll er ein Gefühl fürs Terroir vermitteln, von der Kreide und vom Ton des Bodens, von der Mineralität und der Frische einer bestimmten Hanglage. Er sollte auch nie zu fett oder zu opulent sein – 2015 ist ein schwieriger Jahrgang für die Freunde des weißen Burgunders. Die kühle, windige, neblige Sonoma Coast in Kalifornien kann die Geologie der Côte d'Or nicht nachbilden – wozu auch? –, aber sie kann Chardonnay liefern, der am klimatischen Rand auf geologisch komplexen Böden wächst und mit Direktheit, Säure und Tiefgründigkeit punktet. Die Sonoma Coast liegt ziemlich nahe am San-Andreas-Graben, wo sich die Erde schon seit geraumer Zeit bewegt.

Sie mögen Fino Sherry – probieren Sie Retsina
Zugegeben, beides sind Minderheitenweine. Aber Fino findet gerade eine neue Anhängerschaft bei Leuten, die seine pikante Frische mögen, seine Weigerung, nach Trauben zu schmecken. Guter Retsina (und das ist kein Widerspruch in sich) zeigt schon etwas mehr Traubigkeit, doch sie ist verhalten, ätherisch, weil sie von einer ähnlich ätherischen Harznote (Bienenwachs und Terpentin) aufgewogen wird. Ölig oder schwer darf er nicht sein, sondern blitzsauber, geradlinig und frisch. Probieren Sie ihn, wirklich (siehe Seite 319)!

Sie mögen jungen Pinot noir – probieren Sie Refosco
Junger Pinot hat herrliche Reize: saftige rote Frucht, knackige Säure, eine gewisse Griffigkeit und diese transparente Textur, die gleich nach einem weiteren Glas verlangt. Die im Friaul am meisten angebaute Traube, Refosco dal peduncolo rosso, hat all das ebenfalls. Gut, sie ist tatsächlich etwas rustikaler als Pinot, aber da ihr Zuckergehalt nicht so schnell ansteigt, kann sie am Stock hängen bleiben, bis die Tannine reif sind, und bringt es trotzdem auf nur 13 % Alkohol. Sie zeigt sich mit viel Säure, einer schönen Saftigkeit und manchmal einem deftigen, fast fleischigen Charakter. Sie passt perfekt zu allen Wildgerichten, zu denen man auch Pinot ausschenkt, plus Gans, Ente oder einfach nur einer Salamiplatte.

Sie mögen Beaujolais – probieren Sie Schioppetino
Schioppetino ist eine weitere Traube aus dem Friaul – Sie sehen schon, wo wir dieses Jahr oft waren. Erstaunlicherweise ist diese Sorte feiner, weniger rustikal als Refosco, doch wenn man so einen Wein trinkt, insbesondere ein einfaches Exemplar, kommt einem wirklich guter Beaujolais in den Sinn. Schioppetino hat eine frische Note von grünem Pfeffer und war bis zu ihrer Wiederentdeckung in

einem kleinen Gebiet nahezu unbekannt; jetzt steht die Rebe praktisch überall im Friaul. Die Weine zeigen natürliche Grazie und einen Hauch Blaubeeraroma, zusammen mit floralen Noten und wirklich schöner Frische. Außerhalb des Friauls kennt man die Sorte jedoch kaum, sonst hätten wir gesagt: »Sie mögen Schioppetino – probieren Sie Beaujolais.« Guter Beaujolais verdient nämlich ebenfalls eine Wiederentdeckung.

Sie mögen roten Burgunder – probieren Sie Pinot noir von der Mornington Peninsula

Roter Burgunder wird immer teurer, je mehr die Welt von seinen Reizen erfährt – und seinen Risiken. Auf der australischen Mornington Peninsula baut man nun schon etliche Jahrzehnte Pinot noir an, und die Weine von dort sind absolut überzeugend. Hier in Australien arbeiten viele Winzer mit Spontangärung (das heißt ohne Kulturhefe) und machen daraus Pinots von Reinheit und Eleganz. Und wenn wir schon in Australien sind: Schauen Sie sich auch im Yarra Valley um, wo man sich mit Pinot noir hervorragend auskennt. Die Weine von dort haben etwas mehr Gewicht, einen betörenden Duft und eine knackige, saftige Frucht.

Sie mögen Weine mit Aroma – probieren Sie andere Gläser

Unterschiedliche Gläser haben tatsächlich Einfluss darauf, wie ein Wein riecht und schmeckt. Bei Riedel wird das mit zig Glasformen bis ins Extrem getrieben; so weit müssen Sie nicht gehen. Was Sie brauchen, ist ein Glas mit weitem Kelch, das sich nach oben hin verjüngt – und das Riesling/Zinfandel-Glas von Riedel ist perfekt für alles, vom Champagner bis hin zu schweren Rotweinen. (Niemand in der Champagne verwendet noch Sektflöten; sie bringen den Wein nicht gut zur Geltung.) Auch für Weißweine ist die Form gut geeignet – in einem größeren Glas würden sie leicht etwas verloren wirken. Am aromatischsten aber zeigt sich Wein in Zalto-Gläsern. Sie sind etwas kantiger geformt und so leicht, dass sie wie kaum vorhanden erscheinen – bis sie zerbrechen und man sich erinnert, wie teuer sie sind. Andere Firmen kopieren jetzt diese Form auf niedrigerem Preisniveau, und auch die sind keine schlechte Alternative.

Rebsorten

In den vergangenen Jahrzehnten vollzog sich allenthalben ein grundlegender Wandel, von dem nur die Weinländer mit der längsten Tradition ausgenommen waren. Mit einem Schlag wurden die Namen einer Handvoll Rebsorten zur geläufigen Bezeichnung für die verschiedenen Weine. In den alten Weinländern dagegen, insbesondere in Frankreich und Italien, bezeichnet man alle seit Langem renommierten Weine weiterhin mehr oder weniger genau nach ihrem Herkunftsgebiet, weniger nach der Traube, aus der sie gekeltert wurden.

Nach wie vor liegen die beiden Bezeichnungsmöglichkeiten im Wettstreit miteinander. Am Ende dürfte sich die Herkunftsbezeichnung gegenüber der Rebsorte wieder durchsetzen, zumindest für Qualitätsweine. Im Augenblick allerdings ist die Traubensorte und ihr Geschmack für viele Weinfreunde der einfachste und wichtigste Bezugspunkt – ungeachtet der Tatsache, dass der Geschmack oft durch die Eichenholzkomponente nicht unerheblich verändert wird. Käme es nur auf das Traubenaroma an, dann wäre dieses Buch um einiges schmaler.

Gleichwohl spielt die Traubensorte eine wichtige Rolle, und darüber Bescheid zu wissen kann helfen, neue Geschmacksnuancen zu entdecken und Vergleiche zwischen den Regionen anzustellen. Daher ist auch der zuerst in Kalifornien entstandene Begriff »sortenreiner Wein« sinnvoll, unter dem man Wein versteht, der grundsätzlich aus nur einer Traubensorte bereitet wurde.

Bei mindestens sieben Sorten – Cabernet Sauvignon, Pinot noir, Riesling, Sauvignon blanc, Chardonnay, Gewürztraminer und Muscat – sind Geschmack und Duft so eindeutig, dass sie zu internationalen Unterscheidungskategorien geworden sind. Dasselbe gilt für Merlot, Malbec, Syrah, Sémillon, Chenin blanc, Pinot blanc, Pinot gris, Silvaner, Viognier, Nebbiolo, Sangiovese, Tempranillo ... Hier nun folgen die besten bzw. beliebtesten Rebsorten.

ANMERKUNG: Alle Verweise auf Rebsorten und deren Synonyme in anderen Kapiteln dieses Buchs beziehen sich auf dieses Kapitel.

Trauben für Rotwein

Agiorgitiko (Aghiorgitiko) Griechische Sorte; ursprünglich aus der Nemea-Region, heute aber fast überall angebaut. Vielseitig und köstlich, von weich und charmant bis dicht und alterungswürdig. Unbedingt probieren.

Aglianico Süditalienische Traube, aus der u. a. der Taurasi bereitet wird: dunkle, tiefgründige Weine, derzeit sehr in Mode.

Alicante Bouschet Galt früher wenig; ist nun beliebt im Alentejo und in Chile, v. a. von alten Reben.

Aragonez Siehe TEMPRANILLO.

Auxerrois Für Rotwein siehe MALBEC. Die weiße Auxerrois hat einen eigenen Eintrag bei den Trauben für Weißwein.

Băbească Neagră Die traditionelle »schwarze Großmuttertraube« aus der Moldau-Region in Rumänien liefert rubinrote Weine mit leichtem Körper.

Babić Rotweinsorte aus Dalmatien, wächst in steinigen Lagen an der Küste bei Šibenik. Enormes Potenzial für hohe Qualität.

Baga Portugiesische Rotweintraube (Bairrada). Dunkel, tanninreich – großes Potenzial, aber schwierig im Weinberg.

Barbera Weit verbreitete Rebsorte in Italien, am besten im Piemont. Viel Säure, wenig Tannin, Kirschfrucht. Weine gibt es von seriös mit Barriqueausbau bis halbsüß und perlend. Auch in Kalifornien und Australien in Mode; vielversprechend in Argentinien.

Blauburger Österreichische Kreuzung von BLAUEM PORTUGIESER mit BLAUFRÄNKISCH. Einfache Weine.

Blauburgunder Siehe PINOT NOIR.

Blauer Portugieser Mitteleuropäische Sorte, v. a. in Deutschland (Rheinhessen, Pfalz, meist für Rosé), Österreich, Ungarn. Leichte, fruchtige Rotweine; jung und leicht gekühlt trinken.

Blaufränkisch (Kékfrankos, Lemberger, Modra Frankinja) Im österreichischen Mittelburgenland weit verbreitet. Mittelschwere Weine mit pfeffriger Säure, einer charakteristischen salzigen Note sowie Beeren- und Eukalyptusaromen. Häufig mit CABERNET SAUVIGNON oder ZWEIGELT verschnitten. Heißt in Deutschland Lemberger, in Ungarn Kékfrankos, in Slowenien Modra Frankinja.

Bogazkere Tanninreiche türkische Sorte, liefert körperreiche Weine.

Bonarda Mehrdeutiger Name. Im italienischen Oltrepò Pavese nennt man so die Croatina und erzeugt milden, frischen roten Frizzante und Stillwein aus ihr. In der Lombardei und der Emilia-Romagna ist es ein Synonym für die Uva rara. Wieder anders im Piemont. Bonarda aus Argentinien kann beides sein – oder etwas ganz anderes. Großartig ist keine.

Bouchet Anderer Name für CABERNET FRANC in St-Émilion.

Brunello Anderer Name des SANGIOVESE, großartig in Montalcino.

Cabernet franc Die geringere der beiden in Bordeaux angebauten Cabernet-Sorten; herrscht jedoch in St-Émilion vor. Übertrumpft CABERNET SAUVIGNON an der Loire (Chinon, Saumur, Champigny und Roséwein), in Ungarn (Tiefe und Komplexität in Villány und Szekszárd) und oft in Italien. Viele Reben in Nordostitalien, die man für Cabernet franc gehalten hatte, entpuppten sich als CARMENÈRE. Überall auf der Welt in Bordeaux-Verschnitten mit Cabernet Sauvignon und MERLOT verwendet.

Cabernet Sauvignon Traube mit großem Charakter, langsam reifend, würzig, kräuterduftig, gerbstoffreich, Aroma von Schwarzen Johannisbeeren. Die Hauptsorte im Médoc; liefert meist auch die besten kalifornischen, südamerikanischen und osteuropäischen Rotweine. Verträgt sich gut mit Shiraz in Australien. Wird nahezu überall angebaut und leitete etwa in Italien eine Weinrenaissance ein. Spitzenweine brauchen Zeit zum Reifen. Cabernet Sauvignon gewinnt in Verschnitten z. B. mit MERLOT, CABERNET FRANC, SYRAH, TEMPRANILLO, SANGIOVESE usw. Liefert auch aromatischen Rosé.

Cannonau Sardische Form der GRENACHE: meist sehr gut und alkoholstark.

Carignan (Carignane, Carignano, Cariñena) Weine von alten Reben mit geringem Ertrag sind überall von Südfrankreich bis Chile schwer in Mode; am besten in Corbières: sehr tiefgründig und lebhaft. Bei hohem Ertrag flach und harmlos. Auch in Nordafrika, Spanien (als Cariñena) und Kalifornien verbreitet.

Carignano Siehe CARIGNAN.

Cariñena Siehe CARIGNAN.

Carmenère Eine alte Rebsorte aus Bordeaux, jetzt ein Star in Chile (dort »Carminjer« oder auch »Carminaire« ausgesprochen) für volle, tiefe Weine. Wird auch in Bordeaux wieder beachtet.

Castelão Siehe PERIQUITA.

Cencibel Siehe TEMPRANILLO.

Chiavannasca Siehe NEBBIOLO.

Cinsault (oder Cinsaut) Bedeutend in Südfrankreich; sehr gut bei niedrigen Erträgen, sonst Massenprodukt. Erbringt guten Rosé. Elternteil von PINOTAGE.

Cornalin du Valais Schweizer Spezialität mit großem Potenzial, v. a. im Wallis.

Corvina Dunkle, würzige Traube, eine der besten im Valpolicella-Verschnitt. Die noch dunklere Corvinone ist eine eigene Rebsorte.

Côt Siehe MALBEC.

Dolcetto Liefert im Piemont süffige, milde, trockene Rotweine. Heute groß in Mode.

Dornfelder In Deutschland, Teilen der USA und England angebaute Sorte, die angenehm leichte, einfache, in der Regel rustikale dunkle Weine erbringt. Die Rebfläche in Deutschland hat sich seit dem Jahr 2000 verdoppelt.

Duras Die nur in Gaillac und Teilen des Tarn-Tals (Südwestfrankreich) vorkommende Sorte liefert pfeffrig-würzige, strukturierte Weine.

Fer Servadou Kommt nur in Südwestfrankreich vor; heißt in Marcillac auch Mansois, in Gaillac Braucol und in St-Mont Pinenc. Duftet nach roten Sommerfrüchten und Gewürzen.

Feteascǎ neagrǎ »Schwarze Mädchentraube«. Die rote Feteascǎ hat das Zeug dazu, Rumäniens Paradestück zu werden. Kann tiefgründige, körperreiche Rotweine mit viel Charakter ergeben. Zunehmende Anbauflächen.

Frühburgunder Alte deutsche Mutation von Spätburgunder (PINOT NOIR), die man vor allem an der Ahr findet, aber auch in Franken und in Württemberg, wo man sie verwirrenderweise als Clevner kennt. Nicht so säurereich wie Pinot noir.

Gamay Die Beaujolais-Traube: sehr leichter, duftiger Wein, jung am besten, außer in den teilweise sehr guten Beaujolais-Crus (siehe Frankreich), die 2–10 Jahre alt werden können. Wird an der Loire, in Zentralfrankreich, in der Schweiz und in Savoyen angebaut. Kalifornischer Napa Gamay ist in Wirklichkeit Valdiguié (Gros Auxerrois).

Gamza Siehe KADARKA.

Garnacha Siehe GRENACHE.

Garnatxa Siehe GRENACHE.

Graciano Die spanische Sorte zählt zu den traditionellen Rioja-Zutaten. Veilchenaroma, tanninreich, schlanke Struktur, ein bisschen wie Petit Verdot. Im Anbau schwierig, doch immer mehr in Mode.

Grenache (Cannonau, Garnatxa, Garnacha) Weit verbreitete, blassfarbige, kraftvolle Traube, extrem beliebt bei *terroiristes,* da sie den Lagencharakter sehr gut ausdrückt. Auch gut für Rosé und Vin doux naturel. Wird in Südfrankreich, Spanien und Kalifornien angebaut und bildet die Hauptingredienz des mächtigen Priorat. Weine von alten Reben erfreuen sich in South Australia höchster Anerkennung. Meist in Verschnitten mitverarbeitet. Heißt Cannonau in Sardinien, Garnacha in Spanien, Garnatxa auf Katalanisch.

Grignolino Italienische Sorte; liefert im Piemont guten Alltagswein.

Kadarka (Gamza) Erbringt in Osteuropa würzige, leichte Rotweine. Wurde in Ungarn v. a. für Bikavér wiederbelebt.

Kalecik Karasi Türkische Sorte mit Sauerkirschnote, frisch, geschmeidig. Ein bisschen wie GAMAY. Jung trinken.

Kékfrankos Ungarisch für BLAUFRÄNKISCH.

Lagrein Norditalienische Sorte: dunkel, bitter im Abgang, volle Pflaumennote. DOC in Südtirol (siehe Italien).

Lambrusco Ertragreiche Sorte in der unteren Po-Ebene, erbringt lebendigen, lieblichen, perlenden, ausgesprochen italienischen Rotwein.

Lefkada Wiederentdeckte autochthone Sorte aus Zypern, von besserer Qualität als MAVRO. Wird wegen ihrer aggressiven Tannine meist verschnitten.

Lemberger Siehe BLAUFRÄNKISCH.

Malbec (Auxerrois, Côt) In Bordeaux in geringem Maß angebaut, in Cahors (als Auxerrois) und besonders in Argentinien verbreitet. Dunkler, dichter, gerbstoffreicher, aber fleischiger Wein mit echtem Qualitätspotenzial. Exemplare von hoch gelegenen Weinbergen aus Argentinien sind das Allergrößte. So kommt Cahors wieder in Mode.

Maratheftiko Zyprische Rotweintraube mit Qualitätspotenzial.

Mataro Siehe MOURVÈDRE.

Mavro Zyperns meistangebaute dunkle Traube, aber nur passable Qualität. Am besten für Rosé geeignet.

Mavrodaphne Griechische Rebsorte, die üblicherweise für gespritete Süßweine verwendet wird, wörtlich »schwarzer Lorbeer«. Eine Spezialität der Region Patras, wird aber auch auf Kefallonia angebaut. Trockene Versionen werden immer häufiger erzeugt und sind sehr vielversprechend.

Mavrotragano Nahezu ausgestorbene, nun aber auf Santorini wiederbelebte erstklassige griechische Traube.

Mavrud Gilt als Bulgariens beste Rebsorte, in Thrakien heimisch und spät reifend. Bringt alterungsfähige dunkle Rotweine mit Pflaumenaroma hervor.

Melnik Bulgarische Traubensorte aus der gleichnamigen Region. Dunkle Weine mit angenehm dichtem Sauerkirschcharakter, die gut altern können.

Mencía Schlägt derzeit Wellen im spanischen Bierzo. Aromatische Weine mit stahligen Tanninen und viel Säure.

Merlot Die Traube hinter den großen, duftigen, pflaumenwürzigen Weinen von Pomerol und (zusammen mit CABERNET FRANC) von St-Émilion; unabdingbar im Médoc. Merlot ergibt in Kalifornien, Washington, Chile und Australien weiche und starke (Mode-)Weine; leichtere, häufig gute Tropfen kommen aus Norditalien (in der Toskana teils Weltklasse), der italienischen Schweiz, Slowenien, Argentinien, Südafrika, Neuseeland usw. Die Anpassungsfähigkeit tut ihr nicht immer gut, manche Weine können auch ziemlich mies sein. Schmeckt grün, wenn sie nicht ganz reif ist. Sehr verbreitet in Osteuropa, v. a. in Rumänien.

Modra Frankinja Siehe BLAUFRÄNKISCH.

Modri Pinot Siehe PINOT NOIR.

Monastrell Siehe MOURVÈDRE.

Mondeuse Vorkommen in Savoyen; dunkle Farbe, gute Säure. Mit SYRAH verwandt.

Montepulciano Die dunkle Rotweintraube ist vorherrschend in den italienischen Abruzzen und bedeutend entlang der Adriaküste von den Marken bis in den Süden Apuliens. Die gleichnamige bekannte toskanische Stadt hat nichts mit der Traube zu tun.

Morellino Synonym für SANGIOVESE in der südtoskanischen Maremma, v. a. Scansano.

Mourvèdre (Mataro, Monastrell) Ein Star in Südfrankreich (z. B. Bandol) Australien (alias Mataro) und Spanien (alias Monastrell). Exzellente dunkle, aromatische, tanninstarke Traube, die sich gut in Verschnitten macht. Erfreut sich auch in South Australia und Kalifornien wachsender Beliebtheit.

Napa Gamay Identisch mit der südfranzösischen Sorte Valdiguié. Nichts, worüber man ins Schwärmen geraten könnte.

Nebbiolo (Spanna, Chiavennasca) Eine der besten roten Trauben Italiens für Barolo, Barbaresco, Gattinara und Valtellina. Intensiv, edle Frucht, volles Bukett, stahlige Tannine – gewinnt durch jahrelanges Altern.

Negoramaro Wörtlich »schwarzer Bitterer«. Apulische Traube mit Zeug entweder zu Qualität oder zu Quantität.

Nerello mascalese Sizilianische Rotweinsorte mit Charakter, Potenzial für Eleganz.

Nero d'Avola Dunkelrote Traube aus Sizilien, deren Qualitätsniveau von großartig bis industrielle Massenerzeugung reicht.

Nielluccio Korsische Sorte; säure- und tanninreich. Gut für Rosé.

Öküzgözü Türkische Rebsorte, die weiche, fruchtige Rotweine liefert. Oft mit BOĞASKERE verschnitten, so wie man in Bordeaux MERLOT mit CABERNET SAUVIGNON verschneidet.

País Spanische Pionier-Traube auf dem amerikanischen Kontinent. Rustikale Weine; einige Erzeuger geben sich jetzt mehr Mühe.

Pamid Traube für leichten, weichen Alltagsrotwein aus Bulgarien.

Periquita (Castelão) In Portugal verbreitet, insbesondere um Setúbal. Nach der beliebten (eingetragenen) Marke von Fonseca ursprünglich Periquita genannt; der offizielle Name ist aber Castelão. Liefert feste Rotweine mit Himbeeraroma, im Alter entwickeln sich Feigen- und Teernoten.

Petite Sirah Traube für rustikale, tanninreiche dunkle Weine, glänzt in Kalifornien in Verschnitten mit ZINFANDEL. Vorkommen auch in Südamerika, Mexiko und Australien. Hat nichts mit SYRAH zu tun.

Petit Verdot Ausgezeichnete, aber schwierige Traube im Médoc, weltweit in CABERNET-Gebieten angepflanzt, um Duftigkeit beizusteuern. Wird meist verschnitten, es gibt aber auch einige sehr gute sortenreine Weine, v. a. in Virginia.

Pinotage Südafrikanische Kreuzung (PINOT NOIR x CINSAULT). Genoss mal mehr, mal weniger Ansehen, wird bei Spitzenerzeugern aber besser. Auch guter Rosé. »Coffee Pinotage« ist leicht süß, mit Espressonote und hat ein junges Publikum als Zielgruppe.

Pinot Crni Siehe PINOT NOIR.

Pinot Meunier (Schwarzriesling) Die dritte Traube der Champagnerproduktion, von manchen verachtet, von den meisten verwendet. Hat weniger Säure als PINOT NOIR, deshalb unverzichtbar für den Verschnitt. Wird an vielen Orten angebaut und entweder weiß oder als Schaumwein vinifiziert, gelegentlich sogar als stiller Rotwein. Samtrot ist eine lokale Württemberger Variante.

Pinot noir (Spät- oder Blauburgunder, Modri Pinot, Pinot Crni) Die große Burgundertraube der Côte d'Or hat in Bukett, Geschmack und Fülle nicht ihresgleichen. Neuere Bemühungen in Deutschland zeitigen exzellente Ergebnisse. Sehr gut auch in Österreich, v. a. im Kamptal, im Burgenland und in der Thermenregion. Leichte Weine in Ungarn, durchschnittlich und leicht bis mittelgewichtig in der Schweiz (alias Clevner). Ausgezeichnete Ergebnisse in Sonoma, Carneros und an der Central Coast (Kalifornien), in Oregon, in Ontario, im Yarra Valley und in den Adelaide Hills (Australien), in Tasmanien, auf der Südinsel Neuseelands (Central Otago) und in Südafrika (Walker Bay). Auch in Chile ein paar sehr hübsche Weine. Neue französische Klone lassen auf Verbesserungen in Rumänien hoffen. In Slowenien liefert sie als Modri Pinot die wohl besten Roten des Landes. Die besten Ergebnisse in Italien kommen aus dem Nordosten, Richtung Süden nimmt die Qualität zunehmend ab. PINOT BLANC und PINOT GRIS sind Mutationen von Pinot noir.

Plavac Mali (Crljenak) Kroatische Rotweintraube, verwandt mit ZINFANDEL. Gutes Potenzial für hochklassige und langlebige Weine, kann aber auch sehr alkoholstark und stumpf ausfallen.

Primitivo Süditalienische Traube, aus Kroatien stammend, die ausladende, rustikale Weine ergibt. Der Name bedeutet nicht »primitiv«, sondern »früh reifend«. Jetzt in Mode, da Primitivo genetisch identisch ist mit ZINFANDEL – ursprünglich hießen die beiden Sorten wohl Tribidag.

Refosco (Refošk) Etliche italienische DOCs, v. a. in den Colli Orientali. Ergibt tiefe, hocharomatische, lagerfähige Weine, v. a. in wärmerem Klima. Dunkel, säurereich. Die Refošk in Slowenien und weiter östlich ist genetisch nicht identisch, schmeckt aber ähnlich.

Refošk Siehe REFOSCO.

Rubin Bulgarische Kreuzung (NEBBIOLO x SYRAH), pfeffrig und körperreich.

Sagrantino Italienische Sorte mit Hauptvorkommen in Umbrien; liefert kräftige Weine mit Kirschnote.

Sangiovese (Brunello, Morellino, Sangioveto) Die wichtigste Rotweintraube der Toskana und Mittelitaliens. Nicht einfach im Anbau, doch wenn man sie richtig behandelt, ergibt sie vorzügliche, langlebige Weine. Vorherrschend in Chianti, Vino Nobile, Brunello di Montalcino, Morellino di Scansano und verschiedenen feinen IGT-Weinen. Auch in Umbrien (z. B. Montefalco und Torgiano) und jenseits der Apenninen in der Romagna und in den Marken zu finden. Weniger gut geht es ihr in den wärmeren, niedriger gelegenen Weinbergen an der toskanischen Küste oder in anderen Gegenden Italiens (obwohl sie fast allgegenwärtig ist). Auch in Australien interessant.

Sangioveto Siehe SANGIOVESE.

Saperavi Die wichtigste Rotweinsorte Georgiens, der Ukraine usw. Wird gern mit CABERNET SAUVIGNON verschnitten (v. a. in Moldawien). Das enorme Potenzial wird leider nur selten umgesetzt.

Schiava Siehe TROLLINGER.

Schioppetino In Nordostitalien heimische Sorte, säurebetont, gute Qualität; liefert elegante, verfeinerte Weine, die altern können.

Schwarzriesling Württemberger Name für PINOT MEUNIER.

Sciacarello Korsische Sorte mit Kräuter- und Pfeffernote; nicht sehr tanninstark.

Shiraz Siehe SYRAH.

Spanna Siehe NEBBIOLO.

Spätburgunder Name für PINOT NOIR in Deutschland.

St. Laurent Dunkle, geschmeidige und hocharomatische österreichische Spezialität. Kann leicht und saftig, aber auch tiefgründig und strukturiert sein. Auch in der Pfalz anzutreffen.

Syrah (Shiraz) Die große Traube der Rhône erbringt tanninreichen, pfeffrigen, purpurroten Wein, der sich superb entwickeln kann. In Australien als Shiraz von großer Bedeutung. Unter beiden Namen in Chile und Südafrika immer besser, wunderbar in Neuseeland (v. a. Hawke's Bay). Sehr weit verbreitet.

Tannat Gerbstoffreiche Traube mit Himbeerduft, die fest strukturierten Rotweinen aus Südwestfrankreich wie Madiran oder Tursan Kraft verleiht. Auch für Rosé. In Uruguay jetzt ein Star.

Tempranillo (Aragonez, Cencibel, Tinto fino, Tinta del País, Tinta Roriz, Ull de Llebre) Die aromatische, feine, früh reifende Rioja-Traube heißt in Katalonien Ull de Llebre, in La Mancha Cencibel, in Ribera del Duero Tinto fino, in Kastilien Tinta del País, am Douro Tinta Roriz und in Südportugal Aragonez. Wird jetzt auch in Australien angebaut. Groß in Mode; erbringt elegante Weine in kühlem, mächtige in heißem Klima. Die Trauben reifen früh, die Weine können lange altern.

Teran (Terrano) Naher Verwandter der REFOSCO; wächst vor allem auf Kalkstein (Karst) in Slowenien.

Teroldego Rotaliano Die beste einheimische Rebsorte des Trentino erbringt anspruchsvollen, gehaltvollen Wein; v. a. auf dem flachen Campo Rotaliano.

Tinta Amarela Siehe TRINCADEIRA.

Tinta del País Siehe TEMPRANILLO.

Tinta Negra (Negramoll) Bis vor Kurzem Tinta Negra Mole genannt. Die meistangepflanzte rote Rebsorte in Madeira, sehr produktiv und Hauptbestandteil der billigeren Madeira-Weine. Kommt jetzt in Colheitas zu ihrem Recht (siehe Portugal).

Tinta Roriz Siehe TEMPRANILLO.

Tinto fino Siehe TEMPRANILLO.

Touriga Nacional Rote Traube der Spitzenklasse für Port; am Douro mehr und mehr auch für blumige, stilvolle Tischweine verwendet. Bei der australischen Touriga handelt es sich in der Regel um dieselbe Sorte, die kalifornische kann auch Touriga Franca sein.

Trincadeira (Tinta Amarela) Sehr gute rote Traube im Alentejo (Portugal) für würzige Weine. Am Douro als Tinta Amarela bekannt.

Trollinger (Schiava, Vernatsch) In Württemberg beliebte hellrote Traube, in Südtirol Vernatsch/Schiava genannt. Umfasst eine ganz Gruppe von Rebsorten, die nicht unbedingt miteinander verwandt sind. In Italien lebhafte, schmissige Weine.

Vernatsch Siehe TROLLINGER.

Xinomavro Griechenlands Antwort auf NEBBIOLO; der Name bedeutet »säuerlich schwarz«. Dient als Grundlage für Naoussa, Rapsani, Goumenissa und Amindeo. Auch etwas stiller und schäumender Rosé. Hervorragende Qualität, Jahrzehnte haltbar. Wird auch in China ausprobiert.

Zinfandel Vielseitige, fruchtige Sorte aus Kalifornien mit (manchmal metallischem) Brombeeraroma. Kann strukturiert und überaus üppig geraten und hält sich dann jahrzehntelang, wird aber auch weiß bzw. hellrosa *(blush)* gekeltert und ist dann üblicherweise süß und marmeladig. Genetisch identisch mit der süditalienischen PRIMITIVO.

Zweigelt (Blauer Zweigelt) Kreuzung aus BLAUFRÄNKISCH x ST. LAURENT; in Österreich beliebt für aromatische, dunkle, geschmeidig-samtige Weine. Wird auch in Ungarn und Deutschland angebaut.

Trauben für Weißwein

Airén Sorte für Massenweine aus La Mancha, Spanien; bei guter Bereitung frisch.

Albariño (Alvarinho) Spaniens schicke und teure Sorte liefert Weine mit guter Säure und Aprikosenduft. Hervorragend in Rías Baixas, taucht aber zunehmend auch anderso auf. Wird nicht überall dem Hype gerecht, der um sie gemacht wird. Ebenso gut in Portugal als Alvarinho mit aromatischem Vinho Verde, v. a. in Monção und Melgaço.

Aligoté Die zweitwichtigste weiße Traube in Burgund. Scharfer, jung zu trinkender Wein; mit Cassis (Schwarzem Johannisbeerlikör) zum Kir gemixt, ist er hervorragend. Die Sorte ist auch in Osteuropa, v. a. in Russland, verbreitet.

Alvarinho Portugiesisch für ALBARIÑO.

Amigne Schweizer Spezialität mit Tradition im Wallis, die auf insgesamt 43 ha angebaut wird, v. a. in Vétroz. Körperreiche, schmackhafte Weine, oft mit etwas Restsüße, manchmal sehr trocken.

Ansonica Siehe INSOLIA.

Arinto Portugiesische Traube, die in Bucelas sehr aromatische, zitrusduftige Weine erbringt und, v. a. im Alentejo, Verschnitten Spritzigkeit verleiht.

Arneis Aromatische Traube aus Nordwestitalien mit Apfel-/Pfirsicharoma, die hohe Preise erzielt. Im Roero (Piemont) wurde eine DOCG für sie eingerichtet, in den Langhe eine DOC.

Arvine Seltene, aber exzellente Schweizer Spezialität aus dem Wallis (auch Petite Arvine genannt). Wird trocken oder süß ausgebaut und bringt frische, elegante Weine mit langem, leicht salzigem Abgang hervor.

Assyrtiko Sorte aus Santorini; eine der besten Weißweintrauben des Mittelmeerraums mit schöner Balance von Kraft, Mineralität, Extrakt und kräftiger Säure. Potenziell langlebige Weine, die die Welt erobern könnten …

Auxerrois Roter Auxerrois ist ein Synonym für MALBEC, während weißer Auxerrois eher wie eine fettere, würzigere Version von PINOT BLANC wirkt. Im Elsass häufig für Crémant verwendet; kommt auch in Deutschland vor.

Beli Pinot Siehe PINOT BLANC.

Blanc fumé Siehe SAUVIGNON BLANC.

Boal Siehe BUAL.

Bourboulenc Ergibt, ebenso wie die seltene Rolle-Rebe, einige der besten Weine des Midi.

Bouvier Indigene österreichische aromatische Traubensorte, besonders gut für Beeren- und Trockenbeerenauslesen; wird selten trocken ausgebaut.

Bual (Boal) Liefert hochwertigen süßen Madeira, weniger voll als MALMSEY.

Carricante Italienische Sorte, Hauptzutat im Etna Bianco. Gewinnt wieder an Boden.

Catarratto Die ertragreiche Weißweintraube ist in ganz Sizilien anzutreffen, v. a. im Westen in der DOC Alcamo.

Cerceal Siehe SERCIAL.

Chardonnay (Morillon) Die weiße Traube von Burgund und der Champagne, jetzt weltweit allgegenwärtig – z. T. auch, weil sie so leicht an- und auszubauen ist. Auch eine Mâcon-Villages-Gemeinde heißt so. Die Mode für überholzte Karamellbonbon-Versionen ist glücklicherweise vorüber. In der Steiermark Morillon genannt.

Chasselas (Fendant, Gutedel) Schweizer Rebsorte (ursprünglich aus dem Waadtland). Im Geschmack neutral, aber je nach Terroir mit starkem lokalem Charakter, der von elegant (Genf), finessenreich-vollmundig (Waadt) bis zu kräftig-rassig (Wallis) reicht. Im Wallis wird sie Fendant genannt. Fast ein Drittel der Schweizer Weine sind von Chasselas, die Traube wird jedoch mehr und mehr von anderen Sorten verdrängt. Heißt Gutedel in Deutschland und wird v. a. in Südbaden angebaut. In anderen Gegenden meist eine Tafeltraube.

Chenin blanc Die großartige weiße Traube an der mittleren Loire (Vouvray, Layon usw.). Ergibt trockenen bis lieblichen (sogar süßen) Wein, doch stets mit reichlich Säure. Wurde in Südafrika früher Steen genannt und erbringt dort viele gewöhnliche, im Bestfall aber sehr edle Weine. In Kalifornien kann sie sich gut schlagen, doch macht man sich dort nicht die Mühe.

Cirfandl Siehe ZIERFANDLER.

Clairette Schwach säurehaltige Sorte; in Südfrankreich wichtig und in vielen Verschnitten zu finden. Verbesserte Weinbereitungsmethoden wirken sich positiv aus.

Colombard Leicht fruchtige, angenehm säuerliche Traube, aus der man in Südafrika, Kalifornien und Südwestfrankreich Alltagsweine bereitet, oft in Verschnitten.

Dimiat Stark duftende bulgarische Sorte, die trocken oder halbtrocken ausgebaut oder zur Destillation verwendet wird. Hat weit mehr Synonyme, als eine Traube je braucht.

Ermitage Schweizer Name für MARSANNE.

Ezerjó Sinngemäß etwa »tausend Segnungen«. Ungarische Rebsorte mit scharfer Säure.

Falanghina Die historische italienische Traube aus dem kampanischen Bergland erbringt gute, dichte, aromatische trockene Weißweine.

Fendant Siehe CHASSELAS.

Fernão Pires Siehe MARIA GOMES.

Feteascâ albâ/regalâ Rumänien hat zwei Weißweinsorten namens Feteascâ, beide mit leichtem, an MUSCAT erinnerndem Aroma. Feteascâ regalâ, eine Kreuzung aus Feteascâ albâ und GRASÂ, besitzt mehr Finesse und eignet sich gut für Spätleseweine. FETEASCÂ NEAGRÂ ist eine Rotweinsorte.

Fiano Qualitätstraube, ergibt im süditalienischen Kampanien würzige Weine mit Pfirsichnote.

Folle blanche (Gros Plant) Viel Säure, wenig Aroma, ideal für Branntwein. Heißt in der Bretagne Gros Plant, in Armagnac Picpoul, obwohl keine Verwandtschaft mit der echten PICPOUL besteht. Auch in Kalifornien angesehen.

Friulano (Sauvignonasse, Sauvignon vert) NorditalienischeTraube für frische, pikante, subtil florale Weißweine, am besten in den Gebieten Collio, Isonzo und Colli Orientali. Hieß früher Tocai friulano. Im benachbarten Slowenien Sauvignonasse genannt, ebenso in Chile, wo die Sorte lange mit SAUVIGNON BLANC verwechselt wurde. Der ehemalige Tocai aus Venetien heißt jetzt Tai.

Fumé blanc Siehe SAUVIGNON BLANC.

Furmint (Šipon) Ausgezeichnete, charaktervolle Rebe, das Gütezeichen Ungarns sowohl als Haupttraube im Tokajer als auch in lebendigen, kräftigen Tafelweinen, die manchmal mineralisch, manchmal mit Aprikosennote und manchmal beides sind. In Slowenien unter der Bezeichnung Šipon. Auch in Rust in Österreich trocken und süß ausgebaut.

Garganega Die beste Traube im Soave-Verschnitt, auch in Gambellara. Spitzenweine, v. a. süße, altern vorzüglich.

Garnacha blanca (Grenache blanc) Die weiße Ausgabe der GRENACHE/Garnacha, sehr verbreitet in Spanien und Südfrankreich. Säurearm; kann recht harmlos, aber auch überraschend gut ausfallen.

Gewürztraminer (Traminac, Traminec, Traminer, Tramini) Eine der ausdrucksvollsten Trauben, identisch mit SAVAGNIN; ausgesprochen würzig, erinnert an Rosenblüten, Gesichtscreme, Litschis und Grapefruit. Die Weine sind oft voll und weich, selbst wenn sie trocken ausgebaut sind. Am besten im Elsass; auch gut in Deutschland (Baden, Pfalz, Sachsen), Osteuropa, Australien, Kalifornien, in Oregon und Washington sowie in Neuseeland. Kann als »Traminer« (oder Varianten davon) etikettiert relativ unaromatisch ausfallen. Trockene Versionen in Italien heißen Traminer aromatico. Außerhalb deutschsprachiger Länder oft ohne Umlaut »Gewurztraminer« geschrieben.

Glera Glanzloser neuer Name für die Prosecco-Traube; Prosecco nennt man nur noch den Wein.

Godello Erstklassige Rebsorte in Nordwestspanien; erbingt intensive, mineralische Weine. Im portugiesischen Dão heißt sie Verdelho, ist aber nicht verwandt mit der echten VERDELHO.

Grasă (Kövérszőlő) Rumänische Sorte; der Name bedeutet »fett«. Anfällig für Botrytis. Die wichtigste Traube in Cotnari, kann herrliche Süßweine hervorbringen. Wird im ungarischen Tokaj unter dem Namen Kövérszőlő angebaut.

Graševina Siehe WELSCHRIESLING.

Grauburgunder Siehe PINOT GRIS.

Grechetto Alte Rebsorte aus Mittel- und Süditalien mit gutem Ruf für lebendige, stilvolle Weine. Wird verschnitten oder (in Orvieto) sortenrein verwendet.

Greco In Süditalien tragen einige Weißweinsorten den Namen Greco (wahrscheinlich griechischen Ursprungs), was aber nicht bedeutet, dass sie verwandt sein müssen. Bekannt ist v. a. der Greco di Tufo mit anregenden Pfirsicharomen. Greco di Bianco wird aus halbgetrockneten Trauben gewonnen. Als dunkle Verson gibt es auch Greco nero.

Grenache blanc Siehe GARNACHA BLANCA.

Grillo Italienische Sorte; Haupttraube im Marsala. Liefert auch sehr gute trockene, körperreiche Tischweine.

Gros Plant Siehe FOLLE BLANCHE.

Grüner Veltliner Das Flaggschiff unter Österreichs Weißweinsorten kann sich bemerkenswert vielfältig geben: von einfachen, pfeffrigen Alltagsweinen zu Kreszenzen mit großer Komplexität und überraschendem Alterungspotenzial. Kommt hier und da auch in anderen Ländern Mitteleuropas vor und zeigt nun selbst in Neuseeland sein Potenzial.

Gutedel Siehe CHASSELAS.

Hárslevelű Die »Lindenblättrige« ist die zweite wichtige Traubensorte im Tokajer, aber weicher und pfirsichfruchtiger als FURMINT. Gut auch in Somló und Eger.

Heida Schweizer Name für SAVAGNIN.

Humagne Schweizer Spezialität, älter als CHASSELAS, die frische, dralle, nicht sehr aromatische Weine liefert. Humagne rouge, ebenfalls im Wallis verbreitet (und immer beliebter), ist nicht mit ihr verwandt, sondern identisch mit Cornalin d'Aoste; Cornalin du Valais ist wieder etwas anderes.

Insolia (Ansonica, Inzolia) Sizilianische Weißweintraube, heißt an der Toskanaküste Ansonica. Frische, rassige Weine im Bestfall. Für Süßweine werden auch halbgetrocknete Trauben verwendet.

Irsai Olivér Ungarische Kreuzung zweier Trauben für Tischwein, ergibt aromatische Weißweine, die an MUSCAT erinnern und jung zu trinken sind.

Johannisberg Schweizer Name für SILVANER.

Kéknyelű Wenig ertragreiche, aromareiche Traube für einen der besten ungarischen Weißweine. Hohes Potenzial für feurigen, würzigen Wein.

Kerner Recht erfolgreiche deutsche Kreuzung. Reift früh und liefert blumige (manchmal etwas aufdringliche) Weine mit guter Säure.

Királyleányka Ungarische Sorte; erbringt sanfte, frische Weine (z. B. in Eger).

Koshu Vermutlich autochthone japanische Traube und ihr Wein, der gerade einen Hype erlebt. Frisch, harmlos.

Kövérszőlő Siehe GRASĂ.

Laski Rizling Siehe WELSCHRIESLING.

Leányka Ungarische Sorte (»Mädchentraube«); erbringt weiche, blumige Weine.

Listán Siehe PALOMINO.

Loureiro Die nach ALVARINHO beste Vinho-Verde-Traube ergibt zart blumige Weißweine. Kommt auch in Spanien vor.

Macabeo Siehe VIURA.

Malagousia Wiederentdeckte griechische Rebsorte für wunderbar aromatische Weine.

Malmsey Siehe MALVASIA. Der süßeste Madeira-Stil.

Malvasia (Malmsey, Malvazija, Malvoisie, Marastina) Keine einzelne Varietät, sondern gleich eine ganze Gruppe von Rebsorten, die nicht unbedingt miteinander verwandt sind oder auch nur Ähnlichkeiten aufweisen. In Italien, Frankreich und überall auf der iberischen Halbinsel vertreten; die Weine können rot oder weiß, still oder schäumend, kräftig oder mild, süß oder trocken, aromatisch oder neutral sein. Die slowenische bzw. kroatische Version Malvazija Istarska (in Kroatien manchmal auch Marastina genannt) liefert knackige und leichte Weine, aber auch reichhaltige Gewächse, die in Eiche ausgebaut werden. Das Wort »Malmsey« (der süßeste Madeira-Stil) ist eine Verballhornung von Malvasia.

Malvoisie Siehe MALVASIA. Der Name wird in Frankreich für verschiedene Sorten verwendet, darunter BOURBOULENC, Torbato und VERMENTINO. Im Wallis nennt man den PINOT GRIS so.

Manseng, Gros/Petit Traube für wunderbar würzige, florale Weine aus Südwestfrankreich. Der Schlüssel zu Jurançon. Liefert auch ausgezeichnete Spätlesen und Süßweine.

Maria Gomes (Fernão Pires) Portugiesische Traube für reif-aromatische, leicht würzige Weißweine aus den Regionen Bairrada und Tejo.

Marsanne (Ermitage) Neben ROUSSANNE die Hauptweißweintraube an der nördlichen Rhône (Hermitage, St-Joseph, St-Péray). Auch in Australien, Kalifornien und (als Ermitage blanc) im Wallis mit Erfolg angebaut. Milde, volle Weine, die sehr schön altern.

Melon de Bourgogne Siehe MUSCADET.

Misket Bulgarische mild-aromatische Traubensorte; Grundlage der meisten Weißweine des Landes.

Morillon In einigen Teilen Österreichs der Name für CHARDONNAY.

Moscatel Siehe MUSCAT.

Moscato Siehe MUSCAT.

Moschofilero Hochwertige griechische Traube mit Rosenduft, hellroter Schale und kräftiger Säure. Liefert eher alkoholschwache Weine, meist weiß, es gibt aber auch ein paar Rosé-Versionen sowie Schaumwein.

Müller-Thurgau Liefert aromatische, jung zu trinkende Weine. Die süßen Varianten können gut sein, die trockenen dagegen sind oft nichtssagende, derbe Wässerchen. In Deutschland v. a. in der Pfalz, in Rheinhessen, an der Nahe, in Baden und in Franken verbreitet. Hat sich in Italien (Trentino–Südtirol, Friaul) einige Meriten verdient. Wird in der Schweiz manchmal noch (inkorrekt) Riesling x Sylvaner genannt.

Muscadelle Verleiht manchem weißen Bordeaux (v. a. Sauternes) besondere Würze. Wird im australischen Victoria (zusammen mit MUSCAT, mit dem keine Verwandtschaft besteht) für Rutherglen Muscat verwendet.

Muscadet (Melon de Bourgogne) Erbringt leichte, sehr trockene, erfrischende Weine mit einem Hauch von Meer in der Gegend um Nantes (Bretagne). Als Melon de Bourgogne auch in Teilen Burgunds anzutreffen.

Muscat (Moscatel, Moscato, Muskateller) Diese Sorte existiert in vielen Varianten, am besten ist Muscat blanc à petits grains (alias Gelber Muskateller, Rumeni Muškat, Sarga Muskotály, Yellow Muscat). Die weit verbreiteten, leicht erkennbaren, ausdrucksvollen Trauben werden meist zu bukettreichen, süßen Weinen verarbeitet, oft auch gespritet (z. B. Vin doux naturel in Frankreich). Wunderbar dunkel und süß in Australien. In Spanien süß, z. T. sehr gut. Ungarischer Muskotály ist meist Muscat Ottonel, nur in Tokaj, wo Sarga Muskotály vorherrscht, bringt er (in kleinen Mengen) Duft in den Verschnitt. Gelegentlich (z. B. im Elsass, in Österreich und in Teilen Süddeutschlands) auch trocken ausgebaut. Süßer Muscat vom Cap Corse kann vorzüglich sein. In Norditalien als Moscato leichter Schaumwein.

Muskateller Siehe MUSCAT.

Narince Türkische Sorte; frische und fruchtige Weine.

Neuburger Lange vernachlässigte österreichische Traube, anzutreffen v. a. in der Wachau (elegante, blumige Weine), in der Thermenregion (körperreich, breit) und in den nördlicheren Teilen des Burgenlands (kräftig, voll).

Olaszriesling Siehe WELSCHRIESLING.

Païen Siehe SAVAGNIN.

Palomino (Listán) Die wichtigste Traube für Sherry. Kaum eigener Charakter, es kommt alles auf die Bereitungsmethode an. Liefert unter dem Namen Listán auf den Kanarischen Inseln trockenen Weißwein.

Pansa blanca Siehe XAREL-LO.

Pecorino Keine Käsesorte, sondern ein verführerischer trockener Weißwein (IGT Colline Pescaresi) von der gleichnamigen Sorte, die vor Kurzem noch fast ausgestorben war.

Pedro Ximénez (PX) Wird für süße, braune Sherry-Stile (reinsortig unter dem eigenen Namen) sowie für Montilla und Málaga verwendet. Auch auf den Kanaren, in Argentinien, Australien, Kalifornien und Südafrika angebaut.

Picpoul (Piquepoul) Südfranzösische Traube; am bekanntesten ist der sortenrein von Piquepoul blanc bereitete Picpoul de Pinet. Sollte säurereich sein. Picpoul noir hat eine dunkle Schale.

Pinela Lokale slowenische Sorte für subtile, säurearme, jung zu trinkende Weine.

Pinot bianco Siehe PINOT BLANC.

Pinot blanc (Beli Pinot, Pinot bianco, Weißburgunder) Cousin des PINOT NOIR. Ähnelt CHARDONNAY, ist aber milder im Charakter. Leicht, frisch, fruchtig, kaum aromatisch, jung am besten. Gut für italienischen *spumante,* im Nordosten potenziell exzellent, v. a. in hohen Lagen in Südtirol. Weit verbreitet. Heißt in Deutschland Weißburgunder und glänzt dort v. a. im Süden, da er rassiger ausfällt als Chardonnay.

Pinot gris (Pinot grigio, Grauburgunder, Ruländer, Sivi Pinot, Szürkebarát) Als Pinot grigio in Norditalien extrem beliebt, selbst für Rosé – charaktervolle Spitzenweine können aber exzellent sein (Südtirol, Friaul). Billige Versionen sind nur dies: billig. Großartig im Elsass für würzige, körperreiche Weißweine. Heißt in Deutschland Ruländer (süß) oder Grauburgunder (trocken); die besten Weine kommen aus Baden (v. a. vom Kaiserstuhl) und der Südpfalz. Szürkebarát in Ungarn, Sivi Pinot in Slowenien (charaktervoll, aromatisch).

Pošip Kroatische Sorte v. a. auf der Insel Korčula. Recht charaktervoll, Zitrusaroma, hohe Erträge.

Prosecco So hieß früher die Traube, aus der Prosecco gemacht wird. Heute muss man sie GLERA nennen.

Renski Rizling Rheinriesling. Siehe RIESLING.

Rèze Sehr seltene alte Sorte aus dem Wallis, die für *Vin du Glacier* verwendet wird.

Ribolla gialla/Rebula Säurehaltige Weine mit Charakter; in Italien v. a. aus dem Collio, in Slowenien traditionell aus Brda. Kann sehr gut sein, selbst wenn sie auf exzentrische Weise bereitet wird.

Rieslaner Deutsche Kreuzung zwischen Silvaner und Riesling; bekannt für geringe Erträge und schwierige Reifung, inzwischen sehr selten geworden (weniger als 50 ha). Erbringt in Franken und der Pfalz gute Auslesen.

Riesling italico Siehe WELSCHRIESLING.

Riesling (Renski Rizling, Rhine Riesling) Die großartigste, vielseitigste Weißweintraube, im Stil völlig anders als CHARDONNAY. Riesling bietet eine Fülle von Duft- und Geschmacksnoten – die Bandbreite reicht von stahlig bis üppig, doch immer mit positivem Grundton – und hat viel mehr Alterungspotenzial als Chardonnay. Großartig in allen Stilrichtungen in Deutschland; kraftvoll und stahlig in Österreich; Noten von Limettensirup und gerösteten Früchten in South Australia; reichhaltig und würzig im Elsass; vielversprechend am deutschen Stil ausgerichtet in Neuseeland, dem Staat New York, Oregon und Washington; mit Potenzial in Ontario und Südafrika.

Rkatsiteli In Osteuropa, Russland und Georgien sehr verbreitete Sorte, winterhart und säurereich, liefert daher auch bei schlechter Weinbereitung zum Teil noch einigermaßen akzeptable Ergebnisse. Wird auch im Nordosten der USA angebaut.

Robola Erstklassige Traube aus Griechenland (Kefallonia) mit blumigem Aroma. Nicht mit Ribolla gialla verwandt.

Roditis Rosafarbige Traube, die vorwiegend Weißwein liefert, in ganz Griechenland verbreitet. Bei niedrigen Erträgen gute Ergebnisse.

Roter Veltliner Österreichische Sorte, nicht verwandt mit dem GRÜNEN VELTLINER. Es gibt auch Frühroten und (nicht verwandten) Braunen Veltliner.

Rotgipfler Einheimische aromatische Traubensorte der österreichischen Thermenregion. Ergibt im Verschnitt mit ZIERFANDLER lebendige, üppige, aromatische Weine.

Roussanne Rhône-Traube von echter Finesse, die man jetzt auch in Kalifornien und Australien antrifft. Kann viele Jahre altern.

Ruländer Siehe PINOT GRIS.

Sauvignonasse Siehe FRIULANO.

Sauvignon blanc Erbringt sehr ausdrucksvolle, aromatische Weine mit Noten von Gras bis hin zu tropischen Früchten – pikant in Neuseeland, oft mineralisch in Sancerre, reifer in Australien; gut auch in Rueda, Österreich, Norditalien (Isonzo, Piemont, Südtirol), dem chilenischen Casablanca-Tal und Südafrika. Wird in Bordeaux mit SÉMILLON verschnitten. Kann herb ausfallen oder auch herzhaft (und manchmal ganz schrecklich). Sauvignon gris ist eine weniger aromatische Version mit rosafarbener Schale und noch unerforschtem Potenzial.

Sauvignon vert Siehe FRIULANO.

Savagnin (Heida, Païen) Die Traube des Vin jaune aus dem Jura; ihre aromatische Spielart ist der GEWÜRZTRAMINER. In der Schweiz als Heida, Païen oder Traminer bekannt. Körperreiche, säurebetonte Weine.

Scheurebe Deutsche Traube mit Grapefruitaroma, wahrscheinlich eine Kreuzung aus RIESLING x SILVANER. In der Pfalz sehr beliebt, besonders für Auslesen und darüber. Als trockener Wein manchmal krautig, nur voll ausgereift gut.

Sémillon (Semillon) Verleiht dem Sauternes seine Fülle, ist aber immer weniger von Bedeutung für Graves und andere trockene weiße Bordeaux-Weine. Grasig, wenn nicht voll ausgereift, kann aber weichen, trockenen Wein mit großem Alterungspotenzial liefern. In Australien (wo man sie ohne Akzent schreibt) hervorragend; in Neuseeland und Südafrika vielversprechend.

Sercial (Cerceal) Die portugiesische Traube liefert den trockensten Madeira. Als Cerceal (ebenfalls portugiesisch) scheint man dieselbe Sorte zu bezeichnen, aber auch noch einige andere.

Seyval blanc In Frankreich gezüchtete Hybride aus französischen und amerikanischen Reben. Sehr widerstandsfähig, angenehm fruchtig. Im Osten der USA und in England recht erfolgreich, von den dogmatischen Richtlinien der Europäischen Union jedoch nicht für »Qualitätswein« zugelassen.

Silvaner (Johannisberg, Sylvaner) Kann in Rheinhessen und der Pfalz exzellente Ergebnisse hervorbringen, besonders aber in Franken mit ihren pflanzlich/erdigen und mineralischen Noten. Liefert im Wallis als Johannisberg sehr guten, kraftvollen Wein. Im Elsass die Sorte für die leichtesten Weine.

Sipon Siehe FURMINT.

Sivi Pinot Siehe PINOT GRIS.

Spätrot Siehe ZIERFANDLER.

Sylvaner Siehe SILVANER.

Tămâioasă românească Zur MUSCAT-Familie gehörige rumänische »frankincense«-Weißweintraube mit exotischem Aroma und Geschmack.

Torrontés Eine ganze Reihe von Trauben wird so genannt, die meisten haben einen aromatischen, floralen, manchmal etwas seifigen Charakter. Eine Spezialität in Argentinien, auch in Spanien anzutreffen. Jung zu trinken.

Traminac Alias Traminec. Siehe GEWÜRZTRAMINER.

Traminer In Ungarn auch Tramini. Siehe GEWÜRZTRAMINER.

Trebbiano (Ugni blanc) Die wichtigste weiße Sorte der Toskana, kommt aber in verschiedenster Gestalt in ganz Italien vor. Erhebt sich selten über die Masse, außer im toskanischen Vin Santo. Einige gute trockene Weißweine unter den DOCs Romagna und Abruzzo. Trebbiano di Soave und Trebbiano di Lugana – alias VERDICCHIO – sind nur entfernt verwandt. Wird in Südfrankreich als Ugni blanc und in Cognac als St-Emilion angebaut. Liefert meist dünnen, neutralen Wein, gut für Verschnitte geeignet. Bräuchte mehr Sorgfalt beim Anbau.

Ugni blanc Siehe TREBBIANO.

Ull de Llebre Siehe TEMPRANILLO.

Verdejo Die Traube von Rueda in Kastilien kann feinen, langlebigen Wein erbringen.

Verdelho In Australien hervorragende Qualität (körperreich und etwas scharf); selten, aber gut (und mittelsüß) auf Madeira.

Verdicchio Liefert den potenziell guten, muskulösen trockenen Wein gleichen Namens im östlichen Mittelitalien.

Vermentino Italienische Traube, die lebhafte Weine mit ordentlicher Textur und guter Alterungsfähigkeit ergibt. Hat Potenzial.

Vernaccia Steht für viele Trauben in Italien, die nicht miteinander verwandt sind. Vernaccia di San Gimignano ist frisch und lebhaft, Vernaccia di Oristano eher sherryähnlich.

Vidal Französische Hybridrebe; verbreitet in Kanada für Eiswein angebaut.

Vidiano Die meisten Erzeuger auf Kreta lieben diese kraft- und stilvolle Traube mit Noten von Limette und Aprikose und guter Säure.

Viognier Die Rhône-Traube ist gerade groß in Mode. Die besten Exemplare stammen aus Condrieu, danach kommen die immer noch aromatischen Weine aus dem Midi. Auch in Kalifornien, Virginia, Uruguay und Australien bereitet man gute Versionen.

Viura (Macabeo, Maccabéo, Maccabeu) Die häufigste weiße Sorte Nordspaniens, weitverbreitet in Rioja und den katalanischen Cava-Gebieten. Wird auch jenseits der Grenze in Südwestfrankreich angebaut. Gutes Qualitätspotenzial.

Weißburgunder Deutscher Name für PINOT BLANC.

Welschriesling (Graševina, Laski Rizling, Olaszriesling, Riesling italico) Liefert leichte und frische bis süße und volle Weine in Österreich; in Osteuropa allgegenwärtig, wo einige bemerkenswert gute trockene und süße Weine aus ihr bereitet werden. Mit RIESLING nicht verwandt.

Xarel-lo (Pansa blanca) Traditionelle katalanische Traube, zusammen mit Parellada und MACABEO für Cava verwendet. Neutral, aber sauber. Charaktervoller (mit Noten von Limettensirup) als Pansa blanca in Alella.

Xynisteri Die meistangebaute Weißweintraube Zyperns. Kann recht schlicht geraten und wird meist jung getrunken; in Höhenlagen liefert sie allerdings frische, ansprechende, mineralische Weine.

Zéta Ungarische Kreuzung von BOUVIER und FURMINT, die einige Winzer für ihren Tokaji Aszú verwenden.

Zierfandler (Spätrot, Cirfandl) In der österreichischen Thermenregion vorkommende Weißweinsorte, oft mit ROTGIPFLER zu aromatischen, gewichtigen Weinen mit Orangenschalenduft verschnitten.

Wein und Speisen

Man tut sich leicht (und es geschieht auch oft), Rabelais mit seinem lockeren Ausspruch »Fais ce que voudras« (»Tu, was du magst«) zu zitieren, so als ob die Kombination von Wein und Speisen ganz simpel wäre – oder so unwichtig, dass es einfach im Trial-and-Error-Verfahren ginge. Aber warum existieren Konventionen?

Die Mode wechselt, Speisen und Weine verändern sich. Bis noch vor Kurzem folgten Menüs, zumindest die meisten, einer Formel, und es war ziemlich klar, welcher Wein zu welcher Speise gereicht wurde. Nicht mehr heutzutage, wo man oft nur mit einer Liste der Zutaten konfrontiert wird. Richtet man sich dann mehr nach dem Kreuzkümmel oder nach dem Kohl?

Ebenso unberechenbar sind die Weine, die derzeit den Ton angeben. Glücklicherweise dürfte Ihnen ein orangefarbener Wein oder einer, der in der Amphore bereitet wurde, oder ein »Pét Nat« – also ein noch kurz perlender Wein – so ziemlich alles verzeihen (»sich mit so ziemlich allem verbinden« ist vielleicht der bessere Ausdruck), was Sie dazu essen. Wenn Sie originell und schon fast futuristisch im Trend liegen und Ihr Essen trotzdem genießen wollen, nehmen Sie Sherry.

Vorspeisen

Aïoli Zu so viel Knoblauch braucht man einen Durstlöscher. Kalter junger weißer Rhône-Wein, Picpoul, Rosé aus der Provence, Verdicchio oder Sauvignon blanc von der Loire. Oder Bier, Marc oder Grappa ... Sie werden den Unterschied kaum merken.

Antipasti Für den Klassiker mit Schinken, Oliven und eingelegtem Gemüse: trockener oder halbtrockener Weißwein aus Italien (Arneis, Soave, Pinot grigio, Vermentino, Grechetto) oder ein leichter, aber griffiger Rotwein, z. B. Vapolicella. Auch Fino Sherry – leider weiß man das nicht in Italien.

Artischocken *Mit Sauce hollandaise:* Ein voller, frischer, trockener Weißwein, z. B. Pouilly-Fuissé oder ein Erstes Gewächs aus Deutschland.
Mit Sauce vinaigrette: Ein ausdrucksvoller, trockener Weißer, z. B. neuseeländischer Sauvignon blanc, Côtes de Gascogne oder ein moderner Grieche (ein vier Jahre alter Malagousia, um genau zu sein). Côtes du Rhône?

Auberginencreme (Melitzanosalata) Frischer Sauvignon blanc aus der Neuen Welt oder ein moderner trockener griechischer bzw. sizilianischer Weißer. Auberginengerichte aus dem Ofen brauchen einen kräftigeren Roten: Shiraz, Zinfandel oder tatsächlich türkischen Wein. Oder Weiße aus dem Mittelmeerraum (einschließlich Fino).

Austern *Roh:* Champagner oJ, Chablis, Muscadet, weißer Graves, Sancerre – oder Guinness. Probieren Sie Sauternes. Manzanilla passt hervorragend.
Gegart: Puligny-Montrachet oder ein guter Chardonnay aus der Neuen Welt. Champagner passt zu allen Austern.

Avocado Gerade schwer in Mode, für Wein aber kein Selbstläufer. Trockener bis leicht lieblicher Weißwein, z. B. Pfälzer oder Rheingauer Kabinett, Grüner Veltliner, Riesling aus der Wachau, Sancerre, Pinot grigio, australischer Chardonnay (ohne Eichennote) oder ein trockener Rosé.
Mit Riesengarnelen: Chablis Premier cru.
Mit Mozzarella und Tomaten: Frischer, aber reifer Weißwein: Soave, Sancerre, griechischer Weißwein.

Burrata Vergessen Sie Mozzarella; dies ist die Crème de la Crème. Also muss ein erstklassiger italienischer Weißer her, Fiano oder der Grillo von Cusumano. Ich werden es auch mal mit Sauternes probieren.

Carpaccio *Vom Lachs:* Chardonnay oder Champagner.
Vom Rind: Hierzu passt fast jeder Wein, auch ein Roter. Ein Toskaner ist eine gute Wahl, aber auch ein feiner Chardonnay oder ein Jahrgangs- oder Rosé-Champagner. Probieren Sie mal Amontillado.
Vom Thunfisch: Viognier, kalifornischer Chardonnay oder neuseeländischer Sauvignon blanc.

Ceviche Australischer Riesling oder Verdelho, Sauvignon blanc aus Chile, Torrontés. Manzanilla.

Dim-Sum Klassischerweise: chinesischer Tee. Pinot grigio oder klassischer deutscher Riesling, auch ein leichter Pinot noir. Bei Rotweinen sind weiche Tannine der Schlüssel: Bardolino, Rioja, Côtes du Rhône. Sonst Champagner oJ oder englischer Schaumwein.

Eierspeisen Siehe auch Soufflé. Nicht einfach: Eier breiten sich recht eigen im Mund aus. Bei Omelettes sollte der Maßstab die anderen Zutaten sein; Pilze wahrscheinlich mit Rotwein. Jahrgangschampagner zu Trüffelomelette. Zu Rührei trinke ich allenfalls Champagner.
Œufs en meurette: Ein Geniestreich aus Burgund; die Eier in Rotweinsauce verlangen natürlich nach einem Burgunder.
Wachteleier: Blanc-de-Blancs-Champagner, Viognier.

Fischterrine oder Fischsalat (inkl. Krebse) Braucht etwas Feines. Trockene Pfälzer Riesling Spätlese, Grüner Veltliner, Chablis Premier cru.

Forelle, geräuchert Feiner als Räucherlachs. Riesling Kabinett oder Spätlese von der Mosel. Chablis oder Champagner Blanc de Blancs.

Gänseleberpastete Süßer Weißwein: Sauternes, Tokaji Aszú 5 Puttonyos, Pinot gris Spätlese oder Riesling, Vouvray, Montlouis, Jurançon moelleux, Gewürztraminer. Ein alter trockener Amontillado kann vorzüglich sein. Zu warmer Gänseleberpastete alter Jahrgangschampagner. Auf keinen Fall Chardonnay, Sauvignon blanc oder irgendein Rotwein.

Garnelen, Krabben oder Scampi Muscadet, v.a. ein reiferer Tropfen. Oder weißer Burgunder, Graves, neuseeländischer Chardonnay, Riesling aus Washington, der Pfalz oder Australien. Sogar feiner, reifer Champagner.

Hering, grün oder Matjes Junger Genever, Aquavit aus Skandinavien oder kühles Bier. Wenn es unbedingt Wein sein soll: Muscadet, aber es wäre schade um ihn.

Kaviar Eiskalter Wodka; körperreicher Champagner (z.B. Bollinger, Krug). Niemals rohe Zwiebeln dazugeben!

Lachs, geräuchert Trockener, aber ausdrucksvoller Weißwein, z.B. Fino (v.a. Manzanilla), Condrieu, Elsässer Pinot gris, Chablis Grand cru, Pouilly-Fumé, Pfälzer Riesling Spätlese, Jahrgangschampagner. Wodka, Aquavit.

Mezze (orientalische Vorspeisen) Ein Heimspiel für Fino Sherry oder einen griechischen Weißen.

Mozzarella mit Tomaten und Basilikum Siehe auch Avocado. Ein frischer italienischer Weißwein (z.B. Soave, Südtiroler). Vermentino aus Ligurien oder südfranzösischer Rolle.

Pasta Rot- oder Weißwein, je nach Sauce.
Mit Fleischsauce: Montepulciano d'Abruzzo, Salice Salentino, Malbec.
Mit Pesto: Barbera, Vermentino aus Ligurien, neuseeländischer Sauvignon blanc, ungarischer Furmint.
Mit Sahnesauce (Carbonara): Orvieto, Greco di Tufo. Junger Sangiovese.
Mit Seafood (z.B. Muscheln): Verdicchio, Soave, Grillo, Cirò, Chardonnay ohne Holznote.
Mit Tomatensauce: Chianti, Barbera, sizilianischer Rotwein, Zinfandel, südustralischer Grenache.

Pastete *Hühnerleber:* Ein pikanter Weißer (Elsässer Pinot gris oder Marsanne) oder milder Roter (leichter Pomerol, Volnay, neuseeländischer Pinot noir). Zu kräftigeren Pasteten (Entenleber usw.) passt Gigondas, Moulin-à-Vent, Chianti Classico oder guter weißer Graves. Amontillado kann wunderbar passen.

Pastrami Elsässer Riesling, junger Sangiovese, St-Émilion.

Prosciutto (auch mit Melonen, Birnen oder Feigen) Gehaltvoller trockener bis halbtrockener Weißwein: Orvieto, Grechetto, Grüner Veltliner, Furmint-Tokajer, australischer Semillon, Jurançon Sec. Sercial Madeira. Manzanilla.

Risotto Je nach Geschmacksrichtung: *Mit Gemüse (z. B. Primavera):* Pinot grigio aus dem Friaul, Gavi, recht junger Semillon, Dolcetto, Barbera d'Alba.
Mit Steinpilzen: Feinster reifer Barolo oder Barbaresco.
Nero: Voller trockener Weißer: Viognier oder sogar Corton-Charlemagne.

Salate Jeder trockene und appetitanregende Weißwein.
Hinweis: Essig in Salatsaucen zerstört das Aroma des Weins. Will man einen guten Wein zum Essen trinken, sollte der Salat (behutsam) mit Wein oder etwas Zitronensaft angemacht werden. Meersalz und gutes Öl sind das Geheimnis.

Schinken, roh oder luftgetrocknet Siehe auch Prosciutto. Elsässer Pinot gris Grand cru oder weißer italienischer Collio. Zu spanischem Pata Negra oder Serranoschinken Fino Sherry, Tawny Port oder Madeira Bual bzw. Verdelho.

Schnecken Rote von der Rhône (z. B. Gigondas, Vacqueyras) oder weißen St-Véran oder Rully. Im Midi nehme man einen Weiß-, Rosé- oder Rotwein der Gegend zu Petits gris. Im Elsass Pinot blanc oder trockener Muscat.

Soufflé Hierzu gehört ein ★★★-Wein. Zu allen Soufflé-Arten passt Champagner, insbesondere Jahrgangschampagner.
Fischsoufflé: Trockener Weißwein: Burgunder, Bordeaux, Elsässer, Chardonnay usw.
Käsesoufflé: Reifer roter Burgunder oder Bordeaux, Cabernet Sauvignon (nicht aus Chile oder Australien) usw. Oder feiner weißer Burgunder.
Spinatsoufflé: Schwierig zu Wein. Mâcon-Villages, St-Véran, Valpolicella.

Spargel Sowohl grüner als auch weißer Spargel sind leicht bitter und deshalb schwierig zu Wein; es muss also ein ausdrucksstarker Tropfen sein. Viognier hat etliche Anhänger, Riesling ist immer einen Versuch wert, Rheingau-Riesling ein Klassiker. Sauvignon blanc verstärkt den Spargelgeschmack. Australischer Semillon ist besser als Chardonnay, der wiederum besser zu zerlassener Butter oder Sauce hollandaise passt. Elsässer Pinot gris kann gehen, sogar trockener Muscat oder Jurançon Sec. Auch für einen richtig süßen Wein gibt es Argumente, vielleicht keinen Yquem.

Tapas Kalter, frischer Fino Sherry deckt die ganze Bandbreite an Geschmacksrichtungen der warmen und kalten Speisen ab. Auch Sake.

Tapenade Manzanilla oder Fino Sherry oder jeder leicht scharfe, trockene Weißwein oder Rosé.

Tarama/Taramosalata Mediterraner, möglichst griechischer Weißwein mit Charakter. Fino Sherry passt gut. Ebenso ein Marsanne von der Rhône.

Wurstwaren/Salami Säurebetonte Rotweine ohne Eichennote eignen sich besser als Weiße. Also etwa Italiener: einfacher Valpolicella, Refosco, Schioppetino, Teroldego, junger Nebbiolo. Wenn es ein Weißer sein muss, braucht er Säure. Chorizo macht Probleme, weil der Wein einen metallischen Geschmack bekommt. Feine Kreszenzen wären hier verschwendet.

Meeresfrüchte & Fischgerichte

Aal, geräuchert Erste Wahl ist Fino Sherry. Sonst Riesling aus dem Elsass oder aus Österreich, Grüner Veltliner. Jahrgangschampagner. Schnaps.

Barsch, See- Jeder delikate Weißwein eignet sich gut, z. B. trockener Clare-Riesling, Chablis, weißer Châteauneuf-du-Pape, Weißburgunder aus Baden oder der Pfalz. Aber je kräftiger der Fisch gewürzt ist, desto aromareicher sollte der Wein sein: mit Ingwer, Frühlingszwiebeln usw. etwa ein gehaltvoller Riesling, nicht unbedingt trocken.

Brandade Chablis Premier cru, roter Sancerre oder Neuseeländer Pinot noir.

Fisch in Beurre blanc Bester Muscadet sur lie, Sémillon/Sauvignon-blanc-Verschnitt, Chablis Premier cru, Vouvray, Albariño, Rheingauer Riesling.

Fischpastete (mit Sahnesauce) Albariño, Soave Classico, Riesling Erstes Gewächs, spanischer Godello.

Fish and Chips, Fritto misto, Tempura Jeder Weißwein geht, solange kein Essig im Spiel ist. Chablis, weißer Bordeaux, Sauvignon blanc, Pinot blanc, Gavi, Fino, weißer Dão, Koshu, Sake; oder Champagner oJ bzw. Cava.

Forelle, gegrillt oder gebraten Delikate Weißweine, z. B. Mosel (v. a. von der Saar oder Ruwer), Elsässer Pinot blanc, Fendant.

Garnelen *Mit Knoblauch:* leichter, trockener Weiß- oder Roséwein.
Mit Gewürzen (auch scharf, mit Chili): Hier ist etwas mehr Körper nötig, aber keine Eichennote: trockener Riesling oder ein Italiener, etwa Fiano.
Mit Mayonnaise: Menetou-Salon.

Glattbutt Delikater als Steinbutt, also ideal für feinen alten Puligny und dergleichen. Mit einer üppigen Sauce Hollandaise wäre sogar ein Montrachet angeraten.

Graved Lachs Sercial Madeira (z. B. 10 Jahre alter Henriques), Amontillado, Tokaji Furmint, orangefarbener Wein. Oder Champagner oJ.

Heilbutt Siehe Steinbutt.

Heringe, gebraten, gegrillt Ein kantiger Weißwein, der dem ausgeprägten Geschmack des Herings entgegenwirkt: Rully, Chablis, Bourgogne Aligoté, griechischer Weißwein, Sauvignon blanc. Oder indischer Tee. Oder Cidre.

Hummer *Nur gegrillt oder kalt mit Mayonnaise:* Champagner oJ, Elsässer Riesling, Chablis Premier cru, Condrieu, Mosel Spätlese oder ein lokaler Schaumwein.
Mit reichlich Sauce, z. B. Thermidor: Jahrgangschampagner, feiner weißer Burgunder, Graves Cru classé. Alternativ Sauternes, um der vorhandenen Süße gerecht zu werden, auch Pfälzer Spät- oder sogar Auslese.

Jakobsmuscheln Am besten halbtrockene Weißweine.
Auf asiatische Art: ein Neuseeländer Chardonnay, Chenin blanc, Godello, Grüner Veltliner, Gewürztraminer.
Gegrillt oder sautiert: weißer Hermitage, Grüner Veltliner, weißer Pessac-Léognan, Jahrgangschampagner oder Pinot noir.
In Sahnesauce: Deutsche Spätlese, Montrachet, erstklassiger australischer Chardonnay.

Kabeljau, gebraten Eine gute, neutrale Grundlage für feine trockene bis halbtrockene Weißweine, z. B. Chablis, Meursault, Corton-Charlemagne, Graves Cru classé, Grüner Veltliner; Kabinett oder Großes Gewächs aus Deutschland; oder auch ein guter, eher leichter Pinot noir.
Black cod mit Misosauce: Pinot noir aus Neuseeland oder Oregon, Meursault Premier cru, Rheingauer Riesling Spätlese. Jahrgangschampagner.

Kedgeree (anglo-indisches Fischgericht) Volle Weißweine, auch schäumend: Mâcon-Villages, südafrikanischer Chardonnay, Grüner Veltliner, ein deutsches Großes Gewächs oder (zum Frühstück) Champagner.

Krabben (Krebse) Krabben und Riesling (oder Champagner) sind füreinander geschaffen.
Mit Chili und Knoblauch: Ein eher kraftvoller Riesling, vielleicht ein Großes Gewächs oder einer aus der Wachau.
Chinesische Art, mit Ingwer und Zwiebeln: Deutscher halbtrockener Riesling (Kabinett oder Spätlese); Tokaji Furmint, Gewürztraminer.
Cioppino: Sauvignon blanc. An der amerikanischen Westküste trinkt man Zinfandel. Auch kalifornischer Schaumwein.
Kalt angemacht: Spitzenriesling von der Mosel, trockener Elsässer oder australischer Riesling, oder Condrieu.
Mit Schwarzer-Bohnen-Sauce: Kräftiger Barossa-Shiraz oder Syrah.
Softshell crabs: Chardonnay, Albariño oder deutsche Riesling Spätlese.

Thailändische Crabcakes: Ausdrucksvoller Sauvignon blanc (von der Loire, aus Südafrika, Australien, Neuseeland) oder Riesling (deutsche Spätlese oder aus Australien).

Lachs, sautiert oder gegrillt In Mode ist Pinot noir, doch Chardonnay ist besser. Merlot oder leichter Bordeaux sind auch nicht übel. Am besten ist feiner weißer Burgunder: Puligny- oder Chassagne-Montrachet, Meursault, Corton-Charlemagne, Chablis Grand cru; oder Grüner Veltliner, Condrieu, Chardonnay aus Kalifornien, Idaho oder Neuseeland, Rheingau-Riesling (Kabinett/Spätlese) oder aus Australien.

Lachsklößchen: Ähnliche, aber weniger große Weine.

Makrelen *Gegrillt:* Weiße mit kräftiger Säure: Sauvignon blanc aus der Touraine, Gaillac, Vinho Verde, weißer Rioja, englischer Weißer. Oder Guiness.

Geräuchert: Ruiniert Wein mit seiner Öligkeit. Manzanilla, Vinho Verde oder Schnaps, Wodka mit Pfeffer- oder Büffelgrasaroma.

Meeräsche Verdicchio, Rully, Chardonnay ohne Eichenwürze.

Meerbarbe, Rote Eine feine, köstliche Verwandlungskünstlerin, passt sich sowohl guten Weiß- als auch feinen Rotweinen an, v. a. Pinot noir.

(Mies)Muscheln Muscadet *sur lie,* Chablis Premier cru, Chardonnay ohne Eichennote.

In Curry: Mittelsüßer Wein; Elsässer Riesling.

Gefüllt, mit Knoblauch/Petersilie: Siehe Vorspeisen/Schnecken.

Paella, mit Schalentieren Körperreicher Weißwein oder Rosé, Chardonnay ohne Eichennote, Albariño oder Godello. Oder den lokalen spanischen Rotwein.

Rochen, in brauner Butter Würziger Weißwein, z. B. Elsässer Pinot gris oder Roussanne, oder sauberer, einfacher Wein wie Muscadet oder Verdicchio.

Sardellen, mariniert Die Marinade verträgt sich mit kaum einem Wein. In Salade niçoise vielleicht provencalischer Rosé.

Sardinen, frisch gegrillt Sehr trockener Weißwein, z. B. Vinho Verde, Muscadet, moderner griechischer Wein.

Sashimi Die Japaner präferieren körperreichen Weißwein (Chablis Premier cru, Elsässer Riesling) zu weißem Fisch, Pinot noir zu rotem. Beide brauchen Säure. Einfacher Chablis ist vielleicht zu dünn. Wenn Sojasauce dabei ist, passt ein tanninarmer Roter (wieder Pinot). Ansonsten Sake (oder Fino). Auf Champagner wären Sie sicher selbst gekommen.

Schalentiere Trockener Weißwein zu gekochten Schalentieren, vollere Weine zu gehaltvollen Saucen. Riesling ist die Traube der Wahl.

Zu einem Meeresfrüchteteller: Chablis, Muscadet de Sèvre et Maine, Picpoul de Pinet, Pinot bianco aus Südtirol.

Schellfisch Reichhaltige trockene Weißweine: Meursault, kalifornischer Chardonnay, Marsanne oder Grüner Veltliner.

Schnapper Sauvignon blanc, wenn orientalische gewürzt; Rhône-Weißwein oder provençalischer Rosé mit mediterranen Aromen.

Schwertfisch Körperreicher, trockener lokaler Weißwein (und warum nicht auch Rotwein?), aber nichts Besonderes.

Seehecht Sauvignon blanc oder sonst ein frisch-fruchtiger Weißwein, z. B. Pacherenc du Vic-Bilh, Tursan.

Kalt mit Mayonnaise: Feiner Chardonnay.

Seeohr (Abalone) Trockener bis halbtrockener Weißwein, z. B. Sauvignon blanc, Meursault, Pinot grigio, Grüner Veltliner.

In Hongkong: Mindestens Dom Pérignon.

Seeteufel Ein üppiges, aber neutrales Gericht; alles kommt auf die Sauce an: vollaromatischer Weiß- oder Rotwein, je nachdem.

Seezunge, Scholle u. Ä. *Gegart, gegrillt oder gebraten:* Ideal zu feinen Weinen: weißer Burgunder und Gleichrangige.

Mit Sauce: Je nach den Zutaten der Sauce; säuerlich-trockene Weine bei Tomatensauce; ziemlich reichhaltige Tropfen für sahnigere Varianten.

Skandinavische Küche Skandinavische Gerichte sind oft mit Dill, Kümmel und Kardamom gewürzt und verbinden süße und scharfe Noten. Ein Wein dazu braucht Säure und genug Gewicht: Godello, Falanghina, Verdelho, australischer, Elsässer oder österreichischer Riesling. Eingelegter/fermentierter/roher Fisch stellt eine größere Herausforderung dar: Bier oder Aquavit. Siehe auch die Einträge für geräucherten Fisch usw.

Steinbutt Zu diesem edlen Fisch gehört ein gehaltvoller trockener Spitzenweißwein, z. B. Meursault, Chassagne-Montrachet, Corton-Charlemagne, reifer Chablis oder sein kalifornisches, australisches bzw. neuseeländisches Äquivalent; reife Rheingauer, Mosel- oder Nahe-Spätlese oder Auslese (nicht trocken); Condrieu.

Sushi Wird meist schon mit scharfem Wasabi zubereitet. Trockener deutscher QbA, einfacher Chablis, Alvarinho oder Champagner Brut oJ passen gut. Nichts mit zu deutlicher Frucht. Ansonsten natürlich Sake und Bier.

Tagine, mit Couscous Nordafrikanische Aromen brauchen gehaltvolle Weißweine – aus Österreich oder von der Rhône – oder frische, neutrale Weiße, die nicht mit ihnen konkurrieren. Vorsicht mit Eichennoten. Viognier oder Albariño können gut passen.

Teriyaki Eine Zubereitungsmethode ebenso wie eine Sauce, für Fisch wie für Fleisch. Halbtrockener RIESLING mit Körper hat sich in Deutschland durchgesetzt. Ein Kabinett kann zu leicht sein.

Thunfisch, gegrillt oder sautiert Wird am besten nicht ganz durchgebraten (oder sogar roh) mit leichtem Rotwein serviert: Junger Cabernet franc von der loire oder roter Burgunder. Junger Rioja ist auch eine Möglichkeit.

Zander Exquisiter Fisch, verlangt feinsten Wein: weißer Spitzenburgunder, Elsässer Riesling Grand cru oder edler Moselwein. Oder Chasselas aus der Schweiz (Dézaley, St-Saphorin).

Fleisch, Geflügel & Wild

Barbecue Passende lokale Weine kommen aus Australien, Südafrika, Chile oder Argentinien. Rote brauchen Tannin und Kraft. Oder die Frische eines Beaujolais Cru.

Bœuf Stroganoff Massiver Rotwein: Barolo, Amarone della Valpolicella, Priorat, Hermitage, Zinfandel Spätlese, sogar Saperavi aus Georgien oder Negru de Purkar aus Moldawien.

Boudin blanc Chenin blanc von der Loire; falls mit Äpfeln serviert: trockener Vouvray, Saumur Savennières; ohne Äpfel: reifer roter Côtes de Beaune.

Boudin noir (Blutwurst) Sauvignon blanc oder Chenin blanc aus der Gegend, insbesondere an der Loire. Oder Beaujolais Cru, v. a. Morgan. Oder ein leichter Tempranillo. Oder Fino.

Brasilianische Küche Intensive, würzige Speisen, bei denen sich verschiedene kulinarische Traditionen mischen. Mit Sherry käme eine weitere hinzu. Rotweine aus Rhône-Sorten oder Weißweine mit Substanz: Verdicchio, kalifornischer Chardonnay. Oder Caipirinha. Und hinterher ein 15-km-Lauf …

Bratenreste, Kalte Besser ein sehr aromatischer Weißer als Rotwein. Sehr gut passen Mosel-Spätlese, Hochheimer oder Weine von der Côte Chalonnaise und aus dem Beaujolais. Reste von kaltem Braten mit dem Rest aus der Champagnerflasche hinunterzuspülen ist einfach herrlich.

Bratwurst In England trinken wir jungen Malbec aus Argentinien, jedenfalls einen Roten.

Cajun-Küche Fleurie, Brouilly oder Sauvignon blanc aus der Neuen Welt. *Gumbo:* Amontillado.

Cassoulet Rotwein aus dem Südwesten Frankreichs (Gaillac, Minervois, Corbières, St. Chinian, Fitou) oder Shiraz. Am besten ist jedoch ein Wein aus Fronton, ein Beaujolais Cru oder junger Tempranillo.

Chili con Carne Junger Rotwein: Beaujolais, Tempranillo, Zinfandel, argentinischer Malbec, chilenischer Carmenère. Viele trinken Bier.

Chinesische Küche Für die Puristen unter uns: Eine »chinesische Küche« als solches gibt es nicht, sie ist aufgeteilt in viele regionale Varianten – wie in Italien, nur noch verwirrender. Zu chinesischen Speisen biete ich häufig Weiß- und Rotwein gleichzeitig an; kein einzelner Wein deckt die ganze Bandbreite ab. Pekingente verträgt fast alles. Champagner löscht den Durst, Bier natürlich auch.

Kanton-Art: Rosé oder trockene bis halbtrockene Weißweine (Riesling Kabinett von der Mosel oder trockene Spätlese). Riesling sollte nicht zu trocken sein; Gewürztraminer wird zwar häufig vorgeschlagen, passt aber selten; Grünen Veltliner trifft es besser. Der Wein braucht Säure. Trockener Schaumwein (v. a. Cava) passt zur Textur. Rotweine können passen, aber sie dürfen weder junge Tannine noch eine zu starke Eichennote haben und nicht zu trocken sein. Pinot noir ist erste Wahl, probieren Sie auch St-Émilion (★★) oder Châteauneuf-du-Pape.

Shanghai-Art: Reichhaltiger und öliger als kantonesisches Essen, nicht der ideale Partner für Wein. Es ist nicht so scharf, enthält aber mehr Essig. Deutsche und Elsässer Weißweine, vielleicht ein bisschen süßer als für kantonesische Gerichte. Bei den Roten ist Merlot eine Option, er passt zum Salz. Oder reifer Pinot noir, doch der ist schon fast wieder verschwendet.

Szechuan-Art: Verdicchio, Elsässer Pinot blanc oder sehr kaltes Bier. Auch hier kann reifer Pinot noir passen (aber siehe oben). Der natürliche Partner ist schwarzer Tee.

Taiwanesisch: Lambrusco passt zur traditionellen Taiwan-Küche, wenn Sie kein Bier mehr mögen.

Choucroute garnie (Schlachtplatte) Elsässer Pinot gris, Pinot blanc, Riesling oder Bier.

Confit d'oie/de canard Junger, tanninreicher roter Bordeaux, kalifornischer Cabernet Sauvignon und Merlot sowie Priorat nehmen diesem Gericht die Schwere; Elsässer Pinot gris oder Gewürztraminer passen ebenso.

Coq au vin Roter Burgunder. Der Idealfall ist eine Flasche Chambertin im Gericht und zwei auf dem Tisch. Siehe auch Huhn.

Dirty Rice (kreolisch) Voller, geschmeidiger Rotwein: neuseeländischer Pinot noir, Garnacha, Bairrada, Malbec.

Eintopfgerichte Burgunder wie Nuits St-Georges oder Pommard, aber eher einfacher; andernfalls kräftiger, geschmacksintensiver Rotwein, z. B. junger Côtes du Rhône, Toro, Corbières, Barbera, Shiraz, Zinfandel o. Ä.

Ente oder Gans Gehaltvoller Weißwein: Pfälzer Spätlese oder halbtrockener Elsässer Grand cru; gut reife Rotweine mit Wildaroma wie Morey-St-Denis, Côte Rôtie oder Pauillac. Mit Orangen oder Pfirsichen ist Sauternes zu empfehlen, aber auch Monbazillac bzw. Riesling Auslese. Darüber hinaus reifer, körperreicher Jahrgangschampagner, der sich zudem überraschend gut mit Rotkohl versteht.

Peking-Ente: Siehe Chinesische Speisen.

Wildente: Ausdrucksstarker, üppiger Rotwein, z. B. Hermitage, Bandol, kalifornischer oder südafrikanischer Cabernet Sauvignon, australischer Shiraz – am besten Penfolds Grange, wenn man ihn sich leisten kann.

Mit Oliven: Spitzen-Chianti oder ein anderer Toskaner.

Gebratene Entenbrust sowie Confit mit Puy-Linsen: Madiran, St-Émilion, Fronsac.

Fleisch als Beilage Erklärt sich von selbst. Leichter, kühlklimatischer Pinot noir, Sauvignon blanc.

Gulasch Aromatischer junger Rotwein: ungarischer Kékoportó, Zinfandel, Tannat aus Uruguay, roter Douro, Mencía, junger australischer Shiraz. Oder trockener Weißwein aus Tokaj.

Hamburger Junger Rotwein: australischer Cabernet Sauvignon, Chianti, Zinfandel, argentinischer Malbec, chilenischer Carmenère oder Syrah, Tempranillo. Oder echte Cola (nicht »Light« oder »Zero«). Mit Käse und sonstwas drauf? Da müssen Sie selbst sehen, wo Sie bleiben.

Hammel Der Geschmack ist intensiver als bei Lamm, das Fleisch wird meist durchgebraten. Braucht eine kräftige Sauce. Hier ist ein robuster Rotwein angeraten – und auf jeden Fall erstklassig: reifer Cabernet Sauvignon oder Syrah. Eine gewisse süße Fruchtnote (z. B. Barossa) passt gut.

Hase Hasenpfeffer verlangt nach einem vollduftigen Rotwein: nicht zu reifer Burgunder oder Bordeaux, von der Rhône (z. B. Gigondas), Bandol, Barbaresco, Ribera del Duero oder Rioja Reserva. Dasselbe gilt für Hasenrücken oder -ragout mit Pappardelle.

Hühnchen Kiewer Art Elsässer Riesling, Collio, Chardonnay, roter Bergerac.

Huhn, Perlhuhn, Pute, gebraten So gut wie jeder Wein, auch bester trockener bis halbtrockener Weißwein und feiner alter Rotwein (v. a. Burgunder). Welcher Wein am besten passt, entscheidet die Sauce.

Indische Küche Hier gibt es viele Möglichkeiten; trockener Sherry passt ausgezeichnet. Wählen Sie einen einigermaßen gewichtigen Fino zu Fisch und einen Palo Cortado, Amontillado oder Oloroso zu Fleisch, je nach Schwere des Essens. Die Schärfe ist kein Problem, und die Textur passt auch. Ansonsten lieblichen Weißwein, gut gekühlt: Orvieto abboccato, südafrikanischen Chenin blanc, Elsässer Pinot blanc, Torrontés, indischen Schaumwein, Cava oder Champagner oJ. Rosé passt im Prinzip immer. Tannin – Barolo, Barbaresco bzw. andere geschmacksintensive Rotweine wie Châteauneuf-du-Pape, Cornas, australischer Grenache bzw. Mourvèdre oder Amarone della Valpolicella – betont die Schärfe. Sauer-scharfe Gerichte brauchen einen säurehaltigen Wein.

Japanische Küche Auf Textur und Balance kommt es an, die Aromen sind sehr delikat. Guter reifer Schaumwein passt ebenso wie reifer trockener Riesling: Säure, etwas Körper und Komplexität sind gefragt. Trockener Furmint kann gut passen. Fleischgerichte mit viel Umami freunden sich mit leichten, geschmeidigen Roten wie Beaujolais oder reifem Pinot noir an. Der intensive Geschmack von Yakitori braucht ähnliche Rote in einer lebhaften, fruchtigen, jüngeren Version. Siehe auch Sushi, Sashimi, Teriyaki (Fischgerichte).

Kalbfleisch, gebraten Gut für feine alte Rotweine, die im Lauf der Zeit vielleicht ein wenig Aroma verloren haben, z. B. Rioja Reserva. Oder deutscher bzw. österreichischer Riesling, Vouvray oder Elsässer Pinot gris.

Kalbsbries Ein reichhaltiges Gericht, also ein großer Weißwein: Rheingau-Riesling, Silvaner Spätlese aus Franken, Elsässer Grand cru Pinot gris oder Condrieu, abhängig von der Sauce.

Kaninchen Lebendiger, mittelschwerer, junger italienischer Rotwein, etwa Aglianico del Vulture, Refosco; Chiroubles, Chinon, Saumur Champigny oder Roséwein von der Rhône.
Mit Pflaumen: Mächtigerer, gehaltvollerer, fruchtigerer Rotwein.
Als Ragout: Mittelschwerer Rotwein mit genug Säure.
Mit Senf: Cahors.

Kebab Kräftiger Rotwein, z. B. ein moderner griechischer Wein, Corbières, chilenischer Cabernet Sauvignon, Zinfandel oder Barossa-Shiraz. Viel Knoblauch wird von Sauvignon blanc gemeistert.

Kohl, gefüllt Ungarischer Kadarka; Côtes du Rhône-Villages; Salice Salentino, Primitivo und andere würzige Rotweine aus Süditalien. Oder argentinischer Malbec (ohne Eichennote, wenn möglich).

Koreanische Küche Fruchtbetonte Weine scheinen am besten mit dem kräftigen, scharfen Geschmack koreanischer Speisen zurechtzukommen. Probieren Sie Pinot noir, Beaujolais oder Valpolicella, wichtig ist die Säure.

Oder nichtaromatische Weiße: Grüner Veltliner, Silvaner, Vernaccia. Ich trinke allerdings Bier.

Lamm, gebraten Traditionell einer der besten Partner für sehr guten roten Bordeaux oder entsprechenden Cabernet Sauvignon aus der Neuen Welt. In Spanien feinster alter Rioja, Ribera del Duero Reserva oder Priorat, in Italien ebensolcher Sangiovese.

Langsam geschmorter Braten: Ideal für Spitzenrotweine, allerdings mit weniger Tannin als für rosa gebratenes Fleisch.

Leber Junger Roter: Beaujolais-Villages, St-Joseph, italienischer Merlot, Breganze-Cabernet-Sauvignon, Zinfandel, Priorat, Bairrada.

Kalbsleber: Roter Rioja Crianza, Fleurie. Oder eine mächtige Pfälzer Riesling-Spätlese.

Mexikanische Küche Kalifornier bevorzugen Riesling: Das Restaurant Calavera in Oakland führt 33 Rieslinge auf, die meisten aus Deutschland.

Moussaka Rot- oder Roséwein, z. B. griechischer Naoussa, Sangiovese, Corbières, Côtes de Provence, Ajaccio, junger Zinfandel, Tempranillo.

Ochsenbrust, geschmort Ein wunderbar zartes, schmackhaftes Fleisch, das den besten körperreichen Rotweinen schmeichelt: Vega Sicilia, St-Émilion.

Ochsenschwanz Ziemlich gehaltvoller Rotwein: St-Émilion, Pomerol, Pommard, Nuits-St-Georges, Barolo, Rioja Reserva, Priorat oder Ribera del Duero, kalifornischer oder Coonawarra-Cabernet-Sauvignon, Chateaneuf-du-Pape, mittelschwerer Shiraz, Amarone.

Osso buco Geschmeidige, tanninarme Rotweine: Dolcetto d'Alba oder Pinot noir. Auch trockener italienischer Weißwein wie Soave.

Paella Junge spanische Weine: Rote, trockene Weiß- oder Roséweine, z. B. Penedès, Somontano, Navarra oder Rioja.

Pot au feu, Bollito misto, Cocido Rustikale Rotweine aus dem jeweiligen Heimatland; Sangiovese di Romagna, Chusclan, Lirac, Rasteau, portugiesischer Alentejo oder spanischer Yecla bzw. Jumilla.

Quiche Eier und Speck sind nicht ideal für Wein, aber man muss ja etwas trinken. Klassiker sind Elsässer Riesling oder Pinot gris, sogar Gewürztraminer. Beaujolais könnte auch gut sein.

Rindfleisch (siehe auch Steak) *Gebraten:* Hierzu passt jede Art von feinem Rotwein. Vielleicht Amarone? Siehe auch im Folgenden die Bemerkung zu Senf.

Gekocht: Rotwein, z. B. Bordeaux (Bourg oder Fronsac), Roussillon, Gevrey-Chambertin oder Côte Rôtie. Gut ist auch weißer Burgunder aus dem mittleren Segment, z. B. Auxey-Duresses. In Österreich könnte man Ihnen dazu einen Traminer anbieten. Senf lässt tanninreiche Rote sanfter erscheinen, Meerrettich ruiniert Ihren Geschmackssinn – aber manchmal muss man eben Opfer bringen.

Geschmort: Stämmige Rote: Pomerol oder St-Émilion, Hermitage, Cornas, Barbera, Shiraz, Ribera del Duero, roter Douro.

Saté Shiraz aus dem McLaren Vale oder Elsässer bzw. neuseeländischer Gewürztraminer. Mit der Erdnusssauce hat es kein Wein leicht.

Schinken, gegart Weichere rote Burgunder, z. B. Volnay, Savigny, Beaune, Chinon oder Bourgueil; lieblicher deutscher Weißwein, z. B. Riesling Spätlese; ein leichter Cabernet Sauvignon (z. B. aus Chile) oder Pinot noir aus der Neuen Welt. Schinken und Sherry sind eine göttliche Kombination. Siehe auch Schinken, roh oder luftgetrocknet, unter Vorspeisen.

Schweinefleisch *Gebraten:* Eine kräftige Grundlage für leichte Rote oder reichhaltige Weiße. Aber ein ★★★-Wein sollte es schon sein, z. B. ein Médoc. Zu portugiesischem Spanferkel trinkt man Bairrada-Garrafeira, zu Schweinefleischgerichten aus Südamerika Carignan, zu chinesischen Pinot noir.

Schweinebauch: Langsam gegart und sehr zart, benötigt er einen Roten mit ausreichend Tannin oder Säure, vielleicht einen Italiener: Barolo, Dolcetto oder Barbera. Sonst Loire-Rotwein, leichter argentinischer Malbec.

Singapur-Küche Teils indisch, teils malaysisch, teils chinesisch. Sehr kräftige Geschmacksnoten, nicht einfach mit Wein. Halbtrockener Riesling ist einen Versuch wert. Zu Fleischgerichten reife, geschmeidige Rote: Valpolicella, Pinot noir, Dornfelder, Merlot ohne Holznote oder Carmenère.

Steak *Bistecca alla fiorentina:* Chianti Classico Riserva oder Brunello. Je roher das Steak ist, desto klassischer sollte der Wein sein, je durchgebratener, desto mehr passt ein süßer/kräftiger Tropfen aus der Neuen Welt. Argentinischer Malbec ist ideal für Steaks auf argentinische Art (d. h. komplett durchgebraten).

Filet, Ribeye oder Tournedos: Jeder gute Rotwein, v. a. Burgunder (doch zu Sauce béarnaise keinen alten Wein, dann ist ein Spitzen-Pinot-noir aus der Neuen Welt besser).

Koreanisches Yuk Whe (das weltbeste Steak Tatar): Sake.

Pfeffersteak: Eher junger Roter von der Rhône oder Cabernet Sauvignon.

Tatar: Wodka oder leichter junger Roter: Beaujolais, Bergerac, Valpolicella.

T-Bone: Strukturreicher Rotwein wie Barolo, Hermitage, australischer Cabernet Sauvignon oder Shiraz, chilenischer Syrah, Douro.

Tagine (nordafrikanisches Schmorgericht) Kommt drauf an, was unter dem Deckel schmort, doch fruchtige junge Rote sind meist gut: Beaujolais, Tempranillo, Sangiovese, Merlot, Shiraz. Amontillado ist großartig.

Huhn mit eingelegten Zitronen und Oliven: Viognier.

Tandoori Chicken Riesling, Sauvignon blanc oder junger roter Bordeaux, auch leichter, gekühlter Roter aus Norditalien. Ebenso Cava oder Champagner oJ, oder aber Palo Cortado oder Amontillado Sherry.

Taube Pinot noir passt perfekt; sonst junger Rhône-Wein, argentinischer Malbec, junger Sangiovese. Oder probieren Sie eine Silvaner Spätlese aus Franken.

Thai-Küche Ingwer und Zitronengras passen zu pikantem Sauvignon blanc (Loire, Australien, Neuseeland, Südafrika) oder Riesling (Spätlese oder aus Australien). Die meisten Currys mögen aromatische Weiße mit einem Hauch Süße wie Gewürztraminer.

Vietnamesische Küche Das vietnamesische Restaurant The Slanted Door in San Francisco bevorzugt trockenen oder Spätlese-Riesling aus Deutschland, Österreich, Neuseeland. Auch Grüner Veltliner oder Sémillon; bei Rotwein Pinot noir, Cabernet franc, Blaufränkisch.

Vitello tonnato Körperreicher Weißwein, v. a. Chardonnay; leichter Rotwein (z. B. Valpolicella), kühl serviert. Oder ein Rosé aus dem Süden.

Wachtel Rioja Reserva, reifer roter Bordeaux, Pinot noir. Oder ein milder Weißer wie Vouvray oder St-Péray.

Wild Mächtige Rotweine, u. a. Mourvèdre – reinsortig wie aus Bandol oder in Verschnitten. Rhône-Wein, Bordeaux, Gimblett Gravels (Neuseeland) oder kalifornischer Cabernet Sauvignon eines reifen Jahrgangs; auch voller Weißwein, z. B. Pfälzer Spätlese oder Elsässer Pinot gris. Zu Wild mit süß-scharfer Beerensauce probieren Sie einen deutschen Riesling Großes Gewächs oder einen chilenischen Carmenère oder Syrah.

Wildgeflügel *Jung, gebraten:* Der beste Rotwein, den man auftreiben kann, aber nicht zu schwer.

Ältere Exemplare in der Kasserolle: Rotwein, z. B. Gevrey-Chambertin, Pommard, Châteauneuf-du-Pape, St-Émilion Grand cru classé, Rhône-Wein.

Gut abgehangen: Vega Sicilia, ein großer Roter von der Rhône, Château Musar aus dem Libanon.

Kaltes Wildgeflügel: Bester deutscher Riesling oder reifer Jahrgangschampagner.

Wildpastete *Kalt:* Guter weißer Burgunder oder ein Erstes Gewächs aus Deutschland, Beaujolais Cru oder Champagner.
Warm: Rotwein: Pinot noir aus Oregon, St-Émilion Grand cru classé.
Wildschwein Spitzen-Toskaner oder Rioja, neuseeländischer Syrah.
Zunge Ausladender Rot- oder Weißwein, besonders italienischer. Auch Beaujolais, Rotwein von der Loire, Tempranillo sowie voller, trockener Rosé.

Vegetarische Gerichte

Siehe auch Vorspeisen.
Bärlauch Nicht einfach. Am ehesten ein neutraler Weißer mit guter Säure.
Blumenkohl *Geröstet, gebraten etc.:* Richten Sie sich nach den (meist kräftigen) Geschmacksnoten und probieren Sie österreichischen Grünen Veltliner, Valpolicella, neuseeländischen Pinot noir.
Mit Käse überbacken: Frischer, aromatischer Weißwein: Sancerre, Riesling Spätlese, Muscat, Albariño, Godello. Beaujolais Villages.
Couscous mit Gemüse Junger Rotwein mit Biss: Shiraz, Corbières, Minervois; Rosé; orangefarbener Wein; italienischer Refosco oder Schioppettino.
Fenchelgerichte Sauvignon blanc (Pouilly-Fumé oder aus Neuseeland), Sylvaner oder englischer Seyval blanc oder auch ein junger Tempranillo.
Fermentierte Speisen Siehe auch Choucroute garni, koreanische Küche (Fleisch). Kimchi und Miso sind Teil vieler asiatischer Speisen. Hier wird generell Frucht und Säure benötigt. Zu vegetarischen Gerichten mit erkennbarer Süße passt vielleicht ein Elsässer.
Kürbis in Ravioli/Risotto Körperreicher, fruchtiger, trockener oder halbtrockener Weißwein: Viognier oder Marsanne, halbtrockener Vouvray, Gavi, südafrikanischer Chenin blanc.
Linsengerichte Ein stämmiger Roter: Corbières, Zinfandel oder Shiraz.
Dhal mit Spinat: Schwierig. Am besten ein leichter, weicher Roter oder Rosé – und keineswegs ein Spitzengewächs.
Makkaroniauflauf, mit Käse überbacken Wie für überbackenen Blumenkohl.
Mediterranes Gemüse, gegrillt Ein weißer Italiener; oder rot: Brouilly, Barbera, Tempranillo oder Shiraz.
Nudeln und Pasta, überbacken Vegetarisch gefüllte Lasagne, Cannelloni oder Pasticcio bieten großen Weinen Raum zur Entfaltung, etwa sehr feinem rotem Toskaner, aber auch Bordeaux oder Burgunder.
Paprika oder Auberginen, gefüllt Lebhafter Rotwein: Nemea, Chianti, Dolcetto, Zinfandel, Bandol, Vacqueyras.
Pilze Die meisten Roten und einige Weiße passen ganz ausgezeichnet. Art und Zubereitung spielen eine große Rolle. Pomerol, kalifornischer Merlot, Rioja Reserva, Spitzen-Burgunder oder Vega Sicilia. Champignons mit Sahne passen zu feinen Weißen, sogar zu Jahrgangschampagner. Für Pilze auf Toast nehmen Sie Ihren besten Bordeaux – oder sogar Port. Zu Steinpilzen schmecken am besten Ribera del Duero, Barolo, Chianti Rufina, Pauillac, St-Estèphe oder Gimblett Gravels (Neuseeland).
Ratatouille Kräftiger junger Rotwein: Chianti; Cabernet Sauvignon aus Neuseeland, Merlot, Malbec, Tempranillo; junger roter Bordeaux, Gigondas oder Coteaux du Languedoc. Auch Fino Sherry könnte gehen.
Rote Bete Hat eine Note, die auch roter Burgunder zeigt. Bleiben Sie dabei.
Als Gratin mit Ziegenkäse: Sancerre, Bordeaux, Sauvignon blanc.
Seetang Hängt ab vom Kontext. Siehe auch Sushi (Fisch). Die Jodnote passt gut zu Grünem Veltliner oder Riesling aus Österreich.
Trüffel Schwarze Trüffel passen zu feinstem Bordeaux vom rechten Ufer, aber noch besser zu gereiftem weißem Hermitage oder Châteauneuf. Weiße Trüffel verlangen nach dem besten Barolo oder Barbaresco aus ihrer Heimat Piemont. Zum Frühstück auf Rührei: Barbera.
Vegetarische Gerichte (scharf) Siehe indische bzw. Thai-Küche (Fleisch).

Wurzelgemüse Süßkartoffeln, Möhren usw., oft zusammen mit Roter Bete, Knoblauch, Zwiebeln usw. haben jede Menge Süße. Rosé, v. a. mit etwas Körper, oder orangefarbener Wein.

Zwiebel-/Lauchtarte Fruchtiger, trockener bis halbtrockener Weißer: Elsässer Pinot gris oder Gewürztraminer, Riesling aus Kanada, Australien oder Neuseeland, Jurançon. Oder Cabernet franc von der Loire.

Desserts

Apfelkuchen, -strudel oder -tarte Süßer Weißwein aus Deutschland, Österreich oder von der Loire, Tokaji Aszú oder kanadischer Eiswein.

Birnen in Rotwein Rivesaltes, Banyuls oder Riesling Beerenauslese.

Crème brûlée Sauternes oder Rheinwein-Beerenauslese bzw. bester Madeira oder Tokajer. (Mit Früchten: einfacherer Süßwein.)

Crèmes und Puddings Sauternes, Loupiac, Ste-Croix-du-Mont oder Monbazillac. Siehe auch Schokoladen-, Kaffee-, Rumdesserts.

Eiscreme und Sorbet Gönnen Sie dem Wein eine Pause.

Erdbeeren *Mit Sahne:* Sauternes oder ähnlicher süßer Bordeaux, Vouvray moelleux oder Jurançon Vendange tardive.
Walderdbeeren (ohne Sahne): Mit rotem Bordeaux (sehr erlesen ist Margaux) übergießen.

Himbeeren (ohne Sahne, wenig Zucker) Sehr gut zu feinen Rotweinen, die selbst eine Himbeernuance besitzen: junger Juliénas, Regnié.

Kaffeedesserts Süßer Muscat, australischer Liqueur Muscat, Tokaji Aszù.

Käsekuchen Süßer Weißwein (Vouvray, Anjou) oder Vin Santo – nichts zu Spezielles.

Kuchen und Gebäck Bual- oder Malmsey-Madeira, Oloroso oder Cream Sherry. Siehe auch Schokoladen-, Kaffee-, Rumdesserts.

Meringen Recioto di Soave, Asti oder bester reifer Jahrgangschampagner.

Nüsse Feinster Oloroso Sherry, Madeira, Jahrgangs-Port oder Tawny (ideal für Walnüsse), Tokaji Aszú, Vin Santo, Moscatel de Setúbal. Cashews mit Champagner sind fantastisch, Pistazien passen besser zu Fino.
Salziges Nussparfait: Tokaji Aszú, Vin Santo.

Orangengeschmack, Desserts mit Versuchsweise alter Sauternes, Tokaji Aszú oder kalifornischer Orange Muscat.

Panettone Vinsanto. Jurançon *moelleux,* Riesling Spätlese, Barsac, Tokaji Aszú.

Rumdesserts (Baba, Mousse, Eiscreme) Muscat – vom Asti bis zu australischem Likörwein, je nach Schwere des Desserts.

Schokoladendesserts Kräftige Geschmacksnoten sind gefragt: Bual, kalifornischer Orange Muscat, Tokaji Aszú, australischer Liqueur Muscat, 10-Year-Old Tawny oder sogar junger Vintage Port, Asti für leichte, luftige Mousse. Versuchen Sie auch volle, reife Rote: Syrah, Zinfandel, vielleicht sogar Shiraz-Schaumwein. Banyuls, wenn man es etwas schwerer mag. Médoc nimmt es auch mit schwarzer Bitterschokolade auf, ist aber eher eine Verschwendung: Amarone macht mehr Spaß. Oder guter Rum.
Schokoladen-Olivenöl-Mousse: 10 Jahre alter Tawny, oder wie für Bitterschokolade oben.

Soufflés, süß Sauternes oder Vouvray moelleux; süßer (oder reichhaltiger) Champagner.

Tiramisù Vin Santo, junger Tawny, Muscat de Beaumes-de-Venise, Sauternes oder australischer Liqueur Muscat. Noch besser: gar kein Wein.

Trifle Sollte bereits reichlich mit Sherry (Oloroso) getränkt sein.

Zabaglione Goldener Marsala, edelfauler australischer Semillon oder Asti.

Zitronengeschmack, Desserts mit Für Nachspeisen wie Tarte au Citron bietet sich süßer deutscher oder österreichischer Riesling an, aber auch Tokaji Aszú – je saurer, desto süßer.

Technische Weinsprache

Alkoholgehalt (vorwiegend Ethanol) Er wird in Volumenprozent (Vol.-%) angegeben, d. h. in Prozent des Gesamtflüssigkeitsvolumens. Tischwein enthält in der Regel zwischen 12,5 und 14,5 Vol.-%; zu viele Weine erreichen heute sogar bis zu 16 Vol.-%.

Alte Reben ergeben einen intensiveren Geschmack. Der Begriff ist aber gesetzlich nicht definiert: manche *vieilles vignes* sind ca. 30 Jahre alt, doch 50 oder mehr Jahre sollten es schon sein, um ernst genommen zu werden.

Amphoren Das Gärgefäß von vor 7.000 Jahren feiert gerade fröhliche Urständ. Amphore öffnen, Trauben einfüllen, Amphore wieder verschießen und in sechs Monaten wiederkommen. Das Ergebnis kann wunderbar sein oder einfach nur scheußlich.

Barriques Kleines (225 l) Eichenfass, das in Bordeaux und dem Rest der Welt für die Gärung und/oder Reifung von Wein verwendet wird. Je neuer das Holz, umso stärker wirkt sich der Eicheneinfluss auf Geruch und Geschmack aus; französische Eiche wirkt subtiler als amerikanische. Die Mode, alle möglichen Weine mit neuer Eiche zu erschlagen, ist vergangen; heute wird Eichenholz rund um den Globus wieder mit viel mehr Fingerspitzengfühl eingesetzt.

Biodynamisch Diese Methode des Weinbaus verwendet Präparate aus Kräutern, Mineralien und organischen Stoffen in homöopathischen Mengen, und richtet sich auch nach den Mondphasen und den Bewegungen der Planeten. Klingt wie Hokuspokus, doch einige Spitzenerzeuger schwören darauf.

Biologischer Säureabbau (BSA) Inkorrekt auch malolaktische oder Zweitgärung genannt, findet der BSA nach der alkoholischen Gärung statt: Die scharfe Apfelsäure wird in die mildere Milchsäure umgewandelt. Sowohl Rot- als auch Weißweine können dabei komplexer werden. Wird in heißen Gegenden, wo der Säuregehalt von Natur aus gering und daher kostbar ist, meist vermieden.

Bio/öko Beim ökologischen/biologischen Weinbau (die Begriffe werden gleichbedeutend verwendet) sind die meisten chemischen Produkte im Weinberg verboten. Ein als Biowein etikettierter Wein darf nur in geringem Umfang geschwefelt werden und muss von biologisch angebauten Trauben erzeugt sein.

Ganztraubenvergärung ist vor allem in Burgund für Pinot noir beliebt: Ganze Trauben werden mit Stielen in den Gärbehälter gefüllt. Liefert eine merkliche Herzhaftigkeit, Pfeffer, Lebhaftigkeit, Länge, Raffinesse, Geradlinigkeit, kann aber auch grüne Tannine einbringen.

Mikrooxidation heißt eine weitverbreitete Methode, den Wein während der Reifezeit kontrolliert mit Sauerstoff in Kontakt treten zu lassen. Sie macht den Geschmack weicher und hilft, den Wein zu stabilisieren.

Mineralisch Ein Verkostungsbegriff, der mit Vorsicht verwendet werden sollte: als Beschreibung für kreidige/steinige Eigenschaften eines Weins in Ordnung; oft aber falsch verwendet, um zu implizieren, dass Mineralien aus dem Boden in den Wein gelangt seien. Das ist unmöglich.

Naturwein Es gibt keine feste Definition für diese Art Weine, hat aber auf jeden Fall mit ökologischem oder biodynamischen Weinbau zu tun sowie mit minimalen Eingriffen in der Kellerei und so wenig wie möglich bis gar keiner Zugabe von SO_2. Die Weine können exzellent und charakterstark sein – oder oxidiert und/oder schmutzig. Hat manchmal ein bisschen was von des Kaisers neuen Kleidern.

Orangefarbene Weine sind tanninhaltige, auf den Schalen vergorene Weißweine, womöglich in Amphoren. Vorsicht: Wie bei den Naturweinen gibt es gute und weniger gute.

Pét Nat (pétillant naturel) Wein, der vor dem Ende der Gärung in Flaschen abgefüllt wird. Die Gärung setzt sich dort fort; der Wein perlt, behält etwas Restsüße und ist relativ alkoholarm. Derzeit ungeheuer in Mode.

pH-Wert Das Maß für die Säure: je niedriger der pH-Wert, umso schärfer ist die Säure. Im Wein beträgt der pH-Wert normalerweise 2,8 bis 3,8. In heißen Ländern kann ein zu hoher pH-Wert zum Problem werden. Ein niedriger pH-Wert ergibt eine bessere Farbe, wirkt schädlichen Bakterien entgegen und lässt mehr freies, konservierendes SO_2 zu – ist also im Allgemeinen ein gutes Zeichen.

Restsüße ist der nach Beendigung oder Unterbrechung der Gärung im Wein verbliebene Gesamtzucker, gemessen in Gramm pro Liter (g/l). Trockener Wein hat fast keine Restsüße.

Säure kommt im Wein in nichtflüchtiger und in flüchtiger Form vor. **Nichtflüchtige Säuren** sind v. a. Wein-, Apfel- und Zitronensäure aus der Traube sowie Milch- und Bernsteinsäure aus der Gärung. Die Säure kann von Natur aus vorhanden oder (in warmen Klimata) künstlich zugesetzt sein. Die wichtigste **flüchtige Säure** ist Essigsäure, die bei Sauerstoffkontakt von Bakterien gebildet wird. Ein Hauch an flüchtiger Säure ist unvermeidlich und kann die Komplexität erhöhen. Zu viel davon, und es gibt Essig. Gesamtsäure nennt man die Summe aus flüchtigen und nichtflüchtigen Säuren.

Schwefeldioxid (SO_2) gibt man dem Wein bei, um Oxidation oder andere Fehlentwicklungen bei der Weinbereitung zu verhindern. Ein Teil des SO_2 verbindet sich mit dem Zucker und ist also »gebunden«. Nur »freies« SO_2 wirkt konservierend. Der Trend weltweit geht dahin, weniger SO_2 zu verwenden. Ganz darauf zu verzichten, verlangt Mut.

Tannine (Gerbstoffe) sind ein wesentlicher Bestandteil der meisten Rotweine und auch einiger Weißer. Sie stammen aus den Traubenschalen und -kernen und sind deshalb auch in Weißweinen zu finden, die in Amphoren vinifiziert wurden. Rotweinerzeuger konzentrieren sich auf reife, seidige Tannine, indem sie bei der Traubenlese mehr auf die Tanninreife achten als auf den Zuckergehalt. Das kann man auch übertreiben.

Terroir Die Grundidee (und der Begriff) stammen aus Frankreich: Boden, Klima, Ausrichtung zur Sonne und Höhenlage verleihen im Zusammenspiel jedem Weinberg einen eigenen Fingerabdruck. Je kleiner und besser das betreffende Gebiet ist, umso mehr gewinnt das Terroir an Bedeutung. Hohe Erträge, überreife Trauben, stark interventionistische Weinbereitung usw. tendieren dazu, das Terroir zu verschleiern. Mehr Kellermeister reden darüber, »das Terroir auszudrücken«, als es tatsächlich zu tun.

Toastwürze kommt von der Anröstung des Fasses auf der Innenseite, die dafür sorgt, dass der Wein die Holzaromen integrieren kann. Eine zu starke Anröstung verleiht dem Wein karamellähnliche, verkohlte Aromen, zu wenig kann paradoxerweise die Holznote zu stark werden lassen.

Die richtige Temperatur

Nichts tut einem Wein beim Servieren so wohl oder weh wie die Temperatur. Weißwein schmeckt unweigerlich flach und langweilig, wenn er zu warm ins Glas kommt, und Rotwein zeigt enttäuschend wenig Duft und Geschmacksfülle, wenn er zu kalt ist. Nachstehend sollen einige Hinweise auf die richtige Serviertemperatur für verschiedene Weine gegeben werden.

Übersichtstabelle der Weinjahrgänge

Diese Tabellen sollen ein allgemeines Bild der in den Hauptanbaugebieten erzeugten Qualitäten vermitteln und als Anleitung dienen, ob ein Wein getrunken oder noch aufbewahrt werden sollte. Verallgemeinerungen sind unvermeidlich.

trinken: jetzt trinken	lagern: muss noch länger lagern
Genuss: kann jetzt mit Genuss getrunken werden, bessere Weine lohnen jedoch weitere Aufbewahrung	meiden: meiden
	0 nicht gut
	10 am besten

	Deutschland		Italien		Spanien
Jahrgang	Rhein	Mosel	Piem rot	Tosk rot	Rioja
2017	7 lagern	7–8 lagern	7–8 lagern	6–7 lagern	7–9 lagern
2016	7–8 lagern	7–8 lagern	8–9 lagern	7–9 lagern	5–7 lagern
2015	8–9 Genuss	8–9 Genuss	8–9 lagern	8–9 lagern	8–9 lagern
2014	5-6 Genuss	6–7 Genuss	6–7 lagern	6–7 lagern	7–8 lagern
2013	6–7 Genuss	5–6 Genuss	6–7 lagern	6–8 lagern	6–8 Genuss
2012	7–8 Genuss	7–8 Genuss	7–9 lagern	7–8 lagern	7–9 Genuss
2011	8–9 Genuss	8–10 Genuss	6–7 Genuss	5–8 Genuss	7–8 Genuss
2010	6–8 trinken	6–8 Genuss	8–9 Genuss	7–8 Genuss	8–9 Genuss
2009	7–9 Genuss	6–8 Genuss	7–9 Genuss	7–8 trinken	8–9 Genuss
2008	6–8 Genuss	6–8 Genuss	7–9 Genuss	7–8 trinken	7–8 Genuss
2007	8–9 trinken	8–9 trinken	7–9 Genuss	8–9 Genuss	6–7 trinken
2006	6–7 trinken	6–9 trinken	8–9 Genuss	7–10 Genuss	6–7 trinken
2005	8–10 Genuss	8–10 Genuss	6–8 Genuss	5–9 Genuss	7–8 Genuss

	Australien		Champagne		Port	
Jahrgang	Barossa Shiraz	Marg R. Chardonnay	Jahrgang		Jahrgang	
2017	7–8 lagern	7–8 Genuss	2017	6–8 lagern	2017	8–9 lagern
2016	8–9 lagern	7–9 Genuss	2016	7–9 lagern	2016	7–8 lagern
2015	8–9 lagern	8–9 Genuss	2015	8–9 lagern	2015	8–9 lagern
2014	6–7 Genuss	8–9 Genuss	2014	6–7 lagern	2014	6–9 lagern
2013	7–9 Genuss	8–10 Genuss	2013	7–8 lagern	2013	5–7 lagern
2012	8–9 Genuss	8–9 Genuss	2012	6–7 lagern	2012	7–8 lagern
2011	4–5 trinken	8–9 Genuss	2011	6–7 lagern	2011	8–10 lagern
2010	9–10 Genuss	9–10 Genuss	2010	6–7 lagern	2010	6–8 lagern
2009	8–9 Genuss	9–10 Genuss	2009	8–9 Genuss	2009	7–9 lagern
2008	7–8 Genuss	9–10 Genuss	2008	8–9 lagern	2008	7–8 lagern
2007	7–8 Genuss	9–10 Genuss	2007	6–7 Genuss	2007	8–10 Genuss
2006	9–10 Genuss	6–7 trinken	2006	7–9 Genuss	2006	6–7 Genuss

	Kalifornien		Neuseeland		Südafrika
Jahrgang	Cabernet	Chardonnay	Hawk rot	Marlb weiß	Stel rot
2017	6–8 lagern	7–8 Genuss	6–8 lagern	6–8 Genuss	8–10 lagern
2016	7–8 lagern	7–8 Genuss	7–8 lagern	6–8 Genuss	7–9 lagern
2015	7–8 Genuss	7–8 Genuss	7–8 lagern	7–8 Genuss	8–10 lagern
2014	7–8 Genuss	6–8 Genuss	7–8 lagern	7–8 Genuss	6–8 lagern
2013	8–9 Genuss	8–9 Genuss	8–10 lagern	8–10 Genuss	8–9 lagern

Frankreich					
	Roter Bordeaux		Weißer Bordeaux		Elsass
Jahrgang	Médoc/Graves	Pom/St-Ém	Sauternes & süß	Graves & trocken	
2017	6–8	6–7	8–9	7–8	9–10
2016	8–9	8–9	8–10	7–9	7–8
2015	7–9	8–10	8–10	7–9	7–9
2014	7–8	6-8	8–9	8–9	7–8
2013	4–7	4–7	8–9	7–8	8–9
2012	6–8	6–8	5–6	7–9	8–9
2011	7–8	7–8	8–10	7–8	5–7
2010	8–10	7–10	7–8	7–9	8–9
2009	7–10	7–10	8–10	7–9	8–9
2008	6–8	6–9	6–7	7–8	7–8
2007	5–7	6–7	8–9	8–9	6–8
2006	7–8	7–8	7–8	8–9	6–8
2005	9–10	8–9	7–9	8–10	8–9
2004	7–8	7–9	5–7	6–7	6–8
2003	5–9	5–8	7–8	6–7	6–7
2002	6–8	5–8	7–8	7–8	7–8
2001	6–8	7–8	8–10	7–9	6–8
2000	8–10	7–9	6–8	6–8	8–10
1999	5–7	5–8	6–9	7–10	6–8

Frankreich Fortsetzung					
	Burgund			Rhône	
Jahrgang	Côte d'Or rot	Côte d'Or weiß	Chablis	Norden	Süden
2017	6–8	8–9	6–8	7–9	7–9
2016	7–8	7–8	7–8	7–9	7–9
2015	7–9	7–8	7–8	8–9	8–9
2014	6–8	7–9	7–9	7–8	6–8
2013	5–7	7–8	6–8	7–9	7–8
2012	8–9	7–8	7–8	7–9	7–9
2011	7–8	7–8	7–8	7–8	6–8
2010	8–10	8–10	8–10	8–10	8–9
2009	7–10	7–8	7–8	7–9	7–8
2008	7–9	7–9	7–9	6–7	5–7
2007	7–8	8–9	8–9	6–8	7–8
2006	7–8	8–10	8–9	7–8	7–9
2005	7–9	7–9	7–9	7–8	6–8
2004	6–7	7–8	7–8	6–7	6–7

Beaujolais 17, 15, 14, 11. Crus länger haltbar. **Mâcon–Villages** (weiß) 17, 15, 14 jetzt trinken. **Loire** (süße Weine aus dem Anjou und der Touraine) beste neuere Jahrgänge: 15, 10, 09, 07, 05, 02, 97, 96, 93, 90, 89; Bourgueil, Chinon und Saumur-Champigny: 17, 15, 14, 10, 09, 06, 05, 04, 02. **Obere Loire** (Sancerre, Pouilly-Fumé): 17, 15, 14, 12. **Muscadet** BV.

Frankreich

Die folgenden Abkürzungen werden im Text verwendet:

Beauj	Beaujolais
Bg	Burgund
Bx	Bordeaux
Cas	Castillon
Champ	Champagne
El	Elsass
Fron	Fronsac
H-Méd	Haut-Médoc
Lang	Languedoc
Lo	Loire
Méd	Médoc
N-Rh	Nördliche Rhône
OF	Ostfrankreich
Prov	Provence
Rh	Rhône
Rouss	Roussillon
Saut	Sauternes
Sav	Savoyen
S-Rh	Südliche Rhône
SWF	Südwestfrankreich
ZF	Zentralfrankreich
AC	Appellation Contrôlée
Ch.	Château
Dom.	Domaine

Die dunklen Flächen bezeichnen die Weinbaugebiete

Es ist lustig, aber über die Frage, welches Land in gleich welchem Weinführer der Welt als Erstes kommt und die meisten Seiten erhält, gibt es keine Diskussionen. Nun, Frankreich hat schließlich die ganze Sache erfunden: Lokale Unterschiede in Qualität und Stil wurden entdeckt, definiert, verfeinert, weiterentwickelt und vervollkommnet, bis sie eine Währung für sich darstellten. Wie die örtlichen Kleinbauern, vollauf beschäftigt, hungrig, im Winter vor Kälte bibbernd (und selbstverständlich ihren Zehnt bezahlend) die Zeit fanden, ihre Reben zu selektieren, die guten zu vermehren und den Wein dann im Fass zu umsorgen, ist eines der großen Rätsel der Geschichte. Sie wussten nicht, dass sie – von der Bretagne bis zum Elsass, von den Alpen bis zu den Pyrenäen – ihre Landschaft für ihre Nachkommen interpretierten. Wir, die glücklichen Nachkommen, haben die Auswahl unter den überwältigenden Ergebnissen.

Nicht jeder ist der Meinung, dass die Regierung sich einmischen sollte, um Vorschriften in solch grandiose Vielfalt zu bringen. Ich selbst finde, dass das Appellationssystem eine echte Hilfe für den Verbraucher darstellt. Was es allerdings nicht widerspiegeln kann, ist der stete Fluss neuer Ideen und Tech-

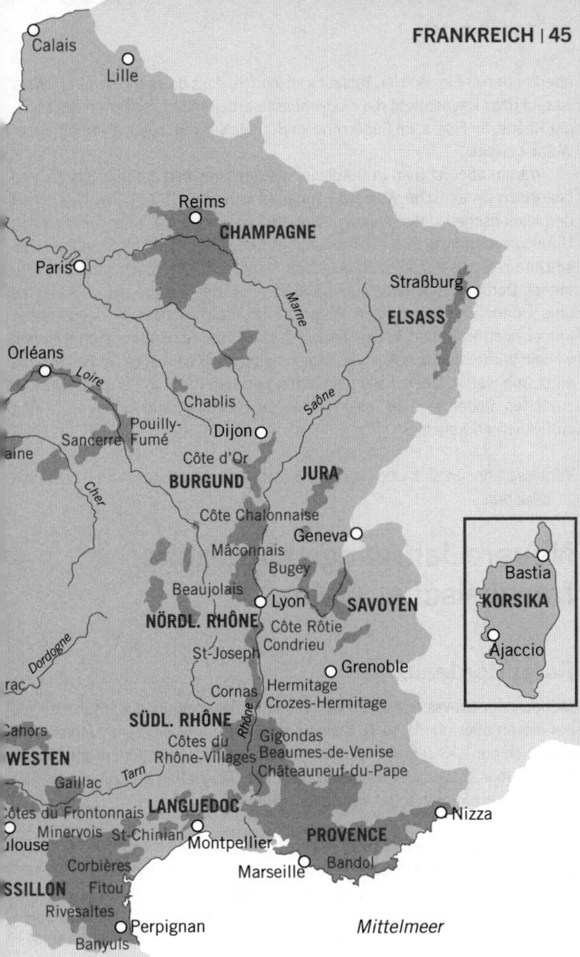

niken, der die Qualität in immer neue Höhen treibt – oder in manchen Fällen auf Nebenwege.

Das Thema unseres diesjährigen »Spezial«, nämlich ökologische, biodynamische und Naturweine, wirft ein Licht auf die Überraschungen, die Frankreich manchmal bereithält. Man würde einer so sehr auf Vernunft und Logik bedachten Nation ja nicht unbedingt zutrauen, dass sie auf biologisch-dynamische Methoden setzt, und doch ist *biodynamie* seit Jahren die treibende Kraft in Burgund. Es ließe sich gar kein besseres Argument für biologisch-dynamischen An- und Ausbau finden als die bis ins Detail reinen, kristallklaren modernen Burgunder. Nun könnte man einwenden (und das tun wir, siehe »Spezial«), dass die Logik der biodynamischen Wirtschaftsweise mitunter überhaupt nicht logisch ist. Tatsache ist jedoch, dass da irgendetwas am Werk ist und dass irgendetwas die biodynamisch arbeitenden Winzer an der Loire, der Rhône, im Elsass, im Süden und im Bordelais zur Erzeugung verblüffender Weine bewegt.

Warum aber ist man in Bordeaux weit weniger wild auf ökologische und biologisch-dynamische Weinerzeugung als in Burgund? Zum Teil liegt es an den klimatischen Unterschieden (Burgund ist trockener), aber auch an den Unterschieden in Bezug auf Produktionsmenge und Selbstverständnis. Diese Unterschiede tragen dazu bei, dass Frankreich ebenjenes Land der Vielfalt ist. Bordeaux hat seine supergroßartigen Güter, andere jedoch kämpfen ums Überleben. Die übrigen Weinbetriebe Frankreichs sind überwiegend immer noch klein und in Familienhand. Die junge Generation stürmt herein wie ein Wirbelwind und will alles Mögliche ausprobieren. Ihre Großeltern, die einst froh waren, Chemikalien einsetzen und das Pferd in Pension schicken zu dürfen, finden es lustig, dass die Jungen unbedingt zum Althergebrachten zurückkehren wollen.

Verweise können sich auch auf das Kapitel »Die Châteaux von Bordeaux« beziehen.

Neuere Jahrgänge klassischer französischer Weine

Roter Bordeaux

Médoc/roter Graves Bei vielen Weinen ist Flaschenalterung wünschenswert, bei diesen aber unerlässlich. Kleinere Gewächse aus leichteren Jahrgängen brauchen nur 2–3 Jahre, aber selbst einfache Weine aus großen Jahrgängen können über 15 Jahre hinweg noch gewinnen; die großen Kreszenzen solcher Jahrgänge profitieren sogar von der doppelten Zeit.

2017 Der schlimmste Frost seit 1991 (und in Graves auch noch Hagel). Einige ansprechende Cabernet-Sauvignon-Gewächse in den nördlichen Médoc-Gemeinden, aber überall sehr geringer Ertrag. Seien Sie wählerisch.

2016 Qualität und Quantität. Die Lese erfolgte spät, doch die Trauben waren gesund. Cabernet Sauvignon zeigt Farbe, Tiefe und Struktur – ähnlich wie 2010.

2015 Hervorragendes Cabernet-Sauvignon-Jahr, allerdings nicht mit der Struktur von 2005 oder 2010. Einige Schwankungen. Zur Lesezeit mehr Regen im nördlichen als im südlichen Médoc.

2014 Der Altweibersommer brachte die Rettung. Cabernet Sauvignon ist hell und nachklingend. Gut bis sehr gut hinsichtlich Qualität wie Quantität und klassisch im Stil.

2013 Der schlechteste Jahrgang seit 1992. Ungleichmäßige Erfolge klassifizierter Gewächse. Ein Jahrgang, der früh getrunken werden muss.

2012 Launisches Wetter, kleine Ernte. Cabernet Sauvignon reifte nicht überall aus. Einige Weine sind jetzt trinkreif.

2011 Unterschiedliche Qualität, aber besser als ihr Ruf. Klassische Frische mit moderatem Alkoholgehalt. Bescheidene Crus sind jetzt trinkreif.

2010 Herausragendes Jahr. Großartiger Cabernet Sauvignon mit tiefdunkler Farbe, Konzentration, fester Struktur. Entsprechende Preise. Wird sich Jahre halten.

2009 Hervorragendes Jahr, als »das großartigste« beworben. Strukturierte Weine mit überbordender Frucht. Unbedingt probieren! Jetzt zugänglich, können aber auch noch eingelagert werden.

2008 Viel besser als erwartet; frische, klassische Geschmacksnoten. Hat Alterungspotenzial.

2007 Ein schwieriges Jahr. Einige Weine sind recht stilvoll, altern aber bereits. Seien Sie wählerisch.

Weitere gute Jahrgänge: 2006, 2005, 2000, 1998, 1996, 1995, 1990, 1989, 1988, 1986, 1985, 1982, 1975, 1970, 1966, 1962, 1961, 1959, 1955, 1953, 1949, 1948, 1947, 1945, 1929, 1928.

St-Émilion/Pomerol

2017 Schwere Frostschäden. St-Émilion und das Pomerol-Plateau schnitten noch am besten ab. Ordentlicher Cabernet franc.

2016 Dieselben Bedingungen wie im Médoc. Einige junge Reben litten unter Trockenstress, die Qualität ist aber durchweg exzellent.

2015 Großartiges Merlot-Jahr, perfekte Bedingungen: Farbe, Konzentration, Ausgewogenheit.

2014 Mehr Regen als im Médoc, weshalb Merlot unterschiedlich ausfiel. Sehr guter Cabernet franc. Zufriedenstellender Jahrgang.

2013 Merlot mit schwieriger Blüteperiode (deshalb winzige Ernte) und Fäulnis. Mäßiger Jahrgang – lassen Sie Vorsicht walten.

2012 Dieselben Bedingungen wie im Médoc. Früher gelesener Merlot fällt ein klein wenig besser aus.

2011 Ebenso schwierig wie im Médoc. Guter Cabernet franc. Pomerol schneidet womöglich am besten ab. Nicht links liegen lassen.

2010 Ausgezeichnet. Abermals kraftvolle Weine mit hohem Alkoholgehalt. Viel Konzentration.

2009 Erneut ausgezeichnet. Kraftvolle Weine (mit viel Alkohol), doch offenbar ausgewogen. In St-Émilion zog Hagel den Ertrag einiger Güter in Mitleidenschaft.

2008 Ähnlich wie im Médoc. Sehr geringe Erträge, dennoch überraschend hohe Qualität. Ab jetzt trinkreif, aber den Besten sollte man noch Zeit lassen.

2007 Das gleiche Bild wie im Médoc. Ausgesprochen durchwachsen und nichts, was sich lang einlagern ließe.

Weitere gute Jahrgänge: 2005, 2001, 2000, 1998, 1995, 1990, 1989, 1988, 1985, 1982, 1971, 1970, 1967, 1966, 1964, 1961, 1959, 1953, 1952, 1949, 1947, 1945.

Roter Burgunder

Côte d'Or Die Rotweine von der Côte de Beaune sind meist früher ausgereift als die gewichtigeren Kreszenzen von der Côte de Nuits. Die leichteren Weine, z. B. Volnay und Beaune, sind am frühesten trinkreif, am längsten brauchen die Grands crus z. B. von Chambertin und Musigny. Aber auch der beste Burgunder ist jung ansprechender als gleichwertiger roter Bordeaux. Und wenn er Jahre später zu voller Entfaltung gelangt, ist das mitunter ein magisches Erlebnis.

2017 Die Reben überlebten trotz Frost. Großer Ertrag, ansprechende Weine, in der Regel von guter Reife. Die Qualität sollte gut ausfallen, außer bei Überproduktion.

2016 Was trotz Frost in die Fässer gelangte, sieht hervorragend aus: gesunde, reife Frucht mit erfreulicher Frische.

2015 Dicht gewirkte, konzentrierte Weine, ähnlich 2005, aber mit der zusätzlichen Fruchtigkeit der 2010er. Erwerben sich gerade einen legendären Ruf – unbedingt zugreifen!

2014 Beaune, Volnay und Pommard hatten wieder unter Hagel zu leiden. Ansprechende, frische Rotweine von mittlerer Dichte mit bezauberndem Duft. Sollten demnächst verkostet werden.

2013 Furchtbarer Hagelschlag an der Côte de Beaune. Kleine Ernte an der Côte de Nuits; wer spät las, wurde mit fein duftenden Weinen von knackiger Vitalität belohnt. Die geringeren Qualitäten sind trinkreif.

2012 An der Côte de Beaune machte Hagel den Ertrag gänzlich zunichte. Sehr geringe Ausbeute an feinen Weinen an der Côte de Nuits; sehr üppige, trotzdem erstklassige Weine. Brauchen noch Zeit.

2011 Einige Parallelen zu 2007; frühe Lese, Weine von leichterer Art, die jetzt zugänglich sind.

2010 Entwickelt sich zu einem großartigen klassischen Jahrgang: reintönige, feingliedrige und dennoch beeindruckend dichte Rote. Village-Weine und einige Premiers Crus sind jetzt genussreif.

2009 Schöne, reife, füllige Rotweine, die noch jugendlich, teilweise aber bereits zugänglich sind. Hüten Sie sich vor überreifen Versionen. Jetzt bis 2030?

2008 Schlanke, aber lebhafte Weine, die vor allem echte Burgunder-Liebhaber ansprechen. Die Besten sind Pinots in Reinform, die sich jetzt schön entfalten. Jetzt bis Anfang der 2020er.

2007 Kleine Ernte; attraktive, intensiv duftende Weine, allerdings ohne echte Dichte. Côte de Beaune fiel ziemlich gut aus. Ab jetzt austrinken.

Weitere gute Jahrgänge: 2005, 2003, 2002, 1999, 1996 (trinken oder noch lagern), 1995, 1993, 1990, 1988, 1985, 1978, 1971, 1969, 1966, 1964, 1962, 1961, 1959 (reif).

Weißer Burgunder

Côte de Beaune Anders als noch vor 20 Jahren werden weiße Burgunder heutzutage nur selten für eine lange Lagerung bereitet, doch sollten Spitzengewächse nach wie vor bis zu 10 Jahre von einer Alterung profitieren. Die meisten Mâconnais- und Châlonnais-Weine (St-Véran, Mâcon-Villages, Montagny) sollten jung (nach 2–3 Jahren) getrunken werden.

2017 Großer, aber beherrschbarer Ertrag an äußerst vielversprechenden Weinen, reif und dennoch von zupackender Frische.

2016 Vielfach Frostschäden, doch die überlebenden Trauben erbrachten eine gute Ernte und fruchtige, ansprechende Weine.

2015 Volle, konzentrierte Weine dank eines warmen, trockenen Sommers. Die meisten Winzer lasen klugerweise früh und erzielten gute Ergebnisse, ansonsten können die Weine zu schwer ausfallen. 2009 ist ein vergleichbarer, aber erfolgreicherer Jahrgang.

2014 Der feinste, einheitlichste Jahrgang seit einer Generation: Aromen weißer Frucht, reif und trotzdem frisch, elegant und ausgewogen. Erfolgreiche Weißweine in ganz Burgund. Ab jetzt trinkreif.

2013 Wer früh las, brachte konzentrierte, lebhafte Weine hervor. Spät gelesene Versionen sind schlaff. Sorgfältig auswählen und bald trinken.

2012 Sehr geringe Erträge nach magerer Blüte und wiederholtem Hagel, später annehmbares Wetter. Die Weine sind sehr intensiv und machen sich gut.

2011 Feines Material für gewissenhafte Erzeuger, einige fleischige, schön ausgewogene Weine – aber die Versuchung, es mit der Ernte zu übertreiben, war groß. Bereits in der Jugend ansprechend und schön zu trinken.

2010 Aufregende Weine mit schönem Frucht-Säure-Spiel; die Stürme im September vernichteten einen Teil der Ernte. Die Weine beginnen exotische Aromen zu entwickeln. Jetzt bis 2020.

2009 Vollständige Ernte, gesunde Trauben, zwei Stile: einerseits erstklassige Weine zum Einlagern aus früher Lese, andererseits teils flau-unausgewogene Versionen.

Weitere gute Jahrgänge (alle trinkreif): 2005 2002 1999 1996 1993 1992 1985 1979 1973 1959

Chablis. Grands crus aus Jahrgängen mit Kraft und gutem Säuregehalt müssen mindestens 5 Jahre eingelagert werden und können sich dann 15 Jahre und länger herrlich entwickeln, Premiers crus entsprechend kürzer, aber auch sie brauchen mindestens 3 Jahre. Vor dem Trinken sollte man sie unbedingt dekantieren.

2017 Abermals katastrophaler Frost. Verzweifelte Winzer, steigende Preise.

2016 Hagel, Frost, noch mehr Hagel, so gut wie kein Wein.

2015 Ein heißer, trockener Sommer ergab ausgereifte Trauben und volle Weine mit konzentriertem Kern.

2014 Hervorragend; frühe Lese, glückliche Winzer. Frische Weine mit Salzaroma, die das Einlagern lohnen.

2013 Kleine Erträge, späte Ernte, Fäulnisprobleme. Gemischtes Ergebnis, das Gros sollte ausgetrunken werden.

2012 Geringe Erträge ergaben großteils sehr feine Weine. Wer früh las, erhielt ungemein konzentrierte, klassisch strenge Gewächse. Regen führte bei all jenen, die später lasen, zu weichen, säurearmen Weinen. Jetzt schön zu trinken.

Beaujolais

2017 Hoher Ertrag, allerdings grauenhafte Hagelschäden v. a. in Fleurie und Moulin-à-Vent.

2016 Hoher Ertrag und saftige Weine; Hagelschäden in Fleurie.

2015 Massive Weine, die besten sind hervorragend, die anderen Alkoholmonster.

2014 Schöner Ertrag, ab jetzt trinken.

2013 Späte Ernte mit gemischten Ergebnissen.

2012 Winziger Ertrag, Existenzkampf, aufgegebene Weinberge.

2011 Kultivierte, klassische, sehr schön zu trinkende Weine.

Südwestfrankreich

2017 Auf einen warmen Winter folgte verheerender Frost im April, der den Ertrag um 25 bis 100 Prozent reduzierte. Günstig wirkte sich die spätere Hitzewelle aus, ungünstig nachfolgende Regenfälle, doch der Oktober war prachtvoll. Was erzeugt wurde, wird sehr gut ausfallen.

2016 Geringer Ertrag, dem jedoch der heiße, trockene Sommer zugutekam.
2015 Ein äußerst vielversprechender Jahrgang, der wohl sogar 2014 übertrifft.
2014 Ein Jahrgang, der mit einem kühlen Winter begann und glorios endete. Überragende Süßweine.
2013 Ursprünglich als verheerend angesehen, verhalf der Jahrgang Spitzenwinzern dennoch zu einigen guten Weinen.
2012 Guter Jahrgang trotz Ernteeinbußen infolge schlechten Wetters.
2011 Gute Weine, Cahors und Madiran werden allerdings teilweise überschätzt. Erstklassige Weißweine.

Midi

2017 Geringer Ertrag, hervorragende Qualität; Frost (hier ungewöhnlich), schlechte Blüteperiode, sommerliche Dürre. Hätte es rechtzeitig geregnet, wäre es ein großartiger Jahrgang geworden.
2016 Ein sehr trockenes Jahr sorgte für ausgereiftes, gesundes Lesegut, allerdings in geringer Menge. Entwickelt sich sehr schön.
2015 Weine von reifer Frucht, im Gleichgewicht gehalten durch elegante Tannine, die sich weiterhin prima entwickeln.
2014 Ein schwieriges Jahr mit Hagelschlag in La Clape und Minervois. Die Besten haben sich sehr gut geschlagen, anderen verdarb der Regen die Lese.
2013 Einige hübsche Weine, die sich anmutig entfalten, doch schnitten nicht alle Gebiete gleich gut ab.
2012 Geringe Quantität bei guter Qualität. Die Weine sind jetzt schön zu trinken.

Nördliche Rhône

Je nach Lage und Stil können diese Weine so langlebig sein wie Burgunder. Weißer Hermitage hält sich mitunter genauso lang wie roter. Verallgemeinerungen sind unmöglich – probieren Sie's, ob rot oder weiß, einfach in aller Ruhe aus.

2017 Sehr gut; volle und vollständige Rote mit mehr Tiefe als 2016 zeigen Sonne satt und viel Tannin. Die Weißen schmecken prima zu herzhaften Speisen.
2016 Gut bis sehr gut; die Roten der Côte Rôtie sind reintönig, harmonisch und klassisch, ebenfalls bemerkenswert die Cornas- und Crozes-Hermitage-Gewächse. Fantastische Hermitage-Weiße, die anderen Weißen sind gelungen und klar.
2015 Durchweg exzellente Rotweine, wundervoll und sehr langlebig die Hermitage- und Côte-Rôtie-Gewächse. Volle, teils alkoholstarke Weiße.
2014 Füllige Rotweine, die mit der Zeit an Tiefe gewinnen können. Hervorragende, frische, stil- und gehaltvolle Weißweine.
2013 Sehr gute körperreiche, frische Rotweine mit knackigem Tannin, die 15–20 Jahre vor sich haben. Außergewöhnliche Weiße, v. a. Hermitage, Saint-Joseph, Saint-Péray.
2012 Sehr guter Jahrgang für Hermitage und offenherzigen Côte Rôtie. Frische Rotweine, die sich jetzt schön entfalten und mindestens 15 Jahre halten werden. Weiße mit Stil und Frische, v. a. Condrieu.
2011 Gut in Hermitage und Cornas. Die Côte-Rôtie-Weine zeigen jetzt mehr Körper. Weiße zufriedenstellend.

2010 Erstklassig. Herrliche Tiefe, Ausgewogenheit, Frische und Langlebigkeit bei den Roten. Côte Rôtie ist so gut wie 1978. Sehr guter Condrieu und andere volle Weiße.

2009 Hervorragende Weine mit viel Sonne im Gepäck. Einige volle rote Hermitage- und üppige Côte-Rôtie-Weine. Die besten Crozes- und St-Joseph-Abfüllungen sind gut gealtert. Recht mächtige Weiße, die lagern können.

2008 Verregneter Jahrgang, Spitzenwinzer schlugen sich am besten. Gute, saubere Weiße. Rotweine halten sich 8–12 Jahre.

Südliche Rhône

2017 Geringer, aber sehr guter Ertrag: wuchtig-volle Rote mit reifen Tanninen trotz Dürre. Am besten schnitt die Mehrzahl der pingeligen Spitzengüter ab. Volle, echt südliche Weiße.

2016 Durchweg hervorragend, v.a. von den alten Grenache-Reben in Châteauneuf. Volle, sinnliche Rotweine mit langem Abgang und enorm viel Frucht. Sonnendurchglühte Weiße mit sehr viel Körper – man sollte sich jetzt ein paar Flaschen sichern und einlagern.

2015 Sehr gute Rotweine: voll, dunkel, jede Menge Körper, feste Tannine und oft verführerisches Flair. Durchweg hohe Qualität (v.a. Gigondas); die Roten der unteren Preisklasse sind ein Schnäppchen. Sehr gute, körperreiche Weiße.

2014 Teilweise guter Jahrgang; in Châteauneuf-du-Pape setzt man wieder auf aromatische Finesse. Halten Sie sich an die renommierten Erzeuger (v.a. Gigondas, Rasteau, Cairanne), der Rest ist verwässert. Frische Weißweine.

2013 Sehr geringer Ertrag, v.a. von Grenache, sodass die Weine untypisch ausfallen. Funkelnde, lebhafte, nachhaltige Rote; das Beste aus Châteauneuf-du-Pape stammt von alten Reben. Gutes Preis-Leistungs-Verhältnis beim Côtes du Rhône. Sehr gute Weiße.

2012 Ein Bilderbuchjahrgang: Die Rotweine sind voll und lebhaft mit schönen Tanninen, die Weißen geben feine Essensbegleiter ab.

2011 Viel Sonne und geschmeidige, teilweise ölige Weine, die bald getrunken werden sollten. Problematisch ist der hohe Alkoholgehalt. Ordentliche Weiße.

2010 Überragender Jahrgang. Körperreiche, ausgewogene Rote. Ein Spitzenjahr für Châteauneuf-du-Pape. Weine von klarer Frucht und gut eingebundenen Tanninen. Tiefgründige Weiße mit langem Abgang.

2009 Dicht gewirkte Rote. Trockenheit sorgte bei einigen für gebackene Noten und körnige Tannine; Rasteau schnitt gut ab. Solide Weiße.

2008 Heikler Jahrgang; 12–15 Jahre Lebensdauer (Spitzenerzeuger). Sehr gute, lebhafte Weißweine, jetzt trinken.

Champagne

2017 Frost im Frühling, Regen im August und schließlich Fäule. Früh gelesener Chardonnay (Krug, Roederer) wird sehr gut ausfallen; Aube, wo im August kein Regen fiel, liefert feinen Pinot noir.

2016 Pinot noir fällt interessant aus, Chardonnay unterschiedlich. Sehr geringer Ertrag. Reserve-Weine werden sehr gefragt sein.

2015 Ein warmer, trockener Sommer: großartiger Pinot noir, raffinierter Pinot Meunier; Chardonnay teils überreif, teils üppig.

2014 Chardonnay schnitt am besten ab. Wohl kein Jahr für Jahrgangschampagner, aber vielleicht für Blanc de Blancs.

2013 Ein potenziell brillanter Jahrgang für klassisch kühlen Chardonnay von der Côte des Blancs. Pinot noir mit gemischterem Ergebnis, aber glorreiche Ausnahme in Aÿ.

2012 Hervorragender Pinot noir, womöglich der beste seit 1952 und feiner Meunier. Chardonnay konnte weniger glänzen.

2011 Es fehlt an echter Reife und Struktur, dennoch schnitten einige gute Winzer und wagemutige Champagnerhäuser gut ab.

2010 Schwieriges Jahr für Pinot noir und Meunier. Der anfangs feste Chardonnay schmeckt immer besser und ist eine gute Grundlage für Champagner o.J. Einige Winzer und Boutique-Champagnerhäuser erzeugten guten Blanc de Blancs o.J.

Weitere gute Jahrgänge: 2008, 2007, 2006, 2004, 2002, 2000, 1996, 1995, 1992, 1990, 1989, 1988, 1982, 1976.

Loire

2017 Gute Qualität und etwas mehr Ertrag als 2016, doch im April wiederum Frost in Muscadet, Savennières und Teilen der Touraine; Bourgueil und Menetou-Salon wurden verschont.

2016 Frost im April, dann Starkregen, Mehltau, Sonnenbrand. Der Ertrag liegt rund ein Drittel unter dem Durchschnitt, die Qualität ist aber gut. Sancerre entging dem Desaster.

2015 Durchweg gut bis sehr gut; feine Süßweine in Layon und den Coteaux de l'Aubance.

2014 Schön ausgewogene trockene Weiße und reife Rote zum Einlagern, überragender Muscadet.

2013 Geringer Zucker-, hoher Säuregehalt. Einige ansprechende Weine, die früh trinkreif sind. Ein wenig Anjou-Süßwein.

2012 Hohe Qualität bei Melon de Bourgogne und Sauvignon blanc sowie einigen Roten; die Süßweine meiden.

2011 Wetterkapriolen. In der Muscadet-Region trat Fäule auf. Sehr uneinheitliche Qualität. Erstklassige Süßweine in Anjou.

Elsass

2017 Geringer Ertrag aufgrund grausamer Frühjahrsfröste. In qualitativer Hinsicht jedoch einer der besten Jahrgänge seit dem Zweiten Weltkrieg, einschließlich 1947, 1971 und 2008.

2016 Klassischer, fein ausgewogener Jahrgang, und davon jede Menge – ganz anders als 2013, 2014 und 2015.

2015 Üppiger Jahrgang, einer der trockensten überhaupt. Großartiger Pinot noir, allerdings nur in recht geringer Menge.

2014 Gewürztraminer und Pinot noir litten unter dem Befall der Kirschessigfliege (asiatische Fruchtfliege). Wunderbarer, großzügiger Riesling mit fantastischem Säurespiel.

2013 Entwickelt sich zu einem Klassikerjahrgang mit großartigem Potenzial für Riesling. Die Weine beginnen sich jetzt zu öffen.

2012 Kleiner Ertrag, konzentrierte Weine im trockenen Stil des Jahrgangs 2010.

Abymes Sav w ★→★★ BV – Hügeliger Bereich bei Chambéry unweit von APREMONT; frischer AC Vin de Savoie (300 ha) von der Jacquère-Traube (mindestens 80%). Probierenswert: des Anges, Ducret, Giachino, Labbé, Perrier, Ravier, Sabots de Venus.

Ackerman Lo r rs w; (tr) (s); sch ★→★★★ Führender NÉGOCIANT für das gesamte Loire-Gebiet und die erste Schaumweinfirma in SAUMUR (gegründet 1811). Zur Ackerman-Gruppe gehören Les Celliers du Prieuré (ANJOU), Donatien Bahuaud und Drouet (Pays Nantais), Monmousseau, Perruche und Rémy-Pannier. 2017 wurde Ch. de SANCERRE erworben.

AC oder AOC (Appellation Contrôlée)/AOP – Staatliche Herkunfts- und Produktionskontrolle (aber nicht für Qualität!) für das Gros der französischen Spitzenweine; etwa 45% der Gesamtmenge. Wird sukzessive in AOP (Appellation d'Origine Protégée) umbenannt – was der Wahrheit deutlich näher kommt als »Contrôlée«…

Agenais SWF r rs w ★ BV – IGP aus dem Departement Lot-et-Garonne, das eher für seine Pflaumen berühmt ist – zu Recht. Einige Erzeuger wie die DOMAINES du Boiron, Campet und Lou Gaillot bieten immerhin anständige Weine, während aus den Genossenschaften nur Langweiliges kommt.

Alain Chabanon, Domaine Lang ★★★ Der einst wegweisende Erzeuger in MONTPEYROUX hält sich wacker mit Campredon, L'Esprit de Font Caude sowie Le Merle aux Alouettes auf MERLOT-Basis. Zwei köstliche Weiße: Le Petit Trélans (100% VERMENTINO) und Trélans (Vermentino/CHENIN BLANC), Letzterer mit Alterungspotenzial.

Allemand, Thierry N-Rh r ★★★ **90' 91' 95' 98' 99' 00' 01' 02 03 04 05' 06' 07' 08'** 09' 10' 11' 12' 13' 14' 15' 16' 17' – Die prachtvolle 5-ha-DOMAINE in CORNAS wird ökologisch bewirtschaftet und hält den Einsatz von Schwefel gering. Zwei sehr tiefe, rauchige Weine: Spitzengewächs ist der profunde, komplexe, langlebige Reynard (20 Jahre und mehr), der Chaillot mit sehr schöner Frucht ist früher zugänglich.

Alliet, Philippe Lo r w ★★★→★★★★ **05' 08 09' 10' 11 12 14' 15'** 16 (17) – Einer der Starerzeuger von CABERNET FRANC (17 ha) in CHINON. Der Tradition VIEILLES VIGNES stammt von 50 Jahre alten Reben auf Kiesboden. Zwei Steillagen östlich von Chinon liefern den L'Huisserie und den Coteau de Noiré. Sohn Pierre ist jetzt auch mit dabei.

Aloxe-Corton Bg r w ★★→★★★ **99' 02' 03 05' 08 09' 10' 11 12' 14** 15' 16 (17) – Weinort am Nordende der CÔTE DE BEAUNE; berühmt für seine GRAND-CRU-Lagen CORTON und CORTON-CHARLEMAGNE, die PREMIER-CRU- und Village-Weine sind weniger interessant. Wenn Überextraktion vermieden wurde, können die Roten ansprechend sein. Beste Erzeuger sind die Domaines Follin-Arbelet, Comte Senard, Rapet, des Terregelesses und TOLLOT-BEAUT.

Alquier, Jean-Michel Lang r w ★★★ Herausragender Erzeuger in FAUGÈRES: Les Vignes du Puits (MARSANNE/ROUSSANNE/GRENACHE BLANC), Les Pierres Blanches (SAUVIGNON BLANC) sowie die Rotweine Les Premières von jüngeren Reben und Maison Jaune (nur in guten Grenache-Jahren). Außerdem Les Bastides, ein SYRAH von alten Reben aus höheren Lagen, und der Les Grandes Bastides d'Alquier vorwiegend von Syrah, der länger in neuer Eiche ausgebaut wird.

Alsace Grand cru El w ★★★→★★★★ **06 07 08' 10 12** 13 (v.a. Riesling) 15 (★★★) 17' – AC nur für die 51 besten Lagen (ca. 1.600 ha, 800 ha in Produktion) und vier »edle« Trauben: RIESLING, PINOT GRIS, GEWÜRZTRAMINER und MUSCAT. Die neuen Produktionsvorschriften sehen u.a. einen höheren Mindestreifegrad vor, außerdem sind spezifische Regelungen für jeden einzelnen Cru gestattet. Der Grand-cru-Status für PINOT NOIR ist längst überfällig, aber immer noch in der Schwebe – typisch französischer Bürokratismus.

Amirault, Yannick Lo ★★★→★★★★ **05' 06 08' 09' 10' 11 12 14' 15'** 16 (17) – Ökologisch wirtschaftender Top-Erzeuger in BOURGUEIL (20 ha) und

ST-NICOLAS-DE-BOURGUEIL (10 ha). Spitzen-CUVÉES: La Mine (St-Nicolas) sowie La Petite Cave, Le Grand Clos und Les Quartiers (alle Bourgueil).

Angerville, Marquis d' Côte d'Or r w ★★★★ Der Superstar in VOLNAY mit biologisch-dynamischem Anbau: nicht nur klasse, sondern sogar klassisch. Legendärer Clos des Ducs (MONOPOLE-Lage) sowie köstlicher Champans und Taillepieds. Siehe auch das Projekt Dom. du PÉLICAN im Jura.

Anglès, Château d' Lang ★★★ Eric Fabre, früher Kellermeister von Ch. LAFITE ROTHSCHILD, hat das herausragende Weingut in LA CLAPE erfolgreich umgemodelt und ist fasziniert von MOURVÈDRE. Erzeugt werden nicht in Eiche ausgebauter Classique (rot, rosé, weiß) sowie roter und weißer *grand vin* zum Einlagern.

Anjou Lo r rs w; (tr) (s); (sch) ★→★★★★ Region, aber auch übergeordnete AC an der Loire, die ANJOU und SAUMUR beinhaltet und oft besser ist als ihr Ruf. Das stilistische Spektrum der trockenen CHENIN-BLANC-Weißweine reicht von leichten Alltagstropfen bis zu komplexen Weinen aus Cru-Status anstrebenden Bereichen. Unter den saftigen Roten findet man z. B. den AC Anjou GAMAY, den fruchtigen Anjou Rouge auf CABERNET-FRANC-Basis und den alterungsfähigen, aber tanninstarken ANJOU-VILLAGES, der auch CABERNET SAUVIGNON enthält. Daneben der meist trocken ausgebaute SAVENNIÈRES, der leicht süße bis üppige COTEAUX DU LAYON (Chenin blanc), trockene und liebliche Rosés sowie Schaumweine (vorwiegend CRÉMANT). Halten Sie sich bei den Süßweinen an 2010, 2011, 2014 oder 2015, und meiden Sie die 2012er. Nährboden für Naturweine.

Anjou-Coteaux de la Loire Lo w; lbl s ★★→★★★ **05' 07' 09 10' 11' 14 15'** 16 (17) – Kleine AC (32 ha, 15 Erzeuger) westlich von Angers für süße CHENIN-BLANC-Weißweine, die rassiger sind als COTEAUX DU LAYON. Erzeuger: v. a. Doms. Delaunay, Fresche, Musset-Roullier (sehr gut) und Ch. de Putille.

Anjou-Villages Lo r ★→★★★ **05' 08 09' 10' 11 12 14' 15'** 16 (17) – AC für schön strukturierte ANJOU-Rotweine (CABERNET FRANC/CABERNET SAUVIGNON sowie geringere Mengen von reinsortigem Cabernet Sauvignon). Die zupackenden Tannine sind mitunter problematisch; den besten Abfüllungen tut ein wenig Flaschenreifung gut. Die Spitzenweine sind vergleichsweise preiswert, v. a. von Bergerie, Branchereau, Brizé, CADY, Clos de Coulaine, Philippe Delesvaux, Ogereau, Ch. PIERRE-BISE, Sauveroy und Soucherie. Der Unterbereich Anjou-Villages-Brissac liegt im selben Gebiet wie COTEAUX DE L'AUBANCE; Erzeuger hier v. a.: Bablut, Haute Perche, Montigilet, Princé, Richou, Rochelles, Ch. de Varière (Teil von ACKERMAN). 2017 wurde früh gelesen.

Apremont Sav w ★★ BV (bis zu 5 Jahre) – Die größte Weinbaugemeinde in SAVOYEN (400 ha, 28% der Gesamtproduktion), umittelbar südlich von Chambéry gelegen. Angebaut wird ausschließlich die Jacquère-Traube. Erzeuger: v. a. Aphyllantes, Blard, Boniface, Dacquin, Masson, Perrier, Rouzan.

Arbin Sav r ★★ Dunkler, lebhafter Rotwein aus MONDEUSE-Trauben (30 ha), ideal zum Après-Ski. Trinkreif mit 1–2 Jahren. Empfehlenswerte Erzeuger: l'Idylle, Magnin.

Arbois Jura r rs w; (sch) ★★→★★★ **10' 12 14' 15'** 16 (17) – Die AC im nördlichen Jura, glänzt mit Wein, Käse, Schokolade, Wanderwegen und Louis Pasteur (Museum). Weißweine von CHARDONNAY und/oder SAVAGNIN, außerdem VIN JAUNE und Rote von den Sorten Poulsard, Trousseau oder PINOT NOIR. Probieren Sie die Weine des terroirbesessenen Stéphane TISSOT, frische *ouillé*-Stile von der Dom. du PÉLICAN oder die oxidativ ausgebauten Weißen von Overnoy/Houillon. Allround-Erzeuger sind AVIET, Pinte, Renardières und Rolet.

Ariège SWF r rs w ★ **14 15** (16) – Kleine IGP zwischen Toulouse und den Pyrenäen, deren Weine schwer aufzutreiben sind. Empfehlenswerte Erzeuger sind die biologisch-dynamisch bewirtschaftete DOMAINE Les Coteaux d'Engraviès (v.a. sortenreiner SYRAH) und der Schweizer Weinmacher Dominik Benz.

Arjolle, Domaine de l' Lang ★★★ Das große, familiengeführte Gut in den CÔTES DE THONGUE bietet u.a. den Equilibre, den Equinoxe und den Paradoxe, außerdem sortenreine Weine und Verschnitte sowie zwei originäre Vins-de-France-Weine: »Z« steht für ZINFANDEL und »K« für CARMENÈRE.

AOP und IGP: Was tut sich in Frankreich?

Die europaweite Einführung der Bezeichnungen AOP (Appellation d'Origine Protégée) und IGP (Indication Géographique Protégée) bedeutet, dass diese Begriffe nun auf den Etiketten auftauchen. AC/AOC wird weiterhin verwendet, für alle ehemaligen VINS DE PAYS wird aus Gründen der Einfachheit und Kürze in diesem Buch aber nur noch der Ausdruck IGP verwendet.

Arlaud Côte d'Or r ★★★→★★★★ Führendes Weingut in MOREY-ST-DENIS, das von der Energie Cyprien Arlauds und seiner Geschwister profitiert. Schön ausgewogene, moderne Weine mit Tiefe und Klasse, angefangen vom hervorragenden BOURGOGNE Roncevie bis hin zu Grand-cru-Gewächsen. Feines Angebot an PREMIER-CRU-Weinen aus Morey-St-Denis, v.a. Les Ruchots.

Arlay, Château d' Jura r rs w; s ★★ Altehrwürdiges, nobles Weingut mit einem imposanten Schloss. Umfassendes, solides Angebot an Weinen aller Farben, einschließlich VIN JAUNE.

Arlot, Domaine de l' Côte d'Or r w ★★→★★★ Das Weingut im Besitz von AXA in NUITS-ST-GEORGES bietet interessante Weiß- und duftende Rotweine, allen voran Clos des Fôrets St-Georges, Romanée-St-Vivant und VOSNE-ROMANÉE Les Suchots. Neuerdings weniger dogmatisch, was Ganztraubenvergärung angeht.

Armand, Comte Côte d'Or r ★★★★ Einziger Besitzer des großartigen Clos des Épeneaux – mit dem anmutigsten aller POMMARD-Gewächse – sowie anderer Weinberge in AUXEY und VOLNAY. Fantastische, ausgewogene, langlebige Weine, v.a. seit 1999, in den Jahren 2012 bis 2016 fiel der Ertrag allerdings sehr gering aus.

Aube Champ – Südlicher Ausläufer der CHAMPAGNE (auch Côte des Bars genannt). Sehr guter PINOT NOIR (**12** 14 15' 17). In der eindrucksvollen neuen MOËT-Kellerei in Gyé-sur-Seine wird ausschließlich Rosé-Champagner erzeugt. Die Lese verlief 2017 dank geringerer Niederschläge erfreulicher als in Marne.

Aupilhac, Domaine d' Lang – Das einstige Pioniergut in MONTPEYROUX hat inzwischen etliche Nachahmer gefunden. Sylvain Fadat setzt auf CARIGNAN von alten Reben (der erste Jahrgang war 1989) sowie auf LANGUEDOC-Klassiker und die höher gelegene Lage Les Cocalières.

Auxey-Duresses Côte d'Or r w ★★→★★★ r **03 05' 09' 10' 11 12 14** 15' 16 (17) (w) **14' 15' 16** (17) – Ort der CÔTE DE BEAUNE-Villages im Tal hinter MEURSAULT. Die frischen, leichtfüßigen Weißweine sind vergleichsweise preiswert, die Roten stammen heute von meist ausgereiftem Traubengut und fallen daher weniger rustikal aus. Beste Beispiele (rot): COMTE AR-

MAND, COCHE-DURY, Gras, MAISON LEROY (Les Boutonniers), Moulin aux Moines, Prunier; (weiß): Lafouge, Leroux, ROULOT.

Aveyron SWF r rs w ★ IGP BV – Nicolas Carmarans (★★), ein Fan seltener Rebsorten wie z. B. Négret de Banhars, entwickelt sich zum Starerzeuger dieser ländlichen Weine. Orthodoxere Erzeugnisse bieten die Domaines Bertau, Bias (PINOT NOIR) und Pleyjean, die kürzlich den Besitzer gewechselt hat (alle ★). Siehe auch die AOPS ENTRAYGUES, ESTAING und MARCILLAC.

Aviet, Lucien Jura ★★ Guter Erzeuger (Spitzname »Bacchus«) in der AC ARBOIS mit gutem Preis-Leistungs-Verhältnis, z. B. beim ansprechenden, leichten Poulsard und dem leicht scharfen SAVAGNIN.

Avize Champ ★★★★ Der Ort an der Côte des Blancs mit Grand cru CHARDONNAY setzt in dem Spitzenanbaugebiet der Champagne sehr hohe Standards. Erzeuger v. a.: Agrapart, Corbon, Selosse, De Sousa, außerdem großartige Genossenschaft Union Champagne.

Aÿ Champ – Hochgeschätzter Ort für PINOT NOIR, Heimat von BOLLINGER und DEUTZ. Mischung aus Négociant- und Winzerweinen, die teils in Tanks, teils in Fässern ausgebaut werden: z. B. von Claude Giraud, dem Meister der Argonne-Eiche. Der Noirs d'Aÿ von Gosset-Brabant übertrifft alle. Der Aÿ Rouge (COTEAUX CHAMPENOIS) ist in Jahrgängen mit ausgereifter Frucht (v. a. 15') hervorragend.

Ayala Champ – Neugeborenes Champagnerhaus in AŸ im Besitz von BOLLINGER. Schöner BRUT Nature Zéro Dosage und Blanc de Blancs. Fantastische Prestige-CUVÉE Perle d'Ayala (**08'** 09 **12'** 13 15' 16). Präzision und Reintönigkeit. Kellerchefin Caroline Latrine bringt frischen Wind herein.

Bachelet Bg r w ★★→★★★★ Weitverbreiteter Familienname an der CÔTE D'OR. Exzellente Weißweine kommen von Bachelet-Monnot (v. a. Puligny, BÂTARD-MONTRACHET) und Jean-Claude Bachelet (z. B. CHASSAGNE-MONTRACHET, ST-AUBIN). Die chilenische Staatspräsidentin Michelle Bachelet ist (weitläufig) mit ihnen verwandt, nicht jedoch Denis Bachelet, der großartigen GEVREY-CHAMBERTIN erzeugt, sowie diverse andere Bachelets.

Bandol Prov r rs (w) ★★★ 98 99 00 01 02 **03 04 05 06 07 08 09 10 11** 12 13 14 15 16 17 – Kompakte AC an der Küste mit den feinsten Weinen der PROVENCE: hervorragende, in Eiche ausgebaute Rote mit enormem Alterungspotenzial, vorwiegend von MOURVÈDRE mit GRENACHE und CINSAULT; elegant strukturierte Rosés von jungen Reben und ein wenig Weißwein von CLAIRETTE, UGNI BLANC und gelegentlich SAUVIGNON BLANC. Spitzenerzeuger: Ch. La Bastide Blanche, Dom. de la Bégude, Dom. du Gros'Noré, Dom. Lafran Veyrolles, Ch. Mas de la Rouvière, Ch. Pibarnon, Ch. Pradeaux, Dom. La Suffrène, Dom. de Terrebrune, Dom. TEMPIER, Ch. Vannières.

Banyuls Rouss r br; s ★★→★★★ Der ursprüngliche, köstliche und zu Unrecht verkannte VIN DOUX NATUREL, hauptsächlich von alten GRENACHE-NOIR-, GRENACHE-BLANC- und Grenache-gris-Reben. Die RIMAGES (neuere Jahrgangsweine) schmecken frisch und fruchtig, wesentlich lohnender sind aber die traditionellen, viele Jahre gereiften RANCIOS – eine echte Alternative zu feinem altem Tawny Port. Am besten sind die DOMAINES du Mas Blanc, la Rectorie, de la Tour Vieille (alle ★★★), Les Clos de Paulilles, Coume del Mas (beide ★★), Dom. Madeloc und Vial Magnères. Siehe auch MAURY.

Baronne, Château la Lang ★★★ Biologisch-dynamisch wirtschaftendes Familiengut in CORBIÈRES. Die Weine werden – in Fässern, Amphoren, Betoneiern – mit möglichst wenigen Eingriffen bereitet: Corbières Alaric, Les Chemins und Les Lanes sowie Pièce de Roche (die CARIGNAN-Reben wurden 1892 gepflanzt). Außerdem IGP Hauterive, ungeschwefelter Les Chemins de Traverse und VIN DE FRANCE VERMENTINO/Grenache Gris (weiß).

Barrique In Bordeaux (und Cognac) gebräuchliche Bezeichnung für ein 225-l-Eichenfass. Kommt weltweit zum Einsatz, doch die Allerweltsbegeisterung für die exzessive Verwendung neuer Eiche flaut allmählich ab. Der Preis für ein Fass liegt im Durchschnitt bei 750 Euro.

Barsac Saut w; s ★★→★★★★ 89' 90' **95 96 97'** 98 **99'** 01' 02 03' 05' 07' 09' 10' **11'** 12 **13 14 15 16** – Nachbar von SAUTERNES mit ähnlichen edelfaulen Weinen von tiefer liegenden Kalksteinböden: Sie sind frischer und nicht so wuchtig. Spitzenweine von CAILLOU, CLIMENS, COUTET, DOISY-DAËNE, DOISY-VÉDRINES, NAIRAC. 2017 von Frostschäden betroffen.

Barthod, Ghislaine Côte d'Or r ★★★→★★★★ Ein Grund, sich in CHAMBOLLE-MUSIGNY zu verlieben, falls das nicht bereits geschehen ist: duftende, zarte Weine, die dennoch Tiefe und Konzentration mitbringen. Eindrucksvolle Reihe von neun PREMIERS CRUS, darunter Les Baudes, Charmes, Cras und Fuées.

Bâtard-Montrachet Côte d'Or w ★★★★ **99' 00 02' 04' 05' 06** 07' 08' 09' **10 11** 12 13 14' 15 (17) – GRAND CRU (12 ha) unterhalb von MONTRACHET selbst. Grandiose, stämmige Weißweine, denen man Zeit geben sollte. Sie sind kraftvoller als die Gewächse aus den Nachbarlagen BIENVENUES-BÂTARD-MONTRACHET und CRIOTS-BÂTARD-MONTRACHET. Besonders empfehlenswert: BACHELET-Monnot, H. BOILLOT, CARILLON, FAIVELEY, GAGNARD, LATOUR, Olivier LEFLAIVE, Leroux, MOREY, Pernot, Ramonet, SAUZET, VOUGERAIE.

Baudry, Domaine Bernard Lo r rs w ★★→★★★ 05 08 09' 10' 11 12 **14' 15'** 16' (17) – 30 ha auf Kies und Kalkstein in Cravant-les-Coteaux. Sehr gute CHINON-Weine: Weiße von CHENIN BLANC, Rosés und Rote auf CABERNET-FRANC-Basis. Den Les Granges sollte man früh trinken, komplexer sind Les Grézeaux, Clos Guillot und La Croix Boissée. Ökoweinbau mit Handlese, Chef ist Mathieu Baudry.

Baudry-Dutour Lo r rs w; (sch) ★★→★★★ 05' 08 09' 10' 11 14' 15' **16** (17) – Größter Erzeuger in CHINON, 2003 von Jean-Martin Dutour und Christophe Baudry gegründet; zum Besitz zählen u. a. die Châteaux de la Grille, La Perrière, La Roncée und de St-Louans nebst einer funktionellen Kellerei in Panzoult. Verlässliche Qualität von leichten, jung zu genießenden Alltagsweinen bis hin zu Roten und Weißen zum Einkellern. Außerdem IGP SAUVIGNON BLANC.

Baumard, Domaine des Lo r rs w; tr s; sch ★★→★★★ tr 03 **05'** 07'; s 08 09 10 11 14 15 16 (17) – Die 40-ha-Domaine in ANJOU erzeugt v. a. Weißweine von CHENIN-BLANC, darunter SAVENNIÈRES (Clos St-Yves, Clos du Papillon) und Clos Ste-Catherine. Streitbarer Vertreter der Kryoextraktion (Tiefgefrieren der Trauben zur Konzentration des Zuckergehalts) beim QUARTS DE CHAUME, die ab 2020 nicht mehr erlaubt ist.

Baux-de-Provence, Les Prov r rs w ★★→★★★ **10 11 12 13** 14 15 16 17 – Weinberge an den spektakulären Bauxit-Abbaustellen der Alpilles rund um den Ort Les Baux, dessen Beliebtheit bei Touristen leider die Gefahr einer gewissen Selbstgefälligkeit mit sich bringt. Weißweine von CLAIRETTE, GRENACHE, Rolle und ROUSSANNE, Rote von CABERNET SAUVIGNON, SYRAH und Grenache. Meist ökologischer Anbau. Bester Erzeuger ist nach wie vor die Dom. de Trévallon mit ihrem Cabernet Sauvignon/Syrah-Verschnitt (IGP). Weitere Erzeuger: Ch. d'Estoublon, Dom. Hauvette, Ch. Romanin, Mas de la Dame, Mas Ste Berthe, Dom. des Terres Blanches, Dom. de Valdition.

Béarn SWF r rs w ★→★★ r 15 (17); rs w (AOP) BV – Die Genossenschaft in Bellocq (★) liefert durstlöschende Rosés, gute Rotweine erzeugen Dom. de la Callabère und Dom. Lapeyre et Guilhemas (beide ★). Außerdem Weißwein von der seltenen Sorte Raffiat de Moncade.

Beaucastel, Château de S-Rh r w ★★★★ **90' 95' 96' 97 98 99' 00' 01' 03' 04** 05' **06'** 07' 08 09' 10' **11'** 12' 13' 14' 15' 16' 17' – Großes, ökologisch bewirtschaftetes CHÂTEAUNEUF-Gut mit alten MOURVÈDRE- und 100 Jahre alten ROUSSANNE-Reben. Gehört zur Firma Famille Perrin, die mit Maison Nicolas Perrin (stilvoll) auch ein expandierendes Handelshaus an der nördlichen Rhône betreibt. In letzter Zeit geschmeidigere Weine mit dunkler Frucht, die in den ersten beiden Jahren oder aber erst nach 7–8 Jahren getrunken werden sollten. Hochklassig der intensive rote Hommage à Jacques Perrin mit 60% Mourvèdre. Wundervoller Roussanne Vieilles Vignes (alte Reben), 5–25 Jahre haltbar. Unverfälschter, seriöser roter CÔTES DU RHÔNE Coudoulet de Beaucastel (Lebensdauer 8 Jahre und mehr, 2016 sehr gut). Gut und authentisch sind Famille Perrin GIGONDAS (sehr gut), RASTEAU und VINSOBRES (am besten). Bemerkenswert ist der Ökowein Perrin Nature Côtes du Rhône (rot und weiß). Siehe auch TABLAS CREEK im Kapitel »Kalifornien«.

Beaujolais r (rs) (w) ★ BV – Einfache Appellation der großen Region Beaujolais, deren leichte Weine oft, aber nicht zwangsläufig langweilig sind – probieren Sie die Erzeugnisse aus den Hügeln um den Ort Le Bois d'Oingt. Die Vermarktung ist jetzt auch unter dem Etikett COTEAUX BOURGUIGNONS zulässig.

Beaujolais Primeur (oder Nouveau) Beauj – Ist eher ein Ereignis als ein Getränk. Der BEAUJOLAIS des neuen Jahrgangs wird im Schnellverfahren bereitet, damit er am dritten Mittwoch im November um Mitternacht freigegeben werden kann. Genießen Sie seine saftige Fruchtigkeit, lassen Sie sich dadurch aber nicht von den echten Dingen abbringen.

Beaujolais-Villages Beauj r ★★ **14 15' 16 17** – Nach den zehn »Crus« (z. B. MOULIN-À-VENT) die nächstbeste Kategorie. Halten Sie sich an die Spitzenwinzer Burgaud, Chemarin und Lacarelle sowie an einzelne Gemeinden wie Lantigné.

Beaumes-de-Venise S-Rh r (rs) (w) br ★★ r **09' 10' 12' 13' 15' 16'** 17'; Muscat BV – Gemeinde der CÔTES DU RHÔNE südlich von GIGONDAS mit hoch gelegenen Weinbergen, berühmt für VIN DOUX NATUREL von der MUSCAT-Traube. Der als Aperitif oder zum Dessert getrunkene Wein hat Aromen von Trauben und Honig und sollte sehr kalt getrunken werden. Stilvolle Versionen bieten z. B. die Doms. Beaumalric, Bernardins (moschusartig, traditionell), Coyeux, Durban (voll, langlebig), Fenouillet (lebhaft), JABOULET, Pigeade (frisch, sehr gut), VIDAL-FLEURY und die Genossenschaft Rhônéa. Auch ausdrucksstarke, griffig texturierte Rote, v. a. von den Domaines Cassan, Durban, Fenouillet, Ferme St Martin (bio), St-Amant (guter Weißer) und Ch. Redortier, die 2–3 Jahre lagern sollten. Auch einfache Weiße (ein wenig trockener MUSCAT und VIOGNIER).

Beaumont des Crayères Champ sch – Genossenschaft an der Côte d'Épernay, deren Grande Réserve oJ auf PINOT-MEUNIER-Basis vorbildlich ist. Der Jahrgangschampagner Fleur de Prestige ist sein Geld mehr als wert (**04 06 08' 10** 12' 13 14 15'). Außerdem großartige Cuvée Nostalgie (**02' 06 09** 13) auf CHARDONNAY-Basis und seit Kurzem Fleur de Meunier Brut Nature (**09** 12' 15').

Beaune Côte d'Or r (w) ★★★ **02' 03 05' 07 08 09' 10' 11 12 14** 15' 16 (17) – Das Zentrum des burgundischen Weinhandels, Sitz der berühmten HOSPICES DE BEAUNE sowie klassischer Weinhändler à la BOUCHARD, CHAMPY, CHANSON, DROUHIN, JADOT, LATOUR und Remoissenet, aber auch junger Anwärter wie Gambal, Lemoine, Leroux und Roche de Bellène. Spitzenerzeuger sind die Domaines Croix, LAFARGE, MONTILLE und Hospices de Beaune. Es gibt keine GRAND-CRU-Lagen, aber einige anmutige, duftende PREMIER-CRU-Rotweine, z. B. aus Bressandes, Cras und Vignes Franches, kraftvollere Gewächse aus Grèves. Probierenswert sind auch die Weißen von Aigrots, Clos St-Landry und v. a. der Clos des Mouches von Drouhin.

Becker, Caves J. El r w ★→★★★ Das Gut wird seit 1999 ökologisch bewirtschaftet und ist jetzt auch zertifiziert. Stilvolle Weine, u. a. der ausgewogene, straffe GRAND CRU Froehn, den es als GEWÜRZTRAMINER und RIESLING (**10'** 13 14' 15') gibt, und feiner Riesling Mandelberg (**10** 13 14 15 17).

Bellet Prov r rs w ★★ Winzige AC, deren rund 70 ha innerhalb Nizzas liegen, wo der Wein auch überwiegend konsumiert wird. Die lohnenden Weißen von der Rolle-Traube sind überraschend langlebig; von den Sorten Braquet und Folle noire werden leichte Rote bereitet (BV). 15 tapfere Erzeuger halten die Stellung; Ch. de Bellet (jetzt mit neuem Besitzer) ist am ältesten, außerdem CLOS St-Vincent, Collet de Bovis, Les Coteaux de Bellet, Dom. de la Source und Toasc.

Bellivière, Domaine de Lo r w; s; (sch) ★★→★★★ **10' 11' 13 14' 15'** 16 (17) – Christine und Eric Nicolas bewirtschaften mit Sohn Clément ihre 15-ha-Domaine biologisch-dynamisch und erzeugen herrlich ausgewogenen CHENIN BLANC aus JASNIÈRES und den COTEAUX DU LOIR sowie pfeffrigen roten Pineau d'Aunis.

Neuzugänge in der Beaujolais-Fraktion

Das Beaujolais ist eine der größeren unter den dynamischsten Anbaubereichen in Burgund und nach wie vor relativ erschwinglich. Sogar so erschwinglich, dass viele CÔTE-D'OR-Erzeuger dort Land erwerben: JADOT, Louis BOILLOT und Thibault LIGER-BELAIR in MOULIN-À-VENT, BOUCHARD, DROUHIN und LAFARGE-Vial in FLEURIE. Andere sondieren gerade das Terrain… Sie können sich aber auch an Neuzugänge halten wie Julie Balagny und Julien Sunier in Fleurie oder P.-H. Thillardon in Chénas oder Richard Rottiers in Moulin-à-Vent. Allerdings handelt es sich um Gamay-Weine, was man sich bewusst machen sollte, falls man (immer noch) Pinot noir bevorzugt.

Bergerac SWF r rs w; tr s ★→★★★ **12 14 15** 16 (17) – An BORDEAUX grenzende AOP mit denselben Rebsorten, aber deutlich niedrigeren Preisen. Sehr verschiedenartige Stile und enorme Qualitätsunterschiede. Empfehlenswerte Erzeuger: Dom. du Cantonnet, Clos des Verdots, Dom. Jonc Blanc, Ch. Thénac (Fleur de Thénac), La Tour des Gendres, Ch. Vari (alle ★★★). Einige der besten AOP-Bergerac-Weine stammen von Erzeugern in den Sub-AOPs MONBAZILLAC, MONTRAVEL, PÉCHARMANT, ROSETTE und SAUSSIGNAC.

Berlioz, Domaine Gilles Sav – Sehr guter, biologisch-dynamisch arbeitender Boutiqueerzeuger in CHIGNIN; die vier kleinen Parzellen (3,5 ha) sind mit Altesse, MONDEUSE, Jacqùere und Persan bestockt. Die Weine: Chez l'Odette (Jacquère), El Hem, Le Jaja, Les Filles und Les Fripons.

Berthet-Bondet, Domaine Jura r w ★★ Der führende Erzeuger von VIN JAUNE (CHÂTEAU-CHALON) der leichten Art hat auch rote und weiße Jura-Weine sowie Crémant von verlässlicher Qualität zu bieten. Ein Schnäppchen ist der Côtes du Jura Tradition.

Bertrand, Gérard Lang r rs w ★★ Ehrgeiziger Erzeuger und Négociant, inzwischen einer der größten im MIDI: Villemajou (im CORBIÈRES-Cru Boutenac), Laville-Bertou (MINERVOIS-LA LIVINIÈRE), Dom. de l'Aigle (LIMOUX), Cigalus

(IGP Hauterive), Ch. la Sauvageonne (TERRASSES DU LARZAC); hat kürzlich Ch. de la Soujeole (Malepère) Dom. du Temple und Deux Roc in Cabrières erworben. Flaggschiff ist Ch. l'Hospitalet (La CLAPE) mit dem Spitzengewächs Hospitalis. Ambitioniert und teuer: CLOS d'Ora (Minervois-La Livinière). Außerdem ungeschwefelter Prima Nature. Derzeit Umstellung auf biodynamischen Anbau.

Besserat de Bellefon Champ ★★ Champagnerhaus in Épernay, das sich auf sanft schäumende Weine (nach Art des früheren CRÉMANT) spezialisiert hat. Gehört zu Lanson-BCC. Respektable, steigende Qualität, stets moderate Preise (v. a. 13 14 15); 2017 geringe Mengen, aber hervorragend.

Beyer, Léon El r w ★★→★★★ Erstklassiger, bemerkenswert beständiger Erzeuger intensiver trockener Weine, z. B. erlesener RIESLING Comtes d'Eguisheim (**10** 13 14' 15 17) aus der GRAND-CRU-Lage PFERSIGBERG, was aber nicht auf dem Etikett steht. Ausgereifte Weine, ideal für die gehobene Küche, die sich auf den Karten vieler Sternerestaurants finden. Außerdem ernst zu nehmender PINOT NOIR (**10' 12** 14 15 17).

Bichot, Maison Albert Bg r w ★★→★★★ Bedeutendes Handelshaus mit eigenem Anbau, das eindrucksvolle Weine in strammem Stil mit mehr Gewicht auf Konzentration als auf Duft erzeugt. Die besten stammen von den eigenen DOMAINES Clos Frantin (NUITS-ST-GEORGES), LONG-DEPAQUIT (CHABLIS) und Pavillon (BEAUNE).

Bienvenues-Bâtard-Montrachet Côte d'Or w ★★★→★★★★ 02' **04 05 06** 07 **08 09 10 11 12** 14' 15 (17) – Die einen Tick leichtere und früher reifende Version des BÂTARD-MONTRACHET mit verführerischer, cremiger Textur. Am besten von BACHELET, CARILLON, LEFLAIVE, Ramonet und VOUGERAIE.

Billecart-Salmon Champ ★★★ Mittlerweile eine unaufdringliche Ikone mit modernem Profil; 2018 feiert das Champagnerhaus 200-jähriges Bestehen. Die neue Cuvée Louis BLANC DE BLANCS gibt ihr Debüt mit dem zarten, höchst eleganten Jahrgang **2006**. Ausgezeichneter Clos St-Hilaire BLANC DE NOIRS (98 **02'**), NF Billecart (02' **06**), sehr preiswerter BRUT (**07**), in dem PINOT NOIR kraftvoll zum Ausdruck kommt. Die Cuvée Sous Bois zeigt subtile Eichenwürze. Erlesene Cuvée Elisabeth Salmon Rosé (**02 06**; ★★★★).

Bize, Simon Côte d'Or r w ★★★ Erzeuger von SAVIGNY-LÈS-BEAUNE-Abfüllungen sowie von hochwertigen roten und weißen PREMIER-CRU-Gewächsen.

Blagny Côte d'Or r ★★→★★★ **99' 02'** 03' **05' 08** 09' **10'** 11 12 14 15' 16' (17) – Weinbaugemeinde auf einem Hügel oberhalb von MEURSAULT und PULIGNY-MONTRACHET. Die recht strengen, aber herrlich duftenden Roten mit eigener AC sind leider aus der Mode gekommen, seit die Winzer die Weinberge mit CHARDONNAY neu bestocken, um PREMIER CRU Meursault-Blagny zu erzeugen. Die besten Lagen sind Jeunelotte, Pièce sous le Bois und Sous le Dos d'Âne. Beste Erzeuger: LATOUR (weiß), LEROUX (rot), Martelet de Cherisey (rot und weiß), Matrot (rot und weiß).

Blanc de Blancs Ein Weißwein nur aus weißen Trauben, insbesondere bei CHAMPAGNER. Eine Bezeichnung für den Stil, nicht für Qualität.

Blanc de Noirs Weißwein aus roten Trauben (oft mit rosigem Schimmer); insbesondere CHAMPAGNER. Im Stil üblicherweise reichhaltig, manchmal sogar plump. Dank des feiner gewordenen PINOT NOIR und neuer Bereitungstechniken fallen viele Weine jedoch inzwischen kultivierter aus.

Blanck, Paul et Fils El r w ★★→★★★ Die feinsten Gewächse des Kientzheimer Erzeugers stammen von den 6 ha des GRAND CRU Furstentum (RIESLING, GEWÜRZTRAMINER, PINOT GRIS) und von der Grand-cru-Lage SCHLOSSBERG (großartiger Riesling; **08' 10 12** 13' 14 15' 17'). Hervorragende Qualität bietet die Reihe Classique: alles tipptopp, tolles Preis-Leistungs-Verhältnis.

Blanquette de Limoux Lang w; sch ★★ Sehr preisgünstiger Schaumwein aus einem kühlen, hügeligen Gebiet südwestlich von Carcassonne, älter als CHAMPAGNER. Wird von 90% Mauzac mit ein wenig CHARDONNAY und CHENIN BLANC bereitet. Eleganter sind die Gewächse der AC Crémant de Limoux mit Chardonnay, Chenin blanc, PINOT NOIR und weniger Mauzac im Verschnitt. Die große Genossenschaft heißt Sieur d'Arques; weitere Erzeuger: Antech, Delmas, Laurens, RIVES-BLANQUES, Robert sowie Newcomer wie die Domaines La Coume-Lumet, Les Hautes Terres, Jo Riu und Monsieur S.

Blaye Bx r ★→★★ **09' 10' 11 12 14 15 16** – Bezeichnung für die besseren Rotweine (Ertragsbeschränkung, höhere Pflanzdichte, längere Reifung) aus der AC BLAYE — CÔTES DE BORDEAUX.

Blaye – Côtes de Bordeaux Bx r w ★→★★ **10' 12 14 15 16'** – AC am rechten Ufer der Gironde, hauptsächlich für – in der Regel preiswerte – Rotweine mit hohem MERLOT-Anteil und wenige trockene Weiße (vorwiegend SAUVIGNON BLANC). Die besten CHÂTEAUX: Bel Air la Royère, Bourdieu, Cantinot, Gigault (CUVÉE Viva), Haut-Bertinerie, Haut-Colombier, Haut-Grelot, Jonqueyres, Monconseil-Gazin, Mondésir-Gazin, Montfollet, Roland la Garde und Segonzac. Für Weißweine: Ch. Charron und die Genossenschaft Les Vignerons de Tutiac.

Boeckel, Domaine El ★★★ Das traditionsreiche Gut im malerischen Mittelbergheim hat seinen Besitz um 23 ha beste Mergel- und Sandsteinlagen in der Region Bas Rhin erweitert. Es erzeugt großartigen RIESLING, v. a. GRAND CRU Wiebelsberg und Clos Eugénie (**10 13 14** 15' 17), außerdem Sylvaner Grand cru Zotzenberg, einer Spitzenlage für diese Rebsorte. Außerdem vorbildlicher CRÉMANT d'Alsace.

Boillot Côte d'Or r w – Führende Winzerfamilie in Burgund. Rotweine mit Eichennote und feine, langlebige Weiße finden Sie bei Jean-Marc in POMMARD (★★★), mächtige Weiße und moderne Rote bei Henri (★★→★★★★; MEURSAULT), stets an Qualität zulegende Rote bei dem mit Ghislaine BARTHOD verheirateten Louis (★★★) in CHAMBOLLE-MUSIGNY sowie bei dessen Bruder Pierre in GEVREY-CHAMBERTIN (★★→★★★).

Boisset, Jean-Claude Bg – Überaus erfolgreiche, im Lauf der vergangenen 50 Jahre entstandene Handelsgruppe. Exzellente Weine unter dem Etikett Boisset und v. a. vom eigenen Weingut Dom. de la VOUGERAIE. Neuere Errungenschaften sind der Ankauf der Marke Vincent GIRARDIN (Burgund) und des Erzeugers Henri MAIRE im JURA. Außerdem Unternehmungen in Kalifornien (familiäre Verbindungen zu Gallo), Kanada, Chile und Uruguay.

Boizel Champ ★★★ Hervorragender gereifter BLANC DE BLANCS oJ und Vorzeigeprodukt Joyau de France (**02'** 08 09 12' 15'), Joyau Rosé (**04 06** 08' 09 12' 15) sowie Grand Vintage BRUT (**04 06** 09 12 15) und CUVÉE Sous Bois. Schöne Qualität zu sehr günstigen Preisen.

Bollinger Champ ★★★★ Großartiges, stets an Qualität zulegendes klassisches Champagnerhaus, deutlich frischer denn je. Der Brut Spécial oJ ist seit 2012 in Höchstform; außerdem Grande Année (**00 02'** 04 05 07 08') und auf PINOT NOIR basierender, innovativer Vintage Rosé (06): üppig, kraftvoll, strahlend, mit Wildnoten dank satten 30% rotem Côte aux Enfants. Die Önothek »La Galerie 1829« muss man gesehen haben: Champagnerjahrgänge bis in die 1830er und Rotwein bis 1892. Siehe auch LANGLOIS-CHÂTEAU.

Bonneau du Martray, Domaine Côte d'Or r ★★★ w ★★★★ Wegweisender Erzeuger von CORTON-CHARLEMAGNE, 2016 von Stanley Kroenke erworben, der neben Screaming Eagle (Kalifornien) auch den britischen Fußballklub FC Arsenal besitzt. Die prachtvollen Weine, eine gloriose Verbindung aus intensiver Frucht und mineralischer Unterfütterung, sind zum

Frankreich

Einlagern (etwa 10 Jahre) gemacht. Außerdem kleine Mengen von feinem rotem CORTON.

Bonnes-Mares Côte d'Or r ★★★★ 90' 93 95 96' 98 99' 00 02' 03 05' 06 07 08 09' 10' 11 12' 13 14 15' 16' (17) – GRAND-CRU-Lage zwischen CHAMBOLLE-MUSIGNY und MOREY-ST-DENIS, die ein wenig von der wilderen Art Letzterer hat. Robuste, langlebige Weine, weniger duftend als MUSIGNY. Spitzenerzeuger: Bernstein, Bruno CLAIR, Drouhin-Laroze, DUJAC, Groffier, JADOT, MUGNIER, ROUMIER, de VOGÜÉ, VOUGERAIE.

Bonnezeaux Lo w; s ★★★→★★★★ 89' 90' 95' 96' 97' 03' 05' 09 10' 11' 14 15' 16 (17) – Voller, praktisch unendlich haltbarer CHENIN-BLANC-Wein aus einer nach Süden ausgerichteten 80-ha-Hanglage in den COTEAUX DU LAYON. 40 Erzeuger: v. a. Ch. de Fesles, Dom. Les Grandes Vignes, Dom. de Mihoudy, Dom. du Petit Val, Ch. La Varière (ACKERMAN).

Bordeaux r (rs) w ★→★★ 15 16 – Riesige, alles umfassende AC für Bordeaux-Weine (unter der fast die Hälfte der Produktion der Region läuft). Die meisten Markenweine (DOURTHE, Michel Lynch, MOUTON CADET, SICHEL) fallen in diese Kategorie. Empfehlenswert: Chx. Bauduc, BONNET, Reignac, Ronan by Clinet und Tour de Mirambeau. 2017 Qualitäts- wie Quantitätseinbußen aufgrund schwerer Frostschäden.

Einzig AOP-Weine dürfen »Château« auf dem Etikett tragen, IGP-Weine müssen sich mit »Domaine« begnügen.

Bordeaux Supérieur Bx r ★→★★ 09' 10' 12 14 15 16 – Eine Stufe über der einfachen AC BORDEAUX, mit vorschriftsmäßig etwas höherem Alkoholmindestgehalt, geringeren Erträgen und längerer Reifezeit. Das Gros der Produktion sind Erzeugerabfüllungen. Beständige Qualität von: Chx. de Camarsac, Jean Faux, Grand Verdus, Grand Village, Grée-Laroque, Landereau, Parenchère (Cuvée Raphaël), Penin, PEY LA TOUR (Réserve), Reignac, THIEULEY Turcaud (Cuvée Majeure). Frostschäden 2017.

Borie-Manoux Bx – Erstklassiges Weinhandelshaus mit eigenen Gütern in BORDEAUX: u. a. Chx. BATAILLEY, BEAU-SITE, LYNCH-MOUSSAS, TROTTE VIEILLE und Dom. DE L'EGLISE.

Bouchard Père et Fils Bg r w ★★→★★★★ Erstklassiges Handelshaus in BEAUNE, die Qualität ist durchweg sehr ordentlich. Die besten Weißen kommen aus MEURSAULT und von GRAND-CRU-Lagen, v. a. CHEVALIER-MONTRACHET. Aushängeschilder unter den Roten sind Beaune Vigne de L'Enfant Jésus und Volnay Caillerets Ancienne Cuvée Carnot. Wie auch die burgundischen Erzeuger William FÈVRE (CHABLIS) und Ch. de Poncié (BEAUJOLAIS) im Besitz von HENRIOT.

Bouches-du-Rhône Prov r rs w ★ IGP in der Gegend um Marseille. Einfache, (hoffentlich) fruchtige Rotweine von Lokalrebsorten sowie CABERNET SAUVIGNON, SYRAH und MERLOT.

Bourgeois, Henri Lo r rs w ★★→★★★ 05 07 08 10 11 12 14' 15 16 17 – Der vorbildliche SANCERRE-Erzeuger und -Händler in Chavignol ist im Besitz einer sehr engagierten Familie, die beständig nach Qualitätsverbesserung strebt. Sehr gut sind die Weine der ACS CHÂTEAUMEILLANT, COTEAUX DU GIENNOIS, MENETOU-SALON, POUILLY-FUMÉ, QUINCY und der IGP Petit Bourgeois. Die Spitzengewächse entwickeln sich mit dem Alter oft sehr schön: La Bourgeoise (rot und weiß), Jadis, MD de Bourgeois und Sancerre d'Antan. Betreibt auch Clos Henri im neuseeländischen Marlborough.

Bourgogne Bg r (rs) w ★→★★ r 05' 09' 10' 12' 14 15' 16 (17); w 14' 15 16 (17) – Umfassende AC für Burgund; die Qualität reicht von Massenerzeugnissen bis zu preiswerten Schätzen. Manchmal wird der Unterbereich, z. B. CÔTE CHALONNAISE, HAUTES CÔTES oder seit Neuestem CÔTE D'OR an den

AC-Namen angehängt. Die Hauptrebsorten sind PINOT NOIR und CHARDONNAY, aber auch herabgestufter BEAUJOLAIS Cru kann als Bourgogne etikettiert werden (und wird als Bourgogne GAMAY verkauft).

Bourgogne Passe-tout-grains Bg r (rs) ★ Burgundischer Verschnitt von PINOT NOIR (über 30%) und GAMAY – frisch, manchmal sogar flippig. Sollte 1–2 Jahre lagern und hält sich länger von Spitzengütern der CÔTE D'OR wie Castagnier, CHEVILLON, LAFARGE oder ROUGET.

Bourgueil Lo r (rs) ★★→★★★ 05' 08 09' **10'** 11 12 14' **15'** 16 (17) – Dynamische AC (1.400 ha) mit körperreichen roten TOURAINE-Weinen und mächtigen, duftenden Rosés auf CABERNET-FRANC-Basis. Gute Jahrgänge können 50 Jahre und älter werden. Erzeuger: u. a. Yannick AMIRAULT, Ansodelles, Audebert, Dom. de la Butte, Dom. de la Chevalerie, Courant, Gambier, Herlin, Lamé Delisle Boucard, Ménard, Minière, Nau Frères, Omasson, Revillot, Rochouard. Der Frost konnte 2017 weitgehend abgewehrt werden.

Bouscassé, Château SWF r w ★★★ 10' 11' 12 14 15' (17') – Alain BRUMONTS Kellerei im Napa-Valley-Stil in MADIRAN. Die Weine erfordern fast dasselbe geduldige Warten wie sein Château MONTUS. Hinreißend ist der trockene PACHERENC DU VIC-BILH (mit sehr dezenter oder ganz ohne Eichennote) auf Basis der Weißweinsorte Petit Courbu.

Bouvet-Ladubay Lo (r) rs w; sch ★★→★★★ Der Erzeuger von (vorwiegend) SAUMUR-Schaumwein und CRÉMANT DE LOIRE wird seit 2015 wieder von der Familie Monmousseau geführt. Chef ist Patrice Monmousseau (Président), CEO seine Tochter Juliette. Beste Gewächse sind die Cuvée Trésor (weiß und rosé) sowie der BRUT Extra Zéro.

Bouzereau Côte d'Or r w ★★→★★★ Die Familie Bouzerau ist – auf positive Weise – überall in MEURSAULT zugange. Probierenswerte Weiße gibt's bei Jean-Baptiste (Dom. Michel Bouzereau), Vincent Bouzereau und Bouzereau-Gruère & Filles.

Bouzeron Bg w ★★ 15' **16** (17) – Ort an der CÔTE CHALONNAISE mit der einzigen auf ALIGOTÉ-Weine beschränkten AC. Das Potenzial ist größer und das Regelwerk strenger als für Weine der einfachen AC BOURGOGNE Aligoté. Gut sind Briday, BOUCHARD PÈRE, FAIVELEY und Jacqueson, überragend ist die Dom. A. et P. de Villaine.

Bouzy Rouge Champ r ★★★ **96 97 99 02 09 12** 15' – Roter Stillwein aus dem für PINOT NOIR berühmten Ort, ähnelte früher einem sehr leichten Burgunder, ist mittlerweile dank Klimawandel und besserer Weinbaumethoden aber intensiver und raffinierter. Sehr gut sind die Weine aus dem Clos Colin, bester Erzeuger ist Paul Bara (ab 2018 mit Star-Weinmacher).

Boxler, Albert El – Die Boutique-Domaine erzeugt fantastischen RIESLING Alsace GRAND CRU Sommerberg (★★★★; **13** 15), hervorragenden PINOT GRIS und PINOT BLANC sowie erstklassigen CRÉMANT. Eiche wird zurückhaltend eingesetzt, der Weinbergbesitz umweltfreundlich bewirtschaftet.

Brocard, J.-M. Chablis w ★★→★★★ Erfolgreicher Erzeuger und Händler. Zu Jean-Marcs Talent kamen mit Sohn Julien biodynamische Anbaumethoden – hier trifft man auf einen zukunftsfähigen Mix aus preiswerten CHABLIS-Reihen und hochklassigen individuellen Abfüllungen. Probieren Sie mal den GRAND CRU Les Preuses.

Brouilly Beauj r ★★ 09' 14' 15' **16** 17 – Der größte der zehn BEAUJOLAIS-Crus: solide, abgerundete Weine mit einem gewissen fruchtigen Tiefgang, die früh zugänglich, aber auch 3–5 Jahre haltbar sind. Spitzenerzeuger: Ch. de la Chaize, Chermette, Dubost, Lapalu, Michaud, Piron, Ch. Thivin.

Brumont, Alain SWF r w ★★★ Der Anführer in MADIRAN. Dem Trend zu leichter zugänglichen Weinen tragen sein Torus (★) und eine Reihe süffiger IGP-Gewächse Rechnung, doch die Schwergewichte Ch. BOUSCASSÉ, Ch. MON-

TUS und La Tyre beherrschen noch immer das Feld. Überragend sind die trockenen und süßen PACHERENC-DU-VIC-BILH-Weine (★★★).

Brut Champ – Bezeichnung für trockenen klassischen Schaumwein. In den letzten Jahren haben die meisten Champagnerhäuser die *dosage* (Zusatz von Süße) reduziert. Nichtsdestotrotz werden immer noch fantastische Champagner mit 8–9 g Restzucker erzeugt.

Brut Ultra/Zéro Die Bezeichnung für knochentrockene CHAMPAGNER (ohne *dosage*) – auch als Brut Nature bekannt –, die jetzt bei generell zunehmender Qualität wieder in Mode sind. Brauchen Reife, alte Reben und ein Maximum an Sorgfalt. Empfehlenswert: z. B. ROEDERER Brut Nature, Veuve Fourny Nature.

Bugey Sav r rs w; sch ★→★★ Seit 2009 bestehende AC (490 ha) für Schaum-, Perl- und Stillweine aus den drei Anbaubereichen Belley, Cerdon und Montagnieu. Es gibt acht assoziierte ACs Bugey. Die Weißen werden vorwiegend von CHARDONNAY bereitet, ebenfalls zugelassen sind ALIGOTÉ, Jacquère und Roussette. Die Sorten für Rotwein sind GAMAY, MONDEUSE und PINOT NOIR. Empfehlenswerte Erzeuger: Angelot, Lingot-Martin, Monin, Peillot, Pellerin.

Bio-Burgund

Burgund führt die biologisch-dynamische Bewegung an – das Vorbild großer Domaines hat andere überzeugt. Und wer sind diese Protagonisten? BONNEAU DU MARTRAY, Comte ARMAND, Clavelier, DAUVISSAT, DRC, DROUHIN, Lafarge, LAFON, LEFLAIVE, LEROY, LIGER-BELAIR, ROSSIGNOL-TRAPET, TRAPET und VOUGERAIE. Frage an Dominique Lafon: »Haben Sie keine Angst vor Kontaminierung durch Nachbarn, die keinen biodynamischen Anbau betreiben?« Antwort: »In Wirklichkeit habe ich sie kontaminiert, und zwar mit meinen Ideen, sodass sie auf biodynamische Bewirtschaftung umgestellt haben …«

Buxy, Vignerons de Bg r (rs) w ★→★★ Führende Genossenschaft der CÔTE CHALONNAISE mit anständigem CHARDONNAY und PINOT NOIR. Außerdem Traubenlieferant für die Markenweine diverser Handelshäuser und größter Lieferant der AC MONTAGNY.

Buzet SWF r (rs) (w) ★★ 14 15' (17) – BORDEAUX-Wein mit Gascogne-Touch. Führender Erzeuger der AOP ist die nonkonformistische, biodynamisch/naturnah arbeitende Dom. du Pech (★★★), gefolgt von der ambitionierten Genossenschaft, Ch. du Frandat und Dom. Salisquet (biodynamisch; alle ★).

Cabernet d'Anjou Lo rs; lbl ★→★★ BV – Lieblicher bis süßer Rosé, ein regional beliebter sommerlicher Genuss. Bemerkenswert, wenngleich sehr selten sind die alten Jahrgänge (47 49; ★★★). Erzeuger: Bablut, CADY, Chauvin, Clau de Nell, Grandes Vignes, Montgilet, Ogereau, Ch. PIERRE-BISE, de Sauveroy, Varière.

Cadillac – Côtes de Bordeaux Bx r ★→★★ **10' 12 14** 15 16 – In dem lang gestreckten, schmalen, hügeligen Bereich am rechten Ufer der Garonne wird vorwiegend MERLOT angebaut, außerdem CABERNET SAUVIGNON und CABERNET FRANC. Mittelschwere, frische Rotweine von sehr unterschiedlicher Qualität, am besten von: Alios de Ste-Marie, Biac, Carignan, Carsin, Clos Chaumont, Clos Ste-Anne, Le Doyenné, Grand-Mouëys, Les Guyonnets, Mont-Pérat, Plaisance, Puy Bardens, Réaut (Carat), Reynon, de Ricaud und Suau.

Cady, Domaine Lo r rs w; s; sch ★★→★★★ s 09 10' 11' 14' 15' 16' (17) – Sehr gute Winzerfamilie in St Aubin de Luigné. Umfassendes Angebot an ANJOU-Weinen mit Schwerpunkt auf CHENIN BLANC, einschließlich COTEAUX DE LAYON, v.a. aus Chaume und Les Varennes. Der Jahrgang 2017 ist sehr vielversprechend.

Cahors SWF r ★★→★★★ 09' 10 **11** 12' 14 15' (17) – AOP für Rotwein von mindestens 70% MALBEC, um den derzeit eine Schlacht um authentische Typizität versus Flirt mit Argentinien tobt. (Die hiesigen Weißweine sind als IGP etikettiert.) Früh zugängliche Versionen bieten Clos Coutale, Ch. Croze de Pys, Clos Coutale, Ch. les Ifs und Ch. Paillas (alle ★★), etwas mehr Zeit brauchen die Weine von Dom. de la Bérengeraie, Ch. Chambert und Lo Domeni (alle ★★★) sowie der CHÂTEAUX Armandière, Clos Troteligotte, La Coustarelle, Gaudou, Nozières, Ponzac und Vincens (alle ★★). Langlebige Gewächse kommen von den Gütern Clos de Gamot und Clos Triguedina (beide ★★★). Weine im modernen Stil erzeugen Ch. du CÈDRE, Clos d'Un Jour, Les Croisille, Lamartine, La Périé, Dom. du Prince und La Reyne (alle ★★★) sowie La Caminade und Eugénie (beide ★★). Mit Abstand am besten ist die Kultdomaine Cosse Maisonneuve (★★★★). Zum Imperium der einflussreichen Familie Vigouroux zählen die Châteaux Hautes-Serres, Mercuès and Léret-Monpézat (alle ★★). 2017 gab es in Cahors schwere Frostschäden.

Cailloux, Les S-Rh r (w) ★★★ **78' 79' 81' 85' 89' 90' 95' 96' 98' 99** 00' 01 03' 04' 05' 06' 07' **09' 10'** 11' **12'** 13' **14** 15' 16' 17' – Die 18-ha-Domaine in CHÂTEAUNEUF-DU-PAPE erzeugt elegante, tiefgründige GRENACHE-Weine – typische, handwerklich bereitete Rote zu sehr günstigen Preisen. Die kostspielige, edle CUVÉE Centenaire wird aus den ältesten Grenache-Reben (von 1889) bereitet. Außerdem Weine unter dem Etikett Dom. André Brunel (v.a. der preiswerte rote CÔTES DU RHÔNE Est-Ouest) und der Marke Féraud-Brunel Côtes du Rhône (ordentlich).

Cairanne S-Rh r rs w ★★→★★★ 07' 09' 10' 11 12' 13' 14 **15'** 16' 17' – Die Rot- und Weißweine der Gemeinde besitzen seit 2015 Cru-Status und rangieren damit oberhalb der Kategorie CÔTES DU RHÔNE-VILLAGES. Eine Reihe guter Erzeuger bieten charaktervolle Weine mit dunkler Frucht, Kräuternoten und einer gewissen Finesse. Besonders empfehlenswert: Alary (stilvoll), Amadieu (reintönig, biodynamisch), Brusset (tiefgründig), Cros de Romet, Escaravailles (mit Flair), Féraud-Brunel, Grands Bois (öko), Grosset, Hautes Cances (traditionell), Jubain, Oratoire St Martin (nuancenreich, erstklassig), Présidente, Rabasse-Charavin (ausdrucksstark) und Richaud (großartige Frucht). Außerdem umfangreiche Weiße, die gut zum Essen passen.

Canard-Duchêne Champ – Champagnerhaus im Besitz von Alain THIÉNOT. Jahrgangschampagner BRUT (**08** 09 12'), Prestige-Cuvée Charles VII und CUVÉE Léonie (★★). Die Cuvée Authentique aus Ökoanbau ist besser geworden (09 12'). Der Avize Gamin (**12** 13 15) stammt aus einer Einzellage.

Canon-Fronsac Bx r ★★→★★★ **05' 06 08** 09' 10' 11 12 **14 15** 16 – Kleine Enklave in FRONSAC mit recht ähnlichen Weinen und 47 Erzeugerbetrieben. Die besten Gewächse sind reichhaltig, voll, fein strukturiert. Empfehlenswerte CHÂTEAUX: Barrabaque, Canon Pécresse, Cassagne Haut-Canon La Truffière, La Fleur Caillou, GABY, Grand-Renouil, MOULIN PEY-LABRIE, Pavillon, Vrai Canon Bouché.

Carillon Côte d'Or w ★★★ Klassischer Erzeugerbetrieb in PULIGNY-MONTRACHET, jetzt unter den beiden Brüdern aufgeteilt: Jacques führt die Tradition fort, François ist ehrgeiziger und hat neue Rebflächen für sich erschlossen. Spitzenquelle für PREMIERS CRUS, z.B. Combettes, Perrières und Referts. Die Rotweine sind weniger interessant.

Cassis Prov (r) (rs) w ★★ BV – Ferienort in den Hügeln östlich von Marseille, bekannt für leckere trockene Weiße auf der Basis von CLAIRETTE und MARSANNE, z. B. von CLOS Ste-Magdelaine, Dom. de la Ferme Blanche, Fontcreuse, Paternel. Die Winzer kämpfen mit den Grundstücksmaklern, deshalb sind die Preise hoch, die Weine jedoch qualitativ durchaus interessant.

Castelnau, Champagne de Champ – Die Genossenschaft, ein schlafender Riese, wurde 1916 gegründet und nach dem französischen General Edouard de Curières de Castelnau benannt. Sie verfügt über 900 ha in der Montagne de Reims und im Marne-Tal. Seit 2012 findet eine längere Reifung auf dem Hefesatz statt. Sehr guter Hors Catégorie (**02**).

Chablis

Nirgends findet der alles und alle erobernde CHARDONNAY einen besseren Ausdruck als in den vollen, aber straffen, klaren, mineralischen Weinen, die er auf den schweren Kalkböden in CHABLIS hervorbringt. Die besten Erzeuger machen wenig oder keinen Gebrauch von neuen Eichenfässern, um die deutliche Prägung durch Rebsorte und Terroir nicht zu überdecken: Barat, Bessin*, Samuel Billaud*, Billaud-Simon*, Boudin*, J.-M. BROCARD, J. Collet*, V. DAUVISSAT*, B. Defaix, Droin*, DROUHIN*, Duplessis, J. DURUP, N. Fèvre, W. FÈVRE*, J.-P. Grossot*, LAROCHE, LONG-DEPAQUIT, Dom. des Malandes, L. Michel, C. MOREAU*, Moreau-Naudet*, Picq*, Pinson*, Piuze, RAVENEAU*, G. Robin, Servin, Temps Perdu, Tribut, Vignoble Dampt*, E. Vocoret. Einfacher Chablis ohne Zusatzbezeichnung ist oft dünn und Petit Chablis noch dünner; halten Sie sich an PREMIER-CRU- und GRAND-CRU-Weine. Die Genossenschaftskellerei La CHABLISIENNE hat einen hohen Standard (v. a. Grenouille*) und viele verschiedene Etiketten. (* = herausragend).

Castillon – Côtes de Bordeaux Bx r ★★→★★★ **08 09' 10' 12 14 15 16** – Reizvoller Anbaubereich östlich von ST-ÉMILION, der viele Investoren aus POMEROL und St-Émilion anzieht. Die Weine sind ähnlich wie in der Nachbarregion, in der Regel aber weniger füllig. Spitzenerzeuger: de l'A, d'AIGUILHE, Alcée, Ampélia, l'Aurage, Joanin Bécot, Cap de Faugères, La Clarière-Laithwaite, Clos Louie, Clos Les Lunelles, Clos Puy Arnaud, Côte Montpezat, Montlandrie, Poupille, Robin, Veyry, Vieux Château Champs de Mars.

Cathiard, Domaine Sylvain Côte d'Or r ★★★ Sylvain Cathiards Sohn Sébastien bereitet Weine von erstaunlicher Qualität aus Lagen in VOSNE-ROMANÉE (v. a. Les Malconsorts, Orveaux, Reignots) und NUITS-ST-GEORGES (v. a. Aux Thorey, Murgers). Mit der Zeit werden sie sich schön entfalten, auch wenn sie nicht ganz so offenkundig verführerisch sind wie die seines Vaters.

Cave Kellerei; auch jede beliebige Weinfirma.

Cave coopérative Genossenschaftskellerei. Auf Betriebe dieser Art entfällt mehr als die Hälfte der französischen Weinerzeugung. Etliche Genossenschaften sind gut geführt und ausgestattet, mit Weinen, die ihren Preis wert sind, doch aufgrund der wirtschaftlich schwierigen Situation müssen viele Betriebe aufgeben.

Cazes Rouss r rs w; s ★★→★★★ Der größte Erzeuger von Weinen aus biologisch-dynamischem Anbau im ROUSSILLON, noch immer familiengeführt, inzwischen aber im Besitz von AdVini, zählte zu den Ersten, die hier Bordeaux-Reben anpflanzten, setzt jetzt aber stärker auf MIDI-Sorten: Der Le Canon du Maréchal enthält GRENACHE und SYRAH, und Le Crédo ist wie

Ego und Alter ein CÔTES DU ROUSSILLON-VILLAGES. Außerdem sensationeller gereifter RIVESALTES namens CUVÉE Aimé Cazes. Weine aus BANYULS kommen vom Gut Les Clos de Paulilles. Neu sind der ungeschwefelte Hommage sowie der MAURY Sec. Tolles Preis-Leistungs-Verhältnis.

Cèdre, Château du SWF r w ★★→★★★ 09' 10 11' 12' 14 15' (17) – Namhafter Anführer der modernen CAHORS-Stilrichtung. Le Prestige (★★★; seit 2006 umbenannt in Ch. du Cèdre) ist zugänglicher und von derselben Qualität wie die teuren Spitzengewächse (★★). Außerdem köstlicher IGP-Weißwein von VIOGNIER (★★) und beachtlicher Weinhandel.

Cépage Rebsorte. Siehe Gesamtverzeichnis S. 13–26.

Cérons Bx w; s ★★ 10' 11 13 14 15 16 – Kleine, SAUTERNES benachbarte 23-ha-AC für Süßweine, die jedoch weniger intensiv sind: z. B. Ch. de Cérons, Ch. Grand Enclos, Ch. Haura, Ch. du Seuil.

Chablis w ★★→★★★ 10' 12' 14' 15 16 (17) – Funkelnder CHARDONNAY mit einem Hauch mariner Mineralität aus dem nördlichen Burgund. Mein Standardweißwein, sofern er aus beschränktem Ertrag stammt und nicht mit Eichenwürze zugebombt wurde (was inzwischen selten geschieht). Nachschubprobleme aufgrund massiver Frostschäden 2016 und 2017 führen allerdings zu Preissteigerungen.

Chablis Grand cru Chablis w ★★★→★★★★ 00' 02' 05' 07' 08' 09 10' 11 12' 14' 15 16 (17) – Ein zusammenhängender Weinbergblock oberhalb des Flusses Serein bringt die konzentriertesten aller CHABLIS-Gewächse hervor; der Wein braucht Zeit, um seine Nuancen zu entfalten. Die sieben Lagen: Blanchots (blumig), Bougros (einschließlich Côte Bougerots), Les CLOS (in der Regel am besten), Grenouilles (würzig), Les Preuses (weich wie Kaschmir), Valmur (strukturiert) und Vaudésir (mit der nicht klassifizierten Enklave La Moutonne). Viele gute Erzeuger.

Chablisienne, La Chablis r w ★★→★★★ Die vorbildliche Winzergenossenschaft ist für ein Gutteil der CHABLIS-Produktion verantwortlich und verbirgt sich hinter diversen Eigenetiketten von Supermarktketten, erzeugt aber auch gute eigene Cuvées, z. B. den GRAND CRU Château Grenouilles.

Chablis Premier cru Chablis w ★★★ 02' 05' 08' 09 10' 11 12' 14' 15 16 (17) – Etwas teurer als einfacher CHABLIS, aber lohnend. Die besseren Lagen erstrecken sich an sanften Hügeln; hier fünf Favoriten in aufsteigender Qualitätsordnung bezüglich Körper: Forêts, Mont de Milieu, Montée de Tonnerre, Vaillons, Vaulorent.

Chambertin Côte d'Or r ★★★★ 90' 93 96' 98 99' 01 02' 03 05' 06 07 08 09' 10' 11 12' 13 14 15' 16 (17) – Vermutlich der gebieterischste Wein Burgunds: erstaunlich dicht, opulent, langlebig und teuer. Erzeuger, die dem hohen Anspruch gerecht werden: Bernstein, BOUCHARD Père et Fils, Charlopin, Damoy, DROUHIN, DUGAT-Py, Dom. LEROY, MORTET, PRIEUR, ROSSIGNOL-TRAPET, ROUSSEAU und TRAPET.

Chambertin-Clos de Bèze Côte d'Or r ★★★★ 90' 93 96' 98 99' 01 02' 03 05' 06 08 09' 10' 11 12' 13 14 15 16 (17) – Prachtvoller Nachbar von CHAMBERTIN mit in der Jugend etwas zugänglicheren Weinen, die mit samtiger Textur und höchster Anmut glänzen. Am besten von: Bart, Bruno CLAIR, Damoy, DROUHIN, Drouhin-Laroze, Duroché, FAIVELEY (u. a. Super-Cuvée Les Ouvrées Rodin), Groffier, JADOT, Prieuré-Roch, ROUSSEAU.

Chambolle-Musigny Côte d'Or r ★★★→★★★★ 90' 93 95' 96' 99' 02' 03 05' 07 08 09' 10' 11 12' 13 14 15' 16 (17) – Samtig-seidige Weine von der CÔTE DE NUITS: Stoffigkeit bieten Gewächse aus der PREMIER-CRU-Lage Les Charmes, in feiner ziselierter Form aus Cras und Fuées, während die Weine aus Les Amoureuses und den GRAND-CRU-Lagen BONNES-MARES und MUSIGNY majestätisch ausfallen. Die Superstars unter den Erzeugern heißen BARTHOD, CATHIARD, Groffier, MUGNIER, ROUMIER und de VOGÜÉ, empfehlenswert sind aber auch Amiot-Servelle, DROUHIN, Felettig, HUDELOT-Baillet, Pousse d'Or, RION und Sigaut.

Champagne Le Mesnil Champ ★★★ Erstklassige Genossenschaft im großartigsten GRAND-CRU-Dorf für CHARDONNAY. Hervorragende CUVÉE Sublime (08' 09 13 15 17) von besten Lagen und beeindruckende Cuvée Prestige (05 08 09 13 17'). Preiswert.

Champagner Schaumwein von PINOT NOIR, PINOT MEUNIER und/oder CHARDONNAY aus der 33.805 ha (unter Produktion) umfassenden Champagne, 150 km östlich von Paris, hergestellt nach der MÉTHODE CHAMPENOISE. Schaumwein anderer Herkunft, so gut er auch sein mag, darf sich nicht Champagner nennen.

Champy, Maison Bg r w ★★→★★★ Altes Weinhandelshaus (1720) mit Sitz in BEAUNE. Das Angebot ist eher solide als spektakulär, die besten Gewächse stammen aus der Umgegend des CORTON-Hügels.

Chandon de Briailles, Domaine Côte d'Or r w ★★★ Bekannt für feine, leichtere, aber bukettreiche Rotweine, v. a. PERNAND-VERGELESSES, Île de Vergelesses und CORTON Les Bressandes. Stilistisch durch biologisch-dynamischen Anbau, jede Menge Stiele im Gärbottich und den Verzicht auf neue Eiche beim Ausbau gekennzeichnet. Einige Weine werden ohne Schwefelzusatz bereitet.

Chanson Père et Fils Bg r w ★→★★★ Wieder auflebendes Handelshaus in BEAUNE mit hochwertigen Weißweinen und feinen, wenn auch eigentümlichen Roten (aus der Ganztraubenvergärung herrührende Aromatik). Probierenswert sind die Beaune-Weine, v. a. der rote Clos des Fèves und der weiße CLOS DES MOUCHES. Außerdem großartiger weißer CORTON-Vergennes.

Chapelle-Chambertin Côte d'Or r ★★★ **90' 93 96'** 99' 02' 03 05' **08 09'** 10' **11** 12' 13 14' 15' 16 17 – Nachbar von CHAMBERTIN mit leichteren Weinen; die dünnere Bodenauflage erweist sich in feuchtkühlen Jahren als vorteilhaft. Feingliedrige, nicht ganz so fleischige Weine. Spitzenerzeuger: Damoy, Drouhin-Laroze, JADOT, ROSSIGNOL-TRAPET, TRAPET, Tremblay.

Champagner verliert in der Flasche 1 Bar an Druck pro Dekade.

Chapoutier N-Rh ★★→★★★★ Wortgewaltiger, biodynamisch orientierter Hermitage-Winzer/Weinhändler. In der Regel stilvolle, teure rote CUVÉES aus ertragsbeschränkten, ausgewählten Parzellen. Füllige CHÂTEAUNEUF-GRENACHE-Weine, z. B. Barbe Rac, Croix de Bois (rot), CÔTE RÔTIE La Mordorée; rote Hermitage-Weine L'Ermite (hervorragend) und Le Pavillon (tief, zupackend), weiße Hermitage-Weine L'Ermite (hervorragend), Cuvée de l'Orée und Le Méal. Die fantastischen weißen Hermitage-Gewächse werden von 100% MARSANNE bereitet. Außerdem ST-JOSEPH Les Granits (rot und weiß). Preiswerter Crozes Meysonniers. Auch Besitzungen in den COTEAUX D'AIX-EN-PROVENCE, CÔTES DU ROUSSILLON-VILLAGES (guter Dom. Bila-Haut) und in RIVESALTES. Neben Weinbergbesitz im ELSASS gehören auch das BEAUJOLAIS-Handelshaus Trenel (seit 2015) und Ch. des Ferrages in der PROVENCE (seit 2016) zu Michel Chapoutiers Imperium; außerdem unterhält er Joint Ventures in Australien (v. a. Doms. Tournon und Terlato & Chapoutier mit feinen, duftenden Weinen) und ist in Portugal (Lisboa) engagiert.

Charbonnière, Domaine de la S-Rh r (w) ★★★ **98 99' 00 01' 03 04 05' 06' 07' 09'** 10' **11' 12'** 13' **14** 15' 16' 17' – Von Schwestern geführtes fortschrittliches 17-ha-Gut in CHÂTEAUNEUF-DU-PAPE. Verlässliche Standardweine, bemerkenswerter, authentischer Mourre des Perdrix; auch Hautes Brusquières, L'Envol (neu) und VIEILLES VIGNES. Stilvoller, leckerer Weißer und pfeffriger roter VACQUEYRAS in geringen Mengen.

Chardonnay Nicht nur eine Weißweintraube, sondern auch der Name eines MÂCON-VILLAGES-Weinorts; daher Mâcon-Chardonnay.

Charlemagne Côte d'Or w ★★★★ **13** 14' 15' 16 (17) – Die nahezu erloschene Schwesterappellation von CORTON-CHARLEMAGNE wurde 2013 von der Domaine de la VOUGERAIE wiederbelebt, die hier wie dort denselben Stil pflegt.

Charmes-Chambertin Côte d'Or r ★★★★ **90' 93 96'** 99' **01** 02' 03 05' **06 07 08 09' 10' 11** 12' 13 14 15' 16 (17) – GRAND-CRU-Lage mit 31 ha, einschließlich der Nachbarlage MAZOYÈRES-CHAMBERTIN, in GEVREY-CHAMBERTIN. Die besten Weine zeigen Noten von Himbeere und Sahne nebst Schwarzkirschfrucht, haben eine opulente Textur und einen aromatischen Abgang. Probierenswert von ARLAUD, BACHELET, DUGAT, DUJAC, Duroché, Jouan, LEROY, MORTET (seit 2016), Perrot-Minot, Roty, ROUSSEAU, Taupenot-Merme oder VOUGERAIE.

Champagnererzeuger für 2019

Paul Bara, Didier Doué, Nathalie Falmet, Lancelot-Pienne, Lilbert et Fils, Nicolas Maillart, Armand (Arnaud) Margaine, Anselme SELOSSE, Veuve Fourny, Vilmart.

Chartogne-Taillet Champ – Alexandre Chartogne, ein Schüler von Anselme SELOSSE, ist ein neuer Star in der Champagne. Außergewöhnlicher Brut Ste Anne oJ und Einzellagenweine Le Chemin de Reims und Les Barres mit frappanter Energie.

Charvin, Domaine S-Rh ★★★ **99' 01' 06' 07' 08 09'** 10' **11' 12' 13' 14** 15' 16' 17' – Das 8-ha-Gut in CHÂTEAUNEUF-DU-PAPE setzt auf Terroir. Die Rebflächen sind zu 85 Prozent mit GRENACHE bestockt, Eiche wird nicht verwendet, und es gibt nur eine einzige Cuvée: Der Rotwein ist würzig, mineralisch, energiegeladen und bringt präzise den jeweiligen Jahrgang zum Ausdruck. Sehr preiswerter, guter roter CÔTES DU RHÔNE.

Chassagne-Montrachet Côte d'Or r w ★★→★★★★ w **02' 04 05' 06'** 07 08' **09'** 10 11 **12'** 13 14' 15 16 (17) – Großes Dorf am Südende der CÔTE DE BEAUNE. Die PREMIER-CRU-Lagen wie z. B. Blanchot, Cailleret und La Romanée liefern großartige Weißweine. Die besten Roten kommen aus den Lagen CLOS St-Jean und Morgeot, die anderen fallen rustikaler aus. Empfehlenswert sind die Erzeugerfamilien Coffinet, COLIN, GAGNARD, MOREY und Pillot sowie die Domaines Heitz-Lochardet, MOREAU, Niellon und Ramonet (auch die Roten). Allerdings wird zu viel mittelmäßiger Weißwein von Anbauflächen erzeugt, die für Rote besser geeignet wären.

Château Bezeichnung für ein Weingut, egal ob groß oder klein, gut oder mittelmäßig, v. a. in BORDEAUX gebräuchlich (siehe Kapitel »Die Châteaux von Bordeaux«). Im wörtlicheren Sinn Schloss oder großes Haus. In Burgund herrscht der Ausdruck DOMAINE vor.

Château-Chalon Jura w ★★★★ **96 99' 00 05' 08 09 10'** – Kein Weingut, sondern eine AC und eine Ortschaft, wo die Krönung des VIN JAUNE aus der SAVAGNIN-Traube erzeugt wird: ein mindestens 6 Jahre im Fass gereifter, nicht ganz billiger Wein – eine nicht gespritete, weinigere Version des Sherry. Er ist nach der Abfüllung genussreif, gewinnt aber mit zunehmendem Alter. Glühende Liebhaber halten sich an BERTHET-BONDET, MACLE oder Mossu; alte Jahrgänge findet man bei Bourdy.

Château-Grillet N-Rh w ★★★★ 95' 98' 00' 01' 04' 05 06' 07' 08 09' 10' 11 12' 13 14' 15'16' 17' – Frankreichs kleinste AC, mit halbkreisförmigem 3,7-ha-Weinberg bei CONDRIEU auf Sand-Granit-Boden. Seit dem Erwerb durch F. Pinault von Ch. LATOUR im Jahr 2011 sind die Weine raffinierter, wenngleich weniger tiefgründig als früher, und die Preise rasant gestiegen. Der VIOGNIER gibt sich jetzt glatter und zurückhaltender: Er sollte dekantiert und bei Kellertemperatur getrunken werden, am besten zu innovativer Küche.

Châteaumeillant Lo r rs ★→★★ Aufstrebende 58-ha-AC südwestlich von Bourges mit 23 Erzeugerbetrieben. Von GAMAY und PINOT NOIR werden leichte Rote (75% der Produktion) und VIN GRIS (25%) erzeugt. Im Prinzip am besten ist Pinot noir, sortenreine Versionen wurden jedoch idiotischerweise verboten. Empfehlenswerte Erzeuger: BOURGEOIS, Chaillot, Gabrielle, Goyer, Joffre, Lecomte, Joseph Mellot, Nairaud-Suberville, Roux, Rouzé und Siret-Courtaud. Frostschäden 2017.

Châteauneuf-du-Pape S-Rh r (w) ★★★→★★★★ 78' 81' 85 88 89' 90' 95' 96 98' 99' 00' 01' 03' 04' 05' 06' 07' 08 **09'** 10' **11 12'** 13' **14** 15' 16' 17' – Gebiet bei Avignon mit rund 50 guten Erzeugern (die Qualität der anderen 85 ist gemischt bis dürftig). Verschnitte von bis zu 13 roten und weißen Rebsorten, angeführt von GRENACHE, plus SYRAH, MOURVÈDRE und Counoise. Die warmen, aromatischen, texturierten, langlebigen Gewächse können märchenhaft fein und reintönig sein, doch bis Mitte der 2010er-Jahre gab es zu viele schwere, schlicht süffige Weine (wie Robert Parker sie liebt). Kleinere, traditionelle Betriebe bieten oft ein gutes Preis-Leistungs-Verhältnis (sehr guter Grenache 2016'), während Prestigeweine von alten Reben (schlimmstenfalls späte Lese, Ausbau in neuer Eiche, 16 Vol.-%) häufig zu teuer sind. Die Weißen sind frisch und fruchtig oder robust; die besten halten sich 15 Jahre. Die bekanntesten Namen: Chx. de BEAUCASTEL, Fortia, Gardine (angenehm modern, auch Weiße), Mont-Redon, RAYAS (einzigartig, fantastisch), Sixtine, Vaudieu; Doms. du Banneret (traditionell), Beaurenard, Bois de Boursan (preiswert), Bosquet des Papes (preiswert), les CAILLOUX, Chante Cigale, Chante Perdrix, CHARBONNIÈRE, Charvin (Terroircharakter), Cristia, Font-de-Michelle (stilvoll), Grand Veneur (eichenwürzig), de la Janasse, Marcoux (großartiger VIEILLES VIGNES), Pegaü (der de Capo ist Kult), Roger Sabon, St-Préfert (geschmeidig), Sénéchaux (modern), de la Vieille Juienne, VIEUX TÉLÉGRAPHE sowie Pierre André (traditionell), Henri Bonneau, Clos du Caillou, Clos du Mont-Olivet, CLOS DES PAPES (fantastisch), Clos St-Jean (süffig), P. Usseglio, R. Usseglio (biodynamisch) und Vieux Donjon.

Chave, Domaine Jean-Louis N-Rh r w ★★★★ 85' 88' 89' 90' 91' 94 95' 96 97 98' 99' 00 01' **03'** 04 **05' 06' 07' 08** 09' 10' 11' 12' 13' 14' 15' 16' 17' – Erstklassige familiengeführte Domaine im Herzen von HERMITAGE mit klassischen, seidigen, langlebigen Rotweinen (in letzter Zeit üppiger), gelegentlich auch (teurer) Cathelin. Sehr gute Weiße (v. a. von MARSANNE), manchmal auch fantastischer VIN DE PAILLE. Tiefer, griffiger, umfangreicher roter ST-JOSEPH (2009 wurden Dom. Florentin und neue Weinberge zugekauft), fruchtige Abfüllung St-Joseph Offerus unter der Marke J.-L. Chave, herzerwärmender CÔTES DU RHÔNE Mon Cœur sowie solider Hermitage Farconnet (rot und weiß), den Chave als Négociant vertreibt.

Chavignol Lo r rs w – Führende Weinbaugemeinde in SANCERRE mit den das Dorf umgebenden Steillagen Cul de Beaujeu (vorwiegend Weißwein) und Les Monts Damnés sowie der Lage Grande Côte. Der ton- und kalkhaltige Boden bringt körperreiche, mineralische, langlebige (mind. 15 Jahre) Weiß- und Rotweine hervor. Sehr gute junge Erzeuger: Matthieu Delaporte (Vincent Delaporte) und Pierre Martin. Weitere empfehlenswerte Winzer:

Boulay (sehr gut), BOURGEOIS, Cotat, DAGUENEAU, Thomas Laballe und Paul Thomas.

Chénas Beauj r ★★★ 09' 11' 12 14' 15' 16 17 – Der kleinste der BEAUJOLAIS-Crus liegt zwischen MOULIN-À-VENT und JULIÉNAS und verdiente mehr Aufmerksamkeit. Die Weine sind fleischig und können eingelagert werden, die Preise sind moderat. Probierenswert von: Ch. Bonnet, DUBŒUF, LAPIERRE, Pacalet, Piron, Thillardon (kommender Star), Trichard und der Genossenschaft.

Chevalier-Montrachet Côte d'Or w ★★★★ 99' 00' 02' 04 05' 06 07' 08 09' 10 11 12 13 14' 15 16 (17) – Geografisch ein wenig oberhalb von MONTRACHET, qualitativ ein ganz klein wenig unterhalb, bringt nichtsdestotrotz strahlende, kristalline Weine hervor, die sich lang halten, aber häufig auch schon in der Jugend ansprechend sind. Spezialcuvées aus der Lage Les Demoiselles von JADOT und Louis LATOUR, aus La Cabotte von BOUCHARD. Spitzenerzeuger ist LEFLAIVE. Ebenfalls empfehlenswert: Dancer, Niellon, Ch. de Puligny, SAUZET.

Châteauneuf-du-Pape, wie er sein sollte

Ein Châteauneuf-du-Pape sollte ein verführerischer Wein sein, mit Finesse, Rasse, milden Tanninen, floralen Anklängen, Noten von Zedernholz und provenzalischen Kräutern. Er sollte rund anmuten. Gott sei Dank ist all dies erfüllt im fabelhaften Jahrgang 2016; einige (oft jüngere) Winzer wissen Überextraktion zu vermeiden und stattdessen der Natur ihren Lauf zu lassen. Probieren Sie Dom. Chante Cigale Vieilles Vignes, Dom. de la Solitude Cornelia Constanza, Dom. Font de Michelle Cuvée Étienne Gonnet, Dom. de Marcoux Vieilles Vignes oder Dom. Usseglio Raymond Cuvée Impériale.

Cheverny Lo r rs w ★→★★★ 10 14 15 16 (17) – AC an der Loire bei Blois. Weißweine als Verschnitt von SAUVIGNON BLANC und CHARDONNAY; leichte Rote, vorwiegend von GAMAY und PINOT NOIR (auch von CABERNET FRANC, CÔT). Den von der Romorantin-Traube bereiteten weißen Cour Cheverny (48 ha) sollte man unbedingt einlagern. Empfehlenswerte Erzeuger: Cazin, Clos Tue-Bœuf, Gendrier, Huards, de Montcy, Philippe Tessier sowie die Doms. de la Desoucherie, du Moulin, Veillox und Villemade. 2016 und v. a. 2017 Frostschäden.

Chevillon, R. Côte d'Or r ★★★ Fabelhaftes Angebot an früh zugänglichen und dennoch einlagernswerten PREMIER-CRU-Gewächsen aus NUITS-ST-GEORGES: Les St-Georges und Vaucrains strotzen vor Kraft, die anderen, z. B. Pruliers und Chaignots, sind aber ebenfalls nicht zu verachten.

Chidaine, François Lo (r) w; tr s; sch ★★★ 08' 09 10' 11 14 15 16 (17) – Champion in Sachen biologisch-dynamischer Anbau: brillanter MONTLOUIS-SUR-LOIRE (20 ha), VIN DE FRANCE und VOUVRAY (den er idiotischerweise nicht als AC Vouvray etikettieren darf), vorwiegend im trockenen und halbtrockenen Stil. Besitzt auch den altehrwürdigen Clos Baudoin (Vouvray). Die Weine von Rebflächen bei Chissay (7 ha) im Cher-Tal sind als AC TOURAINE etikettiert.

Chignin Sav w ★ BV – AC seit 1973. Leichter, sanfter Weißwein aus Jacquère-Trauben. Für Sommertage in den Alpen. Am besten und lebhaftesten ist Chignin-Bergeron (ROUSSANNE).

Chinon Lo r rs (w) ★★→★★★ 5' 08 09' 10' 11 12 14' 15' 16' (17) – AC mit 2.300 ha, davon 10% für Rosé, 2% für Weißwein, und 200 Erzeugerbetrieben. Von Sand-, Kies- und Kalksteinböden kommt leichter bis gehaltvoller CABERNET FRANC aus der TOURAINE. Spitzenjahrgänge halten sich 30 Jahre und mehr. Auch einige trockene CHENIN-BLANC-Weiße, teils in Holz ausgebaut. Die besten Erzeuger: ALLIET, BAUDRY, BAUDRY-DUTOUR, Ch. de Coulaine, Pierre et Bertrand Couly, Couly-Dutheil, Dozon, Grosbois, Jourdan-Pichard, Landry, Dom. de la Noblaie, Pain, Dom. de l'R, J. M. Raffault. 2016 und 2017 z. T. Frostschäden.

Chiroubles Beauj r ★★ **14 15'** 17 – BEAUJOLAIS-Cru in den Hügeln oberhalb von FLEURIE; frischer, fruchtiger, leckerer Wein. Winzer: Cheysson, Ch. de Javernand, Lafarge-Vial, Métrat, Passot, Raousset; Handelshäuser: DUBŒUF, Trenel.

Chorey-lès-Beaune Côte d'Or r (w) ★★ **05' 09' 10' 12 14** 15' 16 (17) – Wie viele Weinfreunde sind nicht schon durch den Chorey-lès-Beaune von TOLLOT-BEAUT auf den Geschmack des roten Burgunders gekommen? Angenehmer, erschwinglicher, zugänglicher kleiner Bruder der BEAUNE-Gewächse. Außerdem von: Arnoux, DROUHIN, Guyon, JADOT, Rapet.

Chusclan S-Rh r rs w ★→★★ **15' 16' 17'** – Eine der CÔTES DU RHÔNE-VILLAGES mit der überdurchschnittlichen Genossenschaft Laudun-Chusclan, die neben guten, knackig-frischen Weißen und kühlen Rosés auch sanfte Rote erzeugt. Die besten Marken der Genossenschaft sind Dom. de l'Olivette (Chusclan, rot), Femme de Gicon (CÔTES DU RHÔNE, rot), Enfant Terrible (weiß) sowie Excellence und Domaine St-Nicolas (LIRAC). Ferner voller Ch. Signac (am besten ist Chusclan, mit Alterungspotenzial) und Dom. La Romance (frisch, ökologisch) sowie Spezialcuvées von André Roux.

Clair, Bruno Côte d'Or r rs w ★★★→★★★★ Erstklassiges Gut an der CÔTE DE NUITS mit geschmeidigen, subtilen, aromatischen Weinen: preiswerter MARSANNAY, La Dominode von alten Reben (SAVIGNY), CLOS ST-JACQUES und Cazetiers (beide GEVREY-CHAMBERTIN) sowie überragender CHAMBERTIN-CLOS DE BÈZE. Unter den Weißen am besten sind die MOREY-ST-DENIS- und CORTON-CHARLEMAGNE-Gewächse.

Clairet Bx – Sehr heller Rotwein, fast Rosé. BORDEAUX Clairet ist eine AC. Empfehlenswert: Ch. Fontenille, Ch. Penin, Ch. Turcaud.

Clairette de Die N-Rh w; tr lbl; sch ★★ oJ – Unterschätzter, günstiger MUSCAT-Schaumwein mit Feuerstein- oder (besser) lieblicher Note aus einer wunderschönen Landschaft. Auch trockener CLAIRETTE-Weißwein, 3–4 Jahre haltbar. Empfehlenswert: Achard-Vincent, Carod, Jaillance (preiswert), Poulet et Fils (Terroircharakter), J.-C. Raspail (Ökoanbau, guter IGP SYRAH).

Clape, Auguste, Pierre und Olivier N-Rh r (w) ★★★→★★★★ **89' 90' 95' 97 98' 99' 00 01' 02 03' 04' 05' 06' 07' 08** 09' 10' 11' 12' 13' 14' 15' 16' 17' – Die Könige von CORNAS: erstklassige SYRAH-Rebflächen, viele alte Reben, gute Bodenbearbeitung. Tiefgründige Rotweine mit langem Abgang und präziser Jahrgangscharakteristik, die mind. 6 Jahre zur Entfaltung brauchen und mind. 25 Jahre alt werden können. Lebhafte Frucht zeigt der Renaissance von jüngeren Reben. Außerdem sehr guter CÔTES DU RHÔNE, VIN DE FRANCE (rot) und ST-PÉRAY (noch besser geworden).

Clape, La Lang r rs w ★★→★★★ Spektakuläres Kalksteinhügelgebiet an der Küste bei Narbonne, einst eine Insel; neuerdings mit AC-Status und Klassifikation zum Languedoc-Cru. Viel Sonne sorgt für warme, würzige Rotweine, v. a. von MOURVÈDRE, und die Seeluft für köstlich salzige, kräuterwürzige Weiße auf BOURBOULENC-Basis mit Alterungspotenzial. Empfehlenswerte Erzeuger: Chx. d'ANGLÈS, Camplazens, l'Hospitalet, Mire l'Etang, La Négly, Pech-Céleyran, Pech-Redon, Ricardelle, Rouquette-sur-Mer sowie Mas du Soleilla und Sarrat de Goundy.

Climat Bg – Ausdruck für eine Einzellage mit eigenem Namen an der CÔTE D'OR, z. B. MEURSAULT Tesson oder MAZOYÈRES-CHAMBERTIN. Die burgundischen Climats zählen seit 2015 zum UNESCO-Weltkulturerbe.

Clos Ein prestigeträchtiger Ausdruck, einzelnen, meist umfriedeten Weinbergen vorbehalten, die sich oft in einer einzigen Hand befinden. In Burgund, der Champagne und im ELSASS häufig anzutreffen.

Clos de Gamot SWF r ★★★ ,05' 08' 09' 10 11' 12 15' (17) – Hier wurde schon vorbildlicher traditioneller CAHORS erzeugt, lange bevor irgendwelche Zugereisten auf diesem Gebiet herumzupfuschen begannen. Die CUVÉE Vignes Centenaires (★★★★) aus beschränktem Ertrag, die nur in den besten Jahren bereitet wird, braucht Flaschenreife. Sie trotzt auf bewundernswerte Weise neueren Cahors-Moden, Rotwild und Wildschweinen, doch leider gehen die Reben nun ihrem Lebensende entgegen.

Clos de la Roche Côte d'Or r ★★★ **90' 93' 95 96' 98** 99' **01** 02' 03 05' **06 07** 08 09' 10' **11** 12' 13 14 15' 16' (17) – Wohl der feinste GRAND CRU von MOREY-ST-DENIS. Die Weine besitzen ebenso viel Grazie wie Kraft und sind eher aromatisch (Blaubeere) als opulent. Brauchen viel Zeit zur Entfaltung. Sehr empfehlenswert von DUJAC und PONSOT, aber auch von Amiot, ARLAUD, Bernstein, Castagnier, Coquard, LEROY, Hubert LIGNIER, Lignier-Michelot, Pousse d'Or, Remy und ROUSSEAU.

Clos des Lambrays Côte d'Or r ★★★ **99'** 02 03 05' 06 **09'** 10' **11** 12' 13 14 15' 16' (17) – Die GRAND-CRU-Lage in MOREY-ST-DENIS, praktisch ein MONOPOLE, ist jetzt im Besitz von LVMH. Der Stil der Weine – frühe Lese, keine Entrappung, Gewürznoten – wird sich unter dem neuen Weinmacher ab 2018 möglicherweise ändern.

Clos des Mouches Côte d'Or r w ★★★ w 02 05' 09' 10' 11 14' 15 16' (17) – PREMIER-CRU-Lage in mehreren burgundischen ACS. Mit *mouches* sind Honigbienen gemeint, die auch das Etikett von DROUHINS berühmter BEAUNE-Abfüllung zieren. Ebenfalls empfehlenswert: BICHOT, CHANSON (Beaune) sowie Clair, Moreau, Muzard (SANTENAY) und Germain (MEURSAULT).

Clos des Papes S-Rh r w ★★★★ 89' 90' 95 98' 99' 00 01' 03' 04' **05'** 06' **07' 08** 09' 10' 11 12' 13' **14'** 15' 16' 17' – Stets erstklassiges CHÂTEAUNEUF-DU-PAPE-Gut der Familie Avril, die auf Ertragsbeschränkung Wert legt. Gehaltvolle, komplexe, schön texturierte, neuerdings saftigere Rotweine (v. a. von GRENACHE und MOURVÈDRE; trinkreif mit 2–3 Jahren oder erst nach mind. 8 Jahren) sowie komplexe großartige Weiße (sechs verschiedene Rebsorten), denen man Zeit gönnen und die zu üppigen Gerichten getrunken werden sollten; nach 2–3 oder nach 10–20 Jahren genießen.

Clos de Tart Côte d'Or r ★★★★ **99'** 00 01' 02' **03** 05' **06** 07 08' 09 10' **11** 12 13' 14 15' 16' (17) – Der Wein von dem GRAND CRU in MOREY-ST-DENIS ist unglaublich teuer. Sylvain Pitiot, Gutsleiter von 1996 bis 2014, kreierte einen kraftvollen, von spät gelesenen Trauben herrührenden Stil. Seit 2017 gehört der Betrieb zum Artemis-Imperium (u. a. Ch. LATOUR, Ch. GRILLET).

Clos de Vougeot Côte d'Or r ★★★→★★★★ 90' 93' **96'** 99' **01** 02' 03' 05' **06 07** 08 09' 10' 11 12' 13' 14 15' 16 (17) – Gefeierter GRAND CRU an der CÔTE DE NUITS, unter viele Besitzer aufgeteilt. Manchmal von höchster Feinheit, braucht mind. 10 Jahre, um echte Klasse zu zeigen. Stil und Qualität des Weins hängen vom Können, von den Ideen und Techniken des Erzeugers sowie der Lage am Hang ab. Am besten von: BOUCHARD, Castagnier, DROUHIN, EUGÉNIE (Intensität), Faiveley, Forey, GRIVOT, Gros, HUDELOT-Noëllat, JADOT, LEROY, LIGER-BELAIR, MÉO-CAMUZET, MONTILLE, MORTET, MUGNERET, Ch. de la Tour (Vergärung mit Stielen), Vougeraie.

Clos du Mesnil Champ ★★★★ Von dem berühmten ummauerten Weinberg des Champagnerhauses KRUG in der GRAND-CRU-Lage Le Mesnil kommen langlebige, reintönige CHARDONNAY-Jahrgangs-CUVÉES: Der **95**er z. B. ist jetzt *à point* und wird es bis mind. 2020 bleiben. Klassische Jahrgänge: 00 02 03 08' 13' 15' 17' (voraussichtlich).

Clos du Roi Côte d'Or r ★★→★★★ Dieser Lagenname kommt in Burgund häufiger vor – der König pflegte gut zu wählen. Im GRAND CRU CORTON ist es die beste Parzelle; empfehlenswerte Erzeuger: Camille Giroud, de MONTILLE, Pousse d'Or, VOUGERAIE. In MERCUREY ist es die beste PREMIER-CRU-Lage, in BEAUNE eine weniger gute und in MARSANNAY eine Spitzenlage (möglicherweise demnächst Premier cru).

Clos Rougeard Lo r w; (s) ★★★★ 03 05' 06 07 08 09' 10' 11 12 14 15 16 (17) – Die legendäre, Kultstatus genießende kleine DOMAINE des verstorbenen Charly Foucault und seines Bruders Nady erzeugte Weine von großer Finesse, die sich im Lauf der Jahre prachtvoll entfalten: SAUMUR-CHAMPIGNY, SAUMUR Blanc und COTEAUX DE SAUMUR. 2017 wurde das Gut an Martin und Olivier Bouygues (Ch. MONTROSE, Bordeaux) verkauft.

Steinmauern in einem Weinberg speichern Wärme: Tomaten (und Trauben) reifen noch 200 Meter höher als ohne Mauern.

Clos St-Denis Côte d'Or r ★★★ 90' 93' 95 96' 99' 01 02' 03 05' 06 07 08 09' 10' 11 12' 13 14 15' 16' (17) – GRAND CRU in MOREY-ST-DENIS. Der Wein ist in der Jugend üppig und gewinnt mit zunehmendem Alter an seidiger Textur. Empfehlenswerte Erzeuger: ARLAUD, Bertagna, Castagnier, DUJAC, JADOT, Jouan, Leroux, PONSOT.

Clos Ste-Hune El w ★★★★ Die Spitzenabfüllung von TRIMBACH aus der GRAND-CRU-Lage ROSACKER (10 13 15' 17) ist womöglich der großartigste RIESLING aus dem ELSASS – ein zunächst verschlossener Wein, der 5–15 Jahre und mehr Flaschenreife braucht, komplex und subtil mineralisch, perfekt zu feinen Fischgerichten. Einen fesselnden Kontrast zum Clos Ste-Hune bildet der GRAND CRU SCHLOSSBERG (13' 16 17').

Clos St-Jacques Côte d'Or r ★★★★ 90' 93 95 96' 98 99' 01 02' 03 05' 06 07 08 09' 10' 11 12' 13 14 15' 16 (17) – PREMIER-CRU-Hanglage in GEVREY-CHAMBERTIN mit perfekter Südostausrichtung. Erstklassige Erzeuger: CLAIR, ESMONIN, FOURRIER, JADOT, ROUSSEAU. Wuchtige, samtige Weine, oft höher eingeschätzt und teurer als viele GRANDS CRUS.

Clovallon, Domaine de Lang r w ★★ Als IGP-Weine Haute Vallée de l'Orb werden der elegante PINOT NOIR Les Pomarèdes, mit dem sich Catherine Roque einen Namen gemacht hat, und der ursprüngliche weiße Verschnitt Aurièges erzeugt. Das Gut wird jetzt von Tochter Alix geleitet, die die neue Cuvée Les Indigènes kreiert hat, während sich die Mama um Mas d'Alezon (AC FAUGÈRES), sprich den Presbytère, den Montfalette und den weißen Cabretta (alle ★★★), kümmert.

Coche-Dury Côte d'Or r w ★★★★ Die ausgezeichnete DOMAINE in MEURSAULT wird von Jean-François Coche und seinem Sohn Raphaël geführt. Außergewöhnliche Weißweine von ALIGOTÉ bis CORTON-CHARLEMAGNE sowie sehr schöne Rotweine. Nur schwer zu erschwinglichen Preisen aufzutreiben. Deutlich günstiger, aber stilistisch anders sind die Weine der Dom. Coche-Bizouard von Cousin Fabien Coche.

Colin Côte d'Or (r) w ★★★→★★★★ Führende Erzeugerfamilie in CHASSAGNE-MONTRACHET und ST-AUBIN. Die junge Generation erregt Aufsehen mit brillanten Weißen, v.a. Pierre-Yves COLIN-MOREY und Philippe Colin. Die Dom. Marc Colin ist eine verlässliche Quelle für klassische Gewächse.

Colin-Morey ★★★ Pierre-Yves Colin-Morey hat einen Nerv getroffen mit seinen lebhaften, prickelnden Weißweinen mit dem charakteristischen Feuersteinbukett, v.a. SAINT-AUBIN und CHASSAGNE-MONTRACHET PREMIER CRU. Schon in der Jugend großartig, aber auch zum Einkellern geeignet.

Collines Rhodaniennes N-Rh r w ★★ Die IGP an der nördlichen Rhône (mit der sehr guten Lage Seyssuel) hat Charakter und Qualität zu bieten: energiegeladene Rote von Granithanglagen zu sehr günstigen Preisen, oft von Spitzenerzeugern. Können auch Lesegut von jungen Reben der CÔTE RÔTIE enthalten und werden vorwiegend von SYRAH (die besten) bereitet, plus MERLOT und GAMAY. Die Weißen werden qualitativ von der Miniaturausgabe eines CONDRIEU VIOGNIER angeführt, dazu CHARDONNAY. Rotweine von: E. Barou, Bonnefond, N. Champagneux, L. Chèze, J.-M. Gérin, Jamet (sehr gut), Jasmin, Monier-Pérreol, S. Ogier, A. Paret, A. Perret, S. Pichat und Rostaing. Weißweine von: Alexandrins, Barou, Y. Cuilleron, X. Gérard, F. Merlin, P. Marthouret, A. Perret (sehr gut) und G. Vernay (sehr gut).

Collioure Rouss r rs w ★★ Zwillingsappellation von BANYULS für Tischweine von denselben terrassierten Küstenlagen. Charaktervolle Rotweine, meist GRENACHE, mit spürbarem maritimem Einfluss. Die guten Weißen basieren auf GRENACHE BLANC und seit 2002 auch auf Grenache gris (besser). Spitzenerzeuger: Bila-Haut, Les Clos de Paulilles, Coume del Mas, Madeloc, Dom. du Mas Blanc, Dom. de la Rectorie, Dom. La Tour Vieille, Dom. Vial-Magnères sowie die Genossenschaften Banyuls l'Etoile und Cellier des Templiers.

Comté Tolosan SWF r rs w ★→★★ IGP für Weine aus ganz Südwestfrankreich, meist BV, darunter etliche Sünden. Siehe PYRÉNÉES-ATLANTIQUES, ansonsten ragt nur die Dom. de Ribonnet (★★) mit Weinen aller Farben und einem enormen Rebsortenspektrum aus der Masse heraus.

Condrieu N-Rh w ★★★→★★★★ **10' 12' 13 14' 15 16' 17'** – Blumiger Weißwein von Sand-Granit-Hängen aus der Heimat des VIOGNIER mit moschusartigem Duft und Aromen von Aprikose und Pfirsich. Die Besten sind kühl, reintönig und präzise (2016 besser noch als 2015) und passen wie kaum ein anderer Weißer zu Spargel; bei den weniger guten Exemplaren ist zu viel Eiche, Süße, Alkohol und Geschäftssinn im Spiel. 75 Winzer mit unterschiedlicher Qualität. Führende Erzeuger: Boissonnet, CHAPOUTIER, Y. Cuilleron, DELAS, Faury (v.a. La Berne), Gangloff (großartige Stilistik), X. Gérard (preiswert), GUIGAL (wuchtig), F. Merlin, Niéro, A. Paret, A. Perret (alle drei Weine sind gut), C. Pichon, ROSTAING, St Cosme, G. Vernay (fein, klassisch), F. Villard (in letzter Zeit leichtere Weine).

Corbières Lang r (rs) (w) ★★→★★★ **09 10 11 12 13** 14 15 16 17 – Die größte AC des LANGUEDOC mit der Cru-Lage Boutenac (weitere sollen folgen, entschieden ist aber noch nichts). Die Weine sind so vielfältig wie die Landschaft, die sich von den Lagunen an der Küste bis in die Berge mit ihrem heißen, trockenen Klima erstreckt; die Auswahl ist riesig. Empfehlenswerte Erzeuger: CHÂTEAUX Aiguilloux, Aussières, la BARONNE, Borde-Rouge, Les Clos Perdus, Lastours, Ollieux Romanis, Les Palais, Pech-Latt, la Voulte Gasparets und die DOMAINES Fontsainte, Grand Crès, Trillol, Vieux Parc, Villemajou und Villerouge sowie Clos de l'Anhel, Grand Arc und Serres-Mazard. Hervorragend ist die Genossenschaft Castelmaure.

Cornas N-Rh r ★★★ **78' 83' 85' 88' 89' 90' 91' 94' 95' 96 97' 98' 99' 00' 01' 02 03' 04 05' 06' 07' 08 09'** 10' **11' 12'** 13' 14 15' 16' 17' – SYRAH in Spitzenqualität von der nördlichen Rhône, derzeit *très à la mode* (gilt insbesondere für Weine von inzwischen aufgegebenen Erzeugerbetrieben). Tiefgründiger, fruchtbetonter, mineralisch getönter Wein, den man z.T. jung (mit lebhafter Frucht) trinken kann, in Wirklichkeit aber mind. 5 Jahre einlagern muss. Die Jahrgänge 2010 und 2015 sind umwerfend. Spitzenerzeuger: ALLEMAND (Überflieger), Balthazar (traditionell), M. Barret (biodynamisch, besser geworden) Clape (der Maßstab), Colombo (neue Eiche), Courbis (modern), Delas, J. & E. Durand (rassige Frucht), G. Gilles,

Frankreich

JABOULET (CUVÉE St-Pierre), P. & V. Jaboulet, Lemenicier, V. Paris, Tardieu-Laurent (Eichenausbau), Dom. du Tunnel, Voge (Eiche).

Corton Côte d'Or r (w) ★★★→★★★★ 90' 95 96' 99' 01 02' 03' 05' 06 07 08 09' 10' 11 12' 13 14 15' 16 (17) – Viel zu großer GRAND CRU – nur ein kleiner Teil des Weinbergs verdient die Klassifizierung, der Rest erbringt aber immerhin ordentliche Weine zu moderaten Preisen. Unter den Corton-Spitzenlagen übertrumpft CLOS DU ROI alles, Les Bressandes liefert charmante, Le Rognet charaktervolle und Vigne au Saint geschmeidige Gewächse. Rognet-, Chaumes- und Vigne-au-Saint-Weine sind von weicherer Art. Empfehlenswerte Erzeuger: BONNEAU DU MARTRAY, BOUCHARD, CHANDON DE BRIAILLES, Dom. des Croix, Dubreuil-Fontaine, FAIVELEY (CLOS DES CORTONS), Follin-Arbelet, Camille Giroud, MÉO-CAMUZET, Dom. de la ROMANÉE-CONTI, Senard, TOLLOT-BEAUT. Gelegentlich auch Weißwein, etwa von den HOSPICES DE BEAUNE und CHANSON aus der Lage Vergennes.

Corton-Charlemagne Côte d'Or w ★★★→★★★★ 99' 00' 02' 03 04 05' 06 07' 08 09' 10' 11 12' 13 14' 15' 16 (17) – Potenziell strahlender GRAND-CRU-Weißwein aus Burgund mit vielschichtigen mineralischen Noten, der eigentlich gut altern sollte. Wächst auf den nach Südwesten und Westen ausgerichteten Kalksteinlagen des Corton-Hügels, dazu kommt ein östlicher Streifen um den Gipfel herum. Spitzenerzeuger: Bonneau du Martray, BOUCHARD, Coche-Dury, FAIVELEY, HOSPICES DE BEAUNE, JADOT, P. Javillier, LATOUR, MONTILLE, Rapet, Rollin, Vougeraie.

Costières de Nîmes S-Rh r rs w ★→★★ 15' 16' 17' – Anbaugebiet südwestlich von CHÂTEAUNEUF-DU-PAPE mit Qualitätsanspruch und ähnlich steinigen Böden. Die Roten (GRENACHE, SYRAH) entfalten sich schön und bieten würzige Frucht sowie ein gutes Preis-Leistungs-Verhältnis. Am besten von den CHÂTEAUX Grande Cassagne, L'Ermitage, Mas des Bressades (erstklassige Frucht), Mas Carlot (schöne Frucht), Mas Neuf, Monfrin (öko), Mourgues-du-Grès, de Nages, d'Or et des Gueules, Roubaud, Tour de Béraud (Vessière, weiß), de Valcombe sowie den DOMAINES Galus, M. KREYDENWEISS, de la Patience (öko), Petit Romain und du Vieux Relais. Dazu gute, lebhafte Rosés sowie stilvolle Weiße (ROUSSANNE).

Coteaux Bourguignons Bg ★ BV – Die seit 2011 vorwiegend für Rotweine (GAMAY, PINOT NOIR) geltende AC ersetzt die AC BOURGOGNE GRAND ORDINAIRE und pimpt einfachen BEAUJOLAIS mit einem »schickeren« Namen auf. Auch geringe Mengen Weißwein von ALIGOTÉ, CHARDONNAY, MELON DE BOURGOGNE, PINOT BLANC und PINOT GRIS.

Coteaux Champenois Champ r (rs) w ★★★ BV (Weißwein) – Die AC für die Stillweine der Champagne, z. B. BOUZY. Jahrgänge wie bei CHAMPAGNER. Die Rotweine gewinnen im Zuge des Klimawandels und besserer Weinbaupraktiken (v. a. 09 12').

Coteaux d'Aix-en-Provence Prov r rs w ★★ Ausgedehnte AC um Aix, die sich vom Fluss Durance bis zum Mittelmeer und von der Rhône bis zur Montagne Saint-Victoire erstreckt. Ein bunter Terroir- und Rebsortenmix mit Trauben sowohl aus BORDEAUX als auch dem MIDI erbringt stilvolle Weine. Empfehlenswert v. a. von den CHÂTEAUX Beaupré, Calissanne, Revelette, Vignelaure sowie den DOMAINES du Ch. Bas, Les Bastides, Les Béates, La Réaltière. Siehe auch Les BAUX-DE-PROVENCE, PALETTE.

Coteaux d'Ancenis Lo r rs w; (s) ★→★★ 14 15 16 (17) meist BV – AOP (200 ha) östlich des Pays Nantais. Erzeugt werden v. a. trockene, halbtrockene und süße Weißweine von CHENIN BLANC sowie alterungswürdiger Malvoisie (PINOT GRIS); außerdem leichte Rotweine und Rosés, v. a. von GAMAY plus CABERNET FRANC und CABERNET SAUVIGNON. Empfehlenswert: Pierre Guindon, Landron Chartier, Pléiade, Quarteron.

Coteaux de Chalosse SWF r rs w ★ BV – Ausschließlich in der Region zu findende IGP-Weine aus Les Landes von lokalen Rebsorten wie Arriloba, Baroque oder Egiodola. Die hiesige Genossenschaft hat sich mit der von TURSAN zur Cave des Vignerons Landais zusammengeschlossen. Empfehlenswert: Domaines de Labaigt, Tastet (beide ★).

Coteaux de Glanes SWF r rs ★★ BV – IGP-Wein vom Oberlauf der Dordogne. Die Einheimischen können gar nicht genug kriegen von den immer noch besser werdenden Weinen der hiesigen Genossenschaft. Sie unterscheiden sich durch die Ségalin-Traube von anderen Allerweltsverschnitten.

Coteaux de l'Ardèche S-Rh r rs w ★→★★ **15' 16' 17'** – Bergiges Gebiet westlich der Rhône mit vielfältigem, besser werdendem, oft preiswertem Angebot. Neue Erzeuger und frische, z. T. (unnötigerweise) in Eiche ausgebaute Rote sowie VIOGNIER (z. B. CHAPOUTIER, Mas de Libian) und MARSANNE. Die besten Rotweine sind von SYRAH bereitet, außerdem GAMAY (oft von alten Reben) und CABERNET SAUVIGNON (Serret). Burgunderartigen, verhaltenen Ardèche-CHARDONNAY erzeugt Louis LATOUR (der Grand Ardèche bekommt sehr viel Eiche mit). Empfehlenswert: DOMAINES du Colombier, Flacher, Grangeon, Jacouton, Mazel und Vigier sowie Ch. de la Selve.

Coteaux de l'Aubance Lo w; s ★★→★★★ **89' 90' 05' 07' 09 10' 11' 13 14' 15'** 16 (17) – Kleine AC (160 ha) für langlebige Süßweine von CHENIN BLANC. Von sanfteren Hügeln (südlich der Loire bei Angers), nerviger und allgemein weniger üppig als COTEAUX DU LAYON, ausgenommen SÉLECTION DE GRAINS NOBLES. Erzeuger: v. a. Bablut, Haute-Perche, Montgilet, Ch. Princé, Richou, Rochelles, Ch. la Varière. Die niedrigen Hanglagen wurden 2017 durch Frost besonders geschädigt.

Coteaux de Saumur Lo w; s ★★→★★★ **09 10' 11' 14' 15'** 16 (17) – Süßer CHENIN BLANC aus spät gelesenen Trauben (nur 12 ha), der an COTEAUX DU LAYON erinnert, aber zarter, zitrusfruchtiger und nicht so voll ist. Er passt besser zu Käse als zu Desserts. Erzeuger: v. a. CHAMPS-FLEURIS, Nerleux, St-Just, Targé, Vatan.

Coteaux des Baronnies S-Rh r rs w ★→★★ BV – Rhône-IGP mit hoch gelegenen Hängen östlich von VINSOBRES. Am besten ist SYRAH, gut und (einstweilen) günstig sind MERLOT, CABERNET SAUVIGNON und CHARDONNAY; dazu GRENACHE, CINSAULT usw. Es sind echte Landweine: besser werdende einfache Rote, außerdem klarer VIOGNIER. Probierenswert sind die DOMAINES Le Mas Sylvia, du Rieu-Frais und Rosière.

Coteaux du Giennois Lo r rs w ★→★★ BV – Kleine AC (204 ha) mit verstreut liegenden Weinbergen entlang der Loire von Cosne bis Gien, 2016 und 2017 schwer von Frost betroffen. Der strahlende, zitrusfruchtige SAUVIGNON BLANC (von 103 ha) ist die stilistisch leichtere Version eines SANCERRE oder POUILLY-FUMÉ und kann sehr gut sein. Leichte Rotweine als GAMAY/PINOT-NOIR-Verschnitt. Am besten von: Émile Balland, Jean Marie Berthier (v. a. L'Inédit), BOURGEOIS, Charrier, Catherine & Michel Langlois, Paulat, Treuillet, Villargeau.

Coteaux du Languedoc Lang – Siehe LANGUEDOC.

Coteaux du Layon Lo w; s ★★→★★★★ **89 90 03 05' 07' 09 10' 11' 14' 15'** 16 (17) – Das Kernstück von ANJOU, mit sehr lang haltbarem süßem CHENIN BLANC, der allerdings kein Dessertwein und daher schwer an den Mann zu bringen ist. Sieben Orte dürfen ihren Namen vor die AC setzen, wobei Chaume als PREMIER CRU klassifiziert ist. Spitzenappellationen: BONNEZEAUX und QUARTS DE CHAUME. Erzeuger: Baudouin, BAUMARD, Breuil, Pierre Chauvin, Delesvaux, des Forges, Guegniard, Juchepie, Ogereau, Ch. Pierre-Bise, Pithon-Paillé, Soucherie. 2017 abermals Frostschäden.

Coteaux du Loir Lo r rs w; tr s ★→★★★ **09' 10' 14' 15'** 16 (17) – Der Loir ist ein von Norden kommender Nebenfluss der Loire; das dazugehörige Wein-

Frankreich

baugebiet mit den Appellationen Coteaux du Loir und JASNIÈRES ist ebenso malerisch wie aufstrebend. Stahlige, feine, präzise bereitete und langlebige Weine von CHENIN BLANC, dazu GAMAY, pfeffriger, gelegentlich schäumender Pineau d'Aunis sowie Grolleau (rosé), CABERNET FRANC und Côt. Spitzenerzeuger: Ange Vin, Dom. de BELLIVIÈRE, Breton, Le Briseau, Fresneau, Gigou, Janvier, Les Maisons Rouges, Roche Bleu.

Coteaux du Lyonnais Beauj r rs (w) ★ BV – Kleinere AC des BEAUJOLAIS. Als PRIMEUR-Weine am besten.

Coteaux du Quercy SWF r rs ★ 15' 17 – AOP südlich von CAHORS. CABERNET FRANC liefert die Grundlage für winterliche Alltagsweine, die gut zu Eintöpfen und Wildgerichten passen. Der Genossenschaft die Stirn bieten können lediglich die ★★-Domaines de Guillau und du Merchien (IGP) sowie die ★-Domaines d'Aries und de Revel (Mystère d'Éléna).

Coteaux du Vendômois Lo r rs w ★→★★ **14 15 16** (17) – AC (150 ha) mit 28 Gemeinden zwischen Vendôme und Montoire im Loir-Tal. Am typischsten ist der VIN GRIS von der Pineau-d'Aunis-Traube (Chenin noir), die auch den regionalen Rotweinen ihre pfeffrige Eigenart verleiht; außerdem Verschnitte von CABERNET FRANC, PINOT NOIR und GAMAY. Weiße von CHENIN BLANC und CHARDONNAY. Erzeuger: v. a. Brazilier, Patrice Colin, Dom. du Four à Chaux, Dom. J. Martellière, Dom. de Montrieux (Émile Hérédia) und CAVE du Vendômois (insgesamt 200 ha).

Coteaux et Terrasses de Montauban SWF r rs w ★→★★ BV – Der IGP-Bereich wird von der äußerst erfolgreichen DOMAINE de Montels beherrscht, die ihn auch geschaffen hat und jetzt zudem in CAHORS (Dom. de Bovila) aktiv ist. Geboten wird ein breites Spektrum an zugänglichen, preiswerten Weinen. Ebenfalls empfehlenswert sind Dom. Biarnès und Mas des Anges (beide ★).

Coteaux Varois-en-Provence Prov r rs w ★→★★ 12 13 14 15 16 17 – Kleine AC, eingezwängt zwischen den größeren Appellationen COTEAUX D'AIX und CÔTES DE PROVENCE. Liefert Rotweine mit warmem Charakter sowie frische Rosés hauptsächlich von südlichen Rebsorten. Ist dabei, ihr Potenzial umzusetzen, v. a. mit SYRAH. Empfehlenswert: Chx. la Calisse, Miraval, Trians sowie Doms. les Alysses, des Aspras, des Chaberts, du Deffends, du Loou, Routas.

Côte Chalonnaise Bg r w; sch ★★ Weinbaugebiet unmittelbar südlich der CÔTE-D'OR-Weinberge mit leichteren und nicht ganz so teuren Weinen, das immer in Gefahr schwebt, »entdeckt« zu werden. Aus BOUZERON kommen Weiße von der ALIGOTÉ-Traube, aus Rully zugängliche, fruchtbetonte Weine beider Farben, aus Mercurey und GIVRY etwas strukturiertere Gewächse mit Alterungspotenzial und aus MONTAGNY eher schlanker CHARDONNAY.

Côte de Beaune Côte d'Or r w ★★→★★★★ Die südliche Hälfte der CÔTE D'OR, aber auch ein eigenständiger AC-Bereich auf der Hügelkuppe oberhalb von BEAUNE. Empfehlenswert: DROUHIN (großteils herabgestufter Beaune PREMIER CRU), ferner VOUGERAIE.

Côte de Beaune-Villages Côte d'Or r ★★ **09' 10' 12 14 15'** 16 (17) – Rotweine aus den geringeren Gemeinden der Südhälfte der CÔTE D'OR, heutzutage in der Regel Négociant-Verschnitte.

Côte de Brouilly Beauj r ★★ **09' 11' 13' 14 15' 16** (17) – Große Bandbreite an Stilen und Bodenarten von unterschiedlichen Hanglagen des Mont Brouilly. Der Wein hätte eine Heraufstufung gegenüber einfachem BROUILLY verdient. Empfehlenswert: J.-P. Brun, Léonis, Pacalet, Ch. Thivin.

Côte de Nuits Côte d'Or r (w) ★★→★★★★ In der nördlichen Hälfte der CÔTE D'OR wird nahezu ausschließlich Rotwein erzeugt: CHAMBOLLE-MUSIGNY, FIXIN, GEVREY-CHAMBERTIN, MARSANNAY, MOREY-ST DENIS, NUITS-ST GEORGES, VOSNE-ROMANÉE, VOUGEOT.

Côte de Nuits-Villages Côte d'Or r (w) ★★ **05' 09'** 10' 12' 13 **14** 15' 16 (17) – Eine neuere AC für das äußerste Nord- und Südende der CÔTE DE NUITS; oft sehr preiswerte Weine. Nun kommen auch Einzellagenabfüllungen auf den Markt. Spezialisierte Erzeuger sind Chopin, Gachot-Monot und Jourdan; ebenfalls gut: Ardhuy, Arlot, D. BACHELET.

Côte d'Or Bg – Departementname, gilt für den mittleren und Hauptteil der burgundischen Weinberghänge, bestehend aus der CÔTE DE BEAUNE und der CÔTE DE NUITS. Der Name wird auf Etiketten nicht verwendet, außer für die lang hinausgezögerte AC BOURGOGNE Côte d'Or, die 2017 endlich eingeführt wurde.

Côte Roannaise Lo r rs ★★ 12 14' 15' 16' **17'** – Aufstrebende, spannende AC auf den niedrigeren Hängen der Granithügel westlich von Roanne mit hervorragendem GAMAY. Empfehlenswert: Désormiere, Fontenay, Giraudon, Paroisse, Plasse, Pothiers, Sérol, Vial. Auch hervorragender IGP-Weißwein Urfé von ALIGOTÉ, CHARDONNAY, ROUSSANNE und VIOGNIER. Feiner Jahrgang 2017.

Côte Rôtie N-Rh r ★★★→★★★★ **78' 85' 89' 90' 91' 95' 98' 99' 00 01' 03' 04 05' 06' 07' 08 09'** 10' **11 12'** 13' 14 15' 16' 17' – Der feinste Rhône-Rotwein, vorwiegend von SYRAH plus etwas VIOGNIER; stilistisch vergleichbar mit Burgunder. Duftet nach Veilchen, ist reintönig (besonders 2016), komplex und sehr fein mit zunehmendem Alter (nach 5–10 oder mehr Jahren). Sensationell und sehr langlebig sind die Jahrgänge 2010 und 2015. Beste Erzeuger: Barge (traditionell), Billon, Bonnefond (Eiche), Bonserine (v. a. La Garde), Burgaud, B. Chambeyron, CHAPOUTIER, Clusel-Roch (Ökoanbau), DELAS, Duclaux, Gaillard (Eiche), Garon, J.-M. Gérin, Guigal (langer Eichenausbau), Jamet (herrlich), Jasmin, Lafoy, Levet (traditionell), S. Ogier (Eiche), Dom. de Rosiers, Rostaing (fein), J.-M. Stéphan (öko), VIDAL-FLEURY (La Chatillonne).

Côtes Catalanes Rouss r rs w ★★→★★★ Der bescheidene Ruf des IGP-Bereichs steht in keinem Verhältnis zur Qualität seiner Weine, die zu den besten von ROUSSILLON zählen. Innovative Winzer arbeiten mit altehrwürdigen Reben, v. a. GRENACHE und CARIGNAN (rouge, blanc und gris). Am besten von den Domaines of the Bee, Casenove, Gérard GAUBY, L'Horizon, Jones, Matassa, Padié, Olivier Pithon, La Préceptorie Centernach, Roc des Anges, Le Soula, Soulanes, Treloar, Vaquer.

Côtes d'Auvergne ZF r rs (w) ★→★★ Ausgedehnte AC (410 ha); überwiegend GAMAY, aber auch etwas PINOT NOIR und CHARDONNAY. Die besten Roten profitieren von 2–3 Jahren Flaschenreife. Gemeinden: Boudes, Chanturgue, Châteaugay, Corent (Rosé) und Madargues (Rotwein). Erzeuger: v. a. Bernard, Cave St-Verny, Goigoux, Maupertuis, Montel, Pradier, Sauvat.

Côtes de Bordeaux Bx ★ 2008 eingerichtete AC für Rotwein, die den bereichsübergreifenden Verschnitt von Lesegut aus CASTILLON, FRANCS, BLAYE, CADILLAC und (seit 2016) Ste-Foy gestattet. Winzer, die die Identität bestimmter Terroirs bewahren wollen, unterliegen nun strengeren Auflagen, dürfen aber Namen wie Cadillac, Castillon usw. der AC-Bezeichnung voranstellen. BLAYE — CÔTES DE BORDEAUX und FRANCS — CÔTES DE BORDEAUX erzeugen auch etwas trockenen Weißwein. Die alles in allem rund 1.000 Winzer stehen für 10 % der gesamten Bordeaux-Produktion. Probierenswert: Ch. Dudon, Ch. Lamothe de Haux, Ch. Malagar.

Côtes de Bourg Bx r w ★→★★ **08 09'** 10' 12 14 15 **16** – AC für solide, aromatische Rotweine (vorwiegend MERLOT, aber auch 10 % MALBEC) und einige trockene Weißweine vom östlichen Gironde-Ufer. 400 Erzeugerbetriebe. Spitzen-CHÂTEAUX: Brulesécaille, Bujan, Civrac, Falfas, Fougas-Maldoror, Grand-Maison, Grave (Nectar VIEILLES VIGNES), Haut-Guiraud, Haut-Macô,

Frankreich

Haut-Mondésir, Macay, Mercier, Nodoz, Roc de Cambes, Rousset, Sociondo.

Côtes de Duras SWF r rs w ★→★★★ **15' 16** (17) – AOP südlich von Bergerac mit preiswerten Weinen ohne ausgeprägte eigene Identität, aber bekannt als Hort leidenschaftlicher Ökoerzeuger wie Nadine Lussau, Mont Ramé, Mouthes-les-Bihan und Petit Malromé (alle ★★★), gefolgt von Les Cours, La Fon Longue, Les Hauts de Riquet, Mauro Guicheney und La Tuilerie la Brille (alle ★★). Der Süßwein von Ch. Condom (★★★) ist nach wie vor überragend. Weitere gute Betriebe: Doms. Chater, Grand Mayne und de Laulan (alle ★★).

Côtes de Gascogne SWF (r) (rs) w ★★ BV – Die PRODUCTEURS PLAIMONT und v. a. die gut 900 ha große DOMAINE du Tariquet (beide ★★) stellen das Gros der Produktion dieser süffigen, leichten, oft aromatischen, erquicklichen IGP-Weine. Der Übermacht erfolgreich widerstehen die DOMAINES d'Arton, des Cassagnoles, Chiroulet, d'Espérance, de l'Herré, Horgelus, de Ménard, de Millet, de Miselle, de Pellehaut und de St Guilhem (alle ★★), außerdem die Domaines de Lauroux, de Magnaut, de Papolle, St-Lannes sowie Ch. Laballe (alle ★). Die rote CUVÉE Sanglier der Dom. de Sédouprat (★) ist nicht zu verachten.

Spitzenerzeuger der Côtes du Rhône

Setzen Sie Ihre Brille auf und studieren Sie das Folgende: CHÂTEAUX La Borie, La Courançonne, Fonsalette (wunderschön), Gigognan, Hugues, Montfaucon (auch Weißwein), Rochecolombe (Ökoanbau), St Cosme, St-Estève, Trignon (u.a. Viognier); DOMAINES La Bastide St Dominique, Bramadou, André Brunel (stilvoll), Carabiniers (biologisch-dynamisch), Charvin (Terroir, sehr gut), Chaume-Arnaud (öko), Combebelle, Coudoulet de BEAUCASTEL (Rotwein mit Klasse), Cros de la Mûre (sehr preiswert), M. Dumarcher (Ökoanbau), Espigouette, Ferrand (voll), Gramenon (biodynamisch), Grand Nicolet (authentisch), Haut-Musiel, Janasse (alte GRENACHE-Reben), Jaume, M.-F. Laurent (öko), Manarine, Réméjeanne (auch Weißwein), Romarins, Soumade, Vieille Julienne (klassisch); CAVE Estézargues, Clos des Cîmes (sehr hoch gelegene Weinberge), DELAS FRÈRES, Georges DUBŒUF, Famille Perrin, E. GUIGAL (sehr preiswert), Maison Bouachon, Mas Poupéras; Winzergenossenschaften CAIRANNE, RASTEAU.

Côtes de Millau SWF r rs w; ★ BV – IGP im Tarn-Tal; die achtbare Genossenschaft feierte mit ihren Weinen den Viadukt Norman Fosters. Außerdem ebenbürtige unabhängige Erzeuger wie Dom. du Vieux Noyer (★).

Côtes de Montravel SWF w; s ★★ **12 14' 15' 16 17'** – Die Sub-AOP von BERGERAC erzeugt Gewächse (in der Regel auf SÉMILLON-Basis), die nicht trocken, aber auch nicht süß sind: reizvoll, aus der Mode gekommen und ideal zu Foie gras.

Côtes de Provence Prov r rs w ★→★★★ r **10 11 12** 13 14 15 16 17; rs w BV – Die riesige AC steht hauptsächlich für Roséweine (89 %), deren Qualität dank intensiver Forschung stetig zulegt, und setzt Maßstäbe für andernorts erzeugten sehr blassen Rosé. Auch angenehme Rote, vorwiegend von SYRAH, GRENACHE und CINSAULT sowie etwas CABERNET, dazu fruchtige Weißweine. Unterbereiche sind Fréjus, La Londe Pierrefeu und SAINTE-VICTOIRE. Führende Erzeuger: Commanderie de Peyrassol, DOMAINES Bernarde, de la Courtade, Léoube, Gavoty (großartig), des Planes, Rabiéga, Richeaume und de Rimauresq, CHÂTEAUX d'Esclans, Ste Rosaline, Roubine und de Selle sowie Clos Mireille. Demnächst soll auch Schaumwein auf den Markt kommen. Siehe auch BANDOL, COTEAUX D'AIX, COTEAUX VAROIS.

Côtes de Thongue Lang r rs w ★★ rs w BV – Die beste IGP-Region von HÉRAULT im Thongue-Tal mit ursprünglichen Verschnitten und sortenreinen Weinen. Die besten Roten kann man einlagern. Erzeuger: DOMAINES Arjolle, La Condamine l'Évêque, la CROIX BELLE, l'Horte.

Côtes de Toul El r rs w ★ BV – Sehr leichte Weine aus Lothringen, v. a. VIN GRIS.

Côtes du Brulhois SWF r rs (w) ★→★★ 14' 15' 16 (17) – Die muntere AC bei Agen macht mit ihrem »schwarzen Wein« Anleihen bei Cahors. Es sind dunkle, grüblerische Rotweine, die etwas TANNAT enthalten müssen. Die Handvoll unabhängiger Erzeuger – Dom. du Bois de Simon, Dom. du Pountet, Dom. des Thermes (alle ★★), Ch. La Bastide, Dom. de Coujétou-Peyret (beide ★) – wird unterstützt von der guten Genossenschaft.

Côtes du Forez Lo r rs; (sch) ★→★★ BV – Die südlichste AC (147 ha) der Loire auf Höhe der CÔTE ROTIE mit Rotweinen und Rosés von GAMAY. Wichtigste Erzeuger: Bonnefoy, Clos de Chozieux, Guillot, Mondon et Demeure, Stéphane Réal und Verdier/Logel. Hervorragende AC- sowie IGP-Weißweine (wachsende Produktion) von CHARDONNAY, CHENIN BLANC, PINOT GRIS, ROUSSANNE und VIOGNIER. Guter Jahrgang 2017.

Côtes du Jura Jura r rs w; (sch) ★★→★★★ **99' 00 03' 05' 06 09** 10 **11** 12 14 15 16 (17) – Wiederbelebter Anbaubereich mit starker Tendenz zu Naturweinen sowie derzeit in Sommelierkreisen beliebten (und daher teuren) Gewächsen. Leichte Rotweine mit schönem Bukett von PINOT NOIR, Poulsard und Trousseau; empfehlenswerte Erzeuger: PIGNIER, Puffeney. Außerdem Weiße in verschiedenen Stilen: von frisch und fruchtig (CHARDONNAY) bis kontrolliert oxidativ (SAVAGNIN oder Verschnitte); Erzeuger: v. a. Ch. d'ARLAY, Lucien AVIET, BERTHET-BONDET, Bourdy, Ganevat, LABET, PÉLICAN, Stéphane TISSOT. Siehe auch die ACs ARBOIS und L'ETOILE.

Côtes du Rhône S-Rh r rs w ★→★★ 15' 16' 17' – Die breite Basis der südlichen Rhône mit rund 170 Weinbaugemeinden, unter die auch die guten SYRAH-Weine leichteren Stils aus Brézème und St-Julien-en-St-Alban (nördliche Rhône) fallen. Zwischen erfreulichen, handwerklich erzeugten Qualitätsweinen (u. a. von CHÂTEAUNEUF-DU-PAPE-Gütern, Tendenz steigend) und Massenware klafft eine große Lücke. Inzwischen wird entschieden mehr Wert auf lebhafte Frucht gelegt, 2016 fantastisch. Vorwiegend GRENACHE, aber auch Syrah und CARIGNAN; am besten jung trinken. Die Vaucluse schneidet am besten ab, gefolgt von GARD (Syrah).

Côtes du Rhône-Villages S-Rh r rs w ★→★★ 10' 15' 16' **17'** – Körperreiche, unmittelbar ansprechende Rotweine von 7.700 ha, darunter die 19 renommiertesten Orte der südlichen Rhône. Die besten Gewächse geizen nicht mit würziger Frucht und sind preiswert; die Grundlage bildet GRENACHE, dazu kommen SYRAH und MOURVÈDRE. Auch Weißweine von steigender Qualität, oft von VIOGNIER und ROUSSANNE zusammen mit CLAIRETTE und GRENACHE BLANC – gut zum Essen. Siehe auch CHUSCLAN, LAUDUN, PLAN DE DIEU, SABLET, ST-GERVAIS, SÉGURET (Qualität), VALRÉAS, VISAN (wird besser). Seit 2016 gehören auch die Gemeinden Ste-Cécile (mit einer Reihe guter Domaines), Suze-la-Rousse und Vaison-la-Romaine dazu. Besonders zu empfehlen sind die Gemeinden Gadagne (robust), MASSIF D'UCHAUX (gut), Plan de Dieu (robust), PUYMÉRAS und SIGNARGUES. Beachtenswerte Erzeuger: Dom. Jean David (Ökoanbau), Ch. Fontségune, Ch. Signac und die DOMAINES Aphillantes (Charakter), Aure, Bastide St-Dominique, Biscarelle (Flair), Cabotte (biodynamisch), Coulange, Coste Chaude, Crève Cœur, Grand Veneur, Grands Bois (öko), Gravennes,

Frankreich

Janasse, Jérôme, Montbayon, Montmartel, Mourchon, Pasquiers, Pique-Basse, Rabasse-Charavin, Réméjeanne, Renjarde, Romarins, Ste-Anne, St-Siffrein, Saladin, Valériane, Viret (international) sowie Mas de Libian (biodynamisch), CAVE RASTEAU und Les Vignerons d'Estézargues.

Côtes du Roussillon-Villages Rouss r ★→★★★ **11 12 13** 14 15 16 17 – 32 Gemeinden im besten Teil von ROUSSILLON; auf den Etiketten namentlich erwähnt werden Caramany, Latour de France, Les Aspres, Lesquerde und Tauravel. Die Genossenschaften spielen zwangsläufig eine große Rolle, für Qualität und Charakter sorgen jedoch unabhängige Erzeuger wie Boucabeille, Cazes, des Chênes, Clos des Fées, Clot de l'Oum, Gauby, Mas Bécha, Mas Crémat, Modat, Piquemal, Rancy, Roc des Anges, Thunevin-Calvet oder Les Vignes de Bila Haut. Die einfache AC Côtes du Roussillon liegt weiter südlich und erzeugt unkomplizierte wärmende Rote. Siehe auch CÔTES CATALANES.

Côtes du Tarn SWF r rs w ★ BV – Der IGP-Bereich wird von einigen Erzeugern in GAILLAC für Weine genutzt, die nicht den AOP-Vorschriften entsprechen. Der halbtrockene SAUVIGNON BLANC der Dom. D'en Ségur und die Bioweinreihe Lou von Les Vignes des Garbasses (beide ★★) sind hervorragend.

Côtes du Vivarais S-Rh r rs w ★ **15' 16' 17'** großteils BV – Die AC liegt im Hügelland der Ardèche westlich von Montélimar. Die süffigen Weine auf GRENACHE- und SYRAH-Basis sind deutlich besser geworden; zudem gibt es robustere, in Eiche ausgebaute Rote. Beachtenswerte Erzeuger: Gallety (am besten Weine mit Tiefe, die sich ein paar Jahre halten), Mas de Bagnols und Vignerons de Ruoms (sehr preiswert).

Coulée de Serrant Lo w; tr s ★★★ **95 96 97 99 02 03 05 07 08 10' 11 12 13** 14 15 16 – Historische, steile, mit CHENIN-BLANC bestockte und biodynamisch bewirtschaftete MONOPOLE-Lage (7 ha) im Herzen der AC SAVENNIÈRES. Gutsleiterin ist Virginie Joly. Die Weine werden betont oxidativ ausgebaut, was man gutheißen kann oder auch nicht – die Meinungen sind sehr geteilt. Schwere Frostschäden 2017.

Courcel, Domaine de Côte d'Or r ★★★ Führendes Gut in POMMARD, dessen feine, blumige Weine von reifem Lesegut stammen und eine Ganztraubenvergärung durchlaufen. Die Spitzen-PREMIERS-CRUS sind Rugiens und Les Epenots (beide langlebig), außerdem interessante CUVÉE Croix Noires.

Crémant Bedeutete früher »Perlwein« in der Champagne und heißt dort jetzt *demi-mousse* oder *perle.* Seit 1975 AC für Schaumweine hoher Qualität nach der klassischen Methode aus BORDEAUX, Burgund, dem ELSASS, dem Jura, LIMOUX und von der Loire. Auch Luxemburg verfügt über eine Crémant-Appellation.

Crépy Sav w ★★ AC (seit 1948) für leichten, milden Weißwein vom Südufer des Genfer Sees, der mind. 80% CHASSELAS enthalten muss. Größter Erzeuger ist Grande Cave de Crépy Mercier (teilweise biologisch-dynamischer Anbau).

Criots-Bâtard-Montrachet Côte d'Or w ★★★ **02'** **04 05 06 07 08** 09 10 11 12 14' 15 (17) – Mit nur 1,57 ha die kleinste Lage der MONTRACHET-Familie, die Weine sind weniger konzentriert als BÂTARD-MONTRACHET-Gewächse. Empfehlenswerte Erzeuger: Belland, Blain-GAGNARD, Fontaine-Gagnard und Lamy – oder d'Auvenay, wenn Sie sehr vermögend sind.

Cros Parantoux Bg ★★★★ Der PREMIER CRU in VOSNE-ROMANÉE erlangte durch den 2006 verstorbenen Henri Jayer Kultstatus. Die Domaines ROUGET und MÉO-CAMUZET verhelfen ihm nun zu noch höherem Ansehen, die Preise steigen entsprechend. Aber ist der Premier cru Brûlées nicht doch besser?

Crozes-Hermitage N-Rh r w ★★→★★★ 09' 10' 12' 13' 14 15' 16' **17'** – Mit SYRAH bestockte, großteils flache Lagen in der Nähe des Flusses Isère erbringen Weine mit dunklen Frucht-, Lakritze- und Teernoten, die meist jung (nach 2–5 Jahren) zu trinken sind. Die stilvolleren Versionen stammen von Granithängen bei HERMITAGE: feine, rotfruchtige Gewächse mit Alterungspotenzial (die 2016er sind ein echtes Vergnügen). Die Besten (einfache CUVÉES) sind ideale Begleiter bei Grillabenden und Partys; eichenholzwürzige Exemplare von alten Reben sind teurer. Spitzenerzeuger: Aléofane (rot und weiß), Belle (Ökoanbau), Les Bruyères (biologisch-dynamisch, mächtige Frucht), Y. Chave, Chapoutier, Dom. du Colombier, Dom. Combier (Ökoanbau), Dard & Ribo (öko), E. Darnaud, Delas (sehr gut ist Le Clos, außerdem Dom. des Grands Chemins), Dumaine (öko), des Entrefaux (Eiche), Fayolle Fils et Fille (stilvoll), A. Graillot, Hauts-Châssis, des Lises (fein), Melody, Mucyn, Remizières (Eiche), G. Robin, Rousset, de Thalabert (JABOULET), Ville Rouge. Weißweine (von MARSANNE) jung trinken; die letzten Jahrgänge sind sehr gut. Gutes Preis-Leistungs-Verhältnis.

Cuve close Abgekürztes Verfahren der Schaumweinherstellung im Tank. Die Bläschenbildung im Glas kommt schneller zum Stillstand als bei der traditionellen Methode.

Cuvée In einer *cuve,* d. h. in einem Bottich enthaltener Wein. Sonst auch Allerweltswort, bei CHAMPAGNER z. B. Bezeichnung für »Verschnitt« und erstgepresste Weine. Bezeichnet oft einfach einen »Posten« Wein.

Dagueneau, Didier Lo w ★★★→★★★★ 03 05' 07 08' 09' 10' 11 12' 13 **14' 15'** 16' (17) – Der beste Erzeuger von POUILLY-FUMÉ (12 ha): präzise bereiteter SAUVIGNON BLANC zum Einkellern; die Gärung geschieht nach der Handlese durch Wildhefen, die Kellerei ist makellos. Der Betrieb wird von Didiers Kindern Louis-Benjamin und Charlotte geführt. Spitzen-CUVÉES: Pur Sang und Silex. Außerdem SANCERRE Les Monts Damnés (CHAVIGNOL) sowie JURANÇON.

Dauvissat, Vincent Chablis w ★★★★ Unbeirrbar biologisch-dynamisch arbeitender Erzeuger von CHABLIS, der in alten Fässern, u. a. den lokalen, 132 Liter fassenden *feuillettes* ausgebaut wird. Grandiose, langlebige Weine, vergleichbar mit denen seiner Cousins RAVENEAU. Am besten sind Les Clos, Les Fôrets, Preuses und Séchet. Ebenfalls probierenswert sind die Weine von Fabien Dauvissat.

Deiss, Domaine Marcel El r w ★★★ Biologisch-dynamisch arbeitendes Weingut in Bergheim, das v. a. Verschnitte aus Lesegut von oft gemischt bestockten Einzellagen bereitet. Nicht durchweg gelungen. Bester Wein: RIESLING Schoenenbourg (**10 11 12 13** 15').

Delamotte Champ BRUT; Blanc de Blancs **04 06** 07 08'; CUVÉE Nicolas Delamotte – Kleines Haus mit feinen CHAMPAGNERN (vorwiegend von CHARDONNAY) in Le MESNIL. Sehr guter schäumender, nach der *méthode saignée* erzeugter Rosé. Wird zusammen mit SALON von LAURENT-PERRIER geleitet. Gilt als Salon-Gewächs des kleinen Mannes, übertrifft jenen aber manchmal (z. B. **85' 02 04** und v. a. 07).

Delas Frères N-Rh r rs w ★★→★★★ Handelshaus im Besitz von ROEDERER an der nördlichen Rhône mit verlässlicher Qualität von (teils in eigenem Besitz befindlichen) Lagen in CONDRIEU, CROZES-HERMITAGE, CÔTE RÔTIE und HERMITAGE. Spitzengewächse: Côte Rôtie Landonne, Hermitage Domaine des Tourettes (rot, weiß), Les Bessards (rot; sehr fein, rauchig, langlebig, Terroircharakter) und St-Joseph Ste-Épine (rot). Besonders empfehlenswerte Rote von der südlichen Rhône: St-Esprit (CÔTES DU RHÔNE) und Grignan-les-Adhémar. Die Weißen fallen in letzter Zeit leichter aus.

Demi-sec »Halbtrocken«, eher lieblich (z. B. beträgt die *dosage* bei CHAMPAGNER in der Regel 45 g/l).

Derenoncourt, Stéphane Bx – Führender, international tätiger önologischer Berater; ein Autodidakt. Terroir, Frucht und Ausgewogenheit stehen bei ihm im Mittelpunkt. Hat in CASTILLON mit der Domaine de l'A ein eigenes Weingut.

Deutz Champ BRUT Classic oJ; Brut 06 08 12 (Letzterer besonders harmonisch, ab 2019) – Eines der besten unter den kleineren Champagnerhäusern, gehört ROEDERER. Die Weine zeichnen sich stets durch eine sehr gute Balance von Frische und Weinigkeit aus. Spitzenreiter: die CHARDONNAY-CUVÉE Amour de Deutz (**06** 08 09 12) und Amour de Deutz Rosé (**06**). Grandiose Cuvée William Deutz (**88 95**). Der neue Parcelles d'Aÿ 2010 zeigt sich kraftvoll, verschlossen und streng.

Dirler-Cadé, Domaine El – Hervorragendes Gut in Bergholtz. Der ausgefallene MUSCAT GRAND CRU Saering von alten Reben besticht durch Tiefe und wohlgeformte Eleganz (**09 12 13** 14) im reiferen Stil des südlichen ELSASS. Außerdem feiner RIESLING Grand cru Saering (**08** 13 14 15' 17').

Domaine Gutshof, Weingut.

Dom Pérignon Champ **02** (fantastisch und an der Schwelle zur Reifestufe P2) **03** (exotisch) 04 06 (beide großartig); P2 **93 98** (beide exzellent); Rosé 04 **05** – Luxusmarke von MOËT & CHANDON mit ungemein beständiger Qualität in unglaublichen Mengen. Cremiger Charakter, v. a. nach 10–15 Jahren Flaschenreife, aber in der Jugend recht straff. Der 1996er war noch nach 20 Jahren superb. Der Oenothèque (viele Jahre in der Flasche gereift, erst kürzlich degorgiert, astronomische Preise) heißt jetzt Plénitude P1, P2, P3 usw., je nach Reifestufe. Beim Rosé liegt der Fokus stärker auf PINOT NOIR.

Dopff au Moulin El w ★★★ Alteingesessener Spitzenerzeuger in Familienbesitz in Riquewihr, ein Spezialist für klassisch trockene Weine. Erstklassig sind die GEWÜRZTRAMINER GRAND CRU Brand und Sporen (**08 10 12 13 14** 15' 16 17'); außerdem charmanter RIESLING SCHOENENBOURG (**10'** 13) – der überragende 2013er kommt 2020 auf den Markt – und Sylvaner de Riquewihr (**14**). Wegbereiter des CRÉMANT d'Alsace, empfehlenswert sind die CUVÉES Bartholdi, Julien und der Crémant Brut Nature Bio.

Dourthe, Vins et Vignobles Bx – Großes Handelshaus und Erzeuger mit breit gefächertem, qualitätsorientiertem Angebot: u. a. Chx. BELGRAVE, Le BOSCQ, La GARDE, Grand Barrail Lamarzelle Figeac, PEY LA TOUR, RAHOUL. Dourthe No. 1 (v. a. der Weiße) bietet gut bereitete Qualität der einfachen AC BORDEAUX.

Drappier, André Champ – Großartiges familiengeführtes Champagnerhaus in der Region AUBE mit mehr als 60 ha Weinbergbesitz, wovon 15 ha jetzt als biologisch-dyamisch zertifiziert sind. Von Pinot noir dominierter Champagner oJ, BRUT ZÉRO, ungeschwefelter Brut *sans souffre* (★★), Millésime Exception (★★★; **06** 08 09 12) mit fantastischem Potenzial, v. a. 2012, herrliche Prestige-CUVÉE Grande Sendrée (08' 12 17'), dazu Cuvée Quatuor (von vier Rebsorten) und superbe ältere Jahrgänge (**82 85 95'**) in Magnumflaschen.

DRC (Domaine de la Romanée-Conti) Côte d'Or r w ★★★★ Das grandioseste Weingut in Burgund. Der Besitz umfasst die MONOPOLE-Lagen ROMANÉE-CONTI und LA TÂCHE sowie größere Teile von ÉCHEZEAUX, GRANDS-ÉCHEZEAUX, RICHEBOURG und ROMANÉE-ST-VIVANT, zudem einen sehr kleinen Teil von Le MONTRACHET. Seit 2009 auch CORTON-Wein. Majestätische Preise. Spitzenjahrgänge brauchen jahrzehntelange Reife.

Drouhin, Maison Joseph Bg r w ★★★→★★★★ Feines Handelshaus und Erzeugerbetrieb in BEAUNE; der Weinbergbesitz wird durchweg biodynamisch bewirtschaftet, darunter für die Weißweine Clos de Mouches und MONTRACHET (Marquis de LAGUICHE; beide Beaune) sowie umfangreiche Besitzungen in CHABLIS. Stilvolle Rotweine mit schönem Bukett, vom hübschen CHOREY-LÈS-BEAUNE bis hin zu majestätischen GRAND-CRU-Gewächsen wie Musigny und GRANDS-ÉCHEZEAUX. Auch die Domaine Drouhin Oregon (DDO) gehört zum Besitz; siehe Kapitel »Vereinigte Staaten«.

Dubœuf, Georges Beauj r w ★★→★★★ »Monsieur BEAUJOLAIS«, Schöpfer des BEAUJOLAIS-PRIMEUR-Hypes. Riesiges Angebot an CUVÉES aus allen Crus auf unterschiedlichen Qualitätsniveaus, außerdem eine Reihe von MÂCON-Weißweinen.

Dugat Côte d'Or r ★★★ Die Cousins Claude und Bernard (Dugat-Py) erzeugen jeweils ausgezeichnete, tieffarbige GEVREY-CHAMBERTIN- bzw. Markenweine. Geringe Mengen, v. a. aus GRAND-CRU-Lagen, gesalzene Preise (v. a. Dugat-Py). Die junge Generation führt die Tradition weiter.

Dujac, Domaine Côte d'Or r w ★★★→★★★★ Erzeuger in MOREY-ST-DENIS, berühmt für die Einmaischung mit Stielen, die für Sinnlichkeit und Raucharomen sorgt. Das Angebot an Roten reicht von Morey-Village-Weinen bis hin zu außergewöhnlichen GRAND-CRU-Gewächsen, v. a. CLOS ST DENIS, CLOS DE LA ROCHE und ÉCHEZEAUX, die heute dunkler und dichter ausfallen als vor 2001. Négociant-Weine der leichteren Art bieten z. B. Dujac Fils et Père und Dom. Triennes (COTEAUX VAROIS).

Dureuil-Janthial Bg r w ★★ Die Leitung des Spitzenguts in RULLY liegt in den fähigen Händen von Vincent Dureuil-Janthial, der frische, ausdrucksstarke Weiße und fruchtig-muntere Rote bereitet. Kosten Sie den Maizières (rot und weiß) oder den weißen PREMIER CRU Meix Cadot.

Durup, Jean Chablis w ★★ Riesiger CHABLIS-Erzeuger, dessen Dom. de l'Eglantière und Ch. de Maligny durch Heirat mit der Dom. Colinot in IRANCY vermählt wurden.

Duval-Leroy Champ – Rühriges Champagnerhaus in Familienhand mit 200 ha Weinbergbesitz, vorwiegend gute, mit CHARDONNAY bestockte Cru-Lagen. Neuerdings setzt man auf »veganen« CHAMPAGNER, bei dem Klärung und Absetzen auf natürliche Weise, d. h. ohne Schönung durch Milchproteine, geschieht. Sehr guter Fleur de Champagne oJ und exzellente Prestige-CUVÉE Femme de Champagne (**04 08 13** 15' 17).

Échezeaux Côte d'Or r ★★★ **90' 93 96'** 99' 02' 03 05' **06** 08 09' **10' 11** 12' 13 14 15' 16 (17) – GRAND CRU neben CLOS DE VOUGEOT mit stilistisch ganz anderen, nämlich filigranen, ätherischen, funkelnden Weinen, deren Art sehr stark vom jeweiligen Standort der Reben abhängen kann. Am besten von: Arnoux, Berthaut, DRC, DUJAC, EUGÉNIE, GRIVOT, GROS, Guyon, Lamarche, LIGER-BELAIR, Mongeard-MUGNERET, Mugneret-Gibourg, ROUGET und Tremblay.

Ecu, Domaine de l' Lo (r) w; tr; (sch) ★★★ 10' 11 **12 14' 15'** – Biologisch-dynamisch erzeugter MUSCADET-SÈVRE-ET-MAINE (Granite, Taurus) GROS PLANT und VIN DE FRANCE. Frédéric Niger van Herck hat 2010 Guy Bossard als Gutsleiter abgelöst. Guter CABERNET FRANC und PINOT NOIR. Viele verschiedene Cuvées und das größte Amphorenarsenal an der Loire. Schwere Frostschäden 2016 und 2017.

Edelzwicker El w ★ BV – Leichter Weißweinverschnitt. Gut sind Ch. d'Ittenwiller und der Gentil von HUGEL.

Eguisheim, Cave Vinicole d' El r w ★★ Tadellose Winzergenossenschaft mit sehr fairen Preisen: feine GRANDS CRUS Hatschbourg, HENGST, Ollwiller und Spiegel. Zum Besitz gehört auch Willm. Spitzenmarke WOLFBERGER. Am besten: Grande Réserve (09 **10 11 12**), Sigillé und Armorié. Guter CRÉMANT und PINOT NOIR (v. a. 10' 11 12 15).

Elsass (r) w; (s); (sch) ★★→★★★★ Die Region an den geschützten Ostausläufern der Vogesen mit jährlich 1.800 Sonnenstunden erzeugt Frankreichs Rheinweine: aromatisch, fruchtig, sehr voll und im trockenen Stil (glücklicherweise) wieder in Mode. Werden meist mit der Nennung der Rebsorte etikettiert (PINOT BLANC, RIESLING, GEWÜRZTRAMINER). Die große geologische Vielfalt (u. a. Granit, Gneis, Kalkstein) prägt die besten vom Terroir bestimmten Weine, die alt werden können – Riesling aus GRAND-CRU-Lagen z. B. bis zu 20 Jahre. Der einst schwächliche Pinot noir wird immer besser (v. a. **10 12 15** 16 17). Siehe auch VENDANGE TARDIVE, SÉLECTION DE GRAINS NOBLES.

Entraygues et du Fel und d'Estaing, Vins d' SWF r rs w ★→★★ BV – Zwei kleine, benachbarte AOPS auf Terrassen über dem Lot-Tal. Prickelnd frische CHENIN-BLANC-Weißweine gibt es bei den ★★-Domaines Méjannassère und Laurent Mousset; Letzere hat auch gute Rote, v. a. den La Pauca (★★), und hervorragenden Rosé im Angebot. Nicolas Carmarans (★★) erzeugt jetzt sowohl rote AOP- als auch IGP-AVEYRON-Weine.

Entre-Deux-Mers Bx w ★→★★ BV – Oft preiswerter trockener weißer BORDEAUX (*»entre deux huitres«* zu trinken) aus der Gegend zwischen Garonne und Dordogne. Die besten CHÂTEAUX: Les Arromans, BONNET, Chantelouve, Fontenille, Haut Rian, Landereau, Marjosse, Moulin de Launay, Nardique-la-Gravière, Sainte-Marie, Tour de Mirambeau, Les Tuileries und Turcaud.

Esmonin, Domaine Sylvie Côte d'Or r ★★★ Volle, dunkle Weine von gänzlich ausgereiften Trauben, v. a. seit 2000; jede Menge Eiche und Stiele. Beachtlicher GEVREY-CHAMBERTIN VIEILLES VIGNES und CLOS ST-JACQUES. Cousin Frédéric betreibt das Gut Estournelles St-Jacques.

Etoile, L' Jura w ★★ AC im JURA mit gutem Ruf für eleganten CHARDONNAY von auf Kalkstein und Mergel wachsenden Reben. Ebenfalls zugelassen sind VIN JAUNE und VIN DE PAILLE, nicht jedoch Rotwein. Spitzenerzeuger: Dom. Cartaux Bougaud, Dom. de Montbourgeau und Philippe Vandelle.

Eugénie, Domaine Côte d'Or r (w) ★★★→★★★★ Die frühere Dom. Engel war das erste Gut, das François Pinault in Burgund erwarb (2006 von Ch. LATOUR). Die Weine sind kraftvoll und von tiefdunkler Farbe. Am besten sind CLOS VOUGEOT und GRANDS-ÉCHEZEAUX, probierenswert ist der Vosne-Romanee-Village Clos d'Eugénie.

Faiveley, Domaine Bg r w ★★→★★★★ Eher Erzeugerbetrieb als Weinhändler, der 2007 alles umgekrempelt hat und seitdem fleischig-volle, sehr fruchtbetonte Weine bereitet. Preiswerte CÔTE-CHALONNAISE-Abfüllungen, noch besser angelegt ist Ihr Geld aber für die Spitzenweine aus CHAMBERTIN-CLOS DE BÈZE, CHAMBOLLE-MUSIGNY, CORTON Clos des Cortons und NUITS-ST-GEORGES. Ehrgeizige Neuerwerbungen an der ganzen Côte d'Or, dazu kommt jetzt noch die Dom. Billaud-Simon in CHABLIS.

Faller, Théo/Domaine Weinbach El w ★★★→★★★★ 1612 von Kapuzinermönchen gegründetes Weingut. Die 2014 verstorbene Laurence Faller erzeugte wunderbar komplexe Gewächse. Oft wurden sie in trockenerem Stil ausgebaut als sonst üblich, v. a. aus der GRAND-CRU-Lage SCHLOSSBERG (RIESLING, v. a. **08 10'** 13, und neuer L'Inédit, 15' 17). Insgesamt zeichneten sie sich durch eine herrlich charaktervolle, elegante Art aus, insbesondere die CUVÉE Sainte Catherine GEWURZTRAMINER SÉLECTION DE GRAINS NOBLES (**71 90 09'**). Laurence' ältere Schwester Catherine leitet nun das Gut, der Bruder betreut die Weinberge.

Faugères Lang r (rs) (w) ★→★★★ **12 13** 14 15 16 17 – Bereits seit 1982 AC und mittlerweile Cru du LANGUEDOC: ein kompakter Bereich mit nur sieben Weinbaugemeinden, wo sich sowohl alteingesessene Familienbetriebe als auch Newcomer finden. Frische, würzige Rote zum Einkellern mit typischer Schieferboden-Aromatik; elegante Weißweine von MARSANNE, ROUSSANNE, VERMENTINO und GRENACHE BLANC. Neben vielen anderen empfehlenswert: Dom. Jean-Michel ALQUIER, Dom. Léon Barral, Dom. Cébène, Ch. Chabert, Ch. Chenaie, Mas d'Alezon, Dom. OLLIER-TAILLEFER, Dom. St Antonin, Dom. La Sarabande, Dom. des Trinités. Hoher Anteil an ökologisch wirtschaftenden Erzeugern.

Fèvre, William Chablis w ★★★→★★★★ Größter Eigentümer von GRAND-CRU-Lagen in CHABLIS; Côte Bougeros und Les Clos sind hervorragend. Es werden keine Kosten gescheut und die Erträge beschränkt, die Preise sind dementsprechend. Erstklassige Quelle für konzentrierte Weine zum Einlagern. Im Besitz des Champagnerhauses HENRIOT.

Fiefs Vendéens Lo r rs w ★→★★★ **09 10 14' 15' 16** (17); meist BV – AC in der Vendée bei Les Sables d'Olonne, deren Spektrum vom Touristenwein bis hin zu seriösen Gewächsen zum Einlagern reicht. Rebsorten: CHARDONNAY, CHENIN BLANC, MELON und SAUVIGNON BLANC (weiß); CABERNET FRANC, CABERNET SAUVIGNON, GAMAY, Grolleau gris, Négrette und PINOT NOIR (rot und rosé). Empfehlenswert: v. a. Coirier, Mourat (122 ha), Prieuré-la-Chaume (biologisch-dynamisch) und Dom. St-Nicolas (biologisch-dynamisch; Spitzenerzeuger). 2016 und 2017 Frostschäden.

Fitou Lang r ★★ **12 13** 14 15 16 17 – Charaktervolle Rotweine aus den zerklüfteten Hügeln südlich von Narbonne sowie von weniger spektakulären Lagen an der Küste. Die älteste AC des MIDI für Tischweine (seit 1948) verlangt 11 Monate Ausbau, die Weine profitieren außerdem von weiterer Flaschenreife. Halten Sie Ausschau nach: DOMAINES Bergé-Bertrand, Jones, Lérys, de Rolland sowie Ch. Champ des Sœurs und Ch. de Nouvelles.

Fixin Côte d'Or r (w) ★★★ **99' 02'** 03 **05' 06** 09' 10' **11** 12' 13 **14** 15' 16 (17) – Ebenbürtiger, aber unterbewerteter nördlicher Nachbar von GEVREY-CHAMBERTIN. Stämmige Rotweine, die manchmal prachtvoll, mitunter jedoch auch rustikal geraten. Beste Weinberge: CLOS de la Perrière, Clos du Chapître, Clos Napoléon. Halten Sie sich an Amélie Berthaut (kommender Star) sowie die »alten Hasen« DOMAINES Bart, CLAIR, FAIVELEY, Gelin, Guyard, Joliet und MORTET.

Fleurie Beauj r ★★★ **13 14 15'** (17) – Der beste der BEAUJOLAIS-Crus, mit herrlich duftenden, seidig texturierten, erdbeerfruchtigen Weinen. Rassigere Exemplare kommen von der Hanglage La Madone, vollere von tieferen Lagen. Bewährte Erzeuger: Chignard, Clos de la Roilette, Depardon, DUBŒUF, Métrat, Ch. de Poncié und die Genossenschaft. In Richtung Naturwein gehen: Balagny, Dutraive, Métrat und Sunier. Neuere Betriebe: Graillot (Dom. de Fa), Lafarge-Vial. 2016 und 2017 verheerende Schäden durch Hagel.

Fourrier, Domaine Côte d'Or r ★★★★ Jean-Marie Fourrier hat die tadellose DOMAINE in GEVREY-CHAMBERTIN zu neuen Höhen geführt – die Preise sind entsprechend. Sinnliche, beschwingte Rotweine aller Qualitätsstufen; am besten sind CLOS ST-JACQUES, Combe aux Moines und GRIOTTE-CHAMBERTIN.

Francs – Côtes de Bordeaux Bx r w ★★ **09' 10'** 12 **14 15 16** – Die kleine BORDEAUX-AC nahe CASTILLON ist fest in der Hand der Familie Thienpont (von Ch. PAVIE-MACQUIN). Überwiegend Rotwein (MERLOT), daneben auch einige gute Weiße; die Roten vertragen ein wenig Alterung. Am besten von den CHÂTEAUX de Francs, Laclaverie, Marsau, La Prade, Le Puy (Emilien), Marsau, Puyanché und Puygueraud.

Fronsac Bx r ★★→★★★ **05' 06 08** 09' 10' **11 12 14 15** 16 – Unterschätzte hügelige AC westlich von ST-ÉMILION mit einigen der preiswertesten Rotweine des Bordelais, die z. T. auch lagern können. Spitzen-CHÂTEAUX: Arnauton, DALEM, la Dauphine, Fontenil, La Grave, Haut-Carles, Mayne-Vieil, Moulin Haut Laroque, Richelieu, de la Rivière, La Rousselle, Tour du Moulin, Les TROIS CROIX, La VIEILLE CURE, Villars. Siehe auch CANON-FRONSAC.

Fronton SWF r rs ★★ 15' 16' 17 – In der AOP unweit von Toulouse wird die Rebsorte Négrette praktisch exklusiv an- und manchmal auch sortenrein ausgebaut. Sie erbringt Weine mit Veilchen-, Kirsch- und Lakritznoten, die nach 3 Jahren am besten sind. Probieren Sie: CHÂTEAUX Baudare, Bellevue-la-Forêt (am bekanntesten), Bouissel, Boujac, Caze, Flotis, Plaisance (v. a. der ungeschwefelte Alabets), du Roc sowie die DOMAINES des Pradelles und Viguerie de Belaygues (alle ★★). Bis dato gibt es keine AOP für die Weißweine.

Fuissé, Château Bg w ★★→★★★ In kommerzieller wie qualitativer Hinsicht der führende Erzeuger von POUILLY-FUISSÉ mit den Spitzenterroirs Les Clos und Combettes. Besitzt außerdem Rebflächen in BEAUJOLAIS-Crus wie JULIÉNAS.

Gagnard Côte d'Or (r) w ★★★→★★★★ Bekannter Clan in CHASSAGNE-MONTRACHET. Langlebige Weine, v. a. Caillerets und BÂTARD-MONTRACHET von Jean-Noël Gagnard. Das umfassende Angebot von Blain-Gagnard und Fontaine Gagnard schließt auch raren CRIOTS-BÂTARD-MONTRACHET sowie MONTRACHET selbst ein. Die Preise sind bei allen durchweg fair.

Gaillac SWF r rs w; tr s; sch ★→★★ r 15' 16' 17'; w, s 14' 15' 16 17'; rs w, tr BV – Stetig an Qualität zulegende AOP westlich von Albi, deren Besonderheit die bunte Mischung an Rebsorten – z. B. Braucol, DURAS, Len de l'El – sowie die wachsende Zahl biologisch-dynamisch arbeitender Betriebe ist. Empfehlenswerte Erzeuger: Causse-Marines, Laurent Cazottes, Le Champ d'Orphée, Peyres-Roses, Plageoles und La Ramaye (alle ★★★) sowie L'Enclos des Braves, L'Enclos des Roses, La Ferme du Vert (alle ★★), die ★★-DOMAINES de Brin, d'Escausses, Mayragues, du Moulin, Rotier sowie die ★★-CHÂTEAUX Bourguet (weißer Süßwein), Larroque, Palvié (rot). Schnäppchen gibt es bei den Doms. de la Chanade, Labarthe und Mas Pignou (alle ★★).

Ganevat Jura r w ★★★→★★★★ Der Superstar der CÔTES DU JURA. Die Einzellagen-CHARDONNAYS sind teuer, aber sagenhaft gut (z. B. Les Chalasses, Les Grand Teppes). Auch innovative Rote.

Gauby, Domaine Gérard Rouss r w ★★★ Der vorbildliche Erzeuger in der Ortschaft Calce im ROUSSILLON hat etliche Nachahmer gefunden. Die Weine stammen aus biologisch-dynamischem Anbau: IGP CÔTES CATALANES und AOP CÔTES DU ROUSSILLON-VILLAGES Muntada, außerdem Les Calcinaires VIEILLES VIGNES. Der Dessertwein heißt La Pain du Sucre. Ist auch an Dom. Le Soula beteiligt.

Gers SWF r rs w ★ BV – IGP, in der Regel als CÔTES DE GASCOGNE verkauft und von diesem nicht zu unterscheiden.

Gevrey-Chambertin Côte d'Or r ★★★ **90'** 96' 99' 02' 03 05' **06 07 08** 09' 10' 11 **12'** 13 14 15' 16 (17) – Bedeutende AC für interessante, aromatische Rote aller Qualitätsstufen bis hin zum großartigen CHAMBERTIN und seinen GRAND-CRU-Cousins. Spitzenlagen sind die PREMIERS CRUS Cazetiers, Combe aux Moines, Combottes und CLOS ST-JACQUES. Preiswerte Einzellagenweine auf Village-Niveau (En Champs, La Justice) und VIEILLES-VIGNES-Abfüllungen. Spitzenerzeuger: BACHELET, L. BOILLOT, BURGUET, Damoy, DROUHIN, Drouhin-Laroze, DUGAT, Dugat-Py, Duroché, ESMONIN, FAIVELEY, FOURRIER, Géantet-Pansiot, Harmand-Geoffroy, JADOT, LEROY, MORTET, ROSSIGNOL-TRAPET, Roty, ROUSSEAU, Roy, SÉRAFIN und TRAPET.

Gigondas S-Rh r rs ★★→★★★ 78' 89' 90' 95' 98' 99' 00' 01' 03' 04' 05' 06' 07' 08 **09'** 10' 11 12' 13' 14' 15' 16' 17' – Erstklassige Rote aus dem südlichen Rhône-Tal von stattlichen Weinbergen auf steinigem Lehm-Sand-Boden, die zu gebirgigen Kalksteinhängen östlich von Avignon ansteigen. Robuste, rauchige Weine von GRENACHE, ergänzt durch SYRAH und MOURVÈDRE, die besten mit schöner, klarer roter Frucht. Die Jahrgänge 2010,

2015 und 2016 sind fantastisch. In neuerer Zeit mehr Einsatz von Eichenholz und entsprechend höhere Preise; viele Weine zeigen aber einen unverfälscht lokalen Charakter. Spitzenerzeuger: P. Amadieu, Dom. Boissan, Dom. des Bosquets (modern und gut), Dom. Bouïssière (schwungvoll), Brusset, Cayron, Clos des Cazaux, Clos du Joncuas (traditionell, Ökoanbau), Famille Perrin, Goubert, Gour de Chaulé (fein), Grapillon d'Or, Longue Toque, Ch. de Montmirail, Moulin de la Gardette (stilvoll), Dom. Notre Dame des Pallières, Dom. les Pallières, Dom. du Pesquier, Pourra (robust), Dom. Raspail-Ay, Roubine, Ch. de Saint-Cosme (nobel), Dom. Santa-Duc (jetzt mit Stil), Dom. St-Gayan (langlebig), Dom. Les Semelles de Vent, Dom. les Teyssonnières. Alkoholstarke Rosés.

Gimonnet, Pierre Champ ★★→★★★ 28 ha Grand- und PREMIER-CRU-Lagen an der nördlichen Côte des Blancs sowie ein neuer Weinberg in Oger. CHARDONNAY von beneidenswerter Beständigkeit. Die Cuvée Gastronome (**10 13** 15) passt fantastisch zu Meeresfrüchten.

Girardin, Vincent Côte d'Or r w ★★→★★★ Handelshaus und Erzeugerbetrieb in MEURSAULT mit Spezialgebiet Weißwein, jetzt im Besitz von BOISSET.

Givry Bg r (w) ★★ **09' 10'** **12 13 14 15'** 16 (17) – Geheimtipp für die CÔTE CHALONNAISE: köstliche Rotweine mit Alterungspotenzial und besserem Preis-Leistungs-Verhältnis als MERCUREY. Am besten von CLOS Salomon, Faiveley, JOBLOT, F. Lumpp, Masse und Thénard. Auch ein wenig Weißwein in nussigem Stil.

Goisot Bg r w ★★★ Jean-Hugues Goisot erzeugt hervorragende Einzellagenabfüllungen aus ST-BRIS (SAUVIGNON BLANC) sowie unter der AC Bourgogne Côtes d'Auxerre CHARDONNAY und PINOT NOIR. Dies alles in verlässlicher Qualität zum fairen Preis, sodass die Weine schwer zu bekommen sind.

Gosset Champ – Das altehrwürdige, ursprünglich in Aÿ beheimatete Champagnerhaus verschmilzt Tradition mit Moderne. Neuer, sehr eleganter, auf CHARDONNAY-Hefesatz gereifter Grand BLANC DE NOIRS, außerdem Grande Réserve oJ sowie auf Chardonnay basierende Prestige-Cuvée Celebris im Extra-brut-Stil (sublim **95**, großartig **98**, sehr fein **02 04**). Der Jahrgangschampagner Grand Millésime (**06**) ist ein Vorbild an erlesener Präzision und Detailfülle.

Gouges, Henri Côte d'Or r w ★★★ Grégory Gouges bereitet vollen, fleischigen, langlebigen NUITS-ST-GEORGES aus verschiedenen PREMIER-CRU-Lagen, der wegen des dominierenden Tannins in jungen Jahren allerdings nicht allen schmeckt. Empfehlenswert sind Vaucrains, Les St-Georges und Chaignots. Auch interessante Weiße aus Nuits-St-Georges, u. a. PINOT BLANC.

Grand cru – Offizieller Begriff, der aber in den verschiedenen Anbaugebieten unterschiedliche Bedeutungen hat. In Burgund bezeichnet er eine Spitzenlage mit eigener AC, im Elsass eine der 51 Spitzenlagen innerhalb des AC-Bereichs ALSACE GRAND CRU, für die nun jeweils eigene Vorschriften gelten. In ST-ÉMILION fallen 60% der – oft mittelmäßigen – Produktion unter die AC St-Émilion Grand cru. Im MÉDOC gibt es fünf Grand-cru-classé-Stufen. In der Champagne werden die besten Gemeinden als Grands crus bezeichnet. An der Loire gibt es jetzt eine Grand-cru-Kategorie für QUARTS DE CHAUME, im Languedoc entsteht momentan ein Cru-System. In der Provence ist der Begriff mit Vorsicht zu genießen.

Grande Rue, La Côte d'Or r ★★★ **90' 95 96' 98** 02' 03 05' **06 07** 08 09' **10' 11** 12' 13 14 15' 16 (17) – Schmaler GRAND-CRU-Streifen, der sich gerade in Bestform zu zeigen beginnt, qualitativ und (selbstredend) preislich allerdings nicht ganz an LA TÂCHE und ROMANÉE-CONTI heranreicht, zwischen denen er liegt. Ein MONOPOLE der Dom. Lamarche.

Grands-Échezeaux Côte d'Or r ★★★★ **90' 93 95 96' 99' 00** 02' **03** 05' **06 07 08** 09' 10' 11 12' 13 14 15' 17 – GRAND-CRU-Spitzenlage neben CLOS DE VOUGEOT. Die Weine gleichen mit ihrer seidigen Art jedoch eher MUSIGNY und sind gewichtiger als das Gros der ÉCHEZEAUX-Erzeugnisse. Am besten von: BICHOT (Clos Frantin), DRC, DROUHIN, EUGÉNIE, GROS, Lamarche, Mongeard-MUGNERET, G. Noëllat.

Grange des Pères, Domaine de la Lang r w ★★★ IGP Pays de l'HERAULT vom Kultweingut, das Laurent Vaillé gleich neben MAS DE DAUMAS GASSAC geschaffen hat; erster Jahrgang 1992. Rotweine von SYRAH, MOURVÈDRE und CABERNET SAUVIGNON, Weißweine von 80 % ROUSSANNE plus MARSANNE und CHARDONNAY. Stilvolle Gewächse mit Alterungspotenzial.

Gratien, Alfred und Gratien & Meyer Champ ★★★ BRUT **83' 02** 04 **08' 09 12 13** 15' 17'; Brut oJ – Prestige-CUVÉE Paradis Brut auf CHARDONNAY-Basis und Rosé (Verschnitt aus mehreren Jahrgängen). Exzellentes, unkonventionelles Champagnerhaus und Erzeuger von Loire-Weinen, seit 2000 im Besitz der deutschen Henkell-Gruppe. Feine, sehr trockene, langlebige Schaumweine, die im Eichenfass vergoren werden, u. a. Hauschampagner von The Wine Society. Das Traubengut wird von Spitzen-Crus sorgfältig ausgewählter Winzer bezogen. Partnerfirma in SAUMUR ist Gratien & Meyer.

Graves Bx r w ★→★★ **08 09' 10' 12 14 15 16** – Der Name ist von den Kiesböden (frz. *gravier*) der Stadt Bordeaux abgeleitet. Saftig-fruchtige, leckere Rotweine und frische trockene Weiße von SAUVIGNON BLANC/SÉMILLON mit Alterungspotenzial. Bieten derzeit mit das beste Preis-Leistungs-Verhältnis unter den Bordeaux-Erzeugnissen. Spitzen-CHÂTEAUX: d'ARCHAMBEAU, Brondelle, de Cérons, CHANTEGRIVE, Clos Bourgelat, Clos Floridène, CRABITEY, Ferrande, Fougères, Grand Enclos du Château de Cérons, Haura, Magneau, Pont de Brion, Rahoul, Respide-Médeville, Roquetaillade La Grange, St-Robert (CUVÉE Poncet Deville), Vieux Château Gaubert und Villa Bel Air. 2017 erst Frost-, dann Hagelschäden.

Graves de Vayres Bx r w ★ BV – Winzige APPELLATION innerhalb des Gebiets ENTRE-DEUX-MERS; Rot-, Weißwein und *moelleux* (lieblich).

Grignan-les-Adhémar S-Rh r (rs) w ★→★★ **15' 16' 17'** – AC an der mittleren Rhône; die besten Roten sind herzhaft und würzig mit Kräuternoten. Führende Erzeuger: Baron d'Escalin, Ch. Bizard, Dom. de Bonetto-Fabrol, Ch. la Décelle (auch weißer CÔTES DU RHÔNE), Delas, Dom. de Grangeneuve (am besten, v. a. der VIEILLES VIGNES), Dom. de Montine (stilvolle Rote, gute Weißweine und Rosés, außerdem roter CÔTES DU RHÔNE), Dom. St-Luc und La Suzienne (preiswert).

Griotte-Chambertin Côte d'Or r ★★★★ **90' 95 96' 99'** 02' **03** 05' **06 07 08** 09' 10' **11** 12' 13 14 15' 16 (17) – Kleine GRAND-CRU-Lage neben CHAMBERTIN; viel Platz hat hier keiner. Die Weine zeigen lebhafte Noten von roten Früchten mit Tiefgang und Alterungspotenzial, v. a. von DROUHIN, DUGAT, FOURRIER, R. Leclerc und Ponsot.

Grivot, Jean Côte d'Or r w ★★★→★★★★ In dieser DOMAINE in VOSNE-ROMANÉE wurden im vergangenen Jahrzehnt enorme Fortschritte erzielt, was sich in den höheren Preisen widerspiegelt. Die erstklassige Auswahl wird von den GRANDS CRUS CLOS DE VOUGEOT, ÉCHEZEAUX und RICHEBOURG angeführt.

Gros, Domaines Côte d'Or r w ★★★→★★★★ Winzerfamilie in VOSNE-ROMANÉE: Anne bereitet stilvolle Gewächse (üppiger RICHEBOURG), Michel saftig-fruchtige Rote (CLOS de Réas); weitere Familienmitglieder sind Anne-Françoise (jetzt in BEAUNE) und Gros Frère et Sœur (Clos VOUGEOT Musigni). Abgesehen von den GRANDS CRUS gibt es aber auch probierenswerte, günstige HAUTES-CÔTES-DE-NUITS-Weine. Anne ist außerdem Mitbesitzerin der Dom. Gros-Tollot in MINERVOIS.

Gros Plant du Pays Nantais Lo w; (sch) ★→★★ BV – AC für sehr viel besser gewordene Weißweine von GROS PLANT (FOLLE BLANCHE), die im Idealfall rassig und leicht salzig ausfallen und sehr gut zu Austern passen. Erzeuger: Basse Ville, de l'ECU, Haut-Bourg, Luneau-Papin, Preuille und Poiron-Dabin. Auch Schaumwein, entweder sortenrein oder verschnitten. 2017 Frost im April.

Guigal, E. N-Rh r w ★★→★★★★ Berühmter Erzeuger für CÔTE-RÔTIE-Wein, auch CONDRIEU, CROZES-HERMITAGE, HERMITAGE und ST-JOSEPH, sowie Handelshaus: Condrieu, Côte Rôtie, Crozes-Hermitage, Hermitage, südliche Rhône. Besitzer von VIDAL-FLEURY (fruchtbetonte Weine von steigender Qualität) und der Dom. de Bonserine (tiefgründiger Côte Rôtie), zudem 53 ha Rebflächen der Dom. de Nalys (seit 2017). Erstklassige, sehr teure Côte-Rôtie-Weine La Mouline, La Landonne und La Turque (ungeheuer voll, 42 Monate Ausbau in neuen Eichenfässern, daher eher untypisch). Außerdem sehr guter, dichter roter Hermitage und St-Joseph Vignes de l'Hospice. Die Standardweine sind von guter Qualität, v. a. die unglaublich preiswerten Côtes-du-Rhône-Abfüllungen (rot, rosé, weiß). Die besten Weißen sind Condrieu, Condrieu La Doriane (eichenwürzig) und Hermitage.

Hautes Côtes de Beaune/de Nuits Côte d'Or r w ★★ r **12 13 14 15'** 16 (17); w **14' 15'** 16 (17) – ACs für die Dörfer in den Bergen hinter der CÔTE DE BEAUNE und der CÔTE DE NUITS. Attraktive, eher leichte Rot- und Weißweine für frühen Genuss. Spitzenerzeuger für Weißwein: Devevey, MÉO-CAMUZET, Montchovet und Thevenot-le-Brun; für Rotwein: Carré, Duband, Féry, GROS, Jacob, Jouan, Magnien, Mazilly, Naudin-Ferrand, Parigot und Verdet. Auch eine brauchbare große Genossenschaft bei BEAUNE.

Haut-Médoc Bx r ★★→★★★ **05' 06 08 09' 10' 11 12 14 15** 16 – Erstklassige Quelle für bekömmliche trockene Rotweine von CABERNET und MERLOT, die sich je nach Bodenbeschaffenheit unterscheiden: Feinere Gewächse entstehen auf sandigen Kiesböden im Süden der AC, stämmigere Versionen finden sich weiter nördlich auf den schwereren lehmhaltigen Kiesböden. Alle sind in der Regel erschwinglich. Das Haut-Médoc hat 5 Crus classés: BELGRAVE, CAMENSAC, Cantemerle, La LAGUNE und La TOUR-CARNET. Weitere Spitzen-CHÂTEAUX: d'AGASSAC, Aurilhac, BELLE-VUE, CAMBON LA PELOUSE, Charmail, CISSAC, CITRAN, Clément-Pichon, COUFRAN, Gironville, de Lamarque, LANESSAN, Larose Perganson, Malescasse, SÉNÉJAC, SOCIANDO-MALLET.

Haut-Montravel SWF w; s ★★ **12 14' 15'** 16 17' – AOP für den süßesten Stil der MONTRAVEL-Weißweine und würdiger Herausforderer der bekannteren ACs MONBAZILLAC und SAUSIGNAC. Am besten ist der Terrement von Ch. Puy Servain (★★★), gefolgt von Ch. Moulin Caresse und Dom. de Libarde (beide preiswert, beide ★★).

Haut-Poitou Lo r rs w; sch ★→★★ **14 15 16** (17) – Die besten Exemplare halten sich mind. 5–6 Jahre. AC (ca. 750 ha) nördlich von Poitiers mit CABERNET SAUVIGNON, CABERNET FRANC, GAMAY, PINOT NOIR, CHARDONNAY und SAUVIGNON BLANC, beherrscht vom Weingut Ampelidae. Dessen tatkräftiger Besitzer Frédéric Brochet hat zudem IGP-Weine (von 120 ha) im Angebot. Weitere empfehlenswerte Erzeuger: Morgeau La Tour, La Tour Beaumont.

Heidsieck, Charles Champ – Das legendäre Champagnerhaus ist jetzt nicht mehr so groß wie früher, doch die Weine sind brillanter denn je. Der Brut Réserve ist pure toastwürzige Eleganz, der Blanc des Millénaires (**04**) einfach unvergleichlich. Außerdem Brut Réserve Vintage in Bestform (v. a.

83); die Prestige-Cuvée Champagne Charlie soll ab etwa 2023 wieder eingeführt werden.

Heidsieck Monopole Champ – Das ehemals glanzvolle Champagnerhaus ist nun Teil der VRANKEN-Gruppe und bietet ordentliche Qualität zum vernünftigen Preis. Bester Wein ist der Gold Top (**07** 09).

Hengst El – GRAND CRU in Wintzenheim, erbringt kraftvolle Weine. Herausragend durch Spitzen-GEWÜRZTRAMINER von JOSMEYER und ZIND-HUMBRECHT; außerdem AUXERROIS, CHASSELAS und PINOT NOIR.

Henri Abelé Champ – Neuer Name für das traditionsreiche Champagnerhaus Abel Lepitre, das jetzt im Besitz von Freixenet ist und sich auf den Export konzentriert. Die beste CUVÉE ist Sourire de Reims Brut (**07 08** 09), außerdem neuer Sourire de Reims Rosé (**06** 09) aus der Ortschaft Les Riceys (Aube) in ausladend burgundischem Stil. Preiswert.

Henriot Champ – BRUT Souverain oJ (jetzt sehr viel besser); BLANC DE BLANCS de CHARDONNAY oJ (fantastisch); Brut **98' 02'** 04; Brut Rosé 06 **09** – Feines Champagnerhaus in Familienbesitz. Neuer, lang gereifter Cuve 38 (Chardonnay aus GRAND-CRU-Lagen) aus einer mit dem Jahrgang 1990 beginnenden Solera. Außergewöhnlich langlebig ist die Prestige-CUVÉE Les Enchanteleurs (**59** ★★★ 88 96' **02** 04 08' 13 15'). Besitzt außerdem BOUCHARD PÈRE ET FILS und FÈVRE.

Hermitage N-Rh r w ★★★→★★★★ **61' 66' 78' 83' 85' 88 89' 90' 91' 95' 96 97' 98' 99'00 01' 03' 04 05' 06' 07' 09'** 10' **11'** 12' 13' 14' 15' 16' 17' – Von einem markanten Hügel (teils Granit) am Ostufer der Rhône kommen SYRAH-Gewächse der grandiosesten, tiefsten und stilvollsten Art (die Jahrgänge 2010 und 2015 sind brillant) sowie sehr langlebige, komplexe, nussig-fruchtige, faszinierende Weiße (MARSANNE mit etwas ROUSSANNE), die man mindestens die ersten 6–7 Jahre lang am besten in Ruhe lässt. Spitzenerzeuger: Belle, Chapoutier, J.-L. Chave (voll, elegant), Colombier, DELAS, Faurie (reintönig), GUIGAL, Habrard (Weißwein), Jaboulet, Philippe & Vincent Jaboulet (rot und weiß), Nicolas Perrin, M. Sorrel (mächtiger roter Le Gréal) und Tardieu-Laurent (Eiche). Gute Weine auch von der Genossenschaft in TAIN (v. a. Gambert de Loche).

Hortus, Domaine de l' Lang r w ★★★ Die junge Generation übernimmt bei diesem PIC ST-LOUP-Erzeuger nun das Ruder. Verführerischer weißer Bergerie IGP Val de Montferrand von sieben Rebsorten sowie die eleganten Rotweine Bergerie und Grande Cuvée (in Eiche ausgebaut). Außerdem roter CLOS du Prieur aus dem kühleren Bereich TERRASSES DU LARZAC.

Hospices de Beaune Côte d'Or – Die seit dem Mittelalter bestehende Stiftung versteigert im spektakulären Gebäudekomplex des Hôtel-Dieu jeweils am dritten Sonntag im November in einer großen Wohltätigkeitsauktion (seit 2005 von Christie's durchgeführt) ihre von 61 ha Weinbergbesitz stammenden Fassweine. Privatpersonen können ebenso mitbieten wie der Handel. Unter Roland Masse (seit 2015 im Ruhestand) sind die Standards einheitlicher geworden, ein weiterer Schritt nach vorn ist die Berufung von Ludivine Griveau zur neuen Leiterin. Hier bekommen Sie BEAUNE-CUVÉES, VOLNAY-Weine sowie teure GRANDS CRUS, etwa CORTON, ÉCHEZEAUX oder MAZIS-CHAMBERTIN (rot) bzw. BÂTARD-MONTRACHET (weiß). Schnäppchen werden Sie allerdings eher nicht machen.

Hudelot Côte d'Or r w ★★★ Winzerfamilie an der CÔTE DE NUITS. Bei Hudelot-Noëllat (VOUGEOT) regt sich neues Leben, doch Hudelot-Baillet (CHAMBOLLE) macht ihm harte Konkurrenz. Im Stil ist Ersterer eher elegant, Letzterer eher wuchtig.

Huet Lo w ★★★★ **89' 90' 95' 96' 97' 02' 03' 05' 06 08' 09' 10' 11' 14 15' 16'** (17) – Spitzenweingut in VOUVRAY mit Maßstäbe setzendem CHENIN BLANC aus biologisch-dynamischem Anbau. Im Besitz von Anthony Hwang, dem auch die Kellerei Királyudvar in Tokaji (siehe Abschnitt »Ungarn« im Kapitel »Mittel- und Osteuropa«) gehört; Weinmacher ist Jean-Bernard Berthomé. Die Einzellagenweine – Le Haut Lieu, Le Mont, Clos du Bourg – altern sämtlich hervorragend, insbesondere die Süßweine: Jahrgänge wie 1919, 1921, 1924, 1947, 1959, 1989 und 1990 sind immer noch erhältlich. Dekantierten lohnt sich. Auch Pétillant (Perlwein).

Hugel et Fils El r w; s ★★→★★★ Erstklassiger Erzeuger (gelbes Etikett) in Riquewihr, dessen Spätlesen berühmt sind, v. a. RIESLING und GEWÜRZTRAMINER VENDAGE TARDIVE sowie SÉLECTION DE GRAINS NOBLES. Die Reihe Jubilee wurde eingestellt, dafür gibt es Riesling Schoelhammer (**07 10** 13 17) von der gleichnamigen GRAND-CRU-Lage.

IGP (Indication Géographique Protégée) – Potenziell die dynamischste Kategorie im französischen Weinsystem (mit mehr als 150 Regionen), da sie jede Menge Spielraum bietet. Hat seit dem Jahrgang 2009 den VdP abgelöst. Die Position ist allerdings unverändert, und es haben auch noch nicht alle Gebiete die neue Bezeichnung akzeptiert. Die Namen der einzelnen Zonen sind höchst individuell, u. a. etwa CÔTES DE GASCOGNE, CÔTES DE THONGUE, Pays des Cévennes oder Haute Vallée de l'Orb. Enorme Vielfalt in Geschmack und Qualität und immer wieder überraschend.

Irancy Bg r (rs) ★★ **05' 09' 10 12 14' 15'** 16 (17) – Leichter und dennoch schön strukturierter Rotwein aus der Nähe von CHABLIS, bereitet von PINOT NOIR und der etwas rustikaleren Lokaltraube César. Ein Wein für gemütliche Geselligkeit. Die besten Lagen sind Palotte und Mazelots, die besten Erzeuger Cantin, Colinot, Dauvissat, Goisot, Renaud und Richoux.

Die nasseste AOP Frankreichs ist Irouléguy, der jährliche Niederschlag beträgt dort rund 1.500 Millimeter.

Irouléguy SWF r rs (w) ★→★★★ **12' 14 15** 16 17 – AOP im Baskenland. Die Rotweine (mit Anklängen an MADIRAN) basieren auf TANNAT und CABERNET FRANC. Empfehlenswerte Erzeuger: Ameztia, Arretxea, Mourguy (alle ★★★) sowie Abotia, Bordathio, Bordaxuria, Brana, Etchegaraya, Gutizia, Ilarria (alle ★★). Außerdem gute Weiße von der Petit-Courbu-Traube, v. a. der Xuri d'Ansa (★★★) von der hervorragenden Genossenschaft, und Dom. Xubialdea. Der Rosé ist ein perfekter Sommerwein.

Jaboulet Aîné, Paul N-Rh r w – Erzeuger und Weinhandelsfirma in Tain mit Weinen in geschliffen-modernem Stil. Einst führender Erzeuger von HERMITAGE (v. a. La Chapelle ★★★★ mit dem fabelhaften 1978er und 1990er, dann wechselnde Qualität, Revival seit 2010). Außerdem CORNAS St-Pierre, CROZES Thalabert (kann stilvoll ausfallen) und Roure (reell). Besitzt die Dom. de Terre Ferme in CHATEAUNEUF-DU-PAPE und handelt zudem mit anderen Rhône-Weinen, v. a. CÔTES DU RHÔNE Parallèle 45, CONDRIEU, VACQUEYRAS, VENTOUX (rot; hochwertig und günstig). Den Weißweinen (meist BV) fehlt es an Rhône-typischem Körper; der neue, sehr teure weiße La Chapelle wird nicht jedes Jahr erzeugt.

Jacquart Champ – Champagnermarke im Besitz einer Genossenschaft, die das Sortiment eingeschränkt hat und sich auf das konzentriert, was sie am besten beherrscht: CHARDONNAY aus PREMIER-CRU-Lagen der Côte de Blancs. Feine, für die Gastronomie gedachte Auswahl an BLANC DE BLANCS (**04 05 06 07 08 10**) und sehr guter Jahrgangsrosé (**02 04 06**). Der neue Kellermeister kommt in der ganzen Welt herum. 2017 sieht für Chardonnay sehr gut aus.

Jacquesson Champ – Eine Perle von einem Champagnerhaus in Dizy mit präzise bereiteten, sehr trockenen Weinen. Herausragend der Einzellagenchampagner Avize Caïn (**02 04 05 08'**), außerdem Corne Bautray (CHAR-

DONNAY) und Dizy (**04 08 09**) sowie die ausgezeichneten nummerierten Cuvées oJ (**730' 731 732 733 734 735 738 739 740** 741).

Jadot, Louis Bg r rs w ★★→★★★★ Rühriges Handelshaus mit bedeutendem Weinbergbesitz an der CÔTE D'OR und in MÂCON, v. a. POUILLY-FUISSÉ (Dom. Ferret), sowie im Beaujolais in MOULIN-À-VENT (Ch. des Jacques, Clos du Grand Carquelin). Die Weißen sind kraftvoll und werden mit Korken der Firma Diam Bouchage (garantierter Ausschluss von Korkfehlern) verschlossen, die Roten sind gut gebaut und langlebig.

Jasnières Lo w; tr (s) ★★→★★★ **08' 09' 10' 11 14' 15'** 16 (17) – Trocken bis süß ausgebauter, lebhaft-scharfer, sehr langlebiger CHENIN BLANC aus einer dynamischen 65-ha-AC im Loir-Tal mit Südhängen. Erzeuger: v. a. de L'Ange Vin (auch VIN DE FRANCE), Aubert la Chapelle, de BELLIVIÈRE, Breton, Le Briseau, Gigou, Janvier, Les Maisons Rouges, J.-B. Métais, Roche Bleue, de Rycke. Der Jahrgang 2017 ist vielversprechend.

Jobard Côte d'Or r w ★★★ Winzerfamilie in MEURSAULT. Die besten DOMAINES sind Antoine Jobard, bekannt v. a. für seine langlebigen Gewächse Charmes, Genevrières und Poruzots, sowie Rémi Jobard, der unmittelbar ansprechende Meursault-Weine sowie Rote aus Lagen in MONTHÉLIE und VOLNAY erzeugt.

Joblot Bg r w ★★ Maßstäbe setzender Erzeuger in GIVRY mit den neuen Cuvées Empreinte und Mademoiselle (seit 2016) sowie den Klassikern La Servoisine und Clos du Cellier Aux Moines.

Joseph Perrier Champ – Feines familiengeführtes Champagnerhaus mit guten Lagen für PINOT NOIR und MEUNIER, v. a. die in eigenem Besitz befindlichen Lagen in Cumières. Fantastische Prestige-CUVÉE Joséphine (**89 02 04 08' 09** 12'), außerdem hervorragende Cuvée Royale BRUT oJ – so üppig wie eh und je, dank geringerer Dosage nun jedoch präziser – und markant-herber BLANC DE BLANCS (**02 04 06 09 08** 13' 15'), der gut zum Essen passt. Feiner und trockener gerät jetzt die Cuvée Brut Royale oJ.

Josmeyer El w ★★→★★★ Feine, langlebige Weine, z. B. prachtvoller RIESLING Grand cru Hengst (**10** 12 13' 14 15'). Auch sehr guter AUXERROIS sowie Riesling Le Dragon auf Einsteigerniveau. Biologisch-dynamischer Anbau mit Köpfchen – rigoros, aber nicht weltfremd.

Juliénas Beauj r ★★★ **09' 13 14 15' 16** 17 – Der erstaunlich unpopuläre Cru erbringt vollen, herzhaften und gleichermaßen fruchtigen wie strukturierten BEAUJOLAIS. Erzeuger: Aufranc, Burrier, Ch. FUISSÉ, Santé, Michel Tête, Trenel.

Jurançon SWF w; tr s ★→★★★ tr **15' 16** 17; s **11'** 12 13 **14 15 16'** 17 – Separate AOPS für trockene und süße Weißweine, die sich durch schöne Ausgewogenheit von Fülle und Säure auszeichnen. Die Boutiquekellerei Jardins de Babylon (★★★★) im Besitz von DAGUENEAU setzt den Maßstab für die größeren Erzeuger DOMAINES Cauhapé, Lapeyre, Larrédya, de Sarros, de Souch, Thou (alle ★★★), Ch. Jolys, Ch. Lapuyade, Domaines Bellauc, Bellegarde, Bordenave, Capdevielle, Castéra, Guirardel, Haugarot, Nigri, Uroulat sowie Clos Benguères (alle ★★). Gute, preiswerte Genossenschaft in Gan (★).

Kaefferkopf El w; tr (s) ★★★ Die Lage in Ammerschwihr ist der 51. GRAND CRU des ELSASS, von dem nicht nur sortenreine, sondern auch Verschnittweine kommen dürfen – wohl nicht allererste Qualität.

Kientzler, André El w; s ★★→★★★ Kleiner, aber sehr feiner Erzeuger in Ribeauvillé. Sehr guter RIESLING von den GRANDS CRUS Osterberg und Geisberg (**09 12 11** 13 14 15') – 2017 war der Ertrag gering, die Qualität jedoch außergewöhnlich. Des Weiteren opulenter GEWÜRZTRAMINER vom Grand cru Kirchberg (**09 11 12 15**) und gehaltvolle, klassische Süßweine. Vorbildliche Weinbergbewirtschaftung ohne irgendwelche -ismen oder sonstige Marotten.

Korsika (Vin de Corse) Korsika r rs w ★→★★★ Die Insel verfügt über die ACS Ajaccio und PATRIMONIO sowie die Crus Coteaux du Cap Corse, Sartène und Calvi; die IGP heißt Île de Beauté. Es herrscht eine große Rebsortenvielfalt. Duftende, würzige Rote von der SCIACARELLO-Traube, strukturierter von NIELLUCCIO, außerdem gute Rosés und würzige Vermentino-Weißweine mit Kräuternote. Auch süßer MUSCAT. Spitzenerzeuger: Abbatucci, Alzipratu, Canarelli, Clos d'Alzeto, Clos Capitoro, Clos Poggiale, Fiumicicoli, Nicrosi, Peraldi, Pieretti, Saperale, Torraccia und Vaccelli. Die Weine sind schwer aufzutreiben, passen aber zum gegenwärtigen Run auf das Seltene und Autochthone.

Jura-Juwelen

Welche andere Region hat so viele Stile zu bieten? Für Konsumenten ist das offenbar verwirrend, Sommeliers hingegen lieben dieses Spiel. **Trockene Weißweine** von CHARDONNAY, jetzt auch häufig aus Einzellagen. Außerdem würzig-scharfe Verschnitte mit SAVAGNIN. Auch frischer oder (bewusst) **oxidativ** ausgebauter sortenreiner Savagnin ist spannend; Naturwein-Versionen haben allerdings oft einen kräftigen Hautgout. Siehe CÔTES DU JURA, ARBOIS, L'ETOILE. Der Begriff *Vin typé* auf Etiketten bedeutet, dass der Wein Richtung Sherry geht. *Vin ouillé* besagt, dass der Verdunstungsschwund im Fass durch Nachfüllen ausgeglichen wird, um Oxidation zu vermeiden. **Leichte Rotweine** von den Sorten PINOT NOIR, Poulsard, Trousseau sowie Verschnitte. Es wird etwas mehr Rosé erzeugt als Rotwein (Côtes du Jura und Arbois). Lang gereifte, **sherryartige Weine** heißen VIN JAUNE; siehe CHÂTEAU-CHALON. Der intensiv süße **Vin de paille** wird aus roten wie weißen Trauben erzeugt. Der gespritete **Macvin** ist die hiesige Version des Ratafia aus der Champagne.
Der Tradition verpflichtete Erzeuger: Bourdy, MACLE, Overnoy, Puffeney. Avantgarde-Erzeuger: GANEVAT, PIGNIER, A. et M. TISSOT. Quantität und günstige Preise bieten die Genossenschaften (hier Caves Fruitières genannt) sowie Boilley, LABET, Henri MAIRE und J. TISSOT.

Kreydenweiss, Marc El w; s ★★→★★★★ Die feine, biologisch-dynamisch bewirtschaftete Domaine mit Rebflächen auf sehr unterschiedlichen Böden um Andlau wird jetzt von Antoine Kreydenweiss und ihren Schwestern, Marcs Kindern, geführt. Sehr guter PINOT GRIS GRAND CRU Moenchberg (kalkhaltiger Mergel). Spitzenwein ist der RIESLING Grand cru Kastelberg (**90** **08** 13 14 15) von Schwarzschiefer, der sich 10–20 Jahre und länger hält. Kreydenweiss ist auch in COSTIÈRES DE NÎMES und an der südlichen Rhône tätig.

Krug Champ Grande CUVÉE ★★★★, v. a. die 160ème Édition (auf 2004er-Basis), die 164ème Édition (Basis 2008) ist noch sehr jung; Vintage **95'** **98** **00** **02** **04**; Rosé; Clos du Mesnil (**00'** **02** **03**); Clos d'Ambonnay (**95'** **98'** **00**); Krug Collection **69** **76'** **81** **85** – Champagnerhaus mit enormem Prestige: gehaltvolle, nussige Weine, die, wenn sie in Eiche vergoren wurden, von höchster Qualität sind, aber ebensolche Preise haben. Der Vintage des Jahrgangs **03** ist eine angenehme Überraschung, der 2002er wird 2020 prachtvoll sein. Kein Jahrgangschampagner 2012, eine Schande bei diesem großartigen PINOT-NOIR-Jahr.

Kuentz-Bas El w; s ★★→★★★ Seit Jean-Baptiste Adam die Domaine 2004 erwarb, ging es mit Riesenschritten bergauf. Seine Weinberge zählen zu den höchstgelegenen des ELSASS, die biologisch-dynamischen Methoden zeitigen ernst zu nehmende und doch zugängliche Weine: RIESLING in eher trockenem Stil (**13** 15' 16 17'), des Weiteren feiner PINOT GRIS und GEWÜRZTRAMINER VENDANGE TARDIVE (08 09 15 17).

Labet, Domaine Jura ★★★ Das wichtigste Weingut im südlichen Teil der CÔTES DU JURA (Rotalier) hat sich mit seinen CHARDONNAY-Weinen aus Einzellagen einen Namen gemacht, darunter La Bardette, En Billat und En Chalasse. Außerdem guter PINOT NOIR und VIN JAUNE.

Aufgehende Sterne im Languedoc

Echte Weinfreunde wenden sich dem Languedoc jetzt mit wachsenden Erwartungen zu. Wir haben noch nicht mal die Hälfte gesehen. Alle folgenden Weingüter wurden ab 2008 gegründet und machen sich gut: **Cabardès** Guilhem Barré; **Corbières** L'Espérou, Olivier Mavit; **Faugères** Grain Sauvage, Mas Lou, Les Serrals; **Fitou** Sarrat d'en Sol; **La Clape** La Combe de St Paul; **Limoux** Cathare, Monsieur S.; **St-Chinian** Lanye Barrac, La Lauzeta, Les Païssels; **Pézenas** La Grange des Bouys, Ste Cécile du Parc; **Terrasses du Larzac** Les Chemins de Carabote, Clos Maïa, Mas Combarèla; **Pic St Loup** Ch. Fontanès, Mas Gourdou, Mas Peyrolle.

Ladoix Côte d'Or r w ★★ **05' 08** 09' 10' **11** 12 14 15' 16 (17); w **12** 14' 15 16 (17) – Hier gibt es frische, überschwängliche Weißweine, z. B. Les Gréchons, und fruchtige Rote zu entdecken, v. a. vom PREMIER CRU Les Joyeuses der hiesigen DOMAINES Chevalier, Loichet, Mallard und Ravaut. Wer etwas tiefer in die Tasche greifen will, gönnt sich den Le Cloud von Dom. Prieuré Roch.

Ladoucette, de Lo (r) (rs) w ★★★ 10 12 14 15 **16** (17) – Der größte Einzelerzeuger von POUILLY-FUMÉ, mit CHÂTEAU de Nozet (165 ha) als Firmensitz. Baron de L ist die teure Luxusmarke; ferner die SANCERRE-Weine Comte Lafond und La Poussie (die beeindruckendste Lage in Bué) sowie Marc Brédif (CHINON, VOUVRAY) und Albert Pic (CHABLIS).

Lafarge, Michel Côte d'Or r ★★★★ Das klassische VOLNAY-Gut unter Leitung von Frédéric Lafarge, dem Sohn des stets gegenwärtigen Michel, wird biologisch-dynamisch bewirtschaftet. Überragende, langlebige PREMIERS CRUS Clos des Chênes, Caillerets und CLOS du Château des Ducs. Außerdem feine BEAUNE-Gewächse, v. a. Grèves, und einige Weiße. Das neue Projekt in FLEURIE heißt Lafarge-Vial.

Lafon, Domaine des Comtes Bg r w ★★★→★★★★ Die legendäre, biologisch-dynamisch bewirtschaftete DOMAINE zählt mit ihren MEURSAULT-Weinen und dem ebenso hervorragenden, langlebigen roten VOLNAY Santenots wieder verlässlich zu den Besten. Ein ausgezeichnetes, preiswertes Mâconnais-Sortiment bietet die Domaine Les Héritiers du Comte Lafon. Dominique Lafon hat einen eigenen Betrieb an der CÔTE DE BEAUNE.

Laguiche, Marquis de Côte d'Or w ★★★★ Größter Grundbesitzer in Le MONTRACHET. Herrliche Weine, auch feiner PREMIER CRU CHASSAGNE-MONTRACHET, hervorragend von DROUHIN bereitet.

Lalande de Pomerol Bx r ★★ **05' 06 08** 09' 10' **11 12 14 15** 16 – Qualitativ zulegender Satellitennachbar von POMEROL; Weine in ähnlichem Stil, aber weniger dicht gewirkt. Halten Sie sich an die Spitzen-CHÂTEAUX: Ame de Musset, BERTINEAU ST-VINCENT, Chambrun, La Chenade, Les Cruzelles, La

Fleur de Boüard, Garraud, Grand Ormeau, Jean de Gué, Haut-Chaigneau, Les Hauts-Conseillants, Laborderie-Mondésir, Pavillon Beauregard, Perron (La Fleur), Sabines, La Sergue, Siaurac, TOURNEFEUILLE. 2017 von Frost heimgesucht.

a Madura, Domaine Lang r w ★★★ Der frühere Geschäftsführer von Ch. FIEUZAL in Bordeaux erzeugt nun auf seinem eigenen Gut in ST-CHINIAN stilvollen Classic und Grand Vin. Der Weiße ist ein urtümlicher Verschnitt von SAUVIGNON BLANC und Picpoul.

andron, Domaines Lo w; tr; sch ★★→★★★ **10 13 14' 15 16** (17) – Sehr guter Erzeuger von MUSCADET DE SÈVRE-ET-MAINE aus biologisch-dynamischem Anbau (48 ha): Amphibolite und Fief du Breil.

anglois-Chateau Lo (r) (w); sch ★★→★★★ In SAUMUR ansässiger Erzeuger von feinem CRÉMANT de Loire, v. a. Quadrille und Réserve, seit 1973 im Besitz von BOLLINGER (rund 89 ha). Auch Stillweine, insbesondere der sehr gute Saumur Blanc VIEILLES VIGNES (05 09 13 14 15).

anguedoc r rs w – Allgemeine Bezeichnung für den Süden Frankreichs (MIDI). Die AC umfasst auch MINERVOIS, CORBIÈRES und ROUSSILLON von Cabardès bis Sommières, nicht jedoch Malepère; die AC Coteaux du Languedoc existiert theoretisch nicht mehr, die Vorschriften sind aber dieselben. An dem neuen Stufensystem für (hochwertige) CRUS wird nach wie vor gearbeitet. Zu den Unterbereichen zählen Cabrières, Grès de Montpellier, Pézenas, Quatourze und St Saturnin, hier werden in der Regel Languedoc-Rebsorten angebaut. Die kleinen AOPs Cabardès und Côtes de la Malepère grenzen ans Bordelais. Aus der AOP Clairette du Languedoc kommt der gleichnamige, ehemals sehr beliebte Weißwein. Nicht alle Bereiche zeichnen sich durch klar erkennbare eigene Identität aus, halten Sie sich daher an die Erzeuger.

anson Père et Fils Champ Black Label oJ; Rosé oJ; BRUT im Aufwind, v. a. **02 08** 12' 15 – Runderneuertes Champagnerhaus; gehört jetzt zu Lanson-BCC. Fantastisch sind »Lanson Père et Fils« oJ sowie die Noble Cuvée als BLANC DE BLANCS, Rosé und Jahrgangschampagner; neu ist der Jahrgangs-Brut Clos Lanson (**06 08 09** 12) aus einer Einzellage. Der Extra Age (aus mehreren Jahrgängen) und der Blanc de Blancs sind besonders gut. Der erfahrene Kellermeister Hervé Dantan (seit 2015 bei Lanson) lässt in gewissem Umfang biologischen Säureabbau zu, um einen runderen Stil zu erhalten.

apierre, Marcel Beauj r ★★★ Als Chef der Kult-DOMAINE erzeugt Mathieu Lapierre, Sohn des wegweisenden Marcel Lapierre, weiterhin MORGON ohne Schwefeldioxidzusatz. Probierenswert ist auch die Cuvée Camille aus den besten Parzellen und der frische, fruchtig-saftige Raisins Gaulois.

aplace, Domaine SWF – Der älteste aller MADIRAN-Erzeuger pflegt einen modernen Stil beim Château d'Aydie (★★★), der mehr Zeit braucht als der Odé d'Aydie. Ebenfalls empfehlenswert sind die leichteren, sortenreinen TANNAT-IGP-Weine Les 2 Vaches (★★) und Aramis (★). Außerdem exzellente trockene und süße PACHERENC-DU-VIC-BILH-Gewächse (★★★) und süßer, gespriteter Maydie, der gut zu Schokolade passt.

aroche Chablis w ★★ Bedeutender Akteur in CHABLIS, dessen Angebot von der Spezialcuvée Réserve de l'Obédiencerie (das gleichnamige historische Gebäude, der Firmensitz, lohnt einen Besuch) bis zu GRAND-CRU-Weinen reicht. Besitzt auch Mas La Chevalière im LANGUEDOC.

atour, Louis Bg r w ★★→★★★★ Berühmtes traditionelles Handelshaus und Erzeugerbetrieb in Familienbesitz mit körperreichen Weißweinen von Lagen an der CÔTE D'OR (v. a. CORTON-CHARLEMAGNE), dem Mâconnais und der Ardèche (alle CHARDONNAY). Klassischer wirken die CORTON- und

ROMANÉE-ST-VIVANT-Rotweine. Zum Besitz gehört auch Henry Fessy im BEAUJOLAIS.

Latricières-Chambertin Côte d'Or r ★★★★ **90' 93 96' 99'** 02' 03 05' **06 07 08** 09' 10' **11** 12' 13 14 15' 16 (17) – GRAND CRU neben CHAMBERTIN. Ähnlich gehaltvoller Wein, aber nicht ganz so intensiv, gerät in warmen, trockenen Jahren am besten. Spitzenerzeuger: Arnoux, BIZE, Drouhin-Laroze, Duband, FAIVELEY, LEROY, Remy, ROSSIGNOL-TRAPET und TRAPET.

Laudun S-Rh r rs w ★→★★ **15 16' 17'** – Solider Weinbauort der CÔTES DU RHÔNE-VILLAGES am Westufer. Exzellente, frische Weißweine, fruchtig-pfeffrige, früh trinkreife Rotweine (viel SYRAH), lebhafte Rosés. Weine mit unmittelbar ansprechender Aromatik von der Genossenschaft Laudun CHUSCLAN Vignerons. Dom. Pelaquié ist am besten, besonders der elegante Weiße; daneben die CHÂTEAUX de Bord, Courac, Juliette, St-Maurice sowie die DOMAINES Carmélisa, Duseigneur (biodynamisch), des Maravilhas (biodynamisch; Rot- und Weißwein), Olibrius und Prieuré St-Pierre.

Laurent-Perrier Champ – Bedeutende Champagnerfirma; die Besitzerfamilie tritt jetzt weniger in Erscheinung (ein Hinweis auf einen bevorstehenden Besitzerwechsel?). Der BRUT oJ (auf CHARDONNAY-Basis) ist ein idealer Aperitif, der sehr gute Rosé wird mit Schalenkontakt vinifiziert. Feine Jahrgänge: **02 04 06 08 12**. Gut in Form ist die aus mehreren Jahrgängen bereitete Cuvée Grand Siècle, unvergleichlich der Grand Siècle Alexandra Rosé (09). Der Ultra Brut müsste besser werden.

Leflaive, Domaine Bg r w ★★★★ Die Verpflichtung Pierre Vincents als Kellerchef wird die Kult-Domaine in Puligny-Montrachet nach der etwas wackligen Phase infolge des Todes von Anne-Claude Leflaive wieder an die Spitze bringen. Es wurden bereits Schritte unternommen, um den großartigen Weinen wieder zu Langlebigkeit zu verhelfen. Sie stammen von GRANDS CRUS wie Le MONTRACHET und CHEVALIER-MONTRACHET sowie von legendären Premiers crus wie Combettes, Folatières und Pucelles. Preiswerter ist der MÂCON Verzé.

Leflaive, Olivier Côte d'Or r w ★★→★★★ Auf Weißwein spezialisiertes Handelshaus in PULIGNY-MONTRACHET. In letzter Zeit pfiffige Weine, allen voran der BOURGOGNE Les Sétilles, auch aus eigenen GRAND-CRU-Lagen. Das Hotel-Restaurant »La Maison d'Olivier« mit Verkostungsraum gehört ebenfalls zum Besitz.

Leroux, Benjamin Côte d'Or r w ★★★ Der frühere Leiter der Domaine COMTE ARMAND erwirbt sich jetzt einen Ruf als Négociant in BEAUNE, der sowohl bei Rot- als auch bei Weißweinen zu Hause ist. Besonders empfehlenswert unter seinen ausgewogenen, geradlinigen Weinen sind die PREMIER-CRU-Gewächse aus CHASSAGNE-MONTRACHET, GEVREY-CHAMBERTIN und VOLNAY.

Leroy, Domaine Côte d'Or r w ★★★★ Lalou Bize Leroy, eine Wegbereiterin des biologisch-dynamischen Anbaus, bietet außerordentliche Qualität von winzigen Erträgen in VOSNE-ROMANÉE und von der Dom. d'Auvenay – zu verteufelt hohen Preisen, sogar ab Hof. Außerdem ein staunenswerter Schatz von älteren Weinen aus dem Handelshaus der Familie, Maison Leroy.

Liger-Belair, Comte Côte d'Or r ★★★★ Comte Louis-Michel Liger-Belair erzeugt strahlend ätherische Weine in VOSNE-ROMANÉE, einen stetig wachsenden Schatz, der vom monumentalen La ROMANÉE angeführt wird. Außerdem probierenswert: La Colombière, PREMIER CRU Aux Reignots und die NUITS-ST-GEORGES-Crus.

Liger-Belair, Thibault Côte d'Or r ★★★→★★★★ Der fleischig-saftige, biologisch-dynamisch erzeugte Burgunder entsteht jetzt in einer neuen Kellerei in NUITS-ST-GEORGES, angefangen von den einfachen ACs bis hin zu

Les St-Georges und GRAND CRU RICHEBOURG. Außerdem eine Reihe überragender MOULIN-À-VENT-Einzellagenweine von alten Reben.

Lignier Côte d'Or r w ★★★ Familie in MOREY-ST-DENIS. Bester Erzeuger ist die jetzt von Sohn Laurent geleitete Domaine Hubert Lignier (z. B. CLOS DE LA ROCHE). Klasse bietet auch Virgile Lignier-Michelot, nur die Dom. Georges Lignier ist derzeit nicht in Form.

Limoux Lang r w ★★ AC für Stillwein, zur Ergänzung der Schaumweinappellationen BLANQUETTE DE LIMOUX und CRÉMANT de Limoux. Ausbau in Eiche ist für die weißen Stillweine obligatorisch, bereitet werden sie von CHARDONNAY, CHENIN BLANC und Mauzac sortenrein oder als Verschnitt. Die Roten der AC basieren auf MERLOT, plus SYRAH, GRENACHE und beide CABERNET-Sorten. Trotz des kühlen Klimas ist PINOT NOIR unverständlicherweise nur für Crémant und die IGP Haute Vallée de l'Aude zugelassen. Erzeuger: u. a. DOMAINES de Baronarques, Cathare, de Fourn, de Mouscaillo, Ch. RIVES-BLANQUES und Jean-Louis Denois.

Lirac S-Rh r rs w ★★ **10' 12' 13 15' 16'** 17' – Vier Gemeinden auf steinigen, guten Böden nahe TAVEL. Würzige Rote (können 5 Jahre und länger reifen); neue Impulse kommen von einigen CHÂTEAUNEUF-DU-PAPE-Erzeugern, die für reinere Frucht und mehr Flair sorgen. Empfehlenswert: v. a. DOMAINES Carabiniers (biologisch-dynamisch), Duseigneur (biodynamisch), Giraud, Joncier (biologisch-dynamisch, Charakter), Lafond Roc-Epine, La Lôyane, Maby (La Fermade, guter Weißwein), Marcoux (stilvoll), de la Mordorée (bei Rot und Weißwein der Beste), Plateau des Chênes, la Rocalière (schöne Frucht), CHÂTEAUX de Bouchassy, de Manissy, de Montfaucon (sehr guter weißer CÔTES DU RHÔNE), Mont-Redon, St-Roch, de Ségriès sowie Mas Isabelle (handwerkliche Bereitung), Rocca Maura und R. Sabon. Die Weißen setzen auf Frische und Körper (halten sich 5 Jahre).

Listrac-Médoc H-Méd r ★★→★★★ **05' 06 08 09' 10' 11 12 14 15** 16 – Mit 43 m (!) die höchste Stelle im MÉDOC. Die AC für leckeren roten Bordeaux hat qualitativ deutlich zugelegt: Die Weine zeichnen sich jetzt durch mehr Frucht, Tiefe und MERLOT aus. Auch immer mehr guter Weißwein, als AC BORDEAUX etikettiert. Beste CHÂTEAUX: Cap Léon Veyrin, CLARKE, Ducluzeau, l'Ermitage, FONRÉAUD, Fourcas-Borie, FOURCAS DUPRÉ, FOURCAS HOSTEN, MAYNE LALANDE, Reverdi, SARANSOT-DUPRÉ.

Long-Depaquit Chablis w ★★★ Tadellose CHABLIS-DOMAINE mit der berühmten Spitzenmarke des Hauses, La Moutonne. Teil des BICHOT-Imperiums.

Lorentz, Gustave El w ★★→★★★ Erzeuger und Händler in Bergheim; v. a. RIESLING aus den GRAND-CRU-Lagen Altenberg de Bergheim und Kanzlerberg (**10' 12 13** 15 16 17) mit Alterungspotenzial. Ebenfalls gut bereitet sind die jungen, in größerer Menge erzeugten Weine (v. a. GEWÜRZTRAMINER). Außerdem feiner Gewürztraminer Evidence (**09 11 16** 17).

Lot SWF ★→★★ BV – Die IGP im Departement Lot wird überwiegend von Erzeugern (z. B. CLOS DE GAMOT von Ch. du CÈDRE), deren AOP-Vorschriften nur Rotweine gestatten, für Rosés und Weiße genutzt. Außerdem probierenswert: Dom. Belmont, Dom. de Sully, Tour de Belfort (alle ★★) und insbesondere CLOS d'Auxonne (★★) aus der Ortschaft Montcuq.

Loupiac Bx w; s ★★ **07 09' 10' 11 13 14 15 16** – In geringerem Ansehen stehender Dessertwein *(liquoreux)* auf SÉMILLON-Basis in leichterem, frischerem Stil als die SAUTERNES-Gewächse vom anderen Garonne-Ufer. Spitzen-CHÂTEAUX: CLOS Jean, Dauphiné-Rondillon, Loupiac-Gaudiet, Noble, de Ricaud, Les Roques.

Luberon S-Rh r rs w ★→★★ **15' 16' 17'** – Angesagter hügeliger Anbaubereich im Anschluss an die südliche Rhône. Das Terroir ist trocken und brauchbar, mehr nicht; zu viele technische, seelenlose Weine, hauptsächlich von SYRAH. Herausragend ist Ch. de la Canorgue. Außerdem gut: Dom. de la Citadelle, Chx. Clapier, Edem, Fontvert (biodynamisch, guter Weißwein), Dom. de Fontenille, Marrenon, Dom. Le Novi (terroirbetont), O. Ravoire, Ch. St-Estève de Neri (wird besser), Tardieu Laurent (gehaltvoll, Eichenausbau), Ch. Val-Joanis und La Vieille Ferme (teils als VIN DE FRANCE etikettiert).

Lussac St-Émilion Bx r ★★ **08 09' 10' 12 14 15 16** – Satellit von ST-ÉMILION mit den leichtesten Weinen. Die Qualität ist unterschiedlich, die Preise angemessen. Erzeuger: Barbe-Blanche, Bel Air, Bellevue, Courlat, la Grenière, de LUSSAC, du LYONNAT, Mayne Blanc, Le Rival, La Rose-Perrière.

Macération carbonique Kohlensäuremaischung. Traditionelle Methode der Gärung von ganzen, unzerquetschten Trauben in einem geschlossenen Tank. Die in den einzelnen Trauben stattfindende Gärung bringt sie zum Aufplatzen. Das Ergebnis ist ein spritziger, sehr fruchtiger, milder Wein, der sich nicht lange lagern lässt. Kohlensäuremaischung ist typisch für die BEAUJOLAIS-Bereitung (allerdings nicht für die Spitzenweine), wird heute aber auch in vielen anderen Gegenden, z. B. im MIDI, angewandt, sogar bei CHÂTEAUNEUF-DU-PAPE.

Macle, Domaine Jura ★★★ Legendärer Erzeuger von sehr langlebigem VIN JAUNE (AC CHÂTEAU-CHALON).

Mâcon Bg r (rs) w; BV – Einfache, saftig-fruchtige Rote (von GAMAY) und die schlichteste Spielart von Weißweinen (CHARDONNAY) aus dem Mâconnais.

Mâcon-Villages Bg w ★★→★★★ **14' 15 16** (17) – Hauptappellation für Weißweine aus dem Mâconnais, es kann aber auch der Name der jeweiligen Ortschaft genannt werden, z. B. Mâcon-Lugny. Die günstigsten Preise bieten die Genossenschaften Lugny, Terres Secretes und Viré, individuelle Qualität die folgenden Erzeuger: Guffens-Heynen, Guillot, Guillot-Broux, LAFON, LEFLAIVE, Maillet und Merlin.

Macvin Jura – Likörwein aus dem Südosten Frankreichs: Traubensaft wird mit regional gewonnenem Tresterbrand (Marc) gespritet, was einen süßen Aperitif mit 16–22 Vol.-% Alkohol ergibt. Die meisten Jura-Erzeuger haben einen Macvin im Angebot.

Madiran SWF r ★★→★★★ **12' 13 14 15' 16** 17 – AOP in der Gascogne, Heimat der Rebsorte TANNAT. In der Praxis bedeutet das entweder traditionelle, dunkle, tanninstrenge Weine oder aber fruchtigere und leichter verkäufliche Versionen. Doch es lohnt, sich den Tanninen zu stellen. Die DOMAINES Berthoumieu (kürzlich verkauft), Capmartin, Damiens, Dou Bernés, Labranche Laffont, Laffitte-Teston, Laplace, Pichard (wird immer besser) sowie Clos Basté und Ch. de Gayon (alle ★★★) liefern Ch. Montus und Ch. BOUSCASSÉ einen harten Wettkampf. Dicht dahinter folgen Barréjat (★★), Crampilh und Maouries (alle ★★).

Mailly Grand Cru Champ – Erstklassige Genossenschaft in der Champagne, das gesamte Lesegut stammt aus GRAND-CRU-Lagen diverser Gegenden. Die Prestige-CUVÉE des Echansons (**02 04** 08' 12) kann sehr alt werden. Außerdem üppiger Echansons Rosé (**09**) und raffinierter, klassischer L'Intemporelle (**02 04 06** 08' 12'). Kellermeister Sébastien Moncuit (seit 2014) ist ein kommender Star.

Maire, Henri Jura r rs w ★ Einst legendärer Schöpfer des Vin Fou, ist Henri Maire heute immer noch ein sehr großer Erzeuger mit ausgedehntem Weinbergbesitz. Die Weine gelangen teils unter Domaine-Namen wie Sobief oder Brégand und teils unter dem Supermarktetikett Auguste Pirou in den Handel. Im Bestfall ordentlich.

Mann, Albert El r w ★★→★★★ Spitzenerzeuger in Wettolsheim mit reichhaltigen, eleganten Weinen. Sehr guter AUXERROIS, fantastische Reihe von GRAND-CRU-Weinen aus den Lagen HENGST, SCHLOSSBERG und Steingrubler (v. a. **08 10 13'** 15). Der PINOT NOIR Les Saintes Claires fiel 2015 fantastisch aus. Makellose, biologisch-dynamisch bewirtschaftete Weinberge.

Maranges Côte d'Or r (w) ★★ **05' 09' 10' 12 13 14 15'** 16 (17) – Robuste Rotweine zu erschwinglichen Preisen aus der südlichsten AC der CÔTE DE BEAUNE. Probierenswert aus den PREMIERS CRUS Boutière, Croix Moines und Fussière, am besten von: BACHELET-Monnot, Chevrot, Contat-Grangé, Giroud, Moreau.

Marcillac SWF r rs ★★ Die AOP ist für ihre leichten, etwas stechenden Roten bekannt, die (praktisch sortenrein) von der Mansois-Traube (FER SERVADOU) bereitet werden und mit 3 Jahren am besten sind. Fans genießen sie zu Aufschnitt, Würstchen mit Kartoffelsalat oder Erdbeeren. Die Genossenschaft (★★; v. a. der Einzellagenwein Dom. de Ladrecht) kann mit den unabhängigen Erzeugern mithalten, z. B. DOMAINES Costes, du Cros (der größte unabhängige Betrieb hat auch gute IGP-Weißweine im Angebot), Vieux Porche (alle ★★) sowie de l'Albinie (gibt CABERNET SAUVIGNON zum Verschnitt), Mioula (beide ★).

Frankreich

Margaux H-Méd r ★★→★★★★ **04 05' 06 08 09' 10' 11 12 14** 15 16 – Die größte kommunale APPELLATION im südlichen MÉDOC ist für ihre eleganten, duftigen Weine bekannt, bietet tatsächlich aber verschiedene Stile. Spitzen-CHÂTEAUX: BOYD-CANTENAC, BRANE-CANTENAC, DAUZAC, FERRIÈRE, GISCOURS, ISSAN, KIRWAN, LASCOMBES, MALESCOT ST-EXUPÉRY, MARGAUX, PALMER, RAUZAN-SÉGLA, DU TERTRE. Ein gutes Preis-Leistungs-Verhältnis bieten die Châteaux ANGLUDET, Haut Breton Larigaudière, LABÉGORCE, Paveil de Luze und SIRAN.

Marionnet, Henry Lo r w ★★→★★★ **14' 15' 16 17** – Verwegen-origineller Erzeuger (60 ha) im Osten der TOURAINE, der über einige Lagen mit wurzelechten Reben verfügt. Sohn Jean-Sébastien hat jetzt die Leitung inne. SAUVIGNON BLANC (angeführt vom L'Origine Touraine), GAMAY, Provignage (von im Jahr 1850 gepflanzten Romorantin-Reben), La Pucelle de Romorantin sowie Renaissance. Wiederbelebung des historischen Weinbergs von Ch. de Chambord (erster Jahrgang: 2018).

Marmande SWF r rs (w) ★→★★ r **14' 15'** 16 17 – Die angesagte Domaine Elian da Ros (★★★) weist mit der seltenen heimischen Rebsorte Abouriou (rot) der qualitativ im Aufwind befindlichen, an die Gascogne grenzenden AOP den Weg. Ch. de Beaulieu (★★) bevorzugt SYRAH, während bei Dom. Beyssac, Dom. Bonnet, Dom. Cavenac und Ch. Lassolle (alle ★★) Abouriou mit BORDEAUX-Sorten verschnitten wird. Die Erzeugnisse der (fusionierten) Genossenschaften sind immer noch langweilig.

Marsannay Côte d'Or r rs (w) ★★→★★★ r **09' 10' 12' 13 14 15'** (17) – AOC ganz im Norden der CÔTE DE NUITS, die auf PREMIER-CRU-Status z. B. für ihre Lagen Champ Salomon, Clos du Roy und Longeroies hofft. Zugängliche, knackige, äußerst fruchtbetonte Weine, z. B. von Audoin, Bart, Bouvier, Charlopin, CLAIR, Fournier, Pataille und TRAPET. Den sehr guten Rosé sollte man erst nach 1–2 Jahren trinken; die Weißen sind weniger aufregend.

Mas Amiel Rouss r w; s ★★★ Das führende Gut in MAURY bietet vorbildliche trockene CÔTES-DU-ROUSSILLON-, Maury- und IGP-Weine. Der Vol de Nuit von sehr alten CARIGNAN-Reben, der Vers le Nord auf GRENACHE-Basis, der Origine und der Altaïr lohnen die Suche. Außerdem gibt es jungen Grenat (die Maury-Version des RIMAGE) und ehrwürdige (20–40 Jahre alte) VINS DOUX NATURELS RANCIO (AOC Maury).

Mas Bruguière Lang ★★★ Das erfolgreiche Gut in PIC ST-LOUP ist seit sieben Generationen in Familienbesitz und wird jetzt vom talentierten Xavier Bruguière geleitet. Besonders empfehlenswert: L'Arbousé, La Grenadière und Le Septième.

Mas Cal Demoura Lang r rs w ★★★ Das Gut in den TERRASSES DU LARZAC sollte man im Auge behalten. Die Weine werden von Vincent Goumard sehr sorgfältig bereitet: Paroles de Pierre, weißer L'Etincelle (sechs verschiedene Rebsorten) sowie die roten LANGUEDOC-Cuvées Les Combariolles, Feu Sacré (vorwiegend GRENACHE), Terres de Jonquières und die neue Kreation Fragments (hauptsächlich SYRAH von alten Reben).

Mas de Daumas Gassac Lang r rs w ★★★ 05 06 07 **08 09 10 11 12** 13 14 15 16 17 – Das Gut setzte mit seinen langlebigen Weinen auf CABERNET-Basis von offenbar einzigartigen Böden neue Standards im MIDI, wird in puncto Qualität inzwischen aber von anderen übertroffen. Erzeugt außerdem einen herrlich duftenden Weißen von CHENIN BLANC und einer Reihe weiterer Sorten, die rote Super-Cuvée Emile Peynaud, den Rosé Frizant und den köstlichen süßen Vin de Laurence (MUSCAT/SERCIAL). Nun ist die kompetente Nachfolgegeneration am Ruder.

Mas, Domaines Paul Lang r rs w ★★ Ein äußerst ambitionierter, großer Akteur im Süden mit 650 ha eigenem Rebbesitz und 1.312 ha von Vertragswinzern bewirtschafteten Weinbergen, die sich von Grès de Montpellier bis ins ROUSSILLON erstrecken. Der Firmensitz ist in Pézenas. Erzeugt überwiegend IGP-Weine; innovatives Marketing. Besonders bekannt ist die IGP-Reihe Arrogant Frog; außerdem La Forge, Les Tannes und Les Vignes de Nicole. Die Güter Ferrandière und Crès Richard in TERRASSES DU LARZAC sowie de Martinolles in LIMOUX und Ch. Lauriga (Roussillon) gehören ebenfalls zum Besitz. Die Marke für Pézenas-Weine heißt Côté Mas. An Ökoanbau und verringertem Schwefeleinsatz wird gearbeitet.

Mas Jullien Lang ★★★ Einer der ersten Qualitätserzeuger in den TERRASSES DU LARZAC mit nach wie vor gutem Ruf. Die Weißweine werden hauptsächlich von CARIGNAN blanc und CHENIN BLANC bereitet. Die Roten (von LANGUEDOC-Sorten): Autour de Jonquières, Carlan, États d'âme und Lous Rougeos.

Massif d'Uchaux S-Rh r ★★ **15' 16' 17'** – Gute Weinbaugemeinde der CÔTES DU RHÔNE-VILLAGES mit strahlend fruchtigen, würzigen Rotweinen, die nicht leicht an den Mann zu bringen sind, aber im Bestfall unverfälscht und stilvoll sind. Beachtenswert: Ch. St-Estève (auch guter VIOGNIER), Doms. La Cabotte (biologisch-dynamisch, in Bestform), Cros de la Mûre (charaktervoll, preiswert), de la Guicharde, Renjarde (geschliffene Frucht).

Maury Rouss r; s ★★→★★★ Das Renommee gründet sich auf VIN DOUX NATUREL von GRENACHE noir, blanc und gris auf Schieferboden (inmitten von Kalkstein). Inzwischen werden auch charaktervolle trockene Rote erzeugt. In letzter Zeit ist die Qualität deutlich gestiegen, angeführt von Mas Amiel. Mehrere neue Weingüter, z. B. Dom. of the Bee, Jones. Ordentliche Genossenschaft. Sehr lohnend sind Rancio-Weine alter Jahrgänge, v. a. zu Schokolade.

Mazis- (oder Mazy-)Chambertin Côte d'Or r ★★★★ **90'** 93 **96' 99' 02' 03** 05' **06 07 08** 09' 10' **11** 12' 13 14 15' 16' (17) – GRAND CRU von GEVREY-CHAMBERTIN; der obere Teil des Hangs ist Spitzenklasse und liefert intensive, himmlische Weine. Beste Erzeuger: Bernstein, DUGAT-Py, FAIVELEY, HOSPICES DE BEAUNE, LEROY, Maume-Tawse, Mortet und ROUSSEAU.

Mazoyères-Chambertin Côte d'Or ★★★★ Darf als CHARMES-CHAMBERTIN etikettiert werden, doch immer mehr Erzeuger entscheiden sich für Mazoyères. Empfehlenswert: DUGAT-PY, LEROUX, Perrot-Minot, Taupenot-Merme.

Médoc Bx r ★★ **05'** 06 08 **09' 10'** 11 **14 15** 16 – AC für Rotwein aus dem flacheren nördlichen Teil der Médoc-Halbinsel, dem Bas-Médoc. Oft mehr Power als Anmut. Es gibt viele Erzeuger, seien Sie also wählerisch. Spitzen-CHÂTEAUX: Bournac, d'Escurac, Fontis, Goulée, GREYSAC, LOUDENNE, Lousteauneuf, Les ORMES SORBET, PATACHE D'AUX, POITEVIN, Potensac, PREUILLAC, Ramafort, La Tour de By, La TOUR HAUT CAUSSAN, Tour

St Bonnet, Vieux Robin sowie Dom. Rollan de By (Ch. HAUT CONDISSAS) und Clos Manou.

Meffre, Gabriel S-Rh r w ★★→★★★ Rhône-Handelshaus mit beständiger Qualität, besitzt auch die gute Dom. Longue Toque in GIGONDAS. Neuerdings bessere Frucht und weniger Eicheneinfluss. Auch im Angebot: CHÂTEAUNEUF-DU-PAPE (Chapelle Saint-Théodoric, gut) und VACQUEYRAS (St-Barthélemy). Verlässliche bis gute Reihe Laurus (in neuer Eiche ausgebaut; gute 2015er) von der südlichen und nördlichen Rhône, v.a. CONDRIEU, HERMITAGE (beide weiß) und ST-JOSEPH.

Mellot, Alphonse Lo r rs w ★★→★★★★ **05 08' 09' 10' 12' 14' 15' 16'** (17) – Tadelloses Angebot an weißen und roten SANCERRE-Weinen (biologisch-dynamisch): La Moussière (rot und weiß), CUVÉE Edmond, Génération XIX (rot und weiß), dazu mehrere gute Einzellagenweine, u.a. roter Satellite, La Demoiselle und En Champs (beide rot). Erzeugt zudem in Les Pénitents (IGP Côtes de La Charité) CHARDONNAY und PINOT NOIR. Alphonse jr. hat nun die Gutsleitung inne.

Menetou-Salon Lo r rs w ★★→★★★ **10' 11 12 14' 15'** (17') – SANCERRE benachbarte 561-ha-AOP (376 ha für Weiß-, 185 ha für Rotwein) mit ähnlichen SAUVIGNON-BLANC-Weinen von in Ostwestrichtung verlaufenden Hügeln. Dazu einige feine Rote (PINOT NOIR). Beste Erzeuger: BOURGEOIS, Clément (Dom. de Chatenoy), Philippe Gilbert (biologisch-dynamisch, guter Roter), Jacolin, Henry Pellé, Jean-Max Roger, Teiller, Tour St-Martin. Qualität und Ertrag waren 2017 gut.

Méo-Camuzet Côte d'Or r w ★★★★ Namhafte DOMAINE in VOSNE-ROMANÉE mit Anteilen an den berühmten Lagen Aux Brûlées, Cros Parantoux und RICHEBOURG. Stämmige, eichenwürzige Weine, die schön altern. Günstig von Méo-Camuzet Frère et Sœurs (der Négociant-Zweig), ansonsten jede Menge Auswahl jeder Preisklasse.

Mérande, Château de Sav r ★★ Das Spitzengut erzeugt aus einer großartigen Weinberglage langlebigen roten MONDEUSE (**12**) mit Noten von Veilchen, Gewürzen, schwarzen Früchten und salzigem Abgang – und das auch noch preiswert.

Mercurey Bg r (w) ★★→★★★ **09' 10' 12 13 14 15'** 16 (17) – Führender Rotweinort der CÔTE CHALONNAISE; vorwiegend muskulöse Rot- und zunehmend bessere Weißweine zum günstigen Preis. Erzeuger: u.a. Ch. de Chamirey, FAIVELEY, M. Juillot, Juillot-Theulot, Lorenzon, Raquillet, de Suremain.

Mesnil-sur-Oger, Le Champ ★★★★ Aus dem besten Ort der Côte des Blancs-Villages kommt sehr langlebiger CHARDONNAY, der 10 Jahre Flaschenreife braucht. Am besten von: André Jacquart-Doyard, KRUG Clos du Mesnil, Pierre Péters und J. L. Vergnon (bis 2017).

Méthode champenoise Champ – Traditionelle aufwendige Methode der Champagnerbereitung durch Zweitgärung in der Flasche. Außerhalb der Champagne ist nur die Bezeichnung »Méthode traditionnelle« oder »klassische Methode« zulässig.

Meursault Côte d'Or (r) w ★★★→★★★★ **02' 04 05' 07' 08** 09' **10'** 11 12 **13** 14' 15 16 (17) – Potenziell herrlich körperreiche Weißweine aus den PREMIERS CRUS Charmes, Genevrières, Perrières, nerviger aus den höheren Lagen Narvaux, Tesson, Tillets. Erzeuger: u.a. Boisson-Vadot, M. BOUZEREAU, V. Bouzereau, Boyer-Martenot, de Cherisey, COCHE-DURY, Ente, Fichet, GIRARDIN, Javillier, JOBARD, Lafon, Latour-Labille, Matrot, Ch. DE MEURSAULT, Mikulski, P. Morey, Potinet-Ampeau, PRIEUR, Roulot. Siehe auch BLAGNY.

Meursault, Château de Côte d'Or r w ★★★ Das seit 2012 im Besitz der Unternehmerfamilie Halley befindliche 61-ha-Weingut hat enorme Fortschritte gemacht. Die Roten aus Lagen in BEAUNE, POMMARD und VOLNAY sind sehr ordentlich, die Weißweine jedoch neuerdings Weltklasse: großteils MEURSAULT, außerdem guter BOURGOGNE Blanc und PULIGNY-MONTRACHET PREMIER CRU.

Minervois Lang r (rs) (w) ★★ **10 11 12 13** 14 15 16 17 – Bergiger AC-Bereich, einer der Besten im LANGUEDOC. Für den Cru La Livinière (eigene AC in spe) sind striktere Traubenselektion, Ertragsbeschränkung und längere Reifung vorgeschrieben. Charaktervolle, aromatische Rotweine, v. a. von den Erzeugern Abbaye de Tholomies, Borie-de-Maurel, Clos Centeilles, Combe Blanche, Coupe-Roses, Faiteau, de Gourgazaud, la Grave, Maris, l'Ostal Cazes, Oupia, Ste-Eulalie, St-Jacques d'Albas, La Tour Boisée und Villerambert-Julien. Gros und Tollot (aus Burgund) legen die Messlatte höher. Anwärter auf den Cru-Status sind Cazelles und Laure.

Miquel, Laurent Lang ★★★ 200 ha Weinbergbesitz in CORBIÈRES (Les Auzines) und ST-CHINIAN (Cazal Viel). Ungewöhnlicherweise Spezialist für aromatischen Weißwein: IGP VIOGNIER und jetzt auch wagemutiger ALBARIÑO. Zu den Négociant-Marken zählen Nord Sud, Solas und Vendanges Nocturnes.

Mise en bouteille au Château, au Domaine Erzeugerabfüllung. Häufig gebrauchte Angaben wie *»dans nos caves«* (in eigener Kellerei abgefüllt) oder *»dans la région de production«* (im Erzeugungsgebiet abgefüllt) haben dagegen nicht viel zu besagen.

Moët & Chandon Champ – Das mit Abstand größte Champagnerhaus bietet eine für solch einen Giganten beeindruckende Qualität. Die neue Riesenkellerei in Gyé-sur-Seine ist auf die Massenproduktion von Rosé ausgelegt, nach dem die ganze Welt verlangt (siehe AUBE). Der BRUT Impérial oJ gerät jetzt frischer und weniger süß und wird ständig besser. Die neue Luxuscuvée MCIII ist eine Hybrid-Assemblage für vermögende Technikfreaks und Exklusivitätssüchtige. Ein besseres Preis-Leistungs-Verhältnis bietet die Grand Vintages Collection mit lang auf dem Hefesatz gereiften Jahrgangsweinen (**90 02**), mal luxuriös-elegant (09), mal eher streng (08). Hat Ableger in ganz Europa sowie in der Neuen Welt. Siehe auch DOM PÉRIGNON.

Monbazillac SWF w; s ★★→★★★ **09 10 11' 12 14'** 15 – Sub-AOP von BERGERAC: Tirecul La Gravière (★★★★) macht den besten SAUTERNES-Süßweinen Konkurrenz, unterstützt von L'Ancienne Cure, CLOS des Verdots, Les Hauts de Caillavel und Ch. de Monbazillac von der Genossenschaft (alle ★★★). Auch die CHÂTEAUX de Belingard-Chayne, Grande Maison, Haut-Theulet, Pécoula, La Rayre und Theulet (alle ★★) werden Sie nicht enttäuschen.

Mondeuse Sav r ★★ Rebsorte mit roten und weißen Varietäten sowie Wein aus SAVOYEN. Rotwein wird z. B. in Arbin, BUGEY und Chignin erzeugt. Die besten Exemplare können alt werden.

Monopole Lage in der Hand eines einzigen Besitzers.

Montagne St-Émilion Bx r ★★ **08 09'** 10' 12 14 15 16 – Größter Satellit von ST-ÉMILION mit soldidem Ruf. Spitzen-CHÂTEAUX: Beauséjour, Calon, La Couronne, Croix Beauséjour, Faizeau, Maison Blanche, Montaiguillon, Roudier, Teyssier, Tour Bayard, Vieux Bonneau, Vieux Château St-André.

Montagny Bg w ★★ **14' 15 16** (17) – Ort an der CÔTE CHALONNAISE mit knackig-frischen Weißweinen, vorwiegend in der Hand der Genossenschaft Cave de BUXY, doch es gibt auch gute Négociants, z. B. J.M. BOILLOT, O. LEFLAIVE, J.M. PILLOT. Zu den besten hiesigen Winzern zählen S. Aladame und Feuillat-Juillot.

Montcalmès, Domaine de Lang ★★★ Das talentierte Bruder-Schwester-Gespann in den TERRASSES DU LARZAC erzeugt weiße AC-Weine von MARSANNE/ROUSSANNE sowie sortenreinen CHARDONNAY und eine verführerische VIN-DE-FRANCE-Cuvée. Außerdem stilvolle Verschnitte von SYRAH, GRENACHE und MOURVÈDRE, sortenreiner Grenache und Le Geai (AC LANGUEDOC) auf Grenache-Basis.

Monthélie Côte d'Or r (w) ★★→★★★ **05'** 09' 10' **11** 12 14 15' 16 (17) – Dorf auf dem Hügel oberhalb von VOLNAY mit netten, aber etwas rustikaleren Weinen. Der beste PREMIER CRU ist Les Duresses. Empfehlenswerte Erzeuger: BOUCHARD PÈRE ET FILS, Coche-Dury, Darviot-Perrin, Florent Garaudet, LAFON und Ch. de Monthelie (Suremain).

Montille, Domaine de Côte d'Or r w ★★★ Dichte, würzige Rotweine (Ganztraubenvergärung) aus BEAUNE (v.a. Taillepieds), Pommard (Rugiens) und den Côte de Nuits (Malconsorts) sowie außergewöhnliche Weiße aus Meursault und hervorragender PULIGNY-MONTRACHET Caillerets. Etienne betreibt auch das (immer besser werdende) Ch. de Puligny und die kleine Négociant-Firma Deux Montille (Weißweine).

Montlouis-sur-Loire Lo w; tr s; sch ★★→★★★ 89' 02 05' 08' 09 10' 11 14' 15 **16** (17) – In rascher Entwicklung begriffene Schwester-AC (450 ha) von VOUVRAY am südlichen Ufer der Loire, mit CHENIN BLANC als Hauptsorte. 55% der Produktion entfallen auf Schaumwein, darunter Pétillant Originel. Spitzenerzeuger: Berger, BLOT, CHANSON, CHIDAINE, Delecheneau, Jousset, Mérias, Moyer, Saumon, Taille aux Loups, Vallée Moray, Weisskopf. 2016 und 2017 gab es Spätfröste, die 2017 mit Helikoptern bekämpft wurden.

Montpeyroux Lang ★★→★★★ Rührige, Cru-Status anstrebende Gemeinde in TERRASSES DU LARZAC mit einer wachsenden Anzahl von talentierten Erzeugern wie z.B. Dom d'Aupilhac, Dom. A. CHABANON oder Villa Dondona. Neuzugänge: Dom. du Joncas, Mas d'Amile; auch ernst zu nehmende Genossenschaft.

Montrachet, (Le) Côte d'Or w ★★★★ **92' 93 96'** 99 00' **01** 02' 04 **05' 06** 07 08 09' **10 11** 12 13 14' 15 (17) – GRAND-CRU-Lage in PULIGNY und CHASSAGNE-MONTRACHET. Der potenziell großartigste weiße Burgunder: herrlich duftend, intensiv, trocken und doch von üppiger Fülle. Spitzenerzeuger: BOUCHARD, DRC, LAFON, LAGUICHE (DROUHIN), LEFLAIVE und Ramonet.

Montravel SWF r rs w; tr ★★ r 12' **14** 15' 16 17; rs w BV – Sub-AOP von BERGERAC, für deren MERLOT-Weine der Ausbau in Eiche vorgeschrieben ist. Moderne Rotweine gibt's von DOMAINES du Bloy, de Krevel und CHÂTEAUX Jonc Blanc, Laulerie, Masburel, Masmontet und Moulin-Caresse (alle ★★). Diese und weitere Erzeuger bieten zudem trockene Weiße und Rosés (★★). Liebliche Weißweinstile findet man im Unterbereich CÔTES DE MONTRAVEL, süße in HAUT-MONTRAVEL.

Montus, Château SWF r w ★★★ **04** 05' 09' 10' 11 12' 14 15' 17 – Geduldigen MADIRAN-Liebhabern macht es nichts aus, 7 Jahre oder länger auf Alain BRUMONTS sortenreine TANNAT-Rotweine mit kräftiger Eichenwürze zu warten. Außerdem klassisch süße und trockene, lang im Fass ausgebaute weiße PACHERENC-DU-VIC-BILH-Abfüllungen (trinkreif frühestens nach 4 Jahren Flaschenreife) auf demselben hohen Niveau.

Moreau Bg r w ★★→★★★ Weitverzweigte Winzerfamilie mit erstklassigem CHABLIS, v.a. von der Domaine Christian Moreau (probieren Sie den CLOS des Hospices) und der DOMAINE Moreau-Naudet. Weitere Mitglieder der Familie findet man an der CÔTE DE BEAUNE; besonders empfehlenswert sind Bernard Moreau (kraftstrotzender CHASSAGNE-MONTRACHET) und David Moreau (SANTENAY).

Morey, Domaines Côte d'Or r w ★★★ Winzerfamilie in CHASSAGNE-MONTRACHET, allen voran Caroline und Ehemann Pierre-Yves, Jean-Marc (Chenevottes), Marc (Virondot), Thomas (feiner Baudines mit steiniger Note), Vin-

Frankreich

cent (Embrazées, fülligerer Stil) und Michel Morey-Coffinet (La ROMANÉE). Pierre Morey in MEURSAULT hat einen guten Namen für Perrières- und BÂTARD-MONTRACHET-Weine.

Morey-Saint-Denis Côte d'Or r (w) ★★★→★★★★ **90' 93 96' 99' 02' 03** 05' **06 07 08** 09' 10' 11 12' 13 14 15' 16' (17) – Fantastische Quelle für hochwertigen roten Burgunder, den Nachbarorten GEVREY-CHAMBERTIN und CHAMBOLLE-MUSIGNY ebenbürtig. GRAND-CRU-Lagen: CLOS DES LAMBRAYS, CLOS DE LA ROCHE, CLOS ST-DENIS und CLOS DE TART. Viele gute Erzeuger: Amiot, ARLAUD, Castagnier, Clos de Tart, Dujac, Jeanniard, Dom. des Lambrays, H. LIGNIER, Lignier-Michelot, Perrot-Minot, PONSOT, Remy, Roumier, Taupenot-Merme.

Morgon Beauj r ★★★ **09' 11' 12 13 14 15'** 16 (17) – Kraftvoller BEAUJOLAIS-Cru; der Vulkanschiefer der Côte du Py liefert fleischige Weine mit Alterungspotenzial, der Lehmboden von Les Charmes weichere, früher trinkreife Versionen und die Lage Javernières eine Kombination aus beidem. Probierenswert: Burgaud, Desvignes, Foillard, Gaget, Goddard, LAPIERRE, Ch. des Lumières (JADOT), Piron, Ch. de Pizay, Sunier.

Muscadet – die Freuden des Alter(n)s

Bei MUSCADET schaut man in aller Regel nach dem neuesten Jahrgang, dabei können sich Spitzenexemplare (erstklassiger Erzeuger, guter Jahrgang, vorzugsweise auf der Hefe gereift) 20 Jahre und länger halten und immer besser werden, bis sie einem alten CHABLIS ähneln. Entdecken Sie die neuen MUSCADET CRUS COMMUNAUX, deren SUR LIE gereifte Weine mit größerer Komplexität aufwarten. Empfehlenswerte Erzeuger: Bonnet-Huteau, Michel Brégeon, Vincent Caillé (Le Faye d'Homme), Bruno Cormerais, Dom. de l'ECU (Frédéric Niger van Herck/Guy Bossard), Ch. de la Gravelle (Gunther Chereau), Jérémie Huchet, Jo Landron, Luneau-Papin, Jérémie Mourat, Marc Ollivier (Dom. de la Pépière), Daniel Rineau, Les VIGNERONS du Pallet.

Mortet, Denis Côte d'Or r ★★★→★★★★ Arnaud Mortet ist in Hochform mit seinen kraftvollen und dennoch raffinierten Roten – vom BOURGOGNE Rouge bis hin zum CHAMBERTIN. Paradepferde sind der Mes Cinq Terroirs (GEVREY-CHAMBERTIN) sowie die PREMIER-CRU-Gewächse Lavaut St-Jacques und Champeaux. Seit 2016 gibt es eine separate Reihe unter dem Etikett Arnaud Mortet.

Moueix, J.-P. et Cie Bx – Das Erzeuger- und Handelshaus mit Hauptsitz in Libourne ist nach dem legendären Gründer benannt, dessen Sohn Christian die Firma leitet, wobei er von seinem eigenen Sohn Edouard unterstützt wird. CHÂTEAUX: u. a. BELAIR-MONANGE, Clos La Madeleine (seit 2017), HOSANNA, La FLEUR-PÉTRUS, LATOUR À POMEROL, TROTANOY. Besorgt den Vertrieb für Ch. PETRUS. In Kalifornien besitzt Moueix das Gut Dominus Estate.

Moulin-à-Vent Beauj r ★★★ **05' 09' 10' 11' 12 14** 15' 16 (17) – Der erhabenste Cru des Beaujolais, in dem die GAMAY-Traube über sich hinauswächst. Kommt an Körper und Würzigkeit der Rhône nahe, entwickelt bei Reifung aber Fülle und die Wildnoten von PINOT NOIR. Zunehmendes Interesse an Einzellagenabfüllungen, u. a. von Louis BOILLOT, Ch. des Jacques (im Besitz von JADOT), Janin (Clos Tremblay), Janodet, Dom. Labruyère, LIGER-BELAIR (Les Rouchaux), Merlin (La Rochelle), Ch. du Moulin-à-Vent und Prieur.

Moulis H-Méd r ★★→★★★ **04** 05' **06 08** 09' 10' **11** 12 **14 15** 16 – Im Landesinneren gelegene kleine AC westlich von MARGAUX mit einigen ehrenwerten, günstigen Weinen. Spitzen-CHÂTEAUX: Anthonic, Biston-Brillette, BRANAS GRAND POUJEAUX, BRILLETTE, Chasse-Spleen, Dutruch Grand Poujeaux, Garricq, Gressier Grand Poujeaux, MAUCAILLOU, Mauvesin Barton, Poujeaux.

Moutard Champ – Champagnerhaus sehr eigenen Stils in AUBE, das an den alten Reben der Champagne hängt, darunter PINOT BLANC und v. a. die duftige Sorte Arban(n)e. Dank des gegenwärtigen Chefs François Moutard hat sich die Qualität enorm verbessert. Feine CUVÉE des Six Cépages (**02 04 06 09 10 12** 14' 15 17).

Mugneret Côte d'Or r w ★★★→★★★★ Winzerfamilie in VOSNE-ROMANÉE. Sublim-stilvolle Weine gibt's bei Georges Mugneret-Gibourg (v. a. ÉCHEZEAUX), außerdem Gérard Mugneret, Dominique Mugneret und die Dom. Mongeard-Mugneret.

Mugnier, J.-F. Côte d'Or r w ★★★→★★★★ Überragender Erzeuger von CHAMBOLLE-MUSIGNY Les Amoureuses und Musigny. Dass man hier auf Finesse setzt statt auf kraftstrotzende Art, kommt auch dem Wein vom MONOPOLE Clos de la Maréchale in NUITS-ST-GEORGES zupass.

Mumm, G. H. & Cie Champ – Cordon Rouge oJ; feiner BRUT Sélection; als (ebenso guter) BLANC DE BLANCS oJ wiedergeborener Mumm de Cramant; Cordon Rouge **02 04 06'** 08 09 12' 15'; Rosé oJ – Bedeutendes Champagnerhaus, im Besitz von Pernod Ricard. Stetig steigende Qualität, v. a. bei der Reihe von Cuvées aus speziellen Lagen namens Mumm RSVR: Mumm de Verzenay BLANC DE NOIRS (**08 12'**), RSVR Blanc de Blancs (**12**). Siehe auch »Kalifornien«.

Muré, Clos St-Landelin El r w ★★→★★★ Einer der ganz großen Namen im ELSASS; besonders gut sind der körperreiche Riesling Grand cru Vorbourg und der PINOT GRIS (**13** 14). Die reife, weinige Pinot-noir-Cuvée »V« ist die beste der Region – 2015 überragend (★★★).

Muscadet Lo w ★★ **14' 15' 16 17** – Beliebter, knochentrockener Wein aus der Gegend von Nantes (insgesamt 8.200 ha). Er ist immer noch oft günstig zu haben, passt besonders gut zu Fisch und Meeresfrüchten und schmeckt am besten, wenn er SUR LIE ausgebaut wurde. Halten Sie sich an Abfüllungen aus AC-Bereichen (siehe die folgenden Einträge). Die Leiden der Winzer setzten sich 2017 fort mit schweren Spätfrösten in einigen Bereichen, während andere kaum betroffen waren. Seit 2012 waren die Erträge immer gering. Die MUSCADET CRUS COMMUNAUX sind beeindruckend.

Muscadet Coteaux de la Loire Lo w ★→★★ **15 16 17** – Kleiner MUSCADET-Bereich (150 ha, 40 Erzeugerbetriebe) östlich von Nantes. Empfehlenswert: Pierre Guindon, Landron-Chartier, La Pléiade, Ch. du Ponceau, Quarteron, Les Vignerons de la Noëlle.

Muscadet Côtes de Grand Lieu Lo w ★→★★★ **14' 15 16 17** – AOP-Bereich für MUSCADET (230 ha, 30 Erzeugerbetriebe) in Atlantiknähe. Am besten SUR LIE von Eric Chevalier, Dom. du Haut Bourg, Dom. des Herbauges (107 ha), Malidain. 2016 und 2017 ging ein Viertel des Ertrags durch Frostschäden verloren.

Muscadet Crus communaux ★★→★★★ Die neue Spitzenkategorie für Muscadet: lange Hefesatzlagerung und Lesegut aus ausgewählten Lagen ergeben verblüffend gute, komplexe Weine. Bislang erhielten zehn Gemeinden diesen Status: Clisson, Gorges, Le Pallet, Goulaine, Château-Thébaud, Mouzillon-Tillières, Monnières-Saint Fiacre, La Haye Fouassière, Vallet und zuletzt Champtoceaux.

Muscadet-Sèvre-et-Maine Lo w ★→★★★ **05' 06 09' 10 12 14' 15 16** (17) – Der größte (5.890 ha) und beste MUSCADET-Bereich liefert zunehmend

Qualität, und das auch noch preiswert. Spitzenerzeuger: Bonnet-Huteau, Ch. Briacé, Caillé, Chéreau Carré, Cormerais, Delhommeau, Douillard, Dom. de l'ECU, Gadais, Véronique Günther Chéreau, Dom. de la Haute Fevrie, Huchet, Landron, Lieubeau, Luneau-Papin, Métaireau, Olivier, Sauvion. Die Weine halten sich teils ein Jahrzehnt. Probieren Sie die MUSCADET-CRUS-COMMUNAUX-Weine. Einige Lagen wurden 2016 und 2017 schwer durch Frost geschädigt.

Muscat de Frontignan Lang s ★★ oJ – Kleine AC nahe Sète für VIN DOUX NATUREL von MUSCAT, der wunderbar zu Blauschimmelkäse passt. Auch ungespritete, spät gelesene, in Eiche ausgebaute IGP-Weine. Spitzenreiter ist nach wie vor Ch. la Peyrade. Die nahe gelegenen ACs Muscat de Lunel (Dom. du Clos de Bellevue) und Muscat de Mireval (Dom. de la Rencontre) erzeugen sehr ähnliche Weine.

Muscat de Rivesaltes Rouss w; s ★★ Die AC für süßen gespriteten MUSCAT (VIN DOUX NATUREL) umfasst ein ausgedehntes Gebiet mit der Ortschaft Rivesaltes als Zentrum. Im Zuge des abnehmenden Interesses an Süßwein erfreut sich Muscat Sec (IGP) wachsender Beliebtheit: am besten von Dom. CAZES, Corneilla, Treloar und der Genossenschaft in Baixas.

Muscat de Saint-Jean de Minervois Lang w; s ★★ Sehr kleine AC für frischen VIN DOUX NATUREL von MUSCAT mit Honignote. Probierenswert von Dom. de Barroubio, CLOS Bagatelle und Clos du Gravillas. Die örtliche Genossenschaft erzeugt mehr trockenen Muscat.

Musigny Côte d'Or r (w) ★★★★ **90' 91 93 95 96' 98** 99' 01 02' **03** 05' **06 08** 09' 10' **11**12' 13 14 15' 16 (17) – GRAND CRU in CHAMBOLLE-MUSIGNY. Oft der schönste, wenn auch nicht der kraftvollste aller roten Burgunder. Beste Erzeuger: DROUHIN, JADOT, LEROY, MUGNIER, PRIEUR, ROUMIER, de VOGÜÉ, VOUGERAIE.

Nature Ungesüßt, v. a. bei CHAMPAGNER: ohne Dosage. Lecker, wenn von aus gereiften Trauben bereitet, ansonsten eher grobschlächtig.

Négociant-éleveur Händler, der den Ausbau des Weins übernimmt.

Nerthe, Château La S-Rh r w ★★★ **89' 90' 95' 96' 98' 99' 00 01 03 04' 05 06' 07' 09' 10' 11 12'** 13 15 16 – Der Erzeuger in CHÂTEAUNEUF-DU-PAPE ist derzeit wenig inspirierend. Der neue Weinmacher muss seine Handschrift erst noch zeigen. Die Hoffnung stirbt zuletzt …

Noëllat Côte d'Or r ★★★ Bekannte Familie in VOSNE-ROMANÉE. Georges Noëllat sorgt seit 2010 für Aufsehen und expandiert rasch, Michel Noëllat bietet ein tadelloses Sortiment. Die Dom. HUDELOT-Noëllat in VOUGEOT (sehr stilvolle Weine) gehört ebenfalls zum Clan.

Nuits-St-Georges Côte d'Or r ★★→★★★★ **90' 93 96' 99'** 02' 03 **05' 06'** 07 **08 09' 10' 11** 12' 13 14 15' 16 (17) – Die große AC ist dreigeteilt: Aus der Lage Prémeaux kommen elegante Gewächse (diverse Clos: des Corvées, des Forêts, de la Maréchale, St-Marc), aus dem Zentrum (Cailles, Les St-Georges, Vaucrains) dichte, dunkle, pflaumenwürzige Weine und aus dem Norden (Boudots, Cras, Murgers) die alkoholstärksten. Viele gute Erzeuger: Ambroise, l'ARLOT, CATHIARD, J. Chauvenet, R. CHEVILLON, Confuron, Faiveley, Gavignet, GOUGES, GRIVOT, Lechéneaut, LEROY, Liger-Belair, Machard de Gramont, Michelot, Mugnier, Rion.

Ollier-Taillefer, Domaine Lang ★★★ Rühriges Familiengut in FAUGÈRES mit köstlicher VERMENTINO/ROUSSANNE-Cuvée Allegro (weiß), Les Collines (rot, rosé), Grande Réserve (rot) von alten Reben sowie eichengereiftem rotem Castel Fossibus. Neu ist der SYRAH/MOURVÈDRE-Verschnitt Le Rêve de Noé.

Orléans Lo r rs w ★ BV – 13 Gemeinden im Umland der Stadt Orléans umfassende kleine AC (88 ha) für Weißwein (vorwiegend CHARDONNAY), VIN GRIS, Rosé und Rotwein (PINOT NOIR und v. a. PINOT MEUNIER). Empfehlenswerte Erzeuger: Clos St-Fiacre, Deneufbourg. Die örtliche Genossenschaft wurde aufgrund der Frostschäden 2016 zur Schließung gezwungen.

Orléans-Cléry Lo r ★ BV – Separate Mini-AOP (28 ha) mit sandigen Böden für einfachen CABERNET FRANC, beschränkt auf fünf Gemeinden südwestlich der Stadt Orléans. Erzeuger: v. a. Clos St-Fiacre, Deneufbourg.

Ostertag, Domaine El – Durchaus eigenwillig biologisch-dynamisch bewirtschaftetes Gut im (vorwiegend) RIESLING-Land. Exquisit ist der Riesling GRAND CRU Muenchberg (13 und möglicherweise 17'), fein der PINOT NOIR Fronholz (15 17).

Pacherenc du Vic-Bilh SWF w; tr s ★★→★★★ AOP für Madiran-Weißwein auf Basis von Gros und Petit MANSENG, manchmal auch Petit Courbu und der lokalen Aruffiac-Traube. Die trockenen Versionen sollte man jung trinken, die süßen kann man einlagern, v. a. die in Eiche ausgebauten Versionen. Empfehlenswerte Erzeuger siehe MADIRAN, plus Ch. de Mascaraàs (★★).

Paillard, Bruno Champ ★★★→★★★★ Das jüngste der großen Champagnerhäuser. Exzellenter BRUT Première CUVÉE oJ und Rosé Première Cuvée. Erlesen raffinierter, sehr trockener Stil, v. a. beim lang gereiften BLANC DE BLANCS Réserve Privée (**02**) und dem N.P.U. (**02**). Bruno Paillard steht Lanson-BCC vor und ist Eigentümer von Ch. Sarrin in der Provence.

Palette Prov r rs w ★★★ Sehr kleine AC bei Aix-en-Provence mit charaktervollen Roten vorwiegend von MOURVÈDRE und GRENACHE, duftenden Rosés und verlockenden, nach Wald duftenden Weißen. Ch. Simone steht für traditionelle, seriöse Weine, innovativer ist Ch. Henri Bonnaud.

Patrimonio Korsika r rs w ★★→★★★ AC in den spektakulären Kalksteinhügeln im Norden KORSIKAS; einige der feinsten Gewächse der Insel stammen von hier: individuelle Rotweine von der NIELLUCCIO-Traube und verführerische Weiße, darunter sogar Spätlesen, von Vermentino. Spitzenerzeuger: Antoine Arena, Clos de Bernardi, Gentile, Yves Leccia mit der Dom. d'E Croce, Montemagni, Pastricciola.

Pauillac H-Méd r ★★★→★★★★ **95' 96' 98** 00' **01** 02 03' 04' **05' 06 08' 09'** 10' **11 12** 14 15 16 17 – Kommunale AC im MÉDOC mit 18 Crus classés, die 90% der Anbaufläche einnehmen (u. a. Chx. LAFITE, LATOUR, MOUTON ROTHSCHILD), berühmt für langlebige Weine – CABERNET SAUVIGNON in Vollendung. Weitere Spitzen-CHÂTEAUX sind d'ARMAILHAC, BATAILLEY, CLERC MILON, DUHART-MILON, GRAND-PUY-LACOSTE, LYNCH-BAGES, PICHON BARON, PICHON LALANDE und PONTET-CANET.

Pays d'Oc, IGP Lang r rs w ★→★★★ Die größte IGP-Region umfasst das gesamte LANGUEDOC-ROUSSILLON und liefert v. a. sortenreine Weine – 58 verschiedene Rebsorten sind zugelassen, seit Neuestem auch ALBARIÑO sowie CARIGNAN für sortenreinen Ausbau. Technisch geht es weiter rasch voran. Wichtigste Erzeuger: Gérard BERTRAND, JEANJEAN, Paul MAS, außerdem örtliche Genossenschaften. Das Qualitätsspektrum ist riesig, die besten Weine sind innovativ und spannend.

Pécharmant SWF r ★★ **12' 14** 15' 16' 17 – Sub-AOP von BERGERAC mit – dank der eisen- und manganhaltigen Böden – ausgesprochen wuchtigen Weinen zum Einlagern. Empfehlenswerte Erzeuger: die Veteranen Les Chemins d'Orient, Dom. du Haut-Pécharmant und Ch. de Tiregand (alle ★★★) sowie Dom. des Bertranoux, Ch. Beauportail, Ch. de Biran, Ch. Champarel, CLOS des Côtes, Ch. Corbiac, Ch. Hugon, Dom. La Métairie, Ch. du Rooy und Ch. Terre Vieille (alle ★★).

Pélican, Domaine du Jura – Die Weinberge des legendären Jacques Puffeney werden nach dessen Rückzug in den Ruhestand nun von Marquis d'ANGERVILLE (VOLNAY) bewirtschaftet und erbringen vorerst Weine in feinem, frischem Stil. Alles Weitere wird man sehen.

Pernand-Vergelesses Côte d'Or r w ★★★ r **99' 02' 03' 05' 08** 09' 10' **11 12 13 14** 15' (17) – Ort bei ALOXE-CORTON, in dessen Gemarkung sich Teile der Spitzenlagen CORTON und CORTON-CHARLEMAGNE befinden; auch Île des Vergelesses ist ein erstklassiger Weinberg für Rote. Die Weißen sind von präziser, geschliffener Art. Die Erzeugerriege wird angeführt von den Domaines Rapet und Rollin; außerdem empfehlenswert: CHANDON DE BRIAILLES, CHANSON, Dubreuil-Fontaine, JADOT.

Perrier-Jouët Champ BRUT oJ; Blason de France oJ; Blason de France Rosé oJ; Brut **02 04 06** 08; feiner neuer BLANC DE BLANCS – Das erste Haus, das bereits im 19. Jahrhundert trockenen CHAMPAGNER (für den britischen Markt) erzeugte; stark mit CHARDONNAY aus GRAND-CRU-Lagen, der am besten in den guten Jahrgangsweinen zum Ausdruck kommt, v. a. in der Luxusmarke Belle Epoque (**95 04 06** 07 08' 12 15; Rosé 04 **06**) in bemalten Flaschen.

Pessac-Léognan Bx r w ★★★→★★★★ **00' 01 02 04 05'** 06 **08 09' 10' 11 12 14** 15 16 – 1987 eingerichtete AC für den besten Teil des nördlichen GRAVES mit den Weinbergen all der CRU-CLASSÉ-Güter wie HAUT-BAILLY, HAUT-BRION, LA MISSION HAUT-BRION, PAPE CLÉMENT usw. Feste, körperreiche, erdige Rote und zudem die feinsten trockenen weißen BORDEAUX-Gewächse. Ein gutes Preis-Leistungs-Verhältnis bieten die CHÂTEAUX Brown, Haut-Vigneau, Lafont-Menaut, Lespault-Martillac, de ROCHE-MORIN, Rouillac und Le Sartre.

Petit Chablis Chablis w ★ BV – Frischer, einfacher Beinahe-CHABLIS von etwas außerhalb und nicht auf Kimmeridge-Böden gelegenen Weinbergen. Gute Genossenschaft La CHABLISIENNE, deren Preise allerdings bedenklich nah an echten Chablis heranreichen.

Pfaffenheim El ★→★★ Achtbare Elsässer Winzergenossenschaft. Reife, ausgewogene Weine aus Lagen mit warmem Klima. Das einst berühmte Haus Dopff & Irion ist heute eine Marke der Genossenschaft.

Pfersigberg El – GRAND CRU in Eguisheim mit zwei Parzellen, die sehr aromatische Weine liefern. GEWÜRZTRAMINER gedeiht hier prächtig. Guter RIESLING von Léon BEYER (Comtes d'Eguisheim), Paul Ginglinger und Bruno SORG.

Philipponnat Champ – Kleiner Erzeuger, jetzt im Besitz von Lanson-BCC, mit im Bestfall intensivem, stilvoll weinigem CHAMPAGNER; die einfachen Abfüllungen sind weniger gut. Champagne oJ, Rosé oJ, BRUT (**99** 02), CUVÉE »1522« (02). Beachtlicher Einzellagenwein Clos des Goisses (**85' 92 95 02 04**), auf Chardonnay-Basis: **08** 12', kürzlich degorgierter Jahrgang: **90**.

Picpoul de Pinet Lang w ★→★★ BV – Der MUSCADET des MIDI, von der Rebsorte PICPOUL, die rund um die Ortschaft Pinet wächst; seit 2013 AC und Grand Vin du LANGUEDOC. Frisch und leicht salzig, ideal zu Austern, büßt aber als Opfer des modischen Geschmacks z. T. seine saftig-kernige Eigenart ein. Die besten Erzeuger experimentieren im Keller mit dem Ziel, mehr Tiefe zu erreichen. Besonders empfehlenswert: La Croix Gratiot, Félines-Jourdan, St Martin de la Garrigue und die Genossenschaften in Pinet und Pomérols.

Pic St-Loup Lang r (rs) ★★→★★★ **11 12 13** 14 15 16 17 – Der kühlste und regenreichste Teil des LANGUEDOC mit spektakulärer Landschaft. Die AC-Vorschriften sehen einen hohen SYRAH-Anteil vor, plus GRENACHE und MOURVÈDRE. Die Roten sind zum Einlagern gemacht; für Weißwein bestünde Potenzial, er muss aber einstweilen als AC Languedoc oder IGP Val de Montferrand etikettiert werden. Erzeuger: u. a. Bergerie du Capucin, Cazeneuve, Clos de la Matane, Clos Marie, Gourdou, Dom. de l'Hortus, Lancyre, Lascaux, MAS BRUGUIÈRE, Mas Peyrolle, Valflaunès.

Pierre-Bise, Château Lo r rs w ★★→★★★★ tr **03 05' 06 07'**; s **08 09 10' 11 14' 15** 16 (17) – Untadeliger Erzeuger in den COTEAUX DU LAYON; auch Chaume, QUARTS DE CHAUME und SAVENNIÈRES, v. a. Clos de Grand Beaupréau und ROCHE-AUX-MOINES. Hervorragend sind die CUVÉES Schist (Anjou-GAMAY) und Spilite (ANJOU-VILLAGES) sowie der Anjou Blanc Haut de la Garde. Patriarch Claude Papin zieht sich allmählich in den Ruhestand zurück, die Gutsleitung hat Sohn René übernommen.

Pignier Jura r w; s; sch ★★★ Das biologisch-dynamisch bewirtschaftete Gut im südlichen Jura bietet ein breites Spektrum an Weißweinen der frischeren Art, z. B. Le Sauvageon (alias SAVAGNIN), sowie lebhafte Rote, außerdem Klassiker wie hochwertigen VIN JAUNE.

Pinon, François Lo w; s; sch ★★★ **89 90 95 96 97 02 03 05 08 09 10' 11 14' 15' 16** (17) – Hervorragende Ökoweine aus VOUVRAY und Vernou-sur-Brenne. François wird jetzt von Sohn Julien unterstützt.

Piper-Heidsieck Champ – Die historische Champagnerfirma surft jetzt auf einer Welle der Qualität. Verbesserter BRUT oJ und neuer, lebhafter Brut Essentiel mit längerer Reifezeit und weniger Zucker – blumig und doch kraftvoll, passt perfekt zu Sushi und Sashimi. Der nur in schwierigen Jahrgängen erzeugte Piper-Heidsieck Rare zeigt Präzision und Vitalität (**98 99**, glorios 02 08), außerdem erste Ausgabe des Rare Rosé: **07**.

Plageoles, Domaine SWF r w; sch – GAILLAC-Rebell und -Purist Bernard Plageoles berät Winzer, die wie er den echten Gaillac-Stil bewahren wollen. Er ist Spezialist für (ökologisch angebaute) seltene Rebsorten wie Ondenc (Grundlage des berühmten süßen Vin d'Autan; ★★★★), Prunelard (fruchtiger Rotwein mit Tiefe; ★★) oder Verdanel (weiß, trocken, eichengereift) sowie zahllose Mauzac-Unterarten. Ebenfalls probierenswert ist der mächtige, würzige rote DURAS, als leichtere Version von FER SERVANDOU (alias Braucol). Ein echtes Original ist auch der brillante trockene Schaumwein Mauzac.

Plan de Dieu S-Rh r ★→★★ **10' 13 15' 16' 17'** – AC der CÔTES DU RHÔNE-VILLAGES auf einer steinigen, windigen Ebene bei CAIRANNE mit alkoholstarken, robusten, authentischen Weinen (vorwiegend GRENACHE), die gut zu Wild- und Eintopfgerichten passen. Immer eine gute Wahl! Beste Erzeuger: Chx. La Courançonne, Le Plaisir; Doms. Aphillantes (charaktervoll), Arnesque, La Bastide St Vincent, Durieu (voll), Espigouette, Longue Toque, Martin, Pasquiers, St-Pierre (gut und traditionell) sowie Clos St Antonin.

Pol Roger Champ BRUT Réserve oJ; Brut **02' 04 06 08 09** 12' (★★★); Rosé **06 09**; BLANC DE BLANCS **09** – Champagnerhaus in Familienbesitz in Épernay. Der Brut Réserve oJ, seit 2012 mit etwas geringerer Dosage, ist überragend. Feiner Pure Brut *(dosage zéro)* und üppige CUVÉE Sir Winston Churchill (**98**). Stets eine erstklassige Wahl und besonders gut ausgefallen im trockenen, schwierigen Jahrgang 2015 (ab 2024 erhältlich) und dank des Altweibersommers 2016.

Pomerol Bx r ★★★→★★★★ **98' 00' 01 04 05' 06' 08 09' 10' 11 12 14** 15 16 – Kleine AC an der Grenze zu ST-ÉMILION, berühmt für ihren von MERLOT dominierten vollen, geschmeidigen und dennoch langlebigen Stil. Spitzengüter: CLINET, La CONSEILLANTE, L'EGLISE-CLINET, L'ÉVANGILE, La FLEUR-PÉTRUS, HOSANNA, LAFLEUR, PETRUS, Le PIN, TROTANOY und VIEUX CHÂTEAU CERTAN. Die Preise sind generell hoch, doch es gibt – gelegentlich – Ausnahmen (Bellegrave, BOURGNEUF, Clos du Clocher, La POINTE).

Pommard Côte d'Or r ★★★(★) **90' 96' 98 99' 02'** 03 05' **06 07 08** 09' 10' **11** 12 14 15' 16' (17) – Gegenpol zum Nachbarn VOLNAY: mächtige Weine mit viel Tannin und mind. 10 Jahren Lebensdauer. Beste Lagen: Epenots liefert anmutige, Rugiens kraftvolle Weine. Erzeuger: v. a. Comte ARMAND, J.-M. BOILLOT, COURCEL, HOSPICES DE BEAUNE, Huber-Vedereau, Lejeune,

Frankreich

de MONTILLE, Parent, Ch. de Pommard, Pothier-Rieusset, Rebourgeon, Violot-Guillemard.

Pommery Champ – BRUT oJ immer verlässlich; Rosé oJ; Brut **04 08** 09 12' – Historisches Champagnerhaus; die Marke gehört jetzt VRANKEN. Die einst hervorragende Cuvée Louise (02 **04**) gerät in den letzten Jahren weniger beeindruckend. Geschmeidiger BLANC DE NOIRS Wintertime.

Ponsot Côte d'Or r w ★★→★★★★ Eigenwilliger Spitzenerzeuger in MOREY-ST-DENIS, bei dem 2017 alles in Bewegung geriet: Laurent Ponsot kehrte dem Gut den Rücken, um sich um eigene Projekte zu kümmern, die Leitung übernahm seine Schwester Rose-Marie. Paradeweine: Clos de la Roche (rot) und der einzigartige weiße PREMIER CRU Monts Luisants (ALIGOTÉ).

Pouilly-Fuissé Bg w ★★→★★★ **09' 10' 11** 12 14' 15 16 (17) – Spitzenappellation des Mâconnais mit kraftvollen, runden und zugleich intensiven Weißen aus der Umgegend von Fuissé, während die aus Vergisson mineralischer ausfallen – entweder jung oder nach etlichen Jahre Flaschenreife trinken. Demnächst wird auch die lang erwartete PREMIER-CRU-Einstufung erfolgen. Spitzenerzeuger: Barraud, Ch. de Beauregard, Bret, Cordier, Cornin, Drouin, Ferret, Forest, Ch. de FUISSÉ, Merlin, Paquet, Robert-Denogent, Rollet, Ch. des Rontets, Saumaize, Saumaize-Michelin, VERGET.

Pouilly-Fumé Lo w ★→★★★ 05' 09' 10 12 **14' 15'** 16 (17') – AC gegenüber von SANCERRE am anderen Loire-Ufer: 1.347 ha bestockt mit SAUVIGNON BLANC. Die besten Weine können sich 8–10 Jahre und länger entwickeln. Erzeuger: v. a. Bain, BOURGEOIS, Cailbourdin, Champeau, Chatelain, Didier DAGUENEAU, Serge Dagueneau et Filles, Ch. de Favray, Edmond et André Figeat, Ladoucette, Masson-Blondelet, Jean Pabiot, Jonathan Pabiot, Redde, Saget, Tabordet, Ch. de Tracy, Treuillet. 2016 und 2017 teilweise schwere Frostschäden.

Pouilly-Loché Bg w ★★ 14' 15 **16** (17) – Das am wenigsten bekannte Mitglied der Pouilly-Familie im Mâconnais. Empfehlenswerte Erzeuger: Bret Brothers, Clos des Rocs und Tripoz; große Mengen erzeugt die Genossenschaft.

Pouilly-sur-Loire Lo w ★★ BV – Im 19. Jahrhundert versorgte Pouilly ganz Paris mit CHASSELAS-Tafeltrauben, heute sind nur noch 27 ha übrig geblieben; der Anbaubereich liegt im selben Gebiet wie POUILLY-FUMÉ. Die Tradition bewahren Serge Dagueneau et Filles, Gitton, Landrat-Guyollot, Masson-Blondelet, Jonathan Pabiot und Redde.

Pouilly-Vinzelles Bg w ★★ **12** 14' 15 16 (17) – Die AC liegt sowohl geografisch als auch qualitativ zwischen POUILLY-LOCHÉ und PUILLY-FUISSÉ; mit Abstand am besten ist die Lage Les Quarts. Beste Erzeuger: Bret Brothers, DROUHIN und Valette. Mengenmäßig größter Erzeuger ist die Genossenschaft Cave des Grands Crus Blancs.

Premier cru In BORDEAUX Lagen 1. Klasse, in Burgund (mit CHABLIS) jedoch Lagen 2. Klasse, hinter GRAND CRU. An der Loire neuerdings Einstufung für Lagen 2. Klasse; bislang gilt sie einzig für COTEAUX DU LAYON Chaume.

Premières Côtes de Bordeaux Bx w; s ★→★★ **10' 11 13 14** 15 16 – Geografisch mit CADILLAC – CÔTES DE BORDEAUX identische, aber ausschließlich für weißen Süßwein geltende APPELLATION. Weine in lieblichem *(moelleux)* Stil auf SÉMILLON-Basis, in der Regel BV. Beste CHÂTEAUX: Crabitan-Bellevue, Fayau, du Juge, Suau.

Prieur, Domaine Jacques Côte d'Or ★★★ Bedeutendes Weingut in MEURSAULT, das auch über eine Reihe hervorragender GRAND-CRU-Lagen von MONTRACHET bis MUSIGNY verfügt. Der Stil zielt eher auf Gewichtigkeit durch späte Lese und Eichenausbau ab als auf Finesse. Die Eigentümerfamilie Labruyère ist zudem in der Champagne und in MOULIN-À-VENT engagiert und besitzt Ch. Rouget in POMEROL.

Prieuré Saint Jean de Bébian Lang ★★★ Das Gut in Pézenas baute – auf ähnlichen Böden – einst alle 13 Rebsorten von CHÂTEAUNEUF-DU-PAPE an. Jetzt ist es in russischem Besitz; die Weinbereitung liegt in den Händen der talentierten Australierin Karen Turner. Die drei Reihen (Rot- und Weißwein) heißen La Chapelle, La Croix und Prieuré, außerdem roter »1152« von alten Reben.

Primeur Frischer, belebender junger Wein, besonders BEAUJOLAIS, auch VIN DE PAYS. *En primeur*-Verkauf bezieht sich dagegen auf Wein, der noch im Fass liegt und erst nach der Flaschenabfüllung ausgeliefert wird.

Producteurs Plaimont SWF – Die erfolgreichste Genossenschaft Südwestfrankreichs, der mit Abstand größte – und stetig weiter expandierende – Erzeuger der Gascogne, hat sich die Wiederbelebung vergessener lokaler Rebsorten auf die Fahnen geschrieben. Drei Appellationen: MADIRAN (wo unabhängige Erzeuger angeworben werden), ST-MONT (demnächst mit genossenschaftseigenem Hotelrestaurant im alten Kloster St-Mont) und CÔTES DE GASCOGNE. Weine aller Farben und Stile (überwiegend ★★), aller Geschmacksrichtungen und aller Preisklassen.

Propriétaire-récoltant Champ – Besitzer und Betriebsleiter; *récoltant* ist vom Verb *récolter* abgeleitet, das »ernten«, »sammeln« bedeutet.

Puisseguin St-Émilion Bx r ★★ **08 09' 10' 12 14 15 16** – Der östlichste der vier »Satelliten« von ST-ÉMILION mit festen, soliden Weinen und bedeutender Genossenschaft. Spitzen-CHÂTEAUX: Beauséjour, Le Bernat, Branda, Clarisse, Durand-Laplagne, Fongaban, Guibot La Fourvieille, Haut-Bernat, des LAURETS, La Mauriane, de Môle, Soleil.

Puligny-Montrachet Côte d'Or (r) w ★★★→★★★★ **02' 04 05' 07 08 09' 10' 11 12** 14' 15 16 (17) – Der potenziell blumigste und zierlichste weiße Burgunder: aus höheren Lagen frisch und mineralisch, aus tiefer gelegenen voller und weicher. Im Durchschnitt beste Lagen: Caillerets, Champ Canet, Combettes, Folatières, Pucelles sowie die MONTRACHET-GRANDS-CRUS. Erzeuger: J.-M. Boillot, Bouchard Père et Fils, L. CARILLON, Chartron, Drouhin, Ente, JADOT, Dom. Leflaive, O. LEFLAIVE, Pernot, Ch. de Puligny, Sauzet.

Puyméras S-Rh r w ★ **15' 16' 17'** – Achtbarer, etwas abgeschiedener Weinbauort an der südlichen Rhône mit höher gelegenen, dem Wind ausgesetzten Weinbergen und annehmbarer Genossenschaft. Geschmeidige, pflaumenfruchtige Rote auf GRENACHE-Basis, ordentliche Weiße. Empfehlenswert sind Cave la Comtadine, Dom. du Faucon Doré (biologisch-dynamisch) und Puy du Maupas.

Pyrénées-Atlantiques SWF Meist BV – IGP-Bezeichnung für Weine aus der Gascogne und Béarn, die den AOP-Bestimmungen im äußersten Südwesten nicht entsprechen. Empfehlenswert sind die sortenreinen Nicht-AOP-Weine und -Cuvées von ★★★-CHÂTEAU Cabidos (erlesener, langlebiger süßer weißer PETIT MANSENG), Dom. Moncaut bei Pau (★★) und BRUMONT (★). Ansonsten auf gut Glück.

Quarts de Chaume Lo w; s ★★★→★★★★ **89' 90' 95' 96' 97' 03 05' 07' 10' 11' 14'** 15' 16 (17) – Kleine Hanglage (40 ha) in der Nähe von Layon, ausschließlich für CHENIN BLANC. Die bewundernswert strengen Vorschriften müssen strikter durchgesetzt werden, um GRAND-CRU-Status und -Preise zu rechtfertigen. Die besten Weine besitzen eine reichhaltige Textur, v. a. von Baudouin, Bellerive, Branchereau, FL, Guegniard, Ogereau, Ch. PIERRE-BISE, Pithon-Paillé, Suronde. Vergessen Sie den Jahrgang 2012.

Quincy Lo w ★→★★ **14' 15' 16** (17) – Wiederbelebter AOP-Bereich (296 ha, 1990 waren es lediglich 60 ha) mit SAUVIGNON-BLANC-Weinen aus Sand- und Kiesböden südöstlich von Vierzon – die erste AC an der Loire (1936).

Erzeuger: v. a. Mardon, Portier, Rouzé, Siret-Courtaud, Tatin-Wilk (Doms. Ballandors und Tremblay), Villalin.

Rancio Rouss – Der originellste, nachhaltigste und köstlichste Stil eines VIN DOUX NATUREL, der an Tawny Port oder alten Oloroso (Sherry) erinnert, wird in BANYULS, MAURY, RASTEAU und RIVESALTES erzeugt. Unbedingt probieren! Er reift in Holzfässern, die unter Sauerstoff- und Hitzeeinwirkung stehen. Bei Tischweinen wäre der daraus resultierende (stechend-durchdringende) Geschmack ein Fehler.

Rangen El – Der südlichste elsässische GRAND CRU in Thann auf extrem steilen Hängen (im Durchschnitt 90 % Gefälle) mit vulkanischem Boden. Spitzenweine: majestätischer RIESLING von ZIND-HUMBRECHT (CLOS St Urbain, **05'** 08' **10'** 17') und SCHOFFIT (Clos St-Théobald, **08'** **10** 17'). 2015 mit ganz besonderer Finesse.

Rasteau S-Rh r (rs) (w) br; (tr) s ★★ **10' 12' 13 14' 15' 16'** 17' – Vollgas-Rote von Tonböden, hauptsächlich von GRENACHE, am besten in heißen Jahren (09 10 15 16 17). Empfehlenswerte Erzeuger: Beaurenard (seriös, mit schönem Entfaltungspotenzial), Cave Ortas (gut), Famille Perrin, Ch. La Gardine und Ch. du Trignon sowie die DOMAINES Beau Mistral, M. Boutin, Didier Charavin, Collière, Combe Julière, Coteaux des Travers, Élodie Balme, Escaravailles, Girasols, Gourt de Mautens (talentiert; seit 2010 auch IGP-Weine), Grand Nicolet (charaktervoll), Grange Blanche, Rabasse-Charavin, St-Gayan, Soumade (geschliffen) und Trapadis. Die Qualität des als VIN DOUX NATUREL von Grenache erzeugten Dessertweins steigt (Doms. Banquettes, Coteaux des Travers, Escaravailles, Trapadis).

Raveneau Chablis w ★★★★ Zusammen mit seinen Cousins DAUVISSAT der großartigste CHABLIS-Erzeuger. Dank traditioneller Methoden sind die Weine außerordentlich langlebig, weshalb sie einen echten Wert darstellen, wenn auch nicht auf dem Sekundärmarkt. Empfehlenswert: Blanchots, Les CLOS, Vaillons.

Rayas, Château S-Rh r w ★★★★ **78'** 79 **81'** 85 86 **88'** 89 **90'** 93 94 95' **96' 98' 99 00 01 03 04' 05' 06'** 07' **08** 09' 10' 11' 12' 13' 14' 15' 16' 17' – Wunderbares, extrem auf Tradition und strikteste Ertragsbeschränkung bedachtes 13-ha-Gut in CHÂTEAUNEUF-DU-PAPE. Die blassen, subtilen, aromatischen, sinnlichen Roten (100 % GRENACHE) verraten ihre Qualität im Flüsterton, schenken Freude und altern großartig. Der weiße Rayas (GRENACHE BLANC, CLAIRETTE) hält sich gut und gern 18 und mehr Jahre. Günstiger, eleganter Zweitwein: Pignan. Zudem erlesener Ch. Fonsalette (CÔTES DU RHÔNE), u. a. fantastischer SYRAH. Alle müssen dekantiert werden, und jeder ist ein Ereignis. Ferner guter Ch. des Tours (pfeffriger VACQUEYRAS) und Dom. des Tours (VIN DE PAYS de Vaucluse).

Régnié Beauj r ★★ **14 15' 16 17** – Die sandigen Böden des jüngsten unter den BEAUJOLAIS-Crus erbringen Weine in leichterem Stil; fleischiger geraten sie in der Gegend von MORGON. Probierenswert von Burgaud, Dupré, de la Plaigne, Rochette, Sunier.

Reuilly Lo r rs w ★→★★★ **10' 14' 15' 16** (17) – An QUINCY grenzende, wiederbelebte 252-ha-AC (1990 nur 30 ha) westlich von Bourges für Weißweine von SAUVIGNON BLANC (127 ha) sowie Rosé und Vin gris von PINOT NOIR (75 ha) und/oder PINOT GRIS (50 ha). Auch für – z. T. gute – Rotweine von Pinot noir. Beste Erzeuger: Jamain, Claude Lafond, Mardon, Renaudat, Rouze, Sorbe. Zum Schutz vor Frost werden Windmaschinen eingesetzt.

Riceys, Rosé des Champ rs ★★★ BV – Bedeudendste AC in AUBE, ausschließlich für einen beachtenswerten PINOT-NOIR-Rosé. Erzeuger: A. Bonnet, Jacques Defrance, Morize. Großartiger Jahrgang **09** und vielversprechender Jahrgang **14** nach den mageren Jahren 2011 bis 2013; 15' ist überragend.

Richebourg Côte d'Or r ★★★★ **90' 93' 95 96' 98 99' 00** 02' **03** 05' **06 07 08** 09' 10' 11 12' 13 14 15' 16 (17) – GRAND CRU in VOSNE-ROMANÉE. Magischer Burgunder mit unendlicher Geschmackstiefe, unglaublich teuer. Erzeuger: DRC, GRIVOT, GROS, HUDELOT-NOËLLAT, LEROY, LIGER-BELAIR, MÉO-CAMUZET.

Rimage Rouss – Zunehmend im Trend liegende, überaus fruchtige VINS DOUX NATURELS mit Jahrgangsbezeichnung. Jung trinken. Ähneln gutem Ruby Port. Die Variante aus MAURY heißt Grenat.

Rion Côte d'Or r (w) ★★→★★★ DOMAINES in NUITS-ST-GEORGES und VOSNE-ROMANÉE, deren Besitzer verwandt sind. Patrice Rions hervorragende Weine stammen aus Nuits-St-Georges (Clos St Marc, Clos des Argillières) und Chambolle-Musigny, Daniel Rions PREMIER-CRU-Gewächse aus den Bereichen Nuits-St-Georges und Vosne-Romanée. Bernard Rions Weine kommen großteils aus Vosne-Romanée. Alle drei zeichnen sich durch faire Preisgestaltung aus.

Frankreich

Riquewihr im Elsass kann sich damit brüsten, über 90 Prozent aller auf der Welt vorkommenden Bodenarten zu verfügen.

Rivesaltes Rouss r w br; tr s ★★ meist oJ oder Solera, aber auch mit Jahrgangsbezeichnung – Gröblich unterschätzter, junger und alter VIN DOUX NATUREL aus einem großen Bereich im ROUSSILLON, der deutlich mehr Beachtung verdiente. Langlebige Weine, v. a. RANCIOS. Die Suche lohnen: CAZES sowie die DOMAINES Boucabeille, des Chênes, de Rancy, Le Roc des Anges, Sarda-Malet, des Schistes und Vaquer. Sie werden nicht enttäuscht sein.

Rives-Blanques, Château Lang w; sch ★★★ Caryl und Jan Panman – sie Irin, er Holländer – erzeugen BLANQUETTE de LIMOUX und seit neuerer Zeit CRÉMANT. Zu den Limoux-Stillweinen zählen der Verschnitt Trilogie und der CHENIN BLANC Dédicace zum Einlagern. Außerdem Dessertwein Lagremas d'Aur.

Roche-aux-Moines, La Lo w; s ★★→★★★ 89' 90' 96' 02 03 05' 07 08' 09 **10'** 11 12 **14' 15' 16** – Der Cru (33 ha) in SAVENNIÈRES, ANJOU, erbringt CHENIN-BLANC-Weine aus beschränktem Ertrag (30 hl/ha) mit Alterungspotenzial. Erzeuger: v. a. Le Clos de la Bergerie (Joly), Dom. des Forges, FL, Laureau, Dom. aux Moines, Ch. Pierre-Bise. Schwere Frostschäden 2017.

Roederer, Louis Champ Aromatischer, feiner BRUT Premier oJ (★★★); Brut **08 09**; BLANC DE BLANCS **08' 09** 13; Brut Saignée Rosé **09** – Der Familienbetrieb ist das Nonplusultra eines Champagnerhauses mit beneidenswertem Weinbergbesitz, jetzt zu 40% biologisch-dynamisch bewirtschaftet. Herrlicher Cristal, vielleicht die großartigste aller Prestige-CUVÉES (**88' 04 06 07**), und Cristal Rosé (**02' 06**). Erlesener Cristal Vinothèque (**95**, der beste Jahrgang der Dekade). Brut Nature Philippe Starck (2009 ausschließlich aus dem Cru Cumières). Eigentümer von DEUTZ, DELAS, Ch. de PEZ und Ch. PICHON LALANDE. Siehe auch »Kalifornien« im Kapitel »Vereinigte Staaten«.

Rolland, Michel Bx – Sehr gefragter französischer önologischer Berater und MERLOT-Spezialist (in BORDEAUX und weltweit). Eigentümer von Ch. FONTENIL in FRONSAC. Siehe auch »Argentinien« (Clos de los Siete).

Rolly Gassmann El w; s ★★★ Bewunderter Erzeuger, v. a. wegen seiner Weine aus der Lage Moenchreben: halbtrockener, voller, sinnlicher GEWÜRZTRAMINER CUVÉE Yves (**08 09 11 12 15**). Die junge Generation (Pierre Gassmann) und biologisch-dynamische Methoden sorgen für mehr Finesse. Ferner mineralisch-aromatischer RIESLING (**13**) und feiner PINOT NOIR (**15** intensiv mit milden Tanninen).

Romanée-Conti Côte d'Or r ★★★★ 78' 85' 88' 89' 90' 93' 95 96' 98 99' 0 01 02' 03 05' 06 07 09' 10' 11 12' 13 14' 15' 16' (17) – GRAND-CRU-Lage in VOSNE-ROMANÉE, MONOPOLE von DRC. Die gefeiertste Spitzenlage Burgunds erbringt den teuersten Rotwein der Welt – der inzwischen auch wieder fabelhaft in Form ist. Hüten Sie sich vor Fälschungen!

Romanée, La Côte d'Or r ★★★★ 02' 03 05' 06 07 08 09' 10' 11 12' 13 14 15' 16' (17) – Der kleinste GRAND CRU in VOSNE-ROMANÉE; MONOPOLE von Comte LIGER-BELAIR. Außerordentlich feine, duftende, intensive und verständlicherweise sehr teure Weine.

> **Neue Stars im Südwesten**
>
> **Ch. de Peyrel, Rosette** Köstliche halbtrockene Aperitifweine, vorwiegend von SÉMILLON und MUSCADELLE, ideal zu Foie gras und Pilzgerichten. **Clos Troteligotte, Cahors** Einer der seriösesten Ökoerzeuger in CAHORS, strebt jetzt schon an die Spitze. **Dom. de Beyssac, Marmande** Ökoerzeuger am rechten Garonne-Ufer mit einigen Abouriou-Reben und immer besserem Ruf. **Dom de Bias, IGP Aveyron** Die Alazards erzeugen beachtliche Rote auf PINOT-NOIR-Basis und köstliche Weiße von CHARDONNAY und ROUSSANNE. **Dom. des Pradelles, Fronton** Zählt jetzt zu den Besten der Appellation. **Dom. La Fon Longue, Côtes de Duras** Charaktervoller Rotwein aus höheren Lagen im Bereich Loubès-Bernac. DOM. LARROUDÉ, JURANÇON Jérémy Estoueigt besitzt 7 ha am Westrand der Appellation. Biodynamischer Anbau. **Dom. Peyres Roses, Gaillac** Der junge Winzer Charles Bonnafont-Serre ist ein leidenschaftlicher Ökoerzeuger und bietet mit seinen Einstiegsweinen Antidote (weiß) und Impeccable (rot) den Besten die Stirn. **Dom. de Sédouprat, Côtes de Gascogne** Die Cuvée Sanglier begeistert beständig auch Nichteinheimische. **Dom. Xubialdea, Irouléguy** Ökoerzeuger (nur Weißwein) Battitt Ybargaray pflanzt auf seinen 7 ha Rebbesitz GROS MANSENG in einer Dichte von 10.000 Stöcken pro Hektar. **Sandrine Annibal, Thézac-Perricard** (IGP) Bestes Gewächs ist der halbtrockene Manseng, und der schmeckt definitiv nach mehr. – Und vergessen Sie auf gar keinen Fall den Armagnac aus Gers, Frankreichs … nein, der Welt besten Weinbrand.

Romanée-St-Vivant Côte d'Or r ★★★★ 90' 93 95 96' 99' 02' 03 05' 06 07 0 09' 10' 11 12' 13 14 15' 16' (17) – GRAND CRU in VOSNE-ROMANÉE, etwas tiefer gelegen als ROMANÉE-CONTI. Der Wein hat ein betörendes Bukett und ist eher zart, aber intensiv; etwas früher trinkreif als seine berühmten Nachbarn. Erzeuger: Wenn Sie sich DRC oder LEROY und inzwischen auch CATHIARD nicht leisten können, probieren Sie ARLOT, J.J. Confuron, Follin-Arbelet, HUDELOT-NOËLLAT, LATOUR oder Poisot.

Rosacker El – GRAND CRU in Hunawihr mit Kalk-Lehm-Boden. Von hier kommt der langlebigste RIESLING des ELSASS (CLOS STE-HUNE).

Rosé d'Anjou Lo rs ★→★★ BV – Große AOP (2.084 ha, 280 Erzeugerbetriebe) für lieblichen bis süßen Rosé (vorwiegend von Grolleau). Sehr beliebt und in der Regel gut bereitet. Empfehlenswert von: Mark Angeli, Clau de Nell sowie den DOMAINES de la Bergerie, les Grandes Vignes und des Sablonnettes.

Rosé de Loire Lo rs ★→★★ BV – AC (1.044 ha, 370 Erzeugerbetriebe) für den trockensten aller ANJOU-Rosés von sechs Rebsorten, v. a. GAMAY und Grolleau. Empfehlenswerte Erzeuger: Bablut, Bois Brinçon, Branchereau

CADY, Cave de Saumur, Ogereau, Passavant, Ch. PIERRE-BISE, Richou, Soucherie.

Rosette SWF w; lbl ★★ BV – Die Geburtsstätte der BERGERAC-Weine wurde als Quelle köstlicher halbtrockener Aperitifweine (AOP) wiederentdeckt. In Eiche ausgebaute Versionen sollte man allerdings unbedingt meiden. Probierenswert von CLOS Romain, den Domaines de la Cardinolle, de Coutancie, du Grand-Jaure und den Châteaux Combrillac, Monplaisir, de Peyrel, Puypezat-Rosette und Spingulèbre. Schmeckt auch gut zu Foie gras oder Pilzgerichten.

Rossignol-Trapet Bg r ★★★ Ebenfalls biologisch-dynamisch arbeitende Cousins der Eigentümer von Dom. TRAPET, im Besitz etlicher GRAND-CRU-Lagen, v. a. CHAMBERTIN. Angefangen vom GEVREY VIEILLES VIGNES bietet das gesamte Sortiment ein gutes Preis-Leistungs-Verhältnis. Auch einige Lagen in BEAUNE (aus Rossignol-Besitz).

Rostaing, Domaine N-Rh r w ★★★ **95' 98' 99' 01' 05' 06' 07' 09'** 10' **11** 12' 13' 14 15' 16' 17' – Sehr qualitätsbewusster Erzeuger an der CÔTE-RÔTIE mit fünf sehr feinen, reintönigen, straff gewirkten und unter dezentem Eicheneinsatz präzise bereiteten Weinen, die 6 Jahre reifen und dekantiert werden sollten: verführerischer, komplexer, erstklassiger Côte Blonde (mit 5 % VIOGNIER), Côte Brune (eisenhaltiger Boden) und La Landonne (dunkle Früchte, 15–20 Jahre haltbar). Dazu herber, fester Condrieu sowie roter und weißer Dom. Puech Noble (LANGUEDOC). Seit 2015 wird René Rostaing von seinem Sohn Pierre unterstützt.

Rouget, Emmanuel Côte d'Or r ★★★★ Berühmt als Erbe (Neffe) von Henri Jayers Weinbergbesitz, allen voran Cros Parantoux. Nun, da die junge Generation mitmischt, sollte man sich aber auch nach den ÉCHEZEAUX-, NUITS-ST-GEORGES- und VOSNE-ROMANÉE-Gewächsen umtun.

Roulot, Domaine Côte d'Or w ★★★→★★★★ Die hervorragende Domaine in MEURSAULT wird von Jean-Marc Roulot geleitet und hat inzwischen Kultstatus erlangt, was für die Preise auf dem Sekundärmarkt nichts Gutes verheißt. Großartig sind die PREMIER-CRU-Gewächse wie Charmes, Clos des Bouchères und Perrières, preiswerter diejenigen aus besten Villages-Lagen wie Les Luchets, Meix Chavaux und v. a. Clos du Haut Tesson.

Roumier, Georges Côte d'Or r ★★★★ Das Musterweingut für BONNES-MARES und andere brillante Chambolle-Musigny-Weine, bereitet vom fähigen Christophe Roumier. Langlebige, aber auch schon in der Jugend ansprechende Gewächse, die als »Kultweine« inzwischen sehr hoch gehandelt werden.

Rousseau, Domaine Armand Côte d'Or r ★★★★ Es ist kein Geheimnis, dass die unvergleichliche DOMAINE in GEVREY-CHAMBERTIN mit ausgewogenen, duftenden, raffinierten und langlebigen Weinen begeistert, angefangen von Village- bis hin zu GRAND-CRU-Gewächsen, allen voran CLOS ST-JACQUES.

Roussette de Savoie Sav w ★★ Reinsortig von ROUSSETTE bereiteter Weißwein aus der Gegend südlich des Genfer Sees, teils zum Einlagern; er macht 10 % der Gesamtweinproduktion SAVOYENS aus. Erzeuger: Grisard, Maillet, de la Mar, Quenard.

Roussillon Höchst eigenständige Region des MIDI, die jedoch ganz zu Unrecht oft mit dem Languedoc in einen Topf geworfen wird und inzwischen der AC LANGUEDOC eingegliedert ist. Ursprünglicher, traditioneller VIN DOUX NATUREL (z. B. BANYULS, MAURY, RIVESALTES). Jüngere Jahrgangsweine (RIMAGE/Grenat) konkurrieren nun mit gereiftem RANCIO. Zudem ernst zu nehmende rote und weiße Tischweine mit Alterungspotenzial. Siehe auch die AOPs COLLIOURE, CÔTES DU ROUSSILLON-VILLAGES, MAURY SEC und CÔTES CATALANES (IGP).

Ruchottes-Chambertin Côte d'Or r ★★★★ **90' 93' 95 96' 99' 00 02' 03** 05' **06 07 08 09' 10' 11** 12' 13 14 15' 16 (17) – Winziger GRAND-CRU-Nachbar von CHAMBERTIN; weniger körperreicher, dafür ätherischer, fein gewirkter, langlebiger Wein von großer Finesse. Spitzenerzeuger: MUGNERET-Gibourg, ROUMIER, ROUSSEAU.

Ruinart Champ »R« de Ruinart BRUT oJ; Ruinart Rosé oJ; »R« de Ruinart Brut 04 06 08 – Die älteste Champagnerfirma, gegründet 1729. Das bereits hohe Niveau steigt immer weiter: Die Weine sind reichhaltig und elegant. Die Prestige-CUVÉE Dom Ruinart ist einer der beiden besten BLANC-DE-BLANCS-Jahrgangsweine der Champagne (z. B. 90' in der Magnumflasche, **02' 04 08**), im heiklen Jahrgang **06** zeigt er herrliche Struktur. Auch der Dom Ruinart Rosé (**98'**) ist etwas ganz Besonderes. Der Blanc de Blancs oJ ist sehr viel besser geworden. In den klassisch kühlen Jahrgang 2013 werden große Hoffnungen gesetzt.

Rully Bg r w ★★ r **12 14' 15' 16** (17); w **14' 15 16'** (17) – Ort an der CÔTE CHALONNAISE mit leichtem, frischem, leckerem, preiswertem Weißwein. Bei den Roten steht nicht so sehr Struktur als vielmehr die Frucht im Vordergrund. Probierenswert: Devevey, DROUHIN, DUREUIL-JANTHIAL, FAIVELEY, Jacqueson, C. Jobart, Olivier LEFLAIVE, Ninot, Rodet.

Sablet S-Rh r (rs) w ★★ **15' 16' 17'** – Unkomplizierte, aber auch ernst zu nehmende Weine von steigender Qualität bietet dieser Ort der CÔTES DU RHÔNE-VILLAGES. Beerenfruchtige Rote von sandigen Böden, v. a. von der Genossenschaft CAVE des Vignerons du Gravillas, Ch. Cohola (Ökoanbau), Ch. du Trignon sowie den DOMAINES de Boissan (öko, voll), Les Goubert, Pasquiers (voll) und Piaugier (rot und weiß). Auch gute, volle Weißweine, sowohl als Aperitif als auch zum Essen, v. a. von Boissan, St Gayan.

Saint-Amour Beauj r ★★ **14 15' 16** (17) – Nördlichster Cru im BEAUJOLAIS; leichter, fruchtiger Wein, ein wenig gesichtslos. Wird unverdrossen für den Valentinstag angepriesen. Empfehlenswerte Erzeuger: Dom. de Fa (Graillot), Janin, Patissier, Revillon.

Saint-Aubin Côte d'Or r w ★★★ w **09' 10' 11 12 14' 15** 16 (17) – Gute Quelle für lebhafte, erfrischende Weißweine, mit denen die Ortschaft ihren Nachbarn PULIGNY- und CHASSAGNE-MONTRACHET nicht zuletzt in preislicher Hinsicht die Stirn bietet. Außerdem nette Rote (meist BV). Beste Lagen: Chatenière, En Remilly, Murgers Dent de Chien. Beste Erzeuger: J.C. Bachelet, Marc COLIN, Colin-Morey, Lamy, Prudhon.

Saint-Bris Bg w ★ BV – Die einzige AC für SAUVIGNON BLANC in Burgund. Frische, lebhafte Weine von J.H. GOISOT und de Moor, die sich zum Einkellern eignen. Auch interessant: Bersan, Simonnet-Febvre.

Saint-Chinian Lang r ★→★★★ **11 12** 13 14 15 16 17 – Großes, hügeliges Gebiet bei Béziers mit solidem Ruf; enthält die CRUs du Languedoc Berlou (vorwiegend CARIGNAN) und Roquebrun (Schieferböden, vorwiegend SYRAH). Warme, würzige Rotweine auf Basis von Syrah, Carignan, GRENACHE und MOURVÈDRE. Die Weißen werden von GRENACHE BLANC, MARSANNE, ROUSSANNE und VERMENTINO bereitet. Erzeuger: die Genossenschaft in Roquebrun (gut), Dom. Borie la Vitarèle, CLOS Bagatelle, Dom. la Dournie, Dom. des Jougla, Dom. LA MADURA, Mas Champart, Dom. Navarre, Dom. Rimbert und Ch. Viranel. Viele neue Betriebe.

Sainte-Croix-du-Mont Bx w; s ★★ **07** 09' 10' **11 13 14 15** 16 – AC für süße Weißweine *(liquoreux)* gegenüber von SAUTERNES auf dem anderen Garonne-Ufer. Die besten Exemplare sind voll, cremig und langlebig. Spitzen-CHÂTEAUX: Crabitan-Bellevue, Loubens, du Mont, Pavillon und la Rame.

Saint-Émilion Bx r ★★→★★★★ **00'** 01 **03 04** 05' 08 09' **10' 11 12 14 15** 16 – Großer Bereich von BORDEAUX auf dem rechten Ufer, gegenwärtig äußerst erfolgreich – seit 1999 UNESCO-Weltkulturerbe. Angebaut wird vorwiegend MERLOT, gefolgt von CABERNET FRANC. Umfasst die ACs St-Émilion und St-Émilion Grand cru; St-Émilion PREMIER GRAND CRU CLASSÉ ist die Klassifikation der Spitzengewächse. Warmer, voller, runder Stil; die besten Weine sind fest und sehr langlebig. Zudem gibt es sowohl moderne als auch traditionelle Stile. Spitzen-CHÂTEAUX: ANGÉLUS, AUSONE, CANON, CHEVAL BLANC, FIGEAC und PAVIE. Viele auch in preislicher Hinsicht ansprechende Weine.

Saint-Estèphe H-Méd r ★★→★★★★ **98 00' 01 02 03 04 05' 06 08 09' 10' 11 12 14** 15 16 17 – Nördlichste kommunale AC im MÉDOC. Solide, strukturierte, auf Langlebigkeit ausgelegte Weine, häufig vergleichsweise preiswert. Fünf Crus classés: CALON-SÉGUR, COS D'ESTOURNEL, COS LABORY, LAFON-ROCHET und MONTROSE. Die besten Châteaux ohne Klassifizierung: Le BOSCQ, CLAUZET, LE CROCK, HAUT-MARBUZET, MEYNEY, ORMES DE PEZ, de PEZ, PHÉLAN SÉGUR.

Sainte-Victoire Prov r rs ★★ Unterbereich der CÔTES DE PROVENCE an den Südhängen der Montagne Ste-Victoire. Gute Weine aus einer beeindruckenden Landschaft. Probierenswert sind Mas de Cadenet und Mauvan.

Saint-Gall, De Champ BRUT oJ; Extra Brut oJ; Brut BLANC DE BLANCS oJ; Brut Rosé oJ; Brut Blanc de Blancs **04 06 08'**; CUVÉE Orpale Blanc de Blancs **02' 04 08' 10** 15' 17' – Markenname der Union Champagne, der von Spitzenwinzern gebildeten Genossenschaft in AVIZE. Feiner und preiswerter Pierre Vaudon oJ auf Pinot-Basis. Erzeugt auch erstklassige Grundweine für andere Champagnerhäuser.

Saint-Georges d'Orques Lang r rs ★★→★★★ Der individuellste und älteste Teil der ausgedehnten AOP Grès de Montpellier strebt Cru-Status an. Probierenswert sind Dom. Belles Pierres, Ch. l'Engarran, Dom. Henry, Dom. La Marfée und Dom. la Prose.

Saint-Gervais S-Rh r (rs) (w) ★→★★ **15' 16' 17'** – Ort am Westufer der Rhône mit guten Böden, aber sehr begrenzter Auswahl. Die Genossenschaft bietet lediglich ein bescheidenes Niveau. Der beste Wein ist der langlebige (10 Jahre und mehr) Rote der Dom. Sainte-Anne (frisch, fest, mit ausgeprägten MOURVÈDRE-typischen Lakritzaromen), auch der VIOGNIER ist gut. Außerdem: Dom. Clavel mit dem roten Syrius.

Saint-Jacques d'Albas, Château Lang r rs w ★★ Seit 2001 bestehendes, engagiertes Gut im MINERVOIS mit britischen Besitzern und australischem Kellerchef. Empfehlenswert: Le Petit St-Jacques, Domaine d'Albas, Château d'Albas und der SYRAH-dominierte La Chapelle (alle rot). Der Coteaux de Peyriac ist eine Cuvée von VIOGNIER, VERMENTINO und ROUSSANNE.

Saint-Joseph N-Rh r w ★★ **99' 05' 06' 07' 09' 10' 11' 12' 13' 14 15' 16'** 17' – AC entlang dem Westufer der nördlichen Rhône, vorwiegend mit Granitböden. Rotweine von SYRAH. Aus den ältesten und besten Lagen bei Tournon kommen abgerundete, stilvolle Gewächse mit Noten roter Früchte, weiter nördlich sind die Weine dunkler, lebhafter, pfeffriger, und es wird mehr Eiche verwendet. Vollständigere, nuancenreichere Weine wie CROZES-HERMITAGE, v. a. von CHAPOUTIER (Les Granits), J.-L. Chave (stilvoll), Gonon (Spitzenklasse), B. Gripa und GUIGAL (Vignes de l'Hospice); auch: Chèze, Courbis (modern), Coursodon (rassig, modern), Cuilleron, Delas, E. Darnaud, J. & E. Durand (fruchtig), Faury, Gaillard, Marsanne (traditionell), P. Marthouret (traditionell), Monier-Perréol (Ökoanbau) A. Perret (Grisières), Nicolas Perrin, Vallet, P.-J. Villa, F. Villard, Vins de Vienne. Gute, zum Essen passende Weiße (hauptsächlich Marsanne), v. a. von Barge, Chapoutier (Les Granits), Cuilleron, Faury, Gonon (fabelhaft), Gouye (traditionell), Gripa, A. Perret, J. Pilon.

Saint-Julien H-Méd r ★★★→★★★★ **00' 01 02 03 04 05' 06 08 09'** 10' **11 12 14** 15 16 17 – Kleine kommunale AC im mittleren MÉDOC. Elf Weingüter, die in die Klassifizierung von 1855 aufgenommen wurden, besitzen 95 % der Rebfläche, u. a. die drei LÉOVILLE-CHÂTEAUX, BEYCHEVELLE, DUCRU-BEAUCAILLOU, GRUAUD LAROSE und ST-PIERRE. Der Inbegriff eines harmonischen, duftenden und aromatischen Rotweins.

Saint-Mont SWF r rs w ★★ r **15' 16'** 17; rs w BV – AOP in Gers im Südwesten der Gascogne. J.-L. Garoussia von der Dom. de Turet (★) spielt nicht nur Saxofon, sondern stemmt sich gemeinsam mit Ch. de Bergalasse und Dom. des Maouries (★★) auch gegen die Versuche der PRODUCTEURS PLAIMONT, die Appellation als Markennamen zu übernehmen.

Saint-Nicolas-de-Bourgueil Lo r rs ★→★★★ **09' 10 14' 15' 16** (17') – AC westlich von BOURGUEIL mit ähnlichen (aber populäreren und teureren) Weinen von CABERNET FRANC, die von den überwiegend vorkommenden Sand-/Kiesböden leicht, von den Kalkhängen aber strukturierter ausfallen. Empfehlenswerte Erzeuger: Yannick Amirault, Clos des Quarterons, David, Delanoue, Lorieux, Frédéric Mabileau, Laurent Mabileau, Mabileau-Rezé, Mortier, Taluau-Foltzenlogel, Vallée. Zum Schutz gegen Frost werden Windmaschinen eingesetzt.

Saint-Péray N-Rh w; sch ★★ **14' 15' 16' 17'** – Weißer Rhône-Wein (MARSANNE plus ROUSSANNE) mit wachsendem Renommee von Weinbergen auf Granit- und Kalksteinhügeln gegenüber von Valence; jede Menge Neuanpflanzungen. Einst berühmt für Schaumwein nach der *méthode champenoise,* der auch heute noch das Probieren lohnt (R. Nodin, J.-L. Thiers, A. Voge). Der weiße Stillwein sollte zupackend und rauchig mit Feuersteinnote sein. Spitzenerzeuger: CHAPOUTIER, Clape (reintönig), Colombo (stilvoll), Cuilleron, Gripa (sehr gut), R. Nodin, J.-L. Thiers, du Tunnel (sehr elegant), Vins de Vienne, Voge (Eiche) sowie die Genossenschaft in TAIN.

Saint-Pierre-de-Soucy Sav – Aus dem Cru mit steilen Schieferhanglagen kommt ein entschieden frisch-aromatischer Mix aus Jacquère, CHARDONNAY und Mondeuse blanche. Spitzenerzeuger: Domaine des Ardoisières.

Saint-Pourçain ZF r rs w ★→★★ BV – 557-ha-AC am Oberlauf der Loire (Allier). Leichte Rot- und Roséweine von GAMAY und PINOT NOIR (sortenreinen Pinot noir verbieten die AOP-Vorschriften blöderweise) sowie Weißweine von der Lokalsorte Tressalier und/oder CHARDONNAY bzw. SAUVIGNON BLANC. Erzeuger: Dom. de Bellevue, Berioles, Grosbot-Barbara, Laurent, Nebout, Pétillat, Ray und die gute Genossenschaft VIGNERONS de St-Pourçain.

Saint-Romain Côte d'Or r w ★★ w **14' 15 16** (17) – Knackig-frische Weißweine aus einem Nebental der CÔTE DE BEAUNE, für burgundische Verhältnisse äußerst preiswert. Erzeuger: v. a. Bellene, Buisson, Dom. de Chassorney, Gras, HOSPICES DE BEAUNE. Auch etwas Rotwein von frischer Art.

Saint-Véran Bg w ★★ **14' 15 16** (17) – AC im Mâconnais nördlich und südlich von POUILLY-FUISSÉ. Cuvées aus Einzellagen findet man bei Chagnoleau, Corsin, Deux Roches, Litaud und Merlin, Preiswertes bei DUBŒUF, Poncetys und der Genossenschaft TERRES SECRÈTES.

Salon Champ ★★★★ Der ursprüngliche BLANC DE BLANCS aus Le MESNIL an der Côte des Blancs. Winzige Produktion. Die langlebigen, ungeheuer kostspieligen Weine genießen ein Ehrfurcht gebietendes Renommee, fallen in Wirklichkeit aber manchmal ungleichmäßig aus. In letzter Zeit sind sie jedoch ganz auf der Höhe (z. B. **83' 90** 97'), nur der 1999er enttäuscht, und was aus dem 2002er wird, ist fraglich. Vielversprechend sieht es dagegen für den 2006er aus. Siehe auch DELAMOTTE.

Sancerre Lo r (rs) w ★→★★★★ **05' 08' 10 12 14' 15' 16'** (17) – Der Maßstab für SAUVIGNON BLANC (2.354 ha), außerdem viele feine Rote (600 ha für PINOT NOIR). 2016 und 2017 kaum von Frost betroffen. Spitzenerzeuger: Boulay, BOURGEOIS, Cotat (wechselhaft), François Crochet, Lucien Crochet, Vincent Delaporte, Dezat, Dionysia, Fouassier, Thomas Laballe, Alphonse MELLOT, Joseph Mellot, Pierre Martin, Mollet, Neveu, Pinard, Paul Prieur, Pascal et Nicolas Reverdy, Raimbault, Claude Riffault, Roblin, Jean-Max Roger, Thomas, Vacheron, Vatan, Vattan. Außerdem viele spannende junge Erzeuger.

Santenay Côte d'Or r (w) ★★→★★★ **03 05' 09' 11 12 14** 15' 16' (17) – Das Südende der CÔTE DE BEAUNE hat Potenzial für feine Rotweine und sollte daher nicht außer Acht gelassen werden. Die besten Lagen sind CLOS Rousseau, Clos de Tavannes und Les Gravières (rot und weiß). Gute Erzeuger: Belland, Camille Giroud, Chevrot, Jessiaume, Lamy, MOREAU, V. MOREY, Muzard, Vincent. Auch einige gute Weiße, z. B. von Dom. Charmes.

Saumur Lo r rs w; sch ★→★★★ **09' 10' 12 14' 15' 16 17** – Große AC für leichte bis ernst zu nehmende Weißweine, die sich brillant entfalten, und hauptsächlich unkomplizierte Rote, mit Ausnahme des Bereichs SAUMUR-CHAMPIGNY. Ansonsten Rosé sowie CRÉMANT (inzwischen am bedeutendsten) und SAUMUR Mousseux aus dem Zentrum der Schaumweinbereitung an der Loire. Saumur Le-Puy-Notre-Dame heißt die AOP für CABERNET-FRANC-Rotweine. Gute Erzeuger: BOUVET-LADUBAY, CHAMPS-FLEURIS, Clos Mélaric, CLOS ROUGEARD, Ditterie, Antoine Foucault, René-Hugues Gay, Guiberteau, Nerleux, Paleine, Ch. Parnay, Robert et Marcel, Rocheville, St-Just, Ch. de Targé, Ch. de VILLENEUVE, Ch. Yvonne. 2017 teilweise Frostschäden.

Saumur-Champigny Lo r ★★→★★★ **96' 05' 09' 10 12 13 14' 15'** (16) – Neun Gemeinden umfassende AC für aromatische CABERNET-FRANC-Rotweine, die zu den besten zählen; gute Jahrgänge halten sich 15–20 Jahre und länger. Beste Erzeuger: Bonnelière, Bruno Dubois, CHAMPS-FLEURIS, CLOS Cristal, CLOS ROUGEARD, de la Cune, Filliatreau, Hureau, Nerleux, Petit Saint-Vincent, Roches Neuves, de Rocheville, St-Just, Antoine Sanzay, Ch. de Targé, P. Vadé, du Val Brun, Ch. de VILLENEUVE, Yvonne sowie die Genossenschaft in SAUMUR.

Saussignac SWF w; s ★★ **14 15' 16** 17 – Sub-AOP von BERGERAC, westlich an MONBAZILLAC grenzend, deren Weine aber etwas mehr Säure aufweisen. Beste Erzeuger: die DOMAINES Lestevénie, La Maurigne, Les Miaudoux und de Richard (alle ★★★) sowie die CHÂTEAUX Le Chabrier, Le Payral und Le Tap (alle ★★).

Sauternes Bx w; s ★★→★★★★ **90' 95 96 97' 98 99' 01' 02 03' 05' 07' 09' 10' 11' 13 14** 15 16 – In dieser AC werden aus edelfaulen Trauben Frankreichs beste *liquoreux* (Süßweine) bereitet: stark, üppig, goldfarben, langlebig und überraschend gut zu Speisen passend. Zu den 1855 klassifizierten CHÂTEAUX zählen CLOS HAUT-PEYRAGUEY, GUIRAUD, LAFAURIE-PEYRAGUEY, RIEUSSEC, SIGALAS RABAUD, SUDUIRAUT, La TOUR BLANCHE und natürlich d'YQUEM. Die besten nicht klassifizierten Güter: Dom. de l'Alliance, HAUT-BERGERON, Les Justices, RAYMOND-LAFON.

Sauzet, Etienne Côte d'Or w ★★★ Führendes biologisch-dynamisch bewirtschaftetes Gut in PULIGNY mit großartigen PREMIERS CRUS (am besten sind Champ Canet und Les Combettes) sowie Montrachet und Bâtard-Montrachet. Konzentrierte, lebhafte, jetzt auch wieder langlebigere Weine.

Savennières Lo w; tr (s) ★★→★★★★ **89' 96' 03 05' 07 08' 09 10' 11 12 14' 15'** (16) – Kleine AC in ANJOU mit großem Renommee und langlebigen, von markanter Säure gekennzeichneten Weißen (CHENIN BLANC) höchst unterschiedlicher Machart und Güte. Empfehlenswerte Erzeuger: Baudouin, Baumard, Bergerie, Boudignon, Closel, Ch. d'Epiré, Dom. FL, Laureau, Mahé, Mathieu-Tijou, Morgat, Ogereau, Ch. Pierre-Bise, Pithon-Paillé, Ch. Soucherie. Spitzenlagen: CLOS du Papillon, COULÉE DE SERRANT und La ROCHE-AUX-MOINES.

Savigny-lès-Beaune Côte d'Or r (w) ★★★ **99' 02' 03 05' 09' 10' 11 12 14** 15 (17) – Bedeutender Ort bei BEAUNE mit ähnlich mittelschweren Weinen deren aromatische Art allerdings manchmal ins Rustikale abgleitet. Beste Lagen: Dominode, Les Guettes, Lavières, Marconnets, Vergelesses. Erzeuger: Bize, Camus, Chandon de Briailles, Chenu, CLAIR, DROUHIN, Girard Guyon, LEROY, Pavelot, Tollot-Beaut.

Savoyen (Savoie) r w; sch ★★→★★★ BV – Alpiner Bereich. Die AC Vin de Savoie (1.980 ha) verfügt über 16 Crus, darunter APRÉMONT, CHIGNIN CRÉPY, Jongieux und Ripaille. Separate ACs sind Roussette de Savoie (Altesse) und SEYSSEL. Die Rotweine werden vorwiegend von den Sorten GAMAY und MONDEUSE bereitet, die Weißen von Altesse, Jacquère, Mondeuse blanc und ROUSSANNE.

Ökoweinbau im Languedoc-Wind

Die klimatischen Bedingungen im LANGUEDOC, v.a die für Trockenheit sorgenden Winde, begünstigen ökologischen Weinbau, weshalb dieser Landstrich der größte Ökoweinbaubereich von Frankreich ist: 21.910 ha oder 9,4% der Gesamtrebfläche werden von 1.301 Betrieben ökologisch bewirtschaftet. Einige ACs sind stärker ökologisch ausgerichtet als andere: In den Terrasses du Larzac betreiben 65% aller Erzeuger ökologischen Weinbau, in Faugères 50%, in St-Chinian 21%. Einige Winzer ziehen es vor, ohne Zertifikat ökologisch zu wirtschaften, sei es, um die jährlich pro Hektar erhobenen Gebühren zu sparen, sei es, um im Notfall auch mal spritzen zu dürfen.

Schlossberg El – GRAND CRU in Kientzheim, berühmt seit dem 15. Jahrhundert. Glorioser, unwiderstehlicher RIESLING von FALLER (**10**) und neuerdings von TRIMBACH. Der Jahrgang 2015 dürfte für Riesling großartig sein.

Schlumberger, Domaines El w; s ★→★★★ Riesiger, erstklassiger Betrieb in Guebwiller, dem etwa 1% aller Weinberge im Elsass gehören. Besitzt Lagen in den GRANDS CRUS Kitterlé, Kessler, Saering (rassig; **10' 12 13** 15) und Spiegel. Reichhaltige Weine. Das Angebot umfasst u. a. seltenen RIESLING, die unverwechselbare CUVÉE Ernest, den neuen GEWÜRZTRAMINER Grand Cru Kessler (anmutig **14** 15) sowie großartigen PINOT GRIS.

Schoenenbourg El – Der GRAND CRU in Riquewihr liefert sehr volle, erfolgreiche Weine: PINOT GRIS, RIESLING, sehr feine VENDAGE TARDIVE und SÉLECTION DE GRAINS NOBLES, v. a. von DOPFF AU MOULIN. Auch sehr guter MUSCAT. HUGELs Riesling Schoelhammer stammt von hier. Der Ertrag fiel 2017 gering aus, die Qualität könnte sich aber als ausgezeichnet erweisen.

Schoenheitz El – Das aufstrebende Gut bietet tadellose Qualität, insbesondere PINOT BLANC und RIESLING. Vorbildlicher, lang auf der Hefe gereifter CRÉMANT d'Alsace (**08**).

Schoffit, Domaine El w ★★★ Der außergewöhnliche Winzer Bernard Schoffit in Colmar erzeugt exzellente VENDANGE-TARDIVE-Weine von vulkanischen Böden: GEWÜRZTRAMINER und PINOT GRIS GRAND CRU RANGEN Clos St-Théobald (**08 10' 12'** 14 15). Ein Kontrast ist der RIESLING Grand cru Sonnenberg (**10' 13 15** 16 17') von Kalksteinboden. Außerdem köstlicher CHASSELAS.

Sec Wörtlich: trocken; so bezeichneter CHAMPAGNER ist allerdings eher lieblich (für Sektfrühstück und Hochzeiten besser geeignet als BRUT).

Séguret S-Rh r rs w ★★ **12' 13 14 15' 16' 17'** – Hübscher provenzalischer Weinbauort bei GIGONDAS mit Lagen in der Ebene und auf Hügeln, zählt zu den besten CÔTES-DU-RHÔNE-VILLAGES. Pfeffrige, recht tiefe, mitunter sc gar sehr volle Rotweine, vorwiegend von GRENACHE, sowie knackig-fruchtige Weißweine. Erzeuger: v. a. Ch. La Courançonne (gute Weiße), DOMAINES Amandine, de l'Amauve (fein), de Cabasse (elegant), J. David (wuchtig; ökologischer Anbau), Fontaine des Fées, Garancière, Maison Plantevin, Malmont (stilvoll), Mourchon (stramm), Pourra (intensiv, muss lagern), Soleil Romain.

Sélection de grains nobles El – Von HUGEL geprägter Ausdruck für das elsässische Gegenstück zur deutschen BEERENAUSLESE; wird immer strengeren Bestimmungen unterworfen. *Grains nobles* sind Trauben mit Edelfäule für Süßweine.

Selosse, Anselme Champ ★★★★ Ein führender Erzeuger, für viele eine Ikone. Selosse baut seine Weine in oxidativem Stil aus und lässt sie in Eiche vergären; der Version Originale ist nach 7 Jahren auf der Hefe immer noch lebhaft. Spitzengewächs ist wohl der Mesnil Les Carelles aus Grand-cru-Lagen: salzig, komplex, ein sprudelnder Verwandter des MEURSAULT Perrières. Der 2002er ist noch ein Baby.

Sérafin Père et Fils Côte d'Or r ★★★ Tiefdunkle Farbe, intensive Aromen und neue Eiche – Sérafin-Weine brauchen Zeit zur Entfaltung, z. B. GEVREY-CHAMBERTIN VIEILLES VIGNES, Les Cazetiers und CHARMES-CHAMBERTIN.

Seyssel Sav w; sch ★★ AC seit 1942, 80 ha. Weißwein (von Altesse und Molette) sowie Schaumwein von CHASSELAS. Empfehlenswert: Lambert de Seyssel, Mollex, Vens-le-Haut.

Sichel & Co. Bx r w – Renommiertes, familiengeführtes BORDEAUX-Handelshaus, gegründet 1883 (eine Spitzenmarke ist Sirius) mit Beteiligungen an Ch. d'ANGLUDET, Ch. Argadens, Ch. PALMER und in CORBIÈRES (Ch. Trillol). Hochmodernes Lager.

Signargues S-Rh ★→★★ **15' 16' 17'** – Bescheidener Ort der CÔTES DU RHÔNE-VILLAGES mit trockenen Böden am Westufer des Flusses zwischen Avignon und Nîmes. Die würzigen, eher stämmigen Rotweine sollten innerhalb von 4 Jahren getrunken werden. Beachtenswerte Erzeuger: CAVE des Vignerons d'Estézargues (schwungvoll), Clos d'Alzan, La Font du Vent, Haut-Musiel, Dom. des Romarins (tief), Ch. Terre Forte (biodynamisch) und Dom. Valériane.

Simone, Château Prov r rs w ★★→★★★ Geschichtsträchtiges Familienweingut südlich von Aix-en-Provence, auf dem Winston Churchill einst die Montagne Ste-Victoire malte. Seit fast zwei Jahrhunderten im Besitz der Familie Rougier. Praktisch ein Synonym für die AC PALETTE. Die langlebigen Weißweine aufzuspüren lohnt sich sehr; außerdem charaktervoller Rosé und elegante Rotweine (GRENACHE, MOURVÈDRE). Teilweise seltene Rebsorten wie Castets und Manosquin (beide rot).

Sipp, Louis El w; s ★★→★★★ Erzeuger und Négociant in Ribeauvillé. Sehr guter RIESLING GRAND CRU Kirchberg, erlesener Grand cru Osterberg GEWÜRZTRAMINER VENDANGE TARDIVE (v. a. **07 09'**). Fein in klassischen trockeneren Jahren (**08 10 12** 13 14).

Sipp-Mack El w; s ★★→★★★ Ausgezeichnete DOMAINE in Hunawihr. Großartiger RIESLING vom GRAND CRU ROSACKER (**10 12 13' 14** 15'); auch sehr guter PINOT GRIS.

Sorg, Bruno El w ★★→★★★ Erstklassiger kleiner Winzer in Eguisheim mit den GRANDS CRUS Florimont (RIESLING **10** 12 **13' 14** 15') und PFERSIGBERG (MUSCAT). Tadellose, umweltfreundlich bewirtschaftete Weinberge.

St-Georges Saint-Emilion Bx r ★★ **08 09' 10' 12 14 15** 16 – Der kleinste der »Satelliten« von ST-ÉMILION mit stämmigen, gut strukturierten Weinen. Spitzen-CHÂTEAUX: Calon, Macquin St-Georges, St-André Corbin, ST-GEORGES, TOUR DU PAS ST-GEORGES sowie Clos Albertus.

Sur lie »Auf der Hefe«. MUSCADET wird oft direkt vom Fass abgefüllt, um Schwung, Körper und Charakter zu bewahren.

Tâche, La Côte d'Or r ★★★★ **90' 93' 95 96' 98 99' 00 01** 02' **03** 05' **06 07** 09 10' 11 12' 13 14 15' 16' (17) – GRAND CRU in VOSNE-ROMANÉE, MONOPOLE von DRC. Eine der besten Lagen der Welt: voller, herrlich duftender, luxuriöser Wein (in der Jugend verschlossen).

Taille aux Loups, Domaine de la Lo w; s; sch ★★★ **05' 07' 08' 09 10' 11 12 14' 15' 16** (17) – Jacky BLOT, ein untadeliger Erzeuger, wird nun von Sohn Jean-Philippe unterstützt. Fassvergorener MONTLOUIS-SUR-LOIRE und VIN DE FRANCE (VOUVRAY), großteils trocken ausgebaut, besonders fein von den Einzellagen CLOS Mosny, Clos Michet (beide Montlouis) und Clos de Venise (Vouvray). Außerdem Perlwein *(pétillant)* Triple Zéro Montlouis (weiß und rosé) sowie sehr gute BOURGUEIL-Gewächse von der DOMAINE de la Butte. 2016 und 2017 Frostschäden im Bereich Montlouis.

Tain, Cave de N-Rh ★★→★★★ Hervorragende Genossenschaft der nördlichen Rhône: viele Weinberge mit älterem Rebbestand, darunter ein Viertel der Gesamtrebfläche von HERMITAGE. Solider bis sehr guter roter Hermitage, v. a. Epsilon und Gambert de Loche, opulenter weißer Hermitage Au Cœur des Siècles mit gutem Preis-Leistungs-Verhältnis. Guter ST-JOSEPH (rot und weiß) und interessante Ökoreihe namens Bio (CROZES-HERMITAGE, St-Joseph), sonst eher moderne Mainstream-Weine. Gute neuere Crozes-Hermitage-Gewächse (rot) von Lagen am Hang und in der Ebene. Ausgezeichneter VIN DE PAILLE. Die Weißen legten 2016 qualitativ zu.

Taittinger Champ BRUT oJ; Rosé oJ; Brut **04 06 08**; Collection Brut **89 90 95'** – Diese Weine sind die Juwelen des jetzt wieder familiengeführten Hauses in Reims, dessen Champagner mit ihrer exquisiten Leichtgewichtigkeit der Inbegriff des klassischen Aperitifstils sind. Fantastisch der luxuriöse Comtes de Champagne (**95' 99 02' 04 08'**); der Comtes de Champagne Rosé brilliert **06**. Außerdem ein ausgezeichneter Einzellagenwein namens La Marquetterie. Ein neues Schaumweinprojekt ist die Domaine Evremond in der englischen Grafschaft Kent. (Siehe auch Dom. Carneros im Kapitel »Vereinigte Staaten«, Abschnitt »Kalifornien«.) Ein neuer Kellermeister ist in die großen Fußstapfen Loïc Duponts getreten.

Tavel S-Rh rs ★★ BV – In der Theorie stämmiger Rosé auf GRENACHE-Basis, passend zur Mittelmeerküche. Wird heute aber vielfach im leichteren Provence-Stil ausgebaut und oft als Aperitif getrunken – ein Jammer. Spitzenerzeuger: Dom. de l'Anglore (ungeschwelfelte Weine), Ch. Aquéria, Dom. Corne-Loup, GUIGAL (gut), Lafond Roc-Epine, Maby, Ch. de Manissy, Dom. de la Mordorée (voll), Moulin-La-Viguerie (traditionell, Ökoanbau), Prieuré de Montézargues (fein), Rocalière (sehr fein), Ségriès, Tardieu-Laurent, Trinquevedel (fein), VIDAL-FLEURY.

Tempier, Domaine Prov r rs w ★★★★ Auf diesem Gut bereitete Lucien Peyraud der MOURVÈDRE-Traube in der AC BANDOL den Weg. Weine von großartiger Eleganz, Konzentration und Langlebigkeit. Die Qualität ist nach wie vor hervorragend, erhält jetzt allerdings durch etliche andere Erzeuger Konkurrenz.

Terrasses du Larzac Lang r rs w ★★→★★★ Der nördlichste Teil der AC LANGUEDOC, seit 2014 eine eigenständige AC – eine wilde, bergige Region vom Lac du Salagou bis Aniane, einschließlich MONTPEYROUX und St-Saturnin. Die kühleren Temperaturen sorgen für Weine in frischerem Stil. In den vergangenen sechs Jahren haben sich hier 25 neue Erzeugerbetriebe angesiedelt, neben den alteingesessenen wie CLOS des Serres, Jonquières, MAS CAL DEMOURA, Mas Conscience, Mas de l'Ecriture, Mas Jullien, MONTCALMÈS und Pas de l'Escalette. Unbedingt im Auge behalten: Weiße und Rosés sind als AC Languedoc oder IGP etikettiert.

Terres Secrètes ★★ Bedeutende Genossenschaft in Prissé für ordentlich gemachte, preiswerte Mâconnais-Weine, v. a. Saint-Véran und Mâcon-Villages.

Thénard, Domaine Bg r w ★★→★★★★ Traditionsreicher Erzeuger mit großem Besitz an Le MONTRACHET, der Wein wird jedoch großteils an Négociants verkauft. Außerdem einige sehr gute Rote aus GIVRY, wo die Domaine beheimatet ist.

Thévenet, Jean Bg r w; s ★★★ Erstklassiger Erzeuger von gehaltvollem, teilweise edelfaulem CHARDONNAY im Mâconnais, z. B. CUVÉE Levroutée von der Domaine de la Bongran.

Thézac-Perricard SWF r rs w ★★ **15' 16 17** – CAHORS benachbarter IGP-Bereich mit Rotweinen von MALBEC und MERLOT. Die sehr achtbare Genossenschaft (★) wird von Sandrine Annibals Dom. de Lancement (★★) in den Schatten gestellt (spannende liebliche Weiße von den beiden MANSENG-Sorten); die Roten sind von leichteren Cahors-Versionen nicht zu unterscheiden.

Thiénot, Alain Champ BRUT oJ ★★★; Rosé Brut oJ; CUVÉE Stanislas **02 04 06 08' 09 12'** 13 15; fülliger Vigne aux Gamins BLANC DE BLANCS (Einzellagen-Avize **02 04 08**); Cuvée Garance CHARDONNAY, strahlend **07**, klassisch 08 (braucht noch Zeit) – Die nachfolgende Generation, Stanislas und Garance, hat jetzt das Ruder übernommen. Stets steigende Qualität; eindrucksvolle CHAMPAGNER zu vernünftigen Preisen. Auch Eigentümer von CANARD-DUCHÊNE in der Champagne sowie von Ch. Ricaud in LOUPIAC.

Thomas, André et Fils El w ★★★ Sehr feiner Erzeuger in Ammerschwihr mit strikt ökologischem Anbau. Im Keller ein Kunsthandwerker, der sehr guten RIESLING KAEFFERKOPF (**08 10'** 12) und herrlichen GEWÜRZTRAMINER VIEILLES VIGNES (**05 09' 10' 12** 14 15' 17') bereitet.

Für Rosé aus Tavel gibt es zwei (Haupt-)Absatzmärkte: Tavel selbst und Dänemark.

Tissot Jura – Tonangebende Winzerfamilie in der AC ARBOIS. Jacques Tissot (★★) setzt mehr auf Quantität, ist aber preiswert. Stéphane Tissot (★★★), der auch die Dom. André et Mireille Tissot führt, ist ein Pionier und Idol in Sachen Einzellagen-CHARDONNAY und VIN JAUNE aus ökologischem/naturnahem Anbau; außerdem erzeugt er den hervorragenden CRÉMANT du Jura Indigène.

Tollot-Beaut Côte d'Or r ★★★ Verlässlicher Erzeuger mit 20 ha Weinbergbesitz in BEAUNE, (u. a. BEAUNE-Grèves und CLOS du Roi), CORTON (Bressandes), SAVIGNY-LÈS-BEAUNE und in seinem Heimatort CHOREY-LÈS-BEAUNE (v. a. Pièce du Chapitre). Zugängliche Frucht mit leichtem Eichenüberzug.

Touraine Lo r rs w; tr s; sch ★→★★★ **14' 15' 16 17** – Riesige Region mit einer Vielzahl von APPELLATIONEN (z. B. VOUVRAY, CHINON, BOURGUEIL) sowie der umfassenden AC Touraine. Die Qualität ist unterschiedlich: fruchtige Rote (CABERNET FRANC, CÔT, GAMAY, PINOT NOIR), Weiße (SAUVIGNON BLANC), Rosés und Schaumweine. Die Touraine-Village-ACs (siehe auch nachfolgende Einträge) heißen Azay-le-Rideau, Chenonceaux, Mesland, Noble-Joué und Oisly. Erzeuger: v. a. Biet, Bois-Vaudons, Corbillières, La Chapinière, Joël Delaunay, Garrelière, Gosseaume, Lacour, Mandard, Jacky Marteau, Marionnet, Morantin, Presle, Prieuré, Puzelat, Ricard, Roussely, Tue-Bœuf, Villebois. Die Sauvignon-blanc-Vorräte sind aufgrund von Frostschäden 2016 und 2017 und Rebkrankheiten ziemlich erschöpft.

Touraine-Amboise Lo r rs (w) ★→★★★ TOURAINE-Village-AC für 60 % Rotwein, 30 % Rosé, 10 % Weißwein. François 1er ist ein lokal beliebter Ver-

Frankreich

schnitt (GAMAY/CÔT/CABERNET FRANC). Rote Spitzengewächse werden vor Côt und/oder Cabernet franc bereitet, weiße von CHENIN BLANC. Beste Erzeuger: Bessons, Closerie de Chanteloup, Dutertre, Frissant, Gabillière, La Grange Tiphaine, Mesliard, Truet. Für Chenin-blanc und Côt-Lagen wird Cru-Status angestrebt.

Touraine Azay-le-Rideau Lo rs w; (s) ★→★★ Kleine Subappellation der AC TOURAINE (60 ha) mit 60 % Rosé (von mindestens 60 % Grolleau) sowie trockenen und halbtrockenen Weißweinen auf CHENIN-BLANC-Basis. Beste Erzeuger: de l'Aulée, Bourse, Grosbois, Nicolas Paget, de la Roche. 2016 und 2017 Frostschäden.

Touraine-Mesland Lo r rs w ★→★★ **14 15 16** (17) – Kleine TOURAINE-Village-AC (105 ha) westlich von Blois. Die Weine unterscheiden sich selten von einfachen AC-Touraine-Abfüllungen. Bester Erzeuger ist Dom. des Grandes Espérances. Girault (biologisch-dynamisch) wurde an die Dom. Cocteaux verkauft.

Touraine-Noble-Joué Lo rs ★→★★ BV – AOP südlich von Tours, großteils im Indre-Tal, mit sehr ansprechendem Rosé von PINOT NOIR, PINOT GRIS und PINOT MEUNIER. Beste Erzeuger: Astraly, Cosson, Rousseau, Sard-Pierru. Der Bereich ist frostgefährdet und erlitt 2016 und 2017 schwere Schäden.

Trapet Père et Fils, Domaine Côte d'Or r ★★★ Alteingesessene DOMAINE in GEVREY-CHAMBERTIN mit sinnlichen Gewächsen aus biologisch-dynamischem Anbau, deren Spektrum von Village-Weinen bis zum CHAMBERTIN GRAND CRU reicht; außerdem Weißweine von »angeheiratetem« Besitz im ELSASS. Siehe auch Dom. ROSSIGNOL-TRAPET (Cousins).

Trévallon, Domaine de Prov r w ★★★ 00' 01 03 **04 05 06 07 08 09** 10 11 12 13 14 15 16 17 – Das Gut in Les BAUX wurde 1973 von Eloi Dürrbach geschaffen, dem nun Tochter Ostiane zur Seite steht. Da seine Weine keinen GRENACHE-Anteil enthalten, muss er sie als IGP Alpilles etikettieren. Nichtsdestotrotz wird er seinem ausgezeichneten Ruf gerecht. Der rote CABERNET SAUVIGNON/SYRAH-Verschnitt ist intensiv und langlebig. Außerdem im Barrique ausgebauter Weißwein von MARSANNE und ROUSSANNE mit einem Spritzer CHARDONNAY und jetzt auch GRENACHE BLANC.

Trimbach, F. E. El w ★★★→★★★★ Unnachahmlicher Erzeuger von Elsässer RIESLING aus den Kalksteinböden um Ribeauvillé, v. a. CLOS STE-HUNE (71 **89** sind immer noch großartig) und der beinahe ebenso gute (und viel preiswertere) Frédéric Emile (10 12 13 14 15 17). Trockene, elegante Weine für die gehobene Cuisine. Sehr lohnender GRAND CRU Geisberg aus den Lagen des Couvent de Ribeauvillé, die von Trimbach bewirtschaftet werden.

Tursan SWF r rs w ★★ Meist BV – AOP in den Landes. Die köstlichen Weine, die Starkoch Michel Guérard auf seinem CHÂTEAU de Bachen für sein Restaurant in Eugénie-les-Bains erzeugt, sind weniger authentisch als die Gewächse der Domaine de Perchade (★★). Da kann die achtbare, seit Kurzem mit Chalosse verbundene Genossenschaft nicht ganz mithalten.

Vacqueyras S-Rh r (rs) w ★★ **07' 09' 10' 11 12' 13 14 15' 16'** 17' – Nachbar-AC von GIGONDAS mit herzhaften, schwungvollen, pfeffrigen Weinen auf GRENACHE-Basis, die gut zu Wild und anderen Gerichten mit ausgeprägter Aromatik passen. Halten sich 10 und mehr Jahre. Empfehlenswert: JABOULET; Chx. de Montmirail, des Tours (sehr fein); Clos des Cazaux (rassig, günstig); DOMAINES Amouriers, Archimbaud-Vache, Charbonnière, Couroulu (sehr gut, traditionell), Famille Perrin, Font de Papier (Ökoanbau), Fourmone (gut in Form), Garrigue (traditionell), Grapillon d'Or, Monardière (sehr gut), Montirius (biologisch-dynamisch), Montvac (elegant), Roucas Toumba (Ökoanbau), Sang des Cailloux (sehr gut, v. a. Cuvée de Lopy), emelles de Vent (klare Frucht), Verde. Volle Weiße, z. B. von Clos des Cazaux, Sang des Cailloux.

Val de Loire Lo r rs w; BV – Einer der vier regionalen IGP-Bereiche Frankreichs; hieß früher Jardin de la France.

Valençay Lo r rs w ★→★★ AOP (165 ha) in der östlichen TOURAINE. Weine v. a. von SAUVIGNON BLANC (und CHARDONNAY), die Roten werden von CÔT, GAMAY und PINOT NOIR bereitet. Erzeuger: CLOS Delorme, Lafond, Preys, Sinson, Sébastien Vaillant, VIGNERONs de Valençay. Frostschäden 2017.

Valréas S-Rh r (rs) (w) ★★ 10' 15' 16' 17' – Der Ort der CÔTES DU RHÔNE-VILLAGES im Norden der Trüffelregion Vaucluse wird immer besser; es gibt eine große Genossenschaft. Strukturierte, pfeffrige, lebhafte, mitunter alkoholstarke, rotfruchtige Rotweine (hauptsächlich GRENACHE) und Weiße von zunehmender Qualität. Empfehlenswert: CLOS Bellane (guter Weißwein), Ch. la Décelle, Dom. Gramenon (biologisch-dynamisch, stilvoll), Dom. des Grands Devers, Dom. de la Prévosse (Ökoanbau), Mas de Sainte Croix, Dom. du Séminaire (Ökoanbau) und Dom. du Val des Rois (am besten, Ökoanbau).

VDQS Vin Délimité de Qualité Supérieure. Qualitätsstufe unterhalb der AC. Wird nicht mehr verwendet.

Vendange Lese. *Vendange tardive* bedeutet »Spätlese«; im Elsass das Pendant zur deutschen Auslese, in der Regel allerdings mit höherem Alkoholgehalt.

Venoge, Champagne de Champ – Das altehrwürdige Champagnerhaus hat an Präzision und Eleganz gewonnen, seit es im Besitz von Lanson-BCC ist. Gute Nischenweine: Cordon Bleu Extra BRUT, Jahrgangs-BLANC-DE-BLANCS (**00 04 06 08 12 13** 14 15'), exzellenter Jahrgangs-Rosé (**06 09**), CUVÉE 20 Ans und die Prestige-Cuvée Louis XV, ein 10 Jahre alter BLANC DE NOIRS.

Ventoux S-Rh r rs w ★★ 15' 16' 17' – Ausgedehnte AC rings um den Mont Ventoux zwischen der Rhône und der PROVENCE. Einige führende Erzeuger bieten ein gutes Preis-Leistungs-Verhältnis. Saftig-fruchtige, herbe Rotweine (GRENACHE/SYRAH, vom Hauswein bis zu volleren, pfeffrigen Versionen; Qualität steigend), Rosés und gute Weiße (zunehmend in Eiche ausgebaut). Am besten von: CLOS des Patris, Ferme St-Pierre (rosé, weiß), Gonnet, Ch. Unang (gute Weiße), Ch. Valcombe, La Vieille Ferme (rot, kann als VIN DE FRANCE etikettiert sein), St-Marc, Terra Ventoux (preiswert), Les Vignerons du Mont-Ventoux (Genossenschaft in Bédoin) sowie DOMAINES Anges, Berane, Brusset, Cascavel, Champ-Long, Croix des Pins (gute Weiße), Fondrèche (sehr gut), Grand Jacquet, Paul JABOULET (sehr gut), Martinelle (großartige Frucht), Murmurium,Olivier B., Pesquié (hervorragend), Pigeade (ursprünglich), St-Jean du Barroux (Ökoanbau), Terres de Solence, du Tix, Verrière, Vieux Lazaret, VIDAL-FLEURY, Vindemio (biodynamisch).

Vernay, Domaine Georges N-Rh r w ★★★ 12' 13' 14' 15' 16' 17' – Einer der Spitzenerzeuger in CONDRIEU; drei Weine mit viel Eleganz: Les Terrasses de l'Empire ist ein Aperitif de luxe, Chaillées de l'Enfer zeigt Reichhaltigkeit, und Coteau de Vernon in geheimnisvoll-erlesenem Stil hält sich mindestens 20 Jahre. Die zurückhaltenden CÔTE-RÔTIE- und ST-JOSEPH-Rotweine setzen auf reintönige Frucht. Ferner sehr guter VIN DE PAYS (rot und weiß).

Veuve Clicquot Champ Carte Jaune oJ; DEMI-SEC oJ; neue CUVÉE Extra Brut Extra Old (★★★) ausschließlich auf Basis von Réserve-Weinen der Jahrgänge 1988, 1996, 2006, 2008, 2009, 2010; Vintage Réserve **02 04 06 08** 12; Rosé Réserve **08** 12' – Historisches Champagnerhaus mit höchstem Ansehen. Körperreicher, gehaltvoller, feiner CHAMPAGNER der verlässlichen Art. Luxusweine: La Grande Dame (**04**; fein **06**) und La Grande Dame Rosé (**06** ★★★★). Seit 2008 teilweise in Eiche vergorene Jahrgangsweine. In gutem Zustand befindliche alte Jahrgänge werden in der Reihe Cave

Frankreich

Privée (Magnumflaschen) neu herausgebracht (v. a. **89 95**). Ein eigenes Team ist für die vorbildliche Bereitung von Rotwein zuständig, aus dem äußerst subtile Rosé-Champagner entstehen.

Veuve Devaux Champ – Der Spitzen-CHAMPAGNER der mächtigen Genossenschaft Union Auboise in Bar-sur-Seine. Hervorragend sind die gereifte Grande Réserve oJ, der Rosé Œil de Perdrix, die Prestige-CUVÉE »D« (**08 09 10**) sowie der Jahrgangs-BRUT (**09 10 12** 15' 17).

Vézelay Bg r w ★→★★ Hübscher Ort (mit Abtei) im Nordwesten Burgunds und seit 2017 AOP für leckere Weiße von CHARDONNAY, die man 1–2 Jahre lagern sollte. Ebenfalls probierenswert sind die Weine von der wiederauferstandenen Sorte MELON (COTEAUX BOURGUIGNONS) und die leichten PINOT-NOIR-Gewächse (einfache AC Bourgogne). Am besten von: Dom. de la Cadette, La Croix Montjoie, Les Faverelles, Elise Villiers.

Vidal-Fleury, J. N-Rh r w; s ★★→★★★ Im Besitz von GUIGAL befindliches Rhône-Handelshaus und -Erzeuger von CÔTE-RÔTIE-Weinen. Das Angebot ist umfangreich und wird immer besser. Erstklassiger, straffer, sehr stilvoller La Chatillonne (12 % VIOGNIER, kräftige Eichennote, mindestens 7 Jahre lagern), guter CAIRANNE, CHÂTEAUNEUF-DU PAPE (rot), CÔTES DU RHÔNE (rot, rosé), ST-JOSEPH (rot, weiß), TAVEL, VENTOUX und MUSCAT de BEAUMES-DE-VENISE.

Vieille Ferme, La S-Rh r w ★→★★ Verlässliche, preiswerte Marke von Familie Perrin (Ch. de BEAUCASTEL), jetzt zu einem beträchtlichen Teil VIN DE FRANCE, für roten VENTOUX und weißen LUBERON. Seit 2015 wieder in Form, auch der Rosé.

Vieilles Vignes »Alte Reben«, und diese sollten eigentlich die besten Weine hervorbringen, z. B. de VOGÜÉ MUSIGNY Vieilles Vignes. Allerdings ist das genaue Alter nicht festgelegt, deshalb kann die Bezeichnung auch ein Marketingschwindel sein.

Vieux Télégraphe, Domaine du S-Rh r w ★★★ **78' 81' 85 89' 90 95' 96' 97 98' 99' 00 01' 03' 04' 05' 06' 07' 09'** 10' 12' 13 **14** 15' 16' 17' – Große DOMAINE erster Güte mit Lagen auf klassisch steinigen Böden, Erzeuger von vielschichtigem, stämmigem rotem CHÂTEAUNEUF-DU-PAPE, der Zeit zur Entfaltung braucht, allen voran La Crau (knackig, supervoll) und seit 2011 Pied Long et Pignan (reintönig, elegant). Außerdem die körperreichen Weißweine La Crau (sehr gut 15 16) und CLOS La Roquète (v. a. 15 16; ausgezeichneter Essensbegleiter). Besitzt zusammen mit der US-Importfirma Kermit Lynch die Dom. Les Pallières in Gigondas, die feine, komplexe, sich langsam entfaltende Weine erzeugt.

Vigne Weinberg; Rebe.

Vigneron Winzer.

Villeneuve, Château de Lo r w ★★★★ **96 05 06 08' 09'** 10' **11 12 14' 15'** 16 (17) – Untadeliger Erzeuger mit beeindruckender Kellerei in alten Gewölben. Herrlicher SAUMUR Blanc (potenziell langlebiger Les Cormiers) und SAUMUR-CHAMPIGNY (v. a. VIEILLES VIGNES und Grand CLOS) aus ökologischem Anbau. Die Tochter des Besitzers Jean-Pierre Chevallier arbeitet jetzt im Betrieb mit.

Vin de France Ersetzt die Kategorie VIN DE TABLE und gestattet wenigstens die Angabe von Rebsorte(n) und Jahrgang. Oft handelt es sich um Verschnitte aus mehreren Bereichen unter einem Markennamen. Kann ein Quell unerwarteter Genüsse sein, wenn ein talentierter Weinmacher diese Kategorie zur Umgehung bürokratischer Zwänge nutzt: Ein Beispiel ist der VIOGNIER von Cave Yves Cuilleron (nördliche Rhône).

Vin de paille »Strohwein«, aus auf Strohmatten getrockneten Trauben, daher sehr süß, etwa wie italienischer Passito. Besonders im Jura zu finden. Siehe auch CHAVE und VIN PAILLÉ DE CORRÈZE.

Vin de pays (VdP) Siehe IGP.

Vin de table Kategorie für Alltagswein, der keinen besonderen Bestimmungen über Trauben und Herkunft unterliegt; heißt jetzt VIN DE FRANCE.

Vin doux naturel (VDN) Rouss – Süßer, mit Weingeist gespriteter Wein; die Süße ist also »natürlich«, nicht aber der Alkoholgehalt. Eine Spezialität des ROUSSILLON; basiert auf GRENACHE noir, gris, blanc oder MUSCAT. Spitzenweine, v. a. ältere RANCIOS, können ein Menü mit einem herrlichen Schlusspunkt krönen.

Vin gris »Grauer Wein«; er ist blassrötlich und wird aus roten Trauben hergestellt, die vor Einsetzen der Gärung gepresst werden – anders als beim Rosé, der nach kurzer Gärung abgepresst wird. Oder er wird von nicht ganz so hellen weißen Sorten wie z. B. PINOT GRIS bereitet. Œil de Perdrix ist ungefähr dasselbe. In Kalifornien sagt man *blush* dazu.

Vin jaune Jura w ★★★ Spezialität des Jura: Der unnachahmliche gelbe SAVAGNIN-Wein reift mindestens 6 Jahre im Fass, wobei sich Flor entwickelt – ähnlich wie Sherry, aber ohne zugesetzten Alkohol. Die Bereitung ist aufwendig, der Verkaufspreis daher hoch. Die besten Versionen liefert die AC CHÂTEAU-CHALON. Wird in spezielle 62-cl-Flaschen namens *clavelin* abgefüllt.

Vin Paillé de Corrèze SWF r w – 25 Winzer und die kleine Genossenschaft haben die alte Tradition wiederbelebt, Trauben auf Stroh auszulegen, um daraus einen (beim ersten Mal etwas penetrant wirkenden) Wein zu bereiten, der früher angeblich stillenden Müttern empfohlen wurde. Unendlich lang haltbar; für Tapfere probierenswert von Christian Tronche (★).

Vinsobres S-Rh r (rs) (w) ★★ 10' 12' 13 14 15' **16'** 17' – Unaufgeregte AC mit beachtenswertem SYRAH. Die besten Rotweine fallen manchmal alkoholstark aus, bieten klar erkennbare rote Frucht und kräftigen Körper, sodass sie gut zu rotem Fleisch passen. Führende Erzeuger: CAVE la Vinsobraise, Doms. Bicarelle, Chaume-Arnaud (Ökoanbau), Constant-Duquesnoy, Coriançon, Deurre (traditionell), Famille Perrin (erstklassig ist der Hauts de Julien, preiswert der Cornuds), Jaume (modern, verlässlich), Moulin (traditionell, auch gute Weiße), Péquélette (biologisch-dynamisch), Peysson (öko) sowie Ch. Rouanne.

Viré-Clessé Bg w ★★ 14' 15 16 (17) – AC im Umkreis der zwei besten Weißweinorte des Mâconnais. Bekannt für einen ausgesprochen üppigen Stil, manchmal auch Spätleseweine. Beachtenswerte Erzeuger: A. Bonhomme, Bret Brothers, Chaland, Gondard-Perrin, Guillemot, LAFON, J.-P. Michel, Thévenet, Dom. de la Verpaille.

Visan S-Rh r (rs) (w) ★★ 13 15' 16' 17' – CÔTES DU RHÔNE-VILLAGES-Weine von steigender Qualität. Die Roten, häufig aus ökologischem Anbau, besitzen schöne Tiefe neben klarer Frucht und pfeffriger Würze, einige auch etwas Schmelz. Außerdem ordentliche Weißweine. Am besten sind die DOMAINES Coste Chaude (schöne Frucht), Dieulefit (biodynamisch), Florane, Fourmente (v. a. der Nature; biologisch-dynamisch), Guintrandy (öko), Montmartel (öko), Philippe Plantevin, Roche-Audran (schmissig; öko), VIGNOBLE Art Mas (öko).

Vogüé, Comte Georges de Côte d'Or r w ★★★★ Dem sehr großen Weingut in CHAMBOLLE-MUSIGNY gehört der Löwenanteil an der Lage MUSIGNY. Aus dem Fass genossen ist der Wein großartig, doch braucht er viele Jahre Flaschenreife, um seine Glorie zu entfalten. Einzigartiger weißer Musigny.

Volnay Côte d'Or r ★★★→★★★★ **90' 95** 96' 99' 02' **03 05' 07 09'** 10' **11** 14 15' 16 (17) – Quelle für erstklassige Rotweine von der CÔTE DE BEAUNE, außer wenn es hagelt. Können strukturiert und sollten seidig sein, überraschen mit zunehmendem Alter. Beste Lagen: Caillerets, Champans, CLOS des Chênes, Clos des Ducs, Santenots, Taillepieds. Spitzenerzeuger: d'ANGERVILLE, H. BOILLOT, Bouley, HOSPICES DE BEAUNE, LAFARGE, LAFON, de MONTILLE, Pousse d'Or, N. Rossignol.

Vosne-Romanée Côte d'Or r ★★★→★★★★ **90' 93' 95 96'** 99' 02' **03 05'** 06 **07 08 09'** 10' **11** 12 13 14 15' 16' (17) – Der Ort mit den grandiosesten Crus von Burgund (z. B. ROMANÉE-CONTI, La TÂCHE) und herausragenden PREMIERS CRUS wie Beaumonts, Brûlées, Malconsorts u. a. Gewöhnlichen Wein gibt es in Vosne nicht (sollte es zumindest nicht geben). Viele gute, wenn auch teure Erzeuger; die besten sind Arnoux-Lachaux, CATHIARD, Clavelier, DRC, EUGÉNIE, Forey, GRIVOT, GROS, Guyon, Lamarche, LEROY, LIGER-BELAIR, MÉO-CAMUZET, MUGNERET, NOËLLAT, ROUGET, Tardy.

Vougeot Côte d'Or r w ★★★ 99' 02' **03** 05' 06 08 **09'** 10' **11** 12' 13 14 15' 16 (17) – Vorwiegend GRAND-CRU- (u. a. CLOS DE VOUGEOT), aber auch Villages- und PREMIER-CRU-Weine tragen diesen Namen, einschließlich des außergewöhnlichen weißen Clos Blanc de Vougeot (MONOPOLE der Dom. de la VOUGERAIE). Die besten Erzeuger sind Clerget, HUDELOT-Noëllat und Vougeraie.

Vougeraie, Domaine de la Côte d'Or r ★★★→★★★★ In dieser DOMAINE sind alle – biologisch-dynamisch bewirtschafteten – Weinberge der Firma Jean-Claude BOISSET vereinigt. Die Bandbreite reicht vom verlässlichen BOURGOGNE Rouge bis zu sinnlichen GRAND-CRU-Gewächsen wie BONNES-MARES, CHARMES-CHAMBERTIN oder MUSIGNY. Außerdem feine Weiße, darunter der einzigartige Clos Blanc de Vougeot, nebst vier Grands crus, u. a. CORTON-CHARLEMAGNE.

Vouvray Lo w; tr s; sch ★★→★★★★ tr 02' 03 05' 07 08' 09 10 12 14 **15'** s 89' 90' 95' 96' 97' 03' 05' 08 **09' 10 11 15'** 16 – AC östlich von Tours am nördlichen Loire-Ufer; die höheren Lagen an der *premier côte* sind die besten. Gute, verlässliche Weine von Spitzenerzeugern. DEMI-SEC ist der klassische Stil, in guten Jahren jedoch kann *moelleux* intensiv süß (und fast ewig haltbar) ausfallen. Auf Schaumwein entfallen 60 % der Produktion; empfehlenswert ist die perlende Spezialität *pétillant.* Erzeuger: v. a. Aubuisières, Autran (kommender Star), Bonneau, Brunet, Carême, Champalou, CLOS Baudoin, Florent Cosme, Mathieu Cosme, Fontainerie, Foreau, Ch. Gaudrelle, Huët, Meslerie (Hahn), Perrault-Jadaud, F. PINON, Dom. de la Taille aux Loups, Vigneau-Chevreau. Falls Sie alte Jahrgänge wie 1921, 1924, 1937, 1947, 1959, 1970 oder 1971 entdecken sollten, greifen Sie zu.

Wolfberger El ★★ Hauptmarke der Genossenschaft von EGUISHEIM. Sehr gute Qualität in Anbetracht der Masse, führender CRÉMANT-Erzeuger – High-tech sorgt für ein hohes Niveau.

Zind-Humbrecht, Domaine El w; s ★★★★ Beeindruckender, biologisch-dynamisch arbeitender Betrieb, umsichtig geführt von dem großartigen Weinmacher Olivier Humbrecht. Reichhaltige, ausgewogene, elegante Weine im eher trockenen Stil von sehr geringen Erträgen. Großartig von den Einzellagen Clos St-Urbain Grand cru Rangen (RIESLING **08 10'** 15' 16 17' mit grandioser Zukunft) und Clos Jebsal (wunderbarer PINOT GRIS **08** 10 12 14 16 17) sowie von den GRANDS CRUS HENGST, Brand (Riesling 10' 12 14 15) und Goldert (MUSCAT 12). Ein echter Erfolg sind die subtileren Rieslinge etwa aus dem Grand cru Brand (14 ist schon jetzt köstlich und aromatisch). Ferner der neue, schwelgerische Pinot gris Clos Windsbuhl (15).

Die Châteaux von Bordeaux

Die folgenden Abkürzungen werden im Text verwendet:

Bar	Barsac	Pes-L	Pessac-Léognan
Bx	Bordeaux	Pom	Pomerol
C de Bx	Côtes de Bordeaux	Saut	Sauternes
H-Méd	Haut-Médoc	St-Ém	St-Émilion
Mar	Margaux	St-Est	St-Estèphe
Méd	Médoc	St-Jul	St-Julien
Pau	Pauillac		

Eine bemerkenswerte Anzahl der im Folgenden aufgeführten Bordeaux-Châteaux ist (in Rot) als Erzeuger mit gutem Preis-Leistungs-Verhältnis gekennzeichnet. Bemerkenswert deshalb, weil es im Allgemeinen heißt, der Welt größte Region für hochwertigen Wein sei überteuert. Diesen Eindruck hat man oft, wenn man sich die Weinkarten in Restaurants ansieht, wo ein in Beton gegossenes Renommee preislich noch überhöht wird. Es stimmt, dass die Spitzengüter – manche groß, andere sehr klein – bei ihrer treuen Gefolgschaft Kultstatus genießen und »Sammler« anziehen, bei denen es sich in Wirklichkeit oft um Investoren auf der Suche nach einem neuen Deal handelt. Tatsache bleibt, wer auf der Suche nach dem ist, was Bordeaux zu bieten hat – anregende, nicht übertriebene Aromen bei einem bekömmlichen

Essensbegleiter, der weltweit erhältlich und langlebig ist und im Lauf der Zeit immer interessanter wird –, dann ist dies die großartige Quelle. Bordeaux ist so riesig und blickt auf eine so lange Tradition zurück, dass es etwas bieten kann, was nirgendwo sonst geboten wird.

Vergleicht man die Preise von Bordeaux-Weinen der mittleren bis unteren Kategorie mit ähnlichen Weinen aus Kalifornien oder Italien, wird man feststellen, dass Erstere absolut wettbewerbsfähig sind – und verlässlicher. Es gibt nicht viel Neues und daher weniger Aufregendes für Sommeliers. Der wachsende chinesische Markt kommt Bordeaux sicherlich zupass – prima, wir alle profitieren von diesem anhaltenden Erfolg.

»Frost« lautet das Wort, das den Bordeaux-Jahrgang 2017 in Kürze zusammenfasst. Am 27. und 28. April herrschte der schlimmste Frost seit 1991; das Resultat war ein um 40 bis 50 Prozent geringerer Ertrag als 2016 (5,77 Millionen Hektoliter) – einige Güter werden überhaupt keinen *grand vin* erzeugen. Im Übrigen ist die Qualität unterschiedlich; vom Frost verschont blieben lediglich die Plateaus von Pomerol und St-Émilion, Weinberge in Pessac und Reblagen nahe der Gironde-Mündung im Médoc. Aus dem begrenzten Angebot muss man sehr sorgfältig auswählen. Zum Glück haben die Erzeuger zwei sehr gute Jahrgänge, 2015 und 2016, in ihren Kellern, und 2014 ist zwar weniger auffällig, dafür aber preiswerter und wird, wenn seine Zeit gekommen ist, schönen Trinkgenuss bieten.

Und es gibt weitere Reserven an guten Rotweinjahrgängen. Die üppigen 2009er sind auf jedem Niveau verführerisch (öffnen Sie sie aber nicht zu früh). Die 2008er haben sich jetzt entfaltet. Die 2010er beginnen sich gerade zu öffnen, die Grands crus brauchen allerdings noch länger. Früheren Genuss bescheren die bezaubernden 2012er oder die – oft unterschätzten – 2011er, die zunächst streng wirkten, aber mit zunehmender Flaschenreife immer besser werden.

St-Émilion ist momentan aus allen möglichen Gründen auf Erfolgskurs. Hier sollte man sich nach durchweg zufriedenstellenden, modern schmeckenden Weinen zu fairen Preisen umtun, die in zwei oder drei Jahren genussreif sind. Es sind vielleicht keine »klassischen« Bordeaux-Gewächse von der Frische und dem Zuschnitt eines Médoc, passen aber prima zu unserer Crossover-Küche und munden auch ganz ohne Speisen.

Jetzt reife Grand-cru-Jahrgänge sind 2000, 2001 (vor allem vom rechten Gironde-Ufer), 2002 (Médoc-Spitzengewächse) und 2004. Auch die allerbesten 2007er kann man in Betracht ziehen. Die 2006er öffnen sich nur allmählich, mit den prachtvollen 2005ern sollte man allerdings noch ein wenig warten. Trockener weißer Bordeaux zeichnet sich nach wie vor durch Beständigkeit und ein gutes Preis-Leistungs-Verhältnis aus – die Quantität ist 2017 gering, die Qualität aber gut. Denken Sie daran, dass feiner weißer Graves genauso gut altert wie weißer Burgunder – manchmal sogar besser. Und Sauternes hat nach wie vor eine Reihe bemerkenswerter Jahrgänge in petto, denen man 2017 getrost hinzufügen kann. Das einzige Problem ist die Qual der Wahl: 2016, 2015, 2011, 2009, 2007, 2005 und 2001 bieten alle das Optimum jenes schwelgerischen Genusses, und 2014, 2013 und 2010 rangieren nicht weit dahinter.

Verweise können sich auch auf das Kapitel »Frankreich« beziehen.

A, Domaine de l' Cas r ★★ 05' 06 08 09' 10' 11 12 **14** 15 16 – Das von Merlot dominierte, biodynamisch bewirtschaftete Weingut in CASTILLON – CÔTES DE BORDEAUX im Besitz von Stéphane DERENONCOURT und seiner Frau spielt in einer höheren Liga als der Rest der APPELLATION.

Agassac, d' H-Méd r ★★ **06 08** 09' 10' 11 12 **14 15** 16 – CHÂTEAU im südlichen HAUT-MÉDOC. Moderner, zugänglicher Wein von verlässlicher Qualität auf Basis von CABERNET SAUVIGNON. Besucher sind stets willkommen.

Aiguilhe, d' Cas r ★★ **06 07 08** 09 10' 11 **12 14** 15 16 – Großes Gut in CASTILLON – CÔTES DE BORDEAUX auf der Hochebene; ebenso wie CANON LA GAFFELIÈRE und LA MONDOTTE im Besitz Stephan von Neippergs. Weine auf MERLOT-Basis mit Kraft und Finesse. Ferner trockener weißer Le Blanc d'Aiguilhe.

Andron Blanquet St-Est r ★★ **04 05' 06 08** 09' 10' 11 **14** 15 16 – Schwester-CHÂTEAU von COS LABORY. Oft preiswert.

Angélus St-Ém r ★★★★ **96 98' 99 00' 01 02 03 04 05 06 07 08 09' 10' 11** 12 **13** 14 15' 16' 17 – PREMIER GRAND CRU CLASSÉ (A) seit 2012, daher sind die Preise hoch. Imposante Kellerei mit schmiedeeisernem Glockenturm. Pionier des modernen ST-ÉMILION-Stils: dunkel, voll, opulent. Zweitetikett: Le Carillon d'Angélus (ab 2018 aus der neuen, mit Schwerkraft betriebenen Kellerei). Der neue Drittwein heißt No 3.

Angludet Mar r (w) ★★ **04 05 06 08 09' 10' 11 12 14** 15 16 – Das Gut im Besitz und unter der Leitung der Familie SICHEL (seit 1961) erzeugt duftende, stilvolle Weine von CABERNET SAUVIGNON, MERLOT und PETIT VERDOT (13%). Beständige Qualität, preiswert.

Besuchen Sie das Weinmuseum Cité du Vin in der Stadt Bordeaux – für 20 Euro Eintrittsgeld wird Ihnen ein tolles Erlebnis geboten.

Archambeau, d' Graves r w; tr (s) ★★ r **08 09 10 11 14 15** 16; w **11 12 13 14 15 16** – Verlässliches Gut mit Weinbergen auf einem Hügel in Illats, die einen zusammenhängenden Block bilden. Guter, fruchtiger trockener Weißwein und fassgereifter Roter mit schönem Bukett. Außerdem Rosé.

Arche, d' Saut w; s ★★ **00 01' 02 03' 05 07 09' 10' 11' 13 14** 15 16 – Verlässliches Cru-classé-Gut mit Luxushotel am Rand von SAUTERNES. Preiswert.

Armailhac, d' Pau r ★★★ **00 01 02 04 05' 06 08 09' 10' 11 12 14** 15 16 17 – Bedeutender 5. Cru, seit 1934 im Besitz der Familie (MOUTON) ROTHSCHILD. In Bestform, die Preise sind fair. Die Weine sind schon recht früh geschmeidig und ausdrucksstark (30% MERLOT plus CABERNET FRANC).

Arrosée, L' St-Ém r ★★★ **00 01 02 03 04 05' 06' 07 08 09' 10' 11 12** – Das Weingut wurde 2013 von der Familie Dillon von HAUT-BRION gekauft und ging im Ch. QUINTUS auf; bis dahin war es seit 2003 in Bestform. Sanfte, harmonische Weine mit viel CABERNET FRANC und CABERNET SAUVIGNON (40%).

Aurelius St-Ém r ★★ **08 09 10 11 12 14 15** 16 – Spitzen-CUVÉE der fortschrittlichen Genossenschaft ST-ÉMILION (50.000 Flaschen/Jahr). Moderner, konzentrierter Stil, neue Eiche, vorwiegend MERLOT.

Ausone St-Ém r ★★★★ **89' 90 95 96' 97 98' 99 00'** 01' 02 03' 04 **05' 06'** 07 **08 09'** 10' **11** 12 **13** 14 15' 16' 17 – Sehr kleiner, aber legendärer ST-ÉMILION-Premier-cru (rund 1.500 Kisten) in allerbester Lage in den Côtes, benannt nach dem gallorömischen Dichter Ausonius. Reichlich CABERNET FRANC (55%) im Verschnitt; die Pflanzdichte beträgt bis zu 12.600 Reben/ha. Langlebige, voluminöse Weine mit Textur und Finesse, sehr teuer. Zweitetikett: Chapelle d'Ausone (500 Kisten). Außerdem im Besitz der Familie Vauthier sind die Châteaux LA CLOTTE, FONBEL, MOULIN-ST-GEORGES und Simard.

Balestard la Tonnelle St-Ém r ★★ **01 03 04** 05 06 08 09 **10 11 12 14** 15 16 17 – Historisches Gut auf dem Kalksteinplateau im Besitz der Familie Capdemourlin. Die letzten Jahrgänge sind moderner ausgefallen.

Bordeaux

Barde-Haut St-Ém r ★★→★★★ **01 02 03 05' 06 07 08 09 10 11 12 14** 15 16 – GRAND CRU CLASSÉ mit umweltfreundlichen Anbaumethoden, Schwestergut von CLOS L'ÉGLISE, HAUT-BERGEY und Branon in Léognan. Reichhaltiger, opulenter, moderner Stil.

Bastor-Lamontagne Saut w; s ★★ **99 01' 02 03'** 05 07 **09'** 10 **11 13 14** 15 16 – Großes, nicht klassifiziertes Gut in Preignac, Schwesterbetrieb von Ch. BEAUREGARD und St-Robert in GRAVES. Im Besitz von Galeries Lafayette und der Familie Cathiard (Ch. SMITH HAUT LAFITTE). Saubere, harmonische Weine, gutes Preis-Leistungs-Verhältnis. Zweitetikett: Les Remparts de Bastor.

Batailley Pau r ★★★ **03 04** 05' 06 08 09' **10' 11 12 13** 14 15 16 17 – 5. Cru im Besitz der Familie Castéja von BORIE-MANOUX mit repräsentativem Château und (vergleichsweise) günstigen Weinen. Zweitetikett: Lions de Batailley.

Beaumont H-Méd r ★★ **05' 06 08** 09 10' **12 14 15** 16 – Großes Gut (rund 42.000 Kisten) zwischen MARGAUX und ST-JULIEN, im Besitz von Castel und Suntory. Früh trinkreife, schön zugängliche Weine.

Beauregard Pom r ★★★ **01 02 04** 05' 08 09' **10' 12** 14 15 16 – Das POMEROL-Gut, das derzeit auf Ökoanbau umstellt, ist im Besitz von SMITH HAUT LAFITTE und Galeries Lafayette. Verlässliche, mittelschwere Weine, jetzt mit mehr Tiefe. Zweitetikett: Benjamin de Beauregard. Ch. Pavillon Beauregard (LALANDE DE POMEROL) gehört ebenfalls dazu.

Beau-Séjour Bécot St-Ém r ★★★ **95' 96 98' 00'** 01 02 03 04 05' **06** 08 **09' 10' 11 12** 14 15 16 – Unverwechselbarer PREMIER GRAND CRU CLASSÉ (B) auf dem Kalksteinplateau. Seit 2017 ist die junge Generation der Familie Bécot am Ruder. Die Weine sind jetzt von etwas leichterer Art, haben aber immer noch schönes Alterungspotenzial.

Beauséjour Duffau St-Ém r ★★★ **00 01 02 03 04 05' 06** 08 **09' 10' 11 12** 14 15 16 17– Sehr kleiner PREMIER GRAND CRU CLASSÉ am Westhang der Côtes, wird vom Thienpont-DERENONCOURT-Team gemanagt. Direktverkauf ab Gut. Zweitetikett: Croix de Beauséjour.

Beau-Site St-Est r ★★ **03 04 05 06 08** 09 **10** 11 15 16 – CRU BOURGEOIS-Weingut im Besitz des Négociant BORIE-MANOUX; 70% CABERNET SAUVIGNON. Geschmeidige, frische, zugängliche Weine, günstig.

Belair-Monange St-Ém r ★★★ **98 00'** 01 02 03 04 05' 06 08 09' **10' 11 12 13** 14 15 16' 17 – PREMIER-GRAND-CRU-CLASSÉ auf dem Kalksteinplateau im Besitz von J.-P. MOUEIX. Bedeutende Investitionen in Rebflächen. Feine, duftende Weine, seit einigen Jahren intensiver und von reiferer Frucht. Zweitetikett (seit 2014): Annonce de Belair-Monange.

Belgrave H-Méd r ★★ 02' **03 04'** 05' 06 08 09' **10' 11 12 13 14** 15 16 17 – 5. Cru, seit 1979 unter der Leitung von DOURTHE. CABERNET SAUVIGNON dominiert. Stilistisch ein moderner Klassiker, jetzt von beständiger Qualität. Zweitetikett: Diane de Belgrave.

Bellefont-Belcier St-Ém r ★★ **04** 05' **06 07** 08' 09' **10'** 12 14 15 16 17 – GRAND CRU CLASSÉ in ST-ÉMILION, seit 2017 im Besitz des Hongkonger Unternehmers Peter Kwok, dem bereits andere Bordeaux-Güter (St-Émilion, POMEROL) gehören. Schmeichelnde, volle, frische Weine.

Belle-Vue H-Méd r ★★ **05 06 08** 09 10 11 **12 14** 15 16 – Beständiger Roter mit gutem Preis-Leistungs-Verhältnis aus dem südlichen HAUT-MÉDOC: dunkel und dicht, aber fest, frisch und aromatisch. 2016 wurde ein sortenreiner PETIT VERDOT erzeugt.

Berliquet St-Ém r ★★ **01 02 04** 05' **06** 08 09 **10** 11 **14** 15 16 17 – Sehr kleiner GRAND CRU CLASSÉ in den Côtes, wurde 2017 an die Eigentümer von Ch. CANON verkauft. Frische, elegante Weine, die gut altern. Zweitetikett: Les Ailes de Berliquet.

Bernadotte H-Méd **r ★★→★★★ 01 02 03 04** 05' **06 08** 09' 10' **11 14 15** 16 – Gut in St-Sauveur im nördlichen HAUT-MÉDOC. Gehört einem Hongkonger Unternehmen; önologischer Berater ist Hubert de Boüard (Eigentümer von ANGÉLUS). Weine in herzhaftem Stil, die letzten Jahrgänge besitzen mehr Finesse.

Beychevelle St-Jul r ★★★ 00' **01** 02 **03** 04 05' **06** 07 08 **09' 10' 11 12** 13 **14** 15 16 17 – 4. Cru mit charismatischem Etikett: ein Wikingerschiff mit einem geflügelten Greif als Galionsfigur. Die Weine sind durchweg eher elegant als kraftvoll. Neue, mit Schwerkraft betriebene Kellerei (seit 2016). Zweitetikett: Amiral de Beychevelle.

Auslese in Castillon

Erzeuger in POMEROL und ST-ÉMILION haben CASTILLON – CÔTES DE BORDEAUX eindeutig als investitionswürdiges Gebiet ausgemacht. Folgende CHÂTEAUX haben Verbindungen zu prestigeträchtigen Gütern am rechten Ufer: Ampélia (GRAND CORBIN-DESPAGNE), Clos Les Lunelles (PAVIE), d'AIGUILHE (CANON LA GAFFELIÈRE), L'Hêtre (Le PIN), Joanin Bécot (BEAU-SÉJOUR BÉCOT), l'Aurage (TERTRE RÔTEBŒUF) und Montlandrie (L'EGLISE-CLINET). Dem önologischen Berater Stéphane DERENONCOURT gehört die Domaine de l'A. Tony Laithwaite (La Clarière) war schon 1965 da.

Biston-Brillette Moulis r ★★ **05' 06 08** 09 10' **11 12** 14 **15** 16 – CRU BOURGEOIS (50% MERLOT, 50% CABERNET SAUVIGNON) im Besitz der Familie Barbarin mit preiswerten, ansprechenden, fruchtbetonten Weinen.

Bonalgue Pom r ★★ **05 06 08** 09 10 **11 12 14** 15 16 – Dunkler, sehr voller, fleischiger Wein, schon jung ansprechend, kann aber reifen. Man bekommt viel fürs Geld. Das Gut ist im Besitz des Libournaiser Négociant J.B. Auby. Schwestergüter: Clos du Clocher und Ch. du Courlat (LUSSAC ST-ÉMILION).

Bonnet Bx r w ★★ r **10 12** 14 15 **16**; w BV – Im Besitz des 93-jährigen Veteranen André Lurton. Die Weine des Großproduzenten gehören mit zum Besten, was ENTRE-DEUX-MERS und roter BORDEAUX (Réserve) zu bieten haben. Couhins-Lurton, Cruzeau, La LOUVIÈRE und ROCHEMORIN (alle in PESSAC-LÉOGNAN) sind Stallgefährten.

Bon Pasteur, Le Pom r ★★★ **02 03 04 05'** 05' 06 08 09' **10' 11 12 13** 14 15 16 – Sehr kleines Weingut an der Grenze zu ST-ÉMILION mit 21 verschiedenen Parzellen. Die Weinbereitung liegt in den Händen des Vorbesitzers Michel ROLLAND – eine Garantie für reife, opulente, verführerische Gewächse.

Boscq, Le St-Est r ★★ **04 05' 06** 08 09' **10 11** 12 **14** 15 16 – Qualitätsorientiertes Gut in ST-ESTÈPHE im Besitz von DOURTHE. Stets hervorragendes Preis-Leistungs-Verhältnis.

Bourgneuf Pom r ★★ **03 04 05' 06** 08 09 **10 11** 12 **14** 15 16 17 – Gut mit Rebland westlich des POMEROL-Plateaus. Subtile, aromatische Weine; die Jahrgänge 2015 und 2016 waren bislang die besten (rassig und ausgewogen). Für Pomerol-Verhältnisse preiswert.

Bouscaut Pes-L r w ★★ r **01 04** 05' **06** 08 09 **10' 11 12** 14 15 16; w **06 07 08 09 10'** 11 12 13 **14 15 16** 17 – Cru-classé-Gut in GRAVES. Rotweine auf MERLOT-Basis, plus 10% MALBEC, sowie süffige Weiße mit Alterungspotenzial. Besucherfreundlich, einschließlich *gîte* (Unterkunft).

Boyd-Cantenac Mar r ★★★ **02 03 04** 05' 06 **08** 09' **10' 11 12 14** 15 16 – Sehr kleiner 3. Cru im Ort Cantenac, seit 1932 im Besitz der Familie Guillemet,

Bordeaux

der auch Ch. POUGET gehört. In den Weinen dominiert CABERNET SAUVIGNON. Günstig. Zweitetikett: Jacques Boyd.

Branaire-Ducru St-Jul r ★★★ **01 02 03 04 05' 06 08 09' 10' 11 12 13** 14 15 16' 17 – Verlässlicher 4. Cru mit stets preiswerten, potenziell langlebigen Weinen. Nach dem Tod des Eigentümers Patrick Maroteaux 2017 hat Sohn François-Xavier die Leitung übernommen. Zweitetikett: Duluc.

Bordeaux handelt mit Weinen aus aller Welt

Die Place de Bordeaux, eine Art virtueller Börsenhandelsplatz für Négociants, Makler *(courtiers)* und Weingüter, ist schon seit Langem für den Vertrieb von Bordeaux-Weinen in der ganzen Welt zuständig. Nun kommt eine wachsende Anzahl von Weinen aus anderen (Welt-) Gegenden hinzu: Hommage à Jacques Perrin von Château de Beaucastel (Rhône), Masseto, Solaia (Italien), Opus One, Vérité (Kalifornien) und Almaviva, Seña (Chile). Wenn es für Bordeaux-Weine funktioniert, warum nicht auch anderen eine Chance geben?

Branas Grand Poujeaux Moulis r ★★ **06 08 09 10 11 12 14** 15 16 – Kleines Nachbargut von CHASSE-SPLEEN und POUJEAUX. Feine Weine von reifer Frucht mit geschmeidigen Tanninen. Der Besitzer von Ch. ANGÉLUS berät. Schwester-Château von Villemaurine in ST-ÉMILION. Zweitetikett: Les Eclats de Branas.

Brane-Cantenac Mar r ★★★→★★★★ **00' 01 02 04 05' 06 08 09' 10' 11 12 13 14** 15 16 – 2. Cru auf dem Plateau von Cantenac mit klassischem, duftendem MARGAUX, der ausreichend Struktur für ein langes Leben besitzt. Zweitetikett: Baron de Brane. Ein weißer BORDEAUX ist in Arbeit.

Brillette Moulis r ★★ **05 06 08 09 10 11 12 14** 15 16 – CRU BOURGEOIS mit schöner Tiefe von Trauben aus Lagen mit Kiesboden. Seit 1975 im selben Besitz. Zweitetikett: Haut Brillette.

Cabanne, La Pom r ★★ **05 06' 09 10 11 12 14** 15 16 – Weinberg westlich des POMEROL-Plateaus. Die Kellerei wurde nach einem Brand 2011 neu gebaut. Der Wein braucht Flaschenreifung, in der Jugend ist er sehr verschlossen. Zweitetikett: Dom. de Compostelle.

Caillou Saut w; s ★★ **99 01' 02 03' 05' 07 09' 10 11' 13 14** 15 16 – Das unauffällige 2.-Cru-Gut in BARSAC, Nachbar von CLIMENS, erzeugt reintönigen, fruchtigen *liquoreux.* Zweitetikett: Les Erables, Drittetikett: Les Tourelles.

Calon-Ségur St-Est r ★★★★ **96' 98 00' 01 02 03' 04 05' 06 07 08' 09' 10' 11** 12 **13** 14 15' 16' 17 – 3. Cru mit großem historischem Renommee und jetzt absolut im Höhenflug. Der CABERNET-SAUVIGNON-Anteil ist nun höher. Neuer Gärkeller (2016), Fasskeller und Flaschenausstellungsraum. Zweitetikett: Le Marquis de Calon.

Cambon la Pelouse H-Méd r ★★ **05' 06 08 09 10' 11 12 14** 15 – Wuchtiger, fruchtbetonter, bereits in der Jugend zugänglicher Wein von einem verlässlichen CRU-BOURGEOIS-Gut im südlichen HAUT-MÉDOC.

Camensac, de H-Méd r ★★ **05 06 08 09 10' 11 12 14** 15 16 – 5. Cru im nördlichen HAUT-MÉDOC im Besitz der Familie Merlaut (CHASSE-SPLEEN, GRUAUD LAROSE); seit einigen Jahren geht es stetig aufwärts. In der Regel profitiert der Wein von Flaschenreife. Zweitetikett: Second de Camensac.

Canon St-Ém r ★★★→★★★★ **01 02 03 04 05' 06 07 08' 09' 10' 11 12 13** 14 15' 16' 17 – Berühmter umfriedeter PREMIER GRAND CRU CLASSÉ (B) auf dem Kalksteinplateau, ebenso wie BERLIQUET, RAUZAN-SÉGLA und St-Supéry im Besitz von Wertheimer. Jetzt in Hochform mit eleganten, langlebigen Weinen. Eines der Spitzengewächse des Jahrgangs 2016. Geschäftsführer ist seit 2015 Nicolas Audebert, der John Kolasa nachfolgte. Zweitetikett: Croix Canon (hieß bis 2011 Clos Canon).

Canon La Gaffelière St-Ém r ★★★ **00' 01** 02 **03 04** 05' **06** 08 **09' 10' 11 12 13** 14 15 16 – PREMIER GRAND CRU CLASSÉ (B) am unteren Südhang; im selben Besitz wie d'AIGUILHE, CLOS DE L'ORATOIRE und La MONDOTTE. Hoher CABERNET-FRANC- und CABERNET-SAUVIGNON-Anteil (plus MERLOT). Stilvolle, geradlinige, beeindruckende Weine. Zertifiziert ökologischer Anbau.

Cantemerle H-Méd r ★★★ **04** 05' **06 08 09' 10' 11 12 13 14** 15 16 17 – Großer 5. Cru im südlichen HAUT-MÉDOC mit schönem bewaldetem Park; das durchschnittliche Rebenalter beträgt 30 Jahre. In guter Form und zudem preiswert. Zweitetikett: Les Allées de Cantemerle.

Cantenac Brown Mar r ★★→★★★ **01 02 03 04 05'** 06 **08 09' 10' 11 12** 14 15 16 – 3. Cru im Besitz der Familie Simon Halabi; Geschäftsführer ist José Sanfins. Der Stil des Weins war früher robust, ist jetzt aber sinnlicher und raffinierter. Empfehlenswert ist auch der trockene weiße Alto (90 % SAUVIGNON BLANC). Zweitetikett: BriO de Cantenac Brown.

Capbern St-Est r ★★ **04 05 06** 08' 09' **10' 11 12 13** 14 15 16 17 – Das Gut – bis 2013 Capbern-Gasqueton – hat denselben Besitzer und Geschäftsführer wie das Schwester-CHÂTEAU CALON-SÉGUR. Gut in Form und preiswert.

Cap de Mourlin St-Ém r ★★→★★★ **01 03 04 05 06 08 09 10 11** 12 14 15 16 – GRAND CRU CLASSÉ auf Hanglagen mit Nordausrichtung und im 16. Jahrhundert angelegten Weinbergen. Jetzt kraftvollere, konzentriertere Weine (65 % MERLOT) als in der Vergangenheit. Michel ROLLAND berät.

Carbonnieux Pes-L r w ★★★ **02 04** 05' **06 08** 09' **10 11 12** 15 16 – Das Cru-classé-Gut in GRAVES erzeugt gediegene Rot- und Weißweine in beträchtlichen Mengen. Die Weißen mit 65 % SAUVIGNON-BLANC-Anteil (z. B. **06 07 08 09 10 11 12 13 14 15 16**) können recht alt werden. Auch die Roten sind langlebig. Zweitetikett: Tour Léognan. Besucher sind willkommen.

Wie viel kostet ein Fass Wein (225 Liter)? Château Montrose erzielte 2016 auf einer Auktion 119.500 US-Dollar.

Carles, de Bx r ★★★ **05' 06' 07 08** 09 10 11 12 **13 14** 15 16 – Die Prestige-Cuvée des Guts in FRONSAC heißt Haut-Carles; je nach Jahrgang werden 20.000 bis 40.000 Flaschen erzeugt. Opulenter, moderner Stil.

Carmes Haut-Brion, Les Pes-L r ★★★ **04** 05' **06 07** 08 09' **10' 11** 12' **13 14** 15 16' – Kleine, ummauerte Lage im Herzen des Bordelais. Der strukturierte, aber einschmeichelnde Wein enthält 42 % MERLOT, 40 % CABERNET FRANC und 18 % CABERNET SAUVIGNON. Neue, von Philippe Starck entworfene Kellerei. Zweitetikett: Le C des Carmes Haut-Brion.

Caronne Ste Gemme H-Méd r ★★ **05 06 08** 09' 10' **11** 12 **14** 15 16 – Größeres Gut in St-Laurent-Médoc im nördlichen HAUT-MÉDOC. Frische, strukturierte Weine auf Basis von CABERNET SAUVIGNON (60 %), neuerdings mit mehr Tiefe.

Carruades de Lafite Pau ★★★ Das Zweitetikett von Ch. LAFITE; 2. Cru seit 1855, entsprechende Preise. 20.000 Kisten jährlich. Der Wein ist kultiviert, weich, aromatisch – ein echter Lafite junior. Er ist auch früher zugänglich, doch der 2009er ist immer noch ein Jüngling.

Carteau Côtes Daugay St-Ém r ★★ **05 08** 09 10 11 **14** 15 16 – GRAND-CRU-Gut in ST-ÉMILION, seit 1850 in Familienbesitz, mit preiswerten, hocharomatischen, geschmeidigen Weinen.

Certan de May Pom r ★★★ **05 08** 09 10 11 **14** 15 16 17 – Kleines Nachbargut von VIEUX CHÂTEAU CERTAN mit gut lagerfähigem Wein. Önologischer Berater ist der frühere Weinmacher von PETRUS.

Chantegrive, de Graves r w ★★→★★★ **05' 08 09' 10' 11 12 14** 15 16 – Das führende Gut in GRAVES; önologischer Berater ist Hubert de Boüard (ANGÉLUS). Sehr gutes Qualitäts-Preis-Verhältnis. Volle Rotweine mit feiner Eichennote. Cuvée Caroline heißt der wunderbar duftende weiße Spitzenwein (**10 11 12 13 14 15 16**).

Chasse-Spleen Moulis r (w) ★★★ **04 05' 06 08 09' 10' 12 14** 15 16 17 – Das große (100 ha), bekannte Gut in MOULIS wird von Céline Villars geleitet und erzeugt guten, oft ausgezeichneten, lang reifenden Wein mit klassischer Struktur und schönem Bukett. Die Preise liegen auf Cinquième-cru-Niveau. Außerdem etwas Weißwein.

> **Bordeaux zieht westwärts**
>
> Den Stein ins Rollen brachte Philippe de Rothschild in den 1980er-Jahren mit Opus One. Der Nächste war Christian MOUEIX mit Dominus in den 90ern. Seit jener Zeit wurden immer mehr Verbindungen zwischen BORDEAUX und dem Napa Valley oder Sonoma geknüpft: Da wären etwa François Pinault (LATOUR) und Araujo, die Wertheimers (CANON, RAUZAN-SÉGLA) und St-Supéry, Gonzague und Claire Lurton (DURFORT-VIVENS, FERRIÈRE) und Trinité sowie in neuerer Zeit Alfred und Mélanie Tesseron (PONTET-CANET) und Villa Sorriso.

Chauvin St-Ém r ★★ **05 06 08 09 10' 11 12 14** 15 16' – Das GRAND-CRU-CLASSÉ-Gut gehört seit 2014 Sylvie Cazes (Ch. LYNCH-BAGES). 2016 war der bislang beste Jahrgang. Das neue Etikett zeigt Amor, der auf einem Löwen reitet.

Cheval Blanc St-Ém r ★★★★ **89 90' 94 95 96' 97 98' 99 00' 01' 02 03 04 05' 06 07 08 09' 10'** 11 12 **13** 14 15' 16' 17 – PREMIER GRAND CRU CLASSÉ (A), der Superstar von ST-ÉMILION, in dessen Weine man sich sofort verliebt. Feste, duftende Gewächse mit hohem Anteil an CABERNET FRANC (60%) und POMEROL-Einschlag. Schmecken auch jung schon köstlich und leben doch eine Generation lang – oder zwei. Zweitetikett: Le Petit Cheval (nicht 2015). Neu ist der seit 2014 erzeugte Le Petit Cheval Blanc, ein sortenreiner SAUVIGNON BLANC (die Reben wachsen in BORDEAUX und SANCERRE). Schwester-Château ist d'YQUEM.

Chevalier, Domaine de Pes-L r w ★★★★ **00' 01' 02 03 04 05' 06 07 08 09' 10' 11 12 13** 14 15' 16' 17; w **00 01 02 03 04 05' 06 07' 08' 09' 10 11 12 13 14 15'** 16' 17 – Ein ganz besonderes Gut in den Kiefernwäldern von Léognan, seit 1983 im Besitz der Familie Bernard und inzwischen doppelt so groß wie damals. Reintöniger, dichter, fein texturierter Rotwein. Zweitetikett: Esprit de Chevalier. Der beeindruckende, komplexe, langlebige Weißwein besticht durch Beständigkeit und reift langsam zu vollem Geschmack heran. Clos des Lunes, Dom. de la Solitude und Ch. Lespault-Martillac gehören ebenfalls dazu.

Cissac H-Méd r ★★ **00 05 08 09 10 11 12 14 15** 16 – Gut im nördlichen HAUT-MÉDOC, seit 1895 in Familienbesitz. Feste, von CABERNET SAUVIGNON dominierte Weine, die früher Zeit brauchten; neuere Jahrgänge sind weniger verschlossen. Zweitetikett: Reflets du Ch. Cissac.

Citran H-Méd r ★★ **00 04 05' 06 08 09 10' 14** 15 16 – Großes Gut im südlichen HAUT-MÉDOC, seit 1996 im Besitz der Familie Merlaut (GRUAUD LAROSE). Wein von mittlerem Körper, der bis zu 10 Jahre reifen kann. Zweitetikett: Moulins de Citran.

Clarence de Haut-Brion, Le Pes-L r ★★★ **96' 00 01 02 03 04 05' 06 07 08 09' 10' 11 12** 14 15 16' 17 – Zweitetikett von Ch. HAUT-BRION, hieß bis 2007

Bahans Haut-Brion. Der Verschnitt ändert sich mit jedem Jahrgang erheblich (in der Regel 40–80 % MERLOT), doch was die geschmeidige Textur und Eleganz anbelangt, folgt er immer dem *grand vin.*

Clarke Listrac r (rs) (w) ★★ **05' 06** 08 09' 10' **11** 12 **14** 15 16 17 – Führendes LISTRAC-Gut, im Besitz von Benjamin de Rothschild. Sehr guter, auf MERLOT basierender Rotwein mit dunkler Frucht und feinen Tanninen. Eric Boissenot hat Michel ROLLAND als Berater abgelöst. Außerdem ein trockener Weißer: Le Merle Blanc du CHÂTEAU Clarke. Ch. Malmaison in MOULIS gehört ebenfalls dazu.

Clauzet St-Est r ★★ **06 08** 09 10 11 **12 14** 15 16' – CRU-BOURGEOIS-Gut mit günstigen Preisen im Besitz von Baron Maurice Velge (seit 1997). Fortwährende Investitionen und Verbesserungen. Jetzt beständige Qualität; in den Weinen herrscht CABERNET SAUVIGNON vor. Schwesterbetrieb ist Ch. de Côme.

Clerc Milon Pau r ★★★ **00 01 02 04 05' 06 07 08 09' 10' 11** 12 **13** 14 15 16' 17 – Seit die Rothschilds (MOUTON) das Gut 1970 erwarben, hat sich der Weinbergbesitz verdreifacht (jetzt 40 ha). Ausladendere und gewichtigere Weine als beim Schwester-CHÂTEAU d'ARMAILHAC. Der 2016er ist sehr gut, aber auch sehr teuer. Zweitetikett: Pastourelle de Clerc Milon.

Climens Saut w; s **96** 97' 98 99' 00 **01'** 02 03' 04 05' **06 07** 08 **09' 10' 11' 12'** 13' 14 15 16' – Cru classé in BARSAC, mit Aplomb geleitet von Bérénice Lurton. Konzentrierte Weine mit lebhafter Säure und garantierter Langlebigkeit. Zertifiziert biologisch-dynamisch. Zweitetikett: Les Cyprès (preiswert). 2017 sehr schwere Frostschäden.

Clinet Pom r ★★★ **01 02 03 05'** 06 07 08' **09' 10 11 12** 14 15 16 17 – Gut im Besitz der Familie Laborde, geleitet von Ronan Laborde, auf dem Plateau von POMEROL. MERLOT herrscht vor (90 %), üppig-moderner Stil; im Schnitt 4.000 Kisten/Jahr. Zweitetikett: Fleur de Clinet.

Clos de l'Oratoire St-Ém r ★★ **04** 05' **06** 08 09 **10'** 11 12 **14** 15 16 – GRAND CRU CLASSÉ auf den Nordhängen von ST-ÉMILION. Ebenso wie d'AIGUILHE, CANON LA GAFFELIÈRE und La MONDOTTE im Besitz Stephan von Neippergs. Preiswert.

Clos des Jacobins St-Ém r ★★→★★★ **01 02 03 04** 05' **06 07** 08 09' **10'** 11 **12** 14 15 16 – Das Cru-classé-Gut ist derzeit in Bestform: Renoviert und modernisiert, zeigt es jetzt tolle Beständigkeit mit Weinen in kraftvollem, modernem Stil. Önologischer Berater ist Hubert de Boüard (ANGÉLUS). Der Familie Decoster gehört auch Ch. La Commanderie (GRAND CRU CLASSÉ).

Clos du Marquis St-Jul r ★★ **03** 04 05' **06** 07 08 **09' 10' 11** 12 **13** 14 15 16' 17 – Typischeres ST-JULIEN-Gewächs (75 % CABERNET SAUVIGNON) als Stallgefährte LÉOVILLE-LAS CASES. Zweitetikett: La Petite Marquise.

Clos Floridène Graves r w ★★ r **09'** 10' **11** 12 **14** 15 16; w **07 08'** 09 10 11' **12 13 14 15 16** 17 – Nach dem Tod Denis Dubourdieus 2016 wird seine Schöpfung Clos Floridène nun von den Söhnen Fabrice und Jean-Jacques geleitet. SAUVIGNON BLANC/SÉMILLON von Kalksteinböden liefert feinen, modernen weißen Graves, der alt werden kann; der Rote ist erheblich besser geworden. Die Châteaux DOISY-DAËNE, Haura und REYNON gehören ebenfalls zum Besitz.

Clos Fourtet St-Ém r ★★★ **00 01 02 03 04** 05' **06** 07 08 **09' 10'** 11 **12** 14 15 16 17 – PREMIER GRAND CRU CLASSÉ (B) auf dem Kalksteinplateau. Klassisch-stilvoller ST-ÉMILION; beständig in guter Form. Önologischer Berater ist Stéphane DERENONCOURT. Zweitetikett: La Closerie de Fourtet. Die Châteaux Côte de Baleau und les Grandes Murailles in St-Émilion gehören ebenfalls dazu.

Clos Haut-Peyraguey Saut w; s ★★★ 95' 96 **97' 98** 99 **00** 01' 02 **03' 04** 05' 06 **07 09' 10' 11' 12 13** 14 15 16 – 4. Cru im Besitz des Weinmagnaten

Bernard Magrez (dem auch FOMBRAUGE, La TOUR CARNET und PAPE CLÉMENT gehören). Elegante, harmonische, langlebige Weine. Zweitetikett: Symphonie.

Clos l'Église Pom r ★★★ **00' 01 02 03 04 05' 06 07 08 09' 10 11 12 13** 14 15 16 – Nachbar von L'EGLISE-CLINET, im Besitz von Vignobles Garcin (wie auch BARDE-HAUT, Branon, HAUT-BERGEY). Eleganter, langlebiger Wein. Zweitetikett: Esprit de l'Église.

Clos Puy Arnaud Cas r ★★ **04 05' 06 08 09' 10 11 12** 14 15 16 17 – Das biodynamisch bewirtschaftete Weingut (zertifiziert seit 2010) ist führend in CASTILLON – CÔTES DE BORDEAUX und erzeugt Weine mit Tiefgang und strahlender Säure. Früher zugänglich ist die CUVÉE Pervenche.

Cru-bourgeois-Qualitätsstufen

Mitglieder der Alliance des Crus bourgeois du MÉDOC haben für die Wiedereinführung der dreistufigen Klassifikation ab 2020 gestimmt. Dies bedeutet die Rückkehr zu den drei Qualitätsstufen CRU BOURGEOIS, Cru bourgeois supérieur and Cru bourgeois exceptionnel. Man hofft, möglichen gerichtlichen Anfechtungen seitens vergrätzter Kandidaten durch garantierte Unparteilichkeit und die Wiederholung des Klassifikationsverfahrens im Fünf- (statt im Zehn-)Jahres-Rhythmus vorbeugen zu können.

Clos René Pom r ★★ **01 04 05' 06 08 09 10 11 12** 14 15 16 – Seit über einem Jahrhundert im Besitz derselben Familie. Weine mit hohem MERLOT-Anteil und ein wenig würzigem MALBEC. Nicht so sinnlich und umjubelt wie ein Spitzen-POMEROL, dafür aber preiswerter und ebenfalls langlebig.

Clotte, La St-Ém r ★★ **04 05 06 08 09' 10' 11 12** 15 16' 17 – Kleines GRAND-CRU-CLASSÉ-Gut in den Côtes, 2014 von den Besitzern von AUSONE erworben und seitdem qualitativ im Aufwind. Zweitetikett: L de La Clotte.

Conseillante, La Pom r ★★★★ **96' 98' 00' 01 02 03 04 05' 06' 07 08 09' 10' 11 12 13** 14 15 16' 17 – Seit 1871 im Besitz der Familie Nicolas. 2017 wurde der Fasskeller renoviert. Eines der nobelsten und am üppigsten duftenden POMEROL-Gewächse (80 % MERLOT von Lehm- und Kiesböden), stilistisch an MÉDOC erinnernd. Zweitetikett: Duo de Conseillante.

Corbin St-Ém r ★★ **04 05 07 08 09' 10' 11 12** 14 15' 16 – Verlässlicher GRAND CRU CLASSÉ; die Weine (preiswert) zeigen Kraft und Finesse. Besitzerin und Weinmacherin ist Annabelle Cruse-Bardinet.

Cos d'Estournel St-Est r ★★★★ **95 96' 98' 00 01 02 03 04 05' 06 07 08 09'** 10' **11** 12 13 14 15' 16' 17 – Großes 2.-Cru-Gut an der Grenze zu Pauillac mit einem exzentrischen pagodenähnlichen *chai* (Fasslager) und hochmoderner Kellerei. Kultivierter, schmeichelnder, hohe Wertungen erzielender ST-ESTÈPHE. Der Weißwein auf SAUVIGNON-BLANC-Basis ist überteuert, zeigt jetzt aber mehr Finesse. Zweitetikett: Les Pagodes de Cos. Außerdem der supermoderne MÉDOC-Wein Goulée (und Goulée Blanc). Eine Neuerwerbung (2017) ist Ch. Pomys in St-Estèphe.

Cos Labory St-Est r ★★ **98' 00 02 03 04 05' 06 07 08 09' 10' 11 12** 14 15 16' 17 – Kleiner 5. Cru in Familienbesitz, Nachbar von COS D'ESTOURNEL; gutes Preis-Leistungs-Verhältnis. Der Wein hat jetzt mehr Tiefe und Struktur. Zweitetikett: Charme de Cos Labory.

Coufran H-Méd r ★★ **04 05 06 08 09 10' 11 12 14** 15 16' 17 – Größeres Gut in St-Seurin-de-Cadourne, seit 1924 im Besitz der Familie Miailhe. Geschmeidige und dennoch alterungsfähige Weine, vorwiegend von MERLOT (85 %). Schwestergut ist Ch. Verdignan.

Couhins-Lurton Pes-L r w ★★→★★★ r **05 06 08 09 10' 11 12 14** 15 16; w **05 06 07 08' 09 10' 11 12 13 14 15** 16 – Cru-classé-Gut mit feinen Weißweinen von SAUVIGNON BLANC (100%), straff und langlebig. Deutlich besser gewordener Roter auf MERLOT-Basis. Im Besitz von André Lurton.

Couspaude, La St-Ém r ★★★ **04 05 06 07 08 09' 10' 11 12** 14 15 16 17 – GRAND CRU CLASSÉ auf dem Kalksteinplateau, im Besitz der Familie Aubert. Sehr voller, cremiger Stil mit viel Eichenholzwürze.

Coutet Saut w; s ★★★ **95 96 97' 98' 99 01'** 02 03' 04 05 07 **09' 10' 11' 12 13** 14 15' 16 17 – Größeres Gut in BARSAC, im Besitz der Familie Baly, mit beständig sehr feinen Weinen. Cuvée Madame (**89 90 95 97 01 03**) ist eine sehr reichhaltige, Beere für Beere ausgelesene Edition von alten Reben. Zweitetikett: La Chartreuse de Coutet. Außerdem sehr guter trockener weißer Opalie.

Couvent des Jacobins St-Ém r ★★ **00' 01 03 04 05 06 08 09' 10' 11 12** 14 15 – GRAND CRU CLASSÉ mit Kellerei in der Stadt, seit über 100 Jahren in Familienbesitz. Auf MERLOT basierender Wein mit etwas CABERNET FRANC. Eher leichter Stil, kann dennoch alt werden.

Crabitey Graves r w ★★ r **08 09 10 11 12 14** 15 16; w **11 12 13 14 15 16** – Früher ein Waisenhaus in Portets. Das durchschnittliche Rebenalter beträgt 30 Jahre. Eigentümer Arnaud de Butler erzeugt jetzt harmonischen MERLOT/CABERNET-SAUVIGNON und ein wenig lebhaften SÉMILLON/SAUVIGNON BLANC.

Crock, Le St-Est r ★★ **04 05 06 08 09' 10 11 12 14** 15 16' – CRU BOURGEOIS mit moderaten Preisen. Solider, fruchtstrotzender Wein, vorwiegend von MERLOT/CABERNET SAUVIGNON plus CABERNET FRANC und PETIT VERDOT.

Croix de Gay, La Pom r ★★★ **01' 04 05 06 08 09' 10' 11 12 14** 15 16 17 – Kleiner, vorwiegend mit MERLOT (95%) bestockter Weinberg auf dem POMEROL-Plateau. Besitzerin ist Chantal Lebreton. Weine in rassigem, elegantem Stil. Die Spezial-CUVÉE heißt La Fleur de Gay.

Croix du Casse, La Pom r ★★ **05 06 08 09 10 11 12 14** 15 16 – Gut auf Sand-Kies-Böden im Süden von POMEROL, Stallgefährte von Dom. de l'EGLISE; stetige Fortschritte. Weine von mittlerem Körper, preiswert.

Croix, La Pom r ★★ **04 05 06 08 09 10 11 12 14** 15 – Ökologisch bewirtschaftetes Gut mit Weinen vorwiegend von MERLOT (60%). Im Besitz des Négociant Janoueix, dem auch Le Castelot und HAUT-SARPE gehören.

Croizet-Bages Pau r ★★→★★★ **03 04 05 06 08 09 10' 11 12 14** 15 16 17 – Aufstrebender 5. Cru, es ist aber immer noch Luft nach oben. Neuerdings zeigen die Weine mehr Beständigkeit, besonders aufregend sind sie trotzdem nicht. Seit 1934 im Besitz derselben Familie.

Cru bourgeois Méd – Inzwischen ein jährlich neu vergebenes Zertifikat; 2015 ging es an 271 CHÂTEAUX. Unterschiedliche Qualität.

Cruzelles, Les Lalande de Pomerol **r** ★★ **08 09 10 11 12 14** 15 16 – Verlässlicher, preisgünstiger Wein; Spitzenjahrgänge können alt werden. Ch. L'EGLISE-CLINET und Montlanderie (CASTILLON – CÔTES DE BORDEAUX) gehören ebenfalls zum Besitz.

Dalem Fron r ★★ **05' 06 08 09' 10' 11 12 14** 15 16 17 – Gut in Familienbesitz seit 1955. Milde, frische Weine von reifer Frucht (90% MERLOT).

Dassault St-Ém r ★★ **03 04 05' 06 07 08 09' 10 11** 12 14 15 16 – GRAND CRU CLASSÉ, 1955 von Marcel Dassault erworben, im Norden der AC mit modernem, saftigem Wein von beständiger Qualität. Zweitetikett: D de Dassault. La Fleur und Faurie de Souchard sind die Schwester-CHÂTEAUX.

Dauphine, de La Fron r ★★→★★★ **03 04 05 06' 08 09' 10' 11 12' 14** 15 17 – Großes Gut in FRONSAC, seit 2000 ständigem Wandel unterworfen: Instandsetzung von Gebäuden und Weinbergen, neue Kellereianlagen, zusätzlicher Landerwerb, Zertifizierung als Ökoerzeuger. Die Weine zeigen jetzt mehr Substanz und Finesse. Das frühere Ch. Haut-Balet ging 2016 in La Dauphine auf. Zweitetikett: Delphis. Wurde 2018 mit dem Best of Wine Tourism Award ausgezeichnet.

Dauzac Mar r ★★→★★★ **98' 00' 01 02 04** 05 08' **09' 10' 11 12** 14 15 16 – 5.-Cru-Gut in Labarde im Besitz der Versicherungsgesellschaft MAIF. Jetzt dichte, volle, dunkle Weine. Versuche mit biodynamischem Anbau. Zweitetikett: La Bastide Dauzac. Außerdem fruchtiger Aurore de Dauzac sowie Ch. Labarde (HAUT-MÉDOC) und D de Dauzac (AC BORDEAUX).

Desmirail Mar r ★★→★★★ **03 04 05 06 07 09' 10' 11 12** 14 15 16 17 – 3. Cru in Cantenac mit Weinen in feinem, delikatem Stil, vorwiegend von CABERNET SAUVIGNON (70%). Zweitetikett: Initial de Desmirail. Besucher sind willkommen.

Nur 7% der Rebflächen im Bordelais werden ökologisch bewirtschaftet.

Destieux St-Ém r ★★ **03' 04 05' 06 07** 08 09' **10' 11 12** 14 15 16 – GRAND-CRU-CLASSÉ-Gut in St-Hippolyte mit Weinen verlässlicher Qualität in robust-kraftvollem Stil. Berater ist Michel ROLLAND. La Clémence in POMEROL gehört ebenfalls dazu.

Doisy-Daëne Bar (r) w; tr s **95 96 97' 98' 99** 01' **02 03** 04 **05'** 06 07 09 **10' 11' 12 13 14** 15' 16 – Das 2.-Cru-Gut im Besitz der Familie Dubourdieu (CLOS FLORIDÉNE) erzeugt feinen süßen Barsac. L'Extravagant (**02 03 04 05 06 07 09 10 11 12 13** 14 15 16) ist eine ungeheuer volle und teure CUVÉE. Auch trockener weißer Doisy-Daëne Sec.

Doisy-Védrines Saut w; s ★★★ **95 96 97' 98 99** 01' 03' 04 05 07 **09 10' 11' 12 13 14** 15' 16 – Gut in BARSAC im Besitz der Familie Castéja. Vollerer Stil als DOISY-DAËNE. Seit Langem einer meiner Favoriten: köstlich und preiswert. Zweitetikett: Petit Védrines.

Dôme, Le St-Ém r ★★★ **05 06** 08 **09 10' 11** 12 **13** 14 15 16 – Kleinsterzeuger mit reichhaltigem, modernem Wein, der jetzt mehr Frische zeigt als in der Vergangenheit. Zwei Drittel alte CABERNET-FRANC-Reben in der Nähe von Ch. L'ANGÉLUS. Eigentümer Jonathan Maltus besitzt auch eine Reihe weiterer, empfehlenswerter CHÂTEAUX in ST-ÉMILION: Les Astéries, Le Carré, Laforge, Le Pontet, Teyssier (preiswert) und Vieux Château Mazerat.

Dominique, La St-Ém r ★★★ **98 00' 01 04** 05' **06** 08 09' **10'** 11 **12** 14 15 16 – An CHEVAL BLANC grenzender GRAND CRU CLASSÉ mit Weinen in reichhaltigem, kraftvollem, saftigem Stil, vorwiegend von MERLOT (81%). Von Jean Nouvel gestaltete Kellerei mit Dachrestaurant (»La Terrasse Rouge«) und Laden. Zweitetikett: Relais de la Dominique.

Ducru-Beaucaillou St-Jul r ★★★★ **96' 98 99** 00' 01 02 **03** 04 **05'** 06 07 **08 09' 10' 11** 12 **13** 14 15' 16 – Überragendes 2.-Cru-CHÂTEAU in den Händen des gewitzten Bruno Borie – das Herz von ST-JULIEN. Hervorragend in Form: klassisch nach Zedernholz duftender Bordeaux, der auf ein langes Leben ausgelegt ist. Croix de Beaucaillou und Lalande-Borie sind die Schwesterbetriebe; Fourcas-Borie in LISTRAC gehört auch dazu.

Duhart-Milon Rothschild Pau r ★★★ **96' 98** 00' **01 02 03 04 05' 06** 07 **08 09' 10' 11** 12 **13** 14 15 16' 17 – 4. Cru, Stallgefährte von LAFITE, das Kellerteam ist dasselbe. CABERNET SAUVIGNON herrscht vor (65–80%), die Qualität ist sehr fein, v. a. in den vergangenen 10 Jahren. Zweitetikett: Moulin de Duhart.

Durfort-Vivens Mar r ★★★ **00 02 03 04** 05' **06** 08 **09' 10' 11 12 13 14** 15 16' 17 – Seit der Umstellung auf biodynamischen Anbau (ab 2016 zertifiziert) erheblich besser gewordenes 2.-Cru-Gut in MARGAUX. Vorwiegend CABERNET SAUVIGNON (70%). Zweitetiketten: Vivens und Relais de Durfort-Vivens.

Eglise-Clinet, L' Pom r ★★★→★★★★ **95 96** 98' **99 00'** 01' 02 **03 04 05' 06** 07 **08 09' 10' 11' 12** 13 14 15 16 17 – Das kleine, aber erstklassige Gut zeichnet sich durch enorme Beständigkeit aus. Der Wein ist voll, konzentriert und fleischig, allerdings teuer. Zweitetikett: La Petite Eglise. Schwesterbetriebe sind Les CRUZELLES und Montlandrie (CASTILLON – CÔTES DE BORDEAUX).

Eglise, Domaine de l' Pom r ★★ **00** 01 **02 03 04** 05' 06 08 **09 10' 11 12** 14 15 16 17 – Seit 1973 im Besitz der Familie Castéja befindliches Gut auf dem Kies-Ton-Plateau; der Weinberg ist der älteste in Pomerol, angelegt 1589. In letzter Zeit beständig gute, fleischige Weine.

Évangile, L' Pom r ★★★★ **95 96 98' 99 00'** 01 02 03 **04 05'** 06 07 **08 09'** 10' **11 12 13** 14 15 16' 17 – Seit das Gut 1990 in den Besitz von (LAFITE) Rothschild gelangte, wurden jede Menge Investitionen getätigt. Weine in stets vollem, opulentem Stil, vorwiegend von MERLOT (80%) plus CABERNET FRANC. Zweitetikett: Blason de l'Évangile.

Fargues, de Saut w; s ★★★ **98 99'** 01 02 **03'** 04 **05'** 06 07 08 **09' 10' 11' 13** 14 15' 16 17 – Nicht klassifiziertes, aber erstklassiges Gut im Besitz der der Familie Lur Saluces; der erste Jahrgang war 1943. Klassischer SAUTERNES: überaus volle, ölige und dennoch raffinierte Weine.

Faugères St-Ém r ★★→★★★ **98 99'** 01 02 **03'** 04 **05'** 06 07 08 **09' 10' 11' 13** 14 15' 16 –Größerer GRAND CRU CLASSÉ im Osten von ST-ÉMILION mit kraftvollen, reichhaltigen, modernen Weinen. Das Schwestergut Ch. Péby Faugères (100% MERLOT) ist ebenfalls klassifiziert. Cap de Faugères (CASTILLON – CÔTES DE BORDEAUX), LAFAURIE-PEYRAGUEY und Rocheyron gehören ebenfalls dazu – wie auch das Luxusgüterunternehmen Lalique.

Ferrand, de St-Ém r ★★→★★★ **00 01 04** 05 **06 08** 09' **10' 12 14** 15 16 – Das große GRAND-CRU-CLASSÉ-Gut in St-Hippolyte gehört Marie-Pauline Chandon-Moët. Der Rebbesitz bildet einen einzigen, zusammenhängenden Block. Frische, feste, ausdrucksstarke Weine.

Ferrande Graves r (w) ★★ **08** 09 **10 11 12 14** 15 16 – Größeres Gut im Besitz des Négociant Castel (seit 1992), der für erhebliche Verbesserungen gesorgt hat. Zugänglicher, gefälliger Roter und sauberer, frischer Weißer.

Ferrière Mar r ★★★ **00'** 02 **04** 05 06 08 **09' 10' 12** 14 15 16 17 – Kleiner 3. Cru in der Ortschaft MARGAUX. Zertifizierter Ökoanbau seit 2015, seit 2016 Umstellung auf biologisch-dynamischen Anbau. Dunkle, feste Weine mit herrlichem Bukett.

Feytit-Clinet Pom r ★★→★★★ **98 00** 01 **03** 04 **05'** 06 08 **09' 10' 11 12 13** 14 15 16 17 – Das kleine Gut (6 ha), früher im Besitz von Moueix, wird von Jérémy Chasseuil geleitet. Beständig in Bestform: reichhaltige, samtige, verführerische Weine (90% MERLOT von Kies-Lehm-Boden). Hochgepriesen bei moderaten Preisen.

Fieuzal Pes-L r (w) ★★★ r **01** 06 07 08 **09' 10' 11 12** 14 15 16; w **07 08 09' 10' 11 12** 13 **14 15 16** – Cru classé in PESSAC-LÉOGNAN in irischem Besitz; Kellerchef ist seit 2007 Stephen Carrier. Sehr volle Weiße zum Einlagern und üppige Rote. Zweitetikett: L'Abeille de Fieuzal (rot und weiß). 2017 wurde aufgrund verheerender Frostschäden überhaupt kein Wein erzeugt.

Figeac St-Ém r ★★★★ 96 **98'** 00' 01' **02 03** 04 **05' 06** 07 **08 09' 10' 11 12 13** 14 15' 16' 17 – Großer PREMIER GRAND CRU CLASSÉ (B) im Besitz der Familie Manoncourt; Reblagen mit Kiesböden, die zu einem ungewöhnlich hohen Anteil mit CABERNET FRANC (70%) sowie CABERNET SAUVIGNON bestockt sind. In letzter Zeit vollere, aber stets elegante Weine, die lange reifen müssen. Zweitetikett: Petit-Figeac. Eine neue Kellerei ist für 2019 geplant; 2017 zerstörte Frost die Hälfte des Ertrags.

Filhot Saut w; tr s ★★ **98 99 01'** 02 **03'** 04 05 **07** 09' **10' 11' 13** 14 15 16 – Sehr großes 2.-Cru-Gut (350 ha), das Rebgelände macht nur einen

Teil des Besitzes aus (62 ha). Besitzer und Geschäftsführer ist die Familie Vaucelles. Die Weine sind seit 2009 reintöniger und voller.

Fleur Cardinale St-Ém r ★★ 04 05' 06 07 08 09' 10' 11 12 14 15 16 – GRAND-CRU-CLASSÉ-Gut in St-Étienne-de-Lisse, in den vergangenen 15 Jahren in Höchstform. Die Trauben werden erst sehr spät gelesen. Reifer, öliger, moderner Stil.

Fleur de Boüard, La Bx r ★★→★★★ 05 06 07 08 09 10 11 12 13 14 15 16 – Führendes Gut in LALANDE DE POMEROL mit vollen, dunklen, dichten, modernen Weinen; seit 1998 im Besitz der Familie Boüard (ANGÉLUS). Einzigartige Kellerei mit umgedrehten kegelförmigen Gärbehältern. Die Spezial-CUVÉE Le Plus, ein sortenreiner MERLOT, wird 3 Jahre in neuer Eiche ausgebaut. Zweitetikett: Le Lion.

Die St-Émilion-Klassifikation – die derzeitige Version

Die neueste Klassifikation (2012) umfasst insgesamt 82 CHÂTEAUX: 18 PREMIERS GRANDS CRUS CLASSÉS und 64 GRANDS CRUS CLASSÉS. Die neue Klassifikation, die von Gesetzes wegen nun eher als Prüfung denn als Konkurrenzkampf angelegt ist, wurde von einer Kommission durchgeführt, die aus sieben von der INAO benannten, sämtlich nicht in BORDEAUX ansässigen Fachleuten bestand. Ch. ANGÉLUS und Ch. PAVIE wurden in den Rang Premier grand cru classé (A) erhoben, während der Kategorie Premier grand cru classé (B) die Châteaux CANON LA GAFFELIÈRE, LARCIS DUCASSE, La MONDOTTE und VALANDRAUD hinzugefügt wurden. Erstmals den Status Grand cru classé erhielten die Châteaux BARDE-HAUT, Le Chatelet, Clos de Sarpe, Clos la Madeleine, La Commanderie, Côte de Baleau, FAUGÈRES, de FERRAND, La Fleur Morange, FOMBRAUGE, JEAN FAURE, Péby Faugères, de PRESSAC, QUINAULT L'ENCLOS, Rochebelle und SANSONNET. Obwohl für die Erzeuger ein motivierender Ansporn, ist und bleibt die (seit 1955 alle zehn Jahre zu überprüfende) Klassifikation für Konsumenten ein unhandliches Richtmaß.

Fleur-Pétrus, La Pom r ★★★★ 98' 99 00' 01 02 03 04 05' 06 08 09' 10' 11 12 13 14 15 16 17 – Das Gut im Besitz von J.-P. MOUEIX umfasst 18,7 ha, aufgeteilt auf drei verschiedene Parzellen; MERLOT (91 %), CABERNET FRANC (6 %) und PETIT VERDOT (3 %). Feinerer Stil als PETRUS oder TROTANOY. Braucht Zeit.

Fombrauge St-Ém r ★★→★★★ 00' 01 02 03 04 05 06 08 09' 10' 11 12 14 15 16' – GRAND-CRU-CLASSÉ-Gut (seit 2012), 1999 von Bernard Magrez (PAPE CLÉMENT) erworben. Gehaltvolle, dunkle, cremige Rote in modernem Stil. Magrez-Fombrauge ist eine rote Spezial-CUVÉE und außerdem der Name für den trockenen weißen BORDEAUX. Zweitetikett: Prélude de Fombrauge.

Fonbadet Pau r ★★ 03 04 05' 06 08 09' 10' 12 14 15 16 17 – Kleines, nicht klassifiziertes Gut in PAUILLAC. Der Wein (70 % CABERNET SAUVIGNON) ist nicht ganz so langlebig wie andere, dafür aber preiswert und von verlässlicher Qualität.

Fonbel, de St-Ém r ★★ 07 08 09 10 11 12 14 15 16 – Verlässliche Quelle für fruchtig-saftigen, frischen, nicht überteuerten ST-ÉMILION-Wein. Im selben Besitz wie AUSONE und La CLOTTE.

Fonplégade St-Ém r ★★ 04 05 06 08 09' 10 12 14 15 16 – GRAND CRU CLASSÉ in amerikanischem Besitz. Der Stil der Weine war früher modern-konzentriert, jetzt legt man mehr Wert auf Frucht und Ausgewogenheit.

Zertifiziert ökologisch, derzeit Umstellung auf biodynamischen Anbau. Zweitwein: Fleur de Fonplégade.

Fonréaud Listrac r ★★ **00' 03 04 05 06** 08 09' **10'** 11 **12 14** 15 16 17 – Eines der größeren und besseren LISTRAC-Güter mit überzeugenden, leckeren Weinen. 2017 wurde die Kellerei renoviert. Nachhaltige Bewirtschaftung, seit 2015 mit Terra-Vitis-Zertifikat. Auch sehr guter trockener Weißer Le Cygne in kleinen Mengen.

Fonroque St-Ém r ★★★ **03 04** 05 **06** 08 09' **10'** 11 **12 14** 15 16 – GRAND CRU CLASSÉ in den Côtes, 2017 an einen Versicherungsmakler verkauft. Der biologisch-dynamische Anbau (seit 2008) zahlt sich aus, die Weine zeigen jetzt mehr Charakter und Eleganz.

Fontenil Fron r ★★ **05 06** 08 09' **10' 11** 12 **14** 15' 16 17 – Führendes Gut in FRONSAC, im Besitz von Michel ROLLAND. Reife, opulente, ausgewogene Weine (90% MERLOT).

Forts de Latour, Les Pau r ★★★★ **95'** 96' **98 00'** 01 02 **03 04' 05' 06** 07 08 **09' 10' 11** 12 **13** 14 15 16' – Das Zweitetikett von Ch. LATOUR: authentischer Geschmack in etwas leichterem Format zu hohen Preisen. Ökologischer Anbau, ab 2018 mit Zertifikat. Ein *En-primeur*-Verkauf findet nicht mehr statt, die Freigabe der Weine erfolgt nun, wenn sie für trinkreif erachtet werden – der 2011er kam 2017 heraus, braucht aber immer noch Zeit.

Fourcas Dupré Listrac r ★★ **01 02 03** 04 05 **06** 08 09 **10' 11 12 14** 15 16 17 – Gut geführtes CHÂTEAU mit einigermaßen beständigem Wein im festen LISTRAC-Stil. Seit 2014 auch etwas Weißwein von SAUVIGNON BLANC (67%) und SÉMILLON (33%).

Fourcas Hosten Listrac r ★★→★★★ **03 05 06 08** 09 **10' 11** 12 **14** 15 16 17 – In das große Gut in LISTRAC wurde beträchtlich investiert, was seit 2006 zu stetig steigender Qualität, sprich zu mehr Präzision und Finesse führte. Außerdem ein trockener Weißer (vorwiegend SAUVIGNON BLANC).

France, de Pes-L r w ★★ r **04** 05 **06** 08 09 **10' 11 12 14** 15 16; w **07 08 09 10 11 12 13** 14 15 16 – Nicht klassifiziertes Gut in Léognan mit verlässlichen Weinen in reifem, modernem Stil. Die Weißen sind frisch und ausgewogen. Zweitetikett: Ch. Coquillas.

Franc Mayne St-Ém r ★★ **01 03 04** 05 **08** 09 **10'** 11 **12 14** 15 16 – Kleiner GRAND CRU CLASSÉ in den Côtes, war früher im selben Besitz wie CHÂTEAU de LUSSAC und Vieux Maillet in POMEROL. Ein Luxushotel gehört auch dazu. Weine in frischem, fruchtigem Stil – rund, aber mit schöner Struktur.

Gaby Fron r ★★ **04 05 06 08** 09 **10** 12 **14** 15 16 17 – Herrliche Südlagen in CANON-Fronsac erbringen von MERLOT dominierte Weine, die gut altern. Hubert de Boüard (ANGÉLUS) berät. Tendenz zum Ökoweinbau.

Gaffelière, La St-Ém r ★★★ **96 98' 00' 01 02 03 04 05' 06 07** 08 09' **10'** 11 **12 13** 14 15 16 – Premier cru am Fuß der Côtes. Investitionen und Fortschritte; ein Teil der Rebflächen wurde neu bestockt, 2013 ein neuer *cuvier* (Gärkeller) eingeweiht. Elegante, langlebige Weine. Stéphane DERENONCOURT berät. Zweitetikett: Clos la Gaffelière.

Garde, La Pes-L r w ★★ r 05 **06** 08 09' **10' 11 12** 14 15 16'; w **08 09 10' 11 12 13** 14 15 16 – Gut im Besitz von DOURTHE mit geschmeidigen Roten (CABERNET SAUVIGNON/MERLOT). Außerdem Weißwein (SAUVIGNON BLANC/ Sauvignon gris) in geringen Mengen. Zweitetikett: La Terrasse de La Garde.

Gay, Le Pom r ★★★ **03 04** 05' **06 07** 08 **09' 10' 11 12** 14 15 16 – Schöne Reblagen am nördlichen Rand von POMEROL. Beträchtliche Investitionen; Michel ROLLAND berät. Rassige und doch einschmeichelnde Weine mit Alterungspotenzial, seit 2014 Vergärung im Fass. Ch. Montviel und Ch. La Violette gehören ebenfalls zum Besitz. Zweitwein: Manoir de Gay.

Gazin Pom r ★★★ **96 98' 00'** 01 **02 03** 04 **05'** 06 08 **09' 10' 11 12 13** 14 15 16 17 – Großes Gut in POMEROL in Familienbesitz; 90% MERLOT. Seit Mitte der 1990er-Jahre in sehr guter Form: generöse, langlebige Weine. Zweitetikett: L'Hospitalet de Gazin.

Gilette Saut w; s ★★★ **53 55 59 61 67 70 71 75 76 78 79 81 82 83 85 86 88 89 90 96 97** – Außergewöhnliches kleines Gut in Preignac, seit dem 18. Jh. in Familienbesitz, das seine üppigen Weine 16–20 Jahre in Betontanks lagert und pro Jahr nur rund 5.000 Flaschen erzeugt. CHÂTEAU Les Justices ist das Schwestergut (**05 07 09 10' 11 13 14 15** 16).

Essen ist auch wichtig

Eine wachsende Zahl von Bordeaux-Châteaux erwirbt Restaurants oder eröffnet selbst eins. In St-Émilion zum Beispiel »L'Atelier de Candale« (CLOS DES JACOBINS), »Les Belles Perdrix« (TROPLONG MONDOT), »Hostellerie de Plaisance« (PAVIE), »Logis de la Cadène« (ANGÉLUS), »La Terrasse Rouge« (La DOMINIQUE), im Médoc »Le Café Lavinal« (LYNCH-BAGES), »La Table d'Agassac« (d'AGASSAC), in Pessac-Léognan »La Grande Maison« (PAPE CLÉMENT), »Les Sources de Caudalie« (SMITH HAUT LAFITTE). Auch Sauternes hat nun kulinarische Genüsse zu bieten: in den Châteaux GUIRAUD und LAFAURIE-PEYRAGUEY.

Giscours Mar r ★★★ **98 00' 01 02 03 04 05' 06 08 09' 10' 11 12** 14 15 16 17 – Größerer 3. Cru in Labarde; die Reben wachsen auf drei kiesigen Erhebungen. Die körperreichen, langlebigen MARGAUX-Weine können großartig sein (z. B. 1970). Die 1980er-Jahrgänge waren unbeständig, doch seit dem Besitzerwechsel vor gut 20 Jahren geht es stetig aufwärts. Zweitetikett: La Sirène de Giscours. Außerdem ein wenig Rosé (AC BORDEAUX).

Glana, du St-Jul r ★★ **04 05 06 08 09 10' 12 14** 15 16 – Großes, nicht klassifiziertes Gut mit anspruchslosen, robusten, preiswerten Weinen auf CABERNET-SAUVIGNON-Basis (65 %); seit 1961 im Besitz der Familie Meffre. Zweitetikett: Pavillon du Glana.

Gloria St-Jul r ★★→★★★ **01 02 03 04 05' 06 07 08 09' 10' 11 12** 14 15 16 17 – Gut mit weit verstreuten Cru-classé-Reblagen; CABERNET SAUVIGNON herrscht mit 65 % vor. In neuerer Zeit hervorragend in Form. Der Wein wird zu 4.-Cru-Preisen verkauft.

Grand Corbin-Despagne St-Ém r ★★→★★★ **98 00' 01 03 04 05 06 08 09' 10' 11 12 13** 14 15 16 – GRAND CRU CLASSÉ in ST-ÉMILION mit Lehm- und Kiesböden. Die aromatischen Weine mit Alterungspotenzial haben nun eine reifere, vollere Note. Gutes Preis-Leistungs-Verhältnis. Zum Besitz gehören auch Ch. Le Chemin (POMEROL) und Ch. Ampélia (CASTILLON – CÔTES DE BORDEAUX). Zweitetikett: Petit Corbin-Despagne. 2017 wurde aufgrund von Frostschäden kein *grand vin* erzeugt.

Grand cru classé St-Ém – Die Einstufung wird alle 10 Jahre einer Revision unterzogen; 2012 wurden 64 CHÂTEAUX klassifiziert. Siehe auch Kasten »Die ST-ÉMILION-Klassifikation«, S. 144.

Grand Mayne St-Ém r ★★★ **96 98 00' 01' 02 03 04 05' 06 07 08 09' 10' 11 12** 14 15 16' 17 – Beeindruckendes GRAND-CRU-CLASSÉ-Gut unter der Leitung von Jean-Antoine Nony. Beständige, körperreiche Weine mit schöner Struktur. Zweitetikett: Les Plantes du Mayne.

Grand-Puy Ducasse Pau r ★★★ **96' 98' 00 01 02 03 04 05' 06 07 08 09' 10' 11 12** 14 15 16 17 – 5. Cru im Besitz einer Bank; 60 % CABERNET SAUVIGNON, 40 % MERLOT. Stetige Fortschritte in den vergangenen 10 Jahren; vernünftige Preise. Berater ist Hubert de Boüard (ANGÉLUS). Zweitetikett: Prélude à Grand-Puy Ducasse.

Grand-Puy-Lacoste Pau r ★★★ **95' 96' 98 00' 01 02 03 04 05' 06 07 08' 09' 10' 11** 12 13 14 15 16 – 5. Cru, berühmt für von CABERNET SAUVIGNON (75%) dominierten PAUILLAC zum Einkellern; preiswert. Die Londoner lieben ihn. Besitzer und (cleverer) Manager ist François-Xavier Borie, Eric Boissenot berät. Zweitetikett: Lacoste-Borie.

Grave à Pomerol, La Pom r ★★★ **01 02 04 05 06 08 09' 10 11 12** 14 15 16' 17 – Das kleine Gut am Westhang des POMEROL-Plateaus (vorwiegend Kiesböden) erzeugt Weine mit hohem MERLOT-Anteil (85%), die alt werden können. Angemessene Preise.

Greysac Méd r ★★ **05' 06 08 09 10' 11 12 14** 15 16 – Dem Besitzer gehört u. a. auch CHÂTEAU HAUT CONDISSAS. Feine, frische Weine von Lehm-Kies-Böden mit hohem MERLOT-Anteil von beständiger Qualität.

Gruaud Larose St-Jul r ★★★★ **95' 96' 98 99 00' 01 02 03 04 05' 06 07 08 09' 10' 11** 12 14 15 16' 17 – Eines der größten und beliebtesten 2.-Cru-Güter, im Besitz der Familie Merlaut (Ch. de CAMENSAC). Runder, voller, kraftstrotzender roter Bordeaux. Zweitetikett: Sarget de Gruaud Larose. Besucher sind willkommen.

Guadet St-Ém r ★★ **04 05 06 08 09 10 11 12** 15 16 – Kleines GRAND-CRU-CLASSÉ-Gut, seit 1844 von der Familie Lignac geleitet. In den vergangenen 10 Jahren besser in Form. Biologisch-dynamischer Anbau. Stéphane DERENONCOURT berät.

Guiraud Saut (r) w; (tr) s ★★★ **96' 97' 98 99 01' 02 03 04 05' 06 07 08 09' 10' 11' 13 14** 15 16 17 – Relativ großes, CHÂTEAU d'YQUEM benachbartes Gut mit Ökosiegel. Besitzer ist u. a. der langjährige Geschäftsführer Xavier Planty. 2018 wird auf dem – auch sonst besucherfreundlichen – Gut ein Restaurant eröffnet. Spitzenqualität – höherer SAUVIGNON-BLANC-Anteil als sonst üblich. Der trockene Weißwein heißt Le G de Château Guiraud, das Zweitetikett Petit Guiraud.

Gurgue, La Mar r ★★ **04 05' 06 08 09' 10 11 12 14** 15 16' – Nachbargut von Ch. MARGAUX mit feinem, nicht überteuertem Wein aus biodynamischem Anbau; steht unter derselben Leitung wie FERRIÈRE und HAUT-BAGES LIBÉRAL.

Winzergenossenschaften decken 21% der Gesamtrebfläche des Bordelais und 23% des Ertrags ab (2016).

Hanteillan H-Méd r ★★ **04 05' 06 09' 10 12 14** 15 16 – Großer CRU BOURGEOIS mit runden, ausgewogenen, jung zu trinkenden Weinen (50% CABERNET SAUVIGNON, 50% MERLOT), neuerdings in verbesserter Qualität. Zweitetikett: Ch. Laborde.

Haut-Bages Libéral Pau r ★★★ **00 01 02 03 04 05' 06 08 09' 10' 11 12** 14 15 16 – Das 5.-Cru-Gut (neben LATOUR) wird von Claire Villars Lurton geleitet. Vorwiegend CABERNET SAUVIGNON (70%), biologisch-dynamischer Anbau. In der Regel gutes Preis-Leistungs-Verhältnis. Zweitetikett: La Fleur de Haut-Bages Libéral.

Haut-Bailly Pes-L r ★★★★ **90' 95 96' 98' 99 00' 01 02 03 04 05' 06 07 08' 09' 10' 11' 12** 14 15' 16' 17 – Das erstklassige Cru-classé-Gut in PESSAC-LÉOGNAN gehört einer Familie aus den USA und wird von Véronique Sanders geleitet. Der Rotwein glänzt durch einen raffinierten, eleganten Stil (Parzelle mit mind. 100 Jahre alten Reben); zudem gibt es ein wenig Rosé. Dem Besitzer gehört auch Ch. Le Pape (Pessac-Léognan). Zweitetikett: La Parde de Haut-Bailly – 2017 war der 50. Jahrgang.

Haut-Batailley Pau r ★★★ **0 02 03 04 05' 06 07 08 09' 10' 11 12 13** 14 15 – Kleiner 5. Cru, 2017 von Familie Cazes (Ch. LYNCH-BAGES) erworben.

Bordeaux

Im vergangenen Jahrzehnt wurden stetig Fortschritte erzielt, u. a. dank renovierter Kellerei. Zweitetikett: La Tour l'Aspic.

Haut-Beauséjour St-Est r ★★ **04 05 08 09 10 11** 14 15 16 – Vom Eigentümer, dem Champagnerhaus ROEDERER, geschaffenes und weiterentwickeltes Gut. Saftige, aber strukturierte Weine. Schwesterbetrieb ist Ch. de PEZ.

Haut-Bergeron Saut w; s ★★ **02 03 04 05 06 07 09 10 11 13 14 15** 16 – Das nicht klassifizierte Gut in Preignac im Besitz der Familie Lamothe erzeugt verlässlich hochwertigen SAUTERNES. Der Rebbestand ist sehr alt (im Schnitt 50 Jahre), vorwiegend SÉMILLON (90%). Voller, opulenter, nicht überteuerter Wein.

> **Generationswechsel bei Lafite**
>
> Bei LAFITE ROTHSCHILD ist derzeit alles im Wandel. Nach 35 Jahren als Chef der Domaines Barons de Rothschild (Lafite) hat Baron Eric de Rothschild (78) den Stab an seine Tochter Saskia weitergereicht. Außerdem wurde der Posten des CEO neu besetzt, und zwar mit Jean-Guillaume Prats (49), früher Geschäftsführer von Ch. COS D'ESTOURNEL, dann von Estates & Wines (LVMH). Prats tritt damit die Nachfolge von Christophe Salin (63) an. An der Technikfront hat Eric Kohler den über drei Jahrzehnte tätigen Weinmacher Charles Chevallier schon im Januar 2016 abgelöst.

Haut-Bergey Pes-L r (w) ★★→★★★ r **04 05 06 07 09 10 11 12** 14 15 16 w **10 11 12 13 14 15 16** – Nicht klassifiziertes Gut, das sich aber wie ein Cru classé gibt, in den 1990er-Jahren komplett renoviert. Voller, mächtiger Rotwein sowie frischer, konzentrierter trockener Weißer. Aufgrund von Frostschäden war der Ertrag 2017 sehr gering.

Haut-Brion Pes-L r (w) ★★★★ r **88' 89' 90' 93 94 95' 96' 97 98' 99 00' 00 01 02 03 04 05' 06 08 09'** 10' **11' 12** 13 14 15' 16 17; w **02 03 04' 05 06 07 08' 09 10' 11' 12 13 14** 15' 16' 17 – Der einzige Premier cru in der Klassifikation von 1855, der nicht im MÉDOC liegt; seit 1935 im Besitz der US-amerikanischen Familie Dillon. Überaus harmonische Weine mit wundervoller Textur, für viele die erste (zumindest aber die zweite) Wahl unter den Bordeaux-Gewächsen. Probieren kann man sie im luxuriösen neuen Zwei-Sterne-Restaurant »Le Clarence« in Paris. Für sehr reiche Menschen auch schwelgerischer trockener Weißwein (SAUVIGNON BLANC/SÉMILLON) in kleinen Mengen. Siehe auch Le CLARENCE DE HAUT-BRION, La MISSION HAUT-BRION und QUINTUS.

Haut Condissas Méd r ★★★ **06 07 08 09' 10' 11 12 14** 15 16 17 – Im Jahr 1995 kreierter MÉDOC-»Garagenwein« (Jahresproduktion 5.000 Kisten), vorwiegend von MERLOT plus 20% PETIT VERDOT: überaus voll, konzentriert, beständig. Schwestergut von Ch. Rollan de By.

Haut-Marbuzet St-Est r ★★→★★★ **01 02 03 04 05' 06 08 09' 10' 11 12 14** 15 16 – Der Betrieb im Besitz der Familie Duboscq wurde 1952 mit gerade mal 7 ha Weinbergbesitz gegründet, jetzt sind es 70 ha. Nicht klassifiziertes Gut mit opulenten Weinen (CABERNET SAUVIGNON/MERLOT) zum Verlieben: gehaltvoll, üppig, ausgebaut in neuen BARRIQUES in einer Kellerei, die zwischen MONTROSE und COS D'ESTOURNEL liegt. Zwei Drittel der Produktion werden direkt ab CHÂTEAU verkauft. Zweitetikett: MacCarthy.

Haut-Sarpe St-Ém r ★★ **04 05 06 08 09 10 11 12** 14 15 16 – GRAND CRU CLASSÉ im Besitz der Familie Janoueix. Sehr volle, dunkle, moderne Weine mit deutlicher Eichennote (70% MERLOT, 30% CABERNET FRANC).

Hosanna Pom r ★★★★ **00 01 03 04** 05' **06** 07 08 **09' 10' 11 12** 14 15 16' 17 – Kleines Rebgelände (4,5 ha) mitten auf dem POMEROL-Plateau. Der Name stammt von J.-P. MOUEIX, der das Gut 1999 erwarb. Die Weine besitzen Kraft, Reintönigkeit, Ausgewogenheit und brauchen Zeit. Stallgefährte von La FLEUR-PÉTRUS und TROTANOY.

Issan, d' Mar r ★★★ **01 02 03** 04' **05'** 06 07 08 **09' 10' 11 12 13** 14 15 16' – 3. Cru mit schönem, burgähnlichem CHÂTEAU. Herrlich duftende Weine, jetzt in Bestform. Emmanuel Cruse und Jacky Lorenzetti sind die Eigentümer (siehe PEDESCLAUX). Zweitetikett: Blason d'Issan.

Jean Faure St-Ém r ★★ **06** 08 09 **10 11 12** 14 15 16 – Ökologisch bewirtschafteter GRAND CRU CLASSÉ mit Lehm-, Sand- und Kiesböden. Frisch-eleganter Stil dank 50 % CABERNET FRANC. Als önologischer Berater hat Hubert de Boüard (ANGÉLUS) Stéphane DERENONCOURT abgelöst.

Kirwan Mar r ★★★ **98 00' 01 02 03 04** 05' **06 07 08 09 10' 11 12** 14 15' 16 17 – 3. Cru auf dem Plateau von Cantenac; vorwiegend CABERNET SAUVIGNON (60 %). In den 1990er-Jahren waren die Weine dicht gewirkt und fleischig, jetzt zeigen sie mehr Finesse. 2017 wurde die neue Kellerei (mit 37 tulpenförmigen Betongärbehältern) in Betrieb genommen. Zweitetikett: Charmes de Kirwan.

Labégorce Mar r ★★→★★★ **03 04** 05' **07** 08 09 **10' 11 12** 14 15 16 17 – Das nicht klassifizierte MARGAUX-Gut größeren Zuschnitts ist im Besitz der Familie Perrodo und wird von Marjolaine de Coninck geleitet. Beträchtliche Investitionen und Fortschritte – schöner Wein in modernem Stil. Ch. MARQUIS D'ALESME gehört ebenfalls dazu.

Lafaurie-Peyraguey Saut w; s ★★★ **86' 88' 89' 90' 95 96' 97 98 99 01' 02 03' 04 05' 06 07 09' 10' 11' 13** 14 15 16 17 – Führender Cru classé im Besitz von Silvio Denz (Luxusgüterunternehmen Lalique). Der Jahrgang 2015 wurde als »Hommage à Denis Dubourdieu« etikettiert. Sehr voller, harmonischer Süßwein (90 % SÉMILLON), außerdem trockener weißer BORDEAUX auf Sémillon-Basis. 2018 wurde ein Oberklasse-Hotel mit Restaurant eröffnet. Zweitetikett: La Chapelle de Lafaurie-Peyraguey.

Lafite Rothschild Pau r ★★★★ 89' 90' **93 94 95 96'** 97 **98' 99 00'** 01' **02 03' 04' 05' 06 07 08' 09' 10'** 11' 12 13 14 15' 16' 17 – Von dem großen Premier cru (112 ha) kommen Weine mit dem berühmten verschwenderischen Duft und Stil, die niemals schwer, heutzutage allerdings dichter gewirkt und geschmeidiger sind. Große Jahrgänge brauchen jahrzehntelange Lagerung. Besitzt eine eigene Küferei (La Tonnellerie des Domaines). Joint Ventures in Argentinien, Chile, China, Italien, Kalifornien, Portugal und im MIDI. Zweitetikett: CARRUADES DE LAFITE. Zum Besitz gehören auch die CHÂTEAUX DUHART-MILON, L'ÉVANGILE und RIEUSSEC.

Lafleur Pom r ★★★★ 89' 90' **93 94 95 96 98' 99 00'** 01' **02 03 04' 05' 06' 07 08 09' 10'** 11' 12 13 14 15' 16' 17 – Ausgezeichnetes, allerdings sehr kleines Gut in Familienhand, kultiviert wie ein Garten. Elegante, intensive Weine zum Einkellern; teuer. Der Gärkeller wurde renoviert und vergrößert, erster Jahrgang ist 2018. Zweitetikett: Pensées de Lafleur.

Lafleur-Gazin Pom r ★★ **04 05 06 08** 09 **10 11 12** 14 15 16' – Kleines Gut zwischen den CHÂTEAUX LAFLEUR und GAZIN, im Besitz von J.-P. MOUEIX. Feine Weine mit schönem Bukett.

Lafon-Rochet St-Est r ★★★ 96' **98 99** 00' **01 02 03'** 04 **05' 06** 07 **08 09' 10' 11 12 13** 14 15 16' 17 – Der 4. Cru, Nachbar von Ch. COS D'ESTOURNEL, wird von Michel und Basile Tesseron geleitet und ist in guter Form. Der frühere PETRUS-Weinmacher berät; die Gärung geschieht in Beton- und Edelstahltanks. Auffallende goldgelbe Etiketten und Gebäude. Zweitetikett: Les Pélerins de Lafon-Rochet.

Bordeaux

Lagrange St-Jul r ★★★ **95 96 98 99 00' 01 02 03 04 05' 06 08 09' 10' 11 12 13** 14 15 16 17 – Das großes 3.-Cru-Gut (118 ha), seit 1983 im Besitz des japanischen Getränkekonzerns Suntory, erzeugt Wein in klassischem MÉDOC-Stil. In Weinberge (67% CABERNET SAUVIGNON) und Keller wurde kräftig investiert. Auch trockener Weißer Les Arums de Lagrange. Zweitetikett: Les Fiefs de Lagrange (günstig).

Lagrange Pom r ★★ **00 01 04 05 06 09 10** 15 16 – Kleine Reblage in POMEROL, am Nordende des Plateaus (95% MERLOT), seit 1953 im Besitz von J.-P. MOUEIX. Geschmeidige, früh zugängliche Weine.

> **Langfinger im Weinberg**
>
> Der katastrophale Frost im Frühjahr 2017 und der daraus resultierende Ertragsverlust zeitigte weitere Folgen: Diebstahl. Sechseinhalb Tonnen Trauben wurden von einem Weinberg in Génissac (ENTRE-DEUX-MERS) geklaut, weitere Diebereien wurden aus POMEROL und LALANDE DE POMEROL gemeldet. Die Langfinger gingen sogar so weit, in MONTAGNE ST-ÉMILION 500 Reben auszubuddeln. Der Verdacht fiel auf benachbarte Winzer. Ein Fall für Inspektor Clouseau!

Lagune, La H-Méd r ★★★ **98 00' 02 03 04 05' 07 08 09' 10' 11 12** 14 15 16 17 – 3. Cru ganz im Süden des MÉDOC, seit 2016 mit Ökosiegel, derzeit Umstellung auf biodynamischen Anbau. Schwächelte in den 1990er-Jahren, ist aber inzwischen wieder in Form. Schön konturierte Weine, die jetzt mehr Struktur und Tiefe haben. Zweitetikett: Moulin de La Lagune. Außerdem CUVÉE Mademoiselle L von einem Weinberg in Cussac-Fort-Médoc.

Lamarque, de H-Méd r ★★ **00' 04 05' 06 08 09' 10' 11 12 14** 15 16 – HAUT-MÉDOC-Gut mit prachtvoller mittelalterlicher Burg. Der Weinberg grenzt an MOULIS. Önologischer Berater ist Eric Boissenot. Preiswerte, sachkundig bereitete, charmante Weine von mittlerer Lebensdauer. Zweitetikett: D de Lamarque.

Lanessan H-Méd r ★★ **04 05 08 09 10' 11 12 14** 15' 16 – Vornehmes Gut südlich von ST-JULIEN, in 8. Generation im Besitz der Familie Bouteiller. Hat sich unter Geschäftsführer Paz Espejo gesteigert. Besucher sind willkommen.

Langoa Barton St-Jul r ★★★ **98 00' 01 02 03 04' 05' 06 07 08 09' 10' 11 12 13** 14 15 16' 17 – Kleiner 3. Cru mit CHÂTEAU aus dem 17. Jahrhundert, seit 1821 in Händen der Bartons. Schwestergut von LÉOVILLE BARTON. Die Weine besitzen Charme und Eleganz. Beständig gutes Preis-Leistungs-Verhältnis. Zweitetikett: Réserve de Léoville Barton.

Larcis Ducasse St-Ém r ★★★ **95 96 98 00 02 03 04 05' 06 07 08 09' 10' 11 12 13** 14 15 16 17 – PREMIER GRAND CRU CLASSÉ in Familienbesitz mit terrassiertem Rebhang in Südlage (78% MERLOT). Heute in Bestform. Zweitetikett: Murmure de Larcis Ducasse.

Larmande St-Ém r ★★ **04 05 06 07 08 09' 10 12 14** 15 16 – GRAND-CRU-CLASSÉ-Gut, wie auch Ch. SOUTARD im Besitz der Versicherung La Mondiale. Tadellose Weine, allerdings in leichterem Stil, auf MERLOT-Basis mit einer großzügigen Portion CABERNET FRANC (30%).

Laroque St-Ém r ★★→★★★ **04 05 06 08 09' 10' 11 12 14** 15 16 – Großer GRAND CRU CLASSÉ mit neuem Kellerchef seit 2015. Frische, vom Terroir geprägte Weine, vorwiegend von MERLOT (87%).

Larose Trintaudon H-Méd r ★★ **05 06 07 08 09' 10 11 12 14** 15 16 – Größte Rebfläche im MÉDOC: 165 ha, nachhaltig bewirtschaftet; 75.000 Kisten/Jahr. Der weiche, ausgewogene Wein wird zu 90% im Fass vergoren und ist auf frühen Genuss ausgelegt. Zweitetikett: Les Hauts de Trintaudon. Die CHÂTEAUX Arnauld und Larose Perganson gehören ebenfalls zum Besitz.

Laroze St-Ém r ★★ **00 01 05 06 07 08** 09' **10' 12 14** 15 16' – GRAND CRU CLASSÉ, seit 1990 von Guy Meslin geleitet, mit Weinen leichterer Art (von Sandböden), die neuerdings mehr Tiefe aufweisen. Zweitetikett: La Fleur Laroze. 2017 wurde aufgrund von Frostschäden kein *grand vin* erzeugt.

Larrivet Haut-Brion Pes-L r w ★★★ r **03 04** 05' 06 08 **09 10' 11 12 14** 15 16; w **08 09 10' 11 12 13 14 15 16** 17 – Nicht klassifiziertes Gut in PESSAC-LÉOGNAN, seit 31 Jahren im Besitz der Familie Gervoson (Konfitürenhersteller Bonne Maman), die die Rebfläche von 17 ha auf 72,5 ha vergrößert hat. Voller, moderner Rotwein; auch sinnlicher, aromatischer fassvergorener Weißer (SAUVIGNON BLANC/SÉMILLON). Önologischer Berater ist seit 2015 Stéphane DERENONCOURT.

Lascombes Mar r (rs) ★★★ **00 01 02 03** 04 05' **06 07 08 09' 10' 11 12** 14 15 16 17 – Großer 2. Cru (112 ha) im Besitz einer französischen Versicherungsgesellschaft. Die Weine waren lange nicht zufriedenstellend, sind jetzt jedoch voll, dunkel, konzentriert und modern mit einem Hauch des MARGAUX-typischen Dufts; mehr als 50 % Merlot. Zweitetikett: Chevalier de Lascombes.

Latour Pau r ★★★★ **88'** 89 **90' 91 94** 95' 96' **97 98 99 00' 01 02** 03' **04' 05' 06** 07 **08 09'** 10' 11' 12 13 14 15' 16' – Der Premier cru gilt als großartigste Verkörperung des roten Bordeaux. Die Weine sind tiefgründig, intensiv, aus guten Jahrgängen fast ewig haltbar, und sogar schwächere Jahrgänge zeigen den unverwechselbaren Geschmack und halten sich viele Jahre. Der Weinberg ist seit 2018 zertifiziert ökologisch, Teile der historischen Lage Enclos werden biodynamisch bewirtschaftet. Der *En-primeur*-Verkauf wurde 2012 eingestellt – die Freigabe erfolgt jetzt erst, wenn der Wein als genussreif erachtet wird (z. B. 2017 der Jahrgang 2005). Neue Keller bieten mehr Lagerfläche. Zweitetikett: Les FORTS DE LATOUR, Drittetikett: Pauillac; selbst Letzterer hält sich bis zu 20 Jahre.

Latour à Pomerol Pom r ★★★ **95 96 98' 99** 00' 01 **02** 04 **05'** 06 **07 08 09' 10' 11 12** 14 15 16 – Der Weinberg grenzt an die Kirche von POMEROL; geleitet wird das Gut seit 1962 von J.-P. MOUEIX. Außerordentlich verlässliche, schön strukturierte Weine, die gut altern.

Latour-Martillac Pes-L r w ★★ r **00** 01 **02 03 04** 05' **06** 08 **09' 10' 11 12** 14 15 16 17; w **06 07 08 09 10'** 11 12 **13** 14 **15 16** 17 – Der GRAVES-Cru-classé wird seit den 1980er-Jahren von Tristan und Loïc Kressmann geleitet. Ordentliche Qualität; bei den Weißen für dieses Niveau moderate Preise. Zweitetikett: Lagrave-Martillac (rot und weiß).

Laurets, des St-Ém r ★★ **08 09 10 12 14 15** 16 – Größeres Gut beidseits der Grenze zwischen PUISSEGUIN ST-ÉMILION und MONTAGNE ST-ÉMILION. Les Laurets Baron Edmond de Rothschild ist eine Spezial-CUVÉE von 100 % MERLOT. Außerdem Ch. de Malengin.

Laville Saut w; s ★★ **06 07 09 10 11 13 14** 15 16 – Jean-Christophe Barbe, der auch Professor an der Önologischen Fakultät der Universität Bordeaux ist, leitet das Gut seiner Familie in Preignac. Die von SÉMILLON (85 %) sowie etwas SAUVIGNON BLANC und MUSCADELLE bereiteten edelfaulen Weine sind üppig und voll – preiswerter, nicht klassifizierter SAUTERNES.

Léoville Barton St-Jul r ★★★★ **90' 94 95'** 96' **98 99** 00' **01** 02 **03'** 04 **05' 06** 07 **08' 09'** 10' **11** 12 **13** 14 15 16' 17 – 2.-Cru-Gut, seit 1826 im Besitz der angloirischen Familie Barton, derzeit geleitet von Lilian Barton Sartorius mit Unterstützung ihrer Kinder Mélanie und Damien. Weinmacher ist François Bréhant. Harmonischer, klassischer roter Bordeaux mit einem hohen Anteil an CABERNET SAUVIGNON (74 %). Teilt die Keller mit LANGOA BARTON.

Bordeaux

Léoville-Las Cases St-Jul r ★★★★ **90' 94 95'** 96' **97 98 99 00'** 01 02 03' 04' **05' 06 07 08 09'** 10' **11'** 12 13 14 15' 16' 17 – Das größte der drei Léoville-CHÂTEAUX und seit jeher ein »Super-Deuxième-cru«; der *grand vin* stammt vom Kernstück, dem Grand Enclos. Besitzer ist Jean-Hubert Delon. Elegante, komplexe, kraftvolle Weine, die auf ein langes Leben ausgelegt sind. Zweitetikett: Le Petit Lion; der CLOS DU MARQUIS ist ein eigenständiger Wein. NÉNIN und POTENSAC sind im selben Besitz.

Léoville Poyferré St-Jul r ★★★★ 90' **94** 95 96' **98 99 00'** 01 02 **03** 04 **05' 06** 07 **08 09' 10' 11'** 12 **13** 14 15 16' – Seit 1920 im Besitz der Familie Cuvelier. Jetzt auf dem Niveau eines »Super Deuxième cru«, mit dunklen, vollen, würzigen, langlebigen Weinen. Ch. Moulin Riche stammt von einer separaten 21-ha-Parzelle. Zweitetikett: Pavillon de Léoville Poyferré. Ch. Le CROCK gehört auch dazu.

Lestage Listrac r ★★ **04 05 06 08** 09 10 **11** 12 **14** 15 16 – Wie Ch. FONRÉAUD im Besitz der Familie Chanfreau. Feste, etwas verschlossene Weine. Seit 2016 auch weißer La Mouette.

Lilian Ladouys St-Est r ★★ **04** 05 **06 07 08 09'** 10' **11 12 14** 15 16 – Das in den 1980er-Jahren geschaffene Gut besitzt nun insgesamt 46 ha, verteilt auf 140 verschiedene Rebparzellen. Die neueren Jahrgänge zeigen größere Finesse. Zweitetikett: La Devise de Lilian. Ch. PÉDESCLAUX gehört ebenfalls zum Besitz.

Liversan H-Méd r ★★ **04 05 07 08** 09 10 12 **14 15** 16 – Der CRU BOURGEOIS im nördlichen HAUT-MÉDOC ist ebenso wie PATACHE D'AUX im Besitz von Antoine Moueix Propriétés, der Bordeaux-Tochter von AdVini. Weine in rundem, aromatischem, zugänglichem Stil.

Loudenne Méd r w ★★ r **05 06** 09' 10' **11 12 14** 15 16; w **10 11 12 13 14** 15 16 – Großes CRU-BOURGEOIS-Gut, gehörte erst der britischen Weinhandelsfirma Gilbey's, dann der Familie Lafragette und ist nun in chinesischem Besitz. Denkmalgeschützte rosafarbene *chartreuse* (Kartause) aus dem 18. Jh. am Flussufer. Besucher sind willkommen. Rotweine von 50 % MERLOT und 50 % CABERNET SAUVIGNON; auch SAUVIGNON BLANC mit leichter Eichennote. Nicht zu vergessen der Rosé.

2016 gab es in Bordeaux 6.568 Erzeugerbetriebe, halb so viele wie noch vor 20 Jahren.

Louvière, La Pes-L r w ★★★ r **04** 05' **06 07** 08 09' **10' 11 12** 14 15 16; w **04' 05' 06 07 08 09' 10' 11** 12 **13 14** 15 **16** – Seit 1965 im Besitz von André Lurton. Exzellenter Weißwein (100 % SAUVIGNON BLANC) sowie Rotwein in Cru-classé-Qualität. Siehe auch BONNET, COUHINS-LURTON und de ROCHEMORIN.

Lussac, de St-Ém r ★★ **05 06 08 09** 10 **11** 12 **14 15** 16 – Spitzengut in LUSSAC ST-ÉMILION, in das viel Geld gesteckt wurde. Geschmeidiger Rotwein, Rosé, trockener Weißwein.

Lynch-Bages Pau r (w) ★★★★ 90' **94** 95' **96' 98 00'** 01 02 **03** 04' **05' 06** 07 **08 09' 10' 11** 12 **13** 14 15 16 17 – Seit eh und je beliebtes Weingut, heute ein regelrechter Star, der das übliche 5.-Cru-Niveau weit überstrahlt. Erzeugt dichten Wein mit hohem CABERNET-SAUVIGNON-Anteil. Zweitetikett: Echo de Lynch-Bages. Außerdem ein guter, jetzt frischerer Weißwein: Blanc de Lynch-Bages. Die neue Kellerei soll 2019 eingeweiht werden. LES ORMES-DE-PEZ und Villa Bel Air in GRAVES sind im selben Besitz, seit 2017 auch HAUT-BATAILLEY.

Lynch-Moussas Pau r ★★ **01 02 03 04** 05' **07 08** 09 **10' 11 12** 14 15 16' 17 – 5.-Cru-Gut im Besitz der Familie Castéja (verwandt mit BORIE-

MANOUX). Wein in leichterem PAUILLAC-Stil (75 % CABERNET SAUVIGNON), der in den vergangenen Jahren qualitativ allerdings deutlich zugelegt hat.

Lyonnat St-Ém r ★★ **06 08 09** 10 **12 14 15** 16 – Führendes Gut in LUSSAC ST-ÉMILION, im Besitz der Familie Milhade. In letzter Zeit präziser bereitete Weine. Auch Spezial-CUVÉE Emotion.

> Nachhaltige Überzeugungsarbeit
>
> Bordeaux hat immer noch einen weiten Weg vor sich, doch die Winzer werden gedrängt, den Einsatz von Chemie im Weinberg einzuschränken. Um sie anzuspornen, wurden die Richtlinien für die ACs BORDEAUX und BORDEAUX SUPÉRIEUR geändert. Der Einsatz von Unkrautvernichtungsmitteln im Umkreis der Weinbergparzelle und auf der Gesamtfläche ist nun verboten. Abgestorbene Reben müssen entfernt und vernichtet werden, und die Winzer sind verpflichtet, die »Behandlungshäufigkeit« zu messen und zu dokumentieren. Und schließlich ist jetzt der Anbau von bis zu fünf Prozent anderer Rebsorten gestattet, um Versuche mit krankheitsresistenten Varietäten zu fördern.

Bordeaux

Malartic-Lagravière Pes-L r (w) ★★★ r **00'** 01 02 **03** 04' 05' **06** 07 **08 09' 10' 11 12** 14 15 16 17; w **04' 05' 06 07 08 09' 10' 11 12** 13 14 15 **16** 17 – Cru classé in GRAVES, seit 1997 im Besitz der Familie Bonnie, die sehr viel Geld in den Betrieb gesteckt hat. Volle, moderne Rote sowie kleine Mengen von opulentem Weißwein (überwiegend SAUVIGNON BLANC). Ch. Gazin Rocquencourt (PESSAC-LÉOGNAN) gehört ebenfalls zum Besitz, außerdem DiamAndes in Argentinien (siehe dort).

Malescasse H-Méd r ★★ **04 05 06 08** 09 10 **11** 12 **14 15** 16' 17 – CRU BOURGEOIS bei MOULIS, seit 2012 neuer Eigentümer, der kräftig investiert. Geschmeidige Weine zu erschwinglichen Preisen, jetzt mit mehr Tiefe – 2016 war der bislang beste Jahrgang.

Malescot St-Exupéry Mar r ★★★ **98 00' 01** 02 **03** 04 **05' 06** 07 **08' 09' 10' 11 12** 14 15 16 17 – 3. Cru, derzeit gut in Form mit reifem, duftendem, fein strukturiertem MARGAUX. Zweitetikett: Dame de Malescot.

Malle, de Saut r w; tr s ★★★ w s **97' 98 99 01' 02 03'** 05 06 **07 09 10' 11' 13 14** 15' 16 – 2. Cru (seit 1855) mit sehr feinem SAUTERNES von mittlerem Körper; auch trockener weißer M. de Malle (GRAVES). Denkmalgeschütztes CHÂTEAU aus dem 18. Jh.

Margaux, Château Mar r (w) ★★★★ **89'** 90' **93 94 95'** 96' **97** 98' **99 00'** 01' 02 **03' 04' 05' 06' 07 08 09' 10' 11'** 12 13 14 15' 16 17 – Premier cru; der verführerischste und beständigste aller MARGAUX-Weine mit dem legendären Bukett. Seit 1977 im Besitz der Familie Mentzelopoulos. Der *grand vin* des Jahrgangs 2015 wurde in besonderer, schwarz-goldener Aufmachung als »Hommage à Paul Pontallier« herausgebracht. Zweitetikett: Pavillon Rouge (04' 05' **06 08 09' 10' 11 12** 14 15 16 17). Drittetikett: Margaux du Château Margaux (seit 2009). Der sortenreine SAUVIGNON BLANC Pavillon Blanc (**08 09' 10** 11' 12' 13' **14 15 16** 17) ist der beste Weißwein des MÉDOC und in den letzten Jahren frischer ausgefallen.

Marojallia Mar r ★★★ **02 03 04** 05' **06 07** 08 09' **10 11 12** 15 16 – Das Mikro-CHÂTEAU im Besitz von Philippe Porcheron zielt mit mächtigen, sehr vollen und für MARGAUX untypischen Weinen aufs Hochpreissegment ab. Zweitetikett: CLOS Margalaine.

Marquis d'Alesme Mar r ★★ **01 04 05 08** 09' **10' 11 12** 14 15 16 – 3. Cru im Ort MARGAUX. Investitionen brachten stetige Fortschritte, die Qualität ist jetzt beständiger. Neue, chinesisch inspirierte Hightechkellerei. Stallgefährte von LABÉGORCE.

Marquis de Terme Mar r ★★→★★★ **98 00' 01 02 03 04 05' 06 08 09' 10' 11 12** 14 15' 16 17 – 4.-Cru-Gut mit Weinbergbesitz im Umkreis der Ortschaft MARGAUX, kürzlich renoviert und mit frischem Kapital versorgt. Der früher eher robuste Wein ist jetzt verführerischer. Zweitetikett: La Couronne de Marquis de Terme.

Maucaillou Moulis r ★★ **05 06 08 09 10 11 12 14** 15 16 – Relativ beständiges, besucherfreundliches Weingut in MOULIS mit sauberen, frischen, günstigen Weinen. Zweitetikett: N°2 de Maucaillou.

Mayne Lalande Listrac r ★★ **08 09 10 11 12 14** 15 16 – Führendes LISTRAC-Gut mit vollen, fein texturierten Weinen (60 % CABERNET SAUVIGNON). Bed & Breakfast für Besucher.

Mazeyres Pom r ★★ **04 05' 06 08 09 10 12 14** 15 16 – Eher leichter, aber verlässlicher POMEROL aus zertifiziertem Ökoanbau; geschmeidig und jung zu genießen. Ungewöhnlich sind die 2–3 % PETIT VERDOT. Das Gut wird von Alain Moueix geleitet.

Meyney St-Est r ★★→★★★ **01 02 03 04 05' 06 08 09' 10' 11' 12** 14 15 16 – Großer Besitz am Uferhang, hervorragende Reblage neben Ch. MONTROSE; Stallgefährten sind die CHÂTEAUX GRAND-PUY DUCASSE und LA TOUR DE MONS (seit 2004). Vor Kurzem wurde kräftig investiert. Stets robuste, gut strukturierte Weine, die das Einkellern lohnen. Hubert de Boüard (ANGÉLUS) berät. Zweitetikett: Prieur de Meyney.

Mission Haut-Brion, La Pes-L r ★★★★ **89' 90' 94 95 96' 98' 99 00' 01 02 03 04 05' 06 07 08 09'** 10' 11' 12 13 14 15' 16 17 – 1983 von der Familie Dillon vom benachbarten HAUT-BRION erworbenes Gut. Beständig hochklassiger, vollblütiger Wein mit langer Reifezeit von mittlerweile 26,6 ha; 6.000–7.000 Kisten/Jahr. Zweitetikett: La Chapelle de La Mission. Außerdem überwältigender, von SÉMILLON dominierter Weißwein: früher Laville Haut-Brion, seit 2009 in La Mission Haut-Brion Blanc (**10 11' 12' 13 14** 15 16 17) umbenannt.

Monbousquet St-Ém r (w) ★★★ **03 04 05' 06 07 08 09' 10' 11 12** 14 15 16 – GRAND CRU CLASSÉ auf Kies-Sand-Boden, der von Gérard Perse (Ch. PAVIE) gründlich umgekrempelt wurde. Konzentrierte Weine der üppigsten Art (60 % MERLOT) mit Eichennote. Zudem sehr guter Sauvignon blanc/Sauvignon gris (AC BORDEAUX) in kleiner Auflage. Zweitetikett: Angélique de Monbousquet.

Monbrison Mar r ★★→★★★ **01 02 04 05' 06 08 09' 10' 11 12** 14 15 16 17 – Kleiner Familienbetrieb (13,2 ha) in Arsac mit zartem, duftendem MARGAUX von 40 Jahre alten Reben.

Mondotte, La St-Ém r ★★★★ **98' 99 00' 01 02 03 04 05' 06 07 08 09' 10' 11** 12 **13** 14 15 16 17 – Kleiner PREMIER GRAND CRU CLASSÉ auf dem Kalkstein-Lehm-Plateau; 60 Jahre alte Reben, zertifizierter Ökoanbau (seit 2014). Intensive, feste, und kraftstrotzende Weine. Ebenso wie AIGUILHE, CANON LA GAFFELIÈRE und CLOS DE L'ORATOIRE im Besitz Stephan von Neippergs.

Montrose St-Est r ★★★★ **90 90 94 95 96' 98 00' 01 02 03 04 05' 06 07 08 09' 10'** 11 12 **13** 14 15' 16' 17 – 2. Cru mit Reblagen an der Gironde, berühmt für wuchtigen, langlebigen Rotwein. Die Jahrgänge 1979 bis 1985 fielen leichter aus. Besitzer sind die Brüder Martin und Olivier Bouygues, deren enorme Investitionen sich nun auszahlen. Versuche mit ökologischem und biodynamischem Anbau. Zweitetikett: La Dame de Montrose.

Moulin du Cadet St-Ém r rs ★★ **01 03 05 08 09 10' 11 12 14** 15 16 17 – Kleiner GRAND CRU CLASSÉ (100 % MERLOT), im selben Besitz wie Ch. SANSONNET. Früher robuste Weine, jetzt mit mehr Duft und Finesse.

Moulinet Pom r ★★ **05 06 08 09 10 11** 12 15 – Für POMEROL-Verhältnisse großes Gut: 25 ha auf Sand- und Kiesböden, vorwiegend mit MERLOT bestockt. Weine in leichterem Stil.

Moulin Haut Laroque Fron r ★★ **06 08 09' 10' 11 12 14** 15 16 17 – Führendes Gut in FRONSAC, in Familienbesitz (der erste Jahrgang war 1890). Verlässliche Qualität, strukturierte Weine mit Alterungspotenzial.

Moulin Pey-Labrie Fron r ★★ **04 05' 08 09' 10' 11 12 14** 15 16 17 – Gut in FRONSAC mit Rebflächen auf Kalkstein-Lehm-Böden, seit über 20 Jahren im Besitz der Familie Hubau. Stämmige Weine mit guter Struktur, die alt werden können.

Moulin St-Georges St-Ém r ★★★ **01 02 03 04 05' 06 08 09' 10' 11 12** 13 14 15 16 17 – Gut im Besitz der Familie Vauthier, der auch die CHÂTEAUX AUSONE und La CLOTTE gehören. Dichte, stilvolle Weine (80 % MERLOT, 20 % CABERNET FRANC).

Mouton Rothschild Pau r (w) ★★★★ **85' 86' 88' 89' 90' 94 95' 96 97 98' 99 00' 01' 02 03 04' 05' 06' 07 08' 09' 10' 11'** 12 13 14 15' 16' 17 – Das Gut ist seit 1853 in Rothschild-Besitz, gegenwärtig sind Camille, Philippe und Julien am Ruder. Der exotischste und sinnlichste der Grands crus von PAUILLAC ist jetzt in Bestform. Das Etikett für 2015 hat der deutsche Maler Gerhard Richter gestaltet, und es trägt erstmals die Signatur Philippe Sereys de Rothschilds. Der Weißwein heißt Aile d'Argent (SAUVIGNON BLANC/SÉMILLON). Zweitetikett: Le Petit Mouton. Siehe auch d'ARMAILHAC und CLERC MILON.

Nairac Saut w; s ★★ **98 99 01' 02 03' 04 05' 06 07 09' 10 11 13 14** 15 – 2. Cru in BARSAC, geleitet von den Geschwistern Nicolas und Eloïse Heeter Tari. Sehr voller und doch frischer Wein, ganz gut in Form. Zweitetikett: Esquisse de Nairac.

Nénin Pom r ★★★ **98 00' 01 02 03 04 05 06 07 08 09' 10' 11 12 13** 14 15' 16' 17 – Die Familie Delon, der auch Ch. LÉOVILLE-LAS CASES gehört, hat in den vergangenen 20 Jahren viel Geld in die Entwicklung und Modernisierung des Betriebs gesteckt, was in den Jahrgängen 2015 und 2016 deutlich zum Ausdruck kommt. Der auf MERLOT (75 %) basierende Wein gibt sich etwas zurückhaltend, ist aber generös, präzise bereitet und auf ein langes Leben ausgelegt. Zweitetikett: Fugue de Nénin (günstig).

Olivier Pes-L r w ★★★ r **02 04 05' 06 08 09' 10' 11 12 13** 14 15 16 17; w **07' 08 09 10' 11 12 13 14 15 16** 17 – Cru classé mit schönem Wasserschloss. Beträchtliche Investitionen seit 2003 haben Veränderungen gebracht: jetzt schön strukturierter Rotwein (55 % CABERNET SAUVIGNON) und ein saftiger Weißer (75 % SAUVIGNON BLANC).

Ormes de Pez, Les St-Est r ★★ 02 **03 04 05 06 07 08 09' 10' 11** 12 14 15 16 17 – Im Besitz der Familie Cazes von Ch. LYNCH-BAGES, die Qualität ist also verlässlich. Die vollen, fleischigen Weine brauchen Zeit.

Ormes Sorbet, Les Méd r ★★ **04 05 06 08 09' 10' 11 12 14 15** 16' – Stets verlässlicher CRU BOURGEOIS in Familienbesitz (seit 1764) mit eleganten, leicht eichenwürzigen Weinen (65 % CABERNET SAUVIGNON), die ein Jahrzehnt lang trinkreif bleiben.

Palmer Mar r ★★★★ **88' 89 90 94 95 96' 98' 99 00 01'** 02 **03 04 05' 06'** 07 **08' 09' 10' 11'** 12 13 14 15' 16' 17 – 3. Cru, der den »Super-Deuxième-crus« (und bisweilen so manchem Premier cru) ebenbürtig ist. Sinnlicher Wein mit Wucht, Delikatesse und viel MERLOT (40 %), ausschließlich aus zertifiziertem biologisch-dynamischem Anbau. Für jede Parzelle gibt es 54 Gärbehälter. Das Gut ist in holländischem (MÄHLER-BESSE) und britischem (Familie SICHEL) Besitz. Zweitetikett: Alter Ego de Palmer. Außerdem seit 2007 origineller Vin Blanc de Palmer (Lauzet/MUSCADELLE/Sauvignon gris).

Pape Clément Pes-L r (w) ★★★★ r **98'** 99 00' **01** 02 **03 04 05 06** 07 **08 09' 10' 11 12 13** 14 15' 16 17; w **05' 07 08 09 10 11 12** 13 **14** 15 **16** 17 – Das historische Weingut im Besitz von Bernard Magrez (CLOS HAUT-PEYRAUGUEY) liegt am Rand der Stadt Bordeaux und bietet auch Weinverkauf und -verkostung. Der Jahrgang 2010 gilt als großartigster der Ära Magrez. Erzeugt werden dichte, langlebige Rotweine sowie ein voller Weißer mit Eichennote, allerdings in sehr kleinen Mengen.

Patache d'Aux Méd **r** ★★ **05' 06 09** 10 **11** 12 **14 15** 16 – Der bekannte CRU BOURGEOIS in Bégadan hat einen neuen Eigentümer (siehe LIVERSAN). Verlässlicher, von CABERNET SAUVIGNON (60%) geprägter Wein. Stéphane DERENONCOURT berät.

Pavie St-Ém r ★★★★ **98 99 00' 01 02 04 05'** 06 07 **08 09'** 10' **11** 12 13 14 15' 16 17 – PREMIER GRAND CRU CLASSÉ (A) im Besitz der Familie Perse mit prachtvollen Reblagen auf dem Plateau und in den südlichen Côtes. Die Weine sind intensiv, eichenwürzig und kraftvoll; MERLOT herrscht vor, neuerdings wird aber der Anteil an CABERNET FRANC und CABERNET SAUVIGNON erhöht. Imposante Hightechkellerei. Zweitetikett: Arômes de Pavie.

Pavie-Decesse St-Ém r ★★★ **01'** 02 **03** 04 **05' 06** 07 **08 09' 10' 11** 12 14 15 16 17 – Sehr kleiner Cru classé mit 90% MERLOT. Die Weine sind ebenso kraftvoll und muskulös wie die des Schwesterguts PAVIE.

Pavie-Macquin St-Ém r ★★★ **98' 99** 00' **01 02 03 04 05'** 06 07 **08 09' 10' 11** 12 **13** 14 15 16 17 – PREMIER GRAND CRU CLASSÉ (B) mit Reblagen auf dem Kalksteinplateau; 80% MERLOT, 2% CABERNET SAUVIGNON. Weinmacher sind Nicolas Thienpont und sein Sohn Cyrille. Stämmige, sehr körperreiche Weine, die Flaschenreife benötigen. Zweitetikett: Les Chênes de Macquin.

Pédesclaux Pau r ★★ **03 04** 05 06 **09 10' 11** 12 **13** 14 15 16 – Der 5. Cru schöpft sein Potenzial nicht aus, wird aber seit 2014 von Grund auf umgekrempelt; massive Investitionen in Kellerei und Weinberge, das CHÂTEAU erhielt einen gläsernen Vorbau. Die Weine sind nun fruchtiger und aromatischer. Zweitetikett: Fleur de Pédesclaux.

Petit-Village Pom r ★★★ **00' 01 3 04 05** 06 07 **08** 09' **10' 11** 12 **13** 14 15' 16 17 – Das POMEROL-Gut gegenüber von VIEUX CHÂTEAU CERTAN, im Besitz der AXA-Versicherung, hat qualitativ erheblich zugelegt. Önologischer Berater ist Stéphane DERENONCOURT. Schmeichelnder, dicht gewirkter Wein mit zunehmend feineren Tanninen. Zweitetikett: Le Jardin de Petit-Village.

Petrus Pom r ★★★★ 85' **86** 88' **89'** 90 **93' 94** 95' **96 97** 98' **99** 00' 01 **02 03 04' 05' 06 07 08 09' 10' 11'** 12 13 14 15' 16' 17 – Das inoffizielle Spitzengewächs von POMEROL: reiner, himmlischer MERLOT. Der Blaulehmboden (11,5 ha) erbringt Weine von unvergleichlicher Fülle und Konzentration (2.500 Kisten), die zum Einlagern gemacht sind und zu den 50 teuersten Gewächsen der Welt zählen. Kellermeister sind Vater Jean-Claude Berrouet (45 Jahrgänge) und Sohn Olivier (seit 2007). Eigentümer ist Jean-François MOUEIX. Kein Zweitwein.

Pey La Tour Bx r ★★ **10 11 12 14 15** 16 – Großes Gut im Besitz von DOURTHE mit qualitätsorientiertem BORDEAUX SUPÉRIEUR. Drei rote Cuvées, die Réserve du Château ist die Spitzenauslese. Außerdem Rosé und trockener weißer BORDEAUX.

Peyrabon H-Méd **r** ★★ **05 06** 09' 10 **11** 12 15 16 – Verlässlicher CRU BOURGEOIS im Besitz des Handelshauses Millésima. La Fleur Peyrabon in PAUILLAC gehört auch dazu.

Pez, de St-Est r ★★★ **03 04** 05' **06 07 08** 09' **10' 11** 12 **13** 14 15 16 17 – Beständiges ST-ESTÈPHE-Gut, ebenso wie PICHON COMTESSE im Besitz von ROEDERER (Champagner). Verlässliche, etwas prosaische Weine in dicht gewirktem Stil (vorwiegend MERLOT, CABERNET SAUVIGNON).

Phélan Ségur St-Est r ★★★ **03 04 05'** 06 07 **08 09' 10' 11** 12 **13** 14 15 16 17 – Verlässlicher, ausgezeichneter, nicht klassifizierter Erzeuger von Weinen in nachhaltigem, geschmeidigem Stil. Das Gut gehörte bis 2017 der Familie Gardinier, dann erwarb es ein belgischer Logistikunternehmer. Zweitetikett: Frank Phélan.

Pibran Pau r ★★ **03 04** 05' **06 08** 09' **10'** 11 **12 13** 14 15 16 17 – Kleiner Besitz, mit PICHON BARON verbunden. Klassischer, MERLOT-betonter Wein (mind. 55%).

Pichon Baron Pau r ★★★★ 95 **96** 98 **99** 00' **01** 02 **03'** 04 **05' 06** 07 **08 09' 10'** 11 12 13 14 15' 16' 17 – Im Besitz der AXA-Versicherung, hieß zuvor Ch. Pichon-Longueville (bis 2012). Das wiederbelebte 2.-Cru-Gut liefert verlässlich kraftvollen und potenziell sehr langlebigen, allerdings ziemlich teuren PAUILLAC. Zweitetiketten: Les Tourelles de Longueville (zugänglich dank höherem MERLOT-Anteil) und Les Griffons de Pichon Baron (vorwiegend CABERNET SAUVIGNON).

Bordeaux

Merlot steht für 66% der Rotweintrauben in Bordeaux.

Pichon Longueville Comtesse de Lalande (Pichon Lalande) Pau r ★★★★ 95 96 **98 99 00 01** 02 **03' 04** 05' **06** 07 **08 09' 10' 11** 12 **13** 14 15' 16' 17 – 2. Cru oberhalb der Gironde-Mündung, im Besitz von ROEDERER. Stets Spitzenerzeugnisse: langlebige Weine von fabelhafter Rasse. In den 80er und 90ern von MERLOT dominiert, seit einigen Jahren mehr CABERNET SAUVIGNON (Jahrgang 2015: 68%). Neue Gebäude, u. a. mit Schwerkraft betriebene Hightechkellerei. Zweitetikett: Réserve de la Comtesse. Ch. de PEZ und Ch. HAUT-BEAUSÉJOUR sind Stallgefährten.

Pin, Le Pom r ★★★★ 95 **96 97 98' 99** 00 01' **02** 04 **05' 06'** 07 **08 09' 10' 11** 12 14 15 16' – Der erste der winzigen Kult-Crus (2,8 ha) in BORDEAUX, der erste Jahrgang war 1979. Der einstige Minikeller ist inzwischen einer modernen Kellerei gewichen. Langlebiger, sortenreiner MERLOT – er ist fast so üppig wie das Vermögen seiner Genießer, sprich die Preise sind jenseits von Gut und Böse. Ebenfalls zum Besitz zählen Ch. L'If (ST-ÉMILION) und neuerdings L'Hêtre in CASTILLON – CÔTES DE BORDEAUX.

Plince Pom r ★★ **04** 05 06 08 09 **10 11 12** 15 – Seit vier Generationen in Familienbesitz befindliches Gut mit J.-P. MOUEIX als Exklusivabnehmer. Weine in leichterem, fruchtigem POMEROL-Stil.

Pointe, La Pom r ★★ **04 05** 06 **07** 08 09' **10' 11 12 14** 15 16 – Der (für POMEROL-Verhältnisse) große, gut geführte Betrieb profitiert jetzt von den im vergangenen Jahrzehnt getätigten Investitionen. 2017 Frostschäden.

Poitevin Méd r ★★ **08** 09 **10** 11 **12 14 15** 16 – Geschmeidig-elegante CRU-BOURGEOIS-Gewächse von verlässlicher Qualität. Gutsleiter ist Guillaume Poitevin. Auch trockener weißer BORDEAUX.

Pontet-Canet Pau r ★★★★ **95** 96' 98 99 00' 01 02' 03 04' 05' 06' 07 **08 09' 10' 11** 12 **13** 14 15 16' 17 – Der 5. Cru im Besitz der Familie Tesseron mit Zertifikat für biologisch-dynamischen Weinbau ist derzeit sehr en vogue. Im Zuge der umfassenden Verbesserungsmaßnahmen sind die Preise rasant gestiegen. 2017 wurde der neue *cuvier* (Gärkeller) mit 32 Gärbehältern in Amphorenform (insgesamt 40 hl) in Betrieb genommen. Zweitetikett: Les Hauts de Pontet-Canet.

Potensac Méd r ★★ 02 **03 04** 05' **07** 08 **09' 10' 11 12 13** 14 15 16' 17 – Feste, kraftstrotzende Weine, die Flaschenreifung benötigen, auf MERLOT-Basis (45%) mit beträchtlichem Anteil an CABERNET FRANC von alten Reben. Zweitwein: Chapelle de Potensac. Ch. LÉOVILLE-LAS CASES gehört ebenfalls zum Besitz.

Pouget Mar r ★★ **02 03 04 05' 06 08 09' 10' 11 12** 14 15 – Zu Ch. BOYD-CANTENAC gehörendes, kaum bekanntes 4.-Cru-Gut. Eher stämmiger MARGAUX (66 % CABERNET SAUVIGNON), der Flaschenreife benötigt.

Poujeaux Moulis r ★★ **01 03 04 05 08 09 10' 11 12** 14 15' 16 17 – Das Gut ist seit 2008 im Besitz der Familie Cuvelier (CLOS FOURTET). Volle, robuste Weine zum Einlagern (50 % CABERNET SAUVIGNON). Zweitetikett: La Salle de Poujeaux.

Premier grand cru classé St-Ém – 2012 wurden 18 Klassifizierungen vergeben, aufgeteilt in 4-mal »A« und 14-mal »B«. Siehe Kasten »Die ST-ÉMILION-Klassifikation«, S. 144.

Pressac, de St-Ém r ★★ **06 08 09 10 11 12** 14 15 16 17 – GRAND CRU CLASSÉ in St-Étienne-de-Lisse; MERLOT, CABERNET FRANC, CABERNET SAUVIGNON, MALBEC, CARMENÈRE. Die Weine sind von höchst verlässlicher Qualität und zudem preiswert.

Preuillac Méd r ★★ **06 08 09 10 11 12 14** 15 – CRU BOURGEOIS in chinesischem Besitz mit aromatischem, schön strukturiertem Wein (58 % MERLOT). Zweitetikett: Esprit de Preuillac.

Prieuré-Lichine Mar r ★★★ **95 96 98' 99 00' 01 02 03 04 05 06 07 08 09' 10' 11** 12 14 15 16 17 – 4. Cru im Besitz eines NÉGOCIANT; einst von Alexis Lichine hochgebracht und gegenwärtig in guter Verfassung: MARGAUX mit schönem Bukett. Önologischer Berater ist Stéphane DERENONCOURT. Weinverkauf und Führungen. Zweitetikett: Confidences du Prieuré-Lichine. Auch guter SAUVIGNON BLANC/SÉMILLON.

Puygueraud Bx r ★★ **03' 05' 06 08 09 10 11 12 14** 15' 16' – Führender Erzeuger in der kleinen AC FRANCS – CÔTES DE BORDEAUX; vorwiegend MERLOT. Für die Vinifikation sind Nicolas Thienpont und sein Sohn Cyrille (PAVIE-MACQUIN) zuständig. In Eiche ausgebaute Weine von überraschender Klasse. Die CUVÉE Spéciale George hat einen Anteil von über 35 % MALBEC. Auch etwas Weißwein (SAUVIGNON BLANC/Sauvignon gris).

Quinault l'Enclos St-Ém r ★★→★★★ **09 10 11 12 14** 15 16 17 – Der GRAND CRU CLASSÉ in Libourne hat denselben Besitzer wie CHEVAL BLANC, auch das Team ist dasselbe. Neuerdings mehr Frische und Finesse (20 % CABERNET SAUVIGNON); die Weine reifen in 500-l-Fässern.

Quintus St-Ém r ★★★ **11 12 13** 14 15 16' 17 – Das Gut (früher Ch. Tertre Daugay) ist im Besitz der Familie Dillon von Ch. HAUT-BRION. 2013 wurde L'ARROSÉE erworben und mit Quintus zum jetzigen 28-ha-Besitz verschmolzen. Der Wein gewinnt an Statur und Finesse, doch die Preise sind enorm gestiegen. Zweitetikett: Le Dragon de Quintus (günstig).

Rabaud-Promis Saut w; s ★★→★★★ **01' 02 03' 04 05' 06 07 09' 10 11 12 13 14** 15 16 – PREMIER CRU CLASSÉ in Bommes, im Besitz der Familie Déjean. Gute Qualität zu günstigen Preisen.

Rahoul Graves r w ★★ r **08 09' 10 11 12 14** 15 16 17; w **11 12 13 14 15 16** 17 – Verlässliches Gut im Besitz von DOURTHE: ausgewogener Rot- und von SÉMILLON dominierter Weißwein. Preiswert.

Ramage la Bâtisse H-Méd r ★★ **05' 08 09 10 11 12 14 15** – CRU BOURGEOIS von einigermaßen beständiger Qualität; vorwiegend CABERNET SAUVIGNON (56 %) plus MERLOT, PETIT VERDOT und CABERNET FRANC. Internationaler Vertrieb und Onlineshop.

Rauzan-Gassies Mar r ★★★ **02 03 04 05' 06 07 08 09' 10' 11 12** 15 16 – Das 2.-Cru-Gut, seit 1946 im Besitz der Familie Quié, kann seinem Nachbarn RAUZAN-SÉGLA nicht das Wasser reichen, ist jedoch qualitativ im Aufwind. Zweitetikett: Gassies.

Rauzan-Ségla Mar r ★★★★ **95 96 98 99 00' 01 02 03 04' 05 06 07 08 09'** 10' **11** 12 13 14 15' 16 17 – Führender 2. Cru in MARGAUX, dessen Weine seit Langem für ihr Bukett berühmt sind; seit 1994 im Besitz der Chanel-

Mehrheitseigentümer Wertheimer (ebenso wie BERLIQUET und CANON). Man ist hier fortwährend auf Qualitätsverbesserung bedacht. Zweitetikett: Ségla (preiswert).

Raymond-Lafon Saut w; s ★★★ **96' 97 98 99' 01' 02 03' 04 05'** 06 **07' 09' 10' 11' 13** 14 15 16 17 – Kleines, nicht klassifiziertes SAUTERNES-Gut (18 ha) im Besitz der Familie Meslier mit Weinen in Premier-cru-Qualität: voll, komplex, langlebig.

Rayne Vigneau, de Saut w; s ★★★ **98 99** 01' **03 05'** 07 **09' 10' 11' 13** 14 15 16' – Größerer Premier cru in Bommes, im Besitz des Onlinehändlers Trésor du Patrimoine S.A. Die Weine (74 % SÉMILLON) sind jetzt voll, schwelgerisch und langlebig. Zweitetikett: Madame de Rayne.

Respide-Médeville Graves r w ★★ r **06 08 09** 10 **11** 12 **14 15** 16; w **11** 12 **13 14 15 16** – Erstklassiges Gut in GRAVES mit eleganten Roten (vorwiegend CABERNET SAUVIGNON) und komplexen Weißweinen in sehr kleiner Auflage.

Reynon Bx r w ★★ **06 09'** 10 **11** 12 **14 15** 16 – Führendes Weingut der AC CADILLAC – CÔTES DE BORDEAUX, im Besitz der Familie Dubourdieu (CLOS FLORIDÈNE). Seriöser, von MERLOT dominierter Rotwein und duftender weißer BORDEAUX von SAUVIGNON BLANC (BV).

> **Wein vegan**
>
> Château DAUZAC beschreitet neue Wege, um den Einsatz tierischer Produkte bei der Schönung des Weins zu vermeiden: Anstelle von Eiweiß verwendet das 5.-Cru-Gut in MARGAUX eine Erbsenpaste und qualifiziert sich damit für ein »Vegan«-Zertifikat. Ob der Erbsenbrei wohl auch zu leckeren neuen Essen-und-Wein-Partnerschaften à la Pommes mit Margaux führt?

Reysson H-Méd **r** ★★ **06 08 09' 10' 11** 12 **14 15** 16 – CRU BOURGEOIS im Besitz des Handelshauses DOURTHE; überwiegend MERLOT (90 %) von Lehm-Kalkstein-Böden. Weine in sehr vollem, modernem Stil.

Rieussec Saut w; s ★★★★ **89' 90' 95 96' 97' 98 99** 01' **02 03' 04 05'** 06 **07 09' 10' 11' 13** 14 15 16 – Ebenbürtiger Nachbar von Ch. d'YQUEM mit umfangreichem Weinbergbesitz in Fargues; Eigentümer sind die (LAFITE) ROTHSCHILDS. Der fabelhaft kraftvolle, opulente SAUTERNES (90 % SÉMILLON) ist ein echtes Schnäppchen. Zweitetikett: Carmes de Rieussec. Die trockene Version heißt »R« de Rieussec.

Rivière, de la Fron r ★★ **03 04 05' 06 08 09'** 10 **12 14 15** 16 – Das größte (65 ha) und eindrucksvollste Gut in FRONSAC mit einem Schloss wie aus einer Wagner-Oper ist in chinesischem Besitz. Die ehemals mächtigen, tanninstarken Weine sind inzwischen kultivierter geworden. Önologischer Berater ist Claude Gros. Zweitetikett: Les Sources.

Roc de Cambes Bx r ★★★ **05 06 07 08** 09 **10 11 12 13 14** 15 16 17 – Unangefochtener Spitzenreiter in den CÔTES DE BOURG mit Weinen von 80 % MERLOT sowie CABERNET SAUVIGNON: aromatisch und opulent, allerdings auch teuer. TERTRE-ROTÊBŒUF gehört ebenfalls zum Besitz.

Rochemorin, de Pes-L r w ★★→★★★ r **06 08 09'** 10' **11** 12 **14** 15 16; w **10 11 12 13 14 15 16** – Das Weingut von beachtlicher Größe in Martillac gehört André Lurton von Ch. La LOUVIÈRE. Fleischiger Rotwein (55 % MERLOT) und aromatischer Weißer (100 % SAUVIGNON BLANC) in ziemlich beständiger Qualität. Erzeugt auch Ch. Coucheroy (rot und weiß).

Rol Valentin St-Ém r ★★★ **03 04 05'** 06 **07 08 09' 10'** 11 **12 13 14** 15 16 – Früher ein Gut von *garagiste*-Größe, jetzt mit vergrößertem Weinbergbesitz

(Lehm-Kalkstein-Böden). Sehr volle, moderne, aber ausgewogene Weine. Stéphane DERENONCOURT berät.

Rouget Pom r ★★ **03 04** 05' **06** 07 **08** 09' **10' 11 12 13** 14 15 16 – Fortschrittliches Gut am Nordrand von POMEROL, im Besitz der burgundischen Familie Labruyère (Dom. Jacques PRIEUR), mit gehaltvoll-üppigen Weinen. Zweitetikett: Le Carillon de Rouget.

Sales, de Pom r ★★ **04 05 06 08** 09 **10** 12 **15** 16 – Das größte Rebenareal von POMEROL erbringt jährlich 10.000 Kisten. Besitzer und Gutsleiter Bruno de Lambert erzeugt Weine der leichteren Art in verlässlicher Qualität, eher prosaisch als poetisch. Zweitetikett: Ch. Chantalouette (5.000 Kisten).

Sansonnet St-Ém r ★★ **03 04 05' 06 08** 09' **10' 11** 12 **13** 14 15' 16' 17 – Ambitioniertes GRAND-CRU-CLASSÉ-Gut auf dem Kalkstein-Ton-Plateau. Weine im modernen Stil, aber durchaus erfrischend. Zweitetikett: Envol de Sansonnet.

Saransot-Dupré Listrac r (w) ★★ **03 04 05 06 09'** 10' **11** 12 15 16 – Kleines Gut im Besitz von Yves Raymond mit festen, fleischigen Roten (v. a. MERLOT, 2 % CARMENÈRE); auch trockener Weißwein (60 % SÉMILLON).

Sénéjac H-Méd r (w) ★★ **04** 05' 06 **08** 09' **10' 11 12 14** 15 16' – Gut im südlichen HAUT-MÉDOC (Le Pian-Médoc) mit verlässlichen, schön ausgewogenen Weinen auf CABERNET-SAUVIGNON-Basis, die jung genossen, aber auch alt werden können. Preiswert.

Serre, La St-Ém r ★★ **04** 05 **06** 08 09' **10 11 12 14** 15 16' – Der kleine GRAND CRU CLASSÉ auf dem Kalksteinplateau gehört zum MOUEIX-Imperium. Frische, fruchtige, stilvolle Weine.

Sigalas Rabaud Saut w; s ★★★ **96' 97' 98 99 01'** 02 03 04 **05'** 07' **09' 10' 11 12** 13 **14** 15' 16 17 – Das kleine PREMIER-CRU-CLASSÉ-Gut erzeugt sehr schöne Weine mit herrlichem Duft. Zweitetikett: Le Lieutenant de Sigalas. Außerdem La Sémillante sowie N°5 (ohne Schwefelzusatz).

Siran Mar r ★★→★★★ 02 **03 04** 05 **06 07 08** 09' **10' 11 12** 14 15 16 17 – Nicht klassifiziertes MARGAUX-Gut in Labarde. Investitionen haben einen positiven Wandel bewirkt: Die Weine besitzen Substanz und den klassischen Margaux-Duft. Zweitetikett: S de Siran. Besucher sind willkommen.

Smith Haut Lafitte Pes-L r (rs) (w) ★★★★ r **98 99 00'** 01 **02 03** 04 **05'** 06 07 **08 09' 10' 11** 12 **13** 14 15' 16 17; w **08'** 09 **10' 11 12** 13' 14 15 **16** 17 – Gefeiertes Cru-classé-Gut mit Wellnesshotel (»Les Sources de Caudalie«); zählt regelmäßig zu den Stars von PESSAC-LÉOGNAN. Die Weißen sind voll, reif und süffig, die Roten präzise und großzügig. Zweitetikett: Les Hauts de Smith. Außerdem Le Petit Haut Lafitte auf CABERNET-SAUVIGNON-Basis. Die CHÂTEAUX Cantelys und Le Thil Comte Clary gehören ebenfalls zum Besitz.

Sociando-Mallet H-Méd r ★★★ 96' **98' 99** 00' **01' 02 03** 04 05' **06** 07 **08 09' 10' 11** 12 14 15 16 – Größeres Gut in St-Seurin-de-Cadourne, das Jean Gautreau, ein ehemaliger Négociant, aus dem Nichts aufgebaut hat; geleitet wird es von seiner Tochter Sylvie. Schwere, konservative Weine auf Cru-classé-Niveau, die viele Jahre reifen müssen. Zweitetikett: La Demoiselle de Sociando-Mallet. Außerdem Spezial-CUVÉE Jean Gautreau.

Sours, de Bx r rs w ★★ Erzeuger mit gutem Ruf für BORDEAUX-Rosé (BV); außerdem guter Weißwein und zunehmend besserer roter BORDEAUX. Jetzt im Besitz des chinesischen Unternehmers Jack Ma (Alibaba), der für Investitionen sorgt.

Soutard St-Ém r ★★★ **00' 01' 05 06 07 08** 09 **10** 11 **12** 14 15 16' 17 – Potenziell hervorragender GRAND CRU CLASSÉ auf dem Kalksteinplateau; 65 % MERLOT nebst 2 % MALBEC. Beträchtliche Investitionen, es bleibt aber noch Spielraum für Verbesserungen; der Jahrgang 2016 war bislang der beste. Zweitetikett: Les Jardins de Soutard. Besucher sind willkommen.

St-Georges St-Ém r ★★ **03 04 05' 06 08** 09 10 **11 14** 15 – Der Weinbergbesitz umfasst ein Viertel der AC ST-GEORGES; vorwiegend MERLOT plus CABERNET FRANC und CABERNET SAUVIGNON. Eigentümer sind die Familien Janoueix und Desbois. Der Wein ist gut und wird direkt verkauft. Zweitetikett: Puy St-Georges.

St-Pierre St-Jul r ★★★ **96' 98 00' 01' 02 03** 04 **05' 06** 07 **08** 09' **10' 11 12 13** 14 15 16 17 – Das kleine 4.-Cru-Gut im Besitz der Familie Triaud sollte man im Auge behalten: stilvoller, verlässlicher, klassischer ST-JULIEN. Neue Kellerei. Siehe auch GLORIA.

Suduiraut Saut w; s ★★★★ 95 **96 97' 98 99'** 01' 02 **03'** 04 **05' 06** 07' **09' 10' 11' 13 14** 15' 16' 17 – Einer der allerbesten SAUTERNES-Erzeuger (mind. 90% SÉMILLON). Der Eigentümer, die AXA-Versicherung, hat für größere Beständigkeit und köstliche Qualität gesorgt. Zweitetiketten: Castelnau de Suduiraut und Les Lions de Suduiraut (frischer und fruchtiger). Außerdem die trockenen Weißweine »S« und Le Blanc Sec (Einstiegsniveau).

Bordeaux

Weiße Flecken im Bordelais

Die Produktionszahlen der Gemeinde Sauveterre-de-Guyenne in der AC ENTRE-DEUX-MERS belegen, dass Teile des Bordelais früher vorwiegend zur Erzeugung von Weißwein genutzt wurden. Wie aus der BORDEAUX-Bibel *Le Féret* (eigentlich *Bordeaux et ses vins* im Verlag Féret) hervorgeht, entfielen von 1874 bis 1969 auf Weißwein 80 bis 89 Prozent der Gesamtproduktion. Ab da begann dann Rotwein das Terrain zu erobern, und der Weißweinanteil ging 1982 auf 40 Prozent, 1991 auf 29 Prozent und 2014 schließlich auf 18 Prozent zurück.

Taillefer Pom r ★★ **03 04 05' 06 08** 09' **10** 11 **12 14** 15 16 – Das Gut in Familienbesitz wird von Claire Moueix geleitet. Die Weine sind zwar von etwas leichterer Art, dafür aber geschliffen und raffiniert mit Alterungspotenzial.

Talbot St-Jul r (w) ★★★ **95** 96' **98' 99 00'** 00' **01 02 03 04** 05' **08' 09' 10' 11 12** 14 15 16 – Sehr großer 4. Cru (107 ha) im Herzen der AC ST-JULIEN. Voller, absolut bezaubernder Wein von verlässlicher Qualität (mit Ausnahme der Jahre 2006 und 2007); 66% CABERNET SAUVIGNON. Ab 2018 neuer Geschäftsführer und Kellerchef (früher bei La CONSEILLANTE). Zweitetikett: Connétable de Talbot. Außerdem ziemlich guter Weißwein namens Caillou Blanc auf SAUVIGNON-BLANC-Basis.

Tertre, du Mar r ★★★ **03 04** 05' **06 08** 09' **10' 11 12** 14 15 16 – Isoliert gelegener 5. Cru südlich von MARGAUX, unter holländischer Leitung (wie auch Ch. GISCOURS) und in Topform. Frische, fruchtige Weine auf CABERNET-SAUVIGNON-Basis mit schöner Struktur und herrlichem Duft (20% CABERNET FRANC). Zweitetikett: Les Hauts du Tertre. Auch trockener weißer VIN DE FRANCE namens Tertre Blanc (CHARDONNAY/VIOGNIER/GROS MANSENG/SAUVIGNON BLANC).

Tertre Rotebœuf St-Ém r ★★★★ 95 **96 97 98' 99** 00' **01 02 03' 04** 05' **06'** 07 **08 09' 10' 11 12 13** 14 15 17 – Kleiner Erzeuger mit Kultstatus: konzentrierter, exotischer Wein auf MERLOT-Basis seit 1979. Langlebigkeit und enorme Beständigkeit, gepaart mit erschreckend hohen Preisen. Auch sehr guter ROC DE CAMBES und Dom. de Cambes.

Thieuley Bx r rs w ★★ Das ENTRE-DEUX-MERS-Weingut erzeugt verlässlich guten roten und weißen AC BORDEAUX sowie die in Eiche ausgebaute CUVÉE Francis Courselle (rot und weiß). Außerdem roter und weißer VIN DE FRANCE Les Truffières (SYRAH, CHARDONNAY).

Tour Blanche, La Saut (r) w; s ★★★ **95 96 97' 98 99 01' 02 03' 04 05' 06 07' 09' 10' 11' 13** 14 15 16 17 – Hervorragender PREMIER CRU CLASSÉ in SAUTERNES von verlässlicher Qualität. Sehr volle, ausladend-kraftvolle Weine der eher süßen Art. Zweitetikett: Les Charmilles de La Tour Blanche. Außerdem trockener weißer BORDEAUX Duo de La Tour Blanche.

Im Durchschnitt besitzt ein Bordeaux-Château 17,2 ha (2015), das ist doppelt so viel wie vor 20 Jahren.

Tour Carnet, La H-Méd r ★★★ **01 02 03 04** 05' **06 08 09'** 10' **11** 12 14 15 16 17 – Der Cru classé im nördlichen HAUT-MÉDOC im Besitz von Bernard Magrez (FOMBRAUGE, PAPE CLÉMENT); önologischer Berater ist Michel ROLLAND. Volle, konzentrierte, opulente Weine. Zweitetikett: Les Douves du Château La Tour Carnet. Außerdem trockener weißer BORDEAUX Blanc de La Tour Carnet.

Tour de By, La Méd r ★★ **03 04 05' 06 08** 09 **10** 11 **12 14** 15 16 17 – Größerer Familienbetrieb im nördlichen MÉDOC. Stämmige, aber verlässliche Weine auf CABERNET-SAUVIGON-Basis (60%) mit 5% PETIT VERDOT. Außerdem Rosé und die Spezial-CUVÉE Héritage Marc Pagès.

Tour de Mons, La Mar r ★★ **04** 05' **06 08** 09' **10 11 12 14** 15 16 – CRU BOURGEOIS in MARGAUX im Besitz von CA Grands Crus (siehe MEYNEY). Merlot dominiert (56%). Stetige Fortschritte.

Tour du Haut-Moulin H-Méd r ★★ **03 04** 05' **06 08** 09 **10 11 12** 14 15 16 – CRU BOURGEOIS im nördlichen HAUT-MÉDOC, seit 1870 in Familienbesitz, mit intensiven, schön strukturierten Weinen zum Einlagern.

Tour du Pas St-Georges St-Ém r ★★ **04** 05' **06 08** 09' **10 11 12 14** 15 16 – Gut in ST-GEORGES ST-ÉMILION unter Leitung der Familie Delbeck. Weine in klassischem Stil. Außerdem die Spezial-Cuvée Ame de St-Georges.

Tour Figeac, La St-Ém r ★★ **02 04** 05' **06 07 08** 09' **10' 11 12 14** 15 16 – GRAND CRU CLASSÉ im Kiesbodenbereich von ST-ÉMILION; relativ hoher CABERNET-FRANC-Anteil (40%). Feine, blumige, harmonische Weine. Stéphane DERENONCOURT berät.

Tour Haut Caussan, La Méd r ★★ **06 08** 09' **10' 11** 12 14 **15** 16 – Familiengeführter CRU BOURGEOIS in Blaignan mit verlässlichen, günstigen Weinen auf MERLOT-Basis.

Tournefeuille Lalande de Pomerol r ★★ **03 04** 05' **06 07 08** 09 **10' 11 12 14** 15 16 – Verlässliches Gut in LALANDE DE POMEROL, im Besitz der Familie Petit. Ton- und Kiesböden, vorwiegend mit MERLOT bestockt, erbringen runde, fleischige Weine.

Tour St-Bonnet, La Méd r ★★ **06 08 09'** 10' **11 12** 14 **15** 16 – CRU BOURGEOIS in St-Christoly im nördlichen MÉDOC (Kiesböden). Verlässliche, preiswerte Weine.

Trois Croix, Les Fron r ★★ **07 08** 09 **10 11** 12 **13 14** 15 16 17 – Verlässlicher Erzeuger in FRONSAC mit ausgewogenen, feinen und preiswerten Weinen (80% MERLOT) von Lehm-Kalkstein-Böden. Das Gut ist im Besitz der Familie Léon, die es auch leitet.

Tronquoy-Lalande St-Est r ★★ **05 06 07 08 09'** 10' **11 12** 14 15 16 17 – Im selben Besitz wie Ch. MONTROSE, viele Investitionen: Die Weine (vorwiegend MERLOT mit 5% PETIT VERDOT) sind von beständiger Qualität, tiefdunkel und erfreulich. Zweitetikett: Tronquoy de Ste-Anne. Außerdem ein wenig weißer BORDEAUX.

Troplong Mondot St-Ém r ★★★ **96' 98' 99 00' 01' 02 03 04 05' 06** 07 **08 09' 10 11 12** 13 14 15 16 17 – PREMIER GRAND CRU CLASSÉ (B) auf dem Kalksteinplateau; seit 2017 mit neuem Eigentümer (Versicherungsgesellschaft) und Geschäftsführer (früher bei COS D'ESTOURNEL). Zunehmend elegantere (und immer teurere) Weine mit Kraft und Tiefe. Zweitetikett: Mondot.

Trotanoy Pom r ★★★★ **95 96 98' 00' 01 02 03 04' 05' 06 07 08 09' 10' 11 12** 13 14 15' 16' 17 – Eines der Juwele in der Krone von Jean-Pierre MOUEIX: Das Rebenalter liegt im Schnitt bei 35 Jahren, die Weine sind kraftvoll, elegant und langlebig. Zweitetikett: L'Espérance de Trotanoy.

Trotte Vieille St-Ém r ★★★ **95 96 98 99 00' 01 03' 04 05' 06 07 08' 09' 10' 11 12** 14 15' 16 17 – PREMIER GRAND CRU CLASSÉ (B) auf dem Kalksteinplateau; deutliche Qualitätssteigerung seit 2000. Nachhaltige, frische, strukturierte Weine mit hohem CABERNET-FRANC-Anteil (40–50 %), auch von einigen wurzelechten Reben aus der Zeit vor dem Reblausbefall. Zweitetikett: La Vieille Dame de Trotte Vieille.

Valandraud St-Ém r ★★★★ **96 98 99 00' 01' 02 03 04 05' 06 07 08 09' 10' 11 12** 13 14 15 16' 17 – PREMIER GRAND CRU CLASSÉ (B) in ST-ÉMILION, ursprünglich ein Garagenwein-Wunder und geistiges Kind von Murielle und Jean-Luc Thunevin. Früher extrem konzentriert, heute voll und dicht, aber ausgewogen. Teuer. Außerdem Valandraud Blanc (SAUVIGNON BLANC/ Sauvignon gris).

Vieille Cure, La Fron r ★★ **05' 06 08 09' 10' 11 12 13 14** 15 16 17 – Führendes Gut in FRONSAC, in US-amerikanischem Besitz, mit fruchtigen, ansprechenden und preiswerten Weinen. Jean-Luc Thunevin (VALANDRAUD) berät.

Vieux Château Certan Pom r ★★★★ **89 90' 94 95' 96' 98' 99 00' 01' 02 04 05' 06 07 08 09' 10' 11' 12 13** 14 15' 16' 17 – In Bezug auf die Qualität oft in die Nähe des PETRUS gerückt, in der Art aber ganz anders: elegant, harmonisch, mit herrlichem Duft. Geleitet wird der Betrieb von Alexandre Thienpont und seinem Sohn Guillaume. Zweitetikett: La Gravette de Certan.

Vieux Château St-André St-Ém r ★★ **06 08 09' 10 11 12 14** 15 16 – Kleines Weingut in MONTAGNE ST-ÉMILION (vorwiegend MERLOT); Besitzer ist die Familie Berrouet (Ex-Weinmacher von PETRUS). Gutes Preis-Leistungs-Verhältnis.

Villegeorge, de H-Méd r ★★ **05 06 08 09' 10 12 14** 15 16 – Kleines Gut im südlichen HAUT-MÉDOC, im Besitz von Marie-Laure Lurton (Ch. La Tour de Bessan, MARGAUX). Elegante Weine (bis zu 89 % CABERNET SAUVIGNON).

Vray Croix de Gay Pom r ★★ **04 05' 06 08 09' 10' 11 12 14** 15 16' 17 – Sehr kleine Reblage in der besten Gegend von POMEROL, ab 2018 zertifiziert biologisch-dynamischer Anbau. Die Weine zeigen neuerdings mehr Finesse. Zweitetikett: L'Enchanteur. Die CHÂTEAUX Siaurac (LALANDE DE POMEROL) und Le Prieuré (ST-ÉMILION) sind Stallgefährten.

Yquem, d' Saut w; (tr) s ★★★★ **89' 90' 93 94 95' 96 97' 98 99' 00 01' 02 03' 04 05' 06' 07' 08 09' 10' 11' 13'** 14 15' 16' – Der König der *liquoreux* (Süßweine): stark, intensiv und üppig, 3 Jahre Fassausbau. Die meisten Jahrgänge sollten mindestens 15 Jahre reifen; einige überdauern auch 100 Jahre und mehr in überirdischer Grandezza. Derzeit stehen 100 ha unter Ertrag (75 % SÉMILLON, 25 % SAUVIGNON BLANC). Kein Yquem wurde in den Jahren 51, 52, 64, 72, 92 und 2012 erzeugt. Es gibt kein Zweitetikett, dafür aber den trockenen »Y« (sprich: Igrek) auf SAUVIGNON-BLANC-Basis, wenn auch in geringen Mengen (800 Kisten pro Jahr).

Bordeaux

Italien

Die folgenden Abkürzungen werden im Text verwendet:

Abr	Abruzzen
Ao	Aostatal
Apu	Apulien
Bas	Basilikata
Em-Ro	Emilia-Romagna
F-JV	Friaul–Julisch Venetien
Kal	Kalabrien
Kamp	Kampanien
Lat	Latium
Lig	Ligurien
Lomb	Lombardei
Mar	Marken
Mol	Molise
Piem	Piemont
Sar	Sardinien
Siz	Sizilien
Tosk	Toskana
T-S	Trentino–Südtirol
Umb	Umbrien
Ven	Venetien
DOC(G)	Denominazione di Origine Controllata (e Garantita): Kontrollierte (und garantierte) Herkunftsbezeichnung; DOCG ist die höchste Stufe der DOC; siehe auch Seite 169.
IGT	Indicazione Geografica Tipica
fz	frizzante
Pa	Passito

Beim Wein stehen überall die Menschen im Vordergrund. Natürlich auch in Italien, nur irgendwie auffälliger, extravaganter und stilvoller als in anderen Ländern. Wenn man dieses Kapitel durchblättert, sticht einem sofort die Fülle einzelner Personen und ihrer Güter ins Auge. Natürlich ist das durch die Geografie bedingt: Italien hat jede Menge Geografie, dafür sorgt sein langes gebirgiges Rückgrat, von den Alpen bis zu den zerklüfteten Zehen, das Meer nie weit weg. Man könnte auch sagen, Italien als solches sei nur Geografie: eine Ansammlung leidenschaftlich individueller Stadtstaaten, die vor 150 Jahren unter diesem Namen vereinigt wurden, aber auf eine Art ihren lokalen Eigenarten verpflichtet sind, die Menschen von außerhalb kaum verstehen können. Minimale Unterschiede in Terroir, Geschichte, Gebräuchen und Eigentum sind hier unglaublich wichtig: »Meiner ist der *genuino*«, sagt der Winzer, »bei dem von nebenan bin ich mir nicht so sicher.«

Der derzeitige Weinboom bietet viel Raum für die Selbstdarstellung, und auch am nötigen Selbstbewusstsein mangelt es nicht. Noch vor wenigen Jahren wurde ein Großteil der unzähligen autochthonen Rebsorten mit Nichtachtung gestraft, heute gibt es einen Markt dafür und Einheimische, die das Blaue vom Himmel versprechen – und den Worten Stil und Genuss folgen lassen. Ian D'Agata kann vielleicht genau beziffern, wie viele Sorten er in seinem überaus lesenswerten Buch *Native Wine Grapes of Italy* verzeichnet, ich kann nur sagen, es sind etliche Hundert, und jede hat ihre eigenen Meister.

Die dunklen Flächen bezeichnen die Weinbaugebiete

Was man in Italien nicht erwarten darf, ist Konsens oder Konstanz. Die besten Weine kommen (insgesamt) zwar nach wie vor aus den Hochburgen in Piemont, der Toskana und Venetien, aber eine fabelhafte Vielfalt macht sich gerade im ganzen Land breit, mit Weinen, die fast überall hervorragend zu den unwiderstehlichen Speisen passen. Ich habe einige Gedanken zum Thema Wein und Essen in dieses Kapitel eingestreut. Italien ist ein Fest – und Sie sind eingeladen!

Neuere Jahrgänge

Amarone, Venetien, Friaul

2017 Einer der schwierigsten Jahrgänge, soweit die Erinnerung zurückreicht: Regen ohne Unterlass.
2016 Sehr heißer Sommer; üppige Rote, etwas robuste Weiße.
2015 Große Hitze im Juni und Anfang Juli. Mengenmäßig gut, qualitätsmäßig besser.
2014 Kühler, feuchter Sommer, guter September (Weißweine) und Oktober (Rotweine). Nicht denkwürdig für Amarone.
2013 Gute Weißweine. Die Roten, vor allem Passito, litten im Oktober/November durch Regen und Hagel.
2012 Andauernde Hitze und Trockenheit beeinträchtigten Mengen und Qualität. Der Amarone müsste gut ausfallen.
2011 Für Amarone das beste Jahr überhaupt. Die Weißweine sind ausgewogen und konzentriert, einige Rotweine sehr tanninhaltig und alkoholstark.
2010 Kühles Jahr, gut für leichtere Weine, doch der Amarone wird duftend und elegant sein.

Kampanien und Basilikata

2017 Ein hartes Jahr, vor allem für Rotweine. Geringe Mengen.
2016 Ein kühler Frühling verzögerte die Blüte, dank dem heißen Sommer konnte das wieder aufgeholt werden. Am besten für Greco.
2015 Feuchter Winter, wechselhafter Frühling, heißer, trockener, früher Sommer, später Herbst. Großartige Ergebnisse.
2014 25 % weniger erzeugt als 2013. Wechselhafte Qualität. Sorgfältig auswählen.
2013 Ausgewogene, duftende Weißweine; die Roten sind weniger gut, v. a. der spät gelesene Aglianico.
2012 Regen im September rettete die Weißweine. Der schöne Spätsommer sorgte für hervorragenden Aglianico.
2011 Konzentrierte, volle Weine; hoher Alkohol- und Tanningehalt bei den Roten. Die Weißen sind ausgewogener.
2010 Leichtere Weißweine mit guten Aromen. Aglianico-Spätlesen werden inzwischen als hervorragend eingestuft.

Marken und Abruzzen

2017 Sehr schwieriger Jahrgang, heiß und trocken. Rote mit rauen Tanninen, Weiße überreif. Geringe Mengen.
2016 Regen, Kälte und Sonnenmangel sorgten für ein sehr schwieriges Jahr. Am besten schlug sich wahrscheinlich der Pecorino.
2015 Heißer Sommer, rechtzeitig einsetzender Herbstregen, gesunde Trauben; gute Weiß-, bessere Rotweine.
2014 Marken: gute Rot- und Weißweine. Abruzzen: interessant auf höherem Niveau, vor allem Spätlesen.
2013 Hagel und Fäulnis. Der schöne September rettete die Weißen; die Roten sind besser als befürchtet.
2012 Warme Tage und kühle Nächte zur Lesezeit. Später gelesene Sorten sind am besten.
2011 Teilweise allzu konzentrierte, alkohol- und tanninhaltige Rotweine. Die besten dürften sich gut entwickeln.

2010 Ein schwieriges Jahr, aber zum Teil bessere Ergebnisse als erwartet. Jetzt trinken.

Piemont

2017 Man kann sich an kaum ein Jahr erinnern, in dem so früh gelesen wurde. Geringe Mengen, aber gute Qualität.
2016 Potenzieller Spitzenjahrgang; große Mengen und hohe Qualität, überall in der Region äußerst vielversprechend.
2015 Hervorragender Barolo/Barbaresco. Sollte lange halten. Auch guter Barbera/Dolcetto. Die Mengen gingen hoch, dem Preis wird es sicher ebenso ergehen.
2014 Spät gelesene Trauben entwickelten sich prächtig, frühere (z. B. Dolcetto) nicht.
2013 Glanzhelle, frische Weiße und mit der Zeit besser werdende Rote.
2012 Die Qualität ist gut bis sehr gut, die Mengen sind äußerst gering.
2011 Trotz des recht hohen Alkoholgehalts geradlinige, früh trinkreife, duftende Rotweine.
2010 Geduldige Winzer bereiteten sehr gute Weine. Gilt jetzt als ein potenzieller Spitzenjahrgang.

Weitere gute Jahrgänge: 2008, 2006, 2004, 2001, 2000, 1999, 1998, 1997, 1996, 1995, 1990, 1989, 1988. Jahrgänge, die noch lagern können: 2001, 1999, 1996. Jahrgänge, die man austrinken sollte: 2003, 2000, 1997, 1990, 1988.

Toskana

2017 Sehr schwieriger Jahrgang. Äußerst heißer Sommer, dann Regen und Kälte. Geringe Mengen.
2016 Heißer Sommer mit einem frischeren September; vielversprechend von Chianti über Montalcino bis Maremma. Hohe Qualität, aber geringere Mengen.
2015 Gesunde, aber kleine Trauben: Die Menge nahm etwas ab, die Qualität ordentlich zu.
2014 Kühler, feuchter Sommer, schöne Spätsaison. Gesteigerte Mengen, wechselhafte Qualität, Vorsicht beim Kauf.
2013 Uneinheitliche Reife. Kein überragendes Jahr, aber einige Höhepunkte.
2012 Trockenheit und lang andauernde Hitze; die klassischen Weine wurden durch Regen Anfang September gerettet.
2011 Einige angenehm fruchtige, aber alkoholstarke klassische Rotweine. Die Weißen sind etwas unausgewogen.
2010 Keineswegs überall wunderbar, wie für den Brunello behauptet wurde.

Weitere gute Jahrgänge: 2008, 2007, 2006, 2004, 2001, 1999, 1997, 1995, 1990. Jahrgänge, die noch lagern können: 2001, 1999. Jahrgänge, die man austrinken sollte: 2003, 2000, 1997, 1995, 1990.

Accornero Piem ★★★ Der beste GRIGNOLINO-Erzeuger in Italien. Sehr gut: Bricco del Bosco (Stahltanks) und Vigne Vecchie (Eichenfässer). Ebenfalls gut: BARBERA del Monferrato (Cima und Bricco Battista) und der süße Brigantino (MALVASIA di Casorzo).

Aglianico del Taburno Kamp DOCG r; tr ★→★★★ Rund um Benevento, im Südosten. Würzigere Noten (Leder und Tabak) und Kräuter, mehr Säure als andere Aglianico-Weine. Gute Erzeuger: La Rivolta, Cantina del Taburno.

Aglianico del Vulture Bas DOC(G) r; tr ★→★★★ **06 07 08 10** 11 12 13 15 – DOC nach einem Jahr Reife, SUPERIORE nach drei Jahren, RISERVA nach fünf Jahren. Edler Wein von einer der drei besten roten Reben Italiens, die an den Hängen des erloschenen Vulkans Monte Vulture wachsen. Empfehlenswert: BASILISCO, Cantina di Venosa, CANTINE DEL NOTAIO, Donato D'Angelo, Dragone, Elena Fucci, Grifalco, Madonna delle Grazie, Mastrodomenico, Parco dei Monaci, PATERNOSTER, Serra del Prete, Terre degli Svevi.

Alba Piem – Bedeutende Weinstadt im PIEMONT, südöstlich von Turin in den LANGHE, mit Trüffeln, Haselnüssen und den prestigeträchtigsten Weinen des Piemont, wenn nicht Italiens: BAROLO, BARBARESCO, NEBBIOLO D'ALBA, Langhe, ROERO, BARBERA d'Alba, DOGLIANI (Dolcetto).

Albana di Romagna Em-Ro DOCG w; tr lbl s; (sch) ★→★★★ BV – Die erste »weiße« DOCG in Italien – die nur der süße PASSITO rechtfertigt, denn der trockene Wein und der Schaumwein sind unbedeutend. Fattoria Zerbina (v. a. AR Passito Riserva), Giovanna Madonia, Podere Morini (Cuore Matto Riserva Passito), Raffaella Bissoni, Tre Monti.

Allegrini Ven ★★★ Weltberühmt für VALPOLICELLA; die ausgezeichneten Tafelweine La Grola, Palazzo della Torre, La Poja sind nicht DOC, der AMARONE hingegen schon. Eigentümer von Poggio al Tesoro in BOLGHERI und Poggio San Polo in MONTALCINO, ebenfalls TOSKANA.

Alta Langa Piem DOCG w (rs); sch ★★→★★★ Wichtigster Bereich im PIEMONT für erstklassigen METODO-CLASSICO-Jahrgangsschaumwein, ausschließlich von PINOT NERO und CHARDONNAY. Die besten Erzeuger sind BANFI, Cocchi, FONTANAFREDDA, GANCIA, Germano Ettore, Serafino Enrico.

Altare, Elio Piem ★★★ Früher führender Erzeuger von modernem BAROLO, jetzt unter Leitung von Elios Tochter Sonia, die Zeichen setzt. Besonders empfehlenswert sind die Barolo-Weine Arborina, Cannubi, Unoperuno (eine Auslese aus der Lage Arborina); außerdem Giarborina (Langhe NEBBIOLO), Langhe Rosso La Villa (BARBERA/Nebbiolo).

Alto Adige (Südtirol) T-S DOC r rs w; tr s; sch ★★→★★★ Kommen aus der gebirgigen Provinz Bozen heute die besten Weißweine Italiens? Es dominieren deutsche Rebsorten: KERNER, GEWÜRZTRAMINER, Sylvaner, aber auch PINOT GRIGIO; der PINOT BIANCO hat das Zeug zum Weltbesten. Der PINOT NERO ist manchmal ausgezeichnet (wenn auch oft zu eichenlastig), der Lagrein ebenfalls.

Alto Piemonte Piem – Das Mikroklima und die Böden im nordöstlichen PIEMONT bieten ideale Bedingungen für NEBBIOLO (der hier Spanna heißt), aber die Weine sind selten sortenrein, es werden andere einheimische Reben (Croatina, Uva Rara, Vespolina) beigemischt. Heimat der DOC(G)s BOCA, BRAMATERRA, Colline Novaresi, Coste della Sesia, Fara, GATTINARA, GHEMME, LESSONA, Sizzano, Valli Ossolane. Viele herausragende Weine.

Ama, Castello di Tosk ★★★ Erstklassiges CHIANTI-CLASSICO-Weingut bei Gaiole. Der normale Chianti Classico ist einer der Besten – und Teuersten. Empfehlenswert sind der Toskana-Bordeaux-Verschnitt Haiku und der MERLOT L'Apparita, trotz des saftigen Preises. Hervorragend ist der Chianti Classico Gran Selezione San Lorenzo.

Amarone della Valpolicella Ven DOCG r ★★→★★★★ **06' 07 08 09 10** 11 12 13 15 (16) – Intensiver, starker Rotwein von gutseigenen rosinierten VALPOLICELLA-Trauben, eine relativ trockene Version des älteren RECIOTO DELLA VALPOLICELLA, einer der echten Klassiker Italiens, mit Zusatzbezeichnung CLASSICO, wenn aus dem historischen Gebiet. Ältere Jahrgänge sind rar; entstand in den 1950er-Jahren. Siehe auch Valpolicella und Kasten S. 202.

Angelini, Paolo Piem ★★→★★★ Kleiner Familienbetrieb in MONFERRATO mit sehr gutem GRIGNOLINO del Monferrato Casalese.

Angelini, Tenimenti Tosk – Siehe BERTANI DOMAINS (Toskana).

Was die Abkürzungen bedeuten

Denominazione di Origine Controllata (DOC) Geprüfte Herkunftsangabe; entspricht der französischen AC.

Denominazione di Origine Controllata e Garantita (DOCG) Geprüfte und garantierte Herkunftsangabe; die höchste Qualitätsstufe in Italien.

Indicazione Geografica Tipica (IGT) Geografische Angabe des Typs. Umfassender und weniger reguliert als DOC, vergleichbar mit dem französischen Vin de pays bzw. neuerdings IGP.

Denominazione di Origine Protetta/Indicazione Geografica Protetta (DOP/IGP) P = »geschützt«. Wenn es nach der EU ginge, würden diese Kategorien Italiens DOC/IGT ersetzen.

Antinori, Marchesi L. & P. Tosk ★★→★★★★ Geschichtsträchtiges Florentiner Haus der traditionsreichen Familie Antinori unter Leitung von Piero und drei seiner Töchter. Bekannt für CHIANTI CLASSICO (Tenute Marchese Antinori und Badia a Passignano, der nun zum Gran Selezione befördert wurde) sowie den ausgefeilten, aber eichentönigen Weißwein Cervaro (Castello della Sala, Umbrien) und Weine aus dem PIEMONT (PRUNOTTO). Die Pioniere TIGNANELLO und SOLAIA gehören zu den wenigen Weltklasse-SUPERTOSKANERN. Besitzt auch Güter in BOLGHERI (Guado al Tasso), in der FRANCIACORTA (Montenisa), in der toskanischen MAREMMA (Fattoria Aldobrandesca), in Montepulciano (La Braccesca), in MONTALCINO (Pian delle Vigne) und in APULIEN (Tormaresca). Auch ein Weißwein auf RIESLING-Basis von dem Gut Monteloro nördlich von Florenz. Beteiligungen in Kalifornien, Rumänien und anderswo.

Antoniolo Piem ★★★ Langlebiger mustergültiger GATTINARA. Herausragend sind auch Osso San Grato und San Francesco.

Apulien Italienisch Puglia, der 360 km lange Absatz des italienischen Stiefels. Im Allgemeinen preiswerte, einfache (Rot-)Weine von Reben wie NEGROAMARO, PRIMITIVO und Uva di Troia, doch das zweifelhafte Talent bei der Weinbereitung und die veraltete Ausstattung sind ein echtes Problem. Die interessantesten Weine kommen von der Halbinsel SALENTO, allen voran die DOCS BRINDISI, COPERTINO und SALICE SALENTINO.

Argiano, Castello di Tosk ★★★ Wunderschönes Gut (nicht zu verwechseln mit dem Nachbarn namens Argiano), das die Familie Sesti zu einem der besten BRUNELLO-Erzeugerbetriebe in MONTALCINO gemacht hat. Am besten ist der Brunello Riserva Phenomena.

Argiolas, Antonio Sar ★★→★★★ Der Spitzenerzeuger verarbeitet Trauben von der Insel zu den hervorragenden Einzellagenweinen Turriga (★★★), dem (nach dem 2009 im Alter von 102 Jahren verstorbenen Gründer benannten) süßen Antonio Argiolas, Iselis MONICA, VERMENTINO DI SARDEGNA und dem Spitzensüßwein Angialis (hauptsächlich von der einheimischen Nasco-Rebe).

Asti Piem DOCG s; sch ★→★★ oJ – Piemontesischer Schaumwein von MOSCATO bianco, geringere Qualität als MOSCATO D'ASTI und seinen DOCG-Status nicht wirklich wert. Verkaufsschlager in Russland. Probierenswert: Bera, Cascina Fonda, Caudrina, Vignaioli di Santo Stefano.

Avignonesi Tosk ★★★ Großes biodynamisch arbeitendes Gut, seit 2007 in belgischem Besitz, mit 200 ha Rebland in MONTEPULCIANO und Cortona. Italiens bester Vin Santo. Der VINO NOBILE ist, nachdem man ihn eine Zeitlang hatte verwildern lassen, zurück in der ersten Liga. Spitzenwein ist der VN Grandi Annate; MERLOT Desiderio und CHARDONNAY Il Marzocco sind beachtliche internationale Weine.

Azienda agricola (oder agraria) Ein – großes oder kleines – Weingut, das selbst angebaute Trauben verkeltert.

Badia a Coltibouno Tosk ★★★ Historischer CHIANTI CLASSICO. Star ist der von 100% SANGIOVESE bereitete, im Barrique ausgebaute Sangioveto, aber auch der Chianti Classico auf Einstiegsniveau ist einer der besten seiner Art.

Banfi (Castello oder Villa) Tosk ★→★★★ Riesenkellerei in MONTALCINO, Hunderte von Hektar, allerdings nicht in idealer Lage, am südlichen Ende des Bereichs, doch der erstklassige, in limitierten Mengen erzeugte POGGIO all'Oro ist ein großartiger BRUNELLO.

Barbaresco-Unterbereiche

Die vier wichtigsten BARBARESCO-Gemeinden unterscheiden sich deutlich: **Barbaresco** – am vollendetsten, ausgewogensten. Asili (BRUNO GIACOSA, CERETTO, Ca' del Baio, PRODUTTORI DEL BARBARESCO), Martinenga (Marchesi di Gresy), Montefico (Produttori del Barbaresco, Roagna), Montestefano (Giordano Luigi, Produttori del Barbaresco, Rivella Serafino), Ovello (CANTINA del Pino, Rocca Albino), Pora (Ca' del Baio, Produttori del Barbaresco), Rabaja (CASTELLO DI VERDUNO, Cortese Giuseppe, Bruno GIACOSA, Produttori del Barbaresco, Rocca Bruno), Rio Sordo (Cascina Bruciata, Cascina delle Rose, Produttori del Barbaresco), Roncaglie (Poderi Colla). **Neive** – am kraftvollsten, fleischigsten. Albesani (Castello di Neive, Cantina del Pino), Basarin (Adriano Marco e Vittorio, Giacosa Fratelli, Negro Angelo), Bordini (La Spinetta), Currá (Rocca Bruno, Sottimano), Gallina (Castello di Neive, Lequio Ugo, ODDERO), Serraboella (Cigliuti). **San Rocco Seno d'Elvio** – am zugänglichsten, weichsten. Sanadaive (Adriano Marco e Vittorio). **Treiso** – am frischesten, ausgefeiltesten. Bernardot (CERETTO), Bricco di Treiso (PIO CESARE), Marcarini (Ca' del Baio), Montersino (Abrigo Orlando), Nervo (RIZZI), Pajoré (Rizzi, Sottimano).

Barbaresco Piem DOCG r ★★→★★★★ **01 04 06' 07 08 09 10 11** 12 13 14 (15) (16) – Zu Unrecht als der arme Cousin des BAROLO geschmäht. Beide werden reinsortig von NEBBIOLO bereitet, und sie besitzen eine ähnlich große Komplexität, weisen jedoch auch jede Menge Unterschiede auf. Der Barbaresco ist aufgrund des wärmeren Mikroklimas, fruchtbarerer Böden und niedrigerer Hänge weniger spröde und »muskulös« als der Barolo, aber sehr elegant. Mindestalterung 26 Monate, davon neun im Holz; nach vier Jahren RISERVA. Wird wie Barolo heutzutage meist unter einem Einzellagennamen oder mit *menzione geografica* (»geografischer Erwähnung«) verkauft. Beste Erzeuger: siehe Kasten oben.

Barbera d'Alba DOC r ★→★★★ Der reichhaltigste und samtigste BARBERA. Gute Erzeuger: Giacomo CONTERNO (Cascina Francia und Ceretta), RINALDI GIUSEPPE, VIETTI (Scarrone).

Barbera d'Asti DOCG r ★→★★★ Fruchtiges, säurereiches Produkt der BARBERA-Rebe. Von höherer Qualität ist der Barbera d'Asti Superiore Nizza (oder schlicht Nizza). Gute Erzeuger: Bersano (Nizza La Generala), BRAIDA (Bricco dell'Uccellone, Bricco della Bigotta, Ai Suma), Chiarlo Michele (Nizza La Court), Dacapo (Nizza), Marchesi Gresy (Monte Colombo), Tenuta Olim Bauda (Nizza), Vietti (La Crena).

Barbera del Monferrato Superiore Piem DOCG r ★★ Relativ leichter, fruchtiger BARBERA mit recht scharfen Tanninen. Gute Erzeuger: Accornero (Cima Riserva della Casa), Iuli (Barabba).

Barberani ★★→★★★ Die Brüder Bernardo und Niccolò leiten das organische Gut an den Hängen des Lago di Corbara, das ausgezeichneten ORVIETO hervorbringt. Cru Luigi e Giovanna ist der Star, Orvieto Castagneto und Calcaia (mit Edelfäule) sind ebenfalls ausgezeichnet. Auch gute Rotweine.

Bardolino Ven DOC(G) r rs ★→★★ BV – Leichter, sommerlicher Rotwein vom Lago di GARDA. Der Bardolino SUPERIORE DOCG hat viel niedrigere Erträge als der Bardolino DOC. Der hellrosa CHIARETTO ist einer der besten Roséweine Italiens. Gute Erzeuger: Albino Piona, Cavalchina, Corte Gardoni, Costadoro, Guerrieri Rizzardi, Le Fraghe, Le VIGNE di San Pietro, ZENATO, Zeni.

Barolo Piem DOCG r ★★★→★★★★ **96' 99' 01' 04' 06' 07 08 09** 10' **11** (14) (15) (16) – Italiens großartigster Rotwein? Hundertprozentiger NEBBIOLO aus einer von elf Gemeinden inklusive Barolo selbst. Traditionell ein Verschnitt aus verschiedenen Lagen oder Gemeinden, heute sind jedoch die meisten Einzellagenweine (wie die Burgunder-Crus), hier mit *menzione geografica aggiuntiva* betitelt. Die besten sind langlebige Weine mit Kraft und Eleganz, einem verlockenden floralen Duft und Sauerkirscharoma. Sie müssen bei der Freigabe 38 Monate (5 Jahre für RISERVA) ausgebaut worden sein, davon 18 Monate im Holzfass. Spitzenerzeuger siehe Kasten S. 179. Die Unterscheidung zwischen Traditionalisten (lange Maischestandzeit, große Eichenfässer) und Modernisten (kürzere Maischestandzeit, oft Barrique) ist inzwischen nicht mehr so hilfreich, da die Erzeuger Techniken beider Schulen nutzen.

Bastianich ★★→★★★ Der Amerikaner Joe Bastianich verfügt von seinem Sitz in den USA aus mit Unterstützung des Beraters Maurizio Castelli über 35 ha. Umwerfender Bianco Vespa, ein typisch friaulischer Verschnitt von CHARDONNAY und SAUVIGNON BLANC mit einem *pizzico* des einheimischen Picolit und hervorragender FRIULANO Plus.

Belisario Mar ★★→★★★ Größter Erzeuger von VERDICCHIO DI MATELICA. Viele verschiedene Abfüllungen; gutes Preis-Leistungs-Verhältnis. Spitzenweine: Riserva Cambrugiano und Del Cerro.

Benanti Siz ★★★ Dank der Familie Benanti und Salvo Foti (bis vor Kurzem ihr Kellermeister) ruhen die Augen der Welt auf dem Wein vom ETNA. Der Bianco Superiore Pietramarina ist einer der besten italienischen Weißweine. Sehr gut sind auch die sortenreinen Weine Nerello Cappuccio und NERELLO MASCALESE.

Berlucchi, Guido Lomb ★★ Mit mehr als fünf Millionen Flaschen von 100 ha Rebland der größte Hersteller von METODO-CLASSICO-Schaumwein in Italien. Flaggschiff ist der FRANCIACORTA Brut Cuvée Imperiale. Neue Cuvée J. R. E. N° 4 Extra Brut Riserva.

Bersano Piem ★★★ Große Mengen guter Qualität. Sehr gut: BARBERA, Freisa, GRIGNOLINO.

Bertani Ven ★★→★★★ Alteingesessener Erzeuger von VALPOLICELLA und SOAVE; Weinberge in verschiedenen Teilen der Provinz Verona. Basisproduktreihen Veronese und Valpantena plus Rückkehr zu aufgegebenen Weinbereitungsstilen, etwa zur Maischung auf den Schalen bei Weißweinen; daneben Rotwein (Secco Original Vintage Edition). Siehe auch BERTANI DOMAINS (Toskana).

Bertani Domains Tosk ★★→★★★ Hieß früher Tenimenti Angelini. Das Unternehmen Angelini hat den Namen übernommen und verwendet ihr für alle Betriebe, auch in der Toskana. Drei große Kellereien: San Leoninc im CHIANTI CLASSICO, Trerose in MONTEPULCIANO und Val di Suga in MON-TALCINO (v. a. BRUNELLO Spuntali).

Biondi-Santi Tosk ★★★★ Klassische Weine von dem traditionellen Gut ir MONTALCINO, das als erstes BRUNELLO erzeugte; vor Kurzem an Epi (Piper-Heidsieck) verkauft: Der Brunello, v. a. der RISERVA, hat so viel Säure unc Tannin, dass er Jahrzehnte braucht, bevor er sich vollständig entfaltet hat Versucht sich nun an einem benutzerfreundlicheren Stil.

Bisol Ven ★★★ Hochklassige PROSECCO-Marke; hervorragender Cartizze Venissa heißen der wunderschöne Inselweinberg mit Restaurant in der Lagune von Venedig und ein teurer Weißwein von der seltenen Dorona-Rebe

Boca Piem DOC r ★→★★★★ S. ALTO PIEMONTE. Gehört zum Kreis der großartigsten Rotweine. NEBBIOLO (70–90%) sowie bis zu 30% Uva Rara und oder Vespolina. Vulkanische Böden. Muss lange gelagert werden. Spitzenerzeuger: Le Piane. Gut: Carlone Davide, Castello Conti.

Bolgheri Tosk DOC r rs w; (s) ★★→★★★★ Das von einer Stadtmauer umgebene Künstlerdorf an der Küste steht Pate für stilvolle, teure SUPERTOSKANER, vornehmlich von französischen Sorten. Klingende Namen: ALLEGRIN (Poggio al Tesoro), ANTINORI (Guado al Tasso), FRESCOBALDI (ORNELLAIA), FOLONARI (Campo al Mare), GAJA (CÀ MARCANDA), die hervorragende Güter LE MACCHIOLE und MICHELE SATTA, SASSICAIA (das Original).

Bolla Ven ★★ Historischer Veroneser Erzeuger von AMARONE, RECIOTO DELL VALPOLICELLA, RECIOTO DI SOAVE, SOAVE, VALPOLICELLA. Heute im Besit des mächtigen GRUPPO ITALIANO VINI.

Borgo del Tiglio F-JV ★★★→★★★★ Nicola Manferrari ist einer der beste Weißweinerzeuger in Italien. Besonders eindrucksvoll sind der COLLI FRIULANO RONCO della Chiesa und der Studio di Bianco.

Boscarelli, Poderi Tosk ★★★ Kleines Weingut der Genueser Familie Ferra mit stets hochwertigem VINO NOBILE DI MONTEPULCIANO, Einzellagenwei Nocio dei Boscarelli und RISERVA.

Botte (Plural *botti*) Großes Fass mit 6 bis 250 hl, meist aber zwische 20 und 50 hl Kapazität, traditionell aus slawonischer, immer öfter jedoc auch aus französischer Eiche. Für Traditionalisten der ideale Behälter fü den Ausbau italienischer Weine, in denen kein zu deutlicher Eichenton e wünscht ist.

Brachetto d'Acqui Piem DOCG r; s; (sch) ★★ BV – Süßer roter Schaumwei mit verlockendem Muskataroma. Die Berechtigung des DOCG-Status wir von einigen angezweifelt.

Braida Piem ★★★ Giacomo Bolognas Kinder Giuseppe und Raffaella tre ten in seine Fußstapfen. Spitze ist und bleibt der BARBERA d'Asti Bricc dell'Uccellone, gefolgt von Bricco della Bigotta und Ai Suma.

Bramaterra Piem DOC r – Siehe ALTO PIEMONTE. Gut von Antoniotti Odilio.

Brezza Piem ★★→★★★ Die Familie Brezza führt das Hotel BAROLO i gleichnamigen Ort, während Enzo Brezza von gut 17 ha mit die authe tischsten und preiswertesten Einzellagenweine in Barolo erzeugt, u. a. Ca nubi, Castellero, Sarmassa. Das Angebot umfasst auch BARBERA, DOLCE TO, Freisa und einen erstaunlich guten CHARDONNAY.

Brigaldara Ven ★★★ Stefano Cesari erzeugt auf seinem Gut eleganten, ab kraftvollen AMARONE, der Zeichen setzt. Spitzenwein: Case Vecie. Empfe lenswert der anmutige Dindarella Rosato.

Brolio, Castello di Tosk ★★→★★★ Das historische Gut ist das größte und ve mutlich älteste im CHIANTI-CLASSICO-Gebiet und gedeiht nach einem Ti unter fremder Leitung nun wieder unter Francesco RICASOLI. Sehr gut

Chianti Classico und Chianti Classico Colledilà Gran Selezione (siehe auch Kasten Chianti Classico S. 177).

Brunelli, Gianni Tosk ★★★ Herrlich ausgefeilter, benutzerfreundlicher BRUNELLO und ROSSO aus zwei Lagen: Le Chiuse di Sotto nördlich von MONTALCINO und Podernovone im Süden, mit Blick auf den Monte Amiata.

Barolo-Unterbereiche

Der »Cru« setzt sich langsam durch, auch wenn das Wort selbst nicht auf dem Etikett erscheinen darf. Es wird (zumindest in BAROLO und BARBARESCO) durch »geografische Erwähnung« ersetzt und inoffiziell als »Unterbereich« bezeichnet. Zurzeit gibt es für Barolo elf Orts- und 170 zusätzliche geografische Erwähnungen. Zu den besten zählen Folgende (nach Ortschaften geordnet):

Barolo: Bricco delle Viole, Brunate, Bussia, Cannubi, Cannubi Boschis, Cannubi Muscatel, Cannubi San Lorenzo, Cerequio, Le Coste, Ravera, Sarmassa

Castiglione Falletto: Bricco Boschis, Bricco Rocche, Fiasco, Mariondino, Monprivato, Rocche di Castiglione, Vignolo, Villero

Cherasco: Mantoetto

Diano d'Alba: La VIGNA, Sorano (teilweise gemeinsam mit Serralunga)

Grinzane Cavour: Canova, Castello

La Morra: Annunziata, Arborina, Bricco Manzoni, Bricco San Biagio, Brunate, Cerequio, Fossati, La Serra, Rocche dell'Annunziata, Rocchettevino, Roggeri, Roncaglie

Monforte d'Alba: Bussia, Ginestra, Gramolere, Mosconi, Perno

Novello: Bergera, Ravera

Roddi: Bricco Ambrogio

Serralunga d'Alba: Baudana, Boscareto, Cerretta, Falletto, Francia, Gabutti, Lazzarito, Marenca, Ornato, Parafada, Prapò, Sorano, Vignarionda

Verduno: Massara, Monvigliero

Brunello di Montalcino Tosk DOCG r ★★★→★★★★ **90' 95 99' 01' 04' 06' 07 09** 10' 12 (13) (15') (16) – Spitzenwein der Toskana, kompakt, aber elegant mit Duft und Struktur, potenziell äußerst langlebig. Mindestens 4 Jahre Reife, 5 Jahre für RISERVA. Fehlgeleitete Initiativen zur Zulassung kleiner Anteile von z. B. MERLOT in dem eigentlich reinsortigen SANGIOVESE wurden abgewehrt, aber es ist weiterhin Wachsamkeit geboten. Beste Erzeuger: siehe Kasten S. 174.

Bucci Mar ★★★ Fast burgundischer VERDICCHIO, der langsam reift, aber im Alter komplex wird, v. a. der RISERVA. Der rote Pongelli ist benutzerfreundlich, fruchtig.

Burlotto, Commendatore G. B. Piem ★★★→★★★★ Commendatore G. B. Burlotto war 1880 einer der Ersten, der Spitzen-BAROLO bereitete und abfüllte. Die Spitzenprodukte seines Nachfahren Fabio Alessandria sind die Einzellagenweine Cannubi und Monvigliero sowie der traditionelle Barolo Acclivi.

Bussola, Tommaso Ven ★★★★ Der Autodidakt erzeugt AMARONE, RECIOTO und RIPASSO der Spitzenriege. Der große Bepi Quintarelli war sein Mentor, er übernimmt diese Funktion nun für seine beiden Söhne.

Ca' dei Frati Lomb ★★★ Führender Qualitätserzeuger in der wiederbelebten DOC LUGANA. Der I Frati ist ein guter Wein auf Einstiegsniveau, der Brolettino ein Spitzen-Cru.

Italien

Ca' del Baio Piem ★★★ Kleine Familie; bietet von allen seriösen Erzeugern in Barbaresco das beste Preis-Leistungs-Verhältnis. Hervorragend sind Asil (auch Riserva) und Pora, sehr gut Vallegrande und Langhe RIESLING.

Ca' del Bosco Lomb ★★★★ Nummer eins der Weingüter in der FRANCIACORTA, das dem großen PINOT-GRIGIO-Erzeuger Santa Margherita gehört und immer noch vom energiegeladenen Gründer Maurizio Zanella geleitet wird. Hervorragender Schaumwein nach der klassischen Methode, v. a. Annamaria Clementi, auch als Rosé, beide Krug-ähnlich. Großartiger Dosage Zéro; ausgezeichneter roter Maurizio Zanella im Bordeaux-Stil, burgunderartiger PINOT NERO Pinero und (für Italien) überdurchschnittlicher CHARDONNAY.

Ca' del Prete Piem ★★→★★★ Das kleine Gut erzeugt großartigen Freisa d'ASTI und MALVASIA di Castelnuovo Don Bosco.

Die besten Brunellos

Jeder der folgenden Erzeuger liefert einen anständigen BRUNELLO DI MONTALCINO; diejenigen, die wir für die besten halten, sind mit einem Stern gekennzeichnet.
Pieri Agostina, Altesino, Castello di ARGIANO, Baricci*, BIONDI-SANTI*, Gianni BRUNELLI*, Campogiovanni, Canalicchio di Sopra, Canalicchio di Sotto, Caparzo, CASE BASSE*, CASTELGIOCONDO, Castiglion del Bosco, Ciacci Piccolomini, Donatella Cinelli, COL D'ORCIA, Il Colle, Collemattoni, Colombini, Costanti, Cupano, Eredi FULIGNI, Fossacolle, La Gerla, LISINI*, La Magia, Il Marroneto*, Mastrojanni*, Franco Pacenti, Siro Pacenti, Il Paradiso di Manfredi, PIAN DELL'ORINO*, Pieve di Santa Restituta, La Poderina, POGGIO ANTICO, POGGIO DI SOTTO*, Tenuta Il POGGIONE*, Le Potazzine, Le Ragnaie*, Salvioni*, San Filippo, Tenuta di Sesta, Stella di Campalto*, Uccelliera, Val di Suga.

Caiarossa Tosk ★★★ Gut im Besitz des Niederländers Eric Jelgersma (Château Giscours; siehe Bordeaux) nördlich von BOLGHERI. Ausgezeichnet sind Caiarossa Rosso sowie die Rotweine Aria und Pergolaia.

Calcagno Siz r w ★★★ Herausragender Familienbetrieb an der Spitze der ETNA-Qualitätsriege. Feudo di Mezzo und Rosso Arcurìa sind vortrefflich, sehr gut auch der Bianco Ginestra.

Calì, Paolo Siz r w ★★→★★★ In Paolo Calìs Weinen kommt das Beste am Bereich Vittoria zum Ausdruck. Am besten sind Cerasuolo di Vittoria Forfice und Frappato. Sehr gut auch der rote Manene und der weiße Grillo Blues.

Caluso/Erbaluce di Caluso Piem DOCG w ★→★★★ Still-, (trockene) Schaum- und Süßweine (Caluso PASSITO). Gute Erzeuger: Cieck (Misobolo, Brut San Giorgio), Favaro (Le Chiusure und Passito Sole d'Inverno), Ferrando, Orsolani (La Rustia).

Ca' Marcanda Tosk ★★★★ GAJAS Weingut in BOLGHERI (1996 gegründet). Drei Weine in preislicher Reihenfolge (hoch, höher, am höchsten): Promis, Magari und Ca' Marcanda; hauptsächlich internationale Rebsorten.

Canalicchio di Sopra Tosk ★★★ Die dynamische Familie Ripaccioli bereitet herrlich ausgewogenen, komplexen BRUNELLO (auch RISERVA) und ROSSO DI MONTALCINO. Empfehlenswert ist der neue 2015er Brunello von der Einzellage Casaccia.

Cantina Kellerei, doch auch Weinbars schmücken sich mit diesem Namen.

Cantina del Notaio Bas ★★→★★★ Das auf AGLIANICO spezialisierte ökologisch-biodynamische Gut bietet auch Weißwein, Rosé, Schaumwein und PASSITO. Star ist La Firma, aber der superreife AMARONE-ähnliche Il Sigillo ist fast ebenso gut. Der Repertorio ist immer geradezu schmerzhaft tanninhaltig und überbewertet.

Capezzana, Tenuta di Tosk ★★★ Das Weingut der Familie des kürzlich verstorbenen legendären toskanischen Erzeugers Graf Ugo Contini Bonacossi wird nun von seinen Kindern geführt. Ausgezeichneter CARMIGNANO (Villa di Capezzana, Villa di Trefiano) und hervorragender VIN SANTO, einer der fünf besten Italiens.

Capichera Sar ★★★ Die Familie Ragnedda erzeugt mit die besten Weißweine in Sardinien und beachtliche Rotweine. Herausragend sind Isola dei Nuraghi Bianco Santigaìni, Vendemmia Tardiva und Vigna'ngena.

Cappellano Piem ★★★ Der verstorbene Teobaldo Cappellano, ein Held des BAROLO, reservierte einen Teil seines Cru Gabutti für wurzelechte NEBBIOLO-Reben (Pie Franco); Sohn Augusto behält den ausgeprägt traditionellen Stil bei. Auch »medizinischer« Barolo Chinato, der von einem Vorfahren erfunden wurde.

Caprai Umb ★★★→★★★★ Marco Caprai und Berater Attilio Pagli haben dieses große Gut (knapp 200 ha) zum Inbegriff von MONTEFALCO gemacht. Viele herausragende Weine, z. B. 25 Anni. Der Nicht-Cru Collepiano ist besser, weil weniger eichenlastig; der ROSSO DI MONTEFALCO ist geschmeidig und elegant. Der GRECHETTO Grecante ist preislich korrekt.

Carema Piem DOC r ★★→★★★ **06'** 07 **08 09 10** 11 13 (15) (16) – Kaum bekannter, leichter, intensiver, hervorragender NEBBIOLO von Trauben, die auf niedrigen, aber steilen Hängen bei Aosta wachsen. Am besten von Luigi Ferrando (v. a. Etichetta Nera) und Produttori Nebbiolo di Carema.

Carignano del Sulcis Sar DOC r rs ★★→★★★ **08 09 10** 12 13 14 15 (16) – Milder, aber intensiver Rotwein aus dem Südwesten SARDINIENS. Am besten sind Rocca Rubia von der CS di SANTADI und Terre Brune.

Carmignano Tosk DOCG r ★★★ **02 04 06 07 08 09** 10 **11** 12 13 (15) – Feiner Verschnitt aus SANGIOVESE und Bordeaux-Trauben, der im 20. Jh. vom verstorbenen Grafen Bonacossi (Capezzana) erfunden wurde. Am besten von Ambra, CAPEZZANA, Farnete, Piaggia, Le Poggiarelle, Pratesi.

Carpenè Malvolti Ven ★★ Die womöglich erste auf PROSECCO spezialisierte Kellerei wurde 1868 von Antonio Carpenè gegründet. Das Angebot umfasst Brut-, Dry- und Extra-Dry-Schaumweine, wobei keiner ganz furchtbar trocken ist (und das ist wohl auch gut so).

Carpineti, Marco Lat w; s ★★ Phänomenale biodynamische Weißweine von den kaum bekannten Rebsorten Bellone, Greco moro und Greco giallo. Maßstäbe setzen Caro und Ludum, einer der besten italienischen Süßweine.

Cartizze Ven ★★ PROSECCO DOCG aus einem hügeligen, schwer zu bewirtschaftenden 106 ha großen Gebiet im Herzen von CONEGLIANO VALDOBBIADENE. Häufig zu süß, obwohl als trocken etikettiert. Am besten von Col Vetoraz; gut von BISOL.

Case Basse Tosk ★★★★ Gianfranco Soldera erzeugt meist biodynamische, lang in Eiche ausgebaute, qualitativ hochwertige Weine im BRUNELLO-Stil (wenn auch keinen DOCG). Rar und kostbar.

Castel del Monte Apu DOC r rs w ★→★★ r **08 09 10** 11 (13) (15); w rs BV – Trockene, frische, zunehmend anspruchsvolle Weine aus einer DOC in APULIENS Mitte. Besonders empfehlenswert ist der Bocca di Lupo von Tormaresca (ANTINORI). Der Falcone Riserva ist Kult.

Castel Juval, Unterortl T-S ★★★ Im Besitz von Reinhold Messner. Markante, kristallklare Weine. Leider schwierig zu kontaktieren. Am besten sind RIESLING Windbichel und WEISSBURGUNDER. Sehr guter PINOT NOIR.

Castellare Tosk ★★★ Alteingesessener Spitzenerzeuger in Castellina in CHIANTI mit erstklassigem SANGIOVESE/MALVASIA NERA I Sodi di San Niccolò und zeitgemäßem CHIANTI CLASSICO, v. a. Riserva Il Poggiale. Außerdem POGGIO ai Merli (MERLOT) und Coniale (CABERNET SAUVIGNON).

Castell' in Villa Tosk ★★★ Individuelles, traditionalistisches CHIANTI-CLASSICO-Weingut im äußersten Südwesten des Gebiets. Weine großer Klasse von der Autodidaktin Prinzessin Coralia Pignatelli.

Castelluccio Em-Ro ★★→★★★ Hochwertiger SANGIOVESE vom Weingut des berühmten Önologen Vittorio Fiore in der Romagna, das nun Sohn Claudio führt. IGT RONCO dei Ciliegi und Ronco delle Ginestre sind die Stars. Der Le More ist ein schmackhafter und relativ preiswerter Romagna DOC.

Castiglion del Bosco Tosk ★★★ Aufstrebender BRUNELLO-Erzeuger im Besitz von Ferragamo.

Cataldi Madonna Abr ★★★ Organisch zertifiziert. Am besten ist der PECORINO Frontone, der von den ältesten Pecorino-Reben in den Abruzzen erzeugt wird. Sehr gut: CERASUOLO d'Abruzzo Piè delle Vigne, MONTEPULCIANO d'Abruzzo Tonì.

Cavallotto Piem ★★★ In Castiglione Falletto ansässiger führender BAROLO-Traditionalist mit Weinbergen im Herzen des Anbaugebiets. Herausragender Barolo RISERVA Bricco Boschis VIGNA San Giuseppe und Riserva Vignolo, sehr guter LANGHE NEBBIOLO. Außerdem überraschend guter GRIGNOLINO und Freisa.

Cave Mont Blanc Ao – Erstklassige Genossenschaftskellerei am Fuß des Mont Blanc mit 60 bis 100 Jahre alten ungepropften einheimischen Prie-blanc-Reben. Hervorragender Schaumwein. Ist auch dabei, die lange verschollene Rotweintraube Roussin de Morgex wiederzubeleben. Am besten sind Top Blanc de Morgex et de la Salle Rayon und Brut MC Extreme.

Cerasuolo Abr DOC rs ★ Die BV-ROSATO-Version von MONTEPULCIANO D'ABRUZZO, nicht zu verwechseln mit dem roten CERASUOLO DI VITTORIA aus Sizilien. Ist manchmal hervorragend; die (mit Abstand) besten Erzeuger sind Emidio PEPE, Praesidium, TIBERIO und VALENTINI.

Cerasuolo di Vittoria Siz DOCG r ★★ **10 11** 13 15 (16) – Mittelschwerer Rotwein von Frappato- und Nero-d'Avola-Trauben in Südost-SIZILIEN. Absurderweise weiterhin die einzige DOCG in Sizilien. Empfehlenswert von Arianna Occhipinti, COS, Gulfi, Paolo CALÌ, PLANETA und Valle dell'Acate.

Ceretto Piem ★★★ Führender Erzeuger von BARBARESCO (Asili, Bernradot) und BAROLO (Bricco Rocche, Brunate, Prapò) sowie LANGHE Bianco Blange (ARNEIS). Die ältere Generation übergibt an Alessandro, Federico, Roberta und Lisa. Seit 2015 organisch zertifiziert. Die Weine sind in letzter Zeit klassischer.

Cerro, Fattoria del Tosk ★★★ Weingut im Besitz des Versicherungsgiganten SAI, das sehr guten DOCG VINO NOBILE DI MONTEPULCIANO (v. a. Einzellagenwein Antica Chiusina) erzeugt. SAI gehören auch Colpetrone (MONTEFALCO SAGRANTINO), La Poderina (BRUNELLO DI MONTALCINO) und das 1.000 ha große Weingut Monterufoli im Norden der MAREMMA.

Cerruti, Ezio Piem ★★→★★★ Kleines Gut in gutem Gebiet für Moscato. Am besten ist der süße Sol von natürlich getrockneten MOSCATO-Trauben. Sehr gut auch der trockene Moscato Fol.

Cesanese del Piglio oder Piglio Lat DOCG r ★→★★ Mittelschwerer Rotwein, kann gut eine Zeitlang gelagert werden. Am besten von Petrucca e Vela und Terre del Cesanese. Die Weine Cesanese di Olevano Romano und Cesanese di Affile sind ähnlich.

Chianti Tosk DOCG r ★→★★★ Traditionelles Anbaugebiet zwischen Florenz und Siena und der dort erzeugte leichte Rotwein. Der CHIANTI hat einen weiten Weg zurückgelegt seit den Korbflasche-als-Lampe-Zeiten, als er mit weißen Trauben versetzt und mit Importen aus dem Süden frisiert wurde. Typischer toskanischer Wein zu vernünftigem Preis.

Chianti Classico Tosk DOCG r ★★→★★★ **04 06 07 08 09** 10 **11** 12 13 (15) (16) – Das historische Gebiet wurde »CLASSICO«, als die Weinbauregion CHIANTI Anfang des 20. Jahrhunderts auf praktisch die ganze mittlere Toskana ausgeweitet wurde. Es umfasst ganz oder teilweise neun Gemeinden im hügeligen (250–500 m), felsigen Gelände. Der Wein mit dem schwarzen Hahn ist traditionell ein Verschnitt, und es wird weiter darüber debattiert, ob dem SANGIOVESE französische (z. B. CABERNET SAUVIGNON) oder einheimische Trauben zugesetzt werden sollen. Gran Selezione ist die neue Spitzenkategorie, über RISERVA. Siehe auch Kasten unten.

Chiaretto Ven – Heller Rosé mit ganz leichtem rötlichen Einschlag, v. a. vom Gardasee. Siehe BARDOLINO.

Wer macht wirklich guten Chianti Classico?

Da das Chianti-Classico-Gebiet groß ist und sich dort Hunderte von Erzeugern tummeln, ist es gar nicht so einfach, die besten herauszupicken. Die Allerbesten sind mit einem Stern gekennzeichnet. AMA*, ANTINORI, BADIA A COLTIBUONO*, Bibbiano, Le Boncie, BROLIO, Cacchiano, CAFAGGIO, Capannelle, Casaloste, Casa Sola, CASTELLARE, CASTELL'IN VILLA, Le Cinciole*, Le Corti, Mannucci Droandi, FELSINA*, Le Filigare, FONTERUTOLI, FONTODI*, ISOLE E OLENA*, Lilliano, Il Molino di Grace, MONSANTO*, Monte Bernardi, Monteraponi*, NITTARDI, NOZZOLE, Palazzino, Paneretta, Poggerino, Poggiopiano, QUERCIABELLA*, RAMPOLLA, Riecine, Rocca di Castagnoli, Rocca di Montegrossi*, RUFFINO, San Fabiano Calcinaia, SAN FELICE, SAN GIUSTO A RENTENNANO*, Savignola Paolina, Selvole, Vecchie Terre di Montefili, Verrazzano, Vicchiomaggio, VIGNAMAGGIO, Villa Calcinaia*, Villa La Rosa*, Viticcio, VOLPAIA*.

Ciabot Berton Piem ★★★ Marco und Paola Oberto sind in die Fußstapfen ihres Vaters getreten und haben dieses Gut in La Morra zu einem seriösen Erzeuger mit sehr gutem Preis-Leistungs-Verhältnis gemacht. Der verschnittene BAROLO ist überzeugend, die Crus Roggeri und Rochettevino haben einen ausgeprägten Einzellagencharakter.

Cinque Terre Lig DOC w; tr s ★★ Trockene Weißweine auf VERMENTINO-Basis von der ligurischen Steilküste. Die süße Version heißt Sciacchetrà. Empfehlenswerte Erzeuger: Arrigoni, Bisson, Buranco, De Battè.

Ciolli, Damiano Lat ★★★ Eine der interessantesten Kellereien in Italien. Am besten ist der Cirsium, 100 % Cesanese d'Affile von 80 Jahre alten Reben. Sehr gut auch der Silene (Cesanese d'Affile/Cesanese comune).

Cirò Kal DOC r (rs w) ★→★★★ Frischer kräftiger Rotwein von der wichtigsten kalabrischen Traube Gaglioppo oder leichter, fruchtiger Weißwein von GRECO (BV). Spitzenerzeuger: Caparra & Siciliani, IPPOLITO, Librandi (Duca San Felice ★★★), San Francesco (Donna Madda und RONCO dei Quattro Venti), SANTA VENERE.

Classico Bezeichnung für Wein aus einem begrenzten, meist historischen und edleren Bereich innerhalb einer kommerziell ausgeweiteten DOC. Siehe CHIANTI CLASSICO, VALPOLICELLA, VERDICCHIO, SOAVE und zahlreiche andere.

Clerico, Domenico Piem ★★★ 2017 verstorben, einer der größten Erneuerer des italienischen Weins und BAROLO-Erzeuger der modernistischen Fraktion in Monforte d'ALBA, v. a. mit den Crus Ciabot Mentin Ginestra, Pajana und Percristina. Der Weinbereitungsstil wandelt sich zu viel weniger Eiche.

Coffele Ven ★★★ Kreativer Kellermeister im aufstrebenden SOAVE-Land, gesegnet mit Trauben auf Terrassen an den höher gelegenen Hängen; die Weinberge wurden von seinem Vater Bepino angelegt. Soave CLASSICO, Cru Cà Visco und RECIOTO Le Sponde sind alle genau so, wie sie sein sollten.

Cogno, Elvio Piem ★★★ Spitzenweingut mit absolut erstklassigem, sprödem, elegantem BAROLO. Am besten sind Riserva Vigna Elena (von NEBBIOLO Rosè), Bricco Pernice, Ravera. Sehr gut: Anas-Cëtta (100 % Nascetta).

Col d'Orcia Tosk ★★★ Das drittgrößte Weingut in MONTALCINO (Besitzer Francesco Marone Cinzano) mit Topqualität. Am besten ist der BRUNELLO RISERVA POGGIO al Vento.

Colla, Poderi Piem ★★★ Hinter dieser Kellerei steckt die Erfahrung von Beppe Colla (Seele und Gründer von PRUNOTTO 1956–1990). Klassisch, traditionell, lagernswert. Spitzenweine: BARBARESCO Roncaglie, BAROLO Bussia Dardi Le Rose, LANGHE Bricco del Drago.

Colli = Hügel. Einzahl: *colle.* **Colline** (Einzahl: *collina*) sind kleinere Hügel. Siehe auch COLLIO, POGGIO.

Colli di Catone Lat ★→★★★ Spitzenerzeuger von FRASCATI und IGT in den römischen Hügeln von Monteporzio Catone. Herausragende gereifte Weine von MALVASIA del Lazio (alias Malvasia Puntinata) und GRECHETTO. Empfehlenswert sind die Marken Colle Gaio und Casal Pilozzo.

Colli di Lapio Kamp ★★★ Auf Clelia Romanos Gut entsteht der beste Fiano in Italien.

Colli di Luni Lig, Tosk DOC r w ★★→★★★ VERMENTINO- und Albarola-Weißweine; die Rotweine auf SANGIOVESE-Basis sind angenehm zu trinken und ansprechend. Gute Erzeuger: La Baia del Sole (Oro d'Isèe), Bisson (Vigna Erta), Giacomelli (Boboli), Ottaviano Lambruschi (Costa Marina).

Collio F-JV DOC r w ★★→★★★★ Hügeliges Anbaugebiet an der slowenischen Grenze. Bekannt v. a. für komplexe, manchmal absichtlich oxidierte Weine, die teilweise zusammen mit den Schalen in eingegrabenen irdenen Gefäßen/Amphoren vinifiziert werden. Aus verschiedenen französischen, deutschen und slawischen Sorten entstehen auf diese Weise einige exzellente, einige schauerliche Weine. Zu den vielen guten bis ausgezeichneten Erzeugern gehören u. a. Aldo Polencic, BORGO DEL TIGLIO, Castello di Spessa, LA CASTELLADA, Fiegl, GRAVNER, MARCO FELLUGA, Livon, Podversic, Primosic, Princic, Radikon, Renato Keber, RUSSIZ SUPERIORE, Schiopetto, Tercic, Terpin, Venica & Venica und VILLA RUSSIZ.

Colli Piacentini Em-Ro DOC r rs w ★→★★ BV – Leichte süffige Weine, oft perlend (rot und weiß) u. a. von BARBERA und BONARDA (r), MALVASIA und Pignoletto (w).

Colterenzio, Cantina Produttori (Schreckbichl) T-S ★★→★★★ Protagonist unter den Kellereigenossenschaften SÜDTIROLS mit Sitz in Girlan. Die Weißweine (SAUVIGNON Lafoa, CHARDONNAY Altkirch, PINOT BIANCO Weisshaus Praedium) sind trotz des guten Rufs des CABERNET SAUVIGNON Lafoa insgesamt besser als die Rotweine.

Conegliano Valdobbiadene Ven DOCG w; sch ★→★★ BV – Zungenbrecherische Bezeichnungen für Spitzen-PROSECCO, die einzeln oder zusammen verwendet werden können.

Conero DOCG r ★★→★★★ **09 11 12 13** 15 – Alias Rosso Conero. In dem kleinen Gebiet entsteht kraftvoller, bisweilen zu eichenlastiger MONTEPULCIANO. Empfehlenswert: GAROFOLI (Grosso Agontano), Le Terrazze (Praeludium), Marchetti (RISERVA Villa Bonomi), Moncaro, Monteschiavo (Adeodato), Moroder (Riserva Dorico), UMANI RONCHI (Riserva Campo San Giorgio).

Conterno, Aldo Piem ★★★→★★★★ Der Spitzenerzeuger in Monforte d'ALBA galt als Traditionalist, v. a. im Hinblick auf seine erstklassigen BAROLO-Weine Granbussia, Cicala, Colonnello und besonders Romirasco. Seine Söhne richten die Kellerei modernistischer aus.

Conterno Fantino Piem ★★★ Zusammenschluss zweier Familien, die in Monforte d'ALBA die ausgezeichneten BAROLOs (im modernen Stil) Sorì Ginestra, Mosconi und VIGNA del Gris erzeugen. Außerdem ein NEBBIOLO-BARBERA-Verschnitt namens Monprà.

Spitzen-Barolos

Hier sind einige erstklassige Einzellagen und ihre besten Erzeuger:

Bricco Boschis (Castiglione Falletto): CAVALLOTTO (RISERVA VIGNA San Giuseppe

Bricco delle Viole (BAROLO): G. D. VAJRA

Bricco Rocche (Castiglione Falletto): CERETTO

Brunate (La Morra, Barolo): Ceretto, ODDERO, Giuseppe RINALDI, VIETTI

Bussia (Monforte): Poderi Colla (Dardi Le Rose), Aldo CONTERNO (Gran Bussia e Romirasco), Oddero (Bussia Vigna Mondoca)

Cannubi (Barolo): BREZZA, E. Pira e Figli – Chiara Boschis, Luciano SANDRONE (Cannubi Boschis)

Cerequio (La Morra, Barolo): Boroli, Chiarlo Michele, Roberto VOERZIO

Falletto (Serralunga): Bruno GIACOSA (Le Rocche del Falletto Riserva)

Francia (Serralunga): Giacomo CONTERNO (Barolo Cascina Francia und Monfortino)

Ginestra (Monforte): Domenico CLERICO (Ciabot Mentin), CONTERNO FANTINO (Sorì Ginestra und Vigna del Gris)

Lazzarito (Serralunga): Germano Ettore (Riserva), VIETTI

Monprivato (Castiglione Falletto): Giuseppe MASCARELLO (Mauro)

Monvigliero (VERDUNO): Comm. G. B. BURLOTTO, CASTELLO DI VERDUNO, Paolo SCAVINO

Ornato (Serralunga): PIO CESARE

Ravera (Novello): Elvio Cogno (Bricco Pernice), G. D. VAJRA, VIETTI

Rocche dell'Annunziata (La Morra): Rocche Costamagna, Paolo Scavino (Riserva), Trediberri, Roberto Voerzio

Rocche di Castiglione (Castiglione Falletto): Brovia, Oddero, Vietti

Vigna Rionda (Serralunga): Massolino, Oddero

Villero (Castiglione Falletto): Boroli, Brovia, Giacomo Fenocchio. Der Barolo von Bartolo MASCARELLO enthält Rebgut aus Cannubi San Lorenzo, Ruè und Rocche dell'Annunziata

Conterno, Giacomo Piem ★★★★ Für viele ist der Spitzenwein dieses Guts, der Monfortino, der beste italienische Wein überhaupt. Der Weinberg (Cascina Francia) ist in Serralunga, die Kellerei dagegen in Monforte. Roberto, Sohn des verstorbenen Giovanni, der seinerseits Giacomos Sohn war, hält sich streng an das Rezept seiner Vorfahren. Hervorragender BARBERA.

Conterno, Paolo Piem ★★→★★★ Die Familie baut seit 1886 NEBBIOLO und BARBERA an; der derzeitige *titolare* Giorgio führt die Tradition fort und erzeugt die mustergültigen BAROLO-Einzellagenweine Ginestra und Riva del Bric sowie den besonders feinen LANGHE Nebbiolo Bric Ginestra.

Contini Sar ★★★ Vorbildlicher VERNACCIA DI ORISTANO; die Weißweine im oxidativen Stil sind sehr gutem Amontillado oder Oloroso nicht unähnlich. Der Antico Gregori ist einer der besten italienischen Weißen.

Conti Zecca Apu ★★→★★★ Gut im SALENTO, dessen 320 ha fast zwei Millionen Flaschen hervorbringen. Die IGT-Salento-Reihe Donna Marzia ist preiswert, ebenso der SALICE SALENTINO Cantalupi. Der bekannteste der vielen Weine ist der NEGROAMARO/CABERNET SAUVIGNON Nero.

Copertino Apu DOC r (rs) ★★★ **08 10 11** 12 (13) (15) – Geschmeidiger, saftiger Rotwein von NEGROAMARO-Trauben vom Stiefelabsatz Italiens. Gute Erzeuger: CS Copertino, MONACI.

Cornelissen, Frank ★★★ Von Belgien zum Ätna (ETNA), um einige der interessantesten vollen Rotweine Italiens zu erzeugen. Herausragend: NERELLO MASCALESE Magma. Sehr gut: VA und CS (rot).

Correggia, Matteo Piem r ★★★ Führender Erzeuger von ROERO (RISERVA Rochè d'Ampsej, Val dei Preti) und Roero ARNEIS sowie BARBERA D'ALBA (Marun).

Cretes, Les Ao ★★★ Costantino Charrère ist der Vater des modernen Weinbaus im VALLE D'AOSTA und rettete viele in Vergessenheit geratene Rebsorten. Hervorragender Petite Arvine, zwei der besten CHARDONNAYS in Italien; sehr guter Fumin.

CS (Cantina Sociale) Genossenschaftskellerei.

Cuomo, Marisa Kamp ★★★ Der Fiorduva ist einer der besten Weißweine Italiens. Sehr gut sind auch Furore Bianco und Rosso (Costa d'Amalfi).

Cusumano Siz ★★→★★★ Relativ neuer wichtiger Erzeuger mit 500 ha in verschiedenen Teilen SIZILIENS. Rotweine von NERO D'AVOLA, CABERNET SAUVIGNON, SYRAH; Weißweine von CHARDONNAY, INZOLIA. Gute Qualität, preiswert. Am besten sind die Weine aus dem Bereich ETNA (Alta Mora).

Dal Forno, Romano Ven ★★★★ Erzeuger von VALPOLICELLA, AMARONE und RECIOTO sehr hoher Qualität. Die Perfektion ist umso bemerkenswerter, als die Weinberge außerhalb des CLASSICO-Gebiets liegen.

D'Ambra Kamp r w ★★→★★★ Auf ISCHIA; fördert seltene Reben von der Insel. Am besten ist der weiße Einzellagenwein Frassitelli (100% Biancolella), sehr gut auch der rote Per' e Palummo La Vigna dei Mille Anni Tenuta Migliaccio.

De Bartoli, Marco Siz ★★★ Der große Marco de Bartoli, Sprössling zweier MARSALA-Erzeugerfamilien, kämpfte zeit seines Lebens für »echten« Marsala und gegen Kochwein- und aromatisierte Varianten. Sein trockener Vecchio Samperi durfte nicht »Marsala« heißen, weil er nicht gespritet war. Sein Meisterwerk ist der zwanzigjährige Ventennale, ein Verschnitt aus alten und jungen Weinen. Seit seinem Tod führen seine Kinder das Gut. Köstliche Tafelweine (z. B. GRILLO Vignaverde, ZIBIBBO Pietranera) und ein hervorragender süßer Zibibbo di PANTELLERIA namens Bukkuram.

Dei Piem ★★→★★★ Die Pianistin Caterina Dei führt dieses aristokratische Gut in MONTEPULCIANO, auf dem sie mit Kunstfertigkeit und Leidenschaft VINO NOBILE erzeugt. Ihr Meisterwerk ist der Bossona.

Derthona Piem w ★→★★★ Von in den COLLI Tortonesi angebauten Timorasso-Trauben. Einer der einzigartigen Weißweine Italiens (wie sehr trockener Riesling aus Rheinhessen). Gute Erzeuger: Boveri Luigi, La Colombera, Claudio Mariotto, VIGNETI MASSA, Mutti.

Di Majo Norante Mol ★★→★★★ Der bekannteste Erzeuger in Molise mit ordentlichem Biferno Rosso Ramitello, Molise Rosso RISERVA Don Luigi und Molise AGLIANICO Contado. Die Weißweine sind uninteressant, der MOSCATO PASSITO Apianae ist recht gut.

DOC, DOCG Qualitätsweinbezeichnung; siehe Kasten S. 169.

Dogliani Piem DOCG r ★→★★★ **10 11 12 13** 15 16 – DOCG-Weine aus dem PIEMONT, DOLCETTO *in purezza,* aber die Nennung der Rebsorte auf dem Etikett wurde verboten, um uns Weinliebhaber zu verwirren. Einige sind jung zu trinken, manche eignen sich für eine nicht allzu lange Lagerung.

Gut: Marziano Abbona, Osvaldo Barbaris, Francesco Boschis, Bricco Rosso, Chionetti, Clavesana, EINAUDI, Pecchenino.

Donnafugata Siz r w ★★→★★★ Hochklassiges Angebot, u. a. die Roten Mille e Una Notte und Tancredi sowie die Weißen Chiarandà und Lighea. Dazu sehr feiner MOSCATO PASSITO di PANTELLERIA Ben Ryé.

Duca di Salaparuta Siz ★★ War früher mit der Marke Corvo in jedem italienischen Restaurant im Ausland auf der Weinkarte zu finden und ist jetzt Eigentum von Ilva aus Saronno. Zu den anspruchsvolleren Weißweinen zählen der Kados von GRILLO-Trauben und der INSOLIA (Colomba Platino); bei den Roten stechen der NERO D'AVOLA Suormarchesa und der Triskele (mit Merlot) hervor. Außerdem der alte Favorit Duca Enrico.

Einaudi, Luigi Piem ★★★ Ende des 19. Jh. vom späteren italienischen Staatspräsidenten gegründetes 52-ha-Gut in DOGLIANI mit Rebflächen in BAROLO. Solide Barolos aus den Lagen Cannubi und Terlo Costa Grimaldi. Spitzen-Dogliani (DOLCETTO) aus der Lage VIGNA Tecc. Jetzt auch in Bussia und Monvigliero.

Elba Tosk r w; (sch) ★→★★ BV – Der Weißwein der Insel, TREBBIANO/ANSONICA, passt gut zu Fisch. Trockene Rotweine basieren auf SANGIOVESE. Dazu gute weiße (MOSCATO) und rote (Aleatico Passito DOCG) Süßweine. Gut: Acquabona, Sapereta.

Enoteca »Vinothek«; das kann eine Weinhandlung sein oder auch ein Restaurant mit anspruchsvoller Weinkarte. In der Fortezza von Siena gibt es die nationale Enoteca Italiana.

Erbaluce di Caluso (Caluso) DOCG w ★→★★★ Still, schäumend (trockene Weine) und auch süß (Caluso PASSITO).

Est! Est!! Est!!! Lat DOC w; tr lbl ★ BV – Wenig bemerkenswerter Weißwein aus Montefiascone nördlich von Rom.

Etna Siz DOC r rs w ★★→★★★ **08 09 10 11 12** 13 14 15 (16) – Wein von hohen Lagen am Nordhang des Ätna, zurzeit groß im Trend. Neues Geld ermöglicht Neuanpflanzungen sowie einige ausgezeichnete (und einige überschätzte) Weine, die burgunderartig sind, aber auf den Sorten NERELLO MASCALESE (rot) und CARRICANTE (weiß) beruhen. Empfehlenswerte Rotweine von Benanti (Rovittello, Serra della Contessa, I Monovitigni), Calcagno (Arcuria), Cottanera, Girolamo Russo (FEUDO), Graci (Quota 600), I VIGNERI (VINUPETRA), Passopisciaro (Porcaria, Rampante, Sciaranuova), TASCA D'ALMERITA (Tascante), Tenuta delle TERRE NERE (Calderara Sottana, La Vigna di Don Peppino, Guardiola). Empfehlenswerte Weißweine von BENANTI (EBS – Pietramarina), Barone di Villagrande (EBS); Fessina (EB – Bianco A' Puddara), I Vigneri (EB – Aurora), Girolamo Russo (EB – Nerina), TERRE NERE (Vigne Niche).

Falchini Tosk ★★→★★★ Erzeuger von gutem DOCG VERNACCIA DI SAN GIMIGNANO.

Falerno del Massico Kamp DOC r w ★★→★★★ **09 10 11 12** 13 (15) – Der Falernum (oder Falerner) war der Yquem des alten Roms. Heute tragen ein eleganter AGLIANICO-Rotwein und ein fruchtiger trockener Weißer von der FALANGHINA-Traube diesen Namen. Die besten Erzeuger: Amore Perrotta, Felicia, Moio, Trabucco, VILLA MATILDE.

Fara Piem – Siehe ALTO PIEMONTE.

Faro Siz DOC r ★★★ **06' 08 09 10 11 12** 13 14 (15) – Intensive, harmonische Rotweine von NERELLO MASCALESE und Nerello Cappuccio in den Hügeln im Hinterland von Messina. Salvatore Geraci von Palari ist am bekanntesten, aber Bonavita und Cuppari sind ebenso gut.

Felluga, Livio F-JV ★★★ Beständig feine Weine des Bereichs FRIULI COLLI ORIENTALI, v. a. die Verschnitte namens Terre Alte sowie Pinot grigio,

FRIULANO, RIBOLLA GIALLA, PICOLIT (Italiens bester?) und der MERLOT-REFOSCO-Verschnitt Sossò.

Felluga, Marco F-JV – Siehe RUSSIZ SUPERIORE.

Felsina Tosk ★★★ Ausgezeichnetes CHIANTI-CLASSICO-Gut im südöstlichen Zipfel des Gebiets: klassischer RISERVA Rancia und IGT Fontalloro, beides reinsortige SANGIOVESE-Weine. Außerdem (für Italien) bemerkenswert guter CHARDONNAY I Sistri. Das Castello di Farnetella mit gutem CHIANTI Colli Senesi gehört derselben Familie.

Fenocchio Giacomo Piem ★★★ Kleine, aber hervorragende BAROLO-Kellerei mit Sitz in Monforte d'ALBA.Traditioneller Stil, minimale Eingriffe, Ausbau in großen *botti* aus slawonischer Eiche. Einzellagen Bussia, Cannubi und Villero.

Ferrara, Benito Kamp ★★★ Vielleicht der beste Erzeuger von GRECO DI TUFO in Italien. Sein Talent äußert sich auch in dem ausgezeichneten TAURASI.

Ferrari T-S sch ★★→★★★ Trientiner Produzent des besten METODO-CLASSICO-Schaumweins außerhalb der FRANCIACORTA. Sein Spitzen-Cru ist Giulio Ferrari; ebenfalls gut sind der Brut RISERVA Lunelli auf CHARDONNAY-Basis, der neue Perlé Bianco und der Extra Brut Perlé Nero auf PINOT-NERO-Basis.

Ferraris, Luca Piem r ★★★ Spitzenerzeuger von Ruchè di Castagnole Monferrato. Am besten sind Opera Prima und Vigna del Parroco. Sehr gut auch der Clàsic.

Feudi di San Gregorio Kamp ★★→★★★ Äußerst angesagter Erzeuger in KAMPANIEN mit DOCG FIANO DI AVELLINO Pietracalda, GRECO DI TUFO Cutizzi und TAURASI Piano di Montevergine. Dazu die roten IGT-Weine Patrimo (MERLOT) und Serpico (AGLIANICO) sowie die weißen Campanaro (Fiano/Greco) und FALANGHINA. Siehe auch BASILISCO.

Feudo di San Maurizio Ao ★★★ Hervorragende Weine von den seltenen einheimischen Reben Cornalin, Mayolet und Vuillermin; die letzteren beiden zählen zu den besten italienischen Rotweinen.

Feudo Montoni Siz r w ★★★ Fantastisches Gut. Am besten sind NERO D'AVOLA Lagnusa und Vrucara. Sehr gut auch der weiße GRILLO della Timpa und der rote Perricone del Core.

Fiano di Avellino Kamp DOCG w ★★★ **06' 08 10 12 15** (16) – Ist entweder stahlig (am typischsten) oder saftig. Die vulkanischen Böden sind am besten. Gute Erzeuger: Colli di Lapio-Romana Clelio, Mastroberardino, Ciro Picariello, Pietracupa, Quintodecimo, Villa Diamante.

Fino, Gianfranco Apu ★★★ PRIMITIVO der Spitzenklasse von alten, ertragsarmen Buschreben. Der herausragende Es gehört zu den 20 besten italienischen Rotweinen.

Florio Siz – Historischer Qualitätserzeuger von MARSALA; Spezialist für Marsala Vergine Secco Baglio Florio. Bester Wein: Terre Arse (»verbranntes Land«).

Folonari Tosk ★★→★★★ Ambrogio Folonari und sein Sohn Giovanni, früher bei RUFFINO, haben u. a. Weinberge in der Toskana. Güter/Weine: u. a. Cabreo (CHARDONNAY bzw. SANGIOVESE/CABERNET SAUVIGNON),La Fuga (BRUNELLO DI MONTALCINO), NOZZOLE (u. a. der erstklassige Cabernet Sauvignon Pareto), Gracciano Svetoni (VINO NOBILE DI MONTEPULCIANO). Außerdem Weine aus BOLGHERI, FRIULI Colli Orientali und MONTECUCCO.

Fongaro Ven – METODO-CLASSICO-Schaumwein Lessini Durello (Durello ist der Name der Rebe). Hohe Qualität, noch höherer Säuregehalt, lagernswert.

Fontana Candida Lat ★★ Der größte Erzeuger des einst angesagten FRASCATI; der Einzellagenwein Santa Teresa wird hochgelobt, und das bringt das große Problem des Frascati auf den Punkt. Teil des riesigen GRUPPO ITALIANO VINI.

Fontanafredda Piem ★★→★★★ Großer Erzeuger von Weinen aus dem PIEMONT auf ehemals königlichen Gütern, darunter BAROLO Serralunga, Vigna La Rosa und Fontanafredda. Sehr gut ist der Alta Langa Brut Nature Vigna Gatinera.

Fonterutoli Tosk ★★★ Historisches CHIANTI-CLASSICO-Gut der Familie Mazzei in Castellina mit Burg und Hightechkellerei im wilden Herzen der toskanischen Hügellandschaft. Bemerkenswert der Castello di Fonterutoli (einst sehr dunkler, eichenholzwürziger Chianti Classico, jetzt trinkbarer) und der IGT Siepi (SANGIOVESE/MERLOT). Die Tenuta di Belguardo in der MAREMMA (guter MORELLINO DI SCANSANO) und Zisola in SIZILIEN haben denselben Besitzer.

Fontodi Tosk ★★★→★★★★ Das herausragende Gut in Panzano erzeugt mit den allerbesten CHIANTI CLASSICO, auch VIGNA del Sorbo (ehemals RISERVA, jetzt Gran Selezione) und denkwürdigen 100%igen SANGIOVESE Flaccianello. Die IGT-Weine Case Via PINOT NERO und SYRAH zählen zu den besten Weinen von diesen Trauben in der TOSKANA. Experimentelle Vergärung in Keramik, der dabei entstehende Wein heißt Dino (äußerst limitierte Produktion).

Foradori T-S ★★★ Elisabetta Foradori ist seit 30 Jahren eine Pionierin, hauptsächlich mit der großen roten Traube des TRENTINO, dem Teroldego. Inzwischen verkeltert sie Rotweine wie Morei und Sgarzon sowie Weißweine wie den Nosiola Fontanabianca in Amphoren. Das Spitzenprodukt ist weiterhin der Granato auf TEROLDEGO-Basis.

Franciacorta Lomb DOCG (rs) w; sch ★★→★★★★ Italiens wichtigstes Gebiet für erstklassige METODO-CLASSICO-Schaumweine. Spitzenerzeuger: Barone Pizzini, Bellavista, Ca' del Bosco, Cavalleri, Gatti, Uberti, Villa; ebenfalls sehr gut: Contadi Castaldi, Monte Rossa, Ricci Curbastri.

Franco, Nino Ven ★★★→★★★★ Die Kellerei von Primo Franco ist nach seinem Großvater benannt. Zu den allerbesten PROSECCOs zählen Primo Franco Dry und Rive di San Floriano Brut. Ausgezeichneter CARTIZZE, köstlicher normaler Prosecco di Valdobbiadene Brut.

Frascati Lat DOC w; tr lbl s; (sch) ★→★★ BV – Der bekannteste Wein von den Hügeln um Rom ist ständig durch die Ausweitung der Stadtgrenzen und blind verkostende Touristen bedroht. Er wird von MALVASIA di Candia und/oder TREBBIANO toscano erzeugt und ist meistens enttäuschend neutral. Gut ist Malvasia del Lazio (alias Malvasia Puntinata), aber aufgrund des niedrigen Ertrags nicht wettbewerbsfähig. Zu empfehlen sind Castel de Paolis, Conte Zandotti, Villa Simone und Santa Teresa von FONTANA CANDIDA sowie Colle Gaio von COLLI DI CATONE, 100% Malvasia del Lazio, obwohl IGT.

Frascole Tosk ★★→★★★★ Der nördlichste Erzeugerbetrieb im nördlichsten Teil des Chianti-Rufina-Gebiets. Enrico Lippi führt das in die Ausläufer der Apenninen geschmiegte kleine Biogut mit Augenmerk auf Typizität. Der CHIANTI RUFINA ist das Zugpferd, aber für den VIN SANTO würde man alles geben.

Frescobaldi Tosk ★★→★★★★ Alte Adelsfamilie und führender Pionier für CHIANTI RUFINA auf dem Gut NIPOZZANO (probieren Sie den Montesodi ★★★); außerdem BRUNELLO vom Gut CASTELGIOCONDO in MONTALCINO. Alleineigentümer des Guts LUCE (Montalcino) und von ORNELLAIA (BOLGHERI). Weinberge auch im COLLIO, in der MAREMMA und in Montespertoli.

Friaul–Julisch Venetien Region im Nordosten. In puncto Wein sind die Hügel an der slowenischen Grenze den Schwemmtälern im Westen überlegen. Bei DOCS wie Isonzo, Colli Orientali, Latisana und Aquileia ist auf dem Etikett jetzt »Friuli« vorangestellt, nur COLLIO, theoretisch die beste, hat ihren

Italien

alten Namen behalten. Ungeachtet einiger guter Rotweine gilt die Region neben Südtirol als Heimat der besten Weißen Italiens.

Friuli Colli Orientali F-JV DOC r w; tr s ★★→★★★★ Früher Colli Orientali del Friuli. Hügel im Osten von FRIAUL, an der slowenischen Grenze, ähnlich wie COLLIO, aber weniger experimentell und mehr auf Rot- und Süßweine ausgerichtet. Spitzenerzeuger: Aquila del Torre, Ermacora, Gigante, Iole Grillo, La Busa dla Loft, La Sclusa, Livio FELLUGA, Meroi, Miani, Moschioni, Petrussa, Rodaro, Ronchi di Cialla, Ronco del Gnemiz, Vigna Petrussa. Süßweine von VERDUZZO (alias Ramandolo, wenn spezielles DOCG-Gebiet: am besten von Anna Berra) oder PICOLIT-Trauben (Aquila del Torre, Livio Felluga, Ronchi di Cialla, Marco Sara, Vigna Petrussa) sind oft großartig.

Friuli Grave F-JV DOC r w ★→★★ r **10 11 12** 13 (15) (16) – Früher Grave del Friuli. Die größte DOC in FRIAUL, v. a. in der Ebene gelegen. Bedeutende Mengen kaum überzeugender Weine. Lobenswerte Ausnahmen sind Borgo Magredo, Di Lenardo, San Simone, RONCO Cliona, Villa Chiopris.

Friuli Isonzo F-JV DOC r w ★★★ Früher schlicht Isonzo. Luftige Kiesebene mit vielen sortenreinen Weinen und Verschnitten. Die Stars sind fast alle duftende, strukturierte Weißweine: Vintage Tunina von JERMANN; Gris, Lis und Tal Luc von LIS NERIS; MALVASIA, PINOT GRIGIO (Sot lis rivis) und FRIULANO (Toc Bas) von RONCO del Gelso; Flors d'Uis und Dessimis von VIE DI ROMANS. Gut auch: Borgo Conventi, Pierpaolo Pecorari.

Frizzante Leicht schäumend, mit einem Druck von bis zu 2,5 bar – etwa MOSCATO D'ASTI, der meiste PROSECCO, LAMBRUSCO und Co. Im Nordwesten Italiens entstehen viele spritzige Weine, die es nie in die weite Welt hinaus schaffen. Schade eigentlich.

Fucci, Elena Bas ★★★ Der AGLIANICO DEL VULTURE Titolo wird von 55 bis 70 Jahre alten Reben bereitet, die im Grand cru Vulture wachsen, und ist einer der 20 besten italienischen Weine. Besonders empfehlenswerte Jahrgänge: 08 11 13 (herausragend, vielleicht ein zukünftiger RISERVA).

Fuligni Tosk ★★★ Hervorragender Erzeuger von BRUNELLO und ROSSO DI MONTALCINO.

Gaja Piem ★★★★ Altes Familienunternehmen in BARBARESCO unter der Leitung von Angelo Gaja, dem beredten Apostel des italienischen Spitzenweins, in dessen Fußstapfen nun Tochter Gaia Gaja tritt. Hohe Qualität, höhere Preise. Der Barbaresco ist noch DOCG-Wein, die anderen vorher sortenreinen NEBBIOLO-Weine Costa Russi, Sorì San Lorenzo und Sorì Tildin sowie der BAROLO Sperss waren zum DOC LANGHE abgestuft worden, werden jetzt jedoch, wen wundert's, wieder Barbaresco und Barolo. Herrlicher CHARDONNAY (Gaia e Rey). Besitzt außerdem CA' MARCANDA in BOLGHERI und Pieve di Santa Restituta in MONTALCINO.

Galardi Kamp ★★★ Erzeuger von Terra di Lavoro, einem vielfach ausgezeichneten Verschnitt von AGLIANICO und Piedirosso im nördlichen KAMPANIEN. Bereitet nur diesen einen Wein.

Gancia Piem – Berühmte alte MUSCAT-Schaumweinmarke, immer noch gut.

Garda Ven DOC r rs w ★→★★ r **10 11 12 13** 15; rs w BV – Übergeordnete DOC für jung zu trinkende Weine aller Farben, aus den Provinzen Verona (Venetien), Brescia und Mantova (Lombardei). Gute Erzeuger sind Cavalchina und Zeni.

Garofoli Mar ★★→★★★ Spitzenreiter in puncto Qualität in den Marken (bei Ancona), Spezialist für VERDICCHIO (Macrina, Podium, Serra Fiorese) und CONERO (Grosso Agontano, Piancarda).

Gattinara Piem DOCG r ★★→★★★ **04' 06 07 08 09 10 11** 12 13 (15) – Bekanntester einer Gruppe nordpiemontesischer DOC(G)-Bereiche auf der Basis von NEBBIOLO. Vulkanische Böden; für lange Lagerung geeignet.

Am besten von Antoniolo (Osso San Grato, San Francesco), Bianchi, Paride Iaretti, Nervi, Torraccia del Piantavigna, Travaglini (RISERVA und Tre Vigne). Siehe auch ALTO PIEMONTE.

Gavi Piem DOCG w ★→★★★ BV – Von Cortese-Trauben gekelterter, bestenfalls subtiler, trockener, meistens jedoch stumpfer, einfacher oder scharfer Weißwein. Ein Großteil kommt aus der Gemeinde Gavi und heißt dann Gavi di Gavi bzw. inzwischen prosaischer Gavi del Comune di Gavi. Am besten von Bruno Broglia/La Meirana, Castellari Bergaglio (Rovereto Vignavecchia und Rolona; der Fornaci ist ein sehr guter Gavi di Tassarolo), Castello di Tassarolo, Chiarlo (Rovereto), Franco Martinetti, La Giustiniana, La Raia, La Toledana, Tenuta San Pietro, Villa Sparina.

Germano, Ettore Piem ★★★ Der kleine Familienbetrieb in Serralunga wird von Sergio und seiner Frau Elena geführt. Spitzen-BAROLOS: RISERVA Lazzarito und Cerretta. Empfehlenswert der Premier Cru Vigna Rionda. Sehr gut: LANGHE RIESLING Herzù und ALTA LANGA.

Ghemme Piem DOCG r – Wie Gattinara ein sehr guter Rotwein aus dem Piemont. Siehe ALTO PIEMONTE. NEBBIOLO (mindestens 85 %) sowie bis zu 15 % Uva Rara und/oder Vespolina. Gut: Antichi Vigneti di Cantalupo (Collis Braclemae), Ioppa (Balsina), Torraccia del Piantavigna (VIGNA Pelizzane).

Giacosa, Bruno Piem ★★★→★★★★ Der wohl größte Kellermeister Italiens bereitet im traditionellen Stil herrlichen BARBARESCO (Asili) und BAROLO (Falletto und Le Rocche del Falletto). Spitzenweine (d. h. RISERVAS) bekommen das berühmte rote Etikett. Sehr gute Rot- (BARBERA, DOLCETTO, NEBBIOLO) und Weißweine (ARNEIS) sowie erstaunlicher METODO CLASSICO Brut.

Grappa Kräftiger Tresterbranntwein (d. h. aus den nach dem Pressen übrig gebliebenen Traubenschalen usw. bereitet). Die Bandbreite reicht von scheußlich bis ausgezeichnet. Entspricht dem französischen Marc.

Grasso, Elio Piem ★★★→★★★★ Erstklassiger BAROLO-Erzeuger (mit den Crus Gavarini VIGNA Chiniera und Ginestra Casa Maté sowie Riserva Rüncot). Auch sehr guter BARBERA D'ALBA Vigna Martina, DOLCETTO d'Alba. Sohn Gianluca hat jetzt definitiv das Ruder übernommen.

Gravner, Josko F-JV ★★★→★★★★ Der umstrittene, aber (anders als manche seiner Nachahmer) talentierte Erzeuger im COLLIO bereitet Rot- und Weißweine ohne Temperaturregelung auf den Hülsen in vergrabenen Amphoren, baut sie lange aus und füllt sie unfiltriert ab: Sie werden entweder für ihre Komplexität geliebt oder für ihre Oxidiertheit und die Phenolkomponenten gehasst. Empfehlenswert sind der weiße Verschnitt Breg und der 2006er RIBOLLA GIALLA – für Liebhaber des etwas anderen.

Greco di Tufo Kamp DOCG w; (sch) ★★→★★★ BV – Die besseren Versionen gehören zu den besten Weißweinen Italiens: Zitrusfrüchte mit Anklängen an Orangenschale, im besten Fall lagerfähig. Spitzenerzeuger: Di Prisco, FEUDI DI SAN GREGORIO (Cutizzi), Benito Ferrara (Vigna Cicogna), Macchialupa, Mastroberadino (Nova Serra, Vignadangelo), Pietracupa, Quintodecimo (Giallo d'Arles), Vadiaperti (Tornante).

Grignolino Piem DOC r ★★ BV – Zwei DOCS: Grignolino d'ASTI und Grignolino del MONFERRATO Casalese. Bestenfalls lebhaft, leicht, mit viel Säure und Tanninen. Empfehlenswerter Grignolino d'Asti von Braida, Cascina Tavijin, Crivelli, Incisa della Rocchetta und Spertino, Grignolino del Monferrato Casalese von Accornero (die »frische« Version Bricco del Bosco, die »historische« Version Bricco del Bosco Vigne Vecchie – wie BAROLO bereitet), Bricco Mondalino, Canato (Celio), Il Mongetto, Pio Cesare.

Gruppo Italiano Vini (GIV) – Zusammenschluss von Genossenschaften und Kellereien mit dem größten Weinbergbesitz Italiens. Dazu gehören: Bigi, BOLLA, Ca' Bianca, Conti Serristori, FONTANA CANDIDA, Lamberti, Machiavelli, MELINI, Nino Negri, Santi und Vignaioli di San Floriano. Auch im Süden in SIZILIEN und der Basilikata tätig.

Guardiense, La Kamp ★★→★★★ Die dynamische Genossenschaft mit mehr als 1.000 Mitgliedern und 2.000 ha Rebland erzeugt unter der Leitung von Riccardo Cotarella außerordentlich preiswerte Weißweine (FALANGHINA Senete, FIANO Colli di Tilio, GRECO Pietralata) und Rotweine (v. a. I Mille bei AGLIANICO). Weltgrößter Erzeuger von FALANGHINA.

Guerrieri Rizzardi Ven ★★→★★★ Alteingesessener, adliger Erzeuger von Weinen aus Verona, v. a. Veronese GARDA. Guter BARDOLINO CLASSICO Tacchetto, eleganter AMARONE Villa Rizzardi und Cru Calcarole sowie ROSATO Rosa Rosae. Sehr guter SOAVE Classico Costeggiola.

Gulfi Siz ★★★ Der beste Erzeuger von NERO D'AVOLA in SIZILIEN und der erste, der Wein aus einer einzelnen *contrada* (Lage) abfüllte. Herausragend: Nerobufaleffj und Nerosanlorè. Sehr gut: Nerojbleo, Nerobaronj und CERASUOLO DI VITTORIA CLASSICO.

Gutturnio dei Colli Piacentini Em-Ro DOC r; tr ★→★★ BV – Ein BARBERA-BONARDA-Verschnitt aus den COLLI PIACENTINI, manchmal schäumend.

Haas, Franz T-S ★★★ Ausgezeichneter und manchmal brillanter Erzeuger in SÜDTIROL mit sehr gutem PINOT NERO und LAGREIN (Schweizer) sowie IGT-Verschnittweinen, v. a. dem weißen Manna.

Hofstätter T-S ★★★ Spitzenqualitätserzeuger mit gutem PINOT NERO. Besonders empfehlenswert ist der Barthenau VIGNA Sant'Urbano. Auch SÜDTIROLER Weißweine, hauptsächlich GEWÜRZTRAMINER (v. a. Kolbehof, einer der zwei besten in Italien).

Indicazione Geografica Tipica (IGT) – Immer häufiger als Indicazione Geografica Protetta (IGP) bezeichnet. Siehe Kasten S. 169.

Ippolito 1845 Kal ★→★★ Die Kellerei mit Sitz in CIRÒ Marina ist angeblich die älteste in Kalabrien. Quasiorganischer Anbau, internationale und einheimische Reben. Spitzenweine: CIRÒ RISERVA COLLI del Mancuso, Pecorello Bianco.

Ischia Kamp DOC (r) w ★→★★ BV – Vor Neapel liegende Insel mit eigenen Rebsorten (weiß: Biancolella, Forastera; rot: Piedirosso, auch in KAMPANIEN anzutreffen). Die Lage Frassitelli bringt den besten Biancolella hervor. Spitzenerzeuger: D'Ambra (Biancolella Frassitelli, Forastera). Sehr gute Weine kommen auch von Antonio Mazzella (VIGNA del Lume). Auf der Insel trinken.

Isole e Olena Tosk ★★★→★★★★ Erstklassiges CHIANTI-CLASSICO-Weingut unter Leitung des gewitzten Paolo de Marchi mit großartigem rotem IGT Cepparello. Hervorragender VIN SANTO: sehr guter CABERNET SAUVIGNON, CHARDONNAY und SYRAH. Besitzt auch die Proprietà SPERINO in LESSONA.

Jermann, Silvio F-JV ★★→★★★ Berühmtes Gut mit Weinbergen im COLLIO und in FRIULI ISONZO. Spitzenweine sind der weiße Verschnitt Vintage Tunina und Capo Martino. Sehr gut: Vinnae (hauptsächlich RIBOLLA GIALLA) und »Where Dreams ...« (CHARDONNAY).

Kampanien – Wir denken normalerweise an Neapel und den Vesuv, Capri und Ischia, Amalfi und Ravello, wenn von Kampanien die Rede ist, das so heißt, weil es die Zuflucht der Römer auf dem »Land« *(campania)* war. Doch der beste Wein kommt aus den Bergen im Landesinneren. Die herausragende rote Traube AGLIANICO und mindestens drei faszinierende weiße Sorten, FALANGHINA, GRECO und FIANO, haben alle das Zeug zu Frische, Komplexität und Charakter. Die Preise sind nicht hoch. Zu den klassischen DOCS zählen FIANO d'Avellino, GRECO DI TUFO und TAURASI, doch neuere Anbaugebiete wie Sannio oder Benevento machen nun ebenfalls von sich reden. Gute Erzeuger: Caggiano, CANTINA del Taburno, Caputo, Colli di Lapio, D'Ambra, De Angelis, Benito Ferrara, Feudi di San Gregorio, GALARDI, La

GUARDIENSE, Mastroberardino, Molettieri, MONTEVETRANO, Mustilli, Luigi Tecce, Terredora di Paolo, Trabucco, VILLA MATILDE.

Kőfererhof T-S ★★→★★★ Großartige Weißweine: KERNER und SYLVANER. Auch der MÜLLER-THURGAU ist ausgezeichnet.

Lacrima di Morro d'Alba Mar BV – Leichter Rotwein mit kuriosem Namen, Rosenduft und Muskatnote aus einer kleinen Gemeinde in den Marken – mit dem piemontesischen ALBA oder La Morra hat er nichts zu tun. Gute Erzeuger: Luigi Giusti (Luigino Vecchie Vigne), Mario Lucchetti (SUPERIORE Guardengo), Stefano Mancinelli (Superiore, Sensazioni di Frutto), Marotti Campi (Superiore Orgiolo und Rubico). Für PASSITO: Lucchetti, Stefano Mancinelli (Re Sole).

Lacryma (oder Lacrima) Christi del Vesuvio Kamp r rs w; tr (s); (sch) ★→★★ Weine der DOC Vesuvio auf Grundlage der Trauben Coda di Volpe (weiß) und Piedirosso (rot). Trotz des romantischen Namens kann der Vesuv in puncto Qualität nicht im Entferntesten mit dem ETNA mithalten. Am besten von Sorrentino und De Angelis; Caputo, MASTROBERARDINO und Terredora erzeugen eher uninspirierte Versionen.

Lageder, Alois T-S ★★→★★★ Spitzenerzeuger in SÜDTIROL. Die faszinierendsten Weine sind sortenreine Einzellagengewächse: Lehenhof (Sauvignon blanc), Benefizium Porer (PINOT GRIGIO), Löwengang (CHARDONNAY), Am Sand (GEWÜRZTRAMINER), Krafuss (PINOT NERO), Lindenberg (LAGREIN) und Cor Römigberg (CABERNET SAUVIGNON). Mit zum Besitz gehört das Gut Cason Hirschprunn mit sehr guten IGT-Verschnitten.

Lagrein T-S DOC r rs ★★→★★★ **06 07 08 09 11 12** 13 (15) – Alpiner Rotwein mit dunkler Farbe, vollem Geschmack (inklusive bitterer Note im Hintergrund); auch im erfrischenden Rosé Kretzer ist Lagrein enthalten. Spitzenerzeuger in SÜDTIROL: CS Andriano, Cantina Santa Maddalena, Gojer, LAGEDER, Josephus Mayr, MURI GRIES (Cru Abtei), Niedermayr, Ignaz Niedrist, Plattner. Empfehlenswerter Lagrein aus dem TRENTINO ist der Deamater von Francesco Moser.

Lambrusco Em-Ro DOC (teilweise) r rs w; tr lbl ★→★★ BV – Perlender Rotwein aus der Nähe von Modena, der in seiner lieblichen Massenversion (ohne DOC) früher sehr beliebt war. Der echte Lambrusco ist dagegen trocken, frisch und lebhaft und passt hervorragend zu den reichhaltigen Spezialitäten der Emilia-Romagna. DOCS: Lambrusco Grasparossa di Castelvetro, Lambrusco Salamino di Santa Croce und Lambrusco di Sorbara. Beste Erzeuger für Lambrusco di Sorbara; Cavicchioli (VIGNA del Cristo Secco und Vigna del Cristo Rose), Cleto Chiarli (Antica Modena Premium), Paltrinieri (FRIZZANTE Etichetta Bianca Fermentazione Naturale und Leclisse); für Lambrusco Grasparossa: Cleto Chiarli (Vigneto Enrico Cialdini), Fattoria Moretto (Monovitigno und Vigna Canova), Tenuta Pederzana (Canto Libero Semi Secco), Vittorio Graziano (Fontana dei Boschi); für Lambrusco Maestri: Cantine Ceci (Nero di Lambrusco Otello), Dall'Asta (Mefistofele); für Lambrusco Salamino: Cavicchioli (Tre Medaglie Semi Secco), Luciano Saetti (Vigneto Saetti), Medici Ermete (Concerto Granconcerto).

Langhe Piem – Die Hügel in der Mitte des PIEMONT, Heimat von BAROLO, BARBARESCO USW. DOC für mehrere sortenreine Piemonteser Weine sowie die Verschnitte Bianco und Rosso. Erzeuger, die wie GAJA andere Rebsorten in ihren NEBBIOLO einbringen möchten, können dies unter der DOC Langhe Nebbiolo bis zu einem Limit von 15% tun: Im Auge behalten!

Lessona Piem DOCG r – Siehe ALTO PIEMONTE. NEBBIOLO (mindestens 85%). Elegant, lagernswert, feines Bukett, nachhaltiger herzhafter Geschmack. Am besten von Proprietà SPERINO (siehe auch ISOLE E OLENA). Gut auch von Colombera & Garella, La Prevostura und Tenute Sella.

Librandi Kal ★★★ Spitzenerzeuger und Vorreiter bei der Nutzbarmachung kalabresischer Rebsorten. Sehr guter roter CIRÒ (Riserva Duca Sanfelice ★★★), IGT Gravello (CABERNET SAUVIGNON/Gaglioppo), roter Magno Megonio (Magliocco) und weißer IGT Efeso (Mantonico).

Ligurien r w; s ★→★★ Steile, felsige Italienische Riviera: Die meisten Weine verkaufen sich mit sattem Gewinn an sonnenhungrige Touristen und kommen daher nicht weit. Die wichtigsten Weißweintrauben sind VERMENTINO (am besten von Lambruschi, Giacomelli und La Baia del Sole) und Pigato (am besten von Bio Vio und Lupi), doch auch den süßen SCIACCHETRÀ aus den CINQUE TERRE sowie die beiden Rotweine Ormeasco di Pornassio und Rossese di Dolceacqua sollte man sich nicht entgehen lassen.

Lisini Tosk ★★★→★★★★ Historisches Weingut mit besonders feinem und lange haltbarem BRUNELLO di Montalcino, v. a. RISERVA Ugolaia.

Lis Neris F-JV ★★★ Spitzenweingut im Bereich FRIULI ISONZO, bekannt für Weiße, v. a. PINOT GRIGIO (Gris), SAUVIGNON BLANC (Picol), FRIULANO (Fiore di Campo) sowie die hervorragenden Verschnittweine Confini und Lis. Sehr gut sind auch der Lis Neris Rosso (MERLOT/CABERNET SAUVIGNON) und der süße weiße Tal Luc (VERDUZZO/RIESLING).

Lo Triolet Ao r w ★★★ Erstklassiger PINOT GRIS, sehr guter Coteau Barrage (SYRAH/Fumin), MUSCAT.

Luce Tosk ★★★ FRESCOBALDI ist, nachdem der ursprüngliche Partner Mondavi ausbezahlt wurde, inzwischen alleiniger Besitzer. Ein SANGIOVESE-MERLOT-Verschnitt für Oligarchen, aber auch ein herrlicher BRUNELLO DI MONTALCINO namens Luce.

Lugana DOC w; (sch) ★★→★★★ BV – Viel besser gewordener Weißwein vom südlichen Gardasee; Hauptrebe TREBBIANO di Lugana. Die besten Erzeuger: CA DEI FRATI (I Frati, v. a. Brolettino), Ottella (Brut, Le Crete), ZENATO (in Eiche ausgebaut), Fratelli Zeni, Le Morette (im Besitz von Valerio ZENATO). Empfehlenswerter Trebbiano di SOAVE kommt von Suavia (Massifitti).

Lungarotti Umb ★★★ Das führende Haus für TORGIANO-Weine mit Kellerei, Hotel und Weinmuseum in der Nähe von Perugia. Spitzenweine sind DOC Rubesco und DOCG RISERVA Monticchio. Erzeugt auch gute IGT-Weine: Sangiorgio (SANGIOVESE/CABERNET SAUVIGNON), Aurente (CHARDONNAY) und Giubilante. Guter MONTEFALCO SAGRANTINO.

Macchiole, Le Tosk ★★★ Eine der wenigen Kellereien in einheimischem Besitz in BOLGHERI und eine der ersten, die nach SASSICAIA in Erscheinung traten. Cinzia Merli erzeugt gemeinsam mit dem Önologen Luca Rettondini Italiens besten Cabernet franc (Paleo Rosso) sowie mit den besten MERLOT (Messorio) und SYRAH (Scrio). Sehr guter Bolgheri Rosso.

Maculan Ven ★★★ Fausto Maculan, Qualitätspionier in Venetien, erzeugt nach wie vor ausgezeichneten CABERNET SAUVIGNON (Fratta, Palazzotto), ist aber wohl hauptsächlich für seinen süßen TORCOLATO (v. a. die RISERVA Acininobili) bekannt.

Malvasia delle Lipari Siz DOC w; s ★★★ Vollmundiger lieblicher Wein von einer der vielen Reben namens MALVASIA.

Manduria (Primitivo di) Apu DOC r; lbl ★★→★★★ Manduria ist die geistige Heimat von PRIMITIVO alias ZINFANDEL, man mache sich also auf herzhafte, alkoholstarke, manchmal portweinartige Weine gefasst, die zu würzigen Speisen passen. Gute Erzeuger in Manduria und anderswo: Cantele, de Castris, CS Manduria, Gianfranco Fino, Polvanera, Racemi.

Marcato Ven – Der neue Eigentümer Gianni Tessari wird die jetzt schon sehr guten Schaumweine namens Lessini Durello und den Durella PASSITO wohl noch weiter verbessern.

Marchesi di Barolo Piem ★★ Großer, historischer BAROLO-Erzeuger, der Weine von den Einzellagen Cannubi und Sarmassa erzeugt, aber auch andere

Gewächse aus ALBA. Befürwortet die Ausdehnung der berühmten Einzellage Cannubi auf angrenzende Weinberge: Cannubi Boschis, Cannubi Muscatel, Cannubi San Lorenzo, Cannubi Valletta.

Maremma Tosk – Angesagtes Küstengebiet im Süden der TOSKANA, das größtenteils Anfang des 19. Jahrhunderts aus Weideland und durch die Trockenlegung von Malaria-Sumpfland gewonnen wurde. DOC(G)S: MONTEREGIO, MORELLINO DI SCANSANO, PARRINA, Pitigliano, SOVANA (Grosseto). Die IGT Maremma Toscana ist nun zur DOC Maremma Toscana geworden.

Marrone, Agricola Piem ★★→★★★ Kleines Gut, niedrige Preise, aber hohe Qualität beim BAROLO. Gut: ARNEIS, BARBERA D'ALBA, Pichemej.

Marsala Siz DOC w; s – Der einstmals berühmte gespritete Wein SIZILIENS (★→★★★) wurde 1773 von den Gebrüdern Woodhouse aus Liverpool »erfunden«. Im 20. Jahrhundert zur Kochzutat abgestuft, die nicht mehr als DOC annerkannt wird. Das Spektrum reicht von trocken bis sehr süß. Der beste ist der sehr trockene Marsala Vergine, der einen brauchbaren, wenn auch kaum angesagten Aperitif abgibt. Siehe auch DE BARTOLI.

Marzemino (Trentino) T-S DOC r ★→★★ **12** 13 (15) – Angenehmer Alltagsrotwein: saure rote Beeren, Veilchen, frische Kräuter, viel Säure, mittelschwer. Isera und Ziresi sind Unterbereiche. Am besten von Riccardo Battistotti, Conti Bossi Fredrigotti, Bruno Grigoletti, Eugenio Rosi (Poiema). Gut auch von De Tarczal, Letrari, Longariva, Enrico Spagnolli, Vallarom, VallisAgri (Vigna Fornas), Vilar.

Mascarello Piem – Zwei führende BAROLO-Erzeuger tragen diesen Namen: der verstorbene Bartolo Mascarello in Barolo, dessen Tochter Maria Teresa den sehr traditionellen Weg ihres Vaters weitergeht, und Giuseppe Mascarello in Monchiero, dessen Sohn Mauro großartigen Barolo im ausgeprägt traditionellen Stil von der Spitzenlage Monprivato in Castiglione Falletto bereitet. Beide sind zu Recht Kult.

Masi Ven ★★→★★★ Der typische und gleichzeitig innovative Erzeuger von Veroneser Weinen wird von Sandro Boscaini geführt, dessen Begeisterung ansteckend ist. VALPOLICELLA, AMARONE, RECIOTO, SOAVE usw., auch sehr guter Rosso Veronese Campo Fiorin. Außerdem werden in FRIAUL und Argentinien an Amarone erinnernde Weine produziert. Sehr guter fassgereifter roter IGT Toar von CORVINA und Oseleta sowie Osar (Oseleta). Die besten Amarones sind Costasera und Campolongo di Torbe. Neu ist der friaulische Schaumwein Moxxé von PINOT GRIGIO und teilweise getrockneten VERDUZZO-Trauben.

Massa, Vigneti Piem ★★★ Walter Massa verhalf der schon fast ausgestorbenen weißen Rebe Timorasso zum Comeback. Hervorragend: Coste del Vento, Montecitorio, Sterpi. Gut: BARBERA Bigolla.

Massolino Vigna Rionda Piem ★★★ Eines der besten BAROLO-Güter in Serralunga. Parafada und Margheria, beide ausgezeichnet, haben eine feste Struktur und eine fruchtige Süffigkeit. Am besten ist der langlebige VIGNA Rionda. Sehr guter Parussi.

Mastroberardino Kamp ★★★ Historischer Erzeuger in der gebirgigen kampanischen Provinz Avellino, der schon Mitte des 20. Jahrhunderts die Fackel der Qualität für Italiens Süden hochhielt. Taurasi der Spitzenklasse (v. a. Historia Naturalis und Radici) sowie FIANO DI AVELLINO More Maiorum und GRECO DI TUFO Nova Serra. Antonio Mastroberardino bewahrte Fiano (und vielleicht auch Greco) maßgeblich vor dem Aussterben.

Mastrodomenico, Vigne Bas ★★→★★★ Kleines Gut im erstklassigen Unterbereich Rapolla. Spitzenwein: Aglianico del Vulture Likos.

Melini Tosk ★★ Großer Erzeuger von CHIANTI CLASSICO in Poggibonsi; gehört zur GRUPPO ITALIANO VINI. Gute Qualität, guter Preis, v. a. Chianti Classico Selvanella sowie die RISERVA-Weine La Selvanella und Masovecchio.

Italien

Meroi F-JV ★★★ Dynamisches Gut; hervorragender FRIULANO, MALVASIA Le Zittelle, RIBOLLA GIALLA.

Metodo classico/tradizionale Italienisch für »Champagnermethode«.

Mezzacorona T-S ★→★★ Sehr große Genossenschaft in der Gemeinde Mezzocorona (sic!) im TRENTINO mit breitem Angebot an guten Weinen, v. a. TEROLDEGO ROTALIANO Nos und Rotari METODO CLASSICO.

Miani ★★★ Enzo Pontoni ist Italiens bester Weißweinbereiter. Spitze: FRIULANO Buri, Friulano Filip, RIBOLLA GIALLA Pettarin. Sehr gut: SAUVIGNON BLANC Saurint, MERLOT, REFOSCO Buri.

Mogoro, Cantina di Sar ★★→★★★ Genossenschaftskellerei mit über 450 ha und 900.000 Flaschen Qualitätswein im Jahr. Verarbeitet die Weißweintraube Semidano, was eine Seltenheit ist. Am besten sind Monica San Bernardino und Semidano Superiore Puistéris. Sehr gut auch der Nuragus Ajò.

Mollettieri, Salvatore Kamp ★★★ Hervorragend: Taurasi, Riserva Vigna Cinque Querce. Sehr gut: Fiano di Avellino Apianum.

Monaci, Azienda Apu r rs ★★→★★★ Weingut im Besitz der Familie von Severino Garofano, dem führenden Önologen im apulischen SALENTO. Charaktervoller NEGROAMARO-Rotwein (Eloquenzia, I Censi und der herrliche Le Braci von spät gelesenen Trauben) und -Rosé (Girofle) sowie Uva di Troia (Sine Pari) und AGLIANICO (Sine Die).

Monferrato Piem DOC r rs w; s ★→★★ Im Hügelland zwischen Po und Apennin entstehen einige der köstlichsten und preiswertesten Weine von den typischen einheimischen Reben BARBERA, Freisa, GRIGNOLINO, MALVASIA di Casorzo und Malvasia di Schierano, Ruché.

Monica di Sardegna Sar DOC r ★→★★★ BV – Köstlich duftende, mittelschwere Weine. Dieselbe Rebe bringt auch einen DOC-Wein in Cagliari hervor. Am besten von Argiolas (Iselis), Contini, Ferruccio Deiana (Karel), Dettori (Chimbanta), Cantina di Mogoro, Josto Puddu (Torremora) und SANTADI (Antigua).

Monsanto Tosk ★★★ Hoch angesehenes CHIANTI-CLASSICO-Weingut mit Il Poggio RISERVA (dem ersten Chianti Classico aus einer Einzellage), Chianti Classico RISERVA sowie den IGTS Fabrizio Bianchi (CHARDONNAY) und Nemo (CABERNET CAUVIGNON).

Montagnetta, La Piem ★★→★★★ Der wohl beste Erzeuger vieler verschiedener Freisas in Italien. Sehr gut: Freisa d'ASTI SUPERIORE Bugianen.

Montalcino Tosk – Das kleine, äußerst hübsche Hügelstädtchen in der Provinz Siena ist berühmt für seinen konzentrierten, teuren BRUNELLO und den etwas zugänglicheren, günstigeren ROSSO DI MONTALCINO, die beide nach wie vor sortenrein von SANGIOVESE gewonnen werden, obwohl große Jungs gelegentlich versuchen, dem Rosso ein wenig MERLOT unterzujubeln.

Montecarlo Tosk DOC r w ★★ w BV – Weiß- und immer mehr Rotwein aus einem Bereich bei Lucca.

Monte Carrubo Siz r ★★★ Pionier Peter Vinding-Diers pflanzte SYRAH auf einem Vulkan südlich des Ätna (ETNA) an – mit äußerst interessanten, komplexen Ergebnissen.

Montecucco Tosk – Toskanischer DOC-Bereich auf SANGIOVESE-Basis zwischen Monte Amiata und Grosseto, der angesichts des unaufhaltsamen Anstiegs der Grundstückspreise in MONTALCINO immer beliebter wird. Als Montecucco Sangiovese DOCG.

Montefalco Sagrantino Umb DOCG r; tr (s) ★★★→★★★★ Enorm tanninhaltige, kraftvolle, langlebige Weine, denen großes Potenzial nachgesagt wird. Doch es ist schwierig, die Phenole zu zähmen, ohne dem Wein seinen Charakter zu nehmen. Die traditionelle bittersüße PASSITO-Version ist der Traube vielleicht angemessener, verkauft sich aber nicht so gut. Gute Erzeuger: Adanti, Antonelli, Paolo Bea, Benincasa, CAPRAI, Colpetrone, LUNGAROTTI, Antano Milziade, Scacciadiavoli, Tabarrini und Terre de' Trinci.

Montepulciano d'Abruzzo Abr DOC r rs ★★→★★★ (r) **10 11 12 13** 15 – Die erste regionenübergreifende DOC in Italien. Unterbezeichnungen: Colline Teramane (jetzt DOCG) mit trotz des Hypes oft robusten, wenig ansprechenden Weinen und Controguerra (DOC) mit meist ausgewogeneren Weinen. Die Rotweine sind entweder leicht und lässig oder fest und reichhaltig. Empfehlenswert sind Cataldi Madonna (Toni, leichterer Malandrino), Marina Cvetic (S. Martino Rosso), Emidio Pepe, Tiberio (Colle Vota), Torre dei Beati (Cocciapazza, Mazzamurello), Valentini (am besten, lagernswert) und Zaccagnini.

Montevertine Tosk ★★★★ Organisch zertifiziertes Weingut in Radda. Der hervorragende IGT Le Pergole Torte ist ein reinsortiger, lange haltbarer SANGIOVESE von Weltklasse. Sehr gut auch der Montevertine.

Montevetrano Kamp ★★★ Angesehene kampanische AZIENDA im Besitz von Silvia Imparato, Berater ist Riccardo Cotarella. Hervorragender IGT Montevetrano (AGLIANICO/CABERNET SAUVIGNON/MERLOT).

Morella Apu ★★★ Gaetano Morella und seine Frau Lisa Gilbee erzeugen herausragenden PRIMITIVO (Old Vines und La Signora) von rund 90 Jahre alten Reben.

Morellino di Scansano Tosk DOCG r ★→★★★ **10 11** 13 15 – Der SANGIOVESE-Rotwein aus der MAREMMA war früher relativ leicht und einfach, gewinnt jetzt aber (in manchen Fällen: leider) an Gewicht und Substanz, vielleicht um seinen DOCG-Status zu rechtfertigen. Am besten von Mantellasi, Moris Farms, PODERE 414, POGGIO Argentiera, Le Pupille, Terre di Talamo und der Genossenschaft Vignaioli del Morellino di Scansano.

Moris Farms Tosk ★★★ Einer der ersten modernen Erzeuger in der toskanischen MAREMMA mit den DOC-Weinen MONTEREGIO und Morellino di Scansano sowie IGT VERMENTINO. Spitzen-Cru ist der jetzt hoch angesehene IGT Avvoltore, ein reichhaltiger Verschnitt aus SANGIOVESE, CABERNET SAUVIGNON und SYRAH. Empfehlenswert ist der einfache Morellino.

Moscato d'Asti Piem DOCG w; s; sch ★★→★★★ BV – Die Weine sind ähnlich wie die der DOCG ASTI, doch gewöhnlich von besserem Rebgut gekeltert, außerdem weniger alkoholstark, weniger kohlensäurehaltig, süßer und fruchtiger und meist von kleineren Gütern bereitet. Spitzenerzeuger: L'Armangia, BERA, Braida, Ca'd'Gal, Cascina Fonda, Caudrina, Il Falchetto, Forteto della Luja, Marchesi di Grésy, Icardi, Isolabella, Marino, La Morandina, Marco Negri, Elio Perrone, Rivetti, Saracco, Scagliola, Vajra, VIETTI, Vignaioli di Santo Stefano.

Muri-Gries T-S ★★→★★★ Das Kloster im Bozener Vorort Gries ist ein traditioneller und immer noch erstklassiger Erzeuger von SÜDTIROLER LAGREIN DOC. Empfehlenswert v. a. die Reihe Abtei Muri.

Nals Margreid T-S ★★→★★★ Kleine qualitätsbewusste Winzergenossenschaft mit alpenfrischen Weißweinen (v. a. PINOT BIANCO Sirmian) aus zwei Gemeinden in SÜDTIROL. Harald Schraffl ist ein erfindungsreicher Kellermeister.

Nebbiolo d'Alba Piem DOC r; tr ★★→★★★ **10 11 12** 13 14 15 – Manchmal ein vollwertiger Ersatz für BAROLO/BARBARESCO, obwohl er aus einem dazwischen gelegenen Gebiet kommt und nicht für herabgestufte Versionen der beiden Spitzen-DOCGS verwendet werden darf. Gute Exemplare liefern BREZZA (VIGNA Santa Rosalia), Bruno GIACOSA (Valmaggiore), Fratelli Giacosa, SANDRONE LUCIANO (Valmaggiore), PAITIN.

Nebbiolo delle Langhe Piem ★★ Wie NEBBIOLO D'ALBA, aber aus einem größeren Gebiet, den LANGHE. Darf anders als Nebbiolo d'Alba für herabgestuften BAROLO oder BARBARESCO verwendet werden. Gute Erzeuger: BURLOTTO, PIO CESARE, GIUSEPPE RINALDI und Vajra. Siehe auch GAJA.

Negrar, Cantina Ven ★★→★★★ Alias CS VALPOLICELLA. Wichtiger Erzeuger von erstklassigem Valpolicella, RIPASSO, AMARONE; die Trauben stammen aus verschiedenen Teilen des CLASSICO-Gebiets. Empfehlenswert ist die Marke Domini Veneti.

Niedriest, Ignaz r w ★★★ Der LAGREIN Berger Gei setzt Maßstäbe, ebenso wie RIESLING und WEISSBURGUNDER. Sehr guter BLAUBURGUNDER und SAUVIGNON BLANC Terlaner.

Nipozzano, Castello di Tosk ★★★ Das FRESCOBALDI-Weingut im Bereich RUFINA östlich von Florenz erzeugt die exzellenten CHIANTI-Rufina-RISERVA-Weine (v. a. Vecchie Viti) Nipozzano und Montesodi.

Nittardi Tosk ★★→★★★ Verlässliche Quelle für modernen CHIANTI CLASSICO guter Qualität in deutschem Besitz; Önologe ist Carlo Ferrini.

Nössing, Manni T-S ★★★ Hervorragender KERNER, MÜLLER-THURGAU Sass Rigais, SYLVANER. Die Weine setzen Zeichen.

Nozzole Tosk ★★→★★★ Berühmtes Gut im Zentrum des CHIANTI-CLASSICO-Bereichs, nördlich von Greve; im Besitz von Ambrogio und Giovanni FOLONARI. Sehr guter Chianti Classico Riserva und ausgezeichneter CABERNET SAUVIGNON Pareto.

Nuragus di Cagliari Sar DOC w ★★ BV – Lebhafter, unkomplizierter sardischer Weißwein von der Nuragus-Traube, der endlich größere Bekanntheit erlangt. Die besten Erzeuger sind Argiolas (S'Elegas) und Pala (I Fiori).

Occhio di Pernice Tosk – »Rebhuhnauge«. Eine Art von VIN SANTO, der vorwiegend von dunklen Trauben, insbesondere SANGIOVESE, bereitet wird. Bester Erzeuger ist Avignonesi. Auch eine seltene dunkle Rebsorte, die u. a. im CHIANTI RUFINA anzutreffen ist.

Occhipinti, Arianna Siz ★★★ Kulterzeugerbetrieb, und das zu Recht. Organisch zertifiziert. Glücklicherweise sind die Weine jetzt weniger oxidiert und setzen mehr auf Finesse als auf Wucht. Am besten ist Il Frappato. Sehr gut auch NERO D'AVOLA Siccagno und Nero d'Avola Frappato SP68.

Oddero Piem ★★★ Traditionalistisches Weingut in La Morra mit ausgezeichnetem Einzellagen-BAROLO (Brunate, Villero und VIGNA Rionda RISERVA, jetzt zehn Jahre gelagert) und Einzellagen-BARBARESCO (Gallina) sowie anderen anspruchsvollen piemontesischen Weinen.

Oltrepò Pavese Lomb DOC r w; tr s; sch ★→★★★ Multi-DOC mit zahlreichen sortenreinen und verschnittenen Weinen aus der Provinz Pavia; am besten ist der SPUMANTE. Gute Erzeuger: Anteo, Barbacarlo, CS Casteggio, Frecciarossa, Le Fracce, Mazzolino, Monsupello, Ruiz de Cardenas, Travaglino und die Genossenschaft La Versa.

Ornellaia Tosk ★★★★ **04 06' 08 10 11** 12 13 15 – Das angesagte Weingut bei BOLGHERI wurde von Lodovico ANTINORI gegründet, inzwischen befindet es sich im Besitz von FRESCOBALDI. Die Spitzenweine, Bolgheri DOC Ornellaia und IGT Masseto (MERLOT), sind im Hinblick auf Rebsorten und Methode an Bordeaux orientiert. Ebenfalls gut sind Bolgheri DOC Le Serre Nuove, IGT Le Volte und der weiße Poggio alle Gazze. Guter neuer Bianco (SAUVIGNON BANC/VIOGNIER).

Orvieto Umb DOC w; tr lbl s ★→★★★ BV – Der klassische umbrische Weißwein, ein Verschnitt hauptsächlich von Procanico (TREBBIANO) und GRECHETTO. Heute ist *secco* der beliebteste Stil, Paradebeispiele sind Castagneto und Luigi e Giovanna von BARBERANI; *amabile* ist die traditionelle Variante. Süße Exemplare von edelfaulen *(muffa nobile)* Trauben können großartig ausfallen, z. B. der Calcaia von Barberani. Weitere gute Erzeuger: Bigi, Cardeto, Castello della Sala, Decugnano dei Barbi, La Carraia, Palazzone.

Pacenti, Siro Tosk ★★★ BRUNELLO und ROSSO DI MONTALCINO im modernen Stil von einem kleinen, sorgfältig arbeitenden Erzeuger.

Paitin Piem ★★→★★★ Die Familie Pasquero-Elia family füllt seit Ende des 19. Jh. BARBARESCO ab. Sie war zunächst ausgesprochen traditionell, versuchte dann ihr Glück mit modernen Techniken (neuen Barriques) und erzeugt heute wieder »echten« Barbaresco in großen Fässern. Sorì Paitin ist der Spitzenwein.

Paltrinieri ★★→★★★ Einer der drei besten LAMBRUSCO-Erzeuger; produzierte als einer der ersten reinsortigen Lambrusco di Sorbara. Spitzenwein: Secco Radice; sehr gut auch der Leclisse.

Pantelleria Siz – Zu SIZILIEN gehörige windige Insel mit schwarzer (vulkanischer) Erde vor der Küste Tunesiens, berühmt für ihre großartigen Süßweine von MOSCATO d'Alessandria. Die PASSITO-Versionen sind besonders dicht und intensiv. Empfehlenswert: DE BARTOLI (Bukkuram), DONNAFUGATA (Ben Ryé), Ferrandes.

Parrina, La Tosk ★★ Das ausgedehnte Gut an der toskanischen Küste ist der Protagonist der DOC Parrina. Französische und einheimische Trauben, solide statt außerordentliche Weine.

Passito Tosk, Ven – Einer der ältesten und charakteristischsten italienischen Weinstile von Trauben, die, aufgehängt oder auf Gestellen ausgebreitet, kurz in der Spätsommersonne (im Süden) bzw. wochen- oder gar monatelang auf den luftigen Dachböden des Weinguts getrocknet werden; diesen Vorgang nennt man *appassimento.* Die bekanntesten Vertreter sind VIN SANTO (TOSKANA), AMARONE/RECIOTO (Venetien) und VALPOLICELLA/SOAVE. Siehe auch MONTEFALCO, ORVIETO, TORCOLATO, VALLONE. Die Weine sind nie billig.

Passopisciaro Siz ★★★ Das Gut am Ätna (ETNA) wird von Franchetti (siehe TENUTA DI TRINORO) geführt und trägt maßgeblich zum Ruhm des Bereichs ETNA bei. Hervorragende Einzel-Contrada-Weine von Nerello Mascalese. Am besten sind Contrada G (Guardiola) und Contrada C (Chiappemacine). Sehr gut auch Contrada R (Rampante).

Paternoster Bas ★★★ Das alte Gut ist jetzt im Besitz der Familie TOMMASI. Die 25 ha werden organisch bewirtschaftet. Am besten ist der Don Anselmo. Sehr guter Aglianico del Vulture Rotondo.

Pepe, Emidio Abr ★★★ Handwerklich arbeitende Kellerei mit 15 ha biodynamisch bewirtschafteter und ökologisch zertifizierter Rebfläche. Erstklassiger MONTEPULCIANO D'ABRUZZO. Gut: PECORINO, TREBBIANO d'Abruzzo.

Petrussa, Vigna F-JV ★★★ Kleiner Familienbetrieb mit Schioppettino und Picolit hoher Qualität.

Pian dell'Orino ★★★ Das kleine Weingut in MONTALCINO hat sich der Biodynamie verschrieben. Der BRUNELLO ist verführerisch und technisch perfekt, der Rosso fast ebenso gut. Viele monumentale Weine.

Piane, Le Piem ★★★ Christoph Künzli hat die DOC BOCA zu neuem Leben erweckt. Gut: Piane (Croatina) und Mimmo (NEBBIOLO/Croatina).

Piave Ven DOC r w ★→★★ r **11 12** 13 (15); w BV – Massen-DOC in einer Ebene im Osten Venetiens für preiswerte sortenreine Weine. Die CABERNET-SAUVIGNON-, MERLOT- und Raboso-Rotweine vertragen alle eine gewisse Reifezeit. Überdurchschnittliche Exemplare liefern Loredan Gasparini, Molon und Villa Sandi.

Picolit F-JV DOCG w; lbl s ★★→★★★ **08 09 10** 12 13 15 – Fast mythischer, aber unbeständiger Süßwein aus FRIULI COLLI ORIENTALI; könnte diejenigen enttäuschen, die ihn a) auftreiben und b) bezahlen können. Meist von luftgetrockneten Trauben. Reicht von leicht und süß (selten) bis superdick. Gute Erzeuger: Aquila del Torre, I Comelli, Girolamo Dorigo, Ermacora, Livio FELLUGA, Paolo Rodaro, Ronchi di Cialla, Marco Sara, VIGNA Petrussa.

Italien

Piemont Neben der TOSKANA Italiens bedeutendste Region für Spitzenqualität; in den Ausläufern der Alpen gelegen. Turin ist die Hauptstadt, MONFERRATO (ASTI) und LANGHE (ALBA) sind die Weinzentren. Keine IGT-Weine zugelassen; DOC Piemonte ist die niedrigste Herkunftsbezeichnung, die einfache Rote, Weiße, SPUMANTE und FRIZZANTE umfasst. Rebsorten: u. a. BARBERA, Brachetto, Cortese, DOLCETTO, Freisa, GRIGNOLINO, MALVASIA di Casorzo, Malvasia di Schierano, MOSCATO, NEBBIOLO, Ruché, Timorasso. Siehe auch ALTO PIEMONTE, BARBARESCO, BAROLO, ROERO.

Pieropan Ven ★★★ Nino Pieropan ist seit Langem der führende Qualitätserzeuger von SOAVE, der Mann, der einem edlen Wein wieder zu Glaubwürdigkeit verhalf. Der Cru La Rocca ist nach wie vor der ultimative in Eiche ausgebaute Soave, der Calvarino der beste überhaupt.

Pio Cesare Piem ★★→★★★ Erzeugerveteran in ALBA, der BAROLO und BARBARESCO in modernen, barriquegereiften Versionen und im traditionellen Stil mit Ausbau in großen Fässern anbietet. Erzeugt auch Alba-Weine, inklusive Weiße (z. B. GAVI). Besonders gut ist der NEBBIOLO D'ALBA, ein kleiner Barolo zum halben Preis.

Planeta Siz ★★→★★★ Führendes sizilianisches Gut mit sechs Besitzungen in verschiedenen Teilen der Insel, u. a. in Vittoria (CERASUOLO), Noto (NERO D'AVOLA Santa Cecilia) und seit Kurzem auch im ETNA-Bereich. Weine von einheimischen und importierten Reben. La Segreta ist die Marke für preiswerte Weißweine (CHARDONNAY, FIANO, Grecanico, VIOGNIER) und Rotweine (MERLOT, Nero d'Avola, SYRAH).

Podere Tosk – Toskanische Bezeichnung für einen kleinen Hof, der ehemals zu einem größeren Gut gehörte.

Poggio Tosk – Das Wort für »Hügel« im toskanischen Dialekt. **Poggione** heißt »großer Hügel«.

Poggio Antico Tosk ★★★ Paola Gloder leitet dieses mit 32 ha recht große Gut, auf rund 500 m eines der am höchsten gelegenen in MONTALCINO. Der Stil ist verhalten, beständig, manchmal zu vegetabil.

Poggio di Sotto ★★★ Kleines Gut in MONTALCINO, das sich in jüngster Zeit hohes Ansehen verschafft hat. Hat angrenzende Weinberge erworben. Herausragender BRUNELLO, Riserva und Rosso traditionellen Charakters mit individueller Note.

Poggione, Tenuta Il Tosk ★★★ Das Gut in MONTALCINO erzeugt trotz riesiger Produktionsmengen (rund 500.000 Flaschen) beständig ausgezeichneten BRUNELLO und Rosso von 125 ha im südlichen Teil des Bereichs. Fabrizio Bindocci hat den legendären Pierluigi Talenti abgelöst und zieht Sohn Alessandro heran, der irgendwann übernehmen soll.

Poggiopiano Tosk ★★→★★★ Üppiger CHIANTI CLASSICO von der Familie Bartoli. Der Chianti ist sortenreiner SANGIOVESE, aber der SUPERTOSKANER Rosso di Sera enthält bis zu 15 % Colorino-Trauben. Sehr gut der Colorino Taffe Tà.

Poggio Scalette Tosk ★★★ Vittorio Fiore und sein Sohn Jury führen das CHIANTI-Gut in Greve. Der Spitzenwein Il Carbonaione (100 % SANGIOVESE) braucht mehrere Jahre Flaschenreife. Überdurchschnittlicher CHIANTI CLASSICO und Bordeaux-Verschnitt Capogatto.

Poliziano Tosk ★★★ Federico Carlettis Weingut in MONTEPULCIANO mit hervorragendem VINO NOBILE (v. a. Einzellagenwein Asinone) und gutem IGT Le Stanze (CABERNET SAUVIGNON/MERLOT).

Pomino Tosk DOC r w ★★★ r **09 10 11 12** 13 (15) – Ein Anhängsel von RUFINA mit feinen roten und weißen Verschnitten (v. a. Il Benefizio). FRESCOBALDI ist hier praktisch exklusiv vertreten.

Potazzine, Le Tosk ★★★ Giuseppe und Gigliola Gorelli haben ihren Wein nach ihren zwei *potazzine* (Vögelchen, das heißt Kindern) benannt. Der Weinberg ist recht hoch am südlichen Rand von Montalcino gelegen. Hervorragender BRUNELLO und Rosso, anspruchsvoll und äußerst angenehm zu trinken. Sie können sie im Restaurant der Familie im Ort probieren.

Prà Ven ★★★ Führender Erzeuger von SOAVE CLASSICO. Empfehlenswert v. a. die Einzellagenweine Monte Grande und Staforte; Letzterer liegt sechs Monate in Tanks auf dem (regelmäßig mechanisch aufgerührten) Hefesatz: sehr schmackhaft. Ausgezeichnet die VALPOLICELLA-Weine La Formica und Morandina.

Der beste Prosecco

PROSECCO ist der Wein, GLERA die Rebsorte, von der er erzeugt wird (wodurch Imitaten der Garaus gemacht werden soll). Das meiste ist Durchschnitt, höher ist die Qualität in Valdobbiadene. Empfehlenswerte Erzeuger: Adami, Biancavigna, BISOL, Bortolin, Canevel, CARPENÈ-MALVOLTI, Case Bianche, Col Salice, Le Colture, Col Vetoraz, Silvano Follador, Nino Franco, Gregoletto, Mionetto, La Riva dei Frati, Ruggeri, Zardetto.

Produttori del Barbaresco Piem ★★★ Eine der ersten Genossenschaften in Italien, vielleicht die weltbeste. Aldo Vacca und sein Team erzeugen ausgezeichneten traditionellen einfachen BARBARESCO sowie die Crus Asili, Montefico, Montestefano, Ovello, Pora, Rio Sordo. Hervorragendes Preis-Leistungs-Verhältnis.

Prosecco Ven DOC(G) w; sch ★→★★ BV – Die Welt ist verrückt nach Italiens beliebtestem Perlwein, man fragt sich nur warum. Einzelheiten und eine Auswahl von Erzeugern siehe Kasten oben.

Prunotto, Alfredo Piem ★★★→★★★★ Das traditionelle Haus in ALBA wurde in den 1990er-Jahren von ANTINORI modernisiert; es wird von Piero Antinoris Tochter Albiera und dem Önologen Gianluca Torrengo geführt. Sehr guter BARBARESCO (Bric Turot), BAROLO (Bussia und Vigna Colonnello), NEBBIOLO (Occhetti), BARBERA D'ALBA (Pian Romualdo), BARBERA D'ASTI (Costamiole) und MONFERRATO Rosso (Mompertone und ein Barbera-SYRAH-Verschnitt).

Querciabella Tosk ★★★→★★★★ Erstklassiges CHIANTI-CLASSICO-Gut, seit 2000 biodynamisch. Spitzenweine sind IGT Camartina (CABERNET SAUVIGNON/SANGIOVESE) und Batàr (CHARDONNAY/PINOT BIANCO). Sehr guter Chianti Classico und Chianti Classico Riserva. Empfehlenswert sind die neuen Weine aus einzelnen Gemeinden (Greve in Chianti, Radda in Chianti, Gaiole).

Quintarelli, Giuseppe Ven ★★★★ Erztraditionalistischer, handwerklicher Erzeuger von feinem VALPOLICELLA, RECIOTO und AMARONE sowie einem guten Bianco Secco, einem Verschnitt aus verschiedenen Trauben, in handwerklicher Qualität. Tochter Fiorenza und ihre Söhne haben das Steuer übernommen und nichts geändert, auch nicht das Verbot des Alten, den Wein beim Verkosten auszuspucken.

Quintodecimo Kamp ★★★ Auf dem wunderschönen Gut des Önologieprofessors und Kellermeisters Luigi Moio entsteht herausragender TAURASI Vigna Grande Cerzit sowie großartiger Aglianico (Terra d'Eclano) und GRECO DI TUFO (Giallo d'Arles).

Ratti, Renato ★★→★★★ Legendäres BAROLO-Gut, nun mit Sohn Pietro am Steuer. Moderne Weine mit kurzer Maischezeit, aber viel Substanz, v. a. Barolo Rocche dell'Annunziata und Barolo Conca.

Recioto della Valpolicella Ven DOCG r; lbl; (sch) ★★★→★★★★ Dieser geschichtsträchtige, nach Bereitungsmethoden, die vor dem 6. Jahrhundert entwickelt wurden, von PASSITO-Trauben erzeugte Wein ist mit seiner üppigen, süßen Kirsch- und Schokoladenfruchtigkeit einzigartig und potenziell umwerfend.

Recioto di Soave Ven DOCG w; s; (sch) ★★★→★★★★ SOAVE von rosinierten Trauben: süß, fruchtig, leichte Mandelnoten; hoher Säuregehalt, der die Süße in Schach hält. Zu Käse trinken. Am besten von Anselmi, Coffele, Gini, PIEROPAN, Tamellini, häufig auch sehr gut von Ca' Rugate, Pasqua, PRÀ, Suavia und Trabuchi.

Refosco (dal Peduncolo Rosso) F-JV ★★ **10 11 12** 13 15 – Tanninstarker Rotwein rustikalen Stils, den man unbedingt probieren muss. Am besten aus der DOC FRIULI COLLI ORIENTALI von Volpe Pasini. Auch gut von CA' BOLANI, Dorigo, Livio FELLUGA, Miani, Denis Montanara, Ronchi di Manzano und Venica in der DOC Friuli Aquileia.

Ricasoli Tosk – Geschichtsträchtige Familie in der Toskana; der erste italienische Premierminister Bettino Ricasoli erfand den Verschnitt für den CHIANTI. Der wichtigste Zweig der Familie lebt im mittelalterlichen Castello di BROLIO. Castello di Cacchiano und Rocca di Montegrossi sind im Besitz anderer Familienmitglieder.

Riecine Tosk ★★★→★★★★ Das von dem legendären Briten John Dunkey gegründete, einst ausgezeichnete Gut in Gaiole-in-CHIANTI rappelt sich jetzt langsam wieder auf. SANGIOVESE-Spezialist; der La Gioia ist potenziell hervorragend.

Rinaldi Giuseppe Piem ★★★ Beppe Rinaldi ist ein eingefleischter BAROLO-Traditionalist mit Lagen im Herzen des Anbaugebiets. Hervorragend Brunate und Tre Tine. Nicht entgehen lassen sollte man sich den sehr guten Freisa und den neuen Namaste (NEBBIOLO und andere einheimische Sorten).

Ripasso Ven – Siehe VALPOLICELLA Superiore RIPASSO.

Riserva Über eine vorgeschriebene Zeit meist im (großen oder kleinen) Fass gelagerter Wein.

Rivetti, Giorgio (La Spinetta) Piem ★★★ Feiner MOSCATO D'ASTI, ausgezeichneter BARBERA und eine Reihe von äußerst konzentrierten, in Eiche ausgebauten BARBARESCOS. Besitzt auch Weinberge in den DOCGS BAROLO und CHIANTI Colline Pisane sowie den traditionellen SPUMANTE-Erzeuger Contratto.

Rizzi Piem ★★→★★★ Unterbereich in Treiso, Gemeinde des BARBARESCO-Gebiets, in dem die Familie Dellapiana 35 ha Rebland besitzt. Spitzencru ist der Barbaresco Pajore. Sehr gut: Nervo und RISERVA Vigna Boito; ebenfalls gut: METODO CLASSICO Pas Dosè und MOSCATO D'ASTI.

Rocca Albino ★★★ Führender Erzeuger von elegantem, komplexem BARBARESCO; Spitzencrus Vigneto Loreto und Brich Ronchi.

Rocca, Bruno Piem ★★★ Herausragender BARBARESCO in modernem Stil (Rabajà, Coparossa, Maria Adelaide) und andere ALBA-Weine, auch sehr feiner BARBERA D'ASTI.

Rocca delle Macie Tosk ★★ Das große Gut in Castellina-in-Chianti wird von Sergio Zingarelli geführt, dem Sohn des Italowestern-Produzenten Italo Zingarelli. Guter, süffiger CHIANTI und Spitzenweine wie Gran Selezione Sergio Zingarelli und Fizzano. Auch Besitzer des Guts Campo Macione bei Scansano.

Roero Piem DOCG r ★★→★★★ **06 07 08 09 10 11** 13 (15) (16) – Seriöse, gelegentlich BAROLO-Niveau erreichende NEBBIOLO-Weine aus den Hügeln der LANGHE. Auch guter ARNEIS-Weißwein (★★→★★★). Am besten von Almondo, Ca' Rossa, Cascina Chicco, Correggia, Bruno GIACOSA, Malvirà

Agricola Marrone (Langhe Arneis – Tre Fie), Morra, Negro (Perdaudin), Pioiero, Taliano, Val di Prete, Valfaccenda.

Ronco In Nordostitalien, v. a. in FRIAUL–JULISCH VENETIEN, Bezeichnung für eine Hanglage.

Ronco del Gelso F-JV ★★★ Straffer, reintöniger FRIULI ISONZO: PINOT GRIS Sot lis Rivis, FRIULANO Toc Bas und MALVASIA Vigna della Permuta setzen Maßstäbe in der Region.

Rosato Die allgemeine italienische Bezeichnung für Rosé. Andere Namen für Rosé sind CHIARETTO (um den Gardasee), CERASUOLO (Abruzzen) und Kretzer (SÜDTIROL).

Rossese di Dolceacqua/Dolceacqua Lig DOC r ★★→★★★ Interessante, frische, mineralische Rotweine. Intensiv, salzig, würzig und fruchtiger als die meisten anderen. Gute Erzeuger: Ka Mancine, Maccario-Dringberg, Tenuta Anfosso, Terre Bianche.

Rosso Conero Mar – Siehe CONERO.

Rosso di Montalcino Tosk DOC r ★★→★★★ **10 11** 12 13 15 – DOC für früher reifende Weine von BRUNELLO-Trauben, die meist aus jüngeren Rebbeständen oder weniger guten Lagen kommen, doch es gibt durchaus Schnäppchen.

Rosso di Montefalco Umb DOC r ★★ **10 11 12 13** (15) – Verschnitt von SANGIOVESE und SAGRANTINO, oft mit einem Schuss milderndem MERLOT. Siehe MONTEFALCO SAGRANTINO.

Rosso di Montepulciano Tosk DOC r ★ **12 13** 15 – Juniorversion des VINO NOBILE DI MONTEPULCIANO; Erzeuger siehe dort.

Rosso Piceno/Piceno Mar DOC r ★ **10 11 13 15** – Im Allgemeinen ansprechender Verschnitt von MONTEPULCIANO und SANGIOVESE, der heutzutage oft unter dem Kurznamen Piceno verkauft wird, um ihn von all den anderen italienischen Rosso-Weinen zu unterscheiden. SUPERIORE heißt er, wenn er aus dem äußersten Süden des Gebiets kommt. Gute Erzeuger: Boccadigabbia, BUCCI, Fonte della Luna, Garofoli, Montecappone, MONTE SCHIAVO, Saladini Pilastri, Terre Cortesi Moncaro, Velenosi Ercole, Villamagna.

Ruffino Tosk ★→★★★ Der ehrwürdige CHIANTI-Betrieb, seit über 100 Jahren in den Händen der Familie FOLONARI, ging vor ein paar Jahren eigene Wege. Der in Pontassieve bei Florenz ansässige Teil wurde dann vom US-Konzern Constellation Brands aufgekauft und produziert verlässliche Weine, etwa CHIANTI CLASSICO RISERVA Ducale und Ducale Oro, Greppone Mazzi in MONTALCINO und Lodola Nuova in MONTEPULCIANO sowie Borgo Conventi in FRIAUL.

Rufina Tosk ★★→★★★ Der nördlichste CHIANTI-Unterbereich, östlich von Florenz in den nach Süden ausgerichteten Apenninnen-Ausläufern gelegen, ist für seine straffen, ausgefeilten, potenziell langlebigen Weine bekannt. Gute bis hervorragende Erzeuger: Tenuta Bossi, Castello del Trebbio, CASTELLO DI NIPOZZANO (FRESCOBALDI), Colognole, Frascole, Grati/Villa di Vetrice, Lavacchio, Selvapiana, Travignoli, I Veroni. Nicht zu verwechseln mit Ruffino, dessen Hauptsitz sich zufällig in Pontassieve befindet.

Russiz Superiore F-JV ★★→★★★ LIVIO FELLUGAS Bruder Marco hat Weinberge in verschiedenen Teilen von FRIAUL angelegt. Jetzt hat Marcos Sohn Roberto das Sagen. Breites Angebot; am besten sind der PINOT GRIGIO und der COLLIO-Bianco-Verschnitt Col Disôre.

Salento Apu – Die flache Halbinsel am Absatz des italienischen Stiefels scheint nicht gerade geeignet für Qualität, doch die tiefgründigen Böden, die alten Alberello-Reben und der Wind vom Meer sorgen zusammen für bemerkenswerte Rot- und Roséweine von NEGROAMARO und PRIMITIVO mit ein wenig Unterstützung von MALVASIA nera, MONTEPULCIANO und der einheimischen Traube Sussumaniello. Siehe auch APULIEN, SALICE SALENTINO.

Salice Salentino Apu DOC r ★★→★★★ **08 10 11** 13 15 (16) – Der bekannteste der zu vielen auf NEGROAMARO basierenden DOC-Weine des SALENTO. Nach 2 Jahren RISERVA. Gute Erzeuger: Cantele, Leone de Castris (Riserva), Due Palme, Mocavero, Agricole VALLONE (Vereto Riserva).

Salvioni Tosk ★★★→★★★★ Alias La Cerbaiola. Kleiner, äußerst qualitätsorientierter Betrieb des unverwüstlichen Giulio Salvioni und seiner energiegeladenen Tochter Alessia in MONTALCINO. BRUNELLO und ROSSO DI MONTALCINO gehören zum Besten, was man bekommen kann, und sind ihren nicht gerade unbedeutenden Preis wert.

Sandrone, Luciano Piem ★★★ ALBA-Weine im modernen Stil. Tiefgründiger und konzentrierter BAROLO: Aleste (ehemals Cannubi Boschis) und Le VIGNE. Empfehlenswert ist der neue Barolo RISERVA. Auch guter BARBERA D'ALBA, DOLCETTO, NEBBIOLO D'ALBA.

San Felice Tosk ★★→★★★ Bedeutender historischer Erzeuger in der TOSKANA, im Besitz von Gruppo Allianz und von Leonardo Bellaccini geführt. Feiner CHIANTI CLASSICO und RISERVA POGGIO Rosso von einem Gut in Castelnuovo Berardenga. Vitiarium ist ein Versuchsweinberg für seltene Rebsorten, dessen erstes Ergebnis der ausgezeichnete IGT Pugnitello von der gleichnamigen Traube ist. Ebenfalls gut: IGT Vigorello (der allererste SUPERTOSKANER aus dem Jahr 1968) und BRUNELLO DI MONTALCINO Campogiovanni.

San Gimignano Tosk – Das von Touristen überlaufene toskanische Städtchen ist für seine Türme und seinen trockenen weißen VERNACCIA DI SAN GIMIGNANO DOCG berühmt. Die Roten kann man vergessen. Erzeuger: Cesani, FALCHINI, Guicciardini Strozza, Montenidoli, Mormoraia, Il Palagione, Panizzi, Pietrafitta, Pietrasereno, Poderi del Paradiso.

Sangiovese di Romagna Mar DOC r ★★→★★★ Stets zu vegetabiler und eichenlastiger, aber oft gut gemachter, ja sogar erstklassiger Rotwein von SANGIOVESE. Gute Erzeuger: Cesari, Drei Donà, Nicolucci, Papiano, Paradiso, Tre Monti, Trere (DOC Emilia-Romagna), Villa Venti (Primo Segno), Fattoria ZERBINA. Empfehlenswert sind auch die IGT-Weine RONCO delle Ginestre und Ronco dei Ciliegi von CASTELLUCCIO.

San Giusto a Rentennano Tosk ★★★→★★★★ Erstklassiges CHIANTI-CLASSICO-Gut im Besitz von Verwandten der RICASOLIS. Hervorragender IGT Percarlo von SANGIOVESE, feiner VIN SANTO namens Vin San Giusto und MERLOT (La Ricolma) sowie sehr guter Chianti Classico RISERVA Le Baroncole.

San Guido, Tenuta Tosk – Siehe SASSICAIA.

Sankt Magdalener (Santa Maddalena) T-S DOC r ★→★★ BV – Rotwein in deutsch-österreichischem Stil von Vernatsch (SCHIAVA), der auf sehr steilen Hängen hinter Bozen wächst. Empfehlenswerte Erzeuger: CS Santa Maddalena (Huck am Bach), Gojer, Josephus Mayr, Hans Rottensteiner (Premstallerhof), Heinrich Rottensteiner.

Sankt Michael-Eppan (San Michele Appiano) T-S ★★★ Die historische Genossenschaft (ca. 400 ha) wird von Hans Terzer persönlich geführt. Spezialität sind die überaus sortentypischen und süffigen alpenfrischen Weißweine. Der PINOT BIANCO Schulthauser und der SAUVIGNON BLANC Sanct Valentin sind eindrucksvoll, genauso wie CHARDONNAY, GEWÜRZTRAMINER, PINOT GRIGIO und PINOT NERO.

San Leonardo T-S ★★★ Spitzenweingut von Marchesi Guerrieri Gonzaga im TRENTINO. Hauptwein ist der Bordeaux-Verschnitt San Leonardo, der seinem französischen Vorbild am nächsten kommende Wein in Italien, mit dem beständigen Stil eines Top-Château.

Santadi Sar ★★★ Die beste sardische Winzergenossenschaft und eine der besten Italiens, v. a. wegen der auf CARIGNANO basierenden Rotweine Terre Brune, Grotta Rossa und Rocca Rubia RISERVA (alle DOC CARIGNANO DEL SULCIS). Sehr guter Monica di Sardegna Antigua.

Sant'Antimo Tosk DOC r w; s ★★→★★★ Eine hübsche kleine romanische Abtei stand Pate für diese umfassende DOC für (fast) alles im MONTALCINO-Gebiet, was nicht der DOCG BRUNELLO DI MONTALCINO oder der DOC ROSSO DI MONTALCINO angehört.

Saracco, Paolo Piem ★★★ Erstklassiger MOSCATO D'ASTI. Sehr gut auch LANGHE RIESLING und PINOT NERO.

Sardinien Die zweitgrößte Insel des Mittelmeers produziert viele ordentliche und einige ausgezeichnete Weine, u. a. Vermentino di Gallura DOCG, VERMENTINO DI SARDEGNA (etwas weniger alkoholstark und charaktervoll), den Sherry-ähnlichen VERNACCIA DI ORISTANO und den Nuragus bei den Weißen, die süße Spätlese Nasco sowie CANNONAU (GRENACHE) und CARIGNANO bei den Roten. Hervorragend sind Terre Brune und Rocca Rubia von Santadi, der rote Turriga von ARGIOLAS und VERMENTINO von Capichera. Sella & Mosca ist eine großartige zweite Wahl.

Sassicaia Tosk r ★★★★ **85' 88' 90' 95' 97 98' 99 01' 04' 05 06 07' 08 09** 10 11 12 **13** (15) – Italiens einzige DOC (BOLGHERI), die aus einer Einzellage besteht, ein Verschnitt aus CABERNET SAUVIGNON und CABERNET FRANC, der in Premier-Cru-Manier von Marchese Incisa della Rocchetta auf der TENUTA San Guido bereitet wird: eher elegant als üppig, für lange Lagerung gemacht – und oft als Investitionsobjekt gekauft, aber einer der wichtigsten Faktoren für Italiens Spitzenqualitätsimage. Der 1985er ist/war einer der drei großartigsten italienischen Weine aller Zeiten.

Satta, Michele Tosk ★★★ Praktisch der einzige BOLGHERI-Erzeuger, der mit reinsortigem SANGIOVESE (Cavaliere) Erfolg hat. Daneben gibt es die guten roten Verschnitte Piastraia und I Castagni SUPERIORE (beide DOC Bolgheri).

Scavino, Paolo Piem ★★★ Modernistischer BAROLO-Erzeuger in Castiglione Falletto. Empfehlenswert v. a. die Einzellagenweine Bric del Fiasc, Cannubi, Monvigliero und Rocche dell'Annunziata. Sehr gut auch der Barolo Carobric (traditioneller Verschnitt). Jetzt weniger eichenlastig.

Schiava T-S DOC r ★ BV – Schiava (auf Deutsch VERNATSCH) liefert praktisch tanninfreien, süffigen Rotwein aus dem südlichsten Teil der deutschsprachigen Welt, verschwindet jedoch leider aus den SÜDTIROLER Weinbergen.

Schiopetto, Mario F-JV ★★★→★★★★ Das legendäre COLLIO-Pionierweingut gehört inzwischen der Familie Rotolo von Volpe Pasini. Sehr guter SAUVIGNON BLANC, Pinot bianco, RIBOLLA GIALLA (alle DOC), IGT-Verschnitt Blanc de Rosis usw.

Schreckbichl T-S – Siehe COLTERENZIO.

Sella & Mosca Sar ★★ Bedeutendes Erzeuger- und Handelshaus in SARDINIEN. Sehr angenehmer weißer Torbato (v. a. Terre Bianche) sowie leichter, fruchtiger VERMENTINO Cala Viola (BV). Daneben guter roter DOC Alghero Marchese di Villamarina (CABERNET SAUVIGNON) und Tanca Farrà (CANNONAU/Cabernet Sauvignon) sowie der interessante Anghelu Ruju im Port-Stil.

Selvapiana Tosk ★★★ Das CHIANTI-RUFINA-Gut gehört zur italienischen Spitzenriege. Am besten sind der RISERVA Bucerchiale und der IGT Fornace, doch schon der einfache Chianti Rufina ist köstlich. Auch ein feiner roter POMINO namens Petrognano.

Settesoli, CS Siz ★→★★ Die Genossenschaftskellerei mit rund 6.000 ha ist mit ihren verlässlichen und preiswerten Weinen ein Aushängeschild für SIZILIEN.

Sforzato Lomb ★★★ AMARONE-ähnlicher NEBBIOLO von getrockneten Trauben aus dem VALTELLINA im äußersten Norden der Lombardei. Entwickelt sich beim Lagern wundervoll.

Sizilien Die größte Mittelmeerinsel ist eine moderne Quelle für interessante, originelle Weine mit gutem Preis-Leistungs-Verhältnis. Einheimische Trauben (rot: Frappato, NERELLO MASCALESE, NERO D'AVOLA; weiß: CATARRATTO, Grecanico, GRILLO, INZOLIA) und internationale Rebsorten. Die Rebflächen liegen in der Ebene im Westen, auf den Hügeln in der Mitte der Insel und an den Hängen des Ätna (ETNA).

Soave Ven DOC w; (s) ★→★★★ BV – Berühmter, immer noch unterschätzter Weißwein aus Verona. CHARDONNAY, GARGANEGA, TREBBIANO di Soave. Die Weine von den vulkanischen Böden des CLASSICO-Gebiets sind oft intensiv, mineralisch, sehr fein und ziemlich langlebig.

Solaia Tosk r ★★★★ – **85' 90' 95' 97' 99' 01 04 06 07 08 09 10 11** 12 13 (15) – Gelegentlich grandioser CABERNET SAUVIGNON/SANGIOVESE-Verschnitt von ANTINORI, der im Einklang mit höchsten Bordeaux-Anforderungen bereitet wird; bedarf jahrelanger Lagerung.

Speri Ven ★★→★★★ Seit 2015 ökologisch zertifizierter Familienbetrieb in VALPOLICELLA mit Lagen wie dem hervorragenden Monte Sant'Urbano. Traditioneller Stil. Hervorragend: AMARONE Vigneto Monte Sant'Urbano. Sehr guter Valpolicella CLASSICO SUPERIORE und RECIOTO.

Spumante Schaumwein. Der einstige ASTI Spumante heißt jetzt nur noch Asti.

Südtirol T-S – Deutschsprachiger Teil der Region TRENTINO–Alto Adige. Siehe ALTO ADIGE.

Superiore Wein mit längerer Fassreife sowie mit 0,5 bis 1% mehr Alkoholgehalt als normaler DOC-Wein. Bezeichnet manchmal auch einen Teil eines Anbaugebiets, z. B. ROSSO PICENO Superiore.

Supertoskaner Tosk – Weine mit hoher Qualität und hohen Preisen, die in den 1970er- und 1980er-Jahren entwickelt wurden, um die damals geltenden unsinnigen Regelungen zu umgehen, heute jedoch, vor allem angesichts der wachsenden Bedeutung der Gran Selezione, kaum noch relevant. Nach wie vor allgemein der (völlig inoffiziellen) Supertoskaner-Kategorie zugerechnet würden CA' MARCANDA, Flaccianello, Guado al Tasso, Messorio, ORNELLAIA, Redigaffi, SASSICAIA, SOLAIA und TIGNANELLO.

Sylla Sebaste Piem ★★★ Verleiht den Vorzügen der seltenen Rebsorte NEBBIOLO Rosé Ausdruck: leichterer, außerordentlich duftender BAROLO. Die reinste Pracht.

Tasca d'Almerita Siz ★★★ Eine neue Generation der Familie führt nun das historische und immer noch angesehene Gut, das auch in dunklen Jahren die Fahne in SIZILIEN hochhielt. Weinberge in großer Höhe; ausgewogene IGT-Weine unter dem alten Namen Regaleali, guter CHARDONNAY und CABERNET SAUVIGNON, aber der Star ist nach wie vor der hauptsächlich von NERO D'AVOLA erzeugte Rosso del Conte. Sehr guter MALVASIA delle Lipari Capofaro.

Taurasi Kamp DOCG r ★★★ **04 06 07 08 09 10** 11 12 13 15 – Die Antwort des Südens auf den BAROLO Norditaliens und den BRUNELLO Mittelitaliens bedarf großer Sorgfalt und langer Alterung. Es gibt freundlichere Versionen von AGLIANICO, aber keine ist potenziell so komplex, anspruchsvoll und am Ende so ungeheuer lohnend. Berühmt wurde der Wein durch MASTROBERARDINO, weitere hervorragende Erzeuger sind Caggiano, Caputo, FEUDI DI SAN GREGORIO, Molettieri, Quintodecimo (VIGNA Grande Cerzito), Luigi Tecce und Terredora di Paulo.

Tedeschi Ven ★★★ Jede Menge sehr feiner AMARONE, VALPOLICELLA. Am besten sind der Amarone Capitel Monte Olmi und der RECIOTO Capitel Monte Fiontana.

Tedeschi, Fratelli Ven ★★→★★★ Einer der Anbauer von VALPOLICELLA, die schon Qualität produzierten, als in dem Gebiet noch Mittelmäßigkeit die Regel war.

Tenuta Landwirtschaftliches Gut (siehe unter dem Eigennamen, z. B. SAN GUIDO, TENUTA).

Terlan T-S w ★★→★★★ BV – Die Bezeichnung DOC ALTO ADIGE Terlano (bzw. Terlaner DOC) steht für einen Weißweinverschnitt und acht sortenreine Weißweine, v. a. PINOT BIANCO und SAUVIGNON BLANC, die manchmal sehr frisch und spritzig, manchmal aber auch anspruchsvoll und überraschend langlebig sind. Am besten von der CS Terlan (v. a. der Pinot bianco Vorberg), LAGEDER, Niedermayr, Niedrist.

Teroldego Rotaliano T-S DOC r rs ★★→★★★ Die beste einheimische Rebsorte des TRENTINO erbringt auf dem flachen Campo Rotaliano wirklich schmackhaften Wein. Spitzenerzeuger ist Foradori. Ebenfalls gut: Dorigati, Endrizzi, die RISERVA Nos von MEZZACORONA sowie Zeni.

Terre del Barolo Piem ★→★★ Die Genossenschaft mit rund 700 Mitgliedern in Castiglione Falletto produziert Millionen von Flaschen BAROLO und anderer Weine aus den LANGHE; bemerkenswert beständige Qualität. Empfehlenswert ist der neue, dem Gründer gewidmete Aldo Rivera.

Terre Nere, Tenuta delle Siz ★★★ Der italienisch-amerikanische Händler Marc de Grazia beweist, dass von NERELLO und CARRICANTE an der begehrten Nordflanke des Ätna (ETNA) großartiger Wein bereitet werden kann. Am besten: Guardiola, Vigne Niche und La Vigna di Don Peppino von Reben aus der Zeit vor der Reblaus.

Terriccio, Castello del Tosk ★★★ Großes Weingut südlich von Livorno mit vorzüglichem, sehr teurem IGT Lupicaia und sehr gutem IGT Tassinaia im Bordeaux-Stil. Eindrucksvoll der IGT Terriccio, ein ungewöhnlicher Verschnitt hauptsächlich von Rhône-Sorten.

Tiberio ★★★ Der herausragende TREBBIANO D'ABRUZZO Fonte Canale (von 60 Jahre alten Reben) ist einer der besten italienischen Weißweine; der PECORINO ist ebenfalls außergewöhnlich. Sehr gut: CERASUOLO D'ABRUZZO, MONTEPULCIANO D'ABRUZZO.

Tiefenbrunner T-S ★★→★★★ Erzeuger- und Handelsbetrieb im Schloss Turmhof im südlichen SÜDTIROL. Christof Tiefenbrunner hat 2012 seinen Vater Herbert (1928–2015; Kellermeister seit 1943) abgelöst. Breites Spektrum an gebirgsfrischen Weiß- und klar definierten Rotweinen von französischen, deutschen und einheimischen Reben. Der MÜLLER-THURGAU Feldmarschall aus Weingärten auf 1.000 m Höhe ist einer der besten Weißweine Italiens.

Tignanello Tosk r ★★★★ **04' 06' 07' 08 09 10 11** 12 (13) 15 – Im Barrique ausgebauter Verschnitt von SANGIOVESE und CABERNET SAUVIGNON, von ANTINORIS Spitzenönologen Giacomo Tachis Anfang der 1970er-Jahre eingeführt und der Wein, mit dem die SUPERTOSKANER groß herauskamen. Heute einer der größten Goldesel der Weinwelt.

Tommasi Ven ★★★ Die vierte Generation ist jetzt am Ruder. Spitzenweine: AMARONE, RISERVA Ca' Florian, VALPOLICELLA Rafael. Weitere Güter in Venetien (Filodora), APULIEN (Masseria Surani), dem OLTREPÒ PAVESE (TENUTA Caseo) und der BASILIKATA (Paternoster).

Torcolato Ven – Der süße Wein aus BREGANZE in Venetien wird von Vespaiolo-Trauben bereitet, die, wie beim RECIOTO DI SOAVE, monatelang zum Trocknen aufgehängt oder auf Matten ausgelegt wurden. Beste Erzeuger: CS Beato Bartolomeo da Breganze, MACULAN.

Torgiano Umb DOC r rs w; (sch) ★★ und **Torgiano Rosso Riserva** DOCG r ★★★ **01' 04 06 07 08 09 10** 11 12 (13) (15) – Guter bis hervorragender Rotwein aus Umbrien, praktisch exklusiv von LUNGAROTTI. Der Rubesco

RISERVA Vigna Monticchio aus den Jahrgängen 1975, 1979, 1985 und 1997 ist überragend und kann viele Jahre lagern.

Torrette Ao DOC r ★→★★★ Verschnitt von Petit Rouge und anderen einheimischen Rebsorten. Gute Erzeuger: Anselmet, L'Atoueyo (Torrette Superieur), LES CRETES, Feudo di San Maurizio (Torrette Superieur), Didier Gerbelle, Elio Ottin (Torrette Superieur).

Valpolicella – die Besten

Der VALPOLICELLA war nie besser als heute. AMARONE DELLA VALPOLICELLA und RECIOTO DELLA VALPOLICELLA sind nun zur DOCG befördert worden, während der VALPOLICELLA RIPASSO endlich als eigenständiger historischer Wein anerkannt wurde. Folgende Betriebe erzeugen gute bis großartige Weine (die Crème de la Crème ist mit einem Stern gekennzeichnet): Accordini Stefano*, Serego Alighieri*, ALLEGRINI*, Begali, BERTANI, BOLLA, Boscaini, Brigaldara*, BRUNELLI, BUSSOLA*, Ca' la Bianca, Campagnola, Ca' Rugate, Castellani, Corteforte, Corte Sant'Alda, CS Valpantena, Cantina Valpolicella, Valentina Cubi, DAL FORNO*, Guerrieri-Rizzardi, MASI*, Mazzi*, Nicolis, QUINTARELLI*, Roccolo Grassi*, Le Ragose, Le Salette, Speri*, TEDESCHI*, Tommasi*, Venturini, VIVIANI*, ZENATO, Zeni.

Toskana Brennpunkt der Renaissance des italienischen Weins gegen Ende des 20. Jahrhunderts mit experimentellen Abfüllungen wie den SUPERTOSKANERN und dann modernisierten Klassikern wie CHIANTI, VINO NOBILE, BRUNELLO. Die Entwicklung von Küstenanbaugebieten wie BOLGHERI und MAREMMA hat den toskanischen Wein in den letzten 50 Jahren entscheidend geprägt.

Travaglini Piem – Neben Antoniolo solider Erzeuger von nordpiemontesischem NEBBIOLO, mit sehr gutem GATTINARA RISERVA und Gattinara Tre Vigne sowie ziemlich gutem Nebbiolo Coste della Sesia.

Trebbiano d'Abruzzo Abr DOC w ★→★★★★ BV – Für gewöhnlich frischer, einfacher Wein, aber der von VALENTINI und der Fonte Canale von Tiberio sind zwei der besten italienischen Weißweine.

Trediberri Piem ★★★ Dynamisches Gut mit erstklassigem (äußerst preiswertem) BAROLO Rocche dell'Annunziata sowie sehr gutem BARBERA D'ALBA und LANGHE Rosato.

Trentino T-S DOC r w; tr s ★→★★★ DOC für rund 20 meist nach der Traubensorte benannte Weine; am besten sind CHARDONNAY, PINOT BIANCO, MARZEMINO und TEROLDEGO. Die Hauptstadt der Provinz ist Trento, und das ist auch der Name der DOC für potenziell erstklassige METODO-CLASSICO-Weine.

Trinoro, Tenuta di Tosk ★★★★ Individualistisches Gut für Rotweine, Pionier in der DOC Val d'Orcia zwischen MONTEPULCIANO und MONTALCINO. Großer Anteil an Bordeaux-Trauben im Flaggschiff-Wein TENUTA di Trinoro sowie in Palazzi, Le Cupole und Magnacosta. Andrea Franchetti besitzt auch Weinberge am Ätna (ETNA).

Tua Rita Tosk ★★→★★★★ Der erste Erzeuger, der in den 1990er-Jahren das rund 20 km weiter südlich gelegene Suvereto als das »neue BOLGHERI« etablierte. Der Redigaffi ist vielleicht Italiens großartigster MERLOT; empfehlenswert ist auch der Bordeaux-Verschnitt Giusto di Notri. Siehe auch VAL DI CORNIA.

Uberti Lomb ★★★ Das historische Gut bringt das Terroir der Franciacorta hervorragend zum Ausdruck. Am besten sind Quinque (ein Verschnitt von fünf Jahrgängen) und Comarì del Salem. Sehr gut auch der Dosaggio Zero Sublimis.

Umani Ronchi Mar ★★→★★★ Führender Erzeuger in den Marken; v. a. Verdicchio (Casal di Serra, Plenio), CONERO Cumaro, IGT-Weine Le Busche (weiß) und Pelago (rot).

Vajra, G. D. Piem ★★★ Führender BAROLO-Qualitätserzeuger in Vergne. Hervorragender Bricco delle Viole und LANGHE Freisa Kyè. Gut: Langhe RIESLING Petracine, Barolo Ravera und die Barolos von Luigi Baudana aus Serralunga.

Valdadige (Etschtaler) T-S DOC r w; tr lbl ★ Bezeichnung für die einfachen Weine, die an der Etsch (ital. Adige) entstehen, d. h. in SÜDTIROL, im TRENTINO und in Nordvenetien.

Val di Cornia Tosk DOC r rs w ★★→★★★ **06' 07 08 09 10 11** 12 13 (15) – Qualitätsbereich südlich von BOLGHERI. CABERNET SAUVIGNON, MERLOT, MONTEPULCIANO, SYRAH. Erzeuger: Ambrosini, Jacopo Banti, Bulichella, Gualdo del Re, Incontri, Montepeloso, Petra, Russo, San Michele, TENUTA Casa Dei, Terricciola, TUA RITA.

Valentini, Edoardo Abr r w ★★★→★★★★ Sammler reißen sich um den MONTEPULCIANO D'ABRUZZO und den TREBBIANO D'ABRUZZO, die zu den allerbesten Italiens zählen. Traditionell, alterungswürdig; die Weine aus den 1970ern sind besonders denkwürdig.

Valle d'Aosta DOC r rs w ★★→★★★ DOC für etwa 25 Weine aus dem Aostatal, die geografische oder Rebsortenbezeichnungen tragen, u. a. Blanc de Morgex, Chambave, Donnas, Enfer d'Arvier, Fumin, Nus MALVOISIE, Arnad Montjovet, Premetta, Torrette. Sehr kleine Produktion, die Weine gelangen nur selten ins Ausland, sind aber oft sehr lohnenswert.

Valle Isarco (Eisacktaler) T-S DOC w ★★ BV – DOC in SÜDTIROL für sieben sortenreine Weißweine, die entlang des Eisack (ital. Isarco) nordöstlich von Bozen entstehen. Guter GEWÜRZTRAMINER, MÜLLER-THURGAU, RIESLING und SYLVANER. Spitzenerzeuger sind CS Eisacktaler, Kloster Neustift, Kofererhof, Kuenhof, Manni Nossing.

Valpolicella Ven DOC r ★→★★★★ Vielfältige Appellation, die vom leichten Durstlöscher mit einer gewissen fruchtigen Wärme über stärkeren SUPERIORE (der manchmal VALPOLICELLA RIPASSO ist, manchmal nicht) bis hin zu AMARONE und RECIOTO reicht. Normaler Valpolicella ist mittlerweile schwer aufzutreiben, weil die guten Trauben alle für den trendigen, profitablen Amarone verwendet werden, der oft enttäuscht. Erzeuger siehe Kasten S. 202.

Welchen Wein zu Pizza? Lambrusco di Sorbara oder Aglianico.

Valpolicella Ripasso Ven DOC r ★★→★★★ **09 10 11** 12 13 (15) Äußerst gefragt, deshalb seit 2016 veränderte Bedingungen: Früher wurde nur Valpolicella Superiore (nur einmal) auf den Traubenschalen von RECIOTO oder AMARONE erneut vergoren, um einen lagernswerteren Wein zu erhalten; jetzt darf man zehn Prozent Amarone mit normalem Valpolicella verschneiden und das dann Ripasso nennen. Am besten von BUSSOLA, Castellani, DAL FORNO, QUINTARELLI und ZENATO.

Valtellina Lomb DOC/DOCG r ★→★★★ Langes, von Osten nach Westen verlaufendes Tal (die meisten Alpentäler verlaufen von Norden nach Süden) an der Schweizer Grenze, auf dessen steilen Terrassen seit Jahrtausenden NEBBIOLO (der hier CHIAVENNASCA genannt wird) und verwandte Reben wachsen. Die DOCG Valtellina SUPERIORE ist in fünf Bereiche unterteilt: Grumello, Inferno, Maroggia, Sassella und Valgella. Sowohl die Weine als auch die Landschaft sind einen Abstecher wert. Die besten Erzeuger sind derzeit Fay, MAMETE PREVOSTINI, Nera, Nino Negri, Plozza, Rainoldi, Triacca. In der DOC Valtellina sind die Anforderungen weniger streng. Sforzato ist der hiesige AMARONE.

Vecchio Samperi Siz – Siehe DE BARTOLI.

Verdicchio dei Castelli di Jesi Mar DOC w; (sch) ★★→★★★ BV – Vielseitiger Weißwein aus der Gegend um Ancona an der Adria. Leicht und süffig oder schäumend oder strukturiert, komplex und langlebig (v. a. als RISERVA DOCG mit mindestens 2 Jahren Reifung). Auch CLASSICO. Die besten Erzeuger sind Bucci (Riserva), Borgo delle Oche, Coroncino (Gaiospino e Stracacio), Fazi-Battaglia (Riserva San Sisto), Andrea Felici, GAROFOLI (Podium), La Staffa, Marotti Campi (Salmariano), MONTE SCHIAVO (Le Giuncare), Montecappone (Federico II), Santa Barbara, Sartarelli (Balciana, eine seltene Spätlese, und Tralivio), UMANI RONCHI (Plenio und Casal di Serra).

Welchen Wein zu weißen Trüffeln? Alten Barolo, Barbera, Spitzen-Chardonnay.

Verdicchio di Matelica Mar DOC w; (sch) ★★→★★★ BV – Ähnlich wie Jesi (vgl. vorigen Eintrag), kleiner, weiter im Landesinneren und höher gelegen, daher säurereichere und langlebigere Weine, die aber in jung nicht so ansprechend sind. Der RISERVA ist ebenfalls DOCG. Erzeuger: v. a. Belisario, Bisci, Collestefano, La Monacesca (Mirum), Pagliano Tre, San Biagio.

Verduno Piem DOC r ★★ (BV) – Beeren und Kräuteraromen. Gute Erzeuger: Ascheri (Do ut Des), Bel Colle (Le Masche), CASTELLO DI VERDUNO (Basadone), Fratelli Alessandria, G. B. Burlotto.

Verduno, Castello di Piem ★★★ Ein Ehepaar erzeugt sehr guten BARBARESCO Rabajà und BAROLO Monvigliero.

Verduzzo F-JV DOC w; tr lbl s ★★→★★★ Körperreicher Weißwein (DOC Friuli Colli Orientali) aus einer einheimischen Traube. Ramandolo (DOCG) ist der bedeutendste Unterbereich für Süßweine. Spitzenerzeuger: Anna Berra, Dorigo, Meroi.

Vermentino di Gallura Sar DOCG w ★★→★★★ BV – VERMENTINO bringt in der Toskana, Ligurien und ganz Sardinien gute leichte Weine hervor, aber der beste, intensivste entsteht im äußersten Nordosten der Insel unter dieser DOCG-Bezeichnung. Empfehlenswert sind Capichera, CS di Gallura, CS del Vermentino/Monti, CS Giogantino, Depperu.

Vermentino di Sardegna Lig DOC w ★★ BV – Aus allen Teilen SARDINIENS, kann sich aber in Struktur und Geschmacksintensität meist nicht mit VERMENTINO DI GALLURA messen. Gute Erzeuger: Argiolas, Santadi, Sella & Mosca.

Vernaccia di Oristano Sar DOC w; tr (s); (fz) ★→★★★ Unter Flor gereifte sardische Spezialität, ähnlich leichtem Sherry, ein wenig bitter und körperreich. SUPERIORE mit 15,5% Alkohol und 3 Jahren Alterung. Köstlich zu Bottarga (getrocknetem und gesalzenem Fischrogen). Unbedingt probieren! Spitzenerzeuger: CONTINI. Gut sind auch Silvio Carta und Serra.

Vernaccia di San Gimignano Tosk – Siehe SAN GIMIGNANO.

Vie di Romans F-JV ★★★→★★★★ Gianfranco Gallo hat das Gut seines Vaters im DOC-Bereich FRIULI ISONZO in wenigen Jahren an die Spitze der Erzeuger in FRIAUL geführt. Hervorragend sind Friuli Isonzo PINOT GRIGIO Dessimis, SAUVIGNON BLANC Piere und Vieris (in Eiche ausgebaut) sowie der Verschnitt Flors di Uis und MALVASIA. Im Vergleich zum Rest der Welt enttäuschender CHARDONNAY.

Vietti Piem ★★★ Winzerveteran in Castiglione Falletto mit charaktervollen piemontesischen Weinen, u. a. BARBARESCO Masseria, BARBERA D'ALBA Scarrone und BARBERA D'ASTI La Crena. Mustergültige Barolos: Brunate, Lazzarito, Ravera, Rocche, Villero.

Vignamaggio Tosk ★★→★★★ Sehr schönes historisches CHIANTI-CLASSICO-Gut bei Greve. Leonardo da Vinci malte hier die Mona Lisa. Wie die RISERVA heißt, ist nicht schwer zu erraten.

Vigna oder **vigneto** Einzellage. In der Regel ein Zeichen für bessere Qualität.

Villa Matilde Kamp ★★★ Spitzenweingut in KAMPANIEN mit FALERNO Rosso (VIGNA Camarato) und Bianco (Vigna Caracci) sowie Eleusi PASSITO.

Villa Russiz F-JV ★★★ Historisches Gut mit DOC-COLLIO-Weinen. Sehr guter SAUVIGNON BLANC und MERLOT (v. a. die Auslesen namens De la Tour), außerdem PINOT BIANCO, PINOT GRIGIO, CHARDONNAY und FRIULANO.

Vino Nobile di Montepulciano Tosk DOCG r ★★→★★★ **04 06' 07 08 09 10 11** 12 13 (15) – Traditionsreicher SANGIOVESE (hier Prugnolo gentile genannt) aus der toskanischen Stadt MONTEPULCIANO (nicht zu verwechseln mit der gleichnamigen Rebsorte der Abruzzen). Häufig anspruchsvolle Weine mit adstringierenden Tanninen, doch komplex und nachhaltig von den besten Erzeugern: u. a. AVIGNONESI, Bindella, Boscarelli, La Braccesca, La Calonica, Canneto, Le Casalte, Fattoria del Cerro, Contucci, Dei, Gracciano della Seta, Icario, Nottola, POLIZIANO, Romeo, Salcheto, Trerose, Valdipiatta, Villa Sant'Anna. Nach 3 Jahren RISERVA.

Italien

Vin Santo, Vinsanto oder **Vino Santo** T-S, Tosk DOC w; s ★★→★★★★ PASSITO-Süßwein, in der TOSKANA (Vin Santo) meist von TREBBIANO, MALVASIA und/oder SANGIOVESE, im TRENTINO (Vino Santo) von Nosiola. Toskanische Exemplare sind sehr unterschiedlich, von trocken und sherryartig bis süß und unglaublich reichhaltig. Viele reifen zwischen 3 und 10 Jahren in kleinen Fässern, den *caratelli,* ohne umgefüllt zu werden. Legendär ist der Vin Santo von Avignonesi, doch es gibt auch andere hervorragende Erzeuger: CAPEZZANA, Fattoria del Cerro, FELSINA, FRASCOLE, ISOLE E OLENA, Rocca di Montegrossi, SAN GIUSTO A RENTENNANO, SELVAPIANA, Villa Sant'Anna, Villa di Vetrice. Siehe auch OCCHIO DI PERNICE.

Welchen Wein zu Bistecca alla fiorentina? Montefalco Sagrantino oder Chianti Classico.

Voerzio, Roberto Piem ★★★★ Modernistischer BAROLO-Erzeuger: konzentrierte, tanninreiche Weine. Eher eindrucksvoll und teuer als köstlich, meist in angerösteten Barriques ausgebaut. Das Angebot umfasst Brunate, Cerequio, Rocche dell'Annunziata-Torriglione, Sarmassa, Serra; auch ausgezeichneter BARBERA D'ALBA. Seit dem 2016er-Jahrgang zwei neue Barolo-Weine.

Volpaia, Castello di Tosk ★★→★★★ Das sehr gute CHIANTI-CLASSICO-Gut in Radda erzeugt erstklassigen Chianti Classico Riserva und Riserva Coltassala (SANGIOVESE/Mammolo) sowie Balifico (Sangiovese/CABERNET SAUVIGNON).

Zenato Ven ★★ Sehr verlässliches, manchmal bestechendes Weingut für Weine vom Gardasee; auch AMARONE, LUGANA, SOAVE und VALPOLICELLA.

Zerbina, Fattoria Em-Ro ★★★ Führendes Weingut in der Romagna mit dem besten süßen DOCG ALBANA (Scacco Matto), sehr gutem SANGIOVESE (Pietramora) und im Barrique ausgebautem IGT Marzieno.

Zibibbo Siz tr s ★★ Verlockender sizilianischer Tafelwein von MUSCAT d'Alessandria, der hauptsächlich auf der Insel PANTELLERIA und im äußersten Westen SIZILIENS entsteht. Musterbeispiele für die trockene Version kommen von DE BARTOLI.

Zonin ★→★★ Einer der größten Eigentümer von Weingütern in Italien, beheimatet in Gambellara (Venetien), aber auch einflussreich im FRIAUL, in der TOSKANA, in APULIEN, auf SIZILIEN und anderswo auf der Welt (z. B. im US-Bundesstaat Virginia).

Deutschland

Die folgenden Abkürzungen werden im Text verwendet:

Bad	Baden
Fran	Franken
Hess-B	Hessische Bergstraße
M	Mosel (einschließlich Saar und Ruwer)
MM	Mittelmosel
MR	Mittelrhein
Na	Nahe
Pfz	Pfalz
Rhg	Rheingau
Rhh	Rheinhessen
Sa-Un	Saale-Unstrut
Würt	Württemberg

Die dunklen Flächen bezeichnen die Weinbaugebiete

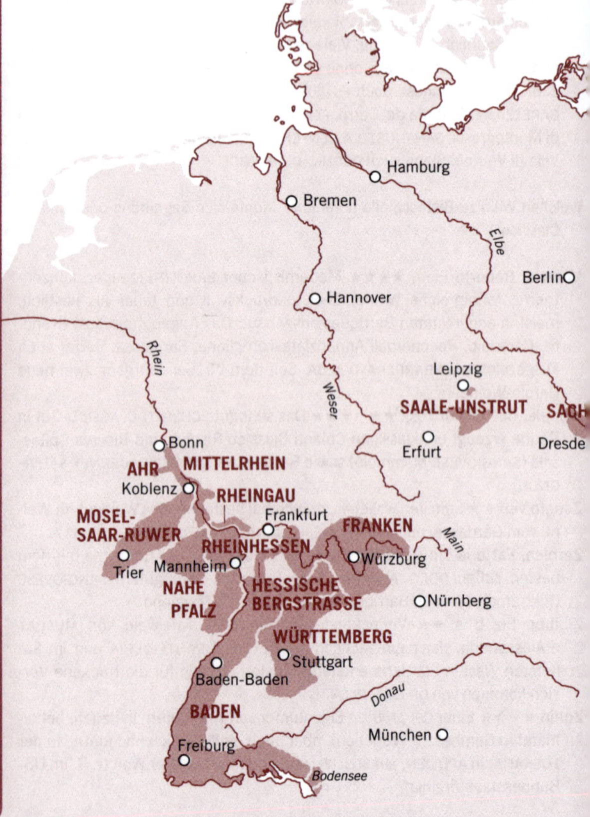

Das vergangene Jahrzehnt hat einen beispiellosen Qualitätssprung gesehen wie seit 100 Jahren oder länger nicht, gepaart mit frischen Ideen und einer Diversifizierung von Stilen. Besonders bei den Rieslingen hat Deutschland seinen eigenen Stil von trocken ausgebauten, körperreichen Essensbegleitern entwickelt. Die Deutschen lieben ihn, nur bei manchen ausländischen Gästen sorgt er für Verwirrung, besonders den Briten. Neu ist der spektakuläre Aufstieg im Osten des Landes. Die Weinregionen dort galten lange als zu kühl, um wirklich gut zu sein. Da hat der Klimawandel den Winzern in die Hände gespielt. Die junge Generation stellt gerade unter Beweis, dass sie den Vergleich mit den besten Anbaugebieten im Westen nicht zu scheuen braucht. Die Pioniere der ostdeutschen Weinkultur wie Prinz zur Lippe, Uwe Lützkendorf und Klaus Zimmerling dürften über diesen Fortschritt ziemlich glücklich sein. Die Generation der Anfang 20-Jährigen kennt die frühere DDR nur noch aus den Geschichtsbüchern. Diese Winzer sind gut ausgebildet und weit gereist – die Erfahrung kommt von ganz allein. Ihr Pragmatismus und dynamischer Geist sind eine hervorragende Nachricht für den deutschen Wein.

Neuere Jahrgänge

Mosel

Weine von der Mosel (einschließlich Saar und Ruwer) sind jung so ansprechend, dass ihr Entwicklungspotenzial selten auf die Probe gestellt wird. Aber gute Kabinettweine gewinnen bei mindestens 5 Jahren Flaschenlagerung (und oft viel mehr), Spätlesen bei 5–20 Jahren und Auslesen sowie BA bei über 10–30 Jahren. »Rassig« – lautet die Parole. Trockene Moselweine haben unlängst einen großen Sprung nach vorn gemacht, unterstützt vom Klimawandel. Saar und Ruwer bringen schlankere Weine hervor als die Mosel, übertreffen jedoch den ganzen Rest der Welt an Eleganz und erregender, stahliger Rasse.

2017 Verheerender Frost im April verringerte das Lesegut um 25 %, aber der trockene Sommer und die niedrigen Erträge ergaben sehr extraktreiche Weine. Der sonnige Oktober ermöglichte Beeren- und Trockenbeerenauslesen.

2016 Ein herrlicher Oktober brachte viel höhere Qualitäten als erwartet – mit sprichwörtlicher »Rasse«.

2015 Heißer, trockener Sommer, feuchter September, sonniger Oktober: Spät- und Auslesen mit Lagerpotenzial.

2014 Der September rettete den Jahrgang, aber eine sorgfältige Selektion des Leseguts war notwendig.

2013 Premiumgewächse bringen Frische und Eleganz mit, sind aber dünn gesät. Die Mittelmosel schnitt besser ab als Saar und Ruwer.

2012 Klassische Weine von QbA bis Auslese, geringer Ertrag.

2011 Ein brillanter Jahrgang, besonders an Saar und Ruwer. Sensationelle Trockenbeerenauslesen.

2010 Hauptmerkmal der Weine ist der hohe Säuregehalt; einige gute Spät- und Auslesen.

2009 Prachtvolle Spät- und Auslesen, schön ausgewogen. Einlagern.

2008 Kabinette und Spätlesen können fein und elegant sein. Perfekte Trinkreife.

2007 Gute Qualität und Quantität. Jetzt zunehmend reif.

2005 Sehr reife Trauben, besseres Säurerückgrat als etwa 2003. Außergewöhnlich, v. a. an der Saar. Trinken oder noch aufbewahren.

Weitere gute Jahrgänge: 2004, 2003, 2001, 1999, 1997, 1995, 1994, 1993, 1990, 1989, 1988, 1976, 1971, 1969, 1964, 1959, 1953, 1949, 1945, 1937, 1934, 1921.

Ahr/Rheingau/Rheinhessen/Nahe/Pfalz

Neben den Moselweinen sind die Rheingaugewächse die potenziell langlebigsten aller deutschen Erzeugnisse. Sie entfalten sich über 15 Jahre hinweg und länger, jedoch können Spitzengewächse aus Rheinhessen, aus der Pfalz oder von der Nahe ebenso lange halten. Moderne trockene Weine wie die Großen Gewächse sollten im Allgemeinen innerhalb von 2–4 Jahren getrunken werden, die besten aber haben zweifellos das Potenzial, auf interessante Weise zu altern. Das Gleiche gilt für Rotweine von der Ahr: Dank ihrer Fruchtigkeit sind sie bereits in der Jugend ansprechend, doch die besten unter ihnen entwickeln sich 10 Jahre und länger. Aber wer wird ihnen diese Chance geben?

2017 Frost im April, Hagel, Regen im September: Ein Jahrgang voller Herausforderungen. Gründliche Selektion war notwendig. 20–25% weniger Ertrag als üblich.
2016 Probleme mit falschem Mehltau. Hohe Temperaturen und Sonnenbrand. Ein in Qualität und Quantität sehr durchwachsener Jahrgang.
2015 Heißer, trockener Sommer. Rheingau-Weine ausgezeichnet, sowohl die trockenen als auch die edelsüßen.
2014 Kompliziert, doch Riesling und Spätburgunder fielen in der Regel ordentlich aus oder sogar gut, wenn sorgfältig selektiert wurde.
2013 Große Unterschiede: Die besten Weine kommen aus dem südlichen Rheinhessen, Franken und dem Ahrtal.
2012 Unterdurchschnittliche Mengen, aber sehr gute, auf jeder Qualitätsstufe klassische Weine.
2011 Fruchtige Weine mit ausgewogener Säure.
2010 Uneinheitliche Qualität, teilweise sehr guter Spätburgunder; die trockenen Weißweine sollten jetzt getrunken werden.
2009 Exzellente Weine, v.a. die trockenen. Teilweise musste aufgesäuert werden.
2008 Außerordentlich rassige Rieslinge mit gutem Lagerpotenzial.
2007 Die trockenen Weine sind jetzt trinkreif.
2005 Hohe Reifegrade, exzellente Säure und Extrakt. Vorzüglicher Jahrgang. Trinken oder aufbewahren.

Weitere gute Jahrgänge: 2003, 2002, 2001, 1999, 1998, 1997, 1996, 1993, 1990, 1983, 1976, 1971, 1969, 1964, 1959, 1953, 1949, 1945, 1937, 1934, 1921.

Adams Rhh ★★→★★★ Das Familienweingut wird seit 2011 von der Önologin Simone Adams geführt, die unter Beweis stellt, warum der SPÄTBURGUNDER aus INGELHEIM im 19. Jahrhundert als einer der besten von ganz Deutschland galt.
Adelmann, Weingut Graf Würt ★★→★★★ Der junge Felix Graf Adelmann hat das Zepter auf der idyllischen Burg Schaubeck übernommen. Sehr guter 2015er MERLOT und GRAUBURGUNDER.
Ahr ★★→★★★★ 09 11 12 **13'** 14 **15'** 16 (17) – Flusstal südlich von Bonn, eine Art Canyon für SPÄTBURGUNDER. Schieferböden sorgen für Fruchtigkeit und Mineralität. Beste Produzenten: Adeneuer, Deutzerhof, Heiner-Kreuzberg, Kreuzberg, MEYER-NÄKEL, Nelles, Riske, Schumacher, STODDEN und die Winzergenossenschaft Mayschoß-Altenahr.

Aldinger, Weingut Gerhard Würt ★★★→★★★★ Die Söhne von Gerd Aldinger, Hansjörg und Matthias, gehen gern ungewöhnliche Wege: Sie produzieren TROLLINGER ohne Sulfite, SEKT, der 5 Jahre auf der Hefe gelegen hat und den SAUVIGNON BLANC Ovum, der in Betoneiern gärt und reift. Die konventionell erzeugten Weine sind aber auch sehr gut.

Alte Reben – Analogie zu den französischen *vieilles vignes.* Wie in Frankreich ist kein Mindestalter festgelegt.

Jahrgangsangaben im Kapitel Deutschland

Die Jahrgangsangaben bei den Stichwörtern im Kapitel Deutschland erfolgen meist nach einem anderen Schema als sonst in diesem Buch üblich. Wird der Jahrgang eines bestimmten Weins bewertet oder auf Rotweingebiete Bezug genommen, entspricht die Angabe dem in diesem Buch ansonsten üblichen Schema (siehe »Zum richtigen Gebrauch« auf Seite 4). Für Bereiche, Gemeinden und Erzeuger aber gibt es zwei verschiedene Kategorien:

Fettdruck (z.B. **14**) – Klassischer, reifer Jahrgang mit einem hohen Anteil von Spät- und Auslesen bzw. bei Rotweinen mit schöner phenolischer Reife und einem guten Mostgewicht.

Normaldruck (z.B. 15) – Erfolgreicher, aber nicht außergewöhnlicher Jahrgang.

Deutsche Weißweine, insbesondere Riesling, kann man in der Regel jung trinken, um ihre intensive Fruchtigkeit zu genießen, aber auch 10–20 Jahre lagern, wodurch sie eine größere aromatische Finesse entwickeln.

Alter Satz Fran – Weine von alten Weinbergen, v.a. in FRANKEN, auf denen bunt durcheinander oft über 100 Jahre alte, unveredelte Reben verschiedener Sorten wachsen. Empfehlenswert: Weißweine von Otmar Zang, Scheuring, Scholtens oder Rotweine von Stritzinger.

Amtliche Prüfungsnummer (A.P.Nr.) Muss auf jedem Etikett eines Qualitätsweins abgedruckt sein. Besonders nützlich zur Unterscheidung von AUSLESEN aus verschiedenen Parzellen desselben Weinbergs.

Assmannshausen Rhg ★★→★★★★ 99' 05' 08 09 **10 11 12 13'** 14 **15** 16 – Der einzige Ort im RHEINGAU mit jahrhundertealter Tradition für Spätburgunder. Weine von der GROSSEN LAGE Höllenberg (45 ha Schieferböden) haben enormes Reifepotenzial. Erzeuger: BISCHÖFLICHES WEINGUT RÜDESHEIM, CHAT SAUVAGE, HESSISCHE STAATSWEINGÜTER, Karl Schön, KESSELER, König, KRONE, KÜNSTLER und Mumm.

Auslese Weine von ausgelesenen, besonders reifen Trauben, oft durch Edelfäule verfeinert und entsprechend gehaltvoll im Geschmack. Traditionell sollte er aber eher elegant als superkonzentriert sein. Da muss bei der Gärung sehr sorgfältig gearbeitet werden. Etwas mehr Finesse und Komplexität würden den GOLDKAPSELWEINEN gut zu Gesicht stehen.

Ayl M ★→★★★ Alle Weinberge sind seit 1971 unter dem Namen der historisch besten Lage bekannt: Kupp (was viel über das deutsche Weingesetz sagt). Erzeuger: BISCHÖFLICHE WEINGÜTER TRIER, Lauer, Vols.

Bacharach MR ★→★★★ **01 05** 08 **09 11 12** 13 14 **15** 16 17 – Idyllisches Städtchen mit Fachwerkhäusern, Zentrum der RIESLING-Erzeugung am MITTELRHEIN. GROSSE LAGEN: Hahn, Posten, Wolfshöhle. Erzeuger: Bastian, JOST, KAUER, RATZENBERGER.

Baden Große Region im Südwesten und früheres Großherzogtum. Es umfasst 15.000 ha, die sich über eine Länge von 290 km ziehen. Vor allem bekannt für die verschiedenen Burgundertrauben (BLAU- bzw. SPÄT-, GRAU- und WEISSBURGUNDER) mit Enklaven von RIESLING, der in der Regel trocken ausgebaut wird. Viele Winzergenossenschaften.

Bassermann-Jordan Pfz ★★★ 49 ha in DEIDESHEIM, FORST und Ruppertsberg. Majestätischer trockener Riesling mit ausgedehnter Fassreife (Probus Reserve) oder der Vinifizierung in Tongefäßen (Pithium). Atemberaubende 2016er GROSSE GEWÄCHSE aus den Lagen Forster Kirchenstück und Jesuitengarten.

Becker, Friedrich Pfz ★★→★★★★ Herausragender SPÄTBURGUNDER (Kammerberg, Sankt Paul, Res, Heydenreich) **07' 08 09 10** 11 12 13' 14 15 aus dem südlichsten Teil der PFALZ. Besitzt einige Weinberge auf der anderen Seite der Grenze im Elsass. Auch gute Weißweine (CHARDONNAY, RIESLING, GRAUBURGUNDER).

Becker, J. B. Rhg ★★→★★★ **89 90 92 94 97 01 05** 07 08 **09** 10 **11 12** 13 14 **15** 16 (17) – Herrlich altmodische, fassgereifte und langlebige trockene RIESLINGE und SPÄTBURGUNDER in WALLUF und Martinsthal. Ältere Jahrgänge sind außerordentlich preisgünstig.

Beerenauslese Köstlich süßer Wein aus besonders reifen, einzeln ausgelesenen Beeren, durch Edelfäule verfeinert. Rar und teuer.

Bercher Bad ★★★ Arne und Martin Bercher sind Experten für Burgundersorten von vulkanischen Böden in Burkheim, Jechtingen und Sasbach.

Bergdolt Pfz ★★★ Bioweingut in Neustadt-Duttweiler. Seit jeher für WEISSBURGUNDER von der GROSSEN LAGE Mandelberg **98' 01' 04' 05 07 08 09' 10** 11 **12'** 13 14 15 16 bekannt. RIESLING und SPÄTBURGUNDER sind ebenfalls empfehlenswert.

Bernkastel MM ★→★★★★ Erstklassige Weinstadt an der MITTELMOSEL, bekannt für ihre Fachwerkhäuser und duftige, perfekt abgerundete RIESLINGE. GROSSE LAGEN: DOCTOR und Lay. Spitzenerzeuger: Kerpen, J. J. PRÜM, LOOSEN, Studert-Prüm, THANISCH (beide Güter), WEGELER. Der Name Kurfürstlay (GROSSLAGE) ist irreführend, meiden!

Bischöfliches Weingut Rüdesheim Rhg ★★★ 8 ha bester Lagen in RÜDESHEIM, ASSMANNSHAUSEN und JOHANNISBERG. Gewölbekeller im berühmten Kloster von Hildegard von Bingen. Peter Perabo, früher Kellermeister bei KRONE, ist Spezialist für Spätburgunder (brillant sind der stoffige 2015er Rüdesheimer »S« und der duftige Assmannshäuser »S«) doch auch der RIESLING ist sehr gut.

Bischöfliche Weingüter Trier M ★★ In den 120 ha meist erstklassiger Lagen sind verschiedene Schenkungen vereinigt. Die Qualität ist nach wie vor schwankend, kaufen sollte man nur nach vorheriger Verkostung.

Bodensee Bad – Idyllischer Bereich im südlichen BADEN mit Lagen in 400 bis 580 m Höhe. TROCKENER, eleganter MÜLLER-THURGAU, leichter, aber delikater SPÄTBURGUNDER. Spitzenweinbauorte: Hagnau, Meersburg und Reichenau. Hübsche Urlaubsweine.

Boppard MR ★→★★★ Weinstadt am MITTELRHEIN mit der GROSSEN LAGE Bopparder Hamm, die wie ein Amphitheater geformt ist. Erzeuger: Heilig Grab, Lorenz, M. Müller, Perll, WEINGART. Unschlagbares Preis-Leistungs-Verhältnis.

Brauneberg MM ★★★→★★★★ **59 71 83 90 01 04 05 07 08 09 11** 12 13 14 **15** 16 17 – Erstklassiger Weinort bei BERNKASTEL mit ausgezeichneten, sehr aromatischen und herrlich rassigen RIESLINGEN. GROSSE LAGEN: Juffer, Juffer-Sonnenuhr. Erzeuger: Fritz Haag, Willi Haag, KESSELSTATT, Paulinshof, RICHTER, SCHLOSS LIESER, THANISCH.

Bremer Ratskeller Der 1405 erbaute Keller des Bremer Rathauses (UNESCO-Welterbe) birgt die größte Sammlung deutscher Weine. Der älteste ist ein 1653er RÜDESHEIMER Apostelwein.

Breuer, Georg Rhg ★★★→★★★★ Exquisiter RIESLING aus RÜDESHEIM und RAUENTHAL. Berg Schlossberg zeigt viel Tiefe bei 12 % vol., Nonnenberg altert in Würde. Der preiswerte Terra Montosa zeigt, was alles im Rheingauriesling steckt. Auch guter SEKT und SPÄTBURGUNDER.

Buhl, Reichsrat von Pfz ★★★ Historisches Pfälzer Weingut in DEIDESHEIM. Gutsleiter ist seit 2013 Mathieu Kauffmann, zuvor Kellermeister bei Bollinger. Er steht für überragenden SEKT und GROSSE GEWÄCHSE im französischen Stil wie aus dem Bilderbuch. Gute Beispiele sind der 2016er Pechstein und der 2015er Jesuitengarten.

Bürgerspital zum Heiligen Geist Fran ★★★ Alter Stiftsbesitz mit großer Kontinuität. Es gab nur sechs Gutsleiter in den vergangenen 180 Jahren. Traditionell bereitete Weißweine (Silvaner und RIESLING) von den besten Lagen in und um WÜRZBURG. Der SILVANER GROSSES GEWÄCHS aus der Monopollage Stein-Harfe aus den Jahrgängen 2014, 2015 und 2016 ist ein Monument.

Bürklin-Wolf, Dr. Pfz ★★→★★★★ Das 30 ha große historische Weingut besitzt einige der besten Lagen der MITTELHAARDT (gutseigene Klassifikation seit 1994). Biodynamisch bewirtschaftet (mit Pferden).

Busch, Clemens M ★★★→★★★★ Clemens Busch und sein Sohn Johannes bewirtschaften die Steillage Pündericher Marienburg ausschließlich in Handarbeit und biodynamisch. Dabei entstehen atemberaubende Serien an GROSSEN GEWÄCHSEN aus den Bereichen Fahrlay, Falkenlay, Rothenpfad und Raffes. Neu ist eine Kollektion von Rieslingen, die zwei Jahre im Fass gelegen hat. Der 2014er Fahrlay ist einen Versuch wert.

Chat Sauvage Rhg ★★★→★★★★ **08 09 10 11** 12 13' 14 15 16 – Erst im Jahr 2000 gegründet, aber bereits einer der besten SPÄTBURGUNDER-Erzeuger im RHEINGAU. Weinberge in ASSMANNSHAUSEN, JOHANNISBERG, LORCH, RÜDESHEIM. Auch etwas CHARDONNAY und delikater SEKT (Cuvée »S« Brut Nature **13**).

Christmann Pfz ★★★ VDP-Präsident Steffen Christmann ist ein Pionier des biologisch-dynamischen Anbaus in der MITTELHAARDT und besonders bekannt für seinen RIESLING Königsbacher Idig (**05' 08' 10' 11 12' 13** 14 15' 16). Sehr fein ist das GROSSE GEWÄCHS von der Lage Ölberg-Hart Kapelle (16).

Clüsserath, Ansgar M ★★★ Straffer RIESLING aus der TRITTENHEIMER Apotheke. Köstlich und von kristalliner Klarheit die KABINETT-Versionen.

Corvers-Kauter Rhg ★★★ Mineralische RÜDESHEIMER RIESLINGE wie aus dem Bilderbuch: kristallin und reintönig.

Crusius, Dr. Na ★★→★★★ Familiengut in TRAISEN. Lebhafter Riesling mit Alterungspotenzial aus den sonnensatten Traiser Lagen Bastei und Rotenfels sowie aus SCHLOSSBÖCKELHEIM.

Deidesheim Pfz ★★→★★★★ Der Ort im Zentrum der MITTELHAARDT verfügt über eine ganze Reihe GROSSER LAGEN: Grainhübel, Hohenmorgen, Kalkofen, Kieselberg, Langenmorgen und Paradiesgarten. Spitzenerzeuger: BASSERMANN-JORDAN, Biffar, BUHL, BÜRKLIN-WOLF, CHRISTMANN, DEINHARD, Fusser, MOSBACHER und von WINNING. Gute Winzergenossenschaft.

Deinhard, Dr. Pfz ★★→★★★ Seit 2008 Teil des Weinguts von WINNING, erzeugt Weine ohne jeden Einfluss von Eiche.

Diel, Schlossgut Na ★★★→★★★★ Caroline Diel hat inzwischen von ihrem Vater übernommen. Sie bereitet exquisiten Riesling Großes Gewächs (am besten ist meist der Dorsheim Burgberg), prachtvolle SPÄTLESEN und ernst zu nehmenden Sekt (Cuvée Mo mit sechsjähriger Lagerung auf der Hefe).

Doctor MM – Exemplarische Steillage in BERNKASTEL und der Ort, an dem die TROCKENBEERENAUSLESE erfunden wurde (1921 von THANISCH). Nur 3,2 ha groß, aber von fünf Besitzern bewirtschaftet: beide Thanisch-Weingüter, WEGELER (1,1 ha, von denen 0,06 ha an KESSELSTADT verpachtet sind), Patrick Lauerburg und die örtliche Heilig-Geist-Stiftung (0,26 ha, bis 2024 an SCHLOSS LIESER und MARKUS MOLITOR verpachtet). Die RIESLINGE sind außerordentlich reichhaltig, aber kostspielig.

Dönnhoff, Hermann Na ★★★→★★★★ **90 97 01 05 07 08 09 11 12** 13 14 **15** 16 17 – Cornelius Dönnhoff steht inzwischen auf der Kommandobrücke. Seine Weine fallen vielleicht einen Hauch trockener aus als die seines Vaters Helmut. Weine mit gutem Preis-Leistungs-Verhältnis: Tonschiefer RIESLING und Roxheimer Höllenpfad (fein, elegant). Überragende GROSSE GEWÄCHSE aus NIEDERHAUSEN (Hermannshöhle), Norheim (Dellchen) und SCHLOSSBÖCKELHEIM (Felsenberg); umwerfender EISWEIN.

Durbach Bad ★★→★★★ Weinbauort in der ORTENAU, bekannt für körperreichen RIESLING, hier Klingelberger genannt. Der Wein wächst auf Granitböden. Erzeuger: Graf Metternich, LAIBLE (beide), Männle (beide), MARKGRAF VON BADEN. Verlässliche Winzergenossenschaft.

Egon Müller – Scharzhof M ★★★★ **59 71 76 83 85 88 89 90 93 94 95 96 97 98 99 01 02 03 04 05 06 07 08 09 10 11 12 13** 14 **15** 16 17 – Legendärer Erzeuger an der SAAR in WILTINGEN mit einem wahren Schatz an alten Weinen. Sein rassiger SCHARZHOFBERGER RIESLING zählt zu den besten Weinen der Welt: erhaben, lebhaft, unsterblich. Die Kabinette präsentieren sich federleicht und langlebig (der 1994er überraschte 2017 mit weißem Trüffel im Abgang).

Einzellage Individuelle Weinberglage. Darf nicht mit GROSSLAGE verwechselt werden.

Eiswein Wein aus am Stock gefrorenen Trauben mit stark herabgesetztem Wassergehalt, daher sehr konzentriert und mit mindestens dem Reifegrad der BEERENAUSLESE. Herausragende Jahrgänge für Eiswein waren 1998, 2002, 2004 und 2008. Im vergangenen Jahrzehnt wurde immer weniger produziert. Die globale Erwärmung ist der größte Feind des Eisweins.

Emrich-Schönleber Na ★★★ Werner Schönleber und Sohn Frank erzeugen klar umrissenen RIESLING aus den klassifizierten Lagen Monzinger Frühlingsplätzchen und Halenberg – Letzterer ist meist besser.

Erden MM ★★★→★★★★ **90 01 03 05 08 09 11** 12 13 14 **15** 16 17 – Ort mit Lagen auf roten Schieferböden. Edle AUSLESEN und TROCKENE RIESLINGE von seltener Delikatesse. GROSSE LAGEN: Prälat und Treppchen. Weingüter: BREMER RATSKELLER, J. J. CHRISTOFFEL, LOOSEN, MERKELBACH, MARKUS MOLITOR, Mönchhof, Schmitges.

Erste Lage An zweithöchster Stelle klassifizierte Weinberglage, vergleichbar dem Premier Cru im Burgund. Die Bezeichnung wird von allen VDP-Mitgliedern geführt, außer in den Anbaugebieten AHR, MITTELRHEIN, MOSEL, NAHE und RHEINHESSEN.

Erstes Gewächs Rhg – Wein von einem als Spitzenlage klassifizierten Weinberg; diese Bezeichnung darf nur im RHEINGAU verwendet werden. Die dortigen Mitglieder des VDP verwenden seit 2012 die Bezeichnung GROSSES GEWÄCHS.

Erzeugerabfüllung Vom Erzeuger – bei dem es sich auch um eine Winzergenossenschaft handeln kann – aus eigenem Lesegut gekelterter und selbst abgefüllter Wein. Die strengeren Kriterien unterliegende GUTSABFÜLLUNG ist, wie der Name sagt, Weingütern vorbehalten.

Escherndorf Fran ★★★ Weinbauort mit der GROSSEN LAGE Lump (Steillage). Der Name spielt möglicherweise darauf an, dass die schmalen Flurstücke nach einem Regen wie graue Lappen oder »Lumpen« aussehen. Fabelhafter Silvaner und RIESLING, TROCKEN und süß. Weingüter: Michael Fröhlich, HORST SAUER, RAINER SAUER, Egon Schäffer, zur Schwane.

Feinherb Nicht genau definierter Begriff für Weine mit 10–25 g/l Restsüße, die man nicht unbedingt immer herausschmeckt. Flexiblere Bezeichnung als HALBTROCKEN. Ich entscheide mich oft für feinherbe Weine.

Forst Pfz ★★→★★★★ **01 05 08 09 11 12 13 14** 15 16 17 – Herausragender Weinort in der MITTELHARDT, bringt gleichzeitig körperreiche und feine Weine hervor. GROSSE LAGEN in absteigender Ordnung ihres Ranges: Kirchenstück, Jesuitengarten, Pechstein, Ungeheuer und Freundstück. Spitzenerzeuger: Acham-Magin, BASSERMANN-JORDAN, BÜRKLIN-WOLF, MOSBACHER, Reichsrat von Buhl, von WINNING, WOLF.

Die deutschen Qualitätsstufen

Die amtlichen Qualitätsstufen sind in aufsteigender Reihenfolge (einmal tief Luft holen bitte):

1. **Deutscher Wein ohne Herkunftsangabe** (oder schlicht **Wein**; ersetzt die Bezeichnung Tafelwein): leichter, meist lieblicher Wein ohne näher festgelegte Eigenart.
2. **Wein mit geschützter geografischer Angabe (g.g.A.)** (ersetzt Landwein): TROCKEN oder HALBTROCKEN, gebietstypisch. Meist nicht zu empfehlen, doch einige erfolgreiche Güter nutzen die Kategorie Landwein bzw. g.g.A., um bürokratische Zwänge zu umgehen.
3. **Wein mit geschützter Ursprungsbezeichnung (g.U.,** als traditionelle Begriffe sind auch noch **Qualitäts- und Prädikatswein** zugelassen): trocken bis lieblich, Zuckerzusatz vor der Gärung ist möglich, um den Alkoholgehalt zu erhöhen; stets auf Qualität geprüft und mit ausgeprägtem Charakter, je nach Landschaft und Traubensorte.
4. **Kabinett:** trocken bis lieblich (ungezuckert) mit ausgeprägter, gelegentlich vorzüglicher Eigenart und charakteristischer Leichtigkeit.
5. **Spätlese:** alkoholreicher als Kabinett, meist mit mehr Süße, körperreich. Viele hochklassige Spätlesen sind heutzutage halb- oder ganz trocken.
6. **Auslese:** süßer, oft auch alkoholreicher als Spätlese, vielfach mit an Honig erinnerndem Aroma, intensiv und langlebig. Gelegentlich trocken und schwer.
7. **Beerenauslese:** ziemlich süß und gelegentlich alkoholreich, intensiv im Geschmack, kann superb sein.
8. **Eiswein:** von im Winter am Rebstock gefrorenen Trauben der Qualitätsstufe für Beeren- oder Trockenbeerenauslese, hochkonzentriert, intensiv süß. Manchmal extrem einseitig.
9. **Trockenbeerenauslese:** intensiv süß und aromatisch, oft nicht allzu alkoholreich. Ein außergewöhnlicher, unendlich haltbarer Wein.

Franken Anbaugebiet mit eigenständigen TROCKENEN Weinen, besonders Silvaner, meist in Bocksbeutel-Flaschen. Mittelpunkt ist WÜRZBURG. Die besten Weine kommen aus Bürgstadt, ESCHERNDORF, IPHOFEN, Klingenberg und RANDERSACKER.

Franzen M ★★→★★★ In Europas steilster Lage, dem Bremmer Calmont, erzeugt der junge Kilian Franzen dichte und »warme«, aber ebenso mineralische RIESLINGE.

Franz Keller – Schwarzer Adler Bad ★★★ Seit 1969 kontinuierlich mit einem Michelin-Stern ausgezeichnetes Restaurant in Oberbergen am KAISERSTUHL. Das Top-Weingut ist vom Burgund inspiriert und setzt entsprechend auf Burgundersorten. Die besten GROSSEN GEWÄCHSE kommen vom Schlossberg in ACHKARREN und dem Kirchberg in Oberrotweil.

Fricke, Eva Rhg ★★→★★★ Obwohl bei Bremen geboren und ohne jeden familiären Weinhintergrund, ist Eva Fricke in kürzester Zeit zum Shootingstar des RHEINGAUS avanciert. Ausdrucksvolle, straffe RIESLINGE aus KIEDRICH und LORCH. Biologischer Anbau auf 10 ha.

Fuder Traditionelles deutsches Fass für Gärung und (früher langen) Ausbau mit einem Fassungsvermögen von 600 bis 1.800 Litern, je nach Anbaugebiet.

Fürstlich Castell'sches Domänenamt Fran ★★→★★★ Hervorragender SILVANER und RIESLING von der Lage Casteller Schlossberg (Alleinbesitz). Die Weine werden vorwiegend TROCKEN ausgebaut, gelegentlich auch als TROCKENBEERENAUSLESE (hervorragender Riesling **06**) oder als BEERENAUSLESE (Silvaner **67 08**).

Fürst, Rudolf Fran ★★★→★★★★ Erfolgreiches Vater-Sohn-Gespann in Bürgstadt mit Weinbergbesitz dort und auf den steilen Terrassen von Klingenberg. Spätburgunder (**97' 99 01 05' 08 09 10 11** 12 13 14 15 16) mit großer Finesse von roten Sandsteinböden. Dicht gewirkte FRÜHBURGUNDER, ebenfalls hervorragende Weißweine. Der Name »pur mineral« steht für eine verlässliche Marke im mittleren Preissegment.

Gallais, Le M – Das zweite Gut von EGON MÜLLER mit der 4-ha-Lage Braune Kupp (in Alleinbesitz) in WILTINGEN, deren Schieferboden einen höheren Lehmanteil aufweist als der SCHARZHOFBERG. Die AUSLESEN können grandios sein.

Geisenheim Rhg – Das Städtchen im RHEINGAU ist vor allem bekannt als Sitz der wichtigsten Hochschule Deutschlands für Weinbau und Önologie. Immerhin eine GROSSE LAGE: Rothenberg.

Goldkapsel M, Na, Rhg, Rhh – In manchen deutschen Anbaugebieten wie RHEINGAU, MOSEL und PFALZ verwendete Bezeichnung (und auch der Flaschenverschluss) für edelsüße Weine von AUSLESE bis TBA mit strikt selektiertem Lesegut. Die lange Goldkapsel steht für noch höhere Qualität.

Graach MM ★★★→★★★★ Kleiner Ort zwischen BERNKASTEL und WEHLEN. GROSSE LAGEN: Domprobst, Himmelreich, Josephshöfer. Spitzenweingüter: Kees-Kieren, KESSELSTATT, LOOSEN, Markus MOLITOR, J. J. Prüm, S. A. PRÜM, SCHAEFER, Selbach-Oster, Studert-Prüm, VON KESSELSTATT, WEGELER. Alle sind vom geplanten Bau einer Schnellstraße (B50 neu) bedroht.

Griesel & Compagnie Hess-B ★★★ Ein SEKT-Start-up aus Bensheim mit einer erstklassigen Prestigereihe (Rosé Extra Brut, Pinot Brut Nature).

Große Lage Die Spitze der neuen Lagenklassifikation des VDP, gilt jedoch nur für Mitglieder des VDP. (Der Verband selbst benutzt übrigens nur die Schreibweise Grosse Lage, wohl um die internationalen Märkte nicht mit deutscher Orthografie zu verwirren.) Darf auf keinen Fall mit der GROSSLAGE verwechselt werden. TROCKENE Weine von einer Großen Lage werden als GROSSES GEWÄCHS bezeichnet.

Großer Ring M – Gruppe von Spitzenweingütern (VDP) im Anbaugebiet MOSEL, bei deren jährlicher Auktion im September in TRIER manchmal sogar Weltrekordpreise erzielt werden.

Großes Gewächs Bezeichnung für einen TROCKENEN Spitzenwein aus einer GROSSEN LAGE (ab 2012) nach der Klassifizierung des VDP. Aus Gründen der internationalen Verständlichkeit wird auch die Schreibweise »Grosses Gewächs« verwendet (vom VDP nur so). Siehe auch ERSTES GEWÄCHS.

Großlage Ein Begriff, der vielleicht sogar mit Absicht verwirren soll. Zusammenfassung einer Gruppe zweitrangiger Weinberge mit angeblich ähnlichen Eigenschaften. Keine Qualitätsangabe. Hat rein gar nichts zu tun mit einer GROSSEN LAGE!

Gunderloch Rhh ★★★→★★★★ **90 01 05 07 08 09 11 12** 13 14 **15** 16 17 – Dem Ende 2016 verstorbenen Fritz Hasselbach war es gelungen, den

ROTEN HANG wieder weltberühmt zu machen. Darauf kann jetzt sein Sohn Johannes bauen: Die Klassiker bleiben uns erhalten, etwa der edelsüße RIESLING aus der GROSSEN LAGE Rothenberg oder der kulinarische Jean-Baptiste Kabinett. Nur die TROCKENEN Weine erscheinen jetzt noch trockener als zuvor.

Gut Hermannsberg Na ★★★ Die frühere Staatsdomäne NIEDERHAUSEN wurde 2010 privatisiert. Kraftvolle, dichte RIESLINGE als GROSSE-GEWÄCHSE aus Altenbamberg, NIEDERHAUSEN, SCHLOSSBÖCKELHEIM (außergewöhnlicher 2015er Kupfergrube) und TRAISEN.

Gutsabfüllung Auf Weingütern (im Unterschied zu Genossenschaften) anstelle von ERZEUGERABFÜLLUNG verwendet.

Gutswein Wein, bei dem keine Weinberg- oder Ortsbezeichnung, sondern nur der Name des Erzeugers auf dem Etikett steht: Basiskategorie. Idealerweise sollte ein Gutswein eine ERZEUGERABFÜLLUNG (von eigenen Trauben) sein, aber das ist nicht immer der Fall.

Haag, Fritz M ★★★★ **90 01 05 07 08 09 10 11** 12 13 14 **15** 16 17 – BRAUNEBERGS Spitzenweingut. Oliver Haag führt das Werk seines Vaters Wilhelm fort, aber seine Weine sind moderner im Stil. Siehe auch SCHLOSS LIESER.

Haag, Willi M ★★→★★★ Familienweingut in BRAUNEBERG, geleitet von Marcus Haag. RIESLING alter Schule, meist süß und voll, aber ausgewogen und preiswert.

Haart, Julian M ★★→★★★ Der talentierte Neffe von Theo Haart. Er hat sich für seine dichten und spontan vergorenen RIESLINGE einen Namen gemacht. Gelungene 2016er: Goldtröpfchen KABINETT und Schubertslay SPÄTLESE.

Haart, Reinhold MM ★★★→★★★★ Das beste Weingut in PIESPORT. Die aromatisch-runden RIESLINGE, SPÄTLESEN, AUSLESEN und höheren PRÄDIKATE sind rassige Moselweine wie aus dem Bilderbuch mit großartigem Alterungspotenzial.

Haidle Würt ★★★ Familienweingut, das mittlerweile von dem jungen Moritz Haidle geführt wird. Er setzt auf das etwas kühlere Klima des Remstals und erzeugt RIESLINGE und LEMBERGER von unvergleichlicher Frische.

Halbtrocken Mit 9–18 g/l Restsüße. Die Bezeichnung »halbtrocken« auf dem Etikett kommt heutzutage nicht mehr so gut an – FEINHERB klingt erheblich besser.

Hattenheim Rhg ★★→★★★★ Weinort mit den berühmten GROSSEN LAGEN Nussbrunnen, Hassel, Mannberg, Schützenhaus, STEINBERG, Wisselbrunnen. Erzeuger: Barth, HESSISCHE STAATSWEINGÜTER, Kaufmann (ehemals Hans Lang), Knyphausen, LANGWERTH, Ress, SPREITZER. Klassische RHEINGAU-RIESLINGE. Die guten Lagen Nuss- und Wisselbrunnen haben einen Felsuntergrund, auf dem sich Wasser sammelt und der einen guten Schutz gegen Dürre bietet.

Heger, Dr. Bad ★★★ Das Weingut am KAISERSTUHL ist bekannt für seine TROCKENEN Parzellenauslesen von vulkanischen Böden in Achkarren und IHRINGEN, besonders der Lage Vorderer Berg, womit die beste Parzelle, die sehr steile Terrassenlage Winklerberg, gemeint ist.

Heitlinger/Burg Ravensburg Bad ★★→★★★ Zwei führende Weingüter im Kraichgau unter derselben Leitung: Heitlinger steht für einen modernen, eleganten Stil, Burg Ravensburg für betont körperreiche Weine. Am besten sind in der Regel die RIESLINGE aus der Lage Schellenbrunnen und der Königsbecher SPÄTBURGUNDER.

Hessische Bergstraße ★→★★★ Deutschlands kleinstes Anbaugebiet mit nur 440 ha liegt nördlich von Heidelberg. Gefällige RIESLINGE von der Bergsträßer Winzergenossenschaft, der HESSISCHEN STAATSWEINGÜTER, von Simon-Bürkle und dem Weingut der Stadt Bensheim.

Hessische Staatsweingüter Kloster Eberbach Hess-B, Rhg ★★→★★★★ Umfangreiche – und historisch bedeutsame – Domäne des Landes Hessen mit 220 ha in ASSMANNSHAUSEN, RÜDESHEIM, Rauenthal, HATTENHEIM (mit dem Alleinbesitz Steinberg), HOCHHEIM und an der HESSISCHEN BERGSTRASSE. Das KLOSTER EBERBACH aus dem 12. Jh. verfügt über eine Vinothek und zwölf historische Pressen. Die Qualität ist ordentlich, doch man sollte wählerisch sein. Der SEKT ist bisweilen exquisit.

Bereich, Großlage und Große Lage – erkenne den Unterschied!

Ein »Bereich« nach dem deutschen Weinrecht bedeutet einen größeren Abschnitt innerhalb eines Anbaugebiets. Auf einem Etikett, wie z.B. bei »Bernkastel (Bereich)«, ist diese Bezeichnung als Warnsignal zu verstehen: Der Wein ist ein Verschnitt aus beliebigen Lagen innerhalb dieses Bereichs und sollte besser nicht gekauft werden. Das Gleiche gilt für Weine mit der Bezeichnung GROSSLAGE, obwohl diese viel schwerer zu erkennen sind. Wer könnte schon aus dem Stegreif erraten, ob »Forster Mariengarten« eine EINZELLAGE oder eine Großlage ist? (Es ist Letzteres.) Und seit dem Jahrgang 2012 ist es noch ein bisschen verzwickter geworden: Die GROSSEN LAGEN sind hinzugekommen, die man auf keinen Fall mit Großlagen verwechseln sollte. Es handelt sich nämlich ganz im Gegenteil um die besten Weinberge nach der Klassifikation des Winzerverbandes VDP, sozusagen die Grands crus Deutschlands. Das soll einer verstehen.

Heyl zu Herrnsheim Rhh ★★→★★★ Das ökologisch bewirtschaftete historische Gut in NIERSTEIN ist Teil des Weinguts ST. ANTONY. GROSSE GEWÄCHSE von der in Alleinbesitz befindlichen ERSTEN LAGE Brudersberg können ganz ausgezeichnet sein.

Heymann-Löwenstein M ★★★ Spontan vergorener Riesling von Steilterrassen in WINNINGEN bei Koblenz, intensiv und sehr individuell in der Stilistik.

Hochgewächs Selten verwendete Bezeichnung für MOSEL-RIESLING, der strengeren Vorschriften unterliegt als einfacher QbA. Ein angesehener Advokat des Hochgewächses ist Kallfelz in Zell-Merl.

Hochheim Rhg ★★→★★★★ Weinstadt am Main, östlich vom Hauptgebiet des RHEINGAUS. Volle, geerdete RIESLINGE aus den GROSSEN LAGEN Domdechaney, Hölle, Kirchenstück und Reichestal. Erzeuger: Domdechant Werner, Flick/Königin Victoriaberg, Himmel, Künstler, HESSISCHE STAATSWEINGÜTER.

Hock Von »HOCHHEIM« abgeleitete traditionelle englische Bezeichnung für Rheinwein.

Hövel, von M ★★★ Feines SAAR-Weingut in Oberemmel mit der Lage Hütte (4,8 ha, Alleinbesitz), die filigrane Weine erbringt, dem Hörecker im KANZEMER Altenberg sowie einem Anteil am SCHARZHOFBERG. Wird jetzt biodynamisch bewirtschaftet.

Huber, Bernhard Bad ★★★→★★★★ Der junge Julian Huber ist auf dem besten Weg, den gleichen Kultstatus zu erreichen wie sein Vater, besonders für den geschmeidigen SPÄTBURGUNDER, v. a. Alte Reben und Bombacher Sommerhalde. Dazu kommt dichter und einnehmender CHARDONNAY im Burgunderstil (ALTE REBEN, Hecklinger Schlossberg).

Ihringen Bad ★→★★★ Der Ort am KAISERSTUHL ist für seine feinen SPÄTBURGUNDER und GRAUBURGUNDER vom Vulkanboden des steilen Winklerbergs bekannt. Spitzenweingüter: Dr. HEGER, Konstanzer, Michel, Stigler von Gleichenstein.

Immich-Batterieberg MM ★★→★★★ Wiederbelebtes Traditionsweingut, benannt nach den Sprengungen, mit denen im 19. Jahrhundert Felsnasen aus den Schieferbergen beseitigt wurden. (Ein Bündel Dynamitstangen wurde als »Batterie« bezeichnet.) TROCKENER und HALBTROCKENER RIESLING aus den Lagen Batterieberg, Ellergrub (hervorragend **16**) und Steffensberg in Enkirch. Der Gutswein Detonation zeigt elegant seine Muskeln, Reinheit in Bestform. Keine Süßweine.

Ingelheim Rhh ★★→★★★ Weinort in RHEINHESSEN; Weinberge mit Kalksteinuntergrund. Der historisch für SPÄTBURGUNDER berühmte Ort erlebt neue Bekanntheit dank Erzeugern wie ADAMS, Bettenheimer, Dautermann, Arndt F. Werner, J. Neus, Schloss Westerhaus und Wasem.

Iphofen Fran ★★→★★★ **01' 05' 09 11 12** 13 14 **15'** 16 17 – Weinort im STEIGERWALD mit der berühmten GROSSEN LAGE Julius-Echter-Berg. Reicher, aromatischer SILVANER mit Lagerpotenzial. Erzeuger: Arnold, Emmerich, JULIUSSPITAL, RUCK, VETTER, WELTNER, Wirsching und Zehntkeller.

Johannisberg Rhg ★★→★★★★ Der Weinort im RHEINGAU genießt einen guten Ruf für RIESLINGE mit Beeren- und Honigduft. GROSSE LAGEN: Hölle, Klaus, Schloss Johannisberger. GROSSLAGE: Erntebringer (meiden!). Spitzenerzeuger: CHAT SAUVAGE, JOHANNISHOF, PRINZ VON HESSEN, SCHLOSS JOHANNISBERG.

Johannishof – Eser Rhg ★★→★★★ Familienweingut mit Lagen in JOHANNISBERG und RÜDESHEIM. Johannes Eser bereitet RIESLINGE mit perfekter Ausgewogenheit von reifer Frucht und stahliger Säure.

Josephshöfer M ★★→★★★ GROSSE LAGE in GRAACH, Alleinbesitz von Reichsgraf von KESSELSTATT. Harmonischer, beerenfruchtiger RIESLING.

Jost, Toni MR ★★★ Führendes Weingut in BACHARACH mit der Lage Hahn (in Alleinbesitz), jetzt geleitet von Cecilia Jost. Aromatisch-nervige RIESLINGE und neuerdings ein bemerkenswerter SPÄTBURGUNDER (**15'**). Die Familie besitzt noch ein Gut in WALLUF (RHEINGAU).

Juliusspital Fran ★★★ Alte kirchliche Stiftung in WÜRZBURG mit besten Lagen in ganz FRANKEN, bekannt für seine trockenen Silvaner, die sehr schön altern. In letzter Zeit weniger Üppigkeit und mehr Struktur – die GROSSEN GEWÄCHSE werden nun vor dem Verkauf ein Jahr länger gelagert.

Kabinett Siehe Kasten S. 213. Deutschlands einzigartiger Beitrag zur Weinwelt in der Federgewichtsklasse – die Erzeugung wird mit dem fortschreitenden Klimawandel allerdings immer schwieriger.

Kaiserstuhl Bad – Hervorragendes Weinbaugebiet mit ausgesprochen warmem Klima und vulkanischem Boden in der oberrheinischen Tiefebene. Der gute Ruf gründet sich vor allem auf die SPÄTBURGUNDER und GRAUBURGUNDER.

Kanzem M ★★★ Kleiner Ort an der Saar mit dem Altenberg, einer steilen GROSSEN LAGE auf Schiefer und Rotliegend. Erzeuger: BISCHÖFLICHE WEINGÜTER TRIER, Van Volxem, VON OTHEGRAVEN.

Karthäuserhof M ★★★★ **90 01 05 07** 08 **09** 10 **11 12** 13 14 **15** 16 17 – Herausragendes Weingut an der RUWER mit dem Karthäuserhofberg in Alleinbesitz. Die typischen Flaschen, die nur ein Etikett am Hals tragen, stehen für erfrischende TROCKENE und feine Süßweine.

Kauer ★★→★★★ Familiengut in BACHARACH. Feiner aromatischer RIESLING. Randolf Kauer ist Professor für ökologischen Weinbau in GEISENHEIM.

Keller, Franz Bad – Siehe SCHWARZER ADLER.

Keller, Weingut Rhh ★★★→★★★★ Star in RHEINHESSEN, bekannt für seinen kraftvollen RIESLING GROSSES GEWÄCHS von der Lage Dalsheimer Hubacker und den teuren G-Max. Außerdem Riesling aus den NIERSTEINER Lagen Hipping und Pettenthal. Herausragender SPÄTBURGUNDER. Seit 2018 auch an der MITTELMOSEL präsent (Piesporter Schubertslay).

Kesseler, August Rhg ★★★→★★★★ Hervorragender SPÄTBURGUNDER aus ASSMANNSHAUSEN und RÜDESHEIM. Dazu feine Rieslinge in TROCKEN und süß. Der leidenschaftliche August Kesseler hat das Gut jetzt in die Hände langjähriger Angestellter gelegt, die es in seinem Sinne weiterführen.

Kesselstatt, Reichsgraf von M ★★→★★★★ Die 2016 verstorbene Annegret Reh-Gartner hat dieses Weingut in mehr als 30 Jahren harter Arbeit an die Spitze gebracht. 35 ha Spitzenlagen an der MOSEL und ihren beiden Nebenflüssen, darunter ein erklecklicher Anteil am SCHARZHOFBERG.

Kiedrich Rhg ★★→★★★★ Erstklassiger Weinort im RHEINGAU und fast im Alleinbesitz des Gutes von Robert Weil. Andere Erzeuger (u. a. FRICKE, PRINZ VON HESSEN und Knyphausen) besitzen hier nur kleine Parzellen.

Kloster Eberbach Rhg – Das herrliche Zisterzienserkloster aus dem 12. Jahrhundert bei HATTENHEIM mit dem legendären STEINBERG gehört den HESSISCHEN STAATSWEINGÜTERN.

Klumpp, Weingut Bad ★★★ Neuer Stern am Himmel des Kraichgau. SPÄTBURGUNDER und LEMBERGER mit Tiefe und Eleganz. Markus Klumpp ist mit Meike Näkel vom Weingut MEYER-NÄKEL verheiratet.

Knewitz Rhh ★★★ Das 20 ha große Familienweingut rückt das Städtchen Appenheim in RHEINHESSEN in den Fokus. Die jungen Brüder Tobias und Björn produzieren fokussierte und sehr gekonnte Weißweine. Großartig sind der Hundertgulden RIESLING und der CHARDONNAY RESERVE (16); der WEISSBURGUNDER ORTSWEIN ist ein echtes Schnäppchen.

Knipser Pfz ★★★→★★★★ Familiengut in der nördlichen PFALZ mit barriquegereiftem SPÄTBURGUNDER, geradlinigem Riesling (aus der GROSSEN LAGE Steinbuckel), Cuvée X (Bordeaux-Verschnitt). Viele Spezialitäten, u. a. der historische sehr TROCKENE Gelber Orleans.

Kraichgau Bad – Kleiner Bereich südöstlich von Heidelberg. Spitzenerzeuger: HEITLINGER/BURG RAVENSBURG, Hoensbroech, Hummel, KLUMPP.

Krone, Weingut Rhg ★★→★★★ **99' 05 06 07 08 09 10 11 12** 13' 14 15' 16 – Für seinen SPÄTBURGUNDER berühmtes Weingut mit alten Parzellen in der Steillage Höllenberg in ASSMANNSHAUSEN (Schieferböden) – betrieben von WEGELER. Die Weißen sind weniger aufregend.

Kühling-Gillot Rhh ★★★★ Erstklassiges biodynamisches Weingut, geleitet von Caroline Gillot und ihrem Mann H.O. Spanier. Sie überzeugen mit ihrem herausragenden RIESLING vom ROTEN HANG: Rothenberg GROSSES GEWÄCHS von über 70 Jahre alten wurzelechten Reben.

Kühn, Peter Jakob Rhg ★★★→★★★★ Ausgezeichnetes Weingut in OESTRICH unter der Leitung von P. J. Kühn und Sohn. Durch peniblen biologisch-dynamischen Weinbau und lange Maischestandzeit entsteht unkonventioneller, aber aufregender RIESLING. Die Lenchen TROCKENBEERENAUSLESE (15) stellt ein Wunder an Frische dar.

Kuhn, Philipp Pfz ★★★ Zuverlässiger Erzeuger in Laumersheim. Die TROCKENEN RIESLINGE sind reichhaltig und harmonisch (wie z. B. der Riesling SAUMAGEN GG), die fassgereiften SPÄTBURGUNDER kommen saftig und komplex daher. Dazu gesellt sich eine hervorragende Kollektion von Spezialitäten wie FRÜHBURGUNDER, SAUVIGNON BLANC, SEKT.

Künstler, Franz Rhg ★★★ Überragende TROCKENE RIESLINGE von GROSSEN LAGEN in HOCHHEIM, z. B. Hölle (**03 04 05 07' 08 09' 10 11** 12 **13 14** 15 16), Kostheim und jetzt auch von der anderen Seite des RHEINGAUS in RÜDESHEIM (Berg Schlossberg 15' 16) und ASSMANNSHAUSEN (SPÄTBURGUNDER Höllenberg 15).

Kuntz, Sybille M ★★★ Progressives, individuelles 12-ha-Bioweingut in Lieser, v. a. in der Lage Niederberg-Helden. Die intensiven Weine, einer in jeder Reifekategorie, sind als Begleiter zum Essen gedacht und stehen in vielen Restaurants auf der Weinkarte.

aible, Alexander Bad ★★→★★★ Neues Gut in DURBACH, gegründet von Andreas LAIBLES jüngerem Sohn. Aromatischer TROCKENER RIESLING und WEISSBURGUNDER.

aible, Andreas Bad ★★★ Kristallklarer TROCKENER RIESLING von der Lage Plauelrain in DURBACH, dazu guter SCHEUREBE und GEWÜRZTRAMINER. 2014 herausragender Weißburgunder Großes Gewächs Stollenberg: cremig und gleichzeitig straff gewoben.

andwein – Ist jetzt »Wein mit geschützter geografischer Angabe« (g.g.A.). Siehe Kasten S. 213.

Die neue EU-Terminologie

Die Umsetzung der neuen EU-Klassifikation für Wein hat in Deutschland dazu geführt, dass der Begriff »Tafelwein« abgeschafft und seit Januar 2012 einfach durch »Wein« ersetzt wurde (im Amtsdeutsch »Deutscher Wein ohne Herkunftsbezeichnung«). »LANDWEIN« wird jetzt als »Wein mit geschützter geografischer Angabe« (g.g.A.) bezeichnet, die Stufen QUALITÄTSWEIN und PRÄDIKATSWEIN wurden zu »Wein mit geschützter Ursprungsbezeichnung« (g.U.) zusammengefasst. Die Prädikate (SPÄTLESE, AUSLESE usw.) können weiterhin an »g.U.« angehängt werden, die Regeln dafür ändern sich nicht. Siehe auch Kasten S. 213.

angwerth von Simmern Rhg ★★→★★★ Berühmtes Weingut in Eltville mit traditionellen Bereitungsmethoden. Ist jetzt wieder in Form. Spitzenlagen: Baiken (köstlicher KABINETT), Mannberg (im Alleinbesitz), Marcobrunn (sensationelle TROCKENBEERENAUSLESEN in Jahren wie 2005 oder 2015).

anius-Knab MR ★★★ Ein oft übersehenes Familienweingut in Oberwesel am MITTELRHEIN. Kristalline und trotzdem sehr harmonische RIESLINGE aller Qualitätsstufen. Hervorragende Oelsberg SPÄTLESE (16) und der ebenso großartige Engehöll Bernstein am Lauerbaum GROSSES GEWÄCHS (15).

auer, Peter M ★★★ Feiner, präziser RIESLING: straff, ausgewogen. Abfüllungen aus einzelnen Parzellen der ausgedehnten Lage Ayler Kupp. Am besten: Kern, Schonfels, Stirn.

eitz, J. Rhg ★★★ Familienbetrieb in RÜDESHEIM mit reichhaltigen, aber eleganten TROCKENEN und süßen RIESLINGEN, vielfach auch aus klassifizierten Lagen.

iebfrauenstift Rhh – Besitzer der besten Parzellen in der historischen Lage LIEBFRAUENSTIFT-KIRCHENSTÜCK. Das Weingut wird wieder in Eigenregie geführt, nachdem die Weinberge jahrelang von einem anderen Gut bewirtschaftet wurden. Besonders vielversprechend, da Katharina Prüm (von J. J. PRÜM) berät.

iebfrauenstift-Kirchenstück Rhh – Ein umfriedeter Weingarten in der Stadt Worms bringt auf Kiesböden blumige RIESLINGE hervor. Erzeuger: Gutzler, Schembs (der **01'** er zeigte sich 2017 in jugendfrischer Form), Weingut LIEBFRAUENSTIFT. Hat nichts mit der billigen, faden Imitation Liebfrauenmilch zu tun!

sa Bunn Rhh ★★→★★★ Shootingstar in NIERSTEIN. Raffinierter RIESLING aus den Lagen Hipping und Ölberg, stilvoller CHARDONNAY Reserve, bemerkenswerter ST. LAURENT (rot).

oewen, Carl M ★★★ RIESLING mit Eleganz, Spannung und Komplexität. Die beste Lage ist der 1896 bestockte, wurzelechte Maximin Herrenberg in Longuich. Ausgezeichnet das Preis-Leistungs-Verhältnis beim Einstiegswein Riesling Varidor.

Loosen, Dr. MM ★★→★★★ **90 97 01 05** 08 **09 10 11 12** 13 14 **15** 16 17 -
Der charismatische Ernst Loosen erzeugt traditionelle RIESLINGE von alte
Reben in BERNKASTEL, ERDEN, GRAACH, ÜRZIG und WEHLEN. Kult ist der Er
dener Prälat AUSLESE. Der Dr. L Riesling von zugekauften Trauben ist ve
lässlich. Siehe auch J. L. WOLF in der PFALZ, Chateau Ste Michelle im US
Bundesstaat Washington und J. Christopher in Oregon.

Lorch Rhg ★→★★★ Der Ort im äußersten Westen des RHEINGAUS wird jetz
wegen seiner kristallin-scharfen Weine wiederentdeckt. Beste Erzeuge
CHAT SAUVAGE, FRICKE, Johanninger, KESSELER, von Kanitz.

Löwenstein, Fürst Fran, Rhg ★★★ Fürstliches Gut mit Besitzungen im RHEIN
GAU und in FRANKEN. Klassischer RIESLING vom HALLGARTEN, einzigartige
Silvaner und Riesling vom ultrasteilen Homburger Kallmuth.

Blühende Landschaften im Osten

SACHSEN hat rund um Dresden mittlerweile 499 ha unter Reben, im Gebiet SAALE-UNSTRUT westlich von Leipzig sind es 765 ha. Einer der Senkrechtstarter ist Matthias Schuh aus Sörnewitz. Der 30-Jährige produziert exzellenten RIESLING und GRAUBURGUNDER in Meißen. Der gleichaltrige Matthias Hey macht Weine aus den gleichen Rebsorten und zusätzlich beeindruckenden ZWEIGELT in Naumburg. Die jungen Winzer von Saale-Unstrut pflegen ihr Netzwerk unter dem Namen »Breitengrad 51«. Überraschenderweise haben sich auch die Staatsweingüter zu Motoren dieser Entwicklung gemausert: Schloss Wackerbarth produziert exquisite TRAMINER und erstaunliche LEMBERGER. Kloster Pforta besinnt sich auf alte Rebsorten wie Heunisch. Und mit dem Weinhändler Janek Schumann aus Freiberg in Sachsen hat Ostdeutschland seinen ersten Master of Wine.

Marcobrunn Rhg – Historische, 7 ha große Lage in Erbach; galt im 19. Jah
hundert als eine der besten in ganz Deutschland, ist heute aber umstritter
Hat sich der Wasserhaushalt verändert? Die Ausläufer der Hänge an de
Bundesstraße scheinen deutlich feuchter zu sein als früher. Das Potenzi
für herausragende RIESLINGE ist trotzdem noch vorhanden. Erzeuger: HES
SISCHE STAATSWEINGÜTER, Knyphausen, LANGWERTH, Schloss Reinharts
hausen.

Markgräflerland Bad – Weinbaubezirk bei Freiburg, verdankt sein vergleich
bar kühles Klima den Winden aus dem Schwarzwald. Bekannt für den GUT
EDEL, einen angenehmen Begleiter der regionalen Küche. Der Klimawand
macht den erfolgreichen Anbau verschiedener Burgundersorten möglich.

Markgraf von Baden Bad ★★→★★★ Renommiertes Nobelweingut m
135 ha in Schloss Salem am BODENSEE und auf Schloss Staufenberg in de
ORTENAU. Der junge Prinz Bernhard zeigt sich sehr viel engagierter als se
Vater. Die Qualität steigt.

Maximin Grünhaus M ★★★★ **83 90 97 99 01 05 07 08 09 11 12** 13 14 1
16 17 – Erstklassiges Weingut an der RUWER unter der Leitung von Dr. Ca
von Schubert, der auch Vorstand im VDP GROSSER RING an der MOSEL is
Dank der sehr traditionellen Weinbereitung entsteht ein kräuterwürzige
feingliedriger, langlebiger Riesling. Umwerfender WEISSBURGUNDER un
SPÄTBURGUNDER.

Merkelbach, Weingut MM ★★→★★★ Winziges Weingut in ÜRZIG mit 2 h
Die Brüder Alfred und Rolf, beide um die 80 Jahre, erzeugen preiswer
MOSEL-Weine, die nicht zum Nippen, sondern zum Trinken gedacht sin
Großartige Sammlung alter Jahrgänge.

Meyer-Näkel Ahr ★★★→★★★★ Werner Näkel und seine Töchter erzeugen im Ahrtal feinen SPÄTBURGUNDER – ein typisches Beispiel für den neuen, in Eiche ausgebauten Stil. Auch in Südafrika (Zwalu, zusammen mit Neil Ellis) und Portugal (Quinta da Carvalhosa) engagiert.

Mittelhaardt Pfz – Der beste Teil der PFALZ (nördliche Mitte) mit DEIDESHEIM, FORST, RUPPERTSBERG und WACHENHEIM. Haupttraube: RIESLING.

Mittelmosel Der mittlere und beste Teil der MOSEL mit BERNKASTEL, BRAUNEBERG, GRAACH, PIESPORT, WEHLEN usw. – ein RIESLING-Eldorado.

Mittelrhein ★★→★★★ Wildromantisches Anbaugebiet am Rhein in der Nähe der bei Touristen sehr beliebten Loreley. Beste Weinbaugemeinden: BACHARACH und BOPPARD. Die delikaten und zugleich stahligen Rieslinge werden unterschätzt und unter Wert verkauft.

Molitor, Markus MM, M ★★★ Noch immer wachsendes Weingut von mittlerweile 100 ha mit 170 Parzellen entlang der MITTELMOSEL und an der SAAR. Der Perfektionist Markus Molitor liefert eine beeindruckende Bandbreite an Stilen, Weinlagen und Jahrgängen.

Mosbacher, Georg Pfz ★★★ Einige der besten RIESLINGE der Kategorie GROSSES GEWÄCHS in FORST. Die eher finessereichen als massiven Weine reifen traditionsgemäß in großen Eichenfässern. Außerdem exzellenter SAUVIGNON BLANC (»Fumé«).

Mosel Das Anbaugebiet hieß früher Mosel-Saar-Ruwer. Die weinbaulichen Bedingungen an den Nebenflüssen SAAR und RUWER unterscheiden sich teils erheblich von denen der MOSEL. 60 % RIESLING.

Moselland, Winzergenossenschaft M – Die riesige Winzergenossenschaft in BERNKASTEL zählt seit den Zusammenschlüssen mit Genossenschaften an der NAHE und in der PFALZ 3.290 Mitglieder, die insgesamt über 2.400 ha Rebfläche verfügen. Mehr als Mittelklasse kommt allerdings selten dabei heraus.

Nackenheim Rhh ★→★★★★ Nachbarort von NIERSTEIN mit der GROSSEN LAGE Rothenberg auf Rotschiefer. Berühmt für den vollsten Riesling in Rheinhessen sowie herrliche TROCKENBEERENAUSLESEN. Spitzenerzeuger: Gunderloch, KÜHLING-GILLOT.

Nahe Nebenfluss des Rheins und dynamisches Anbaugebiet mit einer Handvoll Spitzengütern, Dutzenden weniger bekannten Erzeugern und sehr günstigen Preisen. Große Bodenvielfalt. Die besten RIESLINGE von Schieferböden zeigen fast moselartige Rasse.

Naturrein Die Angabe auf alten Etiketten (vor 1971) bedeutet, dass der Wein mit möglichst wenig technischen Eingriffen, v. a. ohne Chaptalisierung (Zuckerzugabe bei der Gärung) bereitet und ausgebaut wurde. Keine schlechte Idee, den Begriff wieder einzuführen.

Neipperg, Graf von Würt ★★★ LEMBERGER und SPÄTBURGUNDER voller Anmut und Reintönigkeit, dazu sehr feiner süßer TRAMINER. Stephan, der jüngere Bruder von Graf Karl Eugen von Neipperg, macht Wein in Canon La Gaffelière in St-Émilion und an anderen Orten.

Neus Rhh ★★★ Wiederbelebtes Traditionsweingut in Ingelheim, exzellenter SPÄTBURGUNDER, am besten ist der Pares.

Niederhausen Na ★★→★★★★ Weinort im mittleren Nahetal. Komplexe RIESLINGE aus der herrlichen GROSSEN LAGE Hermannshöhle und den benachbarten Steillagen. Spitzenerzeuger: CRUSIUS, Dönnhoff, Gut HERMANNSBERG, J. Schneider, Mathern, von Racknitz.

Nierstein Rhh ★→★★★★ **90 97 01 05 07** 08 **09 11 12** 13 14 **15** 16 – Große Weinstadt (rund 800 ha) mit entsprechend unterschiedlichen Weinen. Die besten sind reichhaltig und straff, z. B. aus den GROSSEN LAGEN Brudersberg, Hipping, Ölberg, Orbel und Pettenthal. Weingüter: F.E. Huff, Gehring, GUNDERLOCH, Guntrum, HEYL ZU HERRNSHEIM, KELLER, KÜHLING-GIL-

LOT, LISA BUNN, Manz, Schätzel, ST. ANTONY, Strub. Aber Vorsicht vor de Großlage Gutes Domtal, das sind Supermarktweine.

Ockfen M ★★→★★★ Weinbauort, der fast atypische, robuste SAAR-RIESLINGE von der GROSSEN LAGE Bockstein hervorbringt. Erzeuger: OTHEGRAVEN SANKT URBANS-HOF, WAGNER, Zilliken.

Odinstal Pfz ★★→★★★ Das Gut mit dem höchstgelegenen Weinberg de PFALZ, 150 m oberhalb von WACHENHEIM. Ökologischer Anbau und Vinifikation unter minimalem Einsatz von Technik ergeben reintönigen RIESLING, SILVANER und GEWÜRZTRAMINER. Die Lese zieht sich oft bis in de November hin.

Oechsle Maßeinheit für den Zuckergehalt des Traubenmosts.

Oestrich Rhg ★★→★★★ Vorbildlich stahliger RIESLING und feine AUSLESEN aus den GROSSEN LAGEN Doosberg und Lenchen. Spitzenerzeuger: Augus Eser, KÜHN, Querbach, SPREITZER, WEGELER.

Oppenheim Rhh ★→★★★ Stadt südlich von NIERSTEIN mit einer imposante Kirche aus dem 13. Jahrhundert. GROSSE LAGEN: Kreuz und Sackträger Weingüter: Guntrum, Kissinger, KÜHLING-GILLOT, Manz.

Ortenau Bad (r) w ★★ Bereich um und südlich von Baden-Baden. Vorwiegend Klingelberger (RIESLING) und SPÄTBURGUNDER von Granitböden. Beste Anbauorte: DURBACH, Neuweier, Waldulm.

Ortswein Zweitunterste Stufe in der Qualitätspyramide des VDP.

Othegraven, Weingut von M ★★★ Feines Gut an der SAAR mit der ausgezeichneten GROSSEN LAGE KANZEMER Altenberg sowie Anteilen am OCKFENER Bockstein und am Wawerner Herrenberg. Seit 2010 im Besitz des Fernsehmoderators Günther Jauch.

Pfalz Das zweitgrößte deutsche Anbaugebiet. Sehr mildes Klima, bekannt fü genussvollen Lebensstil. Die besten RIESLINGE kommen aus der MITTELHARDT, in der südlichen Pfalz (SÜDLICHE WEINSTRASSE) gedeihen verschiedene Burgundersorten besser. ZELLERTAL kommt wegen seines kühlerer Klimas gerade in Mode.

Piesport MM ★→★★★★ Weinort an der MITTELMOSEL, bekannt für körperreichen und aromatischen RIESLING. GROSSE LAGEN: Domherr und Goldtröpfchen. Erzeuger: Grans-Fassian, Joh Haart, Julian HAART, K. Hain, KESSELSTATT, Reinhold Haart, SANKT URBANS-HOF. Die GROSSLAGE Michelsberg meiden.

Piwi ★→★★ Bezeichnung für Kreuzungen aus europäischen und amerikanischen Rebsorten, die gegen Pilzbefall widerstandsfähig sind. Bekannteste Sorten sind Johanniter (weiß) und Regent (rot).

Prädikatswein Per Gesetz festgelegte Spitzenkategorie, umfasst alle Qualitätsweine mit Prädikat – vom Kabinett bis zur Trockenbeerenauslese Siehe auch Kästen S. 213 und S. 219.

Prinz von Hessen Rhg ★★★ Ganz herrliche Weine kommen von dem Traditionsgut in JOHANNISBERG. Besonders empfehlenswert sind die SPÄTLESEN und höheren Prädikate sowie reife ältere Jahrgänge.

Prüm, J. J. M ★★★★ **71 76 83 88 89 90 94 95 96 97 99 01 02 03 04 05 06 07 08 09 10 11 12** 13 14 **15** 16 17 – Legendäres Weingut mit besten Lagen in Wehlen, sowie in BERNKASTEL und GRAACH. Grazile, doch extrem langlebige Weine mit erstaunlicher Finesse und ganz eigenem Charakter.

Prüm, S. A. M ★★ Weniger traditionell im Stil und weniger zuverlässig in der Qualitäten als beim Wehlener Nachbarn J. J. PRÜM. Seien Sie sehr wählerisch!

QbA – Qualitätswein bestimmter Anbaugebiete Hinsichtlich Anbaugebiet, Rebsorten und Jahrgang bestimmten Vorschriften unterliegende Weine. Die Zugabe von Zucker zum Most vor der Gärung (Chaptalisierung) ist erlaubt. Gedacht als Kategorie für mittlere Qualitäten, doch der VDP legt seinen Mitgliedern inzwischen nahe, ihre besten TROCKENEN Weine (GROSSE GEWÄCHSE) als QbA zu etikettieren. Das neue EU-Label »g.U.« (geschützte Ursprungsbezeichnung) ist nur sehr selten auf einem Etikett zu finden (siehe Kästen S. 213 und S. 219).

QmP – Qualitätswein mit Prädikat Bis Ende 2007 geltende Bezeichnung für die Spitzenkategorie deutscher Qualitätsweine. Heißt jetzt »Wein mit geschützter Ursprungsbezeichnung« (g.U.) oder PRÄDIKATSWEIN.

Randersacker Fran ★★→★★★ Ort südlich von WÜRZBURG mit der GROSSEN Lage Pfülben. Spitzenerzeuger: BÜRGERSPITAL (hervorragender Riesling), JULIUSSPITAL, SCHMITT'S KINDER, STAATLICHER HOFKELLER, STÖRRLEIN & KRENIG.

Lemberger versus Blaufränkisch

Bei LEMBERGER und BLAUFRÄNKISCH handelt es sich um dieselbe Rebsorte. Der Begriff »Lemberger« wurde bislang in Deutschland verwendet, »Blaufränkisch« dagegen in Österreich. Jüngere deutsche Winzer wie HAIDLE, ST. ANTHONY oder SEEGER bevorzugen jetzt aber die Bezeichnung Blaufränkisch für ihre Weine. Die Vorteile liegen auf der Hand: Mehr internationale Akzeptanz und weniger abfällige Kommentare (Lemberger = dünner Supermarktwein mit Bonbonnase). Die Traditionalisten aber sind sauer – der VDP in WÜRTTEMBERG hat den Gebrauch des Begriffes »Blaufränkisch« auf GUTSWEINE beschränkt. ORTSWEINE, ERSTE LAGEN und GROSSE GEWÄCHSE müssen »Lemberger« heißen.

Ratzenberger MR ★★→★★★ Familienweingut, das für rassigen RIESLING aus BACHARACH und guten SEKT bekannt ist. Hat 2017 im Oberdiebacher Fürstenberg 10 ha Steillagen dazugekauft, um sie vor dem Brachliegen zu bewahren.

Rauenthal Rhg ★★→★★★★ Früher kamen von hier die teuersten RIESLINGE des RHEINGAUS. Würzige, strenge, aber komplexe Rieslinge von Hanglagen abseits des Rheins. Die drei Weinberge Baiken, Gehrn und Rothenberg enthalten Parzellen, die teils als GROSSE LAGEN, teils als ERSTE LAGEN eingestuft sind, während der benachbarte Nonnenberg (Alleinbesitz von BREUER) trotz seiner gleichermaßen hervorragenden Qualität nicht klassifiziert wurde. Spitzenerzeuger: G. BREUER, A. Eser, HESSISCHE STAATSWEINGÜTER, LANGWERTH VON SIMMERN.

Raumland, Sekthaus Rhh ★★★ SEKT-Spezialist mit einem tiefen Keller und breitem Angebot an schönen, ausgewogenen Cuvées. Großartiger CHARDONNAY Brut (**04**), 2014 degorgiert.

Rebholz, Ökonomierat Pfz ★★★ Spitzenweingut im Bereich SÜDLICHE WEINSTRASSE mit knochentrockenen, pikanten RIESLINGEN GROSSE GEWÄCHSE. Der beste ist in der Regel der Kastanienbusch, gewachsen auf rotem Schiefer (05 07' 08' 09 11' **12 14** 15 16, kein 2013er). Auch guter CHARDONNAY und SPÄTBURGUNDER.

Restsüße Unvergorener Traubenzucker, der im Wein verbleibt (oder bei billigen Weinen zugesetzt wird), um ihm Süße zu verleihen. Das reicht von 1 g/l in TROCKENEN Weinen bis zu 300 g/l in TROCKENBEERENAUSLESEN.

Rheingau Der Geburtsort des RIESLINGS. Historische Südhänge am Rhein zwischen Wiesbaden und RÜDESHEIM. Klassischer, gehaltvoller Riesling, berühmt für sein stahliges Rückgrat. Dazu kleine Mengen graziler SPÄTBURGUNDER. Außerdem ein Zentrum der Erzeugung von SEKT.

Deutschland

Rheinhessen Deutschlands mit Abstand größtes und immer noch wachsendes Anbaugebiet (26.600 ha). Es liegt zwischen Mainz und Worms, produziert viel Massenware, ist aber auch eine Fundgrube für preislich korrekte Weine von talentierten jungen Winzern.

Richter, Max Ferd. MM ★★→★★★ Verlässliches Weingut in Mülheim. Besonders gute RIESLING KABINETTE und SPÄTLESEN, voll und aromatisch. Runder, ansprechender Brut (EISWEIN-Dosage). Durchdachte Weinbereitung.

Riffel Rhh ★★★ Biologisch bewirtschaftetes Familienweingut mit Besitz in Bingens einst berühmten Scharlachberg (rote Erde). Der RIESLING Turm hat Klasse, der Ortswein ist ein Schnäppchen. Neu sind der unfiltrierte Pét-Nat-SEKT und der fassvergorene SILVANER.

Rings, Weingut Pfz ★★★→★★★★ Die Brüder Steffen und Andreas Rings haben sich einen Namen für TROCKENEN RIESLING gemacht, besonders den Kallstädter SAUMAGEN. Dazu sehr präzise SPÄTBURGUNDER (Saumagen, Felsenberg im Berntal).

Roter Hang Rhh – Führende Rieslinggegend in RHEINHESSEN zwischen NACKENHEIM, NIERSTEIN und OPPENHEIM. Der Name bezieht sich auf der roten Ton- und Sandstein an den Hängen.

Ruck, Johann Fran ★★★ Würziger, schön reifender SILVANER, RIESLING, SCHEUREBE und TRAMINER aus IPHOFEN.

Rüdesheim Rhg ★★→★★★★ **90 01 05** 08 **09** 10 **11 12** 13 14 **15** 16 17 – Der berühmteste Riesling von Schieferboden im Rheingau; die besten GROSSEN LAGEN (Kaisersteinfels, Roseneck, Rottland und Schlossberg) tragen die Bezeichnung »Rüdesheimer Berg«. Körperreiche, aber nie schwerfällige Weine mit floralen Anklängen, auch in ungünstigeren Jahren gut. Beste Erzeuger: Breuer, CHAT SAUVAGE, Corvers-Kauter, HESSISCHE STAATSWEINGÜTER, Johannishof, KESSELER, KÜNSTLER, LEITZ, Ress, Karl Schön.

Ruppertsberg Pfz ★★→★★★ Ort in der MITTELHAARDT mit gutem Ruf für eleganten RIESLING. Weingüter: BASSERMANN-JORDAN, Biffar, BUHL, BÜRKLIN-WOLF, CHRISTMANN, von WINNING.

Ruwer M ★★→★★★★ Bei TRIER in die MOSEL mündender Nebenfluss, höher gelegen als die MITTELMOSEL. Sowohl süffige leichte und TROCKENE wie auch intensive süß ausgebaute RIESLINGE. Beste Erzeuger: Beulwitz, KARLSMÜHLE, KARTHÄUSERHOF, KESSELSTATT und MAXIMIN GRÜNHAUS.

Saale-Unstrut ★→★★★ Nordöstlich von Leipzig gelegenes Anbaugebiet am Zusammenfluss dieser beiden Flüsse. Die Weinbergterrassen gehen auf die Zisterzienser zurück. Qualitätsbetriebe: Böhme, Born, Gussek, Hey, Kloster Pforta, Lützkendorf (VDP-Mitglied), Pawis (VDP).

Saar M ★★→★★★★ Nebenfluss der MOSEL, eingebettet in steile Hügel. Erzeugt die herbsten, stahligsten, brillantesten RIESLINGE – Charaktereigenschaften, die vom Klimawandel noch begünstigt werden. Zu den Weinbauorten zählen AYL, KANZEM, OCKFEN, SAARBURG, Serrig und WILTINGEN (SCHARZHOFBERG).

Saarburg M – Kleine Stadt im Saartal mit der GROSSEN LAGE Rausch. Erzeuger: WAGNER, ZILLIKEN.

Sachsen ★→★★★ Anbaugebiet im Elbtal um Meißen und Dresden mit charaktervollen TROCKENEN Weißweinen. Beste Erzeuger: Aust, Vincenz Richter, Schloss Proschwitz, Schloss Wackerbarth, Walter Schuh, Martin Schwarz (probieren Sie den durch Mischgärung erzeugten RIESLING/TRAMINER), ZIMMERLING.

Salm-Salm, Michael Prinz zu Na, Rhh – Besitzer von Schloss Wallhausen an der NAHE (★★→★★★) und Villa Sachsen in RHEINHESSEN (★→★★). Die RIESLINGE vom ökologisch bewirtschafteten Schloss Wallhausen sind in letzter Zeit deutlich besser geworden.

Salwey Bad ★★★ Führender Weinbaubetrieb am KAISERSTUHL. Konrad Salwey befürwortet eine frühe Lese, um die Frische zu erhalten. Am besten sind die GROSSEN GEWÄCHSE: GRAUBURGUNDER Henkenberg und Eichberg sowie der SPÄTBURGUNDER und der WEISSBURGUNDER vom Kirchberg.

Sankt Urbans-Hof M ★★★ Großes Familiengut in LEIWEN, die Weinberge liegen an MITTELMOSEL und SAAR. Kristallklarer RIESLING von tadelloser Reintönigkeit und Rasse.

Sauer, Horst Fran ★★★ Großartigster Interpret der ESCHERNDORFER Spitzenlage Lump. Rassiger, schnörkelloser trockener Silvaner und RIESLING sowie sensationelle TROCKENBEERENAUSLESEN (der 2015er ist dem 16er vorzuziehen).

> **Die ältesten Winzergenossenschaften**
>
> Zwischen 1900 und 1930 schossen Winzergenossenschaften wie Pilze aus dem Boden: Mehltau, Reblaus und die Weltwirtschaftskrise zwangen die Winzer zur Zusammenarbeit. Einige Genossenschaften aber gab es schon lange vorher: Bereits 1855 gründeten 130 Winzer im württembergischen Neckarsulm-Gundelsheim die *Association für Bereitung und Verwertung des Weinmostes.* 1868 entstand an der AHR die Winzergenossenschaft Mayschoß-Altenahr, und in Hagnau am BODENSEE rief der Dorfpfarrer 1881 eine Genossenschaft ins Leben.

Sauer, Rainer Fran ★★★ Erstklassiges Familienweingut, das sieben verschiedene TROCKENE SILVANER von der ESCHERNDORFER Steillage Lump erzeugt. Die Besten: GROSSES GEWÄCHS am Lumpen, ALTE REBEN und »L« (99' 03' 04 07' **08** 13 14 15 16 17).

Saumagen Beliebte kulinarische Spezialität und einer der besten Weinberge der PFALZ: eine kalkhaltige Lage in Kallstadt, die ausgezeichneten RIESLING und SPÄTBURGUNDER hervorbringt.

Schaefer, Willi M ★★★ Willi Schäfer und Sohn Christoph sind die besten Winzer in GRAACH (aber nur 4 ha). MOSEL-RIESLING vom Feinsten: rein, kristallin und federleicht; lohnend in allen Qualitätsstufen.

Schäfer-Fröhlich Na ★★★ Das ehrgeizige Familiengut an der NAHE ist für seine spontan vergorenen RIESLINGE von enormer Intensität bekannt. Große Gewächse: u. a. Felseneck und Stromberg.

Scharzhofberg M ★★→★★★★ Spitzenlage an der SAAR: Ein seltenes Zusammenspiel von Mikroklima, Boden und menschlicher Intelligenz bringt RIESLING in Vollendung hervor. Spitzenerzeuger: BISCHÖFLICHE WEINGÜTER TRIER, EGON MÜLLER, Kesselstatt, VAN VOLXEM, von HÖVEL.

Schloßböckelheim Na ★★→★★★★ Ort mit den GROSSEN LAGEN Felsenberg und Kupfergrube. Straffer RIESLING, der Reife braucht. Spitzenweingüter: C. Bamberger, CRUSIUS, DÖNNHOFF, GUT HERMANNSBERG, Kauer, SCHÄFER-FRÖHLICH.

Schloss Johannisberg Rhg ★★→★★★ Historisches, ausschließlich RIESLING erzeugendes Gut und Villa des Fürsten von Metternich im RHEINGAU, im Besitz von Henkell (Oetker-Gruppe). Für gewöhnlich sehr gut sind die SPÄTLESE Grünlack und die AUSLESE Rosalack. Verlässlicher GUTSWEIN (Gelblack).

Schloss Lieser MM ★★★→★★★★ Eine tolle Erfolgsgeschichte, seit Thomas Haag (der ältere Sohn von Fritz Haag) das Gut im Jahr 1997 übernommen hat: Bilderbuch-Rieslinge sowohl TROCKEN als auch süß aus Lieser (Lage Niederberg-Helden), BRAUNEBERG, WEHLEN und PIESPORT. Dazu kommt

Deutschland

jetzt eine gepachtete Parzelle im BERNKASTELER DOCTOR. Das gleichnamige Hotel Schloss Lieser hat übrigens nichts mit dem Weingut zu tun.

Schloss Proschwitz Sachsen ★★ Das von Prinz zur Lippe wiederaufgebaute Weingut im sächsischen Meißen ist in Sachen Wein der Leuchtturm von Ostdeutschland, besonders mit seinem trockenen Weißburgunder und GRAUBURGUNDER. 89 ha werden bewirtschaftet, der Kellermeister stammt aus Südafrika.

Der Silvaner färbt sich orange

Es ist in Mode gekommen, weiße Trauben auf den Schalen zu vergären – so wie Rotwein. Die Tannine in diesen orangefarbenen Weinen stehen aber nicht jeder Rebsorte gut zu Gesicht. Beim SILVANER klappt das prima: Fränkische Winzer stehen an der Spitze der »orangen Bewegung«: Die Bandbreite reicht von der Weinbereitung im traditionellen kaukasischen Stil (Manfred Rothe aus Nordheim nutzt Tonamphoren namens *Qvevris* aus Georgien) bis hin zu Neuinterpretationen mithilfe moderner Technik (Pure Grapes von STÖRRLEIN & KRENIG ist ein gutes Beispiel). Viele andere sind noch in der Experimentierphase, aber die Weine sind auf jeden Fall einen Versuch wert.

Schloss Vaux Rhg ★★→★★★ Die Sektmanufaktur ist bekannt für ihre Rieslingsekte aus Einzellagen wie MARCOBRUNN oder RÜDESHEIMER SCHLOSSBERG. Die Grundweine werden bei VDP-Winzern eingekauft, aber neuerdings werden auch 7 ha eigene Rebflächen bewirtschaftet.

Schloss Vollrads Rhg ★★→★★★ Historisch eines der großartigsten Traditionsweingüter im RHEINGAU, jetzt im Besitz einer Bank. Unlängst wieder deutliche Qualitätssteigerungen, besonders bei der seidigen RIESLING Edition FEINHERB (15) und ALTE REBEN (16).

Schmitt's Kinder Fran ★★→★★★ Familienweingut in RANDERSACKER südlich von Würzburg, bekannt für seinen klassischen TROCKENEN SILVANER, fassgereiften SPÄTBURGUNDER und edelsüßen RIESLANER.

Schnaitmann Würt ★★→★★★★ Exzellente, im Fass ausgebaute WÜRTTEMBERGER Rotweine, u. a. SPÄTBURGUNDER und LEMBERGER aus der GROSSEN LAGE Lämmler. Auch die Weine von nicht ganz so hoch gehandelten Rebsorten wie SCHWARZRIESLING oder TROLLINGER sind gut.

Schneider, Cornelia und Reinhold Bad ★★★ Langlebige SPÄTBURGUNDER 05 07 08 09 **10 11 12 13 14 15** – aus Endingen am KAISERSTUHL, die nach Buchstaben unterschieden werden: »R« steht für Vulkanboden, »C« für Löss. Außerdem klassischer RULÄNDER.

Schneider, Markus Pfz ★★ Shootingstar in Ellerstadt, PFALZ. Umfassendes Angebot an sauber bereiteten Weinen mit modernen Etiketten.

Schoppenwein Wein im offenen Ausschank.

Schwegler, Albrecht Würt ★★★→★★★★ Das 7 ha große Gut wird jetzt von dem jungen Aaron Schwedler geführt. Die roten Cuvées Beryll, Saphir und Granat der Jahrgänge 90' 94' 99' 03 05' 06' 07 **09** 10' 11 12 13 glänzen mit ultra-reiner Frucht. Die Spitzenauslese Solitär wird nur einmal in jedem Jahrzehnt produziert, zuletzt 03' 11'.

Seeger Bad ★★★ Bester Erzeuger im Gebiet Badische Bergstraße südlich von Heidelberg. Hervorragender SPÄTBURGUNDER (Oberklamm GG), BLAUFRÄNKISCH (Spermen GG), und CHARDONNAY (»R«).

Sekt ★→★★★★ Deutscher Schaumwein, sehr unterschiedlich in der Qualität. Weder ist die Flaschengärung vorgeschrieben, noch müssen die Grundweine aus Deutschland stammen. Aber die ernst zu nehmenden Sektproduzenten machen spektakuläre Fortschritte, wie ALDINGER, Bardong, Barth, BUHL, GRIESEL, Melsheimer, RAUMLAND, RIFFEL, Schembs, Schloss VAUX, Solter, S. Steinmetz, WAGECK, DR. WAGNER und Wilhelmshof.

Selbach-Oster MM ★★★ Sehr gewissenhaft arbeitender Erzeuger in ZELTINGEN mit einer Reihe exzellenter Lagen; am bekanntesten sind seine PRÄDIKATSWEINE.

Sonnenuhr MM – Name mehrerer GROSSER LAGEN in BRAUNEBERG, WEHLEN und ZELTINGEN.

Sorentberg MM ★★→★★★★ Der Weinberg in einem Seitental der MITTELMOSEL bei Reil lag 50 Jahre lang brach (bis auf eine winzige Parzelle) und wurde nun von dem jungen Tobias Treis und seinem Partner aus Südtirol größtenteils neu bestockt. Rotschiefer und RIESLING ergeben vielversprechende erste Ergebnisse. Sensationell ist der **2015**er von »1000 alten Reben«, von dem es aber nur 650 Flaschen gibt.

Spätlese Prädikatsklasse über KABINETT; aus nach der Hauptlese geernteten vollreifen Trauben. Meist reifer und potenziell auch süßer als Kabinett. Gute Exemplare halten sich mindestens 7 Jahre. Die VDP-Mitglieder sind dabei, die Bezeichnung »Spätlese trocken« aufzugeben – ein Jammer!

Spreitzer Rhg ★★★ Die Brüder Andreas und Bernd Spreitzer erzeugen köstlich rassige, harmonische RIESLINGE von Weinbergen in HATTENHEIM und OESTRICH sowie am MITTELHEIM. Herausragende 2015er, v. a. der atemberaubende Rosengarten TBA GOLDKAPSEL.

Staatlicher Hofkeller Fran ★★ Bayerisches Staatsweingut. 120 ha feinste Frankenweinlagen und prachtvolle Keller unter der herrlichen Barockresidenz in WÜRZBURG. Drei wechselnde Geschäftsführer in den letzten 5 Jahren – man hofft auf bessere Zeiten.

Staatsweingut (auch **Staatliche Weinbaudomäne**) Es gibt sie in BADEN (IHRINGEN, Meersburg), WÜRTTEMBERG (Weinsberg), im RHEINGAU (HESSISCHE STAATSWEINGÜTER), in RHEINHESSEN (OPPENHEIM), in der PFALZ (Neustadt) und an der MOSEL (TRIER). In den letzten Jahren wurden einige privatisiert, etwa in Marienthal (AHR) und in NIEDERHAUSEN (NAHE).

St. Antony Rhh ★★→★★★ Gut in NIERSTEIN mit erstklassigen Weinberglagen. Verbesserungsmaßnahmen unter dem neuen Eigner, dem auch HEYL ZU HERRNSHEIM gehört. Produziert nicht nur RIESLING, sondern auch BLAUFRÄNKISCH und SPÄTBURGUNDER.

Steigerwald Fran – Bereich im östlichen FRANKEN mit Weinbergen in beträchtlicher Höhe. Die Böden liefern kraftvollen SILVANER und RIESLING. Beste Erzeuger: CASTELL, Roth, RUCK, VETTER, WELTNER und Wirsching.

Steinberg Rhg ★★★ Teilweise von Mauern umgebene Lage in HATTENHEIM, vor 700 Jahren von Zisterziensermönchen angelegt: eine Art deutscher Clos de Vougeot. Im Alleinbesitz der HESSISCHEN STAATSWEINGÜTER. Phyllitschieferböden ergeben beerenduftige RIESLINGE. Es existieren noch faszinierende alte Jahrgänge wie ein 1943er NATURREIN oder eine TROCKENBEERENAUSLESE von 1959.

Steinwein Fran – Wein aus WÜRZBURGS bester Lage, dem Stein. Goethe liebte ihn. Der STAATLICHE HOFKELLER, das JULIUSSPITAL und das BÜRGERSPITAL produzieren ihn.

Stodden, Jean Ahr ★★★→★★★★ SPÄTBURGUNDER von der AHR mit burgundischem Einschlag, delikat konzentriert und subtil. Meist am besten sind ALTE REBEN und der RIESLING Recher Herrenberg. Hochpreisig – aber die Produktion ist winzig.

Störrlein & Krenig Fran ★★→★★★ Familienweingut in RANDERSACKER, bekannt für seine einzigartigen TROCKENEN SILVANER mit überdurchschnittlichem Reifepotenzial. Tochter und Schwiegersohn liefern frische Ideen, ohne auf die bewährte Stilistik zu verzichten.

Südliche Weinstraße Pfz – Bereich in der südlichen PFALZ, besonders bekannt für verschiedene PINOT-Sorten. Beste Erzeuger: BECKER, Leiner, Minges, Münzberg, REBHOLZ, Siegrist und WEHRHEIM.

Taubertal Bad, Fran, Würt – Weingebiet entlang der Tauber mit eher kühlem Klima, von Napoleon in eine BADISCHE, eine FRÄNKISCHE und eine WÜRTTEMBERGISCHE Sektion unterteilt. Nur hier wächst die rote Rebe Tauberschwarz; SILVANER gedeiht auf Kalksteinböden. Frost kann zum Problem werden. Erzeuger: Hofmann, Schlör.

Thanisch, Witwe Dr. H. MM ★★★ 1636 gegründetes Weingut in BERNKASTEL, berühmt für seinen Anteil an der Lage DOCTOR. Nach der Trennung der Familie 1988 entstanden zwei Güter mit demselben Namen und ähnlicher Weinqualität. Zu unterscheiden sind sie nur durch den Zusatz »Erben Müller-Burggraef« bzw. »Erben Thanisch«.

Trier M – Die nördliche Hauptstadt des Römischen Reiches an der MOSEL, etwa auf halbem Weg zwischen SAAR und RUWER gelegen. Inmitten der beeindruckenden Ruinen aus römischer Zeit haben die großen Stiftungsweingüter von der Mosel ihre Keller.

Trittenheim MM ★★→★★★ Rassige, mustergültige RIESLINGE von der MITTELMOSEL, wenn sie aus den wenigen guten Parzellen der ausgedehnten GROSSEN LAGE Apotheke stammen. Erzeuger: A. CLÜSSERATH, Clüsserath-Weiler, E. Clüsserath, F. J. Eifel, Grans-Fassian, Milz.

Trocken Traditionell die Bezeichnung für einen Wein mit einem Restzuckergehalt von höchstens 9 g/l. Als Faustregel gilt: Je weiter südlich das Anbaugebiet liegt, desto mehr trockene Weine gibt es.

Trockenbeerenauslese (TBA) Die süßeste und teuerste Kategorie deutscher Weine. Sehr selten, dicht und konzentriert, voller Aromen von Trockenfrüchten. Von stark selektierten ausgetrockneten Trauben mit Edelfäule (Botrytis) bereitet. Die halben Flaschen sind eine gute Idee.

Ürzig MM ★★★→★★★★ **71 83 90 97 01 03 05 07 08 09 11 12 15** 16 17 – Weinort am Fluss auf rotem Sandstein und rotem Schiefer, berühmt durch seine unveredelten alten Stöcke und seinen einzigartigen, würzigen Riesling. GROSSE LAGE: Würzgarten. Erzeuger: Berres, Christoffel, Erbes, LOOSEN, MERKELBACH, MOLITOR, Mönchhof, Rebenhof. Die Gegend ist vom Bau der umstrittenen 160 m hohen Hochmoselbrücke bedroht.

Van Volxem M ★★★ Das historische SAAR-Weingut wurde von dem leidenschaftlichen Roman Niewodniczanski wiederbelebt. Sehr geringe Erträge aus Spitzenlagen wie KANZEMER Altenberg, SCHARZHOFBERG und WILTINGER Gottesfuß. Bislang überwiegend TROCKENE oder HALBTROCKENE Weine, aber die 2016er SPÄTLESE Bockstein ist brillant. Auch der Keller ist neu.

VDP – Die Prädikatsweingüter Der richtungsweisende Verband von 200 Spitzenwinzern. Achten Sie auf das Emblem mit dem Adler auf dem Etikett und auf das Traubenlogo, das Weine von GROSSEN LAGEN kennzeichnet. Ein VDP-Wein ist in der Regel eine gute Wahl. Präsident ist Steffen CHRISTMANN.

Vetter, Stefan Fran ★★→★★★ Auf den Schalen vergorener SILVANER (siehe Kasten S. 226). Im Auge behalten.

Vollenweider M ★★★ Ein Schweizer an der MITTELMOSEL: exzellenter RIESLING in sehr geringen Mengen aus der Lage Wolfer Goldgrube bei Traben-Trarbach.

Wachenheim Pfz ★★★ Der berühmte Weinbauort verfügt über keine vom VDP als GROSSE LAGE ausgewiesenen Rebflächen. Urteilen Sie selbst. Spitzenerzeuger: Biffar, BÜRKLIN-WOLF, KARL SCHÄFER, ODINSTAL, WOLF.

Wageck Pfz ★★→★★★ Weingut an der MITTELHAARDT mit ungekünsteltem, frischem CHARDONNAY (Still- und Schaumwein) sowie SPÄTBURGUNDER von großer Finesse.

Wagner, Dr. M ★★→★★★ Das Weingut mit Rebland in Saarstein und OCKFEN (SAAR) wird von der jungen Christiane Wagner geführt. Ihre RIESLINGE präsentieren sich fruchtig und reintönig.

Wagner-Stempel Rhh ★★★ Seriös bereitete Weine aus Siefersheim in RHEINHESSEN, unweit der Grenze zum Anbaugebiet NAHE. Der RIESLING GROSSES GEWÄCHS Heerkretz von Porphyrböden ist meist am besten.

Walluf Rhg ★★★ Unterschätzter Weinbauort zwischen Wiesbaden und Eltville mit bedeutenden Lagen, darunter die GROSSE LAGE Walkenberg. Erzeuger: J. B. Becker, Jost.

Wegeler MM, Rhg ★★→★★★★ Bedeutende Weingüter in Familienbesitz in OESTRICH und BERNKASTEL; außerdem gehört ein Anteil am berühmten Gut KRONE in ASSMANNSHAUSEN zum Besitz. Die Assemblage aus verschiedenen Lagen Geheimrat »J« setzt sehr hohe Standards, Einzellagen-RIESLINGE sind in der Regel außerordentlich preisgünstig. Auch alte Jahrgänge sind erhältlich.

Wehlen MM ★★★→★★★★ **90 97 01 03 05 07 08 09 10 11 12** 13 14 **15** 16 17 – Weinbauort mit der legendären Steillage SONNENUHR, die RIESLING von Schieferböden in seiner schönsten Ausdrucksform hervorbringt: reichhaltig und fein, ewig haltbar. Beste Erzeuger: J. J. PRÜM, Kerpen, KESSELSTATT, LOOSEN, MOLITOR, RICHTER, S.A. PRÜM, SCHLOSS LIESER, SELBACH-OSTER, Studert-Prüm, THANISCH und WEGELER. Die Sorge besteht, dass sich die neu gebaute Hochmoselbrücke auf den Wasserhaushalt im Unterboden der Weinberge auswirken könnte.

Wehrheim, Dr. Pfz ★★★ Ökologisch arbeitendes Spitzenweingut an der SÜDLICHEN WEINSTRASSE. Erzeugt sehr TROCKENE und spritzige Weine mit toller Stilistik, v.a. die weißen PINOT-Sorten.

Weil, Robert Rhg ★★★→★★★★ **17 37 49 59 90 97 01 05 07 08 09 11 12** 13 14 **15** 16 17 – Hervorragendes Weingut in KIEDRICH mit den klassifizierten Lagen Gräfenberg (steiler Hang mit Phyllitböden), Klosterberg und Turmberg. Ausgezeichneter süßer KABINETT bis hin zu EISWEIN, gute GROSSE GEWÄCHSE; bei den Basisweinen ist die Qualität uneinheitlicher.

Weingart MR ★★★ Hervorragendes Weingut in Spay mit Weinbergbesitz in BOPPARD (v. a. Hammer Feuerlay). Kultivierte, straffe RIESLINGE, mit geringem technischem Aufwand bereitet, ausgezeichnetes Preis-Leistungs-Verhältnis.

Weins-Prüm, Dr. MM – 4 ha mit erstklassigen Lagen in ERDEN, GRAACH, ÜRZIG und WEHLEN. Katharina Prüm (von J. J. PRÜM) und Wilhelm Steifensand (Weingut LIEBFRAUENSTIFT) haben das Gut 2016 gekauft. Sie werden es unter neuem Namen weiterführen.

Weißherbst Heller, sortenreiner Rosé (oft SPÄTBURGUNDER) von höchst unterschiedlicher Qualität.

Weltner, Paul Fran ★★★ Das Familiengut im STEIGERWALD erzeugt dicht gefügten SILVANER mit gutem Lagerpotenzial von der unterschätzten Lage Rödelseer Küchenmeister und angrenzenden Parzellen in IPHOFEN.

Wiltingen M ★★→★★★★ Das Herz des Weinbaus an der SAAR. Der berühmte SCHARZHOFBERG ist die beste einer Reihe GROSSER LAGEN, zu denen auch Braune Kupp, Braunfels, Gottesfuß und Kupp gehören. Spitzenerzeuger: BISCHÖFLICHE WEINGÜTER TRIER, EGON MÜLLER, KESSELSTATT, LE GALLAIS, Sankt Urbans-Hof, VAN VOLXEM und Vols.

Winningen M ★★→★★★ Stadt an der unteren MOSEL nahe Koblenz; kraftvolle TROCKENE RIESLINGE und TROCKENBEERENAUSLESEN. GROSSE LAGEN: Röttgen, Uhlen. Spitzenerzeuger: HEYMANN-LÖWENSTEIN, Knebel, Kröber, Richard Richter.

Winning, von Pfz ★★★→★★★★ Gut in DEIDESHEIM, zu dem auch der Traditionserzeuger Dr. DEINHARD gehört. Riesling von großer Reinheit und schönem Terroircharakter, durch Gärung in neuen FUDERN mit leichter Holznote versehen. Außerdem sehr ambitionierter SPÄTBURGUNDER und SAUVIGNON BLANC.

Wirsching, Hans Fran ★★★ Renommiertes Weingut in IPHOFEN, bekannt für klassisch strukturierte, TROCKENE RIESLINGE und Silvaner. Andrea Wirsching ergänzt ihr Angebot durch spontan vergorenen Riesling Sister Act und koscheren SILVANER. Auch exzellente SCHEUREBE.

Wittmann Rhh ★★★ Philipp Wittmann hat das Bioweingut in die Spitzenriege der deutschen Erzeuger geführt. Kristallklarer, schwungvoller TROCKENER RIESLING GROSSES GEWÄCHS (Morstein **05 06 07' 08 11 12' 13 14** 15 16).

Wöhrle Bad ★★★ Seit mehr als 25 Jahren Pionier im ökologischen Weinbau in Lahr. Sohn Markus ist Experte für Burgundersorten. Exzellente GROSSE GEWÄCHSE (**15'** 16 – GRAUBURGUNDER Kirchgasse, WEISSBURGUNDER Herrentisch, CHARDONNAY Gottesacker).

Wöhrwag Würt ★★→★★★ Quelle für elegante TROCKENE RIESLINGE, wohl die besten in ganz WÜRTTEMBERG. Inzwischen sind auch die Kinder Johanna, Philipp und Moritz beteiligt. Die Rotweine sind ebenfalls gut.

Wolf, J. L. Pfz ★★→★★★ Das Gut in WACHENHEIM ist von Ernst LOOSEN aus BERNKASTEL gepachtet und erzeugt TROCKENE PFÄLZER RIESLINGE (v. a. FORSTER Pechstein). Eher solide und beständig als aufregend.

Württemberg Früher als »TROLLINGER-Republik« verschrien, heute eine dynamische Weingegend dank der Experimentierfreude vieler junger Winzer. Am besten sind in der Regel LEMBERGER und SPÄTBURGUNDER. Nur 30 % weiße Rebsorten. RIESLING braucht höhere Lagen. Und ja – guter Trollinger kann sehr lecker sein.

Würzburg Fran ★★→★★★★ Schöne alte Barockstadt am Main, Mittelpunkt des Weinbaus in FRANKEN. Klassifizierte Lagen: Innere Leiste, Stein, Stein-Harfe. Weingüter: BÜRGERSPITAL, JULIUSSPITAL, Reiss, STAATLICHER HOFKELLER, Weingut am Stein.

Zell M ★→★★★ Der bekannteste Weinort an der unteren MOSEL, v. a. für die GROSSLAGE Schwarze Katz – meiden! Ein guter Weinberg sind die Merler Königslay-Terrassen. Spitzenerzeuger: Kallfelz.

Zellertal Pfz ★★→★★★★ Hoch gelegener, kühler Bereich im Norden der PFALZ, in dem seit Kurzem Goldgräberstimmung herrscht: Battenfeld-Spanier und KUHN haben sich in der dortigen besten RIESLING-Lage Schwarzer Herrgott eingekauft. Dazu Parzellen im benachbarten RHEINHESSEN in der Lage Zellerweg am Schwarzen Herrgott. Gute örtliche Erzeuger: Bremer, Janson Bernhard, Klosterhof Schwedthelm.

Zeltingen MM ★★→★★★ Bedeutender, wenngleich manchmal unterschätzter Ort an der MOSEL unweit von WEHLEN. Voller und zugleich knackiger RIESLING. GROSSE LAGE: SONNENUHR. Spitzenweingüter: J. J. PRÜM, MARKUS MOLITOR, SELBACH-OSTER.

Ziereisen Bad ★★→★★★★ **05 07 08 09 10 11' 12** 13 14 15 16 17 – Hervorragendes Gut im MARKGRÄFLERLAND, vorwiegend Burgundersorten und GUTEDEL. Am besten sind die SPÄTBURGUNDER von den kleinen Parzellen Rhini, Schulen und Talrain. Selektionen von alten Reben heißen Jaspis.

Zilliken, Forstmeister Geltz M ★★★→★★★★ **93 94 95 96 97 99 01 04 05 07 08 09 10 11 12 14 15 16 17** – Familienweingut an der SAAR: Intensiv rassig-mineralischer Riesling vom Saarburger Rausch und dem OCKFENER Bockstein, darunter köstliche, langlebige AUSLESEN und EISWEIN. Auch sehr guter SEKT – und Ferdinands Gin.

Zimmerling, Klaus Sachsen ★★★ Das kleine, perfektionistische Weingut wurde als eines der ersten nach dem Fall der Mauer gegründet. Die beste Lage ist der Königliche Weinberg in Pillnitz bei Dresden. Der RIESLING, auch HALBTROCKEN, ist potenziell exquisit.

Luxemburg

Luxemburger Wein ist Moselwein, aber nur von regionalem Interesse – einfach, weil die Luxemburger selbst alles austrinken. Woanders steht der »Moselgeist« für goldene Süße und feine Säure, hier ist er ein wenig unentschieden, oder einfacher ausgedrückt: kein Schiefer, keine späte Lese. Nur 11% der Flächen sind mit Riesling bestockt. Die Hauptrollen teilen sich Müller-Thurgau (alias Rivaner), Auxerrois, dazu Weiß- und Grauburgunder. Eine sehr besondere Spezialität ist der schäumende Crémant. Der Klimawandel hat sich bisher von seiner freundlichen Seite gezeigt, auch wenn Frost immer noch eine Gefahr darstellt (2016 und 2017 hat er schwer zugeschlagen).

Die meisten Weißweine sind säurebetont mit leichter Restsüße – auf den Etiketten findet man keine Unterscheidung zwischen trocken und halbtrocken. Ein häufiger Begriff (wenn auch von geringer Aussagekraft) ist »Premier Grand Cru«. Verlässlicher sind da Winzervereinigungen, die ihre eigenen hohen Standards vertreten: Domaine et Tradition (acht Mitglieder) besitzt die größte Glaubwürdigkeit.

Alice Hartmann ★★★→★★★★ **11 12 13 14 15'** 16 – Starerzeugerin in Wormeldange mit Selektionen aus einzelnen Parzellen von Luxemburgs bester RIESLING-Lage Koeppchen (am besten ist der Les Terrasses von 70 Jahre alten Reben). Die Sélection de Château ist eichenfassgereift (körperreicher Riesling Au Coeur de la Koeppchen, raffinierter CHARDONNAY, bemerkenswerter PINOT NOIR). Außerdem exzellenter Crémant (Grande Cuvée, Rosé Brut). Besitzt auch Weinberge in Burgund (St-Aubin), an der Mittelmosel (Trittenheim) und hat eine kleine Parzelle im Scharzhofberg gepachtet. Immer schnell ausverkauft.

Aly Duhr ★★→★★★ Sehr guter PINOT GRIS aus Machtum, guter halbtrockener RIESLING aus Ahn und eleganter Riesling Vendage Tardive.

Bernard-Massard ★→★★★ Großproduzent, vor allem für Crémant. Topmarken: Château de Schengen und Clos des Rocher.

Château Pauqué ★★★→★★★★ Voller Leidenschaft schlägt Abi Duhr eine Brücke zwischen dem Burgund (CHARDONNAY Clos de la Falaise, Clos du Paradis AUXERROIS eichengereift) und Deutschland (körperreicher RIESLING Paradaïs Vieilles Vignes, Riesling mit Botrytisnote im außergewöhnlich süß-herben Stil einer Auslese).

Gales ★★→★★★ Verlässlicher Erzeuger in Remich. Am besten sind der Crémant (der preiswerte Héritage Brut oder der Prestige Cuvée G Brut) und die Weine mit dem Etikett Domaine et Tradition (besonders der rauchige 15er PINOT BLANC und der nuancierte **15**er Pinot noir). Auch empfehlenswert: Die Reihe De Nos Rochers. Der alte, labyrinthische Keller ist sehenswert.

Schumacher-Knepper ★★→★★★ Einige sehr gute Weine unter der Traditionsmarke Ancien Propriété Constant Knepper wie der **15**er RIESLING Wintringer Felsberg. PINOT BLANC mit floralen Noten und würziger Elbling.

Sunnen-Hoffmann ★★★ Corinne Sunnen und ihr Bruder Yves haben sich 2001 von Weinhändlern zu Biowinzern gewandelt. Heute machen sie auf 9 ha rund um Remerschen Weiße wie aus dem Bilderbuch: dichter CHARDONNAY Schwebsange Kolteschbierg (16) mit zarter Eichennote und hervorragender RIESLING Wintrange Felsbierg Vielles Vignes Domaine et Tradition (16) von einem Weinberg, dessen Reben 1943 gepflanzt wurden.

Weitere empfehlenswerte Erzeuger: Mathis Bastian, Cep d'Or, Duhr Frères/Clos Mon Vieux Moulin, Fränk Kayl, Paul Legill, Ruppert, Schmit-Fohl, Stronck-Pinnel. Domaines Vinsmoselle ist eine Vereinigung mehrerer Winzergenossenschaften.

Spanien

Die dunklen Flächen bezeichnen die Weinbaugebiete

Die folgenden Abkürzungen werden im Text verwendet:

Bask	Baskenland	Mont-M	Monzilla-Moriles
Cas-L	Castilla y León	Mur	Murcia
Cas-La M	Castilla-La Mancha	Nav	Navarra
Cos del S	Costers del Segre	Pen	Penedès
El B	El Bierzo	Pri	Priorat
Emp	Empordà	R Ala	Rioja Alavesa
Gal	Galicien	R Alt	Rioja Alta
Kan	Kanarische Inseln	R Baj	Rioja Baja
Kat	Katalonien	Rib del D	Ribera del Duero
La M	La Mancha	Som	Somontano
Madr	Madrid, Vinos de	Tar	Tarragona
Mall	Mallorca	U-R	Utiel Requeña
Man	Manzanilla		

In welche Richtung sich der spanische Wein entwickelt, ist schwer abzusehen – außer dass es aufwärts geht. Neue Terroirs, vergessene Rebsorten, uralte, jetzt neu interpretierte Bereitungsmethoden, neue Vorschriften und Definitionen – Streben allüberall. Was jahrelang nach einer simplen Angelegenheit aussah – Tempranillo unter diversen Namen, Eichenausbau plus Zeit, Albariño zur Erfrischung –, hat sich in ein buntes Feuerwerk verwandelt. Das folgende Kapitel enthält genauso viel Spannendes oder zumindest genauso viele in Entwicklung befindliche Projekte wie jedes andere in diesem Buch.

Wie kann man ein Terroir für sich beanspruchen, benennen, unter gesetzlichen Schutz stellen? Heute spricht man über Böden, wo früher vom Keller und der Ausbauzeit im Fass die Rede war. Sollen oder dürfen wir den Namen des Terroirs, der jeweiligen Parzelle aufs Etikett drucken? Sind die Bezeichnungen »Reserva« und »Gran Reserva« nicht längst reif fürs Altenteil? Das Terroir, so heißt es, ist als Qualitätsnachweis doch viel besser geeignet. Man könnte sagen, dass die Reise der gesamten Weinwelt in diese Richtung geht. Die Schwierigkeit besteht nur darin, dass viele spanische Anbaubereiche sich noch immer in einer Art Dämmerzustand bezüglich ihrer Böden befinden. Wo überhaupt Forschungen stattfanden, hat man mit den Ergebnissen nichts Vernünftiges angestellt. Es bleibt dem Winzer überlassen. Wie gesagt, es gibt noch viel zu tun – und jede Menge Feuerwerk.

Neuere Rioja-Jahrgänge

2017 Katastrophale Aprilfröste in vielen Anbaubereichen. Stark reduzierter Ertrag, die Qualität ist jedoch sehr gut.

2016 Schwieriger Frühling, sehr heißer Sommer, Regen zur Lesezeit. Die besten Erzeuger haben schöne Weine hervorgeracht.

2015 Abermals verlässlich guter Rioja. Die Spitzenweine könnten sich als so gut wie 2010 erweisen.

2014 Die Rückkehr zu alter Form in puncto Qualität und Quantität nach zwei mageren Jahren.

2013 Kühles, nasses Jahr mit geringem Ertrag und einigen guten Weinen.

2012 Gute Qualität, obwohl der Ertrag zu den niedrigsten der vergangenen 20 Jahre zählte.

2011 Von offizieller Seite als *excelente* deklarierter Jahrgang. Einige Weine mit marmeladiger Frucht, insgesamt schöne Entwicklung.

2010 *Excelente.* Ein perfektes Jahr, umso deutlicher jetzt, da die Weine reifen.

2009 Jetzt trinkreif, wird sich aber noch weiter entfalten.

2008 Kühles Jahr; die Weine sind frisch und aromatisch, mit etwas niedrigerem Alkoholgehalt; trinkreif.

2007 Schwieriger Jahrgang; trinkreif.

2006 Leichter, duftiger Jahrgang; jetzt austrinken.

Aalto, Bodegas y Viñedos Rib del D r ★★★→★★★★ Mächtige, geschliffene Weine mit schöner Struktur, dafür steht Aalto, v. a. mit dem Aushängeschild PS. Mariano García, früher bei VEGA SICILIA, macht Weine zum Einlagern. Zu Garcías Familienbesitz zählen u. a. San Román (TORO) MAURO (CASTILLA Y LEÓN) und Garmón (Ribera del Duero). Javier Zaccagnini vinifiziert bei Aalto den eleganten Preludio seiner Bodega Sei Solo.

Abadal, Bodegas Kat – Der Familienbetrieb in der DO Plà de Bages bietet beliebte Weine und Spezialitäten von CATALUNYA unter einer Reihe von Marken: Abadal, La Fou (in der DO Terra Alta), Ramón Roqueta. Bereitet außerdem Wein in uralten steinernen Gärtanks im Nationalpark. Das Ergebnis: faszinierende, frische, PINOT NOIR ähnelnde Rote.

Abadía Retuerta Cas-L r ★★→★★★ Der Gipfel des Luxus: Sternerestaurant, Nobelhotel – und Kellerei, in direkter Nachbarschaft zu RIBERA DEL DUERO. Sehr gut ist der weiße Verschnitt Le Domaine (BV). Die internationalen Einzellagenrotweine werden immer besser, z. B. der SYRAH Pago Garduña. Außerdem PETIT VERDOT.

Abel Mendoza R Ala ★★→★★★ Abel Mendoza arbeitet mit kleinen Mengen und wählt seine Fässer sorgfältig aus. Fein sind die fünf sortenreinen Weißen; die Weine der Reihe Grano a Grano (jede TEMPRANILLO- und GRACIANO-Beere ist handverlesen) kann man viele Jahre im Keller liegen lassen.

Alexander Jules Sherry ★★→★★★ US-Handelshaus, das Abfüllungen ausgewählter BUTTS von z. B. Juan Piñero in SANLÚCAR bietet.

Algueira Gal r w ★★ Sehr feine Auswahl an eleganten Rotweinen von lokalen Rebsorten, u. a. Brancellao und MENCÍA. Herausragend ist der Merenzao (im Jura Trousseau genannt) in fast burgundischem Stil.

Alicante Alicante r w; s ★→★★★ Die Region erzeugt würzige Rot- und Weißweine sowie gespriteten Fondillón und gilt als geistige Heimat der MONASTRELL-Traube. Auf dem Hochplateau im Hinterland sind alte Buschreben erhalten geblieben. Spitzenerzeuger: ARTADI, ENRIQUE MENDOZA, Iberica Bruno Prats, Bernabé Navarro (arbeitet mit tönernen *tinajas*).

Allende, Finca R Alt r w ★★→★★★★ Vom unverwüstlichen Miguel Ángel de Gregorio geleitete und in jeder Beziehung überragende RIOJA-BODEGA in einem alten Handelshaus in BRIONES, von dessen Turm man über die ganze Stadt zu den Weinbergen blickt. Mineralischer Calvario von einer Einzellage, reintöniger, feiner Aurus. Führend bei Weißweinen: kraftvoller Allende Blanco und sehr feiner, aromatischer Martires. Weine auf Einsteigerniveau bietet die FINCA Nueva. Die Finca Coronado in La MANCHA gehört ebenfalls zum Besitz.

Almacenista Sherry, Man ★★→★★★★ Eine Kellerei mit Sherry-Beständen, oft sehr klein, die feine Weine ausbaut, um sie an BODEGAS zu verkaufen, die damit ihre eigenen Bestände auffrischen. Spielt bei MANZANILLA eine wichtige Rolle. Es gibt nur noch wenige; viele bevorzugen den freien Markt, z. B. GUTIÉRREZ COLOSÍA. Oft grandiose Qualität.

Alonso, Bodegas Man ★★★→★★★★ Spannender neuer Sherry-Erzeuger, im Besitz der Brüder Asencio, denen auch Dominio del Urogallo (Asturien) gehört. Sie erwarben die Bestände des insolventen Pedro Romero, der sehr feine SOLERAS von Gaspar Florido besaß. Zum Einstand gibt es den Velo Flor, 9 bis 10 Jahre alten Manzanilla und ein Vier-Flaschen-Set mit außergewöhnlichen Gaspar-Florido-Sherrys, das allerdings ziemlich teuer ist. Im Auge behalten.

Alonso del Yerro Rib del D, Toro r ★★→★★★ Der önologische Berater Stéphane Derenoncourt aus Bordeaux vermag dem extremen Kontinentalklima in RIBEIRA DEL DUERA Eleganz zu entlocken. Es werden ausschließlich Gutsweine erzeugt. Das Spitzengewächs heißt María – tintendunkel, aber nicht im Mindesten überzogen. Außerdem Paydos aus TORO.

Álvaro Domecq Sherry, Man ★★→★★★ Vornehme alte BODEGA auf der Basis von SOLERAS der ältesten Bodega in JEREZ. Geschliffene Weine. Guter FINO La Janda, exzellente VORS-Reihe Linea 1730.

Alvear Mont-M, Ext ★★→★★★★ Die historische Bodega verfügt über eine ganze Reihe hervorragender PX-Weine aus MONTILLA-MORILES. Gute trockene FINOS C.B. und Capataz, wunderbar süßer SOLERA 1927, üppiger Dulce Viejo. Sehr feine Jahrgangsweine. Zum Besitz gehört auch die BODEGA Palacio Quemado in der Extremadura. Außerdem vielversprechendes neues Projekt mit ENVINATE.

Añada Jahrgang.

Arrayán, Bodegas Méntrida ★★ Mit seinen feinen GARNACHA-Gewächsen hat Arrayán den guten Ruf der DO MÉNTRIDA wiederhergestellt. Ebenfalls vielversprechend ist der weiße Albillo Real.

Artadi, Bodegas y Viñedos Alicante, Nav ★★→★★★★ 1985 von einer Winzergenossenschaft gegründeter Betrieb, dem Juan Carlos López de Lacalle zu überragendem Erfolg verhalf. Ende 2015 verließ er die DO RIOJA, weil sie seiner Meinung nach bei der Qualitätssicherung versagt. Preiswerter Viñas de Gain, luxuriöser La Poza de Ballesteros und dunkler, steiniger El Carretil; hervorragend ist der El Pisón von einer Einzellage. Auch in ALICANTE vertreten mit sehr gutem El Sequé (rot) und in NAVARRA mit Artazuri (rot, rosé BV).

Arzuaga Rib del D ★★ Generöse, zugängliche, klassische GRAN RESERVA. Hotel inmitten der Weinberge.

Atlantic Wines Gal, Bask r rs w – Im englischen Sprachraum Sammelbegriff für helle, nur kurz oder gar nicht in Eiche ausgebaute Weine mit zumeist prägnanter Säure, wird aber zunehmend auch auf frische, grazile Rotweine angewandt. Bezieht sich insbesondere auf Wein aus Lagen in Atlantiknähe (RÍAS BAIXAS) bzw. der Umgegend des Golfs von Biskaya (TXAKOLÍ). Wird zudem zur Beschreibung kühlklimatischer Einflüsse verwendet, etwa in den Binnenland-DOS GALICIENS, sowie für spezielle Jahrgänge in RIOJA Alavesa und Rioja Alta.

Baigorri R Ala r w ★★→★★★ Die Weine sind so spektakulär wie die gläserne Architektur. Wuchtiger, moderner RIOJA; feiner Weißwein. Der ausgefeilte Garage räumt Preise ab, sehr zugänglich ist die RESERVA. Paradepferde sind der Belus und der B70. Restaurant mit Blick auf die Weinberge.

Barbadillo, Bodegas Man ★→★★★★ Beherrscht majestätisch die Oberstadt von SANLÚCAR. Das Angebot reicht von Supermarkt bis hervorragend. Pionier des MANZANILLA En rama. Unschlagbar ist die Reihe Reliquia, v. a. AMONTILLADO und PALO CORTADO. Vorzüglicher 100 Jahre alter Amontillado Versos, von dem 2016 nur 100 Flaschen freigegeben wurden. Sherry-Guru Armando Guerro berät bei gewagten neuen Kreationen, die das Image des traditionsreichen Gewerbes aufpeppen sollen. Außerdem der lokale Bestseller Castillo San Diego (weiß, BV) von der PALOMINO-Traube. Zum Besitz gehören auch Vega Real (RIBERA DEL DUERO) und BODEGA Pirineos (SOMONTANO).

Báscula, La Alicante, Rioja, Jumilla r w; s ★★ Preiswerte Qualitätsweine aus aufstrebenden und klassischen Anbaugebieten. Geschäftsführer sind der Südafrikaner Bruce Jack und der britische Master of Wine Ed Adams.

Belondrade Cas-L, Rueda r w ★★→★★★ Didier Belondrade war einer der Ersten, die das Potenzial der Rebsorte VERDEJO unter Beweis stellten, als er 1994 seine auf dem Hefesatz und in Eiche ausgebaute RUEDA-Version herausbrachte. Außerdem Quinta Apollonia (weiß) und leichter, sommerlicher TEMPRANILLO Quinta Clarisa (rot), beide aus CASTILLA Y LEON.

Beronia Rioja r rs w ★→★★★ Die BODEGA in RIOJA ist erheblich besser geworden. Die in klassischen Stilen ausgebauten Weine verkaufen sich am besten. RESERVA von sehr verlässlicher Qualität; Spitzengewächs ist der schicke, aber unaussprechliche »Ill a.C.«. Im Besitz von GONZÁLEZ BYASS.

Bierzo, El r w ★→★★★ Spanien hat mehr zu bieten als bloß TEMPRANILLO – was Bierzo mit der knackigen, Pinot-noir-artigen Mencía (rot) von Schieferböden beweist. Die besten Weine stammen von Reben aus hohen Lagen und werden ohne (zu viel) Eicheneinsatz bereitet. Empfehlenswerte Erzeuger: v. a. Descendientes de J. PALACIOS und Raúl PÉREZ sowie Dominio de Tares, Losada, Luna Berberide, MENGOBA und Vinos Valtuille.

Bodega 1. Kellerei; 2. Weinhandlung; 3. eine Firma, die sich mit der Herstellung, dem Verschnitt bzw. dem Versand von Wein befasst.

Butt Sherry – Fass mit 600 l Fassungsvermögen aus lang gelagerter amerikanischer Eiche, das für den Sherry-Ausbau verwendet und nur zu fünf Sechsteln gefüllt wird, damit sich eine FLOR-Schicht bilden kann. In Schottland verwendet man gern gebrauchte Sherry-Fässer, um Whisky den letzten Schliff zu verleihen. Neuerdings besteht der Trend zum Ausbau von Weißweinen in einstigen FINO-Butts – CVNE hat diesen alten Brauch mit dem Monopole Clásico wiederbelebt.

Calatayud Aragón r rs w ★→★★★ Dank der Qualität der alten, auf 700 bis 900 m Höhe wachsenden GARNACHA-Reben ist Calatayud schließlich ins Bewusstsein der Weinliebhaber gerückt, aber immer noch hauptsächlich für billige Genossenschaftsweine bekannt. Am besten sind die BODEGAS Ateca, El ESCOCÉS VOLANTE und San Alejandro.

Callejuela Sherry, Man ★★→★★★ Die Blanco-Brüder arbeiten mit Weinmacher Ramiro Ibañez und dem Önologen Willy Pérez aus Jerez zusammen und besitzen Rebflächen in einigen der berühmtesten Sherry-PAGOS. Sie bringen jedes Jahr einen Jahrgangs-MANZANILLA heraus.

Campo de Borja Aragón r rs w ★→★★★ Das selbst ernannte »Reich der GARNACHA« ist dank des Schatzes alter Reben in Kombination mit jungen Weinbergen die erste Wahl für preiswerten Garnacha; allmählich kommt auch seriöse Qualität auf den Markt, z. B. von den BODEGAS Alto Moncayo, Aragonesas und Borsao.

Campo Viejo Rioja r rs w; sch ★→★★ Das Markenschwergewicht in RIOJA bietet neben preiswertem RESERVA und GRAN RESERVA auch sortenreinen GARNACHA und ergänzt den weißen Rioja um Tempranillo Blanco. Sehr gute Spitzen-Reserva Dominio. Gehört zu Pernod Ricard (besitzt auch die von Santiago Calatrava entworfene Kellerei Ysios in Rioja).

Cañas, Bodegas Luis R Ala r w ★→★★★ Einer der verlässlichsten Erzeuger in RIOJA mit Klassikern wie der RESERVA Selección de la Familia sowie jugendlicher, sofort trinkreifer GRAN RESERVA, aber auch Modernem wie dem extrem konzentrierten Hiru 3 Racimos oder dem Amaren, die beide Flaschenreifung benötigen.

Cangas ★→★★ Die isolierte DO im wilden Asturien bringt ihre Weine nun allmählich auch in den Export. Frischer Albarín blanco (weiß), fester Roter von Albarín negro, Verdejo negro und, am vielversprechendsten, Carrasquín. Erzeuger: v. a. Dominio del Urogallo (im selben Besitz wie BODEGAS Alonso) und Monasterio de Corias.

Capçanes, Celler de Montsant r rs w; s ★→★★ Eine der besten Genossenschaften Spaniens. Sehr faire Preise, ausdrucksstarke Weine aus MONTSANT. Auch ein auf koschere Weine spezialisierter Erzeuger mit dem empfehlenswerten Peraj Ha'abib.

Cariñena Aragón r rs w ★→★★ Die DO trägt denselben Namen wie die Traube. Solide, wenig aufregende, aber preiswerte Weine; vielversprechender 3 de Tres Mil von der FINCA Aylés (Vino de PAGO). Deren önologischer Berater Jorge Navascués ist auch Weinmacher bei CONTINO und erzeugt bei Navascués Enología seine eigenen Weine: den Cutio und den Mas de Mancuso.

Casa Castillo Jumilla r ★★→★★★ Der Familienbetrieb auf dem *altiplano* beweist, dass JUMILLA tipptopp sein kann. Hervorragender GARNACHA El Molar und SYRAH Valtosca, sehr fein der Einzellagenverschnitt Las Gravas sowie der MONASTRELL, v. a. der Pie Franco aus einer kleinen Monastrell-Parzelle, die der jüngsten Reblausplage entging.

Castell d'Encús Cos del S r w ★★→★★★ Katalanische Kellereien sind auf der Suche nach klimatischen Ausweichgebieten, Raül Bobet (auch bei FERRER BOBET im PRIORAT) war zuerst da. Auf 1.000 m hat er so viel kühles Klima, wie er will, für herrlich frische, originelle Weine, bei denen Tradition auf Moderne trifft: Die Trauben werden in steinernen *lagares* vergoren, die Kellerei ist mit neuester Technik ausgestattet. In weniger als zehn Jahren sind der RIESLING Ekam, der SYRAH Thalarn und der PINOT NOIR Acusp zu Klassikern avanciert.

Castilla y León Cas-L r rs w ★→★★★ Der größte Weinbaubereich Spaniens. Die besten Weine sind sehr gut, viel Erfreuliches. DOS: Arlanza, Arribes, BIERZO, CIGALES, Tierra de León, Tierra del Vino de Zamora, TORO, Sierra de Salamanca, Valles de Benavente, Valtiendas, Vinos de Calidad. Rote Sorten: Juan García, MENCÍA und TEMPRANILLO-Varietäten; weiße Sorte: Doña Blanca. Guter ROSADO mit intensiver Farbe von der Prieto-Picudo-Traube. Die Stars unter den unabhängigen Erzeugern sind ABADÍA RETUERTA, Dehesa La Granja, MAURO und Prieto Pariente.

Castillo de Cuzcurrita R Alt – Ummauerter Weinberg, Burg aus dem 14. Jh., Beraterin Ana Martín: beste Voraussetzungen für sehr guten RIOJA.

Castillo Perelada Emp, Nav, Pri r rs w; sch ★→★★★ Glamouröses Weingut. Temperamentvolle CAVAS, v. a. Gran Claustro, und moderne Rote. Zudem seltener, 12 Jahre in der SOLERA gereifter GARNATXA de l'Empordà. Sehr fein ist der Casa Gran del Siurana aus dem PRIORAT. Vor Kurzem wurde CHIVITE, einer meiner Lieblinge, dem Besitz hinzugefügt.

Catalunya Kat r rs w; sch – Sehr große DO, umfasst ganz Katalonien: Küste, Berge und alles, was dazwischen liegt. Spitzenköche und Spitzen-BODEGAS (z. B. TORRES), viele sehr kreativ. Die derzeitige DO ist dagegen nur ein Verbund, der zu groß ist für eine gemeinsame Identität.

Cava Nach der traditionellen Methode bereiteter spanischer Schaumwein. Angesichts der Reife der Frucht ist Zero Dosage Brut Nature sehr beliebt. Erzeugt wird er zum Großteil im PENEDÈS, v. a. in und um Sant Sadurní d'Anoia, aber auch in RIOJA (v. a. Conde de Haro von MUGA) und VALENCIA. Die einheimischen Rebsorten sind wieder angesagt: MACABEO (VIURA in Rioja), PARELLADA, XAREL.LO (am besten zum Einlagern). Die besten Weine können 10 Jahre reifen; die Mindestreifezeit beträgt 9 Monate. Neu ist die oberste Kategorie für Weine aus Einzellagen mit geringeren Erträgen namens CAVA DE PARAJE CALIFICADO. Dennoch gibt es immer noch zu viele schwächliche Schaumweine, weshalb einige Erzeuger die DO verlassen haben und TORRES seine neuen Kreationen nicht als Cava etikettiert. Siehe auch CONCA DEL RÍU ANOIA, CLÀSSIC PENEDÈS.

Cava de Paraje Calificado Cava – Seit 2017 bestehende Spitzenkategorie für Einzellagen-CAVA mit strikten Vorschriften und Verkostungskomitee. Die Mindestreifezeit beträgt 36 Monate, wird aber meist überschritten. Den Test bestanden 14 Schaumweine: Mirgin von Alta Alella, Sabaté i Coca von Castellroig, La Pieta, El Tros Nou und La Fideura von CODORNÍU, Casa Sala von FREIXENET, Enoteca, Celler Batlle und III Lustros von GRAMONA, La Capella von Juvé y Camps, Turó d'en Mota und Serrall del Vell von RECAREDO, Gran Torelló von Torelló sowie Claror von Vins El Cep.

César Florido Sherry ★→★★ Seit 1887 ein Meister des MOSCATEL. Entdecken Sie das wunderbar duftende, saftige Trio Dorado, Especial, Pasas.

Chacolí Siehe TXAKOLÍ.

Chipiona Sherry – Aus diesem sandigen Küstengebiet stammen die MOSCATEL-Trauben für Sherry. Vorwiegend Genossenschaften. Wegweisend ist CÉSAR FLORIDO.

Chivite Nav r rs w; s ★★→★★★ Beliebte Reihe Gran Feudo (BV), v. a. Rosado und Sobre Lías *(sur lie)*. Auch heller ROSADO Las Fincas und Colección 125, u. a. mit herausragendem CHARDONNAY, einem der besten Chardonnays Spaniens (önologischer Berater war bis zu seinem Tod im Jahr 2016 Denis Dubourdieu). Guter Spätlese-MOSCATEL. Der Betrieb wurde 2017 an CASTILLO PERELADA verkauft.

Clàssic Penedès Pen – Kategorie der DO PENEDÈS für Schaumwein nach der traditionellen Methode, strengere Regeln als für CAVA, mindestens 15 Monate Reifung. Seit 2017 Ökoanbau. Zu den Mitgliedern gehören Albet i Noya, Colet, LOXAREL und Mas Bertran.

Clos Mogador Pri r w ★★★→★★★★ René Barbier gehört zum Quintett jener Erzeuger, die das PRIORAT wiederentdeckten, und war für viele ein Mentor. Erwarb als einer der Ersten den Status VI DE FINCA.

Codorníu Raventós Cos del S, Pen, Pri, Rioja r rs w; sch ★→★★★★ Spaniens ältester Familienbetrieb; die Jugendstil-Kellerei ist einen Besuch wert. Diverse Neuerungen haben die Qualität des gesamten Angebots gesteigert. Hervorragende Cavas in der Reihe Ars Collecta (Jaume Codorníu), drei sortenreine Einzellagen-Cavas de Paraje Calificado sowie 456, ein Verschnitt aus drei Lagen und der teuerste Cava, der je das Licht der Welt erblickte. Legaris in RIBERA DEL DUERO und Raimat in COSTERS DEL SEGRE werden stets immer besser. Die Bodega Bilbaínas in RIOJA bietet den beliebten Viña Pomal, den erstklassigen Altos de la Caseta und die originelle Cava Blanc des Noirs (GARNACHA). Siehe auch SCALA DEI.

Conca de Barberà Kat r rs w – In der kleinen katalanischen DO, die früher ausschließlich große Unternehmen mit hochwertigem Traubengut versorgte, arbeiten inzwischen einige exzellente Erzeugerbetriebe, darunter Escoda-Sanahuja (biologisch-dynamisch). Die TORRES-Spitzenweine Grans Muralles und Milmanda werden beide in dieser DO erzeugt.

Conca del Ríu Anoia Kat – Kleine DO für nach dem traditionellen Verfahren bereiteten Schaumwein, 2013 von RAVENTÓS I BLANC geschaffen, um strengere Qualitätskontrollen als für CAVA zu gewährleisten. Ökologische Produktion, geringere Erträge, Mindestreifezeit von 18 Monaten und ausschließlich lokale Rebsorten.

Consejo Regulador Amtliche Organisation für Erhaltung, Kontrolle und Förderung einer Denominación de Origen; jede DO hat ihren eigenen Consejo Regulador. Die Qualität ist uneinheitlich – mal steht Bürokratie, mal unternehmerisches Denken im Vordergrund.

Contino, Viñedos del R Ala r rs w ★★→★★★★ Zu dem Gut – jetzt vollständig im Besitz von CVNE – gehört eine der großen Einzellagen von RIOJA. Der neue Weinmacher Jorge Navascués trat 2017 in die Fußstapfen von Jesús Madrazo. Ein große Aufgabe, hat Madrazo doch mit viel Engagement hervorragende RESERVA, erstklassigen GRACIANO, schönen weißen Rioja und hellen ROSADO bereitet.

Costers del Segre Cos del S r rs w; sch ★→★★★ Die geografisch geteilte DO schafft es irgendwie, CASTELL D'ENCUS in den Bergen und die weiter unten gelegenen Güter CASTELL DEL REMEI und Raimat innerhalb derselben Grenzen zu halten.

Cota 45, Bodegas Cádiz ★→★★ Bodega des Sherry-Starerzeugers Ramiro Ibáñez in SANLÚCAR. Der Ube wird von PALOMINO aus verschiedenen berühmten PAGOS bereitet, u. a. Carrascal und Miraflores. Er wird nicht gespritet, aber in Sherry-Fässern gereift, damit er dennoch FINO-Charakter erhält. Enthüllt große Terroirunterschiede.

Crianza Die »Kinderstube«, in der sich der Wein entwickelt – Garant für eine gewisse Reifezeit, nicht für Qualität. Neuer oder nicht gealterter Wein ist *sin crianza* oder JOVEN. In der Regel sind Crianza-Weine mindestens zwei Jahre gereift, davon sechs Monate bis ein Jahr im Eichenfass, und dürfen erst ab dem dritten Jahr freigegeben werden. Siehe auch RESERVA.

Cuevas de Arom Aragón r ★★ Erst kürzlich von Fernando Mora (Master of Wine) und seinem Team ins Leben gerufenes Projekt mit eleganten GARNACHA-Gewächsen, bei denen nicht so sehr neue Eiche als vielmehr die Frucht im Vordergrund steht. Außerdem sehr guter VdT Valdejalón von Bodegas Frontonio, ebenfalls in Campo de Borja.

Cusiné, Tomàs Cos del S r w ★★→★★★ Der innovative Weinmacher ist jetzt wieder zu CASTELL REMEI zurückgekehrt; außerdem gehören Cara Nord, Cérvoles, Finca Racons und Vilosell zu seinem Imperium. Individuelle, moderne Weine, darunter der weiße Verschnitt Auzells aus zehn Rebsorten.

CVNE – Compañía Vinícola del Norte de España R Ala, R Alt r rs w ★★→★★★★ Einer der großen Namen in RIOJA (ausgesprochen »Kune«), gegründet 1879, heute aus vier Kellereien bestehend: CONTINO, CVNE, Imperial und Viña Real. Außerordentlich eindrucksvoll im Spitzenbereich: ätherisch und weniger eichenlastig als die meisten in Rioja. Die Kellerei Imperial erzeugt guten RESERVA, hervorragenden, eleganten GRAN RESERVA und modernen Real de Asúa. Die Kellerei Viña Real liegt in Rioja Alavesa. Der neueste Weißwein ist der Monopole Clásico, der nach einem traditionellen Rezept in amerikanischer Eiche ausgebaut und dann in Sherry-BUTTS verschnitten wird. Die großen Weine können sehr alt werden – versuchen Sie den Jahrgang **1964** oder **1970** aufzutreiben.

Delgado Zuleta Man ★→★★ Die älteste Bodega in SANLÚCAR, 1774 gegründet. Der La Goya MANZANILLA Pasada wurde bei der Hochzeit von König Felipe VI. serviert; außerdem 10 Jahre alter Goya XL EN RAMA. AMONTILLADO Quo Vadis? mit beeindruckender 40-jähriger Reifezeit.

Díez-Mérito Sherry ★→★★ Die Kellerei gehört jetzt Salvador Espinosa. Verlässliche Reihe Bertola; außerdem feine gereifte VORS Sherrys: AMONTILLADO Fino Imperial, OLOROSO Victoria Regina, Vieja SOLERA PX.

DO (Denominación de Origen), DOP (Denominación de Origen Protegida) Die bisherigen Herkunftsbezeichnungen Denominación de Origen (DO) und Denominación de Origen Calificada (DOCa) sind jetzt zur Denominación de Origen Protegida (DOP) zusammengefasst. Daneben gibt es noch die Kategorie Vino de PAGO für Einzellagen.

Domaines Lupier Nav r ★★★ Ein junges Paar rettet verstreute Weinberge mit alten GARNACHA-Reben und erzeugt davon zwei Weine: floralen La Dama und dichten, breitschultrigen El Terroir. Biologisch-dynamischer Anbau.

Dominio do Bibei Gal r w ★★ Begründete den internationalen Ruf dieser DO. Großer Betrieb mit anfänglicher Beratung durch MAS MARTINET und CLOS MOGADOR. Der Lapena stammt von auf Schieferboden wachsendem GODELLO, der Lalama ist ein würziger MENCÍA-Verschnitt.

Dulce Süß.

Emilio Hidalgo Sherry ★★★→★★★★ Hervorragende kleine Bodega in Familienbesitz. Alle Weine außer PX reifen zunächst unter FLOR. Ausgezeichneter, ungefilterter, 15 Jahre alter FINO La Panesa, packender 50 Jahre alter AMONTILLADO Tresillo 1874 und seltener PX Santa Ana 1861.

Emilio Rojo Gal w ★★★ Ein Mann, eine Kellerei, ein Wein. Sein gleichnamiges Gewächs ist eine ausgezeichnete, frische Cuvée von Treixadura, LOUREIRO, ALBARIÑO, Lado, TORRONTÉS und GODELLO. Der Star von RIBEIRO.

Empordà Kat r rs w; s ★→★★ Eines von vielen Zentren der Kreativität in Katalonien. Die besten Erzeuger sind CASTILLO PERELADA, Celler Martí Fabra, Pere Guardiola und Vinyes dels Aspres. Das spleenige junge Weingut Espelt baut stolze 17 Sorten an; probieren Sie den Sauló (GARNACHA/CARIGNAN). Celler Espolla bietet mit dem SOLERA GRAN RESERVA einen üppigen natursüßen Wein an.

Enrique Mendoza Alicante r w; s ★→★★ Enriques Sohn Pepe ist nicht nur ein seriöser Weinmacher und lebhafter Gastgeber, sondern auch Fürsprecher der DO ALICANTE und ihrer MONASTRELL-Traube. Die Spitzenerzeugnisse kommen vom trockenen *altiplano* im Landesinneren: der lebhafte La Tremenda und der Einzellagenwein Las Quebradas. Außerdem honigartiger MOSCATEL. Für FONDILLÓN interessiert sich Pepe ebenfalls.

Amphoren (alias *tinajas*)

Die Wiederkehr der Amphoren ist Teil der Rückbesinnung auf handwerkliche anstelle »industrieller« Bereitungstechniken. Einige Erzeuger bieten besondere, gänzlich in Amphoren ausgebaute Weine, andere haben ein paar dieser Tongefäße in der Ecke stehen, neben den eiförmigen Betontanks, um sie für Verschnitte und Experimente zu verwenden, vor allem in Katalonien. Josep Mitjans (LOXAREL) ist hier einer der Wegbereiter. Seine 700- bis 1.000-Liter-Amphoren kauft er in der Extremadura und überzieht sie mit Bienenwachs oder Pech, um sie luftdicht zu versiegeln. Probieren Sie mal seinen A Pèl (rot und weiß) aus biodynamischem Anbau. In ALICANTE baut Rafa Bernabé (Bernabé Navarro) seinen pfirsichfruchtigen MOSCATEL Benimaquia (süß, im Abgang trocken) in Amphoren aus, mit viermonatiger Hülsenmaischung. Sara Pérez (MAS MARTINET im PRIORAT) verwendet kleinere Amphoren; sie findet, dass ein Fass das wahre Gesicht des Weins verschleiert wie Make-up, während Ton den echten Wein enthüllt. Im Namen des Terroirs baut Heretat Mont Rubi in PENEDÈS seine (roten) Sumoll-Trauben in regional gefertigten Amphoren aus, mildern diese doch oft das Tannin ab. Sogar in Supermärkten stößt man gelegentlich auf Amphorenweine, z. B. den Edición Memoria von Toro Loco (UTIEL-REQUENA), der zum Teil in Amphoren ausgebaut wird. In MONTILLA-MORILES verwendet ALVEAR wie in uralten Zeiten große, alte Amphoren zur Lagerung – ein beeindruckender Anblick.

Envinate Ein Team junger Weinmacher, die in verschiedenen Anbauregionen als Berater tätig sind und für vorbildlich frische, moderne Weine stehen. Sie sind u. a. bei ALVEAR für den Palacio Quemado zuständig und bereiten in MONTILLA-MORILES Amphorenweine. Weitere Bereiche sind Almansa, Extremadura, RIBEIRA SACRA und Teneriffa.

Epicure Wines Kat, Pri r w; sch ★★ Sommelier Franck Massard erzeugt charaktervolle Weine von DOS in ganz Spanien, u. a. CAVA, MONTSANT, RIBEIRA SACRA, Terra Alta und VALDEORRAS. Lebhafter ROSADO Mas Amor.

Equipo Navazos Sherry ★★★→★★★★ Jesús Barquín und Eduardo Ojeda verändern die Sherry-Welt, indem sie wie ein Négociant hervorragende einzelne BUTTS auswählen. Zusammenarbeit u. a. mit Dirk Niepoort, Colet-Navazos (Schaumwein; Sherry wird für den *liqueur d'expédition* verwendet), Navazos-Palazzi (Brandy), RAFAEL PALACIOS und PEREZ-BARQUERO (MONTILLA-MORILES). Der FLOR Power ist ein ungespriteter, unter Flor gereifter Wein: eine Hommage an die Tradition von JEREZ.

Escocés Volante, El Gal, Aragón r w ★→★★★ Der schottische Master of Wine Norrel Robertson war als Flying Winemaker (*escocés volante* bedeutet »fliegender Schotte«) in ganz Spanien tätig, bevor er sich 2003 in CALATAYUD niederließ. Dort konzentriert er sich auf GARNACHA von alten Reben aus Höhenlagen, wobei er auch einige Weine außerhalb der DO-Bestimmungen erzeugt. El Mondongo ist eine Cuvée aus vier verschiedenen Garnacha-Lagen und wird in eiförmigen Behältern vergoren. El Cismático von alten Garnacha-Reben ist das erste einer Reihe von Einzellagengewächsen. Erzeugt außerdem ALBARIÑO in RÍAS BAIXAS und GODELLO in MONTERREI.

Espumoso Schaumwein, der jedoch – anders als CAVA – nicht nach der traditionellen Methode hergestellt wird und daher in der Regel preiswerter ist.

Ferrer Bobet Pri r ★★★ Komplexe Weine von Sergi Ferrer-Salat (Besitzer der Vinothek »Monvínic« in Barcelona) und Raül Bobet (CASTELL D'ENCUS). Schieferböden und alte Reben zeigen sich aufs Schönste im Selecció Especial Vinyes Velles von 100% CARIÑENA (diese Rebsorte wird im PRIORAT zunehmend beliebter, wobei Ferrer-Salat und Bobet unter den Ersten waren, die sich ihrer annahmen). Spektakuläre Kellerei.

Finca Landgut, Weingut, ländliches Anwesen.

Flor Sherry – Das spanische Wort für »Blume« bezeichnet die Schicht aus Saccharomyces-Hefen, die sich in einem zu fünf Sechsteln gefüllten BUTT auf der Oberfläche von FINO- und MANZANILLA-Sherry bildet. Die Flor-Schicht bindet Sauerstoff und weitere Stoffe (ein Vorgang, den man »biologische Reife« nennt) und bewahrt den Wein vor Oxidation. Traditionell bereitete AMONTILLADOS beginnen als Fino oder Manzanilla, bevor der Flor auf natürliche Weise oder durch die Zugabe von Alkohol abstirbt. In El PUERTO DE SANTA MARÍA und SANLÚCAR, die näher an der Küste liegen, ist die Flor-Schicht dicker, was die feinere Art der dortigen Sherrys erklärt. Am dicksten ist sie im Frühjahr und im Herbst. Neuerdings werden auch immer mehr ungespritete Weine kurzzeitig unter Flor gereift.

Fondillón Alicante s ★→★★★ Legendärer ungespriteter roter lieblicher *rancio*-Wein von überreifen MONASTRELL-Trauben, der lange Seereisen überstehen sollte. Heute wird er mind. 10 Jahre in Eiche gereift; einige SOLERAS sind sehr alt. U. a. von Brotons, GUTIÉRREZ DE LA VEGA, Primitivo Quiles.

Freixenet, Cavas Pen, Cava rs w; sch ★→★★★ Größter CAVA-Erzeuger, bekannt vor allem für den in schwarzen Flaschen abgefüllten Cordón Negro. Elyssia wird durch CHARDONNAY und PINOT NOIR veredelt; Casa Sala heißt die prestigeträchtige Spitzenmarke, eine CAVA DE PARAJE CALIFICADO (von einer Einzellage). Eine neue Kreation ist La Freixeneda (rot) vom Gut der Familie aus dem 13. Jahrhundert. Weitere Cava-Marken der Familie Ferrer: Castellblanch, Conde de Caralt und Segura Viudas. Zudem: Morlanda (PRIORAT), Solar Viejo (RIOJA), Valdubón (RIBERA DEL DUERO), Vionta (RÍAS BAIXAS). Außerdem die Champagnerfirma Henri Abelé, das Bordeaux-Handelshaus Yvon Mau sowie Gloria Ferrer (USA), Katnook (Australien) und Finca Ferrer (Argentinien).

Fundador Pedro Domecq Sherry – Die ehemaligen Domecq-Bodegas wurden durch mehrere Fusionen in Stücke gerissen. Die VORS-Weine sind jetzt im Besitz von OSBORNE; La Ina, Botaina, Rio Viejo und Viña 25 sind an LUSTAU übergegangen. Andrew Tan von Emperador, dem weltgrößten Branntweinhersteller, kaufte den Rest und legt den Schwerpunkt auf Fundador-Brandy. Zum Unternehmen gehören auch Harvey's, berühmt für Bristol Cream und sehr guten VORS, und Garvey, bekannt für den FINO San Patricio.

Galicien r w; (sch) – Abgelegener Anbaubereich in Nordwestspanien, Ziel der Pilger auf dem Jakobsweg, in dem einige der besten Weißweine (siehe MONTERREI, RÍAS BAIXAS, RIBEIRA SACRA, RIBEIRO, VALDEORRAS) und strahlende, knackig-frische Rote von MENCÍA entstehen. Alles sehr interessant, v. a. in den wieder aufstrebenden kleineren DOS Monterrei, Ribeira Sacra und Ribeiro.

Genéricos Rioja – Das ziemlich reizlose Wort beschreibt in RIOJA eine wichtige, oft reizvolle Kategorie: (normalerweise prestigeträchtige) Weine, auf denen nur der Jahrgang, jedoch keinerlei Hinweis auf die Reife (z. B. RESERVA oder GRAN RESERVA) vermerkt ist. Bei Genéricos dürfen die Verkelterungs- und Ausbauvorschriften der DO außer Acht gelassen werden, wodurch das Terroir besser zum Ausdruck gebracht werden kann, allerdings wird bei manchen Exemplaren die Extraktion übertrieben.

González Byass Sherry, Cádiz ★★→★★★★ Gegründet 1845, bleibt González Byass ein Familienunternehmen. Ausgehend vom berühmtesten aller FINOS, Tío Pepe, hat der liebenswürdig-poetische Kellermeister Antonio Flores ein faszinierendes Portfolio entwickelt: eine En-rama-Abfüllung und die Palmas Finos. Begleitet werden sie weiterhin vom stets geschliffenen AMONTILLADO Viña AB, dem OLOROSO Matúsalem und dem PX Noë. Außerdem gute Weinbrände, Tischweine, u. a. BERONIA (RIOJA), Pazos de Lusco (RÍAS BAIXAS), Vilarnau (CAVA) und Viñas del Vero (SOMONTANO). Die FINCA Moncloa in der Nähe von JEREZ erzeugt nach wie vor Rotweine sowie Tintilla de Rota, einen gespriteten roten Süßwein.

Gramona Pen, Cava r w; s; sch ★★→★★★★ So gut kann CAVA sein! Die Cousins erzeugen beeindruckend langlebige Cavas, v. a. Enoteca, III Lustros und Celler Batlle (alle drei CAVA DE PARAJE CALIFICADO). Auch Forschung und Versuche, u. a. mit biodynamischem Anbau. Außerdem Süßweine einschließlich Eiswein und experimentelle Weine.

Gran Reserva In RIOJA sind für Gran Reserva mindestens zwei Jahre im Barrique (225 l) und drei Jahre Flaschenreifung vorgeschrieben. Die Suche nach alten Gran-Reserva-Weinen aus Rioja lohnt sich, zumal sie oft erstaunlich günstig sind. Viele neuere Abfüllungen sind weniger interessant.

Guímaro Gal r w ★★ Die treibende Kraft hinter der Wiederherstellung des guten Rufs dieser DO. Eine einheimische Familie kehrt zu traditionellen Methoden zurück: Wildhefen, Stampfen der Trauben mit den Füßen, alte Eichenfässer, Einzellagen. Der GODELLO Cepas Viejas von den ältesten Reben des Guts ist schön strukturiert, der Finca Pombeiras ein MENCÍA von alten Reben. Der Ladredo entsteht in Zusammenarbeit mit Dirk Niepoort.

Guita, La Man ★→★★★ Verlässlicher Manzanilla. Im Besitz der Grupo Estévez, der auch VALDESPINO gehört.

Gutiérrez Colosía Sherry ★→★★★ Eine der wenigen am Fluss verbliebenen BODEGAS in El PUERTO DE SANTA MARÍA. Ehemaliger ALMACENISTA mit herrlichem altem Palo Cortado.

Gutiérrez de la Vega Alicante r w; s ★★→★★★ Die bemerkenswerte Bodega in ALICANTE hat sich dem Süßwein verschrieben, ist nach einem Zerwürfnis wegen der Regelungen aber nicht länger in der DO. Wunderbar ausdrucksstarker MOSCATEL, v. a. Casta Diva. Auch Experte für FONDILLÓN. Ein Keller voller SOLERAS.

Hacienda Monasterio, Bodegas Rib del D r ★★★ Peter SISSECK ist Berater auf dem 160-ha-Gut. Die Weine, die im Preis und am Gaumen zugänglicher sind als sein PINGUS, werden immer ansprechender.

Haro R Alt – Die malerische Stadt im Herzen von RIOJA ALTA erlangte Bedeutung mit dem Bau der Eisenbahnlinie, die Exporte an die Nordküste und nach Bordeaux ermöglichte. Um den Bahnhof sind die großen Namen von RIOJA versammelt, u. a. BODEGAS BILBAÍNAS, CVNE, GOMEZ CRUZADO, LA RIOJA ALTA, LÓPEZ DE HEREDÍA, MUGA, RODA.

Harveys Sherry ★→★★★ Einst ein großer Name in JEREZ, berühmt für den Bristol Cream. Jetzt im Besitz von Emperador, ebenso wie FUNDADOR PEDRO DOMECQ und Garvey. Kleines Sortiment an gereiften VORS Sherrys.

Herederos de Argüeso Man ★★→★★★ Einer der besten Erzeuger in SANLÚCAR, jetzt im Besitz von Yuste, mit sehr gutem San León und dicht gewirktem, salzigem San León Reserva sowie jugendlichem Las Medallas. Außerdem beeindruckend lebhafter AMONTILLADO Viejo VORS.

Hidalgo La Gitana Man ★★→★★★★ 1792 gegründeter Familienbetrieb in SANLÚCAR. Der sehr kultivierte MANZANILLA La Gitana ist ein Klassiker. Feinster Manzanilla ist der Pasada Pastrana von einer Einzellage, der fast die Reife eines AMONTILLADO besitzt. Hervorragende VORS-Reihe, darunter Amontillado Napoleon, PX Triana und Palo Cortado Wellington.

Jean León Pen r w ★★→★★★ Bereitete CABERNET SAUVIGNON und CHARDONNAY in Spanien den Weg; seit 1995 im Besitz von TORRES und von Mireia Torres als unabhängiger Betrieb geführt. Gute, eichenwürzige Chardonnay-Weine, ausdrucksstarker Merlot namens 3055; stetig steigende Qualität. Eine eher spielerische Seite kommt in der Aufmachung z. B. des XAREL-LO zum Ausdruck.

Jerez de la Frontera Sherry – Hauptstadt der Sherry-Region zwischen Cádiz und Sevilla. Das Wort Sherry ist eine Abwandlung des maurischen Namens Sherish, französisch Xérès. Der DO-Name lautet daher Jerez-Xérès-Sherry. MANZANILLA hat eine eigene DO: Manzanilla-SANLÚCAR DE BARRAMEDA.

Joven (vino) Junger, nicht in Eiche gereifter Wein. Siehe auch CRIANZA.

Juan Carlos Sancha Rioja r w ★★ Ein Weinmacher, der sich zum Universitätsprofessor für Önologie wandelte und dann wieder in den Keller zurückkehrte: Juan Carlos Sancha versteht sich auf die Böden, seltenen Rebsorten und Traditionen RIOJAS. Er arbeitet mit weniger bekannten Sorten wie Tempranillo blanco, Maturana tinta, Maturana blanca und Monastel, aber auch mit GARNACHA.

Juan Gil Bodegas Familiares Jumilla r w ★→★★★ Ihren mittlerweile guten Ruf verdankt die DO JUMILLA nicht zuletzt diesem Familienbetrieb. Gute junge MONASTRELL-Weine (z. B. 4 Meses), kraftvolle, langlebige Spitzengewächse Clio und El Nido. Zum Unternehmen gehören auch moderne Kellereien, u. a. Ateca (CALATAYUD), Can Blau (MONTSANT), Shaya (RUEDA).

Jumilla Mur r (rs) (w) ★→★★★ Sehr trockenes Anbaugebiet in den Bergen nördlich von Murcia mit alten MONASTRELL-Reben, die von engagierten Weinmachern wiederbelebt wurden. Auch TEMPRANILLO, MERLOT, CABERNET SAUVIGNON, SYRAH und PETIT VERDOT. Spitzenerzeuger: CASA CASTILLO und JUAN GIL, gefolgt von Agapito Rico, Carchelo und CASTAÑO.

Juvé y Camps Pen, Cava w; sch ★★→★★★ Beständig guter Familienbetrieb mit hochwertiger CAVA. Die RESERVA de la Familia ist der Grundpfeiler, La Capella eine CAVA DE PARAJE CALIFICADO.

Kanarische Inseln Kan r rs w ★→★★ Wiederbelebte, sehr alte Weinberge auf sieben Hauptinseln mit neun DOS, wobei Teneriffa allein schon fünf sein Eigen nennt; seltene Rebsorten und ausgeprägte Mikroklimata, Böden mit Vulkangestein. Frische, leckere Weine. Die trockenen Weißen von LISTÁN (PALOMINO) und Marmajuelo sowie die Roten von Listán negro, Negramoll (TINTA NEGRA) und Vijariego bieten erfreulich ursprüngliche Geschmackserlebnisse. Außerdem gute MALVASÍA- und MOSCATEL-Dessertweine, v. a. der gespritete Malvasía El Grifo aus Lanzarote. ENVINATE und SUERTES DEL MARQUÉS sind die Spitzenerzeuger.

La Mancha r rs w ★→★★ Das Land des Don Quijote südlich von Madrid ist (mit Ausnahme seiner Ausdehnung) das am wenigsten beeindruckende Anbaugebiet Spaniens und liefert v. a. Trauben für die Brandy-Produktion. Dennoch sind Spitzenleistungen möglich: JUAN GIL mit dem Volver, MARTÍNEZ BUJANDA mit dem Finca Antigua und PESQUERA mit dem El Vínculo.

López de Heredia R Alt r rs w ★★→★★★★ Einer aus der alten Garde von RIOJA Alta (1877), mit bemerkenswerten, gereiften Weinen, die wundersamerweise wieder in Mode gekommen sind. Die BODEGA mit eindrucksvollem Schweizer »Château«, spinnwebverhangenen Kellern und von Zaha Hadid entworfenem Laden lohnt den Besuch. Ein Ort, an dem man sehen kann, wie Rioja erzeugt wurde (und immer noch wird). Viña Cubillo heißt die jüngere Reihe mit GARNACHA, dunkler ist Viña Bosconia, delikat und reif der Viña Tondonia. Auch die Weißen reifen ausgiebig in Fass und Flasche; einzigartig ist der ROSADO GRAN RESERVA.

Loxarel Pen r rs w; sch ★★ Josep Mitjans ist seinem Terroir und der Rebsorte XAREL-LO leidenschaftlich verbunden (»Loxarel« ist ein Anagramm). Zum Angebot gehören u. a. Weine mit Hülsenmaischung und Amphorenweine. Frisch und fröhlich ist der weiße Cora, ein originelles Schmankerl der Cent Nou 109 Brut Nature RESERVA: nach der traditionellen Methode bereiteter Schaumwein, allerdings wird die Hefe nicht durch Degorgieren entfernt. Komplex, trüb, ungeschwefelt und auch nach 109 Monaten noch immer sehr jugendlich. Biologisch-dynamisch.

Lustau Sherry ★★★→★★★★ Brachte die originale ALMACENISTA-Kollektion heraus. Sherrys aus JEREZ, SANLÚCAR und El PUERTO DE SANTA MARÍA. Die einzige BODEGA, die EN-RAMA-Sherry aus allen drei Städten erzeugt – faszinierende Kontraste. Der Emilín ist ein erlesener MOSCATEL, der PX VORS überragend – trotz Alter und Süße kommt er leichtfüßig daher. Eine der wenigen Bodegas, die Jahrgangs-Sherry herausbringen.

Maestro Sierra, El Sherry ★★★ Die kleine BODEGA zeigt, wie es früher in familiengeführten Erzeugerbetrieben zuging. Mari-Carmen Borrego hat jetzt ihre Mutter Pilar Plá abgelöst. Feiner AMONTILLADO 1830 VORS, FINO sowie OLOROSO 1/14 VORS. Weine von hervorragender Qualität.

Málaga r w; s ★→★★★ MOSCATEL-Liebhaber sollten die Hügel von Málaga erkunden. TELMO RODRÍGUEZ belebte den alten Ruhm mit seinem subtilen süßen Molino Real wieder. Der Moscatel No 3 Viejas Viñas von Jorge Ordoñez ist wunderbar üppig, bei Bentomiz findet man eine beeindruckende Auswahl an Moscatel-Weinen. Für trockene Moscatel-Tischweine gibt es die DO Sierras de Málaga; der Botani von Ordóñez ist zart aromatisch.

Mallorca r w ★→★★★ Die Weine werden stetig besser, sind allerdings teuer und außerhalb der Insel schwer aufzutreiben. Erzeuger: u. a. 4 Kilos, Án Negra, Biniagual, Binigrau, Hereus de Ribas und Son Bordils. Die Roten sind Verschnitte von traditionellen Rebsorten (Callet, Fogoneu, Mantonegro) plus CABERNET SAUVIGNON, SYRAH und MERLOT. Die Weißen (v. a. CHARDONNAY) holen schnell auf. DOS: BINISSALEM und PLA I LLEVANT.

Manchuela Cas-La M r w; s ★→★★ Die DO zwischen den Flüssen Júcar und Cabriel, einst Quelle von Fassweinen, verspricht jetzt etwas mehr mit Weinen von u. a. Bobal, MALBEC und PETIT VERDOT. Dem Pioniergut FINCA SANDOVAL sind Alto Landón und Ponce nachgefolgt; Letzterer erzeugt PIE-FRANCO-Weine (von seltenen wurzelechten Reben).

Màquina y Tabla El B, Rueda, Toro r rs w ★→★★ Der 2013 von Oriol Illa und Susana Pastor gegründete Betrieb erzeugt Weine von Lesegut aus ganz CASTILLA Y LEÓN, u. a. sehr guten TORO Rosé im *clarete*-Stil (ziemlich dunkles Rot, traditionell) und einen GARNACHA/TEMPRANILLO/MALVASÍA-Verschnitt, der in 2.000-Liter-Behältern vergoren und ausgebaut wird.

Marqués de Cáceres, Bodegas R Alt r rs w ★→★★ Der Erzeuger war in den 1970er-Jahren ein wichtiger Wegbereiter für RIOJA-Weine und führte dort französische Bereitungsmethoden ein. Auch frischer Weißer und Rosé. Gaudium heißt der moderne Spitzenwein, die GRAN RESERVA zeigt sich traditionell klassisch. Zum Besitz gehört auch Deusa Nai in RÍAS BAIXAS.

Marqués de Murrieta R Alt r rs w ★★★→★★★★ Seit Langem einer der namhaftesten RIOJA-Erzeuger. Die mit viel Geld modernisierte Kellerei bedeutete qualitativ einen Schritt nach vorn. Einer der großen Rioja-Klassiker ist die lang gereifte GRAN RESERVA Castillo de Ygay. Die neueste Abfüllung einer Gran Reserva Blanco ist vom Jahrgang **1986** (!), von der Gran Reserva Tinto **1975**. Das beste Preis-Leistungs-Verhältnis bietet die gereifte, traditionelle RESERVA; einen beeindruckenden Kontrast stellt der rote Dalmau im modernen Stil dar. Capellanía heißt der straffe, komplexe Weiße – einer von Riojas besten. Der ROSADO Primer Rosé (CARIÑENA) kam 2016 heraus. Auch sehr guter ALBARIÑO Pazo de Barrantes (RÍAS BAIXAS).

Marqués de Riscal R Ala, Cas-L, Rueda r (rs) w ★★→★★★ Hier wird die Geschichte von RIOJA lebendig: Die BODEGA konnte eine Verkostung aller Jahrgänge bis zurück zu ihrem ersten, dem 1862er, auf die Beine stellen. Heute gibt es alle möglichen Stile: verlässliche RESERVA, jugendlicher, moderner FINCA Torrea und ausgewogene GRAN RESERVA. Kraftvoll und modern ist der Barón de Chirel Reserva. Aus RUEDA kommen lebhafter SAUVIGNON BLANC und VERDEJO (beide BV), aus CASTILLA Y LEÓN sehr guter Verdejo Barón de Chirel. Das von Frank Gehry entworfene Hotel neben dem Firmensitz in Elciego ist ein umwerfender Anblick.

Martínez Bujanda, Familia Cas-La M, Rioja r rs w ★→★★ Das geschäftstüchtige Unternehmen besitzt eine ganze Reihe von Kellereien und erzeugt zudem Handelsmarkenweine. Am charmantesten ist der RIOJA-Gutswein Finca Valpiedra, der FINCA Antigua kommt aus LA MANCHA.

Mas Doix Pri ★★→★★★ Gutes Familienunternehmen in Poboleda, gesegnet mit 70 bis 100 Jahre alten GARNACHA- und CARIÑENA-Reben, die auf Schiefer wachsen. Das beste Stück ist der rare, großartige Cariñena 1902, benannt nach dem Jahr, in dem der Weinberg angelegt wurde: ganz Blaubeere und Samt, erstaunlich reintönig.

Mas Martinet Pri r ★★→★★★ Sara Pérez' Weine haben eine aristokratische Abstammung. Die Tochter von Josep Lluís Pérez, der zum Quintett der ursprünglichen PRIORAT-Entdecker gehört, ist die leidenschaftlichste unter den Priorat-Erzeugern der zweiten Generation, stets offen für Neuerungen. Sie vergärt ihre frisch gelesenen Trauben in Bottichen im Weinberg sowie in Amphoren. Venus La Universal ist ein weiteres Projekt.

Mauro, Bodegas Cas-L r w ★★→★★★ Gegründet von Mariano García (jetzt Teilhaber von AALTO, früher bei VEGA SICILIA). Körperreiche, eichenbetonte Weine Tereus und VS. Neu herausgekommen ist ein GODELLO. Seine Söhne Eduardo und Alberto sind nun auch mit von der Partie und ebenfalls bei Sam Román (TORO) und Garmón (RIBERA DEL DUERO) tätig.

Mengoba El B r rs w ★→★★★ Nicht alle Weine, die Grégory Pérez erzeugt, entsprechen den DO-Vorschriften. Für den Le Vigne de Sanchomartín vergärt er einen gemischten Satz von MENCÍA, Garnacha Tintorera und GODELLO gemeinsam. Las Tinajas ist ein in Amphoren gereifter Godello, der 4 Monate auf der Maische liegt – ein Orange Wine, komplex und mit schöner Textur. Las Botas (Godello) reift 10 Monate in MANZANILLA-Fässern.

Méntrida Cas-La M r rs ★→★★ Früheres Genossenschaftsgebiet südlich von Madrid, erlangt jetzt Bekanntheit dank Erzeugern wie ARRAYÁN, Canopy und Jiménez-Landi mit den Sorten GARNACHA und Albillo.

Monterrei Gal w ★→★★★ Die kleine DO an der portugiesischen Grenze entdeckt ihr Potenzial mit einem beeindruckenden Sortiment an lokalen Rebsorten und Verschnitten. Bester Erzeuger ist QUINTA DA MURADELLA: faszinierende Parzellen mit ungewöhnlichen Reben.

Montilla-Moriles ★→★★★ Der andalusische DO-Bereich bei Córdoba ist ein verborgenes Kleinod, das viel zu oft als armer Verwandter von JEREZ angesehen wird. Von hier kommen Weine in trockenem bis hin zum süßesten Stil, sämtlich von PX bereitet. Am besten greift man am oberen Ende des Angebots zu, bei den herrlich vollen, zum Teil lange in SOLERAS gereiften Abfüllungen. Spitzenerzeuger: ALVEAR, PÉREZ BARQUERO, TORO ALBALÁ. Wichtiger Lieferant von PX-Trauben für die DO Jerez.

Montsant Kat r (rs) w ★→★★★ Die das PRIORAT umschließende DO steht im Schatten des berühmten Nachbarn, weshalb die Weine erschwinglicher sind. Unterschiedliche Böden, u. a. Schiefer. Feiner GARNACHA BLANCA,

v. a. von Acústic. Dicht gewirkte, balsamische Rote bieten Alfredo Arribas, Can Blau, Celler de CAPÇANES, Domènech, Espectacle, Joan d'Anguera, Mas Perinet, Masroig und Venus la Universal.

Muga, Bodegas R Alt r rs w; (sch) ★★→★★★★ Die hochgewachsenen Muga-Brüder und ihr Cousin sind die sanften Riesen von HARO, ihre Rotweine zählen zu den feinsten von RIOJA. Guter fassvergorener VIURA (BV), ROSADO in ultramodernem Stil, lebhafte CAVA und fein gearbeitete, klassische Rote. Beste Weine: Selección Especial und die herrlich duftende GRAN RESERVA Prado Enea. Weitere moderne Rioja-Gewächse sind der kraftvolle Torre Muga und der ausdrucksstarke, komplexe Aro.

Muradella, Quinta da Gal r w ★★ José Luis Mateo hegt einen Schatz an lokalen Rebsorten; entdecken Sie GALICIENS rote: Albarello, Caiño redondo oder Sousón. Außerdem feine weiße Verschnitte. Der A Trabe entsteht in Zusammenarbeit mit Raúl Pérez.

Mustiguillo Val r w ★★→★★★ Die BODEGA war die treibende Kraft bei der Wiederentdeckung der ungeliebten indigenen BOBAL-Traube, und sie schuf mit El Terrerazo einen PAGO. Der Mestizaje ist fruchtig-saftig, raffinierter der FINCA Terrerazo. Das Spitzengewächs heißt Quincha Corral. Derzeit wird mit dem Weißwein Finca Calvestre die Lokalrebsorte Merseguera wiederbelebt. Mitglied von Grandes PAGOS.

Navarra r rs (w); s ★→★★★ Die Nachbar-DO von RIOJA steht immer noch in deren Schatten; der frühzeitige Fokus auf internationale Rebsorten hat ihre Identität verschleiert. Am besten ist GARNACHA von alten Reben, z. B. von DOMAINES LUPIER. Weitere empfehlenswerte Erzeuger: CHIVITE, Nekeas, OCHOA, OTAZU, Tandem, Viña Zorzal.

Ochoa Nav r rs w; s; sch ★→★★ Vater Javier Ochoa Martínez hat einen großen Beitrag zum modernen Wachstum der DO NAVARRA geleistet, nun haben seine Töchter das Ruder übernommen. Kellermeisterin Adriana Ochoa nennt ihre Reihe 8a; sie umfasst auch den Mil Gracias Graciano und einen vergnüglichen, an Asti erinnernden süßen Schaumwein.

Osborne Sherry ★★→★★★★ Die 1772 gegründete Bodega setzt ganz auf vornehmes Alter. Zu den ausgezeichneten sehr alten SOLERA-Weinen zählen der AMONTILLADO AOS, der PALO CORTADO PDP, der OLOROSO Seco BC 200 und der PX Solera Vieja. Ist im Besitz einstiger VORS-Stars von DOMECQ, u. a. Amontillado 51-1a. Der FINO Quinta und der reife Fino Coquinero sind typische Sherrys aus El PUERTO DE SANTA MARÍA. Erzeugt auch Tischweine in RIOJA, RUEDA, RIBERA DEL DUERO.

Otazu, Bodega Nav r rs w ★→★★★ Prachtvolles Gut am Rand von Pamplona. Pago de Otazu heißt der Vino de PAGO. Schöne Sammlung moderner Kunst.

Pago, Vino de Ein *pago* ist ein Weinberg oder eine Einzellage. Die Bezeichnung deutet auf Spitzenwein hin, doch wird dieses Versprechen beileibe nicht immer eingelöst. Die Tatsache, dass keine objektive Bewertung stattfindet, sorgt für harsche Kritik. Zu den erstklassigen Erzeugern, denen der Status einstweilen verwehrt bleibt, zählen Calvario (Finca ALLENDE), L'Ermita (Álvaro PALACIOS), PINGUS, Viña del Olivo (CONTINO) und verschiedene Güter von TORRES. Pri Vi de Finca und CAVA DE PARAJE CALIFICADO sind sinnvolle Ansätze, um andere Qualitätskategorien zu etablieren.

Pago de los Capellanes Rib del D ★★→★★★ Sehr schönes Gut, das einst, wie der Name verrät, Kaplanen gehörte; die BODEGA wurde 1996 gegründet. Ausschließlich TEMPRANILLO, modern, ausdrucksstark, in französischer Eiche ausgebaut. El Nogal hat viele Jahre vor sich; der Spitzenwein El Picon zeigt RIBERA DEL DUERO von seiner besten Seite.

Pagos, Grandes Spanienweites Netzwerk von BODEGAS in Familienbesitz, die der Qualität verpflichtet sind und gemeinsam Marketing betreiben. Nicht alle haben den Status Vinos de PAGO, was etwas irreführend ist.

Palacio de Fefiñanes Gal w ★★★→★★★★ Der Rías-Baixas-Standardwein (BV) zählt zu den feinsten ALBARIÑO-Gewächsen überhaupt. Zwei höherwertige Stile sind der fassvergorene 1583 (benannt nach dem Gründungsjahr dieser ältesten Kellerei der DO) sowie der III – herrlich duftend, teuer, auf dem Hefesatz gelagert und durchtränkt von Mandarinenaromen. Der historische Palast mit Kellerei am gleichnamigen Platz in Cambados ist einen Besuch wert.

Palacios, Álvaro El B, Pri, Rioja r ★★★→★★★★ Nicht zuletzt der beständig guten Qualität seiner Weine ist es zu verdanken, dass Spaniens Weine heute weltweit einen hervorragenden Ruf genießen. Álvaro Palacios war auch einer der fünf Erzeuger, die das PRIORAT wiederentdeckten, und seine Weine sind tatsächlich so gut wie ihr Ruf: Les Terrasses von alten Reben, der geschliffene, strukturierte Village-Wein Gratallops, der herrlich aromatische Finca Dofí auf GARNACHA-Basis und Les Aubaguetes (aus Bellmunt) mit befeuernden 20% CARIÑENA. Der superteure L'Ermita von ertragsarmen Garnacha-Reben zeigt Kraft und Dichte. Bei PALACIOS REMONDO wird der Ruf des Bereichs RIOJA Baja und seiner Garnachas wiederhergestellt. Mit seinem Neffen ist Palacios auch bei DESCIENDIENTES DE J. PALACIOS tätig.

Palacios, Descendientes de J. El B r ★★★→★★★★ Großartige Weine, die die MENCÍA-Traube in Bestform zeigen. Ricardo Pérez Palacios, Álvaro PALACIOS' Neffe, baut auf biodynamisch bewirtschafteten, steilen Schieferhängen alte Reben an. Leider sind nicht alle Weine aus BIERZO auf dieser Höhe. Preiswerter, blumiger Pétalos plus Villa de Corullón, beide ausgezeichnet. Las Lamas und Moncerbal bringen beide ihr – sehr unterschiedliches – Terroir schön zum Ausdruck: einmal vorwiegend Lehmboden, einmal Felsgestein. Außergewöhnlich ist der La Faraona aus der gleichnamigen, sehr steilen Parzelle (es gibt aber nur ein Fass davon). Neue Kellerei.

Palacios, Rafael Gal w ★★★→★★★★ Rafael, Álvaro PALACIOS' jüngerer Bruder, kann in VALDEORRAS gar nichts falsch machen. Er hat sich seit mehr als zehn Jahren ausschließlich der Sorte GODELLO aus vielen kleinen Parzellen verschrieben. Ergebnis: der Louro do Bolo mit guter Textur, der eine Stufe höher angesiedelte As Sortes und neuerdings der O Soro, fraglos Spaniens bester Weißwein.

Palacios Remondo R B r w ★★→★★★ Álvaro PALACIOS' Rückkehr aufs Weingut seiner Familie hat zur Wende in Rioja Baja beigetragen. Außerdem setzt er sich für die Einführung eines Village- bzw. Cru-Systems à la Burgund ein. Komplexer, eichenwürziger weißer Plácet, ursprünglich von Álvaros Bruder Rafael Palacios kreiert. Rote: der rotfruchtige Biowein La Montesa auf GARNACHA-Basis und der mächtige Propiedad mit Maulbeeraroma (alte Reben). Spitzengewächs ist der Quiñon de Valmira.

Pariente, José Rueda w ★★→★★★ Victoria Pariente bereitet unter dem Namen ihres Vaters VERDEJO-Weine von funkelnder Klarheit. Die Cuvée Especial wird in eiförmigen Betontanks vergoren und gewinnt an faszinierender Komplexität; außerdem seidige Spätlese Apasionado. Tochter Martina leitet gemeinsam mit ihrem Bruder Ignacio auch die Bodegas Prieto Pariente, die CASTILLA-Y-LEÓN-Weine sowie GARNACHA (Sierra de Gredos) erzeugen.

Pazo Señorans Gal w ★★★ Das hübsche Gut in RÍAS BAIXAS erzeugt beständig hervorragende ALBARIÑO-Weine. Der sehr feine Selécción de Añada ist der beste Beweis, dass Albariños sehr wohl alt werden können.

Penedès Kat r w; sch ★→★★★★ Hauptsächlich als CAVA-Lieferant bekanntes DO-Anbaugebiet westlich von Barcelona ohne klare Identität – vor allem seit es die allumfassende DO CATALUNYA gibt. Beste Erzeuger: Agustí Torelló Mata, Alemany i Corrio, Can Ràfols dels Caus, GRAMONA, JEAN LEÓN, Parés Baltà und TORRES.

Pérez Barquero Mont-M ★→★★★ Einer der Vorreiter bei der Wiederbelebung des PX in MONTILLA-MORILES. Guter Gran Barquero FINO, AMONTILLADO und OLOROSO sowie PX La Cañada. Beliefert EQUIPO NAVAZOS.

Pérez Pascuas Rib del D r ★★→★★★ Der Familienbetrieb erzeugt klassische RIBERA-DEL-DUERO-Weine von TINTO FINO. Preiswerte RESERVA.

Pérez, Raúl El B – Die Kellerei der Familie dieses kreativen Weinmachers ist Castro Ventosa in BIERZO, und so ist er hauptsächlich im Nordwesten tätig. Seine experimentelle Arbeit mit Fokus aufs Terroir bringt viele interessante Weine hervor. Er ist ein Anziehungspunkt für Weinmacher (v. a. aus Argentinien), die sich mit ihm austauschen wollen.

Pesquera Rib del D r ★★ Alejandro Fernández trug mit seinem Wein, den er schlicht Tinto Pesquera nannte, zur Entstehung von RIBERA DEL DUERO bei. Heute sind die Weine nicht mehr ganz so aufregend. Die Töchter sind in den Betrieb eingestiegen. Condado de Haza, Dehesa La Granja (CASTILLA Y LEÓN) und El Vínculo (LA MANCHA) gehören ebenfalls dazu.

Pie franco Ungepfropfte, wurzelechte Reben, manche sind (deutlich) mehr als 100 Jahre alt. Typischerweise wachsen sie auf sandigen Böden, wo die Reblaus keine Chance hatte.

Pingus, Dominio de Rib del D r ★★★★ Eins der modernen Juwele von RIBEIRA DEL DUERO. Das kleine, biologisch-dynamisch wirtschaftende Weingut erzeugt den Pingus (so wurde der gebürtige Däne Peter SISSECK als Kind genannt) von alten TINTO-FINO-Reben und enthüllt die feineren Nuancen der Traube. Der Flor de Pingus stammt von jüngeren Reben; der nach Sissecks Frau benannte weiße Amelia ist eine Einzelfass-Selektion. Für den PSI wird Lesegut von Winzern verwendet – ein langfristiges soziales Projekt Sissecks, damit die Weinbauern ihre Rebstöcke erhalten und nicht in die Stadt abwandern.

Priorat r w ★★→★★★★ Von hier kommen einige der feinsten Weine Spaniens. Die märchenhafte, isolierte bergige Enklave, benannt nach dem alten, unter schroffe Felsen geduckten Kloster, wurde in den 1980er-Jahren von einem aus René Barbier (CLOS MOGADOR), Álvaro PALACIOS und drei Mitstreitern bestehenden Quintett wieder zum Leben erweckt. Erfahrung und Einsatz haben dem übertrieben eichenwürzigen Stil ein Ende gesetzt und einer beachtlichen Reinheit und Ortsverbundenheit Platz gemacht. Das Priorat ist Pionier bei der Einführung von »Village«-Crus und VI DE FINCA.

Puerto de Santa María, El Sherry – Eine der drei Städte, die das »Sherry-Dreieck« bilden. Die Produktion geht zurück, zu den verbliebenen BODEGAS gehören u. a. GUTIÉRREZ COLOSÍA, OSBORNE und TERRY. Die FINOS aus Puerto werden besonders geschätzt, weil sie leichter sind als die aus JEREZ und weniger »salzig« als die aus SANLÚCAR. Probieren Sie die unterschiedlichen EN-RAMA-Weine von Lustau, die aus den drei Städten kommen.

Raventós i Blanc Pen rs w ★★→★★★ Einer der Stars des spanischen Schaumweins nach der traditionellen Methode. Pepe Raventós kehrte der DO CAVA den Rücken und begründete die höhere DO-Stufe CONCA DEL RÍU ANOIA. Sehr feiner ROSADO De Nit, lebhafter und gut strukturierter Extrem (mit sehr geringem Schwefeldioxidzusatz). Der Textures de Pedra ist ein außerordentlich reintöniger Blanc de Noirs. Biologisch-dynamisch.

Recaredo Pen, Cava w; sch ★★→★★★ Erstklassiger, biologisch-dynamisch arbeitender CAVA-Erzeuger (ein kleiner Familienkonzern) – wenige Weine, aber alle großartig. Alle Flaschen werden von Hand degorgiert. Paradepferd ist die charaktervolle, mineralische Cava DE PARAJE CALIFICADO Turó d'en Mota von im Jahr 1940 gepflanzten Reben, die hervorragend altert.

Remelluri, La Granja Nuestra Señora R Ala r w ★★→★★★ TELMO RODRÍGUEZ ist auf das Familiengut zurückgekehrt und erzeugt hier seinen originellen, aus einer Vielzahl von Rebsorten verschnittenen Weißwein. Außerdem kümmert er sich um die Entwicklung von Einzellagen in der Umgebung und setzt sich für Qualität, Terroir sowie traditionelle Methoden und Rebsorten ein.

Reserva Das Wort *Reserva* hat in RIOJA tatsächlich etwas zu besagen – eine Seltenheit in der Weinwelt. Dort muss rote Reserva mindestens drei Jahre gereift sein, davon ein Jahr im Eichenfass. Immer mehr Erzeuger ignorieren die Vorschriften lieber, um größere als die regulären 225-l-Fässer verwenden und andere Reifezeiten wählen zu können.

Rey Fernando de Castilla Sherry ★★→★★★★ Wunderbar beständige Qualität. Besonders empfehlenswert ist die Reihe Antique Sherries: Alle Weine wären als VOS oder VORS qualifiziert, aber auf dem Etikett steht das nicht. Der jüngste von allen, der FINO Antique, ist faszinierend, komplex und auf die traditionellen, aber unüblichen 17 Vol.-% aufgespritet. Daneben sehr feiner Brandy sowie Essig. Bevorzugter Lieferant für EQUIPO NAVAZOS.

Rías Baixas Gal (r) w ★★→★★★ In der DO am Atlantik wird ALBARIÑO in fünf Unterbereichen angebaut, meist BV. Beste Erzeuger: Forjas del Salnés, Gerardo Méndez, Martín Códax, PALACIO DE FEFIÑANES, Pazo de Barrantes, Pazo Señorans, Quinta do Couselo, TERRAS GAUDA, ZÁRATE. War bis vor Kurzem Spaniens beste DO für Weiße, läuft jetzt aber Gefahr, zu viel zu produzieren. Zur einflussreichen neuen Generation von önologischen Beratern gehören Dominique Roujou de Boubée (As Bateas für Adega Pombal) und Raúl PÉREZ (Sketch).

Ribeira Sacra Gal r w ★★→★★★ Die märchenhafte DO im Nordwesten GALICIENS mit terrassierten Steillagen, die zum Fluss Sil hin abfallen, kommt zunehmend in Mode, besonders die frischen Rotweine. Spitzenerzeuger: Adegas Moure, ALGUEIRA, DOMINIO DO BIBEI, GUÍMARO.

Ribeiro Gal (r) w ★→★★★ Historisches Anbaugebiet, im Mittelalter für den Süßwein Tostado berühmt. Erlebt ein Revival mit frischen, leichten Weißweinen von GODELLO, LOUREIRO und Treixadura. Am besten sind Casal de Armán, Coto de Gomariz, EMILIO ROJO und Finca Viñoa.

Ribera del Duero r rs (w) ★→★★★★ Ambitionierte DO (geschaffen 1982) mit großem Ansehen in Spanien. Alles, was von AALTO, HACIENDA MONASTERIO, PESQUERA, PINGUS und VEGA SICILIA kommt, ist selbstverständlich ernst zu nehmen, doch bei 280 BODEGAS kann man kaum Einheitlichkeit erwarten. Es gibt zu viele Weinberge an ungeeigneten Orten. Mit der Zeit setzt sich die Eleganz durch. Weitere Spitzenerzeuger: ALIÓN, ALONSO DEL YERRO, Cillar de Silos, Pago de los Capellanes. Außerdem interessant: ARZUAGA, Bohórquez, Dominio de Atauta, Emilio Moro, FINCA Villacreces, Garmón, La Horra, O Fournier, PÉREZ PASCUAS, Tomás Postigo, Sastre. Siehe auch die benachbarten Erzeuger ABADÍA RETUERTA und MAURO in CASTILLA Y LEÓN.

Rioja Rioja r rs; s; sch ★→★★★★ Spaniens berühmteste Weinregion mit den Unterbereichen Rioja Alta, Rioja Baja und Rioja Alavesa. Unterschiedliche Böden und Höhenlagen. Viele klassische Weine, doch Veränderungen sind im Gange, die mehr Rebsorten und frischere Stile hervorbringen.

Rioja Alta, Bodegas La R Ala, R Alt r ★★→★★★★ Eine BODEGA für Liebhaber klassischer RIOJA-Gewächse. Spitzenweine sind die vanilleduftige Gran Reserva 904 und die sechs Jahre in Eiche gereifte GRAN RESERVA 890. Aber auch das restliche Angebot, vom Ardanza bis hinunter zu Arana und Alberdi, ist geprägt vom klassischen Stil. Torre de Oña mit Weinen in modernem Stil, u. a. der neue Martelo (Rioja Alavesa), Lagar de Cervera (RÍAS BAIXAS) und Áster (RIBERA DEL DUERO) gehören ebenfalls zum Besitz.

Rioja 'n' Roll Etwas Neues in RIOJA. Die jüngste Generation von Weinmachern hat ein Netzwerk gegründet, aus Spaß und zu Marketingzwecken. Allen gemein sind kleine Produktionsmengen und ernsthaftes Interesse am Wein-

Spanien

berg. Mitglieder: Alegre & Valgañón, Artuke, Barbarot, Exopto, Laventura, Olivier Rivière, Sierra de Toloño.

Roda, Bodegas Rib del D, R Alt r ★★→★★★ BODEGA in HARO, ein moderner Klassiker. Erzeugt seriöse rote RESERVA-Weine von ertragsarmen TEMPRANILLO-Reben, unterstützt durch fortwährende Klonforschung: Roda, Roda I, Cirsión und zugänglicher Sela. Seit einiger Zeit versucht man sich mit den Bodegas La Horra wieder an RIBERA-DEL-DUERO-Gewächsen und erzeugt den Corimbo sowie den Corimbo I.

Romeo, Benjamín – Bodega Contador Kat, R Alt r w ★★★ Benjamín Romeo, früher bei ARTADI tätig, konzentriert sich gewissenhaft auf sein Terroir und seine 20 kleinen Parzellen. Voller, erstklassiger weißer Que Bonito Cacareaba. Aushängeschild ist der rote Contador, der »hervorragende Zweite« heißt La Cueva del Contador. Dicht gewirkt, aber elegant ist La Viña de Andrés Romeo von einer Einzellage. Weine zum Einlagern. Aus CATALUNYA kommt der kraftvolle, seidige weiße Verschnitt von GARNACHA BLANCA und XAREL.LO namens Macizo.

Rosado Rosé. Die GARNACHA-Rosados aus NAVARRA sind letzten Endes der provenzalischen Blässe unterlegen. Neuerdings schlägt Spanien zurück, v. a. mit Pla dels Àngels von SCALA DEI (PRIORAT), Lalomba von RAMÓN BILBAO (RIOJA), Primer Rosé von MARQUÉS DE MURRIETA (Rioja) und Flor de MUGA (Rioja).

Rueda Cas-L w ★→★★★ Spaniens Antwort auf SAUVIGNON BLANC: zitrusfrischer VERDEJO. Das Gros der Produktion entfällt auf jung zu trinkende Weiße. Ein »Rueda Verdejo« besteht zu 85 % aus autochthonem Verdejo, beim »Rueda« kommt z. B. Sauvignon blanc oder VIURA dazu. Die Qualität lässt allerdings allzu oft zu wünschen übrig. Beste Erzeuger: Belondrad, MARQUÉS DE RISCAL, Naia, Ossian, José PARIENTE und Viñedos de Nieva.

Saca Abstich von Sherry aus der SOLERA (der ältesten Reifestufe) für die Flaschenabfüllung. Die *saca* für EN-RAMA-Sherrys findet üblicherweise im Frühling *(primavera)* und im Herbst *(otoño)* statt, wenn die schützende FLOR-Schicht am dicksten ist.

Sacramento, El Rioja ★→★★★ Beeindruckender neuer Betrieb: neue Kellerei und alte Reben auf Weinbergen am Rand von Laguardia. Das Gemeinschaftsprojekt von Etienne Cordonnier-Lezaola und Jesús Madrazo (früher bei CONTINO) steckt noch in den Kinderschuhen, die Voraussetzungen sind jedoch sehr vielversprechend.

Sánchez Romate Sherry ★★→★★★ 1781 gegründete BODEGA mit umfangreichem Angebot, die zudem seltene BUTTS für Händler abfüllt. Fino Perdido (8 Jahre alt), nussiger AMONTILLADO NPU und PALO CORTADO Regente, ausgezeichneter VORS Amontillado und OLOROSO La Sacristía de Romate, üppiger PX Sacristía.

Sandeman Sherry ★→★★ Hat als Portweinhaus einen besseren Ruf denn als Sherry-Erzeuger. Interessante VOS-Weine, z. B. AMONTILLADO Royal Esmeralda oder OLOROSO Royal Ambrosante Corregidor Rich Old.

Sandoval, Finca Manchuela r ★★→★★★ Der einflussreiche Weinautor Victor de la Serna hat eine eigene Kellerei in der DO MANCHUELA und setzt sich für den Anbaubereich und dessen autochthone Rebsorten BOBAL und MONASTRELL ein. Der Spitzenwein heißt FINCA Sandoval, das Zweitetikett Salia.

Sanlúcar de Barrameda Sherry, Man – Stadt des »Sherry-Dreiecks« (neben JEREZ und El PUERTO DE SANTA MARÍA) an der Mündung des Guadalquivir. Von ihrem Hafen aus stachen Magellan, Kolumbus und der Kommandant der Armada in See. Die Feuchtigkeit in den tief gelegenen Kellern begünstigt das FLOR-Wachstum, und die Meeresluft sorgt angeblich für ein perfektes Mikroklima. In Sanlúcars BODEGAS unter Flor gereifte Weine dürfen die DO MANZANILLA-Sanlúcar de Barrameda in Anspruch nehmen.

Scala Dei, Cellers de Pri r w ★★★ Die kleinen Parzellen der »Himmelsleiter« ziehen sich an den zerklüfteten Hängen oberhalb des alten Klosters entlang. Der Betrieb wird von Miteigentümer CODORNÍU gemanagt. Weinmacher Ricard Rofes kehrt zu uralten Methoden zurück und vergärt in steinernen *lagares*. Schwerpunkt auf lokalen Sorten, v. a. GARNACHA. Die Einzellagenweine Sant'Antoni und Mas Deu zeigen Charakter, der Pla de Àngels ist ein erfrischender ROSADO. Im Monasterio de Poblet (UNESCO-Weltkulturerbe) in COSTERS DEL SEGRE lässt Rofes die Verwendung der Sorten Garnacha, Garrut und Trepat wieder aufleben.

Sherry-Stile Siehe Kasten S. 252–253.

Sierra Cantabria R Ala, Toro r w ★★★ Die Familie Eguren hat sich auf mit minimalen Eingriffen bereitete Weine von Einzellagen spezialisiert. Ein Weißwein namens Organza, die Roten werden durchweg von TEMPRANILLO bereitet. Vom Gut Viñedos de Paganos kommen der vorzügliche El Puntido und der kraftvolle, gut strukturierte La Nieta. Außerdem zählen Señorio de San Vicente (RIOJA) und Teso la Monja (TORO) zum Besitz.

Sisseck, Peter Rib del D – Siehe PINGUS.

Solera Sherry – System zum Verschneiden von Sherry und, seltener, von Madeira (siehe Portugal): Fässer (BUTTS) mit reiferem Wein werden nach und nach mit jüngerem Wein derselben Sorte aus der Stufe *(criadera)* vorher aufgefüllt. Dies erhält die Vitalität des FLORS, sorgt für Einheitlichkeit und hält die reifen Weine frisch.

Somontano Som r rs w ★→★★ DO-Zone in den Ausläufern der Pyrenäen, deren fortdauernde Suche nach einer eigenen Identität durch das Vorhandensein so vieler internationaler Rebsorten erschwert wird. Am ehesten zu empfehlen ist der in Spanien seltene GEWÜRZTRAMINER. Beste Erzeuger: Enate und Viñas del Vero (im Besitz von GONZÁLEZ BYASS) – vom hoch gelegenen Gut Secastilla kommen gute GARNACHA- und GARNACHA-BLANCA-Weine von alten Reben.

Suertes del Marqués Kan r w ★→★★ Angehender Star auf der kanarischen Insel Teneriffa. Wurde 2006 gegründet und erzeugt von 21 Parzellen LISTÁN blanco und negro. Außergewöhnliche Weinberge mit einzigartigen *trenzado*-Rebstöcken, die in Zöpfen zurückgeschnitten werden.

Telmo Rodríguez, Compañía de Vinos Rioja, Mál, Toro r w; s ★★→★★★ Telmo Rodríguez ist zu REMELLURI zurückgekehrt. Noch immer widmet er sich der selbst gestellten Aufgabe, alte Rebsorten in ganz Spanien wiederzuentdecken. Weine aus den DOS MÁLAGA (Moscatel Molina Real), ALICANTE (Al-Murvedre), RIOJA (Lanzaga), RUEDA (Basa), TORO (Dehesa Gago), Cigales (Pegaso) und Valdeorras (GODELLO Gaba do Xil; BV). Seine Rückkehr nach Rioja sorgte für die Markteinführung des außergewöhnlich reintönigen Las Beatas von einer kleinen Parzelle mit alten GARNACHA-Reben.

Toro Toro r ★→★★★ Die kleine DO westlich von Valladolid ist bekannt für ihre rustikalen Weine von Tinta del Toro (TEMPRANILLO). Die besten sind mittlerweile etwas zurückhaltender, haben aber immer noch zupackende Tannine, z. B. der dicht gewirkte MAURO San Román von alten Reben. Für Glamour sorgen Pintia, Teil des VEGA-SICILIA-Portfolios, und Numanthia, im Besitz von LVMH. Empfehlenswert sind auch PAGO la Jara (im Besitz von TELMO RODRÍGUEZ), Paydos und Teso la Monja.

Toro Albalá Mont-M ★→★★★★ Ob mit seinen jungen trockenen FINOS oder prachtvollen süßen Weinen, dieser Erzeuger ist ein Aushängeschild für MONTILLA-MORILES, etwa mit dem lebhaften AMONTILLADO Viejísimo. Besonders empfehlenswert ist der luxuriöse Don PX Convento Selección 1931.

Torres Kat, Pri, Rioja r rs w; s ★★→★★★★ Spaniens viele Jahre lang führende BODEGA sorgt noch immer für Schlagzeilen. Miguel junior und Schwester Miereia sind vollzeitbeschäftigt, Miguel senior ist an vielen Fronten en-

Sherry-Stile

Amontillado Ein FINO, bei dem der FLOR, also die schützende Hefeschicht, die sich im Fass auf der Weinoberfläche bildet, abgestorben ist. Durch Sauerstoff gewinnt der Wein an Komplexität. Von Natur aus trocken. Beispiel: Los Arcos von LUSTAU. Kommerzielle Amontillados sind gesüßt.

Añada Sherry mit Jahrgangsangabe – im Gegensatz zur Tradition der SOLERA, die verschiedene Jahrgänge verschneidet. Früher nur private Abfüllungen, jetzt öffentlich anerkannt. Beispiel: süßer OLOROSO Añada 1997 von LUSTAU.

Cream Mit Traubenmost, PX und/oder MOSCATEL gesüßter Verschnitt: ein kommerzielles, mittelsüßes Getränk. Wenige großartige Creams als alte VORS, z. B. der La Bota No. 21 von EQUIPO NAVAZOS.

En rama MANZANILLA oder FINO, der un- oder kaum gefiltert und ohne Kaltstabilisierung vom Fass (BUTT) in die Flasche abgefüllt wird und den unverfälschten Charakter eines Sherrys zeigt. Ist aromatischer und angeblich empfindlich. Saisonale Abfüllungen in kleinen Mengen, schnell ausverkauft. Die SACA, der Abstich, findet statt, wenn der FLOR am dicksten ist. Im Kühlschrank aufbewahren und rasch austrinken.

Fino Heller, trockener, in JEREZ oder EL PUERTO DE SANTA MARÍA biologisch gereifter Sherry, gewichtiger als MANZANILLA; beide müssen mindestens 2 Jahre lagern. Beispiel: 4 Jahre alter Tío Pepe von GONZÁLEZ BYASS. Ebenso servieren wie Manzanilla. Innerhalb von einer Woche austrinken, wenn die Flasche erst einmal geöffnet ist. Der Trend geht zu mehr als 8 Jahre lang gereiften Finos; Beispiele: Antique von REY FERNANDO DE CASTILLA und die Reihe Palmas von González Byass.

Manzanilla Derzeit angesagter blasser, weniger alkoholstarker Wein (15 Vol.-%), der Noten von frischen grünen Äpfeln haben sollte. Der Wein mit dem weltweit besten Preis-Leistungs-Verhältnis; ein Genuss zu jedem Essen, v. a. zu Krustentieren. Reift in SANLÚCAR DE BARRAMEDA nahe am Meer, wo der FLOR eine dicke Schicht bildet und der Wein eine salzige Note bekommt. Gekühlt trinken und die Flasche leeren; wird wie jeder Spitzenweißwein nach dem Öffnen schnell schal. Beispiel: San León Reserva von HEREDEROS DE ARGÜESO.

gagiert. Das neueste Produkt ist der sehnlich erwartete Vardon Kennett, ein Schaumwein nach der traditionellen Methode (keine CAVA) mit merkwürdigem Namen, aber schöner Verpackung. Die besten Roten sind der hervorragende, elegante Bordeaux-Verschnitt Reserva Real und der erstklassige CABERNET SAUVIGNON Mas la Plana (PENEDÈS). Dazu kommt das umwerfende CONCA-DE-BARBERÀ-Duo Milmanda (einer der feinsten CHARDONNAY-Weine Spaniens, erinnert an einen Burgunder) und Grans Muralles, ein Verschnitt von lokalen Sorten. Der Celeste aus RIBERA DEL DUERO wird immer besser, ebenso der Ibéricos aus RIOJA und der PRIORAT-Wein Salmos. Torres ist Eigentümer von JEAN LEÓN und zudem ein seiner Zeit vorauseilender Pionier in Chile mit ebenfalls noblen Weinen.

Tradición CZ, Bodegas Sherry ★★→★★★★ Die BODEGA unter der Leitung des großartigen José Ignacio Domecq kann sich einer außergewöhnlichen Auswahl an SOLERAS rühmen, die von der ältesten bekannten Sherry-Kellerei (Bodega CZ – J.M. Rivero, gegründet 1650) stammen. Gloriose VOS- und VORS-Sherrys sowie ein 12 Jahre alter FINO. Vortreffliche Kunstsammlung und Archive zur Sherry-Geschichte.

Manzanilla Pasada Gereifter MANZANILLA, dessen Florschicht am Absterben ist; sehr trocken und komplex. Beispiel: Einzellagen-Manzanilla Pasada Pastrana von HIDALGO LA GITANA.

Moscatel Aromatisch und ansprechend mit nur etwa halb so viel Zucker wie PX. Beispiele: Emilín von LUSTAU, Toneles von VALDESPINO. Darf jetzt »Jerez« genannt werden.

Oloroso Nicht unter FLOR gereift. In der Jugend schwerer und weniger brillant, reift aber zu nussiger Intensität heran. Von Natur aus supertrocken, manchmal sogar richtig sauer. Kann auch mit PX gesüßt und als Oloroso Cream verkauft werden. Beispiele: Gobernador (trocken) und Old East India (süß), beide von EMILIO HIDALGO. Lagerfähig.

Palo Cortado Sehr beliebt. Traditionellerweise ein Wein, der seinen FLOR verloren hat und im Stil zwischen AMONTILLADO und sehr delikatem OLOROSO steht. Schwer zu identifizieren, auch wenn ihm eine typische »milchige« Note oder ein Hauch »bitterer Butter« nachgesagt wird. Voll und komplex – äußerst lohnend. Beispiele: Reliquia von BARBADILLO, Antique von REY FERNANDO DE CASTILLA. Zu Fleisch oder Käse genießen.

PX – Pedro Ximénez Rosinensüßer dunkler Wein von teilweise in der Sonne getrockneten PEDRO-XIMÉNEZ-Trauben. Die Trauben stammen meist aus MONTILLA-MORILES; der Wein selbst wird in der DO JEREZ erzeugt. Üppig, süffig und relativ günstig, lecker zu Eiscreme. Alles in allem – ausgenommen Tokaji Essencia – der süßeste Wein der Welt. Beispiele: Santa Anna 1861 von EMILIO HIDALGO, VORS von LUSTAU.

VOS/VORS Sherrys (nur AMONTILLADO, OLOROSO, PALO CORTADO und PX) mit Jahrgangsangabe: einige Schätze der BODEGAS von Jerez. Ein mehr als notweniger Schritt, um das Ansehen des Sherrys in der allgemeinen Wahrnehmung zu heben. Weine, die über 20 Jahre alt sind, heißen VOS (Very Old Sherry/Vinum Optimum Signatum), ab 30 Jahren VORS (Very Old Rare Sherry/Vinum Optimum Rare Signatum). Auch 12 und 15 Jahre alte Exemplare sind erhältlich. Beispiel: VOS Palo Cortado Wellington von HIDALGO LA GITANA. Manche VORS-Weine werden mit PX gesüßt – gelegentlich übertreiben es die Erzeuger leider mit der Zugabe von PX. VORS mit mehr als 5 g/l Restzucker werden als Medium ausgezeichnet.

Txakolí/Chacolí Bask (r) (rs) w; (s) ★→★★ Wein aus den ländlichen baskischen DOS in Getaria, Bizkaia und Alava. Viele Weinberge sind den Atlantikwinden und strömendem Regen ausgesetzt. Daraus erklärt sich die durchdringende knackige Frische des weißen Perlweins, v. a. in Getaria, wo der Txakolí BV in langem Strahl ins Glas gegossen wird. Die Weine aus Bizkaia, wo die Weinberge weniger exponiert liegen, besitzen Tiefe und können ein paar Jahre halten. Spitzenerzeuger: Ameztoi, Astobiza, Doniene Gorrondona und Txomín Etxaníz sowie Gorka Izagirre mit dem Restaurant »Azurmendi« (drei Michelin-Sterne) unweit des Flughafens von Bilbao.

Utiel-Requena U-R r rs (w) ★→★★ Nach zwei Städten benannte DO, die sich wegen ihrer Bobal-Traube langsam einen Namen macht. Empfehlenswerte Erzeuger: Bruno Murciano, Caprasia, Cerrogallina.

Valdeorras Gal r w ★→★★★ Die wärmste und am weitesten im Landesinneren liegende DO in GALICIEN ist nach dem von den Römern in den Tälern gefundenen Gold benannt. Die ausgezeichnete GODELLO-Rebe, potenziell interessanter als ALBARIÑO, treibt die Veränderung voran. Beste Erzeuger: Godeval, Rafael PALACIOS, TELMO RODRÍGUEZ und Valdesil.

Valdepeñas Cas-La M r (w) ★→★★ Große DO südlich von La Mancha, bekannt für billige Rote (z. B. Viña Albali), die aber gegenüber z. B. CAMPO DE BORJA an Bedeutung verliert.

Valdespino Sherry ★★→★★★★ Heimat des FINO Inocente aus der erstklassigen Einzellage Macharnudo, ein seltener, in Eiche vergorener Sherry (die EN-RAMA-Version wird von EQUIPO NAVAZOS abgefüllt). Außerdem grandioser trockener AMONTILLADO Tío Diego, lebhafter OLOROSO Solera 1842 VOS und überragender 80 Jahre alter MOSCATEL Toneles (der beste in JEREZ). Weinmacher ist Eduardo Ojeda. Gehört zur Grupo Estévez, die auch La GUITA besitzt.

Valencia r rs w; s ★→★★ Vielfach gesichtslose Massenweine und billiger süßer MOSCATEL. Der einzige erwähnenswerte Erzeuger ist Murviedro. Die Wende zum Guten herbeiführen könnten die unter minimalen Eingriffen bereiteten Gewächse von alten Reben in höheren Lagen von Erzeugern wie z. B. El Angosto, Aranleon, Celler del Roure und Los Frailes.

Vega Sicilia Rib del D r ★★★★ Spaniens »Erstes Gewächs« hat einen neuen Kellermeister. Doch da diese Weine viele Jahre reifen müssen, wird sich jegliche stilistische Veränderung erst allmählich zeigen. Der Único reift 6 Jahre in Eiche; Zweitwein Valbuena ist herausragend trotz seines geringeren Status. Aushängeschild ist die RESERVA Especial oJ, ein Verschnitt von 3 Jahrgängen, der bis zu 10 Jahre im Fass reift. Der Alión vom Nachbargut ist die moderne Interpretation eines RIBERA-DEL-DUERO-Weins. Ist auch Eigentümer von Pintia in TORO, von Oremus in Tokaji (Ungarn) und betreibt mit Rothschild in RIOJA das Joint Venture Macan.

Vendimia Weinlese.

Vi de Finca Pri – Einzellagenkategorie: im PRIORAT Wein, der seit zehn Jahren von Trauben derselben Einzellage erzeugt wird und auf dem Markt als solcher anerkannt ist. Eingeführt von Álvaro PALACIOS und Kollegen nach dem burgundischen Modell der Weinbergklassifizierung.

Viña Weinberg; Rebstock.

Viña Zorzal Nav, Rioja – Die unternehmerisch denkende junge Generation erzeugt junge Weine, z. B. sortenreinen GRACIANO, sowie NAVARRA-GARNACHA von alten Reben, z. B. Malayeto.

Vino de la Tierra (VdT) Tafelwein zumeist höherer Qualität aus einer bestimmten Region ohne DO-Status. Diese Kategorie bietet große geografische Freiheiten, weshalb viele renommierte Erzeuger unter ihr produzieren. Sie stellen sich damit absichtlich außerhalb ihrer DO, um deren oft starren Regeln zu entkommen und die Rebsorten anzubauen, die sie für richtig halten. (Siehe auch »Supertoskaner« im Kapitel »Italien«.)

Vivanco R Alt r rs w; s ★→★★ Große BODEGA in Briones mit hervorragendem Weinmuseum.

Williams & Humbert Sherry ★→★★★★ Die historische BODEGA gewinnt mit ihren Spezialitäten neuerlich Terrrain, z. B. mit dem FINO EN RAMA 2006. Zu den Verkaufsschlagern zählen Dry Sack und die AMONTILLADOS der Marke Winter's Tale. Sehr gut sind die lang gereiften Weine, etwa der PALO CORTADO Dos Cortados, der süße OLOROSO As You Like It und der VOS Don Guido PX.

Ximénez-Spínola Sherry – Sehr guter kleiner Erzeuger, der auf PEDRO XIMÉNEZ spezialisiert ist und diesen in Jerez anbaut, was äußerst selten ist; PX-Lesegut stammt zumeist aus MONTILLA-MORILES. Faszinierend ist die Rarität Exceptional Harvest, ein nicht gespriteter PX von überreifen Trauben.

Zárate Gal (r) w ★★→★★★ Bodega in Val do Salnés mit elegantem ALBARIÑO, der lang auf dem Hefesatz reift. El Palomar stammt von 100 Jahre alten wurzelechten Reben eines der ältesten Weinberge in RÍAS BAIXAS und erhält durch den Ausbau im *foudre* Textur und Komplexität. Himmlisch.

Portugal

Viele Länder schreiten auf unvorhergesehenen Wegen voran, und dies schneller, als wir es uns je hätten vorstellen können – Portugal jedoch überrascht am meisten. Es ist die Heimat von mehr als 250 indigenen Rebsorten (einige gibt es sonst nirgendwo auf der Welt), und die portugiesischen Winzer zeigen sich heldenhaft entschlossen, dieses Erbe zu bewahren: Sorten wie Alvarinho, Arinto, Encruzado, Fernão Pires für Weißweine oder Baga, Castelão, Tinta Roriz, Touriga Nacional, Trincadeira für die Roten. Zu dieser Vielfalt gesellen sich immens unterschiedliche Mikroklimata und Böden sowie die Einflüsse von Atlantik- oder Kontinentalklima. Verschnitte beherrscht Portugal am besten. Portwein ist nur das bekannteste Beispiel, doch auch im ganzen übrigen Land sind es die über schlichte Fruchtigkeit hinausgehenden Verschnitte, die Weine von betörender »Schmeckt nach mehr«-Art ergeben: die Baga-Verschnitte aus Bairrada, die Alicante-Bouschet-Cuvées aus dem Alentejo, die zunehmend eleganten Weiß-, aber auch Rotweine vom Douro – sie alle zeigen die verschiedenen Facetten. Wenn es überhaupt einen portugiesischen Weincharakter gibt, dann ist es vielleicht üppige Frucht, Ausgewogenheit und eine gewisse komplexe Kräuterwürze.

Die folgenden Abkürzungen werden im Text verwendet:

Alen	Alentejo	**Mad**	Madeira
Bair	Bairrada	**Set**	Setúbal
Bei At	Beira Atlântico	**Res**	Reserva
Lis	Lisboa		

Neuere Port-Jahrgänge

Port-Jahrgänge werden »deklariert«, wenn der Wein außergewöhnlich gut ist und die höchsten Qualitätsstandards des Unternehmens erfüllt, in gewisser Hinsicht ähnlich wie bei Champagner. In guten, aber nicht ganz klassischen Jahren verwenden die meisten Erzeuger die Namen ihrer Quintas (Güter) für Single-Quinta-Weine, die echten Charakter besitzen, aber weniger Flaschenreife brauchen. Die Jahrgänge, die man nun trinken sollte, sind 63, 66, 70, 77, 80, 83, 85, 87, 92, 94, obwohl auch sehr junger Vintage Port ein unkonventioneller Genuss sein kann, vor allem zu Schokoladenkuchen oder sogar Pfeffersteak.

2017 Ungewöhnlich frühe Lese nach einem am Douro sehr trockenen, warmen Jahr. Wird wohl von den meisten Erzeugern deklariert werden.

2016 Uneinheitliche, schwierige Ernte. Wahrscheinlich ein Single-Quinta-Jahr.

2015 Ein Single-Quinta-Jahr – sehr trocken, sehr heiß – mit zwei bemerkenswerten Ausnahmen: Niepoort und Noval.

2014 Hervorragendes Lesegut von Reblagen, die vom Regen im September verschont wurden; geringe Produktion.

2013 Single-Quinta-Jahr: Regen mitten in der Lesezeit. Stars: Vesuvio, Fonseca Guimaraens.

2012 Single-Quinta-Jahr. Aufgrund von Dürre sehr geringe Erträge. Die Stars sind Quinta do Noval und Malvedos.

2011 Klassischer Jahrgang, großteils deklariert. Tintendunkle Weine von hervorragender Konzentration und Struktur. Die Stars sind Noval Nacional, Vargellas Vinha Velha und Fonseca.

Die Portugal-Karte ist auf Seite 232 zu finden.

2010 Single-Quinta-Jahr. Heiß, trocken, aber mit höheren Erträgen als 2009. Vesuvio und Senhora da Ribeira sind die Stars.
2009 Zwiespältiges Jahr. Deklariert von Fladgate, nicht jedoch von Symington oder Sogrape. Spitzenreiter: Taylor, Niepoort, Fonseca, Warre.
2008 Ein Jahr für Single-Quinta-Weine. Geringer Ertrag, kraftvolle Weine. Spitzenreiter: Noval, Vesuvio, Passadouro, Terra Feita. Sehr gut ist der LBV von Sandeman.
2007 Klassisches Jahr, von den meisten Erzeugern deklariert. Tieffarbige, volle, aber gut ausbalancierte Weine. Taylor und Vesuvio sind die Stars.
2006 Schwierig, nur ein paar Single-Quinta-Weine: Vesuvio, Roriz, Barros Quinta Galeira.
2005 Single-Quinta-Jahr. Stars: Niepoort, Vargellas, Senhora da Ribeira – eine eiserne Faust in einem Samthandschuh.

Neuere Jahrgänge von Tischweinen

2017 Außergewöhnlich frühe Lese nach einem sehr trockenen, warmen Jahr. Durchweg hervorragende Qualität.
2016 Uneinheitliches, schwieriges Jahr. Sehr gute Qualität (rot und weiß), bei denen, die geduldig abwarteten.
2015 Ausgezeichnete Qualität und Quantität: aromatische, intensive, ausgewogene Weine.
2014 Exzellente frische Weiß- und strahlende, intensive Rotweine (vorausgesetzt, es wurde vor dem Regen gelesen).
2013 Ein großartiger Jahrgang für die (meisten) Weißweine und für die Roten von Trauben, die vor dem Regen gelesen wurden – danach ist die Qualität durchwachsen.
2012 Konzentrierte Weine mit schöner Balance, v. a. bei den Weißen.
2011 Ausgewogener Jahrgang; hervorragende Douro- und Alentejo-Rotweine.
2010 Überall gute Qualität und Quantität. Ein weiteres hervorragendes Jahr für Bairrada.

Açores w (r); s ★→★★★ 15' – Die Atlantikinselgruppe der Azoren besteht aus neun vulkanischen Inseln mit den DOCS Pico, Biscoitos, Graciosa für Weißwein und den traditionellen *licoroso* (Spätlese- oder gespriteter Wein). Die Landschaft der Insel Pico und ihre die Reben schützenden *currais* (Steinmauern) sind UNESCO-Welterbe. Neue, tatkräftige Weinmacher – und die Ankunft von immer mehr Billigfliegern – haben für aufregende Weine von vulkanischen Böden gesorgt. Am besten sind Arinto dos Açores, Terrantez do Pico, VERDELHO von der Azores Wine Company, Cancela do Porco, Curral Atlantis, Insula.

Adega Keller, Weinkellerei.

Alenquer Lis r w ★★→★★★ **11'** 12 **13** 14 15' – Mikroklimatischer DOC-Bereich für Rotwein, Heimat der besten roten LISBOA-Gewächse, empfehlenswert vom SYRAH-Pionier MONTE D'OIRO (langlebig), von CHOCAPALHA (sehr preiswert) und Pinto.

Alentejo r (w) ★→★★★★ **08' 09 10 11' 12** 13 14 15' – Beliebter Anbaubereich mit verlässlich warmem Klima in Südportugal, der in acht regionale Sub-DOCS aufgeteilt ist: Borba, Évora, Granja-Amareleja, Moura, PORTALEGRE, Redondo, Reguengos und Vidigueira (bekannt für Qualitätsweißwein). Die alte Tonamphorenmethode erlebt mit dem Vinho de Talha ein Comeback. Viele Spitzenerzeuger bevorzugen die liberalere Kategorie VINHO REGIONAL Alentejano. Gehaltvolle, reife Rotweine, v. a. von den Sorten Alicante Bouschet, SYRAH, TRINCADEIRA und TOURIGA NACIONAL. Die

Weißweine legen rasch an Qualität zu. Erzeuger wie CARTUXA, ESPORÃO, João Portugal RAMOS, MALHADINHA NOVA, MOUCHÃO, MOURO und Sonho Lusitano bereiten Weine mit Kraft und Stil. Im Auge behalten sollte man auch DONA MARIA, FITA PRETA, MONTE DE RAVASQUEIRA, DO ROCIM, Terrenus, SUSANA ESTEBAN.

Algarve r rs w; sch ★→★★ An der Südküste wird hauptsächlich VINHO REGIONAL erzeugt, von einheimischen und internationalen Rebsorten. Dank jüngster Fortschritte geht es mit den Weinen voran, aber mit den berühmten Stränden und den Sternerestaurants können sie immer noch nicht mithalten. Erwähnung verdienen Barranco Longo und QUINTA dos Vales.

Aliança, Caves Bair r rs w; sch ★→★★★ Die große Firma erzeugt gute Rot- und Schaumweine, die zusammen mit Kunst im Aliança Underground Museum präsentiert werden. Hält auch Anteile an Erzeugern in ALENTEJO (QUINTA da Terrugem, Alabastro), DÃO (Quinta da Garrida) und DOURO (Quinta dos Quatro Ventos). Im Besitz der beliebten Marke Casal Mendes.

Alicante Bouschet, eine französische Kreuzung, wird seit 1901 im Alentejo angebaut und schlägt jede französische Version um Längen.

Portugal

Alves de Sousa Douro, Port r w ★★→★★★★ DUORO-Pionier in Familienbesitz. Charaktervolles Sortiment von verschiedenen QUINTAS, darunter Weine, die erst nach der Flaschenreifung verkauft werden. Am besten ist der geschliffene Quinta da Gaivosa Vinha de Lordelo. Wachsendes Portweinangebot, u. a. eleganter VINTAGE PORT und sehr guter 20 Jahre alter TAWNY.

Ameal, Quinta do Minho w; s; sch ★★★ **00 03 04** 05 07' 09 11 14 15 – Erstklassiger, langlebiger LOUREIRO aus Ökoanbau, darunter Escolha mit Holznote und – in Spitzenjahren (11 14) – Solo von ertragsarmen Reben mit minimalen Eingriffen bei der Vinifizierung. Gutes Weintourismus-Projekt mit Unterkunft.

Andresen Port ★★→★★★★ Familienbetrieb mit mit ausgezeichneten fassgereiften Portweinen, v. a. 20-Year-Old TAWNY und hervorragenden Colheitas (die Jahrgänge **1900'** und **1910'** werden auf Wunsch immer noch abgefüllt; 68' **80' 91' 03'**). Wegbereiter des WHITE PORT mit Altersangabe: 10-, 20- und (sehr guter) 40-Year-Old.

Aphros Minho r rs w; sch ★★★ Wegbereiter des biodynamischen Anbaus, »Naturwein«-Erzeuger. Sehr guter LOUREIRO und Vinhão (schäumender und in Eiche ausgebauter Silenus), die wunderbar altern. Die neue Kellerei bei Ponte de Lima macht den alten »mittelalterlichen« Keller frei für traditionelle Weinbereitung ohne Elektrizität (Amphoren, *lagares*). Ein abgeschiedener Rückzugsort für Weinliebhaber.

Aveleda, Quinta da Minho r rs w ★→★★ BV – Die Heimat von Casal García, der seit 1939 verkaufsstärksten VINHO-VERDE-Marke. Ordentliches Angebot an Gutsweinen. Ist nun Eigentümer der QUINTA Vale D. Maria (DOURO). Kürzlich eröffnetes Besucherzentrum am Firmensitz in Penafiel.

Bacalhôa – Vinhos de Portugal Alen, Lis, Set r rs w; s; sch ★★→★★★ Hauptmarke und Sitz des Unternehmens des Milliardärs und Kunstliebhabers José Berardo, zu dem auch die denkmalgeschützte QUINTA da Bacalhôa (sehr guter CABERNET SAUVIGNON von 1974 angepflanzten Reben, der auch für den roten Spitzenwein Palácio da Bacalhôa verwendet wird) und das Schaumweingut Quinta dos Loridos gehören. Erstklassige Fässer mit MOSCATEL DE SETÚBAL (u. a. seltener Roxo). Modern und gut bereitet sind Serras de Azeitão, Catarina, Cova da Ursa (SETÚBAL) und TINTO da Ânfora (ALENTEJO). Bezaubernder Garten in FUNCHAL.

Baga Friends Bair – Eine Gruppe von BAIRRADA-Erzeugern, die ganz verrückt sind nach der BAGA-Traube: BUÇACO, Dirk NIEPOORT, Filipa PATO, Luís

PATO, QUINTA da Vacariça, Quinta das BÁGEIRAS und Sidonio de Sousa. Sie werden auch Sie überzeugen!

Bágeiras, Quinta das Bair r w; sch ★★★→★★★★ r Garrafeira **04' 05'** 08' 09 10 11 – Kulterzeuger in BAIRRADA mit einer bemerkenswerten Reihe sehr langlebiger Weine: Weiße (v. a. der fassgereifte sortenreine Maria Gomes Avô Fausto), Rote von der BAGA-Traube (v. a. GARRAFEIRA – Reserva, Pai Abel und der mit TOURIGA NACIONAL verschnittene Avô Fausto), Schaumweine und gespriteter Baga *abafado.* Die meisten werden traditionell bereitet, d. h. in offenen Zementbottichen vergoren (die Roten mit 100 % Ganztraubenvergärung) und dann in alten *toneis* (Holzfässern) ausgebaut.

Bairrada r rs w; s; sch ★→★★★★ 03' **04 05' 06 07 08' 09'** 10' 11' 12 13 14' – Vom Atlantik beeinflusster DOC-Bereich und VINHO REGIONAL Beira Atlântico. Rotweine von der BAGA-Traube mit Struktur und Alterungspotenzial, Schaumweine (der neue Baga Bair ist als bester nominiert). Zu den erstklassigen Baga-Spezialisten gehören QUINTA das BÁGEIRAS, Casa de Saima, Caves SÃO JOÃO, Filipa PATO, Luís Pato und Sidónio de Sousa. Im Auge behalten sollte man ALIANÇA, Quinta de Baixo (im Besitz von NIEPOORT), CAMPOLARGO, V. Puro, Colinas de São Lourenço und Vadio. Siehe auch BAGA FRIENDS.

Barbeito Mad ★★→★★★★ Innovativer MADEIRA-Erzeuger mit auffälligen Etiketten. Einzigartige Einzellagen-Einzelfass-COLHEITAS und überragende 20- bis 40-jährige MALVASIAS. Neuer 50 Jahre alter Bastardo. Ausgezeichnet ist die Reihe Ribeiro Real: 20-Year-Old BOAL, Malvasia, SERCIAL und VERDELHO mit einem Schuss TINTA NEGRA von in den 1950er-Jahren gepflanzten Reben. Die schwer zu erreichenden Lagen Fajã dos Padres werden wunderbar genutzt. Der 96er Colheita ist der erste Wein, der Tinta Negra vorn auf dem Etikett nennt. Die Reihe Historic Series nimmt auf die Tatsache Bezug, dass im 18. und 19. Jahrhundert Madeira der begehrteste Wein in den USA war.

Barca Velha Douro r ★★★★ **65 66 78 81 82' 83 85 91' 95' 99 00 04** 08' – Portugals Kultrotwein, 1952 von FERREIRA geschaffen, ist für den Weltklasseruf der DOURO-Region verantwortlich. Er kommt nur in besonders guten Jahren auf den Markt, bisher 18-mal, nach etlichen Jahren Reifezeit. Der Zweitwein Reserva Especial wird ebenfalls nur in besonders guten Jahren von den besten Fässern der CASA FERREIRINHA erzeugt (wenn es keinen Barca Velha gibt) und ist sehr gut, v. a. **62 80' 84 86' 89' 94' 97' 01' 07 09**. Die Jahrgänge **80' 86' 89' 94' 97' 01' 09** hätten sich durchaus als Barca Velha geeignet.

Barros Almeida Port ★→★★★ 1913 gegründet, seit 2006 im Besitz von SOGEVINUS, hält beträchtliche Bestände von gereiftem TAWNY und COLHEITA. Sehr gut sind die Colheitas (**35' 38' 41' 44' 50' 57' 60' 66' 63 66' 74' 78 80' 97'**) sowie der 20-, 30- und 40-Year-Old Tawny. VINTAGE PORT: 95 87 05 07 11. White Ports: Very Old Dry White und Colheita (35).

Barros e Sousa Mad ★★→★★★ 2013 vom Nachbarn PEREIRA D'OLIVEIRA aufgekauft, der die Vorräte unter seinem Namen abfüllen wird. Das alte Lagerhaus soll das neue Besucherzentrum werden. Versuchen Sie den seltenen Bastardo Old RESERVE aufzutreiben.

Beira Interior r rs w ★→★★ DOC zwischen DÃO und der spanischen Grenze mit einigen der höchsten Berge Portugals. Die alten, bis 750 m hoch gelegenen Weinberge bergen enormes Potenzial, insbesondere für die Weißweinsorten Siria und Fonte Cal. Sehr preiswert sind Beyra und QUINTAS do Cardo; im Auge behalten sollte man die Quintas dos Currais und dos Termos. Auch Anselmo MENDES (VINHO VERDE) ist in diesem Anbaubereich tätig.

Blandy Mad ★★→★★★★ Altehrwürdiges MADEIRA-Familienunternehmen mit dem jungen, tatkräftigen Geschäftsführer Chris Blandy. In der Wine

Lodge in Funchal wird dem Besucher die Firmengeschichte präsentiert, einschließlich alter FRASQUEIRA-Jahrgänge (BUAL **1920' 1957' 1966'**; MALMSEY **1988'**; SERCIAL **1975'**; VERDELHO **1979'**). Sehr guter 20-Year-Old Terrantez und COLHEITA-Weine (Bual **1996 2008**; Malmsey 1999; Sercial 2002; Verdelho 2000). Neu: vorzüglicher 50 Jahre alter Malmsey, hervorragender Terrantez (**1980'**) und TINTA NEGRA (1995). Tischwein Atlantis: Weißwein von VERDELHO, Rosé von Tinta Negra.

Borges, H. M. Mad ★→★★★ Die Schwestern Helena und Isabel Borges besitzen kleine Restbestände des feinen 1877er Terrantez (das Gründungsjahr des Betriebs) in Glasballons. Sehr guter 30-Year-Old MALVASIA, u. a. von 1932. Sehr guter 1990er SERCIAL.

Branco – Weiß.

Das Kultgewächs Barca Velha ist der älteste Tischwein vom Douro, den ersten gab es bereits 1952. Ist allerdings kaum noch etwas übrig davon.

Bual (oder Boal) Mad – Klassische MADEIRA-Rebsorte: rauchige Weine von mittlerem Körper (süß) mit würziger Note, weniger voll als MALVASIA. Hervorragend zu härterem Käse und leichteren Desserts. Ist meist sehr dunkel.

Buçaco Bei At r w ★★★ Im denkmalgeschützten, im manuelinischen Stil erbauten Bussaco Palace Hotel reicht die Karte mit den klassisch strengen Weinen bis in die 1940er-Jahre zurück. Verschnitte aus zwei Anbaubereichen – Rotweine: BAGA (BAIRRADA) und TOURIGA NACIONAL (DÃO), Weißweine: Encruzado (Dão) sowie Maria Gomes und Bical (Bairrada). Die Verwendung von Barriques und neuer Eiche seit 2000 haben den Stil etwas modernisiert, v. a. bei den Weißen und dem roten Vinha da Mata (kurz VM) aus einer Einzellage. Mitglied von BAGA FRIENDS.

Bucelas Lis w; sch ★★ Aus der winzigen DOC kommen frische, rassige Weine mit mindestens 75 % ARINTO. Preiswerter Schaumwein. Im England des 19. Jahrhunderts als »Lisbon Hock« (also etwa »Rheinwein aus Lissabon«) äußerst beliebt. Spitzenerzeuger: da Murta und da ROMEIRA.

Burmester Port ★→★★★ 1730 gegründet, seit 2005 im Besitz von Sogevinus. Elegante, fassgereifte, preiswerte Ports, v. a. 20- und 40-Year-Old TAWNY. COLHEITAS (**1890 1900' 1937' 1952' 1955' 1957'**) und WHITE PORTS mit Jahrgangsangabe (u. a. feiner 30- und 40-Year-Old). Guter VINTAGE PORT und Single-QUINTA Quinta do Arnozelo.

Cálem Port ★→★★★ 1859 gegründet, seit 1998 im Besitz von Sogevinus. Beliebter Velhotes auf Einsteigerniveau. Am besten sind die COLHEITA-Weine (**1961'**) sowie der 10- und der 40-Year-Old TAWNY. 100.000 Menschen besuchen jährlich das Lagerhaus in VILA NOVA DE GAIA.

Campolargo Bair r w; sch ★→★★★ Das große Gut führte als eines der Ersten Bordeaux-Rebsorten in Portugal ein, erzeugt aber auch sehr gute Weine von den indigenen Sorten ARINTO, Bical und CERCEAL (weiß) sowie Alvarelhão (rot). Außerdem PINOT NOIR, der rote Verschnitt Rol de Coisas Antigas und der Bordeaux-Verschnitt Calda Bordaleza.

Canteiro Mad – Die natürliche Fassreifung feinster MADEIRAS in warmen, feuchten Lagerhäusern. Die Canteiro-Methode bringt subtilere, komplexere Weine hervor als die ESTUFAGEM-Methode.

Carcavelos Lis br; s ★★★ Der neue Villa Oeiras – einzigartig, packend, halbtrocken, gespritet und unbedingt nach mehr schmeckend – hat der sehr alten, mit einer Rebfläche von nur 12,5 ha dahinvegetierenden DOC neues Leben eingehaucht.

Cartuxa, Adega da Alen r w; sch ★★→★★★★ Die Keller aus dem 17. Jahrhundert, das Weinrestaurant und das Kunstmuseum sind ein Touristenmagnet, das Spitzengewächs Pêra Manca in roter (**98 01 03 05' 07** 08' 10'

Portugal

11' 13') und weißer Version zieht Kenner an. Preisgünstige rote Massenmarken Vinea und EA (auch als Ökoversion erhältlich). Stets ein Schnäppchen ist die Cartuxa RESERVA (**10 11' 12' 13'**); Scala Coeli heißt ein renommierter (jedes Jahr anderer) reinsortiger Wein.

Carvalhais, Quinta dos Dão r rs w; sch ★→★★★ Sehr gutes, beständig hochwertiges Angebot an alterungswürdigen Gutsweinen, v. a. der in Eiche ausgebaute Encruzado, die RESERVA (rot und weiß), TOURIGA NACIONAL, Alfrocheiro, TINTA RORIZ und der Único. Der ungewöhnliche, oxidativ ausgebaute weiße Branco Especial ist ein Genuss. Heimat von Duque de Viseu und Grão Vasco; im Besitz von SOGRAPE.

Castro, Álvaro de Dão ★★→★★★★ Mustergültiger Erzeuger; die charaktervollen Weine tragen vorwiegend die Namen der QUINTAS Saes (preiswert) und Pellada (erstklassig). Ausgezeichnet sind Pape (rot) und Primus (weiß). Der Carrocel von TOURIGA NACIONAL (**06 07 08'** 10 11') wird in besonders guten Jahren erzeugt. Die in limitierter Auflage produzierten Einzelfass- und Einzellagenweine Muleta und Dente d'Ouro bewahren das alte Erbe des Weinbaus im gemischten Satz.

Cello, Casa de Dão, Minho ★★ Der familiengeführte Betrieb erzeugt Weine in den DOCS VINHO VERDE und DÃO: sehr interessante Weißweinreihe QUINTA de San Joanne (Vinho Verde) zum Einlagern mit dem überragenden Superior (wird nur in Spitzenjahren erzeugt). Ferner sehr guter Escolha, preiswerter Terroir Mineral und die entschieden klassische Rotweinreihe Quinta da Vegia (Dão), v. a. RESERVA und Superior.

Chaves, Tapada do Alen ★★★ Historischer Erzeugerbetrieb, jetzt im Besitz von CARTUXA. Außergewöhnlich alte, hoch gelegene Weinberge erbringen gute Weiß- und sehr gute, langlebige Rotweine, v. a. Vinhas Velhas und Frangoneiro.

Chocapalha, Quinta de Lis r rs w ★★★ Das familiengeführte Gut vereint Tradition und Modernität, einheimische und internationale Rebsorten (klimatisch vom Atlantik beeinflusst). Kellermeisterin ist Sandra Tavares da Silva von WINE & SOUL. Die Roten gehören zu den besten des Bereichs Lisboa, v. a. CASTELÃO, CABERNET SAUVIGNON und das Aushängeschild TOURIGA NACIONAL CH. Lebhafte, frische Weiße, v. a. die neue RESERVA.

Chryseia Douro r ★★→★★★ **07 08' 09 11' 12'** 13 14 15' – Gemeinschaftsprojekt von Bruno Prats aus Bordeaux und SYMINGTON FAMILY ESTATES. Der ausgefeilte Rotwein auf Basis von TOURIGA NACIONAL und TOURIGA FRANCA fällt frischer und feiner aus, seit das Lesegut von der QUINTA de Roriz kommt. Zweitetikett: Post Scriptum. Außerdem preiswerter Prazo de Roriz.

Churchill Douro, Port r rs w; s ★★ 1981 von John Graham, dessen Familie einst GRAHAM gründete, ins Leben gerufenes Portweinhaus. Sehr guter DRY WHITE PORT, (10-Year-Old), 20- und 30-Year-Old (neu), ungefilterter LBV sowie VINTAGE PORT (**82 85 91 94** 97 00 03 07' 11'). Von der QUINTA da Gricha stammen der zupackende Single Quinta Vintage Port von alten Reben und ein sehr guter DOURO-Einzellagenrotwein. Gut ist die Marke Churchill's Estates (v. a. TOURIGA NACIONAL).

Cockburn Port ★★→★★★ Teil der SYMINGTON FAMILY ESTATES und jetzt wieder in Form, v. a. beim VINTAGE PORT (11' 15') in trockenerem, frischerem Stil und insbesondere beim üppigen, straffen Vintage Port Bicentenary. Außergewöhnlich sind die Jahrgänge **1908' 27' 34 63 67**. Der beständig gute Special wird länger im Fass gereift als andere, der lebhafte LBV ein Jahr weniger. Sehr guter Single-QUINTA dos Canais. Neues Besucherzentrum in VILA NOVA DE GAIA; Interessenten können eine Führung durch die Küferei von Symington mitmachen.

Colares Lis r w ★★ Einzigartiger historischer DOC-Bereich (seit 1908) an der Küste. Vom Wind gebeutelte wurzelechte Ramisco-Reben auf sandigen Böden erbringen tanninstarke Rote, MALVASIA-Reben frische, salzige Weißweine. Fundação Oriente und Casal Santa Maria verleihen dem von der Genossenschaft Adega Regional de Colares und Viúva Gomes gepflegten traditionellen Stil einen modernen Touch.

Colheita Port, Mad – Portwein oder MADEIRA mit Jahrgangsangabe. Fassreife: mindestens 7 bei TAWNY Port (oft mehr als 50, manchmal sogar 100 Jahre), mindestens 5 Jahre bei Madeira. Das Abfülldatum ist auf dem Etikett angegeben. Gekühlt servieren.

Conceito Douro, Port r w; sch ★★★ Weinmacherin Rita Ferreira Marques sorgt für Stil und Substanz. Die DOURO-Superior-Weine mit den originellen Etiketten (v. a. der rote und weiße Conceito) verleihen lokalen Rebsorten Finesse, z. B. dem traditionellen, inzwischen raren, an PINOT NOIR erinnernden Bastardo oder dem neuen Conceito Único aus einer Einzellage mit 90 Jahre alten Reben.

Cortes de Cima Alen r w ★★★ 1988 von einem dänisch-kalifornischen Paar aus dem Nichts erschaffen. Erzeugte mit dem (sehr guten, jetzt eleganteren Spitzenrotwein) Incógnito (11' 12') den ersten SYRAH im ALENTEJO. Beständig gutes Sortiment, v. a. sehr gute RESERVA und sortenreine Weine (ARAGONEZ, Syrah, TRINCADEIRA). Auch sehr gute Weißweine von neu angelegten Weinbergen an der Küste im Alentejo, u. a. ALVARINHO und SAUVIGNON BLANC.

Dão-Weine sind die Burgunder Portugals, erhältlich zu Languedoc-Preisen.

Cossart Gordon Mad ★★★ Marke der MADEIRA WINE COMPANY mit trockenerem Stil als bei BLANDY. Der schmissige BUAL (1962') etwa ist Elektrizität in Flaschen.

Covela, Quinta de Minho w ★★ Erhebende Wiederauferstehung der beeindruckenden Finca aus dem 16. Jahrhundert unweit des DOURO. Sehr gutes Angebot an langlebigen Weinen auf Avesso-Basis: sortenreiner Edição Nacional Avesso, Escolha Branco (Avesso/CHARDONNAY), im Eichenfass gereifte RESERVA (Avesso/ARINTO/Chardonnay/VIOGNIER). Außerdem solider kellergereifter Escolha Tinto (TOURIGA NACIONAL/CABERNET SAUVIGNON) und guter Rosé.

Crasto, Quinta do Douro, Port r w ★★★→★★★★ r **07'** 08 **09' 10 11' 12 13 14** – Eines der renommiertesten Güter am DOURO. Umwerfende Hügellage. Die Kronjuwelen sind zwei Weine von einer sehr alten, gemischt bestockten Einzellage: Vinha da Ponte (03 **04 07' 10' 12** 13 14) und María Theresa (**05' 06 07 09'** 11' 13). Sehr preiswerte RESERVA aus alten Weinbergen sowie vorzüglicher sortenreiner TINTA RORIZ und großartiger TOURIGA NACIONAL. Die Rebflächen im Gebiet Douro Superior versorgen den Markt mit preiswerten Weinen, darunter ein attraktiver Roter, ein innovativer, in Akazienholz ausgebauter Weißer und SYRAH mit einem Schuss VIOGNIER. Guter VINTAGE PORT und ungefilterter LBV.

Croft Port ★★→★★★ Historisches Portweinhaus im Besitz von FLADGATE mit Besucherzentrum in den grandiosen Weinbergen nahe Pinhão. Süßer, fleischiger VINTAGE PORT (66 70 75 77 82 85 **91 94** 00 03' 07 09' 11'). Der Single-QUINTA Vintage Port da Roêda (03 04 07 08' 09 12' 15') bietet viel fürs Geld. Beliebt sind Indulgence, Triple Crown, Distinction und der ROSÉ PORT Pink.

Crusted Port – Seltener, traditioneller Portwein oJ; preiswert. Ich habe im Winter immer eine Flasche griffbereit. Verschnitt aus zwei oder mehr guten Jahrgängen, bis zu vier Jahre im Fass gereift und drei Jahre nach der Abfüllung auf den Markt gebracht. Da er nicht gefiltert wird, bildet sich ein

Depot *(crust)*, er muss also dekantiert werden. Gute Versionen von DOW, FONSECA, GRAHAM, NIEPOORT und NOVAL.

Dão r rs w; sch ★★→★★★ **05 06 07' 08' 09** 10 11' 12 13 – Historische, von Bergen eingeschlossene DOC, neuerdings auf Erfolgskurs. Die Pioniere des modernen Weinbaus, CARVALHAIS, Álvaro de CASTRO, DÃO SUL, Falorca, MAIAS und Roques, erzeugen feine, recht langlebige Rote und schön texturierte, leckere Weiße (Encruzado ist der Star). Zu den neueren Betrieben zählen Caminhos Cruzados, Casa da PASSARELLA, Casa de MOURAZ und Júlia Kemper. Im Auge behalten sollte man Conciso (im Besitz von NIEPOORT), Druida (fantastisch), Lemos, Antonio Madeira, MOB, Ribeiro Santo und Vegia. Die Spitzenbezeichung Dão Nobre (»nobel«) wird jetzt verwendet. Großartige, preiswerte GARRAFEIRA-Weine.

DOC/DOP (Denominação de Origem Controlada/Protegida) Qualitätsorientierte geschützte Ursprungsbezeichnung unter Aufsicht eines regionalen Ausschusses. Ähnlich wie die französische AC. Siehe auch VINHO REGIONAL.

Doce (vinho) Süß(wein).

Douro r rs w; s – Die erste abgegrenzte und regulierte, landschaftlich spektakuläre Weinregion (1756) ist nach ihrem Fluss benannt und seit 2001 UNESCO-Welterbe. Früher war sie unzugänglich, jetzt bereit für den Weintourismus. Eigentlich berühmt für Port, aber inzwischen wird genauso vie Qualitätstischwein erzeugt (DOC Douro). Die drei Subregionen (Baixo Corgo, Cima Corgo und der rasch wachsende Bereich Douro Superior) sind äußerst vielfältig in puncto Terroir. Über 100 einheimische Rebsorten (oft zusammen angepflanzt, mindestens 80 Jahre alt) wachsen auf Terrassen mit erbarmungslosen Schieferböden. Kraftvolle, zunehmend elegante, alterungswürdige Rotweine und feine, charaktervolle Weißweine. Die besten Erzeuger sind ALVES DE SOUSA, BARCA VELHA, Casa FERREIRINHA, CHRYSEIA, CRASTO, Niepoort, POEIRA, QUINTA Nova, RAMOS PINTO, Vale Dona Maria, Vale Meão, VALLADO und WINE & SOUL. Im Auge behalten sollte man Boavista, Foz Torto, Maria Izabel, Murças, NOVAL, POÇAS, Pôpa, Quanta Terra, REAL COMPANHIA VELHA, S. José, Síbio, Vesúvio. Der VINHO REGIONAL heißt Duriense.

Dow Port ★★★→★★★★ Das historische Portweinhaus gehört zu SYMINGTON FAMILY ESTATES, pflegt beim VINTAGE PORT (**66' 70' 72 75 77' 80' 8**[illegible] **85' 91 94' 97 00'** 03 07' 11') aber einen trockeneren Stil. Single-QUINTAS do Bomfim und Senhora da Ribeira (2015 sehr gut) in nicht deklarierten Jahrgängen. Schönes Besucherzentrum am Fluss in der Kellerei Bomfim in Pinhão.

Duorum Douro, Port r w ★★→★★★ Konsequent durchgezogenes Projekt von João Portugal RAMOS und José Maria Soares Franco (früher FERREIRA/BARCA VELHA) in DOURO Superior. Preiswerter fruchtiger Tons auf Einsteigerniveau und COLHEITA. Feine RESERVA und O. Leucura von sehr alten Reben. Sehr guter, dichter, fruchtbetonter VINTAGE PORT (**07** 11' 12 15') von 100 Jahre alten Reben. Guter Zweitwein Vinha de Castelo Melhor und preiswerter LBV.

Esporão, Herdade do Alen r w; s ★★→★★★ Gut mit weithin sichtbarem weißem Turm und sukzessive ökologisch zertifizierten Reblagen. Hochklassige, fruchtbetonte, moderne Weine. Preiswerter Monte Velho auf Einsteigerniveau und allseits geschätzte RESERVA (rot und weiß). Sehr gute Reihe mit sortenreinen Einzellagenweinen. Raffinierter, GARRAFEIRA-artiger Private Selection und nur hin und wieder erzeugter Torre do Esporão (**07'** 11) Mit dem neuen Rotwein Talha (große Tonamphore) besinnt man sich auf die Alentejo-Tradition. Das verheißungsvolle Projekt QUINTA das Murça (Douro) erzeugt gute Rote aus ökologisch bewirtschafteten Einzellagen.

Espumante Schaumwein. Meist gutes Preis-Leistungs-Verhältnis. Am besten aus den Anbaugebieten BAIRRADA (v. a. von BÁGEIRAS, Colinas São Lourenço und Kompassus; auf die Bezeichnung BAGA Bairrada achten), DOURO (v. a. VÉRTICE), Távora-Varosa (v. a. MURGANHEIRA) und VINHO VERDE (v. a. SOALHEIRO).

Ein fast verschwundener Schatz

COLARES, direkt am Atlantikstrand bei Sintra gelegen, ist nicht nur das westlichste Weinbaugebiet Kontinentaleuropas, sondern auch eines der faszinierendsten. Die von der äußerst tanninherben Sorte Ramisco bereiteten Roten erfordern Geduld, denn sie müssen lange reifen. Schneller genussreif sind die Weißen von der salzig-scharfen Traube MALVASIA de Colares. Da die Stöcke auf Sandböden wachsen, konnte die Reblaus hier nichts ausrichten – allerdings gibt es heute nur noch wenige jener wurzelechten Reben.

Esteban, Susana Alen r w ★★→★★★ Die Boutiquemarke der Weinmacherin. Im umwerfenden Flaggschiff Procura (rot und weiß) werden Trauben aus sehr alten, ertragsarmen Weinbergen in PORTALEGRE verwendet (im Rotwein kommt Alicante Bouschet aus Évora hinzu). Preiswert ist das Zweitetikett Aventura. Der innovative Sidecar entsteht unter Mitwirkung anderer Weinmacher (zuletzt der Spanier Eulogio Tavares).

Estufagem Mad – Methode, mit der MADEIRAS mind. 3 Monate lang streng kontrolliert in Tanks erhitzt werden, damit sie schneller reifen und dabei den charakteristischen Beigeschmack von verbrannter Erde annehmen. Hauptsächlich für Weine auf Einsteigerniveau verwendet. Feinere Resultate werden mit Heizmänteln und niedrigerer Temperatur (45 °C) erzielt.

Falua Tejo r rs w ★→★★ João Portugal RAMOS' Gut im Bereich TEJO. Gut bereitet und vorwiegend für den Export bestimmt sind die Verschnitte der Marke Tagus Creek von einheimischen und internationalen Reben. Preiswerter Conde de Vimioso auf Einsteigerniveau (die RESERVA ist eine Stufe besser).

Favaios, Adega de Douro (r) (w); s – Die Genossenschaft mit stolzen 600 Mitgliedern erzeugt 70 % des am DOURO erzeugten gespriteten MOSCATEL do Douro. Die erstklassigen alten Jahrgangsweine bewahren sich ihre Frische und Feinheit (**80' 89'**).

Ferreira Port ★★→★★★ Altes Portweinhaus, heute im Besitz von SOGRAPE. Nach Ansicht von Weinmacher Luis Sottomayor (BARCA VELHA) sind die LBV-Weine inzwischen genauso gut wie die VINTAGE PORTS des vergangenen Jahrzehnts; beide Kategorien sind hier im Aufwind. Die Jahrgänge 2011' und 2015' sind hervorragend. Sehr guter, würziger TAWNY, u. a. RESERVA Dona Antónia, sowie 10- und 20-Year-Old Tawnys (QUINTA do Porto und Duque de Bragança).

Ferreirinha, Casa Douro r w ★★→★★★★ Im Besitz von SOGRAPE befindlicher Erzeuger mit bemerkenswertem Angebot an langlebigen DOURO-Weinen. Preiswerte Einsteigerweine sind Callabriga, Esteva, Papa Figos und Vinha Grande. Vorzüglich sind QUINTA de Leda und Antónia Adelaide Ferreira (rot und weiß). Nur selten erzeugt werden die RESERVA Especial und der (legendäre) BARCA VELHA.

FitaPreta Alen r w ★★ António Maçanita punktete mit der populistischen Schwestermarke Sexy. Das Etikett FitaPreta steht für ernsthaftere Weine, v. a. den Palpite (sehr guter Weißwein und rote Grande RESERVA). Die

Signature Series flirtet mit ungewöhnlichen Techniken (Hülsenmaischung, *talha*, TOURIGA NACIONAL ohne Eichenausbau) und Rebsorten (z. B. BAGA).

Fladgate Port – Unabhängiges Familienunternehmen, Eigentümer der führenden Port-Häuser TAYLOR, FONSECA, CROFT und KROHN sowie der Luxusweinhotels »The Yeatman« (VILA NOVA DE GAIA) und »Vintage House« (Pinhão).

Fonseca Port ★★★→★★★★ Portweinhaus im Besitz von FLADGATE, 1815 gegründet. Sinnlicher Bin 27, ökologisch erzeugter Terra Prima RESERVE. Sehr guter 20- und 40-Year-Old TAWNY, herausragender VINTAGE PORT (**27' 63' 66' 70 75 77' 80 83 85' 92 94' 97 00'** 03' 07 09 11'). Vorzügliches Zweitetikett Fonseca Guimaraens. Außerdem Single-QUINTA Panascal.

Fonseca, José Maria da Lis r rs w; s; sch ★→★★★★ Seit rund 200 Jahren bestehender Erzeugerbetrieb mit umfangreichem Rebbestand (650 ha) und großem Sortiment: LANCERS und PERIQUITA sind die Marken für das Alltagsgeschäft, die Rosine im Kuchen ist der gespritete MOSCATEL DE SETÚBAL, von dem beachtliche alte Bestände gebunkert werden (äußerst preiswerter 20 Jahre alter Alambre, Roxo und bemerkenswerter SUPERIOR **11' 18 34' 35 42 55' 66 71**). Innovatives Weinlokal in Lissabon. Pionier moderner *talha*-Weine mit Charakter unter dem historischen Etikett José de Sousa (ALENTEJO).

Verschnitte aus gemischt bestockten Parzellen mit alten Reben können mehr als 40 verschiedene, zur selben Zeit gelesene Sorten enthalten.

Frasqueira Mad – MADEIRA-Spitzenkategorie, auch Vintage genannt. Wein eines einzigen Jahrgangs von einer einzigen noblen Rebsorte, der mindestens 20 Jahre, aber meist viel länger im Fass reift. Das Datum der Flaschenabfüllung muss angegeben werden. Heutzutage teuer.

Garrafeira Bezeichnung für besondere Qualität auf dem Etikett. Traditionell die »Privat-RESERVA« eines Händlers. Die Reifezeit beträgt mindestens zwei Jahre im Fass und ein Jahr in der Flasche (oft aber viel mehr). Weißweine müssen sechs Monate im Fass und sechs Monate in der Flasche reifen. Spezielle Verwendung für Port bei NIEPOORT.

Global Wines Bair, Dão r w; sch ★★→★★★★ Auch unter dem Namen Dão Sul bekannt. Einer der größten Weinerzeuger in Portugal mit Sitz in DÃO und Gütern in vielen weiteren Regionen. Äußerst preiswert und beliebt sind die Marken Cabriz (v. a. RESERVE) und Casa de Santar (v. a. Reserve, großartiger Nobre). Erstklassiger Paço dos Cunhas von der Einzellage Vinha do Contador. Moderne Weine, auffällige Architektur, Besucherzentrum in der QUINTA do Encontro in BAIRRADA. Weitere Marken: Grilos, Encostas do Douro (DOURO), Monte da Cal (ALENTEJO) sowie Quinta de Lourosa (VINHO VERDE).

Graham Port ★★★→★★★★ Portweinhaus im Besitz von SYMINGTON FAMILY ESTATES mit erstklassigem Sortiment, vom RESERVE RUBY Six Grapes bis hin zu VINTAGE PORT (**45' 63' 66 70' 75 77' 80 83' 85' 91' 94'** 97 00' 03' 07' 11'), einschließlich des nur in begrenzter Auflage erscheinenden Stone Terraces (11' 15') und Single-QUINTA dos Malvedos. Sehr preiswerter, ansprechender 20-, 30- und 40-Year-Old TAWNY sowie LBV. Gut sind auch die COLHEITAS (v. a. **52' 69' 72'**), doch die Krönung ist der sublime Very Old Tawny Ne Oublie aus einem der drei Fässer, die A.J. Symington 1882 befüllte.

Gran Cruz Port ★→★★★ Portugals größte Portweinmarke, Porto Cruz, wird von der französischen La-Martiniquaise-Gruppe geleitet, mit Schwerpunkt auf Quantität und Cocktails. Das Museum in VILA NOVA DE GAIA und die Dachterrassenbar ziehen viele Besucher an. Die Marke Dalva umfasst guten VINTAGE PORT, ausgezeichnete TAWNY-Bestände (v.a. COLHEITAS, w 52' 63' 73'). Das neue Projekt QUINTA de Ventozelo in Pinhão bietet ein schönes Stillweinsortiment.

Henriques & Henriques Mad ★★→★★★★ Das einzige MADEIRA-Haus mit eigenen Rebflächen, einschließlich einer mit der seltenen Terrantez-Rebe bestockten Parzelle. Im Besitz des Rum-Riesen La Martiniquaise. Einzigartig ist der extratrockene Aperitif Monte Seco. Am besten sind der 20 Jahre alte MALVASIA und Terrantez, die 15 Jahre alten Weine (v.a. Sercial), Single Harvest (in alten Bourbon-Fässern ausgebaut: **97' 98'**; Bual **00'**) und die Jahrgangsweine VERDELHO (**57**), Terrantez (**54'**) und Sercial (**71'**). Sehr guter 50 Jahre alter TINTA NEGRA.

Justino Mad ★→★★★ Das größte MADEIRA-Unternehmen ist im Besitz des Rum-Giganten La Martiniquaise und erzeugt auch die Weine der Marke Broadbent. Recht große Einsteigerreihe. Einige Perlen: Terrantez Old RESERVE (oJ; vermutlich rund 50 Jahre alt), Terrantez (**78'**), MALVASIA (**64' 68' 88'**).

Kopke Port ★→★★★★ Das älteste Portweinhaus (gegründet 1638), jetzt im Besitz von Sogevinus. Bekannt für seine sehr guten würzigen, festen COLHEITAS von den mittleren/oberen Hanglagen der QUINTA S. Luiz (**35' 41' 57' 64' 65' 66 78 80' 84 87**). Einzigartiges Angebot an WHITE PORT, v.a. der inzwischen seltene Jahrgang 1935' sowie die 30- und 40-Year-Old-Weine.

Krohn Port ★→★★★ Jetzt zu FLADGATE gehörende Port-Firma mit außergewöhnlichen alten Lagerbeständen an TAWNY (füllige 10 und 20 Jahre alte Versionen) und COLHEITA (**61' 66' 67' 76' 82' 83' 87' 91 97**), die bis 1863 zurückreichen (die Quelle des TAYLOR 1863 Single Harvest). Auch VINTAGE PORTS von steigender Qualität.

Lancers rs w; sch ★ José Maria da FONSECAS halbtrockenen perlenden ROSADO gibt es jetzt auch als weiße, als schäumende (rosé und weiß) und als alkoholfreie Version.

Lavradores de Feitoria Douro r w ★★→★★★ Gut geführter Zusammenschluss von 15 Erzeugern (19 Weinberge). Gute Weißweine, v.a. SAUVIGNON BLANC und Meruge (sortenrein von alten Viosinho-Reben, Eichenausbau), und günstige Rotweine, u.a. Três Bagos RESERVA. Sehr guter Grande Escolha (v.a. der lange gereifte Estágio Prolongado), QUINTA da Costa das Aguaneiras und eleganter Meruge (vorwiegend TINTA RORIZ von einem Weinberg mit Nordausrichtung in 400 m Höhe).

LBV (Late Bottled Vintage) Port – Erschwingliche und sofort trinkreife Alternative zu VINTAGE PORT. Ein Jahrgangswein, der vier bis sechs Jahre, also doppelt so lange wie Vintage Port, im Fass reift. Auch sehr gute, langlebige, ungefiltert abgefüllte Versionen, z.B. von FERREIRA, NIEPOORT, NOVAL, RAMOS PINTO, Romaneira, de la ROSA, SANDEMAN, WARRE.

Lisboa r rs w; s; sch ★→★★ Große, hügelige Region um Lissabon mit unterschiedlichen Terroirs und einem Mischmasch lokaler und internationaler Rebsorten. Die bekanntesten DOCS sind ALENQUER (die wegweisenden Boutiquekellereien CHOCAPALHA und MONTE D'OIRO erzeugen die besten Roten) sowie BUCELAS und COLARES mit traditionellen Weinen. Frische trockene Weiße von immer besserer Qualität, v.a. wenn sie von Küsten- oder Hochlagen auf Kalksteinboden stammen, gibt es bei Adega Mãe (Viosinho), Casal Figueira (Vital), Casal Sta Maria (in Colares), QUINTA do Pinto (Verschnitte), Quinta de Sant'Ana (PINOT NOIR, RIESLING), Quinta da Serradinha (bio) und Vale da Capucha.

Madeira r w ★→★★★★ Die Atlantikinsel mit eigener DOC ist berühmt für ihre gespriteten Weine, erzeugt aber auch Tischweine von bescheidenem Anspruch (VINHO REGIONAL Terras Madeirenses und DOC Madeirense); am besten sind die VERDELHO-Gewächse. Empfehlenswerte Erzeuger: Atlantis, Barbusano, Moledo, Palmeira, Primeira Paixão, Terras do Avô.

Madeira Wine Company Mad – 1913 gegründeter Zusammenschluss aller 26 britischen MADEIRA-Unternehmen. Eigentümer von BLANDY, COSSART GORDON, Leacock und MILES; erzeugt über 50% aller abgefüllten Madeira-Exporte. Seit die Familie Blandy die Leitung übernommen hat, konzentriert sich die Tätigkeit nahezu ausschließlich auf die Förderung der Marke Blandy.

Malmsey (Malvasia Candida) Mad – Die süßeste und vollste der traditionellen edlen MADEIRA-Traubensorten, jedoch mit der für Madeira charakteristischen eigenartigen Schärfe. Passt hervorragend zu reichhaltigen Obst- und Schokoladendesserts – oder einfach nur zum Träumen.

Mateus Rosé rs (w); sch ★ Der meistverkaufte halbtrockene und mit etwas Kohlensäure versetzte Rosé der Welt wird jetzt in Klarglasflaschen abgefüllt und ist auch als (trockenere stille) weiße oder als schäumende (rosé und weiß) Version erhältlich. Zur Reihe Expressions gehören ein Maria Gomes/CHARDONNAY- und drei Rosé-Verschnitte (BAGA/SHIRAZ, Baga/MUSCAT und ARAGONEZ/ZINFANDEL).

Mendes, Anselmo Minho r w; s; sch ★★★ Gefeierter Weinmacher und Berater. Mehrere mustergültige ALVARINHO-Weine zum Einlagern, u. a. preiswerter (auf den Schalen gereifter) Contacto, exzellenter sinnlicher Curtimenta mit Eichennote, grandioser Parcela Única von einer Einzellage, erstklassiger Muros de Melgaço und lebhafter neuer Expressões. Guter LOUREIRO und seidiger, moderner roter VINHO VERDE (Pardusco) sowie der überraschende Orange Wine Vin Tempo. BEIRA-INTERIOR-, DÃO- und DOURO-Weine sind in Arbeit.

Minho Fluss, der die Nordwestgrenze zu Spanien bildet, und VINHO-REGIONAL-Gebiet, das sich mit dem VINHO-VERDE-Bereich deckt. Einige führende Vinho-Verde-Erzeuger verwenden lieber die Vinho-Regional-Kategorie.

Monte da Ravasqueira Alen ★★→★★★ Ein großartiges Terroir (hoch gelegener Weinberg in Amphitheaterform, Ton-Kalkstein auf Granit), Präzisionsweinbau und ein erfahrener Kellermeister bringen gute Weine hervor, v. a. den Vinha das Romas von einer Einzelparzelle und den MR Premium (rot, rosé und weiß).

Monte d'Oiro, Quinta do Lis r rs w ★★→★★★ Der Familienbetrieb begann mit Hermitage-Reben von Maison Chapoutier (siehe Frankreich) und erzeugt nun aromatischen, cremigen SYRAH, eigentümlichen VIOGNIER (Madrigal) und feinen TINTA RORIZ (Têmpera). Besonders empfehlenswert ist der Ex Aequo (Syrah/TOURIGA NACIONAL) von Bento & Chapoutier.

Moscatel de Setúbal Set s ★★★ DOC südlich von Lissabon für gespriteten süßen MOSCATEL mit exotischen Duftnoten, u. a. der rare Roxo; oft mit dem Zusatz »Superior« auf dem Etikett. José Maria da FONSECA (der älteste Betrieb) besitzt alte Bestände, u. a. den berühmten 100 Jahre alten Round Trip. Beste Erzeuger: BACALHÔA, Horácio dos REIS SIMÕES und Quinta do Piloto. Günstig: Casa Ermelinda Freitas, Adega de PEGÕES, SIVIPA.

Moscatel do Douro Douro – Aus dem hoch gelegenen Anbaubereich Favaios kommt überraschend frischer gespriteter Moscatel Galego branco (MUSCAT blanc à petit grains), der den Vergleich mit Dessertweinen aus SETÚBAL nicht zu scheuen braucht. Empfehlenswerte Erzeuger: ADEGA de FAVAIOS, NIEPOORT, POÇAS und PORTAL.

Mouchão, Herdade do Alen r w; s ★★★ **05' 06 07 08'** 09 10 11' – Auf die ALICANTE-BOUSCHET-Traube spezialisierter alteingesessener Familienbetrieb. Sehr gute Cuvées älterer Spitzenjahrgänge (COLHEITAS Antigas, 02 03), Tonel 3–4 (03 05' 08 11') und gespriteter *licoroso.* Preiswert sind der Verschnitt Ponte das Canas (mit SYRAH) und der Dom Rafael.

Mouraz, Casa de Dão r w ★★ Boutiquekellerei und Pionier in Sachen ökologischer Anbau. Moderne, aber charaktervolle Weine (v. a. Elfa) von in Familienbesitz befindlichen Weinbergen auf 140 bis 400 m Höhe. Der Keller und einige Reblagen wurden durch Waldbrände zerstört, der Wiederaufbau geschieht dank Crowdfunding-Mitteln. Die Weine der Reihe AIR werden von zugekauften Ökotrauben aus den Bereichen ALENTEJO, DOURO und VINHO VERDE bereitet.

Mouro, Quinta do Alen r w ★★→★★★ Verlässlicher ALENTEJO-Erzeuger mit imponierenden Rotweinen von einheimischen Trauben plus CABERNET SAUVIGNON (auch als sortenreine Versionen). Sehr guter Mouro, der ausgezeichnete Mouro Gold wird in Spitzenjahren erzeugt (**05 06' 07'** 08 09 10 11). Vinha do Malhó ist ein aromatischer Centurion/PETITE SIRAH-Verschnitt. Preiswert sind Vinha do Mouro und Zagalos.

Murganheira, Caves sch ★★★ Portugals größter ESPUMANTE-Erzeuger; auch Besitzer von RAPOSEIRA. Cuvées und sortenreine Schaumweine von einheimischen und französischen Rebsorten: Vintage, Grande RESERVA, Czar (rosé).

Weine aus Lagen mit Atlantikeinfluss passen am besten zu den vielfältigen Meeresfrüchte- und Fischgerichten der portugiesischen Küche.

Niepoort Bair, Dão, Douro r rs w ★★★→★★★★ Auf vielen Gebieten tätiges Portweinhaus in Familienbesitz und Pionier für DOURO-Tischweine. Highlights: VINTAGE PORT, einzigartige, in Glasballons gereifte GARRAFEIRA und Bioma von einer Einzellage. Sehr guter TAWNY, v. a. die eleganten flaschengereiften COLHEITAS. Schöne Reihe von Douro-Weinen, v. a. Redoma (rot, rosé, weiß und weiße RESERVA), Coche (ein großartiger Weißwein), der legendäre Charme und der einzigartige Turris von einer Einzellage mit 130 Jahre alten Reben. Das beeindruckende Projectos-Sortiment umfasst Weine von Lesegut aus verschiedenen Regionen, bei denen verschiedene Weinmacher zusammenarbeiten, namentlich António Madeira (DÃO), DODA (Dão), Ladredo (Ribeira Sacra, Spanien) und Navazos (Spanien). Den weitblickenden Dirk Niepoort zieht es jetzt nach BAIRRADA (v. a. GARRAFEIRA, Poeirinho, VV) und Dão (v. a. Conciso) sowie ins VINHO-VERDE-Gebiet.

Noval, Quinta do Douro, Port r w ★★★→★★★★ Historisches Gut, seit 1993 im Besitz von AXA. Vor allem seit 1994 beständig feiner VINTAGE PORT (**63' 66 67 70 75 78 82 85 87 91 94' 95 97' 00' 03'** 04 07' 08' 11' 12' 13' 14 15') und das (teure) Kronjuwel, der außergewöhnliche Nacional (**62 63' 66' 70 94' 96'** 97' 00' 01' 03' 04' 11') von 2,5 ha wurzelechten Reben. Das Vintage-Port-Zweitetikett heißt Silval. Daneben grandiose COLHEITAS, 20- und 40-Year-Old, und ungefiltert abgefüllter LBV. Erzeugt seit 2004 auch DOURO-Tischweine, u. a. den günstigen Cedro (Verschnitt aus einheimischen Trauben und SYRAH), sehr guten Noval und sortenreinen TOURIGA NACIONAL.

Offley Port ★→★★ Traditionsreiches Portweinhaus, jetzt im Besitz von SOGRAPE. In neuerer Zeit guter, fruchtbetonter VINTAGE PORT, ungefiltert abgefüllter LBV und TAWNY. Aperitif- und Cocktailweine: WHITE PORT Cachuca RESERVE und ROSÉ PORT.

Palmela Set r w ★→★★★ Auf die Rotweinsorte Castelão konzentrierte DOC. Beste Erzeuger: Herdade Pegos Claros, Horácio dos REIS SIMÕES, QUINTA do Piloto. Im Auge behalten.

Passarella, Casa da Dão r rs w ★★→★★★ Das wiederbelebte Gut aus dem 19. Jh. bietet ein sehr gutes Sortiment, v. a. der Flaggschiffwein Villa Oliveira von Encruzado und TOURIGA NACIONAL (aus einem alten Weinberg mit gemischtem Satz) sowie roter Pedras Altas von einer Einzellage, weißer Vinha do Províncio, erstklassiger Edição (ein Verschnitt von 5 Encruzado-Jahrgängen) und hervorragender roter 125 Anos. Ferner sehr gute Boutiquereihe Fugitivo, v. a. Enólogo, Enxertia (Jaen), Vinhas Centenárias (roter Verschnitt von 100 Jahre alten Reben) und neuer Curtimenta. Ausgezeichneter, preiswerter GARRAFEIRA (weiß).

Pato, Filipa Bair r w; s; sch ★★→★★★ Die Tochter von Luís PATO legt großen Wert auf Terroir, das in ihren »ungeschminkten Weinen« zum Ausdruck kommt. So etwa beim Aushängeschild, den Nossa-Calcario-Gewächsen von alten Reben: seidiger, duftender BAGA (rot) und komplexer Bical (weiß). Sehr gut ist der in *lagares* aus Eichenholz vergorene Territorio Vivo von alten Reben. Wie ihr Vater lotet Filipa die Grenzen aus, v. a. mit dem in Amphoren gereiften Post Quercus (rot und weiß).

Talha-Weine

Die Methode der Weinbereitung in Tonamphoren, in Portugal *talhas* genannt, wurde wahrscheinlich vor 2000 Jahren von den Römern eingeführt. Jetzt liegen *talhas* voll im Trend. Spitzenerzeuger: CORTES DE CIMA, ESPORÃO, Herdade dos Outeiros Altos, Herdade do Peso, Herdade do Rocim, José de Sousa und Piteira. In BAIRRADA und VINHO VERDE probiert man ebenfalls Amphoren aus. Aber ob der Wein dadurch wirklich besser wird? Siehe auch S. 451.

Pato, Luís Bair r w; s; sch ★★→★★★★ Berechtigterweise selbstbewusster Winzer in BAIRRADA. Seinen Spitznamen »Mr. BAGA« verdankt er den wahrhaft langlebigen Baga-Weinen aus Einzellagen (den Vinhas Barrio, Barrosa und Pan) sowie den beiden Pé-Franco-Weinen von wurzelechten Reben von der QUINTA do Ribeirinho (Sandboden) und Valadas (Kreide-Ton-Boden). Sofort trinkreif und preiswert: Vinhas Velhas (rot und weiß), Baga Rebel und der exzentrische (auf Baga-Schalen vergorene) rote FERNÃO PIRES. Sehr gute Weißweine, z. B. Vinhas Velhas (von der Einzellage Vinha Formal), und Schaumwein (Maria Gomes Método Antigo sowie Informal von früh gelesenen Trauben).

Pegões, Adega de Set r rs w; s; sch ★→★★ Die rührige Genossenschaft bietet mit der Marke Stella und dem alkoholarmen weißen Nico schöne, saubere Frucht und mit den Rot- und Weißweinen namens COLHEITA Seleccionada ein gutes Preis-Leistungs-Verhältnis.

Península de Setúbal Set ★→★★ Hieß früher Terras do Sado. Küstenregion südlich von Lissabon. Die Trauben für den VINHO REGIONAL wachsen hauptsächlich auf Kreide- oder Sandhügeln an den Flüssen Sado und Tejo. Bewährte Erzeuger: BACALHÔA, Casa Ermelinda Freitas, José Maria FONSECA, Adega de PEGÕES, SIVIPA. Im Auge behalten: António Saramago, Herdade do Portocarro und Soberanas.

Pereira d'Oliveira Vinhos Mad ★★→★★★★ Der Familienbetrieb verfügt über einen enormen Vorrat (1,6 Millionen Liter) an FRASQUEIRA, der nur auf Bestellung vom Fass abgefüllt wird; viele der Weine kann man in der sehenswerten Kellerei von 1619 verkosten. Zu den besten gehören überwältigende Jahrgänge aus dem 19. Jahrhundert (MOSCATEL 1875; SERCIAL 1875, Terrantez 1880) und der seltene Bastardo 1927.

Periquita Zweiter Name der Castelão-Traube, aber auch der Name der erfolgreichen Marke von José Maria da FONSECA.

Poças Douro, Port ★★→★★★ 1918 gegründeter Familienbetrieb mit sehr guten COLHEITAS (**64 67' 92 94 95** 97 00 01) sowie 20-, 30- und 40-Year-Old TAWNY, der durch alte Bestände ermöglicht wird. Guter VINTAGE PORT. Die Qualität der Tischweine steigt stetig. Der sehr gute Símbolo entsteht in Zusammenarbeit mit Hubert de Boüard, Eigentümer von Château Angélus in Bordeaux.

Poeira, Quinta do Douro r w ★★★ Das eigene Projekt des önologischen Beraters Jorge Moreira. Die Weine von den kühlen, nach Norden ausgerichteten Hängen sind intensiv und sanft zugleich, v. a. der Rote. Jetzt längere Flaschenreifung. Außerdem sehr guter Verschnitt Ímpar auf CABERNET-SAUVIGNON-Basis aus einer Einzellage. Ferner straffer, zupackender, eichenwürziger ALVARINHO. Hochklassiges Zweitetikett Pó de Poeira (rot und weiß).

Portalegre Alen r rs w ★→★★★ Die Wiederbelebung des nördlichsten Unterbereichs des ALENTEJO schreitet voran; ein Zeichen dafür sind der Kauf hoch gelegener Weinberge (durch SYMINGTON) und historischer Weingüter (TAPADA DO CHAVES). Auslöser dieser Bewegung waren die Weinpublizisten Richard Mayson (QUINTA do Centro) und João Afonso (Solstício/Equinócio), der Lissaboner Starkoch Vitor Claro, der önologische Berater Rui Reguinga (Terrenus), Susana ESTEBAN und Herdade do ESPORÃO. Erhöht gelegene Weinberge mit Granit- und Schieferböden, alte Reben und viel Regen – all das sorgt für frische, strukturierte Weine mit Tiefe. Im Auge behalten.

Quinta Portugiesisch »Weingut«. Als »Single-Quinta« werden VINTAGE PORTS von einzelnen Weingütern bezeichnet, die in nicht deklarierten Jahren erzeugt werden (und von Winzern mit einem einzigen Gut immer häufiger auch in Spitzenjahren).

Ramos, João Portugal Alen r w ★→★★★ Einer der angesehensten Weinmacher in Portugal, der jetzt unter eigenem Namen (DOC VINHO VERDE) und unter anderen Markennamen (DUORUM, FALUA, Foz de Arouce, QUINTA da Viçosa, Vila Santa) tätig ist. Das Rezept: preiswerte, ihrer Region verpflichtete Weine mit kommerziellem Potenzial. Die Spitzengewächse sind erstklassig, v. a. Estremus und Marquês de Borba RESERVA.

Ramos Pinto Douro, Port ★★★ 1880 gegründeter wegbereitender Portwein- und DOURO-Tischweinerzeuger, im Besitz des Champagnerhauses Roederer. Beständig, v. a. bei Duas Quintas RESERVA (rot) und Reserva Especial (hauptsächlich TOURIGA NACIONAL von Bom Retiro). Sehr guter VINTAGE PORT zum Einlagern, einschließlich Single-QUINTA Vintage (Quinta de Ervamoira). Komplexer 10-Year-Old Single-Quinta TAWNY (de Ervamoira) und 20-Year-Old (Bom Retiro) – der Klassenbeste. Der gute 30-Year-Old enthält einen Schuss 100-jährigen Tawny. Kellermeisterin Ana Rosas löst den in den Ruhestand getretenen João Nicolau de Almeida ab.

Raposeira Douro sch ★★ im Besitz von MURGANHEIRA. Schaumwein mit Flaschengärung. Aushängeschild ist der Velha Reserva (CHARDONNAY/PINOT NOIR), der 4 Jahre auf der Hefe reift.

Real Companhia Velha Douro, Port r rs w; s ★→★★★ Die Familie Silva Reis hat ihrem Sortiment an Port- (inkl. Royal Oporto und Delaforce) und DOURO-Weinen mit Präzisionsweinbau (540 ha) und -bereitungsmethoden (unter Jorge Moreira von POEIRA) neues Leben eingehaucht. Sehr guter Flagschiffwein QUINTA das Carvalhas (rot und weiß), VINTAGE PORT und 20-Year-Old TAWNY. Preiswert sind die Marken Aciprestes und Evel, Cuvées liefert die Quinta de Cidrô (sehr guter CABERNET SAUVIGNON/TOURIGA NACIONAL). Gutes experimentelles Projekt namens Séries. Neue, faszinierende Weißweine von der Quinta do Síbio (v. a. seltener Samarrinho).

Grandjó ist die beste Spätlese in Portugal. Carvalhas Memories ist ein ganz besonderer, 149 Jahre alter Very Old Tawny.

Reguinga, Rui Alen, Tejo ★★★ Önologischer Berater mit eigenen Projekten: im ALENTEJO die sehr gute Reihe Terrenus von alten Reben, darunter der weiße Vinha da Serra von einer Einzellage mit 100 Jahre alten Reben; im Bereich TEJO der von der Rhône inspirierte Tributo (SYRAH/GRENACHE/VIOGNIER). Ist außerdem in Argentinien tätig.

Reis Simões, Horácio dos Set – Kleiner, innovativer Erzeuger. Im (wechselnden) Angebot sind u. a. Spätlese und gespriteter MOSCATEL (besonders empfehlenswert sind Roxo Single Cask und Excellent). Außerdem spannender, seltener gespriteter Bastardo. Im Auge behalten sollte man die Tischweine: leichter, fruchtiger Bastardo, BOAL (v. a. die Grande RESERVA von 100-jährigen Reben) und CASTELÃO.

UNESCO-Welterbe Pico

Auf der trockenen Vulkaninsel Pico entdeckt man Hügel, die bis zum Meer hin abfallen und von einem Raster schwarzer Steinmauern überzogen sind, die die Rebparzellen voneinander abgrenzen. Generationen von Kleinbauern haben eine feindselige Umgebung gezähmt, um ihren eigenen Lebensstil und einen Wein von fantastischer Qualität zu erschaffen.

Reserva/Reserve Port – Höhere Qualität als normal oder vor dem Verkauf länger gereift (oder beides). Bei Portwein: ohne Altersangabe abgefüllt (für RUBY und TAWNY verwendet). Bei Tischweinen sind die Vorschriften für die Reifung je nach Region unterschiedlich.

Romeira, Quinta da r rs w; sch ★→★★ Das historische Gut in BUCELAS hält seine Stellung unter dem neuen Eigentümer Wine Ventures. Die Rebflächen wurden vergrößert (75 ha, vorwiegend ARINTO) und umfassen jetzt auch Süd- und Nordhänge für etwas unterschiedliche Stile. Sehr guter Arinto (Prova Régia RESERVA, eichenwürziger Morgado Sta Catherina Reserva). Preiswerter Prova Regia Arinto sowie Principium – Verschnitte von französischen und portugiesischen Rebsorten (VINHO REGIONAL LISBOA).

Rosado Rosé. Wachsende Kategorie. Zu den besten Erzeugern zählen Colinas de São Lourenço (Tête de Cuvée), Covela, QUINTA Nova, Monte da Ravasqueira, SOALHEIRO (Schaumwein), Vértice (Schaumwein).

Rosa, Quinta de la Douro, Port r rs w ★★★ Weingut in schöner Lage am Fluss in Pinhão. Die Qualität des Angebots an Port- und DOURO-Weinen steigt unter Weinmacher Jorge Moreira (POEIRA) rasch. Sehr guter VINTAGE PORT und LBV. Volle, dennoch elegante Weine, v. a. RESERVA (rot und weiß). DouROSA ist die Einsteigerreihe. Die Marke Passagem umfasst preiswerte, generöse Weine.

Rosé Port Port – Initiiert durch den Pink von CROFT (2005) und nun auch von anderen Port-Häusern (z. B. Krohn, POÇAS) erzeugt. Uneinheitliche Qualität. Servieren Sie ihn gekühlt, auf Eis oder (wenn's sein muss) als Cocktail.

Rozès Port ★★★ Die Port-Firma gehört zu Vranken-Pommery. Das Lesegut für die VINTAGE PORTS (einschließlich LBV) stammt von den drei QUINTAS Grifo, Anibal und Canameira, alle im Bereich DOURO Superior. Der Vintage Port Terras do Grifo ist ein Verschnitt aus den Trauben aller drei Quintas, der sehr gute LBV kommt nur von Grifo.

Ruby Port – Die einfachste, jüngste und billigste Portweinart; kann trotzdem lecker sein. RESERVE ist besser.

Sandeman Port Port ★★→★★★ Historische Firma im Besitz von SOGRAPE. Sehr guter TAWNY mit Altersangabe, v. a. 20-, 30- und 40-Year-Old, und ungefiltert abgefüllter LBV. Der großartige alte VINTAGE PORT (07' 11') bringt die Qualität zurück. Zweitetikett ist der offenherzige Vau Vintage. Wunderbarer Very Old Tawny Cask 33.

São João, Caves Bair r w; sch ★★→★★★ Der Tradition verpflichteter Familienbetrieb, der sich mit guten Rot- und Weißweinen im alten Stil einen Namen gemacht hat. Besonders empfehlenswert sind Frei João und Poço de Lobo (beide BAIRRADA) sowie Porta dos Cavalheiros (DÃO). Aus den umfassenden Beständen (ab 1963) kommen regelmäßig ältere Jahrgänge auf den Markt; gutes Preis-Leistungs-Verhältnis. Guter Weißwein (ARINTO/CHARDONNAY) und schäumende Cuvées.

Sercial Mad – Weißweintraube, die den trockensten MADEIRA hervorbringt – ein überaus feiner Aperitif, gut zu Räucherlachs oder Sushi. Siehe Kapitel »Rebsorten«.

Smith Woodhouse Port ★★★ Die 1784 gegründete kleine Port-Firma ist im Besitz von SYMINGTON. Guter ungefilterter LBV und einige sehr gute, trockenere VINTAGE PORTS (**66 70 75 77' 80 83 85 91 94** 97 00' 03 07 11'). Single-QUINTA da Madalena.

Soalheiro, Quinta de Minho r rs w; sch ★★→★★★★ Führender ALVARINHO-Spezialist mit einem Sortiment an Weinen (z. T. aus Ökoanbau), die das Einlagern lohnen. Sehr gut sind der subtil fassvergorene Primeiras Vinhas von alten Reben, die in Eiche ausgebaute RESERVA (weiß), der in Kastanienholz ausgebaute Terramatter mit teilweise biologischem Säureabbau und der ungefilterte Pur Nature. Der erste Rotwein, Oppaco, ist ein ungewöhnlicher Verschnitt von Vinhão und Alvarinho. Außerdem sehr guter Schaumwein (rosé und weiß).

Sogrape Minho ★→★★★★ Das erfolgreichste Unternehmen Portugals. Die Kronjuwelen, wenngleich aus unterschiedlichen Gründen, sind MATEUS ROSÉ und BARCA VELHA. Das Angebot umfasst Weine aus den Bereichen ALENTEJO (Herdade do Peso), DÃO (CARVALHAIS), DOURO (Casa Ferreirinha, Legado) und VINHO VERDE (u. a. preiswerter Azevedo) sowie Portwein (FERREIRA, SANDEMAN, OFFLEY).

Symington Family Estates Douro, Port r w ★★→★★★★ Der größte Grundbesitzer am DOURO mit 27 QUINTAS und einer Reihe von erstklassigen Portweinhäusern (u. a. COCKBURN, DOW, GRAHAM, VESÚVIO, WARRE). Erstklassige Douro-Reihe (CHRYSEIA, Vesúvio und gut bereiteter Bio-Altano). Symington engagiert sich jetzt auch im nördlichen ALENTEJO.

Tawny Port – In Holzfässern gelagerter Portwein (daher die bräunliche – *tawny* – Farbe), der trinkreif ist, wenn er auf den Markt kommt. Weine mit Altersangabe (10-, 20-, 30-, 40-Year-Old) und RESERVES besitzen deutlich mehr Komplexität und sind teurer. Jahrgangs-COLHEITAS und die üppigen Very Old Tawny Ports (mindestens 40 Jahre alt, aber meistens viel älter) kosten oft erheblich mehr als VINTAGE PORTS, sind ihren Preis aber nur selten wert.

Taylor, Fladgate & Yeatman (Taylor's) Port ★★→★★★★ Historisches Portweinhaus und FLADGATES Kronjuwel mit imposanten VINTAGE PORTS (66 70 **75 77' 80 83 85** 92' 94 97 00' 03' 07' 09' 11'). Zu diesen zählen auch Single-QUINTA-Weine (Terra Feita und Quintas Vargellas), darunter der seltene Vargellas Vinha Velha von über 70 Jahre alten Reben. Marktführer bei TAWNY, u. a. sehr gute Versionen mit Altersangabe, 50-Year-Old COLHEITAS und üppiger Very Old Tawny (Scion, 1863).

Tejo r w – Der DOC- und VINHO-REGIONAL-Bereich am gleichnamigen Fluss hat Quantität durch Qualität ersetzt, bringt aber immer noch wenig wirklich Aufregendes hervor. Solide Erzeuger sind FALUA sowie die QUINTAS da Alorna, da Lagoalva und da Lapa. Ambitionierter ist Encosta do Sobral; Rui REGUINGAS Tributo zeigt das Potenzial des Spitzenterroirs. Alte Reben der Traditionssorten CASTELÃO (Casal Branco) und FERNÃO PIRES zeitigen gute Ergebnisse.

Tinto Rot.

Trás-os-Montes Trans – DOC im bergigen Landesinnern unmittelbar nördlich des Bereichs DOURO. Renommiertester Erzeuger ist Valle Pradinhos, vielversprechend sind Encostas de Sonim, Valle de Passos und Sobreiró de Cima. (Der VINHO REGIONAL heißt Transmontano.)

Vale Dona Maria, Quinta do Douro, Port r rs w ★★→★★★ Jetzt im Besitz von AVELEDA. Sehr gute, opulente, aber dennoch elegante Rotweine, z. B. die beiden Einzellagenweine Vinha do Rio und Vinha da Francisca. Rauchig und mit Eichennote, aber trotzdem flott sind die Weißen aus zugekauften Trauben unter Etiketten wie CV (das Aushängeschild), Van Zellers (mittlere Kategorie), VVV (neu) und Rufo (Einsteigerniveau). Außerdem guter Port.

Vale Meão, Quinta do Douro r w ★★★ Das führende Gut im Bereich DOURO Superior, einst Traubenlieferant für den BARCA VELHA. Feiner langlebiger, eleganter Spitzenrotwein und preiswertes Zweitetikett Meandro (auch weiß). Außerdem guter Single-QUINTA VINTAGE PORT. Die Reihe Monte Meão umfasst sortenreine Weine.

Vallado, Quinta da Douro r rs w ★★→★★★ Familienweingut in Baixo Corgo mit moderner Kellerei. Die QUINTA do Orgal (mit Boutiquehotel »Casa do Rio«) im Bereich DOURO Superior erzeugt einen neuen, frischen Roten aus Ökoanbau. Beachtenswerte Reihe von Douro-Weinen (rot und weiß), u. a. RESERVA vom gemischten Satz. Guter 10-, 20-, 30- und 40-Year-Old TAWNY. Der Name Adelaide steht für den Spitzenrotwein vom Douro, VINTAGE PORT und den aufregenden Very Old Tawny Tributa (aus Zeiten vor der Reblaus).

Vasques de Carvalho Douro, Port ★★★ Neuer Erzeugerbetrieb, gegründet 2012 von António Vasques de Carvalho (der die Keller, Bestände und Weinberge der Familie geerbt hat) und seinem Geschäftspartner Luis Vale (der das Kapital heranschaffte). Sehr guter, stilvoller 10-, 20-, 30- und 40-Year-Old TAWNY.

Verdelho Mad – MADEIRA-Traube für die gleichnamigen halbtrockenen Weine; pikant, aber ohne das Rückgrat der SERCIAL-Traube. Guter Aperitif oder Begleiter zu Paté. Zunehmend auch für Tischweine beliebt.

Vértice Douro sch ★★★ Namhafter Schaumweinerzeuger am DOURO mit sehr preiswertem Gouveio und vorzüglichem, 8 Monate gereiftem PINOT NOIR aus einer Höhenlage.

Vesúvio, Quinta do Douro, Port ★★★★ Prachtvolle QUINTA, deren Portwein es mit den besten VINTAGE PORTS aufnehmen kann (00' 01 03' 04 05' 06 07' 08' 09 10 11' 12 13' 15). Der einzige Portwein von SYMINGTON FAMILY ESTATES, für den die Trauben noch mit menschlichen Füßen (statt von Robotern) gestampft werden. Ferner sehr guter, langlebiger roter Vesuvio von alten Reben und preiswertes Zweitetikett Pombal do Vesuvio (rot).

Vila Nova de Gaia Douro, Port – Historischer Sitz der Lagerhäuser *(lodges)* der großen Portweinfirmen, gegenüber von Porto auf der anderen Seite des Douro. Hotels und Restaurants sind hier wie Pilze aus dem Boden geschossen – und viele Port-Häuser haben ihre Lager anderswohin verlegt.

Vinho Regional (VR) oder Indicação Geográfica Protegida (IGP) Entspricht der französischen Kategorie Vin de pays und bietet mehr Freiraum zum Experimentieren als eine DOC/DOP.

Vinho Verde Minho r rs w; sch ★→★★★ Die größte portugiesische DOC im kühlen, regnerischen, grünen Nordwesten. Nach jahrzehntelanger Mittelmäßigkeit sind nun Zeichen eines Aufbruchs zu erkennen, sprich frische und bessere Verschnitte. Am besten sind die erstklassigen sortenreinen QUINTA-Weine aus Unterbereichen, u. a. ALVARINHO aus Monção e Melgaço (z. B. Adega de Monção, Anselmo MENDES, da Pedra, do Regueiro, Luís Seabra, Reguengo de Melgaço, SOALHEIRO), LOUREIRO aus Lima (z. B. Quinta do AMEAL, Aphros, Paço de Palmeria) und Avesso aus Baião (COVELA). Die rote Vinhão-Traube soll von den führenden Erzeugern (z. B. APHROS, Anselmo Mendes, Soalheiro) nun einer Runderneuerung unterzogen werden. Vinho Verde von Großproduzenten ist spritzig und muss rasch getrunken werden. Im Auge behalten sollte man die Quintas de Santiago, de Lixa und de San Joanne.

Vintage Port Port – Die besten Weine, die nur in besonders guten, »klassischen« Jahren von den einzelnen Portweinhäusern zwischen dem 1. Januar und dem 30. September des zweiten Jahres nach der Lese »deklariert« werden. Nach 2-jähriger Fasslagerung füllt man sie ungefiltert ab und lässt sie dann sehr langsam in der Flasche reifen. Dabei bilden sie Ablagerungen und sollten daher immer dekantiert werden. Moderne Vintage Ports sind früher zugänglich (und jung ein Genuss), die besten halten sich jedoch über 50 Jahre. Auch Single-QUINTA Vintage Ports sind früher trinkreif; die besten können aber 30 Jahre und mehr überdauern.

Warre Port ★★★→★★★★ Die älteste britische Portweinfirma überhaupt (1670 gegründet), heute im Besitz von SYMINGTON FAMILY ESTATES, erzeugt volle, langlebige VINTAGE PORTS (**63 66 70' 75 77' 80' 83 85 91 94 97** 00' 03 07' 09' 11') und ungefilterten LBV. Im eleganten Single-QUINTA und 10- und 20-Year-Old TAWNY Otima spiegeln sich die erhöhte Lage und das kühle Klima der Quinta da Cavadinha wider.

White Port Port – Von weißen Trauben hergestellter Port. Die Stile reichen von trocken *(dry)* bis süß *(lágrima),* meist wird weißer Portwein aber halbtrocken und als Verschnitt mehrerer Jahrgänge bereitet und pur oder auf Eis mit Tonic Water und frischer Minze als Aperitif getrunken. Wachsende Qualitätsnischen sind White Port mit Altersangabe (10-, 20-, 30- oder 40-Year-Old), z. B. von ANDRESEN, KOPKE oder QUINTA de Santa Eufemia, sowie die seltenen weißen COLHEITAS, etwa der Dalva von C. da Silva.

Wine & Soul Douro, Port r w ★★★★ Boutiqueprojekt von Sandra Tavares und Jorge Serôdio Borges; zu ihren das Terroir deutich zum Ausdruck bringenden Weinen zählen der sehr gute, eichengereifte weiße Guru, der vorzügliche QUINTA da Manoella Vinhas Velhas von alten Reben und der komplexe, dichte Pintas (von 80-jährigen Reben). Sehr gut sind auch der Pintas Character und das Zweitetikett Manoella (v. a. der Weiße). Außerdem sehr guter VINTAGE PORT Pintas und umwerfender Very Old TAWNY Port 5G (ein über fünf Generationen aufbewahrtes 120-jähriges Fass).

Schweiz

Die folgenden Abkürzungen werden im Text verwendet:

AG	Aargau
BE	Bern
BI	Basel-Land
BS	Basel-Stadt
FR	Freiburg (Fribourg)
GE	Genf (Genève)
GR	Graubünden
LU	Luzern
NE	Neuenburg (Neuchâtel)
SG	St. Gallen
SH	Schaffhausen
TG	Thurgau
TI	Tessin (Ticino)
VD	Waadt (Vaud)
VS	Wallis (Valais)
ZH	Zürich

Die dunklen Flächen bezeichnen die Weinbaugebiete

Weinliebhaber haben sich bislang nicht von den hohen Preisen für Burgunder abschrecken lassen, aber sie tun es, sobald von Schweizer Weinen die Rede ist. Nur wenige Ausländer trinken sie, obwohl sich Skifahrer schnell vom Kick eines Schweizer Fendant überzeugen lassen. Die raren Trauben aus der Alpenregion liefern außerordentliche Qualitäten und eine überraschende Vielfalt. Die beeindruckendsten sind dicht, oft süß, goldgelb bis bernsteinfarben und sehr langlebig. Die Alltagsweine sind kantige und körperreiche Weiße; Petit Arvine oder Completer liefern tolle Essensbegleiter, ebenso wie der allgegenwärtige rote Dôle. Dabei verfügen sie über viel bessere und interessantere Rotweine, Cornalin z.B. oder Humagne rouge. Dazu kommen Merlot aus dem Tessin mit einem italienisch-schweizerischen Touch und so mancher beeindruckender Syrah aus dem Wallis. Das höchste Ansehen genießen Chardonnay und Spätburgunder der Bündner Herrschaft. Der beste Rat an alle Skifahrer im Tiefschnee abseits der Pisten und natürlich auch an die Weinliebhaber: Leisten Sie sich einen Guide.

Neuere Jahrgänge

2017 Frost, Dürre, Hagel; einige Kantone konnten nur 20 % der sonst üblichen Menge ernten. Die Qualität ist vielversprechend.

2016 Frost im April, verregneter Frühsommer, später sonnig, gesundes Lesegut; überwiegend mittelschwere Weine.

2015 Großer Jahrgang, vielleicht der beste seit 50 Jahren: reife Frucht, perfekt ausgewogene Säure.

2014 Der trockene, sonnige September rettete die Ernte; ein Jahrgang klassisch strukturierter Weine.

2013 Sehr geringer Ertrag. In der Ostschweiz hervorragend, Weine von großartiger Frische und Reintönigkeit.

2012 Ein Jahrgang für gute Kellermeister – schwierig mit Hagel und Regen.

Ältere gute Jahrgänge: 2009, 2005 (alle), 2000 (v. a. Pinot noir, Walliser Rotweine), 1999 (Dézaley), 1997 (Dézaley), 1990 (alle).

Aargau (AG) – Weinbaukanton südöstlich von Basel, vorwiegend Blauburgunder (PINOT NOIR) und MÜLLER-THURGAU. Gute Erzeuger: u. a. Weinbaugenossenschaft Döttingen, Haefliger (biodynamisch), Hartmann, LITWAN, Meier (zum Sternen).

Aigle VD ★★ Weinbaugemeinde für CHASSELAS, bekannt für den sehr leichten Les Murailles von BADOUX. Empfehlenswert: Terroir du Crosex Grillé.

AOC Das Äquivalent zur französischen Appellation Contrôlée, das jedoch nicht wie in Frankreich auf nationaler Ebene festgelegt wird, sondern jeder Kanton hat seine eigenen Regeln. Insgesamt gibt es 85 AOCs.

Bachtobel, Schlossgut TG ★★★ Seit 1784 in Besitz von Nachfahren der Familie Kesselring, bekannt für raffinierten PINOT NOIR.

Bad Osterfingen SH ★★★ Restaurant und Weingut in einer historischen Badeanstalt von 1472. Michael Meyer ist ein PINOT-Spezialist. In Koproduktion entsteht der ZWAA.

Badoux, Henri VD ★★ Großer Erzeuger, dessen CHASSELAS AIGLE les Murailles (mit der traditionellen Eidechse auf dem Etikett) die beliebteste Schweizer Weinmarke ist, aber selten überzeugen kann.

Baumann, Ruedi SH ★★★ Führender Erzeuger in Oberhallau mit beerenduftigem, lagerfähigem PINOT NOIR, besonders der -R- und Ann Mee. ZWAA entsteht in Zusammenarbeit mit dem nahegelegenen Gut BAD OSTERFINGEN.

Bern (BE) – Bundesstadt der Schweiz und Kanton. Die Weinorte Ligerz, Schafis und Twann am Bielersee und Spiez am Thunersee produzieren überwiegend CHASSELAS und PINOT NOIR. Spitzenerzeuger: Andrey, Johanniterkeller, Schlössli und Steiner.

Besse, Gérald et Patricia VS ★★★ Führendes Familiengut im WALLIS, vorwiegend mit Lagen in Steilterrassen auf bis zu 600 m Höhe. Der großartige Ermitage Les Serpentines von alten Reben (08 09 10' **12 13'** 14 15) trägt seine Herkunft im Namen: MARSANNE von Granitböden, auf denen die Reben 1945 gepflanzt wurden.

Blattner, Valentin Rebenzüchter im Kanton Jura, bekannt für Kreuzungen wie Cabertin oder Pinotin, in denen er Pilzresistenz und hohe Qualität vereint.

Bonvin VS ★★→★★★ Ein alter Name im WALLIS, neuerdings stark verbessert, besonders dank lokaler Sorten, etwa in der Reihe Nobles Cépages (z. B. HEIDA, PETITE ARVINE, SYRAH).

Bovard, Louis VD ★★→★★★★ Familienweingut seit zehn Generationen. Der DÉZALEY La Médinette ist ein Wein wie aus dem Bilderbuch (99' 03 05' 08 09 10 **11 12' 13** 14 15 16). Alte Jahrgänge bis zurück zum Jahr 2000 sind auf der Domaine erhältlich.

Bündner Herrschaft GR ★★→★★★★ **05' 09' 10 11** 12 13' 14 15' 16 17 – Das Burgund der Schweiz: PINOT NOIR, hier BLAUBURGUNDER genannt, mit Struktur, Frucht und gutem Lagerungspotenzial. Individualistische Winzer und nur vier Gemeinden: FLÄSCH, Jenins, Maienfeld und MALANS. Das Klima hält gute Balance mit milden Winden aus dem Süden und kühleren Strömungen aus den nahen Bergen.

Calamin VD ★★★ GRAND CRU im LAVAUX, bringt einen herberen CHASSELAS-Stil als sein Nachbar DÉZALEY hervor. Nur 16 ha, Erzeuger: u. a. BOVARD, Dizerens, DUBOUX.

Castello di Morcote TI ★★★ Eine der Weinlagen im TESSIN mit der schönsten Aussicht, gepflegt von der Kunsthistorikerin Gaby Gianini. Dabei kommen gut ausbalancierte, warme und geschmeidige MERLOTS heraus; dazu kleine Mengen an CABERNET FRANC.

Chablais VD ★★→★★★ Weinbaugebiet am oberen Ende des Genfer Sees; Spitzengemeinden: AIGLE, YVORNE. Der Name leitet sich vom lateinischen *caput lacis,* Kopf des Sees, ab.

Changins Zweitrangiger Weinort in LA CÔTE, aber die Heimat der Schweizerischen Hochschule für Lehre und Forschung in Sachen Weinbau und Önologie.

Chanton, Josef-Marie und Mario VS ★★★ Großartige Walliser Spezialitäten; Weinberge bis in 800 m Höhe: Eyholzer Roter, Gwäss, HEIDA, Himbertscha, Lafnetscha und Resi.

Chappaz, Marie-Thérèse VS ★★★→★★★★ Das kleine, biologisch-dynamisch bewirtschaftete Gut in Fully ist berühmt für großartige Süßweine aus der lokalen Traube Petite ARVINE **00 02 03 04' 06'** (430 g/l Restzucker!) **09 10** und Ermitage (MARSANNE). Schwer aufzutreiben.

Côte, La VD ★→★★★ 2.000 ha westlich von Lausanne am Genfer See, hauptsächlich CHASSELAS in sehr leichtem und kommerziellem Stil. Die bekanntesten Gemeinden: FÉCHY, Mont-sur-Rolle und Morges.

Cruchon, Henri VD ★★→★★★ Biodynamisch arbeitender Winzer in LA CÔTE mit vielen Spezialitäten wie VIOGNIER, Altesse, Servagnin und BLATTNER-Kreuzungen. Spitzengewächs ist der PINOT NOIR Raissennaz.

Dézaley VD ★★★ **90' 97 99 03 05' 09' 10 11 12 13 14** 15' 16 17 – Berühmter GRAND CRU des LAVAUX, der steil zum Genfer See hin abfällt, 50 ha, im 12. Jh. von Zisterziensermönchen angelegt. Mächtige CHASSELAS-Weine, die sich mit der Reifung schön entwickeln. Am besten sind DUBOUX, Fonjallaz, Louis Bovard, Monachon, Ville de Lausanne. Außerdem kleine Rotweinproduktion, meist Cuvées.

Dôle VS ★★ Die Antwort des WALLIS auf den Burgunder Passetoutgrains: PINOT NOIR mit GAMAY. Allerdings sollte man nur bei verlässlichen Produzenten kaufen. Der leicht roséfarbene Dôle Blanche wird aus sofort nach der Lese gepresstem Traubengut hergestellt.

Donatsch, Thomas GR ★★★ Seit 1974 Barrique-Pionier in MALANS, neuerdings unterstützt von seinem Sohn Martin. Voller, geschmeidiger PINOT NOIR, knackiger CHARDONNAY. Das gastfreundliche Familienrestaurant »Zum Ochsen« gehört dazu – ein guter Ort, um sich eine Flasche öffnen zu lassen.

Duboux, Blaise VD ★★★ 5-ha-Familienbetrieb in LAVAUX. Herausragender DÉZALEY *vieilles vignes* Haut de Pierre (sehr reichhaltiger, mineralischer Stil), CALAMIN Cuvée Vincent.

Epesses VD ★→★★★ Bekannte AOC in LAVAUX mit 130 ha rund um den GRAND CRU CALAMIN: robuste, körperreiche Weißweine. Erzeuger: u. a. BOVARD, DUBOUX, Fonjallaz und Luc Massy.

Féchy VD ★→★★★ Berühmte, aber unzuverlässige AOC in La CÔTE; v. a. CHASSELAS.

Federweisser Ostschweizer Bezeichnung für hellen Rosé- oder sogar Blanc de Noirs von BLAUBURGUNDER – analog zum Weißherbst in Deutschland, wo die Bezeichnung Federweißer für gärenden Traubenmost (Sauser) verwendet wird.

Schweizer Wein und die globale Erwärmung

Das Schweizer *Bundesamt für Umwelt* hat eine umfassende Studie über die Auswirkungen der globalen Erwärmung auf das Land und die Agrarwirtschaft veröffentlicht. Ergebnis: Die negativen übertreffen die positiven bei Weitem. Längere Vegetationsperioden sind zwar positiv, können aber die Risiken von vermehrter Trockenheit, Hitzewellen, Überschwemmungen und Erdrutschen nicht kompensieren. Und kürzere Winter bedeuten weniger Tourismus – das wiederum könnte sich negativ auf den Weinkonsum auswirken. Ob sich die Meinung nach den Schneefällen 2017 wieder ändert?

Fendant VS ★→★★★ WALLISER Appellation für körperreichen CHASSELAS; die ideale Begleitung zu Käsefondue oder Raclette. Empfehlenswert: BESSE, Domaine Cornulus, GERMANIER, PROVINS und SIMON MAYE. Der Name ist abgeleitet von franz. *se fendre* (springen, platzen), da die reifen Beeren des lokalen Chasselas-Klons aufplatzen, wenn man sie zwischen den Fingerspitzen zerdrückt.

Fläsch GR ★★★→★★★★ Weinort in der BÜNDNER HERRSCHAFT mit Schiefer- und Kalkböden, die sehr mineralischen und straffen PINOT NOIR hervorbringen. Viele empfehlenswerte Güter, vor allem Mitglieder der Familien Adank, Hermann und Marugg. Gantenbein sticht besonders hervor.

flétri/mi-flétri Spät gelesenes Traubengut, aus dem süßer bzw. leicht süßer Wein gekeltert wird, v. a. bei Walliser Spezialitäten üblich.

Fribourg (Freiburg FR) – 115 ha am Ufer des Murtensees (Mont Vully): kraftvoller CHASSELAS, eleganter TRAMINER, runder PINOT NOIR. Empfehlenswert: Château de Praz, Chervet, Cru de l'Hôpital, Derron.

Fromm, Georg Weingut GR ★★★ 04 05' 09' 10 11 **12 13'** 14 15' 16 17 – Spitzenerzeuger in MALANS. 5 ha werden derzeit auf Bio umgestellt. Bekannt für subtilen PINOT NOIR aus Einzellagen: Fidler, Schöpfi, Selfi und Selvenen. Baut gerade einen neuen Weinkeller mit dem Architekten Peter Zumthor.

Gantenbein, Daniel und Martha GR ★★★★ 05 09' 10' 11 12 13' 14 15' 16 17 – Winzerstars mit Sitz in FLÄSCH. Erzeugen erstklassigen PINOT NOIR von Klonen, die von der Dom. de la Romanée-Conti (siehe Frankreich) bezogen wurden, und Riesling von Klonen, die vom Weingut Dr. Loosen (siehe Deutschland) stammen. Herausragender CHARDONNAY in äußerst limitierten Mengen.

Genf (Genève GE) – Die Stadt ist umgeben von 1.400 ha Rebflächen, oft weit vom gleichnamigen See entfernt. Die meisten Weinberge gehören dort zum benachbarten Kanton WAADT. Angebaut werden viele verschiedene Rebsorten. Erzeuger: Balisiers, Grand'Cour, Les Hutins und Novelle.

Germanier, Jean-René VS ★★→★★★ Bedeutendes Gut im WALLIS, verlässlicher FENDANT Les Terrasses, eleganter SYRAH Cayas und AMIGNE von Schieferböden aus Vétroz, in süßer (Mitis) und trockener Version.

Glacier, Vin du (Gletscherwein) VS ★★★ Fast schon legendärer, aus der seltenen Sorte Rèze gekelterter und oxidativ in (Lärchen-)Holz ausgebauter Walliser Weißwein aus dem Val d'Anniviers. Zu finden im Rathaus von Grimentz. Fast eine Art alpiner Sherry.

Grain Noble ConfidenCiel VS – Qualitätsbezeichnung für ursprüngliche Süßweine. Empfehlenswert: CHAPPAZ, DOMAINE DU MONT D'OR, Dorsaz (beide Güter), GERMANIER, Philippe Darioli und PROVINS.

Grand Cru VS, VD – Uneinheitlich verwendete Bezeichnung, gebräuchlich im WALLIS (die Gemeinde Salgesch hat eine Regelung für PINOT NOIR) und im WAADT (dort darf »Premier Grand Cru« für eine Vielzahl von Gutsabfüllungen verwendet werden). Die Schweiz besitzt nur zwei Grands Crus im Sinne einer Weinbergklassifikation: CALAMIN und DÉZALEY.

Graubünden (Grisons GR) – Hauptsächlich deutschsprachiger Bergkanton. BLAUBURGUNDER ist der König. Siehe BÜNDNER HERRSCHAFT. Die besten Erzeuger in anderen Gebieten: Manfred Meier, von TSCHARNER.

Huber, Daniel ★★→★★★ Pionier, der vermutlich historische Lagen wieder urbar gemacht hat. Er hat sie 1981 als Brachland erworben. Wird seit 2003 biodynamisch bewirtschaftet. Neuerdings wird er von seinem Sohn Jonas unterstützt. Verlässlicher MERLOT Fustoquattro, Premiummarke ist der Montagna Magica (03 05' 07 08 09 **10 11** 12).

Johannisberg VS – Synonym für SILVANER im WALLIS, oft halbtrocken oder süß ausgebaut. Schmeckt großartig zu Fondue. Exzellent von der Domaine du Mont d'Or.

Joris, Didier VS ★★★→★★★★ Nur 3 ha groß, aber ein Dutzend verschiedener Rebsorten bringen Weine von großer Tiefe und Komplexität. Dazu zählt der außergewöhnliche und seltene MARSANNE. Außerdem wird hier die lokale weiße Rebsorte Diolle vor dem Aussterben bewahrt.

La Colombe, Domaine VD ★★→★★★ Biologisch-dynamisch arbeitender Familienbetrieb mit 15 ha in FÉCHY, La CÔTE. Am bekanntesten für eine Reihe lagerfähiger CHASSELAS-Weine, z. B. La Brez.

La Rodeline, Domaine VS ★★★ Familienweingut im WALLIS, bekannt für den Anbau regionaler Rebsorten auf erstklassigen terrassierten Einzellagen in Fully und Leytron: La Chaille CORNALIN, Les Claives MARSANNE und Petite ARVINE, Plamont HEIDA, Raffort HUMAGNE Blanc.

Lavaux VD ★★→★★★★ Die 30 km steilen, nach Süden ausgerichteten Weinbergterrassen östlich von Lausanne sind UNESCO-Welterbe. Einzigartig voller, mineralischer CHASSELAS. Zwei GRANDS CRUS (DÉZALEY, CALAMIN) und diverse Gemeinde-AOCS.

Litwan, Tom AG ★★★ Neuer Erzeuger, der in Burgund studiert hat. Feiner, detailreicher PINOT NOIR Auf der Mauer und Chalofe (»Kalkbrennofen«).

Malans GR – Gemeinde in der BÜNDNER HERRSCHAFT. Spitzenerzeuger des hiesigen PINOT NOIR: Donatsch, FROMM, Liesch, Studach, Wegelin. Aus der spät reifenden Lokalsorte Completer wird ein langlebiger phenolischer Weißwein bereitet, der den Mönchen früher als Trunk zum Abendgebet diente, dem Completorium. Adolf Boner (**01' 05'**) ist hier der Gralshüter.

Maye, Simon et Fils VS ★★★ Perfektionistischer Betrieb in St-Pierre-de-Clages. Kompakter SYRAH *vieilles vignes* (00 07 09 **10** 11' 12), würziger, kraftvoller Païen (HEIDA), die FENDANTS sind ebenfalls sehr gut.

Mémoire des Vins Suisses Verband von 56 führenden Erzeugern mit dem Ziel, einen Bestand an Schweizer Weinikonen aufzubauen, um deren Alterungspotenzial nachzuweisen. Die ältesten Weine sind von 1999.

Mercier, Anne Catherine et Denis VS ★★★→★★★★ Familienweingut in SIERRE. Anne-Catherine und Denis Mercier werden jetzt von ihrer Tochter Madeleine unterstützt. Das akribisch betriebene Weinbergsmanagement erzeugt dichte, aromatische Rote wie z. B. den archetypischen CORNALIN (99 02 03 05' 07 09' 10' 11 12 13 14 15) und SYRAH.

Mont d'Or, Domaine du VS ★★→★★★★ Legendäres Gut im WALLIS. Liebliche und edelsüße Weine wie der JOHANNISBERG Saint-Martin (07 08' 09 10 11 12).

Neuenburg (Neuchâtel NE) ★→★★★ 600 ha im Umland der Stadt und des Sees mit kalkhaltigen Böden. Leicht perlender CHASSELAS und exquisiter PINOT NOIR von einem örtlichen Klon (Cortaillod). Erzeuger: Château d'Auvernier (auch GRAUBURGUNDER), La Maison Carrée, Porret, TATASCIORE.

Œil de Perdrix NE – »Rebhuhnauge«. Blasser Rosé von PINOT NOIR. Ursprünglich aus NEUCHÂTEL, jetzt auch anderswo anzutreffen.

Pircher, Urs ZH ★★★→★★★★ Spitzenerzeuger in Eglisau an einem steilen Südhang über dem Rhein. Hervorragender PINOT NOIR Stadtberger Barrique (05' 09' 10 **11** **12** 13' 14 15' 16) von alten Schweizer Klonen. Die Weißen bestechen durch ihre wunderbare Reintönigkeit.

Provins VS ★→★★★ Winzergenossenschaft mit mehr als 4.000 Mitgliedern, der größte Produzent der Schweiz mit 1.500 ha Rebflächen und 34 verschiedenen Traubensorten. Ordentliche Einstiegsweine, sehr gute Reihe Maître de Chais (Eichenausbau).

Rouvinez Vins VS ★→★★★ Berühmter Erzeuger in SIERRE, am bekanntesten für die Cuvées La Trémaille (w) und Le Tourmentin (r). Die Familie betreibt auch die Güter BONVIN, Caves Orsat und Imesch.

Ruch SH ★★★ Exzellenter PINOT NOIR aus Hallau, z. B. der Chölle von 60 Jahre alten Reben oder der Haalde von einer Steillage. In Amphoren vergorener MÜLLER-THURGAU. Nur 2,5 ha groß.

Schaffhausen (SH) ★→★★★ Nahe dem Rheinfall gelegene Hauptstadt des gleichnamigen Kantons. Hochburg des BLAUBURGUNDERS. Die bekannteste Gemeinde ist Hallau, doch Vorsicht ist geboten. Spitzenerzeuger: BAD OSTERFINGEN, BAUMANN, RUCH und Strasser.

Schenk S.A. VD ★→★★★ Weltweit agierender Weingigant mit Hauptsitz in Rolle, 1893 gegründet. Klassische Weine (vor allem aus der WAADT und dem WALLIS); beträchtliche Exporte.

Schwarzenbach Weinbau ZH ★★★ Führender Familienbetrieb am Zürichsee, bekannt für knackige Weißweine. Die örtlichen Spezialitäten sind Räuschling und MÜLLER-THURGAU. Gute Begleiter zu Süßwasserfisch.

Sierre VS ★★→★★★ Die auf sechs Hügeln erbaute Stadt im WALLIS ist die Heimat körperreicher, üppiger Weine. Die bekanntesten sind des Muses, Imesch, MERCIER, ROUVINEZ und Zufferey.

Sion VS ★★→★★★ Hauptstadt und Weinbauzentrum des WALLIS, Standort großer Erzeuger: Charles Bonvin Fils, Gilliard, PROVINS und Varone.

Spezialitäten Reben, die nur in geringen Mengen vorkommen, bringen mit die besten Weine der Schweiz hervor: Räuschling, GEWÜRZTRAMINER oder GRAUBURGUNDER in der Deutschschweiz oder lokale Sorten (wie JOHANNISBERG, MARSANNE und SYRAH) im WALLIS.

Sprecher von Bernegg GR ★★★ Das historische Gut in Jenins in der BÜNDNER HERRSCHAFT wurde vom jungen Jan Luzi wiederbelebt. V. a. PINOT NOIR: Vom Lindenwingert, Vom Pfaffen/Calander.

St. Jodern Kellerei VS ★★→★★★ Die Genossenschaft in VISPERTERMINEN ist bekannt für ihren Heida Veritas von wurzelechten alten Reben, der auf wunderbare Weise das alpine Terroir spiegelt.

St-Saphorin VD ★→★★★ Benachbartes AOC von DÉZALEY. Die Weine sind leichter, aber ebenso fein. Empfehlenswert: Les Manchettes von Pierre Monachon.

Stucky, Werner TI ★★★→★★★★ Pionier des MERLOT del Ticino, jetzt unterstützt von seinem Sohn Simon. Drei Weine sind im Angebot: Temenos (Completer/SAUVIGNON BLANC), Tracce di Sassi (Merlot) und Conte di Luna (Merlot/CABERNET SAUVIGNON). Stuckys beste Lage ist nur per Seilbahn erreichbar.

Tatasciore, Jacques NE ★★★★ Shootingstar in NEUCHÂTEL, dessen raffinierter PINOT NOIR beweist, dass das Burgund nicht so weit entfernt ist.

Tessin (Ticino TI) ★→★★★ Italienischsprachige Südschweiz. Angebaut wird vorwiegend MERLOT; die besten Weine sind stilistisch alles andere als »international«, z. B. von Agriloro, CASTELLO MORCOTE, Gialdi, HUBER, Klausener, Kopp von der Crone Visini, STUCKY, Tamborini, Valsangiacomo, Vinattieri oder ZÜNDEL.

> **Weinregionen der Schweiz**
>
> Die Schweiz ist grob in sechs Weinregionen unterteilt: WALLIS (Valais), WAADT (Vaud), GENF (Genève), TESSIN (Ticino), Drei-Seen-Land (Neuenburger-, Murten- und Bielersee) und die Deutschschweiz, zu der ZÜRICH, SCHAFFHAUSEN, GRAUBÜNDEN, AARGAU, St. Gallen, der Thurgau und einige kleinere Weinbaukantone gehören.

Tscharner, Gian-Battista von ★★→★★★ Familienbetrieb auf Schloss Reichenau in GRAUBÜNDEN, tanninbetonter BLAUBURGUNDER (Churer Gian-Battista 99 00 05' 07 09 10 11) mit Alterungspotenzial.

Visperterminen VS w ★→★★★ Weinbaugebiet im OBERWALLIS, v. a. bekannt für HEIDA. Besitzt mit dem Rieben einen der höchsten Weinberge Europas auf über 1.000 m Höhe. Empfehlenswert: CHANTON, ST. JODERN KELLEREI.

Waadt (Vaud VD) – Für seine konservative Einstellung bekannter Weinbaukanton. Bedeutende große Erzeuger: Bolle, Hammel, Obrist und SCHENK. CHASSELAS gibt den Ton an – aber nur gute Terroirs rechtfertigen die Treue der Winzer.

Wallis (Valais VS) – Größter Weinbaukanton der Schweiz im trockenen, sonnigen oberen Rhône-Tal. Für BLAUBURGUNDER vielfach zu warm, aber einheimische Sorten wie MARSANNE sind herausragend. Der SYRAH verweist so manche französische »Legende« auf die Plätze. Spitzenerzeuger: BESSE, CHANTON, CHAPPAZ, Cornulus, Darioli, des Muses, Dorsaz, GERMANIER, JORIS, MAYE, MERCIER, MONT D'OR, PROVINS, ROUVINEZ, ST. JODERN KELLEREI und Zufferey (beide Güter).

Yvorne VD ★★→★★★ Ort im CHABLAIS mit Rebflächen auf dem Geröll einer 1584 niedergegangenen Lawine. Empfehlenswert: Château Maison Blanche, Commune d'Yvorne und Domaine de l'Ovaille.

Zündel, Christian TI ★★★→★★★★ 02 05' 09 10 11 12 13 14 15 – Deutschschweizer Geologe im TESSIN. Weine von großer Reintönigkeit und Finesse, besonders der MERLOT/CABERNET SAUVIGNON Orizzonte. Der CHARDONNAY Dosso war kurz davor, Kultstatus zu erreichen, als die Rebkrankheit *flavescence dorée* (goldgelbe Vergilbung) den ganzen Weinberg zerstört hat. Die letzte Lese war 2015.

Zürich (ZH) – Größter Weinbaukanton in der Deutschschweiz mit 610 ha. Angebaut wird überwiegend BLAUBURGUNDER; Räuschling ist eine lokale Spezialität. Die besten Erzeuger sind Gehring, Lüthi, PIRCHER, SCHWARZENBACH und Zahner.

Zur Metzg, Winzerei ZH ★★→★★★ Ehemaliger Banker wurde Winzer und erzeugt raffinierten SPÄTBURGUNDER und fassvergorenen MÜLLER-THURGAU. Die Trauben werden überwiegend zugekauft, vinifiziert wird in einem ehemaligen Lebensmittelgeschäft.

Zwaa SH ★★★ Zusammenarbeit zweier führender und sehr gegensätzlicher Weingüter in SCHAFFHAUSEN: BAUMANN hat schwere tiefe Lehmböden, und bei Meyer in OSTERFINGEN wächst der Wein auf Kalk und Kies. Der Rote ist ein SPÄTBURGUNDER (94' 97 98 99 99 01 02 03 **04 05 06** 07 **09'** 10 11 12 13' 14 15'), sein weißes Gegenstück eine Cuvée aus WEISSBURGUNDER und CHARDONNAY (00' 04 05' 06 07' 08 **09 10 11' 12** 13 14).

Österreich

Die dunklen Flächen bezeichnen die Weinbaugebiete

Die folgenden Abkürzungen werden im Text verwendet:

Bgl	Burgenland
Carn	Carnuntum
M-Bgl	Mittelburgenland
NÖ	Niederösterreich
N'see	Neusiedlersee
N'see-Hü	Neusiedlersee-Hügelland
SO-Stm	Südoststeiermark
S-Stm	Südsteiermark
Stm	Steiermark
S-Bgl	Südburgenland
Therm	Thermenregion
Vulk	Vulkanland Steiermark
W-Stm	Weststeiermark

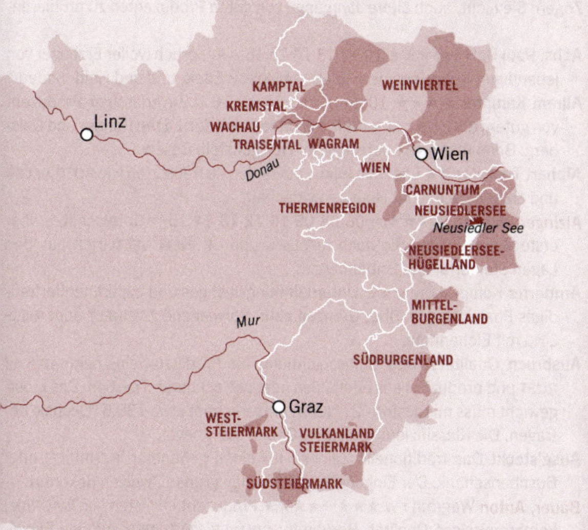

Die Alpenrepublik produziert europaweit den Wein mit der im Durchschnitt höchsten Qualität – das ist wahrscheinlich der Grund, warum das Land in manchen Märkten angesagter ist als die augenscheinlichen Geschwister Deutschland und Elsass. Der Stil ist makellos, kristallin und ausbalanciert mit hinreichend Alkohol. Es wird Wert gelegt auf eine genaue Lagenbezeichnung, die Weingüter sind in der Regel eher klein, im Familienbesitz – und sehr ehrgeizig. Das österreichische Qualitätssystem bewegt sich gerade weg von der alten germanischen Einteilung, die auf Zuckerwerten basiert – hin zu einer, die sich eher auf die Herkunft stützt. Das zahlt viel mehr auf regionale Stile und die Vielfalt der Rebsorten ein: Grüner Veltliner hat es bereits zu internationalem Renomée gebracht, während die Sorten Blaufränkisch und Zweigelt den modernen Wunsch nach leichteren und frischeren Rotweinen bedienen. Die Einführung des Weinviertels als Österreichs erstem DAC-Gebiet im Jahr 2002 gab den Startschuss. 2017 kam als Nr. 10 das Schilcherland dazu. Als nächste DAC-Kandidaten stehen die Steiermark ebenso wie Rosalia und der Ausbruch im Burgenland auf der Liste.

Neuere Jahrgänge

2017 Hagel, Frost, Hitze, Trockenheit, aber am Ende normale Erträge, anständige Qualität.

2016 Frühjahrsfrost, Mehltau und Hagel haben die Erträge reduziert. Was übrig blieb, ist von guter Qualität.

2015 Sehr gute Qualität. Die Sommerhitze verursachte keine größeren Schäden.

2014 Das durchwachsene Wetter erforderte gewissenhafte Auslese: Qualität auf Kosten von Quantität.

2013 Ein heißer, trockener Sommer, Regen im September. Sehr gut für Süßweine.

2012 Kleinere Ernte als 2011; Qualität zufriedenstellend oder besser.

2011 Einer der besten Jahrgänge seit Menschengedenken. Unbedingt probieren.

Zögern Sie nicht, auch ältere Jahrgänge von guten Produzenten zu probieren.

Achs, Paul Bgl r (w) ★★★ 10 12 13 14 15 16 – Anspruchsvoller Erzeuger von lebendigen Rotweinen, v. a. BLAUFRÄNKISCH Edelgrund und Heideboden.

Allram Kamptal w ★★★ 10 11 12 13 **14** 15 16 – Zuverlässiger Produzent von gutem GRÜNEN VELTLINER, besonders aus den Lagen Renner und Gaisberg. Beim RIESLING überzeugt der Heiligenstein Reserve.

Alphart Therm w ★★ Legt den Fokus auf regionale Rebsorten wie ROTGIPFLER und ZIERFANDLER, mit Heurigenwirtschaft.

Alzinger Wachau w ★★★★ 06 08 **09** 10 **12 13 14** 15 – Unterschätzt, aber erste Wahl! Fragen Sie nach RIESLING und GRÜNEM VELTLINER aus den Lagen Steinertal und Loibenberg.

Arndorfer Kamptal r w ★★★ Unternehmungslustiges und experimentierfreudiges Paar, das gern über Grenzen geht. Vorwiegend ZWEIGELT oder RIESLING mit Eichennote.

Ausbruch Qualitäts- und Stilbezeichnung für Prädikatswein; begrenzt auf RUST und produziert aus edelfaulen oder getrockneten Trauben. Das Mostgewicht muss mindestens 27 °KMW, umgerechnet etwa 138,6 °Oechsle betragen. Die Klassifizierung als DAC-Gebiet steht bevor.

Ausg'steckt Das traditionelle Zeichen für einen geöffneten HEURIGEN oder Buschenschank: Der Eingang ist mit frischen grünen Zweigen dekoriert.

Bauer, Anton Wagram r w ★★★→★★★★ Produzent im Osten von WAGRAM; kompromisslose Qualität. Berühmter GRÜNER VELTLINER aus den Einzellagen Rosenberg und Spiegel. Erstaunlich eleganter PINOT NOIR.

Beck, Judith Bgl r w ★★→★★★ Experimentierfreudiges und biologisch arbeitendes Nachwuchstalent. Man sollte sie im Auge behalten für ihre Cuvées aus lokalen roten Rebsorten.

Braunstein, Birgit Bgl r w ★★★ 10 12 13 15 16 – Biowinzerin mit einer seltenen Intuition und Experimentiergeist. Sie produziert erstaunliche Rote aus den Reben BLAUFRÄNKISCH vom LEITHABERG, SPÄTBURGUNDER und ST. LAURENT. Dazu experimentiert sie mit dem CHARDONNAY Magna Mater, der in Amphoren ausgebaut wird. Unbedingt probieren.

Bründlmayer, Willi Kamptal r w; s; sch ★★★★ 06 08 10 11' **12** 13 14 15 – Zu Recht gefeierter Spitzenerzeuger in Langenlois. GRÜNER VELTLINER und RIESLING, v. a. Heiligenstein und Steinmassl. Toller Schaumwein mit traditioneller Flaschengärung und beeindruckender SPÄTBURGUNDER.

Burgenland r (w) – Bundesland und Weinbauregion im Osten Österreichs an der ungarischen Grenze. Wärmeres Klima als in NIEDERÖSTERREICH, deshalb vorwiegend rote Reben wie BLAUFRÄNKISCH, ST. LAURENT und ZWEI-

GELT. Rund um den flachen NEUSIEDLER SEE herrschen ideale Bedingungen für edelfaule Süßweine, besonders in RUST.

Carnuntum NÖ r w – Leider oft unterschätztes Weinbaugebiet südöstlich von WIEN, das sich auf Rotweine spezialisiert hat, v. a. auf ZWEIGELT, der als Rubin Carnuntum vermarktet wird. Beste Erzeuger: G. Markowitsch, MUHR-VAN DER NIEPOORT, Netzl und TRAPL.

Christ Wien r w ★★★ Dynamischer Erzeuger in WIEN mit einem HEURIGEN, der ganz neue Maßstäbe setzt. GEMISCHTER SATZ wie aus dem Bilderbuch und experimentelle rote Verschnitte.

Teilvergorener Traubenmost nennt sich *Sturm:* eine beliebte Spezialität im Herbst, aber nicht ganz ungefährlich.

DAC – Districtus Austriae Controllatus Herkunfts- und qualitätsbasiertes Appellationssystem, Bezeichnung für gebietstypische Weine und Weinstile. Der erste DAC, das WEINVIERTEL, wurde 2001 gegründet und führte zu einem steilen Qualitätsanstieg in der Region. Aktuell sind es zehn DACs: EISENBERG, KAMPTAL, KREMSTAL, LEITHABERG, MITTELBURGENLAND, NEUSIEDLERSEE, TRAISENTAL, Weinviertel, Wiener GEMISCHTER SATZ und der Neuzugang SCHILCHERLAND. Weitere sollen folgen. Die DACs staffeln nach Klassik- und RESERVE-Weinen, dazu sind Rebsorten und Reifebedingungen vorgeschrieben.

Domäne Wachau Wachau w ★★★→★★★★ Die beste österreichische Genossenschaft, spezialisiert auf Einzellagen wie Achleiten, Bruck oder Kellerberg. Großartige Weine quer durchs Sortiment. Tolles Preis-Leistungs-Verhältnis beim SMARAGD oder den Terrassen-Kollektionen.

Ebner-Ebenauer Weinviertel w; sch ★★★ Dynamisches junges Paar mit kompromisslosem Qualitätsbewusstsein, besonders für den GRÜNEN VELTLINER aus den Einzellagen Hermanschachern, Bürsting und Sauberg. Großartiger Blanc de Blancs mit traditioneller Flaschengärung (08 10).

Eichinger, Birgit Kamptal w ★★★→★★★★ Erstklassige Erzeugerin im KAMPTAL von strammen RIESLINGEN, v. a. Heiligenstein, und außergewöhnlich ausdrucksstarkem GRÜNEN VELTLINER wie dem Hasel.

Eisenberg Bgl – Kleiner DAC (seit 2009); begrenzt auf BLAUFRÄNKISCH von Schieferböden der Region. Kraftvoll und trotzdem elegant.

Erste Lage Spitzenkategorie nach der Weinbergklassifikation des ÖTW. Derzeit gehören 59 Lagen im KAMPTAL, KREMSTAL, TRAISENTAL und WAGRAM dazu.

Esterhazy Bgl r (w) ★★★ Historisches Schloss (Haydn hat hier gearbeitet) in Eisenstadt (BURGENLAND) mit runderneuertem Qualitätsanspruch und dynamischem Management.

Federspiel Wachau – In der Klassifizierung der VINEA WACHAU die mittlere Kategorie in Sachen Reife und Alkohol: mindestens 11,5%, maximal 12,5%. Unaufdringliche Weine für die Gastronomie, manche mit Reifepotenzial wie der SMARAGD. Nach der Beuteattrappe für zur Jagd abgerichtete Falken benannt.

Feiler-Artinger Bgl r w; s ★★★→★★★★ 06 07 **08** 10 **13** **14** 15 16 – Erstklassiges Weingut in RUST, berühmt für seinen AUSBRUCH-Dessertwein, dazu subtiler BLAUFRÄNKISCH Umriss. Pittoreske historische Gebäude.

Gemischter Satz Wien – Wiederbelebte Traditionsmethode, bei der mehrere weiße Rebsorten im selben Weinberg wachsen und gemeinsam als Cuvée vinifiziert werden. Weit verbreitet v. a. im WEINVIERTEL und in WIEN. In Wien erhielten bestimmte Erzeuger 2013 DAC-Status. Keine Sorte darf zu mehr als 50% enthalten sein. Empfehlenswert z. B. von CHRIST, GROISS, LENIKUS und WIENINGER.

Österreich

Gesellmann Bgl r w; (s) ★★★ Bekannt für kraftvolle Cuvées aus regionalen roten Rebsorten.

Geyerhof Kremstal r w ★★→★★★ Zuverlässiger Spitzen-Bioproduzent für RIESLING, besonders den Sprinzenberg. Bemerkenswert der Einstiegswein Stockwerk.

Gols Bgl r (w) – Weinbauort am Nordufer des NEUSIEDLER SEES. Die Besten: BECK, G. HEINRICH, NITTNAUS, PITTNAUER, PREISINGER.

Gritsch – Mauritiushof Wachau w ★★→★★★ Ausdrucksstarke SMARAGD-Weine, v. a. RIESLING von der Lage 1000-Eimerberg; neue Rebflächen für GRÜNEN VELTLINER in Hochlagen.

Groiss, Ingrid Weinviertel w ★★ Experimentierfreudige und talentierte junge Winzerin, spezialisiert auf alte Weinberge. Pfeffriger GRÜNER VELTLINER und GEMISCHTER SATZ von ungewöhnlichen Trauben.

Grosse Lage Stm – Höchste Klassifikation für einen Weinberg in der STEIERMARK, an der Donau wird immer noch daran gearbeitet (siehe ERSTE LAGE).

Geröstete Kastanien (Maroni) sind der traditionelle Snack zum rassigen neuen Schilcher.

Gumpoldskirchen Therm – Einst berühmter und immer noch beliebter Ort für HEURIGEN südlich von WIEN; Zentrum des Weinbaugebiets THERMENREGION. Heimat von Raritäten wie ZIERFANDLER oder Rotgipfler.

Gut Oggau Bgl r w ★★→★★★ Kreativer, experimentierfreudiger und umsichtiger Bioproduzent.

Harkamp S-Stm w; s ★★★ Erstklassiger Produzent von SAUVIGNON BLANC in der Südsteiermark, wird geradezu verehrt für seine exquisiten Sekte nach der *méthode traditionelle*.

Heinrich, Gernot Bgl r w; tr s ★★★ 08 10 **12** 13 15 – Mitglied der Winzervereinigung PANNOBILE. Schöner BLAUFRÄNKISCH, besonders Alter Berg und CHARDONNAY der Appellation LEITHABERG.

Heinrich, Johann Bgl r w ★★★ 08 09 12 13 14 15 – Bekannt für körperreiche und ausdrucksstarke BLAUFRÄNKISCH wie dem Goldberg.

Heuriger Steht erstens für den Wein der letzten Ernte, zweitens für eine gemütliche Weinschenke, in der die Winzer ihre eigenen Weine ausschenken und dazu rustikale regionale Speisen servieren. Eine Institution in WIEN. Siehe AUSG'STECKT.

Hiedler Kamptal w; s ★★★ Konzentrierter und präziser RIESLING Steinhaus mit Reifepotenzial, lebendiger GRÜNER VELTLINER Thal und Kittmannsberg.

Hirsch Kamptal w ★★★ 10 **12 13** 14 15 16 – Stilvoller RIESLING mit Klasse und GRÜNER VELTLINER aus den Lagen Heiligenstein und Lamm. Der Einstiegswein Grüne Veltliner Hirschvergnügen macht Spaß.

Hirtzberger, Franz Wachau w ★★★★ 06 07 **08 10 13** 14 15 16 – Spitzenerzeuger in der WACHAU von kraftvollen, konzentrierten RIESLINGEN und GRÜNEN VELTLINERN, besonders aus den Lagen Honivogl und Singerriedel.

Huber, Markus Traisental w ★★★ Energischer und unternehmerisch denkender Erzeuger, der den typisch filigranen Stil in TRAISENTAL in den Mittelpunkt stellt.

Illmitz Bgl s – Gemeinde in Seewinkel am Neusiedlersee, bekannt für Beeren- und Trockenbeerenauslesen (siehe Deutschland). Beste Erzeuger: KRACHER, Opitz.

Jäger Wachau w ★★★ Erzeugt sehr würzigen GRÜNEN VELTLINER und RIESLING, besonders den Achleiten oder Klaus.

Jalits Bgl r (w) ★★★ Erzeuger von gleichermaßen elegantem wie kraftvollem BLAUFRÄNKISCH der DAC EISENBERG, v. a. Reserve Szapary und Reserve Diabas.

Jamek, Josef Wachau w ★★→★★★ Institution in der WACHAU mit Donaublick. Das berühmte Restaurant ist zurück mit frischem Elan. RIESLING und GRÜNER VELTLINER, v. a. von den Lagen Achleiten und Klaus.

Johanneshof Reinisch Therm r w ★★★→★★★★ Spitzenweingut in der THERMENREGION mit einem klaren Fokus: hervorragender SPÄTBURGUNDER, ROTGIPFLER, ST. LAURENT und ZIERFANDLER. Am besten aus den Einzellagen Frauenfeld, Holzspur, Satzing und Spiegel.

Jurtschitsch Kamptal w; sch ★★★→★★★★ Neu belebtes Bioweingut; durch die Bank sehr beeindruckend. Auch gute Schaumweine.

Kamptal NÖ (r) w – Weinbaugebiet am Donaunebenfluss Kamp nördlich der WACHAU, im Stil runder aufgrund der geringeren Höhe. Spitzenlagen: Heiligenstein, Käferberg, Lamm. Beste Erzeuger: BRÜNDLMAYER, EICHINGER, HIEDLER, HIRSCH, JURTSCHITSCH, LOIMER, SCHLOSS GOBELSBURG. Das Kamptal ist DAC für GRÜNEN VELTLINER und RIESLING.

Kerschbaum, Paul Bgl ★★★ 09 **12 13** 14 15 16 – Spezialist für BLAUFRÄNKISCH, bemerkenswerte Einzellage Hochäcker.

Klosterneuburg Wagram r w – Wichtigste Weinstadt in WAGRAM, Sitz der bereits 1860 gegründeten Weinbauschule mit Weinforschungsanstalt. Siehe auch KMW.

KMW Abkürzung für »Klosterneuburger Mostwaage«, in Österreich gebräuchliche Maßeinheit für den Zuckeranteil im Most. 1 °KMW entspricht etwa 4,86 °Oechsle (siehe Deutschland). In England ist die Maßeinheit Brix gebräuchlich. Zum Vergleich: 20 °Brix entsprechen 83 °Oechsle.

Knoll, Emmerich Wachau w ★★★★ 05 06 07 **08 10** 11 13 14 15 16 – Führende Winzer-Ikone der WACHAU. Erlesene, vielschichtige, langlebige Rieslinge. GRÜNE VELTLINER aller Qualitätsstufen. Bemerkenswerte Auslesen. Gereift am besten.

Kollwentz Bgl r w ★★★ **10 11** 13 15 16 – Großartige Rotweine und Rotwein-Cuvées.

Kracher Bgl s ★★★★ 03 04 05 **06 07 08 10** 11 13 14 – Botrytis-Spezialist in ILLMITZ, berühmt für seine Trockenbeerenauslesen (siehe Deutschland). Die Serie Nouvelle Vague ist im Eichenfass gereift.

Kremstal (r) w – Weinbaugebiet und DAC für GRÜNEN VELTLINER und RIESLING. Beste Erzeuger: MALAT, MOSER, NIGL, SALOMON UNDHOF, STIFT GÖTTWEIG, WEINGUT STADT KREMS.

Kitzeck in der Südsteiermark ist der am höchsten gelegene Weinort in Österreich: 564 Meter. Bloß nicht runtergucken!

Krutzler Bgl r ★★★ 08 **09 11 13** 14 15 – Berühmt für anspruchsvollen, körperreichen und langlebigen BLAUFRÄNKISCH. Spitzenwein: Perwolff.

Lagler Wachau w ★★★ Präziser RIESLING und GRÜNER VELTLINER; einer der wenigen, der NEUBURGER SMARAGD produziert.

Laurenz V. Kamptal ★★★ Marke für GRÜNEN VELTLINER verschiedener Qualitätsstufen, zielt auf internationale Märkte ab.

Leithaberg Bgl – DAC am Nordufer des NEUSIEDLER SEES. Überwiegend Kalkstein- und Schieferböden. Als rote Rebe darf ausschließlich BLAUFRÄNKISCH kultiviert werden, bei den Weißen sind GRÜNER VELTLINER, WEISSBURGUNDER, CHARDONNAY und NEUBURGER zugelassen.

Lenikus Wien w ★★ Start-up aus WIEN mit klar umrissenem GEMISCHTEM SATZ von der Lage Bisamberg.

Lenz Moser Kremstal ★→★★ Mit 17 Millionen Flaschen pro Jahr der größte Erzeuger im Land.

Lesehof Stagård Kremstal w ★★★ Das älteste Weingut von KREMS: beschwingter, spannender RIESLING.

Österreich

Loimer, Fred Kamptal (r) w; sch ★★★→★★★★ **10 11 13** 14 15 16 – Ehrgeiziger Pionier im Bioweinbau. Bekannt für ausdrucksstarke Weißweine aus den Einzellagen Heiligenstein und Steinmassl. Ergänzt wird das Sortiment um überzeugenden SPÄTBURGUNDER und ganz wunderbaren Schaumwein.

Malat Kremstal w ★★★→★★★★ Reintöniger RIESLING und GRÜNER VELTLINER mit richtig Schwung, besonders aus den Einzellagen Gottschelle und Silberbichl.

Mantlerhof Kremstal w ★★★ Bioproduzent mit sehr runden und trotzdem präzisen GRÜNEN VELTLINERN von Lössböden.

Mayer am Pfarrplatz Wien (r) w ★★ Steht in WIEN wie ein Fels in der Brandung, beliebtes HEURIGEN-Ziel.

Mittelburgenland Bgl r – DAC (seit 2005) nahe der ungarischen Grenze: strukturierter, lagerfähiger BLAUFRÄNKISCH. Erzeuger: GESELLMANN, J. HEINRICH, KERSCHBAUM und WENINGER.

Moric Bgl ★★★→★★★★ 06 08 **10 11 12** 13 15 – BLAUFRÄNKISCH mit Weltniveau, elegant und langlebig, besonders von den Einzellagen Neckenmarkt und Lutzmannsburg.

Muhr-van der Niepoort Carn r w ★★★ Qualitätsbesessener Produzent von BLAUFRÄNKISCH, der den Spitzerberg wieder nach vorne bringen will. Leichter zugänglich sind Liebeskind, Samt & Seide oder Sydhang SYRAH.

Netzl, Franz und Christine Carn r w ★★★ Führendes Gut für ausdrucksstarken, lagerfähigen ZWEIGELT, v. a. Ried Haidacker. Auch beachtliche rote Cuvées und preisgünstiger Rubin Carnuntum Zweigelt.

Neumayer Traisental w ★★★ Pionier in Sachen Qualität im TRAISENTAL, großartiger GRÜNER VELTLINER und RIESLING.

Neumeister Vulk ★★★ 09 11 12 13 14 15 16 – »Der« Spezialist für SAUVIGNON BLANC in der Weststeiermark, vor allem aus den Einzellagen Klausen und Moarfeitl. Auch die Stradener Alte Reben sind einen Versuch wert.

Neusiedler See Bgl – Flacher See nahe der ungarischen Grenze; der größte Steppensee Europas und ein wichtiges Naturreservat. Die feuchte Seeluft begünstigt das Auftreten von Edelfäule. Der DAC NEUSIEDLERSEE gilt für ZWEIGELT.

Niederösterreich Die Region gliedert sich in drei Teile: Die Donau (KAMPTAL, KREMSTAL, TRAISENTAL, WACHAU, WAGRAM), das WEINVIERTEL mit WIEN im Nordosten und den Süden (CARNUNTUM, THERMENREGION). Sie repräsentiert 59 % der Rebflächen von Österreich.

Nigl Kremstal w ★★★★ Qualitätsproduzent von stilvollen RIESLINGEN und GRÜNEN VELTLINERN, besonders die Privatabfüllungen.

Nikolaihof Wachau w ★★★→★★★★ 08 **09 10 13** 14 15 16 – Herausragender Pionier im biologisch-dynamischen Anbau. Packender RIESLING und GRÜNER VELTLINER von Weltklasse, allen voran die jüngsten Abfüllungen unter dem Label Vinothek.

Nittnaus, Anita und Hans Bgl r w; s ★★★→★★★★ Bioproduzent von eleganten und facettenreichen Rotweinen. Erstklassiger BLAUFRÄNKISCH Tannenberg und LEITHABERG. Bemerkenswerte PANNOBILE-Cuvée und der Comondor.

Nittnaus, Hans und Christine Bgl r w; s ★★★ Qualitätserzeuger von feinen Rotweinen in Gols, v. a. ZWEIGELT Heideboden, BLAUFRÄNKISCH Edelgrund, Rotweincuvée Nit'ana. Auch Trockenbeerenauslesen und Eisweine.

Ott, Bernhard Wagram w ★★★ Spezialist für GRÜNEN VELTLINER in WAGRAM. Seine Fans begeistern sich für den reichhaltigen runden Stil, besonders Fass 4, Rosenberg und Spiegel.

ÖTW – Österreichische Traditionsweingüter Kamptal, Kremstal, Traisental, Wagram – Private Vereinigung, die sich mit der Klassifizierung von Weinbergslagen befasst (siehe auch ERSTE LAGE und GROSSE LAGE). Hat derzeit 33 Mitglieder, aber keines aus der WACHAU.

Pannobile Bgl – Zusammenschluss von neun Winzern im Anbaugebiet NEUSIEDLERSEE mit dem Zentrum GOLS. Die Pannobile-Abfüllungen dürfen nur aus heimischem Rebgut erzeugt werden (ZWEIGELT, BLAUFRÄNKISCH, ST. LAURENT für Rote, WEISSBURGUNDER, GRAUBURGUNDER, CHARDONNAY und NEUBURGER für Weiße). Mitglieder u. a.: ACHS, BECK, G. HEINRICH, NITTNAUS, PITTNAUER und PREISINGER. Immer gut für interessante Weinentdeckungen.

Pfaffl Weinviertel r w ★★→★★★ **13 14 15** 16 – Großes und führendes Gut im WEINVIERTEL. Beachtliche Reserve-Weine. Erfinder der extrem erfolgreichen Marke The Dot, u.a. mit Austrian Pepper, Austrian Cherry etc., gekeltert aus GRÜNEM VELTLINER.

Pichler, Rudi Wachau w ★★★★ 09 10 **11 13** 14 15 16 – Anspruchsvoller Produzent von hervorragendem und sehr präzisem RIESLING und GRÜNEM VELTLINER aus den Einzellagen Achleiten oder Steinriegl.

Pichler, Franz Xaver Wachau w ★★★★ 06 07 08 **09** 11 13 14 15 16 – Eindringlicher, konzentriert-intensiver, ikonischer Riesling. Auch GRÜNER VELTLINER von Toplagen aus der WACHAU.

Pichler-Krutzler Wachau w ★★★ »Die« Heirat im österreichischen Weinadel. Außerordentliche Weißweine aus Top-Einzellagen in der Wachau, spannender Riesling.

Pittnauer, Gerhard Bgl r ★★★ Talentierter und intuitiv arbeitender Produzent, einer der besten österreichischen Erzeuger für ST. LAURENT, beispielsweise dem Rosenberg; der Einstiegswein Pitti bietet ein tolles Preis-Leistungs-Verhältnis.

Polz, Erich und Walter S-Stm ★★★ **12** 13 15 16 – Ambitionierter Weinbaubetrieb in der SÜDSTEIERMARK; beste Lage: Hochgrassnitzberg für SAUVIGNON BLANC und CHARDONNAY.

Prager, Franz Wachau w ★★★★ 07 08 09 10 **12** 13 14 15 16 – hervorragender messerscharfer RIESLING und GRÜNER VELTLINER, beeindruckende Ansammlung von Spitzenweinlagen. Ein sehr engagierter Winzer mit Geist und voller Neugier.

Preisinger, Claus Bgl r ★★★ Kreatives und respektloses Mitglied von PANNOBILE. Der rote Puszta Libre mit Kronkorken macht wirklich Spaß.

Prieler Bgl r w ★★★→★★★★ Alteingesessener Produzent im BURGENLAND, der sich intensiv auf langlebigen BLAUFRÄNKISCH und WEISSBURGUNDER konzentriert. Beachtlich sind der Haidsatz und Seeberg.

Proidl, Weingut Kremstal w ★★★ Konstant verlässliche RIESLINGE und GRÜNE VELTLINER, beide von der Lage Ehrenfels. Fragen Sie gezielt nach älteren RIESLING-Abfüllungen.

Reserve Attribut für DAC-Weine mit mind. 13% Alkohol und längerer Fassreifung.

Ried Österreichischer Ausdruck für Lage. Seit 2016 gebräuchlich für Abfüllungen aus Einzellagen.

Rust Bgl r w; tr s – Pittoresker befestigter Ort aus dem 17. Jahrhundert am NEUSIEDLER SEE. Heimat von zahlreichen brütenden Störchen. Berühmt für den Ruster AUSBRUCH. Beste Erzeuger: E. TRIEBAUMER, FEILER-ARTINGER und SCHRÖCK.

Sabathi, Hannes S-Stm w ★★★ SAUVIGON BLANC der Extraklasse. Bemerkenswert aus der Einzellage Pössnitzberg.

Salomon Undhof Kremstal w ★★★→★★★★ Stilsicherer, spannender GRÜNER VELTLINER und RIESLING, durchweg blitzblank, vor allem aus den Einzellagen Kögl und Pfaffenberg.

Österreich

Sattlerhof S-Stm w ★★★ 10 12 13 15 16 – Eine Ikone der Steiermark: reintöniger, in Eiche gereifter SAUVIGNON BLANC und MORILLON, besonders aus den Einzellagen Kranachberg und Sernauberg.

Schiefer, Uwe Bgl r ★★★ Weine mit Charakter – wie der kantige, elegante BLAUFRÄNKISCH vom EISENBERG.

Schilcher W-Stm – Rassiger und pfeffriger Rosé aus der heimischen Rebsorte Blauer Wildbacher, eine Spezialität der WESTSTEIERMARK. Seit 2017 ist das SCHILCHERLAND ein ausgewiesenes DAC-Gebiet.

Schilcherland W-Stm – Die kleine Region in der WESTSTEIERMARK, bekannt für den SCHILCHER, hat 2017 als 10. Gebiet den DAC-Status erhalten.

Schilfwein (Strohwein) Süßer Wein aus Trauben, die auf Schilfmatten vom NEUSIEDLER SEE getrocknet werden.

Schloss Gobelsburg Kamptal r w; tr s; sch ★★★★ 09 10 **12 13** 14 15 16 – Früheres Zisterziensergut mit einem Langzeitrekord in Sachen Top-Qualität: RIESLING und GRÜNER VELTLINER glänzen mit außergewöhnlicher Reinheit. Tolle Weine aus den Einzellagen Gaisberg, Heiligenstein, Lamm und Renner. Auch guter Schaumwein.

Schlumberger sch – Produziert in ganz großem Stil Prickelndes nach der *méthode traditionelle.*

Das internationale Weinfestival VieVinum findet im Zweijahresturnus in der Wiener Hofburg statt. Die Messe ist nicht nur für Fachpublikum geöffnet.

Schmelz, Johann Wachau w ★★★ Unterschätzter Produzent von hervorragenden Weißweinen.

Schröck, Heidi Bgl (r) w; s ★★★ Spitzenerzeugerin in RUST, die entschlossen daran arbeitet, den AUSBRUCH als vielfältigen Essensbegleiter zu etablieren, ihn also nicht nur als Dessertwein zu trinken.

Schuster, Rosi Bgl r ★★★ **13** 15 – Junge Spezialistin aus dem BURGENLAND für Rotweine.

Seewinkel Bgl – Naturreservat und Teil des Weinbaugebiets NEUSIEDLERSEE. Ideale Voraussetzungen für Botrytis-Weine.

Smaragd Wachau – Kategorie für den höchsten Reifegrad der VINEA WACHAU, die Weine müssen einen Alkoholgehalt von mind. 12,5% haben, erreichen aber oft bis zu 14%. Sie sind trocken, reichhaltig, lagerfähig und ausdrucksstark. Abhängig vom Produzenten oft mit Botrytis-Einfluss, aber trotzdem trocken ausgebaut. Benannt nach einer heimischen Eidechse.

Spätrot-Rotgipfler Therm – Verschnitt von ROTGIPFLER und Spätrot (= ein Synonym für ZIERFANDLER). Aromatisch, gewichtig und gut strukturiert. Typisch für GUMPOLDSKIRCHEN. Siehe auch Kapitel »Rebsorten«.

Spitz an der Donau Wachau w – Weinbauort mit atemberaubendem Donaublick im engsten und kühlsten Teil der WACHAU. Berühmt für die Lagen Singerriedel und 1000-Eimerberg. Erzeuger: GRITSCH – MAURITIUSHOF, HIRTZBERGER, LAGLER.

Stadlmann Therm r w; s ★★→★★★ Anspruchsvoller Produzent von ZIERFANDLER/ ROTGIPFLER wie aus dem Bilderbuch. Feingliedriger Gelber MUSKATELLER und ein großes Talent für SPÄTBURGUNDER.

Steiermark Südlichste Weinbauregion Österreichs, bekannt für aromatische, frische trockene Weißweine, v.a. SAUVIGNON BLANC. Siehe SÜDSTEIERMARK, VULKANLAND STEIERMARK, WESTSTEIERMARK und SCHILCHERLAND.

Steinfeder Wachau – Leichteste Kategorie der VINEA WACHAU für zarte, trockene Weine, die den modernen Geschmack bedienen. Maximaler Alkoholgehalt ist 11,5%. Benannt nach dem duftenden Steinfedergras *(Stipa pennata),* das hier wächst.

Stift Göttweig w ★★→★★★ Barockes Benediktinerstift bei Krems. Kompromisslos in Sachen Qualität. Präzise RIESLINGE und GRÜNE VELTLINER aus den Einzellagen Gottschelle und Silberbichl.

Südsteiermark Weinbaugebiet in der STEIERMARK nahe der slowenischen Grenze, berühmt für seine zarten, aber hocharomatischen MORILLON, MUSKATELLER und SAUVIGNON BLANC aus Steillagen. Beste Erzeuger: GROSS, POLZ, SABATHI, SATTLERHOF, TEMENT und WOHLMUTH.

Tegernseerhof Wachau w ★★→★★★ Sehr reiner, lebendiger, frischer RIESLING und GRÜNER VELTLINER. Wunderbares FEDERSPIEL.

Tement, Manfred S-Stm w ★★★ **09 10 12 13** 15 16 – SAUVIGNON BLANC mit Eichennote und MORILLON aus den Toplagen Grassnitzberg und Zieregg – alle Weltklasse.

Thermenregion NÖ r w – Kurregion östlich von Wien. Berühmt für die einheimischen Reben ZIERFANDLER und ROTGIPFLER. Traditioneller Hotspot für SPÄTBURGUNDER. Erzeuger: ALPHART, JOHANNESHOF REINISCH und STADLMANN.

Tinhof, Erwin Bgl r w ★★★ Talentierter Erzeuger von elegantem BLAUFRÄNKISCH wie dem Gloriette oder dem ST. LAURENT Feuersteig. Dazu lagerfähiger WEISSBURGUNDER Golden Erd sowie NEUBURGER.

Traisental NÖ – Kleiner Bezirk südlich von Krems. Der vorherrschende Kalkstein bringt Weine von zarter Struktur hervor. Spitzenerzeuger: HUBER, NEUMAYER.

Trapl, Johannes Carn r ★★→★★★ Talentierter und ehrgeiziger Newcomer; gut ausbalancierter BLAUFRÄNKISCH mit floralen Noten, vor allem Spitzerberg und ZWEIGELT mit Burgunderanmutung.

Triebaumer, Ernst Bgl r (w); (s) ★★★★ **08** 09 **10 12** 13 14 15 – Ikone unter den Erzeugern in RUST. Pionier der Wiedereinführung alter Rebsorten, hat das BLAUFRÄNKISCH-Revival eingeläutet. Bemerkenswerter Mariental und sehr guter AUSBRUCH.

Umathum, Josef Bgl r w; tr s ★★★→★★★★ Spitzen-Bioproduzent von intuitiven und elganten Roten. Ungewöhnlich gewichtiger Rosé Rosa.

Velich w; s ★★★ Erzeuger von CHARDONNAY mit sehr großer Fangemeinde. Herausragende Süßweine aus dem SEEWINKEL.

Veyder-Malberg Wachau w ★★★ Anspruchsvolles Boutiqueweingut in der Wachau. RIESLING und GRÜNER VELTLINER von großartiger Reinheit.

Vinea Wachau Wachau – Repräsentative Winzervereinigung von 1983 in der WACHAU. Strenge Qualitätscharta, die nach einer Reifeskala drei Kategorien für trockene Weine definiert: FEDERSPIEL, SMARAGD und STEINFEDER.

Vulkanland Steiermark Stm (r) – Das früher als Südoststeiermark bekannte Weinbaugebiet ist bekannt für sehr aromatische Rebsorten. Beste Erzeuger: NEUMEISTER und Winkler-Hermaden.

Wer mittelschwere und leicht nussige Weißweine schätzt, sollte unbedingt den indigenen österreichischen Neuburger probieren.

Wachau NÖ – Weltberühmte Weinbauregion an der Donau, Heimat einiger der ausdrucksstärksten und langlebigsten RIESLINGE und GRÜNEN VELTLINER Österreichs. Spitzenerzeuger: ALZINGER, DOMÄNE WACHAU, F. PICHLER, HIRTZBERGER, JAMEK, KNOLL, NIKOLAIHOF, PICHLER-KRUTZLER, PRAGER, R. PICHLER, TEGERNSEERHOF und VEYDER-MALBERG.

Wachter-Wiesler, Weingut Bgl r ★★★ Bemerkenswerter BLAUFRÄNKISCH, typisch für den DAC EISENBERG.

Wagentristl Bgl r (w) ★★ Es lohnt sich, diesen jungen Winzer im Auge zu behalten. Er zeigt viel Talent für SPÄTBURGUNDER und BLAUFRÄNKISCH.

Wagram NÖ (r) w – Weinregion westlich von WIEN, zu der auch KLOSTERNEUBURG gehört. Mächtige Geländestufe aus Löss, ideal für GRÜNEN VELTLINER und zunehmend auch SPÄTBURGUNDER. Spitzenerzeuger: BAUER, Ehmoser, Leth und OTT.

Grüne Helden

Methoden des Bio- oder biodynamischen Anbaus sind ein großes Thema in Österreich: Mehr als 10% der Winzer sind bereits zertifiziert, und viele weitere arbeiten schon mit den entsprechenden Methoden. Pioniere wie der NIKOLAIHOF in der WACHAU, JOSEF UMATHUM im BURGENLAND oder FRED LOIMER im KAMPTAL liefern super Qualitäten, und der zunehmende Erfolg gibt ihnen recht. Ähnlich interessant sind BECK, BRAUNSTEIN, GEYERHOF, GUT OGGAU, JURSCHITSCH oder Meinklang. Und nur keine Zurückhaltung bei der Frage nach experimentellen Naturweinen oder Orange Wines – mehr und mehr von ihnen sind im Angebot.

Weingut Stadt Krems Kremstal r w ★★→★★★ Genossenschaft, die große Sprünge in Sachen Qualität macht. Der Kellermeister arbeitet auch im STIFT GÖTTWEIG.

Weinviertel (r) w – Mit 13.356 ha die größte österreichische Weinregion, zwischen der Donau und der tschechischen Grenze gelegen; auch gleichnamiger DAC. Lange hat die Gegend den Weindurst von Wien gestillt, und noch immer liefert sie Grundweine für Schaumwein, aber das Qualitätsbewusstsein wächst mit dem Erfolg guter GRÜNER VELTLINER. Empfehlenswert: EBNER-EBENAUER, GROISS, PFAFFL.

Weninger, Franz Bgl r (w) ★★★★ **08 10 12** 13 15 16 – Vielversprechender, ambitionierter und eleganter BLAUFRÄNKISCH.

Weststeiermark Kleine Weinbauregion mit der Spezialität SCHILCHER. Seit 2017 ist das SCHILCHERLAND als neues DAC-Gebiet eingetragen.

Wien (r) w – Die Hauptstadt protzt mit 612 ha Rebflächen innerhalb der Stadtgrenzen. Lange Tradition, jetzt mit wiedererstarktem Qualitätsbewusstsein. Der traditionelle Anbau verschiedener Reben in einem Weinberg ist seit 2013 als DAC GEMISCHTER SATZ verankert. Der Heurigen-Besuch ist ein Muss. Beste Erzeuger: Christ, LENIKUS, WIENINGER und Zahel.

Wieninger, Fritz Wien r w; sch ★★★→★★★★ **13 14** 15 16 – Unerschütterlicher Platzhirsch in Wien, Pionier im Bioweinbau und mitverantwortlich für die Rückkehr des GEMISCHTEN SATZES. Eine Institution unter den Wiener HEURIGEN. Beste Lagen: Nussberg und Rosengartl.

Winzer Krems Kremstal w – Qualitätsbewusste Genossenschaft, der 962 Weinbauern mit insgesamt 990 ha angehören. Guter RIESLING und GRÜNER VELTLINER, zugänglicher ZWEIGELT.

Wohlmuth S-Stm w ★★★→★★★★ Erzeuger von Weltklasse aus der Steiermark für SAUVIGNON BLANC, besonders aus den Einzellagen Edelschuh und Steinriegl. Auf keinen Fall verpassen sollte man den federleichten und hocharomatischen Gelben MUSKATELLER.

England

Wenn das Herausbringen von einer Menge sehr hochpreisiger Luxus-Cuvées ein Zeichen von Zuversicht ist, dann zeugt der englische Schaumwein von ganzen Lastwagenladungen voller Zuversicht. Nyetimber und Gusbourne gesellen sich gerade zu Sugrue Pierre und Kit's Coty an die teuerste Spitze des Marktes, und weitere werden folgen. Die Mengen sind klein, von »Lastwagenladungen« zu sprechen ist also etwas übertrieben. Aber die Spitzenproduzenten nehmen das Marketing genauso ernst wie die Weinbereitung. Und sie können es sich leisten: Schaumwein ist ein kapitalintensives Business, und wer es gut machen will, muss richtig tief in die Tasche greifen. Das führt zu einem anderen Punkt. Die Qualität des englischen Schaumweins ist sehr unterschiedlich. Die Bewertungen hier können bei der Kaufentscheidung helfen. Leider sind die besten Kellereien nicht immer die größten, und Weine, mit denen Sie sich am ehesten anfreunden können, vermitteln nicht unbedingt den besten Eindruck von englischem Schaumwein. In einer Zeit, in der sich die Spitzenproduzenten immer weiter vom Rest des Feldes absetzen, wird es umso wichtiger, kritisch zu sein.

Bluebell Estates Ost-Sussex – Hier sollte man auf den Blanc de Blancs setzen: subtil und gut ausbalanciert. Die Classic Cuvée ist gehaltvoller. Prickelndes aus den klassischen Rebsorten ist deutlich besser als aus SEYVAL BLANC. Der fassgereifte Blanc de Blancs kommt ein bisschen schwer rüber.

Bolney Wine Estate West-Sussex – Schon lange bestehendes Weingut, von der Qualität sehr durchmischt. Am besten ist die Cuvée Rosé aus 100% PINOT NOIR.

Breaky Bottom Ost-Sussex – Empfehlenswert: Die auf SEYVAL BLANC basierende Cuvée Koizumi Yakumo und die Champagner-Cuvée Gerard Hoffnung.

Bride Valley Dorset ★★ Das Weingut der Familie Spurrier. Saftiger frischfruchtiger Brut mit Apfelnoten, vergleichsweise dunkler Rosé.

Camel Valley Cornwall – Bob Lindo baut darauf, dass seine warmen Schiefer-Verwitterungsböden viel besser zum englischen Klima passen als Kalk. Fragen Sie nach dem CHARDONNAY Brut und dem White Pinot (von PINOT NOIR).

Chapel Down Kent – Großer Erzeuger von sehr gefälligen Weinen. Blanc de Blancs und Coeur de Cuvée von der Einzellage Kit's Coty sind da interessanter, aber auch megateuer.

Coates & Seely Hampshire ★★★ Wundervoll reifer und lebhafter Brut Reserve oJ, würzig-kräftiger Rosé oJ, Blanc de Blancs mit Schmelz. Viel Sachverstand und Selbstbewusstsein. Prickelndes trägt den Beinamen »Britagne«.

Court Garden Ost-Sussex ★★ Guter körperreicher Stil mit ordentlich Kraft. Straffer Blanc de Blancs, elegante Classic Cuvée mit Biskuitnote, voller und schöner Blanc de Noirs. Knackiger Rosé mit Aromen von roten Früchten.

Denbies Surrey – Die größte Einzellage Großbritanniens. Auch touristisch sehr gut erschlossen.

Digby Hampshire, Kent, West-Sussex ★★★ Négociant, der Trauben aus verschiedenen Countys aufkauft. Gut gereifte, überzeugende Weine von Kellermeister Dermot SUGRUE, der bei WISTON unter Vertrag steht. Schaumwein oJ auf PINOT-Basis, stilvoller Reserve Brut (**10**) und sehr guter, sehr verführerischer Leander Pink oJ.

Exton Park Hampshire ★★★ Weine mit Charakter, die einem das Wasser im Munde zusammenlaufen lassen, und das mit vergleichsweise wenig

Dosage. Der Blanc de Noirs ist geschmeidig und frisch; der Brut Reserve kommt mit einer klassisch englischen Holunderblütennote daher. Der gereifte Blanc de Blancs (11) ist aromatisch und knackig.

Greyfriars Surrey – Am besten sind die ausgewogene Classic Cuvée (13) und der Blanc de Blancs (13). Auch die Schaumweine oJ aus CHARDONNAY, PINOT NOIR und PINOT MEUNIER sind einen Versuch wert.

Gusbourne Kent, West-Sussex ★★★ Weinberge auf Ton in Kent und auf Kreide in Sussex. Sehr guter Blanc de Blancs, der gereift immer besser wird. Dazu Brut Reserve und als stille Weine CHARDONNAY und knackiger PINOT NOIR. Als Nächstes kommt eine neue Deluxe-Cuvée auf den Markt.

Hambledon Vineyard Hampshire ★★★ Vollendete und wunderschön gemachte Weine: Alles unter der Marke Hambledon ist wirklich gut, auf Topniveau. Den PINOT MEUNIER Rosé sollten Sie fest einplanen, die Cuvée Zero Dosage ist eine Möglichkeit. Weine aus der Reihe Meonhill sind preiswerter, aber auch gut.

Harrow & Hope Buckinghamshire ★★ Der Name klingt wie der eines Pubs. Von den 2010 gepflanzten Reben ist der erste Wein 2016 auf den Markt gekommen. Eleganter Blanc de Blancs, ausgewogener Brut Reserve oJ, zarter, würziger Brut Rosé mit Himbeernote.

Hart of Gold Neues Label im Stil einer Handelsmarke, das dem Master of Wine Justin Howard-Sneyd gehört. Beeindruckend ist seine Champagner-Cuvée Hart of Gold (**10**).

Hattingley Valley Hampshire ★★★ Es zahlt sich aus, Dinge mit einer gewissen Ernsthaftigkeit zu betreiben. Die Fassreife verleiht der Classic Reserve Gewicht und Subtilität; der Rosé (14) präsentiert sich in schönster Form. Spitze ist der Blanc de Blancs (11) mit seinen vier Jahren auf der Hefe: voller Würze und Schmelz.

Henners Ost-Sussex ★★ Klassische Reife, gute Balance im Brut (11), dem Brut Reserve (10) und dem kirschwürzigen Rosé.

Herbert Hall Kent – Vielversprechende Weine, oft ein bisschen zu jung. Sehr hübsch ist der Rosé (14).

Hoffmann & Rathbone ★ Mit Sitz in Sussex, kauft das Lesegut ein und produziert daraus Blanc de Blancs mit Schmelz und leichter Toastnote. Es lohnt sich, auch die Classic Cuvée zu probieren.

Hush Heath Estate Kent ★★★ In den makellosen Weinbergen von Wealden wachsen ausschließlich Champagnerreben. Am besten: Balfour Brut Rosé Leslie's Reserve und die Reihe 1503 oJ. Der neue Blanc de Blancs Skye zeigt sich reif und elegant. Produziert auch Cider und besitzt einige Pubs in der Gegend.

Jenkyn Place Hampshire ★★★ Frischer und floraler Stil, selbstsicher und harmonisch. Sehr guter Brut (10), reichhaltiger Blanc de Noirs (10) mit Charakter.

Leckford Estate Hampshire – Das Lesegut stammt von Waitroses Weingut vinifiziert wird bei RIDGEVIEW. Gut ausbalanciert, aber es fehlt ein wenig der Pep.

Nyetimber West-Sussex ★★★★ Ein Produzent im Höhenflug mit der Classic Cuvée oJ (drei Jahre auf der Hefe), sehr reintönig und gut. Straffer Blanc de Blancs (10; fünf Jahre auf der Hefe), eleganter Rosé, ausgewogener Halbtrockener. Die Einzellage Tillington erzeugt Charakter und geradlinige Eleganz. 2018 kommt die neue Deluxe-Cuvée auf den Markt.

Plumpton College Ost-Sussex – Das einzige Wein-College Großbritanniens jetzt mit wachsendem Einfluss und eigenen Weinen. Bester Schaumwein Dean Brut oJ und Rosé oJ.

Rathfinny Ost-Sussex – Hochgelobter neuer Erzeuger auf den windigen Hügeln von Ost-Sussex. Sein erster Wein ist eine stille Cuvée aus PINOT BLANC und PINOT GRIS, von intensiver Aromatik und Reinheit. Der erste Schaumwein kommt 2018 heraus.

Ridgeview Ost-Sussex – Ausnahmslos gut gemachte Weine, angenehm, zuverlässig und mit gutem Preis-Leistungs-Verhältnis. Die zweite Generation hat die Führung übernommen. Verschiedenste Cuvées: Spitze sind die Blanc de Blancs, Blanc de Noirs und Rosé de Noirs. Produziert South Ridge (seit 1996) für Laithwaites.

Eine Frage der Ausgewogenheit

Englischer Schaumwein enthält viel Säure – darum kommt man nicht herum. Der typische Stil ist superfrisch und elegant mit Anklängen von Apfel und manchmal weißen Blüten. Die Dosage ist indes nicht höher als in der Champagne. Das überrascht viele Weintrinker, weil sie vermuten, dass die Produzenten einen höheren Säuregehalt mit höherer Dosage ausgleichen. Aber der Restzucker kann die vorhandene Säure nicht zum Verschwinden bringen, er zögert nur den Moment hinaus, in dem man sie am Gaumen spürt. Eine höhere Dosage würde nur die Balance des Weines stören, wenn man denn Weine will, die sich am Gaumen entfalten. Die Säure in englischen Weinen kann nur mit Frucht ausgeglichen werden – und mit viel Zeit auf dem Hefelager. Mindestens drei Jahre sind ratsam, um Tiefe und Langlebigkeit zu erzeugen. Einige Beispiele mit sieben Jahren Flaschenreife zeigen sich in Bestform.

Simpsons Kent – Vielversprechender Newcomer. Ruth und Charles Simpsons haben Wein im Languedoc produziert; jetzt bewirtschaften sie gute Südhänge mit Kreideböden nahe Canterbury. Gelungener stiller CHARDONNAY, der erste Schaumwein kam 2018 auf den Markt.

Sugrue Pierre Ost-Sussex ★★★ Dermot Sugrue arbeitet als Kellermeister bei WISTON, wo er im Auftrag auch für JENKYN PLACE, DIGBY und Black Dog Hill produziert. Jedes Jahr macht er genau einen CHARDONNAY-dominierten Wein von seinen eigenen Rebflächen – und der ist umwerfend. Der 13er The Trouble with Dreams glänzt mit dem Aroma von Zitronengebäck und überbordender Frucht, er ist komplex, dicht gewoben und kristallin.

Windsor Great Park Berkshire – Tony Laithwaite von Laithwaite's und dem Sunday Times Wine Club ist in Windsor aufgewachsen. Hier baut er jetzt auf einem 4 ha großen Südhang CHARDONNAY, PINOT NOIR und PINOT MEUNIER an – ja, mitten im Park der Royals! Der 14er, sein zweiter Jahrgang, ist noch immer recht »roh«.

Wiston West-Sussex ★★★★ Ganz weit oben in der Rangliste der englischen Weine. Hervorragender Blanc de Blancs (**10**), der 09er kommt erst später auf den Markt, wahrscheinlich als Prestige Cuvée. Die gekonnte Hefelagerung erzeugt Tiefe und Spannkraft quer durchs Sortiment. Der Brut oJ besteht jetzt zu 40% aus Reserveweinen: ein großes Plus. Die Cuvée Brut ist zu 100% in alten Eichenfässern gereift, das ergibt Schmelz ohne dominante Holznote.

Wyfold Oxfordshire – Winzige Rebfläche (1 ha) mit Champagnerrebsorten auf 120 m Höhe in Chilterns; gehört z. T. der umtriebigen Familie LAITHWAITE. Beste Weine: Brut (**11**), Rosé (**14**).

Mittel- und Südosteuropa

Die folgenden Abkürzungen werden im Text verwendet:

Ungarn	
Bal	Balaton
N-Pan	Nordpannonien
NU	Nordungarn
S-Pan	Südpannonien
Tok	Tokaj
Bulgarien	
Don	Donauebene
Thrak	Thrakische Ebene
Slowenien	
Pod	Podravje
Pos	Posavje
Prim	Primorska
Kroatien	
Dalm	Dalmatien
Is & Kv	Istrien und Kvarner Bucht
Tschechische Republik	
Bö	Böhmen
Mäh	Mähren
Rumänien	
Cri-Mar	Crişana und Maramures
Dob	Dobrogea (Dobrudscha)
Mold	Moldau
Munt	Muntenien und Oltenien

Die dunklen Flächen bezeichnen die Weinbaugebiete

Ungarn

Ungarn bekommt schließlich doch weltweite Anerkennung für seine historische Weinindustrie mit ihrer Palette von großartigem Cabernet franc bis zu den erstklassigen, komplexen trockenen Furmint-Weinen, die weißem Burgunder ebenbürtig sind – und natürlich den wunderbaren Süßweinen aus Tokaj. Für Entdeckungen ist bei 137 angebauten Rebsorten (und noch mehr, die vor dem Aussterben gerettet werden) reichlich Raum. Faszinieren können viele dieser Sorten, im Furmint aber besitzt Ungarn eine weiße Sorte von echter Weltklasse. Und die vulkanischen Böden tun das Ihre. Man findet sie in den meisten der 22 ungarischen Weinregionen, wo sie für eine besondere Dimension und Tiefe sorgen, insbesondere bei den Weißen.

Aszú Tok – Von Botrytis geschrumpfte Trauben sowie der süße Wein, der in TOKAJ daraus gekeltert wird. Seit 2014 ist die gesetzlich vorgeschriebene Mindestsüße 120 g/l Restzucker, was 5 PUTTONYOS entspricht. Es ist möglich, die Weine als 5 oder 6 Puttonyos zu etikettieren, aber nicht mehr verpflichtend. Auch die Angabe 3 bzw. 4 Puttonyos auf dem Etikett ist erlaubt, sofern die Weine die neuen höheren Standards erfüllen. Gute Aszú-Jahrgänge waren 99' 05 06 07 08 09 13' 16. In den sehr nassen Jahren 2010 und 2014 entstand nur wenig Aszú bei sorgfältiger Auslese. 2011, 2012 und 2015 gab es kaum Botrytis. 2017 wird optimistisch gesehen.

Aszú Essencia/Eszencia Tok – Begriff für die zweitsüßeste Kategorie des TOKAJERS (7 PUTTONYOS und mehr); war nur bis 2010 erlaubt. Nicht mit ESSENCIA/ESZENCIA verwechseln.

Badacsony Bal ★★→★★★ Anbaugebiet auf vulkanischen Hängen am Nordufer des BALATON; volle, reichhaltige Weißweine. Empfehlenswert: Gilvesy, Laposa (Bazalt Cuvée, KÉKNYELŰ, 4-Hegy OLASZRIZLING), Szeremley (alterungswürdiger Kéknyelű und SZÜRKEBARÁT), Villa Sandahl (exzellenter RIESLING, v. a. 2015er Citrus x Lime, Dry Honey Bishop, Bear Glue), Villa Tolnay (v. a. GRÜNER VELTLINER, Riesling).

Balassa Tok w; tr s ★★→★★★ 13 15 16 – Ausgezeichneter Mézes-Mály FURMINT und Villő ASZÚ aus der eigenen Kellerei des Winzers von GRAND TOKAJ.

Balaton Der Plattensee, wie der Balaton auf Deutsch genannt wird, ist Europas größter Süßwassersee. Die Bezirke der Weinregion Balaton im Norden heißen BADACSONY, BALATONMELLÉKE, CSOPAK, Zala und SOMLÓ. Im Süden liegt BALATONBOGLÁR.

Balatonboglár Bal r w; tr ★★→★★★ Name eines Weinbaubezirks am Südufer des BALATON, aber auch eine bedeutende Kellerei im Besitz von TÖRLEY. Gut sind Budjosó, GARAMVÁRI, IKON, KONYÁRI, Kristinus, Légli Géza, Légli Otto, Pócz, Varga.

Barta Tok w; tr s ★★→★★★ 13 15 16' (17) – Vom höchstgelegenen Weinberg in TOKAJ erzeugt die gute Kellermeisterin eindrucksvolle trockene Weiße, v. a. Öreg Király FURMINT, HÁRSLEVELŰ, sehr guten süßen SZAMORODNI und ASZÚ.

Béres Tok w; tr s ★★ 08 11 13 15 – Die hübsche Kellerei in Erdőbénye erzeugt sehr guten ASZÚ und trockene Weine, v. a. Lőcse FURMINT und Diókút HÁRSLEVELŰ.

Bikavér r ★→★★★ 12' 13' 15 16 – Wörtlich »Stierblut«. Geschützte Ursprungsbezeichnung nur für EGER und SZEKSZÁRD. Immer ein Verschnitt aus mindestens drei Sorten. In Szekszárd ist KADARKA vorgeschrieben, mit maximal 7 % sowie mindestens 45 % KÉKFRANKOS, wenn keine neue Eiche verwendet wird. Achten Sie auf die Erzeuger Eszterbauer Tüke, HEIMANN, Meszáros, Sebestyén Iván-Völgyi, TAKLER. Hauptanteil im Egri Bikavér ist

Kékfrankos; keine Rebsorte darf zu mehr als 50 % vertreten sein. Mindestens 6 Monate Reifung in Eiche ist vorgeschrieben. Für Supérior sind mindestens fünf Sorten und 12 Monate Fassausbau vorgeschrieben, zudem sind nur bestimmte Lagen zugelassen. Spitzenerzeuger für Egri Bikavér: BOLYKI, DEMETER, GÁL TIBOR, Gróf Buttler, ST. ANDREA, Thummerer.

Bock, József S-Pan r ★★→★★★ 12 13 15 16 – Der führende Familienbetrieb in VILLÁNY erzeugt volle, körperreiche Rote mit Eichennote. Empfehlenswert: Bock CABERNET FRANC Fekete-Hegy, Bock & Roll, SYRAH, Capella Cuvée.

Bolyki NU r rs w ★★ 12 13 15 16 – Bemerkenswerte Kellerei in einem Steinbruch in EGER, tolle Etiketten. Sehr guter EGRI CSILLAG, Meta Tema, Rosé, Indián Nyár (wörtl. »Indian Summer«, also Altweibersommer) und exzellenter BIKAVÉR, v. a. Bolyki & Bolyki.

Bor **heißt Wein:** ***vörös*** **ist rot,** ***fehér*** **weiß,** ***édes*** **süß,** ***száraz*** **trocken, und** ***válogatás*** **heißt Auslese.**

Csányi S-Pan r rs ★→★★ 12 13 15 16 – Die größte Kellerei in VILLÁNY mit ehrgeizigen Plänen. Herr Csányi ist ein bekannter Bankier. Empfehlenswert: Chateau Teleki CABERNET FRANC, Kővilla Cabernet franc, KÉKFRANKOS ohne Eichennote.

Csopak Bal – Weinbaugebiet nördlich des BALATON. Schutzstatus für OLASZRIZLING von erstklassigen Lagen. Empfehlenswert: Figula (sehr guter Sóskút), Homola (Sáfránykert), Jasdi (v. a. Einzellagenauslesen), St. Donát (Slikker, Meszes).

Degenfeld, Gróf Tok w; tr s ★★→★★★ 13' 15 16 – Deutlich verbessertes Gut mit angeschlossenem Luxushotel. Der neue Geschäftsführer war früher bei ROYAL TOKAJI. Die Süßweine sind am besten: 6 PUTTONYOS, SZAMORODNI. Ordentlicher HÁRSLEVELŰ (15). Auch Schaumwein.

Demeter, Zoltán Tok w; tr s; sch ★★★★ 13' 15 16 – In Tokaj die maßgebliche Kellerei für elegante, intensive trockene Weine, v. a. Boda und Veres (beide FURMINT), auch exzellenter Szerelmi HÁRSLEVELŰ und schöner Oszhegy MUSCAT. Sehr guter reinsortiger Furmint PEZSGŐ (Schaumwein), Spätlesecuvée Eszter und ausgezeichneter ASZÚ (08).

Dereszla Tok w; tr s ★★→★★★ **08'** 09' 13' – Die Jahrgangsangaben gelten für den exzellenten ASZÚ. Auch guter trockener FURMINT und Kabar aus der neuen Kellerei Henye in Bodrogkerezstur. Auch guter PEZSGŐ. Seltener, unter Flor gereifter trockener SZAMORODNI Experience.

Districtus Hungaricus Controllatus (DHC) Begriff für Weine mit geschützter Ursprungsbezeichnung (g.U.), symbolisiert durch eine Krokusblüte auf dem Etikett und die Aufschrift »DHC«.

Disznókő Tok w; tr s ★★→★★★★ **07'** 08' 09 11' 13' 15 (16) – Bekanntes »Grand-cru«-Gut mit Fokus auf langlebige Süßweine. Feiner, expressiver ASZÚ, großartig der Kapi (Einzellage) in Spitzenjahren, u. a. 2011. Außerdem preisgünstige Spätlese und Édes (süßer) SZAMORODNI. Anständiges Restaurant. Gehört zur AXA-Gruppe.

Dobogó Tok (r) w; tr s ★★★ 07 **08'** 09 11 12 13' 15 – Tadelloses kleines Tokajer-Gut (der Name steht lautmalerisch für Herzschlag). Maßstäbe setzender ASZÚ und Spätlese Mylitta, umwerfender trockener FURMINT (v. a. Betsek DŰLŐ) und wegweisender Pinot noir Izabella Utca.

Dűlő Einzellage mit eigenem Namen. Erstklassige Lagen in TOKAJ sind: Betsek, Király, Mézes-Mály, Nyúlászó, Szent Tamás, Úrágya usw.

Duna Die Große Tiefebene mit den Bezirken Hajós-Baja (zu empfehlen: Sümegi, Koch – auch VinArt in VILLÁNY), Csongrád (Somodi) und Kunság (Frittmann, Font).

Eger NU r w; tr s ★→★★★ Die erstklassige Rotweinregion Nordungarns produziert mehr Rote im burgundischen Stil und ist bekannt für Egri BIKAVÉR. Spitzenerzeuger: BOLYKI, Gróf Buttler, Demeter, Gál Tibor, Kaló Imre (für Naturweine bekannt), KOVÁCS NIMRÓD, Pók Tamás, ST. ANDREA, Thummerer.

Egri Csillag NU – »Stern von Eger«. Trockener Weißweinverschnitt, der sich am BIKAVÉR orientiert; mindestens vier verschiedene Sorten.

Essencia/Eszencia Tok ★★★★ Legendärer, üppiger Vorlaufmost aus ASZÚ-Trauben; wird nur gelegentlich abgefüllt. Der Alkoholgehalt ist in der Regel deutlich unter 5%, dafür gibt's Zucker ohne Ende. Sogar medizinische/aphrodisische Kräfte werden Essencia nachgesagt.

Etyek-Buda N-Pan – Dynamische Weinregion, bekannt für ausdrucksstarke, frische Weißweine, feine Schaumweine und vielversprechenden PINOT NOIR. Führende Erzeuger: Etyeki Kúria (v. a. Pinot noir, SAUVIGNON BLANC), György Villa (das Premiumgut von Törley), Haraszthy (Sauvignon blanc, Sir Irsai, Öreghegy), Nyakas (sehr guter CHARDONNAY), Kertész, Rókusfalvy.

Gál Tibor NU r w ★★ 13 15' 16 – Ein neuer Keller und natürliche Weinbereitung haben enorme Verbesserungen gebracht. Probieren Sie den ansprechenden EGRI CSILLAG (BV), den feinen KADARKA und den lebhaften, modernen TiTi BIKAVÉR.

Garamvári Bal r rs w; tr; sch ★→★★★ Führender Erzeuger von Schaumwein mit Flaschengärung (ehemals Chateau Vincent). Topweine: Optimum Brut, FURMINT Brut Natur sowie PINOT NOIR Evolution Rosé. Gut ist auch die Reihe Lellei für IRSAI OLIVÉR, SAUVIGNON BLANC, Pinot noir und SYRAH Rosé (alle BV).

Gere, Attila S-Pan r rs ★★★→★★★★ **09'** 11 12' 13 15 16 – Der Vorzeigebetrieb in VILLÁNY erzeugt einige der besten Rotweine des Landes, v. a. reichhaltigen MERLOT Solus, intensive Cuvée Kopár und die Fass-Selektion Attila. Neuer Fekete Járdovány von einer seltenen historischen Sorte.

Gizella w ★★ 15 16 – Kleine Familienkellerei in Tokaj mit köstlichen trockenen Weißen: FURMINT, HÁRSLEVELŰ und Verschnitte.

Grand Tokaj Tok w; tr s ★→★★ 13' 15' 16 – Ehemals Crown Estates, neu gestartet 2013. Neue Kellerei, neuer Kellermeister (Karoly Áts, früher bei ROYAL TOKAJI). Ansprechender Arany Késői Late-Harvest, trockener FURMINT Kővágó DŰLŐ und sehr guter Szarvaz ASZÚ 6 PUTTONYOS.

Heimann S-Pan r ★★→★★★ 13' 14 15 16 – Eindrucksvolle Familienkellerei in SZEKSZÁRD v. a. mit intensivem Barbár und BIKAVÉR. Das Hautaugenmerk liegt auf lokalen Trauben, v. a. feiner KADARKA und KÉKFRANKOS Alte Reben.

Hétszőlő Tok w; tr s ★★ Historische Kellerei und toller Weinberg im Besitz von Michel Rebier, dem Eigentümer von Cos d'Estournel (Bordeaux). Eindrucksvoller 6 PUTTONYOS ASZÚ (13).

Heumann S-Pan r rs w ★★→★★★ 13' 14 15 16 – Das kleine Gut in Siklós in deutsch-schweizerischem Besitz erzeugt großartigen KÉKFRANKOS Reserve und CABERNET FRANC; ansprechender SYRAH und roter Lagona.

Hilltop Neszmély N-Pan r rs w; tr ★★ – Kellerei in Neszmély; sorgfältig bereitete sortenreine Weine (BV) mit gutem Preis-Leistungs-Verhältnis unter den Etiketten Hilltop und Moonriver. Sehr gute Premiumreihe (v. a. CHARDONNAY, Cserszegi Fűszeres).

Holdvölgy Tok w; tr s ★★→★★★ 13 15 16 – Supermoderne Kellerei in MÁD, bekannt für komplexe trockene Weine, die süffigen Reihen Hold und Hollo sowie gute Süßweine.

Ikon Bal r w ★★ Gut bereitete Weine aus Lagen von KONYÁRI und der ehemaligen Abtei Tihany. Probieren Sie den CABERNET FRANC Evangelista.

Kikelet Tok w; tr s ★★★ 09 11 13 15 16 – Eine der inspirierendsten Weinmacherinnen von TOKAJ wirkt hier in Tarcal. Wunderbarer Váti FURMINT, Lónyai HÁRSLEVELŰ und feiner SZAMORODNI.

Királyudvar Tok w; tr s; sch ★★★→★★★★ 08 09 12' 13 – Biodynamisch arbeitender Erzeuger in den alten königlichen Gewölben in Tarcal. Hoch angesehen für FURMINT Sec, Henye PEZSGŐ, Cuvée Ilona (Spätlese) sowie das Aushängeschild ASZÚ Lapis 6 PUTTONYOS.

Konyári Bal r rs w ★★→★★★ 12 13 15 16 – Gutes Familienweingut nahe dem BALATON. Probieren Sie den Rosé (BV), den Loliense (rot und weiß) und den sehr schönen Szárhegy (15). Spitzenrotweine: Jánoshegy KÉKFRANKOS, Páva.

Kovács Nimród NU r rs w ★★→★★★ **13'** 14 15 16 – Erzeuger in EGER mit vom Jazz inspirierten Etiketten. Empfehlenswert: Battonage CHARDONNAY, Blues KÉKFRANKOS, 777 PINOT NOIR; Spitzenwein: NJK (**09**).

Kreinbacher Bal w; tr; sch ★★→★★★ 13 15 – Vielleicht Ungarns bester Schaumwein? Exzellenter Classic Brut PEZSGŐ auf FURMINT-Basis. Sehr guter trockener Juhfark, HÁRSLEVELŰ, Öreg Tőkék (alte Reben).

Mád Tok – Historische Stadt in TOKAJ; Sitz des Mád Circle, einer Gruppe führender Weingüter: Árvay, Áts, BARTA, Budaházy, Demetervin (guter trockener FURMINT, süßer Elvezet), HOLDVÖLGY, Lenkey, Orosz Gabor, ROYAL TOKAJI, SZENT TAMÁS WINERY, SZEPSY, Tokaj Classic, Úri Borok.

Malatinszky S-Pan r rs w ★★★ **08'** 09 11' 12 13' 15' – Zertifizierter Bioerzeuger in VILLÁNY. Exzellenter langlebiger Kúria Cabernet franc und roter Kövesföld. Gut auch: Noblesse Rosé, CHARDONNAY, weißer Serena.

Mátra NU ★→★★ Weinregion im nördlichen Hügelland für frische Weiße, Rosés und leichtere Rote mit vernünftigem Preis-Leistungs-Verhältnis. Bessere Erzeuger: Balint, Benedek, Gábor Karner, NAG, NAGYRÉDE, Szöke Mátyás, Naygombos (rosé).

Mór N-Pan w ★→★★ Die kleine Region ist bekannt für den feurigen Ezerjó; vielversprechend auch für CHARDONNAY, TRAMINI. Empfehlenswert ist die Kellerei Czetvei.

Nagyréde NU (r) rs w ★ Preisgünstige kommerzielle Sortenweine (BV) unter den Marken Nagyréde und Mátra Hill.

Oremus Tok w; tr s ★★→★★★★ **07** 08 09 11 12 13 15 16 – Perfektionistische Kellerei in Tolcsva im Besitz von Vega Sicilia (Spanien). Herausragender ASZÚ; sehr guter Late Harvest und trockener FURMINT Mandolás.

Pajzos-Megyer Tok w; tr s ★★→★★★ **06' 07** 08 09 11 12 13' 15 – 1991 von Franzosen gegründete Kellerei in Sarospatak. Das Etikett Megyer steht für reinsortige moderne trockene und Spätleseweine (süß). Pajzos ist die Marke für erstklassigen, besonders langlebigen ASZÚ und schönen Spätlese-HÁRSLEVELŰ (**11**), dazu komplexe trockene Weine.

Pannonhalma N-Pan r rs w ★★→★★★ 13 15 16 – Die Abtei Pannonhalma erzeugt fokussierte, aromatische Weißweine, v. a. RIESLING, SAUVIGNON BLANC und TRAMINI. Schöner Hemina (weiß), passabler PINOT NOIR.

Patricius Tok w; tr s ★★→★★★ 13 15 16 – Familienkellerei in Bodrogkisfalud. Verlässlicher trockener FURMINT, v. a. der Selection, guter spät gelesener Katinka und ASZÚ (06 08).

Pendits Tok w; tr s ★★ **06** 08 09 11 13 – Demeter-zertifiziertes Gut in Abaújszántó. Üppiger, lagerfähiger ASZÚ, hübscher trockener MUSCAT (BV).

Pezsgő Ungarisch für Schaumwein. Immer mehr im Trend. Muss in TOKAJ seit 2017 flaschenvergoren sein.

Puttonyos (Butten) Traditionelle Angabe für den Süßegehalt des TOKAJI ASZÚ. Muss seit 2013 nicht mehr genannt werden, kann aber (siehe ASZÚ). Historisch war ein Puttony eine Trage bzw. Butte von 25 kg Aszú-Trauben, und der Süßegrad des Weins bemaß sich nach der Anzahl der einem 136-Liter-Fass Grundwein oder gärendem Most hinzugegebenen Butten.

Royal Tokaji Wine Co. Tok tr s ★★→★★★★ 09' 11' 13' 15 16 – Kellerei in MÁD, die 1990 die Renaissance des TOKAJERS einläutete (ich selbst bin Mitbegründer). Vorwiegend Lagen erster Klasse. 6-PUTTONYOS-Einzellagenabfüllungen: v. a. Betsek, Mézes-Mály, Nyulászó (auch 5 Puttonyos) und Szent Tamás. Sehr gut auch der trockene FURMINT und The Oddity. Neue Reihe namens By Appointment für Kellermeister-Projekte: v. a. No2 HÁRSLEVELŰ, Dry SZAMORODNI. Trockener Muscat.

Sauska S-Pan, Tok r rs w ★★→★★★★ **11'** 12 13' 15' – Tadellose Kellerei in VILLÁNY. Sehr guter KADARKA, KÉKFRANKOS und CABERNET FRANC sowie eindrucksvolle rote Verschnitte, v. a. Cuvée 7 und Cuvée 5. Der Ableger Sauska-TOKAJ konzentriert sich auf exzellente trockene Weiße, v. a. FURMINT Birsalmás und Medve Furmint. Sehr guter PEZSGŐ (Schaumwein) Extra Brut.

Somló Bal – Markanter erloschener Vulkan, berühmt für langlebigen herben weißen Juhfark (»Schafschwanz«); auch FURMINT, HÁRSLEVELŰ und OLASZRIZLING. In der Region dominieren kleine Erzeuger, v. a. Fekete, Györgykovács, Kolonics, Royal Somló, Somlói Apátsági, Somlói Vándor, Spiegelberg. Auch die größeren Betriebe TORNAI (v. a. mit Grofi Hárslevelű und Juhfark) und KREINBACHER sind sehr gut.

Sopron N-Pan r ★★→★★★ Dynamischer Bezirk nahe der österreichischen Grenze am Fertő-See. KÉKFRANKOS ist die wichtigste Traube, dazu kommen CABERNET SAUVIGNON, PINOT NOIR und SYRAH. Hervorragend ist der biodynamisch arbeitende Weninger; der Einzelgänger Ráspi ist für Naturweine bekannt. Auch interessant: Luka, Pfneiszl, Taschner, Wetzer.

St. Andrea NU r rs w ★★★ **12 13'** 15 16 – Führender Erzeuger in EGER und Wegbereiter für modernen, hochklassigen BIKAVÉR (Áldás, Hangács, Merengő). Gute Weißweinverschnitte: Napbor, Örökké und der köstliche Rosé Szeretettel. Flaggschiffweine sind Mária (weiß) und Nagy-Eged-Hegy (rot).

Szekszárd S-Pan r rs ★★→★★★ Aus dem Bereich in Südungarn kommen reife, reichhaltige Rote. Das Augenmerk liegt zunehmend auf BIKAVÉR, KÉKFRANKOS und der wiederbelebten KADARKA. Erzeuger: v. a. Dúzsi (rosé), Eszterbauer (v. a. Tüke Bikavér, Nagyapám Kadarka), HEIMANN, Mészáros, Remete-Bor (Kadarka), Newcomer Schieber (CABERNET FRANC, Kékfrankos), Sebestyén (Ivan-Volgyi Bikavér), TAKLER, Vesztergombi (Csaba's Cuvée, Turul), VIDA (Hidaspetre Kékfrankos, La Vida).

Szent Tamás Tok w; s ★★★ 09 11 12' 13' 15 – An der bedeutenden Kellerei (mit nettem Café) in MÁD ist István SZEPSY junior beteiligt. Gute trockene FURMINT-Weine, v. a. Dongó und Percze. Bei den Süßweinen liegt der Fokus jetzt auf SZAMORODNI: Nyulászó und Dongó sind superb. Auch verlässliche Weine unter dem Etikett Mád auf »Village«-Niveau.

Szepsy, István Tok w; tr s ★★★★ **07'** 08 09' **11'** 12 13' 15' – Brillanter, vom Terroir besessener, kompromissloser TOKAJI-Erzeuger in der 17. Generation in MÁD. Konzentriert sich jetzt auf trockenen FURMINT (v. a. Urágya, Betsek und Nyúlászó DŰLŐ) und die Wiederbelebung des süßen SZAMORODNI. Großartiger ASZÚ und umwerfender ESZENCIA (07) in einer neuen Abfüllung.

Szeremley Bal w; tr s ★★ 09 11' 12 13 15 – Pioniergut in BADACSONY. Intensiver, feiner RIESLING, Szürkebarát (alias PINOT GRIS), KÉKNYELŰ, ansprechender süßer Zeus.

Takler S-Pan r rs ★★ 13 15 16 – Sehr reife, geschmeidige Rotweine aus SZEKSZÁRD. Preisgünstige Rote und Rosés auf Einsteigerniveau. Am besten sind die Reserve-Auslesen von CABERNET FRANC und KÉKFRANKOS.

Tinon, Samuel Tok w; tr s ★★★ 07 08 09 15 16 – Der Mann aus dem Sauternais lebt seit 1991 in TOKAJ. Feine trockene FURMINT-Lagenselektionen. Unverwechselbarer, komplexer Tokaji ASZÚ, bereitet mit langer Maischestandzeit und Fassausbau. Ausgezeichneter süßer und ikonischer trockener, unter Flor gereifter Szamorodni.

Tokaj Nobilis Tok w; tr s ★★★ 12 13 15 16 – Kleiner, sehr feiner Erzeuger in Bodrogkisfalud unter Leitung von Sarolta Bárdos, die zu den inspiriertesten Weinmacherinnen in TOKAJ gehört. Exzellenter trockener Barakonyi HÁRSLEVELŰ, FURMINT, sehr guter SZAMORODNI, seltener Kövérszőlő Édes (süß).

Szamorodni

Wörtlich »wie er gewachsen ist«. Szamorodni wird aus ganzen Trauben ohne separate ASZÚ-Auslese erzeugt. Die süße *(édes)* Version erlebt – unterstützt von den seit 2016 geltenden neuen Vorschriften – gerade eine kleine Renaissance, da sie einen für TOKAJ authentischeren Namen beisteuert als »Late Harvest«. Muss 1 Jahr reifen, davon mindestens 6 Monate im Fass und hat 9% Alkohol. Empfehlenswert : BARTA, Bott, HÖLDVOLGY, KIKELET, OREMUS, SZENT TAMÁS, SZEPSY. Die besten trockenen Weine sind unter Flor gereift wie Sherry; empfehlenswert: DERESZIA, Karádi-Berger, Tinon.

Tokaj/Tokaji (Tokajer) Tok ★★→★★★★ Nach der Stadt und Weinregion Tokaj wurde der berühmte süße Likörwein Ungarns benannt: Tokaji auf Ungarisch, Tokajer auf Deutsch. Neben den Erzeugern mit eigenem Eintrag sind zu empfehlen: Árvay, Bardon (Alpha), Bodrog Borműhely (Lapis FURMINT, HÁRSLEVELŰ, Szamo), Bott Pince (v. a. spät gelesener Botrytis), Carpinus, Demetervin, Erzsébet, Füleky, Homonna Attila (v. a. Határi, Rány), Karádi-Berger, Lenkey, Orosz Gábor.

Törley r rs w; tr ★→★★ Große innovative Firma; wichtigster Markenname ist Chapel Hill. Gut bereitete, preisgünstige sortenreine Weine (BV) von internationalen Rebsorten und den lokalen Trauben IRSAI OLIVÉR, Zenit und Zefir. Großer Erzeuger von Schaumwein (v. a. mit den Marken Törley, Gala und Hungaria); sehr gut der François President Rosé Brut und der CHARDONNAY Brut (oJ) nach dem klassischen Verfahren. Spitzenauslesen unter dem Etikett György-Villa (v. a. Juhfark, SYRAH).

Tornai Bal w ★★ 13 15 – Zweitgrößtes Gut in Somló. Preisgünstige sortenreine Weine auf Einsteigerniveau, exzellenter Spitzenwein Grofi HÁRSLEVELŰ, Juhfark.

Tűzkő S-Pan r w ★★ 13 15 16 – Erzeuger in Tolna im Besitz von Antinori. Guter TRAMINI, KÉKFRANKOS, MERLOT.

Vida S-Pan r ★★ 13 14 15 – Familienweingut in SZEKSZÁRD. Sehr guter BIKAVÉR, KADARKA von alten Reben, Hidaspetre KÉKFRANKOS.

Villány S-Pan – Ungarns südlichste Weinbauregion, bekannt für ernsthafte, reife Weine von Bordeaux-Sorten (v. a. CABERNET FRANC) sowie Verschnitte. Saftiger Kékfrankos und PORTUGIESER. Hohe Qualität liefern: Bock, CSÁNYI, Gere Tamás & Zsolt, HEUMANN, Hummel, Jackfall, Janus, Kiss Gabor, Malatinszky, Polgar, Riczu-Stier, Ruppert, Sauska, Tiffán, Vylyan, WENINGER-GERE.

Villányi Franc S-Pan – Neue Klassifikation für CABERNET FRANC aus VILLÁNY. Für Premiumversionen sind eine Ertragsbegrenzung und ein Jahr Eichenfassreifung vorgeschrieben. Für Superpremiumweine gelten seit 2015 maximal 35 hl/ha.

Vylyan S-Pan r rs ★★→★★★ 12' 13 14 15 16 – Rotweinspezialist mit guten Einzellagenselektionen, v. a. Gombás PINOT NOIR, Mandolás CABERNET FRANC, Montenuovo und Pillangó MERLOT. Das rote Aushängeschild ist die Cuvée Duennium. Auch köstlicher, seltener Csoka.

Weninger NU r rs w ★★★ **13'** 14 15 16 – Maßstäbe setzender biodynamischer Erzeuger in SOPRON, geleitet von dem Österreicher Franz Weninger jr. Der Steiner Kékfrankos von einer Einzellage ist großartig. Eindrucksvoll auch SYRAH, CABERNET FRANC und der rote Verschnitt Frettner. Verführerischer Orange Zenit.

Weninger & Gere S-Pan r rs ★★→★★★ 13' 15 16 – Gemeinschaftsunternehmen des Österreichers Franz Weninger sen. mit Attila GERE. Ausgezeichneter CABERNET FRANC, leckerer Tinta (TEMPRANILLO), dazu die Cuvée Phoenix und der frische Rosé (BV).

Bulgarien

Nach wie vor werden in Bulgarien neue Kellereien gegründet, inzwischen sind es über 200 geworden. Der erste Schwung privater Erzeuger fing Mitte der 2000er-Jahre an, und inzwischen werden bei ihnen die Vorteile sichtbar, die etwas ältere Reben mit tieferen Wurzeln mit sich bringen. Ihre Weine sind infolgedessen oft ausgewogener. Ein neuer Schwerpunkt heißt Regionalität, angeführt von Erzeugern in drei Gebieten: Melnik, Süd-Sakar und Plovdiv. Auch gewinnen lokale Rebsorten mehr Aufmerksamkeit, da die Konsumenten Authentizität und interessantere Aromen mehr schätzen als immer nur Cabernet oder Chardonnay.

Angel's Estate Thrak r rs w ★★ 13 15 16 17 – Reife, eichenholzwürzige, geschliffene Rote und weiche Weiße unter dem Etikett Stallion, eingeführt von Alex Velianov (der 2017 verstarb). Besonders eindrucksvoll: Deneb CABERNET FRANC (13'), CABERNET SAUVIGNON (13').

Bessa Valley Thrak r rs ★★★ 11 12 **13'** – Die Pionierkellerei nahe Pazardjik wurde von Stephan Graf von Neipperg (vom Bordeaux-Château Canon La Gaffelière) und Karl-Heinz Hauptmann gegründet. Weiche, füllige Rote und fester, frischer Rosé (BV). Zu empfehlen sind der Enira, die sehr guten Weine SYRAH Enira und Enira Reserva und die exzellente Grande Cuvée (13').

Black Sea Gold Thrak r rs w ★ 15 16 – Große Kellerei an der Schwarzmeerküste mit 700 ha. Zu den besseren Etiketten gehören: Pentagram, Golden Rhythm, Salty Hills (alles Verschnitte) sowie Villa Marvella aus einer Mikrokellerei.

Borovitsa Don r w ★★★ 10 13 15 16 – Adriana Srebinova erzeugt von Hand bereitete Terroirweine, die zu Bulgariens besten gehören. Aushängeschild ist der langlebige Dux. Sehr gut sind auch The Guardians MRV (weiße Rhône-Sorten), Cuvée Bella Rada (RKATSITELI), Granny's und Black Pack (beide GAMZA), Orange Garden CHARDONNAY, Vox Dei PINOT NOIR, Sensum (rot) und die Reihe Maxxima.

Boyar, Domaine Thrak r rs w ★→★★★ 13 15 16 – Umfassendes Angebot, von den Marken auf Einsteigerniveau (BV) über die Mittelklasseweine Ars Longa, Deer Point, Domaine Boyar, Platinum, Elements und Quantum bis hin zum Boutiqueetikett Korten, u. a. mit sehr gutem MERLOT, SYRAH, CABERNET FRANC und Natura (Lokalsorten).

Bratanov Thrak r w ★★ 13 15 16 – Die Familienkellerei reitet die neue Welle mit Spontanvergärung durch Wildhefen. Sehr guter Tamianka, CHARDONNAY *sur lie,* SYRAH und rote Verschnitte.

Burgozone, Chateau Don r w ★★ 13 14 15 16 – Gute Weißweine von einem Familienbetrieb nahe der Donau; v.a. VIOGNIER, SAUVIGNON BLANC und Iris Creation. Anständiger PINOT NOIR.

Castra Ruba Thrak r rs w ★★→★★★ 11' 12 13 15 16 – Önologischer Berater ist Michel Rolland aus Bordeaux. Am besten sind der komplexe Bordeaux-Verschnitt Castra Rubra und der eindrucksvolle Butterfly's Rock. Nicht schlecht auch die Dominant-Verschnitte, der Via Diagonalis und der Motley Cock.

Unabhängige Erzeuger

Von den vielen dynamischen neuen Gütern in Bulgarien empfehlen wir: Alexandra Estate (VERMENTINO, Rosé), Bendida (RUBIN), Better Half (roter Zmeevo, SYRAH-Verschnitt), Bononia (Ooh La La, Reserve), Chateau Copsa (Zeyla Misket), Eolis (CABERNET FRANC, Inspiration), Gulbanis (Cabernet franc), Ivo Varbanov (CHARDONNAY), Karabunar (orangefarbener DIMIAT, Misket), Rouse Wine House (RIESLING, Vrachanski Misket), Maryan (orangefarbener Dimiat, Reserve), Salla (Riesling, Vrachanski Misket), Stratsin (Sauvignon Rosé, MERLOT), Tohun (Weißweine, Cabernet/Merlot), Tsarev Brod (Gergana, Chardonnay Amber Harvest), Varna Winery, Villa Yustina (die Reihe 4 Seasons, Monogram Rubin/MAVRUD), Yalovo (Misket-Verschnitt, Rubin, Schaumwein), Yamantiev (Marble Land, Syrah), Zelanos (PINOT GRIS, PINOT NOIR).

Damianitza Thrak r rs w ★★ 13 15 16 – Ganzheitlicher Erzeuger mit einigen zertifizierten Bioweinen im Struma-Tal. Empfehlenswert: Ormano (weiß), Tipsy Virgin Rosé, Volcano SYRAH und das Aushängeschild Kometa.

Dragomir Thrak r rs w ★★→★★★ **11'** 12 13' 15 16 – Die Garagenkellerei genießt einen ausgezeichneten Ruf für ihre intensiven, körperreichen Roten, v.a. den Pitos und das Flaggschiff RUBIN Reserve, dazu kommen frischer Sarva und der fassvergorene Dragomir Rosé.

Katarzyna Thrak r rs w ★ 15 16 – Die große, moderne Kellerei im Grenzgebiet zu Griechenland ist bekannt für reife, weiche Rotweine. Probieren Sie La Vérité CABERNET FRANC, Harvest MERLOT (10), Encore MALBEC.

Logodaj Thrak r rs w; sch ★★ 13 14 15 16 (17) – Kellerei im Struma-Tal mit sehr gutem flaschenvergorenen Satin, v.a. Rosé. Reichhaltiger CHARDONNAY und exzellenter Nobile MELNIK (15'), auch seriöser Incantesimo SYRAH.

Lovico Suhindol Don r w ★ Historischer Erzeuger, gegründet 1909 und bekannt für CABERNET SAUVIGNON und GAMZA.

Medi Valley Thrak r rs w ★★ 15 16 17 – Erzeuger mit dem höchstgelegenen kommerziell bewirtschafteten Weinberg in Bulgarien, plus einer Parzelle nahe Vidin. Probieren Sie den eXentric MELNIK 55, den MAVRUD sowie die Premiumgewächse Incanto SYRAH und Incanto Black.

Melnik Thrak – Dynamische Region im Südwesten mit etlichen Kellereien, die innerhalb der neuen geschützten Ursprungsbezeichnung arbeiten. Vielversprechende Lokalsorten, v.a. Shiroka MELNIK, Melnik 55, Sandanski Misket. Interessante Erzeuger: Orbelia, Orbelus (bio), Rupel, Villa Melnik, Zlaten Rozhen.

Menada Thrak r rs w ★ Drittgrößter Erzeuger, bekannt für die süffigen Verschnitte namens Tcherga.

Midalidare Estate Thrak r rs w ★★ 13 15 16 – Boutiquekellerei mit 60 ha Rebland. Empfehlenswert: SAUVIGNON BLANC Premium, Rosé, die Auslesen Nota Bene und Mogilovo Village sowie Grand Vintages: MALBEC, CABERNET FRANC.

Minkov Brothers Thrak r rs w ★★ 13' 15 16 – Eher der Boutiqueableger eines der größten bulgarischen Weinproduzenten. Ethno heißen die Basis-Verschnitte von Lokaltrauben. Besser sind Jamais Vu, Le Photografie und Oak Tree.

Miroglio, Edoardo Thrak r rs w; sch ★★→★★★ 13' 14 15 16 (17) – Weinberge in Elenovo in italienischem Besitz. Beständig guter flaschenvergorener Schaumwein, v. a. Blanc de Blancs, Brut Rosé (**11'**). Guter PINOT NOIR in allen Stilen, vom Blanc de Noirs bis zur Reserva, sowie sehr guter Soli Invicto, das Flaggschiff. Probieren Sie den Elenovo CABERNET FRANC und den MAVRUD. Die sortenreinen EM-Weine sind verlässlich, interessant die Bioverschnitte, u. a. Bouquet, Mavrud/RUBIN.

Neragora Thrak r w ★★ 15' 16 – Das Bioweingut erzeugt sehr guten MAVRUD sowie die Verschnitte Ares (mit MERLOT) und Cherno (mit CABERNET SAUVIGNON).

Preslav, Vinex Thrak r w ★→★★ 13 15 16 – Die Weißen sind hier am besten, v. a. der langlebige Rubaiyat CHARDONNAY, auch wenn der langjährige Kellermeister jüngst gegangen ist. Probieren Sie auch den Novi Pazar PINOT GRIS und RIESLING. Einsteigeretikett: Khan Krum.

Rossidi Thrak r rs w ★★→★★★ 15 16' – Boutiquekellerei nahe Sliven. Feiner, teilweise im Betonei vergorener CHARDONNAY. Sehr guter RUBIN, eleganter PINOT NOIR. Der verführerische orangefarbene Wein ist jetzt ein GEWÜRZTRAMINER.

Rumelia Thrak r w ★★ 13 14 – Sehr guter Spezialist für MAVRUD, sortenrein und in Verschnitten der Reihe Erelia.

Santa Sarah Thrak r w ★★★ 11 13 15 16 17 – Wegweisender *garagiste*. Sehr gut sind die Roten namens Bin, Flaggschiff ist der Privat. Neu: weicher roter Petite Sarah, We Are No Saints Rosé, sehr guter Santa Sarah SAUVIGNON BLANC.

Slavyantsi, Vinex Thrak r rs w ★→★★ Besitzt das Zertifikat »Fair for Life« für ihre Arbeit mit der lokalen Roma-Gemeinschaft. Leistet ausgezeichnete Arbeit mit ihren preisgünstigen sortenreinen Weinen und Verschnitten, v. a. unter dem Markennamen Leva.

Terra Tangra r rs w ★★ 12 15 16 – Großes Gut in Sakar mit zertifiziert ökologischen Lagen für die Rotweine. Jetzt fruchtbetonter. Guter MAVRUD Rosé, MALBEC und seriöser Roto.

VP Brands r rs w ★ Ehemals Vinprom Peshtera. Besitzt Villa Yambol (Einsteigerweine und bessere Reihe Kabile) und New Bloom in Saedinenie für die süffigen Etiketten Pixels und Verano Azur; dazu charaktervolle Rotweine namens F2F.

Zagreus Thrak r rs w ★★ 13 14 15 – MAVRUD in allen Stilen, vom in Akazienholz vergorenen Rosé bis zum komplexen Vinica von halb getrockneten Trauben im Amarone-Stil.

Slowenien

Slowenien ist dabei, seinen guten Ruf als hervorragender Weinerzeuger in Mitteleuropa wieder herzustellen. Die Kellermeister gewinnen in einer ganzen Reihe von Stilen zunehmend Selbstvertrauen, einschließlich feiner Schaum- und guter Weißweine: frisch und appetitanregend im Osten, reichhaltig und komplex im Westen. Die Roten werden immer ausgewogener, und dass Slowenien im Zentrum der Orange-Wine-Szene steht, schadet seinem Image ebenfalls nicht. Das Land ist einen Besuch wert, auch wegen seiner wunderschönen Landschaft und der beachtlichen Esskultur.

Batič Prim r rs w; s ★★ 09 11 13 15 – Erzeuger von biodynamischen und Naturweinen in VIPAVA. Bestseller ist der Rosé. Auch Verschnitte namens Angel und süßer Valentino.

Bjana Prim sch ★★→★★★ Sehr guter PENINA nach der traditionellen Methode aus BRDA, v. a. feiner Brut Rosé, Schaumwein oJ, Brut Zero.

Blažič Prim w ★★→★★★ 11 13 14 15 16 – Erzeuger in BRDA mit langlebigem, komplexem REBULA, SAUVIGNONASSE und, in besonders guten Jahren, dem Blaž Belo (weiß).

Brda (Goriška) Prim – Erstklassiger Bezirk in der Region PRIMORSKA; viele führende Erzeuger: BJANA, BLAŽIČ, Dolfo (v. a. schäumender Spirito, SIVI PINOT, Škocaj), EDI SIMČIČ, Erzetič, JAKONČIČ, KLET BRDA, KRISTANČIČ, MOVIA, Prinčič, Reya, ŠČUREK, SIMČIČ, ZANUT (SAUVIGNON BLANC, SAUVIGNONASSE, in guten Jahren toller Brjač MERLOT) sowie orangefarbene Weine von KABAJ und Klinec.

Burja Prim r w ★★★ 13 14 15 16 – Biodynamisch arbeitendes Gut in VIPAVA. Exzellenter Burja Bela, Burja Noir (PINOT NOIR) und Burja Reddo auf der Basis von Schioppettino. Neu der gemischte Satz namens Stranice und der Žorž, ein Einzellagen-Pinot-noir.

Čotar Prim r w ★★ 09 11 12 13 15 – Verführerische langlebige Bio-/Naturweine aus KRAS, v. a. weißer Vitovska, MALVAZIJA, SAUVIGNON BLANC, TERAN und roter Verschnitt Terra Rossa.

Cviček Pos – Traditioneller alkoholarmer, scharfer, hellroter Verschnitt aus POSAVJE; basiert auf der lokalen Žametovka-Traube. Probieren Sie ihn von Bajnof oder Frelih.

Dveri-Pax Pod r w; s ★★→★★★ 13 15 16 – Kellerei nahe Maribor im Besitz von Benediktinern. Frische, straffe, preisgünstige Weißweine, v. a. FURMINT, PINOT GRIS, SAUVIGNON BLANC. Sehr gute Auslesen von alten Reben: RIESLING, GEWÜRZTRAMINER. Großartige Süßweine und neuer PENINA (Brut und Rosé).

Gašper Prim r w; sch ★★ 13 14 15 16 – Die Marke eines slowenischen Spitzensommeliers. Sehr guter MALVAZIJA, PENINA, REBULA.

Guerila Prim r w ★★ 13 15 16 – Biodynamischer Erzeuger in VIPAVA mit sehr gutem Wein der Lokalsorten PINELA und Zelen (BV).

Istenič Pos sch ★→★★ Schaumweinspezialist. Probieren Sie den No. 1, den Barbara Sec, den Gourmet Rosé (13) und den Prestige Extra Brut (11).

Istrien Küstenbezirk, der sich jenseits der Grenze in Kroatien fortsetzt. Hauptrebsorten sind REFOŠK und MALVAZIJA. Beste Erzeuger: Bordon (E Vin rosé, Malvazija), Korenika & Moškon (PINOT GRIS, Refošk, roter Kortinca), Rodica, Rojac (Renero, Stari d'Or), Pucer z Vrha (Malvazija), SANTOMAS, Steras (Refošk Kocinski), VINAKOPER.

Jakončič Prim r w; sch ★★★ **13'** 15 16 – Sehr guter Erzeuger in BRDA, v. a. mit der Reihe Carolina: REBULA, Bela (weiß), Red. Auch guter PENINA.

Joannes Pod r w ★★ **10** 11 13 14 15' – RIESLING-Spezialist bei Maribor, schön reifende Weine. Auch frischer, leichter PINOT NOIR.

Kabaj Prim r w ★★★ 08 11 12 13 15 – Unter französischer Leitung. Bekannt für orangefarbenen REBULA, Amfora, Ravan (Friulano), Luisa Prestige (weiß) und langlebige Rote.

Klet Brda Prim r w; sch ★★→★★★13 14 15 16 – Sloweniens größte Genossenschaft zeigt sich überraschend gut und zukunftsorientiert. Quercus heißen die frischen sortenreinen Weißen (BV), Krasno die Verschnitte ohne Eichennote, Colliano die sehr gute Marke für die USA. Lagenselektionen der Premiumklasse kommen unter dem Namen Bagueri auf den Markt. Exzellenter A+ (rot und weiß).

Kobal Pod w ★★ Der ehemalige Kellermeister von PULLUS hat sich selbstständig gemacht. Sehr guter FURMINT, SAUVIGNON BLANC.

Kogl Pod r rs w ★★ 15 16 – Auf einem Hügel nahe Ormož gelegenes Gut, gegründet 1542. Lebhafte, präzise gearbeitete Weißweine, v. a. Mea Culpa AUXERROIS, Ranina (alias BOUVIER), Primus Inter Pares (weiß). Aromatischer PINOT NOIR Rosé.

Kras Prim – Renommierter Bereich mit Terra-Rossa-Böden in der Region PRIMORSKA. Am bekanntesten für TERAN und MALVAZIJA. Empfehlenswert: Vinakras (v. a. Prestige Teran, Vitovska).

Europas orangefarbenes Zentrum

Slowenien liegt genau in der Mitte von Europas »orangefarbenem Weinland«, das über die Grenze hinweg bis ins italienische Collio reicht – dort haben Erzeuger wie Gravner, Radikon und Princic den Trend wiederbelebt. Weißweine mit verlängertem Schalenkontakt zu erzeugen war schon lange Tradition in Slowenien und Kroatien, wobei die Maischestandzeit von ein paar Tagen bis zu Wochen oder sogar Monaten dauern kann. Solche Weine sind orangefarben und oft nur minimal geschwefelt. Sie sind (bzw. können sein) langlebig, komplex und gute Essensbegleiter. Achten Sie auf: BATIČ, ČOTAR, JNK, KABAJ, Klinec, Mlecnik und MOVIA, und jenseits der kroatischen Grenze auf Clai, KABOLA, KOZLOVČ, Roxanich und TOMAC.

Kristančič r w ★★→★★★ 13 15 16 – Familienkellerei in BRDA (nicht mit dem gleichnamigen Kellermeister bei MOVIA verwechseln). Empfehlenswert die Weine namens Pavó.

Das älteste bekannte Rad stammt aus dem Laibacher Moor bei Ljubljana und soll über 5000 Jahre alt sein.

Kupljen Pod r rs w ★★ 15 16 – Pionier für trockene Weine nahe Jeruzalem. Verlässliche sortenreine Weiße.

Marof Pod r w ★★→★★★ 13 15 – Wegweisende Kellerei in Prekmurje. Alle Weine reifen jetzt in Eiche. Zu empfehlen: Breg CHARDONNAY, SAUVIGNON BLANC und Mačkovci Cru BLAUFRÄNKISCH.

Movia Prim r w; sch ★★★→★★★★ **08'** 10 13 14 15 – Sehr bekannter Bioerzeuger unter der Führung des charismatischen Aleš Kristančič. Exzellenter, langlebiger weißer Veliko Belo und roter Veliko Rdeče. Sehr guter MODRI PINOT, umwerfender rosé Schaumwein Puro Rose. Der orangefarbene Lunar (v. a. CHARDONNAY) ist bemerkenswert.

Penina Name für Qualitätsschaumwein (Tankgärung oder traditionelle Methode). Sehr im Trend, wird inzwischen von vielen Erzeugern bereitet.

Podravje Die größte Weinregion umfasst Štajerska und Prekmurje im Osten. Am besten sind die frischen, trockenen Weißen, gut auch die Süßweine; die Roten von Modra Frankinja (BLAUFRÄNKISCH) und PINOT NOIR sind meist leichter.

Posavje Weinregion im Südosten. Die besten Weine sind süß, v. a. von MAVRETIČ (großartiger ★★★★-SAUVIGNON-BLANC-Eiswein, guter Gelber Muskateller), PRUS und Šturm (★★★★-Eiswein und edelfauler MUSCAT).

PRA-VinO (Čurin-Prapotnik) Pod w; s 12 13 14 15 – War in den 1970er-Jahren der Vorreiter der privaten Weinerzeugung, jetzt haben der Sohn und der Enkel übernommen. Süßweine von Weltklasse (★★★★), u. a. fantastischer Eiswein *(ledeno vino)* und edelfaule Gewächse von LAŠKI RIZLING, RIESLING und ŠIPON.

Primorska Im Westen gelegene Region (auch Primorje genannt), die das slowenische ISTRIEN, BRDA, VIPAVA und KRAS umfasst.

Puklavec Family Wines Pod r w; sch ★★→★★★ 15 16 – Große Familienkellerei mit sehr gutem Preis-Leistungs-Verhältnis. Verlässlich frische aromatische Weißweine unter den Etiketten Puklavec & Friends und Jeruzalem Ormož. Die Spitzenauslesen der Reihe Seven Numbers sind exzellent, v. a. der FURMINT und der PINOT GRIGIO.

Pullus Pod r rs w ★★ 15 16 – Sehr gute, knackige, moderne Weißweine aus der Kellerei in Ptuj: Pullus SAUVIGNON BLANC, RIESLING. Exzellente Weine mit dem Etikett »G« (beachtlicher 777). Wunderbarer süßer LAŠKI Rizling, Rumeni MUŠCAT.

Radgonske Gorice Pod sch ★→★★ Erzeuger der slowenischen Schaumwein-Bestseller Srebrna (silberner) PENINA, Zlata (goldener) Penina nach der klassischen Methode und des beliebten halbtrockenen TRAMINEC mit schwarzem Etikett.

Santomas Prim r rs w ★★→★★★ 12 13 14 15 – Das führende Weingut in ISTRIEN erzeugt einige der besten Refošk- und REFOŠK/CABERNET-SAUVIGNON-Weine des Landes, v. a. den Antonius von 60 Jahre alten Reben und den Verschnitt Grande Cuvée.

Ščurek Prim r rs w; s ★★→★★★ 12 13 15 16 – Familienweingut in BRDA; fünf Söhne. Gute sortenreine Weinen (BV) von CABERNET FRANC, Jakot, PINOT BLANC, REBULA sowie Verschnitte namens Strune. Die besten Weine sind von lokalen Sorten, v. a. Kontra, Pikolit, Stara Brajda (rot und weiß).

Simčič, Edi Prim r w ★★★→★★★★ 11' 12 13 14 15 – Perfektionist in BRDA; ein Superstar für Rotweine mit dem Duet Lex und der Fassauslese Kolos. Exzellente Weiße: MALVAZIJA, REBULA, SAUVIGNON BLANC, Triton Lex. Ausgezeichneter Einzellagen-CHARDONNAY Kozana.

Simičič, Marjan Prim r w; s ★★★→★★★★ **12' 13'** 14 15 – Immer sehr gute Weißweine, v. a. CHARDONNAY, REBULA, SAUVIGNON BLANC Selekcija, SIVI PINOT und die Teodor-Verschnitte. Eleganter MODRI PINOT. Sehr gute Reihe von Einzellagenweinen namens Opoka, v. a. Chardonnay, Sauvignon blanc und RIBOLLA. Der süße Leonardo ist großartig.

Der Weinkosum in Slowenien ist der vierthöchste der Welt: 44,07 l pro Kopf und Jahr. Mehr als in Frankreich.

Štajerska Pod – Große Weinregion im Osten, zu der die bedeutenden Bezirke Ljutomer-Ormož, Maribor und Haloze gehören. Knackige, raffinierte Weiße und erstklassige Süßweine. Beste Erzeuger (ohne eigenen Eintrag): Doppler, Gaube (Kaspar CHARDONNAY), Gross (SJI FURMINT, Gorca Furmint), Heaps Good Wine, Krainz (ŠIPON), Miro, M-vina (v. a. ExtremM SAUVIGNON BLANC) Valdhuber, Zlati Grič (rosé PENINA, Sauvignon blanc).

Steyer Pod w; s; sch ★★ 15 16 – Spezialist für TRAMINER in ŠTAJERSKA: trocken, Schaumwein, mit Eichenausbau, süßer Vaneja.

Sutor Prim r w ★★★ 12 13 14 – Ausgezeichneter kleiner Erzeuger in VIPAVA. Probieren Sie den Sutor White von REBULA/MALVAZIJA; außerdem sehr guter SAUVIGNON BLANC, feiner CHARDONNAY, eleganter Rotwein.

Tilia Prim r w ★★→★★★ 12 13 14 15 16 – »House of Pinots« in VIPAVA, seit einer der Besitzer mit Studien über PINOT NOIR seinen Doktor machte. Die Reihe Sunshine bringt leckere, preisgünstige Weiße. Black Label ist für ernsthaftere Rote, u. a. guter Pinot noir, und White Label für Spitzenjahre.

Verus Pod r w ★★★ 15' 16 – Feine, fokussierte, muntere Weiße, v. a. sehr guter FURMINT, knackiger SAUVIGNON BLANC, aromatischer PINOT GRIS und raffinierter RIESLING. Auch vielversprechender PINOT NOIR.

Vinakoper Prim r rs w; sch ★→★★ 13 15 16 – Großer Erzeuger in ISTRIEN. Empfehlenswert: MALVAZIJA (BV), REFOŠK Rex Fuscus, Capris MALVAZIJA (teilweise in Akazienholz gereift).

Vipava Prim – Aus dem für seine kühlen Brisen bekannten Tal in der Region PRIMORSKA kommen einige der besten Weine Sloweniens. Empfohlene Erzeuger: BATIČ, Benčina (PINOT NOIR), BURJA, Frlanova (BARBERA), Jangus (SAUVIGNON BLANC, MALVAZIJA), JNK (orangefarbene Weine), Lepa Vida (Malvazija, orangefarbener Wein namens oOo), Miška (PINELA), Mlečnik (orangefarbene/Naturweine), Pasji Rep (Jebačin), Štokelj (Pinela), SUTOR, TILIA, Vina Krapež (exzellenter Lapor Belo).

Kroatien

Kroatien kann immer noch beides: begeistern und frustrieren. Der größte Weinproduzent stand bei Redaktionsschluss nach einigen aufsehenerregenden Festnahmen unter staatlicher Zwangsverwaltung, während auf der anderen Seite Hunderte kleine professionelle Kellereien individuelle Weine bereiten. Sie bedienen sich dabei aus dem riesigen Schatz der einzigartigen einheimischen Rebsorten, die mehr und mehr ans Tageslicht kommen. Der starke Tourismus hält die Preise hoch, weshalb kaum exportiert wird; doch es dürfte mehr zu erwarten sein – bei All-inclusive-Kreuzfahrten geben die Touristen schließlich an Land kaum Geld aus.

Agrokor r rs w ★→★★ Steht nach der Festnahme des Managements unter Zwangsverwaltung. Es wird sich zeigen, was aus den insgesamt guten Marken wird: Agrolaguna in Istrien mit Vina Laguna Festigia (sehr guter MALVAZIJA in allen Formen, v. a. Vižinada) und Vina Belje in Donaunähe (v. a. Goldberg GRAŠEVINA, Premium-CHARDONNAY).

Ahearne r rs w ★★ Die Britin Jo Ahearne ist Master of Wine und macht sich einen Namen mit Weinen wie rosé Rosina Darnekuša, Pošip, Wild Skins (weiß), PLAVAC MALI.

***Vrhunsko vino:* Wein von Premiumqualität, *kvalitetno vino:* Qualitätswein, *stolno vino:* Tafelwein; *suho:* trocken, *polsuho:* halbtrocken.**

Arman, Franc Is & Kv r w ★★ **13'** 15' 16 – Familienkellerei in der sechsten Generation. Sehr guter TERAN und MALVAZIJA (BV) sowie Malvazija Classic mit Hülsenmaischung. Gut auch MERLOT, CABERNET FRANC.

Badel 1862 r w ★★ **12 13** 14 15 – Gruppe von Kellereien; am besten sind Korlat SYRAH und MERLOT. Preisgünstige Reihe Duravar, v. a. SAUVIGNON BLANC und GRAŠEVINA. Guter PLAVAC und Dingac 50° aus Pelješac.

Benvenuti Is & Kv r w ★★★ **13'** 15 16 – Eindrucksvoller Familienbetrieb. Sehr gute Rotweine, v. a. Caldierosso, TERAN. Mustergültiger frischer MALVAZIJA, komplexer Anno Domini (weiß).

BIBICh Dalm r rs w ★★→★★★ 13 15 16 – Sehr angesehener Erzeuger mit Fokus auf lokale Sorten, v. a. die weiße Debit, plus SYRAH. Probieren Sie den Lučica von einer Einzellage und den süßen Ambra. Auch R6 Riserva und Bas de Bas Crno.

Bolfan Hochland r rs w; tr ★★ 13 15 – Erzeuger für biodynamische/Naturweine. Guter Primus RIESLING, SAUVIGNON BLANC und PINOT NOIR.

Bura-Mrgudič Dalm r ★★ 11 14 15 – Bruder und Schwester erzeugen hier angesehenen DINGAČ und Mare POSTUP. Auch Zusammenarbeit mit Benmosche von Villa Splendid.

Mittel- und Südosteuropa

Cattunar Is & Kv r w ★★ 15 16 – Weingut auf einem Hügel mit guter Auswahl an MALVAZIJA-Weinen von vier verschiedenen Böden. Sehr guter spät gelesener Collina und TERAN Kappi (06).

Coronica Is & Kv r w ★★ 13 15 16 – Beachtliche Kellerei in ISTRIEN, v. a. mit fassgereiftem Gran MALVAZIJA und dem Maßstäbe setzenden Gran TERAN.

Der Kroate Slavoljub Penkala erfand den Druckbleistift. Glücklicherweise wurde der nicht nach ihm benannt.

Dalmatien (Dalmacija) Die Felsküste der kroatischen Adria mit ihrer wunderbaren Inselwelt südlich von Zadar. Bei Touristen sehr beliebt.

Dingač Dalm **10** 11' 12 13 (15) – War 1961 die erste Qualitätsbezeichnung und ist heute eine geschützte Ursprungsbezeichnung auf der Halbinsel Pelješac im südlichen Dalmatien. Körperreicher PLAVAC MALI. Erzeuger: BURA-MRGUDČ, Kiridžija, Lučič, Madirazza, Matuško, Miličič, SAINTS HILLS, Skaramuča, Vinarija Dingač.

Enjingi, Ivan Slawonien w; s ★★ Naturweinerzeuger in SLAWONIEN mit Kultstatus. Bekannt für GRAŠEVINA und langlebigen Venje.

Fakin Is & Kv r w ★★→★★★ 15 16 – Der junge *garagiste*-Weinmacher beeindruckt mit MALVAZIJA, v. a. La Prima, Il Primo TERAN.

Feravino Slawonien r rs w ★ Mit 160 ha einer der größten Kleinerzeuger. Moderne, einigermaßen preisgünstige Weine auf Einsteigerniveau.

Galić Slawonien r w ★★ 13 14 15 16 – Vielversprechender neuer Erzeuger in SLAWONIEN, v. a. mit GRAŠEVINA und rotem Verschnitt Crno 9.

Gerzinić Is & Kv r rs w ★★ 13 14 15 16 – Brüder, die sehr guten TERAN (rot, rosé), MALVAZIJA und SYRAH erzeugen.

Gracin Dalm r rs ★★→★★★ 12 13 (15) – Die kleine, aufregende Kellerei mit felsigen Lagen nahe der Küste bei Primošten im Besitz von Prof. Leo Gracin erzeugt den besten Babič des Landes, auch Opol (rosé) und Prošek (süß).

Grgić Dalm r w ★★→★★★ 11 13 15 – Legende aus dem Napa Valley – sein Montelena CHARDONNAY gewann 1976 bei der Weinjury von Paris. Nun ist er zu seinen kroatischen Wurzeln zurückgekehrt und produziert mit Tochter und Neffen auf der Halbinsel Pelješac PLAVAC MALI und reichhaltigen POŠIP.

Hvar Wunderschöne Insel mit den ältesten kontinuierlich kultivierten Weinbergen der Welt (unter UNESCO-Schutz). Bekannt für PLAVAC MALI, einschließlich der Lage Ivan Dolac. Gute Erzeuger: Carič, PZ Svirče, TOMIČ, ZLATAN OTOK und neu AHEARNE.

Iloči Podrumi Slawonien r rs w ★★ ★★→★★★ 15 16 – Nach eigenen Angaben die zweitälteste Kellerei Europas, gegründet 1450. Hervorragender Premium-GRAŠEVINA, TRAMINAC und die Reihe Principovac.

Istrien MALVAZIJA ist die Haupttraube auf der Halbinsel in der nördlichen Adria; gut gedeihen auch CABERNET SAUVIGNON, MERLOT und TERAN. Erzeuger: v. a. F. ARMAN, Banko Mario (mustergültiger Malvazija 16), BENVENUTI, Capo (Malvazija, Stellae-Reihe), CATTUNAR, Clai (orangefarbene Weine, v. a. Sveti Jakov), CORONICA, Cossetto, Damjanič (Borgonja, Clemente), Degrassi (VIOGNIER, CABERNET FRANC), Deklič, Domaine Koquelicot (Belaigra Grand Cru), FAKIN, Frankovič, GERZINIČ, KABOLA, KOZLOVIČ, MATOŠEVIČ, Medea, MENEGHETTI, Novacco, Peršurič, PILATO, Piquentum, Radovan (REFOŠK, Merlot), ROXANICH, SAINTS HILLS, Sirotic, Tomaz (Avantgarde, Sesto Senso), TRAPAN, Zigante.

Kabola Is & Kv r rs w ★★→★★★ 13' 14 15' 16 – Makelloses Weingut in ISTRIEN. Sehr guter MALVAZIJA als Schaumwein, als junger Wein, als fassgereifter Unica und als Amphoren-Version. Leckerer Rosé (BV); sehr guter TERAN.

Katunar Is & Kv r w ★★ 16 – Führender Erzeuger von Žlahtina, einer Sorte, die man nur auf der Insel Krk findet. Probieren Sie den Sv. Lucija.

Korta Katarina Dalm r rs w ★★→★★★ **09' 11'** 12 13 15 – Moderne Weinbereitung auf Korcula. Exzellenter POŠIP und PLAVAC MALI, v. a. Reuben's Reserve.

Kozlović Is & Kv r w ★★★ 13' 15 16 – Maßstäbe setzender Malvazija in allen Spielarten, v. a. aufregender, komplexer Santa Lucia, Pomojem. Auch sehr guter Santa Lucia Crna und MUŠKAT Momjanski.

Krajančić w ★★ 15 – Führender Erzeuger, der das Potenzial der POŠIP-Traube auslotet. Probieren Sie den Sur Lie und den Intrada.

Krauthaker, Vlado Slawonien r w; s ★★★ 13 15 16 – Spitzenerzeuger in KUTJEVO, v. a. GRAŠEVINA Mitrovac und Izborna Berba. Auch sehr guter PINOT NOIR, Zelenac, CHARDONNAY.

Achten Sie in Nordkroatien, v. a. in Šibenik, auf die Babič-Traube, die feine aromatische Rotweine hervorbringt.

Kutjevo Cellars Slawonien w; tr s ★★ 13 15' 16 – 800 Jahre alte Kellerei in der Stadt Kutjevo – bekannt für guten GRAŠEVINA (v. a. De Gotho), Turkovič und schönen Eiswein.

Maraština Synonym für den an der Küste verbreiteten MALVAZIJA; oft angenehm erfrischend.

Matošević Is & Kv r w ★★ 14 15 16 – Mustergültiger MALVAZIJA, v. a. Alba, Alba Robinia (in Akazienholz gereift), Antiqua. Sehr guter roter und weißer Grimalda.

Meneghetti Is & Kv r w ★★ 13 15 – Geschmeidige Verschnitte (rot und weiß) sowie feiner, präziser MALVAZIJA.

Miloš, Frano Dalm r rs ★★ 07 12 13 – Viel bewundert für seinen legendären Stagnum, dazu ein zugänglicherer PLAVAC und Rosé.

Pilato Is & Kv r w ★★ 13 15 16 – Familienbetrieb mit sehr gutem MALVAZIJA, PINOT BLANC, TERAN, MERLOT.

Postup Dalm – Berühmte Weinberglage nordwestlich von DINGAČ. Körperreiche, füllige Rotweine von PLAVAC MALI. Erzeuger: Donja Banda, Miličič, Marija Mrgudič und Vinarija Dingač.

Prošek Dalm – Historischer Süßwein von sonnengetrockneten lokalen Trauben in DALMATIEN. Erstmals erwähnt im Jahr 1556. Gute Versionen: GRACIN, STINA, TOMIČ Hectorovich.

Roxanich Is & Kv r w ★★→★★★ 08 09 11 13 15 – Naturweinerzeuger mit kraftvollen, verführerischen orangefarbenen Weinen (MALVAZIJA Antica, Ines U Bijelom) und beeindruckend komplexen Roten, v. a. TERAN Ré, SuperIstrian Cuvée und MERLOT.

Saints Hills Dalm, Is & Kv r rs w ★★→★★★ 13 14 15 – Betreibt zusammen mit dem Berater Michel Rolland zwei Kellereien und drei Lagen. Sehr guter weißer Nevina aus ISTRIEN, üppig-fruchtiger PLAVAC MALI St. Roko, ernst zu nehmender DINGAČ.

Slawonien Region in Nordkroatien; berühmt für ihr Eichenholz und für Weißweine, v. a. von GRAŠEVINA. Inzwischen gibt es auch gute Rote. Erzeuger: Adzič, Antunovič (Premium GRAŠEVINA 13), Bartolovič, Belje, ENJINGI, FERAVINO, GALIČ, KRAUTHAKER, KUTJEVO, Orahovica (Silvanac Zeleni 15).

Stina Dalm r rs w ★★ 13 15 16 – Von den sehr steilen Weinbergen auf der Insel Brač kommen sehr guter POŠIP und PLAVAC MALI, v. a. mit dem Etikett Majstor. Guter Tribidrag (alias ZINFANDEL), Opol Rosé, PROŠEK.

Tomac Hochland r w; sch ★★ Weingut bei Zagreb mit 200-jähriger Geschichte. Berühmt für Schaumwein und seine wegweisenden Amphoren-Weine.

Tomić Dalm r rs w ★★ 13 15 16 – Charakterkopf auf der Insel HVAR mit ökologisch bewirtschaftetem PLAVAC-MALI-Weinberg. Gute Rote, v. a. Plavac Barrique; auch PROŠEK Hectorovich.

Mit etwa 2.800 Sonnenstunden liegt die kroatische Insel Hvar an der Spitze in Europa.

Trapan, Bruno Is & Kv r w ★★ 14 15 16 – Dynamischer junger Erzeuger. Probieren Sie den MALVAZIJA, u. a. den Naturwein Uroboros, den orangefarbenen Istraditional und den Ponente (BV). Auch geschmeidige Rote: Terra Mare TERAN und The One!

Veralda Is & Kv r rs w ★★ 13 15 – Die preisgekrönte Kellerei beeindruckt mit reichhaltigen Hochglanz-Roten, erfreulichen Weißen und orangefarbenen Amphoren-Weinen.

Zlatan Otok Dalm r rs w ★★ 10 11 12 13 15 – Familienweingut auf der Insel HVAR; Weinberge auch in Makarska. Berühmt für reife Rotweine, insbesondere BABIĆ, Crljenak, PLAVAC MALI. Guter POŠIP (BV).

Bosnien-Herzegowina, Kosovo, Mazedonien, Serbien, Montenegro

Die Weinszene in den Balkanländern entwickelt sich immer weiter, da mehr und mehr qualitätsorientierte Erzeuger auftauchen und die einst staatseigenen Dinosaurierbetriebe entweder aussterben oder sich neu erfinden.

Bosnien-Herzegowina Auf den 3.500 ha Rebland ist es qualitativ deutlich vorangegangen. Lokale Rebsorten dominieren, v. a. die aromatische weiße Žilavka und die lebhafte rote Blatina. Merken Sie sich folgende Namen: Andrija, Carski, Crnjac & Zadro (v. a. Selekcija Žilavka, CZ Selekcija), Hepok, Hercegovina Produkt (Zlatna Dolina, Charisma Blatina), Nuič, Tvrdos, Vukoje, Podrum Vilinka (X-line, Žilavka). Auch einige gute Vranac-Weine.

Kosovo hat 3.200 ha Weinberge und 12 kommerzielle Kellereien, hängt aber hinter dem Rest der Region zurück. Größter Erzeuger ist Stonecastle.

Mazedonien (das aufgrund der anhaltenden Namensstreitigkeiten mit Griechenland auch FYROM = *Former Yugoslav Republic of Macedonia* genannt wird) hängt weiterhin von der Produktion billiger Fassweine ab, doch die Bemühungen, die Qualität zu steigern und mehr Flaschenweine zu erzeugen, dauern an. Viele der kleineren Neugründungen sind verschwunden oder finden keinen Markt für ihre Weine. Hier sind die größeren Betriebe die Qualitätsmotoren, die in die Forschung investieren. Der Gigant Tikveš leistet sich einen in Frankreich ausgebildeten Kellermeister und beeindruckt mit Weinen wie Bela Voda und Barovo von Einzellagen; gut sind die Reihen Special Selection (v. a. Grenache blanc, Temjanika, Vranec) und Domaine Lepovo (reichhaltiger, eichenholzwürziger CHARDONNAY, Grand Cuvée). Stobi verwendet nur Trauben von den 600 ha eigener Lagen; probieren Sie Vranec Veritas, Vranec Classic, roten Aminta, Žilavka und verfeinerten PETIT VERDOT. Château Kamnik ist die führende Boutiquekellerei mit gutem CARMENÈRE, SYRAH Ten Barrels, Temjanika Premium, Vranec Terroir. Weitere interessante Kellereien: Ezimit (Reihe Stardust, Vranec Barrique), Popov, Popova Kula (Stanušina in drei Stilen), Skovin (Markov Manastir Vranec, Temjanika).

Montenegro hat 2.651 ha Weinberge und über 500 Erzeuger, doch die Firma 13. Jul Plantaže dominiert mit 2.310 ha – einer der größten Weinberge

Europas, doch die Weine sind recht gut (z. B. Medun Vranac, Vladika, Stari Podrumi, Vranac Reserve). Achten Sie auch auf Lipovac, Sjekloča, Vinarija Krgovic. Vranac herrscht mit 97 % Anteil in den Weinbergen vor, jedoch zeigen neuere Forschungen, dass die Sorte Kratošija/ZINFANDEL möglicherweise von hier stammt und nicht aus Kroatien.

Serbien hat 22.300 ha registriertes Rebland und etwa 400 Kellereien, viele davon neu und winzig. Man konzentriert sich jetzt auf die Wiedereinführung ehemaliger Allerweltstrauben wie Prokupac als Aushängeschild für serbische Rotweine. Empfohlene Erzeuger: Aleksandrovič (Reihe Trijumf, Regent, Rodoslav), Aleksč (Arno, Kardaş), Botunjac (Sveti Grai), Budimir (Triada, Svb Rosa, Boje Lila), Cilič, Čokot (Experiment), Despotika (Morava, Dokaz), Deurič, Doja (Prokupac), Ivanovič (Prokupac, No. 1/2), Janko (Vrtlog, Misija), Kovačevič (CHARDONNAY, Aurelius), Matalj (Kremen Chardonnay, Kremen Kamen), Pusula (CABERNET FRANC), Radovanovič (Cabernet Reserve), Saga, Temet (Ergo, Tri Morave), Virtus (Credo), Zivkovič, Zvonko Bogdan (Rosé, Chardonnay, Cuvée No. 1).

Tschechische Republik

Zwei Weinregionen gibt es in der Tschechischen Republik: das kleine Böhmen und das 25-mal so große Mähren mit einer Gesamtrebfläche von 17.200 ha. Auch wenn er anderswo kaum bekannt ist, haben der böhmische und mährische Wein doch ein lange Geschichte. Liebliche Gewächse machen den Großteil der Produktion aus. Enorme Subventionen und ein patriotisches Trinkverhalten haben Investitionen ermöglicht, die vor 20 Jahren undenkbar gewesen wären, und viele Kleinerzeuger in schicke Unternehmen mit supermodernen Anlagen verwandelt. Busladungen von durstigen Besuchern drängen sich in den betriebseigenen Verkostungsräumen mit angeschlossenen Hotels, wo der Wein zur Volksmusk nur so strömt. Nichtsdestotrotz versuchen die Weine der Tschechischen Republik immer noch, jenseits der Grenze eine Nische zu finden. Der Markt wird dominiert von etlichen Erzeugergiganten, die Supermarktwein in riesigen Mengen herstellen, großteils verschnitten aus importierter Fassware.

Baloun, Radomil Mäh ★→★★★ Mittelgroßer Erzeuger vieler verschiedener süffiger Weine, alle trocken. Kuriositäten sind der PINOT NOIR Blanc und der BLAUFRÄNKISCH Blanc.

Dobrá Vinice Mäh ★★★ Einer der sogenannten Authentisten, spezialisiert auf Weine, die in amphorenähnlichen *qvevri* reifen, importiert aus Georgien. Auch Brut Nature.

Dufek, Josef Mäh ★★ Dynamische Familienkellerei, die über 30 Rebsorten ökologisch anbaut.

Dva Duby Mäh ★★★ Überzeugter »Terroirist«, biodynamische Prinzipien. Aushängeschild ist der Rosa Inferni (BLAUFRÄNKISCH/ST LAURENT), aber auch andere rote Verschnitte wie der Vox In Excelso und der Ex Opere Operato sind sehr gut.

Lobkowicz, Bettina Bö ★→★★★ Hervorragender PINOT NOIR und Schaumweine nach der klassischen Methode: RIESLING, Pinot noir Blanc de Noirs, Cuvée PINOT BLANC/PINOT GRIS.

Plešingr & Sons Mäh ★★→★★★ Die Gebrüder Michal und Patrik folgen den Fußstapfen ihres Vaters. Schwerpunkte sind PINOT NOIR und PINOT GRIS.

Spielberg Mäh ★★→★★★ Kellermeister des Jahres 2017, dessen moderner Betrieb unweit des Schauplatzes der Drei-Kaiser-Schlacht bei Austerlitz steht. Der BLAUE PORTUGIESER ist besonders gut.

Stapleton & Springer Mäh ★★★ Gemeinschaftsunternehmen des Weinmachers Jaroslav Springer mit dem ehemaligen US-Botschafter Craig Stapleton und dessen Bruder Benjamin – beide Burgunder-Fans. Eine Spezialität ist der Einzellagen-PINOT-NOIR.

Stávek, Richard Mäh ★→★★★ Spezialist für Naturweine. Seine orangefarbenen Weine führen einige Spitzenrestaurants/Weinbars, v. a. in New York.

Vinselekt Michlovský Mäh ★→★★★ Technikbegeisterter Innovator. Große Bandbreite an Rebsorten, von denen er einige selbst gezüchtet hat. Sein WELSCHRIESLING ist ein Muss.

Slowakische Republik

Klassische zentraleuropäische Sorten dominieren hier neben den internationalen Favoriten. Die 12.000 ha große Rebfläche der Slowakei beginnt bei Bratislava an der Donau, verläuft dann entlang den Ausläufern der Kleinen Karpaten nach Nitra in der Mitte des Landes, folgt im Süden auf 450 km der ungarischen Grenze nach Osten bis in die kleine slowakische Tokajer-Region, die an ihre berühmtere Schwester angrenzt, und reicht dann nordöstlich bis in die Ostslowakei. Größter Weinerzeuger des Landes ist Vinárske závody Topoľčianky, größter Sektproduzent J.E. Hubert Sereď.

Château Belá Südslowakei ★★★ Feiner RIESLING; beteiligt ist Egon Müller vom Scharzhof (Deutschland).

Elesko Kleine Karpaten ★★★ Riesige Kellerei; konkurrenzlos in Ostmitteleuropa. Moderne Kunstgalerie.

J&J Ostrožovič Tokaj ★★★ Sehr guter slowakischer Tokajer.

Karpatská Perla Kleine Karpaten ★★ Sehr gute Weine von vorbildlich gepflegten Weinbergen.

Malík & Sons Kleine Karpaten ★★ Der Universitätsprofessor und internationale Weinjuror hat 14 ha in Modra mit LEANYKA, SAUVIGNON BLANC und PINOT BLANC bepflanzt. Auch Modragne, ein klassischer Schaumwein.

Movino Zentralslowakei ★★ Wichtigster Erzeuger in der Zentralslowakei, 1973 in Vel'ký Krtíš gegründet.

Víno Matyšák Kleine Karpaten ★→★★★ Große, moderne Kellerei in Pezinok.

Rumänien

Rumänien braucht zu lange, um wieder seine historische Rolle einzunehmen, nämlich Osteuropas wichtigstes Weinland zu sein. Doch der Jahrgang 2017 fiel gut aus, was Weinfreunde im Ausland erfreuen dürfte. Neue, qualitätsorientierte Kellereien tauchen weiterhin regelmäßig auf, doch kaum eine verdient vernünftig Geld und ist wirklich um Kundschaft bemüht. Nach dem Zusammenbruch des größten Weinproduzenten des Landes haben sich die Wogen immer noch nicht geglättet, was sich auch auf die Szene im Inland auswirkt. Mit 182.363 ha Gesamtrebfläche und 85 Rebsorten ist Rumänien ein bedeutendes Erzeugerland in Europa (das sechstgrößte). Man sollte es im Auge behalten.

Aurelia Vişinescu Munt r w ★★ 14 15 16 – Weingut in DEALU MARE. Empfehlenswert: roter und weißer Artizan von Lokalsorten. Anima ist das Spitzenetikett, v. a. der Fete Negre 3.

Avincis Munt r rs w ★★ **13' 15** 16 – Herrlich gelegenes historisches Familiengut mit hochmoderner Kellerei in DRĂGĂŞANI. Sehr gut sind Cuvée Grandiflora, Cuvée Andréi, Negru de Drăgăşani, Crâmpoşie Selecţionată, PINOT NOIR und der neue süße TĂMÂIOASĂ.

Balla Gèza Cri-Mar r rs w ★★ 12 13 15 16 – Deutlich verbesserter führender Erzeuger in Miniş. Am besten ist die Reihe Stone Wine von Lagen in 500 m Höhe, v. a. CABERNET FRANC, FETEASCĂ NEAGRĂ, FURMINT. Sehr guter Cadarca.

Banat Weinregion im Westen, inkl. DOC Recaş.

Bauer Winery Munt r w ★★ 13 15 16 – Familienbetrieb des Kellermeisters von PRINCE ŞTIRBEY. Sehr guter Crâmposie und FETEASCĂ NEAGRĂ. Einer der ersten rumänischen orangefarbenen Weine von SAUVIGNONASSE.

Budureasca Munt r w ★→★★ 15 16 – Großes Gut in DEALU MARE mit britischem Kellermeister. Verlässlicher Budureasca, v. a. Fumé, TĂMÂIOASĂ (MUSCAT) und hochklassiger FETEASCĂ NEAGRĂ. Die Spitzenmarke heißt Origini.

Corcova Munt r rs w ★→★★ **13** 15' 16 – Renovierte Krondomäne aus dem 19. Jahrhundert mit Weinbergen in Hanglagen. Empfehlenswert: FETEASCĂ NEAGRĂ, SYRAH, ansprechender SAUVIGNON BLANC, Rosé.

Cotnari Mold – DOC-Region in der MOLDAU. Angebaut werden nur Lokalsorten, v. a. FETEASCĂ ALBĂ, Francusă, GRASĂ und TĂMÂIOASĂ. Historisch guter Ruf für Süßweine.

Cotnari Wine House Mold rs w ★ 15 16 – Erzeuger der nächsten Generation in COTNARI mit 350 ha; der Fokus liegt auf trockenen Weinen. Am besten ist das Etikett Colloquium, v. a. GRAŞA de Cotnari und Busuioaca de Bohotin.

Cotnari Winery Mold w; s ★ Ehemaliges Weinbaukollektiv mit 1.360 ha, neu bepflanzt 2006/2007. Hauptsächlich trockene und halbtrockene Weiße von lokalen Trauben. Die gereiften süßen Collection-Weine können eindrucksvoll sein.

Crama Girboiu Mold r w ★→★★ 200 ha im erdbebengefährdeten Vrancea, daher Etiketten wie Tectonic (v. a. Şarba, FETEASCĂ NEAGRĂ) und Epicentrum (Verschnitte). Der einzige Winzer, der die seltene Sorte Plavaie anbaut und unter der Marke Livia (BV) und im Schaumwein Cuartz verkeltert.

Crama Oprişor Munt r rs w ★★ 13' 15 16 – Beständig gut ist die Reihe La Cetate. Auch interessant: Caloian Rosé, lebhafter Rusalca Alba, Crama Oprişor CABERNET SAUVIGNON, roter Verschnitt Smerenie und Spitzencuvée Ispita.

Cramele Recaş Banat r rs w ★★→★★★ 13 15' 16 – Rumäniens erfolgreichster Exporteur verarbeitet über 20.000 Tonnen jährlich. Die progressiven, verlässlichen Weine werden seit Langem von einem australischen und einem spanischen Kellermeister bereitet. Sehr gutes Preis-Leistungs-Verhältnis bei den Sortenweinen unter den Etiketten Calusari, Dreambird, Frunza, I am, I heart, Paparuda, Werewolf. Mittlere Lage: La Putere, Sole. Exzellent sind die Premiumweine, v. a. Cuvée Überland, die Selene-Rotweine und der Solo Quinta.

Crişana und Maramures Cri-Mar – Region im Nordwesten, zu der auch die DOC Minis gehört. Empfehlenswert: Carastelec (Fokus auf flaschenvergorenen Schaumweinen, u. a. die Etiketten Vinca und Carassia) und der renovierte Naturweinerzeuger Nachbil.

Davino Munt r w ★★★ **12' 13'** 15 16 – Spitzenerzeuger in DEALU MARE. Fokus auf Verschnitte für die sehr guten Weine Domaine Ceptura, Flamboyant, Revelatio und Rezerva. Auf lokalen Trauben basieren der Alba und der Purpura Valahica.

Dealu Mare/Dealul Mare Munt – »Der große Berg«. DOC an Südhängen. Heimat mehrerer führender Erzeuger (siehe individuelle Einträge). Außerdem: Crama Basilescu (MERLOT, FETEASCĂ NEAGRĂ), der Merlot-Spezialist Rotenberg und das Ökoweingut Domeniile Franco Romane. Domeniile Tohani ist der größte Produzent.

Dobrogea (Dobrudscha) Zu der Region am Schwarzen Meer gehören die DOCs MURFATLAR, Babadag und Sarica Niculiţel (inkl. der Kellerei gleichen Namens). Hat heute einen Ruf für reife Rotweine; historisch berühmt waren süße Weiße.

DOC *Denumire de Origine Controlată* ist der rumänische Ausdruck für geschützte Ursprungsbezeichnung (g.U.). Unterkategorien sind etwa DOC-CMD für Weine aus vollreif gelesenen Trauben, DOC-CT für Spätlesen und DOC-CIB für edelfaule Weine. Das Äquivalent zur g.g.A. ist *Vin cu Indicatie Geografica* (IG).

Domeniul Coroanei Segarcea Munt r rs w ★→★★ 11 13' 15 – Historische Krondomäne. Berühmt für seinen TĂMÂIOASĂ Roze. Auch probierenswert: Minima Moralia CABERNET SAUVIGNON, Principesa Margareta Marselan, Rotweinverschnitt Simfonia.

Drăgăşani Munt – Dynamische Weinregion am Fluss Olt für aromatische Weiß- und verführerische Rotweine. Führende Erzeuger: AVINCIS, BAUER, PRINCE ŞTIRBEY.

Halewood Romania Munt r rs w; sch ★→★★ 13 15 16 – Verlässliche, preiswerte kommerzielle Reihe, v.a. mit dem La Umbra und den Lagenselektionen. Hyperion ist das Spitzenetikett; probieren Sie den Chairman's Reserve und den CABERNET SAUVIGNON. Auch Schaumweine namens Rhein.

Jidvei Siebenbürgen w ★→★★ 15 16 – Rumäniens größter Weinbaubetrieb mit 2.460 ha in SIEBENBÜRGEN. Beratung durch Marc Dworkin (auch bei Bessa Valley in Bulgarien). Halten Sie sich an die trockenen Premiumweine, v.a. den Owner's Choice Ana CHARDONNAY, den Maria FETEASCĂ ALBĂ und den Weißweinverschnitt Mysterium.

845.692 Weinbauern sind in Rumänien registriert. Nur 764 davon haben mehr als 10 ha.

Lacerta Munt r w ★★ 13 15 16 – Qualitätsweingut in DEALU MARE, das nach einer lokalen Eidechsenart benannt ist. Empfehlenswert: rote Cuvée IX und weiße Cuvée X sowie der SHIRAZ.

Liliac Siebenbürgen r rs w ★★→★★★ 15 16 – Sehr guter Erzeuger in österreichischem Besitz; der Name bedeutet »Fledermaus«. Knackige, feine Weißweine, v.a. FETEASCĂ REGALĂ, FETEASCĂ ALBĂ, köstlich süßer Nectar und ein neuer Eiswein in Zusammenarbeit mit Kracher (Österreich). Pionier für organgefarbene Weine und guten PINOT NOIR (rot und rosé).

Moldau (Moldova) Die größte Weinregion des Landes liegt nordöstlich der Karpaten an der Grenze zu Moldawien.

Muntenien und Oltenien Große Weinregion im Süden mit den DOC-Gebieten DEALU MARE, Dealurile Olteniei, DRĂGĂŞANI, Pietroasa, Sâmbureşti, Ştefăneşti und Vânju Mare.

Murfatlar Winery Dob r w – Der ehemalige Großproduzent in der Region MURFATLAR hat nach einem Betrugsskandal die Lizenz zur Weinherstellung verloren.

Petro Vaselo Banat r rs w ★★ 13 14 15 16 – Italienische Investition im BANAT. Guter Schaumwein Bendis, Melgris FETEASCĂ NEAGRĂ, roter Ovas. Sehr gut auf Einsteigerniveau sind Alb, Roşu und Rosé.

Prince Ştirbey Munt r rs w; sch ★★→★★★ 13 15 16 – Pioniergut in DRĂGĂŞANI. Sehr gute trockene Weißweine, v.a. von der lokalen Crâmposie selectionată (still und schäumend), SAUVIGNON BLANC, FETEASCĂ REGALĂ und TĂMÂIOASĂ Sec. Sehr gut sind auch die lokalen Roten (Novac und Negru de Drăgăşani).

Senator Mold r w ★ 850 ha in vier Regionen. Die Reihen Monser und Glia (v. a. Sarba, Babească neagră) bringen rumänische Trauben, Omnia ist die Biomarke, Varius setzt auf internationale Sorten.

S.E.R.V.E. Munt r rs w ★★→★★★ 14 15 16 – Rumäniens erste private Kellerei wurde von dem 2011 verstorbenen korsischen Grafen Guy de Poix gegründet. Verlässliche Einsteigerweine namens Vinul Cavalerului und Rezerva Contelui. Sehr gut: Terra Romana, v. a. PINOT NOIR, Rosé, Cuvée Amaury (weiß). Cuvée Charlotte (11) setzt den Qualitätsmaßstab für Rotweine.

Siebenbürgen Kühle Hochebene im Zentrum Rumäniens. Meist Weißweine mit guter Säure.

Viile Metamorfosis Munt r w ★★ 13 15 16 – Zu Antinori (Italien) gehörendes Weingut in DEALU MARE. Spitzenwein: Cantvs Primvs in den besten Jahren. Sehr gute Lagenselektionen, v. a. Negru de DRĂGĂŞANI, FETEASCĂ NEAGRĂ und die fruchtbetonte Reihe Metamorfosis.

Villa Vinèa Siebenbürgen r w ★★ 13 15 16 – Junger Erzeugerbetrieb in italienischem Besitz. Gute Weiße, v. a. GEWÜRZTRAMINER, SAUVIGNON BLANC und FETEASCĂ REGALĂ sowie Rotweinverschnitt Rubin (nicht von der gleichnamigen bulgarischen Traube gekeltert).

Vinarte Munt r w ★★ 13 14 15 16 – Das Unternehmen unter italienischer Führung wurde 2018 zwanzig Jahre alt. Drei Weingüter gehören dazu: Castel Bolovanu in DRĂGĂŞANI, Terase Danubiane in Vânju Mare und Villa Zorilor in DEALU MARE. Beste Weine: Prince Mircea MERLOT, Rotweinverschnitt Nedeea und fruchtiger Castel Starmina FETEASCĂ NEAGRĂ.

Vincon Vrancea Mold r rs w; s ★ Auf den Inlandsmarkt konzentrierter Großerzeuger mit 1.500 ha in Vrancea.

Malta

Mehrere trockene Jahren in Folge haben die Mengen hier reduziert, und die etwas über 300 ha Weinberge auf Malta und Gozo sind offenbar nicht in der Lage, die Nachfrage nach lokalen Weinen zu befriedigen. Die meisten Winzer verkaufen ihre Ernte an die großen Kellereien, u. a. an Delicata, Marsovin und die zu Antinori gehörende Meridiana. Zusätzlich werden Weine aus italienischen Importtrauben erzeugt. Wenn Sie etwas typisch Maltesisches möchten, dann achten Sie auf die lokalen Sorten Gellewza (leichte Rote, auch passable Schaumweine) und die weiße Girgentina, die oft zusammen mit CHARDONNAY zu saftig-vollfruchtigen Weinen verkeltert wird. Der am höchsten gehandelte Wein Maltas ist der Grand Maître von Marsovin, ein in Eiche ausgebauter Verschnitt aus CABERNET SAUVIGNON und CABERNET FRANC – teuer, aber das viele Geld nicht wirklich wert. Auch eine Handvoll Boutiquekellereien existiert, manche sind rustikal, während andere, etwa San Niklaw, beste Qualität hervorbringen, wenn auch nur in sehr begrenzten Mengen. Der VERMENTINO, SANGIOVESE und SYRAH von San Niklaw sind wirklich bemerkenswert.

Griechenland

Dass sich guter griechischer Wein während all der Jahre der Wirtschaftskrise behaupten konnte, ist zu einem guten Teil den Touristen zu verdanken. In jeder Ecke Griechenlands findet man Weinbars, Restaurants, Ferienanlagen oder Hotels, in denen Wein nicht nur respektiert wird, sondern wo man auch verstanden hat, dass eigenständige, köstliche Weine die besten Botschafter für ihr Land sind. Es gibt in Griechenland von ihnen weit mehr, als die meisten Leute meinen. Und es gibt viel mehr abenteuerlustige, ehrgeizige Erzeuger zu entdecken. Hat Griechenland einen nationalen Weinstil? Wenn ja, dann ist er sauber, kraftvoll, mit Aromen, die etwas anders als gewöhnlich sind. Schlagen Sie im Kapitel »Rebsorten« ein paar Namen nach, um schon mal etwas davon heraufzubeschwören.

Die folgenden Abkürzungen werden im Text verwendet:

Äg	Ägäische Inseln	N Gr	Nordgriechenland
Ion	Ionische Inseln	Pelop	Peloponnes
Mak	Makedonien	Thess	Thessalien
M Gr	Mittelgriechenland		

Alpha Estate Mak ★★★ Hochgelobtes Weingut in AMYNTEON mit hervorragenden Weinbergen. Exzellenter Verschnitt von MERLOT/SYRAH/XINOMAVRO, wegweisende Reihe Ecosyste und umwerfender Xinomavro Reserve von alten wurzelechten Reben.

Amynteo Mak (POP) – Hier dominiert XINOMAVRO. Frische Rote und hervorragende Rosés (still und schäumend). Griechisches Kühlklima in Bestform.

Argyros Äg ★★★★ Spitzenerzeuger auf SANTORINI mit mehreren grandiosen VINSANTOS (die 20-jährige Version ist ★★★★). KTIMA (weiß) und Vareli (weiß) können ein Jahrzehnt reifen. Ein Spitzenexemplar ist der seltene würzige MAVROTRAGANO (rot).

Avantis M Gr ★★★ Boutiquekellerei in Evia mit exquisitem Aghios Chronos Syrah/VIOGNIER, an die Rhône erinnerndem Syrah Collection und reichhaltigem MALAGOUSIA. Die Reihe Plagies Gerakion ist trotz der Eichennote schön ausgewogen. Die neue Kellerei auf SANTORINI zeigt sich sehr vielversprechend.

Biblia Chora Mak ★★★ Beliebter, mustergültiger SAUVIGNON BLANC/ASSYRTIKO. Die Reihe Ovilos (rot und weiß) könnte dreimal so teurem Bordeaux Konkurrenz machen. Immer mehr Gewicht liegt auf griechischen Sorten; probieren Sie den Vidiano und den AGIORGITIKO. Schwestergut von GEROVASSILIOU.

Boutari, J. & Sohn ★→★★★ Erzeuger mit langer Tradition, tätig in vielen Regionen, doch der Stammsitz ist in NAOUSSA. Ausgezeichnetes Preis-Leistungs-Verhältnis, v.a. für den 40 Jahre und länger haltbaren Grande Reserve Naoussa. Auch sehr beliebter MOSCHOFILERO. Spitzenweine sind der Oropedio Moschofilero und der 1879 Legacy Naoussa aus einem alten Weinberg.

Carras, Domaine Mak ★★ Historisches Gut auf der Chalkidike mit eigener POP für Rot- und Weißweine (Côtes de Meliton). Chateau Carras ist ein Klassiker; ansonsten auch ambitionierter Grand Blanc (nur Magnumflaschen) anspruchsvoller SYRAH und blumiger MALAGOUSIA; das beste Preis-Leistungs-Verhältnis aber hat vielleicht der rote Limnio.

Dalamaras ★★★→★★★★ Fantastischer Erzeuger in MAOUSSA für XINOMAVRO-Weine von großer Reinheit. Der Palaiokalias von einer Einzellage gehört zu den besten Xinomavros überhaupt.

Dougos M Gr ★★★ Reichhaltige Rote von lokalen und internationalen Trauben, doch der Fokus liegt inzwischen auf RAPSANI, v. a. dem Old Vines (von alten Reben). Probieren Sie den weißen Acacia.

Driopi Pelop ★★★ – Betrieb von TSELEPOS in NEMEA. Spitzenwein ist der Reserve von einer Einzellage. Eine neue Kellerei ist im Bau und sollte die Qualität noch mehr steigern.

Economou Kreta ★★★ Einer der großen Wein-Kunsthandwerker Griechenlands bereitet den brillanten roten Sitia, der an einen Burgunder erinnert.

Griechische Appellationen

Im Einklang mit den anderen EU-Staaten ändert Griechenland seine Etikettbegriffe. Die Qualitätskategorien OPAP und OPE werden in der neuen Bezeichnung POP (geschützte Ursprungsbezeichnung) zusammengefasst. Die bisher als TO bekannten Regionalweine heißen nun PGE (geschützte geografische Angabe).

Gaia Äg, Pelop ★★★ Spitzenerzeuger in NEMEA und auf SANTORINI. Großartiger Thalassitis Santorini (der Submerged wurde unter Wasser ausgebaut), moderner VINSANTO und elegant eichentöniger, mit Wildhefen vergorener Assyrtiko. Der Spitzenwein Gaia Estate aus Nemea entwickelt sich immer weiter. Außerdem umwerfender roter »S« (AGIORGITIKO mit einem Schuss SYRAH).

Gentilini Ion ★★→★★★ Führender Erzeuger auf Kefallonia, u. a. mit stahligem Robola. Der Wild Paths zeigt, was die ROBOLA-Traube leisten kann. Wunderbarer trockener MAVRODAPHNE Eclipse (rot).

Gerovassiliou Mak ★★★ Der führende Erzeuger in Sachen Qualität (und Trend). Von hier kommen der originale ASSYRTIKO/MALAGOUSIA und ein erstklassiger Malagousia – eine Traube, die er wie kein Zweiter beherrscht. Spitzenrotweine: Avaton von einheimischen Sorten und SYRAH. Ist mit BIBLIA CHORA verbunden. Hier sollten Sie alle Weine probieren.

Goumenissa Mak POP ★→★★ Appellation für erdige, ausdrucksstarke Rotweine von XINOMAVRO und Negoska. Erzeuger: v. a. Chatzyvaritis (★★★), Tatsis (Naturweine ★★★), Aidarinis (Einzellagenweine ★★★), BOUTARI (Filiria).

Hatzidakis Äg ★★★★ Erzeuger der Spitzenklasse, der sich tragischerweise im August 2017 selbst das Leben nahm. Alle noch vorhandenen Flaschen sollten wie nationale Schätze behandelt werden. Die Zukunft des Guts ist unklar, es gibt aber Hoffnung.

Helios M Gr, Pelop – Gemeinsamer Name für die Weine von Semeli, Nassiakos und Oreinos Helios; die rasch wachsende Reihe hat durch die Bank ein gutes Preis-Leistungs-Verhältnis. Spitzenwein: Nassiakos MANTINIA.

Karydas Mak ★★★ Winziges Familiengut mit großartigem Weinberg in NAOUSSA, das klassischen, kompakten, aber immer verfeinerten und edlen XINOMAVRO erzeugt. Ein Kleinod in dieser POP.

Katogi-Strofilia Pelop, Epirus ★★→★★★ Ursprünglich aus dem Epirus-Gebirge. Katogi war der erste griechische Kultwein. Spitzenweine heute: KTIMA Averoff und die Reihe Rossiu di Munte aus Lagen von über 1.000 m Höhe.

Katsaros Thess ★★★ Kleiner Erzeuger am Olymp. Der KTIMA (CABERNET SAUVIGNON/MERLOT) ist ein griechischer Klassiker. Der straffe XINOMAVRO Valos zeigt wunderbar den Charakter dieser Traube.

Kechris ★★→★★★ Erzeuger von The Tear of the Pine, der vielleicht weltbeste Retsina: ein fantastischer Wein.

Kefallonia Ion – Große Insel im Ionischen Meer mit drei POPs: mineralischer ROBOLA (weiß), seltener MUSCAT (weiß, süß) und exzellenter MAVRODAPHNE (rot, süß). Trockener Mavrodaphne liegt hier (wie überall in Griechenland) im Trend, hat aber keinen POP-Status.

Kir-Yianni Mak ★★→★★★ Weinberge in NAOUSSA und AMYNDEO. Wegweisende, alterungswürdige Rotweine, u. a. Ramnista Naoussa, Diaporos, Blue Fox. Bemerkenswert sind die Akakies-Schaumweine (rosé, weiß), der Tarsanas ASSYRTIKO ist fabelhaft. Beständig exzellent.

Ktima Weingut. Manche bestehen darauf, dass auf Exportetiketten der Begriff Ktima statt »Weingut« oder »Estate« steht. Sie haben recht.

Assyrtiko – abseits des Vulkans

Eine wachsende Zahl reinsortiger ASSYRTIKO-Weine aus ganz Griechenland beweist, dass dies eine Traube ersten Ranges ist – selbst außerhalb ihrer angestammten Heimat, der Mondlandschaft von SANTORINI. Und sogar außerhalb Griechenlands: im australischen Clare Valley (Jim Barry), in Südtirol (Alois Lageder) und in Swartland, Südafrika (Eben Sadie).

Lazaridi, Domaine Costa Attika, Mak ★★★ Kellereien in Drama und Attika (unter dem Etikett Oenotria Land). Beliebte Weine unter dem Namen Amethystos. Spitzengewächs ist der erstaunliche Cava Amethystos CABERNET FRANC, gefolgt vom Oenotria Land CABERNET SAUVIGNON/AGIORGITIKO. Der Rosé Julia im Provence-Stil liegt voll im Trend.

Lazaridi, Nico Mak ★→★★★ Kellereien in Drama und Kavala. Guter Château Nico Lazaridi (rot, weiß), preiswerte Reihe Black Sheep. Spitzenweine sind der rote (CABERNET SAUVIGNON) und weiße (SAUVIGNON BLANC) Magiko Vouno.

Ligas Mak ★★★ Überzeugter Naturweinerzeuger in Pella. Wer diesen Stil mag, sollte den orangefarbigen Kydonitsa probieren.

Lyrarakis Kreta ★★→★★★ Erzeuger in Heraklion, der alte kretische Sorten wie Plyto, Dafni und Melissaki wiederbelebt und praktisch vor dem Aussterben bewahrt. Die Einzellagenabfüllungen, v. a. von Parzellen mit alten Reben, sind außergewöhnlich, aber nicht leicht zu finden. Einige der elegantesten Weißweine der Insel.

Malvasia Gruppe von Appellationen, die in den 2010er-Jahren geschaffen wurden, um die Weine des Mittelalters wiederauferstehen zu lassen. Sie beruhen nicht auf MALVASIA-Trauben, sondern auf Lokalsorten. Es gibt vier POPs: Monemvassia-Malvasia in Lakonien (von Monemvassia/ASSYRTIKO/Kydonitsa), Malvasia von Paros (von Monemvassia/Assyrtiko), Malvasia Chandakas-Candia (von Assyrtiko/Vidiano/MUSCAT) und Malvasia von Sitia (dieselben plus Thrapsathiri), Letztere beide aus Kreta.

Manoussakis Kreta ★★★ Großartiges Gut mit vom Rhône-Stil inspirierten Verschnitten, doch griechische Sorten sind in Vorbereitung. Sehr schöner ASSYRTIKO; der MUSCAT of Spinas (Gelber Muskateller) ist eine Erleuchtung.

Mantinia Pelop POP w – Hoch gelegene, kühle Appellation für frische, knackige, schon fast im deutschen Stil alkoholarme Weine von der charmanten Sorte Moschofilero, deren Duft an MUSCAT erinnert. Auch exzellente Schaumweine von TSELEPOS.

Mercouri Pelop ★★★ Eines der schönsten Weingüter Griechenlands, an der Westküste gelegen. Sehr guter KTIMA (rot), köstlicher RODITIS (weiß), komplexer trockener MAVRODAPHNE (rot), REFOSCO (rot).

Naoussa Mak POP ★★→★★★ Region für raffinierten, duftenden XINOMAVRO der Spitzenklasse. Die besten Exemplare stehen qualitativ und stilistisch (aber nicht preislich) auf einer Stufe mit Barolo. Spitzenerzeuger: DALAMARAS, KARYDAS, KIR-YIANNI, THIMIOPOULOS.

Nemea Pelop POP ★★→★★★ Rotweine von der Agiorgitiko-Traube. Riesiges Qualitätspotenzial; die Stile reichen von frisch über klassisch bis exotisch. Immer mehr Einzellagenabfüllungen. Erzeuger: DRIOPI, GAIA, HELIOS, Inigos, NEMEION, PAPAÏOANNOU, SKOURAS.

Palivos Pelop ★★→★★★ Exzellenter Erzeuger in NEMEA mit modernen, ausladenden Rotweinen. Exzellente Einzellagenselektionen. Probieren Sie den Nohma (ultra-premium).

Papaïoannou Pelop ★★★ Papaïoannou nimmt in NEMEA eine Rolle ein wie Jayer in Burgund. Mustergültige Weine: außerordentlich günstiger KTIMA, Palea Klimata von alten Reben, Microklima von einer winzigen Einzellage und als Spitzenwein der Terroir. Die meisten Jahrgänge brauchen mindestens ein Jahrzehnt Reifung.

Pavlidis Mak ★★★ Hervorragender Erzeuger in Drama. Sehr schicker weißer Thema (ASSYRTIKO/SAUVIGNON BLANC); die Reihe Emphasis bietet sortenreine Weine, u. a. hochklassigen AGIORGITIKO und TEMPRANILLO.

Limnio und Limniona sind zwei verschiedene rote Sorten. Überaus elegant, also probieren Sie beide.

Rapsani Thess – POP am Berg Olymp. Durch TSANTALIS in den 1990er-Jahren berühmt geworden (v. a. Grande Reserve), von DOUGOS aber nun anders interpretiert, v. a. beim Etikett Old Vines. Trauben: XINOMAVRO, Stavroto und Krasato.

Retsina Neue, herrlich frische Retsinas (z. B. von GAIA oder KECHRIS) sind eine ausgezeichnete Alternative zu Fino Sherry. Jawohl, es gibt großartigen, sogar alterungswürdigen Retsina!

Samos Äg POP ★★→★★★★ Die Ägäisinsel ist berühmt für ihren süßen MUSCAT blanc. Am besten sind der gespritete Anthemis und der Nectar aus sonnengetrockneten Trauben. Rare alte Abfüllungen sind echte Schnäppchen, etwa der seltene Nectar der Jahrgänge 75 oder 80.

Santo Äg ★★→★★★ Äußerst erfolgreiche Genossenschaft auf SANTORINI mit solidem Weinangebot, inkl. einer erstaunlichen Grande Reserve und reichhaltigen, aber dennoch frischen VINSANTOS. Sehr günstig sind der ASSYRTIKO und der Nyhteri. Spannende Schaumweine.

Santorini Äg ★★★→★★★★ Vulkaninsel mit dramatischer Landschaft und POP für trockene und süße Weißweine. Üppiger VINSANTO, sehr trockener Assyrtiko mit Salznote. Spitzenerzeuger: GAIA, HATZIDAKIS, SANTO, SIGALAS. Wo sonst bekommt man trockene ★★★★-Weißweine, die 20 Jahre altern können, so billig? Weltklasse! Auch die Rotweine von der MAVROTRAGANO-Traube (nicht Teil der POP) können großartig sein. Der Gipfel des griechischen Weins.

Sigalas Äg ★★★ Spitzenerzeuger auf SANTORINI mit stilvollem VINSANTO und exzellentem rotem MAVROTRAGANO. Die trockenen Weißen Nychteri und Kavalieros sind einfach himmlisch. Verpassen Sie auch nicht die ASSYRTIKO-Auswahl namens Epta von sieben verschiedenen Insellagen.

Skouras Pelop ★★★ Sehr beständiges Angebot. Den schlanken, mit Wildhefen vergorenen Salto MOSCHOFILERO lohnt es einzukellern. Rote Spitzenweine: Grande Cuvée NEMEA von einer Hochlage, Megas Oenos. Der in einer Solera aus mehreren Jahrgängen zusammengestellte Labyrinth ist seltsam, aber wunderschön.

Tatsis Mak ★★★ Naturweinerzeuger in GOUMENISSA. Spitzengewächs ist der Old Roots XINOMAVRO.

Thimiopoulos Mak ★★★★ NAOUSSA der neuen Generation mit spektakulärem Exporterfolg, verkauft unter dem Namen Earth and Sky oder Uranos. Hat neue Projekte in RAPSANI und SANTORINI. Beliebte, preisgünstige Reihe Atma.

In den meisten griechischen Roten ist immer weniger neue Eiche zu finden. Endlich …

Tsantalis Mak ★→★★★ Alteingesessener Erzeuger mit riesigem Angebot. Guter roter Metoxi, RAPSANI Reserve, Grande Reserve, preisgünstige Weine aus Thrakien. Hat die Weine vom Kloster Athos berühmt gemacht, etwa den exzellenten Avaton.

Tselepos Pelop ★★★ Führender Erzeuger in MANTINIA und NEMEA (siehe DRIOPI) mit lauter verführerischen Weinen. Griechenlands bester MERLOT (Kokkinomylos ★★★★), nicht weit dahinter folgt der Avlotopi CABERNET SAUVIGNON von einer Einzellage. Hat zusammen mit Canava Chrysou auch einen Betrieb in SANTORINI.

Vinsanto Äg ★★★★ Der fassgereifte, üppige Wein aus sonnengetrockneten ASSYRTIKO- und Aidani-Trauben von SANTORINI ist praktisch unbegrenzt lagerfähig. Unfassbar niedrige Erträge.

Östlicher Mittelmeerraum und Nordafrika

Östlicher Mittelmeerraum

Der östliche Mittelmeerraum hat eine ältere Weintradition als der westliche – bei Weitem. Dann kam der Islam. Die verschütteten Traditionen beinhalten auch neue Möglichkeiten – alte Lokalsorten zum Beispiel. Deshalb achtet man in der Region mehr und mehr auf die eigenen autochthonen Reben als Ideengeber. Im Libanon sind das Merweh und Obaideh, in Israel Bittuni, Dabouki und Marawi. Eine reiche Auswahl indigener Sorten steht in Zypern und der Türkei bereits zur Verfügung. Selbst Sorten wie Cinsault im Libanon und Carignan in Israel, traditionell die Lastesel unter den Rebsorten, liefern bessere Ergebnisse.

Zypern

Die neue Generation der zyprischen Weinmacher wird von Erzeugern angeführt, die Wein für ihren Lebensunterhalt produzieren und deshalb großen Wert auf bessere Qualität legen. Die meisten konzentrieren sich auf Lokalsorten. Auch Hobbykellereien im Besitz von reichen Investoren tauchen nun auf und könnten die Weinszene aufmischen, während auf der anderen Seite die Nachfrage nach billigem Wein für Tourismus und All-inclusive-Ferien die Preise stark nach unten drücken.

Aes Ambelis w rs r br ★→★★ 15 16 – Verlässlicher, ansprechender XYNISTERI und Rosé. Sehr gute moderne Version des COMMANDARIA (10).

Argyrides Vasa Winery r w ★★ 13 14 15 16 – Tadelloses Pionierweingut mit exzellentem MARATHEFTIKO und MOURVÈDRE. Auch sehr guter VIOGNIER und MERLOT/CABERNET SAUVIGNON. VLASSIDES berät.

Ayia Mavri w br; s ★→★★ Nur die Süßweine sind empfehlenswert, v. a. der sehr gute süße MUSCAT (15) und der COMMANDARIA (10).

Commandaria Reichhaltiger, süßer Wein mit geschützter Ursprungsbezeichnung von sonnengetrockneten XYNISTERI- und MAVRO-Trauben. Vielleicht der älteste Wein mit Eigennamen, der immer noch erzeugt wird. Erzeuger der neuen Generation: AES AMBELIS, Anama, GEROLEMO, KYPEROUNDA, TSIAKKAS.Traditionelle Stile: St Barnabas (SODAP), St John (KEO), Centurion (ETKO).

Constantinou r w ★→★★ Erzeuger in der Region Lemesos mit Ayioklima XYNISTERI (BV) und gutem SHIRAZ.

Zypern ist reblausfrei, und die Reben sind wurzelecht – 15 indigene Sorten wurden bisher identifiziert.

ETKO & Olympus r w br ★→★★ Ehemaliger Großproduzent; seit dem Umzug in die Kellerei Olympus besser. Am besten: St Nicholas COMMANDARIA (13) und großartiger Centurion.

Gerolemo w ★→★★ Aufstrebender Erzeuger, v. a. bekannt für lokale Trauben. Probieren Sie den Morokanella und den MUSCAT.

K&K Vasilikon Winery r rs w ★★ 13 14 15 16 – Familienkellerei im Besitz von drei Brüdern. Guter XYNISTERI (BV), rosé Einalia und verlässliche Rote: Ayios Onoufrios und Methy.

Kamanterena (SODAP) r rs w ★→★★ 14 15 16 – Name der Kellerei der großen SODAP-Genossenschaft in den Hügeln bei Paphos. Günstige, kompetent bereitete Weißweine (BV) und Rosés, junger MARATHEFTIKO ohne Eichennote. Sehr guter COMMANDARIA St Barnabas (02).

KEO r rs w br ★ 14 15 16 – Die Weinbereitung findet jetzt in der Kellerei Mallia in den Hügeln statt. Am besten ist die Reihe Ktima Keo, v. a. der weiße Altesse und der rote Heritage. Klassischer St John COMMANDARIA (★★).

Kyperounda r rs w br ★★→★★★ 13' **15'** 16 – Hat mit die höchsten Weinberge Europas auf 1.450 m. Der Petritis setzt Maßstäbe für XYNISTERI. Flaggschiff ist die Reihe Epos aus eigenen Lagen, als CHARDONNAY und als Rotwein. Sehr guter SHIRAZ und Andessitis (Verschnitt). Exzellenter moderner Commandaria.

Makkas r w ★→★★ 15 16 – Ein ehemaliger Ökonom betreibt diese Garagenkellerei in der Region Paphos. Guter XYNISTERI, MARATHEFTIKO, SHIRAZ und rosé Rodostafylo.

Tsiakkas r rs w br ★★→★★★ 15 16 – Ehemaliger Banker, der zum Winzer wurde. Ausdrucksstarke Weißweine, v. a. SAUVIGNON BLANC und XYNISTERI. Auch sehr guter COMMANDARIA, Vamvakada (alias MARATHEFTIKO) und Yiannoudi. Vielversprechende Experimente mit orangefarbigem Wein und der lokalen Sorte Promara.

Vlassides r rs w ★★→★★★ 13' 15 16 – Vlassides, der in Davis (Kalifornien) studiert hat, bereitet mustergültigen SHIRAZ, guten weißen Grifos in allen Farben (BV), CABERNET SAUVIGNON und exzellenten, lagerfähigen Private Collection.

Vouni Panayia r rs w ★→★★ 14 15 16 – Dynamische Familienkellerei mit Fokus auf lokale Sorten. Empfehlenswert: XYNISTERI, MARATHEFTIKO, Promara, Yiannoudi.

Zambartas r rs w ★★→★★★ **13** 15 16 – Der junge, in Australien ausgebildete Kellermeister erzeugt intensiven Rosé (CABERNET FRANC/LEFKADA), sehr guten roten SHIRAZ/Lefkada, exzellenten MARATHEFTIKO und pikanten XYNISTERI v. a. als spannende neue Einzellagenversion. Vielversprechend die Lokalsorte Yiannoudi zusammen mit MOURVÈDRE im Epicurean.

Israel

In Israels Weinen zeigt sich mehr Eleganz, ein besserer Sortencharakter und mehr Sinn für die Herkunft. Der Trend geht eher zu roten und weißen Verschnitten im mediterranen Stil als zu überreifen reinsortigen Weinen. Auch die Forschung zu lokalen Sorten stößt auf großes Interesse. Die besten Weinbaugebiete sind immer noch Obergaliläa, die Golanhöhen sowie das Judäische Bergland.

Die folgenden Abkürzungen werden im Text verwendet:

Gal	Galiläa	Sam	Samson
Jud	Judäisches Bergland	Shom	Shomrom
O-Gal	Obergaliläa		

Abaya Gal r ★★ »Terroirist«, der sich in Richtung Naturwein bewegt. Intensiver, rustikaler SYRAH.

Agur Jud r w ★→★★ Elegante Rote. Interessant ist der reinsortige Oseleta (eine norditalienische Traube).

Ashkar Gal ★→★★ Familienbetrieb; unverwechselbarer SAUVIGNON BLANC.

Barkan-Segal Gal, Sam r w ★→★★ Israels größte Kellerei. Auf dem neuen Kellermeister ruhen große Hoffungen. Neuer Segal Petit UF, fruchtiger, eichenlastiger CABERNET SAUVIGNON.

Bar Maor Shom r ★★ Weinbereitung mit minimalen Eingriffen. Seltener Prestige-Verschnitt namens Archetype.

Carmel O-Gal r w; sch ★★→★★★ Komplexer RIESLING von der Lage Kayoumi, fruchtiger roter 4 Vats. Die historische Kellerei Rishon Le Zion wird nicht mehr genutzt.

Château Golan Golan r (w) ★★★ Der rote und weiße Geshem sind sehr gute Verschnitte von Mittelmeersorten. Großartiger seltener ROUSSANNE. Mächtiger Eliad. Innovativer Kellermeister.

Clos de Gat Jud r w ★★★→★★★★ Erstklassiges Weingut mit Qualität, Stil und Individualität. Kraftvoller Sycra SYRAH (**07'** 09 11), reichhaltiger und konzentrierter, aber seltener MERLOT. Traditioneller Qualitäts-CHARDONNAY. Frischer Chanson (weiß) auf Einsteigerniveau, preiswert.

Cremisan Jud r w ★→★★ Palästinensische Weine aus den einheimischen Trauben Baladi, Dabouki, Hamdani und Jandali, bereitet in einem Kloster.

Dalton O-Gal r w ★★ Familienkellerei mit kreativem Weinmacher. Lebhafter Fumé Blanc.

Domaine du Castel Jud r w ★★★→★★★★ Der Pionierbetrieb im JUDÄISCHEN BERGLAND hat für Israel Standards in Bezug auf Stil und Qualität gesetzt. Schöne Kellerei. Beständig charaktervoller, geschmeidiger Grand Vin (**09' 10** 11 12 13' 14' 15). Vornehmer Petit Castel, guter kommerzieller roter und weißer La Vie. Mustergültiger CHARDONNAY. Ausdrucksstarker Rosé.

Feldstein Gal r w ★★ Handwerkliche Kellerei mit exzellentem GRENACHE und interessantem indigenem Dabuki (bzw.Dabouki).

»So es dort Wein gibt, schickt Mengen«: Lieferanfrage auf einer Tonscherbe um 600 v. Chr.

Flam Jud, Gal r (w) ★★★★ Die Gründer sind Brüder. Wunderbar elegant zeigt sich der Bordeaux-Verschnitt Noble (**08' 09** 10' 11' 12 13'). Fruchtbetonter SYRAH, tiefgründiger MERLOT. Sehr günstig für seine Qualität ist der Classico. Exzellenter, frischer, duftender Weißer (SAUVIGNON BLANC/CHARDONNAY), knackiger Rosé.

Galiläa Qualitätsanbaugebiet im Norden; v. a. das höher gelegene Obergaliläa hat viel Potenzial.

Galil Mountain O-Gal r w ★→★★ Der Prestige-Verschnitt Yiron ist immer gut und günstig.

Golanhöhen Hochplateau mit vulkanischen Tuff- und Basaltböden.

Gush Etzion Jud r w ★→★★ Rebflächen im zentralen Bergland; PINOT NOIR, GSM-Verschnitt (GRENACHE/SYRAH/MOURVÈDRE).

Jezreel Valley Shom ★→★★ Guter Argaman (israelische Sorte) von alten Reben. Netter Pét Nat Dabouki.

Judäisches Bergland Sich westlich von Jerusalem erstreckende Qualitätsweinbauregion. Terra rossa auf Kalkstein.

Koscher Für religiöse Juden eine Notwendigkeit, für die Qualität irrelevant. Koschere Weine können sehr gut sein.

Lahat Golan, Jud ★★→★★★ Spezialist für Rhône-Stile. Schön eingebundener Roter (nördlicher Stil), komplexer Weißer (südlicher Stil).

Lewinsohn Gal r w ★★★ »Garagenwein«-Qualitätserzeuger in einer Garage! Exquisiter schlanker CHARDONNAY. Der Rote ist ein stämmiger, würziger und doch eleganter Verschnitt aus PETITE SIRAH und Marselan.

Maia Shom r w ★★ Weine im mediterranen Stil, griechische Berater. Dichter, erfrischender Mare Nostrum.

Margalit Gal, Shom r ★★★→★★★★ Im Besitz von Vater und Sohn; Israels erster Kultwein. Seltener Reserve-Schaumwein. Bordeaux-Verschnitt Enigma (**12** 13' 14 15). Komplexer CABERNET FRANC. Feiner, delikater CABER-

NET SAUVIGNON. Großartiges Alterungspotenzial. Duftender Paradigma GRENACHE/SYRAH/MOURVÈDRE. Neuer Optima White und RIESLING.

Mia Luce Gal ★★→★★★ Der *garagiste* verkeltert SYRAH mit Stielen; erinnert an die nördliche Rhône. Grandioser Marselan.

Negev Wüstenregion im Süden des Landes. Weinberge in Hochlagen.

Pelter-Matar Golan r w; (sch) ★★→★★★ Frische Weiße mit guter Säure. Guter CHARDONNAY und SAUVIGNON BLANC/SEMILLON unter der Marke Matar.

Psagot Jud ★★ Rebflächen im zentralen Bergland. Der Peak ist ein saftiger Verschnitt im mediterranen Stil.

Recanati Gal r w ★★★ Qualität auf jedem Preisniveau. Special Reserve (**11'** 12' 13). Komplexer, wilder CARIGNAN. Blumiger Marawi, der erste Bittuni überhaupt (Lokalsorte), fruchtiger junger Rotwein.

Samson Zentrales Weinbaugebiet, das von der Tiefebene westlich der Hügel von Judäa bis zur Küstenregion südöstlich von Tel Aviv reicht.

Sea Horse Jud r (w) ★★ Weinmacher mit künstlerischem Anspruch. Neuer, fleischiger Counoise.

Seror Golan r w ★→★★ Dunkler, komplexer SYRAH. Frischer Rosé. Im Auge behalten.

Shomron Anbaubereich mit Weinbergen hauptsächlich um den Berg Carmel und Zichron Yaakov.

Shvo O-Gal r w ★★★ Winzer und Kellermeister, der möglichst wenig eingreift. Seltener Gershon SAUVIGNON BLANC, rassiger CHENIN BLANC. Charaktervoller Rosé.

Sphera Jud w ★★★→★★★★ Nur Weiße. Rassige, mineralische, sortenreine Weine der Marke White Concepts (RIESLING, CHARDONNAY, SAUVIGNON BLANC) und knackiger Verschnitt First Page. Hervorragender seltener White Signature (SEMILLON/Chardonnay).

Tabor Gal r w; sch ★★→★★★ Sehr gute Weißweine, v. a. SAUVIGNON BLANC. Sehr günstige Qualität unter dem Etikett Adama. Komplexer Malkiya. Strahlender Einzellagen-TANNAT, fruchtiger Marselan.

Teperberg Jud, Sam r w; sch ★→★★ Israels größte Familienkellerei, jetzt in der 5. Generation. Exzellenter, aromatischer Cabernet franc und knackiger Pinot gris.

Tulip Gal r (w) ★★ Innovativer, progressiver Erzeuger mit opulentem Black Tulip, tiefgründigem SHIRAZ und erfrischendem Net SAUVIGNON BLANC. Unterstützt großzügig Erwachsene mit Behinderung.

Tzora Jud r w ★★★★ Talentierter Kellermeister (Israels einziger Master of Wine) mit Sinn fürs Terroir. Knackiger Shoresh (SAUVIGNON BLANC), äußerst günstiger Judean Hills Red. Prestigewein ist der komplexe, elegante Misty Hills (CABERNET SAUVIGNON/SYRAH **10' 11** 12' 13' 14'). Seltener, üppiger Dessertwein Or.

Tzuba Jud r w ★→★★ Schön ausgewogener CHARDONNAY. Guter Verschnitt Metzuda.

Vitkin Jud r w ★★→★★★ Qualitätsvoller CARIGNAN, komplexer GRENACHE BLANC. Gutes, günstiges Einsteigerniveau.

Vortman Shom ★→★★ Haben Sie ein Auge auf diesen Erzeuger. Lauter gute Weine: COLOMBARD, FUMÉ, GRENACHE/CARIGNAN-Verschnitt.

Yaacov Oryah Sam ★★→★★★ Kreativer Kunsthandwerker mit sehr guten Orange Wines und roten Verschnitten.

Yarden Golan r w; sch ★★★ Holte die Technologie der Neuen Welt nach Israel. Seltener Prestigewein Katzrin (**08'** 11' 12 13). Massiver Bar'on CABERNET SAUVIGNON/SYRAH. Massenmarke Hermon Red. Guter Blanc de Blancs und Brut Rosé. Köstlicher süßer Heights Wine. Der Standard-Cabernet-Sauvignon besticht mit beständiger Qualität zum guten Preis.

Yatir Jud r (w) ★★★ Kellerei in der Wüste mit Hochlagen auf 900 m Höhe. Samtiger, konzentrierter roter Yatir Forest (**10** 11 12' 13'). Lebhafter VIOGNIER.

Libanon

Der Libanon scheint seine Probleme nie ganz loswerden zu können. Wir schreiben das jedes Jahr, doch in seinen Weinen zeigt sich das Land von seiner besten Seite. Die Roten zeigen Wärme und Gewürznoten, während die Weißen frischer sind als früher.

Atibaia r ★★★ *Garagiste.* Eleganter roter Verschnitt im Bordeaux-Stil mit weichen Tanninen.

Chateau Belle-Vue r (w) ★★ Schicker Verschnitt von Bordeaux-Sorten Le Château sowie SYRAH.

Château Ka r w ★→★★ Der fruchtige Cadet de Ka mit Kirsch- und Beerenaromen hat ein großartiges Preis-Leistungs-Verhältnis.

Château Kefraya r w ★★→★★★★ Feiner, reifer, konzentrierter, komplexer Comte de M (**09'** 10 11' 12'), fülliger, duftender eichentöniger Comtesse de M (CHARDONNAY/VIOGNIER). Knackig-frischer Rosé.

Chateau Ksara r w ★★ 1857 gegründetes Gut. Der Reserve du Couvent ist fruchtig, süffig und voller Geschmack.

Château Marsyas r (w) ★★ Tiefgründig, kraftvoll, fruchtig (vorwiegend CABERNET/SYRAH). Besitzt auch Bargylus in Syrien, wo ein Wunder von Wein unter unmöglichen Bedingungen entsteht (★★★).

Chateau Musar r w ★★★→★★★★ Ikonischer Wein des östlichen Mittelmeerraums. CABERNET SAUVIGNON/CINSAULT/CARIGNAN (**02 03** 04 05' 07' 08 09). Einzigartiger, unverwechselbarer Stil, am besten nach 15 bis 20 Jahren in der Flasche. Die Weine von den autochthonen weißen Sorten Obaideh und Merweh können unbegrenzt altern; das Zweitetikett Hochar (rot) wird jetzt mehr beachtet. Der Musar Jeune ist weicher und süffiger.

Clos St-Thomas r w ★→★★ Pionier bei der Wiederbelebung lokaler Sorten. Aromatischer Obaidy (sic!).

Domaine de Baal r (w) ★★ Knackiger CHARDONNAY/SAUVIGNON BLANC und alkoholstarker Gutsrotwein aus ökologischem Weinbau.

Domaine des Tourelles r w ★★→★★★ Straßenfeger-SYRAH, guter Marquis des Beys. Herausragender neuer Cinsault von 70 Jahre alten Reben. Die Kellerei macht schnelle Fortschritte.

Domaine Wardy r w ★→★★ Preisgünstig. Weicher, eleganter Obeideh (sic!).

IXSIR r w ★★→★★★ Mineralische Verschnitte auf SYRAH-Basis, blumige Weiße und Prestigewein El.

Massaya r w ★★→★★★ Der Terraces de Baalbeck ist ein raffinierter, eleganter GRENACHE/SYRAH/MOURVÈDRE. Sehr gutes Preis-Leistungs-Verhältnis auf Einsteigerniveau.

Türkei

Es wird nicht einfacher, Wein in der Türkei zu erzeugen. Die Gegner kommen von innen: die Regierung und ein traditionell konservativer Agrarsektor, der lieber Rosinen verkauft. Wer die Mühe auf sich nimmt, Wein zu produzieren, verdient Unterstützung. Interessant sind Trauben wie Boğazkere, Narince und insbesondere Oküzgözü.

Büyülübag r (w) ★★ Eine der neuen kleinen Qualitätskellereien. Guter CABERNET SAUVIGNON.

Corvus r w ★★ Kellerei auf der Insel Bozcaada. Intensiver, konzentrierter Corpus, üppiger Passito.

Doluca r w ★→★★ Lokale Sorten unter dem Etikett DLC. Guter, abgerundeter ÖKÜZGÖZÜ.

Kavaklidere r w; sch ★→★★★ Am besten ist das Gut Pendore, v.a. ÖKÜZGÖZÜ und Syrah. Gut und günstig in jeder Preislage. Stéphane Derenoncourt berät.

Kayra r w ★→★★ Würziger SHIRAZ, frischer NARINCE. Reifer ÖKÜZGÖZÜ aus Ostanatolien.

In der Türkei wurden Traubenkerne aus der Bronzezeit gefunden, die man für Muscat blanc à petits grains hält.

Sevilen r w ★→★★ Spezialist für internationale Sorten. Tiefgründiger SYRAH, aromatischer SAUVIGNON BLANC.

Sulva r w ★→★★ Körperreicher Bordeaux-Verschnitt Sur und von Eiche unterstützter fruchtiger SYRAH.

Urla r w ★★ Der Tempus ist ein Rotweinverschnitt mit Komplexität, Tiefe und Länge.

Vinkara r w ★ Charmanter NARINCE sowie kirsch- und beerenfruchtiger KALECIK KARASI.

Nordafrika

Man kann sich kaum noch vorstellen, welche Bedeutung Nordafrika noch vor 50 Jahren für den Weinhandel hatte. Algerien ist mittlerweile ganz aus dem Geschäft, tunesischer Wein wird v.a. für Touristen erzeugt – nur Marokko hält, mit französischen Investitionen, noch die Fahne hoch.

Die folgenden Abkürzungen werden im Text verwendet:

Mar Marokko
Tun Tunesien

Bernard Magrez Mar r ★★ Investition eines Bordeaux-Tycoons. Tanninbetonter, würziger SYRAH/GRENACHE-Verschnitt im Stil der südlichen Rhône. Fleischig.

Castel Frères Mar r rs ★ Preisgünstige Marken wie Bonassia, Halana, Larroque, Sahari.

Celliers de Meknès, Les Mar r rs w ★→★★ Praktisch Monopolist in Marokko. Bester Wein: Château Roslane.

Domaine Neferis Tun r rs w ★→★★ Gemeinschaftsunternehmen mit Calatrasi (Italien). Bester Wein: Selian CARIGNAN.

Ouled Thaleb Mar r rs w ★★ Üppiger Verschnitt Medaillon (CABERNET SAUVIGNON/MERLOT/SYRAH). Lebhafter Syrah Tandem (in den USA: Syrocco). Joint Venture mit Thalvin und Graillot (Rhône).

Val d'Argan Mar r rs w ★→★★ Betrieb nahe Essaouira. Günstig ist der Mogador, am besten der Orients.

Vignerons de Carthage Tun r rs w ★ Am besten von der tunesischen Genossenschaft UCCV ist die Rotweinreihe Magon Magnus.

Vin Gris ★ Blasser rosé Durstlöscher in Marokko. Am bekanntesten ist die Marke Castel Boulaouane.

Volubilia Mar r rs w ★→★★ Delikater rosé VIN GRIS, der beste in Marokko.

Asien und die ehemalige Sowjetunion

Asien

China

Die Neuigkeit über chinesische Weine lautet: Es ist keine Neuigkeit mehr, wenn sie schon wieder eine Goldmedaille oder einen Preis bei einer internationalen Verkostung gewonnen haben. Das ist schon beachtlich, wenn man bedenkt, dass erst 2011 genau dies dem 2009er Jia Bei Lan CABERNET gelungen ist. Die Rebfläche ist um fast 20% von 680.000 ha auf 800.000 ha nach oben geschossen. Nur 15% der Trauben gehen in die Weinerzeugung, aber der Prozentsatz steigt schnell. Xinjiang weit im Nordwesten und Ningxia im nördlichen Zentrum nehmen die Hälfte der Weinberge ein. Hebei und Shandong an der Küste haben zusammen ein weiteres Viertel, der Rest verteilt sich auf andere Provinzen wie Yunnan, wo die Trauben für den Ao Yun (Cabernet/MERLOT, Chinas teuerster Wein) aus der Shangri-La Winery von Moët Hennessy in den Ausläufern des Himalaya wachsen. Chinas Liebe, um nicht zu sagen Obsession für Bordeaux spiegelt sich in den Pflanzungen wider. CABERNET SAUVIGNON führt mit 60%, gefolgt von Merlot, CHARDONNAY, Cabernet Gernischt (alias CARMENÈRE), Marselan (Cabernet Sauvignon x GRENACHE), SYRAH, CABERNET FRANC und WELSCHRIESLING. Weitere Sorten sind u.a. RIESLING, UGNI BLANC, SÉMILLON, PETIT MANSENG, PINOT NOIR, GAMAY, PETIT VERDOT. Die bislang eindrucksvollsten Dessertweine Chinas sind vom kanadischen Icewine inspiriert und von VIDAL bereitet. Ningxia wird als das »chinesische Bordeaux« bezeichnet. Gute Rotweine erzeugen: Jia Bei Lan, Silver Heights, Legacy Peak, Domaine Helan Mountain (im Besitz von Pernod Ricard), Leirenshou und Domaine Fontaine Sable. Sha Po Tou am Fuß des Xiangshan-Berges, ebenfalls in Ningxia, produziert einen reinsortigen Cabernet Gernischt von 22 Jahre alten Reben. Gute Rezensionen bekommen mittlerweile der Family Treasures SHIRAZ von Li's und auch die Taila Winery in Shandong für ihren VIOGNIER. Grace Vineyard in Shanxi erzeugt einen tollen Marselan. Tiansai, alias Skyline of Gobi in Xinjiang an der historischen Seidenstraße produziert angeblich den besten Rosé (und wahrscheinlich auch Chardonnay) aus dem Reich der Mitte.

Indien

Monsun, sengende Hitze, Feuchtigkeit und daraus resultierende Pilzkrankheiten sind die Plagen der indischen Weinwirtschaft. Von den 115.000 ha Rebland stehen nur 2.000 ha für die Weinbereitung zur Verfügung, v.a. in Maharashtra, Karnataka und Andhra Pradesh. Eine sichere Bank bei den Weißen ist der SAUVIGNON BLANC von Sula. Guten Sauvignon blanc bereiten auch Indus, Charosa und Grover (v.a. Zampa Art Collection). Beim Schaumwein sind die Domaine Chandon von Moët Hennessy und York Sparkling Cuvée (CHENIN BLANC) Spitze. Der Spätlese-Chenin-blanc von Letzterem passt gut zu indischem Essen, v.a. zu Fisch, Meeresfrüchten und vegetarischen Gerichten. Auch der fassvergorene Vitae CHARDONNAY, der Chardonnay/Sauvignon blanc, der SANGIOVESE und der Sangiovese Bianco von Fratelli seien erwähnt. Bei den Roten ist die Eichennote oft zu mächtig, ausgenommen der ausgezeichnete CABERNET SAUVIGNON von KRSMA Estates und der Grover Zampa La Reserve Cabernet Sauvignon/SHIRAZ.

Japan

Ganz vorne steht hier der KOSHU – ein säurebetonter Wein mit floralen, Zitrus- und pikanten Noten von der gleichnamigen Weißweinsorte, die zum Liebling von Autoren und Sommeliers avanciert ist. Spitzenerzeuger sind Aruga Branca, Chateau Mercian, Domaine Hide, Grace Wine (auch ein guter schäumender Blanc de Blancs), Haramo, Lumiere und Soryu. Die Hybridsorte Muscat Bailey A mit ihrem Zuckerwattearoma ist die meistangebaute rote Traube. Chitose auf Hokkaido erzeugt einen sehr guten PINOT NOIR. Rote Bordeaux-Verschnitte sind meist zu eichenlastig. Das größte Problem ist der Mangel an Sonnenlicht: Von Mai bis Oktober ist Taifun-Saison, wo doch die Monate Juli bis September kritisch für die Traubenreifung sind. Insgesamt stehen Reben auf 19.000 ha, doch nur vielleicht 6% davon sind für Wein. Die meisten der etwa 280 Kellereien liegen in Yamanashi westlich von Tokio (Koshu ist der historische Name dieser Präfektur), gefolgt von Nagano, Hokkaido, Yamagata und Niigata. Die Weinbranche wird dominiert von großen Unternehmen, die auch die größten Bierbrauer des Landes sind, nämlich Sapporo, Kirin und Suntory. Ihre gut etablierten Vertriebswege hätten viele der kleineren Produzenten auch gerne.

In Japan wird inzwischen mehr Koshu erzeugt als alle Rotweine zusammengenommen.

Die ehemalige Sowjetunion

Das Schwarze Meer und der Kaukasus sind die Weinbauzentren dieser großen Region, die wieder mehr Aufmerksamkeit auf sich zieht. Die noch unter den letzten Zaren für ihre Süß- und Schaumweine berühmte Krim erfindet sich mit trockenen Stilen neu. Georgiens alte Methoden und Rebsorten haben die Stimmung genau getroffen, die überall nach Alternativen sucht. Die in der Erde vergrabenen tönernen *qvevris* (Amphoren), lange als archaisch belächelt, gelten nun als geeignete Gefäße für eine lang andauernde Gärung. Die georgische Saperavi ist anerkannt als erstklassige Rotweintraube. Auch Armenien, ebenfalls ein Land mit altem Weinerbe, sollte man im Auge behalten. Abseits der ausgetretenen Pfade ist die neue Weinproduktion in über 1.000 Meter Höhe in Kasachstan.

Armenien

Das Land wetteifert mit Georgien darum, wo der Weinbau seinen Ursprung hatte (die älteste Kellerei stammt von vor 6.100 Jahren). Seine abgeschiedenen, gebirgigen Weinberge sind reblausfrei. Sehr hohe Qualität können die indigenen Sorten Voskeat und Garandamak (weiß) sowie Areni, Hindogny und Kakhet (rot) liefern. Private Investoren und international angesehene Berater heben die Standards bei ArmAs, Tierras de Armenia und Zorah Karasi.

Georgien

Von Georgiens 48.000 ha Rebfläche befinden sich 90 Prozent im Besitz privater Haushalte. Wein ist eine Frage des Lebensstils. Mit über 7.000 Jahren kontinuierlichem Weinbau hat sich Georgien seine einzigartigen Trauben (etwa 500), Produktionsmethoden und Weinstile bewahrt. Hauptrebsorten sind die rote Saperavi (Weine von einfach und lieblich bis robust, tanninstark und lagerfähig) und die weiße Rkatsiteli (lebhaft, erfrischend). Handgefertigte *qvevris,* jetzt sogar von der UNESCO geschützt, sind ein Symbol für die georgische Weinerzeugung und inspirieren Weinmacher weltweit. Die historische

Bereitung von Weißweinen durch Hülsenmaischung, bekannt als Kakheti-Methode, ist heute schwer in Mode für Orange Wines. Zu den führenden großen und kleinen Erzeugern gehören Badagoni, Château Mukhrani, GWS, Jakeli Khashmi, Kindzmarauli Marani, Marani (TWC), Pheasant's Tears, Schuchmann, Tbilvino.

In Georgien hat man schon 2.500 Jahre, bevor das Rad erfunden wurde, Wein erzeugt. Das Wichtigste zuerst.

Moldawien

Die Landwirtschaft des kleinen Landes beruht auf dem Weinbau: 110.000 ha Rebfläche beanspruchen die Arbeitskraft von zehn Prozent der Bevölkerung. Europäische Trauben werden schon länger angebaut, zusammen mit den typisch rumänischen Sorten FETEASCĂ ALBĂ, FETEASCĂ REGALĂ (beide weiß), Rară neagră und FETEASCĂ NEAGRĂ (beide rot) sowie anderen. Die Weine sind preisgünstig und gut. Die historischen Rotweinverschnitte Roşu de Purcari (CABERNET SAUVIGNON/MERLOT/MALBEC) und Negru de Purcari (Cabernet Sauvignon/SAPERAVI/Rara neagră) können sehr interessant sein. Den besten Ruf genießt Vinăria Purcari; weitere beachtenswerte Erzeuger sind: Asconi, Château Vartely, Cricova (Schaumwein), Et Cetera, Fautur, Gitana, Lion Gri, Vinăria Bostavan, Vinăria din Vale.

Russland

Russland hat, etwas zu früh vielleicht, geografische Angaben und geschützte Ursprungsbezeichnungen eingeführt. 60.000 ha sind bestockt, doch über die Hälfte des »russischen« Weins wird aus billiger importierter Fassware erzeugt. Führend ist die Region Krasnodar mit günstigen Bedingungen am Schwarzen Meer und am Fluss Kuban. Internationale Trauben (einschließlich RIESLING) dominieren. Das raue Klima im Tal des Don, bekannt für indigene Sorten (rote Krasnostop, Tsimliansky), bedingt, dass die Reben im Winter eingegraben werden müssen. Château le Grand Vostock und Lefkadia bieten beständig gute Qualität. Eingeführte Großproduzenten sind Château Tamagne, Fanagoria, Myskhako, Yubileinaya, Abrau Durso (Schaumwein); zu den Kleinen gehören Burnier, Gai-Kodzor, Rayevskoye.

Ukraine

Die Weinproduktion konzentriert sich am Schwarzen Meer, insbesondere auf der Krim, wo auch die Qualität am höchsten ist. Internationale Sorten sind verbreitet, außerdem einige lokale Hybridreben. Erzeuger mit eigenen Weinbergen legen die Messlatte für trockene Qualitätsweine höher; achten Sie auf Inkerman (Special Reserve), Guliev Wines, Prince Trubetskoy Winery, Satera (Esse, Kacha Valley), Oleg Repin, Uppa Winery und Veles. Die Erzeuger Massandra, Solnechnaya Dolina, Koktebel und Magarach setzen die starke Tradition der gespriteten Stile fort. Ein weiteres Erbe sind die dem Champagner nachempfundenen Weine; probieren Sie die Schaumweine von Artyomovsk Winery, Novy Svet, Zolotaya Balka.

Vereinigte Staaten

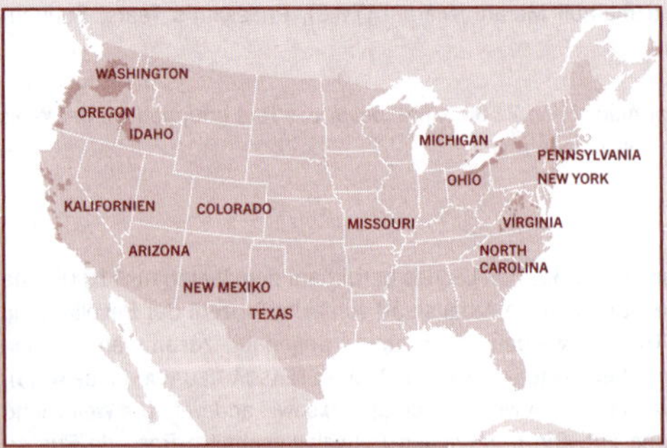

Die dunklen Flächen bezeichnen die Weinbaugebiete

Die folgenden Abkürzungen werden im Text verwendet:

Col	Columbia Valley
Mend	Mendocino
Mont	Monterey
Mt.	Mountain/Mount (z. B. Spring Mountain/Mount Veeder)
R.	River (z. B. Hudson River)
RRV	Russian River Valley
S-Or	Southern Oregon
Son	Sonoma
V.	Valley (z. B. Napa Valley)
Walla	Walla Walla Valley
Wil	Willamette Valley

Es ist nicht zu leugnen, dass Kalifornien bei den US-Weinen die Vorherrschaft besitzt – immerhin 90% kommen von hier. Auch wenn andere Staaten in Sachen Masse nicht mithalten können, zeichnen sich doch definitiv stilistische Unterschiede ab; wobei sich bestimmte Staaten auch auf eine bestimmte Charakteristik festlegen lassen. Oregon steht für eleganten, frischen Pinot; Washington für reiferen, runden Merlot und Cabernet Sauvignon; Virginia für konzentrierte und trotzdem frische Cuvées aus Viognier, Petit Manseng, Tannat und Petit Verdot (nicht alle auf einmal); New York State für kühlklimatischen Riesling. Das sei nur am Rande erwähnt, bevor wir uns den Unterschieden innerhalb Kaliforniens widmen – dort sind die Bedingungen ja auch nicht überall gleich. Napa entdeckt gerade die Tugend der Ausgewogenheit (endlich); die Küstengegend von Sonoma zeigt sich dicht und straff. Es gibt sehr viele individuelle Produzenten mit Talent und Vorstellungskraft, die hohe Risiken eingehen und dem Luxusimage des Staates trotzen. In Sachen Wein wandelt sich die USA gerade einmal mehr zu einem Land der Einzelgänger.

American Viticultural Areas (AVAs)

Ich bin nicht sicher, ob AVAs jemals als Verkaufsargument wirken werden. Sie sind nicht genau (und nicht einmal annähernd) dasselbe wie Appellations Contrôlées. Immerhin stärken sie den Lokalpatriotismus und das Gefühl, etwas Besonderes zu sein, und das ist immerhin etwas. Die bundesstaatlichen Bestimmungen in Bezug auf geschützte Herkunftsbezeichnungen in den USA wurden 1977 erlassen. Es gibt zwei Kategorien. Die erste richtet sich schlicht nach den politischen Grenzen, sodass eine AVA einen ganzen Bundesstaat umfassen kann, z. B. Kalifornien, Washington, Oregon usw. Auch einzelne Counties können AVA-Status erhalten, wie etwa Santa Barbara oder Sonoma. In diesem Fall müssen die Weine ausschließlich von Trauben aus dem betreffenden County bereitet werden. Die zweite Kategorie gilt geografischen Bereichen innerhalb eines Bundesstaats, beispielsweise Napa Valley in Kalifornien oder Willamette Valley in Oregon. Diese AVAs sollten theoretisch auf einer Ähnlichkeit der Böden, Wetterbedingungen etc. basieren. In der Praxis schließen sie jedoch eher alles Mögliche ein als weniger Erlesenes aus. Innerhalb dieser Art von AVAs sind weitere Subappellationen möglich. Beispielsweise umfasst die AVA Napa Valley Unterbereiche wie die AVAs Rutherford und Stags Leap. Auch für diese geografischen AVAs gilt, dass nur Trauben aus dem jeweiligen Bereich verwendet werden dürfen. Ein Erzeuger, der die entsprechenden Vorgaben erfüllt, hat die Wahl, ob er für seine Weine eine »politische« AVA wie etwa Napa oder eine »geografische« AVA wie Napa Valley verwendet. Es wird vermutlich noch Jahre dauern, bis die Unterschiede jedem klar sind, aber es steht außer Zweifel, dass manche AVAs schon jetzt ordentliche Prämien einfahren.

Arizona

Forschungen haben ergeben, dass Böden und Klimazonen »ähnlich sind« wie die Bedingungen in Burgund. Hoch gelegenes Wüsten-Terroir mit Böden von vulkanischem Fels und Kalkstein, gutes Wetter für die Traubenreifung. Kellereien: u. a. **Arizona Stronghold**: ★ roter Rhône-Verschnitt Nachise als Aushängeschild und exzellenter weißer Verschnitt Tazi. **Alcantara Vineyards**: elegante, erdige Rote, v. a. Confluence IV und Grand Rouge, ein Verschnitt von sechs

Weinen. **Burning Tree Cellars:** kunsthandwerkliche, intensive rote Verschnitte in kleinen Mengen. **Caduceus Cellars:** ★★→★★★ im Besitz des Rocksängers Maynard James Keenan, was der Kellerei einen Kick gab und auch die Weine besser werden ließ: exzellente weiße Verschnitte Dos Ladrones, Spitzenrotweine Sancha und Nagual del Marzo. **Callaghan Vineyards:** ★★ wird im Weißen Haus serviert, TANNAT und rote Verschnitte ragen heraus; der hervorragend bewertete Caitlin wird von der Tochter des Winzers bereitet. **Chateau Tumbleweed:** aufstrebender Kleinerzeuger, v. a. mit dem SYRAH-Verschnitt Dr. Ron Bot. **Four Eight Wineworks:** die Genossenschaft ist eine Art Brutkasten für aufstrebende Weinmacher; der eigene Rotweinverschnitt heißt Kindred. **Page Springs Cellars:** GSM-Verschnitt sowie reinsortige Weiße von anderen Rhône-Sorten, v. a. Dragoon MARSANNE. **Pillsbury Wine Company:** ★ Der Filmemacher Sam Pillsbury erzeugt den exzellenten Dessertwein Symphony Sweet Lies, einen PETITE SIRAH Special Reserve, sehr guten CHENIN BLANC, einen doppelt mit Gold ausgezeichneten GRENACHE und den Guns & Kisses SHIRAZ.

Colorado

Weniger bekannte Sorten zu probieren kann sich hier lohnen. Colorado hat einige der höchstgelegenen Weinberge des Landes und ein Klima ähnlich wie an der Rhône oder der Central Coast. AVAs: u. a. Grand Valley und West Elks. Auf dem Radar sind **Bookcliff:** ★★ exzellenter MALBEC, SYRAH, Reserve CABERNET FRANC, CABERNET SAUVIGNON, VIOGNIER. **Boulder Creek:** ★ Weine, die den Governor's Cup gewonnen haben: Bordeaux-Verschnitt Ensemble, Cabernet Sauvignon, Syrah, MERLOT, sehr guter RIESLING. **Canyon Wind:** exzellenter Anemoi Lips Syrah, guter PETIT VERDOT/Syrah Notus und Bordeaux-Verschnitt IV. **Carlson:** bescheidene Kellerei; die Weine tragen merkwürdige Namen, sind aber gut bereitet und preiswert, v. a. der preisgekrönte Riesling. **Creekside:** sehr guter, in Eiche aus den Appalachen ausgebauter Cabernet franc, guterPetit Verdot. **Grande River:** Fokus auf traditionelle Bordeaux- und Rhône-Stile, aber auch intensiver, blumiger Viognier. **Guy Drew:** ★★★ ambitionierte Weiße, u. a. Viognier, trockener Riesling, CHARDONNAY ohne Eichennote und der Verschnitt Metate; erfolgreicher Syrah. Der neue Verkostungsraum ist jetzt für das Publikum geöffnet. **Infinite Monkey Theorem:** hippe, urbane Kellerei mit sehr gutem rotem Verschnitt 100th Monkey und Viognier/ROUSSANNE Blind Watchmaker White, auch offene Weine und in Dosen. **Jack Rabbit Hill:** bio/biodynamisch, M&N sehr guter PINOT MEUNIER/PINOT NOIR. **Plum Creek:** ★ großartiger, zurückhaltender Chardonnay, sehr guter Merlot. **Snowy Peaks (Grande Valley):** Reben in sehr hohen Lagen, sehr guter Petit Verdot; Verschnitte namens Oso mit Hybridtrauben. **Sutcliffe:** sehr guter Cabernet franc, Syrah, Merlot. **Turquoise Mesa:** ★ preisgekrönter Syrah. **Two Rivers:** ★ exzellenter Cabernet Sauvignon, sehr guter Chardonnay, Riesling und Wein im Portstil. **Whitewater Hill Vineyards:** exzellenter Cabernet Sauvignon Reserve, außergewöhnlicher Rotweinverschnitt Ethereal. **Winery at Holy Cross:** ★ v. a. Rotwein produzierende historische Kellerei; preisgekrönter Reserve Merlot, Verschnitt Sangre de Cristo Nouveau.

Idaho

Idaho hat eine junge, kleine, aber wachsende Weinindustrie mit knapp 500 ha Rebland und etwa 50 Kellereien. Drei Weinbaugebiete sind anerkannt: Snake River Valley (2007) sowie Eagle Foothills und Lewis-Clark Valley, die erst seit Kurzem dazugekommen sind. Winzer und Weinmacher sind noch dabei, die geeigneten Lagen für die passenden Sorten herauszufinden, doch es gibt auch schon erste eindrucksvolle Erfolge, v. a. für Syrah.

Cinder Wines Snake R.V. ★★ Melanie Krause, die Chefin im Keller, hat ein Händchen bewiesen für hochklassigen SYRAH und RIESLING. Auch sehr guter VIOGNIER.

Coiled Snake R.V. ★★ Einer der Spitzenerzeuger im Bundesstaat mit leckerem trockenem RIESLING und SYRAH.

Ste Chapelle Snake R.V. ★ Idahos älteste und größte Kellerei gehört der in Washington ansässigen Firma Precept Wines. Rot- und Weißweine in trockenen und halbtrockenen Stilen, u. a. süffiger RIESLING.

Kalifornien

Es ist längst nicht mehr möglich, alle kalifornischen Weine über einen Kamm zu scheren nach dem Motto »sonnenverwöhnte Fruchtbomben – erstickt in neuer Eiche«. Natürlich existieren sie noch, und manche zu Preisen, die einem die Tränen in die Augen treiben. Aber immer mehr Weingüter entdecken die kühleren Klimazonen entlang der Küsten von Santa Barbara, Sonoma und Mendocino, ebenso wie die höher gelegenen felsigen Lagen von Mendocino County, Lake County und den Bergen der Sierra Nevada mit dem Ziel, mehr Ausgewogenheit, Finesse und Mineralität zu erreichen. Kritiker und jüngere Weinliebhaber (mich eingeschlossen) fordern weniger reife und weniger eichenbetonte Weine – und eine neue Generation von Winzern liefert den Stoff. Nicht alle auf einmal, aber es gibt rassigen, erfrischenden SAUVIGNON BLANC, CHARDONNAY und PINOT NOIR, genauso wie konzentrierten, pfeffrigen SYRAH und CABERNET SAUVIGNON mit schöner Balance und weniger Bombast. Die Weintrinker unter den Millennials sind wunderbar offen für alles Neue. Amphoren spielen eine Rolle, aber auch esoterische Trauben wie Trousseau gris, italienische Neuheiten oder iberische Sorten wie TEMPRANILLO, VERDEJO und TOURIGA NACIONAL. CHENIN BLANC erlebt eine Art Wiedergeburt. Das Anderson Valley hat sich einen Namen gemacht als Weltklassequelle für harmonischen Pinot noir und Chardonnay. Die Starproduzenten – im Inland (El Dorado County, Lake County oder Lodi) ebenso wie an der Sonomaküste und weiter Richtung Alaska – gelten längst nicht mehr als exzentrisch. Am unteren Ende der Skala finden sich leider noch immer dünne Rotweine, die aufgezuckert und mit Eichenaroma versehen werden. Letzteres ist ein wenig frustrierend, doch der Blick nach vorn gibt Anlass zum Optimismus.

Neuere Jahrgänge

Kalifornien ist zu verschieden für schlichte Verallgemeinerungen. Sicher gibt es Unterschiede zwischen den nördlichen, mittleren und südlichen Teilen des Staates, aber in den vergangenen zehn Jahren hat es keine wirklich schlechte Lese gegeben. Manche, die vielleicht schwierig für den Winzer war, hat die Weintrinker umso glücklicher gemacht. Hier eine kurze Übersicht der jüngeren Jahrgänge, die noch im Keller, bereits im Handel oder auf dem Weg dahin sind.

2017 Viel Regen am Ende des Winters. Katastrophale Buschfeuer in Napa und Sonoma, aber erst zum Ende der Lese. Einige werden wohl den »Rauchgeschmack« bemängeln, überwiegend aber sehr gute Qualität.

2016 Qualität und Menge gut, frühe Lese. Die Weine wirken ausgewogen.

2015 Trockenes Jahr, geringer Ertrag, aber von überraschend guter Qualität.

2014 Trotz eines dritten trockenen Jahrs in Folge scheint die Qualität hoch zu sein.

2013 Erneut große Erntemengen mit exzellenten Aussichten in Bezug auf Qualität.

2012 Herausragender Cabernet Sauvignon. Hinsichtlich der meisten Sorten sehr vielsprechend.
2011 Schwieriges Jahr. Wer spät gelesen hat, konnte sich über guten Cabernet Sauvignon und Pinot noir freuen. Zinfandel hat gelitten.
2010 Kühl und nass. Einige Abfüllungen sind jedoch hervorragend, v. a. von Rhône-Rebsorten und Zinfandel.
2009 Schön ausgewogene Rot- und Weißweine mit Alterungspotenzial. Exzellenter Napa Cabernet Sauvignon.

Bedeutende Weinbaugebiete in Kalifornien

Es gibt weit über 100 American Viticultural Areas (AVAs) in Kalifornien. Nachfolgend sind die wichtigsten aufgeführt.

Alexander Valley (Sonoma). Warmer Anbaubereich im oberen Sonoma Valley. Bekannt für guten Zinfandel und Cabernet Sauvignon von Hügellagen.
Amador County Warmes Gebiet in der Sierra Nevada. Sein ganzer Reichtum sind alte Zinfandel-Reben. Trauben von der Rhône gedeihen ebenfalls gut.
Anderson Valley (Mendocino). Winde und Nebel vom Pazifik durchziehen das Tal des Navarro-Flusses landeinwärts. Großartiger Pinot noir, Chardonnay und Schaumwein. Sehr guter Riesling und Gewürztraminer, mancher Syrah ist herausragend. Grandioses Potenzial.
Arroyo Seco (Monterey). AVA mit warmem Klima. Guter Riesling, Merlot und Chardonnay.
Atlas Peak (Napa). Außergewöhnlicher Cabernet Sauvignon und Merlot.
Calistoga (Napa). AVA am Nordende des Napa Valley für Rotwein, v. a. Cabernet Sauvignon.
Carneros (Napa, Sonoma). Kühle AVA am Nordende der San Francisco Bay. Guter Pinot noir, Chardonnay; Merlot, Syrah und Cabernet Sauvignon aus wärmeren Lagen. Sehr guter Schaumwein.
Coombsville (Napa). Kühle AVA in der Nähe der San Francisco Bay. Ausgezeichneter Cabernet Sauvignon im Bordeaux-Stil.
Diamond Mountain (Napa). Reben in hohen Lagen, hervorragender Cabernet Sauvignon.
Dry Creek Valley (Sonoma). Überragender Zinfandel; guter Sauvignon blanc; Cabernet Sauvignon und Zinfandel aus Hanglagen.
Edna Valley (San Luis Obispo). Kühle Winde vom Pazifik. Sehr guter Chardonnay.
El Dorado County Hoch gelegenes Gebiet im Inland rund um Placerville. Hier entwickeln sich gerade große Talente mit Rhône-Trauben, Zinfandel, Cabernet und anderen.
Howell Mountain (Napa). Klassischer Napa-Cabernet-Sauvignon von steilen Hanglagen.
Livermore Valley (Alameda). Historischer, großteils von den Vororten der Stadt Livermore geschluckter Weißweinbereich mit Kiesboden, der sich jedoch mit New-Wave-Weinen von Cabernet Sauvignon und Chardonnay einen Namen macht.
Mendocino Ridge Die Gegend im Mendocino County entwickelt sich gerade. Ihre Hügel sind bis zu 365 m hoch. Kühles Klima, kaum Nebel, leichte Böden.
Mount Veeder (Napa). Hoch gelegene Rebflächen für guten Chardonnay und Cabernet Sauvignon.
Napa Valley (Napa). Cabernet Sauvignon, Merlot, Cabernet franc. Halten Sie sich an die Sub-AVAs für aussagekräftige Weine mit Terroir-Charakter und an die Berggegenden für komplexe Weine mit Lagerpotenzial.

Oakville (Napa). Perfektes Gebiet für Cabernet Sauvignon, der hier auf einem Kiesbett gedeiht.
Paso Robles (San Luis Obispo). Beliebt bei Besuchern. Rhône-Reben, Bordeaux-Sorten, überwiegend Rotwein.
Pritchard Hill (östlich von St Helena, Napa). Hoch gelegenes und schroffes Weingebiet, perfekt für Cabernet Sauvignon.
Red Hills (Lake County). Nördliche Verlängerung der Bergkette von Mayacama, großes Potenzial für Cabernet Sauvignon.
Redwood Valley (Mendocino). Wärmerer Bereich im Landesinneren. Guter Zinfandel, Cabernet Sauvignon, Sauvignon blanc.
Russian River Valley (Sonoma). AVA am Pazifik, oft bis mittags in Nebel gehüllt. Pinot noir, Chardonnay und guter Zinfandel am Fuß der Berge auf dem flachen Uferland.
Rutherford (Napa). Hervorragender Cabernet Sauvignon, v. a. aus Hanglagen.
Saint Helena (Napa). Herrlich ausgewogener Cabernet Sauvignon.
Santa Lucia Highlands (Monterey). Höher gelegene Südhänge, großartige Pinot noir, Syrah und Rhône-Sorten.
Santa Maria Valley (Santa Barbara). Kühler Bereich an der Küste. Guter Pinot noir, Chardonnay und Viognier.
Sta Rita Hills (Santa Barbara). Exzellenter Pinot noir.
Santa Ynez (Santa Barbara). Am besten sind Weine von Rhône-Rebsorten (rot und weiß), Chardonnay und Sauvignon blanc.
Sierra Foothills El Dorado County, Amador County, Calaveras County. Alle werden so langsam besser.
Sonoma Coast (Sonoma). Sehr kühles Klima. Kantiger Pinot noir, Chardonnay.
Sonoma Valley (Sonoma). Guter Chardonnay, sehr guter Zinfandel; hervorragender Cabernet Sauvignon aus der Sub-AVA Sonoma Mountain. Achtung: Sonoma Valley ist ein Teil des größeren Anbaubereichs Sonoma.
Spring Mountain (Napa). Edler Cabernet Sauvignon, sehr unterschiedliche Böden und Lagen.
Stags Leap (Napa). Klassische Rotweine, Cabernet Sauvignon mit Noten von dunklen Früchten; sehr guter Merlot.

Abreu Vineyards Napa V. ★★★→★★★★ **07 09** 10 11 12 13 14 – Geschmeidige Weine auf CABERNET-SAUVIGNON-Basis aus ausgewählten Lagen. Die Spitzenlage ist Madrona mit kraftvollem, ausgewogenem Auftakt und langem, vielschichtigem Abgang. Kann 10–15 Jahre in den Keller.

Acaibo ★★★ Das an Bordeaux erinnernde Gut von Gonzague und Claire Lurton in der AVA Chalk Hill heißt Trinité (CABERNET SAUVIGNON, MERLOT, CABERNET FRANC). Acaibo ist der Spitzenwein, ein echter Schlager. Auch verführerischer Verschnitt G&C Lurton.

Alban Vineyards Edna V. ★★★→★★★★ Syrah **10 11** 12 13 14 (15) – John Alban, SYRAH-Pionier und einer der frühen Rhône Rangers, bereitet immer noch großartigen Wein. Erstklassiger VIOGNIER und GRENACHE, herrlicher SYRAH, der lange lagern kann.

Albatross Ridge Mont ★★★ Die Familie Bowlus hat ihr spezielles, sehr hoch gelegenes Quartier 10 km vom Pazifik bei Carmel aufgeschlagen. Ihre jungen CHARDONNAY- und PINOT-NOIR-Weine sind frisch und lebendig.

Alma Rosa Sta Rita Hills ★★★→★★★★ Der nächste Streich von Dick Sanford, nachdem er das gleichnamige Weingut verkauft hat. Er bleibt der Tradition treu und macht weiterhin raffinierten PINOT NOIR und CHARDONNAY, ebenso wie sehr guten Rosé.

Andrew Murray Santa Barbara ★★★ Hier dreht sich alles um Rhône-Trauben, und ein Renner jagt den nächsten. SYRAH hat die Nase vorn, aber

VIOGNIER, ROUSSANNE oder der frische GRENACHE BLANC machen ebenfalls Spaß.

Antica Napa V. ★★★ Im ersten Anlauf ist das Projekt von Piero Antinori mit SANGIOVESE von seinen Napa-Weinbergen gefloppt. Nachfolgende Pächter haben gute Arbeit geleistet und bewiesen, dass das Potenzial für feinen CABERNET SAUVIGNON und CHARDONNAY vorhanden ist. Schlau von Antinori, die Parzellen wieder für sich zu beanspruchen.

Araujo Napa V. – Siehe EISELE VINEYARD.

A Tribute to Grace North Coast ★★★ Hommage der Neuseeländerin Angela Osborne an die GRENACHE-Rebe. Die Trauben stammen von außergewöhnlichen Lagen mit unterschiedlichen Terroirs aus dem gesamten Bundesstaat, und der großartigste unter ihnen ist der von Bergen umgebene Weinberg in den Santa Barbara Highlands in 975 m Höhe.

Au Bon Climat Santa Barbara ★★★ Jim Clendenen erzeugte schon PINOT NOIR, bevor es cool war, und setzte sich für den ausgewogenen Stil ein, der jetzt in Mode ist. Er brachte den Aufstieg der Central Coast mit CHARDONNAY und Pinot noir im Burgunderstil in Gang. Kleine Mengen anderer Weine unter der Marke Clendenen Family.

Banshee Wines Son Coast ★★★ Drei Veteranen der Weinindustrie nutzten ihre Insiderverbindungen, kauften Fässer mit Traubensaft von anderen Kellereien und verwandelten den Inhalt in eine goldene PINOT-NOIR-Cuvée. Von wachsender nationaler Bedeutung. Inzwischen gibt es auch eine Reihe gut gemachter Einzellagenweine.

Beaulieu Vineyard Napa V. ★→★★★ Das Flaggschiff CABERNET SAUVIGNON Privat Reserve von Georges de Latour ist wieder in der Spur, ebenso wie andere Rote. Auch preiswerte Marke Coastal Estate.

Beckmen Vineyards Santa Barbara ★★★ Das von Steve Beckmen biologisch-dynamisch bewirtschaftete Bergweingut Purisma Mountain erzeugt hervorragenden SYRAH, GRENACHE und GRENACHE BLANC. Seine Cuvée le Bec von Rhône-Sorten ist zu Recht im ganzen Land beliebt.

Bedrock Wine Co. Son V. ★★★ Morgan Peterson (Sohn des RAVENSWOOD-Gründers Joel) stimmt mit seinen Eigenmarken den Lobgesang auf Kaliforniens Erbe alter Zinfandel-Weinberge und die althergebrachten Methoden der Mischgärung an. Großartig, wie sich hier die Weisheit des Alters mit dem klaren Blick der Jugend paart.

Benziger Family Winery Son V. ★★★ Pionier im ökologischen/biodynamischen Weinbau, manche Weine sind besser als andere. Der Tribute auf CABERNET-SAUVIGNON-Basis besitzt genügend Komplexität und Struktur für ein langes Leben. Es lohnt sich, das tolle Weingut zu besuchen.

Beringer Napa ★★→★★★ (Private Reserve) **07 08 09 10 12** – Großproduzent von durchschnittlichen Supermarktweinen, aber der CABERNET SAUVIGNON Private Reserve und einige Cabernets aus Einzellagen sind durchaus ernst zu nehmen und bringen Lagerpotenzial mit. Der Cabernet Sauvignon Howell Mountain zeigt Stärke, die CHARDONNAYS werden frischer und besser. Weinmacher Mark Beringer ist ein direkter Nachkomme des Gründers.

Bokisch Lodi ★★→★★★ Für spanische Rebsorten ist Markus Bokisch der Erste im Staate Kalifornien. Ein sehr guter TEMPRANILLO führt die Riege an, gefolgt von großartigem GRACIANO und ALBARIÑO, charmanter Rosado.

Bonny Doon Mont ★★★ **10 12** 13 14 15 (Le Cigar Volant) – Das Marketing von Randall Grahm mag wunderlich erscheinen, aber er macht ernst zu nehmende Weine, stärker als je vom Terroir bestimmt. Der *Vin gris* ist super, die Cuvée Le Cigare Volant Rhône beeindruckend – und jede Wette: Der Mann hat noch mehr Asse im Ärmel.

Bonterra Siehe FETZER.

Brewer Clifton Santa Barbara ★★★ Nach dem jüngst erfolgten Verkauf ist eine der ersten Kultmarken für PINOT NOIR wieder im Spiel: mächtiger, reifer Pinot sowie beeindruckender CHARDONNAY mit Ausgewogenheit und Verve.

Broc Cellars North Coast ★★→★★★ Die Draufgänger der Kellerei mit Sitz in Berkeley scheren sich nicht um Kritikerpunkte. Dafür erzeugen sie köstlich-süffige Weine wie den Vine Star Red oder fruchtigen CARIGNAN im Beaujolais-Stil. An Wochentagen für Besucher geöffnet.

Bronco Wine Company ★ Das Unternehmen des Provokateurs Fred Franzia, berühmt für den »Two Buck Chuck« und viele weitere kommerzielle Markenweine.

Aus Rosa wird Orange

Seit zwei Jahrzehnten ist Amerika verrückt nach Rosé. Das hat den Wein insgesamt demokratisiert und sicher auch zur Verbesserung des amerikanischen Rosés beigetragen. Ob die derzeit angesagten Orange Wines (siehe S. 354) den nächsten großen Trend markieren? Viele Weingüter in Kalifornien flirten mit dieser internationalen Modeerscheinung, u.a. BROC CELLARS, FORLORN HOPE und WIND GAP.

Cakebread Napa V. ★★★ CABERNET SAUVIGNON wird noch immer gern als der Wein der Babyboomer-Generation abgestempelt. Der SAUVIGNON BLANC ist beliebt, sehr gut der CHARDONNAY. Das Management hat den Direktvertrieb zum Endkunden ausgeweitet.

Calera ★★★→★★★★ Josh Jensen, seines Zeichens Pionier für den PINOT NOIR an der Central Coast, war auf der Suche nach Land mit Kalkstein und Höhe. Er hat ins Schwarze getroffen. Seine alten Weinberge hat er 2017 an Duckhorn verkauft – da sind seine Marken in guten Händen. Die Weinberge von Jensen und Selleck erzeugen immer Weine mit Stil.

Caymus Napa V. ★★★ **09 11 12 13** – Eine der Marken aus Napa, die vor allem internationales Ansehen genießen. Die CABERNET-SAUVIGNON-Weine, allen voran die herausragende Special Selection, kommt reifer herüber, voller Saft und Kraft. Hohe Qualität von dichter Struktur – aber nicht ewig haltbar.

Cedarville Sierra Foothills ★★★ Die Durchstarter Jonathan Lachs und Susan Marks haben ein echtes »Kraftwerk« im granitreichen Fairplay District in El Dorado County errichtet. Spitzenweine durch das gesamte Sortiment, überwiegend rote. GRENACHE und SYRAH, feiner CABERNET SAUVIGNON, ZINFANDEL und VIOGNIER.

Chalone Mont ★★★ Einzigartiges Weingut in den Gavilan Mountains, östlich von Monterey. Der in Kalifornien seltene Kalksteinboden verleiht dem PINOT NOIR und CHARDONNAY einen mineralischen Touch.

Chappellet Napa V. ★★★★ Ein Original am Pritchard Hill, konstant großartig seit den 60ern. Die rauhe Gegend erzeugt sehr langlebige Rote. CABERNET SAUVIGNON aus der Signature-Reihe ist hervorragend und bezahlbar. Sehr guter CHARDONNAY, der trockene CHENIN BLANC ist ein Genuss. Immer noch in Familienbesitz, zu dem auch SONOMA-LOEB zählt.

Charles Krug Napa V. ★★→★★★ Die historisch bedeutende Kellerei hat unlängst ihr Comeback geschafft und verdient Aufmerksamkeit für ihre Rolle im modernen Napa Valley. Der verstorbene Besitzer Peter Mondavi war Roberts Bruder, von dem er sich jedoch entfremdet hatte. Geschmeidiger CABERNET SAUVIGNON, knackiger und reiner SAUVIGNON BLANC.

Château Montelena Napa V. ★★★→★★★★ Ein ganzer Haufen Geschichte, gelegentliche Probleme, aber große Kontinuität in Sachen Betreiber und Stilistik. Ernst zu nehmender CABERNET SAUVIGNON mit Lagerpotenzial, der CHARDONNAY hält, was er verspricht. Das schlossähnliche Weingut aus Naturstein lohnt den Besuch.

Chateau St. Jean Son V. ★★★ Ein Fels in der Brandung von Sonoma Valley, solide Weine quer durchs Sortiment. Das Flaggschiff ist seit Jahrzehnten der Cinq Cépages, eine Cuvée aus 5 Bordeaux-Sorten, zuverlässig und lagerfähig.

Chimney Rock Stags Leap ★★★ **07 08 10** 12 14 – Unterschätzter Erzeuger im Stags Leap District, der unter der wunderbaren Führung der Master of Wine Elisabeth Vianna bessere Weine produziert als je zuvor. Der CABERNET SAUVIGNON aus der Lage Tomahawk ist erstklassig.

Cliff Lede Stags Leap ★★★ **10 11** 12 13 14 – Der brillante CABERNET SAUVIGNON aus Stags Leap ist breit, aber mit Tannin und Säure gut ausbalanciert. Die Produktion von Cabernets vom Howell Mountain und Diamond Mountain ist klein und in Eiche ausgebaut. Auch der SAUVIGNON BLANC mit Hefenote ist bemerkenswert.

Clos du Val Napa V. ★★★ Ein Klassiker im Stags Leap District. Die neuen Besitzer haben Ertrag und Produktion radikal reduziert und setzen jetzt auf ein hochwertigeres Geschäftsmodell, das sich an gutseigenen Weinen orientiert. Ob die Weinberge diesen radikalen Schritt mitmachen? Der CABERNET SAUVIGNON könnte besser sein, der PINOT NOIR ist solide, lässt aber noch keine endgültige Bewertung zu.

Clos Pegase Napa V. ★★★ Die Kellerei ist ein Hingucker; sehr guter MERLOT von einem Weinberg in Carneros. Auch guter CABERNET SAUVIGNON.

Cobb Wines Son Coast ★★★ Ross Cobb steuert das Familienschiff und bereitet wunderbaren PINOT NOIR und CHARDONNAY von ausgewählten Weinbergen an der Sonoma Coast: verhalten, ausgewogen, herrlich. Die Pinots werden mit den Jahren immer besser. Emaline Ann und Coastlands sind die Spitzenlagen.

Constellation ★→★★★ Riesiges Unternehmen, das international Wein, Bier und Spirituosen vertreibt. Über 90 Millionen Kisten Wein im Jahr. Besitzt so bekannte kalifornische Marken wie Estancia, Franciscan, MT VEEDER, Ravenswood, ROBERT MONDAVI oder Simi. Das meiste wird aber in Eigenregie hergestellt.

Continuum St Helena, Napa V. ★★★★ **09 10 11 12 13 14** – Tim Mondavi brach mit der Familientradition, als er sein Gut am Pritchard Hill aufmachte. Er scheut weder Kosten noch Mühen, um seinen außergewöhnlichen Gutswein aus Bordeaux-Sorten weiterzuentwickeln. Einer der besten im Napa Valley.

Copain Cellars Anderson V. ★★★ Erfolgreich im Bestreben, Weine nach dem Vorbild der »alten Welt« zu entwickeln, also klassisch ausgebaut. Unlängst an die JACKSON FAMILY WINES verkauft. PINOT NOIR ist seine Stärke, besonders würzig und strahlend aus der Lage Kiser Vineyard. Die Reihe Tous Ensembles bietet leichtfüßige, ausgewogene Weine.

Corison Napa V. ★★★★ **06 07** 09 10 12 13 14 – Während viele im Napa Valley dem Sirenengeheul nach super fetten Weinen folgen, die zwar hohe Punktzahlen ergattern, aber dafür umso weniger Spaß machen, bleibt sich Kathy Corison treu und produziert weiterhin elegante, frische Weine. Allen voran den konzentrierten CABERNET SAUVIGNON aus der Lage Kronos Vineyard.

Cuvaison Carneros ★★★ Unaufgeregtes Spitzengut, das jedes Jahr beste Qualität erzeugt. Die Bestnoten gehen an PINOT NOIR und CHARDONNAY vom Gut in Carneros. Daneben guter SYRAH und ausgezeichneter CABER-

NET SAUVIGNON vom Mt. Veeder. In der Reihe Single Block u. a. herrlicher Rosé und sehr guter SAUVIGNON BLANC.

Daou Paso Robles ★★★ Das hoch gelegene Weingut im Adelaida District treibt CABERNET SAUVIGNON und CABERNET FRANC aus Paso Robles buchstäblich auf ganz neue Höhen. Diese Weine sind schwer gefragt.

Dashe Cellars Dry Creek V., North Coast ★★★ Mike Dashe, der Veteran aus RIDGE, macht leckeren, ausgewogenen ZINFANDEL aus dem Dry Creek Valley und dem Alex Valley in seinem Weingut in Oakland. Außerdem toller CARIGNANE von alten Reben und knackiger GRENACHE Rosé.

Davis Bynum RRV ★★→★★★ Der PINOT-NOIR-Pionier des Russian River Valley produziert dort immer noch ausladende, saftige Einzellagenweine und fülligen CHARDONNAY. Sein Stil entwickelt sich, er wird zunehmend eleganter.

Dehlinger RRV ★★★→★★★★ Nach über vier Jahrzehnten ist dieser PINOT-NOIR-Meister auf der Höhe seines Könnens. Auch sehr guter CHARDONNAY, SYRAH und ausgewogener, eleganter CABERNET SAUVIGNON.

Diamond Creek Napa V. ★★★★ **06 07 09** 10 12 13 14 – Eine der Juwelen auf dem Napa Mountain. Entsprechend hoch sind die Preise für lagerfähigen, mineralischen Cabernet Sauvignon von den berühmten Hügellagen des Diamond Mountain. Geduld wird belohnt.

Domaine Carneros Carneros ★★★ Taittinger-Niederlassung in Carmel mit stets guten Schaumweinen, v. a. Jahrgangs-Blanc-de-Blancs Le Rêve; auch der Rosé oJ ist sehr gut. Der Vintage Brut kann locker mit dem französischen Original mithalten. Der PINOT NOIR The Famous Gate ist sensationell.

Domaine Chandon Napa V. ★★→★★★ Dependance von Moët in Yountville. Schäumende Spitzengewächse sind der sehr gute Reserve Étoile oJ und der Rosé. Das passende Essen dazu oder köstliche Kleinigkeiten gibt es auf der Außenterrasse.

Domaine de la Côte Sta Rita Hills ★★★ Anspruchsvoller Guts-PINOT-NOIR im Burgunderstil aus der kühlsten westlichen Ecke der Sta Rita Hills, erzeugt von dem brillanten ehemaligen Sommelier Rajat Parr und dem Kellermeister Sashi Moorman. Siehe auch SANDHI.

Dominus Estate Napa V. ★★★★ **07 08 10 12 13** – Das Weingut von Christian Moueix (siehe Frankreich) ist ganz im Herzog-&-de-Meuron-Stil designt. Das ist toll, aber man kann das Gut leider nicht besuchen. Die Weine wachsen auf einem Kiesbett und sind durchweg elegant und beeindruckend. Auch der Zweitwein Napanook ist sehr gut.

Donum North Coast ★★★→★★★★ Anne Moller-Racke beackert seit 1981 leidenschaftlich die Böden in Carneros – mit einem klaren Ziel: Der PINOT NOIR aus vier Lagen ist konzentriert, großzügig und komplex. Gehört zu den Spitzenerzeugern der Region.

Drew Family Anderson V. ★★★ Der Pionier aus Mendocino Ridge produziert minimalistischen, »wilden« PINOT NOIR im Anderson Valley und in höheren Lagen. Es lohnt, nach dem Gutswein Field Selections Pinot noir von der Mendocino Ridge zu fragen oder nach dem SYRAH von den Valenti Vineyards in Küstennähe.

Dry Creek Vineyard Dry Creek V. ★★★ Die Fahnenträger von Dry Creek melden sich zurück in der 1. Liga. Die Inspiration durch die Loire geht auf, grasiger FUMÉ BLANC und andere SAUVIGNON-BLANC-Weine sind durchweg köstlich. Alle Roten wie CABERNET SAUVIGNON, MERLOT und ZINFANDEL haben zugelegt.

Duckhorn Vineyards ★★★→★★★★ Begeistert die Massen mit nachhaltig wunderbarem CABERNET SAUVIGNON und MERLOT, besonders vom Three Palms Vineyard, dazu guter Sauvignon Blanc. Der Zweitwein Decoy ist

Vereinigte Staaten

besser als je zuvor. Ebenfalls zum Besitz gehören die Marken Migration, Goldeneye im Anderson Valley und CALERA.

Dunn Vineyards Howell Mt. ★★★-★★★★ »Bergmann« Randy Dunn hat sich immer beharrlich geweigert, bei dem Wettrennen um den fettesten und marmeladigsten CABERNET SAUVIGNON mitzumachen. Er bevorzugt einen zurückhaltenden Stil mit Alterungspotenzial. Seine Weine sind nicht immer makellos, aber die richtig guten halten sich Jahrzehnte.

Dutton-Goldfield RRV ★★★ Mit sicherer Hand gemachter, klassisch kühlklimatischer kalifornischer PINOT NOIR und CHARDONNAY vom Power-Winzer aus dem Russian River Valley. Weine ohne große Ecken und Kanten, aber das kann ja auch von Vorteil sein.

Edna Valley Vineyard Edna V. ★★★ Süffige Sortenweine von der milden Central Coast. Schöner, leichtfüßiger SAUVIGNON BLANC, knackiger CHARDONNAY mit Tropenfruchtaromen, dazu eindrucksvoller SYRAH und guter CABERNET SAUVIGNON aus einer Spitzenlage.

Eisele Vineyard Napa V. ★★★★ 2016 wurde der Maßstäbe setzende CABERNET SAUVIGNON von Araujo in Eisele Vineyard umbenannt (gültig ab Jahrgang 2013), nach dem historischen Weinberg, von dem er stammt. Auch erfrischender SAUVIGNON BLANC, sehr guter VIOGNIER, SYRAH. Gehört jetzt François Pinault von Château Latour in Bordeaux.

Ernest Vineyards Son ★★★ Eigentlich braucht man in Kalifornien nicht noch mehr PINOT NOIR und CHARDONNAY, aber dieser Neuling bringt so viel Verve, Säure und Stil in seine exzellenten regionalen und Einzellagenweine, dass sie geradezu Suchtpotenzial entwickeln, komplex und rassig, wie sie sind.

Etude Carneros ★★★→★★★★ Die von Tony Soter gegründete Kellerei gehört jetzt einem Multikonzern, doch das Team hält an Tonys Vision fest, kunstvoll bereiteten PINOT NOIR von verschiedenen Terroirs zu erzeugen. Die Abfüllung von der Lage Heirloom Grace ist etwas ganz Besonderes, und auch der CABERNET SAUVIGNON aus Napa ist besser als die der meisten Cabernet-Spezialisten. Für den Pinot Rosé könnte man sterben.

Failla Son Coast ★★★ Ehren Jordan, einer der klügsten und talentiertesten Weinmacher Kaliforniens, erzeugt herzhaften, umwerfenden, komplexen PINOT NOIR, SYRAH und CHARDONNAY aus kühlen Küstenlagen.

Far Niente Napa V. ★★★→★★★★ Pionier für CABERNET SAUVIGNON und CHARDONNAY aus Einzellagen im ausladenden, generösen Napa-Stil. Hedonismus mit Seele. Gefeierter edelfauler Süßwein unter dem Name Dolce.

Fetzer Vineyards North Coast ★★→★★★ Pionier in Sachen ökologischer/nachhaltiger Weinbau in Mendocino County, der immer anständige Weine produziert. Nach dem Verkauf an Brown Forman haben sich einige Mitglieder der Familie Fetzer auf andere Teile des Mendocino County verstreut.

Field Recordings Paso Robles ★★★ Beeindruckend tiefgründige und ausgeklügelte Weine von Andrew Jones. Am besten sind die Cuvées Neverland und Barter & Trade, aber probieren Sie auch den Alloy und den Fiction in 0,5-l-Dosen: Köstlich!

Firestone Santa Ynez ★★→★★★ Von den Erben des Reifenherstellers gegründete solide Marke, 2007 an Foley Estates verkauft. Die Palette an Weinen im Rhône- und Bordeaux-Stil ist immer noch beachtlich. Die gleichnamige Bierbrauerei verblieb bei den Gründern.

Flowers Vineyard & Winery Son Coast ★★★→★★★★ Der Extrempionier der Sonoma Coast (erste Chardonnay-Reben 1991 gepflanzt) wurde 2009 von Huneeus gekauft; die Weine sind weiterhin großartig. Betreibt jetzt Ökoweinbau für reintönigen PINOT NOIR und CHARDONNAY.

Foppiano Son ★★→★★★ Ehrliche Tischweine mit viel sonniger Frucht und wenig Anspruch. PETITE SIRAH und SAUVIGNON BLANC sind bemerkenswert.

Forlorn Hope North Coast ★★★ Der Name (»vergebliche Liebesmüh«) sagt alles: Matthew Rorick widmet sich übersehenen Weinbergen und vergessenen Rebsorten. Alles überzeugend und sehr gut, von VERDELHO und Alvarelão bis zum einzigartigen gemischten Satz *(field blend)* portugiesischer Sorten.

Forman Vineyard Napa V. ★★★ Ric Forman, ein überzeugter, womöglich sogar fanatischer Anhänger der Terroir-Philosophie, erzeugt elegante, langlebige Weine auf der Basis von CABERNET SAUVIGNON aus Hanglagen. Auch sehr guter CHARDONNAY mit einem Seitenblick auf Chablis.

Fort Ross Son Coast ★★★→★★★★ Das ziemlich kühl gelegene Weingut ist nur einen Steinwurf vom Pazifik entfernt und schlicht fantastisch. Zupackender PINOT NOIR, pikanter CHARDONNAY und überraschend guter PINOTAGE (!).

Freeman RRV, Son Coast ★★★→★★★★ Zurückhaltender, terroirbetonter PINOT NOIR und CHARDONNAY aus kühlen Lagen in den AVAs Sonoma Coast und Russian River Valley – Burgund lässt grüßen. Der Chardonnay Ryo-fu (Japanisch für »kühle Brise«) ist fantastisch, genauso wie der Pinot noir Akiko's Cuvée.

Freemark Abbey Napa V. ★★★ Von JACKSON FAMILY WINES 2006 übernommen, wird immer besser. Tolles Preis-Leistungs-Verhältnis, inkl. der Einzellagenabfüllungen Sycamore und Bosché aus CABERNET SAUVIGNON.

Freestone Son Coast ★★★ Intensiver, rassiger CHARDONNAY und PINOT NOIR aus küstennahen Lagen mit schöner Struktur und langem Abgang, v. a. der Chardonnay. JOSEPH PHELPS aus Napa hat hier investiert.

Frog's Leap Rutherford ★★★ John Williams ist der wahre Held des ökologischen und biodynamischen Weinbaus, er holt das Beste aus seinem in der Talsohle gelegenen Gut heraus. Geschmeidiger CABERNET SAUVIGNON und MERLOT, eleganter CHARDONNAY, beliebter SAUVIGNON BLANC und großartiger ZINFANDEL. Preisgünstig.

Gallo, E. & J. ★→★★ Gigantische Kellerei in Privathand und der Schlüssel zur Entwicklung der amerikanischen Weinkultur nach dem Ende der Prohibition. Volksnah im Kern und dennoch geheimnisvoll. Marken: Barefoot, Ecco Domani, LOUIS MARTINI, Turning Leaf und andere. *Siehe auch* GALLO OF SONOMA.

Gallo of Sonoma Son ★★★ Großartige Weine aus den großartigen Weinlagen in Sonoma und anderen Gebieten, so unkompliziert, wie es sich die Gründer gewünscht hätten. Die Qualität des Leseguts spricht für sich.

Gary Farrell RRV, Son Coast ★★★ Der namengebende Winzer hat das Gut vor Jahren verkauft, aber die Topleistung setzt sich fort. Exzellenter PINOT NOIR, CHARDONNAY von kühlklimatischen Weinlagen. Der Chardonnay aus der Lage Rocholi ist hervorragend.

Gloria Ferrer Carneros ★★★ Herausragender Schaumwein. Ein Hoch auf die jahrzehntelange Zusammenarbeit zwischen den Besitzern, Winzern und Kellermeistern, die dieses von Freixenet geführte Unternehmen so außergewöhnlich macht. Alle Weine sind sehr gut, am besten die Cuvée Royal.

Grace Family Vineyard Napa V. ★★★★ 05 06 07 09 10 11 12 – Überwältigender CABERNET SAUVIGNON, für lange Lagerung gemacht. Einer der wenigen Kultweine, die ihren hohen Preis tatsächlich wert sind.

Graziano Family Mend ★★★ Größte Bekanntheit für italienische Rebsorten, die unter den Labels Enotria und Monte Volpe vertrieben werden. Dahinter verbergen sich BARBERA, MONTEPULCIANO, PINOT GRIGIO und SANGIOVESE. Die versierten Veteranen darf man als die Champions von Mendocino County bezeichnen.

Green and Red Napa V. ★★★ Der Name rührt von den Farben der Weinbergböden her (rotes Eisen und grüner Serpentin). Der Napa-Klassiker ist immer noch auf herzhafte, ausgewogene ZINFANDEL-Weine alter Schule spezialisiert. Der exotische SAUVIGNON BLANC vom neuen Kellermeister kann einem glatt den Kopf verdrehen.

Grgich Hills Cellars Napa V. ★★★ Mike Grgich, dem Mann mit der Baskenmütze, gebührt ein Platz in der Hall of Fame. Schließlich war er einer der Ersten, die im Napa Valley auf CHARDONNAY gesetzt haben. CABERNET SAUVIGNON und köstlicher ZINFANDEL haben sich dann ebenso gut entwickelt. Unlängst hat er den biodynamischen Weinbau für sich entdeckt.

Gundlach Bundschu Son V. ★★★ Kaliforniens älteste familiengeführte Kellerei ist mit ihrem einladenden Charme ein beliebtes Ziel für Verkostungen. Abenteuerliche Konzerte locken jüngere Leute. Am besten sind MERLOT, CABERNET SAUVIGNON und Gewürztraminer.

Maschinen auf dem Vormarsch

Eine rigide Einwanderungspolitik, die Konjunkturbelebung in Mexiko und höhere Mindestlöhne sorgen dafür, dass die Zahl der Saisonarbeiter immer weiter abnimmt. Also setzen die Winzer in Kalifornien auf den Einsatz von Maschinen wie beispielsweise Vollernter oder ausgeklügelte Sortiergeräte mit optischen Lasern. Die Roboter sind auf dem Vormarsch!

Hahn Santa Lucia Highlands ★★★ Bietet sehr viel fürs Geld. Bei den Bordeaux-Sorten kommt Frucht aus Monterey und aus Paso Robles zu einem tollen Effekt zusammen, der Meritage kann grandios sein. Fantastische PINOT-NOIR-Abfüllungen namens Lucienne.

Hall Napa V. ★★★→★★★★ Für das Gut und die Reben sind keine Kosten und Mühen gescheut worden. Das Weingut in St. Helena macht großartigen CABERNET SAUVIGNON im Napa-Stil, allerdings in einer verwirrenden Vielfalt von Selektionen. Die Reihe Signature bietet herausragenden, samtweichen SAUVIGNON BLANC, der MERLOT zählt zu den besten in Kalifornien. Ebenfalls im Besitz von WALT, das PINOT NOIR und CHARDONNAY von der Küste liefert.

Hanna Winery Son ★★★ Klassischer Sonoma-Erzeuger mit ausgezeichnetem SAUVIGNON BLANC und PINOT NOIR; CABERNET SAUVIGNON Reserve und MERLOT sind großartig. Der Rosé auf Merlot-Basis ist ein Schmankerl.

Hanzell Son V. ★★★ PINOT-Pionier der 1950er-Jahre, immer noch mit CHARDONNAY und PINOT NOIR von gutseigenen Reben. Beide profitieren von einigen Jahren Kellerreifung. Einer der besten Erzeuger Kaliforniens. Der Chardonnay Sebella von jungen Reben beispielsweise strotzt vor strahlend frischer Frucht.

Harlan Estate Napa V. ★★★★ Konzentrierter, robuster CABERNET SAUVIGNON – einer der Kultweine, die man nur via Mailingliste zu Spitzenpreisen bekommt.

HdV Wines Carneros ★★★ Unterschätztes Juwel in Sonoma mit feinem, komplexem Chardonnay der geschliffenen Art und sehr gutem PINOT NOIR vom Gut des Winzers Larry Hyde in Zusammenarbeit mit Aubert de Villaine von der Domaine de la Romanée-Conti (Frankreich). Sehr guter CABERNET SAUVIGNON und SYRAH.

Heitz Cellar Napa V. ★★★→★★★★ Alle konzentrieren sich auf den ikonischen, alterungswürdigen Martha's Vineyard CABERNET SAUVIGNON, aber auch der Basis-Cabernet aus dem Napa Valley ist stets köstlich. Dazu guter Sauvignon blanc und sogar GRIGNOLINO.

Heller Estate Mont ★★★ Begründer der AVA Carmel Valley, wo er immer noch charakteristischen CHENIN BLANC, geschmeidigen CABERNET SAUVIGNON, sehr guten MERLOT und Rosé erzeugt.

Hendry Oak, Ca ★★★ Das klassische Weingut existiert seit 1939. Außergewöhnlicher und unverwechselbarer CABERNET SAUVIGNON und ZINFANDEL (der Block 28 ist einen Versuch wert) aus einer kühleren Ecke nahe der Stadt Napa.

Hess Collection, The Napa V. ★★★ Großartiges Ziel für einen Besuch im Napa Valley mit Kunstgalerie von Weltrang. Auch gute Weine: Der CABERNET SAUVIGNON von der MOUNT VEEDER WINERY markiert ein neues Qualitätsniveau, besonders die ausgefallene Cuvée 19 Block, ein Verkaufshit mit artigem Auftreten.

Hirsch Son Coast ★★★ David Hirsch, ein Pionier der Sonoma Coast, hat sich mit seinem Weinberg den Ruf eines erstklassigen Traubenlieferanten erworben. Die Besten davon sichert sich die Familie jetzt für ihr eigenes Label von den hoch aufragenden Weinlagen an der Küste. Geschmeidiger PINOT NOIR und atemberaubender CHARDONNAY.

Honig Napa V. ★★★→★★★★ Die nachhaltig erzeugten Napa-Weine von CABERNET SAUVIGNON und SAUVIGNON BLANC setzen landesweit Maßstäbe. Für ihre beständige Qualität kann man der hart arbeitenden Familie und ihrem Team nur dankbar sein. Spitze ist der Cabernet aus der Lage Bartolucci in St. Helena.

Inglenook Oakville ★★★★ Francis Ford Coppolas Rubicon, jetzt unter dem Inglenook-Etikett, markiert eine Rückkehr zum klassischen Napa CABERNET SAUVIGNON – ausgewogen, elegant und der großen Tradition treu. Auch CHARDONNAY und MERLOT.

Iron Horse Vineyards Son ★★★ Beeindruckende Auswahl von zwölf Schaumweinen, allesamt wunderbar gemacht. Der Ocean Reserve Blanc de Blancs ist sehr gut, der Wedding Cuvée räumt Preise ab. Sehr guter CHARDONNAY und PINOT NOIR.

Jackson Family Wines ★★★→★★★★ Visionärer Großgrundbesitzer von Weinbergen in Kalifornien, darunter erste Hügellagen. In Besitz der sehr beliebten Marke Kendall-Jackson, dazu nicht minder beachtete wie Lokoya, MATANZAS CREEK und Verité. Die Reihe Jackson Estate ist toll für Cabernets aus den Bergen.

Jordan Alexander V. ★★★ Bessere Traubenlieferanten haben den ausgewogenen, eleganten Weinen aus dem Vorzeigegut im Alexander Valley ein brillantes Comeback verschafft. Der CABERNET SAUVIGNON ist eine Hommage an Bordeaux und langlebig. Schwungvoller, köstlicher CHARDONNAY.

Joseph Phelps Napa V. ★★★★ (Insignia) **07 08 09 10 11 12 13** – Das teure erste Gewächs, der Insignia CABERNET SAUVIGNON aus Napa, hat durchaus ein moderates Alterungspotenzial. Das Angebot ist größtenteils von Topqualität, besonders der SYRAH. Siehe auch die Zweigstelle FREESTONE in Sonoma.

Joseph Swan Son ★★★ Alteingesessener Erzeuger im Russian River Valley mit intensivem ZINFANDEL von alten Reben und PINOT NOIR aus Einzellagen. Auch die (oft übersehenen) Weine von Rhône-Sorten sind sehr gut, v. a. der ROUSSANNE/MARSANNE-Verschnitt und der orangefarbene GRENACHE BLANC.

Kenwood Vineyards Son V. ★★→★★★ Mit dem Fokus auf bessere Qualität hat sich dieser wegweisende Erzeuger neu erfunden, angeführt von CABERNET SAUVIGNON in der monumentalen Einzellagenabfüllung Jack London.

Kistler Vineyards RRV ★★★★ Stilwechsel: Der einst buttrige CHARDONNAY und ausladende PINOT NOIR werden schlanker und rassiger. Immer noch von einem Dutzend Weinberge pro Jahrgang, immer noch sehr gefragt.

Konsgaard Napa ★★★→★★★★ Eine herzlichere Persönlichkeit als John Kongsgaard, einen »Napa-iten« der 5. Generation, kann man sich kaum vorstellen. Dazu bereitet er umwerfende Weine, v. a. Chardonnay aus der Lage Judge Vineyard und hervorragenden CABERNET SAUVIGNON und SYRAH.

Korbel ★★ Billige Supermarktschaumweine, aber alle nach der klassischen Methode bereitet und erstaunlich gut für den Preis. Auch für einen Besuch am Russian River sehr nett.

Kunin Santa Barbara ★★★ Der beliebte Gründer, Sommelier, Händler und Kellermeister Seth Kunin ist Ende 2017 mit nur 50 Jahren verstorben. Alle hoffen, dass seine Frau und Partnerin die Fahne für von der Rhône und Loire inspirierte Weine im Sanata Barbara County hochhalten wird.

Ladera Napa V. ★★★→★★★★ Der Stotesberry-Clan hat seine letzten Weinlagen am Howell Mountain verkauft und stattdessen ein neues Gut in St. Helena aufgemacht. Die CABERNET SAUVIGNON und MALBEC Hillside sind großartig; auf keinen Fall sollte man sich den tollen SAUVIGNON BLANC ihres neuseeländischen Weinmachers entgehen lassen.

Lagier-Meredith Mt. Veeder ★★★ Wein der namhaften Rebenforscherin der Universität Davis, Carole Meredith, und ihres Mannes, des Önologen Steve Lagier. Kleine, von Hand bereitete Produktion wunderbarer reinsortiger SYRAH-, MONDEUSE-, MALBEC- und ZINFANDEL-Weine (die Herkunft letzterer Sorte aus Kroatien hat Meredith bekanntlich entdeckt).

Lamborn Family Vineyards Howell Mt. ★★★★ Heidi Barrett, Weinmacherin mit Superstar-Status, erzeugt intensiven, langlebigen CABERNET SAUVIGNON und mächtigen, hocharomatischen ZINFANDEL vom eigenen Weinberg.

Lang & Reed Mend, Napa ★★★ Kaliforniens passioniertester Bannerträger für den CABERNET FRANC ist definitiv John Skupny von Lang & Reed. Die Weine verbinden Duft und Geschmeidigkeit mit der für Napa typischen Üppigkeit. Auch köstlicher CHENIN BLANC aus Mendocino.

Larkmead Napa V. ★★★★ 10 **11** 13 14 – Wiederbelebtes historisches Gut mit geschmeidigem, ausgewogenem, hervorragendem Cabernet Sauvignon sowie köstlichem, strahlendem SAUVIGNON BLANC. Herrlich ist der neu auf den Markt gekommene Tocai FRIULANO.

Laurel Glen Son ★★★ Übertrifft immer die Erwartungen und ist mittlerweile in den besten Händen unter Bettina Sichel, Phil Coturri und Partnern. Der Hillside CABERNET aus Trauben von den Sonoma Mountains bildet immer das Herz der Marke.

Lewis Cellars Napa V. ★★★★ Der frühere Rennfahrer Randy Lewis erzeugt CABERNET SAUVIGNON, CHARDONNAY und SYRAH, die man nur als Vollgas-Weine bezeichnen kann. Napa-Hedonismus vom Feinsten, ohne Wenn und Aber.

Lioco North Coast ★★★ Wollte den Beweis antreten, dass Kalifornien schlanken, mineralischen CHARDONNAY hervorbringen kann. Auftrag erfüllt. Dazu gibt es exzellenten PINOT NOIR und fabelhaften roten und rosé CARIGNAN Indica aus Mendoza. Kellermeister ist John Raytek von CERITAS.

Littorai Son Coast ★★★★ Der in Burgund ausgebildete Ted Lemon erzeugt durchweg reintönigen, konzentrierten und inspirierenden PINOT NOIR und CHARDONNAY. Es lohnt sich, nach diesen modernen kalifornischen Weinen Ausschau zu halten.

Lohr, J. ★★→★★★ Sehr produktiver Erzeuger an der Central Coast mit preisgünstigem, ausgewogenem CABERNET SAUVIGNON, PINOT NOIR und CHARDONNAY. Die Cuvée Pau und Cuvée St. E verbeugen sich vor dem Bordeaux. Unbedingt probieren sollte man den duftigen roten Wildflower Valdiguié.

Long Meadow Ranch Napa V. ★★★→★★★★ Weingut mit ganzheitlichem Ansatz und Besuchsziel mit Restaurant und Kälberzucht auf einem Biohof.

Der geschmeidige, langlebige CABERNET SAUVIGNON hat ★★★★-Niveau erreicht. Auch lebhafter SAUVIGNON BLANC im Graves-Stil.

Louis M. Martini Napa ★★→★★★ Gallo hat zu seiner alten Größe zurückgefunden, seit er die Marke Martini und den tollen Weinberg Monte Rosso erworben hat. Martini produziert anständige Alltagsweine aus CABERNET und ZINFANDEL.

MacPhail Son Coast ★★★ Der starke Jahrgang 2015 war hier gleichzeitig der letzte für James McPhail. Reintöniger PINOT NOIR und CHARDONNAY aus erstklassigen Quellen lautet die Strategie. McPhail arbeitet jetzt für Tongue Dancer und andere Kellereien. Ihm gebührt immer noch Dank für seine Verdienste.

MacRostie Son Coast ★★★ Die neue Probierstube ist modern und schick. Die Weine mit Schraubverschluss werden immer besser. Köstlicher PINOT NOIR und SYRAH, der CHARDONNAY von der Sonoma Coast ist oberlecker.

Marimar Torres Estate RRV ★★★ Der Ableger der großen katalanischen Familie bringt mehrere Abfüllungen von CHARDONNAY und PINOT NOIR heraus. Alle Weinberge werden jetzt biodynamisch bewirtschaftet. Die Chardonnays sind ausgezeichnet und langlebig, v. a. der Acero (nicht in Eiche ausgebaut, frisch und ausdrucksvoll). Der Pinot noir aus der Lage Doña Margarita in Pazifiknähe ist intensiv und reichhaltig.

Masút Mend ★★★ Das relativ neue, hoch am Eagle Peak gelegene Gut von Ben und Jake Fetzer erzeugt himmlischen Guts-PINOT-NOIR. Hier dürften über kurz oder lang auch andere Winzer auftauchen.

Matanzas Creek Son ★★★ Auf ihrem außergewöhnlichen Besitz im kühlen Bennett Valley produziert JACKSON FAMILY WINES tollen MERLOT und SAUVIGNON BLANC – so wie er sein soll in diesem perfekten Umfeld.

Matthiasson ★★★ Experimentelle Weine, die Kult geworden sind. Rassiger CHARDONNAY, eleganter CABERNET SAUVIGNON, weißer Verschnitt von epischer Größe, dazu Esoterika wie RIBOLLA GIALLA, Schioppetino.

Mayacamas Vineyards Mt. Veeder ★★★ Neuer Eigentümer (Charles Banks, früher Partner bei SCREAMING EAGLE), gleicher klassisch kalifornischer Stil, nur verbessert. Die alterungswürdigen CABERNET-SAUVIGNON- und CHARDONNAY-Weine erinnern an die großen Abfüllungen der 1970er- und 80er-Jahre.

Melville Sta Rita Hills ★★★ Familienbetrieb in den Sta Rita Hills mit mächtigem, sehr gutem CHARDONNAY und PINOT NOIR, aber der Guts-SYRAH stiehlt allen die Schau. Interessant ist auch SAMsARA, die persönliche Marke von Chad und Mary Melville.

Meritage Der Ausdruck bezeichnet einen Verschnitt von roten oder weißen Bordeaux-Sorten. Geprägt wurde er in Kalifornien, hat sich aber inzwischen weiter ausgebreitet. Meritage ist ein geschütztes Markenzeichen und darf nur von Mitgliedern der Meritage Alliance verwendet werden. Insidertipp: Es handelt sich nicht um einen französischen Begriff, es reimt sich auf »Heritage« (Erbe, Überlieferung).

Merry Edwards RRV ★★★★ Einer der großen Weinmacher Kaliforniens und Pionier für PINOT NOIR. Die Einzellagenweine aus Sonoma sind enorm beliebt: reif, rund, vielschichtig und leicht süß nach heutigen Standards. Auch der halbtrockene SAUVIGNON BLANC mit Moschusnote ist gern genommen.

Meteor Coombsville ★★★ Noch ein Aufsteiger aus dem plötzlich angesagten Coombsville. Die eher kühle gutseigene Lage liefert wunderbar dichten CABERNET SAUVIGNON. Perseid, der Zweitwein, schmeckt jung sehr gut.

Mount Eden Vineyards Santa Cruz Mt. ★★★ Eine der ersten Boutiquekellereien Kaliforniens mit Weinberg hoch oben in den Santa Cruz Mountains. Dichter, gut strukturierter CABERNET SAUVIGNON, PINOT NOIR und CHARDONNAY seit 1945; die derzeitigen Eigentümer sind seit 1981 am Werk.

Mount Veeder Winery Mt. Veeder ★★★ Klassischer kalifornischer CABERNET SAUVIGNON und CABERNET FRANC von zerklüfteten Steillagen in 500 m Höhe. Mächtige, dichte Weine mit reifen, gut integrierten Tanninen.

Mumm Napa Valley Napa V. ★★★ Stilvolle Schaumweine, v. a. köstlicher Blanc de Noirs und voller, komplexer DVX von einer Einzellage, dem ein paar Jahre in der Flasche gut bekommen; sehr guter Brut Rosé.

Nalle Dry Creek V. ★★★ Familienweingut, das eleganten tiefroten ZINFANDEL mit weniger Alkohol erzeugt. War mal sehr angesagt und ist immer noch hervorragend. Lohnt den Besuch im Dry Creek Valley.

Newton Vineyards Spring Mt. ★★→★★★★ Beeindruckendes Weigut am Fuße des Spring Mountain, jetzt im Besitz von LMVH (Moët Hennessy Louis Vuitton). Die Weine werden seit Kurzem besser. Einen Versuch wert sind der CABERNET SAUVIGNON und der üppige unfiltrierte CHARDONNAY.

Neyers Napa V. ★★★ Komplexer CHARDONNAY, floraler GRENACHE, seidiger CABERNET SAUVIGNON. Französisch-sensibler Ansatz, achtet auf Substanz über die Rebsorte hinaus. Mehr als faire Preise.

Niebaum-Coppola Estate Siehe INGLENOOK.

Niner Edna V., Paso Robles – Junges und ehrgeiziges Familienweingut mit hervorragendem CABERNET SAUVIGNON aus Paso Robles. Großartiger CHARDONNAY und ALBARIÑO aus dem Edna Valley. Das Restaurant empfiehlt sich zum Mittagessen mit kalifornischer Küche im ländlichen Raum von Paso Robles.

Obsidian Ridge Lake ★★★ Star im Lake County, dessen Weinlagen sich über die Mayacamas Range erstrecken. Echte Bergweine aus Höhenlagen bis zu 780 m, vulkanische Böden mit Einsprengseln von Glimmer. Der Cabernet Reserve Half Mile ist exzellent, genau wie die Gutsabfüllungen von CABERNET SAUVIGNON und SYRAH. Auch in Besitz der Marke Poseidon aus Carmel.

Ojai Santa Barbara ★★★ Adam Tolmach, ehemals Teilhaber von AU BON CLIMAT, ändert seinen Stil weg vom mächtigen, superreifen hin zum schlankeren, feineren und erzeugt die besten Weine seiner Karriere: PINOT NOIR, CHARDONNAY und Rhône-Sorten – alles sehr gut. Der Rosé auf SYRAH-Basis ist köstlich.

Opus One Oakville ★★★★ Immer noch der Bannerträger des feinen CABERNET SAUVIGNON aus Napa. Die Verbindung CONSTELLATION-Rothschild zeigt sich in guter Verfassung. Beliebter Exportschlager aus Kalifornien. Die Weine gehören für 10 und mehr Jahre in den Keller.

Ovid St Helena ★★★ Ultraluxuriöses Bioweingut auf dem Pritchard Hill. Geschmeidige Bordeaux-Verschnitte sind die Stars, aber auch guter SYRAH.

Pahlmeyer Napa V. ★★★★ Angesagtes Gut aus den Jahrzehnten des ersten Höhenflugs von Kalifornien. Massive, marmeladige, aber geschmeidige Weine. Der Bordeaux-Verschnitt ist am bekanntesten, gut für ein paar Jahre Reifung.

Palmina Santa Barbara ★★★ Dezidiert italienischer Stil, ungewöhnliche Rebsorten: FRIULANO, VERMENTINO, LAGREIN und NEBBIOLO. Weine mit üppigem kalifornischem Flair, als Essensbegleiter gedacht.

Patz & Hall North Coast ★★★★ Jim Hall, einer der umsichtigsten kalifornischen Weinmacher, holt sein Lesegut aus Top-Weinlagen von der Central Coast bis nach Mendocino. Sein Stil ist großzügig, geschmackssicher und immer zuverlässig. Der CHARDONNAY Zio Tony ist sehr speziell, limonig, üppig und elektrisierend.

Paul Hobbs North Coast ★★★→★★★★ Der weltreisende Weinmacher Paul Hobbs verdient seine Brötchen noch immer in Kalifornien. Die Abfüllungen aus Einzellagen von CABERNET SAUVIGNON, CHARDONNAY, PINOT NOIR und SYRAH sind Spitze. Der Zweitwein Crossbarn ist fair kalkuliert.

Peay Vineyards Son Coast ★★★→★★★★ Herausragende Marke aus einer der kühlsten Zonen der Sonoma Coast. CHARDONNAY und PINOT NOIR von großer Finesse, der SYRAH ist hervorragend. Ähnlich gut ist der Zweitwein Cep, hier vor allem der Rosé. Federleichte, tadellos bereitete Weine.

Pedroncelli Son ★★ Erzeuger der alten Schule im Dry Creek Valley; Weinberge und Kellerei sind erneuert. Wunderbar süffiger ZINFANDEL, CABERNET SAUVIGNON und solider CHARDONNAY. Erfrischend unprätentiös.

Peju Napa V. ★★★ Sehr beliebte Vorzeigekellerei, dennoch unterschätzte Qualität, v. a. beim ausgewogenen, geschmeidigen CABERNET SAUVIGNON.

Peter Michael Winery Mont, Son ★★★★ Für Sie immer noch *Sir* Peter Michael! Der Brite im Knight's Valley verkauft seine hervorragenden CHARDONNAY-Abfüllungen, den roten Bordeaux-Verschnitt Les Pavots und den sinnlichen PINOT NOIR v. a. an Restaurants und per Mailingliste.

Philip Togni Vineyards Spring Mt. ★★★★ **05 07 09 10 11 12 13 14** – Togni, der noch bei Emile Peynaud in Bordeaux studiert hat, ist ein Relikt des alten, klassischen Napa: 1959 kam er hier an. Der herausragende Gutswein basiert auf CABERNET SAUVIGNON – tiefrot, kraftvoll und langlebig.

Pine Ridge Napa V. ★★★ Toller CABERNET SAUVIGNON aus verschiedenen Lagen. Die Gutsabfüllung aus Stags Leap ist seidig und bezaubernd. Guter CHARDONNAY, lebhafte Cuvée aus CHENIN BLANC/VIOGNIER.

Pisoni Vineyards Santa Lucia Highlands ★★★ Der Familienbetrieb ist quasi ein Synonym für den PINOT-NOIR-Boom mit seinen breiten, marmeladigen Weinen. Und dennoch waren und sind seine Pinots sehr gut bereitet und äußerst beliebt.

Presqu'ile Santa Maria V. ★★★ Neue Kellerei an der Central Coast; PINOT NOIR und SYRAH in elegantem Stil. Wird im Auge behalten.

Quintessa Rutherford ★★★★ Großartiges Gut im Herzen von Napa Valley, im Besitz des weltweit agierenden Agustin Huneeus. Produziert wird ein einziger Gutswein, eine raffinierte, wunderbare Cuvée aus Bordeaux-Sorten – der Preis im dreistelligen Bereich ist durchaus gerechtfertigt.

Qupé Santa Barbara ★★★→★★★★ Einer der ersten »SYRAH-Champions« mit brillanter Kollektion an Weinen von Rhône-Sorten, besonders aus dem X Block, einer der ältesten Weinlagen Kaliforniens. Hillside Estate ist ebenfalls grandios, nicht zu vergessen MARSANNE und ROUSSANNE. Der Syrah von der Central Coast ist unschlagbar im Preis.

Ravenswood Siehe CONSTELLATION.

Red Car Son Coast ★★★ Der Umzug von der Central Coast an die Sonoma Coast hat sich für die kleine, schicke Kellerei als äußerst erfolgreich erwiesen: im Stil jetzt knackiger und viel feiner. Präziser CHARDONNAY, filigraner, fruchtbetonter PINOT NOIR, umwerfender Rosé.

Ridge North Coast, Santa Cruz Mt. ★★★★ Gründer Paul Draper ist im Ruhestand, doch sein Geist lebt fort. Der geschmeidige, harmonische Gutswein Montebello Cabernet Sauvignon ist grandios. Ausgezeichneter Einzellagen-ZINFANDEL aus Sonoma, dem Napa Valley, den Sierra Foothills und Paso Robles. Achten Sie auch auf den hervorragenden Chardonnay.

Robert Mondavi ★★→★★★ Seit CONSTELLATION das Gut im Jahr 2004 übernommen hat, könnten viele Weine besser sein. Ein Wechsel an der Spitze der Kellermeister wäre von Vorteil. Der hauseigene Weinberg To Kalon ist immer noch eine tolle Lage, da steckt Potenzial drin.

Robert Sinskey Vineyards Carneros ★★★ Großartiges Napa-Gut, das auf Ausgewogenheit und Zurückhaltung setzt. Ausgezeichneter CABERNET SAUVIGNON und Carneros PINOT NOIR. Exzellent sind auch die rassige Weißweincuvée Abraxas und der rosé Pinot noir.

Rodney Strong Son ★★★ Strong heißt nicht nur so, er ist es auch, und zwar quer durchs Sortiment aus seinen 14 ausgezeichneten Weinlagen. »Stark«

sind die PINOT NOIRS und CHARDONNAYS aus der Küstenregion, super der CABERNET SAUVIGNON Alex V von den Weinbergen Alexanders Crown und Rockaway Vineyards. Ihm gehört auch das Weingut DAVIS BYNUM.

Roederer Estate Anderson V. ★★★★ Im Besitz des Champagnerhauses Roederer. Finesse und Klasse finden sich am ehesten in der Luxus-Cuvée L'Ermitage. Betreibt auch SCHARFFENBERGER. Die PINOT-NOIR-Abfüllungen der Domaine Anderson sind exzellent.

Saintsbury Carneros ★★★ Pionier aus der Region, der noch immer sehr guten PINOT NOIR und CHARDONNAY produziert. Lecker ist der Rosé Vincent van Gris.

Kalifornischer Sauvignon blanc entwickelt sich

Die große Beliebtheit von SAUVIGNON BLANC aus Neuseeland hat die kalifornischen Weinmacher veranlasst, im Stil frischer und weniger eichenlastig zu werden. Einige großartige Beispiele sind DRY CREEK VINEYARD, Geyser Peak River Ranches, GREEN AND RED, Grey Stack Rosemary's Block, LADERA, SPRING MOUNTAIN und ST. SUPÉRY.

Sandhi Sta Rita Hills ★★★ Dasselbe Weinmacherteam wie DOMAINE DE LA CÔTE, die Trauben werden von lokalen Spitzenlagen bezogen. Wer weißen Burgunder mag, kommt nicht daran vorbei: rassiger, intensiver CHARDONNAY, guter PINOT NOIR.

Sandlands North Coast ★★★ Tegan Passalaqua, Kellermeister der TURLEY WINE CELLARS, ist immer auf der Suche nach brachliegenden, vergessenen Weinbergen für seine eigene Marke. Spannender CHENIN BLANC, Trousseau noir oder CARIGNANE.

Scharffenberger Mend ★★★ Das Champagnerhaus Roederer hat die Schaumweinmarke erfolgreich wiederbelebt. Sehr gut in Sachen Preis-Leistung und Qualität. Sagen Sie »Ja« zum Brut Rosé.

Schramsberg Napa V. ★★★★ Die besten Schaumweine in Kalifornien? Der hohe Qualitätsanspruch steckt hier in jeder Cuvée, besonders der Luxusabfüllung J. Schram und dem Blanc de Noir. Bietet tolle Touren durch die historischen Weinkeller.

Screaming Eagle Napa V. – Im höchsten Maße überteuerter CABERNET SAUVIGNON. Tausende von Dollar für eine Flasche – aber was solls?

Scribe Son ★★★ Das gefällt den Millenials: Im Verkostungsraum im Gentleman-Farmer-Schick gibt es den ganzen Tag lang gut gemachte Esoterika wie SYLVANER, ST. LAURENT und rosé PINOT NOIR.

Sea Smoke Sta Rita Hills ★★★ Der ausladende Stil beim PINOT NOIR hat Kultstatus erreicht; immer noch selten, aber jetzt ausgewogener.

Seghesio Son ★★★ Klassische ZINFANDEL aus Sonoma. Reichhaltig, stark, aber auch graziös. Der Old Vine ist ein Musterexemplar, im Zinfandel Rockpile steckt reichlich Zündstoff.

Selene Napa V. ★★★ Wunderbare Rote aus Bordeaux-Sorten, Weiße von der prominenten Weinmacherin Mia Klein, die hier berät. Dazu zählen großartiger CABERNET FRANC und der SAUVIGNON BLANC *Musqué* aus der Weinlage Hyde.

Sequoia Grove Napa V. ★★★ Seit 30 Jahren eine Institution in Rutherford und immer noch sehr gut. Das Flaggschiff Cambium ist ein überwältigender CABERNET-Verschnitt, ausgewogen und langlebig. Sehr guter CHARDONNAY.

Shafer Vineyards Napa V. ★★★→★★★★ Der Cabernet Sauvignon Hillside Select ist und bleibt ein üppiger Kalifornienklassiker. Feiner MERLOT und CHARDONNAY von Trauben aus dem nahen Carneros.

Shannon Ridge Lake ★★★ Das große und ambitionierte Weingut im höher gelegenen High Valley in Lake County hat sich prächtig entwickelt. Ehrliche und gut gemachte Weine zu einem tollen Preis-Leistungs-Verhältnis. Eine schnell wachsende Marke, inkl. des Zweitweins Vigilance.

Silverado Vineyards Stags Leap ★★★ Seit 1976 im Besitz von Nachkommen der Disney-Familie, aber immer auf der Höhe der Zeit. Der CABERNET SAUVIGNON Solo aus einer Einzellage ist kraftvoll, aber weich. Der neue Bordeaux-Verschnitt Geo aus der AVA Coombsville zeigt sich dunkel und dicht. Sehr guter CABERNET FRANC.

Silver Oak Alexander V., Napa V. ★★★ Dermaßen beliebt in den 90ern, dass sich die Sommeliers in den 2000ern abgewendet haben. Die CABERNETS aus Napa und dem Alexander Valley sind saftig und geschmeidig wie eh und je.

Smith-Madrone Spring Mt. ★★★ Ernsthafter, puristischer Erzeuger, der den Mut hat, im heißen Klima Trockenanbau zu betreiben. Ausgezeichneter RIESLING: strahlend, floral, spritzig. Auch sehr guter, kraftvoller CABERNET SAUVIGNON aus einem hoch gelegenen Weinberg.

Sonoma-Cutrer Vineyards Son ★★★ Den klassischen CHARDONNAY, das Flaggschiff des Betriebs, bekommt man im ganzen Land immer noch offen ausgeschenkt. Der PINOT NOIR Owsley aus dem Russian River V. ist üppig mit Noten von schwarzen Früchten.

Sonoma-Loeb Carneros, RRV ★★★ Präzise gemachter kühlklimatischer PINOT NOIR und CHARDONNAY. Wurde seit 20 Jahren vom Weinmacher von CHAPPELLET in der Kellerei dort bereitet; der 2011 erfolgte Verkauf an die Napa-Marke war also durchaus sinnvoll.

Spottswoode St Helena ★★★★ Das Kronjuwel von St. Helena, ein großartiges Gut. Der CABERNET SAUVIGNON ist teuer, aber seinen Preis wert. Der Cabernet Sauvignon Lyndenhurst wird hochgeschätzt, ebenso wie der köstliche SAUVIGNON BLANC.

Spring Mountain Vineyard Spring Mt. ★★★★ Erstklassiges Gut, das Bergweine mit Lagencharakteristik und gutem Alterungspotenzial liefert. Die Bordeaux-Cuvée Elivette zeigt sich vielschichtig und robust. Sehr gut sind auch die Gutsweine CABERNET SAUVIGNON und der SAUVIGNON BLANC. Letzterer ein fast »barocker« Genuss.

Staglin Family Vineyard Rutherford ★★★★ Zuverlässig erstklassiger und nuancenreicher CABERNET SAUVIGNON aus dem Familienweingut. Kraftvoller und komplexer CHARDONNAY Salus.

Stag's Leap Wine Cellars Stags Leap ★★★★ Auch nachdem der Gründer Winiarsky an ein großes Unternehmen verkauft hat, ist die Qualität zum Glück hoch geblieben. Seidiger, verführerischer CABERNET SAUVIGNON (Spitzengewächs Cask 23, Fay und SLV), nicht zu vergessen der exzellente CHARDONNAY.

Sterling Napa V. ★★ Ein Besuch, der Spaß macht. Mit der Seilbahn geht's 90 Meter hinauf in den Verkostungsraum mit einem tollen Blick über das Napa Valley.

Stony Hill Vineyard Spring Mt. ★★★★ Berühmtes Gegenstück (seit den 1960ern) zum eichenlastigen, buttrigen kalifornischen CHARDONNAY, stattdessen immer frisch und knackig. Auch zurückhaltend-ausgewogener CABERNET SAUVIGNON, guter RIESLING und GEWÜRZTRAMINER, süßer SEMILLION.

St. Supéry Napa ★★★ Im Besitz der Eigentümer von Chanel (ebenso wie Ch. Rauzan-Ségla in Bordeaux) und halbwegs kontinuierlich in der Leistung. Die weiße Cuvée Virtú und die rote Élu aus Bordeaux-Sorten präsentieren sich gelungen und ausgewogen. Der SAUVIGNON BLANC ist ein Highlight.

Sutter Home Siehe TRINCHERO FAMILY ESTATES.

Tablas Creek Paso Robles ★★★→★★★★ Joint Venture von Beaucastel (siehe Frankreich) und dem Importeur Robert Haas mit Rebenstecklingen aus Châteauneuf-du-Pape. Mit ihren roten und weißen Cuvées sind sie auf dem richtigen Weg: Die Kollektionen Patelin, Côtes de Tablas und Esprit sind erste Klasse.

Tatomer Santa Barbara ★★★ Graham Tatomer hat in Österreich gelernt, wie man außergewöhnlich trockenen RIESLING und GRÜNEN VELTLINER erzeugt. Heute ist er kalifornische Spitze für diese Sorten und auf jeder Weinliste in L.A. und San Francisco vertreten.

Thomas Fogarty Santa Cruz Mt. ★★★ Hier steckt unglaublich viel zündende Energie drin, vom konzentrierten PINOT NOIR über den pikanten GEWÜRZTRAMINER bis hin zum CHARDONNAY. Dieser Erzeuger verdient Beachtung.

Trefethen Family Vineyards Oak, Ca ★★★ Das historische Familienweingut in einer kühleren Zone produziert eleganten CABERNET SAUVIGNON, MERLOT, knackigen und langlebigen CHARDONNAY, dazu sehr schönen Napa Riesling.

Trinchero Family Estates ★→★★★ Alteingesessener Napa-Valley-Erzeuger mit einer verwirrenden Anzahl von Marken, doch allen überlegen ist der erschwingliche, sehr gefällige CABERNET SAUVIGNON der Marke Napa Wine Company.

Truchard Carneros ★★★ Freuen Sie sich auf pikanten CHARDONNAY, konzentrierten MERLOT und leicht rustikalen, erdigen PINOT NOIR von diesem wunderbaren Produzenten aus Carneros.

Turley Wine Cellars North Coast ★★★★ Verkauft hauptsächlich über Mailinglisten, deshalb kaum auf dem Markt vertreten. Bekannt für mächtigen, brombeerfruchtigen ZINFANDEL von 100 Jahre alten Reben. Ein wahrer kalifornischer Schatz.

Unti Dry Creek V. ★★★ Die Entwicklung dieser Weine beginnt in den Weinbergen im Dry Creek Valley. Der Winzer arbeitet ständig an der Verfeinerung seiner Rebsorten mit üppigem und köstlichem SYRAH, GRENACHE, ZINFANDEL und BARBERA.

Viader Estate Howell Mt. ★★★★ Die reifen, kraftvollen Weine begeistern nach wie vor. Der »V.« ist ein wunderbarer Bordeaux-Verschnitt auf Basis von PETIT VERDOT und CABERNET FRANC.

Vineyard 29 Napa V. ★★★ Die Handschrift von Spitzenweinmacher Philippe Melka ist auf all den großartigen CABERNETS dieses sich mehr und mehr etablierenden Guts zu erkennen. Guter SAUVIGNON BLANC, wenn man das Eichenaroma mag.

Vino Noceto Sierra Foothills ★★★ Einer der besten SANGIOVESE im Lande, Star der »kalifornisch-italienischen« Bewegung in Sierras.

Volker Eisele Family Estate Napa V. ★★★ Sehr spezielle Lage versteckt im Hinterland des Chiles Valley in Napa. Kontinuierlich überdurchschnittliche CABERNET SAUVIGNON und andere Weine. Sie suchen das Abenteuer? Dann auf zum Offroad Trip ins Chiles Valley!

Wente Vineyards ★★→★★★ Die älteste dauerhaft betriebene Familienkellerei hat bessere Weiße als Rote, allen voran der herausragende SAUVIGNON BLANC von Kiesböden.

Wind Gap Son Coast ★★★ Pax Mahle ist einer der talentiertesten Weinmacher Kaliforniens, Experte für kühles Klima. PINOT NOIR und CHARDONNAY sind sehr gut, aber in guten Jahren ist sein SYRAH von der Sonoma Coast schlicht genial.

Wine Group, The Central V. ★ Mengenmäßig der zweitgrößte Weinerzeuger der Welt mit preiswerten Marken wie Almaden, Big House, Concannon, Cupcake oder Glen Ellen.

Michigan

Es gibt 136 Kellereien. Die verbreitetste rote Sorte ist PINOT NOIR; RIESLING, GEWÜRZTRAMINER, PINOT GRIS und CABERNET FRANC sind ebenfalls gut. Beste Erzeuger: **Bel Lago, Black Star, Boathouse, Bowers Harbor, Brys, Chateau Chantal, Chateau Fontaine, Chateau Grand Traverse, 12 Corners, Fenn Valley, Hawthorne, 2 Lads, Laurentide, Lawton Ridge, Left Foot Charley, L. Mawby, Mari, 45 North, Rove Estate, St Ambrose Cellars, St Julian, Tabor Hill, WaterFire.**

Missouri

Die University of Missouri hat eine neue Versuchskellerei eingerichtet, um Bereitungsmethoden und Rebsorten unter den hiesigen warmen und feuchten Bedingungen zu testen. Chambourcin, SEYVAL BLANC, VIDAL und Vignoles (trocken und süß) schneiden am besten ab. **Stone Hill** in Hermann erzeugt sehr guten Chardonel (eine winterharte Hybride von Seyval blanc und CHARDONNAY) und Norton sowie guten Seyval blanc und Vidal. Der **Hermannhof** erregt Aufsehen mit Vignoles, Chardonel und Norton. Außerdem: **St James** mit Vignoles, Seyval blanc und Norton, **Mount Pleasant** in Augusta mit einem vollen gespriteten Wein und Norton, **Adam Puchta** mit gespriteten Weinen, Norton, Vignoles und Vidal, **Augusta Winery** mit Chambourcin, Chardonel und Eiswein, **Les Bourgeois** mit SYRAH, Norton und Chardonel sowie **Montelle** mit sehr gutem Cynthiana und Chambourcin. Für den Anfang nicht schlecht.

New Mexico

Hoch gelegene Weinberge und große Temperaturunterschiede zwischen Tag und Nacht bringen Weine mit frischem Charakter und niedrigerem Alkoholgehalt hervor; die Schaumweine ragen heraus. **Black Mesa** (★★): Ausgezeichneter SYRAH, sehr guter PETITE SIRAH, CHARDONNAY. **Casa Abril:** Familiengeführt, spanische und argentinische Sorten. **Gruet** (★★★): Setzt immer noch den Standard in der Region für Schaumwein, verschneidet Lesegut aus Washington State und dem kalifornischen Lodi: v.a. Blanc de Noirs und Gilbert Gruet Grand Reserve; auch sehr guter Chardonnay und PINOT NOIR. **La Chiripada** (★): Die am längsten im selben Besitz durchgehend betriebene Kellerei im Staat. Erstklassiger Reserve CABERNET SAUVIGNON sowie sehr guter Petite Sirah und VIOGNIER. **Noisy Water** (★): Ausgezeichneter Cabernet Sauvignon, sehr guter SHIRAZ. **Vivác** (★★): Ausgezeichnete rote Verschnitte Divino (italienische Trauben) und Diavolo (französische Trauben) sowie sehr guter Amante im Portwein-Stil.

New York

Der größte und am schnellsten wachsende Weinbaustaat mit über 420 Kellereien in 59 der 62 Counties sowie zehn AVAs: Champlain Valley, Finger Lakes (inkl. Cayuga und Seneca Lakes), Hudson River, Lake Erie, Long Island (inkl. North Fork und The Hamptons), Niagara Escarpment.

21 Brix ★★ 15 16 17 – Außergewöhnlicher Betrieb am Lake Erie mit erstklassigem RIESLING, CHARDONNAY, GEWÜRZTRAMINER, GRÜNEM VELTLINER, Noiret; aromatischer BLAUFRÄNKISCH, CABERNET SAUVIGNON.

Anthony Road Finger Lakes, NY ★★★ **13** 14 15 16 17 – Hervorragende trockene und halbtrockene RIESLINGE (einige der besten der USA); außerdem ausgezeichneter GEWÜRZTRAMINER, GRÜNER VELTLINER, PINOT GRIS, MERLOT, Pinot noir.

Bedell Long Island, NY ★★→★★★ 13 14 15 16 17 – Führendes Weingut auf Long Island (siehe Kasten S. 353) seit 1980. Der renommierte Kellermeister Richard Olsen-Harbich bereitet einen erstklassigen weißen Verschnitt, duftenden VIOGNIER, straffen SAUVIGNON BLANC und CHARDONNAY sowie bemerkenswerten SYRAH, MALBEC, MERLOT und ausgezeichnete rote Verschnitte. Die Etiketten wurden u. a. von den Künstlern Chuck Close und April Gornik gestaltet.

Boundary Breaks Finger Lakes, NY ★★★ 15 16 17 – Unvergleichliche RIESLINGE von knochentrocken bis süß, seriösen GEWÜRZTRAMINER und rote Verschnitte im Bordeaux-Stil auf CABERNET-Basis.

Casa Larga Finger Lakes, NY ★★ 14 16 17 – Guter Familienbetrieb mit vorbildlichem CHARDONNAY, RIESLING, rotem Verschnitt auf CABERNET-Basis, PINOT NOIR und VIDAL-Eiswein.

Channing Daughters Long Island, NY ★★★ 14 15 16 17 – Der Erzeuger im Bereich South Fork bereitet köstliche experimentelle Weine, u. a. BLAUFRÄNKISCH, DORNFELDER, LAGREIN, MALVASIA, RIBOLLA GIALLA und eine Reihe von Perlweinen, plus CABERNET FRANCMERLOT, SYRAH.

Finger Lakes Eines der spannendsten Weinbaugebiete in den USA mit inzwischen 140 Erzeugerbetrieben. Während RIESLING unbestritten den Ruhm der Finger Lakes begründete, gewinnen andere Rebsorten wie GEWÜRZTRAMINER, GRÜNER VELTLINER, CABERNET FRANC und SYRAH zusehends an Statur. Aufstrebende Kellereien: Atwater, Billsboro, Domaine Leseurre, Hector, Kemmeter, Ventosa.

Fox Run Finger Lakes, NY ★★★ 14 15 16 17 – Ausgezeichneter RIESLING sowie guter CHARDONNAY, CABERNET FRANC, Rosé und PINOT NOIR. Café mit Blick über den Lake Seneca.

Frank, Dr. Konstantin (Vinifera Wine Cellars) Finger Lakes, NY ★★★★ **13** 14 15 16 17 – Pionier und immer noch einer der führenden RIESLING-Erzeuger der USA; auch ausgezeichneter GEWÜRZTRAMINER, GRÜNER VELTLINER, PINOT GRIS, RKATSITELI und PINOT NOIR von alten Reben plus makelloser Schaumwein Château Frank. 1961 gegründet, ist nun die vierte Generation am Ruder.

Hamptons, The (auch South Fork) Long Island, NY – Die Bevölkerungszahl dieses Ausflugsziels an der Küste verdoppelt sich im Sommer, wenn die schicken Manhattaner einfallen. Drei Erzeuger: CHANNING DAUGHTERS, Duckwalk und WÖLFFER.

Heart & Hands Finger Lakes, NY ★★★ 13 15 16 17 – Gut am Ufer des Cayuga Lake; klassischer kühlklimatischer RIESLING, Rosé, feiner PINOT NOIR.

Hermann J. Wiemer Finger Lakes, NY ★★→★★★ 14 15 16 17 – 1979 von einem deutschen Kellermeister geründet, ist dies einer der besten Riesling-Erzeuger der USA. Auch feiner CHARDONNAY, GEWÜRZTRAMINER, CABERNET FRANC, PINOT NOIR und Schaumwein der Spitzenklasse.

Hudson River Region Malerisches Weinbaugebiet, eineinhalb Autostunden von Manhattan entfernt, mit 42 Erzeugerbetrieben. Führend sind Benmarl, Hudson-Chatham, Whitecliff. Auch exzellent: Fjord, Milea, MILLBROOK, Nostrano, Robibero, Tousey, Whitecliff. Angebaut werden CHARDONNAY, Baco noir, CABERNET FRANC, PINOT NOIR.

Lake Erie AVA-Bereich, der sich über drei Bundesstaaten erstreckt. Hervorragende Erzeuger: 21 BRIX und Mazza Chautauqua Cellars. Empfehlenswert sind CHARDONNAY, RIESLING, PINOT GRIS, Eiswein und der hochwertige Weinbrand.

Lakewood Finger Lakes, NY ★★★ 14 16 17 – Hochklassiger GEWÜRZTRAMINER, RIESLING, CABERNET FRANC, PINOT NOIR.

Lamoreaux Landing Finger Lakes, NY ★★★ 14 16 17 – Griechisch anmutendes Gebäude mit Blick auf den Lake Seneca. Großartiger RIESLING, exzellenter Chardonnay, RIESLING, Eiswein sowie CABERNET FRANC, MERLOT, PINOT NOIR.

Macari Long Island, NY, North Fork, NY ★★★ 14 16 17 – Teil des 200-ha-Guts der Familie Macari direkt am Ufer. Erstklassiger SAUVIGNON BLANC; Premium-Rotweine, u. a. CABERNET FRANC, MERLOT und Verschnitte im Bordeaux-Stil.

Long Island

Von New York City ragt die Insel noch ca. 80 Kilometer in den Atlantik hinaus. Aufgrund des relativ milden Klimas konzentrieren sich die Erzeuger auf klassische Vinifera-Sorten, v. a. CABERNET FRANC, MERLOT, CHARDONNAY und SAUVIGNON BLANC. 30 Kellereien in drei AVAs: Long Island, North Fork of Long Island und THE HAMPONS (alias South Fork). Führende Erzeuger: BEDELL, CHANNING DAUGHTERS, MACARI, MARTHA CLARA, PAUMANOK, SPARKLING POINTE, WÖLFFER. Im Kommen: Matabella.

Martha Clara Long Island, NY, North Fork, NY ★★★ 13 14 15 16 17 – Die Reben, die auf der ehemaligen Kartoffelfarm gepflanzt wurden, liefern großartigen MERLOT und MALBEC sowie sehr guten CHARDONNAY, PINOT GRIS und SAUVIGNON BLANC.

McCall Long Island, NY, North Fork, NY ★★★ **13** 14 16 17 – Lobenswerte Rotweinverschnitte, u. a. mit CABERNET FRANC, MERLOT und anderen Bordeaux-Sorten, dazu guter PINOT NOIR und CHARDONNAY.

McGregor Finger Lakes, NY ★★ 13 14 16 17 – Kellerei am schönen Keuka Lake; guter RIESLING, PINOT NOIR und spannender SAPERAVI/Sereksiya Charni-Verschnitt.

Millbrook Hudson R., NY ★★★ 15 16 17 – 1979 gegründet; eine der ältesten Kellereien im Osten der USA. Guter CHARDONNAY, RIESLING, Tocai (FRIULANO) und CABERNET FRANC.

North Fork Long Island, NY – Das Weinbaugebiet hat mit die längste Anbausaison im Nordosten. Spitzenerzeuger: BEDELL, MACARI, MARTHA CLARA, MCCALL, PAUMANOK, SPARKLING POINTE. Im Kommen: Hound's Tree.

Paumanok Long Island, NY ★★★ **10 13** 14 15 16 17 – Erstklassiges Unternehmen mit saftigem CHENIN BLANC und exzellenten roten Bordeaux-Verschnitten; auch feiner CHARDONNAY, RIESLING, MERLOT. Eine der ältesten Kellereien auf Long Island (gegr. 1986).

Ravines Wine Cellars Finger Lakes, NY ★★★ 12 14 15 16 17 – Inspirierter Riesling, GEWÜRZTRAMINER, CABERNET FRANC und PINOT NOIR sowie ein Schaumwein (CHARDONNAY Pinot noir). Tolles Bistro.

Red Newt Finger Lakes, NY ★★★ 13 14 15 17 – Eleganter GEWÜRZTRAMINER, PINOT GRIS, RIESLING; guter CABERNET FRANC, MERLOT, PINOT NOIR. Gemütliches Bistro.

Red Tail Ridge Finger Lakes, NY ★★★ **14** 15 16 17 – Großartiger CHARDONNAY, RIESLING, PINOT NOIR, TEROLDEGO und Schaumwein.

Shinn Estate Long Island, NY ★★★ **14** 15 16 17 – Lebhafter SAUVIGNON BLANC, erdiger CABERNET FRANC, feiner MERLOT, frischer Blanc-de-Blancs-Schaumwein. Hübscher Landgasthof.

Silver Thread Finger Lakes, NY ★★★ 14 15 16 17 – Lobenswerter RIESLING und GEWÜRZTRAMINER sowie ansprechender Rosé, PINOT NOIR und roter Bordeaux-Verschnitt.

Sparkling Pointe Long Island, NY ★★★ Beachtliche Schaumweine, ausschließlich von traditionellen Champagnersorten bereitet.

Orangen kommen nicht zu Schaden

Ein immer größer werdendes Phänomen im Osten, insbesondere im Staat New York, ist das Auftauchen von Orange Wines. Auf Long Island erzeugt CHANNING DAUGHTERS den Ramato (PINOT GRIGIO). An den Finger Lakes kommt von RED TAIL RIDGE ein CHARDONNAY/RIESLING-Verschnitt namens Miscreant, laut Kellermeister »ein Weißer, der wie ein Roter schmeckt«. Atwater Estate bietet einen GEWÜRZTRAMINER, während es bei ANTHONY ROAD den Skin Ferment Chardonnay und den Skin Ferment Riesling gibt. Alle vermeiden – wie viele andere Erzeuger auch – das Wort »Orange« auf den Etiketten, damit die Verbraucher nicht auf die Idee kommen, Zitrusfrüchte könnten bei der Bereitung eine Rolle spielen.

Swedish Hill Finger Lakes, NY ★★★ 15 16 17 – Gegründet 1969; beachtlicher GEWÜRZTRAMINER, PINOT GRIGIO, RIESLING, CABERNET FRANC und Blanc de Blancs.

Wölffer Estate Long Island, NY ★★★ **13** 14 15 16 17 – In dem hervorragenden Betrieb in South Fork geht aus dem klassischen Ansatz des deutschstämmigen Kellermeisters überragender CHARDONNAY, MERLOT, CABERNET SAUVIGNON und guter Rosé hervor.

North Carolina

Zu den 200 Kellereien gehören **Biltmore, Childress, Cypress Bend** (Muscadine), **Duplin** (ebenfalls Muscadine), **Grandfather, Hanover Park, Laurel Gray, McRitchie, Old North State, Ragapple Lassie, Raffaldini, RayLen, Saint Paul Mountain Vineyards, Shelton.** Die erfolgreichsten Rebsorten sind CHARDONNAY, VIOGNIER, CABERNET FRANC und die einheimische Muscadine.

Ohio

Der extrem kalte Winter wird durch den Lake Erie gemildert. 278 Kellereien und fünf AVA-Bereiche. PINOT GRIS, RIESLING, PINOT NOIR und Eiswein können ausgezeichnet ausfallen; außerdem CABERNET FRANC im südlichen Ohio. Zu den Spitzenerzeugern zählen **Breitenbach, Debonné, Ferrante, Firelands, Harpersfield, Laurentia, Markko, M Cellars, Paper Moon, St Joseph, Valley Vineyards.**

Oregon

Das Klima in Oregon ist innerhalb der USA am ehesten mit Nordeuropa zu vergleichen. Königin unter den Reben ist hier Pinot noir. Getrieben vom Klimawandel und explodierenden Preisen für Anbauflächen in ihrer Heimat, kommen immer mehr Produzenten aus Kalifornien oder Burgund, um hier Land zu kaufen, Reben zu pflanzen und Kellereien zu bauen. Foley Family Wines, Henriot, Jackson Family Wines oder Louis Jadot verdienen Beachtung. Außerhalb der AVA Willamette Valley gedeihen inzwischen aber auch mediterrane Rebsorten.

Bedeutende Weinbaugebiete in Oregon

Rocks District of Milton-Freewater. Der Teil des Walla Walla Valley, der ganz in Oregon liegt. Hier entstehen die Kultweine von Cayuse und die ★★★★-Syrahs anderer Erzeuger.

Southern Oregon. Umfasst einen Großteil des westlichen Oregon und den Süden des Willamette Valley, inkl. der Sub-AVAs Applegate, Rogue und die Umpqua Valleys. Inmitten eines großen Experimentierfeldes ragen Rebsorten wie Albariño, Gewürztraminer, Grüner Veltliner, Viognier, Cabernet franc, Syrah und Tempranillo heraus.

Willamette Valley. Verfügt über gut eingeteilte Sub-AVAs wie Chehalem Mountains, Dundee Hills, Eola-Amity Hills, McMinnville, Ribbon Ridge und Yamhill-Carlton. Jenseits von Pinot noir, Chardonnay, Pinot blanc oder Pinot gris gedeiht hier auch Riesling prächtig.

Abacela Umpqua V. ★★★ **12' 13** 14' 15 16 – Hat als Erster in den USA TEMPRANILLO gepflanzt; die Barrel-Select-Auslesen sind sehr gut. Preiswert sind der Fiesta und die Vintner's Blend oJ. Tiefgründiger, mächtiger MALBEC und SYRAH Reserve.

Adelsheim Vineyard Wil ★★★ **12' 13' 14'** 15 16 – Die neuen Besitzer scheinen das Weingut neu zu erfinden. Herausragender PINOT NOIR (Brown Label) aus Einzellagen und CHARDONNAY Caitlin's Reserve.

Alloro Chehalem Mt. ★★★ **12'** 13 14' 15 16 – Eleganter PINOT NOIR und CHARDONNAY aus einer wunderhübschen Lage. Riservata und Justina haben sehr gutes Lagerpotenzial.

Anam Cara Cellars Wil ★★→★★★ **12'** 13 14' 15 16 – Der Mark Valley ist ein PINOT NOIR der Spitzenklasse; ebenso gut ist der trockene RIESLING Nicholas Estate Reserve.

Archery Summit Wil ★★★ **12'** 13 14' 15 16 – Spitzenproduzent in den Dundee Hills. Die empfehlenswerten PINOT-NOIR-Gewächse heißen Archery Summit Estate, Arcus und Renegade Ridge. Zu den Exoten zählt der in Betoneiern vergorene PINOT GRIS namens Ab Ovo.

Argyle Wil ★★→★★★ 12' 13 14 15' 16 – Sehr gute Jahrgangsschaumweine und Brut Rosé. Meisterhaft die Kollektionen von CHARDONNAY und RIESLING, um Klassen besser als der PINOT NOIR.

A to Z Wineworks S Oregon ★★ 13 **14' 15' 16'** – Vernünftige Preise für vernünftig gemachten und leicht erhältlichen CHARDONNAY, RIESLING, PINOT GRIS und PINOT NOIR. Die Trauben stammen größtenteils aus dem Süden von Oregon.

Beaux Frères Ribbon Ridge ★★★→★★★★ Robert Parker ist Mitbegründer dieses Weinguts, das kürzlich an die Maisons & Domaines Henriot verkauft wurde. Es gibt keinerlei Expansionspläne, und der Kellermeister Mike Etzell ist weiterhin an Bord. Das Zweitlabel Sequitur ist sehr empfehlenswert.

Bergström Wil ★★★ 12 13' 14' 15' 16 – Das Weingut in Ribbon Ridge produziert eleganten, ausdrucksstarken PINOT NOIR und CHARDONNAY. Der Chardonnay Sigrid ist betörend, der Chardonnay Old Stones vergleichsweise preiswert. Die besten Pinot noirs nennen sich Bergström, Shea und Silice.

Bethel Heights Wil ★★★→★★★★ **12 13 14'** 15' 16 – Die PINOT NOIRS Single Block und Casteel kommen dicht, dunkel und muskulös daher. CHARDONNAY von alten Reben und der gelegentlich produzierte PINOT BLANC sind ebenfalls sehr gut.

Big Table Farm Wil ★★★ 13 14' 15' 16 – Unverwechselbare, von Hand gezeichnete Künstleretiketten. Komplexe und etwas eigenartige Weine. Die

Weinlage Wirtz bringt tollen PINOT NOIR hervor. Der einzigartige Edelzwicker ist eine aromatische weiße Cuvée.

Brick House Ribbon Ridge ★★★★ **11' 12'** 13' 14' 15 16 – Der führende Biobetrieb gehört dem ehemaligen Auslandskorrespondenten Doug Tunnell. Die PINOT NOIRS Evelyn's, Les Dijonnais und Cuvée du Tonnelier sind stark in der Textur mit Anklängen an Wild und Erde. Gut ist auch der seltene GAMAY noir.

Brooks Wil ★★★ **12** 13 14' 15' 16 – Biologisch-dynamischer Produzent und RIESLING-Champion mit pikanten trockenen und ausgewogen süßen Rieslingen. Dazu sehr gute PINOT-NOIR-Weine und weiße Cuvée Amycas.

Chehalem Wil ★★→★★★ **12 13 14** 15' 16' – Robuster trockener RIESLING aus Einzellagen und der sehr gute CHARDONNAY INOX. Die PINOT-NOIR-Weine sind in den letzten Jahrgängen sehr unterschiedlich ausgefallen.

Cowhorn Applegate V. ★★★ **12' 13** 14 15' 16' – Biodynamischer Betrieb in Familienbesitz im AVA Applegate Valley; erzeugt dichten, facettenreichen VIOGNIER, GRENACHE und SYRAH. Dazu sehr gute rote und weiße Cuvées von Rhône-Sorten.

Cristom Wil ★★★ **12'** 13' 14' 15 16 – Von den gutseigenen Weinbergen namens Louise, Marjorie und Jessie kommt gehobener, lebendiger PINOT NOIR. Der VIOGNIER ist reintönig und aromatisch.

DanCin S Oregon ★★★ 12' 13' 14 15' 16 – Schöne Auswahl an Weinen von CHARDONNAY (v. a. der Chassé) und PINOT NOIR mit gutem Preis-Leistungs-Verhältnis. Die Trauben stammen aus dem westlichen Oregon. Ein Weingut, das man im Auge behalten sollte.

Domaine Drouhin Oregon Wil ★★★→★★★★ 12' 13' 14 15 16 – Der erste Produzent aus Burgund, der 1987 in Oregon investiert hat. Hinter den Bezeichnungen Édition Limitée, Lauren und Arthur steckt Weltklasse. Der neue Roserock Reserve ist unwiderstehlich.

Domaine Serene Dundee Hills ★★★★ **12' 13' 14'** 15' 16 – Hervorragender CHARDONNAY und PINOT NOIR aus Einzellagen, besonders der Grace und Evanstad Reserve. Coeur Blanc ist ein weiß gekelterter Pinot noir. Erst kürzlich wurden die Sektkellerei und ein riesiges Besucherzentrum eröffnet. Begründer der Weinindustrie in Oregon.

Elk Cove Wil ★★★ **12'** 13 14' 15 16 – Winzer in zweiter Generation. Zuverlässig guter PINOT NOIR aus Einzellagen, vor allem La Bohème und der Reserve. Die neue Marke Pike Road ist recht preisgünstig.

Erath Wil ★★ **12** 13 14 15 16 – Fast überall erhältliche Kollektion an verlässlichen, aber einfachen Weinen von PINOT BLANC, PINOT GRIS und PINOT NOIR. Eine der ersten Kellereien in Oregon, jetzt im Besitz von Ste Michelle Wine Estates in Washington.

Evening Land Wil ★★★ 12' 13 14' 15 – Prestigeerzeuger. PINOT NOIR und CHARDONNAY Seven Springs Summum machen sich rar, gehören jedoch zu den Besten beiderseits des Atlantiks.

Eyrie Vineyards Dundee Hills ★★★★ 11' 12 13' 14' 15 16 – Gründer David Lett pflanzte 1965 den ersten PINOT NOIR im Willamette Valley, kurz danach den ersten PINOT GRIS der USA. Heute führt Sohn Jason sein Werk fort im traditionellen, eleganten Stil mit Reifepotenzial. Die Reserveweine sind das Highlight mit ihrer Ausrichtung auf Spitzenqualität und Langlebigkeit.

Gran Moraine Yamhill-Carlton ★★★ 12' 13 14 15 16 – Das Oregon-Weingut der gigantisch großen Jackson Family Wines aus Kalifornien. Die riesigen Rebflächen mit angeschlossener Kellerei befinden sich noch im Aufbau. Ein Gut, das man im Auge behalten sollte.

Hyland Estates McMinnville ★★★ **12'** 13' 14 15 16 – Die PINOT-NOIR-Gewächse von Oregon-Veteran Laurent Montalieu zeigen sich mit ausdrucksstarker Mineralität, besonders die Weine aus Einzelklonen. Der RIESLING von alten Reben ist ebenfalls sehr gut.

Ken Wright Cellars Wil ★★★★ **12' 13 14** 15 16 – Stimmig, mit tiefgründiger Frucht und manchmal reichlich Alkohol – die PINOT NOIRS aus Einzellagen zeigen die ganze Bandbreite des Terroirs dieser Sub-AVA. Für diese Qualität sehr günstig kalkuliert.

King Estate ★★→★★★ **12' 13 14 15'** 16 – Jetzt zu 100 % biodynamisch inkl. der neuen Weinlagen in der AVA Willamette Valley. Spezialist für PINOT GRIS, aber auch der PINOT NOIR wird immer besser. Die Besten sind Domaine und Backbone. Die Marke NxNW steht für Washingtoner Weine, u. a. Red Blend und RIESLING.

Lange Estate Winery Wil ★★★ **12' 13 14** 15 16 – CHARDONNAY hat hier die Nase vorn. Der Gutswein ist dicht und lebendig, der Three Hills kommt mit tropischen Noten und Toastaroma. Kräftiger PINOT NOIR Reserve mit Lagerpotenzial, herausragender Freedom Hill Vineyard.

Ovum ★★★ 15' 16' – Handwerklich bereiteter, sehr beeindruckender RIESLING und GEWÜRZTRAMINER; das Lesegut kommt aus Nord- wie aus Süd-Oregon.

Patricia Green Wil ★★★ 12 13 14 15' 16 – Tadelloser PINOT NOIR aus einer Einzellage, der das Zeug zum Kultwein hat. Die Gründerin ist 2017 verstorben; trotzdem ein wichtiges Weingut, dessen Entwicklung man verfolgen sollte.

Ponzi Vineyards Wil ★★★→★★★★ 12' 13' 14' 15' 16 – Luisa Ponzi erzeugt in zweiter Generation herausragende Weine quer durch alle Preissegmente. Ein Hammer ist der Einzellagen-PINOT-NOIR Aurora, stets ein Spitzenreiter der CHARDONNAY Reserve. Auch den brillanten ARNEIS sollte man sich nicht entgehen lassen. Ein günstiger Einstiegswein ist der Tavola Pinot noir.

Quady North Applegate V. ★★→★★★ 12 13' 14 15' 16 – Weinmacher Herb Quady mischt geschickt verschiedene Einflüsse von der Rhône und der Loire. Davon profitieren VIOGNIER, CABERNET FRANC und SYRAH. Im Auge behalten.

Résonance Wil ★★★ 13' 14' 15 16 – Neues Projekt der Maison Louis Jadot in Oregon. Kellermeisterlegende Jacques Lardière produziert hier PINOT NOIR und CHARDONNAY. Der namengebende Weinberg zählt zu den besten Lagen in Oregon.

Rex Hill Wil ★★★→★★★★ **12' 13** 14' 15 16 – Sorgfältig ausgewählte Weinbergsselektionen, darunter aus den Lagen Antiquum Farm, Jacob-Hart, La Colina, Shea oder Sunny Mountain. Das ergibt eine herausragende Kollektion an PINOT-NOIR-Weinen.

Shea Wine Cellars Wil ★★★ 12' 13 14' 15' 16 – Mit Trauben von Shea arbeiten die besten Kellereien, aber die selbst produzierten Weine sind mindestens genauso gut; darunter verschiedene Selektionen aus Einzelparzellen oder von bestimmten Klonen. Der Homer Reserve ist schlicht eine Bombe. Dazu ein wenig ausgezeichneter CHARDONNAY.

Sineann Wil ★★★ 12' 13' 14' 15 16 – Strahlend fruchtiger PINOT NOIR aus Weinlagen im Willamette Valley und der Columbia Gorge. Sehr guter ZINFANDEL von alten Reben.

Sokol Blosser Wil ★★→★★★ 12' 13 14 15 16 – Im Jahr 2015 hat Sohn Alex das Zepter im Keller übernommen. Am besten gelingt ihm die hochwertige Linie Evolution. Unter den vielen Gutsweinen sind folgende PINOT NOIRS besonders gut: Big Tree, Goosepen und Orchard.

Soter Vineyards Wil ★★★★ Der legendäre Weinmacher Tony Soter übersiedelte dem PINOT NOIR zuliebe von Kalifornien nach Oregon. Der Gutswein Mineral Springs Vineyard Pinot noir ist herrlich.

Stoller Family Estate Wil ★★★ **12' 13** 14' 15' 16 – Der wunderbar ausgewogene PINOT NOIR ist ein Musterbeispiel für die Dundee Hills. Auch sehr guter CHARDONNAY. Klasse sind die Cuvées Elsie's und Nancy's, ebenso wie der Reserve.

Biodynamisch, LIFE, Salmon Safe – Freiheit für die Trauben!

Die handwerklich arbeitenden Winzer in Oregon sind ein sehr eigensinniges Völkchen. Jeder hat seine eigene Meinung zum Thema naturbelassene Weine, an die man nur so viel Hand anlegen sollte, wie unbedingt nötig. Das erklärt den enormen Zuwachs an biodynamischen Weinen und Rebflächen, die landesweit wie Plize aus dem Boden schießen. Immer neue Zertifikate weisen Weine neuerdings auch als »LIFE« oder »Salmon Safe« aus. Langgediente Demeterbetriebe wie Cayuse oder auch COWHORN tief im Süden beweisen, dass die viele Zeit und Mühe, die sie extra investieren, tatsächlich in besseren, komplexeren und nicht zuletzt interessanteren Weinen resultiert. Ein Trend, der derzeit auf die großen Güter überschwappt, die mehrere Hundert Hektar bewirtschaften, wie z. B. KING ESTATE, Momtazi, Montinore oder REX HILL.

Teutonic Wine Company ★★★ Bilderstürmerischer, von der Mosel inspirierter RIESLING, frische weiße Verschnitte und PINOT NOIR im deutschen Stil. Ein Aufsteiger, der für Aufruhr sorgt.

Trisaetum Wil ★★★ 12' 13' 14' 15' 16 – Der Eigentümer, Künstler und Kellermeister James Frey erzeugt großartigen RIESLING, von knochentrocken über Spätlesen bis hin zu Reserven. Sehr guter PINOT NOIR, CHARDONNAY, Schaumwein und eine Cuvée aus Bordeaux-Trauben, die im Walla Walla Valley stehen. Die ersten Jahrgänge des RÉSONANCE von Jadot sind hier vinifiziert worden.

Willamette Valley Vineyards Wil ★★→★★★ 12 13 14 15 16 – Hunderte von Aktionären/Teilhabern, ausgedehnte Weinlagen mit unterschiedlicher Ausrichtung, überwiegend bestockt mit PINOT NOIR und CHARDONNAY. Die Eigenmarke heißt jetzt Elton, und im Walla Walla Valley sind gerade Reben für ein neues Projekt gepflanzt worden.

Winderlea Wil ★★★ 12 13 14' 15' 16 – Biologisch-dynamisch arbeitender Spitzenproduzent von beschwingtem PINOT NOIR aus Einzellagen: v. a. Shea, Weber und Winderlea. Sehr guter CHARDONNAY mit Lagerpotenzial. Als Berater fungiert Philippe Armenier von der Domaine de Marcoux; die Napa-Legende Robert Brittan ist für den Wein verantwortlich.

Wine by Joe ★★ **12 13 14 15 16** – Das preiswerte Segment von Joe Dobbes. Produziert guten PINOT GRIS, PINOT BLANC und CHARDONNAY. Der PINOT NOIR ist weniger gelungen.

Pennsylvania

Über 220 Kellereien; zzt. versucht man sich an GRÜNEM VELTLINER und anderen österreichischen Sorten. Spitzenerzeuger: **Allegro** (roter Bordeaux-Verschnitt), **Blair** (PINOT NOIR, CHARDONNAY), **Briar Valley** (RIESLING, CABERNET FRANC), **Galen Glen** (exzellente aromatische Weiße, z. B. Grüner Veltliner, Riesling), **Galer Estate** (feiner Chardonnay, Cabernet franc), **Karamoor** (Meritage, PETIT VERDOT, Chardonnay, MERLOT), **Manatawny Creek** (zuverlässig leckere Rotweinverschnitte), **Mazza** (VIDAL Icewine, Riesling), **Nimble Hill** (Riesling, Grüner Veltliner), **Penns Woods** (einige der beste Rotweine in Pennsylvania), **Pinnacle Ridge** (aromatische Weiße, Schaumwein, gute Rote), **Seven Mountains** (Riesling), **The Vineyard at Grandview** (einige der besten roten Bordeaux-Verschnitte im Staat, ALBARIÑO), **Waltz** (sehr feiner Chardonnay, CABERNET SAUVIGNON, Merlot), **Va La** (italienische Sorten), **Vox Vineti** (erstklassige rote Verschnitte).

Texas

Die ersten Reben wurden um 1650 von Missionaren gepflanzt. Heute steht Texas landesweit auf Platz 3 beim Weintourismus, mit ständigen Innovationen bei Dutzenden von Kellereien. Texas Fine Wine, ein Verband mit fünf Mitgliedern, arbeitet an der Förderung der Weine aus texanischen Appellationen (dafür müssen 75 % des Inhalts oder mehr aus texanischen Weingärten stammen). Trotz schrecklichen Wetters anderswo im Staat waren die letzten Jahrgänge außergewöhnlich gut mit reifer Fucht und weniger Alkohol, v. a. in den AVAs Hill County und High Plains. Hier gedeihen mediterrane Sorten, v. a. MARSANNE, ROUSSANNE, VERMENTINO, VIOGNIER, AGLIANICO, GARNACHA/GRENACHE, MONTEPULCIANO, MOURVEDRE, TEMPRANILLO und TOURIGA. TANNAT und die portugiesische Sorte Souzão sind besonders vielversprechend.

Becker Vineyards ★★★ Große Auswahl an Weinen im Bordeaux-, Burgunder- oder Rhône-Stil. Glanzlichter: TEMPRANILLO Reserve, Prairie Rotie und der MALBEC/PETIT VERDOT-Verschnitt Raven. Auch die CABERNET-SAUVIGNON-Gewächse Canada Family Reserve und Newsom Vineyard Reserve sowie MALBEC Reserve und rosé Provencal.

Bending Branch ★★ Auf Nachhaltigkeit bedachte Pionierkellerei in schöner Landschaft. Spezialisiert auf robuste mediterrane Sorten, Haupttraube ist Tannat. Sehr guter Souzão, ROUSSANNE und Newsom Vineyards TEMPRANILLO. Der sehr gute Single Barrel PICPOUL blanc wird in gebrauchten Bourbon-Fässern ausgebaut.

Brennan Vineyards ★★→★★★ Bekannt für trockenen VIOGNIER, weißen Rhône-Verschnitt Lily, Reserve TEMPRANILLO und sehr guten NERO D'AVOLA namens Super Nero.

CapRock ★★→★★★ Vielfach preisgekrönte Kellerei in den High Plains, v. a. MERLOT und Roussanne.

Duchman Family Winery ★★★ Spezialisiert auf italienische Trauben und Verschnitte. Alle Frucht stammt aus Texas. Preisgekrönter DOLCETTO und VERMENTINO. Guter TEMPRANILLO, erfrischender weißer Grape Growers Blend, AGLIANICO Rosé; sehr guter Salt Lick Cellars GSM und BBQ White.

Fall Creek Vineyards ★★★ Pionierkellerei im Hill Country. Hinreißender Salt Lick TEMPRANILLO und GSM, stets ausgezeichneter Bordeaux-Verschnitt Meritus, Weißweine von alten Reben, sehr guter Reserve CHARDONNAY, köstlicher halbtrockener CHENIN BLANC.

Haak Winery ★★ Guter trockener Blanc du Bois aus küstennahen Lagen; außergewöhnliche Madeira-Kopien von einem spanischen Kellermeister.

Inwood Estates ★★★ Außergewöhnlicher TEMPRANILLO und CABERNET SAUVIGNON Mericana, sehr guter PALOMINO/CHARDONNAY-Verschnitt und Dallas County Chardonnay. Kleiner, aber spezieller Erzeuger; ein Versuch lohnt sich. Ausschließlich texanische Trauben.

Kuhlman Cellars Drei Jahre alte Kellerei mit roten Cuvées aus eigenen Trauben, angeführt von PETITE SIRAH. Guter reinsortiger VIOGNIER. Weine in zwei Preisstufen.

Lewis Wines ★★→★★★ Guter Traubenanbauer und Rosé-Spezialist (3 Etiketten), der auch eindrucksvolle Rotweine erzeugt, etwa von TEMPRANILLO (sortenrein und im Verschnitt mit CABERNET SAUVIGNON) und der portugiesischen Sorte TINTA CÃO.

Llano Estacado ★→★★★ Kellerei mit langer Geschichte; manche Weine sind außergewöhnlich, manche schlicht, aber genießbar. Exzellenter MALBEC, roter und weißer 1836. Sehr gut ist der weiße Viviana, der rote Viviano macht auf Supertoskaner.

Lost Draw Vineyards ★★ Mittelmeersorten in kleiner Auflage: CARIGNAN, PICPOUL blanc, VIOGNIER. Vorzeigewein ist der weiße Verschnitt Gemütlichkeit (sic!) von GRENACHE BLANC/VIOGNIER/ROUSSANNE. Sehr guter TEMPRANILLO.

McPherson Cellars ★★★ Köstlicher Les Copains, exzellenter ROUSSANNE Reserve. Einer der besten Erzeuger in Texas.

Messina Hof Wine Cellars ★→★★★ Große Palette. Exzellenter RIESLING, v. a. als Spätlese; sehr gut die Weine im Port-Stil namens Papa Paolo, der CABERNET FRANC Reserve und der CHARDONNAY ohne Eichennote.

Pedernales Cellars ★★★→★★★★ Erstklassiger VIOGNIER Reserve, exzellenter TEMPRANILLO, GSM. Weine im Stil der Alten Welt aus 100% texanischen Trauben.

Perissos Vineyard and Winery ★★ Prunkstück sind die Rotweine, v. a. ausgezeichneter AGLIANICO, PETITE SIRAH, TEMPRANILLO.

Ron Yates Aufstrebender Betrieb, eröffnet 2016, derselbe Besitzer wie SPICEWOOD. Neun Weine mit Fokus auf spanische, italienische und Rhône-Stile. Noch zu früh für eine Bewertung.

Southold Farm and Cellar Ehrgeizige neue Kellerei in Fredericksburg, geführt von Regan Meador, der nach erfolgreicher Arbeit auf Long Island nach Texas zurückgekehrt ist. Die neckischen Namen sollten nicht über den seriösen Inhalt wegtäuschen. Angebaut werden Counoise, MOURVÈDRE und Terret noir.

Spicewood Vineyards ★★→★★★ Außergewöhnlicher, an Sancerre erinnernder SAUVIGNON BLANC und sehr guter SEMILLON. Guter TEMPRANILLO, trockener rosé MOURVÈDRE, portugiesische Sorten. Alle Trauben vom eigenen Gut.

William Chris Vineyards Relativ teuer, am besten fährt man mit MALBEC Rosé, PETIT VERDOT und dem Rotweinverschnitt Enchante.

Virginia

Die Reben trotzen den schwül-heißen Sommern hier und bringen Weine von bemerkenswerter Eleganz und Ausgewogenheit hervor. VIOGNIER ist der Star, während PETIT VERDOT und TANNAT einige großartige Rotweine liefern. CABERNET FRANC schlägt sich gut, CABERNET SAUVIGNON weniger. Es gibt 280 Erzeugerbetriebe; kleine Güter und eine immer raffiniertere Weinbereitung treiben das Wachstum an. Im ganzen Staat werden zudem neue Rebflächen angelegt.

Ankida Ridge ★★★ 14 15 16 17 – Gegründet 2008 und produziert bereits PINOT NOIR, den viele für den besten Virginias halten. Auch guter CHARDONNAY. Die Reben stehen in Steillagen hoch in den Blue Ridge Mts.

Barboursville ★★★★ 13 14 15 16 17 – Eines der Spitzengüter im Osten (1976 von der italienischen Familie Zonin gegründet) mit eleganten Rotweinen im Bordeaux-Stil (z. B. Octagon), dazu großartiger CABERNET SAUVIGNON, NEBBIOLO und PETIT VERDOT. Der Paxxito ist ein üppiger Verschnitt von VIDAL und MUSCAT Ottonel. Hervorragendes Restaurant und Gasthof an dem historischen Ort, an dem schon Thomas Jefferson verkehrte.

Boxwood ★★★ 14 15 16 17 – Rotweine von fünf Bordeaux-Sorten, auch SAUVIGNON BLANC (erster Jahrgang 2016). Per Auto nicht weit von Washington D.C.

Breaux ★ 15 16 17 – Das Weingut liegt eine Autostunde von Washington D.C. entfernt auf einem Hügel. Guter Meritage, CABERNET FRANC, CHARDONNAY.

Chrysalis ★★★ **13** 14 15 16 17 – Pioniererzeuger für VIOGNIER; auch ALBARIÑO, PETIT VERDOT, TEMPRANILLO und einheimischer Norton.

Delaplane ★★★ 14 15 16 17 – Schön in den Bergen gelegen mit Blick auf das historische Crooked Run Valley nahe Paris, Virginia. CHARDONNAY, PETIT MANSENG, Rotweine im Bordeaux-Stil, CABERNET FRANC, TANNAT.

Gabriele Rausse ★★ 15 16 17 – Kleines Gut in der Nähe von Thomas Jeffersons Monticello; im Besitz des ersten kommerziellen Winzers in Virginia. CHARDONNAY, CABERNET SAUVIGNON und FRANC, MERLOT, NEBBIOLO.

Glen Manor Vineyards ★★★ 13 14 15 16 17 – Zu einer historischen Farm gehörende Weinberge in den Blue Ridge Mountains; frischer SAUVIGNON BLANC, exzellenter Verschnitt im Bordeaux-Stil, guter Rosé, CABERNET FRANC, PETIT Verdot.

Keswick ★★★ 14 15 16 17 – Tolles Gut mit hervorragendem CHARDONNAY und VIOGNIER, alterungswürdigen roten Verschnitten im Bordeaux-Stil sowie exzellentem CABERNET FRANC, MERLOT, PETIT VERDOT, TOURIGA.

King Family Vineyards ★★★ 14 15 16 17 – Anspruchsvoller, alterungswürdiger MERITAGE, guter CHARDONNAY, VIOGNIER, CABERNET FRANC und PETIT VERDOT sowie ein vollmundiger PETIT-MANSENG-Süßwein im *Vin-de-paille*-Stil. Auf dem Gut wird auch Polo gespielt.

Linden ★★★★ 14 15 16 17 – Führendes Gut eine Autostunde westlich von Washington D.C. mit beachtlichen Weinen aus Hochlagen, u. a. reichhaltiger CHARDONNAY, lebhafter SAUVIGNON BLANC, schmackhafter PETIT VERDOT, elegante, komplexe rote Verschnitte im Bordeaux-Stil und köstlicher halbtrockener PETIT MANSENG.

Michael Shaps Wineworks ★★★ 14 15 16 17 – Innovativer Erzeuger mit üppigem VIOGNIER und CHARDONNAY, vielschichtigem PETIT MANSENG, schmackhaftem TANNAT, deftigem PETIT VERDOT, stilvollem Meritage und einzigartiger Spätlese Raisin d'Etre.

Pollak ★★★ 15 16 17 – Toller VIOGNIER, PINOT GRIS, Meritage, MERLOT, PETIT VERDOT.

RdV Vineyards ★★★ **13'** 14 15 16 17 – Spitzenerzeuger im Osten, konzentriert sich ausschließlich auf von Bordeaux inspirierte rote Verschnitte, die sich durch Eleganz, Komplexität und Kraft auszeichnen. Besuch nur auf Voranmeldung.

Sunset Hills ★★ 15 16 17 – Schön gelegene Kellerei in renovierter Scheune; guter CHARDONNAY, VIOGNIER und CABERNET SAUVIGNON sowie ein herausragender roter Verschnitt im Bordeaux-Stil.

Upper Shirley Vineyards ★★★ 15 16 17 – Schön über dem James River gelegen; netter VIOGNIER, hochklassiger (schäumender) Blanc de Blancs, CHARDONNAY, MERLOT, PETIT VERDOT, TANNAT, deftiger roter Verschnitt.

Veritas ★★ 14 15 16 17 – Guter Schaumwein, opulenter VIOGNIER, guter CHARDONNAY, CABERNET FRANC, MERLOT, PETIT VERDOT und ein roter Verschnitt im Bordeaux-Stil.

Washington

In Washington herrschen ganz andere Bedingungen für den Weinbau als in Oregon mit seinem fast französisch anmutenden Klima. Hinter den Cascade Mountains regnet es nicht. Dafür sorgen der Columbia River und andere Flüsse für Bewässerung – das gefällt vielen Reben und vielen Farmern. Mehr als 70 verschiedene Sorten gedeihen in dem Staat, CHARDONNAY, RIESLING, CABERNET SAUVIGNON, MERLOT und SYRAH geben den Ton an mit mehr als 75%. In den letzten Jahren hat sich Cabernet Sauvignon zum Platzhirsch entwickelt, mit einem Zuwachs von satten 50% allein im Jahr 2016. Der Markt schreit förmlich danach. Ohne Zweifel wird sich der Cabernet noch weiter profilieren, die Experimentierfreude wird so schnell nicht enden. Washington hat jede Menge Talente.

Bedeutende Weinbaugebiete in Washington

Columbia Valley (Col) Riesige AVA in der Mitte und im Osten Washingtons mit einem Zipfel in Oregon. Cabernet Sauvignon, Merlot, Riesling, Chardonnay und Syrah hoher Qualität. Wichtige Unterbereiche: u.a. Yakima Valley, Red Mountain, Walla Walla Valley.

Red Mountain Unterbereich der AVAs Columbia Valley und Yakima Valley. Heißes Gebiet, bekannt für Cabernet Sauvignon und Bordeaux-Verschnitte.

Walla Walla Valley (Walla) Unterbereich des Columbia Valley mit einer eigenen Identität und eigenen Reben in Washington und Oregon. Heimat wichtiger Boutique- und Prestigemarken, hauptsächlich mit Cabernet Sauvignon, Merlot und Syrah hoher Qualität.

Yakima Valley Unterbereich der AVA Columbia Valley. Fokus auf Merlot, Syrah, Riesling.

Abeja Walla ★★★ Spitzenerzeuger von CABERNET SAUVIGNON und CHARDONNAY aus der AVA Columbia Valley. Sehr guter VIOGNIER.

Andrew Will Col, Red Mt. ★★★→★★★★ 10' 11 12' 13' 14' (15) – Seit vielen Jahren Erzeuger einiger der besten roten Cuvées mit Lagerpotenzial im gesamten Staat. Das Weingut liegt auf Vashon Island, die Trauben stammen aus Top-Weinlagen. Der Sorella ist das Flaggschiff, aber auch das übrige Angebot enttäuscht nicht.

Avennia Col, Yakima V. ★★★ 12' 13' 14' 15 – Im Mittelpunkt stehen alte Reben aus besten Weinlagen. Kann einem den Kopf verdrehen mit seinen lagerfähigen Weinen im Bordeaux- und Rhône-Stil. Sehr zu empfehlen sind der Bordeaux-Verschnitt Sestina und der SYRAH Arnaut. Preiswert und gut ist der Les Trouves.

Betz Family Winery Col ★★★→★★★★ 10 11 12' 13 14' 15 (16) – Produziert sehr hohe Qualität im Rhône- und Bordeaux-Stil. Der CABERNET SAUVIGNON Père de Famille ist und bleibt der Teamkapitän.

B. Leighton Yakima V. – Zweitprojekt von Brennon Leighton, dem früheren Kellermeister auf CHATEAU STE MICHELLE. Aktuell arbeitet er für K. VINTNERS. Der Rhône-Verschnitt Gratitude, SYRAH und PETIT VERDOT sind durch die Bank sehr gut.

Brian Carter Cellars Col ★★★ **10 11'** 12' 13 14 – Spezialist für Cuvées, der dem Wein vor der Freigabe extra viel Reifezeit gönnt. Sehr unkonventionell sind der von PETIT VERDOT dominierte Trentenaire oder der Bordeaux-Verschnitt Solesce.

Cadence Red Mt. ★★★ 10' 11 12' 13' 14 (15) – Hat sich ganz den Cuvées im Bordeaux-Stil verschrieben. Die Trauben dafür stammen vom Red Mountain. Manche zählen zu den besten lagerfähigen Weinen des gesamten Staates. Zum Besitz gehört der Weinberg Cara Mia.

Cayuse Walla ★★★★ 10 **11** 12' 13' 14 15 (16) – Wer hier Wein kaufen will, muss auf einer Mailingliste stehen und jahrelange Geduld mitbringen. Alle Abfüllungen von den gutseigenen Weinlagen erzielen astronomische Bewertungen. An der Spitze der erdig-würzige SYRAH (v. a. Cailloux und Bionic Frog) und der GRENACHE God only knows. Die Schwesterbetriebe No Girls, Horsepower und Hors Categorie sind ebenfalls erstklassig.

Charles Smith Wines Col ★★ Wurde 2016 für 120 Millionen Dollar an Constellation (Kalifornien) verkauft. Der Fokus liegt auf preisgünstigen Weinen. Achten Sie auf den RIESLING Kung Fu Girl.

Chateau Ste Michelle Col ★★→★★★ Weltweit größter Einzelerzeuger von RIESLING in allen Preisklassen und Stilrichtungen, von sehr guten Alltagstropfen (ausgezeichneter Columbia Valley Riesling) bis zu Raritäten im Stil von Trockenbeerenauslesen (Eroica Single Berry Select). Preiswert sind Rote und Weiße aus dem Columbia Valley genauso wie die Gutsabfüllungen aus Cold Creek und Canoe Ridge.

Chinook Wines Col ★★★ Das Ehepaar Clay Mackey und Kay Simon (er für die Reben, sie für die Vinifizierung zuständig) bereitet seit Langem ebenso feinen wie preisgünstigen CABERNET FRANC, MERLOT, CHARDONNAY und SAUVIGNON BLANC.

Col Solare Red Mt. ★★★→★★★★ **09'** 10 **11** 12' 13 14 (15) – Gemeinschaftsprojekt von Ste Michelle Wine Estates und Antinori aus der Toskana. Der Fokus liegt auf der Produktion eines einzigen CABERNET SAUVIGNON vom Red Mountain: komplex und mit langem Abgang.

Columbia Crest Col ★★→★★★ Washingtons mit Abstand größte Kellerei bietet zugleich auch das beste Preis-Leistungs-Verhältnis. Sie produziert Unmengen an sehr guten und günstigen Weinen unter den Marken Grand Estates, H3 und mehrere Reservekollektionen. Wer bei den Reserven ein Schnäppchen machen möchte, sollte zu CABERNET SAUVIGNON oder dem roten Walter Clore greifen.

Corliss Estates Col ★★★ 08' **09'** 10 11 12' 13 (14) – Erzeuger von erstklassigen Bordeaux-Cuvées. Alle Weine dürfen eine angemessene Zeit im Fass und in der Flasche verbringen, bevor sie auf den Markt kommen. Das Schwesterweingut Tranche bietet ebenfalls gute Qualität zu günstigen Preisen.

Côte Bonneville Yakima V. ★★★ **09'** 10 11 12' 13 14 (15) – Das Gut zur hochgelobten Lage DuBrul produziert lagerfähige Weine in sehr elegantem Stil. Preisgünstig ist der Carriage House, aber auch CHARDONNAY und RIESLING sind zu empfehlen.

DeLille Cellars Red Mt., Col ★★★ 10' **11** 12' 13 14' 15 (16) – Langjähriger Produzent von Weinen im Bordeaux- und Rhône-Stil. Der Chaleur Estate Blanc gilt als einer der besten Weißen im ganzen Staat. Der rote D2 ist gut und günstig.

Doubleback Walla ★★★ 10' **11** 12' 13' 14' 15 (16) – Der frühere Footballer Drew Bledsoe produziert nur einen Wein: Sein CABERNET SAUVIGNON ist eine feminine Verkörperung der Aromen von Walla Walla und kann gut eingekellert werden. Das Schwesterweingut Bledsoe Family macht sehr guten SYRAH.

Dusted Valley Vintners Walla ★★★ **11** 12' 13 14 15 (16) – Weine im Bordeaux- und Rhône-Stil. Der SYRAH Stoney Vine von gutseigenen Lagen ist sehr empfehlenswert. Preiswerte Reihe Boomtown.

Efesté Yakima V., Col, Red Mt. ★★★ 10 **11** 12' 13 14 15 (16) – Produziert in Woodinville pikanten RIESLING und rassigen CHARDONNAY aus der kühlen

Weinlage Evergreen. Außerdem sehr gute SYRAHS und CABERNET SAUVIGNON von alten Reben. Preiswert ist der Final Final.

Fidélitas Red Mt. ★★★ 10 11 12' 13 14 15 (16) – Cuvées im Bordeaux-Stil und CABERNET SAUVIGNON aus der AVA Red Mountain. An der Spitze steht der Cabernet Sauvignon aus der Weinlage Quintessence.

Fielding Hills Col ★★★ Der Fokus des kleinen Produzenten liegt auf dem gutseigenen Weinberg am Wahluke Slope. CABERNET SAUVIGNON und MERLOT sind hervorragend und dazu noch preiswert.

Figgins Walla ★★★ 10 **11** 12' 13' 14 15 – Chris Figgins ist Kellermeister in zweiter Generation und bereitet auch den Wein für das berühmte Gut LEONETTI. Produziert die Gutsabfüllung einer Bordeaux-Cuvée und RIESLING. Ein neues PINOT-NOIR-Projekt in Oregon nennt sich Toil (Mühsal).

Force Majeure Red Mt. ★★★ Gutsabfüllungen von Weinen im Bordeaux- und Rhône-Stil. Der VIOGNIER ist herausragend. Hier wächst gerade eine neue Kultkellerei heran.

Gramercy Cellars Walla ★★★ **10 11** 12' 13 14' 15 (16) – Der Gründer und Master Sommelier Greg Harrington produziert Weine mit vergleichsweise wenig Alkohol und höherem Säuregehalt. Spezialitäten sind erdige SYRAHS (besonders der Lagniappe) und kräuterwürziger CABERNET SAUVIGNON. Die preiswerte Reihe nennt sich Lower East.

Hedges Family Estate Red Mt. ★★★ Respektable Familienkellerei für geschliffene, verlässliche Weine, v. a. der rote Gutsverschnitt und der DLD SYRAH.

Hogue Cellars, The Col ★★ Im Besitz von Constellation (Kalifornien); erzeugt stilvolle sortenreine Weine zu sehr moderaten Preisen. Schärfer konturiert sind die in kleinerer Auflage produzierten Reihen Genesis und Reserve.

Januik Col ★★★ **10** 11 12' 13 14' 15 (16) – Preisgünstige Weine im Bordeaux-Stil. Abfüllungen aus Einzellagen sind etwas teurer. Herausragend ist der CABERNET SAUVIGON aus der Lage Champoux. Das Schwestergut heißt Novelty Hill.

K. Vintners Col, Walla ★★★ Der Rockstar unter den Kellermeistern, Charles Smith, konzentriert sich auf SYRAH und Cuvées aus Syrah/CABERNET SAUVIGNON aus Einzellagen. Das Schwestergut Sixto widmet sich dem CHARDONNAY.

L'Ecole No 41 Walla, Col ★★★ **10 11** 12' 13 14 15 (16) – Eine der ersten Kellereien im Walla Walla Valley mit breit gefächertem Angebot. Die beste Bordeaux-Cuvée heißt Ferguson. Sehr günstiger CHENIN BLANC und SEMILLION.

Leonetti Cellar Walla ★★★★ **10'** 11 12' 13 14 15 (16) – Die Gründungskellerei im Walla Walla Valley genießt Kultstatus. Verlangt Höchstpreise für ihre bei Sammlern beliebten Weine von CABERNET SAUVIGNON, MERLOT und SANGIOVESE. Flaggschiff ist der Bordeaux-Verschnitt Reserve.

Long Shadows Walla ★★★→★★★★ Allen Shoup, ehemals CEO von Ste Michelle Wine Estates, versammelt eine Gruppe von Spitzenkellermeistern aus aller Welt in Washington, damit jeder seinen eigenen Wein bereitet.

Maison Bleue Walla ★★★ **12' 13** 14 15 (16) – Das auf Rhône-Stile fokussierte Weingut nutzt Trauben aus dem Walla Walla Valley für aufsehenerregenden GRENACHE und SYRAH.

Mark Ryan Yakima V., Red Mt. ★★★ Erzeuger von wuchtigen, breiten Weinen im Bordeaux- und Rhône-Stil. Herausragend sind der MERLOT-basierte Long Haul und der CABERNET SAUVIGNON Dead Horse. Der MOURVÈDRE Crazy Mary lässt die Sinne schwinden. Der Zweitwein nennt sich Board Track Racer.

Milbrandt Vineyards Col ★★ Ein gutes Preis-Leistungs-Verhältnis steht im Mittelpunkt. Die besseren Weine laufen unter dem Etikett The Estates und stammen von Einzellagen in den AVAs Wahluke Slope und Ancient Lakes. Empfehlenswert sind PINOT GRIS und RIESLING.

Northstar Walla ★★★ **10'** 11 12' 13 14' (15) – Auf MERLOT konzentriertes Weingut. Der Merlot Premier (Einkellern!) ist fantastisch.

Pacific Rim Col ★★ Der RIESLING-Spezialist erzeugt Unmengen an leckeren, preiswerten, aber durchaus beredten Weinen in den Versionen Dry bis Sweet sowie Organic (Ökoanbau). Mehr Tiefgründigkeit zeigen die Einzellagen-Rieslinge.

Pepper Bridge Walla ★★★ **10' 11** 12 13 14 (15) – Weine im Bordeaux-Stil von gutseigenen Trauben. Die Cuvées aus den Weinlagen Pepper Bridge und Seven Hills gehören zu den besten in ganz Washington.

Quilceda Creek Col ★★★★ **04' 05' 06** 07 09 10 11' 12' 13 14' (15) – Bekannter Erzeuger von CABERNET SAUVIGNON mit Kultstatus, bekannt für sein Lagerpotenzial. Einer der meistgelobten Erzeuger in den USA, nur per Zuteilung erhältlich. Glücklich ist, wer diesen Wein auftreiben kann.

Reynvaan Family Vineyards Walla ★★★→★★★★ **10' 11** 12' 13 14 15 (16) – Familienbetrieb mit eigenen Weinbergen im Rocks District und am Fuß der Blue Mountains. Hat sich ganz dem SYRAH und CABERNET SAUVIGNON verschrieben, dazu weißen Cuvées im Rhône-Stil. Ein Weingut mit Warteliste, aber es lohnt sich.

Rôtie Cellars Walla – Überflieger in Sachen Rhône-Stilistik. Der Northern Blend fällt immer wieder positiv auf.

Saviah Cellars Walla – Exquisiter SYRAH, TEMPRANILLO und Bordeaux-Verschnitte. Toller Syrah Stones Speak.

Seven Hills Winery Walla ★★★ **10 11** 12' **13** 14 15 (16) – Eine der ältesten und angesehensten Kellereien im Walla Walla Valley, bekannt für ihre Roten mit Lagerpotenzial. Spitze sind der CABERNET SAUVIGNON Reserve und die Weine aus der Lage Ciel du Cheval. Wurde kürzlich von der Crimson Wine Group gekauft.

Sleight of Hand Walla – Der Weinmacher und Musikfreak Trey Busch macht umwerfende Bordeaux-Cuvées und Weine im Rhône-Stil. Der SYRAH aus dem Rocks District hat psychedelische Wirkung; ein Versuch lohnt sich.

Sparkman Cellars Yakima V., Red Mt. ★★★ **10 11** 12' **13** 14 15 – Erzeuger in Woodville, der sage und schreibe 27 Weine im Angebot hat – alle voller Saft und Kraft. Die Bordeaux-Cuvées Stella Mae und Ruby Leigh überzeugen in Qualität und Preis. Den CABERNET SAUVIGNON Evermore von alten Reben kellern Sie am besten ein.

Spring Valley Vineyard Walla ★★★ 10' 11' 12' 13 14' (15) – Ausschließlich gutseigene Weine. Der MERLOT-Verschnitt Uriah ist zuverlässig herausragend, der CABERNET FRANC Katherine Corkrum steht ihm in nichts nach.

Syncline Cellars Col ★★★ Der Produzent hat sich ganz der Rhône verschrieben und erzeugt Weine in reintönigem und frischem Stil. Preiswert ist der Rote Subduction. Dazu MOURVÈDRE und köstlicher Schaumwein von GRÜNEM VELTLINER.

Woodward Canyon Walla ★★★★ **09** 10 **11** 12' 13 14 15 (16) – Eine der ältesten Kellereien (seit 1981) im Walla Walla Valley, fokussiert auf den Bordeaux-Stil. Der Old Vines Cabernet Sauvignon ist komplex und lagerfähig. Der CHARDONNAY zählt zu den besten im Staat. Das preisgünstige Label heißt Nelms Road.

Kanada

Kanada feierte sein Debüt in der Welt des Weins mit zuckersüßem Eiswein aus Ontario, doch nun verlagert sich der Schwerpunkt in Richtung Westen, nach British Columbia. Weinberge der neuen Generation breiten sich über verschiedene Anbaugebiete aus, die vom 42. bis zum 52. Breitengrad und darüber hinaus reichen, in einem Klima, das als kühl bezeichnet wird. Es gibt gut 700 Kellereien und 12.000 ha Rebfläche. Authentischer, reintöniger Wein mit großzügiger Säure und mäßigem Alkoholgehalt ist das kanadische Alleinstellungsmerkmal, eine erfrischende Alternative zu anderen Stilen der Neuen Welt. Chardonnay, Riesling und Schaumwein belegen bei den Weißweinen den ersten Rang; bei den Roten sind Pinot noir und Syrah buchstäblich in aller Munde, und auch Cabernet franc und Verschnitte von Bordeaux-Sorten (hier Meritage genannt) machen sich immer besser.

Die folgenden Abkürzungen werden im Text verwendet:

Niag Niagara Peninsula
Okanagan V. Okanagan Valley

Ontario

Es gibt drei Hauptursprungsbezeichnungen (Appellations of Origin): Niagara Peninsula, Lake Erie North Shore und Prince Edward County. Das Gebiet Niagara Peninsula ist in die zwei regionalen Appellationen Niagara Escarpment und Niagara-on-the-Lake sowie zehn Subappellationen unterteilt.

Bachelder Niag r w ★★★★ **12' 13** 14 15 16' – Thomas Bachelder erzeugt reintönigen, präzis bereiteten, eleganten, alterungswürdigen CHARDONNAY und PINOT NOIR in Burgund, in Oregon und auf dolomitischen Kalkstein- und Tonböden auf der Niagara Peninsula.

Cave Spring Niag r w; s; sch ★★★ **14' 15'** 16' (17) – Angesehener Pionier mit den Etiketten CSV (alte Reben), v. a. RIESLING und CHARDONNAY, und Estate, dessen Weine sich anmutig entfalten. Eleganter CABERNET FRANC, Chardonnay, eine großartige Spätlese und Eiswein.

Château des Charmes Niag r w; s; sch ★★ **14** 15 16' (17) – Die 114 ha große Farm der Familie Bosc ist Gründungsmitglied der Gruppe Sustainable Winegrowing Ontario. RIESLING von extrem trocken bis Eiswein, Schaumwein; Flaggschiff ist der rote Verschnitt Equuleus.

Creekside Niag r w; sch ★★ **14** 15 16' (17) – Breit aufgestelltes Unternehmen, das gegen den Strich gebürstet ist. Schwerpunkt auf SYRAH und SAUVIGNON BLANC, auch ein Schaumwein; experimentelle, kantige Weine. Ein Besuch ist ein Erlebnis.

Ontario bringt 90 % des kanadischen Eisweins hervor, rund 850.000 l im Jahr.

Flat Rock Niag r w; (sch) ★★★ **14** 15 16' (17) – 32 ha am Twenty Mile Bench erbringen saftigen, spritzigen RIESLING, PINOT NOIR und CHARDONNAY. Die beste Wahl sind der Einzellagen-Riesling Nadja's und der Chardonnay Rusty Shed. Durchweg Schraubverschlüsse.

Henry of Pelham Niag r w; s; sch ★★ **13' 14'** 15 16' (17) – Die Brüder Speck erzeugen CHARDONNAY und RIESLING; großartig sind der Schaumwein Cuvée Catherine Brut, der Speck Family Reserve (SFR), der eigenwillige Baco noir und der Riesling-Eiswein.

Hidden Bench Niag r w ★★★★ 13 14 15 16' (17) – Klassischer, handwerklich arbeitender Erzeuger im Gebiet Beamsville Bench: RIESLING, PINOT NOIR und CHARDONNAY, hervorragend der Terroir Series Roman's Block Riesling sowie die Verschnitte Nuit Blanche und La Brunate.

Huff Estates Prince Edward County r w; sch ★★ 15 16' **(17)** – Eine 9-ha-Reblage an der South Bay mit Ton-Schiefer-Boden über Kalkstein. Schaumwein nach der traditionellen Methode sowie Stillweine von CHARDONNAY, PINOT NOIR und PINOT GRIS.

Inniskillin Niag r w; s ★★★ 14 15 16' (17) – Der kanadische Eiswein-Pionier erzeugt saftigen RIESLING Reserve, PINOT GRIS, PINOT NOIR und fantastischen CABERNET FRANC. CHARDONNAY und Pinot noir der Single Vineyard Series werden nur in Spitzenjahren bereitet.

Orangen aus eigenem Anbau

Kanada macht ebenfalls in orangefarbenen Weinen; in der VQA Ontario wurde im Sommer 2017 eine neue Kategorie für auf Schalen vergorenene Weißweine geschaffen. Empfehlenswert: **Southbrook Vineyards 2016 Vidal Skin-Fermented White,** Ontario: Vidal, 25 Tage auf den Schalen, in Stahltanks. **Pearl Morissette 2016 Cuvée Blu,** Niagara: Chardonnay, Pinot gris, Sauvignon blanc, 3 ½ Monate auf den Schalen, in Amphoren. **Little Farm Winery 2016 Pied de Cuve Orange,** British Columbia: Riesling, 6 Monate auf den Schalen, in Stahltanks. **Haywire 2016 Free Form Natural and Unfiltered White,** Okanagan Valley: Sauvignon blanc, 9 Monate auf den Schalen, in Stahltanks. **The Hatch 2016 Rhymes with Door Hinge,** Okanagan Valley: Kerner, Schönburger/Chardonnay, zusammen 6 Monate auf den Schalen, in alten Fässern.

Malivoire Niag r rs w; (sch) ★★★ 15' 16' (17) – Shiraz Mottiar erzeugt aus vier umweltfreundlich bewirtschafteten Weinbergen im Niagara Escarpment GAMAY, dazu CABERNET FRANC und CHARDONNAY, außerdem leckeren PINOT NOIR und GEWÜRZTRAMINER sowie drei Rosés.

Norman Hardie Prince Edward County r w ★★★★ 14' 15 16' (17) – Gefeierter Pionier im Prince Edward County, der handwerklichen CHARDONNAY, PINOT NOIR, RIESLING und CABERNET FRANC von Kalkstein-Ton-Böden bereitet. In den besten Jahren v. a. Cuvée L von Chardonnay bzw. Pinot noir.

Pearl Morissette Niag r w ★★★ 14 15 16' (17) – In *foudres* gereifter undogmatischer RIESLING; dazu CHARDONNAY, CABERNET FRANC und PINOT NOIR, die in Betoneiern und *foudres* ausgebaut werden.

Ravine Vineyard Niag r w ★★★ 14 15 16' (17) – Die ökologisch bewirtschaftete 14-ha-Lage David's Bench liegt in einem ehemaligen Flussbett. Spitze sind CHARDONNAY Reserve und CABERNET FRANC; Sand und Gravel heißen die Etiketten für sofortigen Genuss.

Stratus Niag r w ★★★★ 13 14 15 16' (17) – Bilderstürmer Jean-Laurent Groux verarbeitet Trauben von 25 ha am Niagara Lakeshore in einer ökologisch zertifizierten Kellerei. In den roten und weißen Verschnitten kommt tatsächlich so etwas wie Terroir zum Ausdruck; sehr guter RIESLING und SYRAH.

Tawse Niag r w; (sch) ★★★★ 13 14 **15 16' (17)** – Kellermeister Paul Pender erzeugt hervorragenden CHARDONNAY und RIESLING sowie guten PINOT NOIR, CABERNET FRANC und MERLOT. Die Weinberge sind ökologisch und biologisch-dynamisch zertifiziert.

British Columbia

Die vorgeschriebenen geografischen Angaben für Qualitätsweine aus British Columbia sind British Columbia, Fraser Valley, Okanagan Valley, Golden Mile Bench (Unterbereich des Okanagan Valley), Similkameen Valley, Vancouver Island und Gulf Islands.

Blue Mountain Okanagan V. r w; sch ★★★ 14' 15 16' (17) – Auch nach dem Generationswechsel wird hier Schaumwein nach der traditionellen Methode erzeugt, einschließlich smarter R.D.-Versionen. Verlässlicher PINOT NOIR, CHARDONNAY, PINOT GRIS und GAMAY mit Alterungspotenzial. Hervorragender Pinot noir Reserve.

Burrowing Owl Okanagan V. r w ★★ 14' 15 16' (17) – Pionier-Weingut am Black Sage Bench mit exzellentem CABERNET FRANC, sehr gutem PINOT GRIS und SYRAH. Auch erfolgreiches Boutiquehotel mit Restaurant.

CedarCreek Estate Winery Okanagan V. r w ★★★ 14' 15 16' (17) – Überragendes Angebot an aromatischem RIESLING, GEWÜRZTRAMINER, Ehrenfelser sowie Einzellagenweinen von PINOT NOIR und CHARDONNAY aus der Platinum-Reihe.

Church and State Wines Okanagan V. r w; (sch) 14' 15 16' (17) – Die Verschnitte namens Lost Inhibitions besitzen die typische Lässigkeit der Westküste. Seriöse Spitzenweine: Trebella (Rhône-Weißwein) und Quintessential (Bordeaux-Rotwein).

Haywire Okanagan V. r w; sch ★★★ 15 16' (17) – Hipper Erzeuger in Summerland, der in Betongärbehältern und Amphoren Natur-, Bio- und »Pét-Nat«-Weine bereitet: CHARDONNAY, PINOT GRIS, PINOT NOIR, GAMAY und Schaumwein.

Mit jeder Flasche Wein, die hundertprozentig aus British Columbia stammt und dort verkauft wird, werden 95,34 Dollar in der Provinz erwirtschaftet.

Mission Hill Okanagan V. r w ★★★ 13' 14 15 16' – Der Australier Darryl Brooker poliert die Textur seiner edlen Legacy Series auf: Oculus, Perpetua, Quatrain und Compendium. Vorbildliches Besucherzentrum und Terrassenrestaurant.

Nk'Mip Cellars Okanagan V. r w ★★★ 14' 15 16' (17) – Verlässlich frischer RIESLING und PINOT NOIR; erstklassiger Qwam Qwmt Pinot noir und SYRAH. Teil einer von Ureinwohnern betriebenen 25-Millionen-Dollar-Ferienanlage mit Desert Cultural Centre.

Osoyoos Larose Okanagan V. r ★★★ 14' 15 (16') – 33-ha-Einzellage im Besitz der in Bordeaux ansässigen Groupe Taillan. Aus dem alterungswürdigen Le Grand Vin spricht das Okanagan Valley, doch Bordeaux schwingt deutlich mit.

Painted Rock Okanagan V. r w ★★★ 14 15 16' (17) – Die 24 ha große reifende Steillage in Skaha Bench erbringt sehr guten SYRAH, CABERNET FRANC und CHARDONNAY; Aushängeschild ist der rote Verschnitt Icon. Alain Sutre aus Bordeaux berät.

Quails' Gate Okanagan V. r w ★★★ 14 15 16' (17) – Inspirierter Stil: frischer, aromatischer RIESLING und CHENIN BLANC; weiter verfeinert werden die Aushängeschilder PINOT NOIR, CHARDONNAY und die limitierte Collector Series.

Road 13 Okanagan V. r w; (sch) ★★★ 14 15 16' (17) – Geschätzter CHENIN BLANC von alten Reben (still sowie schäumend) sowie VIOGNIER, SYRAH, PINOT NOIR, CABERNET FRANC der Spitzenreihe Jackpot.

Stag's Hollow Okanagan V. ★★★ 15 16' (17) – Kellerchef Dwight Sick bereitet ALBARIÑO, VIOGNIER, GRENACHE, PINOT NOIR und SYRAH und in besonders guten Jahren die hervorragende Reihe Renaissance.

Tantalus Okanagan V. r w; sch ★★★ 15 16 (17) – Naturnahe Weinbaumethoden erbringen vom Terroir geprägten RIESLING. PINOT NOIR und CHARDONNAY aus den ältesten (seit 1927) kontinuierlich bewirtschafteten Weinbergen im Okanagan Valley.

Nova Scotia

Benjamin Bridge ★★★ 07 08' 09 11' 12 – Im Gaspereau Valley ansässiger Erzeuger von Schaumwein nach dem traditionellen Verfahren. Ausgezeichnete Brut-Versionen zum Einlagern mit und ohne Jahrgangsangabe, basierend auf Verschnitten von CHARDONNAY/PINOT NOIR/PINOT MEUNIER.

Südamerika

Die folgenden Abkürzungen werden im Text verwendet:

Aco	Aconcagua
Cach	Cachapoal
Casa	Casablanca
Cata	Catamarca
Col	Colchagua
Cur	Curicó
Elq	Elqui
Ley	Leyda
Lim	Limarí
Mai	Maipo
Mau	Maule
Men	Mendoza
Neuq	Neuquén
Pat	Patagonien
Rap	Rapel
Río N	Río Negro
Sal	Salta
San A	San Antonio
San J	San Juan

Chile

Über Chile auf dem Laufenden zu bleiben ist ein Vollzeitjob. Die Weintäler entwickeln sich schneller denn je und dehnen sich kontinuierlich in alle vier Himmelsrichtungen aus. Die Küstenanbauflächen beginnen keine zwei Kilometer vom eisigen Pazifik entfernt, und die Berglagen klettern immer weiter in die Anden empor, wo sie die 2.000-Meter-Marke bereits weit hinter sich gelassen haben. In der Atacama-Wüste im Norden nimmt die Rebfläche immer mehr zu; gleichzeitig nennt Chile nun das südlichste Anbaugebiet der Welt sein Eigen und hat damit Neuseeland den Rang abgelaufen. Chile setzt sowohl auf die traditionellen Rebsorten – País, Cinsault, Muscat, Malbec und Carignan – als auch auf seine modernen Stärken Sauvignon blanc, Cabernet Sauvignon, Syrah, Chardonnay und Pinot noir. Wenn man einen Moment nicht aufpasst, hat man gleich den nächsten großen Schritt verpasst.

Jahrgänge in Südamerika

Während das Klima in Chile beständiger ist als in vielen anderen Weinanbauländern, nehmen als Folge des Klimawandels die Unterschiede zwischen den einzelnen Jahrgängen zu. Ein Jahrgang ist in Chile selten überall schlecht: Die Vielfalt der Rebsorten und Regionen garantiert, dass immer einige Erfolge erzielt werden. 2017 war ein frühes und heißes Jahr, in dem die rechtzeitige Lese von großer Wichtigkeit war, insbesondere wegen der Waldbrände im Süden.

Aconcagua Anden-Region oberhalb von Santiago, die Spitzenverschnitte hervorbringt. Die küstennahen Lagen gewinnen immer mehr Anerkennung für guten CHARDONNAY, SYRAH und PINOT NOIR.

Almaviva Mai ★★★★ Eine der ersten Luxusmarken in Chile mit nur einem Wein: einem reichhaltigen, komplexen, alterungswürdigen Verschnitt im Bordeaux-Stil. Joint Venture von CONCHA Y TORO und Baron Philippe de Rothschild in Puente Alto, MAIPO.

Altaïr Rap ★★★ Luxusbetrieb in SAN PEDRO mit gleichnamigem erstklassigem CABERNET-SAUVIGNON-Verschnitt und jüngerem Verschnitt unter dem Zweitetikett Sideral.

Antiyal Mai ★★★ Der chilenische Biodynamie-Guru Álvaro Espinoza berät viele Unternehmen, aber dies ist sein Familienprojekt, im Rahmen dessen zurückhaltend elegante Rotweine entstehen.

Apaltagua ★★ Vielfältiges Angebot aus dem Valle Central und immer preiswert. Guter CARMENÈRE und CARIGNAN.

Aquitania, Viña Mai ★★★ Angesehener Erzeuger und Pionier in MAIPO. Ausgezeichneter CABERNET SAUVIGNON Lazuli sowie eleganter CHARDONNAY, PINOT NOIR und SAUVIGNON BLANC.

Arboleda, Viña Aco ★★→★★★ Weine aus einer kühlen Küstenlage in ACONCAGUA von ERRÁZURIZ: sehr guter SAUVIGNON BLANC, CHARDONNAY und PINOT NOIR.

Aristos Cach ★★★→★★★★ Spitzenweine eines französisch-chilenischen Unternehmens: stilvoller CABERNET SAUVIGNON und überirdischer CHARDONNAY.

Bío-Bío Das große Weinbaugebiet in Südchile ist tief in der Geschichte Chiles verwurzelt und wächst jetzt wieder. Knackig frischer RIESLING, SAUVIGNON BLANC, PINOT NOIR und CHARDONNAY.

Bouchon Mau ★★→★★★ Vollfruchtige Rotweine, frische Weißweine. Sehr gut sind die Verschnitte namens Canto; der País Salvaje ist ein Naturwein. Traditionelles MAULE neu erfunden.

Caliboro Mau ★★→★★★ Investition des italienischen Grafen Francesco Cinzano in Chile. Lebhafte rote Verschnitte und seltener Late Harvest Torontel (aus der MUSCAT-Familie).

Caliterra Casa, Col, Cur, Ley ★★→★★★ Zu ERRÁZURIZ gehörende Kellerei in Colchagua. MALBEC ist das Aushängeschild, Cenit ist der Spitzenverschnitt.

Calyptra Cach ★★★ Große Höhe, aber saftiger CABERNET SAUVIGNON, reichhaltiger CHARDONNAY und großartiger fassgereifter SAUVIGNON BLANC. Kellermeister ist François Massoc.

Carmen, Viña Casa, Col, Mai ★★→★★★ Der Weinberg, in dem die Rebsorte Carmenère erstmals identifiziert wurde. Zu den jüngsten Erweiterungen der DO-Palette zählen sehr guter SÉMILLON und MALBEC. Im Besitz von SANTA RITA.

Casablanca Die erste kühle Küstenregion, an deren Stelle inzwischen jedoch (temperaturmäßig) näher am Meer gelegene Gebiete getreten sind. Immer noch führend in Quantität und Qualität. CHARDONNAY, SAUVIGNON BLANC, PINOT NOIR und SYRAH.

Casa Marín San A ★★★ Das Mutter-Sohn-Team Maria Luz und Felipe Marín erzeugt exzellenten RIESLING, SAUVIGNON BLANC und SYRAH, außerdem eine der in Chile ganz seltenen Sauvignon-gris-Versionen. Nur 4 km von der Küste entfernt.

Casas del Bosque Casa, Mai ★★→★★★ Kühle Hanglage mit beständig guter Qualität bei SAUVIGNON BLANC, SYRAH und CHARDONNAY in allen Reihen, v. a. Pequeñas Producciones.

Casa Silva Col, Südchile ★★→★★★ Die Familie Silva ist eine örtliche Weindynastie mit Weinbergen, die auf 1892 zurückgehen. Das heutige Sortiment ist vielfältig: kräftiger CARMENÈRE, frische Weiße aus Colchagua sowie sehr guter SAUVIGNON BLANC und PINOT NOIR aus Patagonien.

Clos des Fous Cach, Casa, Südchile ★★→★★★ Der »Weinberg der Verrückten« hat in Wirklichkeit den Dreh raus. Pedro Parra und François Massoc sind die Initiatoren dieser terroirbetonten Sammlung von saftigen roten Verschnitten und PINOT NOIR.

Garagenwein in der Wüste: San Pedro de Atacama mit 15 mm Regen im Jahr. Die gemeinsame Marke heißt Ayllu.

Clos Ouvert Mau ★★ Der gebürtige Franzose Louis-Antoine Luyt war Pionier der modernen »Naturwein«-Bewegung in Chile mit diesem Sortiment an PAÍS, CARIGNAN und CINSAULT aus MAULE.

Concha y Toro Valle C ★→★★★★ Mit einer Produktion von 14 Mio. Kisten kein kleines Unternehmen. Das Sortiment treibt einem die Tränen in die Augen und deckt alle wichtigen Weinbautäler Chiles ab. Zu den Glanzlichtern zählen SAUVIGNON BLANC und CABERNET SAUVIGNON Terrunyo, CHARDONNAY, PINOT NOIR, Sauvignon blanc und SYRAH Maycas de Limarí aus LIMARÍ, Syrah Gravas aus MAIPO sowie die erstklassigen Cabernet-Sauvignon-Weine Marques und Don Melchor. Ein Großteil der Produktion entfällt auf die klassische, zuverlässige Marke Casillero el Diablo. Siehe auch ALMAVIVA und TRIVENTO (Argentinien).

Cono Sur Casa, Col, Bío Bío ★★→★★★ Schwerpunkt auf PINOT NOIR; der Bicicleta ist der meistverkaufte Pinot noir in Großbritannien. Hervorragende Qualität auf allen Preisstufen (v. a. Reserva Especial) und bei allen Rebsorten. Der Premium-CABERNET-SAUVIGNON Silencio ist ausgezeichnet.

Cousiño Macul Mai ★★→★★★ Historischer Familienbetrieb am Stadtrand von Santiago. Die verlässlichen Weine in der Reihe Antiguas werden angeführt von dem Spitzenverschnitt Lota.

De Martino Cach, Casa, Elq, Mai, Mau, Itata ★★→★★★ Eine der Starkellereien und einer der Starweinmacher Chiles, Pionier neuer Täler und Stile. Die Rotweine sind frisch mit Frucht und wenig Eicheneinfluss, die Weißen sind ausgewogen. Zu den Einzellagen-Köstlichkeiten zählen SYRAH von einem 2.000 m hoch gelegenen Weinberg in ELQUÍ sowie MALBEC und CARIGNAN von alten Reben. Der Viejas Tinajas aus ITATA wird in Amphoren ausgebaut.

Elqui Das nördliche Andental mit steilen Hängen ist bekannt für Pisco, aber auch für sehr guten SYRAH, SAUVIGNON BLANC und PX. Weltklasse-Sternenhimmel.

Feuerring

Aufgrund seiner Lage auf dem Pazifischen Feuerring ist Chile seit Menschengedenken ein potenzielles Erdbebengebiet, doch nun ist ein weiteres lebensbedrohliches Phänomen an der Tagesordnung: Waldbrände. 2017 wüteten über 2.000 Brände im Süden des Landes, verwüsteten mehr als 500.000 ha und forderten elf Menschenleben. Als Ursachen werden die verantwortungslose Forstwirtschaft, Brandstiftung und der Klimawandel gehandelt.

Emiliana Casa, Rap, Bío Bío ★→★★★ Chiles führender Spezialist für ökologischen und biologisch-dynamischen Weinbau in Zusammenarbeit mit Álvaro Espinoza (siehe ANTIYAL). Die komplexen, SYRAH-schweren Weine »G« und Coyam weisen schon beinahe Wildheit im mediterranen Stil auf. Die Reihen Adobe und Novas bieten sehr gute Alltagsweine.

Errázuriz Aco, Casa ★★→★★★★ Äußerst interessanter Erzeuger in ACONCAGUA; Qualität und Innovation. Weinberge an der Küste und in den Bergen diversifizieren das Angebot. Sehr guter durch Spontangärung gewonnener SAUVIGNON BLANC, CHARDONNAY, PINOT NOIR und SYRAH. Voller CABERNET-SAUVIGNON-Verschnitt Don Maximiliano, duftender CARMENÈRE KAI. Großartig sind Chardonnay und Pinot noir Pizarras. Siehe auch Viña ARBOLEDA, CALITERRA, SEÑA, VIÑEDO CHADWICK.

Falernia, Viña Elq ★★→★★★ Der erste kommerziell arbeitende Erzeuger in ELQUI und immer noch führend. Exzellenter SYRAH im Rhône-Stil, kräuterwürziger SAUVIGNON BLANC, ungewöhnlicher PX. Zu den Marken zählen Alta Tierra und Mayu.

Fournier, Bodegas O. Ley, Mau ★★ Sortiment aus MAULE und Leyda mit CARIGNAN von alten Reben und frischem SAUVIGNON BLANC aus Küstenlagen. In spanischem Besitz (siehe auch Argentinien).

Garcés Silva, Viña San A ★★→★★★ Erzeuger in SAN ANTONIO mit üppigem, eichentönigem SAUVIGNON BLANC, CHARDONNAY, PINOT NOIR und SYRAH. Boya ist eine frischere, fruchtigere Reihe.

Haras de Pirque Mai ★★→★★★ Mit Sitz im Herzen von MAIPO; die Stärke sind Rotweine (CABERNET SAUVIGNON, SYRAH), aber auch der SAUVIGNON BLANC mit Feuersteinnote ist sehr gut.

Itata Das Tal im Süden ist eine Hochburg von alten Reben und Naturwein und kommt langsam wieder in Mode. CINSAULT, PAÍS und MUSCAT der Spitzenklasse.

Lapostolle Cach, Casa, Col ★★→★★★ Biodynamisch und zweifellos chic. Angesehenes Gut in Apalta (Colchagua) mit saftigem Clos Apalta auf CARMENÈRE-Basis und wuchtigen Weißen. Die Reihe Collection bietet SYRAH- und Carmenère-Weine in frischerem Stil.

Leyda, Viña Col, Mai, San A ★★→★★★ Preiswerter Erzeuger in San Antonio mit schwungvollen Weißweinen aus küstennahen Lagen (CHARDONNAY,

SAUVIGNON BLANC, Sauvignon gris), würzigem SYRAH und fruchtig-saftigem PINOT NOIR.

Limarí Der Kalksteinboden ist ideal, doch es fällt kaum Regen. Die Dürre schreckt manche Investoren ab, aber wer sich traut, wird mit sehr gutem CHARDONNAY, SAUVIGNON BLANC, SYRAH und PINOT NOIR belohnt.

Loma Larga Casa ★★ Einzigartig in CASABLANCA wegen der Steilhänge und dem Schwerpunkt auf Rotwein. Erstklassiger MALBEC sowie CABERNET FRANC.

Orangenfieber

Chile ist zu einem Hort von orangefarbenen und in Amphoren ausgebauten Weinen geworden: Was Ersteren angeht, so gibt es ausgezeichnete, hocharomatische Weine im gemischten Satz *(field blends)* von alten MUSCAT- und SÉMILLON-Reben; eine Rückkehr zur Reifung in Tonamphoren ist auch bei Weinen von alten CARIGNAN-, CINSAULT- und PAÍS-Reben weit verbreitet. Empfehlenswert: De Martino, Huaso de Sauzal, Louis-Antoine Luyt, RE, Rogue Vine.

Maipo Chiles Grand Cru und Wiege erstklassigen CABERNET SAUVIGNONS. In der Nähe von Santiago, mit Schwemmlandböden und Einfluss der Berge. Empfehlenswert Pirque, Puente Alto und Alto Jahuel.

Matetic Casa, San A ★★★ Das biodynamisch arbeitende Weingut zwischen CASABLANCA und SAN ANTONIO ist verlässlich qualitätsorientiert. Empfehlenswert: SYRAH, Sauvignon blanc und PINOT NOIR.

Maule Anbaugebiet mit großen Mengen und manchmal großartigen Weinen von alten Reben. Empfehlenswert sind CARIGNAN (siehe VIGNO) und PAÍS.

Maycas del Limarí Lim ★★→★★★ LIMARÍ-Marke von CONCHA Y TORO. Sehr guter SAUVIGNON BLANC, CHARDONNAY, PINOT NOIR und SYRAH, in denen die kühlen Küstenlagen und die Kalksteinböden zum Ausdruck kommen.

Montes Casa, Col, Cur, Ley ★★→★★★★ Innovative Kellerei in Colchagua, in der jetzt Aurelio Montes jr. schaltet und waltet. Die intensiven, komplexen Rotweine (CABERNET SAUVIGNON Alpha, Folly Syrah, CARMENÈRE Purple Angel) werden ergänzt durch frischere Weine von der Küste, etwa die sehr gute Reihe Outer Limits (SAUVIGNON BLANC, PINOT NOIR) aus Zapallar und CINSAULT aus ITATA.

MontGras Col, Ley, Mai ★★ Das große Sortiment umfasst u. a. preislich lohnende Rote aus Colchagua, den CABERNET SAUVIGNON Intriga aus MAIPO und den exzellenten SAUVIGNON BLANC Amaral aus LEYDA.

Montsecano Casa ★★★ Kleine Mengen von biodynamischem PINOT NOIR aus kühlen Hanglagen mit Granitboden in CASABLANCA. Vom Feinsten.

Morandé Casa, Mai, Mau ★★→★★★ Der große, verlässliche Betrieb erzeugt Weine aus ganz Chile. Besonders faszinierend sind die Weine der Reihe Limited Edition. Ein erstklassiger chilenischer Schaumwein ist der Brut Nature oJ (CHARDONNAY, PINOT NOIR).

Neyen Col ★★★ Reichhaltiger, komplexer CARMENÈRE/CABERNET SAUVIGNON-Verschnitt von alten Reben in Apalta. Stellt auf biodynamischen Anbau um; im Besitz von Veramonte.

Odfjell Mai, Mau ★→★★★ Beeindruckendes Sortiment mit reichhaltigem CABERNET SAUVIGNON aus MAIPO, aromatischem CARIGNAN aus MAULE und dem sehr guten MALBEC/Carignan/SYRAH Winemaker's Travesy.

Pérez Cruz, Viña Mai ★★★ Der Familienbetrieb mit Gut in MAIPO ist auf Bordeaux-Sorten und -Verschnitte spezialisiert. Erstklassiger CABERNET SAUVIGNON, interessanter PETIT VERDOT.

Polkura Col ★★→★★★ Sven Bruchfeld erzeugt sehr guten SYRAH aus Marchigue. Außerdem SAUVIGNON BLANC und MALBEC.

Quebrada de Macul, Viña Mai ★★→★★★ Der kultige CABERNET SAUVIGNON Domus Aurea ist ein Spitzenwein aus Macul (MAIPO).

Rapel Große Appellation im Valle Central, die sich von den Bergen bis zur Küste erstreckt und auch Cachapoal und Colchagua umfasst.

RE, Bodegas Casa ★★★ Aufregendes Sortiment experimenteller und oft exzellenter Weine von Pablo Morandé jr. und Sr. Orange Wines; Tonamphoren, trübe Schaumweine und ausgefallene Verschnitte.

Ribera del Lago Mau ★★→★★★ Kellermeister Rafael Tirado erzeugt exzellenten SAUVIGNON BLANC und den PINOT NOIR Laberinto von Irr-Weingärten in MAULE.

San Antonio San A – Westlich von Santiago, an CASABLANCA grenzend, aber kühler. Bekannt für SAUVIGNON BLANC, Chardonnay, SYRAH, PINOT NOIR und den Unterbereich Leyda.

San Pedro Cur ★→★★★ Die zweitgrößte Kellerei in Chile mit Sitz in Curicó erzeugt Weine aus allen wichtigen Tälern. 35 South (oder 35 Sur) und Castillo de Molina bilden das Einstiegsniveau; die 1865 Limited Edition wird mit ihren Einzellagenweinen langsam interessant. Angeführt wird das Sortiment vom Cabo de Hornos. ALTAÏR, Missiones de Rengo, Santa Helena, TARAPACÁ und VIÑA MAR gehören ebenfalls zum Besitz.

Santa Carolina, Viña ★★→★★★ Einer der ältesten Betriebe in Chile, aber immer noch innovativ. Durch die Bank sehr guter CABERNET SAUVIGNON und CARMENÈRE sowie frische Weißweine von der Küste und aus dem Süden. Der Cabernet Sauvignon Luis Pereira ist großartig, der Herencia (Carmenère) ist einer der besten Weine in Chile.

Einer örtlichen Legende zufolge pflanzte der Eroberer Francisco de Aguirre erstmals Reben an, und zwar im Jahr 1554.

Santa Rita Mai ★★→★★★ Historische Bodega in MAIPO mit eindrucksvollem, vielfältigem Angebot. 120 und Medalla Real sind solide Alltagsweine, die Reihe Floresta bietet aufregenden SÉMILLON und CARMENÈRE, der Cabernet Sauvignon Casa Real ist eine chilenische Ikone. Sebastian Labbé ist nun Chefkellermeister und verantwortlich für eine 380-ha-Neuanpflanzung.

Seña Aco ★★★★ Einer der besten Weine in Chile: ein Verschnitt auf CABERNET-SAUVIGNON-Basis im Bordeaux-Stil aus einer Tallage in ACONCAGUA. Ein einziger Wein von Chadwick/Errázuriz.

Tabalí Lim ★★→★★★ Die führende Kellerei in LIMARÍ erzeugt Weine aus kühlen Küstenlagen mit Kalksteinboden. Sehr guter CHARDONNAY, SAUVIGNON BLANC, PINOT NOIR und SYRAH sowie MALBEC aus Berglagen.

Tarapacá, Viña Casa, Ley, Mai ★★ Im Besitz der VSPT-Gruppe; klassisches Angebot aus den wichtigsten chilenischen Tälern. Spitzenweine: Tara Pakay (CABERNET SAUVIGNON/SYRAH), Etiqueta Negra Gran Reserva (Cabernet Sauvignon).

Torres, Miguel Cur ★★→★★★★ Eine der wichtigsten ausländischen Investitionen in Chile. Eine spanische Familie revolutionierte 1979 den chilenischen Weinbau mit Stahltanks. Nach wie vor innovativ. Sehr guter CABERNET SAUVIGNON (v. a. Manso de Velasco), charmanter schäumender PAÍS, komplexer PINOT NOIR Escaleras. Alle empfehlenswert.

Undurraga Casa, Ley, Lim, Mai ★→★★★ Großer Schaum- und Stillweinerzeuger. Die Reihe TH (Terroir Hunter) ist ein Highlight mit Einzellagenweinen aus ganz Chile.

Valdivieso Cur, San A ★→★★★ Vielfältiges Sortiment aus den wichtigsten Tälern. Gut sind die Reihen Reserva und Single Vineyard (v. a. CABERNET

FRANC, MALBEC und CHARDONNAY aus Leyda), ausgezeichnet der Caballo Loco und der Éclat auf CARIGNAN-Basis. In Chile auch für Schaumwein berühmt.

Vascos, Los Rap ★→★★★ Das Gut mit Sitz in Colchagua ist ein Joint Venture mit Lafite Rothschild und erzeugt Rotweine im Bordeaux-Stil, die jetzt besser werden. Spitzenreiter: Le Dix und Grande Réserve.

Ventisquero, Viña Casa, Col, Mai ★→★★★ Große Kellerei mit Rebflächen in ganz Chile. Am interessantesten ist die Lage Tara in Atacama (PINOT NOIR und CHARDONNAY). Sehr guter CABERNET SAUVIGNON Enclave und SYRAH Pangea. Kalfu ist ein guter Alltagswein.

Von den Bergen zur Küste

Wenn es um Chile im Zusammenhang mit Wein geht, sollte man die Gedanken nicht von Norden nach Süden, sondern von Osten nach Westen lenken. Die Anbauregionen des Landes und sein Appellationssystem sind gegliedert in: Andes (Berge, im Osten), Entre Valles (zentrale Täler) und Costa (Küste, im Westen). In dieser Dreiteilung kommt der so unterschiedliche Einfluss der Berge und der Küste auf die Rebkulturen in Chile zum Ausdruck. Er ist in diesem Fall weit stärker als der Breitengrad. Genau wie in Kalifornien.

Veramonte Casa, Col ★★→★★★ Rodrigo Soto stellte das traditionelle Gut in CASABLANCA auf biodynamischen Weinbau um und erzeugt jetzt sehr guten PINOT NOIR, SYRAH und SAUVIGNON BLANC (v. a. Ritual). Im Besitz von González Byass (Spanien).

Chiles erste einheimische Rebe wurde in Atacama gefunden. Man hat sie Tamarugal genannt, und sie wird jetzt auf 2 ha angebaut. Die Eltern sind unbekannt.

Vigno Mau – Der appellationsartige Zusammenschluss mehrerer Betriebe erzeugt CARIGNAN von alten Reben aus MAULE. Der Wein muss 70 % Carignan aus mind. 30 Jahre alten, ohne Bewässerung bewirtschafteten Weinbergen enthalten.

Villard Casa, Mai ★★ Der französischstämmige Thierry Villard bereitet raffinierte Rotweine aus MAIPO, sehr guten PINOT NOIR und MERLOT, CABERNET SAUVIGNON Equis und frische Weißweine aus CASABLANCA.

Viñedo Chadwick Mai ★★★→★★★★ Ausgezeichneter CABERNET SAUVIGNON einer Marke aus Puente Alto, elegant und stilvoll. Im Besitz von Chadwick (ERRÁZURIZ).

Viu Manent Casa, Col ★★ Erzeuger mit Sitz in Colchagua und Spezialist für MALBEC (es wird sogar einer in Argentinien erzeugt). Zu den anderen Highlights zählen El Incidente auf CARMENÈRE-Basis und schwungvoller SAUVIGNON BLANC aus CASABLANCA.

Von Siebenthal Aco ★★→★★★ Konzentrierte und reichhaltige Rotweine aus ACONCAGUA, u. a. der saftige Verschnitt Parcela 7, üppiger CARMENÈRE und körperreicher PETIT VERDOT. Auch VIOGNIER.

Argentinien

Ein Steak, das größer ist als der Teller, und eine Flasche Rotwein: Das ist Argentinien. Oder vielleicht eine halbe Flasche Rotwein, denn es wird weniger getrunken, nur noch 20 Liter pro Kopf im Jahr – früher waren es 90. Aber dafür ist der Wein jetzt merklich besser, weit mehr als ein einfacher herzhafter Malbec, so gut dieser sein mag. Heute ist Argentinien ein Titan der Weinwelt und bringt Weltklasse-Rotweine (Malbec, Cabernet franc und Cabernet Sauvignon) sowie einige sehr feine Chardonnays hervor; leichter roter Bonarda und pfeffriger weißer Torrontés sind der Unterbau. Mendoza ist immer noch das Herz des argentinischen Weinbaus, doch es kommt auch guter *vino* von ganz oben im Norden bei Salta. Und aus dem tiefen Süden: Río Negro liegt in Patagonien. 99 % des argentinischen Weins werden entlang der Anden produziert, deren Regenschatten die Weinberge am Fuß des Gebirges schützen, und die Schneeschmelze liefert das Wasser, ohne das nichts wächst. Zwischen der trockenen, klaren Atmosphäre der großen Höhe und der totalen Kontrolle über das Wasser herrschen ideale Anbaubedingungen.

Achaval Ferrer Men ★★→★★★ Die Kellerei in Luján konzentriert sich hauptsächlich auf Einzellagen-MALBEC. Im Besitz des Spirituosenkonzerns Stolichnaya.

Aleanna Men ★★→★★★★ Besser bekannt unter dem Etikett El Enemigo. Alejandro Vigil, Kellermeister bei CATENA, und Adrianna, die jüngste Catena-Tochter erzeugen erstklassigen CHARDONNAY, CABERNET FRANC und MALBEC aus ausgezeichneten Lagen im Valle de Uco.

Alicia, Viña Men ★★★ Das Privatunternehmen ist teilweise im Besitz der Familie von Luigi Bosca. Weine von alten Reben und interessante Verschnitte. Empfehlenswert sind Tiara (RIESLING/ALBARIÑO/SAVAGNIN) und NEBBIOLO.

Alta Vista Men ★→★★★ Hübsche alte Kellerei in Luján, in die französische Geldgeber beträchtliche Summen investiert haben. Der erste Erzeuger, der das Einzellagenkonzept in Argentinien umsetzte. Erstklassige MALBEC-Gewächse.

Altocedro Men ★★→★★★ La Consulta ist der Mittelpunkt dieser kleinen Kellerei im Besitz des Weinmachers Karim Mussi. Unverwechselbarer Stil, sehr guter TEMPRANILLO und MALBEC.

Altos las Hormigas Men ★★★ Vorausschauende Weine produzieren die Italiener Alberto Antonini und Attilio Pagliaus zusammen mit dem chilenischen Terroir-Spezialisten Pedro Parra und Kellermeister Leo Erazo. Ausgezeichneter Einzellagen-MALBEC. Empfehlenswert ist der stille und schäumende BONARDA des Schwesterbetriebs Colonia Las Liebres.

Anita, Finca La Men ★★→★★★ Traditioneller Betrieb in Luján mit Schwerpunkt auf tiefgründigen Rotweinen. Empfehlenswert ist der CABERNET SAUVIGNON Varúa; guter SYRAH und MALBEC sowie ein ungewöhnlicher weißer FRIULANO.

Wie datiert man alte Reben? Nur mit Mühe. Denn anders als Bäume haben Reben keine Altersringe.

Antucura Men ★★ Bordeaux-Weine, die unter der Leitung von Michel Rolland (siehe Frankreich) in Vista Flores erzeugt werden.

Atamisque Men ★→★★★ Das große Gut im Valle de Uco erzeugt eine breite Palette preiswerter Weine. Sehr guter CHARDONNAY und PINOT NOIR Catalpa; Schnäppchen sind CABERNET FRANC und SAUVIGNON BLANC Serbal.

Benegas Men ★★→★★★ Die Familie Benegas gründete TRAPICHE 1883 und verkaufte es 1971, um diese Premium-Kellerei zu eröffnen. Erstklassiger CABERNET FRANC und Bordeaux-Verschnitt.

Bressia Men ★★→★★★ Walter Bressia ist hier berühmt. Der Betrieb seiner Familie erzeugt sehr gute komplexe, alterungswürdige rote Verschnitte (Profundo, Conjuro), erstklassigen SYRAH und CABERNET FRANC Monteagrelo sowie CHARDONNAY Lagrima Canela.

Caelum Men ★★ Die Kellerei in Luján wird von der jungen Eigentümerfamilie aus Buenos Aires geführt. Der italienische Kellermeister mag FIANO und erzeugt guten CHARDONNAY und MALBEC.

Callia San J ★→★★ Einflussreicher Erzeuger in SAN JUAN mit preiswertem, fruchtigem SYRAH und halbtrockenen Weißweinen für den Inlandsmarkt.

Canale, Bodegas Humberto Rio N ★→★★★ Alteingesessener RÍO-NEGRO-Spezialist mit erstklassigem RIESLING von alten Reben sowie MALBEC in eindeutig südlichem Stil.

Caro Men ★★★→★★★★ Luxus-Cuvée im Bordeaux-Stil namens Caro, gemeinschaftlich erzeugt von CATENA und den Rothschilds von Château Lafite (Frankreich). Zweitetikett: Amancaya.

Casa Bianchi Men ★→★★ Führender Erzeuger in San Rafael mt vielen Schaumweinen und einem breiten Sortiment an Stillweinen.

Casarena Men ★★→★★★ Wachsendes Sortiment erstklassiger Weine in der Reihe Casarena; Ramanegra steht für Alltagsweine, 505 für Preiswertes. Sehr gut sind die Casarena-Einzellagenweine von MALBEC, CABERNET FRANC und CABERNET SAUVIGNON.

Catena Zapata, Bodega Men ★★→★★★★ Nicolas Catena, einer der bekanntesten Figuren des argentinischen Weinbaus, wagte sich als Erster in MENDOZA in große Höhen und ebnete in den 1990er-Jahren der Qualität den Weg. Heute gehört ihm eine breite Palette an Marken und Kellereien. Zu den Spitzenreitern zählen der MALBEC Adrianna Gualtallary, CHARDONNAY und CABERNET FRANC. Alamos (vertrieben von Gallo) liefert probierenswerte Alltagsweine.

Chacra Rio N ★★★ Großartiger Pinot noir von alten Reben und einem biologisch-dynamisch arbeitenden Gut in RÍO NEGRO (Patagonien). Das kreative Projekt von Piero Incisa della Rocchetta, den man im Zusammenhang mit Sassicaia (siehe Italien) kennt, bringt elegante, sammelnswerte Weine hervor. Der Chacra 32 aus einem 1932 angelegten Weinberg ist großartig. Barda heißt das sehr gute Zweitetikett.

Clos de los Siete Men ★★ Verbund von vier Bodegas in Bordelaiser Besitz im Valle de Uco, von Michel Rolland zu einem Wein verschnitten. Was nicht für diesen Wein verwendet wird, füllt der Besitzer separat ab (siehe auch DIAMANDES, MONTEVIEJO).

Cobos, Viña Men ★★★→★★★★ Paul Hobbs, einer der ersten argentinischen Berater, erzeugt seine eigenen Premium-Weine in Luján und im Valle de Uco. Erstklassiger CABERNET SAUVIGNON (Volturno, Bramare), sehr guter MALBEC und CHARDONNAY.

Colomé, Bodega Sal ★★→★★★ Mit die höchsten Reblagen der Welt, auf 3.100 m. Kellerei im Norden, in den Valles Calchaquíes. Intensive Rotweine auf MALBEC-Basis, lebhafter TORRONTÉS.

Decero, Finca Men ★★→★★★ Kellerei in Luján, in schweizerischem Besitz. Präzis gemachte Rotweine und sehr guter PETIT VERDOT.

DiamAndes Men ★★ Hochmoderne Kellerei im Valle de Uco, im Besitz der Familie Bonnie von Château Malartic-Lagravière (Bordeaux). Reichhaltige Rotweine, lebhafte Weiße. Nachbar von CLOS DE LOS SIETE.

Dominio del Plata Men ★★→★★★★ Bekannt als die Kellerei von Susana Balbo. Die TORRONTÉS-Königin erzeugt nach wie vor Spitzenweißweine, u. a.

einen sehr guten Verschnitt, aber auch komplexen, reichhaltigen MALBEC sowie Verschnitte und CABERNET SAUVIGNON (empfehlenswert: Ben Marco und Nosotros).

Doña Paula Men ★★→★★★ Vielfältiges Sortiment, verlässlich bei allen Etiketten. Ausgezeichneter Einzellagen-MALBEC (probierenswert die Reihe Parcel), außerdem SAUVIGNON BLANC und RIESLING aus MENDOZA, die zu den Besten in Argentinien zählen. Im Besitz der SANTA-RITA-Gruppe (siehe Chile).

Etchart Sal ★→★★ Der führende Betrieb in Cafayate erzeugt mustergültigen TORRONTÉS und solide Rotweine aus hohen Lagen.

Fabre Montmayou Men, Rio N ★★→★★★ Erzeuger mit alten Reben in MENDOZA und RÍO NEGRO. In französischem Besitz. Vielfältiges Sortiment aus beiden Gebieten; gutes Zweitetikett Phebus.

Fin del Mundo, Bodega del Neuq ★→★★ Der größte Erzeuger in Neuquén deckt alle Sparten ab. Einsteigerreihe Postales; ebenfalls preiswert sind Ventus und Newen. Spitzenwein ist der Special Blend; probieren Sie auch die Einzellagengewächse der Reihe Fin (v. a. CABERNET FRANC).

Flichman, Finca Men ★★→★★★ Auf den Hügeln oberhab von Lunlunta (Maipú), aber mit Weinbergen in ganz MENDOZA. Dedicado ist der rote Spitzen-Terroir-Verschnitt; in der Reihe Paisaje sehr gute Rotweine und CHARDONNAY. Caballero de la Cepa ist eine solide Marke für Alltagsweine.

Fournier, O. Men ★★→★★★ Spanische Investition im Valle de Uco mit gutem TEMPRANILLO, sortenrein und in Verschnitten, solider SAUVIGNON BLANC und MALBEC. Sehr gutes Einstiegssortiment Urban Uco. Siehe Chile.

Kaikén Men ★★→★★★ In Luján, mit sehr guten Rotweinen, die hauptsächlich aus Vistalba, aber z. T. auch von weiter her stammen. Erstklassiger MALBEC und CABERNET SAUVIGNON. Im Besitz von Montes (siehe Chile).

Luca/Tikal/Tahuan/Alma Negra/Animal Men ★★→★★★ Verbund von Spitzenetiketten im Besitz der inzwischen erwachsenen CATENA-Kinder Laura (Luca) und Ernesto (Tikal/Tahuan/Alma Negra/Animal) mit Schwerpunkt auf komplexen roten Verschnitten, raffiniertem PINOT NOIR und erstklassigem Schaumwein.

Luigi Bosca Men ★★→★★★ In dieser großen Kellerei in Luján gibt es viel zu entdecken. Zu den Highlights zählen die komplexen Rotweine von alten Reben der Reihe Finca Los Nobles, der RIESLING Las Compuertas und die Alltagsweine namens La Linda. Spitzenreiter ist der Icono (MALBEC/CABERNET SAUVIGNON).

Malbec: Rotwein seit eh und je, Rosé seit 50 Jahren, Schaumwein seit 10 Jahren. Jetzt auch als Weißwein erhältlich.

Manos Negras/Tinto Negro/TeHo/ZaHa Men ★★→★★★ Innovatives Projekt vieler Etiketten mit Fokus auf dem Valle de Uco und darüber hinaus. Sehr guter Einzellagenwein von MALBEC und CABERNET FRANC.

Marcelo Pelleriti Men ★★→★★★ Die persönliche Marke des Kellermeisters von MONTEVIEJO. Aushängeschild ist der MALBEC aus dem Valle de Uco, aber auch nach dem eleganten Malbec/CABERNET FRANC Abremundos lohnt es sich Ausschau zu halten. Pelleriti erzeugt auch mehrere Reihen mit argentinischen Rockstars.

Masi Tupungato Men ★★→★★★ Die italienischen Investoren im Valle de Uco kombinieren MALBEC und Rebsorten aus Venetien mit dem Malbec/CORVINA/MERLOT Passo Doble im Ripasso-Stil und dem Corbec (Corvina/Malbec), der einem Amarone sehr nahe kommt.

Matias Riccitelli Men ★★→★★★ Der Sohn eines der bekanntesten Weinmacher Argentiniens setzt selbst Zeichen mit einem Sortiment aus MEN-

DOZA und RÍO NEGRO: sehr guter SÉMILLON von alten Reben, reichhaltiger MALBEC und das spaßige junge Etikett Hey Malbec.

Mendel Men ★★★ Kellerei in Maipú mit einigen sehr alten Reben. Strahlender SÉMILLON, MALBEC-Weine der Spitzenklasse und rote Verschnitte. Lunta heißen preiswerte Weine. Unter der Leitung von Roberto de la Motta.

Mendoza Die Provinz Mendoza, die den Löwenanteil argentinischen Weins hervorbringt, ist dreigeteilt: Der Stadt am nächsten liegt der historische, wärmere Anbaubereich Maipú; weiter im Süden erstreckt sich der größere Bereich Luján, die Wiege des MALBEC; der südlichste, am höchsten gelegene und kühlste Bereich ist das Valle de Uco (u. a. Gualtallary, Altamira, La Consulta).

Michel Torino Sal ★★→★★★ Einer der größten Erzeuger in Cafayate. Preiswerte Tafelweine (v. a. TORRONTÉS) und die Premium-Marke El Esteco (sehr guter CABERNET SAUVIGNON).

Cabernet-franc-Begeisterung

CABERNET FRANC ist einer der aufregendsten Rotweine im heutigen Argentinien. Auch wenn sich die Rebfläche in den letzten zehn Jahren auf 900 ha verdreifacht hat, ist sie immer noch relativ klein (im Vergleich zu den 40.000 ha, die mit Malbec bestockt sind), und deshalb wird das Lesegut nur für Spitzenweine verwendet. Diese sind würzig, floral und konzentriert und zeigen sich von ihrer besten Seite, wenn sie aus hohen Lagen des Valle de Uco stammen. Empfehlenswert sind ALEANNA, CASARENA, CATENA ZAPATA, PULENTA ESTATE, ZaHa, ZORZAL.

Moët-Hennessy Argentina Men ★→★★ Die erste ausländische Investition in Argentinien brachte in den 1950er-Jahren Schaumwein nach Mendoza. Der größte Umsatz wird inzwischen mit im Tankgärverfahren erzeugtem Partysekt erzielt sowie mit der kleineren Reihe Baron B., deren Weine nach der traditionellen Methode bereitet werden. Siehe auch TERRAZAS DE LOS ANDES.

Monteviejo Men ★★→★★★★ Eigentümer sind die Bordelaiser Familie vom Château Le Gay und Weinmacher MARCELO PELLERITI. Die erste Kellerei von CLOS DE LOS SIETE. Großartig ist der in kleinen Mengen bereitete La Violeta, sehr gut auch die Reihe Lindaflor.

Moras, Finca Las San J ★→★★ Erzeuger in SAN JUAN im Besitz von TRAPICHE. Durch die Bank guter SYRAH und BONARDA.

Neuquén Pat – Der wichtigste Weinbaubereich in Südpatagonien mit Zentrum in San Patricio del Chañar. Herzhafte Rote (v. a. von MALBEC und CABERNET FRANC) und fruchtiger PINOT NOIR.

Nieto Senetiner Men ★→★★★ Ursprünglich 1888 in Vistalba gegründet, doch inzwischen mit Weinbergen überall in Mendoza weit über seinen Stammsitz hinausgewachsen. Vielfältiges Sortiment, u. a. eine Reihe sehr guter Einzellagen-Rotweine und frischer SÉMILLON. Groß im Schaumweingeschäft.

Noemia Pat ★★★→★★★★ Der beste MALBEC in Patagonien. Alte Reben in RÍO NEGRO bringen elegante, alterungswürdige Weine hervor. Kellermeister Hans Vinding-Diers ist auch ein Meister der Verschnitte.

Norton, Bodega Men ★→★★★ 1895 von einem britischen Ingenieur gegründet, heute im Besitz von Swarovski. Große Palette preiswerter Weine, großartiger Einzellagen-MALBEC Lot, ausgezeichneter Verschnitt Gernot Langes. Jede Menge guter Schaumweine.

Passionate Wine Men ★★→★★★ Matias Michelini ist einer der interessantesten und experimentierfreudigsten Weinmacher Südamerikas und Verfechter des Valle de Uco. Empfehlenswert: Demente (MALBEC/CABERNET FRANC), SAUVIGNON BLANC Agua de Roca. Auch Orange Wines.

Peñaflor Men ★→★★★ Riesiger Weinkonzern. Besitzt FINCA LAS MORAS, Andean Vineyards (SAN JUAN), MICHEL TORINO (SALTA), Santa Ana und TRAPICHE (MENDOZA).

Piatelli Sal ★★ Zwei Kellereien und Reblagen in Cafayate und Luján. Schöne Rote und spritziger TORRONTÉS.

Piedra Negra Men ★→★★★ François Lurton aus Bordeaux erzeugt sehr guten MALBEC im Valle de Uco. Auch großartige weiße Verschnitte (auf PINOT-GRIS-Basis).

Poesia Men ★★→★★★ Französische Kellermeister in Luján mit reichhaltigen Rotweinen von MALBEC, CABERNET SAUVIGNON und SYRAH aus dem Valle de Uco.

Porvenir de Cafayate, El Sal ★★→★★★ Moderne Weine aus Cafayate. Sortenreine Gewächse unter dem Etikett Laborum, Verschnitte in der Reihe Amauta. Am besten sind TORRONTÉS, TANNAT, MALBEC sowie CABERNET SAUVIGNON.

Pulenta Estate Men ★★→★★★ Weindynastie, der früher TRAPICHE gehörte. Familienbetrieb in Luján mit sehr guter preiswerter Reihe La Flor und ausgezeichneten Einzellagenweinen von CABERNET FRANC und MALBEC.

Renacer Men ★★→★★★ Energiegeladenes junges Team in Luján; die Kellerei gehört einer chilenischen Familie. Solider MALBEC, frischer SAUVIGNON BLANC aus Casablanca in Chile und Enamore im Amarone-Stil.

Riglos Men ★★→★★★ Guter CABERNET FRANC und CABERNET SAUVIGNON von Erzeugern im Valle de Uco; solider MALBEC.

Riojana, La La R ★→★★ Der größten Genossenschaftskellerei in Argentinien gehören 500 Winzer im Fatamina-Tal an. Alle Klassiker und preiswerter TORRONTÉS. Fairtrade und ökologischer Anbau.

Río Negro Rio N – Bereich in Patagonien mit milderem Klima, bekannt für seinen PINOT NOIR. Außerdem guter SÉMILLON, RIESLING, MALBEC und MERLOT von alten Reben.

Ruca Malén Men ★★ Der Anfang der Nullerjahre gegründete Betrieb erzeugt beständig reichhaltige Rotweine. Sehr gute Verschnitte und PETIT VERDOT.

Salentein, Bodegas Men ★★→★★★ Eine der bemerkenswerten Investitionen im Valle de Uco. Kellerei und Kunstgalerie in holländischem Besitz. Sehr gut sind die Einzellagenweine und die Reihe Primus. El Portiollo heißen die preiswerten Weine.

Salta Die erste Region auf über 2.300 m in Südamerika – nur in Bolivien wachsen Reben in noch größerer Höhe. Bekannt für den besten TORRONTÉS (v.a. Valles Calchaquíes) sowie reichhaltigen, konzentrierten TANNAT und MALBEC.

San Juan An MENDOZA angrenzender verlässlicher Massenanbaubereich, bekannt für reichhaltigen, reifen SYRAH und BONARDA aus der Ebene. Äußerst interessante Weine aus kühleren Lagen in Bergnähe.

San Pedro de Yacochuya Sal ★★★ Pionier für hohe Qualität in Cafayate, Gemeinschaftsunternehmen von Michel Rolland (siehe Frankreich) und der Familie ETCHART. Duftender TORRONTÉS und dichter MALBEC SPY, kraftvoller Verschnitt Yacochuya.

Schroeder, Familia Neuq ★★ Neuer Erzeuger mit Dinosaurier-Fossilien im Keller. Guter PINOT NOIR und Schaumwein.

Sophenia, Finca Men ★★→★★★ Erzeuger in Gualtallary (Valle de Uco) mit solidem SAUVIGNON BLANC sowie sehr gutem MALBEC und BONARDA. Spitzenreiter ist die Reihe Synthesis.

Tapiz Men ★★→★★★ Klassische Kellerei in Luján, die mit Weinmacher Jean-Claude Berrouet aus Bordeaux (früher bei Petrus) zusammenarbeitet. Ansprechende Rotweine (erstklassiger MERLOT und MALBEC Black Tears).

Terrazas de los Andes Men ★★→★★★ Die Edelwein-Schwester von CHANDON überzeugt am meisten mit der Reihe von MALBEC-Einzellagenweinen und dem köstlichen Verschnitt Cheval des Andes, der in Zusammenarbeit mit Cheval Blanc (Bordeaux) erzeugt wird.

Toso, Pascual Men ★★→★★★ Eine italienische Familie gründete die Kellerei in MENDOZA in den 1880er-Jahren. Hauptschwerpunkt auf MALBEC; das Spitzengewächs Magdalena Toso ist hervorragend.

Trapiche Men ★→★★★ Lange Geschichte; ist durch viele Hände gegangen. Heute im Besitz von Peñaflor und eine der größten Marken in Argentinien mit riesigem Sortiment. Besonders empfehlenswert: CABERNET SAUVIGNON Medalla, der MALBEC/CABERNET-FRANC-Verschnitt Iscay, Einzellagen-Malbec aus der Reihe Finca und die Linie Costa y Pampa (küstennahe Lagen).

Trivento Men ★→★★ Argentinischer Außenposten des chilenischen Unternehmens Concha y Toro. Verlässliche Weine in der Einsteigerreihe. Der MALBEC Eolo ist das hochpreisige Aushängeschild.

Val de Flores Men ★★★ Auch unter dem Namen Bodega Rolland bekannt: Michel Rollands Vista-Flores-Projekt im Clos de los Siete. Konzentrierter, alterungswürdiger MALBEC. Die (sortenreinen) Weine der Reihe Mariflor sind jetzt trinkreif. Großartig ist der Verschnitt Camille.

Vines of Mendoza/Winemaker's Village Men ★★ Lifestyle-Hotel und -Kellerei im Valle de Uco, in der Hunderte von Weinen in winzigen Mengen für private Etiketten bereitet werden. Auch kleines Weinmacherdorf. Empfehlenswert: Abremundos (siehe MARCELO PELLERITI), Corazon del Sol, Recuerdo, Super Uco.

Zorzal Men ★★★ Breites Sortiment aus Gualtallary. Sehr guter CABERNET FRANC, SAUVIGNON BLANC und PINOT NOIR. Die Weine der Reihe Eggo werden in Betoneiern, ohne Eiche, erzeugt.

Zuccardi Men ★★→★★★★ Weindynastie; inzwischen ist mit Sebastian Zuccardi die dritte Generation am Ruder. Aus Maipú stammen die Alltagsweine der Marke Santa Julia, aus dem Valle de Uco hingegen die Premiumgewächse namens Zuccardi. Hervorragende Einzellagenweine unter dem Etikett Alluvional, sehr guter BONARDA Emma. Cemento ist der Spitzen-MALBEC ohne Eicheneinfluss.

Brasilien

Von wegen Copacabana. Brasiliens Weinland liegt im äußersten Süden, wo die Hügel eher wie die im italienischen Piemont aussehen als wie der Zuckerhut. Der Bundesstaat Rio Grande do Sul beherbergt das wichtigste Anbaugebiet Brasiliens, Vale dos Vinhedos, das guten Schaumwein, Merlot und Chardonnay hervorbringt. Jede Menge italienischer und portugiesischer Rebsorten spiegeln das gemischte europäische Erbe des Gebiets wider. Weitere interessante Bereiche im Süden sind Campanha, Serra do Sudeste, Planalto Catarinense und Campos de Cima de Serra. Das tropische Vale do São Francisco im Norden ist mit seinen zwei Weinlesen im Jahr eine absolute Ausnahme von der Regel.

Aurora ★→★★ Brasiliens größte Genossenschaft mit über 1.000 Mitgliedern in der Serra Gaúcha. Vorwiegend preiswerte Tafelweine.

Casa Valduga ★→★★★ Der bekannte Betrieb in der Serra Gaucha erzeugt hauptsächlich (sehr guten im traditionellen Verfahren bereiteten) Schaumwein, aber auch einen Spitzen-MERLOT (Storia).

Cave Geisse ★★ Der erste ernst zu nehmende Erzeuger von Schaumwein nach der traditionellen Methode unter der Leitung des Chilenen Mario Geisse, früher Kellermeister bei Chandon. Empfehlenswert: Nature.

Lidio Carraro ★→★★ Die Kellerei erzeugt mit minimaler Intervention saftige, lebhafte Rotweine im Vale dos Vinhedos und in der Serra do Sudeste. Sehr gut ist der Verschnitt Quorum.

Miolo ★→★★★ Führender, großer Premiumerzeuger mit Kellereien und Weinbergen in allen größeren Anbaugebieten. Sehr guter MERLOT, CHARDONNAY und TOURIGA NACIONAL; erstklassiger Schaumwein Millésime.

Pizzato Vinhas ★→★★★ Passionierter Erzeuger im Vale dos Vinhedos mit einem der besten MERLOT-Weine Brasiliens (DNA 99), sehr gutem CHARDONNAY und Schaumwein. Fausto heißt die Reihe junger Weine.

Salton ★→★★ Große Kellerei mit langer Tradition; Weinmacher ist Gregorio Salton aus der jüngsten Generation. Guter Partysekt; sehr gut ist der Verschnitt Salton Gerações.

Uruguay

Das kleinste Weinbauland in Südamerika hat den höchsten Pro-Kopf-Verbrauch von Wein (und von Rindfleisch!). Die Einheimischen trinken hauptsächlich Massenwein; ein Großteil der Qualitätsproduktion wird exportiert. Wegen des Atlantikeinflusses ähneln die Weine stilistisch eher Bordeaux als Chile: aromatische Weißweine (besonders Albariño) und energische Rotweine mit Tannin- und Säurerückgrat. Tannat gibt bei den Roten den Ton an, insbesondere im Hauptanbaugebiet Canelones vor den Toren der Hauptstadt Montevideo.

Alto de la Ballena ★→★★ Pionier im Bereich Punta de Este; kleine Mengen an sehr gutem SYRAH, CABERNET FRANC und fruchtig-saftigem TANNAT/VIOGNIER-Verschnitt.

Bouza ★★→★★★ Eine galicische Familie brachte ALBARIÑO nach Uruguay und erzeugt jetzt hervorragende Weißweine in Montevideo und Pan de Azucar weiter oben an der Küste. Sehr guter Einzellagen-TANNAT.

Garzón ★→★★★ 85-Millionen-Dollar-Investition eines argentinischen Milliardärs mit Alberto Antonini als Berater. Frische, energische Weine in Maldonado.

Juanico Establecimiento ★→★★★ Der größte Erzeuger Uruguays mit breitem Sortiment von preiswerten Alltagsweinen (v. a. SAUVIGNON BLANC und TANNAT) bis zu den komplexen Gewächsen der Reihe Familia Deicas, bei denen Paul Hobbs berät. Hervorragend sind der CHARDONNAY-Verschnitt Preludio und die Auswahl an dem Terroir verpflichteten Tannat-Abfüllungen aus Einzellagen.

Marichal ★→★★ Familienbetrieb in Canelones mit Schwerpunkt auf PINOT NOIR (und dem ersten Pinot noir/TANNAT-Verschnitt der Welt).

Pisano, Bodega ★→★★★ Fantastischer Familienbetrieb in Canelones, in dem die neue Generation jetzt das Ruder übernimmt. Sehr guter TANNAT, TORRONTÉS und VIOGNIER.

Viñedo de los Vientos ★★→★★★ Der unkonventionelle Weinmacher Pablo Fallabrino ist Uruguays wilder Kerl. Einzigartige weiße Verschnitte, interessanter TANNAT (probieren Sie die Ripasso-Version) sowie schwelgerische Dessertweine.

Andere Länder in Südamerika

Bolivien

Wenn hohe Lagen in Mode sind, dann ist Bolivien Haute Couture: Alle Weinberge liegen oberhalb von 1.800 m, und manche stoßen bis auf 3.000 m vor. Das Ergebnis sind rassige Säure und höchst beeindruckende Farbtiefe; besonders gut macht sich das bei SYRAH, CABERNET SAUVIGNON und trockenem MUSCAT. Empfehlenswert: Campos de Solana, La Concepción, Kohlberg, Kuhlmann (Schaumwein) und Sausini. Leider schaffen es nur wenige dieser einzigartigen Weine über die Grenze; was man hier und da antrifft ist Singani (einheimischer Weinbrand).

Peru

Das erste Weinbauland in Südamerika, das heutzutage mehr auf Pisco (Weinbrand) als auf Wein setzt. Das Hauptanbaugebiet ist Ico, ein paar Autostunden südlich von Lima an der Küste gelegen. Empfehlenswerte Weinerzeuger sind Intipalka, Mimo, Quebrada de Ihuanco, Tacama (1540 gegründet, v.a. Schaumwein) und Vista Alegre. Am besten sind voller TANNAT, Ancellota und Weine von der Pisco-Traube.

Australien

Die dunklen Flächen bezeichnen die Weinbaugebiete

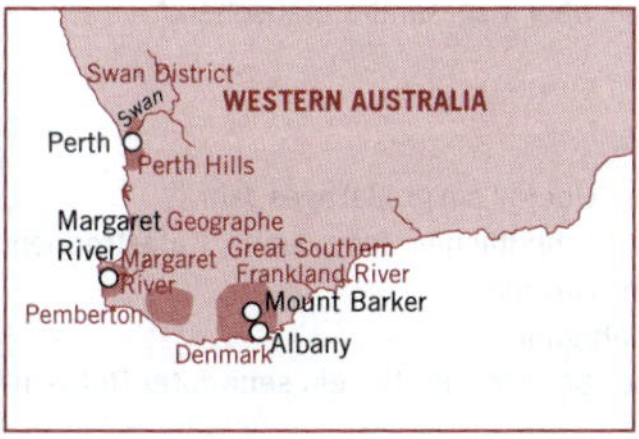

Die folgenden Abkürzungen werden im Text verwendet:

Ad H	Adelaide Hills
Coon	Coonawarra
Lang C	Langhorne Creek
Marg R.	Margaret River
McL V	McLaren Vale
Morn P	Mornington Peninsula
Mt.	Mount (z. B. Mount Barker)
NSW	New South Wales
N-Tas	Nordtasmanien
NO-Vic	Nordostvictoria
Qld	Queensland
R.	River (z. B. Frankland River)
SO-Australien	Südostaustralien
SA	South Australia
S-Tas	Südtasmanien
Tas	Tasmanien
Tumb	Tumbarumba
V.	Valley (z. B. Alpine Valley)
Vic	Victoria
WA	Western Australia

Es gibt heute kaum einen australischen Kellermeister, der nicht sein ganz persönliches Projekt vorantreibt. Das kann Tempranillo, Fiano oder Pét Nat sein, Shiraz aus kühlem Klima, Naturwein oder mit einem Seitenblick auf Pinot noir erzeugter Grenache, komplexer Chardonnay oder reichhaltiger, geradliniger Shiraz, eine frischere Version von Cabernet Sauvignon oder die wunderbare Welt des Pinot noir: Der Fantasie sind keine Grenzen gesetzt. Tatsache ist, dass Australien inzwischen vor Nischenweinen nur so strotzt; sogar der – bei Fans so beliebte, kommerziell so wenig erfolgreiche – Riesling wird langsam »entdeckt«, und die Traubenpreise am Hoftor klettern in verlockende Höhen. Man könnte sagen, es brodelt. Der Markt ist vielfältiger geworden und das Angebot ebenfalls. Über australischem Wein scheint wieder die Sonne.

Es schadet natürlich auch keineswegs, dass die australischen Weinexporte in die Höhe schießen. 2017 gingen die Ausfuhren in die Kernmärkte Großbritannien und USA zwar (marginal) zurück, aber der Export nach China stieg um beeindruckende 63 Prozent nach Wert und 15 Prozent nach Menge. Shiraz und die traditionellen roten Sorten sind die Motoren, doch wenn die chinesischen Verbraucher auch den australischen Weißwein entdecken und schätzen lernen, wie es angesichts der chinesischen Esskultur irgendwann zu erwarten ist, dann betrifft das Jung und Alt – und die australische Weinlandschaft wird nie mehr so sein wie vorher.

Neuere Jahrgänge

New South Wales (NSW)

2017 Ein heißer Sommer folgte auf einen nassen Frühling; die Weißen haben die Nässe aufgesogen, die Roten im Allgemeinen auch.

2016 Grenzwertig nass im Hunter Valley, aber überall sonst gut bis ausgezeichnet.

2015 In den meisten Gebieten schwierig, aber Orange und Canberra ausgezeichnet, Hilltops sehr gut.

2014 Der Hunter Shiraz wird außergewöhnlich gut. Canberra Riesling und Shiraz ebenfalls auf der Höhe.

2013 Reichhaltige Rot- und Weißweine. Hunter Semillon und Canberra Riesling sind besonders gut.

2012 Nasses, kaltes Jahr. Der Semillon könnte ganz in Ordnung sein, vielleicht auch der Cabernet Sauvignon, aber insgesamt enttäuschend.

Victoria (Vic)

2017 Wird in die Annalen eingehen. Überall ein großartiges Jahr.

2016 Trockenes, aber sonst durchschnittliches Jahr: keine Katastrophen, aber auch keine Begeisterungsstürme.

2015 Durch die Bank ein starker Jahrgang.

2014 Frostschäden en masse, aber bei den meisten ein sehr guter Rotweinjahrgang.

2013 Nach einem feuchten Winter folgte ein heißer, trockener Sommer. Überraschend hohe Qualität.

2012 Entpuppt sich als besserer Jahrgang als zunächst gedacht. Rot- und Weißweine sehr gut bis hervorragend.

South Australia (SA)

2017 Das größte Thema war der hohe Ertrag; die Qualität sollte überdurchschnittlich ausfallen.
2016 Es besteht berechtigter Anlass zur Hoffnung, dass dies ein spezieller Jahrgang für Rot- und Weißweine wird.
2015 Die warmen Gebiete steckten den Sommer mit wilden Klimaschwankungen gut weg.
2014 Heißes, ertragsarmes Jahr; üppige Rot- und Weißweine.
2013 Aufgrund von Wasserproblemen waren die Erträge sehr niedrig. Durchwachsener Jahrgang.
2012 Die Erträge waren niedrig, aber es war ein hervorragendes Jahr. Großartig für Riesling; ausgezeichneter Cabernet Sauvignon.

Western Australia (WA)

2017 Besorgniserregender Jahrgang, kühl und manchmal nass; es sieht jedoch gut aus, besonders bei den aromatischen Rebsorten.
2016 Feuchter, schwüler, aber letztendlich guter Jahrgang.
2015 Schwieriges Jahr mit unterschiedlichen Ergebnissen. Es lohnt sich, wählerisch zu sein, aber die eine oder andere Perle kann man finden.
2014 Die Glückssträhne hält an; es wird schon fast langweilig. Wieder ein tadelloses Jahr.
2013 Cabernet Sauvignon und Chardonnay sehr stark. Etwas Regen, aber erneut meinten es die Götter gut.
2012 Die Trockenheit hielt an und somit auch die Serie wunderschöner, warmer Jahrgänge.

Accolade Wines r w – Name der Weine/Kellereien, die zu den einst einflussreichen Unternehmen CONSTELLATION und HARDYS gehörten. Meister der falschen Hoffnungen, aber die Qualität der Weine ist im Allgemeinen sehr gut.

Adelaide Hills SA – Kühle Lagen auf 450 m Höhe am Mt. Lofty. CHARDONNAY, SAUVIGNON BLANC und SHIRAZ stechen PINOT NOIR aus. ASHTON HILLS, Hahndorf Hill, HENSCHKE, JERICHO, MURDOCH HILL, MIKE PRESS, SHAW + SMITH und Tapanappa sind alle in Bestform.

Adelina Clare V., SA r w – Rotweine (SHIRAZ, GRENACHE, MATARO, NEBBIOLO) geben hier den Ton an: imposant und intensiv, aber geschliffen. Auch die Weißen (RIESLING) können sich sehen lassen.

Alkoomi Mt. Barker, WA r w Riesling 05' 10' 13' 17; Cabernet Sauvignon **04'** 10' 12' 13' 14 – Veteran mit feinem RIESLING und rustikalen Rotweinen; in jungen Jahren zugänglicher als früher.

All Saints Estate Rutherglen, Vic br ★ Großartige gespritete Weine, früher und heute. HerzhafteTafelweine.

Alpine Valleys Vic – In den Tälern der Victorian Alps. Die besten Erzeuger sind Billy Button, MAYFORD und Ringer Reef. TEMPRANILLO ist der Star, doch die aromatischen Weißweine haben sich interessant entwickelt.

Andevine Hunter V., NSW r w ★ War mit den ersten freigegebenen Weinen (SHIRAZ, SEMILLON, CHARDONNAY) von Reben im guten Alter im HUNTER VALLEY sofort ein Star. Dümpelte dann etwas dahin, jetzt wieder in Form.

Andrew Thomas Hunter V., NSW r w ★★ Spitzenerzeuger mit SEMILLON von alten Reben und seidigem SHIRAZ. Die Rotweine sind für HUNTER-VALLEY-Standards besonders herzhaft.

Angove SA r w (br) ★★ Familienbetrieb im MURRAY VALLEY. Die billigeren Weine (rot und weiß) sind oft die besten in der breiten Angebotspalette. Mainstream-Variante des ökologischen Weinbaus.

Australien

Annie's Lane Clare V., SA r w – Im Besitz von TWE. Weine mit großer Aromenfülle. Das Flaggschiff Copper Trail ist (manchmal) ausgezeichnet, v. a. RIESLING und SHIRAZ. Ist in Sachen Bekanntheit in einen Abgrund gestürzt.

A. Rodda Beechworth, Vic r w ★★ Lebendiger CHARDONNAY von gutseigenen Rebflächen; der TEMPRANILLO, für den ganze Trauben aus hohen Lagen vergoren werden, ist stets wunderbar.

Ashton Hills Ad H, SA r w; (sch) ★★ Pinot noir **05'** **10'** 12' 13' **15** – Legendärer Erzeugerbetrieb in den ADELAIDE HILLS. Überzeugender PINOT NOIR von über 30 Jahre alten Reben. 2015 durch WIRRA WIRRA erworben.

Bailey's NO-Vic r w br ★★ Voller SHIRAZ sowie vortreffliche MUSCAT- (★★★★) und TOPAQUE-Dessertweine. Die Weinberge werden alle ökologisch bewirtschaftet. Wurde 2017 von TWE an CASELLA verkauft.

Balgownie Estate Bendigo, Vic, Yarra V., Vic r ★ Hat das Zeug zu mittelschwerem, schön ausgewogenem, minzigem CABERNET SAUVIGNON mit Eleganz, Finesse und Charakter aus seinen Lagen im Herzen von BENDIGO. Ableger im YARRA VALLEY.

Balnaves of Coonawarra SA r w ★★★ COONAWARRA-Champion in Familienbesitz. Massiver CHARDONNAY, sehr guter würziger SHIRAZ mit mittlerem Körper. Flaggschiff ist der volle CABERNET SAUVIGNON Tally. Der neue Cabernet im »joven«-Stil ist gut.

Bannockburn Vic r w ★★★ Chardonnay **10'** 12' 14' 15; Pinot noir 08' **10'** 12' 14 – Intensiver, komplexer CHARDONNAY und würziger PINOT NOIR. Machte den Bereich GEELONG bekannt.

Barossa Valley SA – Die Heimat des australischen Rotweins. SHIRAZ, MOURVÈDRE, CABERNET SAUVIGNON und GRENACHE von sehr alten Reben. Kann sozusagen im Schlaf muskulöse, schwarze, wunderschöne Rotweine hervorbringen und hat das so gut wie immer getan. Die besten sind bekannt, aber oft Verschnitte (z. B. der GRANGE). Eine neue Riege strebt nach frischeren, (etwas) leichteren Stilen.

Bass Phillip Gippsland, Vic r ★★★★ Pinot noir **10'** **12'** 14' 15 – Kompletter Solist mit kleinen Mengen von nicht immer beständigem, aber meist herausragendem PINOT NOIR. Steht beispielhaft für Individualität. In Bestform.

Bay of Fires N-Tas r w; sch ★★★ Der Außenposten des ACCOLADE-Imperiums in TASMANIEN. Stilvolle Tischweine und die erstklassige Schaumwein-Cuvée Arras, aber auch den PINOT NOIR sollte man nicht links liegen lassen. Der beste Schaumweinhersteller in Australien.

Beechworth Vic – Felsiges Hochland im Nordosten von VICTORIA. CHARDONNAY und SHIRAZ sind die leistungsfähigsten Reben; der NEBBIOLO taucht aus dem (Winter-)Nebel auf. CASTAGNA, DOMENICA, FIGHTING GULLY ROAD, GIACONDA, SAVATERRE, Schmölzer & Brown und Sorrenberg heißen die wichtigsten Erzeuger.

Bendigo Vic – Heiße Region im Zentrum von VICTORIA. BALGOWNIE ESTATE ist der Platzhirsch. Heimat reichhaltiger SHIRAZ- und CABERNET-SAUVIGNON-Weine.

Best's Grampians, Vic r w ★★★ Shiraz **05'** **10'** **11'** 12' 13' 14' 15 – SHIRAZ-Meister mit sehr guten, mittelschweren Rotweinen. Der Thomson Family Shiraz von 120-jährigen Rebstöcken ist überragend. Der Shiraz-Schaumwein lohnt die Suche.

Billy Button Alpine V, Vic r w – Sehr viele Weine, aber nur in kleinen Mengen: alles von SHIRAZ und CHARDONNAY bis VERDUZZO, VERMENTINO, SCHIOPPETTINO und SAPERAVI. Wunderbar ausgewogen.

Bindi Macedon, Vic r w ★★★★ Pinot noir 04' **06'** **10'** 12' 13' 15 – Überaus gewissenhafter Erzeuger von herausragendem, langlebigem PINOT NOIR (hauptsächlich) und CHARDONNAY. Sehr kleine Mengen.

Brash Higgins McL V, SA ★★★ Brad Hickey ist ein cleverer Kerl. Er hat Englisch und Botanik studiert, aber auch als Brauer, Bäcker und Sommelier gearbeitet, bevor er Erzeuger radikaler Versionen von roten und weißen MCLAREN-VALE-Weinen wurde, man kann also davon ausgehen, dass er über Hefen Bescheid weiß. Er ist schnell zum Star der Region aufgestiegen.

Bremerton Lang C, SA r w ★★ Seidiger CABERNET SAUVIGNON und SHIRAZ mit großer Aromenfülle.

Brokenwood Hunter V., NSW r w ★★ ILR Reserve Semillon 03' 05' **06'** 09' **11**; Graveyard Shiraz 00' **06'** 09' 13' – Außer dem SEMILLON/SAUVIGNON BLANC Cricket Pitch ist hier kaum etwas seinen Preis wert, aber die Qualität ist insgesamt gut.

Brown Brothers King V., Vic r w br; tr s; sch ★ Reiche Auswahl an gefälligen Stilen und Sorten, mit Schwerpunkt auf Süßwein.

By Farr/Farr Rising Vic r w ★★★★ 10' 12' 13' **14** 15' 16 – Hervorragender Erzeuger in Bannockburn. Die CHARDONNAY- und PINOT-NOIR-Weine sind manchmal kleine Meisterwerke.

Campbells Rutherglen, Vic r (w) br ★★ Weiche, reife Rotweine (v. a. Bobbie Burns SHIRAZ); außerdem herausragender Merchant Prince Rare MUSCAT und Isabella Rare TOPAQUE (★★★★).

Canberra District NSW – Sowohl die Qualität als auch die Mengen steigen; Lagenauswahl ist wichtig; kühles Klima. CLONAKILLA ist der bekannteste Erzeuger. Neue Stars: COLLECTOR WINES, EDEN ROAD und RAVENSWORTH.

Cape Mentelle Marg R., WA r w ★★★ Cabernet Sauvignon **01' 10' 11'** 12' 13' 14' 15 – Pionier in hervorragender Form. Der robuste CABERNET SAUVIGNON ist eleganter (und weniger alkoholstark) geworden, der CHARDONNAY ist sehr gut. Ferner ZINFANDEL und sehr populärer SAUVIGNON BLANC/SEMILLON. Im Besitz von LVMH Veuve Clicquot.

Casella Riverina, NSW r w ★ Die Yellow-Tail-Rot- und Weißweine des unteren Preisniveaus haben zur Entstehung eines australischen Weinimperiums beigetragen. Zum Besitz gehören jetzt BAILEY'S, Brand's of Coonawarra, Peter Lehmann und Morris.

Castagna Beechworth, Vic r w ★★★ Syrah **05' 06'** 08' **10'** 12' 14 – Julian Castagna ist Anführer der australischen biodynamischen Bewegung. Ausgezeichnet sind SHIRAZ/VIOGNIER und SANGIOVESE/Shiraz von gutseigenen Trauben.

Chambers' Rosewood NO-Vic (r) (w) br ★★★ Gilt neben MORRIS als der beste Erzeuger von sehr süßem TOPAQUE und Muscat.

Chapel Hill McL V, SA r (w) ★★ Führender Erzeuger des MCLAREN VALE. SHIRAZ und CABERNET SAUVIGNON sind der Brotgeber, aber mit TEMPRANILLO und v. a. GRENACHE geht es aufwärts.

Charles Melton Wines Barossa V., SA r w; (sch) ★ Kleines Weingut mit kräftigen, reifen traditionellen Rotweinen, allen voran Nine Popes, einem Verschnitt von alten GRENACHE- und SHIRAZ-Reben.

Chatto Tas r ★★★★ Das heimliche Projekt von Jim Chatto (Kellermeister bei MOUNT PLEASANT) in Tasmanien. Kleine Mengen PINOT NOIR mit ganz wunderbaren Frucht- und Gewürznoten. Überaus saftig. Überaus gut.

Clarendon Hills McL V, SA r ★★ Die ganze Palette an Rotweinen (hoher Alkoholgehalt, intensive Frucht) von Trauben, die in den Hügeln oberhalb des MCLAREN VALE wachsen. Zigarrenweine.

Clare Valley SA – Kleiner, hübscher Bereich mit erstklassigen Lagen, rund 145 km nördlich von Adelaide. Am besten mit dem Rad zu erkunden, wie manche finden. Australiens berühmteste RIESLING-Region; auch eukalyptusduftiger SHIRAZ und erdiger, tanninbetonter CABERNET SAUVIGNON. Wegweisende Erzeuger: GROSSET, KILIKANOON, KIRRIHILL, MOUNT HORROCKS, TIM ADAMS, WENDOUREE.

Clonakilla Canberra, NSW r w ★★★★ Shiraz 05' 06' **07' 09' 10'** 13' 14' 15' 16 – Zu Recht der Anführer der Shiraz-Viognier-Truppe. RIESLING und VIOGNIER sind ausgezeichnet. Superstar des Anbaugebiets Canberra. Der sortenreine SYRAH ist wohl der beste Wein der ganzen Palette.

Clos du Tertre Frankland R. w – Grandioser RIESLING: tolle Textur, intensiv, vielschichtig, langer Abgang.

Clyde Park Vic r w ★★ Tiefer CHARDONNAY und PINOT NOIR in großartiger Form. Der SHIRAZ macht von sich reden.

Coldstream Hills Yarra V., Vic r w; (sch) ★★★★ Pinot noir **06'** 10' **12'** 13' 14' 15'; Chardonnay **10'** 11' 12' **13'** 14' 15' – 1985 von dem Publizisten James Halliday gegründet. Köstlicher PINOT NOIR, jung zu trinken, Reserve zum Altern. Außerdem ausgezeichneter CHARDONNAY (v. a. Reserve). Aufsehenerregende Einzellagenweine. Im Besitz von TWE.

Collector Wines Canberra, NSW r ★ Reserve Shiraz **07'** 09' 12' 13' – Der Reserve SHIRAZ ist der einzig Wahre: vielschichtig, würzig, duftend und komplex.

Coonawarra SA – Südlichster Bereich von South Australia. In dem Landstrich mit der reichhaltigsten roten Erde (auf Kalkstein) entsteht mit der (in Qualität und Preis) beste australische CABERNET SAUVIGNON. WYNNS ist der älteste Erzeuger (und der Champion), BALNAVES, KATNOOK, LINDEMAN'S, MAJELLA, RYMILL und YALUMBA geben mit den Ton an.

Coriole McL V, SA r w ★★★ Lloyd Reserve Shiraz 98' 02' **04'** 10' 12' 13' 14 – Im Auge behalten, v. a. den SANGIOVESE und den Lloyd Reserve SHIRAZ von alten Reben. Interessante Italiener: FIANO, SAGRANTINO, NERO D'AVOLA. Mit Leib und Seele dabei.

Craiglee Macedon, Vic r w ★★★ Shiraz **00'** 08' 10' 12' 13' 14 – Nicht wegzudenkender Betrieb, von der nördlichen Rhône inspiriert. Duftiger, pfeffriger SHIRAZ und alterungswürdiger CHARDONNAY.

Crawford River Heathcote, Vic w ★★★ Hervorragender RIESLING-Erzeuger. Cooler kalter, funkelnder (trockener) Stil, großartig zu Fisch und Meeresfrüchten, höchst alterungswürdig.

Cullen Wines Marg R., WA r w ★★★★ Cabernet Sauvignon/Merlot **04'** 05' **09'** 11 12' 13' 14' 15; Chardonnay **09'** 10' 11' 12' **13'** 14' 15' 16 – Vanya Cullen, Star der zweiten Generation, bereitet gehaltvollen, aber subtilen SEMILLON/SAUVIGNON BLANC, vortrefflichen CHARDONNAY und eleganten, sehnigen CABERNET SAUVIGNON/MERLOT. Biodynamisch in allem, was sie tut. Außerordentliche Qualität, die langsam, aber stetig noch besser wird.

Curly Flat Macedon, Vic r w ★★★ Pinot noir 10' 11' 12' 13' 14' 15 – Robuster, aber duftender PINOT NOIR zweier Preis-/Qualitätsniveaus und vollmundiger CHARDONNAY, beide langlebig. Der Abgang des Gründers und Kellermeisters Phil Moraghan ist ein harter Schlag.

d'Arenberg McL V, SA r w (br); (s); (sch) ★★ Prachtvoller SHIRAZ und GRENACHE. Viele andere Sorten und verrückte Namen (z. B. SAGRANTINO The Cenosilicaphobic Cat). Der Elton John der australischen Kellereien, mit bunt gemusterten Hemden und allem Drum und Dran. Oft in der unteren Preiskategorie am besten.

Das neue Besucherzentrum von d'Arenberg sieht aus wie ein Zauberwürfel, bei dem jemandem die Geduld ausgegangen ist.

David Franz Barossa V., SA r w – SEMILLON von über hundertjährigen Reben, ein Rosé aus 108 unterschiedlichen Sorten (ja, 108!), CABERNET SAUVIGNON von alten Reben, experimenteller VERMENTINO, unverfälschter CHARDONNAY – alles dabei. Manche Experimente gehen schief, aber wenn sie gelingen …

Deakin Estate Vic r w ★ Außerordentlich alkoholschwacher MOSCATO. Würziger SHIRAZ, CABERNET SAUVIGNON. Liefert stets preiswerte Hits.

De Bortoli Griffith, NSW, Yarra V., Vic r w (br); tr s ★★→★★★ Weingut in einem Bewässerungsbereich und führender Erzeuger im YARRA VALLEY. Ausgezeichneter PINOT NOIR aus kühlen Lagen, dazu SHIRAZ, CHARDONNAY, SAUVIGNON BLANC sowie sehr guter süßer edelfauler Noble Semillon im Sauternes-Stil. Am Standort im Yarra Valley ist es am interessantesten.

Devil's Lair Marg R., WA r w ★ Opulenter CHARDONNAY und CABERNET SAUVIGNON/MERLOT. Fifth Leg ist ein gutes Zweitetikett. Im Besitz von TWE.

Domaine A S-Tas r w ★★ Die Schweizer Besitzer und Kellermeister Peter und Ruth Althaus sind Perfektionisten. Sehr guter eichenfassgereifter SAUVIGNON BLANC. Polarisierender CABERNET SAUVIGNON aus kühlem Klima. Sagen wir mal charismatisch.

Domaine Chandon Yarra V., Vic (r) (w); sch ★★ Schaum- und Tischweine von in kühlen Gegenden angebauten Trauben. Im Besitz von Moët & Chandon (siehe Frankreich). In Großbritannien mit der Marke Green Point bekannt. Die Cuvées oJ sind besser in Form denn je.

Domenica Beechworth, Vic ★★★ Auffälliger neuer Erzeuger in BEECHWORTH mit gut eingewachsenen Weinbergen. Überschwänglicher, würziger SHIRAZ. MARSANNE mit schöner Textur.

Eden Road r w ★★ Eleganter SHIRAZ, CHARDONNAY und CABERNET SAUVIGNON aus den Bereichen Hilltops, TUMBARUMBA und CANBERRA DISTRICT.

Eden Valley SA – Hügelige Gegend, in der u. a. Chris Ringland, HENSCHKE, PEWSEY VALE, RADFORD und TORZI MATTHEWS zu Hause sind. Rassiger RIESLING, (duftender, lebhafter) SHIRAZ und CABERNET SAUVIGNON von Spitzenqualität.

Elderton Barossa V., SA r w (br); (sch) ★★ Alte Reben; reichhaltiger, eichenholzwürziger CABERNET SAUVIGNON und SHIRAZ. Deckt alle Weinreihen ab. Teilweise biologischer/biodynamischer Anbau. Die reichhaltigen Rotweine sind in ausgezeichneter Form.

Eldorado Road Rutherglen, Vic r – Paul Dahlenburg hat einen festen Job (Kellermeister bei BAILEY'S), aber sein eigenes Steckenpferd ist ein echtes Schätzchen. Durif, SHIRAZ und NERO D'AVOLA zeigen, dass Eleganz und Kraft sich nicht gegenseitig ausschließen.

Eldridge Estate Morn P, Vic r w ★★★ Weinmacher David Lloyd ist ein penibler Experimentierer, PINOT NOIR und CHARDONNAY sind den Aufwand aber wert. Der sortenreine GAMAY ist wirklich etwas Besonderes.

Epis Macedon, Vic r w ★ Langlebiger PINOT NOIR, eleganter CHARDONNAY. Kaltes Klima. Kraftvoll, wenn er auf den Markt kommt, die Komplexität braucht Zeit.

Evans & Tate Marg R., WA r w ★★ Seit 2007 im Besitz von MCWILLIAM'S. Die Qualität ist nun besser. SHIRAZ, CABERNET SAUVIGNON und CHARDONNAY. Größtenteils preiswert, doch die anspruchsvolleren Weine sind gut.

Faber Vineyards Swan V., WA r ★★★ Reserve Shiraz **07'** 09' **11'** 12' 13' 14 – John Griffiths ist ein Guru der westaustralischen Weinbereitung. Seine Gutsweine zeigten, was beim SWAN VALLEY SHIRAZ möglich ist.

Fighting Gully Road Beechworth, Vic r w ★ Maßstäbe setzender Erzeuger in BEECHWORTH. CHARDONNAY, AGLIANICO und TEMPRANILLO schießen den Vogel ab.

Flametree Marg R., WA r w ★★ Außergewöhnlicher CABERNET SAUVIGNON; würziger, verführerischer SHIRAZ. Gelegentlich gibt es einen fesselnden CHARDONNAY.

Fraser Gallop Estate Marg R., WA r w ★★ Konzentrierter CABERNET SAUVIGNON, CHARDONNAY und SEMILLON/SAUVIGNON BLANC (mit Holzeinfluss). Kurz vor dem Aufstieg in die erste Liga.

Freycinet Tas r w; (sch) ★★★ Pinot noir **10' 11'** 12' 13' 15 – Pionierfamilienbetrieb an der tasmanischen Ostküste mit kompaktem PINOT NOIR, gutem CHARDONNAY und ausgezeichnetem Schaumwein Radenti.

Garagiste Morn P, Vic r w ★★★ CHARDONNAY und PINOT NOIR vereinen Intensität mit Finesse. Die Qualität ist durchweg superverlässlich, erreicht jedoch manchmal einsame Spitzen.

Natur pur

Australischer Wein springt auf jeden Zug auf. Aufgrund der Kombination aus relativ wenigen Regeln und Bestimmungen und einem breiten Spektrum an klimatischen Bedingungen, Böden und Rebsorten in dem großen Land gibt es kaum eine Windmühle, mit der man nicht kämpfen kann. Pét Nat, Naturwein und Orange Wine haben (Letzterer zum großen Verdruss des Anbaugebiets Orange in New South Wales) im australischen Weinbau so fest Fuß gefasst, dass sie ihm insgesamt einen Kräfteschub verpasst haben. Blind Corner, Brave New Wines, Cobaw Ridge, Frederick Stevenson, Gentle Folk, Jauma, KALLESKE, Latta, Lucy M, Patrick Sullivan, Ravensworth, Shobbrook, Si Vintners, The Wine Farm, Torbreck und TRIPE.ISCARIOT sind nur einige der vielen Erzeuger, die entweder ganz oder teilweise an einer unglaublich dynamischen Naturweinbewegung beteiligt sind. Betoneier und/oder Tonamphoren sind in australischen Kellereien weitverbreitet und an den unwahrscheinlichsten Stellen anzutreffen. Die Lokalszene im Zentrum der Großstädte ist der wichtigste Motor und Abnehmer, aber das Phänomen zieht weite Kreise.

Geelong Vic – Bereich westlich von Melbourne mit kühl-trockenem Klima. Am besten von: BANNOCKBURN, Bellarine Estate, BY FARR, CLYDE PARK, LETHBRIDGE, Provenance.

Gemtree Vineyards McL V, SA r (w) ★★ Warmherziger SHIRAZ sowie TEMPRANILLO und andere Exoten; allen gemein ist die Qualität. Vorwiegend biodynamisch.

Giaconda Beechworth, Vic r w ★★★★ Shiraz **08'** 10' 13' 14; Chardonnay **08'** 10' 11' 12' 13' 14' 15 – Mitte der 1980er-Jahre stieg Rick Kinzbrunner einen steilen, trockenen, felsigen Hügel hinauf und kam als Weinmacherlegende wieder herunter. Dabei gab er den Startschuss für den Bereich BEECHWORTH. König des australischen CHARDONNAY. Kleine Mengen kraftstrotzender Weine.

Giant Steps/Innocent Bystander Yarra V., Vic r w ★★★ Erstklassige Einzellagenweine von CHARDONNAY und PINOT NOIR. Die Jahrgänge **12' 13'** 14' 15' (und 17) sind bei den Weinen beider Hauptrebsorten aufregend. Die Marke Innocent Bystander wurde an BROWN BROTHERS verkauft.

Glaetzer-Dixon Tas r w ★★★ Nick Glaetzer stellte die Geschichte seiner Familie auf den Kopf, als er seine Zelte im kühlen TASMANIEN aufschlug: RIESLING im europäischen Stil, Rhône-artiger SHIRAZ und fleischiger PINOT NOIR. Angenehm anders. Greift nach den Sternen.

Glaetzer Wines Barossa V., SA r ★★ Üppige, ausgefeilte Rotweine mit passender auffälliger Verpackung. Sehr reifer SHIRAZ von alten Reben, allen voran die Ikone Amon-Ra.

Goulburn Valley Vic – Die Region mit gemäßigtem Klima in Central Victoria bringt körperreiche, erdige Tischweine hervor. Am besten sind MARSANNE, CABERNET SAUVIGNON und SHIRAZ. Die Kellereien MITCHELTON und TAH-

BILK sind die Standbeine. Ist auch unter dem Namen Nagambie Lakes bekannt.

Grampians Vic – Früher als Great Western bezeichnete Region mit gemäßigtem Klima im Nordwesten. Erstklassiger würziger SHIRAZ und Shiraz-Schaumwein. Heimat von BEST'S, MOUNT LANGI, SEPPELT (vorerst noch) und The Story.

Granite Belt Qld – Hoch gelegene und (relativ) kühle Weinbauregion an der Grenze zwischen Queensland und NSW, die man dort nicht erwarten würde. Würziger SHIRAZ und voller SEMILLON, z. B. Boireann, Golden Grove.

Grant Burge Barossa V., SA r w (br); (s); (sch) ★ Zarte Rot- und Weißweine von den besten Trauben aus dem großem, eigenem Weinbergbesitz. 2015 von ACCOLADE erworben.

Great Southern WA – Abgelegene kühle Gegend im südlichen Westaustralien. Die offiziellen Unterregionen heißen Albany, Denmark, Frankland River, Mt. Barker und Porongurup. Erstklassiger RIESLING, SHIRAZ und CABERNET SAUVIGNON. Stil und gutes Preis-Leistungs-Verhältnis.

Grenache auf dem Weg nach oben: Der Grenache von Turkey Flat errang 2016 als Erster seiner Art die Jimmy Watson Trophy, den begehrtesten australischen Weinpreis.

Grosset Clare V., SA r w ★★★★ Gaia **04'** 05' 12' 13' 14; Riesling **05'** 10' 12' 13' 15' 16' 17 – Penibler Kellermeister. Führender australischer RIESLING, herrlicher CHARDONNAY und sehr guter CABERNET SAUVIGNON/MERLOT namens Gaia. PINOT NOIR mit Rote-Beete-Noten.

Hahndorf Hill Ad H, SA r w ★★ Viele Experimente und viel Wundersames, erzeugt jedoch einige faszinierende GRÜNE VELTLINER und ist das australische Gesicht dieser Rebsorte.

Hardys r w; (s); sch ★★★ Eileen Shiraz **04'** 06' **10'** 12' 13'; Eileen Chardonnay **06' 10'** 12' 13' 15 – Historischer Betrieb, jetzt im Besitz von ACCOLADE. Exzellenter CHARDONNAY, der SHIRAZ liegt nicht weit zurück.

Heathcote Vic – In der 500 Millionen Jahre alten Kambrium-Erde des Gebiets steckt ein großartiges Potenzial, um erstklassige Rotweine hervorzubringen, v. a. SHIRAZ. Es wird nun langsam ausgeschöpft.

Henschke Eden V., SA r w ★★★★ Shiraz **96' 04'** 06' **09'** 12; Cabernet Sauvignon **90'** 96' 02' **04' 06'** 09' 10' – Herausragender 150 Jahre alter Familienbetrieb, bekannt für köstlichen Hill of Grace (SHIRAZ), sehr guten CABERNET SAUVIGNON, Rotweinverschnitte, gute Weiße und schwindelerregende Preise.

Hentley Farm Barossa V., SA r ★★ Beständiger SHIRAZ mit enormer Kraft und Konzentration trotz des (im Allgemeinen) frischen, fast spritzigen Kontexts.

Hewitson SO-Australien r (w) ★★ Old Garden Mourvèdre **06' 09'** 10' **12'** 13' 14 – Dean Hewitson spürt Parzellen mit den »ältesten MOURVÈDRE-Reben der Erde« auf. Sehr guter SHIRAZ verschiedener Preisklassen.

Houghton Swan V., WA r w ★★★ Jack Mann 08' **11'** 12' 13' 14' 15 – Ehemals legendärer Weinbaubetrieb im SWAN VALLEY bei Perth, Teil von ACCOLADE. Der preisgünstige Weißweinverschnitt wurde einst als nationaler Klassiker angesehen. Sehr guter CABERNET SAUVIGNON, SHIRAZ USW. aus GREAT SOUTHERN und MARGARET RIVER. Der Cabernet-Verschnitt Jack Mann ist ernsthaft gut.

Howard Park WA r w ★★★ Cabernet Sauvignon 01' 05' 09' 10' 11' 12' 13'; Riesling **11'** 12' 13' 14' 15' 16' – Duftender RIESLING, CHARDONNAY und erdiger CABERNET SAUVIGNON. Das Zweitetikett MadFish hat ein sehr gutes Preis-Leistungs-Verhältnis. Der PINOT NOIR wird besser.

Hunter Valley NSW – Es ist absurd, aber es funktioniert. Subtropisches Kohlebergbaurevier, 160 km nördlich von Sydney. Mittelschwerer, erdiger SHIRAZ und vornehmer SEMILLON mit 30 Jahren Haltbarkeit. Die wohl terroirbetontesten Stile in Australien. Aushängeschilder sind MOUNT PLEASANT und (v. a.) Tyrrell's.

Inkwell McL V, SA r (w) ★★ Große Eleganz, hohe Meinung, viel Charakter. Jede Menge verlockende Weine, v. a. auf SHIRAZ-Basis.

Jacob's Creek (Orlando) Barossa V., SA r w (br); (s); sch ★ Im Besitz von Pernod Ricard. Konzentriert sich fast ausschließlich auf verschiedene Reihen der uninspirierten, aber verlässlichen Jacob's-Creek-Weine, die alle Rebsorten und Preislagen abdecken. Die neue Rotweinreihe wird in Whiskyfässern ausgebaut: kein Kommentar

Jasper Hill Heathcote, Vic r w ★★ Shiraz **04' 06'** 10' 13' – Emily's Paddock SHIRAZ/CABERNET FRANC und Georgia's Paddock Shiraz aus trockenen Lagen sind intensiv, straff, langlebig und biodynamisch.

Jericho Ad H, SA, McL V, SA r w ★★ Eine ausgezeichnete Auswahl der Trauben und eine kompetente/gut durchdachte Weinbereitung ergeben zusammen eine Reihe durch und durch moderner, schmackhafter Weine, v. a. SHIRAZ und TEMPRANILLO.

Jim Barry Clare V., SA r w ★★ Auf hervorragenden Anbauflächen entstehen sehr guter RIESLING, McCrae Wood SHIRAZ und der reichhaltige, kostspielige, hemmungslos eichenholzwürzige The Armagh Shiraz.

John Duval Wines Barossa V., SA r ★★★ John Duval, ehemaliger Urheber des PENFOLDS Grange, produziert köstliche Rotweine im Rhône-Stil, voller Intensität und Charakter.

Kalleske SA r ★★ Der alte Familienbetrieb in Greenock im äußersten Nordwesten des BAROSSA VALLEY erzeugt recht speziellen Einzellagen-SHIRAZ und viele andere (geschmacksintensive) Weine.

Katnook Estate Coon, SA r w; (s); (sch) ★★★ Odyssey Cabernet Sauvignon **00' 04'** 05' **10'** – Teure SHIRAZ-Weinikonen sind Odyssey und Prodigy. Konzentriert fruchtig – und zu eichenbetont.

Kilikanoon Clare V., SA r w ★★★ RIESLING und SHIRAZ haben ausgezeichnete Erfolge erzielt. Saftig, generös und wunderbar bereitet. 2017 an eine chinesische Investorengruppe verkauft.

King Valley Vic – Die Höhenlagen zwischen 155 und 860 m wirken sich stark auf die angebauten Rebsorten und den Weinstil aus. Über 20 Marken, qualitativ allen voran sind BROWN BROTHERS, Chrismont, Dal Zotto und insbesondere PIZZINI.

Kirrihill Clare V., SA r w ★ Sehr guter CABERNET SAUVIGNON, SHIRAZ und RIESLING zu (oft) hervorragenden Preisen. Erschwingliche Quelle, um zwischendurch die Kellerbestände aufzustocken.

Knappstein Wines Clare V., SA r w ★★ Zuverlässiger RIESLING, SHIRAZ, CABERNET SAUVIGNON. 2016 von LION NATHAN an ACCOLADE verkauft. Die Erweiterung um den mittelschweren, duftenden Shiraz/MALBEC und den mit Hülsenmaischung bereiteten Riesling verleiht dem Angebot den Charme und die Energie, die es dringend braucht.

Kooyong Morn P, Vic r w ★★★ PINOT NOIR und harmonischer, strukturierter großartiger Chardonnay. Charmanter PINOT GRIS; erstklassige Einzellagenweine.

Lake Breeze Lang C, SA r (w) ★★ Saftig-weicher, leckerer, preiswerter SHIRAZ und CABERNET SAUVIGNON; reicht ans mittlere Qualitätsniveau heran.

Lake's Folly Hunter V., NSW r w ★★ Cabernet Sauvignon 05' 13' 14'; Chardonnay **09' 13' 14'** – Gegründet von dem Chirurgen Max Lake, dem Pionier des HUNTER VALLEY CABERNET SAUVIGNON. Der CHARDONNAY ist oft besser als der Cabernet-Sauvignon-Verschnitt. Wechselhaft, aber manchmal ausgezeichnet.

Langmeil Barossa V., SA r w ★★ Das Gut besitzt Mitte der 1880er-Jahre gepflanzte SHIRAZ-Reben, die somit zu den ältesten der Welt zählen, und dazu andere alte Weinberge, von denen Vollgas-Shiraz, -GRENACHE und -CABERNET-SAUVIGNON bereitet werden.

Larry Cherubino Wines Frankland R., WA r w ★★★ Intensiver SAUVIGNON BLANC, RIESLING, würziger Shiraz und Hochglanz-CABERNET-SAUVIGNON. Ehrgeizige Marke, die jetzt ihre Versprechen aus der Anfangszeit einlöst.

Leasingham Clare V., SA r w ★ Die ehemals bedeutende Marke ist nur noch ein Schatten ihrer selbst. Gehört ACCOLADE.

Leeuwin Estate Marg R., WA r w ★★★★ Chardonnay **06' 08'** 10' **12'** 13' 14' – Erzeuger mit Kultstatus. Alles dreht sich um CHARDONNAY. Körperreicher, alterungswürdiger Art Series. SAUVIGNON BLANC und RIESLING können da nicht mithalten. Der Cabernet Sauvignon ist manchmal sehr gut.

Leo Buring Barossa V., SA w ★★ **02'** 05' 13' 14' – Im Besitz von TWE. Ausschließlich RIESLING; Leonay heißt die Spitzenmarke, die herrlich langlebig ist. Im Vergleich zu früher vielleicht einen Schritt zurückgefallen.

Lethbridge Vic r w ★★★ Stilvoller kleiner Erzeuger von CHARDONNAY, SHIRAZ, PINOT NOIR und RIESLING. Stets experimentierfreudig. Kühles Klima, aber die Weine haben dennoch viel Fleisch auf den Knochen.

Limestone Coast Zone SA – Wichtige Anbauzone, zu der auch Bordertown, COONAWARRA, Mount Benson, Mount Gambier, PADTHAWAY, Robe und WRATTONBULLY gehören.

Lindemans r w ★ Im Besitz von TWE. Die preiswerte Reihe Bin ist jetzt Produktionsschwerpunkt. Weit entfernt vom früheren Ruhm. Die Trio-Rotweine aus COONAWARRA sind immer noch okay.

Lion Nathan Brauerei. Hat die Rebflächen in Australien (KNAPPSTEIN, PETALUMA, ST HALLETT, STONIER und TATACHILLA) 2016 an ACCOLADE verkauft.

Luke Lambert Yarra V., Vic ★★ Hipper junger Erzeuger von stilvollem SHIRAZ, PINOT NOIR und NEBBIOLO (hauptsächlich aus kühlen Lagen).

Macedon und Sunbury Vic – Benachbarte Regionen. Macedon liegt höher als das nahe dem Melbourner Flughafen gelegene Sunbury. Qualität findet man bei BINDI, CRAIGLEE, CURLY FLAT, EPIS, Granite Hills und Hanging Rock.

Mac Forbes Yarra V., Vic ★★★ Unzählige verschiedene Einzellagenweine, hauptsächlich PINOT NOIR, CHARDONNAY und RIESLING. Mausert sich rasch zu einem der wahren Macher im YARRA VALLEY.

Main Ridge Estate Morn P, Vic r w ★★ Reichhaltiger, langlebiger CHARDONNAY und PINOT NOIR. Gründer Nat White ist ein Altmeister der MORNINGTON PENINSULA; man kann sich diesen Bereich kaum ohne ihn vorstellen. Wechselte 2015 den Eigentümer.

Majella Coon, SA r (w) ★★ So verlässlich, wie der Tag lang ist. Opulenter SHIRAZ und CABERNET SAUVIGNON. Die Quintessenz des heutigen COONAWARRA.

Für den neuen Roten oJ von Penfolds namens G3 wird Grange aus drei Jahrgängen verschnitten. Kostet mehr, als wenn man die drei einzeln kauft.

Margaret River WA – Anbaugebiet mit gemäßigtem Klima an der Küste, südlich von Perth. Kraftvoller CHARDONNAY, strukturierter CABERNET SAUVIGNON, würziger SHIRAZ. Erzeuger: CULLEN, DEVIL'S LAIR, FRASER GALLOP, LEEUWIN ESTATE, MOSS WOOD, VOYAGER ESTATE und viele andere. Großartige Touristenregion (und ein Surferparadies)

Marius McL V, SA r ★★★ Sortenreiner SHIRAZ und Verschnitte von einer überwältigenden Konzentration. Die Qualität verhält sich umgekehrt proportional zum Aufwand; Letzterer beschränkt sich aufs Nötigste.

Mayford NO-Vic, Vic r w ★★ Winziges Gut in einem versteckten, in Privatbesitz befindlichen Tal. Hat dem Bereich Alpine Valleys Bedeutung verschafft. SHIRAZ, CHARDONNAY und aufregender würziger TEMPRANILLO.

McHenry Hohnen Marg R., WA ★★ Einer der besten Erzeuger von MARGARET RIVER CHARDONNAY und auf dem Weg nach oben.

McLaren Vale SA – Beliebte maritime Region am südlichen Stadtrand von Adelaide. Allgemein enorm geschmacksintensive Rotweine, doch BRASH HIGGINS, CHAPEL HILL, CORIOLE, GEMTREE, INKWELL, S.C. PANNELL, WIRRA WIRRA und eine wachsende Zahl anderer Erzeuger zeigen in ihren Weinen neben Geschmack auch Eleganz. SHIRAZ ist der Held, aber der sortenreine GRENACHE bewegt wirklich etwas in Sachen Qualität.

Gamay ante portas

Sortenreiner GAMAY ist nicht unbedingt weltberühmt, Beaujolais allerdings schon. Ein Häuflein australischer Erzeuger hat in den letzten ein, zwei Jahrzehnten ein bisschen mit Gamay herumgedoktert, allen voran ELDRIDGE ESTATE und SORRENBERG – aber jetzt könnte eine breitere Bewegung daraus werden. BASS PHILLIP, De Bortoli, Farr Rising, Marq, OCHOTA BARRELS, Pfeiffer, Punt Road und TYRRELL'S: Alle erzeugen interessanten Gamay, wenn sie denn genügend Trauben ergattern können. Es tut sich was beim Aussie-Gamay.

McWilliam's SO-Australien r w (br); (s) ★★ In Familienbesitz. EVANS & TATE, Hanwood und MOUNT PLEASANT sind die wichtigsten Säulen.

Meerea Park Hunter V., NSW r w ★ Die Brüder Garth und Rhys Eather bereiten alterungswürdigen SEMILLON und SHIRAZ, oft in Einzellagenversionen.

Mike Press Wines Ad H, SA r (w) ★★ Winzige Mengen, winzige Preise. CABERNET SAUVIGNON, SHIRAZ, CHARDONNAY, SAUVIGNON BLANC. Liebling der Schnäppchenjäger.

Mitchelton Goulburn V., Vic r w; (s) ★★ Solider Erzeuger von CABERNET SAUVIGNON, SHIRAZ und RIESLING; Spezialität: Marsanne und ROUSSANNE. Unbedingt einen Besuch wert; schickes neues Hotel inmitten von herrlichem Rotem Eukalyptus.

Mitolo r ★ SHIRAZ und CABERNET SAUVIGNON guter Qualität. Hochtrabender Stil.

Montalto Morn P, Vic r w ★★★ Ein paar Jahre lang war dies ein nettes Restaurant mit Galerie, kürzlich ist jedoch die Qualität des Weins geradezu explodiert. Ohne Zweifel eines der Produkte der MORNINGTON PENINSULA, die man probiert haben muss.

Moorilla Estate Tas r w; (sch) ★★ Pionier nahe Hobart am Derwent River. Guter CHARDONNAY und RIESLING; außerdem PINOT NOIR. Sehr gutes Restaurant und eine außergewöhnliche Kunstgalerie.

Moorooduc Estate Morn P, Vic r w ★★★ Seit Langem ein Erzeuger von stilvollem, kultiviertem CHARDONNAY und PINOT NOIR. Ein klein wenig anders.

Moppity Vineyards Hilltops, NSW r w ★★ Kerniger, tanninreicher SHIRAZ/VIOGNIER und CABERNET SAUVIGNON (Hilltops); eleganter CHARDONNAY (TUMBARUMBA). Qualitätsansprüche, doch vor allem als Erzeuger preiswerter Weine bekannt.

Mornington Peninsula Vic – Küstengegend, 40 km südöstlich von Melbourne. Jede Menge guter Boutiquekellereien; kühles, windiges Klima; PINOT NOIR,

CHARDONNAY, PINOT GRIS. Spielwiese für alle, die Wein, Surfen, Strand und Essen mögen.

Morris NO-Vic (r) (w) br ★★★ Erzeuger in RUTHERGLEN mit den besten Muscat- und TOPAQUE-Dessertweinen Australiens. Im Besitz von CASELLA.

Moss Wood Marg R., WA r w ★★★ Cabernet Sauvignon **01' 04'** 05' 12' 13' 14 – Die opulentesten (Rot-)Weine am MARGARET RIVER. SEMILLON, CHARDONNAY und wunderbar weicher Cabernet Sauvignon. Frucht- und eichenbetont.

Mount Horrocks Clare V., SA r w ★★ Feiner trockener RIESLING und süßer Cordon Cut Riesling. SHIRAZ und CABERNET SAUVIGNON gut in Form.

Mount Langi Ghiran Grampians, Vic r w ★★★★ Shiraz **04' 08'** 09' 10' 12' 13' 14' 15 – Reichhaltiger, pfeffriger, Rhône-ähnlicher Shiraz. Hervorragend der Cliff Edge Shiraz. Ein ganz spezielles Stückchen Erde. Eine ganz spezielle Erfolgssträhne.

Mount Mary Yarra V., Vic r w ★★★★ Pinot noir 05' 10' 12' 13' 14' 15; Quintet **00' 04' 10'** 12' 13' 14' 15 – Der verstorbene Dr. Middleton erzeugte sehr kleine Mengen charmanten CHARDONNAY, lebhaften PINOT NOIR und einen eleganten CABERNET-SAUVIGNON-Verschnitt. Alle altern makellos. Die neue Ära ist, wenn überhaupt, eine Veränderung zum Guten.

Mount Pleasant Hunter V., NSW ★★★★ Alter Erzeugerbetrieb im HUNTER VALLEY im Besitz von MCWILLIAMS, nun aufgemöbelt. Empfehlenswert: SEMILLON-Einzellagenweine (v. a. Lovedale), SHIRAZ.

Mudgee NSW – Weinbaugebiet nordwestlich von Sydney. Erdige Rote, feine SEMILLON- und vollmundige CHARDONNAY-Weine. Gute Qualität, bräuchte jedoch einen Helden.

Murdoch Hill Ad H, SA r w ★ Überwältigend pfeffriger PINOT NOIR; SYRAH. Produziert einfach weiter Knaller.

Murray Valley SA, Vic, NSW – Riesige bewässerte Weinbauregion, die in der Klimawandeldebatte oft zitiert wird.

Ngeringa Ad H, SA r w ★★ Duftender PINOT NOIR und NEBBIOLO, dazu Rhône-ähnlicher SHIRAZ und schmackhafter Rosé. Biodynamisch.

Ochota Barrels Barossa V., SA r w ★★ Don-Quichotte-Erzeuger mit GRENACHE und SHIRAZ von (hauptsächlich) alten Reben aus dem MCLAREN VALE und BAROSSA.

O'Leary Walker Wines Clare V., SA r w ★★ Zurückhaltender Auftritt, aber ausgezeichnete Qualität. CLARE VALLEY RIESLING und CABERNET SAUVIGNON sind die Spitzenreiter. Der MCLAREN VALE SHIRAZ ist eichenlastig, aber gut.

Orange NSW – Hoch gelegene Weinbauregion mit kühlem Klima. Lebhafter SHIRAZ (wenn reif), am besten aber für (intensive) aromatische Weiße und CHARDONNAY geeignet.

Out of Step Yarra V., Vic r w ★★★ Hat YARRA VALLEY SAUVIGNON BLANC ins Programm aufgenommen – mit Erfolg. Macht jetzt dasselbe mit CHARDONNAY, PINOT NOIR und NEBBIOLO aus verschiedenen Gebieten. Wer wagt, gewinnt.

Padthaway SA – Sehr guter SHIRAZ und CABERNET SAUVIGNON. Die Salzigkeit des Bodens ist weiterhin ein Problem.

Paringa Estate Morn P, Vic r (w) ★★★ Erzeuger von unwiderstehlichem PINOT NOIR und SHIRAZ. Fleischige, fruchtige, auffällige Stile.

Passing Clouds Bendigo, Vic ★★ Der Pionier der modernen Ära des Victoria-Weins war lange Jahre vom Radar verschwunden, tauchte jedoch 2016 mit einer wunderbar eleganten, strukturierten Abfüllung seines Parade-CABERNET-Verschnitts wieder auf und hält sich seitdem gut in Form.

Paxton McL V, SA r ★★ Einer der bekanntesten ökologisch/biodynamisch wirtschaftenden Winzer Australiens. Reifer, aber eleganter SHIRAZ und GRENACHE.

Pemberton WA – Region zwischen MARGARET RIVER und GREAT SOUTHERN; die anfängliche Begeisterung für PINOT NOIR ist inzwischen auf RIESLING, CHARDONNAY und SHIRAZ übergegangen.

Penfolds r w (br); (sch) ★★★→★★★★ Grange **55' 60' 62' 63' 66' 71' 76' 86' 90' 96' 98' 99' 02' 04'** 05' 06' 08' 10' 12' 13; Cabernet Sauvignon (Bin 707) 91' **96' 98' 02' 04'** 06' 10' 12' 14' 15 und natürlich der »einfache« SHIRAZ St Henri. Ursprünglich Adelaide, heute im ganzen Bundesstaat South Australia vertreten. Australiens bester Erzeuger von Rotweinen aus warmem Klima. Der Yattarna CHARDONNAY und der Bin Chardonnay sind jetzt ganz oben bei den Roten.

Petaluma Ad H, SA r w; sch ★★ Coonawarra Cabernet Sauvignon **04' 05'** 08' 12'; Riesling **02' 11'** 12' 13' 16; Chardonnay **12'** – Betrieb, der seinen einstigen Besitzer und Schöpfer Brian Croser zu vermissen scheint. Gut, aber jetzt eher zurückhaltend.

Peter Lehmann Wines Barossa V., SA r w (br); (s); (sch) ★★ Preisgünstige Weine, u. a. zugänglicher RIESLING. Luxuriöser, reizvoller SHIRAZ Stonewell, daneben viele andere Marken (rot und weiß). Peter Lehmann starb 2013, die Firma wurde 2014 an CASELLA (Yellow Tail) verkauft.

Pewsey Vale Ad H, SA w ★★ Sehr guter RIESLING – zwei Standardversionen sowie The Contours (flaschengereift) von einem wunderschön angelegten Weinberg.

Pierro Marg R., WA r w ★★ Chardonnay **12' 13' 14'** 15' 16 – Erzeuger von teurem, säurebetontem SEMILLON/SAUVIGNON BLANC und hochtourigem CHARDONNAY.

Pipers Brook Tas r w; sch ★★ Riesling **09' 13'**; Chardonnay **13'** – Pionier in einer kühlen Region mit gutem RIESLING sowie zurückhaltendem Chardonnay und Schaumweinen aus dem Tamar Valley. Zweitmarke: Ninth Island. Im Besitz der belgischen Familie Kreglinger.

Pizzini King V., Vic r ★★ Sangiovese **13' 14'** 15 – Führender Erzeuger in Australien für Weine von italienischen Sorten, v. a. NEBBIOLO und SANGIOVESE (der in letzter Zeit einen Gang hochgeschaltet hat). Treibende Kraft im KING VALLEY.

Primo Estate SA r w; tr (s) ★★ Zu den vielen erfolgreichen Weinen Joe Grillis zählen ein reichhaltiger MCLAREN VALE SHIRAZ, ein pikanter COLOMBARD und der kräftige CABERNET SAUVIGNON/MERLOT Joseph.

Punch Yarra V., Vic r w ★★★ Die Familie Lance führte jahrzehntelang das Gut Diamond Valley. Als sie es verkaufte, behielt sie den dicht bepflanzten PINOT-NOIR-Weinberg, der manchmal präzise, maßgebliche, langlebige Weine hervorbringt.

Pyrenees Vic – Region in Central Victoria mit reichhaltigen, oft minzeduftigen Rotweinen. Blue Pyrenees, Dalwhinnie, Dog Rock, Mount Avoca und Taltarni sind die führenden Erzeuger.

Ravensworth Canberra, NSW r w ★★ Aufgrund verschiedener Weinexperimente plötzlich ein heißer Tipp. Am bekanntesten ist der SANGIOVESE, aber die auf den Schalen vergorenen Weißweine und der GAMAY NOIR sorgen für Aufsehen.

Riverina NSW – Massenweinbauzone mit Bewässerung um Griffith.

Robert Oatley Wines Mudgee, NSW r w ★★ Ehrgeiziges Projekt des ROSEMOUNT-ESTATE-Gründers Robert Oatley. Das Preis-Leistungs-Verhältnis ist gewöhnlich gut.

Rockford Barossa V., SA r w; sch ★★ Weine von verschiedenen alten, ertragsarmen Weinbergen. Die Rotweine sind am besten. Außerdem Schaumwein Black SHIRAZ mit Kultstatus.

Rosemount Estate r w ★ Kommt regelmäßig vom Weg ab, aber die Rotweine sind manchmal gut.

Ruggabellus Barossa V., SA r ★★ Erregt Aufsehen. Peppigere, saftigere Version des BAROSSA. Alte Eiche, minimale Schwefelung, wilde Hefen, ohne Entrappung. Verschnitte von Cinsault, GRENACHE, MATARO, SHIRAZ.

Rutherglen und Glenrowan Vic – Zwei von vier Regionen im warmen Nordosten von Victoria; eine Zone, die zu Recht berühmt ist für ihre kräftigen Rotweine und die herrlichen gespriteten Dessertweine.

Rymill Coon, SA r ★★ Etablierter Erzeugerbetrieb. Stets verlässlich, doch der CABERNET SAUVIGNON ist in letzter Zeit eine Qualitätsstufe nach oben geklettert.

Saltram Barossa V., SA r w ★ Der preiswerte Mamre Brook (SHIRAZ, CABERNET SAUVIGNON) und der (selten gesichtete) No. 1 Shiraz sind die Spitzenweine. Eine der vielen von TWE »verwalteten« Marken.

Samuel's Gorge McL V, SA r ★★ Justin McNamee bereitet (manchmal) tollen GRENACHE, SHIRAZ und TEMPRANILLO mit Terroirbewusstsein.

Savaterre Beechworth, Vic r w ★★★ Pinot noir **04' 06'** 10' 12' 13' – Hervorragender Erzeuger von körperreichem CHARDONNAY, fleischigem PINOT NOIR und SHIRAZ von dicht gepflanzten Reben.

Scarborough Hunter V., NSW ★ Nur um zu beweisen, dass das Kind nicht mit dem Bade ausgeschüttet wurde: Der CHARDONNAY Yellow Label ist altbewährt frucht- und eichenbetont, gut bereitet.

S. C. Pannell McL V, SA r ★★★ Ausgezeichneter (würziger, aus ganzen Trauben vergorener) SHIRAZ (oft als SYRAH etikettiert) und (v. a.) Weine auf GRENACHE-Basis. Den NEBBIOLO sollte man im Auge behalten. Penibler Erzeuger.

Seppelt Grampians, Vic r w br; sch ★★★ St. Peter's Shiraz **02' 04' 08' 10'** 12' 13' 14' – Der historische Betrieb ist im Besitz von TWE. Beeindruckende CHARDONNAY-, RIESLING- und v. a. pfeffrige SHIRAZ-Weine. Die Marke bleibt als leere Hülle bestehen; die Kellerei wurde geschlossen.

Seppeltsfield Barossa V., SA r br ★★ Vom National Trust als nationales Erbe geführte Kellerei, 2007 von KILLKANOON erworben. Die Bestände an gespriteten Weinen gehen bis aufs Jahr 1878 zurück.

Serrat Yarra V., Vic r w ★★★ Winziger Weingarten des berühmten Kellermeisters Tom Carson (YABBY LAKE) und seiner Frau Nadege. Komplexer, kraftvoller, präzise bereiteter SHIRAZ/VIOGNIER, PINOT NOIR und CHARDONNAY.

Seville Estate Yarra V., Vic r w ★★★ Shiraz **05' 06'** 10' 13' 14' 15 – Ausgezeichneter CHARDONNAY, würziger SHIRAZ und feiner PINOT NOIR. Ein Pionier des YARRA VALLEY, der immer noch vormacht, wie es geht.

Shadowfax Vic r w ★★ Mehr als nur ein touristisches Anhängsel des historischen Werribee Park. Sehr guter CHARDONNAY, PINOT NOIR und SHIRAZ. Nie ein schlechter Wein.

Shaw + Smith Ad H, SA r w ★★★ Cleveres Outfit, schwarze Rollkragen und so. Knackiger, harmonischer SAUVIGNON BLANC, komplexer, fassvergorener CHARDONNAY M3, beide werden vom Shiraz aber noch getoppt. Der PINOT NOIR wird langsam besser.

Simao & Co Rutherglen, Vic r w ★★ Der junge Simon Killeen, Mitglied der Inhaberfamilie von STANTON & KILLEEN, hat 2015 einen unbestreitbar leckeren TEMPRANILLO auf den Markt gebracht. Neue Angebotspalette, die aber mit jeder Menge Geschichte, Persönlichkeit und Bedeutung aufwartet.

Sorrenberg Beechworth, Vic r w ★★★ Allerhöchste Qualität ohne Firlefanz. SAUVIGNON BLANC/SEMILLON, CHARDONNAY, (Australiens bester) GAMAY, Bordeaux-Verschnitt. Jeder Schlag ein Treffer. Eine der australischen Kellereien, die es einfach im Blut haben.

Southern NSW Zone NSW – Der südliche Bereich von New South Wales umfasst u. a. CANBERRA, Gundagai, Hilltops und TUMBARUMBA. Saftiger SHIRAZ, CHARDONNAY mit langem Abgang.

Spinifex Barossa V., SA r w ★★★ Kellerei nach Maß in BAROSSA. Komplexer SHIRAZ und GRENACHE-Verschnitte. Liefert routinemäßig reichhaltige, aber ausgefeilte Rotweine

Stanton & Killeen Rutherglen, Vic (r) br ★ Hauptattraktion ist der gespritete Jahrgangswein.

Stefano Lubiana S-Tas r w; sch ★★★ Herrliche Weinberge am Ufer des Derwent River, 20 Minuten von Hobart entfernt. Ausgezeichneter PINOT NOIR, Schaumwein, MERLOT und CHARDONNAY. Unprätentiös, aber energisch und ehrgeizig.

Tasmanien-Fieber

Wer guten Wein schätzt und gleichzeitig seiner Jagdlust frönen möchte, sollte Tasmanien ins Visier nehmen. Tasmanischer Wein sorgt seit rund 30 Jahren für Aufsehen, aber erst in jüngster Zeit hat sich eine nennenswerte Anzahl kleiner Erzeugerbetriebe zu erstklassigem PINOT NOIR hochgearbeitet. Wir betreten spannendes Terrain. Altbekannte Namen wie Bay of Fires, Freycinet, Meadowbank, Moorilla, Pipers Brook und Stefano Lubiana werden von Chatto, Dr Edge, Glaetzer-Dixon, Holyman, Hughes & Hughes, Lisdillon, Pooley, Sailor Seeks Horse, Small Island, Stargazer, Tolpuddle, Two Tonne Tasmania und anderen in den Schatten gestellt. Von vielen dieser Weine gibt es nur ein Fass oder zwei, aber die sind wirklich verflixt gut!

Stella Bella Marg R., WA r w ★★★ Wahnsinnsweine: CABERNET SAUVIGNON, SEMILLON/SAUVIGNON BLANC, CHARDONNAY, SHIRAZ und SANGIOVESE/Cabernet Sauvignon. Robust und charaktervoll.

St Hallett Barossa V., SA r w ★★★ Old Block 02' **04' 06' 08'** 12' 13' – Der Old Block SHIRAZ ist der Star, das übrige Programm ist tadellos, weich und stilvoll. Im Besitz von Accolade.

Stoney Rise Tas r w ★★★ Einst war Joe Holyman Wicket-Keeper der tasmanischen Cricketmannschaft; er hält den Rekord der meisten gefangenen Bälle bei seinem Debüt. Jetzt kümmert er sich selbst um alle Bereiche der Weinbereitung für seinen herausragenden PINOT NOIR und CHARDONNAY.

Stonier Wines Morn P, Vic r w ★★ Pinot noir **06' 12'** 13' 15'; Chardonnay 12' 13' 15 – Beständig gut; Reserve-Abfüllungen mit bemerkenswerter Eleganz. Der PINOT NOIR ist besonders gut in Form. Jetzt eine Menge Einzellagenweine.

Sunbury Vic – Siehe MACEDON und SUNBURY.

Swan Valley WA – 20 Minuten nördlich von Perth gelegener Geburtsort des Weins im Westen. Das heiße Klima bringt starke Tischweine mit niedrigem Säuregehalt hervor. Führender Erzeuger ist FABER VINEYARDS.

Tahbilk Goulburn V., Vic r w ★★★ Shiraz **04' 06' 10 12'**; Marsanne **06' 08'** 13' 14' 16 – Historischer Familienbesitz in Purbrick mit lagerfähigen Rotweinen; außerdem einer der besten Marsanne-Weine Australiens von alten Reben. Der CABERNET SAUVIGNON Reserve ist oft herausragend. Seltener 1860 Vines SHIRAZ. Für Leute, die es rustikal mögen.

Taltarni Pyrenees, Vic r w; sch ★★ SHIRAZ und CABERNET SAUVIGNON präsentieren sich in der besten Form seit Jahren. Langlebige Weine, aber man braucht keinen Presslufthammer mehr, um das Tannin vom Zahnfleisch zu lösen. Eine Brechstange ist immer noch hilfreich.

Tamar Ridge N-Tas r w; (sch) – Großer Fisch im kleinen Teich TASMANIENS. Im Besitz von BROWN BROTHERS. Preis-Leistungs-Verhältnis und Quantität stehen vor der Qualität auf der Tagesordnung.

Tapanappa SA r ★★★ Gemeinschaftsprojekt in WRATTONBULLY von Brian Croser, Bollinger und J.-M. Cazes aus Pauillac (Frankreich). Herrlicher CABERNET-SAUVIGNON-Verschnitt, SHIRAZ, MERLOT, CHARDONNAY. Erstaunlicher Pinot noir von der Fleurieu Peninsula.

Tar & Roses Heathcote, Vic r w ★★ SHIRAZ, TEMPRANILLO und SANGIOVESE, tadellos aufbereitet und präsentiert. Eine moderne Erfolgsgeschichte. Der Tod des Mitgründers Don Lewis 2017 ist ein großer Verlust.

TarraWarra Estate Yarra V., Vic r w ★★ Reserve Pinot noir **04' 06'** 10' **12'** 13' 15; Reserve Chardonnay **10'** 12' **13'** 15 – Hat von stämmig und eigenwillig auf elegant und langanhaltend umgestellt. Der Reserve ist im Allgemeinen einen großen Schritt weiter als der normale Wein.

Tasmanien Kühle Inselregion mit ausgezeichnetem Ruf. Herausragende Schaumweine, PINOT NOIR und RIESLING. Sehr guter CHARDONNAY, SAUVIGNON BLANC und PINOT GRIS. Die Zukunft sieht rosig aus.

Taylors Wines Clare V., SA r w ★ Großer Produzent, vor allem von RIESLING, SHIRAZ und CABERNET SAUVIGNON. Exportiert die Weine unter dem Namen Wakefield Wines.

Ten Minutes by Tractor Morn P, Vic r w ★★★ Verrückter Name, clevere Etiketten und noch bessere Weine. Chardonnay und Pinot noir sind beide ausgezeichnet und werden sich lange halten. Stil trifft auf Substanz.

Teusner Barossa V., SA r ★★ Alte Reben, kluge Weinbereitung, reine Fruchtaromen. Anführer des Trends gegen zu viel Holzeinfluss, der sich im BAROSSA VALLEY breitmacht.

Thousand Candles Yarra V., Vic r w ★★ Ein paar Fehltritte, doch PINOT NOIR und SHIRAZ brummen auf diesem großen Weinbergbesitz. Sollte im Auge behalten werden.

Tim Adams Clare V., SA ★★ Stets verlässlicher RIESLING, CABERNET SAUVIGNON/MALBEC-Verschnitt, SHIRAZ und (körperreicher) TEMPRANILLO.

Tolpuddle Tas ★★★ SHAW + SMITH haben 2011 diesen ausgezeichneten, 1988 angelegten Weinberg im tasmanischen Coal River Valley gekauft. Funkelnder PINOT NOIR und CHARDONNAY in schlankem Stil mit langem Abgang.

Topaque Vic – Der EU zu verdankender Ersatzname für den legendären süßen »Tokay« aus RUTHERGLEN. Man muss immer noch zweimal hingucken.

Torbreck Barossa V., SA r (w) ★★★ Spezialisiert auf (oft von alten Reben stammende) Rhône-Sorten, allen voran SHIRAZ und GRENACHE. Paradebeispiel für vollen, süßen, alkoholstarken Stil. Die Qualität blieb von den internen Streitigkeiten unberührt.

Torzi Matthews Eden V., SA r ★★ Aromatischer, generöser, stilvoller SHIRAZ. Preiswerter RIESLING. Jahr für Jahr unglaublich beständig.

tripe.Iscariot Marg R., WA r w ★★ Schwierig zu buchstabieren, einfach zu genießen. Komplexe Weiß-/Rotweine nach eigenem Entwurf. Passen in keine Schublade.

Tumbarumba NSW – Region mit kühlem Klima in den australischen Alpen in New South Wales; die Weinberge liegen in 500–800 m Höhe. Der Star ist CHARDONNAY. Der PINOT NOIR liegt weit zurück und wird wohl nie aufschließen.

Turkey Flat Barossa V., SA r rs ★★★ Spitzenerzeuger von glanzhellem Rosé, GRENACHE und SHIRAZ aus dem Herzen eines 150 Jahre alten Weinbergs. Alkoholgehalt und Verwendung von Eichenfässern begrenzt. Neue Einzellagenweine. Alt, aber modern. Räumte 2016 die begehrte Jimmy Watson Trophy ab, bemerkenswerterweise mit dem Grenache.

TWE (Treasury Wine Estates) Australischer Weinmoloch mit Dutzenden bekannter Marken, u. a. COLDSTREAM HILLS, DEVIL'S LAIR, LINDEMANS, PENFOLDS, Rosemount, SALTRAM, Wolf Blass, WYNNS.

Two Hands Barossa V., SA r ★★★ Üppige Rote, und zwar eine Fülle davon, aber hier kommt die gute Nachricht: Der Regler wurde endlich einen Tick niedriger eingestellt, und die Frucht macht sich jetzt umso klarer und lauter bemerkbar.

Tyrrell's Hunter V., NSW r w ★★★★ Semillon **10' 11'** 13' 14' 15' 16' 17; Vat 47 Chardonnay **10'** 12' 13' 14' 15' 16 – Hier entsteht Australiens großartigster SEMILLON. Zum Vat 1 hat sich eine Reihe von Einzellagenweinen oder Weinen aus Unterbereichen gesellt. Auch der Vat 47, der erste CHARDONNAY Australiens, trotzt weiterhin den klimatischen Widrigkeiten. Hervorragend sind auch der 4 Acres SHIRAZ von alten Reben und der Vat 9 Shiraz. Einer der wirklich Großen.

Würden Sie das trinken?

Das allem »Natürlichen« und Organischen gewidmete Weinfestival Rootstock in Sydney hat den Inhalt der Spucknäpfe (ja, Sie lesen richtig) des letzten Jahres destillieren lassen. Der daraus entstandene Sch …, ähm, Schnaps wurde unter dem Namen Kissing A Stranger abgefüllt. Ohne Witz.

Vasse Felix Marg R., WA r w ★★★ Cabernet Sauvignon **08'** 09' 10' 11' 12' 13'; Chardonnay **10'** 13' 15' 16 – Zusammen mit CULLEN ein Pionier am MARGARET RIVER. Eleganter, mittelschwerer CABERNET SAUVIGNON mit bemerkenswerter Ausgewogenheit. Komplexer, aufgepeppter CHARDONNAY. Kehrt zu seinen Wurzeln der Gutsweinerzeugung zurück.

Voyager Estate Marg R., WA r w ★★ Große Mengen von reichhaltigem, kräftigem Wein (hauptsächlich) aus eigenem Anbau: SEMILLON, SAUVIGNON BLANC, (v. a.) CHARDONNAY und CABERNET SAUVIGNON/MERLOT.

Wantirna Estate Yarra V., Vic r w ★★★ Pionier der Region, der keine Anzeichen von Ermüdung zeigt. CHARDONNAY, PINOT NOIR und die Bordeaux-Verschnitte sind alle ausgezeichnet in Form. Mengenmäßig klein, qualitätsmäßig groß.

Wendouree Clare V., SA r ★★★★ Hochgeschätzter Erzeuger kraftvoller, tanninreicher, konzentrierter Rotweine (in kleinen Mengen) auf der Basis von CABERNET SAUVIGNON, Malbec, Mataro und MALBEC SHIRAZ. Hat vor Kurzem auf Schraubverschlüsse umgestellt. Die Bedeutung des Worts »Langlebigkeit« erklärt man am besten mit dem Bild eines Rotweins von Wendouree. Dafür gibt man sein letztes Hemd her.

West Cape Howe Denmark, WA r w ★ Die Spezialität sind erschwingliche, geschmacksintensive Rotweine.

Westend Estate Riverina, NSW r w ★★ Boomender Familienbetrieb, der schmackhafte Schnäppchen erzeugt, insbesondere Private Bin SHIRAZ/Durif. Die Neuzugänge aus kühlem Klima sind ziemlich preiswert.

Willow Creek Morn P, Vic r w ★★ Guter Erzeuger v. a. von eindrucksvollem CHARDONNAY und PINOT NOIR. Kraft und Ausgewogenheit.

Wirra Wirra McL V, SA r w; (s); (sch) ★★ RSW Shiraz **04'** 05' **10'** 12'; Cabernet Sauvignon **05'** 10' 12' 13' – Hochwertige, konzentrierte Weine in peppigem Design. Der CABERNET SAUVIGNON Angelus heißt außerhalb Australiens Dead Ringer.

Wolf Blass Barossa V., SA r w (br); (s); (sch) ★★ Cabernet-Sauvignon-Verschnitt Black Label 04' **05' 10'** 12' 13 – Im Besitz von TWE. Nicht mehr der Toperzeuger, der er einmal war, jagt aber immer noch riesige Mengen sauberer, unaufdringlicher Weine durch die Anlage.

Woodlands Marg R., WA r (w) ★★ Mit über 40 Jahre alten CABERNET-SAUVIGNON-Reben bestockte 7 ha Weinberge, die zu den besten Lagen des Gebiets zählen; außerdem jüngere, aber sehr gute Anpflanzungen anderer Bordeaux-Rotweinsorten. Rotweine von beunruhigender Wucht.

Wrattonbully SA – Wichtiges Anbaugebiet an der LIMESTONE COAST. Durch TAPANAPPA, Terre à Terre und Peppertree ist der Anspruch gestiegen.

Wynns Coonawarra, SA r w ★★★★ Shiraz **06' 10'** 12' 13' 14' 15; Cabernet Sauvignon **91' 98' 00'** 04' 05' **06'** 10' 12' 13' 14' 15 – COONAWARRA-Klassiker im Besitz von TWE. RIESLING, CHARDONNAY, SHIRAZ und Cabernet Sauvignon sind alle sehr gut, v. a. der Black Label CABERNET SAUVIGNON (15' ist ein bleibender) und der John Riddoch Cabernet Sauvignon. Die neuen Einzellagenabfüllungen sind das Sahnehäubchen.

Yabby Lake Morn P, Vic r w ★★★ CHARDONNAY, PINOT NOIR und SHIRAZ sind alle prinzipiell/routinemäßig tipptopp.

Yalumba Barossa V., SA r w; sch ★★★ 168 Jahre junger Familienbetrieb. Volles Spektrum erstklassiger Weine, von preiswerten Abfüllungen bis zu Spitzen-Einzellagengewächsen. Die Y Series auf Einstiegsniveau ist preiswert.

Yangarra Estate McL V, SA r w ★★★★ In mancher Hinsicht konventionell, in anderer erfinderisch, je nachdem, was es braucht, um großartigen Wein zu erzeugen. Geboten wird das volle Programm, über fast das ganze preisliche Spektrum.

Yarraloch Yarra V., Vic r w ★★★ Der CHARDONNAY ist potenziell zum Dahinschmelzen. Oft aber auch außergewöhnlicher PINOT NOIR.

Yarra Valley Vic – Historisches Weinbaugebiet nordöstlich von Melbourne. Der Schwerpunkt verlagert sich auf den sehr erfolgreichen CHARDONNAY, PINOT NOIR, SHIRAZ und Schaumweine. Verhaltener, eleganter CABERNET SAUVIGNON.

Der älteste Weinberg in NSW gehört Tyrrell's: 1,1 ha, angelegt 1867.

Yarra Yering Yarra V., Vic r w ★★★ Dry Red **00' 04'** 05' **06'** 10' 12' 15' – Pionier im YARRA VALLEY. Kraftvoller PINOT NOIR, tiefgründiger, kräuterwürziger CABERNET SAUVIGNON (Dry Red No. 1) und SHIRAZ (Dry Red No. 2). Üppige, gewagte Geschmacksnoten in Rot- und Weißweinen.

Yellow Tail NSW – Siehe CASELLA.

Yeringberg Yarra V., Vic r w ★★★★ Cabernet Sauvignon **00'** 04' **05' 06' 10'** 12' 13' 14; Marsanne/Roussanne **06' 09'** 12' **13'** 14 – Historisches Weingut, noch immer im Besitz der Schweizer Familie de Pury, die es 1862 gründete; MARSANNE, ROUSSANNE, CHARDONNAY, CABERNET SAUVIGNON und PINOT NOIR in extrem kleinen Mengen und sehr hoher Qualität.

Yering Station/Yarrabank Yarra V., Vic r w; sch ★★★ Nach 80-jähriger Pause wurde der erste Weinberg Victorias in den 1990er-Jahren wieder mit Reben bestockt. Peppige Reserve-Weine von CHARDONNAY, PINOT NOIR, SHIRAZ und VIOGNIER; Yarrabank steht für die Schaumweine aus dem Joint Venture mit Champagne Devaux.

Neuseeland

Die dunklen Flächen bezeichnen die Weinbaugebiete

Die folgenden Abkürzungen werden im Text verwendet:

Auck	Auckland	**Hend**	Henderson (Auckland)
Cant	Canterbury	**Marlb**	Marlborough
C-Ot	Central Otago	**Martinb**	Martinborough
Gis	Gisborne	**Nel**	Nelson
Hawk	Hawke's Bay	**Waiheke**	Waiheke Island

Wir kaufen mehr pikanten Sauvignon blanc aus Neuseeland denn je und lassen dafür den duftenden, geschmeidigen, oft markanten Pinot noir links liegen. Albariño gräbt sich eine Nische, während die Rosé-Produktion sowohl quantitativ als auch qualitativ zulegt. In Neuseeland selbst wird geringfügig weniger Wein getrunken als vor 5 Jahren, und die Liste der Kellereien beginnt zu schrumpfen; in den 1990er-Jahren gegründete kleine Güter in Familienhand werden von oft ausländischen Riesenunternehmen geschluckt. Dank reiferer Reben und erfahrenerer Kellermeistern – viele sind seit mittlerweile 20 Jahren im Einsatz – erreicht die Qualität neue Höhen, doch es wird über Massenweinexporte geklagt, die fast 40 Prozent der Produktion von Marlborough ausmachen und nach allgemeinem Dafürhalten weder der Qualität noch dem Image zuträglich sind. Positiv ist dagegen hervorzuheben, dass 2017 endlich das lange aufgeschobene Gesetz zu geografischen Angaben (»Geographical Indications Act«) in Kraft getreten ist und somit Namen von Bereichen (wie Auckland) und Unterbereichen (wie Waiheke Island) nur noch für Weine aus den betroffenen Gebieten verwendet werden dürfen. Neuseeland hat mithin als letztes aller nennenswerten Weinbauländer geschützte Herkunftsangaben eingeführt. Es wird sich zeigen, ob das die dortigen Erzeuger zu noch höheren Leistungen anspornt.

Neuere Jahrgänge

2017 Ein schwieriger Jahrgang: Die meisten Winzer kämpften mit Regen vor der Lese. Qualitätserzeugern mit geringen Mengen, die früher lasen, erging es am besten. Central Otago war erfolgreicher.

2016 Reifer Marlborough Sauvignon blanc mit Aromen von tropischen Früchten. An der Hawke's Bay ausgezeichneter Chardonnay, aber der Merlot wurde durch Herbstregen beeinträchtigt.

2015 Aromatischer, lebhafter Marlborough Sauvignon Blanc. An der Hawke's Bay eher duftende und anmutige denn kraftvolle Rotweine.

2014 Hawke's Bay: wuchtige, reife, schön abgerundete Chardonnays und Rotweine. Marlborough: Wer früh erntete, schlug sich am besten.

Akarua C-Ot r (rs) (w); (sch) ★★★ Boomender Erzeuger mit beständig hervorragendem Bannockburn PINOT NOIR (16'); jung zu trinkender Rua (kurz in Eiche ausgebaut; **16**). Auch stilvoller, cremiger CHARDONNAY, halbtrockener RIESLING und körperreicher PINOT GRIS. Lebhafte Schaumweine, v. a. der komplexe Vintage Brut (**11**).

Allan Scott Marlb (r) (rs) w; (sch) ★★ Familienbetrieb. Lebhafter, süßlicher RIESLING (**17**) und tropischer SAUVIGNON BLANC. Die High-End-Reihe heißt Generations. Eleganter, leicht hefiger Schaumwein Cecilia Brut oJ.

Alpha Domus Hawk r w ★★ Familienbetrieb im Bridge Pa Triangle. Eleganter CHARDONNAY The Skybolt (16) und pfirsichfruchtiger VIOGNIER. Konzentrierte Rotweine im Bordeaux-Stil, v. a. The Navigator (**14**) auf MERLOT-Basis und CABERNET SAUVIGNON AD The Aviator (13' 15'). Generöser SYRAH Barnstormer (16), der Syrah aus dem The-Pilot-Angebot ist jung zu trinken. Die Spitzenreihe heißt AD.

Amisfield C-Ot r (rs) (w) ★★→★★★ Weicher PINOT GRIS (**16**), dichter RIESLING (trocken und mittelsüß), pikanter SAUVIGNON BLANC mit leichtem Eicheneinfluss (**16**), hochklassiger Pinot-Rosé und floraler PINOT NOIR (**14'**) – der RKV Reserve ist das Rolls-Royce-Modell (**13'**). Jung genussreife Weine heißen Lake Hayes.

Ara Marlb r (rs) w ★★ Großer Weinberg im Waihopai Valley, 2016 an den Vertragslieferanten Indevin verkauft. Die Marke Ara wurde 2016 von GIESEN erworben und wird nun für Verschnitte aus verschiedenen gutseigenen Lagen verwendet.

Astrolabe Marlb (r) w ★★ Erstklassige Weine von Simon Waghorn (früher bei WHITEHAVEN). Schwungvoller SAUVIGNON BLANC (**17**). Guter trockener PINOT GRIS (16), trockener und halbtrockener RIESLING, pfirsichfruchtiger CHARDONNAY, knackiger ALBARIÑO und lebhafter trockener Rosé. Herrlicher trockener CHENIN BLANC (16'). Kraftvoller PINOT NOIR (**15'**).

Ata Rangi Martinb r (rs) (w) ★★★→★★★★ Äußerst renommierter Familienbetrieb. Der PINOT NOIR (**10' 11 12 13'** 14' 15') gehört zu den besten Neuseelands (die ersten Reben wurden 1980 gepflanzt); der Crimson Pinot noir stammt von jüngeren Reben (16). Beachtlich der Craighall CHARDONNAY (**13' 14' 15'** 16) von 1983 gepflanzten Reben; körperreicher halbtrockener Lismore PINOT GRIS.

Auckland Größte Stadt Neuseelands (im Norden; warm und wolkenreich) mit 1,1 % der Gesamtrebfläche. Nahe gelegene Weinbaugebiete sind Henderson, Kumeu/Huapai/Waimauku (beide schon länger etabliert); in den 1980er-Jahren entstanden Matakana, Clevedon und WAIHEKE ISLAND (bei Touristen sehr beliebte Inselweingüter). Vollmundige Bordeaux-Verschnitte in trockenen Jahrgängen (**10' 13'** 14). Der muskulöse SYRAH (**13'** 14) expandiert rasch und macht qualitativ HAWKE'S BAY Konkurrenz; unterschätzter CHARDONNAY (**15**) und vielversprechender ALBARIÑO.

Neuseeland

Auntsfield Marlb r w ★★→★★★ Beständig gute Weine vom ersten Weinberg der Region, der 1873 angelegt und 1999 neu bepflanzt wurde. Intensiver, teilweise fassvergorener SAUVIGNON BLANC (17'), fülliger CHARDONNAY, v. a. der Cob Cottage aus einer einzelnen Parzelle (14'), und stämmiger PINOT NOIR (13' **14'**).

Awatere Valley Marlb – Wichtiger Unterbereich mit sehr wenigen Kellereien, aber ausgedehnten Rebflächen (mehr als HAWKE'S BAY). Wegbereiter war 1986 VAVASOUR; der wichtigste Erzeuger ist YEALANDS. Etwas kühler/trockener als das WAIRAU VALLEY, mit rassigem (»Tomatenrispe«) SAUVIGNON BLANC (der von britischen Kritikern besser bewertet wird als von amerikanischen), lebhaftem RIESLING und PINOT GRIS sowie leicht vegetabilem PINOT NOIR.

Babich Hend r w ★★→★★★ Recht großer Familienbetrieb (1916). Weinberge in HAWKE'S BAY und MARLBOROUGH; Kellereien in AUCKLAND und Marlborough. Alterungswürdige Irongate-Weine aus GIMBLETT GRAVELS: CHARDONNAY (13' **14'** 15) und Bordeaux-artiger CABERNET SAUVIGNON/ MERLOT/CABERNET FRANC (10' **13'** 14' 15). Der Marlborough SAUVIGNON BLANC mit Passionsfrucht- und Limettenaromen verkauft sich am besten. Spitzenrotwein ist The Patriarch im Bordeaux-Stil (**13'** 14' 15').

Blackenbrook Nel r w ★★ Kleine Kellerei mit eindrucksvollen aromatischen Weißweinen, v. a. GEWÜRZTRAMINER (**16** 17) im Elsässer Stil, PINOT GRIS (**16**) und halbtrockenem MUSCAT. Dazu ausdrucksstarker, trockener SAUVIGNON BLANC, generöser Chardonnay (**16**) und muskulöser Family Reserve PINOT NOIR (**15**). Zweitetikett: St Jacques.

Black Estate Cant r w ★★ Kleiner Erzeuger in Waipara mit alten Reben. Straffer Home CHARDONNAY (16), Damsteep RIESLING mit Honignote und anmutiger PINOT NOIR, v. a. Damsteep (15').

Borthwick Wairarapa r w ★★ Erzeuger in Gladstone mit der Marke Paddy Borthwick (geht größtenteils in den Export). Lebhafter SAUVIGNON BLANC, reichhaltiger, eher trockener RIESLING, toastwürziger CHARDONNAY (**16'**), fülliger PINOT GRIS und geschmeidiger PINOT NOIR (16').

Brancott Estate Marlb r (rs) w ★→★★★ Wichtige Marke von PERNOD RICARD NEW ZEALAND, der weltweit an die Stelle von Montana getreten ist. Spitzenweine: Letter Series, z. B. der fleischige SAUVIGNON BLANC »B« (16'), der volle CHARDONNAY »O« (**15**) und der PINOT NOIR »T« (**15'** 16). Verkaufsschlager ist der preiswerte SAUVIGNON BLANC (**16' 17**). Unter dem Etikett Living Land wird Biowein vertrieben, Terroir Series steht für Mittelklasseweine aus Unterbereichen, Flight für einfache, alkoholarme Weine. Chosen Rows ist ein erstklassiger Sauvignon blanc (13').

Brightwater Nel (r) w ★★ Eindrucksvolle Weißweine, v. a. gewichtiger SAUVIGNON BLANC (16), halbtrockener RIESLING (**15'**). CHARDONNAY mit zarter Eichennote und süßlicher PINOT GRIS (**16**). Äußerst charmanter PINOT NOIR (**14 15**). Spitzenweine gibt es in der Reihe Lord Rutherford (u. a. der fleischige Sauvignon blanc **16**).

Canterbury Fünftgrößte Weinbauregion Neuseelands. Fast alle Anbauflächen liegen im relativ warmen nördlichen Waipara. Den größten Erfolg haben der aromatische RIESLING (seit Mitte der 1980er-Jahre) und der reichhaltige PINOT NOIR. Neuerdings guter PINOT GRIS im Elsässer Stil. SAUVIGNON BLANC wird stark angepflanzt, ist aber häufig eine Nebenzutat für andere Weine der Region.

Carrick C-Ot r w ★★★ Kellerei in Bannockburn mit Fokus auf Bioanbau. Erstklassiger RIESLING (trockener 16', halbtrockener 16' und lieblicher Josephine 16'), eleganter CHARDONNAY (16), v. a. EBM (15), teilweise in Eiche ausgebauter PINOT GRIS (16') und PINOT NOIR (15), der viele Jahre vor sich hat. Köstlich der jung zu trinkende Pinot noir Unravelled (16). Der Spitzenwein Pinot noir Excelsior (**13'**) ist äußerst duftend und seidig.

Central Otago r **13' 14** 16 17; w **13' 14 16** 17 – Kühle, sonnige und regenarme, hoch gelegene Region im Landesinneren (nun die drittgrößte des Landes) im Süden der Südinsel mit vielen kleinen Erzeugerbetrieben. Die meisten Reben stehen im Cromwell Basin. Knackiger RIESLING und PINOT GRIS; rasch steigendes Interesse an straff gewobenem CHARDONNAY; der berühmte PINOT NOIR (über 75% der Anbaufläche) mit lebhafter Fruchtigkeit hat jung schon Charme, ältere Reben bringen aber saftigere Weine hervor. Sehr guter Pinot noir Rosé und Schaumwein nach der traditionellen Methode.

Das Foley-Imperium

Wie weit wird sich Bill Foleys neuseeländisches Weinimperium noch ausdehnen? Foley, 73, ein milliardenschwerer amerikanischer Unternehmer, der mit Rechtstitelversicherungen sein Glück gemacht hat, sagt, sein Ziel sei es, dem Weinbau finanzielle Disziplin beizubringen. Er besitzt zahlreiche Kellereien in Kalifornien und in Washington. Nachdem er 2009 mehrere MARLBOROUGH-Marken (Clifford Bay, Dashwood, Goldwater, GROVE MILL, VAVASOUR) erworben hatte, verleibte sich Foley mit MARTINBOROUGH VINEYARD und TE KAIRANGA zwei alteingesessene Betriebe in MARTINBOROUGH ein und kaufte letztes Jahr MT DIFFICULTY, einen anspruchsvollen Erzeuger in CENTRAL OTAGO, für umgerechnet 32 Millionen Euro.

Chard Farm C-Ot r w ★★ Pionierkellerei. Üppiger, trockener PINOT GRIS (**15'**), geschmacksintensiver RIESLING (**16'**) und mittelschwerer PINOT NOIR (der River Run ist floral, die Einzellagenweine The Tiger und The Viper haben mehr Komplexität **14**). Weicher Pinot noir Rabbit Ranch. Der Pinot noir Mata-Au ist ein süß-fruchtiges Musterexemplar (**15**).

Church Road Hawk r (rs) w ★★→★★★ Kellerei im Besitz von PERNOD RICARD NEW ZEALAND mit historischen Wurzeln an der Hawke's Bay. Voller, fassgereifter CHARDONNAY (**16**); teilweise in Eiche ausgebauter SAUVIGNON BLANC (**16'**); PINOT GRIS nach Elsässer Art (**16**); dunkler MERLOT/CABERNET SAUVIGNON (**15**); alle sehr preiswert. Beeindruckende Grand-Reserve-Reihe. Die Reihe McDonald – zwischen Standard und Grand Reserve angesiedelt – bietet bemerkenswerte Qualität zu günstigen Preisen (inkl. SYRAH **15'**, Cabernet Sauvignon **14'**, Merlot **14**). Die Prestige-Reihe TOM umfasst u. a. kraftvollen Merlot/Cabernet Sauvignon (14'), Chardonnay (**14'**; in großem Stil) und stark duftenden Syrah (14').

Churton Marlb r w ★★ Von der etwas höheren Lage im Waihopai Valley kommt wuchtiger, knochentrockener SAUVIGNON BLANC (**16**), der lagerfähige, in Eiche ausgebaute Sauvignon blanc Best End (15), cremiger VIOGNIER (15) und harmonischer PINOT NOIR (15), v. a. The Abyss von den ältesten Reben und mit größerer Tiefe (**13'**). Süßer PETIT MANSENG (**16'**).

Clearview Hawk r (rs) w ★★→★★★ Das Weingut an der Küste in Te Awanga (auch Trauben aus dem Landesinneren werden verwendet) ist bekannt für hedonistischen CHARDONNAY Reserve mit Eichennote (**15'** 16; der Chardonnay Beachhead ist die ausgezeichnete Juniorausgabe **15'** 16), den vollen Enigma (auf MERLOT-Basis, 15') und den CABERNET SAUVIGNON/Malbec/CABERNET FRANC-Verschnitt Old Olive Block (14' 15).

Clos Henri Marlb r w ★★→★★★ 2001 von Henri Bourgeois aus Sancerre gegründet. Gewichtiger SAUVIGNON BLANC (**15'**) von steinigen Böden, der zu den besten Neuseelands zählt, und robuster PINOT NOIR (13) von Lehmböden. Bei der Zweitmarke Bel Echo ist das Trauben-/Boden-Verhälnis umgekehrt. Drittmarke: Petit Clos (von jungen Reben). Eigenwillige, sehr zufriedenstellende Weine zum angemessenen Preis.

Cloudy Bay Marlb r w; sch ★★★ Der in großen Mengen erzeugte, aber trotzdem ausgezeichnete SAUVIGNON BLANC (gewichtig, trocken; seit 2010 z. T. im Fass ausgebaut) ist Neuseelands berühmtester Wein (17). Der CHARDONNAY ist komplex (**15**), der PINOT NOIR geschmeidig (**14'** 15); beide sind erstklassig. Außerdem Schaumwein oJ Pelorus. Der Te Koko (in Eiche ausgebauter Sauvignon blanc **14**) hat seine eigene Persönlichkeit. Größeres Engagement in CENTRAL OTAGO beim vollmundigen Te Wahi PINOT NOIR (14' 15'). Im Besitz von LVMH.

Constellation New Zealand Auck r (rs) w ★→★★ Neuseelands größter Erzeuger, vormals Nobilo Wine Group und jetzt im Besitz von Constellation Brands. Großer Marktanteil in den USA. Am stärksten mit soliden Weinen zu mäßigen Preisen (v. a. SAUVIGNON BLANC) unter den Markennamen KIM CRAWFORD, Monkey Bay, NOBILO und SELAKS (u. a. Hawke's Bay Chardonnay und Marlborough Sauvignon blanc Founders 16').

Weinmacher untertreiben gern: Hinter »schwierig« in Bezug auf das Jahr 2017 verbergen sich zwei Zyklone und sintflutartiger Regen im April.

Coopers Creek Auck r w ★★→★★★ Innovativer mittelgroßer Erzeuger mit preiswerten Weinen aus vier Regionen, inkl. vollem MONTEPULCIANO (**15'**) von Reben aus eigenen Lagen. Exzellenter geschmacksintensiver Hawke's Bay CHARDONNAY Swamp Reserve (**16**), guter SAUVIGNON BLANC, RIESLING, MERLOT, außerordentlich preiswerter VIOGNIER, süffiger PINOT NOIR und reichhaltiger SYRAH. Die Reihe SV (Select Vineyard) deckt den mittleren Qualitätsbereich ab. Produzierte Neuseelands ersten ARNEIS (2006), GRÜNEN VELTLINER (2008), ALBARIÑO (2011) und MARSANNE (2013).

Craggy Range Hawk r (rs) w ★★★→★★★★ Sehr bekannte Kellerei mit Gourmetrestaurant und großen Rebflächen in HAWKE'S BAY und MARTINBOROUGH. Stilvoller CHARDONNAY (**15'**) und PINOT NOIR (**13'**), fülliger, trockener PINOT GRIS (**15**), ausgezeichneter MERLOT (**14'**) und SYRAH (**14'**) der mittleren Qualitätsstufe aus GIMBLETT GRAVELS, außerdem dichter Sophia (Merlot, 14' 15'), umwerfender Syrah Le Sol (14' 15) und saftiger Aroha (Pinot noir, 14' 15').

Delegat's Auck r w ★★ Großes börsennotiertes Unternehmen (über 2 Mio. Kisten/Jahr), das immer noch von der Familie Delegat kontrolliert wird. Weinbergbesitz in HAWKE'S BAY und MARLBOROUGH, drei Kellereien (auch in AUCKLAND). Enorm erfolgreich ist die Marke OYSTER BAY, v. a. SAUVIGNON BLANC. (**17**), MERLOT (**16**) und der neue trockene Rosé (17'). Die Delegat-Reihe umfasst zitronigen CHARDONNAY, vollen Sauvignon blanc, lebhaften Merlot und saftigen PINOT NOIR. Zum Besitz gehören auch die Barossa Valley Estates.

Delta Marlb ★★→★★★ Gemeinschaftsprojekt von Spitzenkellermeister Matt Thomson und dem britischen Importunternehmer David Gleave. Anmutiger PINOT NOIR, v. a. Hatters Hill (**15'**), und gewichtiger SAUVIGNON BLANC (16').

Destiny Bay Waiheke r ★★→★★★ Amerikanische Auswanderer erzeugen überaus hochklassige, kostspielige (allerdings für Mitglieder des Patron Club günstigere) Rotweine im Bordeaux-Stil: brombeerfruchtig und seidig. Flaggschiff ist der Magna Praemia (**10'** 13'), hauptsächlich von CABERNET SAUVIGNON. Destinae heißen die jünger zu trinkenden Weine (**10' 13'**).

Deutz Auck sch ★★★ Der Name für ausgefeilte, überaus preiswerte Schaumweine, die in MARLBOROUGH von PERNOD RICARD NEW ZEALAND produziert werden, kommt vom französischen Champagnerhaus. Der sehr beliebte Brut oJ reift mindestens 2 Jahre auf dem Hefesatz, auch Reserve-Weine. Der preisgekrönte Blanc de Blancs ist lebhaft und eindringlich (**14'**). Knackig frischer Rosé oJ; harmonischer Prestige (nach 3 Jahren degorgiert), vorwiegend von CHARDONNAY (**15'**).

Dog Point Marlb r w ★★★ Winzer Ivan Sutherland und Kellermeister James Healy erzeugen prägnanten eichenfassgereiften SAUVIGNON BLANC (Section 94, **15'**), CHARDONNAY (sehr elegant, lagerfähig, 15') und komplexen PINOT NOIR (**13' 14'** 15), die alle zu den besten Weinen der Region zählen. Größere Mengen von dennoch sehr gutem Sauvignon blanc (16') ohne Holznote (seit 2017 Bio).

Dry River Martinb r w ★★★ Kleiner Pionierbetrieb, jetzt in US-Besitz. Guter Ruf für elegante, langlebige Weißweine: CHARDONNAY (13' **14** 15 16'), intensiven RIESLING (**13' 14'** 15' 16'), robusten PINOT GRIS (Neuseelands erster herausragender Pinot gris **14' 15'** 16') und alkoholstarken GEWÜRZTRAMINER (**16'**). Außerdem weiße Spätlesen und dichter PINOT NOIR (**13'** 14' 15').

Elephant Hill Hawk r (rs) w ★★→★★★ Stilvolle Kellerei mit Restaurant in Te Awanga an der Küste, bezieht auch Trauben aus dem Landesinneren. Reichhaltiger CHARDONNAY (**15'**), knackig frischer SAUVIGNON BLANC, muskulöser MERLOT/MALBEC (**14'** 15) und gehaltvoller SYRAH (**14'** 15). Herausragende Reserve-Reihe. Die beiden Spitzenweine sind der Syrah Airavata (13') und der dichte rote Verschnitt Hieronymus (13').

Escarpment Martinb r (w) ★★★ Der Pionier Larry McKenna ist bekannt für deftigen, dichten PINOT NOIR. Spitzenetikett: Kupe. Die Rotweine von alten Reben aus Einzellagen sind besonders gut. Der MARTINBOROUGH Pinot noir ist ein regionaler Verschnitt. Einfachere Weine heißen The Edge.

Esk Valley Hawk r rs w ★★→★★★ Im Besitz von VILLA MARIA. Renommierte Rotweine auf MERLOT-Basis (v. a. der Verschnitt Winemakers Reserve 13' 14'); ausgezeichneter Merlot/CABERNET/MALBEC der mittleren Preislage (**14' 15** 16). Geschmeidiger SYRAH (der Reserve ist dunkel und konzentriert; **13'** 14'), schöner Rosé (16), fassvergorener CHARDONNAY mit tollem Preis-Leistungs-Verhältnis (**15'**), körperreicher, trockener VERDELHO (17). Überaus interessanter Flaggschiff-Rotwein: Heipipi The Terraces (würziger Einzellagenverschnitt von Malbec, Merlot und CABERNET FRANC; **09'** 13' 14' 15').

Fairbourne Marlb ★★ Der einzige SAUVIGNON-BLANC-Spezialist in Neuseeland. Straff gebaute, knochentrockene Weine (**16'**), von Hand gelesen und z. T. im Fass vergoren, aus einer Einzellage auf der Südseite des WAIRAU VALLEY.

Felton Road C-Ot r w ★★★★ Die Starkellerei in Bannockburn ist bekannt für PINOT NOIR, aber RIESLING und CHARDONNAY sind ebenfalls bemerkenswert hochklassig. Mächtiger, gleichwohl anmutiger Pinot noir Block 3 (**13' 14' 15'** 16') aus der Lage The Elms; intensiver Riesling (trocken und halbtrocken) der Extraklasse (16'); langlebiger Chardonnay, v. a. Block 2 (**13' 14'** 15'); Staretikett: Bannockburn Pinot noir (**13' 14' 15** 16'), ein Verschnitt aus Trauben aus vier Weinbergen. Andere sehr feine Pinot-noir-Weine von Einzellagen: Cornish Point (**13' 14' 15'** 16'), Calvert (**13' 14'** 15').

Forrest Marlb r (rs) w ★★ Mittelgroße Kellerei. Einschneidender Erfolg mit dem MARLBOROUGH SAUVIGNON BLANC The Doctors', einem alkoholarmen Wein (9,5 %) mit zarten Geschmacksnoten, vager Süße und spritziger

Säure. Breite Palette ansprechender, preiswerter Marlborough-Weißweine, floraler Rosé (**17**) und äußerst preiswerter, seidiger PINOT NOIR (**15'** 16').

Framingham Marlb (r) w ★★→★★★ Im Besitz von Sogrape (Portugal). Besonders stark bei aromatischen Weißweinen: intensiver RIESLING (v. a. der organische Classic **15'**) von ausgereiften Reben, duftender PINOT GRIS (**16'**) und GEWÜRZTRAMINER sowie cremiger CHARDONNAY (**16'**). Außerdem feiner SAUVIGNON BLANC, saftiger Noble Riesling und seidiger PINOT NOIR (**15**). Die Weine der Reihe F-Series (u. a. Old Vine Riesling und herrliche süße Weine mit Edelfäule) sind selten, aber voller Persönlichkeit.

Fromm Marlb r w ★★★ In Schweizer Besitz. Hervorragender PINOT NOIR, v. a. der Clayvin Vineyard von einer biologisch bewirtschafteten Hügellage (**13' 14** 15'). Der Fromm Vineyard ist kräftiger und fester (15'). Sehr stilvoller CHARDONNAY Clayvin (**13'**) und RIESLING Dry. Die Reihe La Strada umfasst früher zu genießende Weine, u. a. reichhaltigen Pinot noir (**15'**), pikanten SAUVIGNON BLANC, fleischigen, in Eiche ausgebauten PINOT GRIS (**16'**) und ausgezeichneten Rosé (16').

Gibbston Valley C-Ot r (rs) w ★★→★★★ Pionier mit ursprünglichem Weinberg in Gibbston; die meisten Weinberge liegen inzwischen in Bendigo. Hervorragender Ruf für Pinot noir, v. a. für den geschmeidigen regionalen Verschnitt GV Collection (**15'** 16') und den kraftvollen Reserve (15' 16'). Der seidige Le Maitre (**14'** 15' 16') stammt hauptsächlich von den ersten (1980 angepflanzten) Reben. Rassiger, halbtrockener Gibbston Valley Riesling (17'), körperreicher Gibbston Valley Pinot gris (17') und erstklassiger Chardonnay (v. a. China Terrace **15** 16). Der Gold River Pinot noir zeigt jung seinen Charme (**16'**).

Giesen Cant (r) w ★★ Der große Familienbetrieb erzeugt würzigen MARLBOROUGH SAUVIGNON BLANC, leichten RIESLING (preiswert) und den markanten neuen Riesling Gemstone (17'), Sauvignon blanc The Brothers (mittlere Qualitätsstufe) und fassvergorenen Sauvignon blanc The August. Besser werdender PINOT NOIR. Hat kürzlich die berühmte Lage Clayvin Vineyard gepachtet (kraftvoller Pinot noir **13'**). Erwarb 2016 die Marke Ara.

Gimblett Gravels Hawk – Weinbaugebiet (800 ha, hauptsächlich seit Anfang der 1980er-Jahre bepflanzt) in einem alten Flussbett mit meist gut wasserableitenden, wenig fruchtbaren Böden; bekannt für volle Rote im Bordeaux-Stil (hauptsächlich auf MERLOT-Basis, aber die steinigen Böden eignen sich auch für CABERNET SAUVIGNON, und der ist wohl die bessere Wahl). Außerdem super SYRAH. Die besten Rotweine sind Weltklasse. Auch alterungswürdiger CHARDONNAY.

Gisborne Gis r **13' 14**; w **14' 15** – Neuseelands viertgrößte (in den 1970er- und 80er-Jahren größte) Weinregion an der Ostküste der Nordinsel. Reichlich Sonne, häufig aber auch regnerisch; sehr fruchtbare Böden. Die besondere Stärke ist CHARDONNAY (herrlich duftende und in der Jugend weiche Weine; die besten entwickeln sich gut weiter). Ausgezeichnet sind GEWÜRZTRAMINER und VIOGNIER; MERLOT und PINOT GRIS sind etwas wechselhafter. Interesse an (regenresistentem) ALBARIÑO. Spitzenweine von Millton.

Gladstone Vineyard Wairarapa r w ★★ Der größte Erzeuger im nördlichen WAIRARAPA. Tropischer SAUVIGNON BLANC (inkl. Sophie's Choice mit Holznote), gewichtiger PINOT GRIS (**16**), sehr guter halbtrockener RIESLING (16'), cremiger VIOGNIER (**16'**) und PINOT NOIR mit feiner Textur unter der Spitzenmarke Gladstone (**14'** 15). 12,000 Miles ist eine Reihe mit früh trinkreifen Weinen im unteren Preissegment.

Grasshopper Rock C-Ot r ★★→★★★ Von einem PINOT-NOIR-Spezialisten auf eigenen Weinbergen in Alexandra erzeugter feinster Rotwein des Unterbereichs (**14' 15** 16'): harmonisch, mit Kirsch-, Gewürz- und Trockenkräuteraromen. Außerordentlich alterungswürdig; großartiges Preis-Leistungs-Verhältnis.

Greenhough Nel r w ★★→★★★ Einer der Besten der Region mit tadellosem Apple Valley RIESLING (16), Bio-SAUVIGNON-BLANC (16 **17**), beständig gutem CHARDONNAY (**16'**) und PINOT NOIR (15). Spitzenmarke: Hope Vineyard: Bio-Chardonnay **14' 15'**, PINOT BLANC von alten Reben (der beste Neuseelands **15'**) und Pinot noir mit Pilznoten (15').

Greystone Waipara (r) w ★★★ Spitzenbetrieb (besitzt auch MUDDY WATER) mit vollaromatischen Weißweinen: trockener und halbtrockener RIESLING (15' 16'), GEWÜRZTRAMINER (**15'**), PINOT GRIS im Elsässer Stil (**15' 16'**), CHARDONNAY (**15'**), in Eiche ausgebauter SAUVIGNON BLANC (**15' 16'**) und duftender PINOT NOIR (**15'**). Am besten ist der Thomas Brothers, v. a. der Pinot noir (**13'** 15').

Greywacke Marlb r w ★★→★★★ Charakteristische Weine von Kevin Judd (ehemals CLOUDY BAY). Geschmacksintensiver SAUVIGNON BLANC (16' **17**), gewichtiger CHARDONNAY (**14** 15), fleischiger PINOT GRIS (**15'**), zartsüßer RIESLING (15') und seidiger PINOT NOIR (**13 14'**15'). Der fassvergorene, lagerfähige Wild Sauvignon (**14' 15'**) macht durch eine ausgeprägte Persönlichkeit auf sich aufmerksam.

Grove Mill Marlb r w ★★ Attraktive Weiße: ausdrucksstarker SAUVIGNON BLANC (16'), generöser WAIRAU VALLEY CHARDONNAY, PINOT GRIS mit öliger Textur (**16'**) und leicht süßer RIESLING. Milder PINOT NOIR. Preiswerte Abfüllungen der unteren Klasse tragen das Etikett Sanctuary. Im Besitz von Foley Family Wines.

In Neuseeland wachsen nun auch Arneis, Dolcetto, Fiano, Lagrein, Marzemino, Montepulciano und Vermentino. Little Italy …

Hans Herzog Marlb r w ★★★ Der warme, steinige Weinberg in Rapaura liefert dichten MERLOT/CABERNET (**07' 08**); der Bio-PINOT-NOIR ist erdig und Bio (**11**). Außerdem cremiger Chardonnay (**13**), aprikosefarbener PINOT GRIS, in Eiche ausgebauter SAUVIGNON BLANC (**15'**) sowie erstklassiger TEMPRANILLO (**13'**) und MONTEPULCIANO (**13'**). Wird in Europa und den USA unter dem Namen Hans verkauft.

Hawke's Bay r **10'** 13' **14'** 15; w **14' 15** 16 – Das zweitgrößte Anbaugebiet (13 % der Rebfläche) Neuseelands mit einer langen Weintradition (seit den 1850er-Jahren); sonniges, recht trockenes Klima. In günstigen Jahren entstehen hier erstklassige Weine auf MERLOT- und CABERNET-SAUVIGNON-Basis; SYRAH (mit lebhaften Pflaumen- und Pfeffernoten) ist der rasant aufsteigende Star. Auch CHARDONNAY mit Pfirsichnoten, abgerundeter SAUVIGNON BLANC (passt zur Eiche) und Neuseelands bester VIOGNIER. PINOT GRIS im Elsässer Stil und vielversprechender PINOT NOIR kommen aus kühleren, höher gelegenen Bezirken im Landesinneren, v. a. Mangatahi und Central Hawke's Bay. Siehe auch GIMBLETT GRAVELS.

Huia Marlb (r) w; (sch) ★★ Sehr guter, z. T. eichengereifter Bio-SAUVIGNON-BLANC (**16'**), kräftiger Gewürztraminer, fülliger CHARDONNAY (**15'**), duftender PINOT NOIR (**14'**), komplexer Blanc de Blancs (**10'**).

Hunter's Marlb (r) (rs) w; (sch) ★★→★★★ Die besondere Stärke des Pionierweinguts sind Weißweine. Klassischer SAUVIGNON BLANC (16' **17**); Kaho Roa heißt der in Eiche ausgebaute Stil. Lebhafter CHARDONNAY (16'; der neue Chardonnay Succession ist rauchig **13'**), ausgezeichneter Schaumwein Miru Miru (v. a. der später degorgierte Reserve 13'). RIESLING (halbtrocken), GEWÜRZTRAMINER und PINOT GRIS (trocken) sind alle lohnend und preiswert. Der PINOT NOIR ist ein einladend kurzweiliger Tropfen.

Invivo Auck r w ★★ Schnell expandierender junger Erzeuger mit kräftigem MARLBOROUGH SAUVIGNON BLANC (17), körperreichem Marlborough PINOT GRIS und floralem CENTRAL OTAGO PINOT NOIR (**16'**). Neuerdings Schwerpunkt auf Prominenten-Labels, v. a. »Chefkellermeister« Graham Nortons Own Sauvignon blanc (geschmeidig, süffig).

Isabel Marlb r w ★★ Früher ein ausgezeichneter Erzeuger von SAUVIGNON BLANC. Nach Qualitäts- und Finanzproblemen 2014 von dem australischen Supermarktgiganten Woolworths erworben. Der erstklassige Chardonnay (16') ist ein vielversprechendes Zeichen.

Johanneshof Marlb (r) w; sch ★★ Kleine Kellerei mit gutem Ruf für außerordentlich duftenden GEWÜRZTRAMINER (einer der feinsten in Neuseeland **16'**). Außerdem lebhafter Blanc-de-Blancs-Schaumwein, sehr guter RIESLING (16') und PINOT GRIS (**16**).

Jules Taylor Gis, Marlb (r) (rs) w ★★ Stilvolle, preiswerte Weine. Edler, teilweise fassgereifter Marlborough CHARDONNAY (**15'** 16'), intensiver Marlborough SAUVIGNON BLANC (**16'**) und duftender Marlborough PINOT NOIR (**15'** 16'). Die komplexen Spitzenweine heißen OTQ (»On The Quiet«).

Kim Crawford Hawk ★→★★ Die Marke ist im Besitz von CONSTELLATION NEW ZEALAND. Leicht zugängliche Weine (mit »Reserve« auf der Kapsel, aber nicht auf dem Etikett), darunter aromatischer MARLBOROUGH SAUVIGNON BLANC (Bestseller in den USA), floraler PINOT GRIS, fruchtiger HAWKE'S BAY MERLOT und gehaltvoller PINOT NOIR (Verschnitt von Trauben aus Marlborough und CENTRAL OTAGO). Spitzenreihe: Small Parcels, u. a. duftender CHARDONNAY (16').

Kumeu River Auck (r) w ★★★ Der komplexe Estate CHARDONNAY (**14' 15'** 16) stammt aus unterschiedlichen Lagen und ist preiswert. Der Einzellagen-Chardonnay Mate's Vineyard (der Weinberg wurde 1990 angelegt) ist üppiger (**13' 14'** 15' 16). Ein aufsteigender Stern ist der Einzellagen-Chardonnay Hunting Hill (**13' 14'** 15' 16): bemerkenswert ausgefeilt und engmaschig gefügt. Sehr günstig ist der Chardonnay der niedriger platzierten Reihe Village (**16**). Außerdem floraler PINOT GRIS.

Lake Chalice Marlb (r) (rs) w ★★ Der mittelgroße Erzeuger ist jetzt im Besitz von Saint Clair. CHARDONNAY mit leichtem Eichenton (16), recht trockener PINOT GRIS (16), ausdrucksstarker SAUVIGNON BLANC (**16'**). Süffiger PINOT NOIR. Spitzenreihe: The Raptor, u. a. Chardonnay mit gutem Preis-Leistungs-Verhältnis (16').

Lawson's Dry Hills Marlb (r) (rs) w ★★→★★★ Bekannt v. a. für intensiven SAUVIGNON BLANC mit leichtem Eicheneinfluss (**17**) und exotisch duftenden GEWÜRZTRAMINER (**16'**). Der PINOT NOIR wird rasch besser. Spitzenreihe: The Pioneer (hervorragender Gewürztraminer **14' 15'**). In der neuen Reserve-Reihe gibt es gewichtigen Sauvignon blanc, leicht cremigen Chardonnay und saftigen Pinot noir. Im unteren Preissegment bewegt sich die Reihe Mount Vernon (der Sauvignon blanc hat ein hervorragendes Preis-Leistungs-Verhältnis).

Lindauer Auck ★→★★ (In Neuseeland) enorm beliebte Schaumweine im unteren Preissegment (v. a. der Lindauer Brut Cuvée oJ mit Flaschengärung). Die neuesten Abfüllungen bieten leicht nussigen und hefigen einfachen Trinkgenuss. Die (nach zwei Jahren degorgierte) Special Reserve ist komplex und ihren Preis wert.

Lowburn Ferry C-Ot r ★★→★★★ Der Spezialist für PINOT NOIR mit Spitzenruf wurde 2017 von dem amerikanischen Investor Brian Sheth und dem Winzer Steve Smith (früher bei Craggy Range) erworben. Flaggschiff ist The Ferryman Reserve (komplex **14'**). Home Block (füllig **14'** 15' 16) und Skeleton Creek (nicht ausschließlich von gutseigenen Trauben, aber geschmeidig **13 14**).

Mahi Marlb r w ★★ Stilvolle, komplexe Weine: süßfruchtiger SAUVIGNON BLANC (z. T. in Eiche ausgebaut 16'); preiswerter CHARDONNAY (v. a. Twin Valleys Vineyard **15'**); gewichtiger PINOT GRIS (**16**); delikater Rosé (**17**); vollmundiger PINOT NOIR (**14 15'**).

Man O' War Auck r w ★★ Das größte Gut auf Waiheke Island. Eindringlicher CHARDONNAY Valhalla (16), reichhaltiger PINOT GRIS Paradise (16') von Reben, die auf der Nachbarinsel Ponui wachsen, pikanter SAUVIGNON BLANC (**16**). Das Rotweinangebot umfasst generösen MERLOT/CABERNET/MALBEC/PETIT VERDOT (**14**), köstlichen Death Valley Malbec (**14'**) und würzigen SYRAH Dreadnought (**14'**).

In Waitangi entstand 1840 »leichter Weißwein, stark schäumend und köstlich«, so ein französischer Forscher.

Marisco Marlb r w ★★ Betrieb im Waihopai Valley mit den beiden Marken The Ned und Marisco The King's Series. Eindrucksvoller SAUVIGNON BLANC Marisco The King's Favour, schwungvoller Sauvignon blanc The Ned. Guter CHARDONNAY, PINOT GRIS, PINOT NOIR.

Marlborough Marlb r **14 15** 16'; w **15' 16** – Neuseelands dominantes Weinbaugebiet (zwei Drittel der Rebfläche) an der Spitze der Südinsel; die ersten Reben der mordernen Zeit wurden 1973 gepflanzt (SAUVIGNON BLANC 1975). Warme, sonnige Tage und kalte Nächte sorgen für aromatische, frische Weißweine. Intensiver Sauvignon blanc mit variantenreichem Bukett: von pikanten, an grüne Paprikaschoten erinnernde Noten bis zu reifen Tropenfrüchten (einige Spitzenweine haben einen leichten Eicheneinfluss). Frischer halbtrockener RIESLING (neue Welle von lieblichen Weinen mit niedrigem Alkoholgehalt), mit der beste PINOT GRIS und GEWÜRZTRAMINER in Neuseeland. Der CHARDONNAY ist etwas schlanker als in HAWKE'S BAY, aber lebhafter und kann gut reifen. Preiswerte Schaumweine hoher Qualität, erstklassiger edelfauler Riesling. Der PINOT NOIR wird unterschätzt, die besten Exemplare (von nach Norden ausgerichteten Hügellagen mit Lehmboden) gehören zum Feinsten, was Neuseeland zu bieten hat. Die Aufmerksamkeit richtet sich jetzt auch auf Rebsorten wie ALBARIÑO und GRÜNEN VELTLINER.

Martinborough Wairarapa r **13' 14** 15 16; w **13' 14 15** 16 – Kleiner, renommierter Bezirk im Süden WAIRARAPAS (am Fuß der Nordinsel). Kalte Südwinde verringern die Erträge, im Sommer warm, im Herbst normalerweise trocken (2017 nicht); wasserableitende Böden. Erfolg mit mehreren weißen Trauben (SAUVIGNON BLANC und PINOT GRIS werden beide großflächig angebaut), berühmt wurde das Gebiet jedoch Mitte/Ende der 1980er-Jahre durch seinen robusten, langlebigen PINOT NOIR (es gibt hier einen höheren Anteil ausgereifter Rebstöcke als in anderen Regionen).

Martinborough Vineyard Martinb r (rs) (w) ★★★ Wegweisende Kellerei; berühmter PINOT NOIR (Home Block **14'**). CHARDONNAY mit Biskuitnote, kräuterwürziger, z. T. fassvergorener SAUVIGNON BLANC (**16**), intensiver halbtrockener RIESLING Manu (16'). Te Tera heißen preiswerte, jung zu trinkende Weine (Pinot noir **14' 15**). Seit 2014 im Besitz des Amerikaners Bill Foley. Niedriges Preissegment: Russian Jack.

Matawhero Gis r (rs) w ★★ Der Spitzenerzeuger von GEWÜRZTRAMINER der 1980er-Jahre hat jetzt andere Besitzer. Cremiger CHARDONNAY ohne Eichennote, duftender Gewürztraminer, abgerundeter PINOT GRIS, MERLOT mit Pflaumennoten, vielversprechender ALBARIÑO. Topreihe: Church House (geradliniger Chardonnay **15'**).

Matua Auck r w ★→★★★ Produzierte 1974 den ersten SAUVIGNON BLANC Neuseelands (von Trauben aus Auckland); unter dem Namen Matua Valley altbekannt. Jetzt im Besitz von TWE. Die meisten Weine sind angenehm zu trinken und zugänglich. Beeindruckende Luxus-Reihe mit Einzellagenweinen, u. a. reintöniger Sauvignon blanc, erstklassiger ALBARIÑO, kraftvoller CHARDONNAY, dichter MERLOT/MALBEC (**14'**) und SYRAH (**14'**).

Maude C-Ot r w ★★ Beständig guter, aromatischer PINOT GRIS (**16**), fein gefügter PINOT NOIR (**15**) sowie rassiger RIESLING (trocken und halbtrocken 16'), CHARDONNAY (**14**) und Pinot noir (15) aus dem Mt Maude Vineyard in Wanaka.

Mills Reef Bay of Plenty r w ★★→★★★ Ansprechende Weine von Lesegut aus eigenen Lagen in GIMBLETT GRAVELS und anderem Traubengut aus HAWKE'S BAY. Das Spitzensortiment Elspeth umfasst straff gebauten CHARDONNAY (**15'**), fein gefügte Rotweine im Bordeaux-Stil, v. a. Cabernet Sauvignon (**13'** 15) und SYRAH (**13'**). Die weißen und roten Reserve-Weine sind meist recht preiswert.

Millton Gis r (rs) w ★★→★★★★ Die besten Weine des Anbaugebiets vom ersten Bioerzeuger in Neuseeland. Charaktervoll präsentiert sich das Sortiment Clos de Ste. Anne (Chardonnay 15, Chenin blanc 14', VIOGNIER **15'**, SYRAH **15'**, PINOT NOIR **15**) von einer hoch gelegenen Einzellage. Der langlebige, z. T. fassvergorene CHENIN BLANC (in nasseren Jahren mit Honignoten) ist der beste in Neuseeland (15' 16). Jung zu trinkende Weine werden in der (preiswerten) Reihe Crazy by Nature angeboten. Erstklassig ist der neue Pinot noir La Cote (**14** 15').

Misha's Vineyard C-Ot r w ★★ Großes Gut in Bendigo. Ansprechend duftender GEWÜRZTRAMINER, PINOT GRIS (**16'**), RIESLING (trockener Lyric und halbtrockener Limelight), raffinierter, teilweise in Eiche ausgebauter SAUVIGNON BLANC, erstklassiger trockener Rosé (**16'**) und PINOT NOIR (der Verismo liegt länger im Eichenfass).

Mission Hawk r (rs) w ★★ Ältester Weinbaubetrieb Neuseelands, erste Rebpflanzungen 1851, erste Weinverkäufe in den 1890ern – und noch immer im Besitz der Catholic Society of Mary. Breite Palette preiswerter sortenreiner Weine aus der Region; die Vineyard Selection liegt eine Qualitätsstufe höher. Die Reserve-Reihe umfasst u. a. exzellenten MERLOT, CABERNET SAUVIGNON, SYRAH, MALBEC, CHARDONNAY und SAUVIGNON BLANC. Die Spitzenweine laufen unter dem Namen Jewelstone (absolut hochklassiger Chardonnay **15'** 16' und Syrah **13' 14** 15'). Zum Besitz gehört auch ausgedehntes Rebland in AWATERE VALLEY. Erwarb 2017 Ngatarawa.

Mondillo C-Ot r w ★★ Star im Kommen in Bendigo mit duftendem, trockenem RIESLING (15), reichhaltigem PINOT NOIR (**13' 14'** 15') und seidigem Pinot noir Bella (**13'**).

Mount Edward C-Ot r w ★★ Kleiner, angesehener Erzeuger mit zart eichentönigem CHARDONNAY, rassigem RIESLING und konzentriertem PINOT NOIR. Earth's End: schön abgerundeter, jung zu genießender Pinot noir (**14'**).

Mount Riley Marlb r (rs) w ★★ Mittelgroßer Familienbetrieb mit gutem Preis-Leistungs-Verhältnis. Ausdrucksstarker SAUVIGNON BLANC, fein gefügter PINOT GRIS (**16'**), halbtrockener Riesling (**15**), CHARDONNAY mit zartem Eichenton, jung zu trinkender PINOT NOIR. Die Spitzenweine heißen Seventeen Valley (sehr eleganter Chardonnay **14'**).

Mt Beautiful Cant r w ★★ Großes Gut in Cheviot, nördlich von Waipara. Cremiger CHARDONNAY, PINOT GRIS mit Pfirsichnoten (**15**), aromatischer RIESLING (16), kräuterwürziger SAUVIGNON BLANC (**16'**); nussiger PINOT NOIR (15').

Mt Difficulty C-Ot r (rs) w ★★→★★★ Der Qualitätsbetrieb im warmen Bereich Bannockburn wurde 2017 von dem amerikanischen Milliardär Bill Foley erworben. Kraftvoller PINOT NOIR (**14' 15'**). Der Roaring Meg ist etwas leichter, aber immer noch relativ komplex, der Verschnitt Cromwell Basin fü baldigen Genuss bestimmt. Die Growers Series bietet Einzellagen-Rotweine, u.a. ausgefeilten Chinamans Terrace (15'). Beständig hochklassige Weißweine (v.a. Riesling und Pinot gris).

Wai oder nicht Wai

»Wai« ist das maorische Wort für Wasser und, da die meisten Anbaugebiete auf der Nord- und der Südinsel Neuseelands an der Küste liegen, von WAIHEKE ISLAND (AUCKLAND) über WAIRARAPA (nordöstlich von Wellington), Waimea Plains (NELSON), WAIRAU VALLEY (MARLBOROUGH) und Waipara (North Canterbury) bis WAITAKI VALLEY (North Otago) integraler Bestandteil von Ortsnamen auf neuseeländischen Weinetiketten. Aber Marketing-Experten haben erkannt, dass das alles doch sehr verwirrend ist, und deshalb wird »Wairarapa« nun zu »Wines of Wellington« und »Waipara« zu »North Canterbury«.

Muddy Water Waipara r w ★★→★★★ Der kleine, hochklassige Biobetrieb gehört zu GREYSTONE. RIESLING James Hardwick (einer der besten Neuseelands **15'**), lagerfähiger CHARDONNAY (**15'**) und bemerkenswert komplexer PINOT NOIR (15; v.a. Slowhand von den ältesten, ertragsarmen Reben 12').

Mud House Cant r w ★★→★★★ Die große Kellerei mit australischen Eigentümern und Sitz in MARLBOROUGH erzeugt Weine von der Südinsel (inkl. WAIPARA und CENTRAL OTAGO). Zu den Marken zählen Mud House, Waipara Hills und Hay Maker (die untere Stufe). Regionale Verschnitte sind z.B. der preiswerte Marlborough SAUVIGNON BLANC (16' 17), der duftende Marlborough PINOT GRIS, der halbtrockene Waipara Hills RIESLING (**16'**) und der charmante Central Otago PINOT NOIR. Exzellente Estate-Weine (von Einzellagen) und die Reihe Single Vineyard (aus Trauben von Vertragswinzern). Neu ist die Sub Region Series: cremig-weicher CHARDONNAY (**15'**) und körperreicher Pinot gris (**16'**).

Nautilus Marlb r w; sch ★★→★★★ Mittelgroße, sehr verlässliche Händlergruppe in Neuseeland im Besitz von S. Smith & Sons (Australien). Spitzengewächse sind der gewichtige SAUVIGNON BLANC (16 17), der komplexe CHARDONNAY (**15'**), der elegante Southern Valleys PINOT NOIR (**14 15**), der vollmundige PINOT GRIS (**15'** 16') und der Schaumwein oJ mit Hefenote (mindestens 3 Jahre auf dem Hefesatz), einer der feinsten seiner Art in Neuseeland. Ausgezeichneter neuer GRÜNER VELTLINER (16') und ALBARIÑO (16'). Unterste Stufe: Twin Islands.

Nelson r **13' 14' 15**; w **14' 15** – Kleinere Region westlich von MARLBOROUGH mit etwas nasserem Klima (16, 17 sehr feucht), aber ebenso sonnig. Anbauflächen auf Lehmböden in den Upper-Moutere-Hügeln (körperreiche Weine) und der schlammigen WAIMEA-Ebene (aromatischer). Die größte Fläche ist mit SAUVIGNON BLANC bestockt, aber eine Stärke sind auch die aromatischen Weißweine, v.a. RIESLING, PINOT GRIS und GEWÜRZTRAMINER. Auch guter (manchmal herausragender) CHARDONNAY und PINOT NOIR. Verdient mehr Beachtung.

Neudorf Nel r (rs) w ★★★→★★★★ Recht kleine Kellerei mit gutem Ruf. Der ausgefeilte CHARDONNAY Moutere (**14'** 15', 16') gehört zu den besten Neuseelands. Ausgezeichneter, jung zu trinkender Chardonnay Rosie's Block (**15' 16'**), großartiger PINOT NOIR Moutere (**13' 14** 15'), SAUVIGNON BLANC mit leichter Eichennote, halbtrockener PINOT GRIS (**15' 16**); der RIESLING (trocken und lieblich) ist ebenfalls erstklassig. Hochklassiger neuer ALBARIÑO (**15'** 16).

Ngatarawa Hawk r w ★★ Die mittelgroße Kellerei wurde 2017 von Mission erworben. Ansprechende Reihe Stables Reserve, u. a. mit mundfüllendem HAWKE'S BAY CHARDONNAY, stämmigem Hawke's Bay MERLOT und großzügigem Hawke's Bay SYRAH. Hervorragend die Reihe namens Proprietors Reserve: duftender Chardonnay, äußerst reichhaltiger Merlot/CABERNET, fester Syrah und hinreißender Noble RIESLING. Die zweite Riege heißt Glazebrook.

No. 1 Family Estate Marlb sch ★★ Familienbetrieb des regionalen Pioniers Daniel Le Brun (ehemals Champagne). Hat keine Rechte mehr an der Marke Daniel Le Brun (im Besitz von Lion Nathan). Spezialist für sehr guten Schaumwein, v. a. den Blanc de Blancs oJ mit Hefenoten und die Cuvée No 1. Spitzenwein ist die bemerkenswert harmonische Cuvée Virginie (**09'**).

Nobilo Marlb – Siehe CONSTELLATION NEW ZEALAND.

Obsidian Waiheke r (rs) w ★★ Von der Lage in Onetangi kommt der äußerst stillvolle Bordeaux-Verschnitt The Obsidian Reserve (**10' 11 12 13'** 14') sowie köstlicher CHARDONNAY Reserve (**15'**) und dichter SYRAH Reserve (**13' 14'** 15). Die Zweitmarke bietet u. a. den guten pflaumenwürzigen Estate Montepulciano (**15** 16).

Oyster Bay Marlb r w; sch ★★ Die Marke von DELEGAT ist ein Triumph des Marketings und verzeichnet einen riesigen Umsatz in Großbritannien, den USA und Australien. Lebhafte, ansprechende Weine mittleren Preisniveaus mit einem Hauch von Klasse aus MARLBOROUGH und HAWKE'S BAY: Der Marlborough SAUVIGNON BLANC ist mit 1,5 Mio. Kisten pro Jahr der Bestseller (kräftige Passionsfrucht- und Limettennoten), dazu kommen Marlborough CHARDONNAY mit zarter Eichennote, mittelschwerer Hawke's Bay PINOT GRIS im »grigio«-Stil, pflaumenwürziger Marlborough PINOT NOIR, weicher Hawke's Bay MERLOT, süffige Schaumweine und ein eindrucksvoller neuer Rosé (**17'**).

Apfelwein ist jetzt so beliebt in Neuseeland, dass Weinberge gerodet wurden, um Apfelbäume zu pflanzen.

Palliser Martinb r w ★★→★★★ Eine der größten und besten Kellereien des Bereichs. Ausgezeichneter SAUVIGNON BLANC (**16'**), sehr eleganter CHARDONNAY (**15'**), Schaumwein (der beste von MARTINBOROUGH) und sehr harmonischer PINOT NOIR (**13' 14** 15). Spitzenweine: Palliser Estate; untere Stufe: Pencarrow (äußerst preiswert, Löwenanteil der Produktion).

Pask Hawk r w ★★ Mittelgroße Kellerei, 2017 von John Benton erworben, dem auch Jackson in MARLBOROUGH gehört. Ausgedehnte Rebflächen in GIMBLETT GRAVELS. Vollaromatischer CABERNET SAUVIGNON, MERLOT und SYRAH mit gutem Preis-Leistungs-Verhältnis, aber zuweilen mit grünen Noten. Lebhafter CHARDONNAY. Zur Spitzenreihe Declaration gehört auch toastwürziger Chardonnay (**15'**), dunkler Merlot (**13'** 14'), komplexer Cabernet/Merlot/MALBEC (**13'** 14') und milder Syrah (14'). Untere Stufe: Roys Hill, Kate Radburnd.

Passage Rock Waiheke r w ★★ Beeindruckender opulenter SYRAH, v. a. Reserve (14'); aber auch der normale Syrah ist sehr gut für sein Geld (**14'**). Gute Rotweine im Bordeaux-Stil (v. a. CABERNET SAUVIGNON/MERLOT Reserve **13'** 14).

Pegasus Bay Waipara r w ★★★ Pionier-Familienbetrieb mit hervorragendem Sortiment: straffer Chardonnay (**15'** 16'), ein komplexer SAUVIGNON BLANC/SEMILLON (**14' 15'**), schwungvoller, mittelschwerer RIESLING (Verkaufsschlager **14'** 15'), exotisch duftender GEWÜRZTRAMINER (**13' 14 16'**) und seidiger PINOT NOIR (**13 14'**), v. a. der Prima Donna (**10' 11 12'** 13) von ausgereiften Rebstöcken. Herrlicher süßer Riesling und Semillon. Zweitmarke Main Divide: äußerst preiswerte Tropfen, v. a. PINOT GRIS.

Peregrine C-Ot r w ★★ Konzentrierte Weißweine, v. a. RIESLING (trocken 16 und leicht lieblicher Rastaburn), und guter, zitroniger, hefiger Schaumwein oJ. Auch duftender PINOT NOIR (15'). Charmanter Bio-Rosé (**17'**). Zweitmarke: Saddleback (erstklassiger trockener PINOT GRIS **16'**).

Pernod Ricard New Zealand Auck r (rs) w; sch ★→★★★ Einer der größten Erzeuger in Neuseeland, früher Montana. Kellereien in AUCKLAND, HAWKE'S BAY und MARLBOROUGH. Ausgedehnte Rebflächen in Teilbesitz liefern Marlborough-Weißweine, u. a. den Verkaufsschlager BRANCOTT ESTATE SAUVIGNON BLANC (**16' 17**). Die Stärken liegen beim Schaumwein, v. a. DEUTZ Marlborough Cuvée. Wunderbar preiswerte Rotweine und CHARDONNAY unter dem Namen CHURCH ROAD. Eine weitere wichtige Marke ist STONELEIGH (tropischer Sauvignon blanc **17**).

Puriri Hills Auck r (rs) ★★→★★★ Absolut hochklassige, langlebige Rotweine auf MERLOT-Basis (mit CABERNET FRANC, CARMENÈRE, CABERNET SAUVIGNON und MALBEC verschnitten) aus Clevedon (08' **09 10'** 13' 14). Die Reserve-Weine sind besonders duftend, mit einer kräftigeren Note von neuem Eichenholz. Spitzenetikett ist der unglaublich üppige Pope (10'). Zweitmarke: Mokoroa.

Pyramid Valley Cant r w ★★→★★★ Die kleine, hoch gelegene Rebfläche auf Kalksteinboden in Waikari wurde 2017 von dem amerikanischen Investor Brian Sheth und dem Winzer Steve Smith (früher bei Craggy Range) erworben. Floraler PINOT NOIR von gutseigenen Trauben (Angel Flower, Earth Smoke) und zitroniger CHARDONNAY. Erstklassige Weine der Reihe Growers' Collection aus anderen Regionen (u. a. PINOT BLANC und CABERNET FRANC).

Quartz Reef C-Ot r w; sch ★★→★★★ Kleiner biodynamischer Qualitätserzeuger mit pfirsichfruchtigem PINOT GRIS (**15' 16**), saftigem Bendigo Estate PINOT NOIR (**13' 14'** 15' 16') – der mit dem schwarzen Etikett ist besonders konzentriert (14' 15') – und rassigem Schaumwein mit Hefenote (besonders gut der Jahrgangs-Schaumwein **10'**).

Rapaura Springs Marlb ★★ Beständig gute Weißweine: CHARDONNAY (**16**), PINOT GRIS (**17**), SAUVIGNON BLANC (**17**). Besonders preiswert ist die Reserve-Reihe: Chardonnay (16), Pinot gris (**16'** 17), Sauvignon blanc (**17**), Rosé (**17**).

Rippon Vineyard C-Ot r w ★★→★★★ Pionierbetrieb am Ufer des Lake Wanaka mit überwältigendem Blick und ebensolchen Weinen. Flaggschiff ist der PINOT NOIR Mature Vine Rippon von zwischen 1985 und 1991 gepflanzten Reben (10' **12'** 13'). Der Pinot noir Tinker's Bequest (13') wurde mit »keinerlei Korrekturen oder Zusatzstoffen« bereitet: ein Eindruck von ungebremster Kraft. Sich langsam entwickelnde Weiße; besonders herausragend ist der RIESLING Mature Vine (**15'**).

Rockburn C-Ot r (rs) w ★★ Frischer, voller PINOT GRIS (**16**), sehr guter RIESLING (**16**). Der seidige PINOT NOIR (**13' 14'** 15 16) stammt von Trauben aus Cromwell Basin (Hauptanteil) und Gibbston. Zweitetikett: Devil's Staircase.

Rod McDonald Hawk r (rs) w ★★ Äußerst erfahrener Weinmacher (war 1993–2006 bei VIDAL), mehrere Marken: Te Awanga, Two Gates, One Off, Quarter Acre. Ausgezeichneter CHARDONNAY und MERLOT.

Sacred Hill Hawk r w ★★→★★★ Mittelgroßer Erzeuger. Gefeierter CHARDONNAY Riflemans (**13' 14'** 15' 16'), ein muskulöser, aber ausgefeilter Wein von einer erhöhten Lage im Landesinneren. Langlebiger MERLOT Brokenstone (14' 15'), CABERNET/Merlot Helmsman (14 15') und SYRAH Deerstalkers (14' 15') aus GIMBLETT GRAVELS. Schwungvoller MARLBOROUGH SAU-

VIGNON BLANC (**16**), preiswerter HAWKE'S BAY Merlot/Cabernet Sauvignon (**15** 16). Halo und Reserve: mittlere Qualitätsstufe.

Saint Clair Marlb r (rs) w ★★→★★★ Der größte Familienbetrieb der Region; erster Jahrgang 1994. Angesehen für zupackenden SAUVIGNON BLANC aus relativ kühlen Lagen im unteren WAIRAU VALLEY – v. a. der unschlagbar preiswerte regionale Verschnitt und der erstaunlich aromatische Wairau Reserve (**16'** 17). Zugänglicher RIESLING, PINOT GRIS, GEWÜRZTRAMINER, CHARDONNAY, MERLOT und PINOT NOIR. Spitzensortiment sind die Reserve-Weine, gefolgt von der umfassenden zweiten Reihe namens Pioneer Block (darunter erstklassige Pinot-noir- und Sauvignon-blanc-Weine), außerdem preiswerte regionale Verschnitte und die Reihe Vicar's Choice, die das untere Preissegment abdeckt.

Seifried Estate Nel (r) w ★★ Die erste und größte Kellerei der Region ist in Familienbesitz und seit Langem angesehen für guten halbtrockenen RIESLING (17) und GEWÜRZTRAMINER (**17**). Preiswerter, oft exzellenter SAUVIGNON BLANC und CHARDONNAY. Außerdem GRÜNER VELTLINER mit Pfirsichnoten und zugänglicher Würzer. Am besten: Winemakers Collection (v. a. Riesling Sweet Agnes **16'** 17 und cremiger Chardonnay **15'**). Die dritte Riege heißt Old Coach Road. Die Weißweine sind besser als die Roten.

Selaks Marlb r w ★→★★ Alter Betrieb kroatischen Ursprungs, jetzt eine Marke von CONSTELLATION NEW ZEALAND. Solide und leicht zugänglich sind die Weine der Reihe Premium Selection. Gute Reserve-Weine aus HAWKE'S BAY: CHARDONNAY, ROSÉ, MERLOT/CABERNET, SYRAH. Die Spitzenreihe Founders wurde kürzlich wiederbelebt, v. a. guter Chardonnay (16').

Seresin Marlb r w ★★→★★★ Qualitäts-Bioweinerzeuger. Der raffinierte, alterungswürdige SAUVIGNON BLANC (15' **16'**) ist einer der besten Neuseelands. Gehaltvoller CHARDONNAY (**14'**), saftiger PINOT NOIR (**14**) und z. T. in Eiche ausgebauter PINOT GRIS (**16**). Knochentrockene Schaumweine. Drittmarke: Momo (sehr gutes Preis-Leistungs-Verhältnis). Komplexe, ausdrucksvolle Weine mit feinem Gefüge.

Sileni Hawk r (rs) w ★★ Große Kellerei, derzeit stark auf PINOT NOIR konzentriert. Spitzenweine: kraftvoller CHARDONNAY Exceptional Vintage (**13'**), SYRAH (**13'**), MERLOT (**13'** 14). Estate Selection im mittleren Qualitätsbereich: u. a. buttriger Chardonnay The Lodge (**15'** 16'), schön abgerundeter Merlot The Triangle (**14'** 15) und ausgefeilter PINOT NOIR Springstone (16'); es folgt die Reihe Cellar Selection (guter, zugänglicher Merlot, Syrah, PINOT GRIS und Chardonnay). Weicher MARLBOROUGH SAUVIGNON BLANC (v. a. Straits **16'**).

Spy Valley Marlb r (rs) w ★★→★★★ Sehr erfolgreiche Firma mit ausgedehnten Rebflächen. Die vollen, aromatischen Weißweine (RIESLING **15'**, GEWÜRZTRAMINER **15'** 16, PINOT GRIS **15' 16'**) sind außergewöhnlich günstig; auch eindrucksvoller SAUVIGNON BLANC (**16**), CHARDONNAY (**15'**) und PINOT NOIR (**14** 15'). Gefälliger Pinot noir Rosé (**16**). Erstklassig ist die Spitzenreihe Envoy (Chardonnay **14'**, Pinot gris im elsässischen Stil **16'**, trockener Riesling 16', in Eiche ausgebauter Sauvignon blanc **15'** und komplexer Pinot noir Outpost **14** 15').

Staete Landt Marlb r w ★★ Weingut in Rapaura (WAIRAU VALLEY) mit ausgefeiltem CHARDONNAY (mit Biskuitnoten 15'), Spitzen-SAUVIGNON-BLANC Annabel (tropische Frucht **17**) und cremigem PINOT NOIR (**15'**). Zweitetikett: Map Maker (günstig).

Starborough Family Estates Marlb (r) w ★★ In Familienbesitz, Rebflächen in AWATERE VALLEY und WAIRAU VALLEY. Geschmacksintensiver SAUVIGNON BLANC (16 17), robuster CHARDONNAY (**15'**), aromatischer PINOT GRIS (16) und eleganter PINOT NOIR (16'). Vorsicht: Starborough Family Estates ist nicht zu verwechseln mit der Marke Starborough von Gallo.

Stonecroft Hawk r w ★★ Kleine Kellerei. Der erste ernst zu nehmende neuseeländische SYRAH (1989): Reserve (**13'** 14' 15'), Syrah Serine (15'); der Syrah Crofters ist jung zu genießen. Robuster MERLOT/CABERNET SAUVIGNON Ruhanui (**14'** 15), äußerst intensiver GEWÜRZTRAMINER Old Vine (**15'**), tropischer SAUVIGNON BLANC (**16'**) und der einzige ZINFANDEL Neuseelands (würzig **14** 15).

Stoneleigh Marlb r (rs) w ★★ Im Besitz von PERNOD RICARD NEW ZEALAND. Hauptsächlich Rebgut aus warmen Rapaura-Weingärten. Gute, in großen Mengen produzierte Weißweine aus MARLBOROUGH: SAUVIGNON BLANC (**17**), floraler PINOT GRIS (**16'**), körperreicher Riesling (**16**), leicht buttriger CHARDONNAY (**15**). Spitzenweine: Rapaura Series, v. a. gewichtiger Sauvignon blanc (**15' 16**), toastwürziger Chardonnay (**15**), voller Pinot gris (**15' 16**) und körperreicher PINOT NOIR (**14'** 15').

Stonyridge Waiheke r w ★★★→★★★★ Boutiquekellerei, die seit Mitte der 1980er-Jahre berühmt für ihren außergewöhnlichen roten Larose auf CABERNET-SAUVIGNON-Basis (10' 11 12 13' 14' 15') ist, einer der großartigsten Rotweine Neuseelands. Der kleine Bruder des Larose heißt Airfield. Kraftvoller Pilgrim im Rhône-Stil (15'), aufrichtiger, früh genussreifer Syrah (**15**) und unglaublich vollgepackter MALBEC Luna Negra (15').

Te Awa Hawk r w ★★→★★★ Weingut in GIMBLETT GRAVELS, seit 1994 bekannt für seine Roten auf MERLOT-Basis. Jetzt im Besitz von VILLA MARIA und Standort einer wichtigen neuen Kellerei. Sehr eleganter CHARDONNAY (**15'** 16'), duftender Merlot/CABERNET SAUVIGNON (**13' 14'** 15'), geschmeidiger SYRAH (14) und herzhafter TEMPRANILLO (**13' 14'**). Unter dem Namen Left Field werden zugängliche, preiswerte Rot- und Weißweine sowie ein Rosé angeboten.

Te Kairanga Martinb r w ★★ Eine der ältesten und größten Kellereien des Gebiets, viel besser geworden, seitdem sie 2011 vom Amerikaner Bill Foley erworben wurde. Sehr guter PINOT GRIS (**16'**), SAUVIGNON BLANC (**16'**), fein ausgewogener PINOT NOIR (preiswert; **15'**); RIESLING (**14' 15**). Runholder heißt die mittlere Qualitätsstufe (Pinot noir **14' 15**). Die Reserve-Weine tragen den Namen John Martin: gewichtiger Chardonnay (**14' 15**), dichter Pinot noir (14' 15).

Te Mania Nel ★★ Kleiner Erzeuger mit gutem Preis-Leistungs-Verhältnis: lebhafter CHARDONNAY, GEWÜRZTRAMINER, PINOT GRIS, RIESLING und rassiger SAUVIGNON BLANC (Bio). Spitzen-Reserve-Reihe: PINOT NOIR (**14'**) und Chardonnay (**15'**), beide Bio.

Te Mata Hawk r w ★★★→★★★★ Renommierte Kellerei (erster Jahrgang 1895), die seit 1974 von der Familie Buck betrieben wird. Von seltener Klasse und Langlebigkeit (der erste Jahrgang 82 ist 2017 herrlich vollmundig) ist der Coleraine (CABERNET SAUVIGNON/MERLOT/CABERNET FRANC **10'** 13' 14' 15'); der viel preiswertere Cabernet/Merlot Awatea (**13'** 14 15') ist ebenfalls hochklassig, aber zugänglicher. Der Syrah Bullnose (**10'** 13' 14' 15') gehört zu den besten in Neuseeland. Eleganter CHARDONNAY Elston (**13' 14'** 15'). Die Reihe Estate Vineyards bietet jung zu trinkende Weine (sehr guten Chardonnay, SAUVIGNON BLANC, GAMAY NOIR, Merlot/Cabernet Sauvignon/Cabernet franc und SYRAH).

Terra Sancta C-Ot r (rs) (w) ★★ Das erste Gut in Bannockburn, 1991 unter dem Namen Olssens gegründet; seit 2011 neuer Eigentümer. Sehr preisgünstiger, jung zu trinkender PINOT NOIR Mysterious Diggings (**15' 16'**). Der Pinot noir Bannockburn (**14'** 15) deckt die mittlere Qualitätsstufe ab, der Pinot noir Jackson's Block ist vollmundig. Der lebhafte Pinot noir Rosé (**17'**) ist einer der besten Neuseelands.

Te Whare Ra Marlb r w ★★ Etikettname: TWR. Die 1979 angelegten Rebflächen des kleinen Betriebs im WAIRAU VALLEY sind mit die ältesten der

Region. Bekannt für überaus duftenden Bio-GEWÜRZTRAMINER; lebhafter SAUVIGNON BLANC und RIESLING (trockener »D« und mittelsüßer »M«).

Te Whau Waiheke ★★→★★★ Winziges, angesehenes Gut an der Küste mit Restaurant und Hubschrauberlandeplatz. Überaus hochklassiger CHARDONNAY (**13' 14'** 15'), Bordeaux-ähnlicher Verschnitt auf CABERNET-SAUVIGNON-Basis The Point (**10' 12** 13 14').

Tiki Marlb (r) w ★★ Die Familie McKean besitzt ausgedehnte Rebflächen in MARLBOROUGH und Waipara. Lebhafter SAUVIGNON BLANC, v.a. Single Vineyard (16'), fleischiger PINOT GRIS (**16'**), cremiger HAWKE'S BAY CHARDONNAY Koro (**15**), duftender CENTRAL OTAGO PINOT NOIR Koru (**14'**). Zweitetikett: Maui.

Tohu r w ★★ Unternehmen in Maori-Besitz mit ausgedehnten Rebflächen in MARLBOROUGH und NELSON. Rassiger SAUVIGNON BLANC Single Vineyard (16') und in Eiche ausgebauter Sauvignon blanc Reserve Mugwi (**15**); dazu RIESLING (**15**), PINOT GRIS (**16**), ausgefeilter Blanc-de-Blancs-Schaumwein (**13'**) und zunehmend komplexer PINOT NOIR (**15'**).

Trinity Hill Hawk r (rs) w ★★→★★★ Kellerei mit sehr gutem Ruf, seit 2014 in amerikanischem Besitz. Ausgefeilter Bordeaux-Verschnitt The Gimblett (14' 15'), stilvoller GIMBLETT GRAVELS CHARDONNAY (**14' 15'** 16'), außergewöhnlicher SYRAH Homage (**10'** 13' 14' 15'), eindrucksvoller, pflaumenfruchtiger TEMPRANILLO (**14'** 15') und gewichtiger Marsanne/VIOGNIER (**16'**). Die einfachere Reihe mit weißen Etiketten hat ein gutes Preis-Leistungs-Verhältnis, v.a. der jung zu trinkende MERLOT (**15'**).

Two Paddocks C-Ot r (w) ★★ Der Schauspieler Sam Neill erzeugt mehrere PINOT-NOIR-Weine. Ausgezeichneter Regionalverschnitt (14'). Einzellagen-Weine: First Paddock (vegetabiler, aus dem kühlen Bereich Gibbston 15') und Last Chance (reifer, aus dem wärmeren Alexandra 15'). Der jüngste Neuzugang ist The Fusilier von Trauben aus Bannockburn (14' 15'). Picnic: gut, jung zu trinken, Pinot The People's (**14**).

Two Rivers Marlb r (rs) w ★★ SAUVIGNON BLANC Convergence: erstklassiger, eindringlicher Wein aus dem WAIRAU VALLEY und dem AWATERE VALLEY (**17**). Sehr guter CHARDONNAY (**15'**), PINOT GRIS (**16**) und RIESLING (16). Sehr zarter Rosé (17); PINOT NOIR Tributary (15'). Zweitmarke: Black Cottage (preiswert).

Urlar Wairarapa r w ★★ Kleiner Biobetrieb mit gewichtigem PINOT GRIS (**16'**), RIESLING, in Eiche ausgebautem SAUVIGNON BLANC, Noble Riesling mit zarter Honignote (**15' 16**) und PINOT NOIR (16').

Valli C-Ot ★★→★★★ Tolles Angebot an komplexem PINOT NOIR von Einzellagen (Gibbston **14'** 15' 16', Bendigo **14'** 15' 16'; Bannockburn **14'** 15' 16', WAITAKI **14'** 15' 16').

Vavasour Marlb r w ★★→★★★ Pflanzte 1986 die ersten Reben im AWATERE VALLEY. Jetzt im Besitz des amerikanischen Unternehmens Foley Family Wines. Cremiger CHARDONNAY (**15'**; Anna's Vineyard von den ältesten Reben ist besonders elegant **15'**); v.a. bekannt für SAUVIGNON BLANC mit Nesselnote (**16'**). Vielversprechender PINOT NOIR.

Vidal Hawk r w ★★→★★★ 1905 gegründet und seit 1976 im Besitz von VILLA MARIA. Spitzenreihe Legacy: rauchiger Chardonnay (**15'** 16'), seidiger SYRAH (14'), hervorragender CABERNET SAUVIGNON (14'). Reserve-Reihe im mittleren Bereich mit großartigem Preis-Leistungs-Verhältnis: CHARDONNAY (**15'** 16'), MERLOT/Cabernet Sauvignon (**14'** 15'), Syrah, MARLBOROUGH PINOT NOIR (**15' 16'**). Äußerst preiswert ist der Marlborough SAUVIGNON BLANC (**15' 17**).

Villa Maria Auck r (rs) w ★★→★★★ Die größte Kellerei Neuseelands, vollständig in Familienbesitz, wird von Sir George Fistonich geführt; seine Tochter Karen leitet die Geschäfte. Zum Besitz gehören auch VIDAL, ESK

VALLEY und TE AWA. Auf Weinmessen ausgerichtet, sehr erfolgreich. Die Spitzenweine laufen unter der Bezeichnung Reserve (ausgeprägter Regionalcharakter) und Single Vineyard (hebt die einzelnen Lagen hervor). Cellar Selection: Mittelklasse (weniger Eichenholzeinfluss), ausgezeichnet, überaus preiswert; auch die in großen Mengen erzeugten Weine der dritten Qualitätsstufe Private Bin sind oft sehr gut (v. a. SAUVIGNON BLANC (**17**), aber auch CHARDONNAY, GEWÜRZTRAMINER, PINOT GRIS, RIESLING, VIOGNIER, Rosé, MERLOT und PINOT NOIR). Kleine Mengen von sehr gutem ALBARIÑO, VERDELHO, GRENACHE und Malbec. Der neuer Kultrotwein Ngakirikiri The Gravels (13') auf CABERNET-SAUVIGNON-Basis ist sehr jugendlich.

Waiheke Island r (w) – Herrliche Insel im Hauraki Gulf, der Bucht vor Auckland (das Meer hat einen mäßigenden Einfluss auf die Temperaturen). 1978 von Goldwater für den Weinbau entdeckt. Zunächst für stilvolle CABERNET-SAUVIGNON/MERLOT-Verschnitte bekannt, dann für dunklen, kräftigen SYRAH. Beliebtes Ziel für Touristen, viele Hubschrauberlandeplätze.

Waimea Nel r (rs) w ★★ Einer der größten und preiswertesten Erzeuger der Region; 2017 an einen Investmentfonds verkauft. Schwungvoller SAUVIGNON BLANC (**16**), reichhaltiger PINOT GRIS (**16**). Sehr guter RIESLING (Classic mit Honignote **15**), duftender GRÜNER VELTLINER (16), stahliger ALBARIÑO (16). Körperreicher PINOT NOIR (**14' 15**). Zweite Garde: Spinyback.

Waipara Valley Cant – Der wichtigste Unterbereich von Canterbury im Norden von Christchurch; 85% der Anbaufläche des Bereichs. Positioniert sich derzeit als »North Canterbury« neu, nachdem der Name auf ausländischen Märkten Verwirrung gestiftet hatte.

Wairarapa Neuseelands siebtgrößte Weinregion (nicht zu verwechseln mit WAIPARA VALLEY). Siehe MARTINBOROUGH. Umfasst auch den Unterbereich Gladstone im Norden (etwas höher gelegen, kühler, feuchter). Das trockenste und kühlste Anbaugebiet auf der Nordinsel, besondere Stärke bei Weißweinen (SAUVIGNON BLANC und PINOT GRIS werden am häufigsten angepflanzt, aber auch RIESLING, GEWÜRZTRAMINER und CHARDONNAY sind gut) und v. a. PINOT NOIR (warm, herzhaft, von vergleichsweise alten Reben). Beginnt sich als »Wellington Wine Country« zu vermarkten.

Wairau River Marlb r (rs) w ★★ Gute Weißweine: schwungvoller SAUVIGNON BLANC (16 **17**), abgerundeter PINOT GRIS (**16**), leicht lieblicher RIESLING Summer (**16**), pikanter ALBARIÑO (16), köstlicher Rosé. Spitzenweine unter dem Etikett Reserve: Sauvignon blanc (**16**), VIOGNIER (**15**), CHARDONNAY (**15'**), PINOT NOIR (**15'**), SYRAH (**15**).

Wairau Valley Marlb – Größte Unterregion in MARLBOROUGH (die ersten Reben wurden 1873 gepflanzt, die moderne Ära begann 1973). Die meisten Kellereien der Region stehen hier. Drei bedeutende Seitentäler im Süden: Brancott, Omaka und Waihopai (die unter der Sammelbezeichnung Southern Valleys bekannt sind). SAUVIGNON BLANC gedeiht auf steinigen Ebenen mit Silt-Untergrund, PINOT NOIR auf tonigen Nordhängen. Großflächige Neuanpflanzungen in den kühleren, nasseren oberen Lagen des Tals.

Waitaki Valley C-Ot – Sich langsam ausdehnende Unterregion in North Otago mit kühlem Klima und Frostgefahr. Sehr vielversprechender PINOT NOIR (kann aber grüne Noten aufweisen), rassiger PINOT GRIS und RIESLING.

Whitehaven Marlb r (rs) w ★★ Mittelgroßer Erzeuger, dessen geschmacksintensiver, preiswerter SAUVIGNON BLANC ein Verkaufsschlager in den USA ist. Außerdem reichhaltiger GEWÜRZTRAMINER (**16'**), zitrusfrischer CHARDONNAY, öliger PINOT GRIS (**16'**), halbtrockener RIESLING (16'), sehr guter trockener Rosé von PINOT NOIR (16') und stämmiger Pinot noir. Die Spitzenreihe heißt Greg.

Wither Hills Marlb r w ★★ Großer Erzeuger im Besitz der Brauerei Lion. Beliebte, preiswerte Weine, v. a. SAUVIGNON BLANC mit Stachelbeer- und Limettennoten, fleischiger PINOT GRIS, CHARDONNAY mit leichter Eichennote und weich texturierter PINOT NOIR.

Wooing Tree C-Ot r (rs) w ★★ Einzellagen-Weine mit Schwerpunkt auf Roten. Dunkler PINOT NOIR (**14'** 15' 16), der Beetle Juice mit weniger neuer Eiche (**15'** 16'), komplexer Pinot noir Reserve Sandstorm (**14'** 15') und cremiger CHARDONNAY (**15** 16'). Zu den weniger »seriösen« Weinen, alle von Pinot noir, zählen der köstliche trockene Rosé (**17'**), der Blondie (ein zartrosa halbtrockener Weißwein **16** 17) und der Tickled Pink (süß, Himbeer-/Pflaumennoten **17'**).

Yealands Marlb r (rs) w ★★ Neuseelands größte »Einzellage« im Küstengebiet des AWATERE VALLEY, jetzt im Besitz des Versorgungsunternehmens Marlborough Lines. Teilweise von gutseigenen Trauben, der Hauptanteil aus MARLBOROUGH. Es wird viel Wert auf Nachhaltigkeit gelegt, aber die meisten Weine sind nicht zertifiziert. Single-Vineyard-Reihe: SAUVIGNON BLANC (**17**), RIESLING (16'); der zitronige GRÜNE VELTLINER ist einer der besten Neuseelands (**15'**). PINOT NOIR (16); verführerisch sanfter Pinot noir Winemaker's Reserve (16'). Äußerst Preiswertes gibt es in der Reihe Peter Yealands. Weitere wichtige Marken: Babydoll, The Crossings, Crossroads.

Südafrika

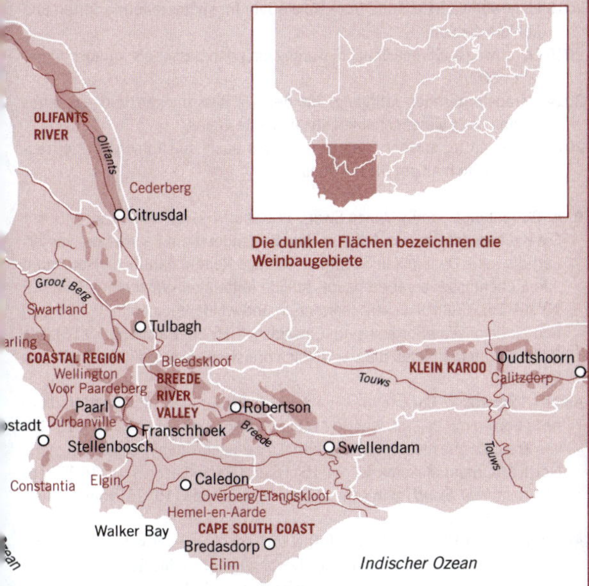

Die dunklen Flächen bezeichnen die Weinbaugebiete

Die folgenden Abkürzungen werden im Text verwendet:

Coast	Coastal Region	Rob	Robertson
Con	Constantia	Stel	Stellenbosch
Fran	Franschhoek	Swart	Swartland
Hem	Hemel-en-Aarde	W-Cape	Western Cape

Die südafrikanischen Rotweine werden leichter und heller; die Weißweine sind heute lebhafter mit reinerer Frucht, die Rosés trockener und besser als Begleiter zum Essen geeignet. Der starke Holzeinfluss in Duft und Geschmack ist langsam passé, und in alten Eichenfässern, Tonamphoren, Betoneiern oder Stahl ausgebaute Weine, in denen die Lage, der Boden und die Rebsorte nuancierter zum Ausdruck kommen, gehören zum guten Ton. Alte Reben erfahren die verdiente Anerkennung genauso wie bestimmte Rebsorten der Vergangenheit (Cinsault, Colombard und Palomino, aber vor allem Chenin blanc), und einem sich erwärmenden Klima angemessene Sorten wie Vermentino, Macabeo und Assyrtiko wird großes Interesse zuteil. Frische, Lebendigkeit und Subtilität sind die stilistischen Gebote der Stunde. Man tendiert deshalb dazu, die Lese vorzuziehen und bei der Vinifizierung den früher üblichen *dikvoet* (wörtlich »Dickfuß«) zu vermeiden. Neue Anbaugebiete werden erkundet, etablierte neu bewertet, vernachlässigte wiederbelebt. Es gibt Verschnitte, die aus Trauben vieler verschiedener Lagen zusammengestellt werden, während andere, das ist der neueste Trend, in ihre Einzelteile zerlegt, das heißt nach Lagen oder Klonen getrennt abgefüllt werden. Können wir angesichts all dieser Umwälzungen Südafrika als die dynamischste Weinbauregion der Welt nominieren? Als Kandidat für das beste Preis-Leistungs-Verhältnis ganz bestimmt.

Neuere Jahrgänge

2017 Trotz der schlimmsten Dürre seit 100 Jahren eine hervorragende Ausbeute, vergleichbar mit 2015.

2016 Ungewöhnlich heiß und trocken: ein Jahr für später reifende Sorten und kühlere Gebiete.

2015 Durchweg außergewöhnlich, womöglich noch besser als im Ausnahmejahr 2009.

2014 Herausfordernder Jahrgang, für den Urteilsvermögen und ein gutes Timing nötig waren; eher leichte, elegante Weine.

2013 Rekordernte, sowohl mengenmäßig als auch qualitativ, dabei erfreulicherweise mäßiger Alkoholgehalt.

A. A. Badenhorst Family Wines Swart, W-Cape r (rs) w; (sch) ★★→★★★★ Die Kellerei der Cousins Adi und Hein Badenhorst am Paardeberg verkörpert die neue Dynamik in Südafrika. Knotige Reben, natürliche Hefen und alte Eichenfässer ergeben hauptsächlich Mittelmeer-Verschnitte (r 11 **12** 13' 14 15), CHENIN BLANC (sortenrein und weiße Verschnitte 13 **14** 15') und einheimische Sortenweine (Cinsault 14' 15 16, Palomino 15 **16**). Die Reihe Secateurs bietet außerordentlich preiswerte Weine für den täglichen Gebrauch.

Alheit Vineyards W-Cape (r) w ★★★★ Spezialist für alte Reben und traditionelle Sorten mit CHENIN BLANC/SÉMILLON Cartology (11' 12 13 **14** 15' 16) von Trauben aus mehreren Regionen, Einzellagen-Chenin-blanc (Magnetic North Mountain Makstok **13'** 14 15' 16 und Radio Lazarus 12' 14 15' 16) und dem *field-blend* (gemischten Satz) Vine Garden (15' 16) vom Heimathof in HEMEL-EN-AARDE.

Anthonij Rupert Wines W-Cape r (rs) w (br); (sch) ★→★★★ Eigene Rebflächen in DARLING, SWARTLAND und Overberg; imposantes Gut (und Kellerei) L'Ormarins nahe FRANSCHHOEK. Aushängeschild ist die nach dem verstorbenen Bruder des Eigentümers, Johann Rupert, benannte Reihe Anthonij Rupert; daneben empfiehlt sich besonders die Reihe Cape of Good Hope mit lagenspezifischen Weinen.

Ataraxia Wines W-Cape r w ★★★ Bekannter CHARDONNAY (12 13 **14** 15' 16) und ein neuerer PINOT NOIR (14 15) von Winzer und Miteigentümer Kevin Grant auf dem Gut Skyfields mit sehenswerter kapellenartiger Kellerei oberhalb von HEMEL-EN-AARDE.

Babylonstoren W-Cape r (rs) w; (sch) ★★→★★★ Afrikaanses Gut aus dem 17. Jh. in der Nähe von PAARL, stilvoll restauriert von Karen Roos, der ehemaligen Chefredakteurin der südafrikanischen *Elle Decoration,* und ihrem Mann, dem Medienmogul Koos Bekker. Der Bordeaux-Rotwein Nebukadnesar (12 13 14 15') steht an der Spitze des besser werdenden Angebots.

Bartho Eksteen W-Cape r rs w; s sch ★★★ Bartho Eksteen mit Sitz in HEMEL-EN-AARDE ist auf Rhône-Sorten und SAUVIGNON BLANC spezialisiert und Mentor für jüngere Winzer und Brenner unter dem Banner von Trees of Knowledge/Wijnskool.

Bartinney Private Cellar Stel r (rs) w; (sch) ★→★★★ Aufgehender Stern auf den steilen Hängen des Banhoek Valley, in Familienbesitz. CABERNET SAUVIGNON (10 **11** 12 13 14') und CHARDONNAY (12 13 **14** 15' 16) werden immer eindrucksvoller. Noble Savage ist eine Lifestyle-Reihe.

Beau Constantia Con r w ★→★★ Elegante sortenreine Abfüllungen sowie Verschnittweine im Bordeaux- und Rhône-Stil von steilen Rebflächen in den Bergen, die Anfang der 2000er-Jahre von der Eigentümerfamilie Du Preez bepflanzt wurden.

Beaumont Wines Bot R. r w (br); (s) ★★→★★★ Ausgezeichnete handgearbeitete Weine von einem herrlich rustikalen Gut. Seltener MOURVÈDRE (10' **11** 12 13 14), eleganter CHENIN BLANC Hope Marguerite (12' 13 **14** 15' 16') und ein neuer Weißwein namens New Baby (15' 16).

Beeslaar Wines Stel r ★★★ Der Kellermeister von KANONKOP hat sich auf eigene Faust an einer der gefeierten und unverwechselbaren Reben des Guts versucht: PINOTAGE (12 13' 14' 15). Ausgefeilt und sehr speziell.

Bellingham Coast r (rs) w ★★→★★★ Etablierte Marke von DGB mit der faszinierenden, erstklassigen, mengenreduzierten Bernard Series, u. a. absolut rarer sortenreiner Roussanne (**14** 15' **16** 17), und der Homestead Series sowie neuerdings sehr gutem CHENIN BLANC von alten Reben (16).

Beyerskloof W-Cape r (rs) (w) (br) ★→★★★ Südafrikas PINOTAGE-Champion, nahe STELLENBOSCH: Zehn Versionen mit dieser Sorte sind im Angebot, darunter der reinsortige Diesel (**09** 10 11 12 13' 14 15 16), mehrere CAPE BLENDS und Wein im Port-Stil. Im Bistro der Kellerei gibt es sogar Pinotage-Burger. Auch klassischer CABERNET SAUVIGNON/MERLOT Field Blend (09' **10** **11** 12 13 14 15).

Black Economic Empowerment (BEE) Die Organisation setzt sich für eine höhere Beteiligung vormals benachteiligter Bevölkerungsgruppen in der Weinbranche ein.

Boekenhoutskloof Winery Coast r (rs) w; s ★★→★★★★ Seit einem Vierteljahrhundert außerordentliche Qualität und Beständigkeit bei SYRAH (09' 10 11 12' 13 14 15' 16), jetzt ausschließlich von Trauben aus SWARTLAND, FRANSCHHOEK CABERNET SAUVIGNON (08' **09'** 10 **11'** 12 13 14 15 16), auch die neuere Version aus STELLENBOSCH ist ausgezeichnet (14 15'). Feiner Sémillon von alten Reben (**12** **13** **14** 15) und roter The Chocolate Block im Mittelmeerstil sowie die preiswerten Reihen Porcupine Ridge und Wolftrap. Siehe auch PORSELEINBERG.

Bon Courage Estate Rob r (rs) w (br); s (lbl); sch ★→★★★ Breites Angebot aus Familienanbau, angeführt von den Inkará-Rotweinen; stilvolles Trio von Brut nach der MÉTHODE CAP CLASSIQUE und aromatische Dessertweine (RIESLING, MUSCAT).

Boplaas Family Vineyards W-Cape r w br; (s); (sch) ★→★★★ Die Winzer Carel Nel und Tochter Margaux in CALITZDORP sind für Weine im Port-Stil bekannt, v. a. Cape Vintage Reserve (08 **09'** 10 11 12' 13 14 15) und Tawny. Neuerdings verlagert sich der Schwerpunkt auf ungespritete Weine von portugiesischen Trauben.

Boschendal Wines W-Cape r (rs) w; (s); sch ★→★★★ Berühmtes, fotogenes Weingut bei FRANSCHHOEK, betrieben von DGB. Bekannt für SHIRAZ, SAUVIGNON BLANC, CHARDONNAY und Schaumwein nach der MÉTHODE CAP CLASSIQUE.

Botanica Wines W-Cape r (rs) w; (s) ★★→★★★★ Von der Amerikanerin Ginny Povall mit Sitz in STELLENBOSCH. Das Debüt, CHENIN BLANC Mary Delany (12' **13** 14' 15' 16') von alten Buschreben an der Westküste, wurde flankiert von ebenso großartigem PINOT NOIR (**12** 13 15 16) aus HEMEL-EN-AARDE, SEMILLON (15' 16) aus Elgin und *vin de paille* oJ von Viognier aus Stellenbosch.

Bouchard Finlayson Cape South Coast r w ★★→★★★★ Sehr guter Erzeuger von PINOT NOIR in HEMEL-EN-AARDE mit Galpin Peak (**09** **10** **11** **12** 13' 15') und der Fassauswahl Tête de Cuvée (**09** **10** **12** 13). Eindrucksvoller CHARDONNAY (Crocodile's Lair von Reben aus Elandskloof und Missionvale, beide 12 13 **14** 15 16) und exotischer roter Hannibal (**10'** 11' 12 13 14 15).

Breedekloof Großer DISTRICT (ca. 13.000 ha) im Binnenland, der v. a. Massenweine und solche auf Einsteigerniveau hervorbringt. Zu den löblichen Ausnahmen zählen Bergsig, Olifantsberg, OPSTAL ESTATE und Stofberg Family.

Buitenverwachting W-Cape r (rs) w; s; (sch) ★★→★★★ Erstklassiger Familienbetrieb in CONSTANTIA. Hervorragender CHARDONNAY (12 13 **14'** 15 16), SAUVIGNON BLANC Husseys Vlei (12 13' **14** 15 16) und Bordeaux-Rotwein Christine (07 08 09' **10** 11 12). Heißt im Exportgeschäft Bayten.

Calitzdorp DISTRICT, der klimatisch dem Douro-Tal ähnelt und folgerichtig für Wein im Port-Stil bekannt ist. Erzeuger: Axe Hill, BOPLAAS, DE KRANS, Peter Bayly. Neuerdings auch ungespritete Verschnitte und sortenreine Abfüllungen von Port-Trauben.

Cape Blend »Kap-Verschnitt«. Meist ein Rotweinverschnitt mit einem Anteil PINOTAGE. Empfehlenswerte Erzeuger: David & Nadia, Hughes Family, Rhebokskloof, Springfontein und Newcomer The Vinoneers.

Cape Chamonix Wine Farm Fran r w; (sch) ★★★★ Ausgezeichneter Weinbergbesitz eines Weinmachers, der von ihm selbst bewirtschaftet wird. Charakteristischer PINOT NOIR, PINOTAGE, CHARDONNAY, SAUVIGNON BLANC, Bordeaux-Verschnitte (rot und weiß) und neuerdings auch CABERNET FRANC. Alle zum Einkellern.

Capensis W-Cape w ★★★ Amerikanisch-südafrikanisches Gemeinschaftsunternehmen zwischen Antony Beck von GRAHAM BECK und Barbara Banke von Jackson Family. Bisher gibt es einen luxuriösen CHARDONNAY von Trauben aus verschiedenen Regionen (14 **15'**).

Cape Point Vineyards W-Cape (r) w; (s) ★★★★ Hervorragender Erzeuger in Noordhoek auf der Kaphalbinsel. Komplexer, alterungswürdiger SAUVIGNON BLANC/SEMILLON Isliedh (12' **13** 14 15 16'), CHARDONNAY und Sauvignon blanc, u. a. die neue Version aus CAPE TOWN (17), für die auch Lesegut aus DURBANVILLE verwendet wird. Preiswert ist die Marke Splattered Toad.

Cape Rock Wines Olifants R. r (rs) w ★→★★ Der führende Boutiquewinzer des Gebiets, bekannt für äußerst charaktervolle rote und weiße Rhône- und Portweintraubenverschnitte mit auffallenden Etiketten.

Cape South Coast Kühlklimatische »Super-REGION« mit den DISTRICTS Cape Agulhas, ELGIN, Overberg, Plettenberg Bay, Swellendam und WALKER BAY sowie den unabhängigen WARDS Herbertsdale, Napier, Stilbaai East und Lower Diuvenhoks River.

Cape Town Neuer Name für den erweiterten DISTRICT Cape Peninsula, der Kapstadt, die Kaphalbinsel sowie die WARDS CONSTANTIA, DURBANVILLE, Hout Bay und Philadelphia umfasst.

Cape Winemakers Guild (CWG) – Unabhängiger Verband mit gegenwärtig 49 Mitgliedern, dem man nur auf Einladung beitreten kann. Veranstaltet alljährlich eine Maßstäbe setzende Auktion für limitierte Spitzenabfüllungen.

Catherine Marshall Wines W-Cape r w (br) ★★★ Cathy Marshall, Expertin für kühlklimatische Lagen (hauptsächlich in ELGIN), und ihre Partner konzentrieren sich auf PINOT NOIR, MERLOT, SAUVIGNON BLANC und CHENIN BLANC. Schöner neuer mineralischer RIESLING (16).

Cederberg Winziger, hoch gelegener eigenständiger WARD (kaum 70 ha) in den Cederberg Mountains. Vornehmlich SHIRAZ und SAUVIGNON BLANC. Driehoek und CEDERBERG PRIVATE CELLAR sind die einzigen Erzeuger.

Cederberg Private Cellar Cederberg, Elim r (rs) w; sch ★→★★★★ Der Familie Nieuwoudt gehören mit die höchsten (CEDERBERG) und am weitesten südlich gelegenen (ELIM) Weinberge Südafrikas. Elegant-intensiv präsentieren sich CABERNET SAUVIGNON, PINOT NOIR, die seltene Bukettraube, CHENIN BLANC, SAUVIGNON BLANC, SÉMILLON, der Schaumwein nach der MÉTHODE CAP CLASSIQUE und Shiraz, u. a. die herausragende CAPE-WINEMAKERS-GUILD-Abfüllung Teen die Hoog (10' 11' 12 13 14 15).

Central Orange River Eigenständiger Mega-WARD (etwa 10.000 ha) von Northern Cape. Heiß, trocken, bewässerungsbedürftig; hauptsächlich Weiße und gespritete Weine. Der größte Erzeugerbetrieb hier sind die Orange River Cellars.

Charles Fox Cap Classique Wines Elgin sch ★★★ Erzeuger von Schaumwein im Champagnerstil mit französischem Weinberater im Gepäck. Vier klassische, köstliche Bruts mit Jahrgangsangabe, u. a. der neue Blanc de Blancs Prestige Cuvée.

Coastal Größte REGION (ca. 44.000 ha), die die vom Meer beeinflussten DISTRICTS CAPE TOWN, DARLING, Tygerberg, STELLENBOSCH und SWARTLAND umfasst, seltsamerweise aber auch die nicht an der Küste gelegenen Districts FRANSCHHOEK, PAARL, TULBAGH und WELLINGTON.

Empfehlenswerte Bio- und biodynamische Marken

Zertifiziert biologisch oder biologisch-dynamisch arbeitende Kellereien machen weniger als 3 % der 568 offiziell registrierten Trauben verarbeitenden Betriebe aus, bieten jedoch, nachdem die Weinqualität in den letzten Jahren enorm zugenommen hat, mit die besten und lohnendsten Weine in Südafrika. Empfehlenswerte Erzeuger sind u. a. Avondale, JOOSTENBERG, Laibach, Longridge, Org de Rac, SPIER, Stellar Winery, WATERKLOOF und Waverley Hills sowie ELGIN Ridge und REYNEKE WINES, die einzigen beiden zertifiziert biologisch-dynamischen Betriebe Südafrikas.

Colmant Cap Classique & Champagne W-Cape sch ★★★ Eine belgische Familie hat sich in FRANSCHHOEK auf Schaumwein spezialisiert. Brut Reserve, Brut Rosé, Brut CHARDONNAY und der neuere Sec Reserve: alle nach der MÉTHODE CAP CLASSIQUE bereitet, ohne Jahrgangsangabe und exzellent.

Constantia Kühler, landschaftlich schöner WARD in CAPE TOWN. Das erste und mit berühmteste Anbaugebiet Südafrikas für feine Weine wurde in den letzten Jahren von GROOT, KLEIN CONSTANTIA u. a. wieder zum Leben erweckt.

Constantia Glen Con r w ★★★ Ein Juwel der Familie Waibel in den höheren Lagen des Constantiabergs. Großartige rote und weiße Bordeaux-Verschnitte sowie sortenreiner SAUVIGNON BLANC.

Constantia Uitsig Con r w br; sch ★→★★★ Erstklassige Weinberge und jetzt auch eine Kellerei (vorher wurde beim Nachbarn STEENBERG vinifiziert) bringen hauptsächlich stillen Weißwein und MÉTHODE-CAP-CLASSIQUE-Schaumweine hervor. Beständig herausragend ist der SÉMILLON (11 12' 13 **14'** 15').

Creation Wines Walker Bay r w ★★→★★★ Erzeugerbetrieb in Familienbesitz mit eleganten, modernen Weinen von Bordeaux-, Rhône- und burgundischen Sorten sowie Verschnitten.

Dalla Cia Wine & Spirit Company W-Cape r w ★★→★★★ Seit drei Generationen angesehene Winzer/Brenner in STELLENBOSCH. Flaggschiff ist der teure »Supertoskaner« Teano (**11** 14).

Darling DISTRICT rund um die gleichnamige Stadt an der Westküste, dessen beste Lagen sich in dem hügeligen WARD Groenekloof befinden. Cloof, Darling Cellars, Groote Post/Aurelia, Ormonde, Mount Pleasant und Withington füllen selbst ab; ein Großteil des übrigen Leseguts fließt in Fremdmarken.

David & Nadia Swart r w ★★★→★★★★ David und Nadia Sadie folgen den Prinzipien natürlicher Weinbereitung der Swartland Independent Producers und erzeugen den exquisiten Rhône-Verschnitt Elpidios (11 **12** 13 14 15), Grenache, Chenin blanc (Sortenweine und Verschnitt Aristargos 12'

13' **14'** 15' 16), SÉMILLON und einen neueren PINOTAGE (15 16), zum Großteil von alten Reben.

De Krans W-Cape r (rs) w br; (sch) ★→★★★ Der Betrieb der Familie Nel in CALITZDORP ist bekannt für Weine im Port-Stil, v. a. Vintage Reserve (08' **09'** 10' 11' 12' 13' 14 15) und gespriteten MUSCAT. Seit Kurzem auch Erfolg mit ungespriteten Weinen von Port-Trauben.

Delaire Graff Estate W-Cape r (rs) w (br); (s); (sch) ★★→★★★★ Hoch gelegene Weinberge, dazu eine Kellerei und ein Luxusresort im Besitz des Diamantenhändlers Laurence Graff nahe STELLENBOSCH. Spitzenwein des juwelenbesetzten Angebots ist der hochpreisige, alterungswürdige CABERNET SAUVIGNON Reserve Laurence Graff.

Delheim Wines Coast r (rs) w; (lbl) s; (sch) ★★→★★★ Ökologisch ausgerichteter Familienbetrieb nahe STELLENBOSCH. SHIRAZ und PINOTAGE Vera Cruz; in den besten Jahren erzeugte Grand Reserve auf CABERNET-SAUVIGNON-Basis mit Kellerpotenzial (06 07' 08 13 14) sowie funkelnder edelfauler RIESLING Edelspatz (11 12 **13'** 14 15').

DeMorgenzon Stel r (rs) w; (s); (sch) ★★→★★★★ Hylton und Wendy Appelbaums gepflegtes Gut erklimmt den Gipfel des Erfolgs mit Bordeaux- und Rhône-Sortenweinen und -Verschnitten, CHARDONNAY und CHENIN BLANC. Eindrucksvolle neue CAPE-WINEMAKERS-GUILD-Abfüllungen: roter Gravitas (15) und Roussanne (16).

De Toren Private Cellar Stel r ★★→★★★ Stets aromatisch ist der Bordeaux-Rotwein Fusion V (09' **10** 11 12 13 14 15') und der früher trinkreife Z auf Merlot-Basis; roter Délicate in leichterem Stil.

De Trafford Wines Stel r w; s ★★★→★★★★ Der Boutiquewinzer David Trafford hat Erfolgsgeschichte geschrieben mit mächtigen und doch harmonischen Weinen: Bordeaux/SHIRAZ Elevation 393 (08 09 **10** 11 12), CABERNET SAUVIGNON (08 **09** 10 **11** 12 13 14 15), SYRAH Blueprint (11 12' 13 14 15') und CHENIN BLANC (trocken und *vin de paille*). Siehe auch SIJNN.

De Wetshof Estate Rob r w; s; sch ★★→★★★ Der bekannte CHARDONNAY-Pionier und -Exponent erzeugt fünf Versionen (mit und ohne Eiche, still und schäumend), allen voran The Site (12 13 **14** 15) aus einer Einzellage.

DGB W-Cape – Etablierter Erzeuger und Großhändler mit Sitz in Wellington; zu den hauseigenen Marken gehören BELLINGHAM, BOSCHENDAL, Brampton und Douglas Green.

Diemersdal Estate Durbanville, W-Cape r (rs) w ★→★★★ Das Familiengut in DURBANVILLE tut sich mit verschiedenen SAUVIGNON-BLANC-Weinen aus Einzellagen und Einzelreihen (u. a. dem neuen Winter Ferment), roten Verschnitten, PINOTAGE, CHARDONNAY und dem ersten und einzigen kommerziell erzeugten GRÜNEN VELTLINER Südafrikas hervor.

Diemersfontein Wines W-Cape r (rs) w ★→★★★ Familiengut mit Restaurant und Gästehaus in WELLINGTON, bekannt v. a. für seine kraftstrotzenden Weine der Reihe Carpe Diem. Der PINOTAGE hat den viel kopierten »Kaffeestil« begründet. Die BLACK-ECONOMIC-EMPOWERMENT-Marke heißt Thokozani.

Distell W-Cape – Das größte Getränkeunternehmen Südafrikas mit Sitz in STELLENBOSCH nennt viele Marken in allen Stilen und Qualitätsstufen zumindest anteilsmäßig sein Eigen. Siehe auch DURBANVILLE HILLS, Fleur du Cap, J. C. le Roux, Nederburg Wines.

District Siehe GEOGRAPHICAL UNIT.

Dorrance Wines W-Cape r (rs) w ★→★★★ Französisch angehauchter Familienbetrieb mit einem von nur zwei Kellern mitten in Kapstadt (Grund genug für einen Besuch). Fabelhafter SYRAH, CHARDONNAY und CHENIN BLANC. Die Einsteigerreihe heißt Simply.

Durbanville Der kühle, hügelige WARD im DISTRICT Cape Town ist v.a. für pikanten SAUVIGNON BLANC bekannt. Heimat von DURBANVILLE HILLS, dem wiedererstandenen Bloemendal und vielen Familienbetrieben.

Durbanville Hills Durbanville r (rs) w; (s); (sch) ★→★★★ Im Besitz von DISTELL, örtlichen Winzern und einem Mitarbeiter-Trust. Preisgekrönter PINOTAGE, CHARDONNAY und SAUVIGNON BLANC. Sehr guter neuerer MÉTHODE CAP CLASSIQUE und Bordeaux-Rotwein Tangram (12 13).

Eagles' Nest Coast, Con r (rs) w ★→★★★ Familienbetrieb in CONSTANTIA mit verlässlich erstklassigem MERLOT, VIOGNIER und SHIRAZ. Außerdem lebhafter SAUVIGNON BLANC und nur in der Kellerei selbst verkaufter Rosé Little Eagle.

Edgebaston Coast r w ★★→★★★ Gut und Kellerei der Familie Finlayson in der Nähe von STELLENBOSCH mit sehr gutem CABERNET SAUVIGNON GS (08 10 **11** 12 13 14') der Reihe Camino Africana von alten Reben und erstklassigen jung zu trinkenden Weinen. Seltener sortenreiner Tempranillo unter dem Namen Rough Diamond, einem neuen Gemeinschaftsprojekt mit Kellermeister Pieter van der Merwe, dessen eigene Marke Sanniesrust heißt (guter Grenache 16).

2019 wird der südafrikanische Wein 360 Jahre alt: Die erste Lese im Land fand am 2. Februar 1659 statt.

Eikendal Vineyards W-Cape r w ★★★ Wieder auflebender Betrieb in Schweizer Hand nahe STELLENBOSCH. Die traditionellen Weine des Guts (Bordeaux-Rotwein Classique, MERLOT, CHARDONNAY) haben zu ihrer einstigen Stärke zurückgefunden. Den neueren roten Verschnitt Charisma sollte man im Auge behalten.

Elgin Der kühlklimatische DISTRICT erntet Anerkennung für seinen SAUVIGNON BLANC, CHARDONNAY und PINOT NOIR. Auch sehr interessanter SYRAH, RIESLING und MÉTHODE CAP CLASSIQUE. Vorwiegend Boutiquekellereien in Familienhand, u. a. Elgin Ridge, einer der beiden zertifiziert biodynamischen Betriebe in Südafrika.

Elim Von Meerwinden gekühlter WARD im südlichsten DISTRICT Südafrikas, Cape Agulhas, mit aromatischem SAUVIGNON BLANC, weißen Verschnitten und SHIRAZ. Liefert auch Trauben an große Erzeuger wie DISTELL, aufstrebende Betriebe wie Signature Wines und *garagistes*, z. B. The Giant Periwinkle.

Ernie Els Wines W-Cape r (rs) (w) ★→★★★★ Weinbaubetrieb des südafrikanischen Golfstars Ernie Els in STELLENBOSCH. Paradepferd ist der superteure rote Ernie Els Signature im Bordeaux-Stil (09' 10 **11** 12 13 14). Früher trinkreife Weine in der Reihe Big Easy.

Estate Wine – Amtliche Bezeichnung für Weine, die auf »für die Produktion von Estate Wine registrierten geografischen Einheiten« angebaut, bereitet und abgefüllt sein müssen. Keine Qualitätsbezeichnung.

Fable Mountain Vineyards Coast r rs w ★★★→★★★★ Winzer in TULBAGH, Ableger von MULDERBOSCH, im Besitz der kalifornischen Terroir Selections. Überragender SHIRAZ (sortenrein und verschnitten), ein weißer Verschnitt und ein Rosé aus Rhône-Sorten.

Fairview Coast r (rs) w (br); (lbl) (s); (sch) ★→★★★ Der dynamische und innovative Eigentümer Charles Back produziert eine bunte Mischung aus sortenreinen, verschnittenen, Einzellagen- und terroirspezifischen Weinen, u. a. Fairview, Spice Route, Goats do Roam und La Capra.

FirstCape Vineyards W-Cape r rs w; sch ★→★★ BV – Überaus erfolgreiche Exportmarke, ein Joint Venture von fünf örtlichen Genossenschaften und dem britischen Unternehmen Brand Phoenix mit Weinen auf Einstiegsniveau in über einem Dutzend Reihen, darunter einige mit Trauben von außerhalb Südafrikas.

Flagstone Winery W-Cape r (rs) w (br) ★→★★★ Premium-Erzeuger in Somerset West im Besitz von Accolade Wines mit eindrucksvollem PINOTAGE, SAUVIGNON BLANC und Bordeaux-Weißwein. Ist mit den Marken Fish Hoek (mittleres Niveau) und KUMALA (Einstiegsniveau) verschwistert. Kellermeister Bruce Jack ist die treibende Kraft bei The Drift, dem Boutiquebetrieb seiner Familie in Overberg, mit exotischen Rotweinen (sortenrein und verschnitten) und dem einzigartigen Touriga Franca Rosé.

Naturwein wird zum Mainstream

Für »natural wine(-growing)« gibt es in Südafrika keine offizielle Definition, die Bezeichnung wird für alles Mögliche verwendet – von der Schädlingsbekämpfung mit Enten bis zur konsequenten Anwendung biodynamischer Prinzipien. Im Allgemeinen versteht man darunter jedoch einen umweltfreundlichen Ansatz, dessen Schwerpunkt auf der Arbeit im Weinberg liegt, um im Keller möglichst wenig eingreifen zu müssen. Alte Reben, frühe oder gestaffelte Lese, Ganztraubenpressung, Vergärung mit natürlichen Hefen und (bei Weißwein) auf den Schalen, begrenzte Extraktion, alte oder neutrale Eichenfässer und keine oder minimale Schwefelzusätze gelten als einige der zentralen Elemente der Naturweinbewegung, die in den letzten Jahren zum Mainstream geworden und zu den entlegensten Außenposten der Weinwelt vorgedrungen ist.

Fleur du Cap W-Cape r (rs) w; s ★→★★★ Spitzenmarke von DISTELL, umfasst u. a. die sehr gute Reihe Unfiltered Collection sowie edelfaulen Dessertwein und den Bordeaux-Rotwein Laszlo, beide immer großartig.

Foundry, The Stel r w ★★★→★★★★ Eigene Marke des Kellermeisters von MEERLUST, Chris Williams, mit Weinpartner James Reid; sehr gute sortenreine Weine von Rhône-Trauben, v. a. GRENACHE BLANC (11 12' 13' **14** 15').

Franschhoek Valley Von Hugenotten gegründeter DISTRICT, bekannt für CABERNET SAUVIGNON, CHARDONNAY, SÉMILLON und MÉTHODE CAP CLASSIQUE. Erzeuger mit Stil: Grande Provence, Haute Cabrière, Holden Manz, La Bri, Maison, Paserene.

Free State Vor Kurzem als GEOGRAPHICAL UNIT ausgewiesene Provinz. Der einzige Erzeuger ist The Bald Ibis im östlichen Hochland.

Gabriëlskloof Bot R. r (rs) w; (s); (sch) ★→★★★ Seit er in eine Anteilseignerfamilie eingeheiratet hat, verantwortet Peter-Allan Finlayson das stetig größer und besser werdende Angebot, allen voran die Landscape Series (CABERNET FRANC, SYRAH, Chenin blanc, Bordeaux-Weißwein) neben seiner eigenen Reihe Crystallum (PINOT NOIR, CHARDONNAY).

Geographical Unit (GU) Geografisch größtes Gebiet innerhalb des WINE-OF-ORIGIN-Klassifikationssystems. Derzeit gibt es sechs GUs: Eastern, Northern und Western Cape, KWAZULU-NATAL, Limpopo und den Newcomer FREE STATE. Die anderen Bezeichnungen lauten (in absteigender Größe des Gebiets): REGION, DISTRICT und WARD.

Glen Carlou Coast r (rs) w; (s) ★→★★★ Spitzenkellerei mit eigenen Lagen, Kunstgalerie und Restaurant nahe PAARL; im Besitz von Donald Hess. Bekannt für Bordeaux-Stile und CHARDONNAY-Weine aus Einzel- sowie mehreren Lagen.

Glenelly Estate Stel r w ★★→★★★ Die Weinberge und die Kellerei gehören der einstigen Besitzerin des Bordeaux-Château Pichon Lalande, May-Eliane de Lencquesaing. Eindrucksvolle Flaggschiffgewächse: Lady May (roter Bordeaux) sowie das Estate-Reserve-Duo (Bordeaux/SHIRAZ und CHARDONNAY). Die Glass Collection hat ein besonders gutes Preis-Leistungs-Verhältnis.

GlenWood Coast r w; (s) ★★★ Der gewissenhafte Winzer aus FRANSCHHOEK hat noch einen Zahn zugelegt mit dem erstklassigen Etikett Grand Duc (SYRAH, CHARDONNAY und edelfauler SÉMILLON).

Graham Beck Wines W-Cape sch ★★★ Der erstklassige Erzeuger ist ausschließlich auf Schaumwein nach der MÉTHODE CAP CLASSIQUE spezialisiert. Die sieben Varianten werden angeführt von der herrlichen Cuvée Clive (CHARDONNAY/PINOT NOIR).

Grangehurst Stel r rs ★★→★★★ Der Spezialist für kleine Mengen ist bekannt dafür, dass seine Weine lange im Keller reifen, bevor sie auf den Markt kommen: CAPE BLEND Nikela (**05 06 07' 08**) und PINOTAGE (**03' 05 06 07 08**).

Groot Constantia Estate Con r (rs) w (br); s; (sch) ★→★★★★ Historisches Gut und Touristenmekka in der ursprünglichen Qualitätsweinregion Südafrikas mit entsprechend ernsthaften Gewächsen, wie z. B. dem Muscat de Frontignan Grand Constance (**10 11 12** 13 14'), der die Tradition der Dessertweine von Weltklasseformat in CONSTANTIA wiederbelebt.

Hamilton Russell Vineyards Hem V. r w ★→★★★★ Bewunderter Pionier des kühlklimatischen Weinbaus und Burgunderspezialist. Eleganter PINOT NOIR (**10 11 12'** 13 14 15' 16 17) und langlebiger CHARDONNAY (**11' 12' 13** 14 15' 16). Unter den Etiketten Southern Right und Ashbourne auch ausgezeichneter SAUVIGNON BLANC, PINOTAGE und ein weißer Verschnitt.

Hartenberg Estate Coast r w; (s) ★→★★★ Das Gut der freundlichen Familie in STELLENBOSCH enttäuscht nie: SHIRAZ (mehrere sortenreine Abfüllungen und der neue Verschnitt The Megan), Bordeaux-Rotwein, CHARDONNAY, RIESLING (halbtrocken und edelfaul) und preiswerte (rote und weiße) Verschnitte namens Alchemy.

Haskell Vineyards W-Cape r w ★★→★★★ Die Weinberge und die Kellerei nahe STELLENBOSCH sind in amerikanischem Besitz; begeisterte Kritiken ernten die drei SYRAH-Einzellagenweine, der Einzellagen-CHARDONNAY und die roten Verschnitte. Sehr gut auch die Schwestermarke Dombeya.

Hemel-en-Aarde Trio von kühlklimatischen WARDS (Hemel-en-Aarde Valley, Upper Hemel-en-Aarde Valley, Hemel-en-Aarde Ridge) im DISTRICT WALKER BAY, die einige ausgezeichnete Weine von PINOT NOIR, CHARDONNAY und SAUVIGNON BLANC hervorbringen.

Hermanuspietersfontein Wynkelder W-Cape r rs w ★★→★★★ Führender Spezialist für SAUVIGNON BLANC sowie rote und weiße Rhône- und Bordeaux-Verschnitte, der die faktischen und historischen Verbindungen zum Seebad Hermanus kreativ vermarktet. Alleiniger Nutzer der kühlen Lage Sunday's Glen. Die Arnoldus ist ein guter frischer CABERNET SAUVIGNON.

Iona Vineyards Cape South Coast r (rs) w ★→★★★ Betrieb, der teilweise im Besitz der Belegschaft ist, mit hohen Lagen in ELGIN. Ausgezeichnete Verschnitte (auf SHIRAZ-Basis und Bordeaux-Weißwein), CHARDONNAY, SAUVIGNON BLANC, PINOT NOIR und seit einiger Zeit auch SYRAH Solace. Die Weine der Lifestyle-Marke Sophie werden von Trauben aus vielen verschiedenen Lagen erzeugt.

J. C. le Roux, The House of W-Cape sch ★★ Südafrikas größter auf Schaumwein spezialisierter Erzeuger in STELLENBOSCH, im Besitz von DISTELL. Die besten sind PINOT NOIR, Scintilla und der Brut (oJ) – alle MÉTHODE CAP CLASSIQUE.

Jean Daneel Wines W-Cape r w ★★→★★★ Familienbetrieb in Napier mit der hervorragenden Reihe Director's Signature, v. a. CHENIN BLANC und SAUVIGNON BLANC.

Joostenberg Wines Paarl r w; (s) ★→★★ Stetig besser werdender Familienbetrieb, ökologisch zertifiziert. SYRAH und CHENIN BLANC; einige Perlen in der experimentellen Small Batch Collection.

Jordan Wine Estate W-Cape r (rs) w; (s) ★★→★★★ Die Familienkellerei nahe STELLENBOSCH bietet Beständigkeit, Qualität und ein gutes Preis-Leistungs-Verhältnis, von den Reihen Bradgate und Chameleon auf Einstiegsniveau bis hin zu makellosen Abfüllungen der CAPE WINEMAKERS GUILD. Aushängeschild ist der CHARDONNAY Nine Yards (11' 12 **13** 14 15 16); außerdem der rote Bordeaux-Verschnitt Cobblers Hill (09 **10** 11 12 13 14 15 16).

Julien Schaal Elgin, Upper Hem w ★★★ Der Elsässer Winzer Julien Schaal und seine Frau Sophie Bollaert bereiten faszinierenden CHARDONNAY aus kühlen Lagen.

Kaapzicht Wine Estate Stel r (rs) w (br); (s) ★→★★★ Familienbetrieb in STELLENBOSCH mit weithin gelobter Spitzenreihe Steytler: CAPE BLEND Vision der besten Jahre (08 **10** 12' 15), PINOTAGE, Bordeaux-Rotwein Pentagon, CHENIN BLANC The 1947 (**13'** 14' 15 16') von alten Reben und seit einiger Zeit CINSAULT Skuinsberg (15).

Kanonkop Estate Stel r (rs) ★★→★★★★ Seit drei Jahrzehnten großes regionales Renommee, v. a. mit PINOTAGE (08 **09'** 10' 11 12 13 14 15 16), dem roten Bordeaux-Verschnitt Paul Sauer (08 09 10 11 12 13 14' 15) und CABERNET SAUVIGNON. Das Zweitetikett heißt Kadette (Rotwein, trockener Rosé und neuerer Pinotage).

Keermont Vineyards Stel r w; s ★★→★★★ Nachbar (und Traubenlieferant) von DE TRAFFORD auf steilen Berghängen in Stellenbosch. SHIRAZ und CHENIN BLANC (Einzellage und Verschnitt), neuer Merlot.

Ken Forrester Vineyards W-Cape r (rs) w; (lbl) s; (sch) ★→★★★ Der überschwängliche Weinhändler und Gastronom Ken Forrester in STELLENBOSCH konzentriert sich, mit dem internationalen Getränkegiganten AdVini als Partner, auf Rebsorten vom Mittelmeer und CHENIN BLANC (trocken, halbtrocken, edelfaul). Unwiderstehlich sind die Weine der preiswerten Reihe Petit.

Klein Constantia Estate W-Cape r (rs) w; s; sch ★★→★★★★ Historisches Gut mit Kultstatus, neu belebt und auf SAUVIGNON BLANC spezialisiert, mit zehn verschiedenen sortenreinen Abfüllungen und einem üppigen Vin de Constance zum Einkellern: MUSCAT DE FRONTIGNAN ohne Edelfäule (08 09 11 12' 13' 14 15), eine überzeugende Wiedergeburt des legendären CONSTANTIA-Dessertweins aus dem 18. Jh.

Kleine Zalze Wines W-Cape r (rs) w; sch ★→★★★★ Starerzeuger in STELLENBOSCH mit brillantem CABERNET SAUVIGNON, SHIRAZ, CHENIN BLANC und SAUVIGNON BLANC in den Reihen Family Reserve und Vineyard Selection. Ein hervorragendes Preis-Leistungs-Verhältnis bietet die Reihe Cellar Selection.

Klein Karoo Die großteils halbwüstenartige Anbauregion ist bekannt für gespritete Weine, v. a. für den Port-Stil in CALITZDORP. Wiederbelebte alte Reben werden für Abfüllungen neuerer Weine verwendet, z. B. den CHENIN BLANC Patatsfontein (**14** 15' 16) von Ron Burgundy Wines und den Chenin blanc von Le Sueur Wines (14 15 **16**).

Krone W-Cape (rs); sch ★→★★★ Ausgeklügelte, klassische Schaumweine nach der MÉTHODE CAP CLASSIQUE, u. a. der vor Kurzem auf den Markt gebrachte RD 2001, die im wiederbelebten Gut Twee Jonge Gezellen in TULBAGH bereitet werden.

Kumala W-Cape r rs w; lbl; (sch) ★ BV – Die Hauptexportmarke auf Einstiegsniveau gehört wie ihre Geschwister FLAGSTONE (Premiumgewächse) und Fish Hoek (mittleres Niveau) zu Accolade Wines.

KwaZulu-Natal Provinz und GEOGRAPHICAL UNIT an der Ostküste Südafrikas mit Regen im Sommer und subtropischem/tropischem Klima in den Küstengebieten. Auf dem kühleren, hügeligen zentralen Midlands-Plateau sind Abdington Estate und Highgate (wieder auf dem aufsteigenden Ast) ansässig.

KWV W-Cape r (rs) w br; (lbl) (s); sch ★→★★★ Die ehemalige nationale Winzergenossenschaft und Aufsichtsbehörde ist heute eines der größten Produktions- und Exportunternehmen mit Sitz in PAARL. Rot-, Weiß- und Schaumweine, portartige und andere gespritete Weine in mehr als einem Dutzend Reihen, allen voran die regelmäßig ausgezeichnete The Mentors.

Das Terroir des Districts Darling kann man jetzt nicht nur abgefüllt, sondern auch eingewickelt genießen: in Form von Wein-Toffees.

Lammershoek r w (br); (sch); (s) ★→★★★ Hat durch die frühe Betonung auf alte Reben, ökologischen Weinbau, »natürliche« Weinbereitung usw. entscheidend zur jüngsten Entwicklung des Weinbaus in SWARTLAND und ganz Südafrika beigetragen. In der Reihe The Mysteries gibt es einiges zu entdecken, z. B. den überaus raren sortenreinen HÁRSLEVELŰ.

Le Lude Méthode Cap Classique Fran sch ★★★ Gefeierter und innovativer reiner Schaumweinbetrieb im Besitz der Familie Barrow. Das hochpreisige Angebot umfasst u. a. den CHARDONNAY/Pinot noir Agrafe, den ersten Schaumwein in Südafrika, bei dem die zweite Gärung unter Korkverschluss stattfindet.

Meerlust Estate Stel r w ★★★★ Historische Weinberge und Kellerei in Familienbesitz. Eleganz und Zurückhaltung prägen das Aushängeschild Rubicon (09' **10'** 12 13 14 15), einen der ersten Bordeaux-Rotweine Südafrikas. Hervorragender MERLOT, CABERNET SAUVIGNON, CHARDONNAY und PINOT NOIR.

Méthode Cap Classique (MCC) EU-kompatible Bezeichnung für Schaumweine mit Flaschengärung, eine der größten Erfolgsgeschichten Südafrikas. Inzwischen gibt es 330 Etiketten, Tendenz steigend.

Miles Mossop Wines Coast r w; s ★★★ Eigene Marke von Miles Mossop, dem Kellermeister von TOKARA. Beständig großartige rote und weiße Verschnitte sowie edelfauler CHENIN BLANC.

Morgenster Estate Stel r (rs) w; (sch) ★★→★★★ Erstklassiger Betrieb in italienischer Hand mit Wein- und Olivenanbau nahe Somerset West. Pierre Lurton (vom Bordeaux-Château Cheval Blanc) berät. Traditioneller Morgenster Reserve (09 **10** 11' 12 13 14), Zweitetikett ist Lourens River Valley (beides Bordeaux-Verschnitte). Rebsorten aus der alten Heimat in der Italian Collection und der NU Series 1.

Motte, La W-Cape r w; s; sch ★★★ Elegante Kellerei mit Verkostungsraum der Familie Koegelenberg-Rupert in FRANSCHHOEK. Sortenreine Weine und Verschnitte im klassischen Bordeaux- und Rhône-Stil, dazu CHARDONNAY, SAUVIGNON BLANC, Schaumwein nach der MÉTHODE CAP CLASSIQUE sowie VIOGNIER *vin de paille* (Strohwein).

Mount Abora Vineyards Swart r w ★★→★★★ Den »swartländischen Schick« verkörpern der natürlich vergorene CINSAULT von alten Reben, der rote Rhône-Verschnitt und der CHENIN BLANC von Buschreben (12 **13** 14' 15 16'). Hinter ihnen steckt Johan Meyer, der neue Star unter den Anhängern nicht interventionistischer Weinbereitung.

Mulderbosch W-Cape r rs w; (s); (sch) ★★→★★★ Hoch angesehene Kellerei in STELLENBOSCH, mit Fable Mountain Vineyards verschwistert, im Besitz von Terroir Life (Kalifornien) mit dem Spitzenreiter SAUVIGNON BLANC 1000 Miles und drei CHENIN-BLANC-Einzellagenweinen.

Mullineux & Leeu Family Wines Coast r w; s ★★★→★★★★ Chris Mullineux und seine aus den USA gebürtige Frau Andrea verwandeln zusammen mit Investor Analjit Singh Shiraz, Chenin blanc und eine Handvoll kompatibler Reben aus SWARTLAND abhängig vom Boden (Granit, Quartz, Schiefer) in köstliche Verschnitte und sortenreine Weine, CWG-Abfüllungen und *vin de paille*. Ebenso edel sind die Weine der neueren Reihe Leeu Passant, deren Rebgut aus zusätzlichen Quellen stammt: Dry Red und zwei CHARDONNAYS (aus Stellenbosch und Overberg). Fog Monster ist eine Boutiquemarke für kalifornischen Wein.

Mvemve Raats Stel r ★★★★ Mzokhona Mvemve, Südafrikas erster ausgebildeter schwarzer Kellermeister, und Bruwer Raats (RAATS FAMILY) mit großartigem Bordeaux-Verschnitt MR de Compostella vom besten Lesegut des Jahrgangs (09' **11** 12 13' 14 15').

Der Name des neu abgegrenzten Wards Prieska heißt in der Griqua-Sprache so viel wie »Ort der verlorenen Ziege«.

Nederburg Wines W-Cape r (rs) w; lbl s; (sch) ★→★★★★ Eine der größten (2,8 Mio. Kisten) und bekanntesten Marken Südafrikas, im Besitz von DISTELL und mit Sitz in PAARL. Aushängeschilder sind der exzellente Flaggschiffwein Two Centuries (CABERNET SAUVIGNON 08 10' **11** 12 13 14') sowie die Reihen Manor House, Heritage Heroes und Ingenuity. In kleinen Mengen werden die für die jährlich stattfindende Nederburg Auction vorgesehenen Weine der Reihe Private Bin erzeugt, darunter der edelfaule CHENIN BLANC Edelkeur (09' 10' 11 **12'** 13 14). Auch preiswerte Still- und Schaumweine für den Alltagsgebrauch.

Neil Ellis Wines W-Cape r w ★★★→★★★★ Der in STELLENBOSCH ansässige Weinhandelspionier verarbeitet Trauben aus kühleren Parzellen, um den Weinen die spezifische Lagencharakteristik mitzugeben: meisterhaft die Reihe Terrain Specific, v. a. der CABERNET SAUVIGNON Jonkershoek Valley (07 **09** 10' **11** 12 13 14 15) und der GRENACHE aus der Lage Piekenierskloof (09 10 11 12 13 14).

Newton Johnson Vineyards Cape South Coast r (rs) w; (s) ★→★★★★ Renommierte Familienkellerei im malerischen Upper HEMEL-EN-AARDE Valley. Herausragender Family Vineyards PINOT NOIR (10' **11'** 12' 13' 14' 15' 16), Chardonnay, SAUVIGNON BLANC, SYRAH/MOURVÈDRE Granum von eigenem und zugekauftem Lesegut; Südafrikas erster kommerziell erzeugter ALBARIÑO. Herrlicher edelfauler CHENIN BLANC L'illa aus dem ROBERTSON VALLEY. Einstiegsreihe Felicité.

Olifants River REGION an der Westküste (etwa 10.000 ha), deren Weinberge über warme, trockene Talböden verteilt sind und sich für den ökologischen Anbau eignen. Außerdem kühlere Lagen für feine Weine im gebirgigen WARD Piekenierskloof sowie, näher am Atlantik, in Bamboes Bay und Koekenaap.

Opstal Estate r rs w; (s) ★→★★★ Etabliert sich als führender Erzeuger in BREEDEKLOOF; das Gut in Familienbesitz liegt wunderschön in den Bergen. Guter CAPE BLEND, CHENIN BLANC von alten Reben und SÉMILLON.

Orange River Cellars Siehe CENTRAL ORANGE RIVER.

Paarl Stadt und DISTRICT, gut 50 km nordöstlich von Kapstadt. Unterschiedliche Weinstile und Philosophien; am besten geraten Weine von roten und weißen Rebsorten aus dem Mittelmeerraum sowie CABERNET SAUVIGNON,

PINOTAGE und CHENIN BLANC. Kleine Draken in Zandwijk ist einer der wenigen Erzeuger von koscherem Wein in Südafrika.

Paul Cluver Estate Wines Elgin r w; lbl s ★★→★★★ Das Gut im Besitz der Familie Cluver hält das Niveau im Anbaugebiet hoch. Überzeugender PINOT NOIR, eleganter CHARDONNAY, fantastischer GEWÜRZTRAMINER und umwerfender RIESLING (edelfaul 09 10 11' **12** 14 17 und trockenere Version).

Porseleinberg Swart r ★★★ Im Besitz von BOEKENHOUTSKLOOF, mit ökologisch bewirtschafteten Weinbergen und entsprechenden Kellertechniken. Ausdrucksstarker SYRAH (10 11 12' 13 14' 15 16), der reine Handarbeit ist, inklusive seines edlen Etiketts, das vom Kellermeister vor Ort gedruckt wird.

Raats Family Wines Stel r w ★★★→★★★★ Reinfruchtiger CABERNET FRANC und CHENIN BLANC mit Eichenholz- und ohne Holznote, u. a. die außergewöhnlichen neuen Einzellagenabfüllungen namens Eden, erzeugt von Bruwer Raats in STELLENBOSCH und seinem Cousin Gavin Bruwer Slabbert, dle auch Partner der B. Vintners Vine Exploration Co, sind, die Weinjuwelen ausgräbt. Siehe auch MVEMVE RAATS.

Rall Wines Coast r w ★★★→★★★★ Donovan Rall ist einer der ersten »Revolutionäre« in SWARTLAND. Das neuere Angebot, u. a. Cinsault (15 16) aus Darling, Chenin Blanc Ava (17) aus Swartland und Grenache blanc (15 16) aus Piekenierskloof, zeichnet sich durch die für ihn typische Verhaltenheit aus.

Region Siehe GEOGRAPHICAL UNIT.

Reyneke Wines W-Cape r w ★★→★★★ Führender ökologisch und biologisch-dynamisch arbeitender Erzeuger nahe STELLENBOSCH mit dem bekannten Twitter-Handle und (der neueren Weinmarke) Vine Hugger. Strahlender SHIRAZ, CHENIN BLANC, SAUVIGNON BLANC.

Richard Kershaw Wines Cape South Coast r w ★★★→★★★★ Der in Großbritannien geborene und in ELGIN ansässige Richard Kershaw darf sich mit seinem ausgeklügelten PINOT NOIR, SYRAH und Chardonnay aus kühlen Lagen zu den Spitzenerzeugern des südafrikanischen Weinfirmaments zählen. In der separaten Reihe Deconstructed drücken sich die Weinberglagen wunderbar aus.

Riche Wines, Le Stel r (w) ★★★ Der angesehene Kellermeister Etienne Le Riche und seine Familie bereiten in dieser Boutiquekellerei feine Weine auf der Basis von CABERNET SAUVIGNON und zudem eleganten CHARDONNAY.

Rijk's Coast r w; sch ★★→★★★ Pionierkellerei in TULBAGH mit diversen Reihen von sortenreinem SHIRAZ, PINOTAGE und CHENIN BLANC. Sehr guter CHARDONNAY nach der MÉTHODE CAP CLASSIQUE.

Robertson Valley Im Landesinneren gelegener DISTRICT (ca. 13.000 ha) mit geringen Niederschlägen und Kalksteinböden. Schon immer guter CHARDONNAY und Dessertweine, neuerdings auch SAUVIGNON BLANC, SHIRAZ und CABERNET SAUVIGNON. Zu den wichtigsten Kellereien gehören z. B. GRAHAM BECK sowie viele kleine Familienbetriebe, darunter das ökologisch bewirtschaftete Gut Solara.

Robertson Winery Rob r rs w; lbl s; sch ★→★★ Durchweg beständige Qualität und ein gutes Preis-Leistungs-Verhältnis in einem umfangreichen Angebot. Am besten: Constitution Roads (SHIRAZ und CHARDONNAY).

Rupert & Rothschild Vignerons W-Cape r w ★★★ Spitzenlagen und Kellerei bei PAARL im Besitz der Familie Rupert und Baron Benjamin de Rothschild. Bordeaux-Rotwein Baron Edmond (09 **10'** 11 12 13 14 15) und CHARDONNAY Baroness Nadine.

Rustenberg Wines W-Cape r (rs) w (br); (s) ★→★★★★ Schöner alter Familienbetrieb nahe Stellenbosch. Aushängeschild ist der CABERNET SAUVI-

GNON Peter Barlow (08 **09** 10 **11** 12' 13). Herausragender roter Verschnitt John X Merriman, saftiger SYRAH, Chardonnay Five Soldiers aus einer Einzellage (11 12 **13** 14 15), neuer, im leichten Stil ausgebauter GRENACHE.

Rust en Vrede Estate W-Cape r (rs) (w); s ★★→★★★★ Besitzer Jean Engelbrecht aus STELLENBOSCH erzeugt kraftvolle, hochpreisige Weine, u. a. rote Sortenweine und Verschnitte der Marke Rust en Vrede. Der Cirrus SYRAH ist ein Gemeinschaftsunternehmen mit Silver Oak aus Kalifornien; außerdem die Reihe Stellenbosch Reserve, Donkiesbaai PINOT NOIR und CHENIN BLANC (trocken und *vin de paille*) sowie sehr gute Weine unter dem Etikett Guardian Peak.

Sadie Family Wines Stel, Swart, Olifants R. r w ★★★→★★★★ Der ökologisch angebaute und traditionell bereitete SHIRAZ/MOURVÈDRE Columella (08 09' 10' 11 12 13 14 15 16) des angesehenen Kellermeisters Eben Sadie setzt Maßstäbe in Südafrika. Außerdem komplexer Weißweinverschnitt Palladius (11' 12' **13** 14' 15') und die bahnbrechende Reihe Old Vines, die das südafrikanische Weinerbe feiert.

Saronsberg Cellar W-Cape r (rs) w; s; sch ★→★★★ Mit Kunst geschmückter Familienbetrieb in TULBAGH mit preisgekrönten roten Bordeaux-Verschnitten, sortenreinen und Verschnittweinen von weißen und roten Rhône-Trauben sowie seit einiger Zeit CHARDONNAY nach der MÉTHODE CAP CLASSIQUE.

Savage Wines W-Cape r w ★★★ Starkellermeister Duncan Savage hat jetzt eine Kellerei in Kapstadt. Aufregend subtile Weine, u. a. The Love Boat, das neue Gemeinschaftsprojekt mit A. A. Badenhorst für die Auktionen der CAPE WINEMAKERS GUILD. Außerdem TOURIGA NACIONAL aus dem fernen WARD Malgas mit dem originellen Namen Are We There Yet? (»Sind wir schon da?«).

Shannon Vineyards Elgin r w; (s) ★★★ Ausgezeichneter MERLOT, PINOT NOIR, SAUVIGNON BLANC, SÉMILLON sowie als Rarität ein edelfauler Pinot noir. Die Brüder James und Stuart Downes sind für die Reben, die Kellerei NEWTON JOHNSON ist für die Vinifikation zuständig.

Sijnn Malgas r rs w ★★★ Pionierprojekt des Teilhabers von DE TRAFFORD, David Trafford, in CAPE SOUTH COAST. Sijnn wird übrigens »Sein« ausgesprochen. Von steinigen Böden und in maritimem Klima werden charaktervolle Sortenweine und Verschnitte sowie brillanter Rosé erzeugt. Kellermeisterin Charla Haasbroeks teilweise in Amphoren bereitete Weine der gleichnamigen Marke sind genauso neuartig.

Simonsig Landgoed W-Cape r w (br); (lbl s); sch ★→★★★ Das Gut der Familie Malan bei STELLENBOSCH wird für seine Beständigkeit und hohen Standards bewundert. Glanzpunkt ist der kraftvolle CABERNET SAUVIGNON The Garland (08 **09** 10), dazu gesellen sich SYRAH Merindol und PINOTAGE Red Hill. Kaapse Vonkel, der erste MÉTHODE CAP CLASSIQUE Südafrikas, ist nach wie vor ein köstlicher Festschaumwein.

Solms-Delta W-Cape r (rs) w (br); (sch) ★→★★★ Weine, die auf höchst angenehme Weise anders sind, von einem teilweise im Besitz der Mitarbeiter befindlichen historischen Gut in FRANSCHHOEK: roter Africana im Amarone-Stil, ein schäumender SHIRAZ und innovativer VERDELHO/ROUSSANNE.

Spier W-Cape r (rs) w; (s); (sch) ★→★★★ Große, vielfach ausgezeichnete Kellerei und Touristenmagnet bei STELLENBOSCH. Aushängeschild ist der tiefgründige Bordeaux/SHIRAZ Frans K. Smit (08 **09** 10 11' 12 13); die Weine der Reihen Creative Block, 21 Gables und allen voran Collaborative zeugen von überaus sorgfältigem Anbau.

Spioenkop Wines r w ★★★ Die belgische Frohnatur Koen Roose und seine Familie benannten das Gut nach einem Kampfgebiet im Zweiten Burenkrieg. Sehr guter, charaktervoller PINOTAGE, CHENIN BLANC und (in Südafrika selten anzutreffender) RIESLING.

Springfield Estate Rob r w ★★→★★★ Traditionell bereiteter CABERNET SAUVIGNON, CHARDONNAY, SAUVIGNON BLANC, Rotwein im Bordeaux-Stil, PINOT NOIR und süffiger Weißweinverschnitt von Kultwinzer Abrie Bruwer.

Stark-Condé Wines Stel r w ★★★ Akribisch arbeitende Boutiquekellerei des Weinmachers José Condé im gebirgigen Jonkershoek in STELLENBOSCH. Großartiger CABERNET SAUVIGNON und SYRAH sowie neuer PETIT VERDOT in den Reihen Three Pines und Stark-Condé.

Steenberg Vineyards W-Cape r (rs) w; sch ★→★★★ Spitzenkellerei im Besitz von GRAHAM BECK mit Weinbergen und schicken Verkostungsräumen in CONSTANTIA. SAUVIGNON BLANC, Sauvignon blanc/Sémillon-Verschnitte und Schaumwein nach der MÉTHODE CAP CLASSIQUE. Auch ausgefeilte Rotweine, u. a. rarer sortenreiner NEBBIOLO.

Die Listen der südafrikanischen Betriebe mit Bio- bzw. Biodynamie-Zertifizierung finden Sie auf biodynamicorganicwine.co.za.

Stellenbosch Universitätsstadt, abgegrenzter Wein-DISTRICT (ca. 13.000 ha) und Herz des Weinbaus am Kap – sozusagen das Napa Südafrikas. Viele Spitzenweingüter, besonders für Rotwein, liegen verstreut in den zur Region gehörenden Tälern und Vorgebirgen. Zahlreiche Weinverkostungs- und Unterkunftsmöglichkeiten sowie feine Restaurants.

Stellenbosch Vineyards W-Cape r (rs) w; (s); (sch) ★→★★★ Große Kellerei; am besten sind die Weine der eindrucksvollen Reihe Flagship (PETIT VERDOT, CABERNET FRANC) und die neueren Abfüllungen namens Limited Release (GRENACHE, VERDELHO).

Storm Wines Upper Hem, Hem V., Hem Rdg r ★★★ PINOT-NOIR- und CHARDONNAY-Spezialist Hannes Storm bringt die Charakteristik seiner Lieblingslagen in HEMEL-EN-AARDE mit Präzision und Sensibilität zum Ausdruck.

Sumaridge Wines Upper Hem r (rs) w ★★→★★★ Die kühlklimatischen Lagen und die Kellerei in britischem Besitz sind in letzter Zeit besser in Form; feiner PINOT NOIR, CHARDONNAY und weißer Maritimus.

Swartland Der DISTRICT mit vorwiegend warmem Klima ist derzeit in Mode. Auf ca. 10.000 ha stehen meist ertragsarme, unbewässerte Buschreben, die konzentrierte, herzhafte, aber frische Weine hervorbringen. Zunehmend auch Traubenlieferant für Weine, die anderswo erzeugt werden, mit vielen herausragenden Ergebnissen.

Testalonga Swart r w ★★→★★★ Ausgefallener SYRAH, GRENACHE, CARIGNAN, HÁRSLEVELŰ und CHENIN BLANC von Craig Hawkins, einem glühenden Verfechter nicht interventionistischer Weinbereitung, unter den Etiketten El Bandito und Baby Bandito. Jeder Schluck birgt eine Überraschung.

Thelema Mountain Vineyards W-Cape r (rs) w; (lbl); (sch) ★→★★★★ Der Pionier des modernen südafrikanischen Wein-Revivals mit Sitz in STELLENBOSCH. CABERNET SAUVIGNON (08 **09** 10 **11** 12 13 14), Merlot Reserve und Cabernet Sauvignon/Petit Verdot Rabelais (08 09' **10'** 11 12 13). Die Reihe Sutherland (Rebgut aus ELGIN) erweitert das Angebot (z. B. um PINOT NOIR).

Thorne & Daughters Wines W-Cape r w ★★★→★★★★ Der Einzellagen-SÉMILLON und die Verschnitte aus verschiedenen Regionen, zum Teil von sehr alten Reben, von John Seccombe und seiner Frau Tasha mit Hauptsitz in Bot River sind ein Wunder an Reinheit und Ausgefeiltheit. Der Debutrotwein Wanderer's Heart ist ein Juwel auf GRENACHE-Basis.

Tokara W-Cape r (rs) w; (s); (sch) ★★→★★★★ Wein, Essen und Kunst auf höchstem Niveau bei STELLENBOSCH. Weinberge auch in ELGIN und WALKER BAY. Großartige Verschnitte (rot und weiß) in der Reihe Director's Reserve, eleganter CHARDONNAY und SAUVIGNON BLANC. Neuerer CABERNET SAUVIGNON Reserve (13' 14), CABERNET FRANC (12) und Chardonnay MÉTHODE CAP CLASSIQUE.

Tulbagh DISTRICT im Landesinneren (ca. 1.000 ha), der früher mit Weiß- und Schaumweinen assoziiert wurde, nun aber auch für fleischige Rotweine und einige süßere Gewächse bekannt ist.

Uva Mira Mountain Vineyards Stel r w ★★★ Den hoch gelegenen Rebflächen und der Kellerei in Helderberg hat der neue Besitzer Toby Venter, CEO von Porsche Südafrika, neuen Schwung verliehen. Zum Programm gehören u. a. ein brillanter neuerer SYRAH sowie von jeher erstklassiger CHARDONNAY und SAUVIGNON BLANC.

Vergelegen Wines W-Cape r w; (s) ★★★→★★★★ Gutshaus des zweiten Gouverneurs van der Stel, makellose Weinberge und Weine sowie ein stilvoller Verkaufsraum in Somerset West; in angloamerikanischem Besitz. Kraftvoller CABERNET SAUVIGNON V (07 08 **09'** 11 12 13), opulenter Bordeaux-Verschnitt G.V.B. Red und duftender SAUVIGNON BLANC/SÉMILLON G.V.B White.

Vilafonté Paarl r ★★★ Die beiden Kalifornier Zelma Long (Ex-Kellermeisterin bei Simi) und Phil Freese (früher bei Mondavi für die Reben zuständig) haben sich mit Mike Ratcliffe vom WARWICK ESTATE zusammengetan. Ausgezeichnete Bordeaux-Verschnitte, u. a. der neuere Seriously Old Dirt.

Villiera Wines Elgin, Stel r w; (s); sch ★→★★★ Weinberge und Kellerei der Familie Grier bei STELLENBOSCH mit preiswerten Qualitätsweinen, v. a. das Quintett an Brut-Schaumweinen nach der MÉTHODE CAP CLASSIQUE.

Vondeling r (rs) w; s; sch ★→★★★ Der Betrieb in britischem Besitz an den Ausläufern des Paardeberg setzt auf nachhaltige Bewirtschaftung. Vielseitiges Angebot, darunter einer der wenigen Schaumweine in Südafrika nach der *méthode ancestrale.*

Walker Bay Hoch eingeschätzter DISTRICT (ca. 1.000 ha) mit maritimem Klima. Die WARDS heißen HEMEL-EN-AARDE, Bot River, Sunday's Glen und Stanford Foothills. PINOT NOIR, SHIRAZ, CHARDONNAY und SAUVIGNON BLANC ragen heraus.

Ward Das geografisch kleinste der WINE-OF-ORIGIN-Gebiete. Siehe auch GEOGRAPHICAL UNIT.

Warwick Estate W-Cape r (rs) w; (sch) ★★→★★★ Das besucherfreundliche Gut der Familie Ratcliffe am Rand von STELLENBOSCH bietet sehr feinen CABERNET FRANC, opulenten CHARDONNAY, einen neueren MÉTHODE CAP CLASSIQUE und den SAUVIGNON BLANC The First Lady.

Waterford Estate W-Cape r (rs) w; (s); (sch) ★→★★★ Erstklassiger Familienbetrieb bei STELLENBOSCH mit preisgekröntem Kellereiverkauf. Deftiger SHIRAZ Kevin Arnold (08 09 10 11 12 13), eleganter CABERNET SAUVIGNON (08 **09** 10 **11** 12 13 14 15) und das höchst komplexe Flaggschiff The Jem auf Cabernet-Sauvignon-Basis (07 **09** 10 11 12'). Pecan Stream heißen drei sofort und höchst angenehm zu trinkende Weine.

Waterkloof Elgin, Stel r (rs) w; (sch) ★→★★★ Ökologisch bewirtschaftete Weinberge und architektonisch spektakuläre Kellerei mit Restaurant in der Nähe von Somerset West, im Besitz des britischen Weinhändlers Paul Boutinot. Spitzenmarken sind Waterkloof, Circle of Life, Seriously Cool und der MÉTHODE CAP CLASSIQUE Astraeus. Qualität zu günstigeren Preisen bieten die Etiketten False Bay und Peacock Wild Ferment.

Wellington An PAARL grenzender DISTRICT mit warmem Klima. Gewinnt zunehmend Anerkennung für PINOTAGE, SHIRAZ, stämmige rote Verschnitte und CHENIN BLANC.

Wine of Origin (WO) Das südafrikanische Gegenstück zum französischen Appellationssystem, jedoch ohne dessen Beschränkungen. Bescheinigt werden mit diesem Siegel der Jahrgang, die Rebsorte(n) und das Herkunftsgebiet des Weins. Die optionale *sustainability*-Zertifizierung zielt zusätzlich darauf ab, eine nachhaltige, umweltbewusste Produktion zu garantieren. Siehe auch GEOGRAPHICAL UNIT.

Winery of Good Hope, The W-Cape r w; (s) ★→★★★ Kellerei in STELLENBOSCH mit australischen, französischen, südafrikanischen und britischen Eigentümern. Kreativer, aber durchaus zusammenpassender Mix von Stilen, Einflüssen, Rebsorten und Terroirs. Sofort eingeschlagen ist die neuere Reihe Radford Dale Thirst: saftige sortenreine Weine mit niedrigem Alkoholgehalt von CINSAULT, GAMAY und CLAIRETTE. Kellermeister Jacques De Klerks eigenes Projekt, der Swartland CHENIN BLANC Reverie, ist eine subtile Schönheit.

Worcester In diesem DISTRICT überwiegen die Massenweinerzeuger; Familienbetriebe mit höheren Ambitionen sind Arendskloof/New Cape/Eagle's Cliff, Alvi's Drift, Conradie, Leipzig und Tanzanite.

Dank

Die hier vorliegende Sammlung ausführlicher Empfehlungen stammt teilweise aus meinen eigenen Aufzeichnungen, hauptsächlich aber von vielen guten Freunden. Ohne die großzügige Hilfe und Unterstützung unzähliger Winzer, Kellermeister, Händler und Weinkenner hätte ich sie nie zusammenstellen können. Ganz besonders danken möchte ich den nachstehend Genannten für ihre Recherchen in den Gebieten, in denen sie echte Experten sind:

Ian D'Agata
Helena Baker
Amanda Barnes
Lana Bortolot
Jim Budd
Michael Cooper
Michael Edwards
Sarah Jane Evans MW
Rosemary George MW
Caroline Gilby MW
Anthony Gismondi
Paul Gregutt
Anne Krebiehl MW
James Lawther MW
Tim Teichgraeber
Konstantinos Lazarakis MW
John Livingstone-Learmonth
Michele Longo
Campbell Mattinson
Adam Montefiore
Jasper Morris MW
Ch'ng Poh Tiong
André Ribeirinho
Margaret Rand
Ulrich Sautter
Eleonora Scholes
Paul Strang
Sean Sullivan
Marguerite Thomas
Gal Zohar
Philip van Zyl

Bildnachweis

Alamy Stock Photo Bon Appétit 443; Jon Arnold Images Ltd. 445; Cephas Picture Library © Herbert Lehmann 451; © Jean-Bernard Nadeau 446; Dreamstime.com Rosshelen 456; Sergey Kravchenko 441; Getty Images iStock Magone 454; ValentynVolkov 452; StockFood Herbert Lehmann 455; www.rawwine.com 448.

Liebe Leserin und lieber Leser,

wir freuen uns, dass Sie sich für ein HALLWAG-Buch entschieden haben. Mit Ihrem Kauf setzen Sie auf die Qualität, Kompetenz und Aktualität unserer Bücher. Dafür sagen wir Danke! Ihre Meinung ist uns wichtig, daher senden Sie uns bitte Ihre Anregungen, Kritik oder Lob zu unseren Büchern. Haben Sie Fragen oder benötigen Sie weiteren Rat zum Thema? Wir freuen uns auf Ihre Nachricht!

GRÄFE UND UNZER Verlag
Leserservice
Postfach 86 03 13
81630 München

Wir sind für Sie da!
Montag – Donnerstag: 9.00 – 17.00 Uhr
Freitag: 9.00 – 16.00 Uhr

Tel.: 00800 / 72 37 33 33 (gebührenfrei in D, A, CH)
Fax: 00800 / 50 12 05 44 (gebührenfrei in D, A, CH)

E-Mail: leserservice@graefe-und-unzer.de

LASS UNS ZUSAMMEN WHISKY TRINKEN!

Auch als eBook erhältlich.

Dave Brooms amüsantes und kurzweililges Buch eröffnet eine Welt, die selbst Whiskykenner überrascht und begeistert. Es geht um Genuss, um spannende Kreationen und um die Entdeckung völlig neuer Geschmackserlebnisse. Die Devise lautet: Ausprobieren, selbst mixen und genießen!

ISBN 978-3-8338-4531-4 | 19,99 € [D] / 20,60 € [A]

Hallwag

STAATL. FACHINGEN
Seit 1742
STILL
STAATL. FACHINGEN
MEDIUM
feinperlend
und erfrischend

Ökologische, biodynamische und Naturweine

Eine Pilgerreise?

Die Reise des modernen Weins geht, wie die der modernen Welt insgesamt, in mehr als eine Richtung. Einerseits gibt es eine globale Bewegung hin zu mehr Authentizität. Wir möchten, dass unser Wein, wie auch unser Essen, von einem bestimmten Ort stammt und deshalb etwas Besonderes ist. Wir möchten sicher sein, dass keine Chemikalien verwendet und die Tiere gut behandelt wurden – dass das, was wir da auf unserem Teller oder in unserem Glas haben, noch eine Verbindung zur Natur hat. Andererseits ermöglicht die Wissenschaft immer mehr Präzision in Weinberg und Kellerei. Winzer wissen heute genau, wie viel Laub eine Traube für die perfekte Reife braucht, und wo es hängen muss. So einfach ist es nämlich nicht. Und ein optischer Traubensortierer, der pro Minute 10.000 Beeren prüfen kann, gehört in ehrgeizigen Kellereien schon fast zur Standardausrüstung.

Wir mögen das Etikett »öko« (bzw. »bio«, beide werden synonym gebraucht), doch was bedeutet es? Ist »biologisch-dynamisch« ein weiterer Schritt auf demselben Weg? Und wenn »Naturweine« natürlich sind, was sind dann die anderen?

Es gibt Definitionen. Der Ökoweinbau lehnt Chemikalien ab. Der Biodynamie geht es mehr um Vorbeugung als um Heilung, sie beruht auf der Anwendung von organischen Präparaten in homöopathischen Dosen im Einklang mit den Bewegungen des Mondes, der Sterne und der Planeten.

»Naturweine« werden ebenfalls ökologisch oder biodynamisch erzeugt. Bei ihnen geht es darum, in der Kellerei so wenig wie möglich einzugreifen – vielleicht die Trauben einfach nur in einen Behälter zu geben und zu sehen, was passiert. Es gibt großartige Naturweine und viele großartige biodynamische Weine. Sind Naturweine rückschrittlich? Sind sie die Zukunft? Können die Winzer die Biodynamie mit der Wissenschaft versöhnen – und wollen sie das? Dies sind einige der Fragen, mit denen wir uns in diesem »Spezial« beschäftigen. Und auch den Beitrag der Wissenschaft wollen wir nicht unterschlagen. Ein besseres Verständnis von (zum Beispiel) Traubenreife und Tannin im Weinberg führt zu weniger Intervention in der Kellerei – und in diese Richtung gehen zweifellos die großen Weine. Industrieweine folgen ihren eigenen Gesetzen, aber das ist eine andere Geschichte.

Der Überblick
Kann man den Unterschied schmecken?

Drei Weinkategorien sind hier das Thema: Ökoweine, biologisch-dynamisch erzeugte Weine und Naturweine. Jede hat ihre eigene Philosophie und Praxis.

Zunächst wollen wir die Begriffe etwas genauer erklären. »Wein von Trauben aus ökologischem Anbau« bedeutet den Verzicht auf synthetische Substanzen im Weinberg – also keine chemischen Herbizide, Fungizide, Insektizide oder Düngemittel zu verwenden. Kupfersulfat ist erlaubt, da es nicht als synthetisch angesehen wird. »Biowein« (= ökologischer Wein) geht weiter und begrenzt den Schwefeleinsatz in der Kellerei. Der Unterschied ist durchaus beachtlich. Beide Begriffe können durch offizielle Institutionen zertifiziert werden, die unterschiedlich streng vorgehen.

Auch biodynamischer Wein kann zertifiziert werden. Ausgangspunkt ist die Lehre Rudolf Steiners; die verwendeten Präparate werden aus verschiedenen Pflanzen und anderen Zutaten gewonnen. Idealerweise wachsen sie auf demselben Anwesen, können aber auch eingekauft werden. Schachtelhalm, Kamille und andere werden eingesetzt, ebenso mit Dung gefüllte Kuhhörner, die über den Winter eingegraben werden. Die Präparate werden dann in Wasser »dynamisiert« und nach dem von Maria Thun 1962 aufgestellten biodynamischen Kalender auf Blätter, Blüten oder Wurzeln gespritzt. Das Ziel der Biodynamie ist, dass der Mensch in Harmonie mit dem Kosmos arbeitet.

Für Naturwein gibt es keine Zertifizierung und bislang auch noch keine allgemein anerkannte Definition. Meinungen dazu gibt es indes massenhaft.

Ist das eine besser als das andere?

Jeglicher Weinbau war ziemlich ökologisch, bis nach Ende des Zweiten Weltkriegs die Chemie in die Landwirtschaft Einzug hielt. Deren Vor- und Nachteile kennen wir alle. Weinberge bekamen tote Böden, auf denen es kaum noch organisches Leben gab – von manchen mit Chemie bewirtschafteten Weinbergen in Burgund hieß es, dass sie lebloser waren als die Sahara. Mit Chemie behandelte Reben werden von der Chemie abhängig; Erzeuger, die rasch vom chemischen Extrem zur Biodynamie wechselten, berichteten, wie die Reben in einen Schockzustand fielen. Am Ende sind die Ergebnisse aber gut. Biodynamische Winzer in Burgund erzeugen heute Weine mit besserer Säure und Balance als zuvor.

Da Winzer generell ein Interesse haben, auf ihre Umwelt zu achten, und gerne nach Möglichkeit teure Chemikalien einsparen möchten, liegt der Mainstream inzwischen wahrscheinlich beim sogenannten nachhaltigen Weinbau – also weniger Chemie, und nur dort und zu dem Zeitpunkt, wo sie nötig ist. Schadinsekten mithilfe von Pheromonen zu bekämpfen ist ebenso Mainstream wie Gras zwischen den Rebzeilen wachsen zu lassen, um die Bodenfruchtbarkeit und den Wasserhaushalt zu regeln sowie das Unkraut unter Kontrolle zu halten. Aber es gibt auch Winzer, die sagen: »Wenn es

Statt Unkrautvernichtungsmittel: Begrünung zwischen den Rebzeilen

regnet, bekomme ich Mehltau. Ist es wirklich schlechter, nur ein Mal mit einem systemischen Pflanzenschutzmittel zu spritzen, als immer wieder mit dem Traktor durchzufahren und dabei den Boden zu verdichten, um etwas Organisches auszubringen?«

Biodynamischer Weinbau ist teuer. Er braucht mehr Manpower und Zeit. Keine seiner Methoden schädigt die Umwelt, und mit Sicherheit fördert er die mikrobiologische Vielfalt im Boden, was wiederum dem Geschmack und der Balance des Weins zugutekommt. Muss man dazu Rudolf Steiner bewundern? Muss man alles glauben, was seine eher irrationalen Anhänger sagen? Manche bejahen das, manche nicht. Nigel Greening von Felton Road (Neuseeland) meint: »Wir haben das höchstqualifizierte, motivierteste Weinbauteam der Welt. Es ist im Hinblick auf die Leistungen der Biodynamie jeder Hirschblase überlegen.« Er sagt aber auch, erst ökologisch und dann biodynamisch zu arbeiten bewirke »eine Kaskade positiver Folgen: Dinge passieren, die wir zuvor nie ganz verstanden hatten. Eins kommt zum anderen, und Nutzen entsteht, den wir nie erwartet hätten.«

Aber schmeckt man den Unterschied wirklich? Immer vorausgesetzt, ein guter Kellermeister ist am Werk, scheint mir der biodynamische Weinbau eher einen Geschmacksunterschied zu machen als der ökologische. Gute biodynamische Weine wirken auf mich besonders lebhaft und energiegeladen. Einen Biowein von einem konventionell erzeugten bei einer Blindverkostung zu unterscheiden traue ich mir dagegen nicht zu.

Naturweine können eine größere Fehlertoleranz bewirken. Schmeckt ein Naturwein oxidiert oder prickelt, wenn er es nicht sollte, oder ist er trüb, dann sind das Fehler, selbst wenn der Erzeuger sagt, das sei Teil des Wegs. Die Weine von Bernhard Ott aus Österreich jedoch, der seine Trauben in Amphoren gibt und sich selbst überlässt, oder der Sveti Jakov aus Kroatien: Diese Weine sind himmlisch. So sind Naturweine: Wenn sie gut sind, sind sie sehr, sehr gut, und wenn sie schlecht sind, sind sie furchtbar.

Bei all dem Hype um biodynamische und Naturweine scheinen die ökologisch erzeugten ein alter Hut geworden zu sein. Wie öde, sich um das alte Kupfersulfat Gedanken zu machen, wenn man doch auch biodynamische Präparate im silbernen Mondlicht spritzen oder sich Tonamphoren aus Georgien bestellen könnte. Ökoweinbau hat einfach nicht den Glanz, oder?

Aber für jeden Winzer, der sich von Chemikalien und den Anbaumethoden lösen möchte, die nach dem Zweiten Weltkrieg eingeführt wurden, ist es ein Wechsel des Standpunkts. Er muss sich nun darauf konzentrieren, den Boden, die Reben und deren Schädlinge zu verstehen. Er muss Wege finden, dem Weinberg zu helfen und seine Feinde zu bekämpfen, indem er dessen Widerstandskraft stärkt und ein ausgewogenes Ökosystem schafft.

So gesehen kann man sich fragen, wieso nicht jeder Winzer ökologisch wirtschaftet, da es doch verschiedene Zertifizierungsstellen mit unterschiedlichen Anforderungen gibt und man sich die passendste aussuchen kann. Aber es gibt ein finanzielles Risiko. In den am wenigsten profitablen Gegenden von Bordeaux etwa sieht man dort, wo die Herbizide am Werk waren, verwelktes, gelbbraunes Unkraut auf nackter Erde. Das sollte nicht sein, werden Sie denken, doch viele Winzer können sich eine Umstellung einfach nicht leisten. Ökoweinbau erfordert mehr Arbeit, aber diese Winzer können niemanden zusätzlich einstellen. Und wer ohnehin hoch verschuldet ist, setzt sich nicht der Gefahr aus, seine Ernte durch eine Krankheit zu verlieren. In Europa begann der Ökoweinbau zunächst in den wärmeren, trockeneren Gebieten. Im kühlen, nassen Westen am Meer und in den Hügeln im Norden war viel mehr Überzeugungsarbeit nötig.

Dennoch hat Europa die Ökomethoden schneller übernommen als der Großteil der Neuen Welt. Europäische Winzer hatten Väter oder Großväter, die ja de facto ökologisch gewirtschaftet hatten, denn so ging damals der Weinbau. (Ironischerweise waren es aber oft die Großväter, die den Kopf schüttelten, wenn die Enkel auf Ökobetrieb umstellten.) Der moderne Wein der Neuen Welt war mit Chemikalien groß geworden und hielt Technik für normal. In den 1980ern war für manch einen australischen oder kalifornischen Weinmacher der Boden nur dazu da, die Reben aufrecht zu halten. Kümmern musste man sich um ihn nicht.

Der Wechsel vom konventionellen zum ökologischen Weinbau bedeutet den Verzicht auf die schnellen Lösungen der Chemie. Er kann heißen, Wildtierkorridore einzurichten für eine größere Artenvielfalt und um Vögel anzulocken, die Raupen und andere Schädlinge fressen; er kann heißen, bestimmte Insekten anzusiedeln, die Jagd auf bestimmte Schädlinge machen, oder bestimmte Pflanzen anzubauen, die die erwünschten Räuber anziehen. Man darf aber umgekehrt keine Pflanzen anbauen, die unerwünschte Insekten anlocken – solche, die Bakterien oder Viren übertragen. Ökoweinbau kann nur Erfolg haben, wenn man die eigenen, ganz spezifischen Bedingungen genau versteht. Was gut für den einen Weinberg ist, muss nicht gut für den anderen sein.

Unangenehme Widersprüche

Kupfersulfat ist die Hauptzutat in Bordeaux-Brühe, einer Waffe gegen den Falschen Mehltau. Sie ist im Ökoweinbau zugelassen. Aber Kupfer ist ein Schwermetall und kann sich im Boden zu Konzentrationen anreichern, die für Reben und Mikroorganismen toxisch sind. Das dürfte wohl schädlicher sein als biologisch abbaubare chemische Alternativen. Es gibt ein paar unangenehme Widersprüche bei der ökologischen Landwirtschaft. Auch das schon genannte Argument, dass der Boden im Weinberg umso stärker verdichtet wird, je öfter man ihn mit dem Traktor befährt (Pferde nützen in der Praxis nur wenig), ist nicht von der Hand zu weisen. Den Boden unter den Reben frei von Unkraut zu halten verringert Pilzinfektionen und das Frostrisiko. Mit der Maschinenhacke am Traktor muss man dafür etliche Male durchfahren, ein Unkrautvertilger braucht wahrscheinlich nur eine Anwendung. Was ist schlimmer?

Alles oben Gesagte bezieht sich auf »Trauben aus ökologischem Anbau«. »Biowein«, den es in der EU erst seit 2012 gibt (anderswo schon früher), verlangt zusätzlich bestimmte Methoden in der Kellerei. Es geht meist um Sulfite, die von Natur aus sowieso im Wein vorkommen, in Mengen bis zu 10 mg/l. In der EU darf Biowein bis zu 140 mg/l enthalten, Süßwein noch mehr. Sulfite verhindern Oxidation und halten den Wein frisch. Manche allerdings machen die Sulfite für allergische Reaktionen verantwortlich. Ganz allgemein sinken die Sulfitwerte seit geraumer Zeit.

Man hüte sich also vor Schwarz-Weiß-Denken à la konventionell = schlecht, öko = gut. »Konventionelle Winzer« sind weder schlechte Menschen noch zynisch. Sie werden ihre Gründe haben.

Pferde im Weinberg sind in Mode, aber langsam und teuer.

Die Einzelheiten

Biodynamie: Abkehr von der Vernunft?

Biologisch-dynamischer Weinbau ist nicht einfach ein Schritt weiter über den Ökoweinbau hinaus. Er erfordert eine andere Einstellung und sogar die Abkehr von vielem, was uns die Wissenschaft lehrt. Manche würden das Aberglauben nennen.

Und doch scheint es zu funktionieren. Biodynamische Weine können (einen kompetenten Kellermeister vorausgesetzt) tiefer, energiereicher, detaillierter sein. Irgendwas an der Biodynamie macht den Unterschied aus – allerdings nicht, wie ich vermute, immer aus den Gründen heraus, die ihre Verfechter ins Feld führen. Manches ist schlicht albern. Präparat 500, also Kuhdung, der über den Winter in einem Kuhhorn vergraben wird, wirkt nicht, weil es die Reben mit dem Ewigweiblichen verbindet. Zu sagen, dass wir »im Mist vor uns haben etwas, was ätherisch und astralisch ist. Dadurch wirkt es schon belebend und auch astralisierend auf den Erdboden« (Steiner) hilft auch nicht weiter. Woher will man das wissen? Wer entscheidet das und auf welcher Grundlage? Eine Hirschblase für Präparat 502 mit Schafgarbe zu füllen verbinde sie mit den »Kräften des Kosmos« und verleihe dem Dünger die Möglichkeit, »Leben auf die Erde zu übertragen«. Das kann man einfach so behaupten.

Aber was ist mit denen, die es praktizieren? Bérénice Lurton studierte an der Eliteuniversität Sciences Po in Bordeaux, bevor sie Château Climens übernahm. Sie stellte 2010 abrupt auf Biodynamie um und sagt: »Es ist, also ob man das Terroir, die Reben und sich selbst befreit. Man sieht die Weinberge mit völlig anderen Augen … Ich möchte *éclat,* ich möchte Spannung, ich möchte die Frucht im Terroir finden.« Auf Château Smith-Haut-Lafitte führten die völlig nüchtern denkenden Florence und Daniel Cathiard ökologische und biodynamische Methoden ein, um das Gut vor dem Tod durch die industrielle Landwirtschaft zu retten und den

Präparat 500 (Hornmist) wird zubereitet.

guten Ruf wiederherzustellen. Qualität bedeutet für sie alles. In Burgund ist Biodynamie bei den Spitzengütern schon fast die Regel, und Dominique Lafon verdankt ihr nach eigener Aussage, dass seine Weine wieder Säure und Balance besitzen: »Nach drei Jahren begann ich, den Unterschied zu schmecken.« Zind-Humbrecht im Elsass arbeitet biodynamisch, wie auch die Domaine Weinbach. In Österreich ist der Nikolaihof einer unter vielen. Manche sind zertifiziert, manche nicht. Für etwas derart Dubioses hat die Biodynamie einige sehr klar denkende Anhänger gewonnen. Weitere Anmerkungen und Namen finden Sie auf den Seiten 64, 290, 358, 427.

Biodynamie in unterschiedlichem Ausmaß

Für manche ist sie eine Lebensform. Manche lehnen sogar für sich selbst die konventionelle Medizin ab. Alle betonen den Nutzen biodynamischer Methoden, die der Rebe helfen, sich selbst zu schützen: Es geht um Vorbeugung, weniger um Heilung. Wenn man Trauben dazu bringt, dickere Schalen auszubilden, faulen sie nicht so leicht; Hornmist hat ein Winzer einmal als »Insektensuppe« bezeichnet, die das mikrobiologische Leben im Boden auf jeden Fall bereichert. Jean-Baptiste Lecaillon, der kluge, ultra-rationale *chef de cave* von Champagne Roederer, sagt: »Steiner ist nicht relevant« – eine Erleichterung für alle, die ihn mehr als nur ein bisschen komisch finden. »Es gibt zwei Sorten Ärzte«, fährt er fort. »Solche, die glauben, alles zu wissen: Das sind schlechte Ärzte. Sie zeigen keine Empathie, sie reden dich nicht mal mit dem Namen an, sondern mit der Krankheit. Du bist ein Problem. Und dann gibt es die mitfühlende Art, den Familiendoktor, der dich kennt und der weiß, woher du kommst. Es ist dasselbe [mit den Reben] und dem Klima und dem Mond.« Für ihn geht es darum, die Reben zu verstehen und sich um sie als Individuen zu kümmern. Er verwendet die Präparate, weiß aber nicht wirklich, ob sie wirken.

Laut Lecaillon sollte man mit den Widersprüchen umgehen, indem man beobachtet und dann erklärt. Abgeschreckt werden die Leute von der Biodynamie, wenn man von ihnen verlangt, das Irrationale zu glauben.

Auch was in der Kellerei geschieht, ist von Belang, insbesondere die Hefe. Die konventionelle Weinbereitung verwendet Reinzuchthefen, die berechenbare Resultate liefern. Trauben und Weinberge haben indes eigene Hefen, von denen nicht alle nützlich sind. Den Most bei der Gärung den Wildhefen und sich selbst zu überlassen ist riskant – man weiß nicht, welche Fehlaromen sich entwickeln oder ob die Gärung sogar stoppt, bevor man es will –, scheint aber zu mehr Komplexität zu führen, einer anderen Textur, einem »weinigeren«, sprich authentischerem Wein. Man kann Wildhefen verwenden, ohne biodynamisch zu arbeiten, aber kein biodynamischer Kellermeister würde auch nur daran denken, nicht mit Wildhefen zu arbeiten. Wildhefen drücken das Terroir besser aus, sagen sie. Mir kommt es so vor, als ob man viele Millionen winzige Tierchen hereinholt und dabei zusieht, wie sie sich austoben. Aufregend, immerhin.

Die Einzelheiten

Naturweine: Zurück in den Garten Eden?

In seiner allernatürlichsten Form würde Wein ohne jegliche Einwirkung von Menschen entstehen. Das ist offensichtlich unmöglich, da jemand die Reben pflanzen, die Trauben ernten und schließlich in einen Behälter geben muss, damit sie gären. Lassen wir also den etwas pedantischen Einwand beiseite, dass an einem Wein sowieso nichts natürlich ist. Sehen wir uns an, was Naturwein ist und warum er weltweit so geschätzt wird.

Im Weinberg wird der Winzer ökologisch oder, häufiger, biologisch-dynamisch arbeiten. In der Kellerei wird er keine Hefe, keinen Zucker, keine Säure und keine Enzyme hinzufügen. Etwas Schwefel darf sein, aber um die volle Brownie-Punktzahl (und braun bezieht sich hier auf die mögliche Farbe des Weins) zu bekommen, unterlässt man auch das. Das ist riskant und bedeutet zumindest, dass der Wein wahrscheinlich in der Flasche nicht so lange haltbar ist. Die Firma Vintae erzeugt einen grandiosen schwefelfreien Garnacha namens Le Naturel Reposado, der ein Mindeshaltbarkeitsdatum auf dem Etikett trägt.

Im Bestfall sind Naturweine lebhaft, weinig, rassig, souverän. Oft haben sie weniger Alkohol als gewöhnlich: heutzutage ein Pluspunkt. Sie sind selten fruchtbetont, denn Wildhefen heben den Fruchtcharakter meist nicht so hervor wie Kulturhefen. Sie können irgendwie gefährdet wirken, wie bei einem Hochseilakt. Chenin blanc steht bei den Naturweinfans hoch im Kurs, doch ob das am Einfluss von Loire-Erzeugern wie Nicolas Joly liegt oder ob die Trauben wegen ihrer kräftigen Säure und dicken Schalen weniger angreifbar sind als die von anderen Sorten, lässt sich schwer sagen.

Wenn Sie bei Schaumwein mal ein Risiko eingehen wollen, probieren Sie einen Pét Nat – sprich *pétillant naturel* alias *méthode ancestrale*.

Verkostung bei der Messe RAW WINE in London: Himmel der Naturweine.

»Natürlich« an diesen Weinen ist, dass sie abgefüllt werden, bevor die alkoholische Gärung abgeschlossen ist. Sie werden auch nicht degorgiert. Sie kommen ohne Zugabe von SO_2 in die Flasche, und ja, sie können sehr eigenwillig schmecken. Aufgrund des Hefesatzes in der Flasche sind sie nicht selten trüb und sprudeln meist nur wenig. Man erzeugt sie an der Loire, in Australien und sogar als Lambrusco (Vittorio Graziano).

Der Ausschlag des Pendels

Naturweinerzeuger beginnen nicht am selben Punkt wie »normale« Produzenten und lassen dann einfach Dinge weg. Sie beginnen damit, dass sie sich fragen, wie viele Eingriffe ihrerseits wünschenswert sind. Wenn die Antwort »keine« lautet, dann muss alles, was man mit den Trauben anstellt, gerechtfertigt werden. Was nicht absolut notwendig ist, lässt man bleiben. Nun schwingt das Pendel also in die andere Richtung, weg von der Technik, und erneut stellt sich die Frage, ob ein »Fehler« wirklich ein Fehler ist – wer entscheidet darüber? Ein Importeur von Naturweinen nach Großbritannien hält beispielsweise Oxidation nicht für einen Fehler, wenn sie beabsichtigt ist.

Dass unser Verständnis darüber, was als Fehler zu gelten hat und was nicht, inkonsistent ist, lässt sich nicht bestreiten. Maderisierung bei Madeira ist gut; Maderisierung bei Chablis ist schlecht. »Verschwitzter Sattel« war einmal ein charakteristischer Geschmack von Hunter Valley Shiraz, dann wurde er zum Fehler. Die »Terroir-Aromen«, die viele französische Erzeuger vor 30 Jahren feierten, findet man heute einfach nur »schmutzig«. Selbst die »Benzinnote«, die alte Rieslinge aufweisen können, wird inzwischen als Fehler angesehen. Man muss stattdessen über »Honig« sprechen. Unsere Vorstellung davon, was ein Fehler ist, bedarf einer Revision. Bevor die Naturweine auftauchten, ging es immer nur in eine Richtung: Man fand neue Fehler und kritisierte sie. Die Leute murrten bereits, dass so am Ende nur völlige Sterilität übrig bliebe und dass große, außergewöhnliche Weine in Wirklichkeit aus lauter unterschwelligen Fehlern bestünden.

Wenn das Pendel auf die andere Seite schwingt, ist das meist eine gute Sache, denn damit kommen fast vergessene Dinge wieder zum Vorschein. Naturweine zwingen uns zu größerer Aufgeschlossenheit und erinnern uns an Aromen, an die wir nicht mehr gewöhnt sind.

Doch nun, nach der Ehrenrettung: Muss man sie auch mögen? Nein. Je extremer diese Weine sind, umso größer ist die Uneinigkeit über sie. Dogmatismus gibt es an beiden Enden, von der totalen Ablehnung aller Naturweine, egal wie gut sie sind, bis zu ihrer uneingeschränkten Akzeptanz, egal wie schlecht sie sind – wobei »schlecht« in diesen Kreisen ohnehin nicht akzeptiert werden würde. Der goldene Mittelweg lautet: Es gibt gute und schlechte, Weine wie Erzeuger, also lasst uns Unterschiede machen. Auf S. 392 sind beachtliche Naturweinerzeuger aufgeführt. Ob sie die Pferde scheu machen, hängt von den Pferden ab.

Orange Wines sind Weißweine, die mittels Hülsenmaischung bereitet werden – so einfach ist das. Weiße Traubensorten enthalten in den Schalen Farbstoffe und Tannine, die aber normalerweise verloren gehen, wenn der Saft vor der Gärung abgepresst wird. Für orangefarbene Weine wird der Saft zusammen mit den Schalen vergoren. Ihre Farbe ist meist ein tiefes Goldgelb bis Gelbbraun, nicht wirklich ein Orange. Aber Weißwein ist im strengen Sinne ja auch nicht weiß.

Da Traubenschalen nicht nur Farbstoffe, sondern auch Tannine enthalten, besitzen orangefarbene Weine eine charakteristische Tannin-Griffigkeit. Weißweine mit Tannin sind eigentlich gar nicht so selten, wenn man etwas genauer darauf achtet. Ein wenig Tannin verbessert allgemein die Frische und Struktur des Weins. In einem Orange Wine jedoch merkt man das Tannin auf Anhieb. Trauben auf den Schalen einzumaischen ist keine neue Methode. Josko Gravner und Stanko Radikon waren dafür die modernen Pioniere, die sich auf eine lange Tradition stützen konnten. Ihre Weine setzten sich nur langsam auf dem Markt durch. Und plötzlich findet man überall orangefarbene Weine. Dass sie ein Renner bei den Hipstern sind – und das sind sie –, reicht schon, um sie manchen Leuten zu verleiden, doch wenn sie gut gemacht sind, können sie wirklich köstlich sein.

Die klassische, uralte Produktionsmethode besteht darin, die Trauben in eine Amphore zu geben (in Georgien, einem weiteren Hotspot der Hülsenmaischung, ist sie im Boden vergraben), den Deckel gut zu verschließen und wegzugehen. Nach drei Monaten, vielleicht sogar erst nach sechs, kommt man wieder und öffnet den Deckel. In der Zwischenzeit hat die Gärung stattgefunden, und alle Feststoffe sind auf den Grund gesunken. Was da in der Amphore schimmert, ist reiner, klarer Wein.

Oder auch nicht. Das Risiko, dass er verdirbt, ist erheblich. Puristen nehmen die Gefahr auf sich und versuchen, ihr mit kompromissloser Hygiene beizukommen – allerdings nicht mit Schwefel, der als inakzeptabel gilt. Gute Weinmacher können zuverlässige, elegante Ergebnisse erzielen – nicht fruchtig, aber körperreich, gut texturiert, selbstbewusst und fesselnd. Sie wirken wie eine Apotheose des Weins: die Quintessenz der Traube, die gesamte Traube und nichts als die Traube. Unweigerlich nehmen sich nun eine Menge Erzeuger der Methode an oder Teilen von ihr. Manche verwenden Stahltanks statt – oder zusätzlich zu – Tonamphoren, wie Cullen Wines in Western Australia, dessen Amber definitiv einen Neue-Welt-Stil hat.

Weißweine mit Hülsenmaischung tauchen überall auf, von Österreich (z. B. Domäne Wachau) bis zur iberischen Halbinsel; sie werden mittlerweile selbst in Mainstream-Restaurants angeboten. Trotzdem sind die Mengen gering – man kann sie nicht im großen Maßstab erzeugen, außer man passt die Methoden der modernen Technik an. Und selbst dann wäre der Markt begrenzt. Orange Wines sind nicht zwingend Naturweine – manche

Bei Kabaj Morel in Slowenien werden Trauben in Amphoren eingemaischt.

ja, manche nein. Es müssen auch keine Öko- oder biodynamischen Weine sein. Bei puristischen Exemplaren ist das zwar sehr wahrscheinlich, aber es versteht sich nicht von selbst. Man sollte die orangefarbenen Weine als Erweiterung des Repertoires sehen, nicht als Ersatz. Sie sind in sich so verschieden wie Rote oder Weiße, und der Name des Erzeugers ist sicherlich wichtiger als die Region. Einige Empfehlungen finden Sie auf den Seiten 226, 240, 268, 305, 354, 367, 374, 392.

Rote Amphorenweine und Betoneier

Nun noch ein Wort über rote Amphorenweine und Betoneier. Orange Wines sind auf den Schalen und oft in Amphoren vergorene Weißweine; werden aber rote Trauben in Amphoren vergoren, entsteht Rotwein, nicht orangefarbener. Im portugiesischen Alentejo, wo es nun Vorschriften für derart erzeugte Rotweine gibt, werden die Trauben vorher meist zerquetscht, der Wein wird danach abgezogen und recht konventionell weiterbehandelt. Dennoch scheint die Gärung in der Amphore (hier *talha* genannt) den Tanninen einen anderen Charakter zu verleihen. Betoneier sind Gärbehälter in Eiform und, jawohl, aus Beton. Sie sind etwa mannshoch, und man staunt, wie viele ansonsten konventionelle Erzeuger eines oder zwei im Keller stehen haben. Ihr Vorteil ist, dass sie die Hefe dauerhaft in der Schwebe halten – die Weine bekommen eine besonders seidige Textur. Unmittelbar ökologisch oder biodynamisch ist nichts an ihnen, aber die meisten Öko- oder Biodynamie-Erzeuger dürften welche haben.

Ein modernes Mantra

Minimalinvasive Weine

Wenn Schlagwörter prägnant genug sind und auf die richtigen Knöpfe drücken, können sie schnell zum Gemeinplatz werden. »Minimalinvasiv« in Bezug auf Wein ist ein solches Schlagwort. Es klingt so überzeugend: So wenig wie möglich einzugreifen auf der Reise des Traubensafts zum Wein bringe mit Sicherheit die reinsten Aromen hervor, den gesündesten Wein. Je nun, manchmal ist das so, manchmal aber auch nicht.

Man hört den Ausdruck jetzt überall. Kaum ein Kellermeister wird sich selbst als »invasiv« bezeichnen. Das ist einfach nicht angesagt. Wie für »Naturwein« gibt es für »minimalinvasiven Wein« keine gängige Definition. Es könnte bedeutet, Trauben in einen Tontopf zu werfen und sich selbst zu überlassen, aber auch, eine Reihe computerisierter optischer Sortiertische zu haben, die die perfekten Trauben auslesen, und seine computerisierten Gärtanks mit einer App auf dem Smartphone zu steuern. Es ist auch nicht so wichtig. Zu sagen, dass man auf minimale Eingriffe in der Kellerei setzt, bedeutet nur, dass man der Meinung ist, alle Arbeit müsse schon im Weinberg getan werden, und je mehr man als Kellermeister eingreift, umso mehr wächst die Gefahr, es zu verpfuschen.

Es gibt zwei Arten von Eingriffen: die chemischen, also das Hinzufügen oder Entfernen von Substanzen, und die physikalischen, womit das viele Herumpumpen, Abziehen, Schönen und Filtern des Weins gemeint ist.

Chemische Eingriffe

Das Erste, was man Trauben oft hingefügt, ist Schwefel. Wildhefen sollen daran gehindert werden, die Gärung zu beginnen, bevor der Kellermeister so weit ist. Später kommt Hefe dazu, und zwar eine für einen bestimmten Zweck ausgewählte Hefe: Ob sie nun einzelne Aromen begünstigt oder neutral bleibt, sie soll ein berechenbares Ergebnis hervorbringen.

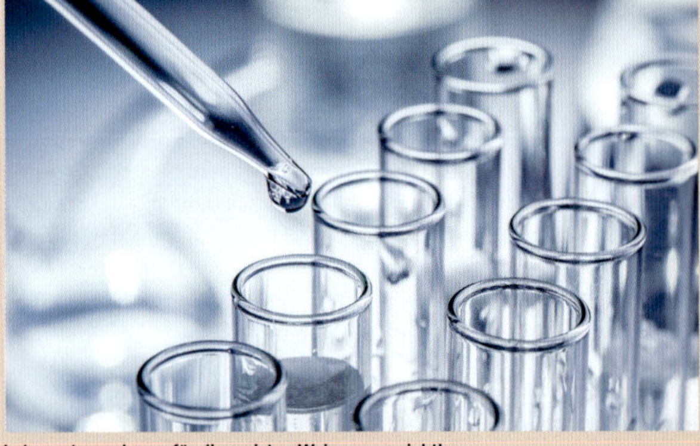

Laboruntersuchung: für die meisten Weine unverzichtbar.

Man kann den Saft chaptalisieren mit zusätzlichem Zucker oder säuern (die meisten Länder und Regionen haben Vorschriften dafür). Man kann Enzyme zugeben, meist um die Farb- und Tanninextraktion zu steigern oder um das Aroma des Weins zu verbessern. Enzyme kommen von Natur aus in Trauben und Hefen vor, man kann sie aber auch kommerziell beziehen. Man kann Tannin zufügen, wenn man meint, dass die natürliche Menge nicht ausreicht. (Das geschieht in Ribera del Duero ebenso wie im Napa Valley.) Man kann den Rotwein zusätzlich färben – etwa mit Mega Purple, einem kommerziellen Traubensaftkonzentrat, das von einer Rebsorte namens Rubired gewonnen wird und nicht nur zu einer kräftigeren Farbe verhilft, sondern auch etwas Fülle und Schmelz einbringt. Viele Kellereien, die auf muskulöse Schwergewichts-Rotweine spezialisiert sind, haben ein paar Kanister Mega Purple im Schrank. Am Ende kann man den Wein mit einer Vielzahl von Stoffen schönen, um ihn klar und stabil zu machen.

Physikalische Eingriffe

Diese Eingriffe haben oft mit Sauerstoff zu tun: wann man ihn zulässt und wann man ihn aussperrt. Keinen Sauerstoff etwa an den Saft von Sauvignon blanc zu lassen bedeutet kraftvollere Aromen. Mikrooxidation bei Rotweinen führt zu weicheren Tanninen. Man muss sich auch für eine Gärtemperatur entscheiden: über 20 °C meist bei Rotwein für Farbe und Extraktion, 15–16 °C oder weniger bei Weißwein für Frische und Aroma. Schalenkontakt (bei Weißen vor der Gärung für mehr Aroma; bei Roten nach der Gärung für mehr Tannin) ist eine weitere Entscheidung, ein weiterer Eingriff. Vergärt man in Holz, Edelstahl, Beton oder noch etwas anderem? Kommt der Wein nach der Gärung in Eichenfässer, und wenn ja, in was für welche? Große, kleine, neue, alte, von welcher Küferei? Welche Art von Toasting? Wird der Wein in der Kellerei abgezogen? Gefiltert?

Jede dieser Entscheidungen ist ein Eingriff, und nicht alle sind schlecht. Im schlimmsten Fall schmeckt der Wein, je mehr man eingreift, genau gleich wie alle anderen. Für einige Verbraucher und auf einem bestimmten Preisniveau ist das durchaus wünschenswert.

Was ich damit sagen will: Ein Eingriff muss nicht unbedingt der große böse Wolf der Weinbereitung sein. Jede Entscheidung ist ein Eingriff. Die interessantesten Weine werden oft mit wenigen Eingriffen bereitet, aber meist nur in geringen Mengen. Und es kann auch schiefgehen. Wildhefen etwa können komplexere, überwältigendere Ergebnisse hervorbringen, aber sie bergen auch die Gefahr, dass alles danebengeht. Schwefel im Übermaß ist unangenehm, doch richtig angewendet, schützt er den Wein davor, zu oxidieren und in der Flasche umzukippen. Einige der berühmtesten alten Bordeaux-Jahrgänge waren chaptalisiert; klassische Rote aus dem Napa Valley wurden (und werden) gesäuert. Es wäre vielleicht ideal, wenn Wein nur noch aus Weinbergen produziert würde, die perfekte Reife und Ausgewogenheit liefern. Aber wie viel Wein gäbe es dann für diese durstige Welt?

Wein und Speisen

Orange Wine zu allem

Ist es schwierig, Bio-, biodynamische oder Naturweine mit Speisen zu kombinieren? Überhaupt nicht. Es sind nur Weine.

Ich habe einmal einen Sommelier sagen hören, Naturweine würden nicht zu klassischen Gerichten passen, weil sie zu komplex seien. Sommeliers sagen manchmal komische Dinge. Naturwein kann man zu jedem Essen trinken, das man auch sonst mit dem jeweiligen Weinstil kombinieren würde. Außer sie sind fehlerhaft. Und dann sollte man sie überhaupt nicht trinken.

Hauptsächlich geht es also um orangefarbene Weine. Bemerkenswerterweise scheinen sie zu jeder Art herzhaftem Essen zu passen. Das liegt, so meine Vermutung, teilweise daran, dass die Fruchtaromen in Orange Wines nicht so ausgeprägt sind. Mächtige, fruchtbetonte Weine sind ja gar keine besonders guten Essensbegleiter, am ehesten noch zu Grillgerichten, die selbst mächtige, prägnante Aromen haben. Fruchtsaft passt ja auch nicht zum Essen. Bier dagegen passt sehr gut; und die erdigen Noten von gequetschten und getrockneten Früchten und Sauerteig, die man auch in Orange Wines findet, funktionieren aus demselben Grund. Gut zum Essen passen auch viele mit Wildhefen vergorene Weine mit ihren eher salzigen Noten und ihrer zurückhaltenden Frucht. Lustigerweise ist das die Sorte Naturwein, die nach Cidre oder Bier schmeckt. Denken Sie einfach nicht daran, wie viel billiger es wäre, gleich Cidre oder Bier zu trinken.

Textur und Geschmack kombinieren

Auch auf die Textur kommt es an. Amphorenweine (die auch rot sein können) und orangefarbene Weine (aus weißen Trauben) werden mit den

Zu Käse passt Orange Wine viel besser als Rotwein.

Schalen vergoren und haben deshalb merkliche Tannine, die rau oder seidig sein können. Bei in Tonamphoren bereiteten Roten aus dem Alentejo bemerke ich oft eine Seidigkeit, fast wie nasser Ton – vielleicht bilde ich mir das nur ein, doch ich habe tatsächlich oft die Textur gespürt, bevor ich erfuhr, dass es ein Amphorenwein ist. *Qvevri*-Weine aus Georgien zeigen eher die rustikale Seite des Tannins. Weine aus Slowenien oder Nordostitalien sind häufig sehr fein. Aber das Tannin überbrückt die Kluft zwischen Weiß- und Rotweinen. Vielleicht sollten wir uns den orangefarbenen Wein als erwachsen gewordenen Rosé vorstellen?

Moderne Gerichte passen heute eigenartigerweise eher zu Weiß- als zu Rotwein. Es wird nicht mehr so viel Fleisch gegessen wie früher, und die Aromen sind vielfältiger. Aber selbst ein einfacher Klassiker wie Lammkotelett braucht keinen Tanninhammer. Ein guter Orange Wine ist gerade griffig genug für das Fleisch und hat auch genug Säure.

Orange Wines haben kein Problem mit mächtigen, kraftvollen Aromen – wählen Sie einfach einen kraftvollen Wein. Wie immer beim Kombinieren von Wein und Speisen kommt es auf das Gewicht von beiden nicht weniger an als auf die Aromen. Da Orange Wines noch relativ selten sind, werden Sie ein bisschen raten müssen; im Zweifelsfall sollten Sie eher eine herzhaftere Speise wählen als etwas sehr Delikates. Ich weiß nicht, ob ich zu Jakobsmuscheln einen orangefarbenen Wein wählen würde. Mit fetten Speisen dagegen harmonieren sie exzellent; zu würzigem, geschmacksintensivem Essen sind sie perfekt. Zu Käse passen sie sogar besser als die meisten Roten. Eines Tages sind sie vielleicht so weit verbreitet, dass wir alle ein paar Flaschen auf Vorrat in petto haben.

Und schließlich ...

Wir sollten das Kind nicht mit dem Bade ausschütten

Pendel können, wie gesagt, gut sein; interessant sind sie auf alle Fälle. Gerade als der moderne Wein den Punkt erreichte, an dem er Ausgewogenheit, Reinheit und Verlässlichkeit in Perfektion garantieren konnte, und gerade als die Leute zu meckern begannen, dass alles gleich schmeckt, wurde uns die schon überwunden geglaubte Unzuverlässigkeit und Unberechenbarkeit wieder nahegebracht. Doch bevor wir uns allzusehr hinreißen lassen, wollen wir einen Blick darauf werfen, wie wir hierhergekommen sind und welche Vorteile die Moderne uns gebracht hat.

Erstens, saubere Aromen. Als die *flying winemakers* (wissen Sie noch?), meist aus Australien, ab Ende der 1980er auftauchten, konnten sie die Qualität einfach dadurch radikal verbessern, dass sie die Kellereien sauber machten. Der Wein mutierte innerhalb eines einzigen Jahrgangs von furchtbar zu trinkbar. Zweitens, Fruchtaromen. Edelstahlgärtanks mit Temperatursteuerung gewährleisten Frische und Frucht. Zuvor konnten Rote schmecken wie geschmort, Weiße wie alte Zeltplanen. Drittens, Verlässlichkeit. Nicht sehr romantisch. Damit ein bestimmter Wein bei jeder Lieferung genau der gleiche ist wie bei allen anderen, sind Hygiene, Temperatur- und Feuchtigkeitskontrolle in den Kellereien, modernste Abfüllanlagen und geschlossene Kühlketten erforderlich – und Korken, die kein TCA, vulgo Korkengeschmack, an den Wein abgeben. Die Eliminierung von TCA aus Naturkorken war eine große Errungenschaft, die viel Zeit, Forschung und Geld verschlang. Und es hätte sie nicht gegeben, wären die australischen Kellereien, frustriert wegen der vielen durch fehlerhafte Korken ruinierten Rieslinge, nicht massenhaft zu Schraubverschlüssen gewechselt. An Schraubverschlüssen ist auch nichts romantisch.

Viertens, Erschwinglichkeit. Wer dieses Buch kauft, öffnet wahrscheinlich mehrmals in der Woche eine Flasche Wein. Manchmal einen teuren, meist einen weniger teuren, aber dennoch guten Wein. Gute, verlässliche, sauber bereitete Weine sind kein Luxus mehr. Das ist ein echter Fortschritt.

Stahltanks: unromantisch, aber höchst effektiv.

DER WEGWEISER DURCH DIE INTERNATIONALE WEINWELT.

Jancis Robinson und Hugh Johnson haben erneut die gesamte Weinwelt unter die Lupe genommen und führen den Leser kenntnisreich und kurzweilig durch alle Weinregionen der Welt zu den bedeutendsten Weinen und ihren Produzenten.

ISBN 978-3-8338-3957-3 | 49,90 € [D] / 51,30 € [A]

Hallwag